国家出版基金项目
NATIONAL PUBLICATION FOUNDATION

國家出版基金項目

教育部哲學社會科學研究重大課題攻關項目

「十一五」國家重點圖書出版規劃項目·重大工程出版規劃

國家社會科學基金重大項目

北京大學「九八五工程」重點項目

儒藏

精華編五八冊
經部禮類

儒藏

北京大學《儒藏》編纂與研究中心

《儒藏》精華編第五八册

首席總編纂　季羡林

項目首席專家　湯一介

總　編　纂　湯一介　龐　樸　孫欽善　安平秋（按年齡排序）

本册主編　彭　林

《儒藏》精華編凡例

一、中國傳統文化以儒家思想爲中心。《儒藏》爲儒家經典和反映儒家思想、體現儒家經世做人原則的典籍的叢編。收書時限自先秦至清代結束。

二、《儒藏》精華編爲《儒藏》的一部分，選收《儒藏》中的精要書籍。

三、《儒藏》精華編所收書籍，包括傳世文獻和出土文獻。傳世文獻按《四庫全書總目》經史子集四部分類法分類，大類、小類基本參照《中國叢書綜録》和《中國古籍善本書目》，於個别處略作調整。凡單書已收入入選的個人叢書或全集者，僅存目録，並注明互見。出土文獻單列爲一個部類，原件以古文字書寫者一律收其釋文文本。韓國、日本、越南儒學者用漢文寫作的儒學著作，編爲海外文獻部類。

四、所收書籍的篇目卷次，一仍底本原貌，不選編，不改編，保持原書的完整性和獨立性。

五、對入選書籍進行簡要校勘。以對校爲主，確定内容完足、精確率高的版本爲底本，精選有校勘價值的版本爲校本。出校堅持少而精，以校正誤爲主，酌校異同。校記力求規範、精煉。

六、根據現行標點符號用法，結合古籍標點通例，進行規範化標點。專名號除書名號用角號（《》）外，其他一律省略。

七、對較長的篇章，根據文字内容，適當劃分段落。正文原已分段者，不作改動。千字以内的短文一般不分段。

八、各書卷端由整理者撰寫《校點説明》，簡要介紹作者生平、該書成書背景、主要内容及影響，以及整理時所確定的底本、校本（舉全稱後括注簡稱）及其他有關情況。重複出現的作者，其生平事蹟按出現順序前詳後略。

九、本書用繁體漢字豎排，小注一律排爲單行。

《儒藏》精華編第五八册

經部禮類

通禮之屬

禮書

〔北宋〕陳祥道　撰

楊天宇
梁錫鋒　校點

目録

校點説明

《禮書》是北宋陳祥道旨在爲朝廷制禮提供參考而詮釋古禮的一部私家禮學名著。

陳祥道，字用之、祐之，福州閩清人，北宋著名經學家、禮學家。祥道位微，不登史傳，《宋史》僅在其弟陳暘傳後附載三十六字：「祥道，字用之。元祐中爲太常博士，終祕書省正字。所著《禮書》一百五十卷，與暘《樂書》並行於世。」時人李廌所著《師友談記》「陳祥道賜緋旋卒」條稱陳祥道「明年（元祐八年，即一〇九三），……乃賜緋。衣四褛袍銀帶往謝禮部蘇尚書。……自賜緋，不餘旬而卒」。再結合時人秦觀《淮海集》卷四十《陳用之學士挽詞》、《宋史·蘇軾傳》，可知陳祥道卒於元祐八年。又南宋梁克家《淳熙三山志》稱陳祥道「卒年五十二」，可推知陳祥道生於一〇四二年。

祥道，英宗治平四年（一〇六七）許安世榜進士，「初仕時，父毆公人死，而祥道任其罪，久廢。中間爲太學博士，亦坐累」（《師友談記》「陳祥道賜緋旋卒」條）。哲宗元祐四年（一〇八九），詔爲太常博士，六年任秘書省正字，七年除館閣校勘。

《禮書》是陳氏竭盡心力的巨著，體大思精，卷帙浩繁。陳氏《禮書序》自言：「僅二十年，著成《禮書》，總一百五十卷。」陳氏仕宦短暫，故得以久專禮學，范祖禹稱「求之諸儒，未見其比」（《薦陳祥道禮官劄子》），李廌稱其「禮學通博，一時少及」（《師友談記》「陳祥道賜緋旋卒」條），從而爲著述奠定了堅實的基礎。就《禮書》内容而言，舉凡古禮之服飾、封建、耕藉、井田、賦税、宫室、視學、養老、玉瑞、宗法、冠婚、飲食、車馬、武備、旗幟、樂舞、喪葬，皆在其中，所謂「考六藝百家之文，以究先王禮樂之跡，凡寓於形名度數者，必辨其制；凡藏於道德仁義者，必發其藴」（《禮書序》）。陳氏之所以如此自信，就資料的蒐集而言，可謂完備：不僅詳考以三禮爲中心的六藝百家之文，且「先儒疏義，寸長片善，搜抉無遺」（林光大《禮樂書後序》），以至當時禮制，皆在其收羅範圍。陳氏尤其擅長通過資料的編排，探究禮制發展演變的軌跡，從而爲當時制禮提供參考，而這正是陳氏窮經著書的根本目的所在。陳氏書成，即得到了翰林學士許將、給事中范祖禹等人的讚賞，認爲較之前朝聶崇義《新定三禮圖》「尤爲精審該洽」（范祖禹《乞看詳陳祥道〈禮書〉劄子》），並極力向朝廷推薦，從而引起了朝廷的重視，「給筆吏於秘書，鳩續工於禁局，悉令傳録，上備覽觀」（陳祥道《進〈禮書〉表》）。《禮書》在陳祥道逝後的評價更是聲譽日隆，南宋晁公武在《郡齋讀書志》中説：「解《禮》之名物，且繪其象，甚精博。」陳振孫在《直齋書録解題》中説：「論辨詳博，間以繪畫。於唐代諸儒之論，近世聶崇義之圖，或正其失，或補其闕。」元虞集在《重刻禮樂書序》中説：「方是時，濂洛關西諸君子之言具在，學者得其説而有考於陳氏之書，則道器精粗兼備矣！」將其與濂洛關西相提並論。明張溥則在《樂書敘》中説：「陳氏之書，解名物，繪形象，折衷歷代諸儒言論與宋初聶崇義《禮圖》，正失補闕，既博而當，古今通禮，其在是乎。」又曰：「今幸二書尚存，朱爲本根，陳爲枝葉。有志者取義於文公，觀象於陳氏。」二書，朱子《儀禮經傳通解》與祥道《禮書》也，是又認爲《禮書》可與《儀禮經傳通解》相表裏。至於學術派别，按《四庫提要》之説，陳氏爲王安石之徒，故多掊擊鄭學，並舉廟制、禘祫圜丘、上帝五帝諸議題爲例。然細讀《禮書》，則知陳氏所論，雖每與鄭學相左，然大率以文獻爲依據而成一家之言，並非固持門户之見；亦不乏「義當從鄭氏之説」（《禮書》卷五十三）的地方。故《四庫提要》不得不承認：「然綜其大致，則貫通經傳，縷析條分，前説後圖，考訂詳悉。……則是書固甚爲當時所重，不以安石之故廢之矣。」故《禮書》在學術上有着深遠影響，後世學者在相關問題上對陳氏《禮書》的稱引可謂不厭其煩，典型的如宋衛湜《禮記集説》、宋馬端臨《文獻通考》、元方回《續古今考》、明邱濬《大學衍義補》、明王志長《周禮注疏删翼》、清秦蕙田《五禮通考》、清黄以周《禮書通故》等等。尤其是《五禮通考》、《禮書通故》，雖後出轉精，但皆爲步《禮書》後塵之作。

據《宋會要輯稿》、《續資治通鑑長編》載，元祐四年，祥道即著成《禮書》一百卷，次年又增至一百五十卷。先後經許將、范祖禹推薦，朝廷給筆札畫工録其書。

今所見《禮書》最早的刻本是元至正七年（一三四七）福州路儒學刻明修本（簡稱元本）。該本半頁十三行，行二十一字，注文小字雙行。此本之中國國家圖書館藏本曾作爲中華再造善本之底本。

清末藏書家李盛鐸藏有所謂宋刻元明遞修本，其著《木犀軒藏書題記及書録》載之。然此與元本實爲同板書，且印年更晚。此本缺頁甚多，經李氏抄配而補成完本。今藏北京大學圖書館。

又有日本東京大學東洋文化研究所藏本，原爲傅增湘舊藏。注記稱爲宋刊元修本，然與北京大學圖書館藏本比較，當係同板；缺頁大率相同，説明皆在此書之刻板遺失相同程度之後印刷。該本目録「第二十九卷」前缺失，此後至卷七，則異常清晰，墨色濃淡均衡，注記稱其爲補鈔，字跡同元本，當係影抄。

明末張溥刻本（簡稱明本），是元以後最重要的刻本。該本加有句讀，頗便閲讀。明本與元本最大的不同有二：一是元本禮圖在文中小題之後，明本則將禮圖及標題集中置於各卷之前或將全部禮圖及標題集中置於序目之後正文之前；二是元本於各卷正文前集中列出該卷中的小題以作小目，而明本則將小目删去。湖南圖書館藏有一明本，數卷之末皆墨書「康熙戊寅歲清和月古吴程氏騁懷書齋藏覽」一行，行末左側鈐陽文篆書朱印「受將」。按康熙戊寅是一六九八年，清和月即四月，古吴當指蘇州。程受將及騁懷書齋，未知其詳。該本扉頁，又鈐三陽文篆書朱印，曰「雲瑞堂珍藏印」、「子孫保之」、「歸求草堂重裝」；卷第一又鈐陽文篆書朱印「嚴長明校藏印」。嚴長明（一七三一——一七八七），字冬友，又字道甫，號用晦，清藏書家、文學家、金石學家。是此本先後經程受將、嚴長明收藏。書中有墨朱兩色批校，墨者當屬程氏，今簡稱程校；朱者當屬嚴氏，今簡稱嚴校。該本又有三處以藍色作校者，諒非程、嚴所爲，與程、嚴孰先孰後亦不得而知，今簡稱佚校。浙江大學圖書館亦藏有一明本（簡稱浙大明本），其卷一禮圖首頁鈐陰文篆書朱印「中容點勘」。中容，清末禮學大家孫詒讓字也。孫氏點勘，以朱筆爲之，或於字旁點句讀，或就字上添補更改，或於天頭地腳明引文、正訛誤。然實讀書過程中偶一爲之，並非全面系統的校勘；且間雜有對《禮書》觀點之申駁，亦非專門的校勘。校點中，我們對程校、嚴校、佚校、孫氏點勘均作了充分吸收。

《禮書》在清代之版本主要有二。一是《四庫全書》本（簡稱庫本），《增訂四庫簡明目録標注》云：「明張溥刊本。」是庫本所據乃明本，然因四庫體例而去其目録。二是嘉慶九年福清郭龍光校經堂刻本（簡稱嘉慶本）。此本亦據明本，唯禮圖及標題置於卷後。

就《禮書》版本之演變情況而言，以上已基本包括了主要的有代表性的版本。此次對《禮書》的校點，以《中華再造善本》影印國家圖書館藏元本爲底本。此本缺失漫漶之處，則以同板之北京大學藏本、東京大學藏本補描，但兩藏本抄配部分不作爲補描的依據。而以北京大學圖書館藏明本、文淵閣庫本和鄭州大學圖書館藏嘉慶本爲校本。偶有用浙大明本處，校語中則必加説明。

本書校點凡例如下：

一、底本與校本，數字每有大小寫之別，逕從底本，不出校。

一、句末語助，或有多寡之異，凡無關文義，一仍底本，不出校。

一、說、云、曰、言、稱、謂之類，校本時有與底本歧異者，一仍底本，不出校。

一、本書底本漫漶、印殘、漏印嚴重，凡此類，若諸校本無異且無誤，則徑據諸校本補，並置於六角括號〔〕中，不一一出校。

一、本書以「□」表示空缺一字或漫漶一字。

一、底本時有不當空格而空格者，或因自覺其衍而刮削去之，或因棗梨不堪刀刻而跳過，其無關宏旨者，逕刪，不出校。墨丁，不需補者，逕刪，不出校。

一、底本小題，出現在三處，即目録、卷首、文中，有些文中小題亦兼作禮圖標題。然三處小題，有此分彼合者，有此作正題而彼作副題者，有此有副題、注文而彼無副題、注文者，有多一字或少一字者，有文異而實同者，種種差別，不一而足。因此，小題雖互有出入，然非有實質區別、訛誤，則一仍其舊，不作互校，以存原貌。

一、明本、庫本、嘉慶本之小題及副題、注文，較底本每有增補，或無版本依據，然實能助明陳氏之意，故謹慎取用。

一、校本小題，各處或有差異，若統言某本，則各處相同；若單言某處，則他處有誤而不徵用也。

一、底本禮圖大多漫漶不清，如前所述，三校本中，明本是元以後最重要的刻本，庫本、嘉慶本所據皆爲明本，且明本亦清晰，故圖用明本。較之底本，校本圖上每增加有説明性文字，遇即出校説明。偶有不用明本而用底本、嘉慶本者，亦出校説明。若底本圖、嘉慶本、庫本圖與明本圖差異較大，則並置，出校説明。

本書校點，原本由先師楊天宇先生承擔。先師校點進行至第一百二十七卷（唯第一百一十七卷未校點），榮歸天家。我貂續完成了第一百一十七卷、第一百二十八卷至第一百五十卷的校點，並覆閲了先師校點部分。雖事師有年，繼任此任務後，又對先師校點部分進行了認真學習，用數年時間勉力完成了《儒藏》的校點任務。成稿過程中得到了諸多師友的鼎力相助，尤其華東師範大學張文先生通審全稿，指出並修改了原書的不少錯誤，在此一併致以謝忱！當然，《禮書》一書校點難度大，而且此爲該書的第一次校點，因此書中一定還存在不少疏漏之處，一切責任自當由我承擔，盼請諸位專家學者指正。

校點者　楊天宇　梁錫鋒

元刻禮書序

余　載

天地高卑□□□□□□□□□□□□無窮。❶聖人法天地，□□□□□□□□而使之安，防其情而使之不亂，□□□所由興焉。《記》曰：「大樂與天地同和，大禮與天地同節。」謂禮樂之本也。吉凶軍賓嘉之儀式，五聲八音十二律之□□，禮樂之文也。本蓋百世不易之制□□□時此二帝三王之同於治也□□□□上替下僭、攻奪簒弑之相仍，而禮樂□□□矣！

仲尼無位不□□□□□杞宋之衰惜陽襄之去其文□□□□□□秦燔以後禮樂無書，博士□□□□□□學臆説，言人人殊，叔孫行之□□□□□曹褒議之而不行，茫茫宇宙□□□□□用者一千年矣。安得夢寐中□□□□□宋元祐間三山陳祥道作《禮書》□□□□□氏之言而得其制度□□□□□□□□會同之禮□□□□□□□□□□□□□車旗服器之制，靡不悉備。他日，其弟暘又作《樂書》，定五聲十二律之本，二變四清之辯，雅夷邪正之分，粲然明白，成一家言。惜時尚安石新説，二書雖出，竟未有傳習之者。皇元積德百有餘年，聖上鋭意中古禮樂之治。儒臣行四方購求遺書不知幾人，而二陳之書莫有知者。晉

❶「天地高卑」至「車旗」，底本脱頁，今據復旦大學圖書館藏同板書補。然其上，復旦本猶有脱頁。

寧趙公宗吉來僉閩憲，求二書於民間，二年而始得之，送郡學官。方鳩工鋟梓，而趙公移節浙右。繼是經歷，前進士達君可行、知事前國學貢士張君允中取而繙閱之，曰：「是大有益於制作者，豈可使之没没耶？」爰命前國學貢士福州路府判官保奉訓董其事，郡學正林天質會諸儒相與校讎而完成之。是歲仲秋釋奠之前一日，翰林學士臨川邵庵虞先生序成，將命適至。嗟夫，作者不蘄人之知，知之者常在百世之後。二書不行於昔，而行於文明盛時，豈偶然哉！必有服習而得其説以贊聖代之制作者，非曰小補云爾。《禮書》凡一百五十卷，《樂書》凡二百卷。至正七年龍集丁亥八月，三山後學余載謹序。

元重刻禮樂書序

虞　集

自古帝王之爲治，禮樂其具也，政刑所以輔其成者歟？仲尼之言爲邦，夏時也，殷輅也，周冕也，韶舞也。放鄭遠佞，其政刑之所以行歟？故先儒之言曰：「有《關雎》、《麟趾》之化，而後可以行《周官》之法度。」《周官》之法度政刑也，《關雎》、《麟趾》之意，其禮樂之本歟？秦漢而下有天下者，於禮樂乎何有？而所謂政刑者，豈必出於天理人心之中正者哉？是以昔人深歎乎百世之無善治也。我皇元太祖皇帝受天命以興，列聖繼作，至於世祖皇帝，一統天下，立朝廷，定制度，以御萬方。郊廟社稷之祀享，朝廷之會同，斟酌前代衣服鼎俎之制，金石羽佾之節，以奉於天地神祇祖宗，以合其宗王臣鄰百官及四方之來賓者，駸駸乎禮樂之殷矣。然而喪亂既久，生息未復，舊染之俗未盡變通，乃建郡縣，置守令，托之以民社，統之以方伯連率，聯絡周密，治法脩明，而又寄耳目於御史之臺，分中外爲廿四道，稽諸近代置提刑按察之官，蓋將約其民而使盡協於中者矣。後又易提刑爲肅政，其意豈不欲刑錯不用，率之以正而民無不正焉。噫！禮樂其在是矣。閩爲東南文物富庶之邦，其部置憲踰六十年，吏民之所共識者，其長貳數有儒臣來居，以治教之，所以仰體聖心於行事之間者，亦莫不盡其思矣。今皇上如天之仁，覆育寰宇，功成治定，殷薦崇配，固其時乎。耳目親切之司，❶豈有内外之間哉。去年，僉憲前進士趙君承禧宗吉，始欲發明其微而推充之，乃得故宋太常博士陳祥道所著《禮書》與其弟暘所進《樂書》，送郡學官刻而傳之。方鳩工，而趙君移節浙右，於是經歷前進士達理惟實可行、知事前國學貢士張君汝遴允中相與讎校而完成之。二君與趙君之意，所以見憲府設官之本旨，而欲贊成聖治於今日者也。乃使郡儒學訓導韋泰訪集於臨川山中，而使之敘焉。夫禮樂之事大矣，三君子之心至矣，集何以言之哉。切嘗論之，歷代之史載，其所謂禮樂者，略可見焉。《唐開元禮》盛矣，宋承五季之後，禍亂粗息，乃敕劉温叟、李昉等損益開元之書，爲《開寶通禮》。嘉祐、治平間，❷姚闢、蘇洵修太常，檢討以成，而陸佃、張璪之所定也。議者以爲簡繁失中，又或以爲雜出衆手，❸其論蓋未定也。而陳氏之言曰：「考六藝白家之文，❹以究先王禮樂之跡，辨形名度數之制，發仁義道德之藴。」凡廿年而後成，可謂勤矣。進書在元祐更政之初，其有待而發者歟？或曰陳氏之爲書，因聶崇義之圖，辨疑補闕，采繪尤精。書存繪本，不甚傳於世，爲可惜也。方是時，濂洛關西諸君子之言具在，學者得其説而有考於陳氏之書，❺則道器精粗兼備矣！若夫樂之爲説，尤有感於陳氏之言焉。其曰中則和，過則淫。斯言也，先王復興，不可易也。宮商角

❶「目」，原誤作「曰」，今逕改。
❷「間」，原誤作「開」，今逕改。
❸「手」，原誤作「乎」，今逕改。
❹「考」，原誤作「孝」，今據陳氏《〈禮書〉序》改。
❺「而」，原誤重，今删其一。

徵羽，五聲之正也。角之於徵，羽之於宮，其間音節既遠，故上下之間有變宮變徵之設，二變之終不復可生，是以二變不可無，而七均備矣！十二律各有宮商角徵羽之調，而非二變不足以成，自然之理，殆不可易。是故宋之議樂也，急於中聲之求，而七均以成調者無所議也。❶舊法以黍定尺，以尺定律。王樸用縱黍定尺，❷而管之容黍爲有餘。胡瑗用横黍定尺，而管之容黍爲不足。且黍之生，豐凶大小不可齊也。故范鎮之爲雅樂亦不可定。然則中之不可得，而過不及之差，誠有如陳氏之所憂者，而陳氏之説獨於二變四清之聲是去者，其必有特見矣哉。蓋其書見於建中靖國之年，時君方自聖，以聲爲律而身爲度。二變之外，四清之餘，不復可理，怨思哀怒之交作，無以爲國。而陳氏之説，孰與之施行哉，此又大可慨者也。二書之出，學士大夫好古博雅者，必將致其問學焉。國家有大制作，將有徵於諸生，二書不虛作，而三君之志得矣。是爲敘。雍虞集書。

❶「七」，原誤作「士」。按前言「七均備矣」，今據文意改。

❷「黍」，原誤作「柰」，當是形近於「黍」之異體「黍」、「桼」而訛也。王樸以黍定尺，文獻多有記載，如《舊五代史·樂志》載王樸「依周法以秬黍校定尺度」。今據改。

進禮書表

臣某言：❶隆禮興樂，聖人之極功；窮經著書，儒者之本務。顧惟嵬瑣之末學，曷究情文之大端。愧無補於涓埃，徒有塵於旒纊。臣誠惶誠懼，頓首頓首。竊以先王建法，本情性以導民；中古右文，師典常而經國。卑高貴賤，焕然有辨；因革損益，卓爾不膠。車書一而風俗同，上下和而神人洽。兹三王甚盛之舉，實百代無前之休。季世以還，舊章無幾，禮或求之於野，官或訪之於夷。卑論發於炎劉，高談起於東晉。加以累世之敝俗，競煽一時之澆風。千載寥寥，不聞復古。諸儒籍籍，聚訟至今。道豈終虛，理固有待。光興聖祚，大振人文。冠偉蹟於百王，揭休聲於七葉。迄成帝業，以翼孫謀。恭以太皇太后陛下至仁如天，厚德配地。皇帝陛下睿謀神畀，孝治日躋。增隆積累之基，潤色泰平之化。收功制作，留意討論，廣開宸聰，過采士議。謂臣久專禮學，粗成家言，給筆吏於秘書，鳩績工於禁局，悉令傳録，上備覽觀。雖盛德涵容，不棄陋儒之糟粕，然終篇蹇淺，曷裨聖作之丹青。臣無任。左宣義郎太常博士臣陳祥道上進。❷

❶「某」，嘉慶本作「祥道」。

❷「左宣義郎太常博士臣陳祥道上進」，原無，爲明本、嘉慶本所增。

禮書序

左宣義郎太常博士臣陳祥道上進

先王之治，以禮爲本。其宮室、衣服、車旗、械用有等，其冠婚、喪祭、朝聘、射御有儀。即器以觀理，無非法象之所寓；即文以觀義，無非道義之所藏。使人思之而知所以教，守之而知所以禁。奢者不得騁無度之心，儉者不得就苟難之節，奇者不得以亂常，邪者不得以害正，此上下所以辨而民志所以定也。晚周而下，道散於異政之國，法亡於殊俗之家，君子不得以行禮，小人得以行非禮。故兩觀大路，朱干玉磬，天子之禮在諸侯；塞門反坫，素衣朱襮，諸侯之禮在大夫。繇是先王之制浸以掃地，天下學者亦失其傳。故隨武子不知殽烝，孟僖子不知相禮，范獻子不知問諱，曾子不知奠方，魯不知尚羔，衛不知立市，則時之知禮者，蓋亦鮮矣。漢興，叔孫通之綿蕝禮儀，徒規當時之近功，而其法失於太卑；齊魯二生之論禮樂，必期百年然後興，而其言失於太高；賈誼有脩禮之志而困於絳灌，曹褒有定禮之議而沮於酺敏。傅咸極論於晉而誚於流俗，劉蕡發策於唐而棄於一時。繇漢以來，千有餘載，其間欲起禮法於其上者非一君，欲成禮法於其下者非一臣。有是君而下之人不足以副之，則禮之道終不明；有是臣而上之人不能任之，則禮之事終不行，此尨政薄俗所以繼作，而唐虞三代之治不復見也。今上有願治隆禮之君，下有博古明禮之臣，都俞賡歌於廟堂突奧之間，四方萬里涵泳德化制作之盛，在此時矣。臣位卑學淺，何敢望裨萬一。然嘗攷六藝百家之文，以究先王禮樂之跡，凡寓於形名度數者，必辨其制；凡藏於道德仁義者，必發其藴。僅二十年，著成《禮書》，總一百五十卷。其於歷代諸儒之論，近世聶崇義之《圖》，或正其所失，或補其所闕，庶幾古人之髣髴，可以類推而見之。藏諸巾衍，非敢以施當代。豈謂伏蒙太皇太后陛下、皇帝陛下曲加采聽，特給筆札，俾寫上進。臣自惟淺陋，固不足以承寵靈、備甄録，姑塞明昭而已。臣謹序。❶

❶「臣」下，明本增「陳祥道」三字，嘉慶本增「祥道」二字。

禮部牒文

尚書禮部近准建中靖國元年正月九日敕中書省，禮部侍郎兼侍讀、實録修撰趙挺之劄子奏：臣聞六經之道，禮樂爲急，方當盛時，所宜稽考情文，以飾治具，然非博洽該通之士莫能盡也。臣竊見祕書省正字陳暘著成《樂書》二百卷，貫穿載籍，頗爲詳備。陳暘制策登科，其兄祥道亦著《禮書》，講閱古今制度曲盡。元祐中，嘗因臣寮薦舉，蒙朝廷給筆札畫工，録其書以付太常寺。今暘所著《樂書》卷帙既多，❶無力繕寫以進。臣欲乞依祥道例，特賜筆吏畫工三五人，寫録圖畫進獻，如蒙聖覽，以爲可采，乞付太常寺與祥道所著《禮書》同共施行。取進止。正月八日，三省同奉聖旨依奏，本部尋下太常寺抄録到。元祐四年十二月二十三日敕中書省，臣寮上言，曾論奏乞朝廷量給紙札及差楷書畫工等付太常博士陳祥道録進《禮書》，未蒙降敕指揮。方今朝廷講修治具，以《禮書》爲先。臣切知所撰《禮書》，累歲方成，用功精深，頗究先王之蘊。然而卷帙浩大，又圖寫禮器之屬不一，祥道家貧，無緣上進。伏望聖慈，特降指揮，量給紙札，並差楷書三五人、畫工一二人，付祥道處，俾圖録進，以備聖覽，必有所補。取進止。十二月二十二日，三省同奉聖旨依奏。內楷書許差三人，畫工一人。須至公文，牒

❶「帙」，原誤作「秩」，今逕改。

請照會施行。謹牒。

建中靖國元年正月二十七日

目録

天子諸侯始冠之冠❶　諸侯士齊冠❷　子姓冠　既祥冠

第十卷

惰游冠　不齒冠　大白冠　黄冠黄衣　深衣　長衣

第十一卷

中衣諸侯　大夫士　衽　纚　髦角羈　總組　總　錦總　布總　明衣裳

第十二卷

裘制　黼裘　羔裘　麛裘　鹿裘

第十三卷

狐白裘狐青裘　黄衣狐裘　貍裘　虎裘狼裘　熊裘羆裘

第十四卷

帶天子素帶　諸侯素帶　大夫素帶　士練帶　革帶　居士錦帶弟子縞帶

第十五卷

深衣帶　童子錦紳　鞶鑑　率帶　布帶　舄王冕服赤舄　皮弁白舄　冠弁黑舄　后褘衣玄舄　揄狄青舄　闕狄赤舄　鞠衣黄屨　展衣白屨　褖衣黑屨

第十六卷

繶　絇　純　綦　鞮屨　用屨脱屨之節❸　韈　童子服屨

第十七卷

后服褘衣　揄狄　闕狄　鞠衣　展衣　褖衣　褖衣士褖衣

第十八卷

宵衣　袗衣❹　景衣褧衣　副編次　纚笄

❶「天子諸侯始冠之冠」，明本、嘉慶本作「天子始冠之冠」，而以「諸侯始冠之冠」爲副題。

❷「諸侯士齊冠」，明本、嘉慶本作「諸侯齊冠」，而以「士齊冠」爲副題。

❸下「屨」，原誤作「履」，今據卷首小目、文中小題改。

❹「袗衣」，明本、嘉慶本作「袗玄衣」。

❶「諸侯大夫佩」，明本、嘉慶本分作「諸侯佩」、「大夫佩」兩小題。

❷「削刀」之「刀」，明本、嘉慶本無。

耕藉 耕車❶ 耕壇 先農壇 神倉倉
人耦牛耦 土牛
第三十卷
后躬蠶 公桑蠶室 薦鞠衣之禮 后乘
翟車 先蠶壇 躬桑壇 蠶月 曲植
第三十一卷
千乘之國 諸侯附庸 圭田
第三十二卷
禹貢五服周九服 侯國采邑貢賦之法 賦
税征斂之辨
第三十三卷
力政以旗致民 以旟致民 方伯連帥之職
軍制 羨卒
第三十四卷
九州 九州所宜 五地所宜 十二分
第三十五卷
《尚書》中星圖 《月令》中星圖 《月令》
二十四氣圖 《挈壺氏》刻漏圖❷
第三十六卷
璿璣玉衡 測景圖土圭❸ 致日月之法
十日 十二風 水平法爲規識日法
第三十七卷
天子五門路門 應門 皋門 雉門 庫門 觀門❹ 屏廟屏 諸侯三門❺
第三十八卷
天子三朝外朝 治朝 内朝 諸侯三朝附 視朝退朝之禮 卿大夫二朝内朝 外朝 王后夫人朝

---

❶「車」，原誤作「田」，今據卷首小目、文中小題、明本、嘉慶本改。

❷上四「圖」字，明本、嘉慶本無。「刻漏」，明本、嘉慶本作「漏刻」。

❸「圖」，明本、嘉慶本無。

❹「觀門」，明本、嘉慶本無。

❺「諸侯三門」，明本、嘉慶本在小題「屏」上。

❶「盟詛」，原在「聘儀」下，今據卷首小目次序、文中小題次序、明本、嘉慶本乙至此。又「盟詛」，明本、嘉慶本作「盟詛附」，且「詛附」爲副題。

❷「頖宮」，明本、嘉慶本作「學」。

❶「瑑璧」下，明本增副題「瑑琮」。

❷「旌節」、「管節」，明本、嘉慶本作「管節」、「旌節」。

❸「璽」，明本、嘉慶本作「璽書」。

❹「守瘞」下，明本、嘉慶本增副題「瘞」。

第六十卷
贄❶　鬯　皮帛虎皮　豹皮　孤　羔鴈❷
第六十一卷
士昏贄鴈　雉腒❸　鶩雞童子贄附❹　野
外軍中贄纓　拾　矢　婦人贄〔笲〕
第六十二卷
大宗　小宗　有小宗無大宗有大宗無小宗
有無宗亦莫之宗　辨嫡上　辨嫡下　姓族氏❺
第六十三卷
九族　三族　宗族　族燕之禮　族飫
之禮
第六十四卷
冠禮儀❻　士冠筮日之儀　陳服設筵加
冠之儀❼　孤子冠　庶子冠　醴醮儀❽
醴賓
第六十五卷
婚禮　納采問名　納吉納徵　請期
親迎
第六十六卷
婦見舅姑禮　醴婦饗婦禮　舅姑饗送者
姪娣媵❾　致女　還車之禮　婚姻之時
第六十七卷
廟制　天子七廟　諸侯五廟　附庸五廟
大夫三廟　適士二廟❿　官師一廟⓫

❶「贄」，明本、嘉慶本作「贄儀」。
❷「羔鴈」，明本、嘉慶本分作「羔」、「鴈」兩小題。
❸「雉腒」，明本、嘉慶本分作「雉」、「腒」兩小題。
❹「鶩雞」，明本、嘉慶本分作「鶩」、「雞」兩小題。
❺「姓族氏」，明本、嘉慶本作「姓氏族」。
❻「禮儀」，明本、嘉慶本無。
❼「筵」下，明本、嘉慶本增「及」字。
❽「儀」，明本、嘉慶本無。
❾「姪娣媵」，明本、嘉慶本作「媵姪娣」。
❿「適士二廟」，原脱，今據卷首小目、文中小題、明本、嘉慶本補。
⓫「官師一廟」，原作小字，今據卷首小目、文中小題、明本、嘉慶本改作大字。

第六十八卷
壇墠　不遷之廟　王者立四廟　廟位
第六十九卷
大寢小寢　廟飾　寢廟薦新上　寢廟薦新下　庶人祭於寢　昭穆
第七十卷
虞主　吉主　師行載主　祏　匰　坫
第七十一卷
禘祫上　禘祫下
第七十二卷
時祭之祫　月祭時享　三代祭時　天子諸侯大夫卜祭❶　卜郊
第七十三卷
六龜　燋楚焞　卜法　蓍筮法　蓍櫝畫爻木　卦板❷　春秋筮法附　繫幣
第七十四卷
戒誓　王齊宮　后齊宮　齊服　尸
第七十五卷
牧牲官　卜牲卜免牲❸　養牲　三牢　飾牲
第七十六卷
用牲之别　省牲迎牲殺牲之儀　互盆簝❹
第七十七卷
骨體　血腥爓熟　舉肺　祭肺
第七十八卷
大夫士肵俎❺　腸胃膚　脯　腊

❶「天子諸侯大夫卜祭」，明本、嘉慶本分作「天子諸侯卜祭於廟堂」、「大夫卜祭於廟門」兩小題。
❷「卦板」，明本、嘉慶本作正題，以下「春秋筮法附」作副題。
❸「卜免牲」，明本、嘉慶本作副題。
❹「互盆簝」，明本、嘉慶本分作「互」、「盆」、「簝」三小題。
❺「大夫士肵俎」，明本、嘉慶本分作「大夫肵俎」、「士肵俎」兩小題。

❶「大夫士饋食儀」，明本、嘉慶本分作「大夫饋食儀」、「士饋食儀」兩小題。

❷「陰厭陽厭」，明本、嘉慶本分作「陽厭」、「陰厭」兩小題。

❸「五齊三酒」，明本、嘉慶本分作「五齊」、「三酒」兩小題。

❹「鬱鬯秬鬯」，明本、嘉慶本分作「鬱鬯」、「秬鬯」兩小題。

❺「六飲五飲」，明本、嘉慶本分作「六飲」、「五飲」兩小題。

❻「五獻七獻」，原作「五七獻」，且「五」、「七」作并列小字，下共一「獻」字，是「獻」字兩屬。卷首小目，明本、嘉慶本作「五獻七獻」。今改爲單行，據上「一獻三獻」之文例、卷首小目、明本、嘉慶本改作「五獻七獻」。

❼「大夫士餕禮」，明本、嘉慶本分作「大夫餕禮」、「士餕禮」兩小題。

❽「祭日祊明日祊」，明本、嘉慶本分作「祭日祊」、「明日祊」兩小題。

❶「圜」，原誤作「郊」，今據卷首小目、庫本改。明本、嘉慶本作「圓」。

❷「祇」，卷首小目、文中小題、明本、嘉慶本作「示」。

❸「社」，原誤作「祀」，今據卷首小目、文中小題、明本、嘉慶本改。

❹「社」，原印殘，今據正文文意補。「國社」，明本、嘉慶本作「諸侯社稷」。

❺「市」，原誤作「帀」，今據卷首小目、文中小題、明本、嘉慶本改。

❻「臘」，原作大字正題。按下有「附」字，則此必當爲小字副題。今據明本、嘉慶本改作小字。

❼「山罍」，原在「大罍」下，且單獨作一小題，今據卷首小目、明本、嘉慶本、明本文中小題次序、嘉慶本文中小題次序乙至此。

圜壺　方壺　廢禁　棜豐❶　彝舟

第九十八卷

琖　斝　爵　觚　觶　角　散

第九十九卷

觥　勺龍勺　疏勺　蒲勺　樿勺　斗　鼏鼎

鼐　鉶

第一百卷

冪束冪　編冪　扃大扃　小扃　巾疏布巾　畫布巾　籩豆巾兼巾　梡嶡椇房俎

第一百一卷

敦❷　廢敦　簠簋　豆　籩　竹簋方

登　雕匴

第一百二卷

鑊錡釜鍑　鬲　甗甑　匕黍匕❸　〔桃〕匕　疏匕　桑匕

第一百三卷

棘畢　桑畢　醴柶　鉶柶　鼓　概　鬴

《考工記》鬴　《律曆志》鬴❹

第一百四卷

洗罍槃匜枓盆❺　筥　篋　笲　簞　笥

匴

第一百五卷

射儀　侯制　天子三侯虎　熊　豹

第一百六卷

畿內諸侯熊侯　豹侯　畿內卿大夫麋侯

畿外諸侯大侯　干侯　參侯　天子虎　熊　豹侯

五正　諸侯熊侯　豹侯三正　大夫麋侯三正士

---

❶「棜豐」，明本、嘉慶本作「棜禁」、「豐」兩小題。

❷「敦」下，明本、嘉慶本增副題「虞敦」、「玉敦」、「金敦」。

❸「黍匕」，明本、嘉慶本作「黍稷匕」。

❹「曆」，原作「歷」，今改之。後此意作「歷」者逕改作「曆」，不出校。

❺「枓」，原誤作「料」，今據卷首小目、文中小題、明本、嘉慶本改。

❶「大夫麋侯三正士豻侯三正」，明本分作「大夫麋侯三正」、「士豻侯二正」兩小題，然「二」字誤也，實當作「三」。

❷「侯」下，明本增「禮」字。

❸「厹」，原誤作「厷」，今據文中小題、明本、嘉慶本改。

❹「甲釬甲裳」，明本、嘉慶本分作「甲」、「釬」、「甲裳」三小題。

❶「上下相生」與「左右相生」原小字並列，下共一大「圖」字，是「圖」字兩屬，今改爲單行，故分於兩處。

❷「管」，明本、嘉慶本作「律管」，且以「管説附」爲副題。

❸「人鬼」，明本、嘉慶本作副題。

❹「鍾虡磬虡」，明本、嘉慶本分作「鍾虡」、「磬虡」兩小題。

❺「土鼓蕢桴」，明本、嘉慶本分作「土鼓」、「蕢桴」兩小題。

❻「靁鼓靈鼓路鼓」，明本、嘉慶本分作「靁鼓」、「靈鼓」、「路鼓」三小題。

❼「柷敔止籈」，明本分作「柷」、「敔」、「止」、「籈」四小題。

❽「鄉飲樂」，明本、嘉慶本作正題。

❶「之儀」，原作小字，今據卷首小目、明本、嘉慶本改作大字。

❷「大閱治兵之旗」，明本、嘉慶本作「大閱之旗」，而以「治兵之旗」爲副題。

❸「旞旌」，明本分作「旞」、「旌」二小題。

❶「臨車」下，明本、嘉慶本有副題『衡車』。

❷「馹車」，明本、嘉慶本作「驛車」。

❸「轛軨」，原空缺，今據文中小題、明本、嘉慶本補。「較軾轛軨」，明本作「輿」之副題。

❹「禹乘四載」，文中小題亦有之，然據正文内容，疑爲衍文。「輴」上，原有空格，今據明本、嘉慶本删。

❺「齊衰制」，原脱，今據卷首小目、文中小題、明本、嘉慶本補。然明本、嘉慶本「齊衰制」作「斬衰制」副題而非并列正題。

括髪　免　髽　笄　杖竹杖　削杖

第一百五十卷

絰帶　絞帶　衰辟領負板之制　倚廬堊室　貴賤疏親廬堊室之辨　含襚賵賻贈之別　從服

禮書卷第一

冕服　十二章之服　大裘而冕　衮冕　鷩冕

冕　服

《書》曰：「天命有德，五服五章哉。」又曰：「予欲觀古人之象，日、月、星辰、山、龍、華蟲作會，宗彝、藻、火、粉米、黼、黻絺繡，以五采彰施于五色作服，汝明。」孔氏曰：「日、月、星爲三辰。宗廟彝尊亦以山、龍、華蟲爲飾。火爲火字，粉若粟冰，米若聚米，黼若斧形，黻爲兩己相背。葛之精者曰絺，五色備曰繡。」《周禮·典絲》：「凡祭祀，共黼畫組就之物。」《典命》：「上公九命，其衣服以九爲節；侯伯七命，其衣服以七爲節；子男五命，其衣服以五爲節。王之三公八命，其卿六命，其大夫四命，及其出封，皆加一等，其衣服亦如之。公之孤四命，以皮帛視小國之君，其卿三命，其大夫再命，其士一命，其衣服各視其命之數。侯伯之卿、大夫、士亦如之。子男之卿再命，其大夫一命，其士不命，其衣服各視其命之數。」《司服》：「掌王之吉凶衣服，辨其名物與其用事。王之吉服：祀昊天上帝則服大裘而冕，祀五帝亦如之；享先王則衮冕；享先公、饗、射則鷩冕；祀四望、山川則毳冕；祭社稷、五祀則希冕；祭群小祀則玄冕。❶鄭氏曰：「古天子冕服十二章，至周而以日月星辰畫於旌

❶「玄」，原避宋太祖趙匡胤始祖趙玄朗偏諱而缺末筆，今補正。下同。

旗，所謂『三辰旂旗，昭其明也』。而冕服九章，登龍於山，登火於宗彝，尊其神明也。九章，初一曰龍，次二曰山，次三曰華蟲，次四曰火，次五曰宗彝，皆畫以爲繢；次六曰藻，次七曰粉米，次八曰黼，次九曰黻，皆希以爲繡。則袞之衣五章，裳四章，凡九也；鷩畫以雉，謂華蟲也，其衣三章，裳四章，凡七也。毳畫虎蜼，謂宗彝也，其衣三章，裳二章，凡五也；希刺粉米，無畫也，其衣一章，裳二章，凡三也。玄者，衣無文，裳則刺黻而已，是以謂玄焉。凡冕服皆玄衣纁裳。」公之服，自袞冕而下，如王之服；侯伯之服，自鷩冕而下，如公之服；子男之服，自毳冕而下，如侯伯之服；孤之服，自希冕而下，如子男之服；卿大夫之服，❶自玄冕而下，如孤之服；士之服，自皮弁而下，如大夫之服。凡大祭祀、大賓客，共其衣服而奉之。」《弁師》：「掌王之五冕，皆玄冕、朱裏、延、紐，五采繅十有二就，皆五采玉十有二，玉笄，朱紘。諸侯之繅斿九就，瑉玉三采，其餘如王之事。繅斿皆就，玉瑱，玉笄。諸侯及孤卿大夫之冕、韋弁、皮弁、弁絰，各以其等爲之，而掌其禁令。」《節服氏》：「掌祭祀、朝覲袞冕，六人維王之大常。諸侯則四人，其服亦如之。郊祀裘冕，二人執戈，送逆尸從車。」《行人》：「以九儀辨諸侯之命，等諸臣之爵，以同邦國之禮，而待其賓客。上公之禮，冕服九章；侯伯，冕服七章；子男，冕服五章。」《考工記》曰：「白與黑謂之黼，黑與青謂之黻，五采備謂之繡。土以黃，其象方，天時變。火以圜，山以章，水以龍，鳥、〔獸〕、蛇。」《禮記·王制》曰：「制：三公一命卷，若有加，則錫也，不過九命。有虞氏皇而祭，深衣而養老；夏后氏收而祭，燕衣而養老；商人冔

❶「卿」，原無，今據《周禮·典命》及本書卷三兩次同引補。

而祭，縞衣而養老；周人冕而祭，玄衣而養老。」《禮運》曰：「五色、六章、十二衣，還相爲質也。」「冕、弁、兵革藏於私家，非禮也。」《家語》作「兵車」。❶《禮器》曰：「管仲鏤簋、朱紘，君子以爲濫矣。禮有以文爲貴者：天子龍衮，諸侯黼，大夫黻，士玄衣纁裳；天子之冕，朱緑藻，鄭氏曰：「朱緑似夏商禮，周禮天子五采藻。」十有二旒，諸侯九，上大夫七，下大夫五，士三。此以文爲貴也。」《郊特牲》曰：「祭之日，王被衮以象天；鄭氏：「謂有日月星辰之章。此魯禮也。周祀昊天上帝則大裘而冕。」戴冕璪十有二旒，則天數也。」《玉藻》曰：「天子玉藻，十有二旒，前後邃延，龍卷以祭。玄端而朝日於東門之外，聽朔於南門之外。諸侯玄端以祭，裨冕以朝。」《學記》曰：「不學雜服，不能安禮。」《明堂位》曰：「君衮冕立于阼，夫人副褘立于東房。」「冕而揔干，率其群臣，以樂皇尸。王后蠶於北郊，以共純服；夫人蠶於北郊，以共冕服。」《祭義》曰：「易抱龜南面，天子卷冕北面。天子爲籍千畮，冕而朱紘，躬秉耒；諸侯爲籍百畮，冕而青紘，❷躬秉耒。」《樂記》曰：「食三老五更於大學，天子袒而割牲，執醬而饋，執爵而酳，冕而揔干，所以教諸侯之弟也。魏文侯曰：『吾端冕而聽古樂。』武王克商，散軍而郊射，裨冕，搢笏，而虎賁之士説劍也。」《雜記》曰：「大夫冕而祭於公，弁而祭於己；士弁而祭於公，冠而祭於己。公襲卷衣一，玄端一，朝服一，素積一，纁裳一，爵弁二，玄冕一，褒衣一。」《哀公問》曰：

❶「家語作兵車」，原誤作大字正文，今據嘉慶本改作小字注文。嘉慶本於「家語」前增「兵革」二字。

❷「紘」，原誤作「絃」，今據明本、庫本、嘉慶本及本書卷五兩次同引、卷二十九同引、《禮記・祭義》改。

「冕而親迎。」《郊特牲》曰：「玄冕齋戒，鬼神陰陽也。周弁，商冔，夏收。朱干設鍚，冕而舞《大武》，諸侯之僭禮也。」《明堂位》曰：「朱干玉戚，冕而舞《大武》；皮弁素積，裼而舞《大夏》。」《曾子問》曰：「大祝裨冕。諸侯將適天子，冕而出視朝。」《詩・大車》曰：「毳衣如菼。」「毳衣如璊。」《終南》曰：「黻衣繡裳。」《九罭》曰：「我覯之子，❶衮衣繡裳。」《采菽》曰：「又何予之，玄衮及黼。」《文王》曰：「厥作祼將，常服黼冔。」《韓奕》曰：「王錫韓侯，玄衮赤舄。」《論語》曰：「禹致美乎黻冕。」又曰：「麻冕，禮也；今也純，儉。」又曰：「服周之冕。」《周語》：「單襄公曰：『陳侯棄衮冕而南冠以出，不亦簡彝乎。』」又曰：「襄王使大宰賜晉文侯命，晉侯端冕以入武宮，太宰以王命命冕服。」《魯語》：「公父文伯之母曰：『王后親織玄紞，公侯之夫人加之以紘、綖，卿之内子爲大帶，命婦成祭服，列士之妻加之以朝服。』」《世本》曰：「黄帝作冕服。」《史記》曰：「放勛黄收純衣。」《大戴禮》曰：「公冠四加玄冕。《家語》同。黄帝黼黻，大帶。」《家語》曰：「黄帝與炎帝戰，克之，始垂衣裳作黼黻。」又曰：「將郊，天子皮弁以聽祭報。郊之日，天子大裘以黼之，被裘象天。既至泰壇，王脱裘矣，服衮以臨燔柴，戴冕璪十有二旒，則天數也。」《左傳》：「臧哀伯曰：『衮、冕、黻、珽，帶、裳、幅、舄，衡、紞、紘、綖，昭其度也；火、龍、黼、黻，昭其文也。』」桓二年。❷「公與公冶冕服，「以卿服之冕賞之。」及疾，聚其臣曰：『我

❶「覯」，原避宋高宗趙構嫌名作「御嫌名」，今回改。

❷「桓」，原避宋欽宗孝慈淵聖皇帝趙桓諱作「淵聖御名」，今回改。「桓」下，明本、庫本、嘉慶本增「公」字。

死，必無以冕服斂，非德賞也。』」襄二十九年。「子太叔曰：『爲九文、六采、五章以奉五色。』」昭二十五年。伐楚之役，許男卒而以衮衣斂。《穀梁》曰：「弁冕雖舊，必加於首。」《公羊》曰：「已練，可以弁冕。」荀卿曰：「天子袾裷衣冕，諸侯玄裷衣冕。」又曰：「天子山冕，諸侯玄冠。」《爾雅》曰：「黼黻，彰也。」又曰：「衮，黻也。」《書大傳》曰：「天子衣服，其文華蟲、作繢、❶宗彝、藻火、山龍；諸侯，作繢、宗彝、藻火、山龍；子男，宗彝、藻火、山龍；大夫，藻火、山龍；士，山龍。」又曰：「山龍，青也；華蟲，黃也；作繢，黑也；宗彝，白也；藻火，赤也。天子服五，諸侯服四，❷次國服三，大夫服二，士服一。」鄭氏曰：「玄或疑焉。」許慎曰：「衮龍繡於下幅，一龍蟠阿上鄉。」《後漢・輿服志》曰：「上古穴居而野處，衣毛而冒皮。後世聖人觀翬翟之文，榮華之色，乃染帛以效之，成以爲服。見鳥獸有冠角髯胡之制，遂作冠冕纓蕤，凡十二章。至周九章。秦滅去禮學，郊祀之服皆以袀玄。蔡氏《獨斷》曰：「袀，紺繒也。」《吴都賦》曰：「袀，皁服也。」❸漢承秦故，至顯宗，初服旒冕，衣裳文章，赤舄絇屨，衣裳玄上纁下。乘輿備文，日、月、星辰十二章，三公諸侯用山龍九章，九卿以下用華蟲七章，皆備五采，大佩，赤舄絇履，以承大祭。冕冠，垂旒，前後邃延，玉藻。孝明皇帝永平二年，初詔有司采《周官》、《禮記》、《尚書・皐

❶「繢」，原誤作「績」，今據明本、庫本、嘉慶本及本卷下文改。

❷「四」，原誤作「也」，今據明本、庫本、嘉慶本及本書卷三同引改。

❸「蔡氏」至「皁服也」，原誤作大字正文。此乃《後漢書・輿服志》下文之注，是陳氏移置此處以釋正文之「袀」字，今據改作小字注文。

陶》篇，乘輿服從歐陽氏説，公卿以下從大小夏侯氏説。冕皆廣七寸，長尺二寸，前圜後方，朱緑裏，玄上，前垂四寸，後垂三寸，係白玉珠爲十二旒，以其綬采色爲組纓。三公諸侯七旒，青玉爲珠；卿大夫五旒，黑玉爲珠。皆有前無後，各以其綬采色爲組纓，旁垂黈纊。郊天地，宗祀，明堂，則冠之。」後魏明帝以公卿衮衣黼黻之文擬於至尊，復損略之。宋齊皆王公平冕，九旒，衣山龍以下九章；卿七旒，衣華蟲以下七章。「後周設司服之官，掌皇帝十二服。祀昊天上帝則蒼衣蒼冕，祀東方上帝及朝日則青衣青冕，祀南方上帝則朱衣朱冕，祭皇地祇、中央上帝則黄衣黄冕，祀西方上帝及夕月則素衣素冕，祀北方上帝、祭神州社稷則玄衣玄冕，享先皇、加元服、納后、朝諸侯則象衣象冕。十有二章，衮冕自龍以下凡九章，山冕八章，鷩冕七章。冕通十有二旒。諸公之服九：一曰方冕；二曰衮冕，九章；三曰山冕，八章；四曰鷩冕，七章；五曰火冕，六章；六曰毳冕，五章；七曰韋弁；八曰皮弁；九曰玄冠。諸侯服，自方冕而下八，無衮冕，山冕八章，鷩冕七章，火冕六章，毳冕五章，俱八旒；諸伯，❶自方冕而下七，又無山冕，鷩冕七章，毳冕五章，火冕以下俱七等，俱七旒；諸子服，自方冕而下六，又無鷩冕，火冕六章，毳冕五章，毳冕以下俱六等，俱六旒；諸男服，自方冕而下五，又無火冕，毳冕五章，冕五旒。三公之服九：一曰祀冕；二曰火冕，六章；三曰毳冕，五章；四曰藻冕，四章；五曰繡冕，三章；六曰爵弁；七曰韋弁；八曰皮弁；九

❶「伯」下，《隋書·禮儀志》有「服」字。

曰玄冠。三孤之服，自祀冕而下八，無火冕，毳冕五章，藻冕四章，繡冕三章；公卿之服，自祀冕而下七，又無毳冕，藻冕四章，繡冕三章；上大夫之服，自祀冕而下六，又無藻冕，繡冕三章；中大夫之服，自祀冕而下五，又無皮弁，繡冕三章。下大夫之服，自祀冕而下四，又無爵弁，繡冕三章。士之服三：一曰祀弁，二曰爵弁，〔三〕曰玄冠。「玄冠皆玄衣。其裳，上士以玄，中士以黄，下士雜裳。雜裳謂前玄後黄也。」庶士之服一：玄冠。」隋改後周制度，乘輿衮冕，垂白珠十有二旒，服十二章；皇太子衮冕，垂白珠九旒，服九章；王、國公、開國公、三公衮冕，青珠九旒，服九章；侯鷩冕，八旒，服七章；伯鷩冕，七旒，服七章；子毳冕，六旒，〔服〕五章；男毳冕，五旒，服五章。唐制：「天子之服十四：大裘冕者，祀天地之服也，廣八寸，長一尺二寸，以板爲之，黑表纁〔裏〕，無旒；衮冕，廣一尺二寸，長二尺四寸，〔金飾〕，玉〔簪導，垂白珠〕十二旒；鷩冕，八旒，七章；絺冕，六〔旒，三章〕；玄冕，五〔旒，裳刺黼〕。皇太子之服六：衮冕，白珠九〔旒。群〕臣之服二〔十有〕一：衮冕者，一品之服也，九旒，青璂〔爲〕珠，〔貫〕三采玉。〔鷩冕〕者，二品之服也，八旒；毳〔冕〕者，三品之服〔也〕，七〔旒；絺冕者〕，四品之服也，六旒；玄冕者，五品之服也，〔以羅〕爲之，五〔旒，衣裓〕，無章，裳刺黻，一章；平冕者，〔郊廟武舞郎之服也〕，黑〔衣，絳〕裳；爵弁者，六品〔以〕下〔九〕品〔以〕上〔從〕祀之〔服〕也，以紬爲之，無旒。」

十二章之服冕十二旒，〔旒〕十二〔玉，前後〕各〔用玉百四十有四，繅玉五采〕。

冕服之作尚矣。《書》稱舜曰：「予欲觀古人之象，作服，日、月、星辰、山、龍、華蟲作繪，宗彝、藻、火、粉米、黼、黻絺繡。」則黼、黻而上，象服也。象服有冕。《禮記》曰：「有虞氏皇而祭，夏后氏收而祭，商人冔而祭，周人冕而祭。」則皇、收而下皆冕也。孔子稱禹「致美乎黻冕」，《書》稱「伊尹以冕服奉嗣王」，《詩》稱商之孫子「常服黼冔」，則夏商服章蓋與古同矣。古之服章十有二，而日、月、星辰、山、龍、華蟲繪於衣，宗彝、藻、火、粉米、黼、黻繡於裳。則星，五星也；辰，十二次也。鄭氏釋《大宗伯》、《保章氏》皆謂：「星，五〔緯〕；辰，十二次。」華蟲，雉也；宗彝，虎彝、蜼彝也；粉米，粉其米也；黼，白黑文也；黻，黑青文也。蓋日、月、星辰，在天成象者也；山、龍、華蟲、虎、蜼、藻、火、粉米、黼、黻，在地成形者也。在天成象者，道之運乎上；在地成形者，道之散乎下。道固始終於東北，故山、龍而降，始山終黻，莫不有序。何則？山居東北，冬春交也；龍，春也；華蟲，夏也；虎，秋也；蜼，冬也。周而復始，則藻，春也；火，夏也；粉米，中央也；黼，秋冬交也；黻，冬春交也。龍與華蟲，陽之陽也，故繪而在衣；虎與蜼，陽之陰也，故繡而在裳。然則古者合三辰以在服，備十二章以則天數，故章與四時相順；後世判三辰以在旗，而服止九章，以法陽數，故章與四時相變。鄭康成謂周服九章，「登龍於山，升火於宗彝，❶以尊其神明」，理或然也。觀《周禮》稱「袞冕」，《禮記》稱「天子龍袞」，又曰「龍卷以祭」，❷上服言龍袞而不言山，則升龍於山可知也。《司服》五章之服則毳冕。毳，毛物；毛物，虎蜼也。五章言毳冕而不言藻，則升火於宗彝可知也。升春物於冬春交之上，升夏物於春之前，則章與四時相變可知也。《禮記》曰「王被袞以象天」，則龍行天之物，變化不測，天道之象也。康成釋《禮記》謂被袞「有日、月、星辰」，與《司服》之説不同，是自惑也。《左傳》臧僖伯曰：「三辰旂旗，昭其明也；火、龍、黼、黻，昭其文也。」子太叔曰：「爲九文、六采、五章以奉五色。」夫僖伯言服止於火、龍，太叔言色止於九文，則周之袞服止於九章而無日月星辰明矣。《詩》曰：「玄袞及黼。」又曰：「玄袞赤舄。」康成謂：「凡冕服皆玄衣纁裳。」特《荀卿》謂：「天子袾裷衣冕，諸侯玄裷衣冕。」考之於《禮》，王之五冕皆玄冕朱裏，王之始冠玄冠，丹組纓。《聘禮》釋幣「玄纁束」，《昏禮》納幣亦「玄纁束」，《聘禮》之篚「玄被纁裏」，《昏禮》之笲「緇被纁裏」，《方相氏》「玄衣朱裳」，銘物亦「緇上赬末」，則玄緇所以體道，丹黄所以象事。體道者常在上，象事者常在下，故《易》稱「垂衣裳」以取乾坤。天玄地黄，而纁赤黄色，則六服皆玄衣纁裳矣。《荀卿》「天子袾裷」之説，豈其所傳者異

❶ 「山升火於」，原作小字，今據明本、庫本、嘉慶本改作大字。

❷ 「卷」上，原衍「袞」字。按卷，同袞，《禮記·玉藻》：「天子玉藻，十有二旒，前後邃延，龍卷以祭。」據刪。

耶？《荀卿》又曰：「天子山冕，諸侯玄冠。」蓋山冕即衮冕也。衮冕，自登龍言之也；山冕，本山、龍言之也。《考工記》曰：「火以圜，山以章，水以龍。」《爾雅・釋丘》曰：「上正，章丘。」《釋山》曰：「上正，章山。」《禮記》曰：「龍卷。」然則火圜，山上正，而龍卷曲矣。《周禮》：「交龍爲旂。」《覲禮》：「天子載大旂，升龍、降龍。」衣章之飾蓋亦如此。則龍之一升一降，乃不爲亢，君德之象也。《司服》：「公之服，自衮冕而下，如王之服。」則公衮亦有升龍矣。康成改「章」爲「獐」，謂「天子有升龍、降龍，公衮無升龍」，誤也。《司尊彝》有雞彝、鳥彝、斝彝、黄彝、虎彝、蜼彝。《明堂位》曰雞彝，夏后氏之尊也；斝彝，商尊也；黄目，周尊也。則虎彝、蜼彝爲有虞以前之彝可知矣。先儒謂華非蟲，粉非米，宗彝有山、龍、華蟲之飾，而服無宗彝之文，山、龍至華蟲，尊者在上；藻、火至黼、黻，尊者在下，皆臆論也。五色備爲繡，葛之精者爲絺。孔穎達申安國之傳，謂古者尚質，「絺繡而繡之以爲祭服，後代無用絺者」，此説是也。康成讀「絺」爲「黹」，❶豈非溺於後代以疑古歟？《史記》亦曰：「舜被絺衣鼓琴。」

大裘而冕

冕十二旒，旒十二玉，前後各用玉百四十有四，繅玉五采。

《周禮・司裘》：「掌爲大裘，以共王祀天之服。」鄭司農云：「大裘，黑羔裘，服以祀天，示質。」正義曰：「以其祭天地之服，故以大言之，非謂裘禮侈大。則義同於《大射》也。四時祀天皆共之，不限六天之大小。

❶「黹」，原誤作「薾」。按《周禮・司服》鄭注云：「希讀爲絺，或作黹，字之誤也。」所謂「康成讀絺」者，當指此。今據嘉慶本、鄭注及孫氏點勘改。

直言祀天，祭地之禮與天同，則崑崙神州用大裘可知。」《司服》：「祀昊天上帝則大裘而冕，祀五帝亦如之。」《弁師》：「掌王之五冕，皆玄冕、朱裏、延、紐。」「冕服有六而言五冕者，大裘之冕蓋無旒，不聯數也。」《節服氏》：「郊祀裘冕，二人執戈，送逆尸從車。」「裘冕者，亦從尸服也。裘，大裘。凡尸，服卒者之上服。」《禮記·玉藻》曰：「唯君有黼裘以誓省，大裘非古也。」「僭天子也。天子祭上帝則大裘而冕。『省』當爲『獮』。國君有黼裘誓獮田之禮。❶時大夫又有大裘。」「禮不盛，服不充，故大裘不裼，乘路車不式。」《家語》曰：「大裘以黼之，既至泰壇，王脱裘服衮，以臨燔柴，著大裘象天。」《鄭志》：「大裘之上又有玄衣。」梁五經博士陸瑋等：「大裘之制，宜以黑繒爲之，其制式如裘，其裳以纁，皆無文繡，冕則無旒。」隋始詔虞世基等「憲章古制，定輿乘服，合八等」。按《周禮》「大裘之冕無旒」，其服羔裘也。準《禮圖》，以羔正黑者爲之，取同色繒以爲領袖，其裳用纁而無章飾，絳韈赤舄，祀圜丘、❷感帝、封禪、五郊、明堂、雩祀皆服之。今文大裘冕無旒，冕廣八寸，長一尺六寸，深青表，纁裏，❸金飾，玉簪導，以組爲纓，色如其綬。裘以黑

❶ 兩「獮」字，原皆誤作「彌」，今皆據明本、庫本、嘉慶本及《禮記·玉藻》鄭注改。

❷ 「圜丘」，原作「圓丘」，今逕改。本書「圜丘」、「圓丘」歧出互見，校本亦偶有與底本相異者，今則統作「圜丘」，後不一一出校。

❸ 「深青表纁裏」，原誤作小字注文，今據明本、庫本、嘉慶本改作大字正文。

羔皮爲之，黑領，褾緣，朱裳。

《周官·司裘》：「掌爲大裘，以共王祀天之服。」《司服》：「祀昊天上帝則服大裘而冕，祀五帝亦如之。享先王則衮冕。」《禮記》曰：「郊之祭，王被衮以象天；戴冕藻十有二旒，則天數也。」鄭司農曰：「大裘，黑羔裘，服以祀天，示質也。」然則合《周官》、《禮記》而言之，王之祀天，内服大裘，外被龍衮，龍衮所以襲大裘也。《記》曰：「裘之裼也，見美也；服之襲也，充美也。」「禮不盛，服不充，故大裘不裼。」則襲衮可知也。議者以《司裘》言大裘祀天而不及衮，《司服》言大裘而冕祀昊天上帝在衮冕之上，又《節服氏》「衮冕，六人維王之太常。〔裘〕冕，二人執戈，送逆尸」，是衮冕與裘冕不同，謂之大裘而冕則不加衮矣。是不知先王祀天以冬至之日爲正，而裘又服之本也，故取大裘以名之，猶之朝服緇衣羔裘，而《詩》獨稱「羔裘如濡」、「羔裘豹袪」、「羔裘逍遥」；燕服玄端，蜡服黄衣，皆狐裘，而《詩》獨稱「狐裘以朝」、「狐裘蒙茸」、「狐裘黄黄」。則裘之上未嘗無衣也。裘之上未嘗無衣，而衣之下有不用裘，故《屨人》曰：「凡四時之祭祀，以宜服之。」則凡春夏秋之祀不必服裘，所以適時之宜而已。《月令》：「孟冬，天子始裘。」然則先儒謂服大裘以祭地示，亦非。由是觀之，衮冕以維太常者，不必有裘；裘冕以送逆尸者，必有衣也。《記》曰尸襲而不裼，送逆尸者象之，鄭氏曰：「裘冕，從尸服。」則裘冕加衮又可知也。古者「犬羊之裘不裼」，必襲之也；「表裘不入公門」，必裼之也。是裘有裼之而不襲，有襲之而不裼，未有表之而不裼、襲者，則徒服大裘而無襲，非禮意也。《語》曰「褻裘長」，則凡行禮之裘短矣。果徒服大裘而加長焉，其與褻裘奚異哉？褻衣帶下尺，明衣長下膝，則凡祭祀之裘蓋與明衣齊。《鄭志》謂「大裘之上又有玄衣」，此尤無據也。《禮記》：「唯君黼裘以誓省，大裘非古也。」則戒誓、省視用黼裘，而後世服大裘焉，故記者譏之。《家語》謂：「大裘黼文以象天，王至泰壇，脱裘服衮。」張融又易之，以爲「王至泰壇脱衮服裘」。蓋王肅託孔子以信其説，張融疑王肅以變其論。然《記》曰：「郊之日，王皮弁以聽祭報。」則前祭未嘗服大裘也。又大裘無文，與黼不同。二者之説誤矣。裘以大名之，猶所謂大羹、大圭，取其質也。夫先王祀天，有文以示外心之勤，有質以示内心之敬。❶故因丘、埽地、陶匏、稾秸、疏鼏、〔樿〕杓、素杓、素車之類，此因其自然以示内心之敬者也；〔執〕鎮圭，繅藉五采五就，旂龍章而設日月，四圭有邸，八〔變〕之音，黄鐘、大吕之鈞，此〔致其文〕飾，〔以〕示外心之〔勤者〕也。然則内服大裘，以因其自然；〔外〕被龍衮，戴冕〔藻，以致〕其文飾。不以内心廢外心，不以自然廢文飾，然後〔事天〕之禮盡矣。不特此也，以神事之則有五齊，以人養焉則有三酒。致敬不壇而有壇焉，《禮》曰「泰壇祭天」是也；至質不裸而有鬯焉，《大宗伯》「凡祀大神、享大鬼、祭大示，涖玉鬯」，《禮記》曰「親耕粢盛秬鬯以事上帝」是也。孰謂祀天之禮一於無文哉？

衮　冕冕十二旒，旒十二玉，前後各用玉百四十有四，繅玉五采。

《弁師》：「掌王之五冕，皆玄冕、朱裏、延、紐，五采繅十有二就，皆五采玉十有二，

❶「敬」，原避宋太祖趙匡胤祖趙敬諱，缺末筆，今補正。

玉笄，朱紘。諸侯之繅斿九就，瑉玉三采，其餘如王之事。繅斿皆就，玉瑱，玉笄。」鄭氏謂「繅不言皆，有不皆者」，則衮冕十二斿，鷩冕九斿，毳冕七斿，希冕五斿，玄冕三斿，觀《弁師》於王言冕之表裏、延、紐而不及玉瑱，於諸侯言玉瑱而不及冕之表裏、延、紐，於王言繅不言斿，於諸侯言繅斿不言玉數，止言「瑉玉三采」。言「繅斿皆就」而不言采數，公之五冕皆三采。言玉笄而不言紘，是皆約辭以互發之。則「五采繅十有二就」不言「皆」者，其斿如康成之説，信矣。《春秋傳》曰：「上物不過十二。」《郊特牲》曰：「戴冕璪十有二旒，則天數也。」《玉藻》曰：「天子玉藻，十有二旒，龍卷以祭。」是〔王〕之衮冕十有二旒也。《典命》曰：「上公以九爲節。」則上公之衮冕九旒九玉也。《弁師》言「繅十有二就」，以見斿亦十有二；言「繅斿九就」，以見斿與玉亦九。於王舉衮冕，於諸侯舉上公之冕，皆指其盛者言之也。孔子曰：「麻冕，禮也。」《記》曰：「玉藻，前後邃延。」漢叔孫通之冕制，版廣八寸，而長倍之，後方前圜，後仰前俛，則版質而麻飾之，上玄爲延，下朱爲裏，約之以武，設之以紐，貫之以笄，固之以紘，五采玉則朱白蒼黄玄也。皇氏、沈氏謂五采玉，依飾射侯之次，從上而下，初以朱，次白，次蒼，次黄，次玄。五采玉貫徧，周而復始。其三采者，先朱，❶次白，次蒼；二色者，先朱，後緑。玉十有二，則每玉

❶「朱」，原誤作「未」，今據明本、庫本、嘉慶本改。

間以寸也。其玄朱、方圜、俛仰如此。先儒謂前低寸。而辨物之德，應物之事，不變之體，無方之用，莫不賅存乎其間。命之曰冕者，禮爲應物而設故也。然服飾於下陰也，故《司服》之服六冕；飾於上陽也，故《弁師》之冕五而已。猶王后之服六，而《追師》之首飾三而已。副編次。則大裘袞衣同冕，猶三翟同副也。康成謂大裘無袞，其冕無旒，於經無據。《玉藻》曰：「龍卷以祭。」其文在「朝日」、「聽朔」之上，則祭昊天、五帝、先王之類，皆以玉藻、龍卷，此又與《郊特牲》象天、則天數之説合矣。蓋先王祭服，其内明衣，加以中衣，中衣繡黼丹朱，然後加裘袞焉。則大裘之所著見者，領而已。袞服玄衣纁裳而九章，則龍也，山也，華蟲也，火也，宗彝也，繪於衣；藻也，粉米也，黼也，黻也，❶繡於裳。前後邃延，則前十二旒，其玉百四十有四；後十二旒，玉亦百四十有四。鄭氏曰：「旒十有二，前後邃延者，言皆出冕前後而垂也。」《釋名》曰：「冕，玄上纁下，前後垂珠，有文飾也。」其韍朱韍，其帶素帶朱裏，朱緑終辟，執鎮圭，搢大圭，朝諸侯則執瑁圭。佩白玉，而玄組綬，赤舄。

鷩　冕九旒，❷旒十二玉，❸共玉二百一十六，繅玉五采。

鷩冕七章。鷩，雉也。雉之爲物，五色備而成章，故曰夏翟，亦曰華蟲，猶中國謂

❶「也黻也」，原作小字，今據明本、庫本、嘉慶本改作大字。

❷「九」上，明本禮圖標題、庫本禮圖標題、嘉慶本禮圖標題增「冕」字。

❸「二」，原誤作「三」。按作「三」，則下文不得云「共玉二百一十六」，且古禮旒無十三玉者。今據正文、明本禮圖標題、庫本禮圖標題、嘉慶本改。

之夏，亦謂之華也。《司服》又謂之鷩者，別其名也。《考工記》曰：「鳥、獸、蛇。」鳥而類於獸、蛇者，指其文也。鄭氏曰：「華蟲之毛鱗有文采者。」鷩冕以祀先公、饗、射。然先公尊矣，所服止於此者，非卑之於先王，以爲祭則各以其服授尸，尸服如是，而王服衮以臨之，非所以爲敬，故弗敢也。其制亦五采繅十有二就，五采玉十有二，前後皆九旒，共玉二百一十六。玄衣纁裳，繪於衣者，華蟲、火、宗彝也；繡於裳者，藻、粉米、黼、黻也。紱、帶、圭、佩、綬、舄與衮冕同。然則饗、射亦以鷩冕者，王朝覲諸侯以衮冕，故饗與賓射以鷩冕。祭祀以衮冕，故大射亦以鷩冕。以饗與賓射殺於朝覲，而大射殺於祭祀故也。燕射於寢則皮弁而已。賈公彦謂「賓射服皮弁，燕射服朝服」，然鄭氏釋《司服》謂「鷩冕饗、射者，饗食賓客與諸侯射」，則賓射不以皮弁矣。又皮弁即王之朝服耳，離〔而〕二之，其説誤也。《左傳》曰：「五雉爲五工正。」《爾雅》有鸕諸〔雉〕、鷸雉、鳪音卜。雉、鷩雉、秩秩海雉、鸐山雉、雗汗。雉、鵫雉、翬雉、鷂雉，❶「南方曰翯，儔。東方曰鶅，北方曰鵗，西方曰鷷」。而〔衣〕章之所取者，特鷩與翬、鷂耳，以其文尤著故也。

禮書卷第一終

❶「鷂雉」，嘉慶本在「鷸雉」上，與《爾雅·釋鳥》原文同。

禮書卷第二

毳冕　希冕　玄冕　裨冕　日月　星辰

山　龍　華蟲　宗彝　藻　火　粉

米　黼　黻

毳冕七旒，❶旒十二玉，共玉百六十八❷，繅玉五采。

毳冕五章。《說文》：「毳，獸細毛也。」

宗彝有虎蜼之飾，而毳衣有宗彝之章，故《書》謂之宗彝，《周禮》謂之毳冕。毳冕，王所祀四望山川之服也。五采繅十有二就，五采玉十有二，前後皆七旒，共玉百六十有八。繪於衣則宗彝、藻、粉米也，繡於裳則黼、黻也，韍、帶、圭佩、綬、舄與鷩冕同。《詩》曰：「毳衣如菼。」菼之初生，其色玄，則「如菼」言其衣也。又曰：「毳衣如璊。」璊之爲玉，其色赤，《說文》：「璊，玉頳色。」則「如璊」言其裳也。劉熙《釋名》以毳爲藻文，鄭司農以毳爲罽衣，與宗彝之制不合，不足信也。《爾雅》曰：「蜼卬鼻而長尾。」郭璞曰：「蜼似猴而色黑，尾數尺，鼻上

❶「七」上，明本禮圖標題、庫本禮圖標題、嘉慶本禮圖標題增「冕」字。

❷「八」，原誤作「六」，今據正文、明本禮圖標題、庫本、嘉慶本改。

向，雨則以尾若兩指窒其鼻。」蓋虎取其義，蜼取其智。

希　冕五旒，❶旒十二玉，共玉百二十，繅玉五采。

❷

希冕三章，王祭社稷、五祀之服。非卑之於饗、射也，以社稷、五祀之所上止於利人，故衣粉米而已。謂之希，以其章少故也。鄭氏以希爲絺，以絺爲刺，謂希刺粉米無畫。然畫，陽事也，在衣；繡，陰功也，在裳。希衣之粉米固亦畫矣。繡而不畫，則與餘章之在衣者不類，其說非也。唐以希冕爲繡冕，蓋亦襲鄭氏之失歟？希冕亦五采繅十有二就，五采玉十有二，前後皆五旒，共玉百二十。❸賈公彦謂天子九章，侯伯七章，大章也，章各依命數數章也。則九章，章皆十二；七章，章皆七。若然，則舜十二章之服，日、月、星辰之類皆十二乎？不必然也。考之於《禮》，升龍、降龍爲一章，虎彝、蜼彝爲一章，則山、火而下，蓋皆左右畫繡之也。

❶「五」上，明本禮圖標題、庫本禮圖標題、嘉慶本禮圖標題增「冕」字。

❷按小題注文及下正文皆言希冕五旒，然底本此圖四旒，誤也。明本、庫本、嘉慶本作「五旒」是也。

❸「二」，原誤作「三」，今據前「希冕」小題注文、明本、庫本、嘉慶本改。

玄冕三旒，❶旒十二玉，共〔玉〕七十二，繅玉五采。

玄冕一章，王祭群小祀之服。其衣玄而無文，裳黻而已。其章不足道也，故以玄名之。玄冕亦五采繅十有二就，〔五〕采玉十有二，前後三斿，共玉七十二，而王之齊服亦〔用〕焉。《荀卿》曰「絻而乘路」，即玄冕也。諸侯之齊以玄冠，不以玄冕，及親迎則玄冕齊戒，攝盛故也。宗彝於十二章之服在裳，於九章之服在衣。粉米於七章之服在裳，於五章之服在衣。蓋次服之首章，上服固已升之矣。夫乾居西北而天事武，故黼之色白黑；艮居東北而成始終，❷故黻之色青黑。天下之理歸於所斷，成於所辨，故服章以黻終焉。觀《易》陰陽之相代，歸於復「小而辨於物」；卦象之相推，終於未濟之「辨物居方」；舜命九官，終於黜陟分北；《周官》六計，終於廉辨，皆六服終黻之意也。然剛斷者，先王之所沉潛，非嚮而上之也。故黼依設於後，席用黼純設於下，而中衣繡黼設於中，皆六服後黼之意也。《詩》曰「玄衮及黼」、「黻衣繡裳」、「常服黼冔」，《書》曰「麻冕黼裳」，《語》曰「致美乎黻冕」，《記》曰「諸侯黼，大夫黻」，《爾雅》曰「衮，黻也」。凡此

❶「三」上，明本禮圖標題、庫本禮圖標題、嘉慶本禮圖標題增「冕」字。

❷「北而成始」，原爲空格，今據明本、庫本、嘉慶本補。

皆舉其章之末者，則餘章著矣。

禕冕❶

《覲禮》：「侯氏禕冕。」《曾子問》曰：「太祝禕冕執束帛。」又曰：「太宰、太宗、太祝皆禕冕。」《玉藻》曰：「諸侯禕冕以朝。」《樂記》曰：「禕冕搢笏，而虎賁之士説劍也。」《荀卿》曰：「大夫禕冕。」鄭康成釋《覲禮》曰：「禕之言埤也。天子大裘爲上，其餘爲禕。」釋《玉藻》曰：「禕冕，公衮，侯伯鷩，子男毳。」是也。鄭司農釋《周禮》特以鷩爲禕衣，拘矣。

日月

古者日月星辰畫於衣，至周登三辰於旂，《左氏》曰「三辰旂旗」是也。王肅謂舜時三辰亦畫於旌旗。然《明堂位》曰：「有虞氏之綏，夏后氏之旂。」虞氏之綏尚未有交龍之制，❷謂有日月星，其説無據。

星辰

《周禮・大宗伯》：「以實柴祀日月星辰。」《保章氏》：「掌天星，以志星辰日月之變動。」鄭氏謂：「星，五緯。辰，日月所會之次。」孔安國釋《書》「曆象日月星辰」謂：「星，四方中星。辰，日月所會。」鄭氏於《書》亦以星辰爲一。孔穎達曰：「敬授人時，無取五緯之義，鄭氏觀文爲説也。」然則衣之所畫，蓋五星與十二次也，若旂則畫日月、北斗

❶「禕冕」，原與正文相連，今析出以作小題，詳下「華蟲」之校。

❷「未」，原誤作「木」，今據明本、庫本、嘉慶本改。

七星而已。故《禮記》言「招摇在上」，《穆天子傳》稱「天子葬盛姬，建日月七星」。

山

古者衣、韍、尊、圭、粢皆有山飾。《考工記》曰：「山以章。」《荀卿》曰：「天子山冕，諸侯玄冠。」《書大傳》曰：「山龍，青也。」

龍

古者衣、韍、旂、旜、《儀禮》有龍旜。簨、虡、盾、輴、勺、帷，《大記》有龍輴。❶皆飾以龍。《周禮》曰：「交龍爲旂。」《覲禮》曰：「升龍、降龍。」《爾雅》曰：「升白龍于縿。」《曲禮》曰：「左青龍。」《書大傳》曰：「山龍，青也。」龍有升降，白者升于縿，則青者降矣。白陰而升，青陽而降，此交泰之道也。許慎曰：❷「卷龍繡於下幅，❸一龍蟠阿上鄉。」然龍繪於上幅，非繡於下幅，慎之説誤矣。

華蟲❹

華蟲，翟也。翟不特施於王服，而后之車服亦有焉，所謂褘翟、揄翟、闕翟、重翟、

❶「輴」，原誤作「旜」，今據明本、庫本、嘉慶本及《禮記・喪大記》改。

❷「慎」，原避宋孝宗諱「昚」之異體而缺末筆，今補。

❸「下」，原誤作「不」，今據明本、庫本、嘉慶本及《説文・衣部》「衮」條改。

❹此小題原與下正文相連，不分行。然正文句首即爲「華蟲」，行文不當如此累贅，明本、庫本、嘉慶本與底本同，而於正文前另增「華蟲」以作小題，則尤爲累贅。綜觀全書，鮮有正文開頭重複小題者。原刻小題與正文相連，或爲節省，故今析出作小題。上小題「裨冕」、「日月」、「星辰」、「山」、「龍」，下小題「宗彝」、「藻」、「火」、「粉米」、「黼」、「黻」，下卷小題「褒衣」，卷八十三之「陰厭陽厭」，與此相同，逕析出，不出校。

厭翟是也。不特后之車服，而舞與喪禮亦用焉，《書》與《周禮》言羽舞，《詩》言秉翟，《大記》言揄絞是也。孔安國、顧氏以華蟲爲二章，非是。

宗彝

《書》曰：「班宗彝，作《分器》。」《周禮》：「大約劑書於宗彝。」則宗彝，宗廟之彝也。先王致孝，有尊有彝，而衣特以彝爲章者，以虎蜼在焉故也。《書》謂之宗彝，《周禮》謂之毳冕。康成、潁達之徒謂毳畫虎蜼，因號虎蜼爲宗彝，其實虎蜼而已。此説非也。《書大傳》曰：「宗彝白。」蓋宗彝白而虎蜼各象其色耳。鄭司農以毳爲罽，孔安國謂宗彝亦以山龍華蟲爲飾，皆臆論也。

藻

水草也，施於衣與棁而已。冕旒與玉繅亦曰藻，皆取其文而且潔也。《書大傳》曰：「藻火赤。」鄭氏釋《巾車》曰：「藻，水草，蒼色。」今藻色兼蒼赤，蓋伏、鄭各舉其一偏耳。

火

《左傳》曰：「火、龍、黼、黻，昭其文也。」《大記》曰：「火三列。」《明堂位》曰：「殷火，周龍章。」則火之所施多矣。《考工記》曰：「火以圜。」鄭司農曰「圜形似火」，鄭康成曰「形如半環」是也。《大傳》曰：「火赤。」孔安國謂「火爲火字」，其説與《考工記》不合。

粉米

鄭氏以粉米爲一章，則粉其米也。粉其米，散利養人之義也。孔安國曰：「粉若粟冰，米若聚米。」顧氏曰：「粉取潔白，米取能養。」然粉亦米爲之，一物而爲二章，與章不類，其說非也。

黼

《考工記》曰：「白與黑謂之黼。」黼即斧也，刃白而銎黑，有剸斷之義，故衮裳、席巾、中衣、纇禪之領、冒之殺、覆椁之幕、《檀弓》曰：「加斧于椁上。❶」飾棺用焉。

黻

《考工記》曰：「黑與青謂之黻。」施於衣與荒翣，見《大記》。其文兩己相戾，蓋左青而右黑，此相辨之義也。黻亦作韍、茀，而韍亦作黻。《左傳》曰：「火、龍、黼、黻，昭其文也。」又曰：「衮、冕、黻、珽，昭其度也。」則「黻珽」之黻，乃韍也。《白虎通》曰：「黻譬君臣可否相濟，見善改惡。」賈公彦曰：「黻取臣民背惡向善。」

禮書卷第二終

❶「斧」，原誤作「斧」，今據明本、嘉慶本及《禮記·檀弓》、程校改。

禮書卷第三

諸侯及孤卿大夫之服　上公衮冕　侯伯鷩服　子男毳冕　王之三公鷩冕　王之孤卿毳冕　王之大夫諸侯之孤希冕　諸侯之卿大夫玄冕　褒衣

諸侯及孤卿大夫之服

《書》曰：「天命有德，五服五章哉。」「五服，天子、諸侯、卿、大夫、士之服。」《周禮》：「上公九命，其衣服以九爲節；侯伯七命，其衣服以七爲節；子男五命，其衣服以五爲節。王之三公八命，其卿六命，其大夫四命，及其出封，皆加一等，其衣服亦如之。凡諸侯之適子誓於天子，攝其君，則下其君之禮一等；未誓，則以皮帛繼子男。「公之子如侯伯而執圭，侯伯之子如子男而執璧。子男之子與未誓者，皆次小國之君，執皮帛而朝會焉。其賓之皆以上卿之禮。」公之孤四命，其卿三命，其大夫再命，其士一命，其衣服各視其命之數。」《司服》：「公之服，自衮冕而下，如王之服；侯伯之服，自鷩冕而下，如公之服；子男之服，自毳冕而下，如侯伯之服；孤之服，自希冕而下，如子男之服；卿大夫之服，自玄冕而下，如孤之服；士之服，自皮弁而下，如大夫之服。凡大祭祀、大賓客，共其衣服而奉之。」「自公之衮冕至卿大夫之玄冕，皆其朝聘天子及助祭之服。諸侯非二王後，其餘皆玄冕而祭於己。《雜記》曰：『大夫冕而祭於公，弁而祭於己；士弁而祭於公，冠而祭於己。』大夫爵弁自祭家廟，惟孤耳。其餘皆玄冠，與士同。玄冠自祭其廟者，其服朝服玄端。諸侯之自相朝聘皆皮弁服。」《弁師》：「掌王之五冕，皆玄冕、朱裏、延、紐，五采繅十有二就，皆五采玉十有二，玉笄，朱紘。諸侯之繅斿九就，瑉玉三采，其餘如王之事。繅斿皆就。諸侯及孤卿大夫之冕、韋弁、皮弁、弁絰，各以其等爲之，而掌其禁令。」《行人》：「上公冕服九章，侯伯冕服七章，子男冕服五章。」《大車》詩刺周大夫云：「大車檻檻，毳衣如菼。毛氏曰：「毳衣，大夫之服。天子大夫四命，其出封〔五〕命，如子男之服，服毳冕以決訟。」箋云：「子男入爲大夫者。毳衣之屬，衣繢而裳繡，皆有五色，其青者如騅。」大車啍啍，毳衣如璊。」「璊，赬也。」《無衣》美晉武公云：「豈曰無衣七兮。」又云：「豈曰無衣六兮。」毛氏曰：「侯伯之禮七命，冕服七章。天子之卿六命，車旗衣服以六爲節。」鄭氏曰：「七章之服，晉舊有之，非新命之服。變七言六者，謙也，不敢必當侯伯。得受六命之服，列於天子之卿，猶愈乎不。」《禮記·王制》曰：「三公一命衮，若有加則賜也。」《禮器》曰：「禮有以文爲貴者：天子龍衮，諸侯黼，大夫黻，士玄衣纁裳；天子之冕，朱綠藻，十有二旒，諸侯九，上大夫七，下大夫五，士三。」「朱綠似夏商禮。周禮，天子五采藻。」「禮有順而討也，「若天子十二，公以九，侯伯以七，子男以五爲節。」有放而文，「若天子之服，服日月以至黼黻。」有放而不致。」「若諸侯自山龍而下。」《書大傳》曰：「天子衣服，其文華蟲、作繢、宗彝、藻火、山龍；諸侯，作繢、宗彝、藻火、山龍；大夫，藻火、山龍；士，山龍。天子服五，諸侯四，次國服三，大夫服二，士服一。」鄭氏曰：「玄或疑焉。」

上公龍 袞繅九就，前後九旒，❶旒九玉，共玉百六十二。繅玉三采：朱白蒼。執桓圭。

侯鷩 冕繅七就，前後七〔旒，旒〕七玉，共玉九十八。繅玉皆三采。執信圭。

伯鷩 冕繅七就，前後各七旒，旒七玉，共玉九十八。繅玉皆三采。執躬圭。

子毳 冕繅五就，前後各五旒，旒五玉，用玉五十。❷繅玉皆三采。執穀璧。

❶「後」下，庫本禮圖標題增「各」字。

❷「用」，原誤作「羽」，今據明本、庫本、嘉慶本禮圖標題改。嘉慶本文中小題作「共」。

男毳　冕繅玉采如子之數。執蒲璧。❶

王之三公鷩冕繅八就，前後各八旒，旒八玉，用玉百二十八。執圭，射則執璧。《書》曰：「周公秉圭。」以冕觀之，蓋執信圭。先儒曰執桓圭。❷

王之孤毳冕繅六就，前後各六旒，❸旒六玉，用玉七十二。❹執皮帛。

❶「蒲」，原誤作「楷」，今據明本、庫本、嘉慶本改。

❷「儒」，原誤作「傳」，今據明本、庫本、嘉慶本禮圖標題改。「桓」，原誤作「旒」，今據庫本改。

❸「各六」，原脱，今據明本、庫本、嘉慶本補。

❹「二」，原脱，今據明本、庫本、嘉慶本補。

王之卿毳冕繅六就，前後各六旒，旒六玉，用玉七十二。❶繅玉皆朱緑。執羔。

王之大夫希冕繅四就，前後各四〔旒〕，旒四玉，用玉三十二。繅玉皆朱緑。執鴈。

諸侯之孤希冕繅玉采如王之大夫。執皮帛。

❶「玉」，原誤作「二」，今據明本文中小題、庫本、嘉慶本改。

諸侯之卿玄冕繅三就，前後各三旒，❶旒三玉，用玉十八。❷執羔。

諸侯之大夫玄冕再命之大夫繅再就，用玉八。一命之大夫繅一就，用玉二。執鴈。

公卿大夫之命以四以六以八，陰數也；公侯伯子男之命以五以七以九，陽數也。《典命》「上公九命，衣服以九爲節」，《司服》所謂「公之服，自衮冕而下，如王之服」是也；「侯伯七命，衣服以七爲節」，《司服》所謂「侯伯之服，自鷩冕而下，如公之服」是也；「王之三公八命，其卿六命，其大夫四命，及其出封，皆加一等」，蓋八命加一等則是「三公一命衮」，而衣服以九爲節也。其未出封則八命，與侯伯同七章之服矣。公與侯伯同七章之服，則卿六命與子男同五章之服矣。觀《司服》「孤之服，自希冕而下，如子男之服；卿大夫之服，自玄冕而

❶「後」，原脱。既言各，則不唯前也。又下言「旒三玉，用玉十八」，則此必爲六，三六十八，始相合也。今據明本禮圖標題、庫本禮圖標題、嘉慶本補。

❷「用玉」，原誤作「肘五」，今據明本禮圖標題、庫本禮圖標題、嘉慶本改。

下，如孤之服」；公之孤四命，而服三章之希冕；大國之卿三命，大夫再命，而服一章之玄冕，則王之公卿大夫其衣服各降命數一等可知也。《詩》言周大夫之服毳衣，則王之上大夫，卿也。《雜記》曰「大夫冕而祭於公」，則希冕、玄冕也。然則上公自衮冕而下其服五，侯伯自鷩冕而下其服四，子男自毳冕而下其服三，孤自希冕而下其服二，服雖不同而冕同。賈公彦曰：「諸公繅玉同文，惟有一冕以冠五服。」其説是也。《弁師》：「諸侯繅斿九就，瑉玉三采，其餘如王之事。繅斿皆就，玉瑱，玉笄。諸侯及孤卿大夫之冕，各以其等爲之。」鄭氏謂：「上公繅九就，用玉百六十二；侯伯用玉九十八；子男繅五就，玉五十，繅皆三采。《弁師》：「瑉玉三采。」鄭氏曰：「瑉，故書作璑。❶」《説文》：「璑，三采玉。」孤繅四就，玉三十二；三命之卿繅三就，玉十八；再命之大夫繅再就，玉八，繅玉皆朱緑。」考之《聘禮》，諸侯朝天子圭繅朱白蒼，大夫問諸侯圭繅朱緑，則朱白蒼者君之繅，朱緑者臣之繅，冕繅之別蓋亦如此。鄭氏之説是也。希冕三章，鄭氏謂孤繅四就，蓋孤四命，其宫室、車旗、衣服各視其命之數，則服雖三章而冕四斿，斿四就，無害其與服章異也。晉武公之臣請服于周，始曰「無衣七兮」，次曰「無衣六兮」，以示不敢上視侯伯，姑請六命之服，列于天子之卿，猶愈乎不也。孔穎達謂：「卿從車六乘，旌旗六旒，弁飾六玉，冠六辟積。」然則卿服雖五章而冕繅六斿，斿六就，猶大夫之服三章而繅四斿，斿四就也。不特人臣之

❶「璑」，原誤作「無」，今據明本、庫本、嘉慶本及《周禮·弁師》鄭注改。

冕如此，王服九章而繅十有二斿，斿十有二就，是繅斿與服章不必同也。鄭氏又曰：「一命之大夫冕而無斿。」然《典命》言「各視其命之數」，果一命之冕無斿，則「視其命之數」云者爲虚言也。夫冕之有斿爲蔽明也，繅之就數固雖不同，蓋皆其垂過目而每就非止一寸。每就一寸，殆王之十有二就者然也。賈公彦曰：「每玉相去一寸，十二玉則十二寸。就，成也。以一玉爲一成，結之使不相并也。」《射人》：「三公執璧。」執璧則服毳冕而已。蓋王饗、射降而服鷩冕，則公於王射降而服毳冕矣。鄭氏曰：「諸侯入爲卿大夫，各服本國服章，與在朝仕者不同。」然卿大夫出則伸而加一等，入則屈而降一等，則各服本國服章之説，無是理也。《書》曰「周公秉圭」，《射人》「三公執璧」，蓋圭乃公之常禮，璧特射時所執也。王之卿大夫其所執亦羔鴈，特其飾與諸侯之卿大夫不同。《周語》單子譏陳侯「棄衮冕而南冠」；《春秋》伐楚之役，許男卒而以衮斂。夫陳侯有衮冕，許男以衮斂者，尊三恪而優死王事者也。《左氏》曰：「凡諸侯薨于朝會加一等，死王事加二等。」《書大傳》曰：「天子衣服，其文華蟲、作繢、宗彝、藻火、山龍；諸侯，作繢、宗彝、藻火、山龍；子男，宗彝、藻火、山龍；大夫，藻火、山龍；士，山龍。」故《書》曰：「天命有德，五服五章哉。」又曰：「天子服五，諸侯服四，次國服三，大夫服二，士服一。」然大夫之服自玄冕而下，士之服自皮弁而下，固無藻火、山龍矣。既曰「子男，宗彝、藻火、山龍；士，山龍」，又曰「次國服三，大夫服二，士服一」，是自戾也。漢明帝時，「冕皆廣七寸，長尺二寸，前圜後方，朱緑裏，玄上，前垂四寸，後垂三寸，繫白玉珠爲十二旒。三公、諸侯服山龍九章，冕七旒，青玉爲珠；卿大夫服用華蟲七章，冕五旒，黑玉爲珠。皆有前無後。」以承大祭。然旒有前無後，非古制也。又古者「大夫冕而祭於公，士弁而祭於公」，則大夫以上助祭皆冕服也。明帝之時，百官不執事者袀玄以從，失之矣。

褒衣

《雜記》：内子復，諸侯復，公襲，皆有褒衣。鄭氏曰：「内子褒衣者，始爲命婦見加賜之衣。諸侯褒衣，亦始命爲諸侯及朝覲加賜之衣也。」《王制》曰：「三公一命衮，若有加則賜。」孔穎達謂：「九命龍衮之外，君衣特賜，《雜記》謂之褒衣。」是矣。昔魯季氏取卞，「使公冶問襄公，公與公冶冕服。及疾，聚其臣曰：『我死，必無以冕服斂，非德賞也。』」然則復、斂以褒衣者，蓋榮其德賞故也。

禮書卷第三終❶

❶「終」，原脱，今據文例補。後卷首、卷尾亦偶有脱漏、漫漶、誤倒、誤衍者，皆逕據文例或補，或乙，或删，不出校。

禮書卷第四

諸侯祭服　玄端　素端　綖　武　紐　緌

諸侯祭服玄冕三旒，緌就與玉如其命之數，玄端衣。

《祭統》曰：「夫人蠶于北郊，以共冕服。」又曰：「君純冕立于阼。」《玉藻》曰：「諸侯玄端以祭，裨冕以朝。」鄭氏謂諸侯祭宗廟之服，惟魯及二王之後衮冕，餘皆玄冕。考之《雜記》：「大夫冕而祭於公，弁而祭於己；士弁而祭於公，冠而祭於己。」以其致隆於公，不敢與己同其服。則諸侯以鷩、毳、希冕祭於王，端冕祭於己，宜矣。然《玉藻》「玄端以祭」，言其服也。玄端無章，則三旒之冕可知。鄭氏易「端」爲「冕」，過矣。

玄端素端如之，其色不同。

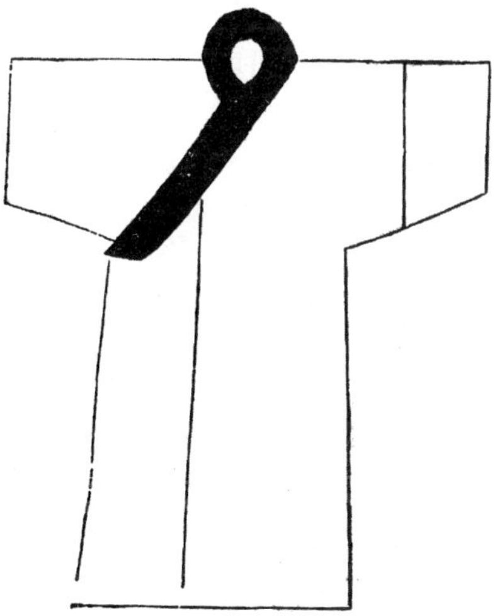

《周禮・司服》：「其齊服有玄端、素端。」鄭司農云：「衣有襦裳者爲端。」鄭康成云：「變素服言端者，明異制。端者，取其正也。士之衣袂，皆二尺二寸，而屬幅，是廣袤等也。其袪尺二寸。大夫已上侈之。侈之者，蓋半而益一焉。半而益一，則其袂三尺三寸，袪尺八寸。」正義曰：「『衣袂二尺二寸』，《喪服・記》文。故彼云『衣二尺有二寸』，❶注云：『此謂袂中也。言衣者，明與身參齊。』是謂玄端之身長二尺二寸。今兩邊袂亦各屬一幅，幅長二尺二寸，上下亦廣二尺二寸，故云屬幅廣袤等，袤則長也。言『皆』者，玄端、素端二者同也。❷云『其袪尺二寸』者，據《玉藻》深衣之『袪尺二寸』而言也。云『大夫已上侈之。侈之者，蓋半而益一焉。❸半而益一，則其袂三尺三寸，袪尺八寸』者，此亦無正文。案《雜記》云：『凡弁經服，其衰侈袂。』《少牢》『主婦衣綃衣』，❹亦云『侈袂』。❺侈，大也。鄭以侈爲大，即以意爲半而益一以解之也。孔子『大袂單衣』，亦如此也。」《内則》曰：「子事父母，冠、緌、纓、端、韠、紳。❻」「端，玄端，士服也。」《玉藻》：「天子玄端而朝日於東門之外。「『端』當爲『冕』。」卒食，玄端而居。諸侯玄端以祭。「『端』亦當爲『冕』。」朝玄端，夕深衣。「謂大夫、士也。」無君者不貳采。」「大夫去位，宜服玄端、衮衣。」《小記》：「除殤之喪者，其祭也必玄。」「冠、玄端、黄裳而祭，不朝服，未純吉也。於成人爲釋禫之服。」《樂記》：「魏文侯問於子夏曰：『吾端冕而聽古樂，則唯恐

❶「故彼云」，原誤作「袂云」，庫本作「故云」，嘉慶本作「彼云」，今據《周禮・司服》孔疏改。「衣」，原誤作「袂」，今據庫本、嘉慶本及《周禮・司服》孔疏改。

❷「素端」，原誤作「玄端」。前已言「玄端」，此不當重出。今據明本、庫本、嘉慶本及《周禮・司服》孔疏改。

❸「蓋」，原誤作「各」，今據庫本、嘉慶本、上引鄭注及《周禮・司服》孔疏改。

❹「主」，原誤作「士」，今據明本、庫本、嘉慶本及《儀禮・少牢》改。

❺「侈」，原誤作「多」，今據明本、庫本、嘉慶本及《儀禮・少牢》改。

❻「緌」，原誤作「綏」，今據明本、庫本、嘉慶本及《禮記・内則》改。

臥。』」「端，玄衣也。」《雜記》曰：「端衰、喪車皆無等。「喪者衣衰及所乘之車，貴賤同。衣衰言端者，玄端吉時常服，喪之衣衰當如之。」子羔之襲，素端一。公襲，卷衣一，玄端一。」《儀禮·士冠》：「緇布冠，玄端，玄裳、黄裳、雜裳可也，緇帶，爵韠。「此暮夕於朝之服。玄端則朝服之衣，易其裳耳。上士玄裳，中士黄裳，下士雜裳。」賓如主人服，贊者玄端從之。」冠者既冠，「乃易服，服玄冠、玄端、爵韠，見于君，見於鄉大夫、鄉先生。」「見服不朝服者，非朝事也。」《特牲饋食禮》：「主人冠端玄。」《論語》：「公西華曰：『宗廟之事，如會同，端章甫，願爲小相焉。』」《荀卿》曰：「端衣玄裳，絻而乘路，志不在於食葷。」《大戴禮》曰：「武王端冕而受丹書。」《左氏》：「劉定公曰：『吾端委以治民，臨諸侯，禹之力也。』」「晏平仲端委以立于虎門。」《晉語》：「董安于曰：『臣端委以隨宰人。』」《周語》曰：「晉侯端委以入武宫。」韋昭曰：「此士服也。諸侯之子未受爵命，服士服也。」《穀梁》曰：「免牲者，爲之緇衣纁裳，有司玄端，奉送至于南郊。」僖三十一年。「吴，夷狄之國也，被髮文身，欲因魯而請冠端而襲。」「襲衣冠。端，玄端。」鄭氏釋《士冠禮》，謂：「爵弁純衣，絲衣也。餘衣皆用布，惟冕與爵弁用絲耳。」賈公彦曰：「此據朝服、皮弁服、玄端服及深衣、長衣之等，皆布爲之，是以《雜記》云朝服十五升布。玄端亦朝服之類，皮弁亦是天子朝服，深衣或名麻衣，故知用布也。」

素端❶

《司服》言及諸侯、孤、卿大夫、士之服，而繼之以「其齋服有玄端、素端」，則玄端、素端非特士之齋服而已。鄭氏曰：「端者，取其正也。士之衣袂，皆二尺二寸，而屬幅，是廣袤等也。其袪尺二寸。大夫以上侈之。侈之者，蓋半而益一，則其袂三尺三寸，袪尺八寸。」然謂之端，則衣袂與袪廣袤等矣，無大夫、士之辨也。果士之袪殺於袂尺，非端也；大夫之袪侈以半而益一，亦非端也。深衣之袂圜，長衣之袂長，弔祭及餘衣之袂侈。《司服》：「凡弔事，弁絰服。」《雜記》：「凡弁絰服，其衰侈。」《少牢》：「主婦衣宵衣，侈袂。」《儒行》曰：「孔子衣逢掖之衣。」《荀卿》曰：「其衣逢。」則玄端之袂端可知矣。古者端衣或施之於冕，或施之於冠。《大戴禮》曰：「武王端冕而受丹書。」《樂記》曰：「魏文侯端冕而聽古樂。」《荀卿》曰：「端衣玄裳，絻而乘路。」此施於冕者也。《冠禮》：冠者玄端，緇布冠，既冠易服，服玄冠、玄端。《特牲禮》：「主人冠端玄。」《内則》：「子事父母，冠、緌、纓、端、韠、紳。❷」劉定公曰：「吾端委以治民。」董安于曰：「臣端委以隨宰人。」公西華曰：「宗廟之事，如會同，端章甫。」以至「晉侯端委以入武宮」、「晏平仲端委以立于虎門」。此施之於冠者也。蓋玄端，齋服也，諸侯與士以爲祭服，《玉藻》「玄端以祭」，《特牲》「冠端玄」是也；大夫、士以爲

❶「素端」，原脱，今據目録、卷首小目、明本、庫本、嘉慶本補。

❷「緌」，原誤作「綏」，今據明本、庫本、嘉慶本及《禮記·内則》改。「韠紳」，原誤作「韍韠」，今據庫本、嘉慶本及《禮記·内則》改。

私朝之服，《玉藻》「朝玄端」是也；天子至士亦以爲燕服，《玉藻》「天子卒食，玄端而居」，《内則》「事父母，端、韠」是也。然則端衣所用固不一矣。《記》曰：「齋之玄也，以陰幽思也。」故祭之冕服皆玄，齋之端衣亦玄。若夫朝服，天子以素，諸侯以緇，未聞以玄端也。《儀禮》大夫祭以朝服，士祭以玄端。《冠禮》：主人朝服，既冠，冠者服玄端。《雜記》：「公襲，朝服一，玄端一。」襚禮「自西階受朝服，自堂受玄端」。則朝、玄端異矣。玄端皆玄裳，或黃裳、雜裳可也，鄭氏曰：「上士玄裳，中士黃裳，下士雜裳。雜裳前玄後黃。」《荀卿》曰：「端衣玄裳，絻而乘路，志不在於食葷。」蓋齋則衣裳皆玄，非齋則裳不必玄。未聞以素裳也。鄭氏釋《儀禮》謂：「玄端即朝服之衣，易其裳耳。」釋《玉藻》曰：「朝服，冠、玄端、素裳。」此説無據。服玄端者，冠則緇布冠，齋則玄冠，特天子齋用冕，燕則玄冠而已。然齋或用素端，則其冠不玄矣，鄭氏曰「素端，爲札荒有所禱請」是也。

綖 鄭氏曰：「延，冕之覆，在上。」❶

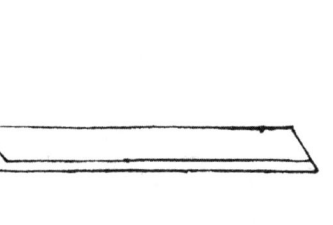

《弁師》：「掌王之五冕，皆玄冕、朱裏、延、紐。」《禮記》：「天子玉藻，十有二旒，前後邃延。」《左傳》曰：「衡、紞、紘、綖。」《國

❶「冕之覆在上」，嘉慶本作「冕上覆也」。

語》曰：「夫人織紘、綖。」先儒謂延，冕上覆。古者績麻，三十升布，上玄下朱，以表裏冕版，三十升則麻之尤精者也。《書》稱康王「麻冕黼裳」，卿士、邦君「麻冕蟻裳」，太保、太史、太宗皆「麻冕彤裳」。孔子曰：「麻冕，禮也；今也純，儉。」「顔淵問爲邦，孔子曰：『服周之冕。』」則古者五冕皆麻，至孔子時乃去麻用純。然郊冕猶用麻，所以示復本也。故《荀卿》曰：「郊之麻冕，喪服之先散麻，一也。」

武

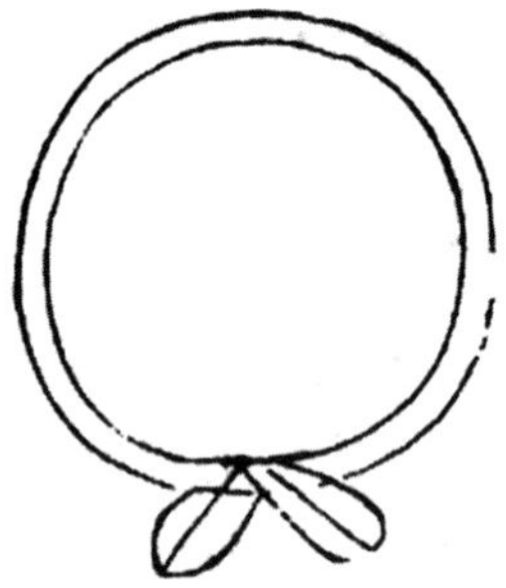

鄭氏曰：「武，冠卷也。古者冠卷殊。」

紐

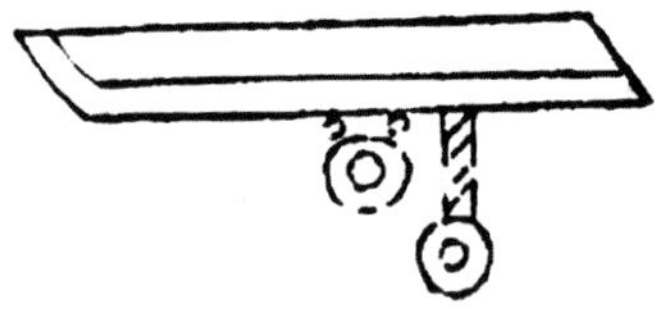

《弁師》：五冕，皆紐。鄭氏曰：「紐，小鼻，在武上，笄所貫也。」蓋武，冠卷也。古者「居冠屬武」，則非燕居，武不屬於冠也；「喪冠條屬」，則非有喪者，纓、武異材也；鄭氏曰：「條屬者，通屈一條繩若布爲武，垂下爲纓，屬之冠。」子姓之冠「縞冠玄武」，不齒之冠「玄冠縞武」，則非子姓與不齒者，冠、武同色也。《雜記》曰：「委武，玄、縞而後蕤。」鄭氏謂「秦人曰委，齊東曰武」，則武亦謂之委。以其若冠之足，故曰武；以其委於下，故曰委。蓋古者施冠於首，然後加武以約之。觀《喪大記》「弔者襲裘，加武」，則武之所設，所以約冠也。紐垂於冕之兩旁，其長及武，笄以貫之。

繅

鄭氏曰：「繅，雜文之名，合五采絲爲之繩，垂於延之前後，各十二，所謂邃延。」此王者之制也，諸侯而下有差。

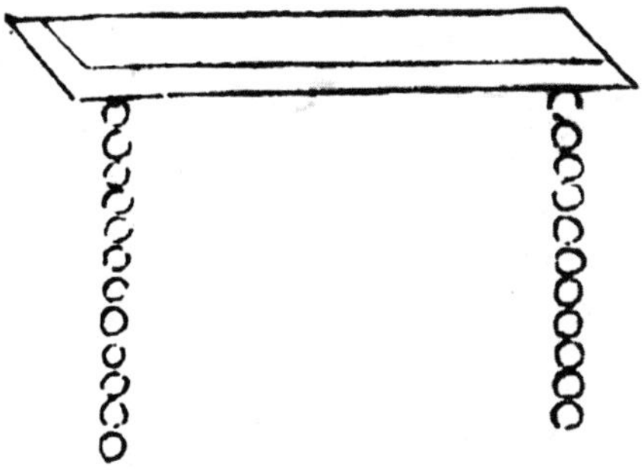

《弁師》：「掌王之五冕，五采繅十有二就，皆五采玉。「繅，雜文之名也。合五綵絲爲之繩，垂於延之前後，各十二，所謂邃延也。就，成也。繩之一匝而貫五采玉，十二斿則十二玉也。每就間蓋一寸。朱紘，以朱組爲紘也。紘一條，屬兩端於武。繅不言皆，有不皆者。此謂衮衣之冕十二斿，則用玉二百八十八。鷩衣之冕繅九斿，用玉二百一十六。毳衣之冕七斿，用玉百六十八。希衣之冕五斿，用玉百二十。玄衣之冕三斿，用玉七十二。」諸侯之繅斿九就，瑉玉三采，其餘如王之事。繅斿皆就，玉瑱，玉笄。『侯』當爲『公』，字之誤也。三采，朱白蒼也。其餘，謂延、紐皆玄，覆朱裏，與王同也，出此則異。❶繅斿皆就，❷皆三采也，每繅九成則九旒也。公之冕用玉百六十二。玉瑱，塞耳者。故書瑉作璑。鄭司農云：『繅當爲藻，繅古字也，藻今

❶「此」，原脱，今據明本、庫本、嘉慶本及《周禮·弁師》賈疏補。

❷「皆」，原脱，今據庫本及《周禮·弁師》鄭注補。

字也，同物同音。璑，❶惡玉名。』」諸侯及孤卿大夫之冕、韋弁、皮弁、弁絰，各以其等爲之，而掌其禁令。」「各以其等，繅斿、玉璂如其命數也。冕則侯伯繅七就，用玉九十八；子男繅五就，用玉五十，繅玉皆三采。孤繅四就，用玉三十二；三命之卿繅三就，用玉十八；再命之大夫繅再就，用玉八，藻玉皆朱綠。韋弁、皮弁，則侯伯璂飾七，子男璂飾五，玉亦三采。孤則璂飾四，三命之卿璂飾三，再命之大夫璂飾二，玉亦二采。」《典絲》：「凡祭祀，共黼畫組就之物。」「以給衣服、冕旒及盥巾之屬。」《禮器》曰：「天子之冕，朱綠藻，十有二旒，諸侯九，上大夫七，下大夫五，士三。此以文爲貴也。」「朱綠似夏商禮。」《郊特牲》曰：「王被衮以象天；戴冕璪十有二旒，則天數也。」「天之大數不過十二。」《玉藻》曰：「天子玉藻，十有二旒，前後邃延，龍衮以祭。」「雜采曰藻。天子以五采藻爲旒，旒十有二。前後邃延者，言皆出冕前後而垂也，天子齊肩。」

《弁師》：「王之五冕，五采繅十有二就。諸侯之繅斿九就，瑉玉三采，其餘如王之事。繅斿皆就。諸侯及孤卿大夫之冕，各以其等爲之，掌其禁令。」鄭氏曰：「繅，雜文之名也。合五采絲爲之繩，垂於延之前後，各十二，所謂邃延也。繩每一匝貫五采玉。諸侯繅旒皆就，皆三采也。每繅九成，則九旒也。侯伯繅七就，子男繅五就，孤繅四就，卿繅三就，大夫繅再就。」理或然也。然冕五而已，未有不設繅斿者。鄭氏

❶ 此處及上文「璑」字，原皆誤作「璵」。按此言「惡玉」，然《初學記》卷二七引《逸論語》：「璠璵，魯之寶玉也。孔子曰：美哉璠璵，遠而望之，奐若也；近而視之，瑟若也。」《左傳》定五年杜注：「璵璠，美玉，君所佩。」是璵非惡玉。《說文·玉部》：「璑，三采玉也。」合於上言「三采」。今所見《周禮注疏》之賈疏兩處皆作「璑」，故明本、庫本、嘉慶本於上作「璑」，庫本、嘉慶本於下作「璑」是也，今據改。

謂大裘之冕無旒，爵弁如冕亦無旒，此不可考。《禮器》：「天子之冕，朱緑藻，十有二旒，諸侯九，上大夫七，下大夫五，士三。」其制與《弁師》不同，異代之禮也。蓋藻潔而文衆，采如之，故曰藻；水流趨下，旗冕之垂者如之，故曰旒。藻或作繅，以絲爲之；或作璪，以玉貫之也。繅旒或謂之繁露，以其象然也。漢制，天子繅旒前長後短，諸臣繅旒有前無後，非古也。

禮書卷第四終

禮書卷第五

冕

紘　纓緌　瑱　衡　笄　鬠笄

紘鄭氏曰："屈組爲紘，垂爲飾。"

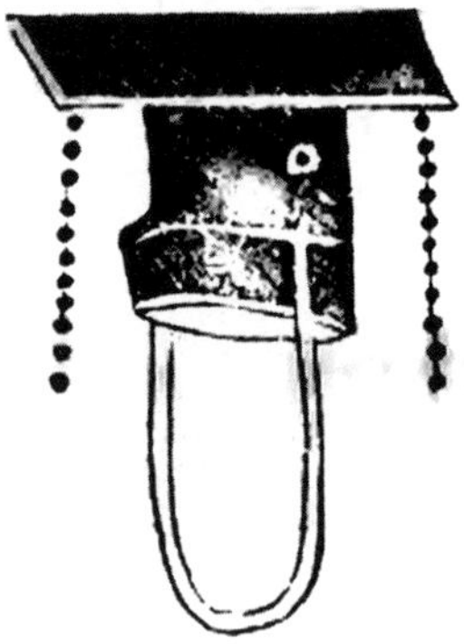

纓二組屬於笄，順頤而下結之謂之纓。纓之垂者謂之緌。

《弁師》："掌王之五冕，朱紘。""朱紘，以朱組爲紘也。紘一條，屬兩端於武。"《士冠禮》："緇布冠缺項，❶青組纓屬于缺；皮弁笄、爵弁笄；緇組紘纁邊。""缺讀如『有頍者弁』之頍。❷緇布冠無笄者，著頍圍髮際，❸結項中，隅爲四綴，以固冠也。"

❶ "缺"，原誤作"鈌"，今據明本、庫本、嘉慶本及《儀禮·士冠》改。後徑改，不出校。

❷ 上"頍"，原誤作"須"；下"頍"，原誤作"煩"，今皆據明本、庫本、嘉慶本及《儀禮·士冠》鄭注改。

❸ "頍"，原誤作"煩"；"圍"，原誤作"圓"，今皆據明本、庫本、嘉慶本及《儀禮·士冠》鄭注改。

項中有緬，亦由固頍爲之耳。❶今未冠笄者，著卷幘，頍象之所生也。滕、薛名蔮爲頍。❷屬，猶著。有笄者屈組爲紘，垂爲飾。無笄者纓而結其絛。纁邊，組側赤也。」《禮器》曰：「管仲鏤簋、朱紘，君子以爲濫矣。」「朱紘，天子冕之紘也。諸侯，青組紘。大夫、士當緇組紘纁邊。」《祭義》曰：「天子爲藉千畝，冕而朱紘，躬秉耒；諸侯爲藉百畝，冕而青紘，躬秉耒。」《玉藻》曰：「玄冠朱組纓，天子之冠也；緇布冠繢緌，諸侯之冠也。玄冠丹組纓，諸侯之齊冠也；玄冠綦組纓，士之齊冠也。」《説文》曰：「紘，冠卷也。纓，冠系也。緌，系冠纓也。」《左傳》桓二年：「衡、紞、紘、綖，昭其度也。」僖二十八年：「楚子玉瓊弁玉纓。」哀十五年：「子路結纓而死。」喪禮斬衰繩纓，齊衰以下布纓，大功長殤經纓，緦澡纓。《後漢·輿服志》：「聖人見鳥獸有冠角髯胡之制，遂作冠冕纓緌以爲首飾。」旒冕皆以其綬色爲組纓，乘輿黃赤綬，諸侯王赤綬，公侯將軍紫綬，九卿青綬，千石、六百石黑綬，百石青紺綬。唐制，天子大裘冕組帶纓，色如其綬，衮冕朱組帶爲纓；皇太子衮冕紅組爲纓；群臣之服皆以組爲纓，色如其綬。

緌

《詩》曰：「葛屨五兩，冠緌雙止。」《檀弓》曰：「范則冠而蟬有緌。」「緌謂蜩喙，長在腹下。」《郊特牲》曰：「太古冠布，齊則緇之。其緌也，孔子曰：『吾未之聞也。』」《玉藻》曰：「緇布冠繢緌，諸侯之冠也。「縞冠素紕，既

❶「頍」，原誤作「頃」，今據明本、庫本、嘉慶本及《儀禮·士冠》鄭注改。

❷「頍」，原誤作「頻」，今據明本、庫本、嘉慶本及《儀禮·士冠》鄭注改。

祥之冠也。」垂緌五寸，惰游之士也。自天子下達，有事然後緌。大帛不緌。玄冠紫緌，自魯桓公始也。」《雜記》曰：「大白冠，緇布之冠，皆不蕤。委武，玄、縞而後蕤。」「秦人曰委，齊東曰武。」《内則》：「子事父母，冠、緌、纓。」

《弁師》：王之五冕皆朱紘。《禮記》：「天子爲藉，冕而朱紘；諸侯爲藉，冕而青紘。」《士冠禮》：「緇布冠，青組纓；皮弁笄，爵弁笄；緇組紘纁邊。」蓋朱者，正陽之色，天子以爲紘；青者，少陽之色，諸侯以爲紘；緇者，陰之色，而士以爲紘。卿大夫冕弁之紘，無所經見。《禮器》曰：「管仲鏤簋、朱紘，君子以爲濫。」鄭氏謂「大夫、士當緇組紘纁邊」，理或然也。一組繫於左笄，遶頤而上屬於右笄，垂餘以爲飾，謂之紘；二組屬於笄，❶順頤而下結之，謂之纓，纓之垂餘謂之緌。《檀弓》曰：「蟬有緌。」鄭氏曰：「緌謂蜩喙，長在腹下。」喪冠、緇布冠纓而不緌，冕弁紘而不纓。春秋之時，楚子玉瓊弁玉纓。自漢以來，冕纓各象其綬色。冕弁而有纓，非古制也。夫縣鍾磬者亦謂之紘，繫車蓋者亦謂之紘，佩容臭者亦謂之纓，馬之膺飾亦謂之纓，旌旗之旒亦謂之緌，禪被之識亦謂之紞，則紘、纓、緌之名非特施於冠冕也。

天子諸侯瑱玄紞黃纊。

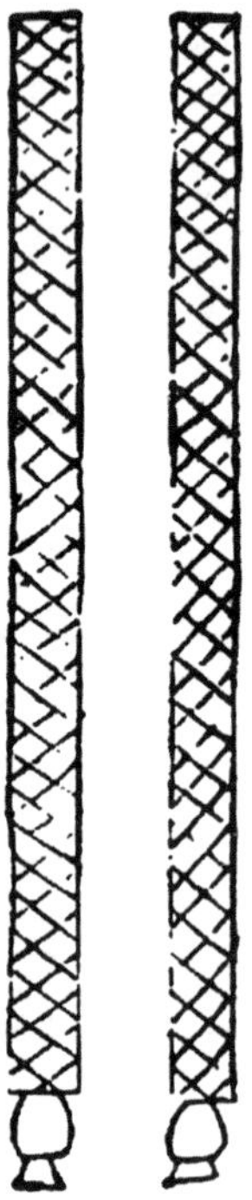

❶「紘二」，原誤作「二紘」。按此係解釋一組之謂「紘」，下則解釋二組之謂「纓」，故「紘」、「二」二字不可倒。今據明本、庫本、嘉慶本改。

卿大夫 瑱玄紞青纊。

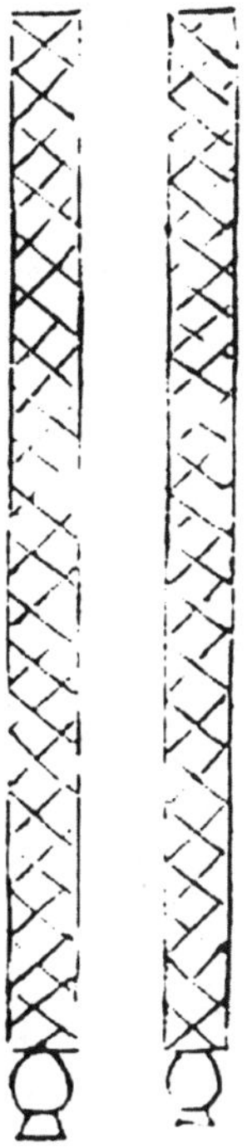

士 瑱玄紞素纊。

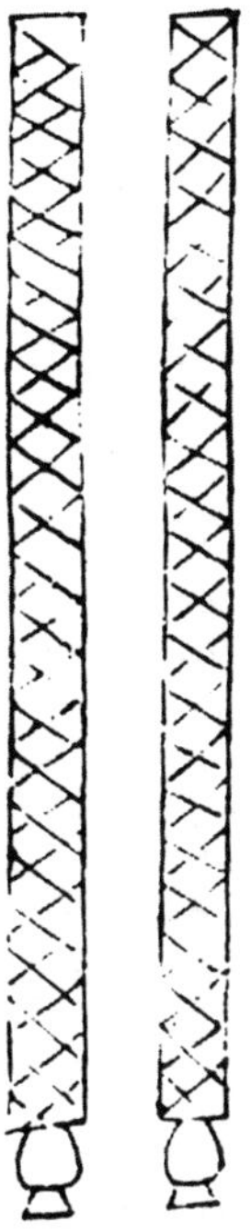

《周禮·弁師》：「諸侯之繅斿九就，玉瑱，玉笄。」《詩·旄丘》曰：「叔兮伯兮，褎如充耳。」《君子偕老》曰：「玉之瑱也。」「瑱，塞耳也。」《淇奧》曰：「有匪君子，充耳琇瑩，會弁如星。」「充耳謂之瑱。琇瑩，美石也。天子玉瑱，諸侯以石。」《著》曰：「俟我於著乎而，充耳以素乎而，毛曰：「素，象瑱。」鄭曰：「以素爲充耳，謂所以懸瑱者，或名爲紞。人君五色，臣則三色。此言素者，自所先見而云。」尚之以瓊華乎而。毛曰：「瓊華，美石，士之服也。」鄭曰：「飾之以瓊華者，謂縣紞之末，所謂瑱也，人君以玉爲之。瓊華，石色似瓊也。」俟我於庭乎而，充耳以青乎而，毛曰：「青，青玉。」鄭曰：「青紞之青。」❶尚之以瓊瑩乎而。毛曰：「瓊瑩，石似玉，卿大夫之服也。」鄭曰：「石色似瓊瑩也。」俟我於堂乎而，充耳以黄乎而，毛曰：「黄，黄玉。」鄭曰：「黄紞之黄。」尚之以瓊英乎而。」毛曰：「瓊英，美石似玉者，人君之服也。」《禮記·檀弓》曰：「練，角瑱。」「瑱，充耳也，吉時以玉。人君有瑱。」《士喪禮》：「瑱用白纊。」《既夕·記》曰：「瑱塞耳。」《楚語》：「楚靈王虐，白公、子張驟諫。王曰：『不穀雖不能用，吾憖瑱寘之於耳。』

❶ 下「青」，原誤作「有」，今據庫本、嘉慶本及《毛詩·著》鄭箋改。

「憖，猶願也。」對曰：『賴君用之也，故言。「賴，特也。」不然，巴浦之犀犛兕象，其可盡乎，其又以規爲瑱也？』」「犛，犛牛也。規，諫也。瑱所以塞耳。言四獸之牙角可以爲瑱難盡，而又以規諫爲之乎？」《魯語》曰：「王后親織玄紞。」「紞，所以懸瑱當耳者也。」《左傳》曰：「衡、紞、紘、綖，昭其度也。」又曰：「縛之如一瑱。」《家語》、《大戴》皆曰「紞絖塞耳」。《東方朔傳》曰：「黈纊塞耳。」《禮緯》曰：「旒垂目，纊塞耳，示不聽讒，不視非也。」《後漢・輿服志》曰：「旁垂黈。」《釋名》曰：「瑱，鎮也，不使妄聽，自鎮重也。」《吴語》：「吴王斬有罪者以徇，曰：『莫如此以環瑱通相問也。❶』」

瑱以充耳，紞以垂瑱。《周官・弁師》王之五冕皆玉瑱；《詩》於衛夫人言「玉之瑱也」，於衛武公言「充耳琇瑩」，於衛之臣言「褎如充耳」；《齊詩》言充耳以素、以青、以黄，尚之以瓊華、瓊瑩、瓊英，則瑱不特施於男子也，婦人亦有之；不特施於冕也，弁亦有之。故《詩》言「充耳琇瑩」，繼之以「會弁如星」。《喪禮》士無冕，而瑱用白纊，則弁亦有之可知也。士瑱用白纊，即《詩》所謂「充耳以素」者也；人君用黈纊，即《詩》所謂「充耳以黄」者也。毛氏以「充耳以素」爲士之服，「充耳以青」爲卿大夫之服，「充耳以黄」爲人君之服，於説是也。然以素爲象瑱，青爲青玉，黄爲黄玉，而用瓊華以飾象，則是士瑱用二物，與餘瑱不類，非禮意也。鄭氏以素爲素紞，青爲青紞，黄爲黄紞，人君五色，人臣三色。然《魯語》「王后織玄紞，夫人加紘、綖，内子爲大帶，命婦成

❶「通」，原脱，今據嘉慶本及《國語・吴語》補。

祭服，列士之妻加以朝服」，則夫人以至士妻，特有所加而已，其織玄紞一矣，未聞有五色、三色之别也。又紞所以垂充耳，而充耳不在紞，謂紞爲充耳，非也。《春秋傳》曰：「縳之如一瑱。」則縳纊以爲瑱，自古然也。其制蓋皆玄紞以垂之，瓊玉以承之。承之，《詩》所謂「尚之」也。梁制垂以珠瑱。班固賦曰：「雕玉瑱以居楹。」礎石亦謂之瑱，則瑱居纊下可知也。賈公彦曰：「古者瑱不用纊，士死則用白纊。」然士之襲禮，皮弁、褖衣、緇帶、韎韐、竹笏之類，皆用生時之物，孰謂「瑱用白纊」特死者之飾哉？《檀弓》：小祥用角瑱。《楚語》曰：「巴浦之犀犛兕象，其可盡乎，其又以規爲瑱？」則古者之瑱，亦以象與角爲之。

衡 鄭氏曰：「衡，玉爲之。祭服有衡，垂于副之兩旁當耳，其下以紞懸瑱。」

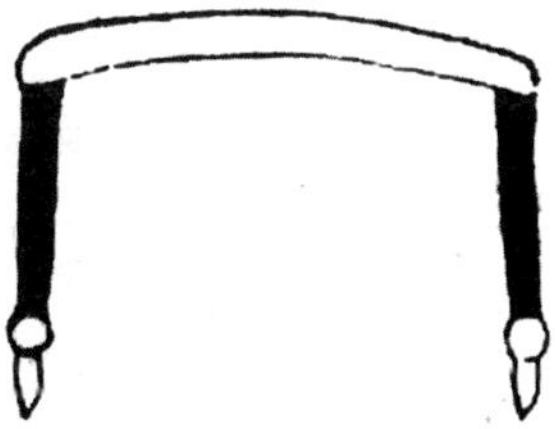

《周官・追師》：「掌王后之首服，爲副、編、次，追衡、笄。」《左傳》曰：「衡、紞、紘、綖，昭其度也。」鄭司農曰：「衡，維持冠者。」❶鄭康成曰：「王后之衡、笄，皆玉爲之。惟祭服有衡，垂于副之兩旁當耳，其下以紞垂瑱。」孔穎達曰：「婦人首服有衡，則

❶「維」，原誤作「繼」，今據嘉慶本及《周禮・追師》鄭注引鄭司農改。

男子首服亦然。王后之衡以玉，則天子之衡亦玉。諸侯以下未聞。」然則《左傳》言衡則繼以紞，《弁師》、《士冠禮》言笄則繼以紘，是衡有紞，笄有紘也。

笄 鄭氏曰：「笄，卷髮者，玉爲之，長尺二寸。」

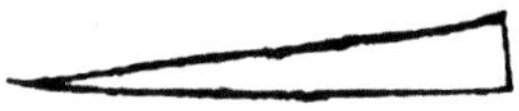

鬠 笄桑爲之，長四寸，緵中。❶

《禮記·内則》：「子事父母，櫛、縰、笄、總。」❷《弁師》：「掌王之五冕，玉笄；諸侯之繅斿九就，玉笄。」《士冠禮》：「皮弁笄、爵弁笄，同篋。」「笄，今之簪。有笄者，屈組爲紘，垂爲飾。無笄者，纓而結其條。」《士喪禮》：「鬠笄用桑，長四寸，緵中。」「長四寸，不冠故也。緵笄之中央以安髮。」「鬠用組，乃笄。」《國語》：「范武子以杖擊其子，折其委笄。」《荀子》曰：「鬠而不笄。」

婦人笄。《曲禮》曰：「女子許嫁，笄而字。」「以許嫁爲成人。」《檀弓》：「南宮縚之妻之姑之喪，夫子誨之髽。蓋榛以爲笄，長尺。」《内則》：「婦事舅姑，櫛、縰、笄、總。」❸「男

❶「鬠笄」，原脱，今據目録、卷首小目、明本、庫本、嘉慶本補。「桑爲之長四寸緵中」，原無，爲明本、庫本、嘉慶本所增。

❷「縰」，原誤作「縱」，今據明本、庫本、嘉慶本及《禮記·内則》改。

❸「縰」，原誤作「縱」，今據明本、庫本、嘉慶本及《禮記·内則》改。

女未冠笄者，櫛、纚、拂髦。」「女子十有五而笄，二十而嫁。」「其未許嫁，二十則笄。」《喪服小記》：「齊衰惡笄以終喪。男子冠而婦人笄。」《雜記》：「女雖未許嫁，年二十而笄，禮之。婦人執其禮。「雖未許嫁，年二十亦爲成人矣。禮之，酌以成之。言『婦人執其禮』，明非許嫁之笄。」「燕則鬈首。」「既笄之後去之，猶古之女有鬌紒也。」《問喪》：「親始死，雞斯徒跣。」「雞斯當爲笄纚，聲之誤也。親始死去冠，二日乃去笄纚，括髮也。今時始喪者，邪巾貊頭，笄纚之存象也。」《追師》：「掌王后之首服，爲副、編、次，追衡、笄。」《士昏禮》：「女次，純衣纁袡，立于房中，南面。姆纚笄，宵衣，在其右。女從者畢袗玄，纚笄，被潁黼，在其後。夙興，婦沐浴，纚笄，宵衣，以見舅姑。」《記》：「女子許嫁，笄而禮之，稱字。」「許嫁，已受納徵禮也。笄女之禮，猶冠男也，使主婦、女賓執其禮。」《喪服》：「女子子在室爲父，箭笄。女子子適人者爲其父母，❶婦爲舅姑，惡笄有首以髽。卒哭，子折笄首以笄，布總。」「言『以髽』，則髽有著笄者明矣。」傳曰：「笄有首者，惡笄之有首也。惡笄者，櫛笄也。折笄首者，折吉笄之首也。吉笄者，象笄也。何以言子折笄首而不言婦？終之也。」「櫛笄者，以櫛之木爲笄，或曰榛笄。有首者，若今時刻鏤摘頭矣。❷卒哭，❸喪之大事畢，女子可以歸於夫家而著吉笄。吉笄尊，變其尊者，婦人之義也。折其首者，爲其大飾也。據在夫家宜言婦。終之者，終子道於父母之恩。」《士喪・記》：「其母之喪，

❶ 上二「女子子」，原皆作「女子」，今據《儀禮・喪服》及本書卷十一同引補。

❷ 「鏤」，原誤作「縷」，今據明本、庫本、嘉慶本及《儀禮・喪服》鄭注改。

❸ 「卒哭」，原作「卒而」，《儀禮・喪服》鄭注作「卒哭而」。按卒哭，祭名。今據嘉慶本改。

則内御者浴，鬠無笄。」「無笄，猶丈夫之不冠也。❶」《特牲饋食禮》：「主婦纚笄，宵衣。」《詩·君子偕老》：「副笄六珈。」「笄，衡笄也。珈，笄飾之最盛者，所以别尊卑。」《楚語》：「司馬子期欲以妾爲内子，訪之左史倚相，曰：『吾有妾而願欲笄之，其可乎？』」《弁師》：「掌王之五冕，五采繅十有二就，皆玉笄。諸侯繅斿皆就，玉笄。」《士冠》皮弁、爵弁笄。則冕弁有笄也。《國語》：「范文子以杖擊其子，折委笄。」則冠有笄也。士喪服，婦人吉笄有首，尺二寸。吉笄，象笄也。男子之笄亦或尺二寸。大夫、士之笄亦或象爲之歟？禮，王祀以玉路，朝以象路。王玉爵，諸侯象觚。王玉笏，諸侯象笏。皆象次于玉。然則諸侯玉笄，大夫、士用象可知。賈公彦釋《士冠禮》，大夫、士笄當用象。鄭氏釋《士冠禮》謂：「有笄者屈組爲紘，垂爲飾；無笄者纓而結其絛。」無笄蓋指緇布冠言之也。《雜記》曰：「緇布不蕤。」則緇布非特無笄，又纓而不緌矣。古者笄亦謂之簪。《易》曰：「朋盍簪。」鄭氏謂「笄，今之簪」是也。荀卿《箴賦》曰：「簪以爲父。」則簪形似箴而巨也。考之《士喪禮》「鬠笄用桑，長四寸，纋中。其母之喪，内御者浴，鬠無笄」，則鬠笄與冠弁之笄異矣。鬠笄四寸，所以安髮，男子婦人皆有之。男子死有鬠笄，而無冠弁之笄，以其不冠故也。婦人死，不特無冠弁之笄，亦無鬠笄，以其不以髮爲，猶男子之冠故也。《家語》曰：「孔子之喪，襲而冠。」此王肅附會之論也。《荀子》亦曰：「鬠而不笄。」

禮書卷第五終

❶ 「丈」，原誤作「大」，今據《儀禮·士喪》鄭注改。

禮書卷第六

皮弁　象邸　韋弁　爵弁　裳

皮弁縫中貫玉以爲飾。其衣用布十五升，❶而裳素積。

《司服》：「視朝則皮弁服。」「視朝，視內外朝之事。皮弁之服，十五升白布衣，積素以爲裳。王受諸侯朝覲於廟則衮冕。」《弁師》：「王之皮弁，會五采玉璂，象邸，玉笄。「故書會作膾，鄭司農云：『讀如馬會之會，謂以五采束髮也。』玄謂會讀如大會之會。會，縫中也。璂，❷讀如『薄借綦』之綦。綦，結也。皮弁之縫中每貫結五采玉十二以爲飾，謂之綦。《詩》云『會弁如星』，又曰『其弁伊綦』是也。邸，下柢也，以象骨爲之。」諸侯及孤卿大夫之冕、韋弁、皮弁、弁經，各以其等爲之，而掌其禁令。」「韋弁、皮弁，則侯伯璂飾七，子男璂飾五，玉亦三采。孤則璂飾四，三命之卿

❶「布」，原誤作「希」。按《儀禮·士冠》鄭注云：「皮弁之衣用布亦十五升。」故明本、庫本、嘉慶本禮圖標題作「布」是也，今據改。「布十五升」，嘉慶本文中小題此注作「十五升布」。

❷「璂」，原誤作「琪」，今據明本、庫本、嘉慶本及《周禮·弁師》鄭注改。

瑑飾三，再命之大夫瑑飾二，❶玉亦二采。」《掌皮》：「掌秋斂皮，冬斂革，春獻之。遂以式法頒皮革于百工。」《士冠禮》：「皮弁服：素積，緇帶，素韠。「此與君視朔之服也。皮弁者，以白鹿皮爲冠，象上古也。積猶辟也。以素爲裳，辟蹙其要中。皮弁之衣，用布亦十五升，其色象焉。」皮弁笄，爵弁笄；緇組紘纁邊，同篋。」「賓受皮弁，右執項，左執前，進。」「周弁，殷冔，夏收。「弁名出於槃，大也，言所以自光大也。」三王共皮弁素積。」「質不變。」《聘禮》：「賓皮弁聘，「服皮弁者，朝聘主相尊敬也。諸侯視朔皮弁服。」公側授宰玉；裼，降立。「《玉藻》曰：『裘之裼也，見美也。』又曰：『麛裘，青豻褎，絞衣以裼之。』《論語》曰：『素衣麛裘。』皮弁時或素衣，其裘同可知也。」君使卿韋弁歸饔餼五牢。「變皮弁服韋弁，敬也。韋弁，韎韋之弁，兵服也。而服之者，皮韋同類，取相近耳。其服蓋韎布以爲衣，而素裳。」君使卿皮弁還玉于館。」「玉，圭也。君子於玉比德焉。以之聘，重德也。還之者，德不可取於人，相切厲之義也。」《覲禮》：「至于郊，王使人皮弁用璧勞。侯氏亦皮弁迎于帷門之外，再拜。」《士喪禮》：「陳襲事于房中：爵弁服，純衣；皮弁服。」《詩·淇澳》曰：「會弁如星。」「皮弁所以會髮。」箋云：「會，謂弁之縫中飾之以玉，皪皪而處，狀似星也。天子之朝服皮弁以日視朝。」❷《鳲鳩》：「其弁伊騏。」箋云：「騏，當作璂，以玉爲之。」《頍弁》：「有頍者弁，實維伊何。」箋云：「禮，天子、諸侯朝服以宴。天子之朝皮弁以日視朝。」《賓之初筵》：「側弁之俄，屢舞傞傞。」《禮

❶「大夫」上，原衍「卿」字。按正文言孤、卿、大夫，注文上已言孤、卿，則此大夫上不當再有「卿」字。今據庫本及《周禮注疏》鄭注、本卷此下兩次同引、本書卷四及《儀禮·士冠》賈疏、《禮記·王制》孔疏、《左傳》僖二十八年孔疏同引刪。

❷「日」，原誤作「口」，今據明本、庫本、嘉慶本及《毛詩·淇澳》鄭箋改。

記・檀弓》：「周人弁而葬，商人冔而葬。」《曾子問》：「諸侯相見皮弁。」《禮運》：「冕、弁、兵革藏於私家，非禮也。」《郊特牲》：「祭之日，王皮弁以聽祭報，示民嚴上也。皮弁素服而祭，素服以送終也。」《玉藻》：「天子皮弁，以日視朝，遂以食。三王共皮弁素積。諸侯皮弁以聽朔於太廟。「皮弁，下天子也。」君衣狐白裘，錦衣以裼之。」「天子狐白之上衣，皮弁服與？」《明堂位》：「朱干玉戚，冕而舞《大武》；皮弁素積，裼而舞《大夏》。」《小記》：「諸侯弔，必皮弁錫衰。」《學記》：「大學始教，皮弁祭菜，示敬道也。」「皮弁，天子之朝服也。祭菜，禮先聖先師。」《雜記》：「大夫卜宅與葬日，有司麻衣，布衰，布帶，因喪屨，緇布冠不蕤。占者皮弁。」「有司，占人也。麻衣，白布深衣而著衰焉，及布帶、緇布冠。此服非純吉，亦非純凶。皮弁，則純吉之尤者也。」「子羔之襲也，皮弁一，爵弁一。」「孔子曰：『尸弁冕而出，卿、大夫、士皆下之。』」《祭義》：「君皮弁素積，❶朔月、月半，君巡牲。古者天子、諸侯必有公桑、蠶室。大昕之朝，君皮弁素積，卜三宮之夫人、世婦之吉者，使入于蠶室。」《書》曰：「王與大夫盡弁，以啓金縢之書。」「四人綦弁，執戈上刃，夾兩階戺。」「綦，文鹿子皮弁，亦士。」《後漢・輿服志》：「委貌冠、皮弁冠同制，長七寸，高四寸，制如覆杯，前高廣後卑鋭，所謂夏之毋追、商之章甫者也。委貌以皁絹爲之，皮弁以鹿皮爲之。行大射禮於辟雍，公卿、諸侯、大夫行禮者冠委貌，衣玄端素裳。執事者冠皮弁，衣緇麻衣，皁領袖，下素裳，所謂皮弁素積者。」《周禮・弁師》：「王之皮弁，會五采玉璂，象邸，玉

❶「皮」，原爲空格，今據明本、庫本、嘉慶本補。

笄。諸侯及孤卿大夫之冕、韋弁、皮弁、弁經，各以其等爲之。」《儀禮・士冠》：「爵弁服：纁裳，純衣，緇帶。皮弁笄，爵弁笄；緇組紘纁邊，同篋。賓受皮弁，❶右執項，左執前。」鄭康成曰：「皮弁者，以白鹿皮爲之。」蓋皮弁存毛，順物性而制之，文質具焉。韋弁去毛，違物性而又染之，文而已。凡在下者爲是基，❷可以託宿者爲邸。玉璂，則縫中貫玉而施於下者也。象邸，則下柢用象而託以皮者也。《爾雅》：「邸謂之柢。」賈公彦曰：「邸，下柢也，謂於弁內頂上以象骨爲柢。」然謂之柢，不特施於頂上。❸《魏臺訪議》曰：「邸，以象骨周緣弁下根柢。」然則魏武所作弁柢，或古之遺制歟？諸侯及孤卿大夫之韋弁、皮弁，各以其等爲之。鄭康成曰：「侯伯璂飾七，子男璂飾五，玉亦三采。孤璂飾四，三命之卿璂飾三，再命大夫璂飾二，玉亦二采。」於理或然。推此，則公之玉九，天子之玉十有二，又可知也。《詩》曰：「會弁如星。」言其玉也。《説文》引《詩》「膾弁如星」，謂「骨擿之可會髮者」。此不可據。又曰：「其弁伊騏。」《書》曰：「綦弁，執戈。」言其文也。毛氏曰：「騏，文也。」孔安國曰：「綦，文鹿子皮。」《説文》：「綦，蒼艾色。」蓋綦者，陰陽之雜，故禮以綦組纓爲士之齋冠，綦組綬爲世子佩，《詩》以綦巾爲女巾，皆其未成德者之服也。則士弁以綦宜矣。《弁師》言「卿大夫之冕弁，❹各以其等爲之」，則士弁無玉飾。康成讀玉璂爲綦，以綦爲結，是臆説也。《記》曰：「三王共皮

❶「同篋賓」，原誤作「賓同篋」，今據庫本、嘉慶本及《儀禮・士冠》改。

❷「凡在下者爲是基」，孫氏點勘曰：「當作『凡在下者爲柢』。」按，作「基」似不誤，「爲」下似衍「是」字。

❸上二「頂」字，原皆誤作「項」，今皆據明本、嘉慶本及《周禮・弁師》賈疏、孫氏點勘改。

❹「夫」，原誤作「大」，今據明本、庫本、嘉慶本改。

弁素積。」❶《語》曰：「素衣麑裘。」則素衣，其衣也；素積，其裳也。《士冠禮》「皮弁：素積，緇帶」，《禮記》「雜帶，君朱緑，大夫玄華，士緇辟」，則士之皮弁緇帶，與君、大夫皮弁之帶異矣。《士冠禮》「皮弁笄，爵弁笄；❷緇組紘纁邊」，《弁師》「王朱紘」，《禮記》「天子朱紘，諸侯青紘」，則士皮弁緇組紘，與天子、諸侯皮弁之紘亦異矣。蓋皮弁，天子以視朝，以宴，《詩》曰：「側弁之俄。」以聽祭報，以舞《大夏》；諸侯以聽朔，以巡牲，以卜夫人、世婦，以迎王之郊勞，以待聘賓；卿大夫以王命勞侯氏，以聘於鄰國，以卜宅；士以冠，學士以釋菜。凡大夫、士之朔月皆皮弁服。則皮弁之所施者衆矣。蓋人爲者多變，自然者不易。皮弁因其自然而已，此所以三王共皮弁素積，而周天子至士共用之也。然《喪服小記》「諸侯弔，必皮弁錫衰」，《郊特牲》大蜡，皮弁素服、葛帶榛杖以送終，則弁雖與吉禮同，而服與吉服不同。

韋弁

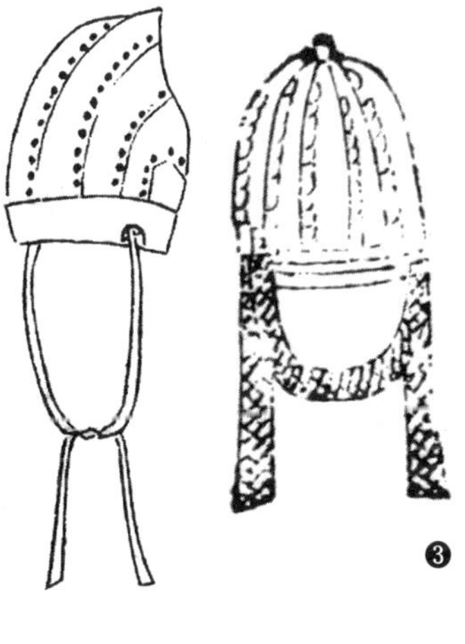

❸

❶「王」，原誤作「主」，今據明本、庫本、嘉慶本及《禮記·郊特牲》改。

❷「笄」，原脱，今據明本、庫本、嘉慶本及《儀禮·士冠》補。

❸此爲底本圖。

爵弁鄭云：「冕之次也，其色赤而微黑，如爵頭然。」用三十升布爲之，亦長尺六寸，廣八寸，前圓後方，無旒而前後平。❶

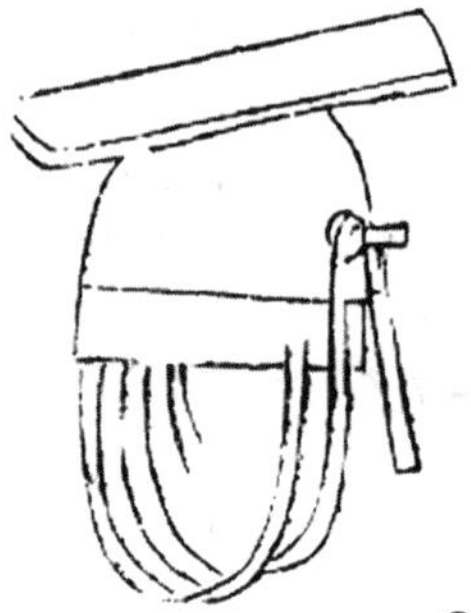
❷

《周禮・司服》：「凡兵事，韋弁服。」「韋弁，以韎韋爲弁，又以爲衣裳，《春秋傳》曰『晉郤至衣韎韋之跗注』是也。今時五伯緹衣，古兵服之遺色。」《弁師》：「諸侯及孤卿大夫之冕、韋弁、皮弁、弁經，各以其等爲之，而掌其禁令。」「韋弁、皮弁，則諸侯璂飾七，子男璂飾五，玉亦三采。孤則璂飾四，三命之卿璂飾三，再命之大夫璂飾二，玉亦二采。」《聘禮》：「君使卿韋弁歸饔餼。」「變皮弁，服韋弁，敬也。其服蓋韎布以爲衣，而素裳。」夕，夫人使下大夫韋弁歸禮。」《荀子》曰：「士韋弁。」《士冠禮》：「爵弁服：纁裳，純衣，緇帶，韎韐。」「此君與祭之服。《雜記》曰：『士弁而祭於公。』爵弁者，冕之次，其色赤而微黑，如爵頭然。或謂之緅。其布三十升。」皮弁笄，爵弁笄，緇組紘纁邊，同篋。爵弁、皮弁、緇布冠，各一匴。」《昏禮》：「主人爵弁，纁裳緇袘。」《書》曰：「二人雀弁，執惠，立于畢門之內。」「爵韋弁。」《禮記・檀弓》：「天子之哭諸侯也，爵弁經，紂衣。」《雜記》：「大夫冕而祭於公，弁而祭於己；士弁而祭於公，冠而祭於己。」「弁，爵弁也。冠，玄冠也。祭於公，助君祭也。大夫爵弁而祭於己，唯孤爾。」士

❶「爵弁」，原作「爵弁附」，爲前小題「韋弁」之副題，明本、庫本、嘉慶本析出以繫下所增之禮圖。「鄭云」至「後平」，原無，爲明本、庫本、嘉慶本所增。

❷此圖原無，爲明本、庫本、嘉慶本所增。

弁而親迎，然則士弁而祭於己可也。」「子羔之襲也，皮弁一，爵弁一。」「公襲，爵弁二。」「成廟則釁之，其禮：祝、宗人、宰夫、雍人，皆爵弁純衣。」《喪大記》：「復，士以爵弁。」《後漢·輿服志》：「爵弁，一名冕，廣八寸，長尺二寸，如爵形，前小後大，繒其上似爵頭色，有收持笄，❶所謂夏收、商冔者也。」《弁師》：「諸侯及孤卿大夫之冕、韋弁、皮弁、弁絰，各以其等爲之。」《司服》：「凡兵事韋弁服。」《聘禮》：「君使卿韋弁歸饔餼。」鄭氏釋《周禮》謂以韎韋爲衣裳，《春秋傳》曰「晉郤至衣韎韋之跗注」是也；釋《聘禮》謂「韎布以爲衣，而素裳」。既曰「韎韋爲衣」，又曰「韎布爲衣」；既曰「韎韋爲裳」，又曰「素裳」，蓋以軍國之容不同故也。然賈、服之徒謂「韎韋之跗注」者，袴屬於足跗也。袴屬於足跗，則非衣也。《詩》於兵服曰「制彼裳衣」、「與子同袍」、「與子同裳」、「載是常服」；《春秋傳》曰「袀服振振」，則兵事上下同服矣，詳不可知也。或曰《周禮》有韋弁無爵弁，《書》與《冠禮》、《禮記》有爵弁無韋弁，士之服止於爵弁，而《荀卿》曰「士韋弁」，孔安國曰「雀韋弁」也，劉熙《釋名》亦曰「以爵韋爲之謂之韋弁」，❷則爵弁即韋弁耳。觀《弁師》、《司服》韋弁先於皮弁，《書》雀弁先於綦弁，孔安國曰：「綦弁，皮弁也。」《士冠禮》次加皮弁，三加爵弁，而以爵弁爲尊，《聘禮》主卿贊禮服皮弁，及歸饔餼服韋弁，而以韋爲敬，則皮弁之上非韋弁則爵弁耳，此所以疑其爲一物也。爵弁，

❶「持」，原誤作「特」，今據嘉慶本及《後漢書·輿服志》改。

❷孫氏點勘曰：「《釋名》本云『以爵韋爲之謂之爵弁，以韎韋爲之謂之韋弁』，本未合二弁爲一，此所引誤。」

士之祭服，而王服之者，王哭諸侯服爵弁，而即戎服之弁。《士冠禮》：「爵弁服：纁裳，純衣，緇帶。」《昏禮》：「主人爵弁，纁裳緇袘。」《檀弓》：「天子哭諸侯，爵弁，紂衣。」《書》：「二人雀弁，執惠，立於畢門之内。」《雜記》：「復，諸侯以褒衣、冕服、爵弁服。」「子羔之襲，皮弁一，爵弁一，玄冕一。」「釁廟，祝、宗人、宰夫、雍人皆爵弁純衣。」則爵弁雖士之祭服，而天子、諸侯、大夫皆服之。鄭氏謂：「爵弁，冕之次，制如冕，但無繅耳，其布三十升。」然古文弁象形，則其制上鋭，若合手然，非如冕也。韋其質也，爵其色也，其笄、紘、玉飾各以其等爲之，如皮弁制。鄭氏釋《士冠禮》謂「爵弁赤而微黑，如爵頭然」，則赤多黑少矣；釋《巾車》又曰「雀飾，黑多赤少」。然雀之色固赤多而黑少，鄭氏爲之二説，是自惑也。其言韋弁赤，亦無據。

裳

裳有纁，有素、黄，❶有玄，有雜。纁裳緇袘，明衣之裳縓緣。其餘推此可知。

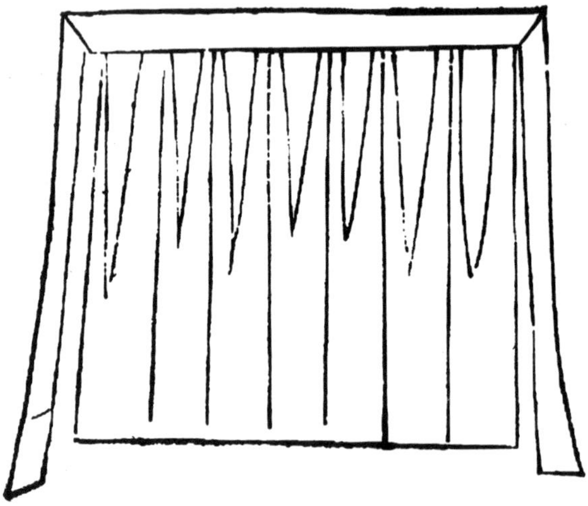

❶「黄」上，據下文之意及文例，疑脱「有」字。嘉慶本「黄」上有「有」字，或是。

《易》曰：「黄帝、堯、舜垂衣裳而天下治，蓋取諸乾坤。」《詩・緑衣》曰：「緑衣黄裳。」《終南》曰：「君子至止，黻衣繡裳。」《七月》：「八月載績，❶載玄載黄，我朱孔陽，爲公子裳。」「祭服，玄衣纁裳。」《九罭》曰：「我覯之子，衮衣繡裳。」《東山》曰：「制彼裳衣，勿士行枚。」「裳衣，兵服也。」《曲禮》：「童子不衣裘裳。大夫、士去國，素衣素裳。」《玉藻》曰：「衣正色，裳間色。」《特牲》曰：❷「三王共皮弁素積。」「以素爲裳，辟蹙其要中。」《書》曰：「王麻冕黼裳，卿士、邦君麻冕蟻裳，太保、太史、太宗皆麻冕彤裳。」「蟻色玄。彤，纁也。」《士冠禮》：「主人玄冠、朝服。「玄冠，委貌也。朝服者，十五升布衣而素裳也。❸衣不言色者，與冠同也。」爵弁服：纁裳、純衣。皮弁服：素積。玄端：玄裳、黄裳、雜裳可也。」「玄端即朝服之衣易其裳耳。上士玄裳，中士黄裳，下士雜裳者，❹前玄後黄。《易》曰：『夫玄黄者，天地之雜也。天玄而地黄。』」《昏禮》：「主人爵弁，纁裳緇袘。」「袘，緣也。」《特牲饋食禮》：「及筮日，主人冠端玄。」《特牲・記》：「其服皆朝服，玄冠、緇帶、緇韠。唯尸、祝、佐食玄端，玄裳、黄裳、雜裳可也，皆爵韠。」《喪服》：「凡衰，外削幅；裳，内削幅，幅三袧。」「袧者，謂辟兩側，空中央也。祭服、朝服，辟積無數。凡裳，前三幅，後四幅也。」若齊，裳内，衰外。」「齊，緝也。凡五服之衰，一斬四緝。緝裳者内展之，緝衰者外展之。」《爾雅》曰：「裳削幅謂之襥。」「削殺其幅，深衣之裳。」明

❶「七月八月」，原作小字，今據明本、庫本、嘉慶本改作大字。

❷「牲」，原誤作「性」，今據庫本、嘉慶本改。按「特牲」，當作「郊特牲」。

❸「升」，原脱，今據明本、庫本、嘉慶本及《儀禮・士冠》鄭注補。

❹「雜裳」二字，據本書卷四同引當重出。

衣裳，見明衣門。深衣裳。見深衣門。

深衣之裳，「十有二幅，短毋見膚，長毋被土」。《喪服》：「裳，内削幅，幅三袧。」《士喪·記》：「明衣有前後裳，不辟，長及轂。」鄭氏曰：「袧者，辟兩側，空中央也。祭服、朝服，辟積無數。凡裳，前三幅，後四幅。」賈公彦曰：「前爲陽，後爲陰。前三後四，象陰陽也。」然則明衣裳不辟，喪裳三袧，則吉裳不特三袧而已。明衣長及轂，則凡裳不特及轂而已。明衣有前後裳，則凡裳前三後四以象陰陽可知也。「明衣裳，縓綼緆，緇純。」《士昏禮》：「爵弁，纁裳緇袘。」《曲禮》：「素衣，素裳，素冠，徹緣。」則凡裳有緣可知也。《玉藻》曰：「衣正色，裳間色。」然冕服玄衣纁裳，皮弁服素衣素裳，諸侯朝服緇衣素裳，士爵弁服緇衣纁裳，玄端服有玄裳、黄裳、雜裳，玄端服惟三裳而已。《士昏禮》：「使者玄端。」鄭氏曰「有司緇裳」，無據。深衣、長衣，裳之色同，三翟、三衣亦衣、裳之色同。緇衣非正色也，黄、素之裳非間色也。蓋衣之玄緇，所以象天道；裳之黄，所以象地德。素，陰之正也，亦可以爲裳；纁，陽之間也，不可以爲衣。是衣之色常尊，裳之色常卑，非必衣色皆正，裳色皆間也。《記》且云爾者，豈非以玄爲天之正色，纁非地之正色乎？《書》言：「王麻冕黼裳，卿士、邦君皆麻冕蟻裳，太保、太史、太宗皆麻冕彤裳。」孔安國曰：「蟻裳玄，彤裳纁。」《詩》曰：「毳衣如璊。」又曰：「載玄載黄，我朱孔陽，爲公子裳。」蓋裳以纁爲主。纁，赤黄色，以土無正位，必託於火故也。若夫玄裳、素裳之類，各象其事而服之。孔穎達曰：「《書》之卿士、邦君非執事者也，故玄裳。太保、太史、太宗執事者也，故彤裳。」其説是也。《爾雅》曰：「裳削幅謂之襆。」郭氏曰：「削殺其幅，深衣之裳。」然喪服裳亦削幅；其不削幅者，帷裳而已。孔子曰：「非帷裳必殺之。」《詩》曰：「漸車帷裳。」《雜記》曰：「緇布裳帷。」則車與棺之飾，皆曰帷裳。❶ 孰謂深衣之裳乃削幅耶？

禮書卷第六終

❶「皆」，原誤作「音」，今據嘉慶本改。

禮書卷第七

五色間色　**緣**　**虞皇**　**夏收**　**商冔**

五

色間色

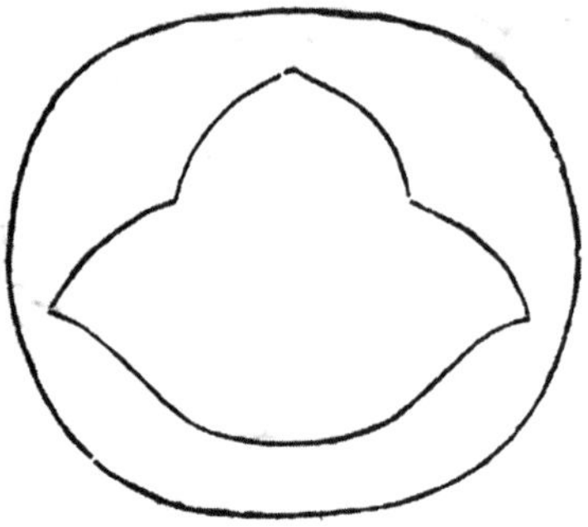

《考工記》曰：「東方謂之青，南方謂之赤，西方謂之白，北方謂之黑。天謂之玄，地謂之黃。」《染人》：「春暴練，夏纁玄，秋染夏。」《鍾氏》：「染羽，以朱湛丹秫，三月而熾之，淳而漬之。❶ 三入爲纁，五入爲緅，七入爲緇。」《爾雅》曰：「一染謂之縓，再染謂之緅，三染謂之纁。」鄭氏曰：「緅，今禮作爵，如爵頭色，又染以黑乃成緇矣。凡玄色，在緅緇之間，其六入者歟？」又曰：「三入爲纁，四入爲朱歟？」爵，冠色。❷ 蓋青赤玄黃白黑，正色也；緑紅碧紫纁緅緇，間色也。五行之理有相生者，有相剋者。相生爲正色，相剋爲間色。故甲己合而爲緑，則緑者青黃之雜，以木剋土故也；丙辛合而爲紅，則紅者赤白之雜，以火剋金故也；乙

❶ 「漬」，原誤作「緅」，今據庫本、嘉慶本及《周禮·鍾氏》改。

❷ 「爵冠色」，嘉慶本作「士冠注」。按，底本是釋鄭氏所曰之「爵」，嘉慶本是指明「鄭氏曰」之所出也。

庚合而爲碧，則碧者青白之雜，以金剋木故也；丁壬合而爲紫，則紫者赤黑之雜，以水剋火故也。孔子曰：「君子不以紺緅飾。」《淮南子》曰：「以涅染紺則黑於涅。」涅，黑色也。禮文緅或作爵。《説文》緅爲青赤色，紺爲深青色，則紺黑於緅矣。鄭、賈之徒謂纁入黑則爲紺，紺入黑則爲緅，不可考也。《説文》又曰：「緇，黑色。緑，青黄色。絳，大赤也。纁，淺絳也。縓，赤黄色。紅，赤白色。綥，蒼艾色。「綥」與「綦」同。紫，青赤色。」紫，青赤色，而與緅色不異，其説誤也。然則《考工記》繢事則青白、赤黑、玄黄而對方，繡事則青赤、赤白、白黑、黑青而比方。何也？繢，陽事也，輕清而在衣；繡，陰功也，重濁而在裳。陽則尊而不親，故對方而不比；陰則親而不尊，故比方而不對。

緣

《爾雅》曰：「緣謂之純。」《曲禮》曰：「父母存，冠衣不純素。孤子當室，冠衣不純采。」《深衣》：「具父母、大父母，衣純以繢。具父母，衣純以青。如孤子，衣純以素。純袂、緣、純邊，廣各寸半。」《曲禮》又曰：「大夫、士去國，素衣，素裳，素冠，徹緣。」《司几筵》：「莞筵紛純，繅席畫純，次席黼純。」《士昏禮》：「主人爵弁，纁裳緇袘。「袘謂緣。袘之言施，以緇緣裳，象陽氣下施。」❶女次，純衣纁袡。」「袡亦緣也。袡之言任也，以纁緣其衣，象陰氣上任也。」《既夕禮》：「明衣，縓綼緆，❷

❶「施」，原誤作「袘」，今據嘉慶本及《儀禮・士昏》鄭注改。

❷「綼」及注文之「綼」，原皆誤作「綥」，今據《儀禮・既夕・記》並鄭注及本書卷六同引改。

「在幅曰綼，在下曰緆。」緇純。」「飾衣曰純，謂領與袂。衣以緇，裳以縓，象天地也。」《士冠禮》：「黑屨，青絇、繶、純，純博寸；「純，緣也。」白屨，緇絇、繶、純，純博寸；纁屨，黑絇、繶、純，純博寸。」《既夕・記》曰：「攝白絇。」「攝，緣也。」《記》曰：「縞冠素紕，既祥之冠也。」「紕，❶緣邊也。」又曰：「童子緇布衣，錦緣。」《雜記》：「韠，紕以爵韋六寸，不至下五寸。純以素，紃以五采。」「在旁曰紕，在下曰純。」「子羔之襲也，稅衣，纁袡。」「大夫而以纁爲之緣，非也。」史曰「褾」、「襈」。「襈，緣也。」

古者衣、裳、冠、帶、韠、屨、席有緣，而純、袘、紕、綼、緆、袡、襈、攝，皆緣名也，特其所施者異耳。深衣之緣錦青若素，長衣之緣素，爵弁纁裳之緣緇，明衣之緣縓緇，中衣黼領之緣丹朱，童子緇布衣之緣錦，婦人褖衣緣纁。《周禮》褖衣作緣衣。❷屨之緣或青，或緇，或黑；帶之緣或朱綠，或玄華；席之緣或紛，或黼，或繪；韠之緣爵與素；矢服之緣白絇。❸其他不可考也。喪服無緣，至練然後練衣，黃裏縓緣，既祥然後縞冠素紕。大夫、士去國徹緣，以喪禮處之也。公子爲其母麻衣縓緣，爲妻亦麻衣縓緣，以父厭殺之也。

虞皇　鄭氏曰：「皇，冕屬，畫羽飾焉。凡冕屬其服皆玄。」

夏收

商冔

《世本》云：「黃帝造冕。」《史記》云：「堯黃收純衣。」《王制》云：「有虞氏皇而祭，夏后氏收而祭，商人冔而祭。」《郊特牲》與《冠禮・記》云：「周弁，商冔，夏收。」鄭氏釋《王制》謂：「皇，冕屬也，畫羽飾焉。」

❶「紕」，原誤作「純」，今據《禮記・玉藻》鄭注改。
❷「褖」，原誤作「緣」，今據庫本、嘉慶本改。
❸「絇」，原誤作「徇」，今據明本、庫本、嘉慶本改。

釋《冠禮・記》謂：「弁名出於槃。槃，大也，言所以自光大也。冔名出於幠。幠，覆也，言所以自覆飾也。收，言所以收斂髮也。」《白虎通》曰：「弁，攀也，攀持其髮。」此雖不可以考，然《周禮・掌次》之皇邸，《樂師》之皇舞，皆以鳳凰之羽爲之，則皇冕畫羽飾可知也。《王制》以皇、收、冔對冕言之，又孔子稱禹「致美乎黻冕」，《詩》稱「商之孫子，常服黼冔」。黼冔云者，猶所謂黼冕也。《冠禮・記》與《郊特牲》以收、冔對弁言之者，「三王共皮弁素積」，則夏商而上，非無弁也。然世之文質煩簡不同，故夏商之用冕者，周或用弁而已。《檀弓》曰：「周人弁而葬，商人冔而葬。」范氏曰：「爵弁，一名冕，廣八寸，長尺二寸，繒其上似爵頭色，有收持笄，❶所謂夏收、殷冔者也。」其說不可考。

青緑甲乙之中❷

赤縓丙丁之中

白庚辛之中

黑紫碧壬癸之中

黄戊己

緅乙丙

紅丁庚

右五色、間色，陳氏本諸《考工記》繢畫之事而參以傳、記所載，可謂詳且密矣。或者又採取十干以爲據，其說不爲無所本，今附之本卷，以待明禮之君子折衷焉。

禮書卷第七終

---

❶「持」，原誤作「特」，今據庫本及《後漢書・輿服志》改。

❷「青緑」至「衷焉」九十四字，原無，據明本、庫本補。孫氏點勘曰：「此不知何人所增。」

禮書卷第八

冠制

毋追冠　委貌冠　太古緇布冠　後世緇布冠

冠❶

《司服》：「凡甸，冠弁服。」「甸，田獵也。其服緇布衣，亦素積以爲裳。諸侯爲朝服。」《曲禮》：「父母存，冠衣不純素。「《深衣》曰：『具父母，衣純以青。』」孤子當室，冠衣不純采。」「三十壯，有室，有代親之端，不爲孤也。當室，適子也。《深衣》曰：『孤子，衣純以素。』」「大夫、士去國，素衣，素裳，素冠，徹緣。」「厭冠不入公門。」《檀弓》曰：「古者冠縮縫，今也衡縫。「今冠横縫，以其辟積多。」故喪冠之反吉，非古也。」「亡大縣邑，公、卿、大夫、士厭冠，哭於太廟。」「將軍文子之喪，既除喪，越人來弔，主人深衣練冠，待于廟。」「叔孫武叔之母死，既小斂，舉者出户，出户袒，且投其冠，括髮。」「冠，素委貌。」「范則冠而蟬有緌。」「范，蜂也。蟬，蜩也。緌謂喙，長在腹下。」《文王世子》曰：「文王有疾，武王不説冠帶而養。」《禮器》曰：「晏平仲澣衣濯冠以朝，君子以爲隘矣。」《郊特牲》：「黄冠而祭，息田夫也。野夫黄冠。黄冠，草服

❶ 「冠」下，原衍「制」字。按此小題下，實總論冠，非唯論冠之形制，若作「冠制」，是名實不符。且下一小題亦爲「冠制」，其下之文正論冠之形制。故此「制」字當爲衍文。目録本作「冠」、「冠制」兩小題，今據删。

也。始冠，緇布之冠也。大古冠布，齊則緇之。其緌也，孔子曰：『吾未之聞也。』冠而敝之可也。」《内則》：「子事父母，雞初鳴，〔笄〕、總、拂髦、冠、緌、纓。」《玉藻》：「始冠緇布冠，自諸侯下達，冠而敝之可也。玄冠朱組纓，天子之冠也；緇布冠繢緌，諸侯之冠也。玄冠丹組纓，諸侯之齊冠也；玄冠綦組纓，士之齊冠也。縞冠玄武，子姓之冠也。縞冠素紕，既祥之冠也。垂緌五寸，惰游之士也。玄冠縞武，不齒之服也。居冠屬武，自天子下達，有事然後緌。大帛不緌。玄冠紫緌，自魯桓公始也。」❶《小記》：「男子冠而婦人笄，男子免而婦人髽。」《雜記》：「喪冠條屬，以別吉凶。三年之練冠，亦條屬，右縫。小功以下，左。緦冠繰纓。大白冠，緇布之冠，皆不蕤。委武玄、縞而後蕤。「委武，冠卷也。秦人曰委，齊東曰武。玄，玄冠也。縞，縞冠也。」大夫冕而祭於公，弁而祭於己；士弁而祭於公，冠而祭於己。」《大記》：「弔者襲裘加武。」「武，吉冠之卷也。」《儒行》：「孔子曰：『丘少居魯，衣逢掖之衣。長居宋，冠章甫之冠。』儒有衣冠中，動作慎。』」《儀禮·士冠》：「主人玄冠，朝服，緇帶，素韠。「玄冠，委貌也。」緇布冠缺項，青組纓屬于缺。「缺，讀如『有頍者弁』之頍。緇布冠無笄者，著頍圍髮際，結項中，隅爲四綴以固冠也。項中有緺，亦由固頍爲之耳。今未冠笄者，著卷幘，頍象之所生也。」冠者易服，服玄冠、玄端、爵韠，奠摯見于君。委貌，周道也；章甫，商道也；❷毋追，夏后氏之道也。」「委猶安也，言所以安正容貌。章，明也，商質，言以表明丈夫也。毋，發聲也。追猶堆也，夏后氏質，以其形名之。三冠皆所服以行道，其制之

❶「桓」，原避宋欽宗趙桓諱，缺末筆，今補正。

❷「商」，庫本作「殷」。

異同未聞。」《喪服》：「斬衰裳，苴絰，冠纓。纓條屬，右縫。冠六升，外畢。齊衰，冠布纓。公子爲其母練冠，麻衣；爲其妻縓冠。斬衰冠六升，受冠七升。齊衰冠七升，受冠八升。」《既夕・記》：「冠六升，外縪，纓條屬，厭。」《特牲禮》：「主人冠端玄。」「玄端玄冠。」《晉語》：「范文子暮退於朝，武子擊之以杖，折委笄。」《論語》曰：「羔裘玄冠不以弔。」《詩・素冠》曰：「庶見素冠兮。」《南山》曰：「葛屨五兩，冠緌雙止。」《甫田》曰：「未幾見兮，突而弁兮。」「弁，冠也。」《孟子》：「問陳相曰：『許子奚冠？』曰：『冠素。』曰：『自織之與？』曰：『否。以粟易之。』萬章問：『招虞人何以？』曰：『以皮冠。』」《荀子》曰：「其冠進，其衣縫，其容良，是父兄之容也；❶其冠進，其衣縫，其容愨，是子弟之容也；其冠絻，其纓禁緩，其容簡連，是學者之嵬也。」又曰：「天子山冕，諸侯玄冠，大夫裨冕，士韋弁，禮也。」又曰：「哀公問於孔子曰：『章甫絇屨，紳而搢笏者，此賢乎？』孔子曰：『居今之俗，服古之服，舍此爲非者，雖有，不亦鮮乎？』」又曰：「魯哀公問舜〔冠於〕孔〔子〕，孔子曰：『古之王者有務而拘領者也，其政好生而惡殺焉。』」務，《尚書大傳》作冒。《莊子》曰：「冠圜冠者知天時。」《後漢志》：「委貌冠、皮弁冠同制，長七寸，高四寸，制如覆杯，前高廣後卑鋭，所謂夏之毋追、商之章甫者也。委貌以皁絹爲之，皮弁以鹿皮爲之。進賢冠，古緇布冠也。公侯三梁，中二千石以下至博士兩梁，自博士以下至小史、私學弟子皆一梁。」《唐志》：「緇布冠，天子五梁，三品以上三

❶「容也」，原作小字，今據明本、庫本、嘉慶本改作大字。

梁，五品以上二梁，九品以上一梁。」《説文》曰：「冠，絭髮也。」《白虎通》曰：「冠者，㡾也，所以卷持其髮。」

冠

制有梁，有武，有纓，有緌，有紕。

《荀卿》稱：「魯公問舜冠於孔子，孔子曰：『古者有務而拘領。』」❶《書大傳》務作冒，拘作句。《漢輿服志》曰：「上古衣毛而冒皮。後世聖人見鳥獸有冠角髯胡之制，遂作冠冕纓緌以爲首飾。」則古者冒而已，及冠、冕、纓、緌之作，皆有所象也。《檀弓》曰：「古之冠也縮縫，今也衡縫。故喪冠之反吉，非古也。」《雜記》曰：「三年之練冠，亦條屬、右縫。「吉冠不條屬者，通屈一條繩若布爲武，垂下爲纓，屬之冠。吉冠則纓、武異材。右縫者，右辟而縫之。」小功以下，左。」「左辟，象吉，輕也。」蓋一幅之材，順經爲辟積則少而質，順緯爲辟積則多而文。順經爲縮縫，順緯爲衡縫。古者吉凶之冠皆縮縫。今吉冠衡縫，而喪冠縮縫，是喪冠與吉反矣，故記者譏之。右爲陰，左爲陽。凶，陰事也。吉，陽禮也。大功以上右辟而縫之，所以明凶也。小功以下左辟而縫之，所以趨吉也。其飾有緣，其貫有笄，其束有武，其係有纓，其垂有緌。《記》曰「素冠徹緣」，又曰「縞冠素紕」，則冠有緣矣。《國語》曰范文子「擊以杖，❷折委笄」，則冠有笄矣。「居冠屬武」，則凡非居

❶「拘」，原誤作「向」，今據明本、庫本、嘉慶本及《荀子·哀公》改。

❷「以杖」，明本、庫本、嘉慶本作「其手」。

冠不屬矣；「喪冠不緌」，則凡吉冠皆緌矣。古之冠，其飾不過纓、武、緣，其名不過毋追、章甫、委貌而已。後世有長冠、通天、遠遊、高山、竹皮、進賢、方山、巧士、卻非、卻敵之制，而其異有若鷸冠、鶡冠，其怪者有漉酒、墊角之類，非古也。

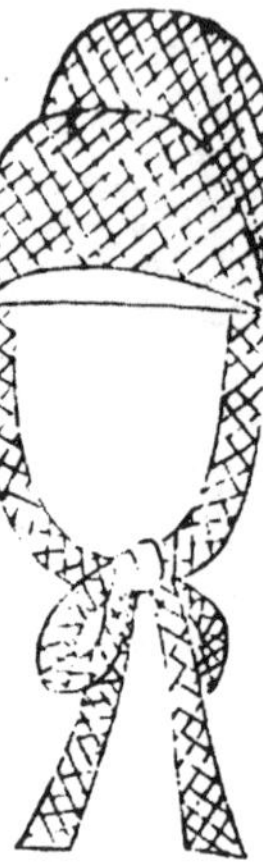

毋追　冠狀如覆柸。

《郊特牲》、《士冠禮·記》曰：「委貌，周道也；章甫，商道也；毋追，夏后氏之道也。」鄭氏謂：「委猶安也，言所以安正容貌。章，明也，所以表明大丈夫也。毋，發聲也；追，猶堆也。夏后氏質，以其形名之。三冠皆所服以行道。」《白虎通》曰：「夏十三月爲正，其飾最大，故曰毋追。毋追言其追大也。商十二月爲正，其飾微大，故曰章甫。章甫者，尚未與極其本相當也。❶周十一月爲正，萬物萌小，冠飾最小，故曰委貌。委貌，委曲有貌也。」《漢輿服志》曰：「委貌冠、皮弁冠同制，長七寸，高四寸，制如覆柸，前高廣後卑鋭，所謂夏之毋追、商之章甫者也。委貌以皂繒爲之。」然考《白虎通》所言，則三冠之制異；《輿服志》所言，則三冠之制同。禮文殘缺，其制度名義莫究其詳。大抵吉冠左辟，喪冠右辟；吉冠内畢，喪冠外畢；吉冠圜，喪冠厭；吉冠玄，喪冠素；吉冠不條屬，喪冠條

❶「與」，原誤作「為」，今據明本、庫本、嘉慶本及《白虎通·紼冕》改。

屬；吉冠緌，喪冠不緌；吉冠緣，喪冠不緣；居冠屬武，非居冠不屬武：此其略也。《禮圖》謂「毋追有覆杯之狀」，於義或然。鄭司農釋《周禮》言「夏后氏之牟追」，蓋古者「牟」、「毋」通用也。《内則》有「敦、牟、卮、匜」，❶而牟乃食器，則覆杯之説蓋有所傳也。《記》曰「大古冠布」，則毋追、章甫、委貌不以布矣。孔穎達謂三冠皆緇布爲之，誤也。漢用皂繒。《記》曰：「幼名，冠字，五十以『伯』、『仲』，死諡，周道也。毁宗躐行，出于大門，商道也。直情而徑行，戎狄之道也。」則所謂委貌周道，章甫商道，毋追夏后氏之道者，義亦若此。鄭氏謂服以行道，誤也。

章甫冠

《論語》曰：「端章甫。」《儒行》曰：「孔子冠章甫之冠。」《莊子》曰：「孔子冠枝木之冠。」蓋枝木之冠即章甫也，枝木其邸也。古者喪冠厭而無邸，❷吉冠邸而不厭，章甫之邸枝木，猶皮弁之邸象歟？

委貌冠《釋名》曰：「委貌，上小下大。」

《論語》曰：「羔裘玄冠不以弔。」《左傳》：「劉定公謂趙孟：『吾與子弁冕端委以治民，臨諸侯。』」「晏平仲端委立于虎門。」《國語》：「晉侯端委以入武宮。」「董安于曰：『臣

❶「牟」上，原衍「以」字。嚴校於「以」上加圈，意刪去也。今據嘉慶本及《禮記·内則》、嚴校刪。

❷「也古」，原作小字「也言」，今據明本、庫本、嘉慶本改。

端委以隨宰人。』」蓋端衣委貌，士以爲祭服，大夫、士以爲朝服，私朝服之。天子至士亦以爲齋服，故劉定公、晉侯、董安于皆得以服之。范文子以杖擊其子，折委笄，《士冠禮》緇布冠有纓無笄，則委貌與緇布異矣。

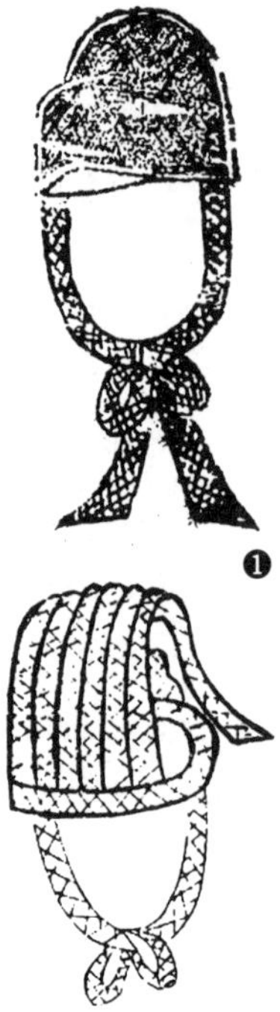

緇布冠不緌。❶

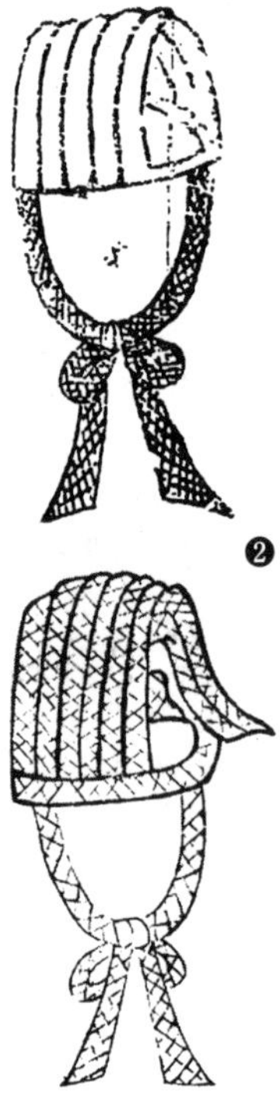

後世緇布冠有緌。❷

《儀禮》：「緇布冠缺項，青組纓屬于缺。賓筵前坐，正纚，右手執項，左手執前。」《郊特牲》曰：「大古冠布，齊則緇之。其緌也，孔子曰：『吾未之聞也。』冠而敝之可也。」《玉藻》曰：「始冠緇布冠，諸侯下達。」曰：「緇布冠繢緌，諸侯之冠。」《雜記》曰：「大白，緇布之冠，不蕤。」又曰：「大夫卜宅與葬日，緇布冠不蕤。」《詩》曰：「彼都人士，臺笠緇撮。」蓋緇布冠有前有項，纓屬于缺，無緌焉。後世以尊者不可以無飾，故加繢緌。《玉藻》曰：「緇布冠繢緌，諸侯之冠。」則卑者無緌可知也。緇布冠蓋用之於始冠及大夫之卜宅與葬日而已，庶人或以爲常服也。用之於始冠則玄端，玄裳、黄

❶ 此爲底本圖。

❷ 此爲底本圖。

裳、雜裳，緇帶，爵韠；用之於卜宅與葬日，則有司麻衣，布衰，布帶，因喪屨。若庶人，則深衣焉。賈氏曰：「庶人雖服委貌，而儉者服緇布。」其詳不可考也。鄭氏謂：「緇布缺項者，缺讀如『有頍者弁』之頍。緇布冠無笄者，〔著〕頍圍髮際，結項中，隅爲四綴，以固冠。」❶然《詩》以頍爲弁之貌，則頍非缺項矣。❷鄭氏說缺項之制，蓋有所傳。讀缺項爲頍，無所經見。緇布冠謂之緇撮，則無梁矣。《漢志》謂：「緇布冠爲進賢冠，公侯三梁，中二千石至博士兩梁，私學弟子一梁。」唐制，天子五梁，三品以上三梁，五品以上二梁，九品以上一梁，非古也。

禮書卷第八終

❶「固」，原誤作「因」，今據明本、庫本、嘉慶本及《儀禮·士冠》鄭注改。

❷「缺」下，原衍一「資」字。按「缺項」見於《儀禮·士冠》。今據刪。

禮書卷第九

冠

天子始冠之冠　諸侯始冠之冠　士齊冠　子姓冠　既祥冠

天子始冠之冠玄冠朱組纓。

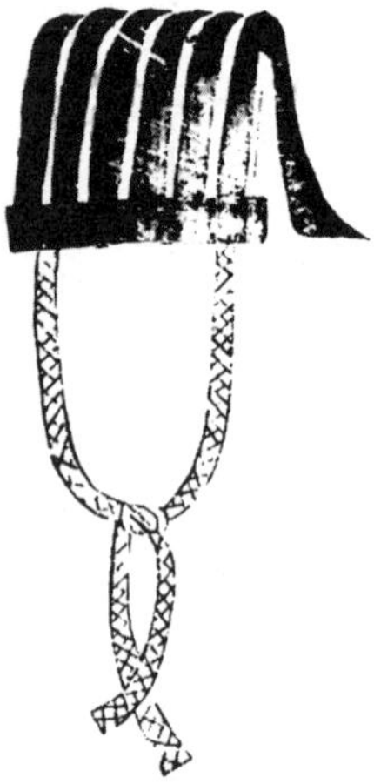

諸侯始冠之冠緇布冠繢緌。

《玉藻》曰：「玄冠朱組纓，天子之冠也；緇布冠繢緌，諸侯之冠也。」鄭氏曰：「皆始冠之冠。」❶考之於《禮》：「始冠緇布冠，自諸侯下達。」則諸侯所以異於大夫、士者，繢緌耳。天子始冠不以緇布，而以玄冠。然其子則猶士而已，以天下無生而貴也。❷《唐志》天子始冠緇布冠五梁，非古也。玄冠朱組纓，則緌可知也；緇布冠繢緌，則纓可知

❶ 下「冠」，原脱，今據明本、庫本、嘉慶本及《禮記・玉藻》鄭注補。

❷ 「生而」，原作小字，今據明本、庫本、嘉慶本改作大字。

也。朱以著正陽之色，纘以備五采之文。五采雖美，不若正陽之純；純，其飾所以異也。《國語》委貌有笄，《士冠禮》緇布冠無笄，則天子始冠之冠有笄，諸侯始冠之冠無笄明矣。《家語》、《大戴禮》公冠，四加玄冕，賈公彦謂「天子宜五加衮冕」。觀成王加元服，其《頌》曰「去幼志，服衮職」，❶則五加衮冕可知。

諸侯齊冠 玄冠丹組纓。

士齊冠 玄冠綦組纓。綦，蒼艾色。

《周官·司服》：「其齊服有玄端、素端。」《記》曰：「太古冠布，齊則緇之。」又曰：「齊之玄也，以陰幽思也。」又曰：「齊玄而養。」又曰：「玄冕齊戒，鬼神陰陽也。」又曰：「玄冠丹組纓，諸侯之齊冠也；玄冠綦組纓，士之齊冠也。」荀卿曰：「端衣玄裳，絻而乘路者，志不在於食葷。」蓋太古之齊冠以緇，周之齊冠以玄，天子齊則玄冕而端

❶「服」，原誤作「心」。按「頌曰」者，當指《孔子家語·冠頌》，原作「服」；又本書卷六十四同引作「服」。今據改。

玄，所謂「絻而乘路」是也；諸侯而下玄冠、玄端而已，所謂「玄冠丹組纓」、「玄冠綦組纓」是也。然則諸侯與士之齊則同，而尊卑之分則異。同，故皆玄冠以一其誠；異，故組纓殊色以辨其等。諸侯丹組纓，則陽而已，以其純於德故也；士綦組纓，則陰陽雜矣，以其不純於德故也。《説文》綦作綥。綦，蒼艾色也。《詩》以綦巾爲女巾，《書》與《詩》以騏弁爲士弁，《禮》以綦組爲世子之佩綬，皆德未成者之禮也。孔子佩象環而綦組纓綬，則其義異此矣。天子、諸侯、大夫齊、祭異服，特天子玄冕以祭群小祀，其冕蓋與齊同，而其異者玄服、玄端而已；士之齋、祭一，於冠端玄，其冠蓋與朝服之冠同，其異者組纓之色而已。然則武王端冕以奉丹書，則天子齊而端冕信矣。諸侯昏禮，玄冕齊戒。魏文侯端冕聽古樂。則昏以玄冕，攝盛也。魏文侯之端冕非攝盛，則僭也。鄭康成釋《旅賁》謂：「會同、賓客，王亦齊服，服衮冕。」釋《司服》以齊服玄端爲士禮，❶此説非是。

子姓　冠縞冠玄武，其制厭。

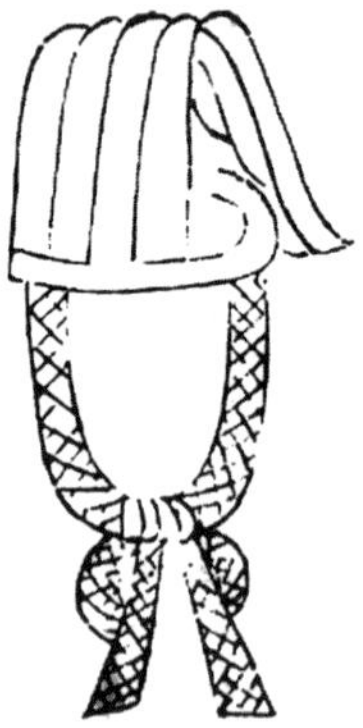

《國語》言「帥其子姓」及「國子姓」，《詩》言「振振公姓」，《喪大記》言「子姓立于西方」，《玉藻》言「縞冠玄武，子姓之冠」，蓋孫之傳姓謂之子姓。子姓之於大父母，服期而已。縞冠玄武，以父之喪服未終而子

❶「冕釋」，原誤作「釋冕」，今據嘉慶本改。

不敢純吉故也。以縞爲之，則無緌可知。

既祥冠縞冠素紕，其制厭，無緌。

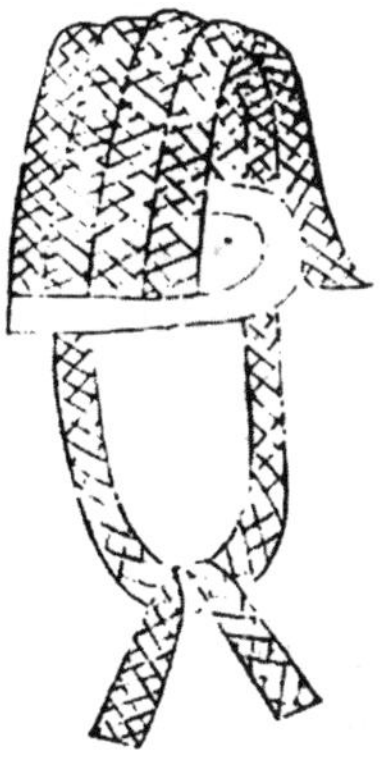

《玉藻》曰：「縞冠素紕，既祥之冠也。」《喪服小記》曰：「除成喪者，其祭也朝服、縞冠。」《雜記》曰：「祥，主人之除也。於夕爲期，朝服。」又曰：「既祥，雖不當縞者必縞，然後反服。」《間傳》曰：「大祥，素縞，麻衣。」則是大祥之祭，縞冠朝服而有嚮於吉。既祥則素縞麻衣，而未忘乎哀。則祥與既祥之冠同，而其服異。

禮書卷第九終

禮書卷第十

惰游冠　不齒冠　大白冠　黃冠　黃衣

深衣　長衣

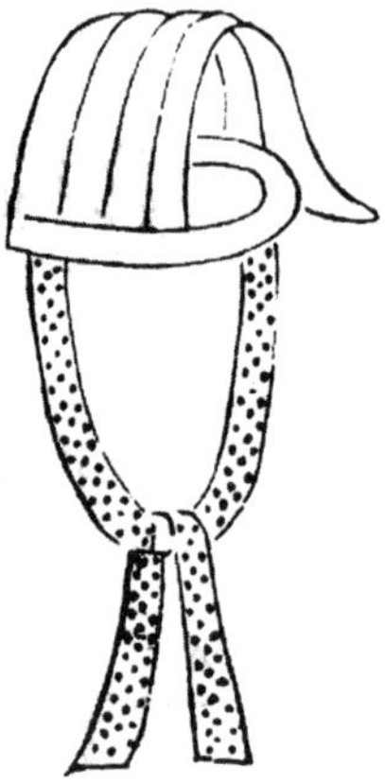

惰游冠縞冠素紕，其制厭，垂緌五寸。

《玉藻》曰：「縞冠素紕，垂緌五寸，惰游之冠也。」《玉藻》：「縞冠素紕，既祥之冠也。」《小記》曰：「除成喪者，其祭也朝服縞冠。」蓋士之失位曰喪人，其服飾則素衣，其相見則弔。惰游，失業之士也，縞冠素紕，垂緌五寸，宜矣。先王之於民，縣正趨其稼事而賞罰之。《載師》：「凡宅不毛者，有里布；田不耕者，出屋粟；無職事者，出夫家之征。」《閭師》：「不畜者祭無牲，不耕者祭無盛，不樹者無椁，不蠶者不帛，不績者不衰。」夫旌之以賞，困之以罰，阨之以禁，亦已至矣，又垂緌五寸，所以深激而勸之也。《周官·司寇》：「以野刑，上功糾力。」《士師》有野禁，漢世有田律，然則縞冠素紕，垂緌五寸，蓋野刑之類也。

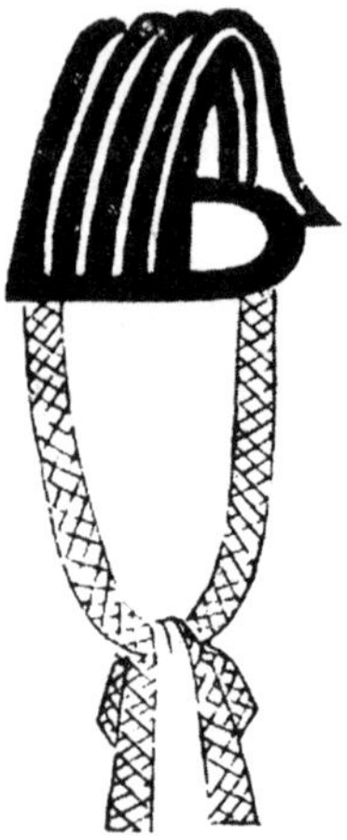

不齒冠玄冠縞武。

《周禮・大司寇》：「以圜土聚教罷民。凡害人者，寘之圜土而施職事焉，以明刑恥之。其能改者，反于中國，不齒三年。其不能改而出圜土者，殺。」《司圜》：「掌收教罷民。凡害人者弗使冠飾，而加明刑焉，任之以事而收教之。❶能改者，上罪三年而舍，中罪二年而舍，下罪一年而舍。其不能改而出圜土者，殺；雖出，三年不齒。」「不齒者，不得以年次列於平民。」《王制》：「將出學，小胥、大胥、小樂正簡不帥教者以告于大樂正，大樂正以告于王。王命三公、九卿、大夫、元士皆入學。不變，王親視學。不變，王三日不舉，屏之遠方，西方曰棘，東方曰寄，終身不齒。」《玉藻》曰：「玄冠縞武，不齒之服也。」❷

惰游之責輕於不齒，縞冠素紕，垂緌五寸，重於玄冠縞武。惰游之辱則重，而不齒之辱則輕，何也？蓋惰游者一時之過，不齒之辱不特一時而已。苟變惰游以趨職事，則縞冠垂緌，棄之可也。若夫玄冠縞武，或服之終身，或服之三年，先王豈忍重其辱於悠久哉？然則以重馭暫，義也；以輕馭久，仁也。義，故民畏其威；仁，故民懷其德。夫是，孰不勵業而遷善乎。子姓之縞冠玄武則凶其上，不齒之玄冠縞武則凶其下。凶其上，以父之有服故也；凶其下，以下之自貽故也。

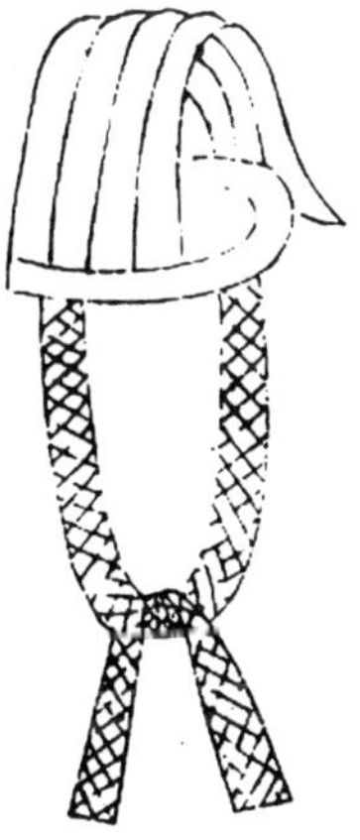
大白冠其制厭，不緌。

❶ 下「之」，原脱，今據庫本、嘉慶本及《周禮・司圜》補。

❷ 「服」，原誤作「冠」，今據庫本及《禮記・玉藻》、本書卷八同引改。

喪禮成，服布冠，小祥練布冠，大祥縞冠。布冠，《春秋傳》所謂大白之冠是也。縞冠，《詩》所謂素冠是也。《雜記》曰：「喪冠條屬，以別吉凶。」又曰：「大白冠、緇布之冠不蕤。委武，玄、縞而後蕤。」是條屬則不委武，不委武則不蕤。委武玄、縞而後蕤，則《玉藻》所謂「大帛不緌」者，乃《雜記》所謂「大白」也。鄭氏以帛爲白，於説是也。

黃冠

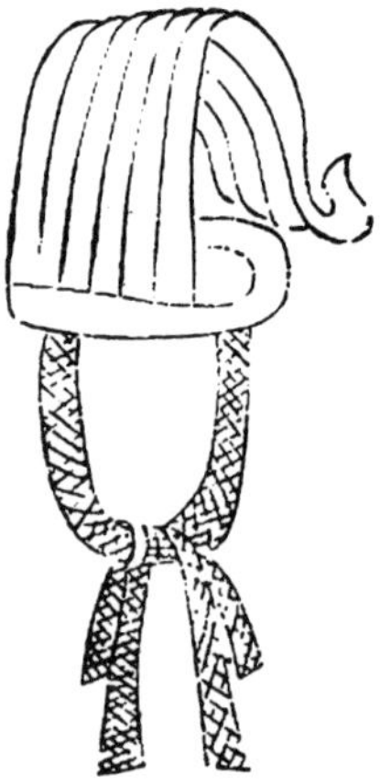

黃衣

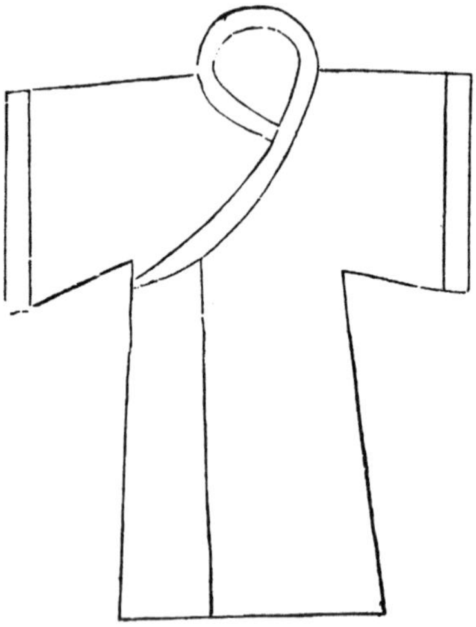

《記》曰：「皮弁素服而祭，素服以送終也。葛帶榛杖，喪殺也。黃衣黃冠而祭，息田夫也。野夫黃冠。黃冠，草服也。」然則皮弁素服而祭者，蜡祭四方百物也。黃衣黃冠而祭者，臘先祖、五祀也。蜡以息老物，故服送終之服，而以皮弁素服、葛帶榛杖。臘以息民，故服田夫之服，而以黃衣黃冠。然《周禮·司服》「王祭群小祀則玄冕」，鄭氏曰：「群小祀，林、澤、墳衍，四方百物之屬也。」《大宗伯》「以疈辜祭四方百物」，鄭氏曰：「四方百物，磔禳及蜡祭也。」王於蜡服玄冕，而有素服與黄冠者，蓋執事者之服歟？《史記》堯有黄收，漢有黄頭郎。蓋黄收，冕也；黄頭，賤者之帽也。

深衣鄭氏云：「用十五升布，鍛濯〔灰〕治。」蓋以《雜記》「朝服十五升」，深衣其類也，故云然。

《王制》曰：「有虞氏皇而祭，深衣而養老；夏后氏收而祭，燕衣而養老；商人冔而祭，〔縞衣而〕養老；周人冕而祭，玄衣而養老。」「凡養老之服，皆其時與群臣燕之服。」《〔玉藻〕》曰：「〔諸〕侯夕深衣，祭牢肉。」又曰：「朝玄端，夕深衣。❶〔深衣〕三袪，「〔謂大夫、士也〕。」〔縫齊〕倍要，衽當旁，袂可以回肘。長、中繼揜尺。「〔其爲長〕衣、中衣，〔則繼袂〕揜一〔尺〕，若〔今褎矣。深衣則緣而已〕」。」袷二寸。「曲領也。」袪尺二寸，「袂口也。」緣廣寸半。「〔飾〕邊〔也〕。」《檀弓》曰：「將軍文子之喪，既除喪而後越人來弔，主人深〔衣〕練冠，待于廟。」《曾子問》：喪，車在塗，而壻之父母死，女改服，布深衣，縞總。《深衣》曰：「古者深衣，蓋

❶「夕」，原誤作「久」，今據明本、庫本、嘉慶本及《禮記・玉藻》改。

有制度，以應規、矩、繩、〔權〕、衡。短毋見膚，長毋被土。續衽鉤邊，要縫半下。袼之高下，可以運肘。袂之長短，反詘之及肘。帶，下毋厭髀，上〔毋厭〕脅，當無骨者。制十有二幅，以應十有二月。袂圜以〔應規〕，曲袷如矩以應方，「袷，交領也。古者方領，如今小兒衣領。」負繩及踝以〔應直，下齊〕如權衡以應平。故規者，行舉手以爲容。負〔繩、抱方〕者，以直其正、方其義也。故《易》曰：『坤六二之〔動，直以方也。〕』下齊〔如權衡〕者，以安志而平心也。五法已施，〔故聖人服之〕。故規矩取其無私，繩取其直，權衡取其平，故先王貴之。故可以爲文，可以爲武，可以擯相，可以治軍旅，完且弗費，善衣之次也。具父母、大父母，衣純以繢。具父母，衣純以青。如孤子，衣純以素。純袂、緣、純邊，廣各寸半。」《雜記》：「大夫卜宅與葬日，有司麻衣，布衰。」「麻衣，布深衣，而著衰焉。此服非純吉，亦非純凶也。」《詩》曰：「麻衣如雪。」鄭氏曰：「麻衣，深衣。諸侯之朝服，夕則深衣。」《間傳》曰：「大祥，素縞，麻衣。」❶「麻衣，十五升布深衣也。」《喪服・記》：「公子爲其母，練冠，麻衣縓緣。」「麻衣者，如小功布深衣，爲之制衰裳，❷變服是也。」鄭氏曰：「續衽鉤邊者，鉤讀如『鳥喙必鉤』之鉤。鉤邊，若今曲裾也。」曲袷者，「袷，交領也。古者方領，如今小兒衣領。」孔穎達曰：「領廣二寸，方折爲之，嚮下交垂，鄭云：『似擁咽，若今小兒衣領，但方折之也。』」以其方領，謂抱方。《漢・江充傳》曰：「充衣紗縠襌衣，曲裾後垂交輸。」如淳曰：「交輸，割正幅，使一頭狹若燕尾，垂之兩

❶「衣」，原脱，今據《禮記・間傳》及注文補。
❷「之」，據《儀禮・喪服》鄭注，當作「不」。

旁，見於後，是《禮・深衣》『續衽鉤邊』。」蘇林曰：「交輸，如今新婦袍上袿，❶全幅繒角割，名曰交輸裁也。」《廣川惠王傳》曰：「姬榮愛，爲廣川王去刺方領繡。」服虔曰：「如今小兒卻襲衣也。頸下施衿，領正方直。」晉灼曰：「今之婦人直領也，繡爲方領，上刺作黼黻文。」《王莽傳》曰：「有人著赤繢方領，上服也。」《馬援傳》曰：「朱勃衣方領，能矩步。」「頸下施衿，領正方，學者之服。」❷晉及隋唐天子冠通天冠，白假帶，方心曲領。深衣視肘以爲袂，殺袂以爲袪，三袪以爲要，倍要以縫齊，丈四尺七寸。❸續衽鉤邊，則曲而當旁，前後交合矣。緣廣寸半，則純緆表裏共三寸矣。袂圜以應天，袷方繩直以應地，幅十二以應時。及其歸也，要在安志平心而已，此所以「下齊如權衡以應平」也。具父母、大父母，純以繢，備五采以爲樂也。具父母，純以青，體少陽以致敬也。孤子純以素，存凶飾以致哀也。先儒謂無父母有祖父母亦純以青。孤子純以素，小功純以縓，則大祥緣以布，吉時夕服緣以采矣。虞夏商周養老皆以燕服。又周大夫、士之於私朝，朝玄端，夕深衣；庶人吉服深衣而已。則深衣在虞爲燕服，在周以爲夕與喪服，以至大夫、士、庶人皆服焉。此所謂「可以爲文，可以爲武，可以

❶「袿」，原誤作「挂」。按劉熙《釋名・釋衣服》云：「婦人上服曰袿。」畢沅疏證：「上服，上等之服也。鄭注《周禮・內司服》云：『近世有圭衣，蓋三翟之遺俗。』按：三翟，王后六服之上也，故圭衣爲婦人之上服，今本圭字加衣旁，俗也。」是字當作「袿」也。蘇林此語，前人多有引用，然每誤作「挂」，唯司馬光《書儀》卷二、衛湜《禮記集說》卷一百四十五、熊忠《古今韻會舉要》卷四、惠棟《九經古義》卷十二等作「袿」，故孫氏點勘改作「袿」是也，今據改。

❷「頸下」至「之服」，原誤作大字正文。按此爲《後漢書・馬援傳》注文，今據改作小字注文。

❸「丈」，原誤作「七」，今據明本、庫本、嘉慶本改。

擯相，可以治軍旅，完且弗費，善衣之次也」。蓋文事則有冕弁服，武事則有韋弁服，而深衣次之。先儒以善衣爲朝、祭之服，蓋舉一端明之也。然則深衣所以異於餘服者，餘服上衣下裳而不相連，深衣則衣裳連矣；餘服幅前三後四，深衣則十二幅矣；餘服之帶「三分帶下，紳居二焉」，由帶以下四尺五寸，深衣之帶則當無骨者矣。《爾雅》曰：「裳削幅謂之襥。」郭氏曰：「削殺其幅，深衣之裳。」然喪服裳亦削幅，則凡裳皆然，不特深衣而已。深衣曲袷如矩，則其領方而已。鄭氏謂如小兒衣領，服虔釋《漢書》謂如小兒卻襲衣，❶而後世遂制方心曲領加於衣上，非古制也。

長衣

制如深衣，其袂長。

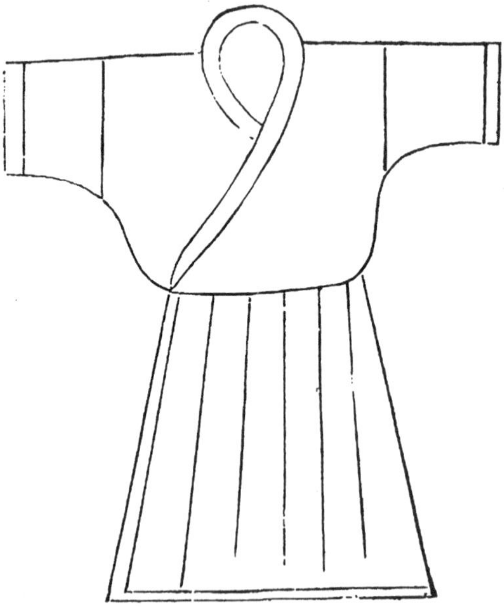

《玉藻》言深衣「袂可以回肘，長、中繼揜尺」。「其爲長衣、中衣，則繼袂揜一尺，若今褎矣。深衣則緣而已。」《雜記》：「大夫筮宅，則史練

❶「卻」，原誤作「郤」，今據《漢書·廣川王傳》服注及上文同引改。

冠、長衣以筮，占者朝服。」「謂下大夫若士也。筮史，筮人也。長衣，深衣之純以素也。長衣、練冠，純凶服也。朝服，純吉服也。」《聘禮》：「遭喪，將命于大夫，主人長衣、練冠以受。」「遭主國喪，大夫攝主人。長衣，素純布衣也。去衰易冠，不以純凶接純吉也。」鄭氏《禮記目録》云：「深衣，連衣裳而純之以采者，有表則謂之中衣。」孔穎達曰：「中衣之制與深衣同，其異者，中衣之袖小長耳。」《玉藻》言深衣之制，而間以「長、中繼揜尺」。深衣與長、中同制異飾，連裳、方袷、直繩、旁衽，以至裳十二幅、要三袪、縫齊倍要之類，此其所同也。深衣之純以采若素，長衣之純素而已。中衣之飾繡黼丹朱，而與長衣又繼揜尺焉。所謂揜尺者，幅廣二尺二寸，以半幅繼袂之末，揜餘一尺。長衣之揜以布，中衣揜或素若布，各象其衣然也，若深衣則緣而已，❶此其所異也。蓋以其衣裳邃焉，故謂之深衣；❷以其袪褎長焉，故謂之長衣；以其有表而在中焉，故謂之中衣。《聘禮》遭君、夫人、世子之喪，「將命于大夫，主人長衣、練冠以受」。《喪服小記》大夫、士筮宅，「史練冠、長衣以筮」。則《聘禮》不以凶服接吉，而筮不以吉服卜凶，是長衣所施趨於凶，而非純凶也。

禮書卷第十終

❶「衣」，原誤作「之」，今據《禮記·玉藻》孔疏、上文兩次同引、明馮復京《六家詩名物疏》卷二十四《唐風》「素衣」條所引改。

❷「謂之」，原誤作「爲衣」。按《禮記·深衣》孔疏云：「所以稱深衣者，以餘服則上衣下裳不相連，此深衣衣裳相連，被體深邃，故謂之深衣。」陳氏之文當據孔疏而成。今據明本、庫本、嘉慶本改。

禮書卷第十一

諸侯中衣　制如深衣，其領繡黼。

大夫士中衣　其領丹。

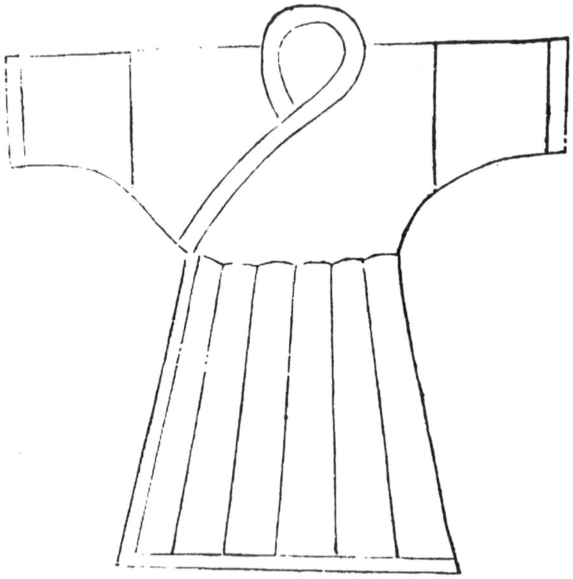

長衣與深衣同以布，中衣與長衣同揜袂。深衣、中衣用於吉凶，長衣用於凶而已。《詩》曰：「素衣朱襮。」又曰：「素衣朱繡。」《禮》曰：「繡黼丹朱中衣，大夫之僭禮也。」《爾雅》曰：「黼領謂之襮。」蓋素以爲衣，繡黼以爲領，丹朱以爲緣，諸侯之服也。鄭氏謂讀「朱繡」爲「朱綃」，誤矣。《禮》曰：「以帛裏布，非禮也。」蓋爵弁而上則衣以帛，而中衣亦帛；皮弁玄冠則衣以布，而中衣亦布。故大夫祭於家而中衣必布，士祭於公而中衣亦帛，以其所以裏朝服，與爵弁服異也。《檀弓》曰：「練，練衣黄裏。」鄭氏曰：「練中衣，以黄爲裏。」則中衣亦有裏歟？❶ 皇侃説：「凡祭服，先加明衣；次加中衣，冬則次加袍，夏則用葛；次加祭服。若朝服，亦先以明衣；次加中衣，冬則次加裘；裘上加裼衣，裼衣之上加朝服。」如侃之説，是中衣施於裘葛之下也。然裘上之裼衣，即朝服耳。其言裼衣之上又有朝服，是襲鄭氏之論也。《禮》言「繡黼丹朱中衣」，《詩》「素衣朱襮」、「朱繡」，説者皆以爲諸侯禮，而天子領緣之制無聞。漢明帝始以單紗爲之，謂之中單。范曄《輿服志》曰：「長冠，以祀宗廟諸祀則冠之，皆服袀玄，絳緣領袖〔爲中衣，絳袴袜〕。」《晉志》：「天子祀天地宗廟，冕服中衣，以絳緣其領袖。釋奠先聖則皂紗袍，絳緣中衣。其朝服通天冠，絳紗袍，皂緣中衣。」佟之議：❷「公卿以下祭服，裏有中衣，即今之中單也。明帝初詔有司採《周官》、《禮記》、《尚書》，乘輿服，從歐陽説；公卿以下服，從大、小夏侯説。祭服，絳緣袖領爲中衣，絳袴袜，示其赤心奉神。今中衣絳緣，足有所明，無

❶「裏」，原脱，今據庫本、嘉慶本及文意補。

❷「佟之」，原誤作「終之」。按所引乃蕭梁天監三年何佟之之議，見《隋書·禮儀志》，《南史·儒林傳》亦作「何佟之」。故明本、庫本、嘉慶本作「佟之」是也，今據改。

俟於袴。」遂除之。後齊天子平冕，十二章，緣絳中單。又有通天冠，絳紗袍，皂緣中單。朝服，冠幘，絳紗單衣，白紗中單，皂領，袖，皂襈。《隋志》：「天子衮冕，白紗内單，黼領，青褾、襈、裾，祀圜丘、方澤、感帝、明堂、五郊、宗廟、社稷則服之。通天冠，絳紗袍，白紗内單，黼領，青褾、襈，朔日受朝、元會及冬會、諸祭還，❶則服之。自王公已下祭服，白紗内單，黼領，青襈、裾。鷩冕已下，内單，青領。爵弁，從九品以上助祭則服之。白絹内單，青領、褾、襈、裾。朝服亦絳紗單衣，白紗内單，皂領、袖，皂襈。」《唐志》：「天子之服，大裘冕，白紗中單，皂領，青褾、襈、裾；衮冕，白紗中單，黼黻領，青褾、襈、裾；通天冠者，冬至受朝賀、祭還、燕群臣、養老之服也，絳紗袍，白紗中單，朱領、褾、襈、裾。皇太子衮冕，白紗中單，黼領，青褾、襈、裾；遠遊冠者，元日朔日入朝、釋奠之服也，絳紗袍，黄裳，白紗中單，黑領、褾、襈、裾。群臣之服，衮冕者，一品之服也，白紗中單，黼領，青褾、襈、裾；絺冕，中單，青領；爵弁，中單，青領、褾、襈、裾。」

衽

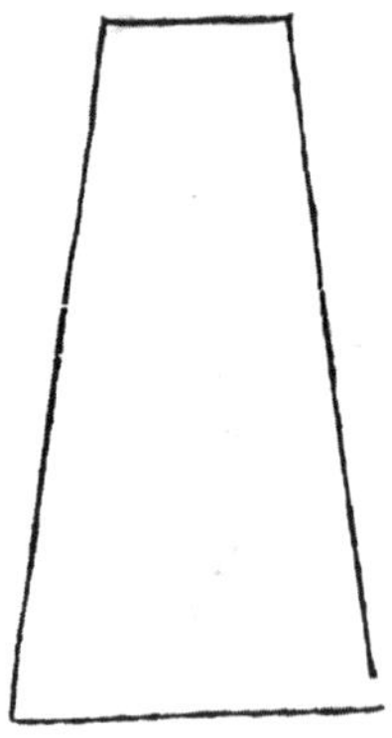

《儀禮・喪服傳》曰：「衽，二尺有五寸。」「衽，所以掩裳際也。二尺五寸，與有司紳齊也。❷

❶ 下「會」，原脱，今據《隋書・禮儀志》補。

❷ 「有司」，原誤作「衣」，今據明本、庫本、嘉慶本及《儀禮・喪服》鄭注改。

上正一尺，燕尾二尺五寸，凡用布三尺五寸。」《玉藻》曰：「衽當旁。」「衽謂裳幅所交裂也。凡衽者，或殺而下，或殺而上，是以小要取名焉。衽屬衣則垂而放之，屬裳則縫之，以合前後，上下相變。」❶《深衣》曰：「續衽，鉤邊。」「鉤，讀如『鳥喙必鉤』之鉤。❷鉤邊，若今曲裾。」正義謂：❸「以布若帛三尺五寸，上下正各一尺，其中一尺五寸，邪裂之而得兩衽，衽各二尺五寸，兩旁皆有以揜裳際。朝、喪、祭服之衽，廣上狹下，而屬於衣。深衣之衽，狹上廣下，而屬於裳。是以或殺而下，或殺而上，對之若小要然。」《問喪》曰：「親始死，扱上衽。」《大記》：「小斂、大斂，祭服不倒，皆左衽。」《詩》曰：「薄言袺之，薄言襭之。」《爾雅》曰：「執衽謂之袺，扱衽謂之襭。」《書》曰：「四夷左衽。」《論語》曰：「被髮左衽。」《韓詩外傳》曰：「衣成必缺衽。」《管子》曰：「振衽，掃席。」鄭氏釋《喪服傳》曰：「婦人不殊裳，其服如深衣而無衽。」《考工記》曰：「終歲御，衣衽不敝。」《説文》曰：「衾交也。」❹《史》曰：「斂衽而朝。」

衽，所以揜裳際也。深衣連裳，故衽屬衣；餘衣不連裳，故衽屬裳。衣裳雖殊，垂而放之一也。故有事則或扱或執，是衽未嘗縫之以合也。棺之小要謂之衽，以其揜縫若衣衽然，非爲小要而名之。是衣衽皆狹上廣下，未嘗有殺上、殺下之異也。《詩》言婦人之采芣苢，或袺衽，或襭衽，是婦人之服未嘗無衽也。衽之辨有上下，其用有左右。生者上右，《記》曰「親始死，扱上衽」

❶「變」，原誤作「齊」，今據嘉慶本及《禮記・玉藻》鄭注改。

❷「喙」，原作「啄」，今據嘉慶本及《禮記・深衣》鄭注改。

❸「正義謂」者，實不見於《禮記・深衣》孔疏。

❹「衾交也」，按《説文》「衾」訓「大被」，不訓「交」，疑爲「裣交衽也」之誤也。

是也；死者與夷狄上左，《記》曰「小斂、大斂，祭服不倒，皆左衽」，《書》曰「四夷左衽」，《語》曰「被髮左衽」是也。《士喪禮》「重冪用葦席，左衽」，是亦死者上左之意歟？

纚 緇色。

《内則》：「子事父母，雞初鳴，咸盥、漱、櫛、縰、笄、總、拂髦、冠、緌、纓。」「男女未冠笄者，漱、櫛、縰、拂髦、總角。」《士冠禮》：「緇纚廣終幅，長六尺。」贊者坐，櫛，設纚。賓坐，正纚。」《特牲禮》：「主婦纚笄，宵衣。」鄭氏曰：「纚，今之幘梁也。纚一幅長六尺，足以韜髦而結之。」蓋櫛以理髦而後纚，以纚爲紒然後笄。古之言纚笄者，未有先笄而後纚也。《問喪》曰：「親始死，雞斯徒跣。」蓋雞斯云者，哭聲然也。鄭氏改「雞斯」爲「笄纚」，恐不然也。纚，亦作縰。

髦 角、鬌。

角 「夾囟曰角。」

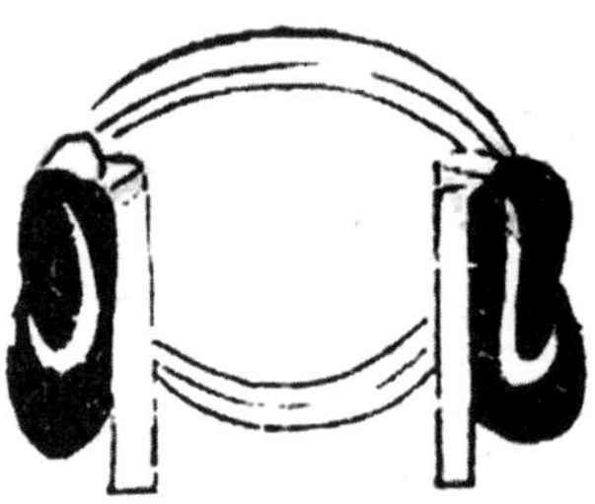

羈「午達曰羈。」

《詩》曰：「髧彼兩髦。」毛氏曰：「髧者，兩髦之貌。髦者，髮至眉，子事父母之飾。」《内則》：「子事父母，櫛、縰、笄、總、拂髦、冠、緌、纓。」「男女未冠笄者，櫛、縰、拂髦、總角。」「髦用髮爲之，象幼時鬌，其制未聞。」「子生三月之末，擇日剪髮爲鬌。男角女羈，否則男左女右。」「鬌，所遺髮也。夾囟曰角，午達曰羈。」揚子曰：「羈角哺果。」許慎曰：「髦髮至眉。」《左傳》曰：「豈若弁髦，因而敝之。」《玉藻》曰：「親没不髦。」《喪大記》曰諸侯小斂脱髦，《既夕禮》士既殯脱髦。孔穎達曰：「髦者，事父母之飾也。父母有先死者，於死三日脱之，服闋又著之。若父母俱没，則因去之。」子之幼也，父母翦髮爲之鬌。及其長也，因以爲飾，謂之髦。有存而不忍棄，所以順父母之心。長而不忘幼，所以示人子之禮。及親死，始而猶幸其生焉，未忍脱之。三日之後，則幸生之心已矣，脱之可也。故《喪大記》諸侯小斂脱髦，《既夕禮》士既殯脱髦。髦，毛長而特出者也。故凡物長毛皆謂之髦。《禮記》所謂髦馬，❶《詩》所謂譽髦，❷皆長毛也。

❶「馬」，原誤作「畐」，今據嘉慶本及《禮記·曲禮》改。

❷「詩」，原誤作「尋」。按《毛詩·思齊》云：「古之人無斁，譽髦斯士。」故明本、庫本、嘉慶本作「詩」，今據改。

總

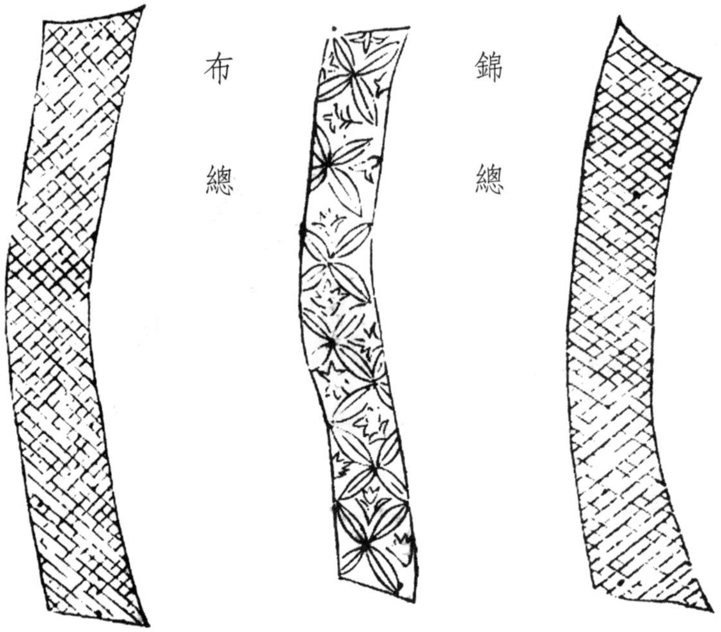

《内則》曰「櫛、縰、笄、總」，則縰，韜髮也；總，束髮也。《玉藻》曰：「童子錦束髮。」《喪服》：「女子子在室，爲父布總，❶六寸。」女子子適人者爲其父母，婦爲舅姑，妾爲女君、君之長子，布總。」《檀弓》曰：「南宮縚之妻爲姑總，八寸。」《士喪禮》：「鬠用組，乃笄。」然則總或以錦，或以布，或以組，吉凶之禮異也。婦人總，或六寸，或八寸，出於紒後，所爲飾者異也。謂之總，以既束其本，又總其末也。孔穎達曰：「期總八寸，大功總亦八寸，緦麻、小功同一尺。吉總當尺二寸。」此〔不〕可考。

❶「布」，原爲空格，今據明本、庫本、嘉慶本及《儀禮・喪服》補。

明衣

明衣之裳

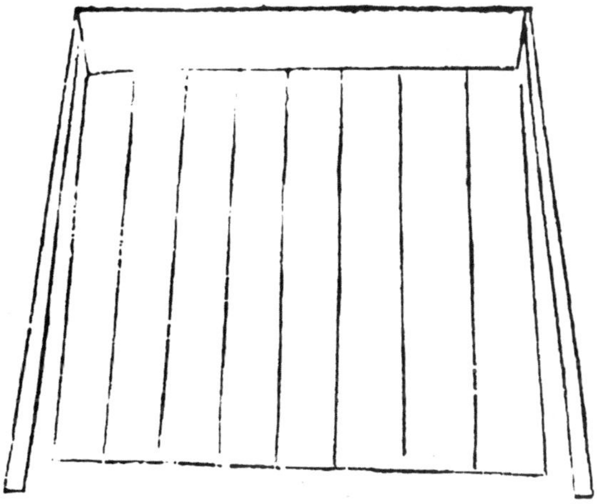

孔子曰：「齊，必有明衣，布。」《士喪禮》：「陳襲事於房中，明衣裳，用布。」又曰：「明衣不在筭。」《記》曰：「明衣裳，用幕布，袂屬幅，長下膝。」鄭氏曰：「幕布，帷幕之布，升數未聞。屬幅，不削幅也。長下膝，又言裳長蔽下體深也。」❶有前後裳，不辟，長及轂。「轂，足跗也。」緇縓緼緆。「一染曰縓，飾裳在幅曰緼，在下曰緆。」緇純。」「飾衣領、袂曰純。衣以緇，裳以縓，象天地也。」然則明衣之袂屬幅而不削，明衣之裳前三後四而不辟積，衣之長也下膝，與要廣者異矣。《喪服傳》：「衣帶下尺。」❷裳之長也及足跗，與無見膚者異矣。古者將祭而齊，明衣，布；死以齊終，亦明衣，布。然則凡親身之衣不以布歟？

禮書卷第十一終

❶「又言裳長蔽下體深也」，據《儀禮·既夕·記》鄭注，當作「又有裳，於蔽下體深也」。「體」，原誤作「膝」，今據嘉慶本及《儀禮·既夕·記》鄭注改。

❷「尺」，原誤作「足」，今據《儀禮·喪服》改。

禮書卷第十二

裘　制

黼裘　羔裘　麛裘　鹿裘

裘　制

《周禮·司裘》：「掌爲大裘，以供王祀天之服。「大裘，黑羔裘，服以祀天，示質。」中秋，獻良裘，王乃行羽物。「良，善也。良裘，王所服也。」季秋，獻功裘，以待頒賜。」「功裘，人功微麤，謂狐青麛裘之屬。鄭司農云：『功裘，卿大夫之服也。』」又曰：「大喪，廞裘，飾皮車。「皮車，遣車之革路。故書廞爲淫。鄭氏云：『淫裘，陳裘也。』」凡邦之皮事掌之，歲終則會，唯王之裘與其皮事不會。」《司服》：「祀昊天上帝則服大裘而冕。」「大裘，羔裘也。」又曰：❶「郊祀裘冕，二人執戈，送逆尸從車。」「裘，大裘也。」《記》曰：「童子不衣裘裳。」「曾子襲裘而弔，子游裼裘而弔。曾子指子游而示人曰：『夫夫也，爲習於禮者，如之何其裼裘而弔也？』主人既小斂，袒，❷括髮，子游趨而出，襲裘、帶、絰而入。曾子曰：『我過矣！我過矣！夫夫是也。』」「夫子曰：『始死，羔裘玄冠者，易之而已。』羔裘玄冠，不以弔。」「不以吉服弔喪。」「練，鹿裘衡、長袪。袪，裼之可也。」「裼，表裘

❶「又曰」下所引，實《周禮·節服氏》文。

❷「袒」，原誤作「祖」，今據明本、庫本、嘉慶本及《禮記·檀弓》改。下同者逕改，不再出校。

也。有袪而裼之。」「晏子一狐裘三十年。」《月令》：「孟冬，天子始裘。」《内則》：「男子二十而冠，可以衣裘帛。」《玉藻》：「惟君黼裘以誓省，大裘非古也。「大裘，羔裘也。黼裘，以羔與狐白雜爲黼文也。省，當爲『獮』。」君衣狐白裘，錦衣以裼之。君之右虎裘，厥左狼裘。士不衣狐白。君子狐青裘豹褎，玄綃衣以裼之；麛裘青豻褎，絞衣以裼之；羔裘豹飾，緇衣以裼之；狐裘，黄衣以裼之。錦衣狐裘，諸侯之服也。犬羊之裘不裼。不文飾也，不裼。裘之裼也，見美也；服之襲也，充美也。弔則襲，不盡飾也；君在則裼，盡飾也；無事則裼，弗敢充也。」「童子不裘不帛。」「禮不盛，服不充，故大裘不裼。」《學記》曰：「良冶之子，❶必學爲裘。」《喪大記》：「弔者襲裘，加武、帶、絰，與主人拾踊。」《詩・羔羊》曰：「羔羊之皮，素絲五紽。「紽，數也。古者素絲以英裘。」羔羊之革，素絲五緎。「緎，縫也。」羔羊之縫，素絲五總。「總，數也。」《旄丘》，「責衛伯也」，「狐裘蒙戎，匪車不東」。《鄭・羔裘》，「刺朝也」，「羔裘如濡，洵直且侯。羔裘豹飾，孔武有力。羔裘晏兮，三英粲兮」。「三英，三德也。」《晉・羔裘》，「刺時也」，「羔裘豹袪，自我人居居」。箋：「羔裘豹袪，在位卿大夫之服。」「羔裘豹褎，自我人究究」。《蒹葭》曰：「君子至止，錦衣狐裘。」毛曰：「狐裘，朝廷之服。」《檜・羔裘》曰：「羔裘逍遥，狐裘以朝。羔裘翺翔，狐裘在堂。羔裘如膏，日出有曜。」《豳・七月》：「一之日，取彼狐狸，爲公子裘。」《都人士》曰：「彼都人士，狐裘黄黄。」《大東》曰：「舟

❶「冶」，原誤作「治」，今據庫本、嘉慶本及《禮記・學記》改。

人之子，熊羆是裘。」毛曰：「人，舟楫之人。」鄭曰：「舟當作周，裘當作求。」《家語》：「大裘以黼之。」《論語》曰：「羔裘玄冠不以弔。緇衣羔裘，素衣麑裘，黄衣狐裘。褻裘長，短右袂。狐貉之厚以居。」又曰：「公西華乘肥馬，衣輕裘。」又曰：「衣敝緼袍，與衣狐貉者立而不恥者，其由也歟？」子路曰：「願車馬，衣輕裘。」《荀子》曰：「若挈裘領，詘五指而頓之，順者不可勝數也。」《淮南子》曰：「夏之不被裘，非愛之也，煗有餘於適也；冬之不用翣，非簡之也，清有餘於適也。」《左傳》曰：「東郭書皙幘而貍製。」又曰：「臧之狐裘，❶敗我於狐駘。」又曰：「蔡昭侯如楚，持羔裘二。」又曰：「渾良夫紫衣狐裘。」❷《列子》曰：「榮啓期被裘帶索。林類底春被裘拾遺穗。」又曰：「北國之人鞨巾而裘，中國之人冠冕而裳。」

黼裘

鄭氏曰：「以羔與狐白雜爲黼文。」

❶「裘」，原脱，今據《左傳》襄四年及程校補。

❷「良」，原誤作「艮」，今據明本、庫本、嘉慶本及《左傳》哀十七年改。

《周禮》獻皮以掌皮，攻皮以裘氏，獻裘以司裘。《司裘》：「爲大裘，以共王祀天之服。中秋獻良裘，季秋獻功裘。」鄭氏曰：「良裘，因其良時而用之，所謂黼裘與？功裘，人功微麤，謂狐青麛裘之屬。黼裘，以羔與狐白雜爲黼文。」然則良裘其質美，功裘其功多。良裘非特黼裘，而功裘非特狐青麛裘。古者行禮之裘，必以羔與麛；燕居之裘，必以狐與貉。故《詩》以「羔裘逍遥，狐裘以朝」，刺不自强於政治，則黼裘不雜以狐白矣。「惟君黼裘以誓省」，後世有用大裘，故記者譏之曰「非古也」。何則？祀天尚道，故以大裘；誓省尚義，故以黼裘。誓，則「前期十日，大宰帥執事卜日，遂戒」是也；省，則「前祭一日，大宰及執事視滌濯」，《宗伯》「大祭祀，省牲，視滌濯」是也。《司寇》「大祭祀，納享，前王」，《郊特牲》「卜之日，❶王立于澤，親聽誓命」，則王於誓省皆與之也。先王制禮，盥重於既薦，幣貴於未將，則禮常嚴於未然之前。祭祀，治官以治之，刑官以涖之，則義常肅於行禮之際。則黼裘以誓省，宜矣。《家語》合大裘、黼裘爲一，則曰：「大裘黼之以象天。」鄭氏改「省」爲「獮」，則曰：❷「黼裘以誓獮田。」然大裘純色，無白黑之文；獮田在秋，非用裘之日。二者之説誤矣。

❶「卜」，原誤作「上」，今據明本、庫本、嘉慶本及《禮記·郊特牲》改。

❷「曰」，原誤作「口」，今據明本、庫本、嘉慶本改。後同誤者徑改，不出校。

羔裘黑羔裘。

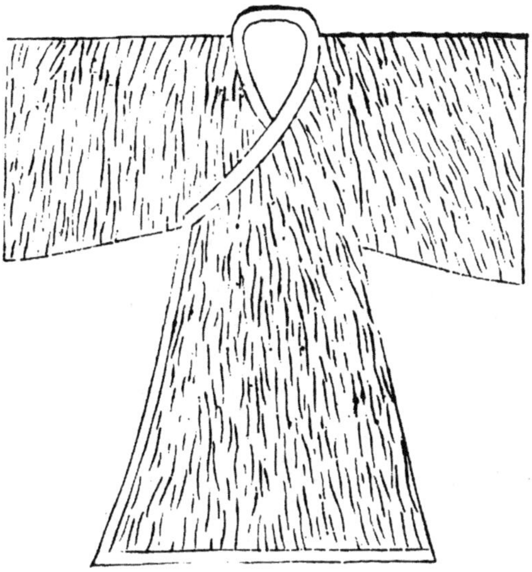

王大裘以祀天，諸侯羔裘以朝，先儒皆曰黑羔裘也。蓋羔取其有禮，群而不黨，乳而必跪，贄之不鳴，殺之不號。黑取其合道。以道行禮，以禮成道，固先王之所尚也。然大裘尚質，羔裘有文，故《詩》曰：「羔羊之皮，素絲五紽。羔羊之革，素絲五緎。羔羊之縫，素絲五總。」毛氏曰：「古者素絲以英裘。紽，總數也。」《爾雅》曰：「緎，縫也。」孫炎曰：「緎，界也。」蓋羔裘以素絲爲組，施於縫中以爲英飾，其界有緎、有紽、有縫，其別爲紽，其聚爲總，而又飾之以豹，此所以與大裘異也。羔裘豹飾，狐青裘豹褎，麛裘青豻褎。何也？豹取其武而有文，青豻取其仁而能守。武而有文，諸侯視朝之事也；仁而能守，天子視朝之事也。狐青以燕居，褎亦以豹，則武而有文，亦非燕居之所可忘也。《詩》曰：「羔裘豹飾，孔武有力。」又曰：「羔裘豹袪，自我人居居。」其託物同而意異者，義德一也。善用之則爲武，不善用之則爲暴，夫言豈一端而已哉？先儒謂凡裘，天子、諸侯用全，其臣則褎飾異焉。然天子、諸侯之用全，特狐白裘而已，欲其純白之備也。至於麛裘、羔裘，則上下之所同，非無飾也。若曰裘以用全爲貴，則狐黃之裘無異襃，犬羊之裘無異飾，而賤者或服之，何耶？

麛

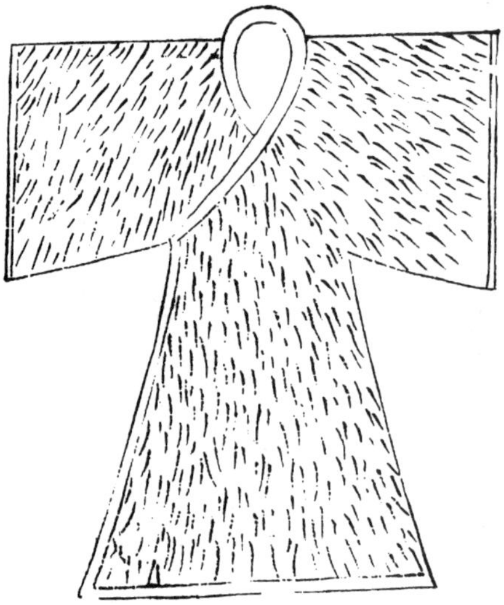

裘青豻襃。豻，胡犬也。

《爾雅》曰：「鹿，牡麚，牝麀，❶其子麛。」麛即麑也。《詩》曰：「呦呦鹿鳴，食野之苹。」又曰：「鹿斯之奔，維足伎伎。」則鹿之爲物，善接其類，而麛尤出於天性，故先王取焉。《玉藻》曰：「麛裘青豻襃，絞衣以裼之。」孔子曰：「素衣麑裘。」鄭氏釋《聘禮》曰：「麑裘，皮弁。」然則皮弁素積而麑裘，素衣以裼之，則絞衣，素衣也。鄭氏釋《禮記》又曰：「絞，蒼黃之色。」其説無據。《記》曰：「裘之裼也，見美也；服之襲也，充美也。」則袒而見裘曰裼，揜而充裘曰襲。素衣麑裘，則麑裘之上素衣，其正服也；緇衣羔裘，則羔裘之上緇衣，其正服也。黃衣狐裘，錦衣狐裘，蓋亦若此。鄭氏、崔靈恩之徒以爲袒而有衣曰裼，若然，裘之上有裼衣，裼衣之上又有正服，則是裼、襲在衣不在裘，而經言「裼裘」、「襲裘」，何耶？《檀弓》曰：「練，練衣黃裏，縓緣。」鹿裘衡、長袪。袪，裼之可也。」其裼之也，亦裼受服以

❶ 「麀」，原誤作「麈」，今據嘉慶本及《爾雅·釋獸》改。

見鹿裘之美而已。鄭氏曰：「鹿裘之裼亦用絞乎？」是鄭氏亦自疑而不必其説也。《詩》曰：「衣錦尚褧。」蓋惟錦加絅，以惡文著，餘衣固不然也。昔衛侯戒渾良夫食，良夫紫衣狐裘至，袒裘而食。則所袒者，紫衣耳。哀十七年。❶ 抑未聞紫衣之外復有衣也。❷

鹿裘長袪。

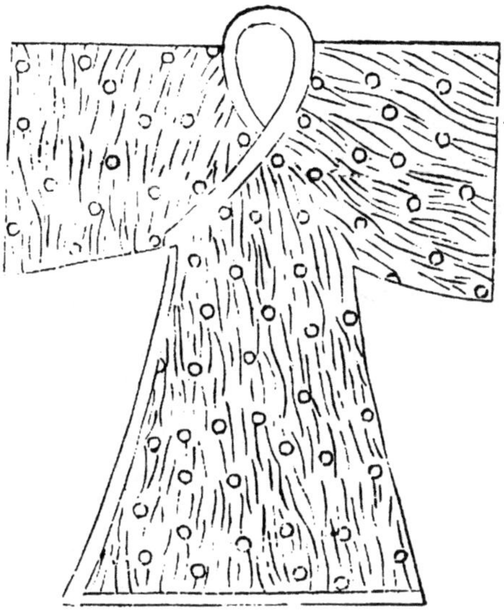

《禮記》：「練，鹿裘衡，長袪，袪，裼之可也。」《列子》曰：「孔子見榮啓期行乎郕之野，鹿裘素帶。」啓期之服，固不足論。練用鹿裘，何也？禮，始喪則居廬自屏，既練則可以接物。鹿，善接其類者也，故裘用焉。《周禮》：既練，乘藻車，鹿淺複。與此同義。鹿裘袪裼之，則裼其袪而已，非若餘衣之袒也。鄭氏曰：「有袪而裼之，備飾也。鹿裘亦用絞乎？」理不然也。

禮書卷第十二終

❶「哀十七年」，原無，爲明本、庫本、嘉慶本所增。

❷「未」，原誤作「夫」，今據明本、庫本、嘉慶本改。

禮書卷第十三

狐白裘　狐青裘　黄衣狐裘　貍裘　虎裘　狼裘　熊裘　羆裘

狐白裘

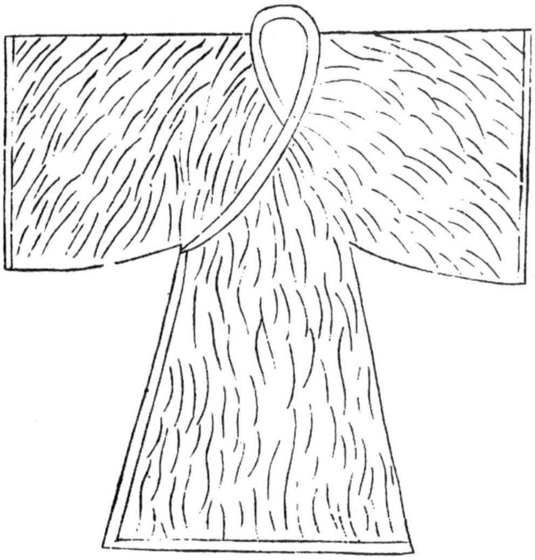

狐青裘豹褎。❶

❶「豹」，原作「豻」，今據明本、庫本、嘉慶本及下文同引改。

黄衣狐裘

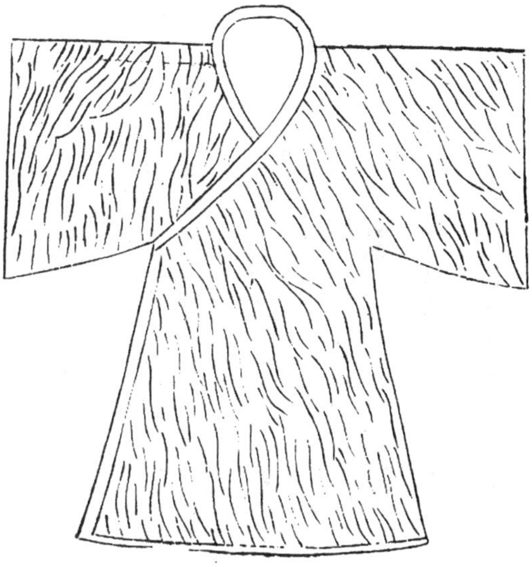

《詩》曰：「羔裘逍遥，狐裘以朝。」又曰：「狐裘蒙茸，匪車不東。」又曰：「取彼狐狸，爲公子裘。」又曰：「彼都人士，狐裘黄黄。」《語》曰：「狐貉之厚以居。」又曰：「黄衣狐裘。」蓋狐善疑，貉善睡，疑斯戒，睡斯安，燕息者之事也，故燕居與蜡服之。然則《玉藻》所謂「君衣狐白裘，錦衣以裼之。君子狐青裘豹褎，玄綃衣以裼之」，燕服也；「狐裘，黄衣以裼之」，蜡與燕服也。《玉藻》曰：「天子卒食，玄端而居。」諸侯夕深衣，祭牢肉。」《王制》言養老之禮，虞氏深衣，夏后氏燕衣，商人縞衣，周人玄衣。於夏言「燕衣」，則深、縞與玄，皆燕衣也。鄭氏以此爲燕群臣之服，❶然周人燕禮，天子皮弁，諸侯緇衣，不以玄衣。蓋天子齋則玄端而冕，燕則玄端而冠，卒食玄端，則夕不必玄端也。❷諸侯夕深衣，則非夕不必深衣也。故《周官・小臣》「掌正王之燕服位」，而不言所服，則王之燕

❶「群」，原誤作「衣」。按《禮記・王制》鄭注云：「凡養老之服，皆其時與群臣燕之服。」故明本、庫本、嘉慶本作「群」是也，今據改。

❷「夕」，原誤作「以」。按《禮記・玉藻》云：「卒食，玄端而居。」又：「朝玄端，夕深衣。」故明本、庫本、嘉慶本作「夕」是也，今據改。

服豈特玄端而已哉？此所以有狐白裘、錦衣也。《終南》之詩言「錦衣狐裘」，繼之以「黻衣繡裳」，蓋始言燕服，而繼以祭服也。鄭康成以狐裘爲行禮之服，謂「狐白之上衣，皮弁歟」，非《詩》、《論語》之意也。「君子狐青裘豹褎，玄綃衣以裼之」，蓋大夫、士之燕服也。何則？狐白所以象德之成，狐青所以象仁之發，故狐白、錦衣爲人君之服，狐青而下爲君子之服。言君子之服，則大夫、士同之也。夫天下無粹白之狐，而有粹白之裘，則狐白裘天下之尤難得者也。觀紂以狐白免西伯，田子方以狐白禮子思，田文以狐白脱秦患，則狐白之貴可知矣。士不衣狐白裘，不特以其德之未成也，蓋亦不敢以賤服貴歟？古者所貴不過狐白裘而已，後世有黑貂、青鳳、鸘鷞、雉頭、鶴氅之侈，此不可與言禮也。史記李兑遺蘇秦黑貂裘，王子年周昭王以青鳳毛爲二裘，❶司馬相如服鸘鷞，晉武帝焚雉頭裘，王恭被鶴氅裘。

貍裘青。❷

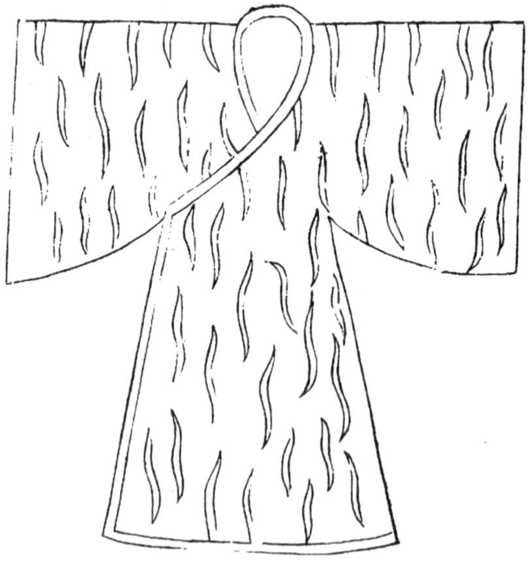

❶「子」下，原脱「年」字；「周昭王」，原誤作「周穆王」。按「以青鳳毛爲二裘」，典出東晉王嘉（字子年）《拾遺記·周記》，乃昭王事。今據以補、改。

❷「青」，原無，爲明本、庫本、嘉慶本所增。

《詩》曰：「取彼狐貍，爲公子裘。」《左傳》曰：「晢幘而衣貍製。」❶定九年。夫公子無豫於事而貍裘，東郭即戎而貍製，則貍裘非禮服之裘也。《傳》又曰：「臧之狐裘，❷敗我於狐駘。」襄四年。則春秋之時，戎服亦以狐裘也。

虎裘黃。❸

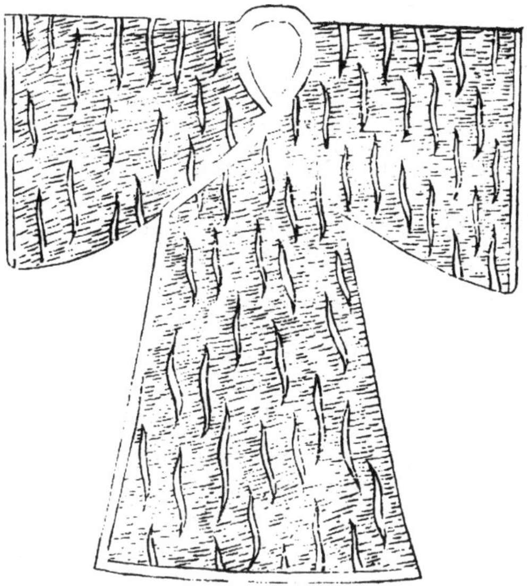

狼裘黃。❹

❶「衣」，原誤作「一」，今據《左傳》定九年改。
❷「裘」，原脱，今據《左傳》襄四年補。
❸「黃」，原無，爲明本禮圖標題、庫本禮圖標題、嘉慶本禮圖標題所增。
❹「黃」，原無，爲明本禮圖標題、庫本禮圖標題、嘉慶本禮圖標題所增。

人之手足，右强於左；獸之勇摯，虎過於狼。右虎裘，左狼裘，則武士之衛君，手足之衛身也。蓋君之所以制服人者，不特恃夫道德之威而已。故士謂之虎士，門謂之虎門，旗有熊虎之文，車有虎幦之飾，則左右虎狼之裘宜矣。《周官·虎賁氏》：「掌先後王而趨以卒伍。」《旅賁氏》：「掌執戈盾，夾王車而趨，左右皆八人。」然則君之左右，蓋旅賁之類也。《爾雅》：「狼，牡貛，牝狼，❶其子獥。」舍人曰：「狼，牡名貛，牝名狼，其子名獥。」❷《説文》曰：「狼似犬，鋭頭，白頰，❸高前廣後。」陸機曰：「善爲小兒啼。」《禮記》有「狼臅膏」。

熊裘緇色。❹

❶「狼」，原脱，今據《爾雅·釋獸》補。

❷「狼其子名獥」，原脱。脱此五字，則上文勢必點作：「狼，牡名。貛，牝名。」文雖通而意實誤也。今據《爾雅·釋獸》郭注引舍人説補。

❸「頰」，原誤作「頬」，今據明本、庫本、嘉慶本及《説文》改。

❹「緇色」，原無，爲明本禮圖標題、庫本禮圖標題、嘉慶本禮圖標題所增。

羆裘

《周禮·穴氏》：「掌攻蟄獸，❶各以其物火之。以時獻其珍異皮革。」鄭氏曰：「蟄獸，熊羆之屬冬藏者。」《爾雅》曰：「羆如熊，黄白文。」《詩》曰：「舟人之子，熊羆是裘。」則熊羆亦裘之美者也。

禮書卷十三終

❶「蟄」，原誤作「猛」，今據《周禮·穴氏》改。

禮書卷第十四

天子素帶　諸侯素帶　大夫素帶　士練帶　革帶　居士錦帶　弟子縞帶

天子素帶 素爲帶，朱裏，竟帶之身辟積焉，飾以朱緑，帶之結處有組，又以組貫其紐而約之，垂長三尺，與帶廣四寸。約紐組廣三寸，其飾朱上緑下。

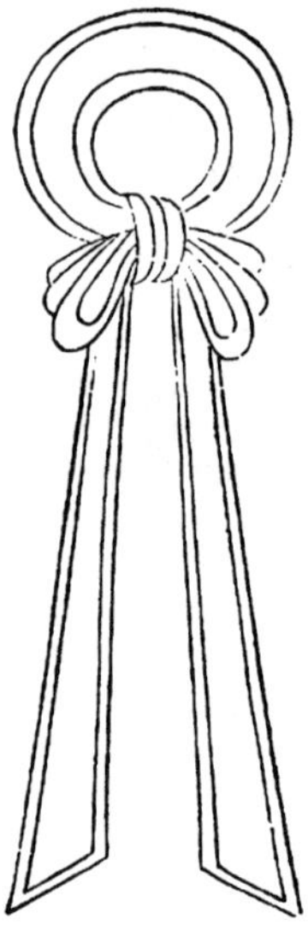

諸侯素帶 素帶不以朱裏，亦朱緑飾，終辟，廣長與天子同。

大夫素帶 素帶不終辟，飾以玄華。大夫以上素帶，士練帶，弟子縞帶，皆帛爲之。

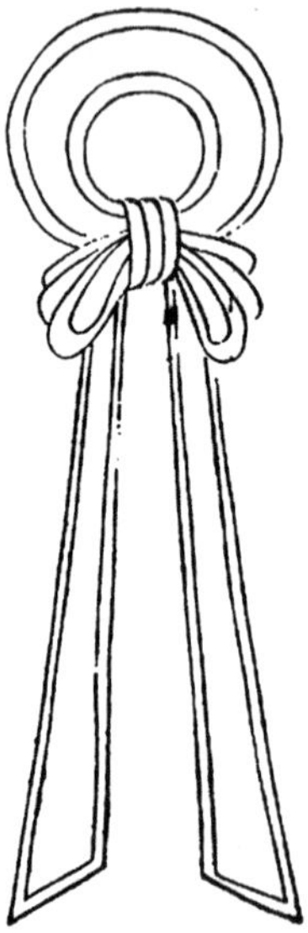

士練帶

練帶辟積，其末三寸，❶其廣不至四寸，紳組長三尺。鄭氏謂士以下皆禪而率。然《雜記》於諸侯亦言率帶，則率不特施於禪也。

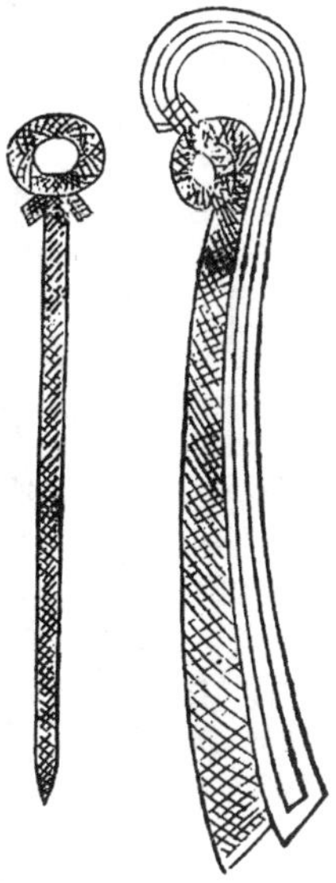

《大戴禮》曰：「黄帝黼黻衣，大帶。」《詩》曰：「其帶伊絲。」又曰：「垂帶而厲。」《晉語》曰：「内子爲大帶。」《荀子》曰：「逢衣淺帶。」「淺帶，博帶。」《雋不疑傳》曰：「褎衣博帶。」《釋名》曰：「帶，蔕也。」《内則》：「子事父母，韠、紳、搢笏。婦事舅姑，笄、總、衣紳。」《玉藻》曰：「天子素帶，朱裏，終辟。而素帶終辟。❷大夫素帶，辟垂。士練帶，率下辟。居士錦帶，弟子縞帶。并紐約用組，三寸，長齊于帶。紳長制：士三尺，有司二尺有五寸。子游曰：『三分帶下，紳居二焉。』紳、韠、結三齊。大夫人帶四寸。雜帶：君朱緑，大夫玄華，士緇辟二寸，再繚四寸。凡帶有率，無箴功。」《雜記》曰：「公襲，卷衣一，朱緑帶，❸申加大帶於上。」「朱緑帶者，襲衣之帶，飾之雜以朱緑，異於生也。此帶亦以素爲之。申，重也，重於革帶也。革帶以佩韍。必言重加大帶者，明雖有變，必備此二帶也。」又曰：「率帶，諸侯、大夫皆五采。」「此襲尸之帶。」《左傳》曰：「鞶、厲、

❶「末」，原誤作「朱」。按禮言帶，每曰其末若干寸。今據明本禮圖標題、庫本禮圖標題、嘉慶本改。

❷「天子」至「素帶終辟」，《禮記》或本有作「而素帶終辟」者，有作「諸侯而素帶終辟」者，詳可見《禮記正義・玉藻》及阮校。

❸「緑」，原誤作「絲」，今據《禮記・雜記》改。

游、纓，昭其度也。」《左》桓二年。❶《深衣》曰：「帶，上毋厭髀，下毋厭脅，當無骨者。」《左傳》曰：「樂桓子請帶於季武子，武子召使者裂裳帛與之，曰：『帶其褊矣。』」昭元年。

古者革帶、大帶皆謂之鞶。《内則》所謂「男鞶」，革帶也；《春秋傳》所謂「鞶厲」，大帶也。《易》言「鞶帶」，揚子言「鞶帨」，以至許慎、服虔、杜預之徒，❷皆以鞶爲帶，特鄭氏以「男鞶革」爲盛帨之囊，誤也。《詩》言「垂帶而厲」，毛萇、杜預之徒皆以厲爲帶之垂者，特鄭氏以「而厲」爲「如裂」，亦誤也。辟，猶冠裳之辟積也；率，縫合之也。天子、諸侯大帶終辟，則竟帶之身辟之，大夫辟其垂，士辟其下而已。雜，飾也。飾帶，君朱緑，大夫玄華，士緇，故《儀禮·士冠》主人朝服緇帶，冠者爵弁、皮弁、緇布冠皆緇帶，則士帶練而飾以緇也。「士辟下二寸」，則所辟其下端二寸也。「再繚四寸」，則結處再繚屈之四寸也。天子至士，帶皆合帛爲之，或以素，或以練，或終辟，或辟垂，或辟下。其飾，或朱緑，或玄華。蓋素得於自然，練成於人功。終辟，則所積者備；辟垂、辟下，則所積者少。朱者，正陽之色；緑者，少陽之雜。《禮器》：「冕，朱緑璪。」《雜記》：「公襲，朱緑帶。」《聘禮》：「問諸侯，朱〔緑〕繅。」皆取陽色。玄與緇者，陰之體；華者，文之成。天子體陽而兼乎下，故朱裏而裨以朱緑；諸侯雖體陽而不兼乎上，故飾以朱緑而不朱裏；大夫體陰而有文，故飾〔以玄華；士〕則體陰而已，故飾以緇。然於大夫言帶廣四寸，則其上可知，而士不必四寸也。於士

❶「年」，原脱，今據明本、庫本、嘉慶本補。

❷「慎」，原避宋孝宗名「眘」之異體而諱缺末二筆，今補正。

言紳三尺，則其上可知，而有司止於二尺五寸也。凡帶有率，無箴功，則帶繂而已，無刺繡之功也。以至并紐約組三寸，再繚四寸，紳、韠、結三齊，皆天子至士所〔同〕也。夫所束長於所飾，則失之太拘；所飾長於所束，則失之太文。紳、韠、結三齊，叔向曰：「衣有繪，帶有結。」然後爲稱。則有司之約韠，蓋亦二尺五寸歟？古者於物言華，則五色備矣；《書》云：「華蟲、華玉。」於文稱凡，則衆禮該矣。鄭氏以華爲黃，以凡帶爲有司之帶，以率爲士與有司之帶，以辟爲裨，以二寸爲士帶廣，以至大夫以上用合帛，士以下禪而不合，皆非經據之論也。《隋志》曰：「乘輿，大帶，素帶朱裏，紕其外，上以朱，下以緑。王公侯伯子男素帶，不朱裏，皆紕其外，上以朱，下以緑。正三品已上帶，紕其垂，外以玄，内以黃，紐約皆用青組。」《唐開元禮儀》羅曰：「大帶。三品已上青帶，不朱裏，皆紕其外，上以朱，下以緑；❶五品已下紕其垂，外以玄，内以黃，紐約皆用青組；六品已下練帶，紕其垂，内外以緇，約用青組。」其制多襲鄭氏之説。

革帶

《内則》曰：「男鞶，革。」《莊子》曰：「帶死牛之脅。」《玉藻》曰：「革帶博二寸。」《士喪禮》：「韐帶，搢笏。」鄭氏曰：「韐帶，韎

❶「以」，原脱，今據明本、庫本、嘉慶本補。

韐、緇帶。不言韎緇者，欲見韐自有帶。韐帶用革，笏搢於帶之右旁。」然則革帶其博二寸，其用以繫佩韍，然後加以大帶，而佩繫於革帶，笏搢於二帶之間矣。《晉語》：「寺人勃鞮曰：『乾時之役，申孫之矢集于桓鉤，鉤近於袪而無怨言。』」則革帶有鉤以拘之，後世謂之鉤䚢。「丑列。」阮諶云：「䚢，螳蜋鉤，以相拘帶謂之鉤䚢。」唐以玉爲鉤䚢，與古異矣。然革帶用於吉而已，《荀卿》曰「搢紳而無鉤帶」是也。古者裼衣象裘色，韠、屨象裳色，而革帶與韠，其用相因，則革帶豈亦與韠同色歟？

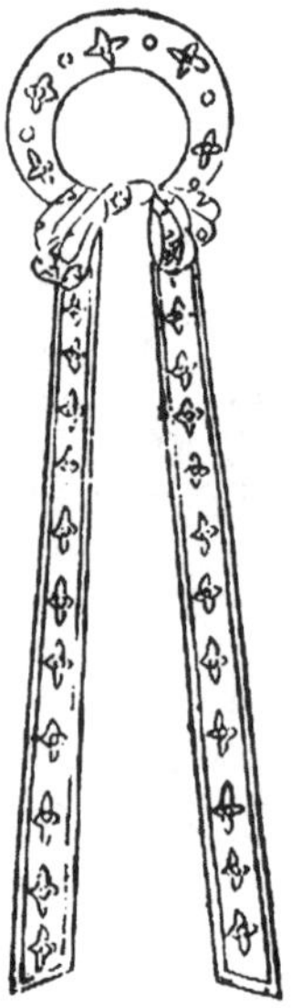

居士錦帶

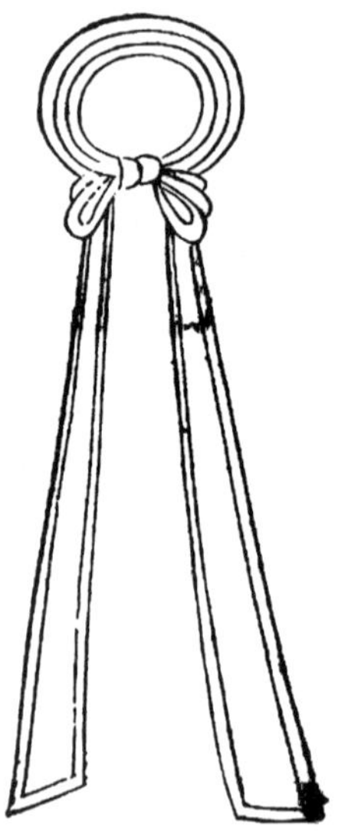

弟子縞帶

《書大傳》曰：「古之帝王必有命，民能敬長憐孤，取舍好讓，舉事力者，命於其君，然後得乘飾車駢馬，衣文錦。民之未命者，不得衣，不得乘，乘者有罰。」鄭氏釋之曰：「居士錦帶。」然則所謂居士，即命民也。居士錦帶，以其有備成之文也；弟子縞帶，以其有受道之質也。縞，薄繒也，與素帶不同。吴季札以縞帶遺子産，蓋吴地之所宜者，縞也。《荀卿》曰：「古之處士，德盛者也，知命者也；今之處士，無能而云能者也，離蹤而跂訾者也。」然則處士即居士也。

古之所謂處士，有守節而不仕者，有成材而未仕者。《鄉飲酒禮》：「主人就先生而謀賓、介。」鄭氏謂：「賓、介，處士也。」《鄉射禮》：「徵唯所欲，以告於先生、君子可也。」鄭氏謂：「君子，處士也。」此蓋處士之未仕者歟？

禮書卷第十四終

禮書卷第十五

深衣帶　童子錦紳　鞶鑑　率帶　布帶

王冕服赤舄　皮弁服白舄　冠弁服

黑舄　后褘衣玄舄　揄狄青舄　闕狄

赤舄　鞠衣黃屨　展衣白屨　褖衣

黑屨

深衣帶

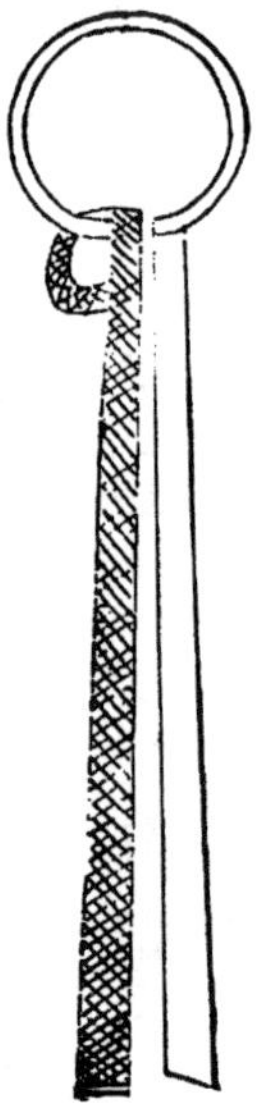

《深衣》曰：「帶，下毋厭髀，上毋厭脅，當無骨者。」《玉藻》曰：「紳三尺，三分帶下，紳居二焉。」然則人長八尺，紳三尺而居帶下之二，則大帶以高爲貴，而帶下四尺五寸矣。《考工記》：「車人之事，一柯有半謂之磬折。」鄭氏曰：「人帶以下四尺五寸。磬折立，則上俛。故《玉藻》曰：『三分帶下，紳居二焉。』」深衣之帶當無骨者，以適便爲貴，則其下無四尺五寸。《儀禮》士朝祭皆緇帶，則天子、諸侯、大夫朝祭無異帶矣。深衣之帶，其飾蓋若大帶歟？

童子錦紳

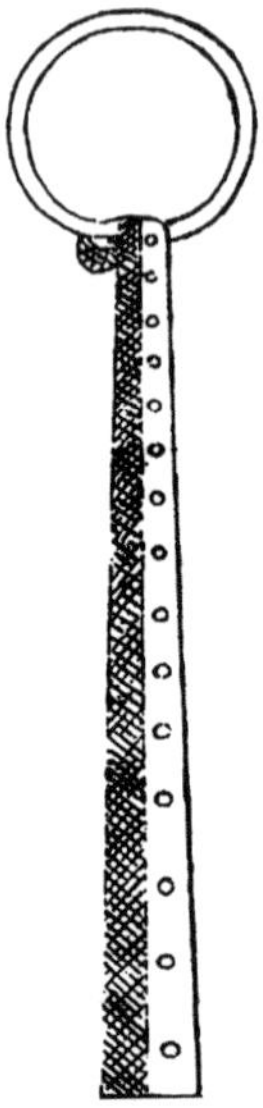

《玉藻》曰：「童子錦紳并紐，肆束及帶，勤者有事則收之，走則擁之。」然則童子之帶，非必全錦也，錦紳而已；錦紳非以其有備成之文也，親在，致飾而已。肆，伸之

也。束，組紐也。伸束及帶，❶所以爲容。有事則收之，走則擁之，所以便事。鄭氏以「肆」爲「肄」。❷

鞶鑑

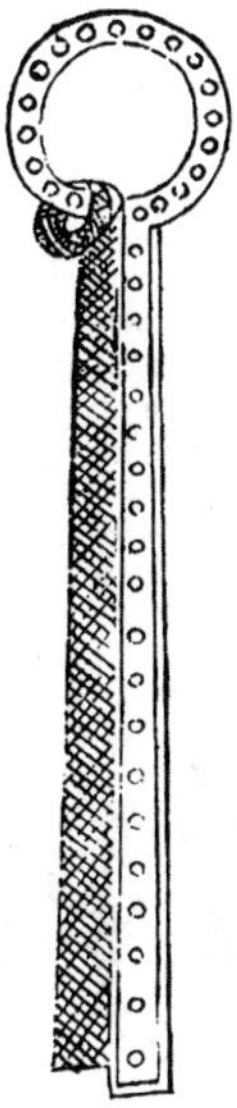

《内則》曰：「婦事舅姑，衣紳。」又曰：「女鞶，絲。」《左傳》莊公二十一年：❸「王予鄭伯以后之鞶鑑。」定六年：「衛公叔文子曰：『定之鞶鑑。』」杜預曰：「鞶帶以鏡爲飾，今西方羌胡猶有之。」然則漢孝惠時郎、侍中皆貝帶，其飾蓋類婦人歟？

率帶

《雜記》：「率帶，諸侯、大夫皆五采，士二采。」鄭氏曰：「此謂襲尸之大帶。襲事成，於帶變之，所以異於牛。」

布帶

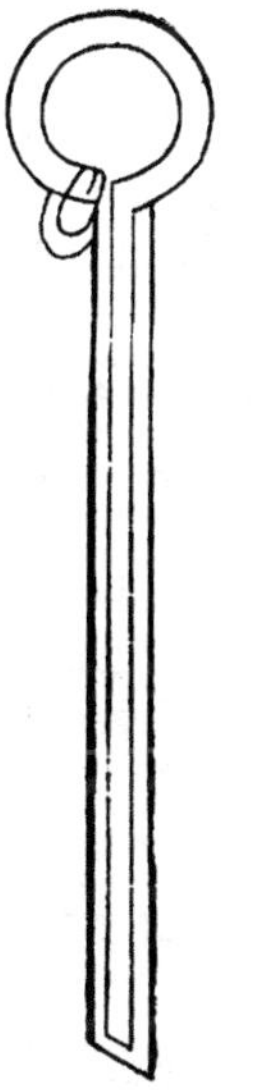

《雜記》曰：「大夫卜宅與葬日，有司麻衣、布衰、布帶，因喪屨，緇布冠。」鄭氏曰：

❶「伸」，原誤作「紳」，今據文意及衛湜《禮記集説》卷七十七、黃震《黃氏日抄》卷二十《讀禮記·玉藻第十三》所引改。

❷「肄」，原誤作「肆」。按《禮記·玉藻》「肆束及帶」鄭注曰：「肆讀爲肄。」故明本、庫本、嘉慶本作「肄」是也，今據改。

❸「莊公二十一年」，原誤作「桓二年」。按《左傳》莊二十一年云：「鄭伯之享王也，王以后之鞶鑑予之。」故嘉慶本作「莊公二十一年」是也，今據改。

「有司，卜人也。麻衣，白布深衣，而著衰焉，及布帶，緇布冠，此服非純吉，亦非純凶也。」蓋非純吉，故布衰，因喪屨，布帶；非純凶，故深衣，緇布冠。斬衰腰絰象大帶，絞帶象革帶。公士、大夫之衆臣爲其君斬衰，絰、布帶；齊衰衰以下皆絰、布帶，❶以衆臣厭於天子、諸侯，齊衰以下輕於斬衰，❷故象革帶者，布而已。

王冕服赤舄黑絇、繶、純。

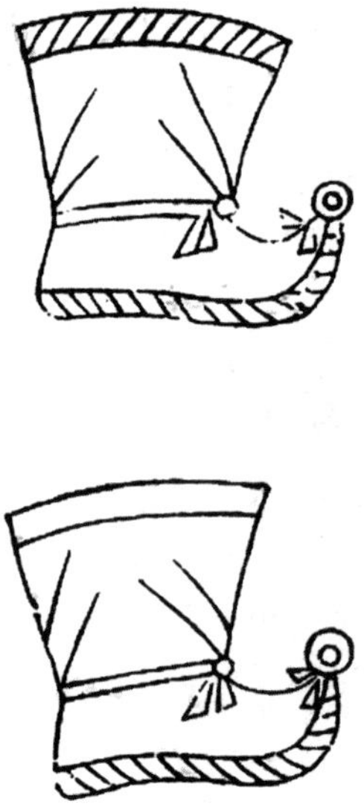

皮弁服白舄青絇、繶、純。

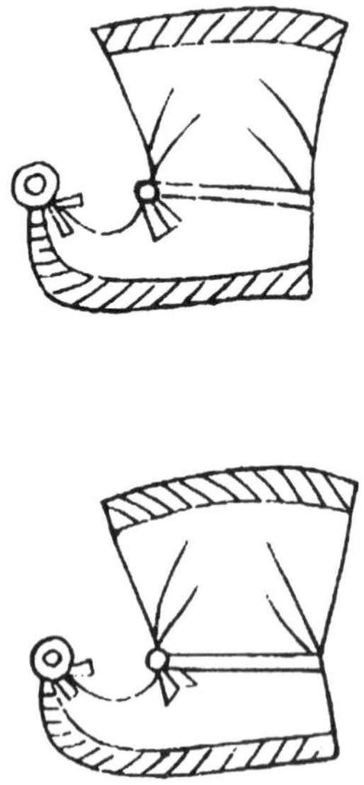

冠弁服黑舄赤絇、繶、純。

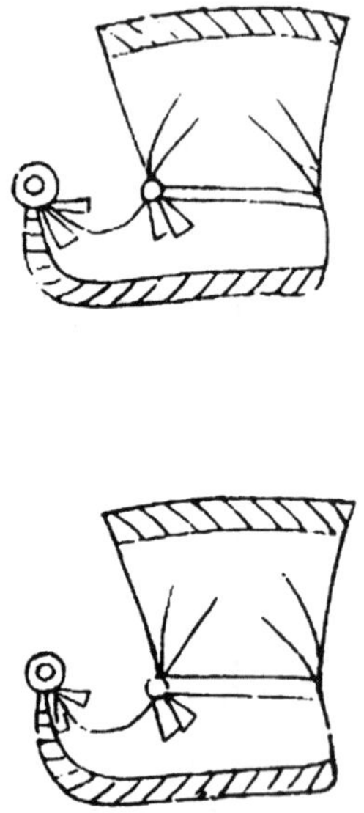

❶「齊衰衰以下」，據文意，「衰」字誤重，當删其一。
❷「輕」，嘉慶本作「殺」。

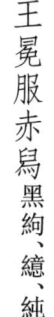

后褘衣玄舄黄絇、繶、純。

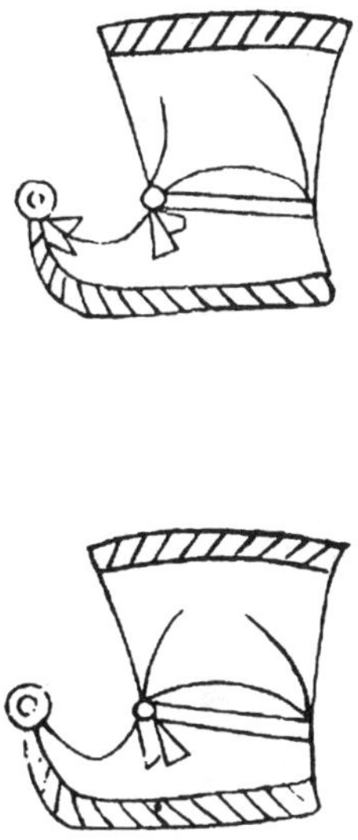

〔揄〕狄青舄白絇、繶、純。

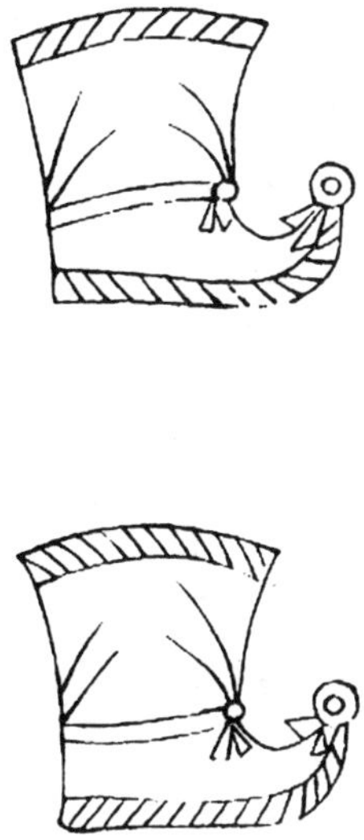

闕狄赤舄黑絇、繶、純。

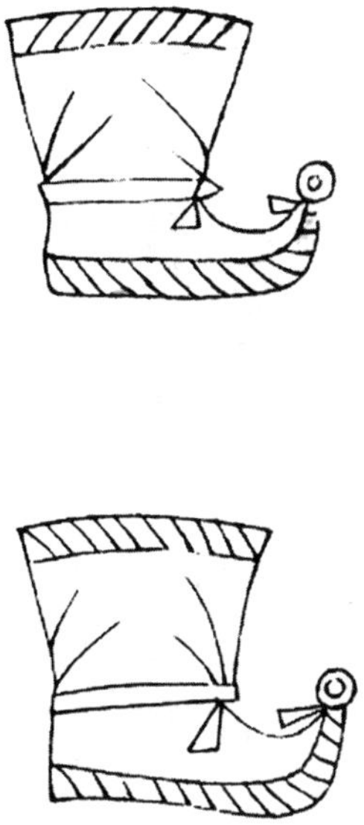

鞠衣黄屨白絇、繶、純。

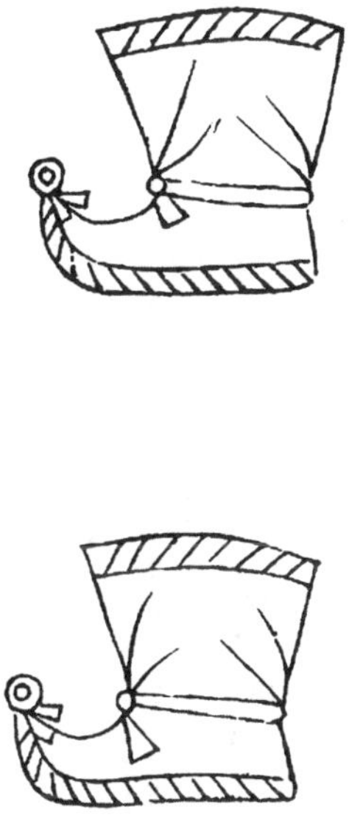

展衣白屨黑絇、繶、純。

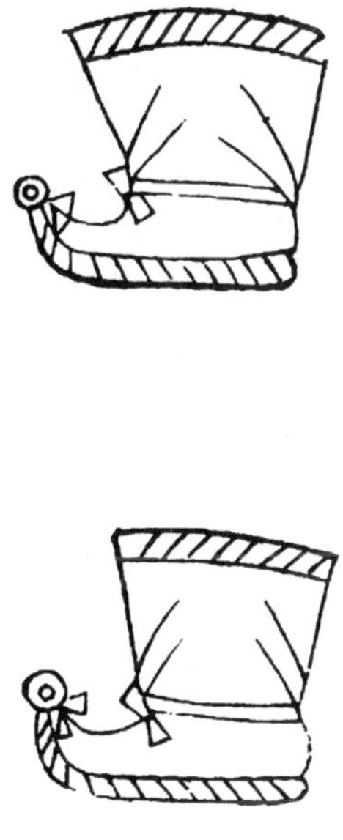

褖衣黑屨青絇、繶、純。

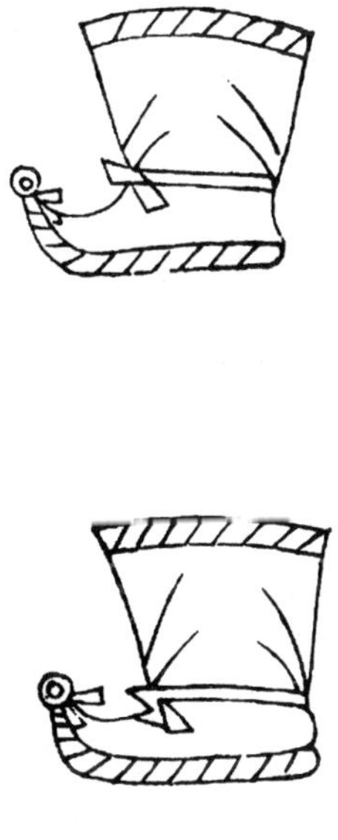

《周禮・屨人》：「掌王及后之服屨，爲赤舄、黑舄，赤繶、黄繶，青絇，❶素屨，葛屨。辨外内命夫命婦之命屨、功屨、散屨。凡四時之祭祀，以宜服之。」《士冠禮》：「屨，夏用葛。玄端黑屨，青絇、繶、純，純博寸；素積白屨，以魁柎之，緇絇、繶、純，純博寸；爵弁纁屨，黑絇、繶、純，純博寸。冬，皮屨可也。不屨繐屨。」《士喪禮》：「夏葛屨，冬白屨，皆緇絇、繶、純，組綦結于踵。」「綦，屨係也，所以拘止屨也。」《詩》云：「玄衮赤舄。」又曰：「赤芾金舄。」又曰：「赤舄几几。」《檀弓》曰：「有子絲屨。」《春秋傳》曰：「楚子豹舄。」《莊子》曰：「履方屨者，知地形。」《漢書》曰：「孝文革舄。」《東方朔傳》。鄭氏釋《周禮》謂：「複下曰舄，襌下曰屨。凡屨、舄各象其裳之色。舄有三等：赤舄爲上，冕服之舄；下有白舄、黑舄。后惟祭服有舄，禕衣之舄；下有青舄、赤舄。鞠衣以下皆屨耳。絇、繶、純者同色，今云赤繶、黄繶、青絇，雜互言之，明舄、屨衆多，反覆以見之。凡舄之飾，如繢之次。赤繶者，王黑舄之飾。黄繶者，王后玄舄之飾。青絇者，王白舄之飾。言繶必有絇、純，言絇亦有繶、純，三者相將。王及后之赤舄皆黑飾，后之青舄皆白飾。凡屨之飾，如繡次也。黄屨白飾，白屨黑飾，黑屨青飾。」

古者衣象裘色，韠象裳色，而《士冠禮》三屨皆象其裳之色，則王及后之舄、屨各象其裳之色可知也。玄黄、青白、赤黑，對方者爲繢次；青赤、赤白、白黑、黑青，比方者爲繡次。而冠禮黑屨，青絇、繶、純；白屨，

❶「絇」，原誤作「絢」。按《周禮・屨人》作「句」，句與絇通。今據明本、嘉慶本及《屨人》改。

緇絇、繶、純，皆比方之色。特爵弁纁屨，黑絇、繶、純。「絇，拘也，以爲行戒，狀如刀衣鼻，在屨頭。繶，縫中紃也。純即緣也。」❶蓋尊祭服之屨，故飾從對方之色。爵弁韍不曰韠而曰韎韐，衣不以布而以純，皆尊祭服之故也。❷則凡舄之飾如繢次，屨之飾如繡次可知也。絇青緇黑，而繶、純如之，則繶從絇色可知也。由是推之：

王之吉服九而舄三：赤舄配冕服，而黑絇、繶、純；白舄配皮弁服，而青絇、繶、純；黑舄配冠弁服，而赤絇、繶、純。

后之吉服六而舄、屨各三：玄舄配禕衣，而黃絇、繶、純；青舄配揄狄，而白絇、繶、純；赤舄配闕狄，而黑絇、繶、純；黃屨配鞠衣，而白絇、繶、純；白屨配展衣，而黑絇、繶、純；黑屨配褖衣，而青絇、繶、純。《屨人》言舄止於赤、黑，❸言繶止於赤、黃，言句止於青，有素屨而無飾屨，有葛屨而無皮屨。鄭氏謂「雜互」、「反覆以見之」，理固然也。觀《弁師》於王言冕之表裏延、紐，而不及玉瑱，言繅而不言斿；於諸侯言玉瑱而不及冕之表裏延、紐，言繅斿而不及玉數，言繅斿皆就而不及采數。《大宗伯》祀有昊天而無五帝，有司中、司命而無司民、司禄，祭有社稷而無大示，有五嶽而無四瀆，有山林川澤而無丘陵墳衍，享有先王而無先公。凡此類者，❹不可勝舉，而《禮》皆約辭以互發之，則舄、屨之辨，如鄭氏之說，

❶「絇拘」至「緣也」，原無，爲明本、庫本、嘉慶本所增。
❷「皆」上，明本、庫本、嘉慶本增「蓋」字。
❸「屨人」，原誤作「司服」。按《周禮・司服》言不及舄，唯《屨人》云：「爲赤舄、黑舄，赤繶、黃繶，青句，素屨，葛屨。」今據改。
❹「類」，原誤作「頻」，今據明本、嘉慶本改。

信矣。然謂韋弁衣素裳、白舄，此不可考。《内司服》：「辨外内命婦之服：鞠衣、展衣、褖衣。」《屨人》：「辨内外命婦之命屨、功屨、散屨。」鄭氏謂：「命夫之命屨，纁屨。命婦之命屨，黄屨以下。功屨次命屨，於孤卿大夫則白屨、黑屨，九嬪、内子亦然。世婦、命婦以黑屨爲功屨。女御、士妻命屨而已。」蓋《禮》：「一命受職，再命受服。」公侯伯之大夫，子男之卿，王之中士，皆再命，其妻再命，鞠衣。則纁屨，爵弁而上之屨也。黄屨，鞠衣之屨。孤卿大夫之功屨白屨、黑屨，以其服皮弁、冠弁故也。九嬪與孤妻、内子功屨亦白屨、黑屨，以其服展衣、褖衣故也。女御、士妻以黑屨爲命屨，以其所服者惟褖衣故也。《詩》云「赤舄几几」、「玄衮赤舄」、「赤芾金舄」，周公及諸侯冕服之舄也。赤舄謂之金舄者，鄭氏謂「金舄，黄朱色也」。考之於《禮》，周尚赤，而灌尊黄彝、纁裳赤黄、馬黄朱，而諸侯之芾亦黄朱，鄭氏釋《斯干》詩曰：「芾，天子純朱，諸侯黄朱。」則舄用黄朱宜矣。唐制以金飾屨，與鄭氏之所傳者異也。

禮書卷第十五終

禮書卷第十六

繶　絇　純　綦　鞮屨　用屨脱屨之節

韈　童子服　童子屨

繶

《士虞禮》曰：「足有緣之爵謂之繶爵。」則繶，緣也。鄭司農曰：「赤繶、黃繶，以赤、黃之絲爲下緣。」鄭康成曰：「繶，縫中紃。」正義曰：「繶者，互底相接之縫，❶綴條於其中。」

絇

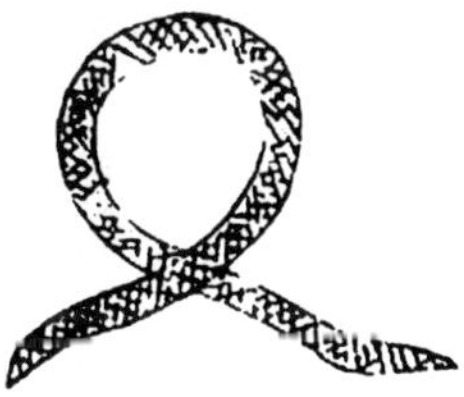

《屨人》作句，《士冠》、《士喪禮》作絇。《説文》曰：「纑，布縷也。纑繩絇也。」鄭釋《屨人》曰：「絇謂之拘，狀如刀衣鼻，著屨舄之頭，以爲行戒。」釋《士喪禮》曰：「綦結于跗，連絇者，絇在屨頭，以餘組連之，止足

❶「互」，原爲墨丁，今據明本、庫本、嘉慶本補。

坼也。」❶賈公彦曰：「絇謂屨頭，以絛爲鼻。」或謂：「用繒一寸，屈之爲絇。絇所以受繫穿貫者也。」蓋絇以絲爲之，所以自拘戒，猶幅所以自偪束也。❷童子不絇，未能戒也。喪屨無絇，去飾也。鄭氏曰：「小功以下吉屨無絇。」人臣去國，鞮屨不絇，以喪禮處之也。

純

《儀禮》曰：「純博寸。」鄭康成曰：「純，緣也。」正義曰：「純以爲口緣。」

綦

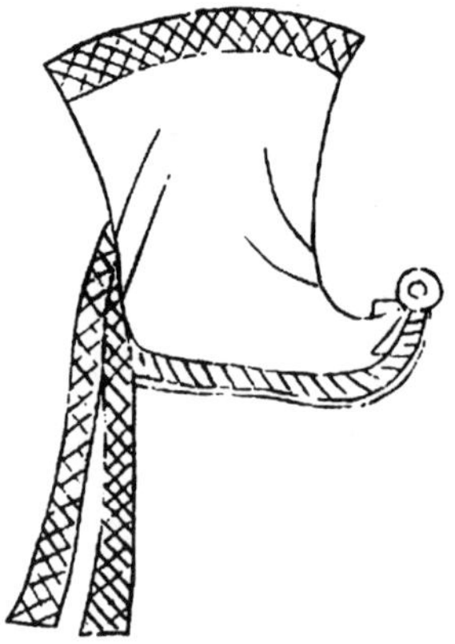

《儀禮》：「組綦繫于踵。」又曰：「綦結于跗，連絇。」《内則》曰：「屨著綦。」莊周曰：「正緳繫屨。」鄭氏曰：「綦，屨繫也，所以拘止屨也。綦讀如『馬絆綦』之綦。」蓋綦屬于跟後，以兩端繬前而結之，特死者連絇，止足坼也。

鞮屨

鞮屨，以革爲之。《周禮》有鞮屨氏。《曲禮》曰：「鞮屨，素簚。」鄭氏曰：「鞮屨，無絇之菲也。」

❶「坼」，原誤作「拆」，今據《儀禮·士喪》改。後誤同者逕改，不出校。

❷「偪」，原誤作「福」，今據嘉慶本改。

用屨脱屨之節

《儀禮・士相見禮》：「若君賜之爵，升席，祭，卒爵。退，坐取屨，隱辟而后屨。」《鄉飲酒禮》：「司正請坐于賓，賓、主人、介、衆賓皆降，説屨，揖讓如初，升，坐。」「説屨，主人先左，賓先右，乃羞。」《鄉射》、《大射儀》並倣此。《燕禮》：「賓及卿大夫皆説屨，升就席。」正義曰：「直云賓及卿大夫説屨，不云君降説屨，則君説在堂上席側，是以《記》云『排闔説屨於户内者，一人而已』。」《士虞禮》曰：「尸坐，不説屨。」「侍神不敢燕惰也。」《曲禮》曰：「户外有二屨，言聞則入，言不聞則不入。毋踐屨。侍坐〔於長者，屨〕不上於堂，解屨不敢當〔階。就〕屨，跪〔而〕舉之，屏〔於側〕。〔鄉〕長者而〔屨〕，跪而遷屨，〔俯而納屨。〕」《内則》曰：「屨著綦〕。」「〔綦，屨繫也〕。」《〔玉藻》曰：「禮已〕三〔爵，油〕油〔以退，退則坐取屨，隱辟〕而〔後屨〕，坐左納右，坐右納左。」又曰：「在官不俟屨。」《少儀》曰：「排闔説屨於户内者，一人而已矣。有尊長在則否。凡祭於室中，堂上無跣；燕則有之。」「祭不跣，主敬也。燕則有跣，爲歡。」禮，「凡祭於室中，堂上無跣；燕則有之」，故《特牲》、《少牢饋食》自主人以至凡執事之人，自迎尸以至祭末旅酬、無筭爵，與夫尸謖餕食之節，皆不説屨，而尸坐亦不説屨，以其侍神不敢燕惰也。若夫登坐於燕飲、侍坐於長者，無不説屨，以其盡歡致親，不敢不跣也。故在堂則屨不上於堂，在室則屨不入於户，「排闔説屨於户内者，一人而已。有尊長在則否。」然則君屨不下於堂，不出於室矣。解屨必屏於側，取屨必隱辟；納屨必鄉長者，遷之必跪，納之必俯；説之必主人先左、賓先右；納之，必坐左納右，坐右納左：則屨之説納皆有儀矣。昔褚聲子韤而登席，其君戟手而怒之，此知説屨而不知跣也。後世人臣説履然後登堂，此知致敬，而不知非坐不説屨也。漢魏以後，朝祭皆跣韤，惟蕭何劍履上殿，魏武亦不解履上殿。《宋志》：「南郊，皇帝至南階脱舄，升壇。入廟脱舄，升殿。」「朝士詣三公，尚書丞、郎詣令、僕射、尚書，❶並門外下車，履。」梁天監中，尚書參議：「清廟崇嚴，既絶常禮，凡有履行者，應皆跣韤。」詔可。《隋志》：「諸非侍臣，皆脱履升殿。」「臺官詣三公，至黄閣，下履，過閤還，著履。」《唐志》：「元正冬至，受朝賀，上公一人詣西階席，脱舄，置於席，升。」《開寶通禮》：「太廟晨祼，饋食并禘祫，皇帝至東階下解劍，脱舄。」

韤

《左傳》曰「韤而登席」，則屨有韤矣。《史》曰「張釋之爲王生結韤」，傳曰「文王左右無結韤之士」，則韤有繫矣。梁天監間，尚書參議：「按禮跣韤，事由燕坐。今極恭之所，莫不皆跣。清廟崇嚴，既絶常禮，凡有履行者，應皆跣韤。」蓋方是時有不跣韤者，故議者及之。

童子服 緇布衣，錦緣，錦紳并紐，❷錦束髮。

❶「射」，原誤作「財」，今據明本、庫本、嘉慶本改。

❷「紐」，原誤作「細」，今據明本、庫本、嘉慶本改。

童子屨白屨，無絇。

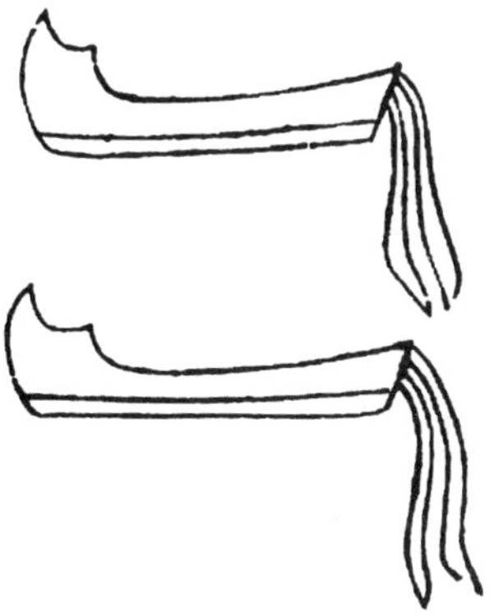

《士冠禮》：「將冠者采衣，紒。」《曲禮》：「父母存，冠衣不純素。童子不衣裘裳。」《內則》：「十年，學書計，衣不帛襦袴。」❶《玉藻》：「童子緇布衣，錦緣，錦紳并紐，❷錦束髮，皆朱錦也。肆束及帶，勤者有事則收之，走則擁之。童子不裘不帛，不屨絇，無緦服，聽事不麻，見先生從人而入。」然則童子緇布衣，錦緣，此冠禮所謂采衣也。不裘，爲其消陰氣也。不衣裳，爲其未預事也。不屨絇，未拘之以行戒也。無緦服，聽事不麻經，未責之以盡恩也。《問喪》曰：「『童子不緦，惟當室緦。』緦者其免也，當室則免而杖矣。」則不緦、不麻，不當室者之禮也。《既夕禮》：「朔月，童子執帚，從徹者而入。卒奠，從執燭者而東。」「入則燭先而徹者後，出則徹者先而執燭者後。童子常在成人之後，故出入不同。」《少儀》曰：「適有喪者曰比，童子曰聽事，公卿之喪曰聽役於司徒。」則聽與立主人之北者，皆適有喪者之事也。夫童者未有知，未有與也。先王制禮，常寬之而不嚴，略之而不詳，故名而不字，紒而不冠，見先生則從人而入，遭先生於道則拱手而立，摯則委而不授，坐則隅而不正，喪則

❶「衣」，原脱，今據嘉慶本及《禮記・內則》補。

❷「紐」，原誤作「細」，今據明本、庫本、嘉慶本及《禮記・玉藻》改。

不倞，❶不踊，不杖，不菲，不廬，豈特無緦服、聽事不麻而已哉！《雜記》：「童子不倞，不踊，不杖，不菲，不廬。」凡皆以爲不可以預成人之禮也。彼闕黨之童見譏於《論語》，仍叔之子取譏於《春秋》，蓋不知此。

禮書卷第十六終

❶「倞」，原誤作「哀」，今據嘉慶本及下注文同引改。

禮書卷第十七

后褘衣　揄狄　闕狄　鞠衣　展衣　褖衣　士褖衣

后褘　衣褘衣，后祭先王之服也。上公如王之服，則上公之夫人如后之服，《〔禮〕記》言「夫人副褘」是也。魯非上公，亦尊其服者，以周公之後故也。❶ 其色玄。❷

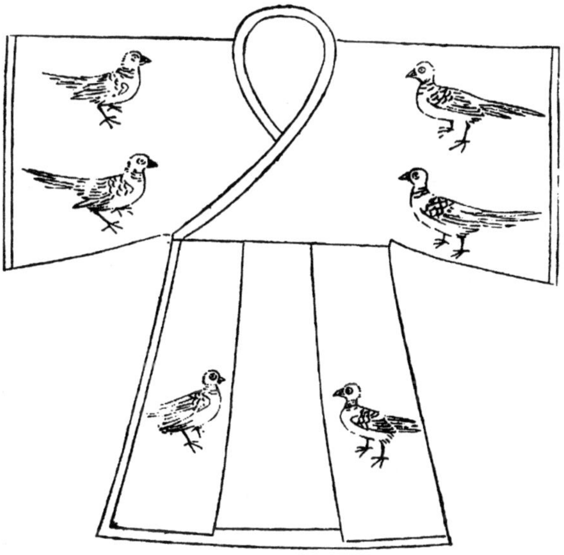

❸

❶「故也」，原誤作「而近昔」，今據明本禮圖標題、庫本、嘉慶本及《群書考索》卷四十三《禮器門·后服類》所引改。

❷「其色玄」，原無，爲明本、庫本、嘉慶本所增。

❸ 衣上鳥紋，爲明本、庫本、嘉慶本所增。

揄狄

揄狄，后祭先公之服也。《玉藻》曰：「夫人揄狄。」《雜記》曰：「復，夫人稅衣揄狄。」蓋三夫人、三公之妻及侯伯之夫人，皆揄狄也。王姬嫁於諸侯，車服下王后一等，亦揄狄。特雉數與三公之妻、侯伯之夫人異耳。其色青。❶

❷

闕狄

后祭群小祀之服。《玉藻》曰：「君命屈狄。」《喪大記》曰：「復，夫人以屈狄。」皆子男之夫人也。❸其色赤。❹

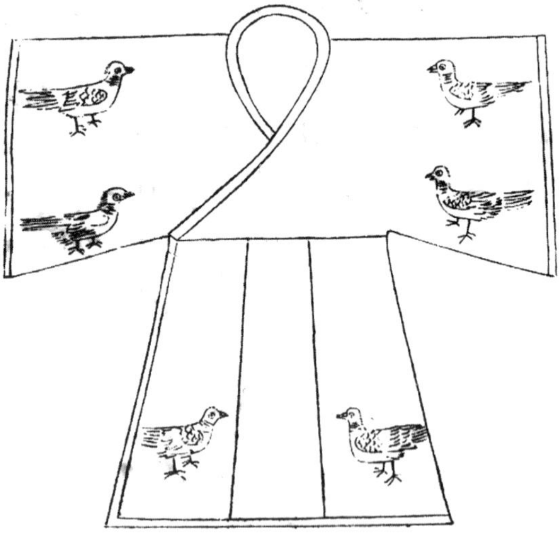

❺

❶「其色青」，原無，爲明本、庫本、嘉慶本所增。
❷衣上鳥紋，爲明本、庫本、嘉慶本所增。
❸「皆」，原誤作「背」，今據明本、庫本、嘉慶本改。
❹「其色赤」，原無，爲明本、庫本、嘉慶本所增。
❺衣上鳥紋，原無，爲明本、庫本、嘉慶本所增。

鞠衣

鞠衣《月令》：「春，天子乃薦鞠衣于先帝。」蓋薦之於祀，告將服之以蠶。鄭氏曰：「先帝，太皞之屬是也。」孔穎達曰：「薦鞠衣者，薦於神座以求福祥也。」《司服》：「辨外内命婦之服：鞠衣、展衣、禒衣。」《玉藻》曰：「再命鞠衣。」鄭氏曰：「内命婦之服：鞠衣，九嬪也；展衣，世婦也；禒衣，女御也。外命婦：其夫孤也，則服鞠衣；其夫卿大夫也，則服展衣；其夫士也，則服禒衣。」其色黃，無雉，餘同褘衣制。❶

展衣

展衣《詩》曰：「其之展也。」鄭氏曰：「后見王及賓客服之。」然則内外命婦之鞠衣、展衣、禒衣，則其助祭之服與。其色白，無雉，餘同褘衣制。❷

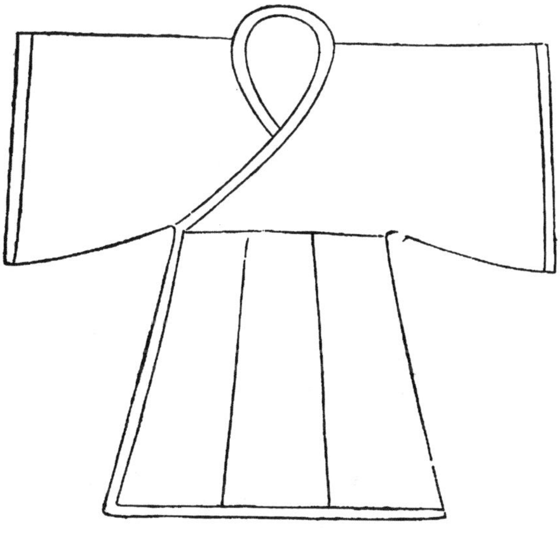

❶「其色黃」至「褘衣制」，原無，爲明本、庫本、嘉慶本所增。

❷「其色白」至「褘衣制」，原無，爲明本、庫本、嘉慶本所增。

《周禮・内小臣》：「掌王后之命，正其服位。」《内司服》：「掌王后之六服：褘衣、揄狄、闕狄、鞠衣、展衣、緣衣，素沙。「鄭司農曰：『褘衣，畫衣也。《祭統》曰：「君卷冕立于阼，夫人副褘立于東房。」揄狄、闕狄，畫羽飾。展衣，白衣也。《喪大記》曰：「復者朝服，君以卷，夫人以屈狄，世婦以襢衣。」屈者，音聲與闕相似，襢與展相似，皆婦人之服。鞠衣，黄衣也。素沙，赤衣也。』玄謂狄當爲翟。翟，雉名。伊雒而南，素質、五色皆備成章曰翬；江淮而南，青質、五色皆備成章曰搖。王后之服，刻繒爲之形而彩畫之，綴於衣以爲文章。褘衣畫翬者，揄翟畫搖者，闕翟刻而不畫，此三者皆祭服。從王祭先王則服褘衣，祭先公則服揄翟，祭群小祀則服闕翟。今世有圭衣者，蓋三翟之遺俗。鞠衣，黄桑服也，色如鞠塵，象桑葉始生。《月令》：『三月薦鞠衣于先帝，告桑事。』展衣以禮見王及賓客之服，字當爲襢，襢之言亶，亶，誠也。《詩・國風》曰『玼兮玼兮，其之翟也』，下云『胡然而天也，胡然而帝也』，言其德當神明。又曰『瑳兮瑳兮，其之展也』，下云『展如之人兮，邦之媛也』，言其行配君子。❶二者之義與禮合矣。《雜記》曰夫人復，税衣揄狄。又《喪大記》曰：『士妻，以緣衣。』言褖者甚衆，字或作税。此緣衣者，實作褖衣也。褖衣，御于王之服，亦以燕居。男子之褖衣黑，則是亦黑也。六服備於此矣。褘、揄、狄、展，聲相近。緣，字之誤也。以下推次其色，則闕狄赤，揄狄青，褘衣玄。婦人尚專一，德無所兼，連衣裳不異其色。素沙者，今之白縳也。六服皆袍制，以白縳爲裏，使之張顯。今世有沙縠者，名出于此。」辨外内命婦之服：鞠衣、展衣、緣衣，素沙。「内命婦之服：鞠衣，九嬪也；展衣，世婦也；緣衣，女御也。外命婦者，其夫孤也，則服鞠衣；其夫卿大夫也，則服展衣；其夫士也，則服緣衣。三夫人及公之妻，其闕狄以下乎。侯伯之夫人揄狄，子男之夫人亦闕狄，唯二王後褘衣。」《玉藻》曰：「王后褘衣，夫人揄狄，君命屈狄，再命褘衣。「褘當爲鞠」。一命襢衣，士緣衣。」《明堂位》曰：「夫人副褘立于房中。」《祭義》曰：「夫人副褘立于東房。」《詩》曰：「副

❶「行」，原誤作「符」，今據庫本、嘉慶本及《周禮・内司服》鄭注改。

笄六珈。」又曰：「其之翟也。」「其之展也。」《雜記》曰：「復，諸侯以褒衣，冕服，爵弁服；夫人，税衣揄狄，狄税素沙；内子以鞠衣、褒衣，素沙；下大夫以襢衣；其餘如士。」《喪大記》曰：「復，君以卷，夫人以屈狄，大夫以玄赬，世婦以襢衣，士以爵弁，士妻以税衣。」

褘衣
揄翟
闕翟

后、二王後之夫人❶

鞠衣
展衣
褖衣

三夫人及

揄翟
闕翟

三公之妻、侯伯之夫人❷

鞠衣
展衣
褖衣

闕翟

子男之夫人

鞠衣
展衣
褖衣

九嬪、公之孤侯伯子男之卿之妻❸

鞠衣
展衣
褖衣

---

❶「二王後之夫人」，原無，爲嘉慶本所增。
❷「侯」，原無，爲明本、庫本、嘉慶本所增。
❸「孤」，庫本作「大夫」；明本作「夫」，當是其上脱「大」字。「侯伯子男之卿」，嘉慶本無。

公之卿大夫　〔展〕衣
侯伯子男之　褖衣
大夫之妻❶
女御、公侯
伯子男之士　褖衣
之妻

九者陽之窮，故王之吉服九；六者陰之中，故后之吉服六。王之服九而祭服六，后之服六而祭服三，以婦人不預天地山川社稷之祭故也。內宰大祭祀裸獻則贊，而天地無裸，內宗、外宗掌宗廟之祭祀，佐王后而不及外神，是不與天地山川社稷之祭也。王之服，衣裳之色異。后之服，連衣裳而其色同，以婦人之德本末純一故也。鄭氏曰：婦人連衣裳，不異其色，素紗以爲裏。觀《喪服》言女子髽衰而不言裳，❷《昬禮》言女次、純衣而不及裳，則婦人連衣裳而同色可知。王之服禪而無裏，后之服裏而不禪，以陽成於奇，陰成於偶故也。《爾雅》曰：「伊雒而南，素質、五色皆備成章曰翬；江淮而南，青質、五色皆備成章曰鷂。」素質，義也；青質，仁也；五色皆備成章，禮也。有仁義以爲質，有禮以爲文，后之德如此而已。然地道尚義，故褘衣爲上，揄狄次之，言褘衣則知揄之爲翟。闕狄，《周禮》謂之闕，《禮記》謂之屈，則其制屈於揄、褘而已。三翟蓋皆畫之於衣。如王冕服，鄭、賈之徒謂褖衣黑而象水，水生於金，故展衣白；金生於土，故鞠衣黄；土生於火，故闕狄赤；火生於木，故

❶「侯伯」，原無，爲明本、庫本所增。「公之卿大夫子男之」，嘉慶本作「世婦公侯伯子男之卿」。

❷「髽」，原誤作「祭」，今據明本、庫本、嘉慶本及《儀禮・喪服》改。

揄狄青；五色之上，則玄而已，故禕衣玄。祭先王服禕衣，祭先公服揄狄，祭群小祀服闕狄，蠶則服鞠衣，以禮見王及賓客服展衣，燕居及御于王則服緣衣。崔靈恩謂：「王后三翟，數皆十二。王者之後、諸侯夫人，三公而下夫人，雉數如命數。」於理或然。《詩》曰「其之翟也」，而繼之以「胡然而天，胡然而帝」，則德當神明可知矣；曰「其之展也」，而繼之以「展如之人，邦之媛也」，則行配君子可知矣。然謂二翟「刻繒畫之，綴於衣」，「闕翟刻之而不畫」，其説無據。夫黄者陰之盛色，蠶而服之，以其帥外内命婦而蠶，使天下之嬪婦取中焉，后事之盛也；白者陰之純色，❶見王及賓客服之，以其見王及賓客無事乎飾，一於〔誠〕焉，后禮之懿也；黑者陰之正色，纁者陰之上達，緣則循緣之也，燕居及御于王服之，以其體貴至正，以上達爲循緣而已，后行之盛也。《玉藻》所謂「夫人揄翟，君命屈狄，再命鞠衣，士褖衣」者，《周官·内司服》：❷「辨外内命婦之服：鞠衣、展衣、褖衣。」鄭氏以爲：「内命婦之服：鞠衣，九嬪也；展衣，世婦也；緣衣，女御也。外命婦者，其夫孤也，則鞠衣；卿大夫也，則展衣；士也，則緣衣。三夫人及公之妻，其闕狄以下乎？❸侯伯之夫人揄狄，子男之夫人亦闕狄，惟二王後禕衣。」然《記》言士緣衣，則明婦命視夫也。言君命，則明再命、一命非女君也。《坊記》曰：「大夫不稱君。」則其妻不稱女君可知。蓋子

❶「白」，原誤作「内」，今據明本、庫本、嘉慶本改。

❷「内」，原脱。按「辨外内命婦之服：鞠衣、展衣、褖衣」，《周禮·内司服》文也，《司服》則無。今據補。

❸「乎」，原誤作「弁」，今據嘉慶本及《周禮·内司服》鄭注改。

男之夫人屈狄，侯伯之夫人揄狄，公之夫人褘衣。公之夫人褘衣，《記》稱「夫人副褘」是也。再命鞠衣，則上至於四命可知也。鄭氏謂侯伯之夫人揄狄，子男之夫人屈狄，孤鞠衣，卿大夫展衣，士褖衣，而改「褘」爲「鞠」，其説是也。謂三夫人及公闕狄，誤矣。《王制》言「三公一命衮」，則三公在朝鷩冕，其妻揄狄可知也；《玉藻》言「夫人揄狄」，則三夫人揄狄可知也；公之夫人褘衣，而《明堂位》言魯夫人副褘者，魯侯得用衮冕，則夫人副褘可知也。❶《少牢》「大夫之妻衣侈袂」，則其上至后夫人之袂皆侈，特士妻褖衣之袂不侈。

褖

衣纚衻，素裏，色紫，無雉，餘同褘衣制。❷

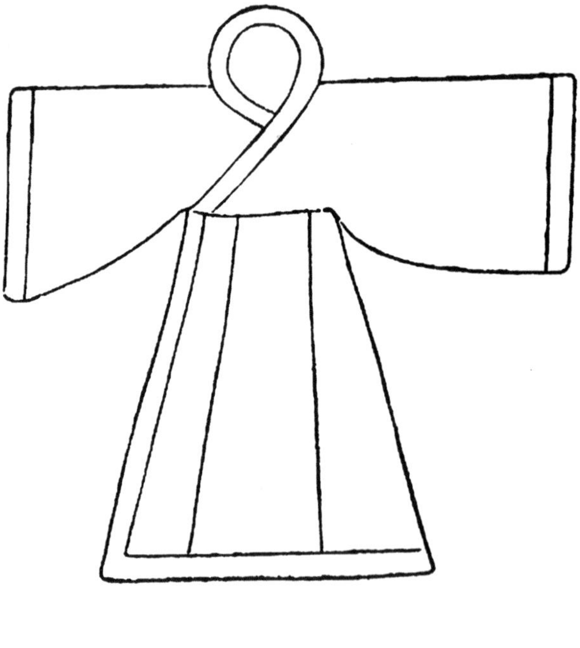

❶「夫人」，原誤作「交」，今據明本、庫本、嘉慶本及《禮記·明堂位》改。

❷「纚衻」至「衣制」，原無，爲明本、庫本所增。

士褖衣

赤衶，素裹，色紫，無雉，餘同褘衣制。❶

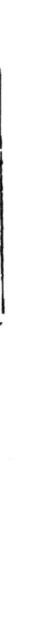

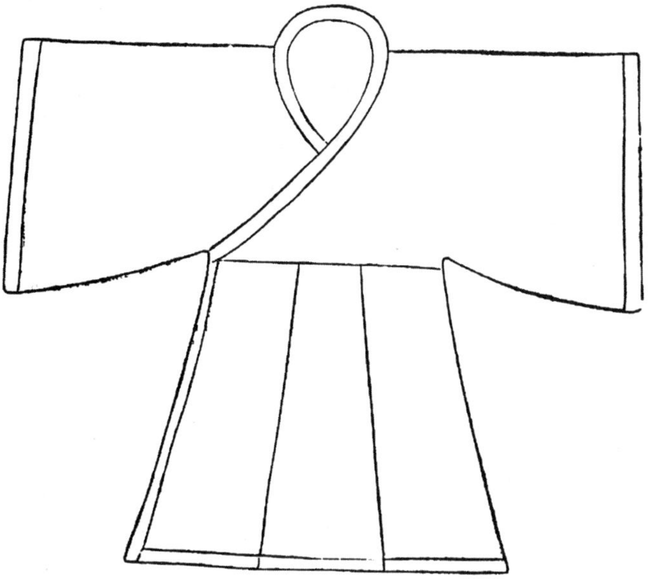

《爾雅》曰：「赤緣謂之褖。」《内司服》言緣衣，《玉藻》言褖衣，《士喪禮》襲服亦言褖衣，《雜記》、《喪大記》之復服言税衣，則緣、褖、税同實而異名也。鄭氏釋《周禮》曰：「褖衣，御于王之服，亦以燕居。男子褖衣黑，是亦黑也。」釋《士喪禮》曰：「黑衣裳赤緣謂之褖。❷褖之言緣也，所以表袍也。」考之《士冠》陳三服：玄端、皮弁服、爵弁服，有玄端無褖衣；《士喪》陳三服：爵弁服、皮弁服、褖衣，有褖衣無玄端，則褖衣所以當玄端也。然玄端之裳三，褖衣連衣裳，玄端無緣，褖衣有緣，此其名所以異也。子羔之襲繭衣裳與税衣纁衶，曾子譏之曰：「不襲婦服。」鄭氏曰：「税衣，若玄端而連衣裳者也。大夫而以纁爲之緣，非也。」蓋丈夫褖衣緣以赤，婦

❶「赤衶」至「衣制」，原無，爲明本、庫本、嘉慶本文中小題所增。然嘉慶本文中小題無「制」字。

❷「赤」，原誤作「亦」，今據庫本、嘉慶本及《儀禮·士喪》改。

人褖衣緣以纁。古文「褖」爲「緣」，鄭氏亦曰「褖之言緣」，而引《爾雅》「赤緣」之文以釋士之褖衣，則褖衣未嘗無緣也。特赤與纁正間之色異耳。賈公彦曰：❶「《爾雅》釋婦人褖衣，鄭氏以士之褖衣雖不緣而其名同，故引而證之。」❷此臆論也。《士昏禮》：「女次，純衣纁袡。」《喪大記》曰：「婦人復，不以袡。」鄭氏曰：「凡婦人不常施袡之衣，盛昏禮爲此服耳。復衣不以袡，明非常也。」然純衣，褖衣也，士妻助祭乃得服之，則服純衣，猶士之爵弁服也。復衣不以袡，則明凡褖衣皆有袡也。孰謂袡特爲昏禮施哉？

禮書卷第十七終

❶ 所謂「賈公彦曰」者，不見於今存公彦著述，亦不知何出，或陳氏偶然誤記也。

❷ 「而證」，原誤作「不道」，今據明本、庫本、嘉慶本及《五禮通考》卷六十八《吉禮十八・宗廟制度》所引改。

禮書卷第十八

宵衣❶　袗玄 頴黼　景衣　褧　副　編

次　纚　揥

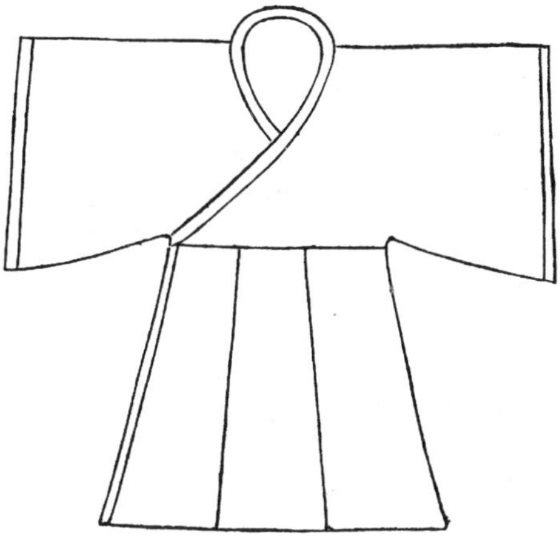

宵　衣染之以黑。❷

《士昏禮》：「女次，純衣纁袡，立于房中，南面。姆纚笄，宵衣，在其右。」《特牲禮》：「主婦纚笄，宵衣，立于房中。」《少牢禮》：「主婦被錫，衣侈袂。主婦贊者一人，亦被錫，衣侈袂。」鄭氏釋《昏禮》曰：「宵，讀爲『素衣朱綃』之綃。綃，綺屬也。姆亦玄衣，以綃爲領。」釋《特牲》謂：「其繒曰宵，染之以黑。《記》有『玄宵衣』。」釋《少牢》曰：「被錫，讀爲髲鬄。古者或剔賤者、刑者之髮，以被婦人之紒爲飾，因名髲鬄焉。此《周禮》所謂次也。不纚笄者，大夫妻亦衣綃衣，而侈其袂耳。侈者，蓋半士妻

❶「宵」，原誤作「霄」。今據目録、明本文中小題、庫本文中小題、嘉慶本文中小題改。後誤同者逕改，不出校。

❷「衣」，原脱，今據目録、卷首小目、明本、庫本、嘉慶本補。

之袂以益之，衣三尺三寸，袪尺八寸。」《玉藻》「士褖衣」，或作稅衣。曾子譏子羔之襲稅衣纁袡，則「女次，純衣纁袡」者，褖衣也。《昏禮》之姆，《特牲禮》之主婦，皆纚笄、宵衣，則宵衣不以純矣。《少牢禮》之主婦與贊者一人被錫，衣侈袂，則錫衣非宵衣矣。《玉藻》曰：「王被袞。」《士昏禮》曰：「女從者畢袗玄，纚笄，被潁黼。」《孟子》曰：「被袗衣。」則被者，服之也，不特首飾而已。鄭以被爲首飾，以《少牢》之被錫爲髲鬄，以《詩》「被之僮僮」爲髲鬄，誤矣。不特此也，釋《追師》則以侈袂爲侈褖衣之袂，釋《少牢》則以侈袂爲侈宵衣之袂；釋《昏禮》謂〔姆宵〕衣以綃爲領，釋《特牲》謂主婦宵以綃爲衣。❶禮〔文殘缺，鄭氏〕自惑，〔學者據經〕可也。《禮》有錫衰、錫冪，《史》有〔阿錫，蓋錫布之細者也。《少牢〕》大夫朝服以布，則其妻以〔錫〕，不亦〔宜乎〕？〔若助祭之類〕，則申上服。《内司服》曰：「辨外内命婦〔之服〕：鞠〔衣〕、展〔衣〕、緣衣，素紗。凡祭祀、賓客，凡命婦，共其衣服。」鄭氏謂：「外命婦惟王祭祀、賓客，以禮佐后，得服此上服。自於其家則降焉。」然則諸侯之

❶「衣」，明本、庫本、嘉慶本作「領」，誤也。按《儀禮・士昏》云：「姆纚笄、宵衣，在其右。」鄭注：「宵，讀爲《詩》『素衣朱綃』之綃，《魯詩》以綃爲綺屬也。姆亦玄衣，以綃爲領，因以爲名，且相別耳。」《儀禮・特牲》云：「主婦纚笄，宵衣，立于房中，南面。」鄭注：「纚笄，首服。宵，綺屬也，此衣染之以黑，其繒本名曰宵。」《士昏》賈疏：「《特牲》云綃衣者，謂以綃繒爲衣。」綜上可知，陳氏之意，鄭氏既以綃爲領又以綃爲衣，誤也。若依明本、庫本、嘉慶本改「衣」爲「領」，則是鄭氏前後皆以綃爲領，唯誤在既以爲姆宵衣又以爲主婦宵衣，然此即經意，不誤也，自亦非陳氏之意。故知底本是而明本、庫本、嘉慶本非也。

卿大夫妻以禮佐夫人，蓋亦視此。❶

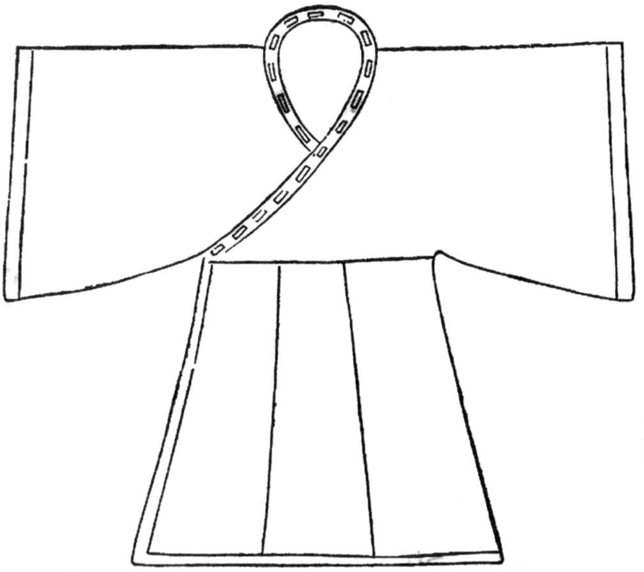

袗玄衣顈黼黑。

《士昏禮》：「女從者畢袗玄，纚笄，被顈黼，在其後。」鄭氏曰：「袗，同也。顈，襌也。《詩》云：『素衣朱襮。』《爾雅》云：『黼領謂之襮。』《考工記》曰：『白與黑謂之黼。』天子、諸侯后夫人狄衣。卿大夫之妻刺黼以爲領，如今偃領矣。士妻始嫁，施襌黼於領上，假盛飾也。」然《論語》、《曲禮》皆曰「袗絺綌」，孟子曰「被袗衣」，則袗，設飾也。《説文》曰：「褧，檾也，枲屬。」「顈」與「褧」、「檾」通用。則袗玄者，設飾以玄也；顈黼者，顈枲爲領而刺黼也。從者畢袗玄，女與姆之衣玄可知；從者顈黼，則女與姆之領不以枲可知。袗玄而黼領，此表衣耳，與黼領之中衣異也。《士冠禮》主人之兄弟與《昏禮》婦人從者均於畢袗玄，❷鄭

❶「蓋」下，原衍「以」字，今據明本、庫本、嘉慶本删。

❷「於」字，疑衍。按《儀禮·士昏》云：「女從者畢袗玄。」無「於」字。

氏以袗爲同；《曲禮》曰「袗絺綌」，鄭氏又以袗爲襌，是自戾也。

景衣白。

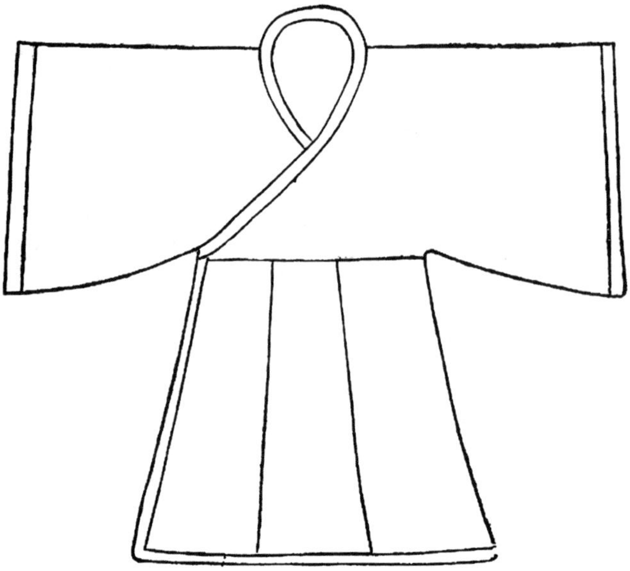

褧衣白。

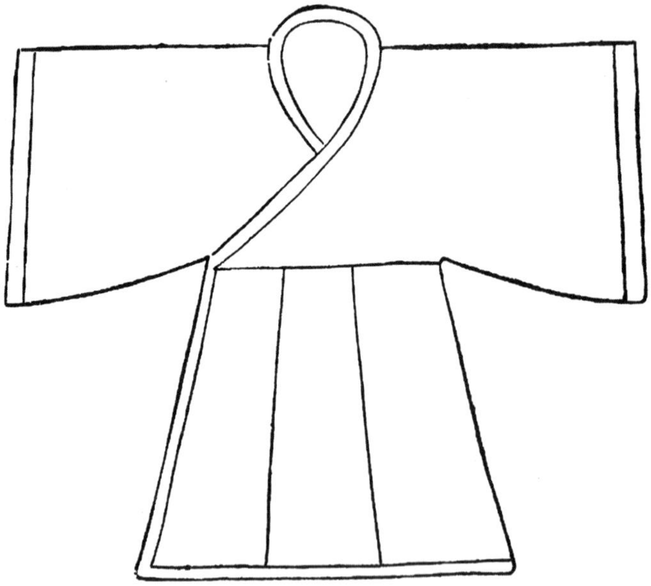

《士昏禮》：「女次，純衣。乘婦以几，❶

❶「乘婦以几」，《儀禮·士昏》作「婦乘以几」。

姆加景，乃驅。」❶鄭氏曰：「景之制，蓋如明衣，加之以爲行道禦塵，令衣鮮明。景亦明也。」然則乘車而加之以景，猶衣錦而加之以褧也。景以禦塵，褧以晦其文。《玉藻》曰：「禪爲絅。」❷則景衣蓋亦禪歟？❸衣錦尚褧，夫人始嫁之服，庶人始嫁亦有服之者，攝盛也。「今文景作憬。」❹

副編次

《追師》：「掌王后之首服，爲副、編、次，追衡、笄。爲九嬪及外内命婦之首服，以待祭祀、賓客。」《詩》曰：「副笄六珈。」《左傳》曰：「衡、紞、紘、綖。」《禮記》曰：「夫人副褘立于東房。」《士昏禮》：「女次，純衣。」鄭氏曰：「副之言覆，所以覆首爲之飾，其遺象若今步繇矣，服之以從王祭祀。編，編列髮爲之，❺其遺象若今假紒矣，服之以桑也。次，次弟髮長短爲之，所謂髲髢，服之以見王。王后之燕居，亦纚笄而總。王后惟祭服有衡，垂于副之兩旁，當耳，其下以紞垂瑱。外内命婦衣鞠衣、襢衣者服

❶「乃」，原誤作「刀」，今據明本、庫本、嘉慶本及《儀禮·士昏》改。

❷「絅」，原誤作「絅」，今據明本、庫本、嘉慶本及《禮記·玉藻》改。

❸「衣」，明本、庫本、嘉慶本無此字。

❹「今文景作憬」，原誤作「唐志景作愊」。按兩《唐書》諸志皆無「愊」字，且「愊」字不合於所注之文，故明本、庫本、嘉慶本作「憬」是也。《舊唐書》諸志唯《食貨志》有「宰相趙憬」，《新唐書》諸志唯《食貨志》有「陽翟尉皇甫憬」，皆與所注之文無關。《儀禮·士昏》：「婦乘以几，姆加景。」鄭注「今文景作憬」。正合於所注之文，是陳氏意實指此也。今據改。

❺「編」，原脱，今據《周禮·追師》鄭注補。

編，衣褖衣者服次。」孔穎達曰：「『王后衡、笄皆玉爲之，惟祭服有衡，垂于副之兩旁，當耳，其下以紞垂瑱。』若編、次則無衡。於笄言珈，以玉飾之，惟后夫人有焉。」夫人六珈，后之多寡無文。漢之步摇，以金爲鳳，下有邸，前有笄，綴五采玉以垂下，行則動摇。魏晉因之。隋改爲花樹之數。唐加大花十二樹，象袞冕十二旒。司馬彪《續漢志》云：「步摇，有黄山題，貫白珠爲桂枝相糾，八雀、九華、赤能、天鹿、笄、獸、翠羽爲飾。」

副者，翟之配，以配褘翟，則《禮》所謂副褘是也；以配揄狄，則《詩》所謂「副笄六珈，其之翟也」是也。褖衣之配，《禮》所謂「女次，純衣」是也。然則編爲鞠衣、展衣之配可知矣。禮，男子冠，婦人笄；男子免，婦人髽。婦人之飾，不過以髮與笄而已。則副之覆首若步摇、編之編髮若假紒、次之次第其髮爲髲髢云者，蓋有所傳然也。《莊子》曰：「秃而施髢。」《詩》曰：「鬒髮如雲，不屑髢也。」《左傳》曰：「衛莊公髡己氏之妻髮，以爲吕姜髢。」《説文》曰：「髲，益髮也。」蓋髢所以益髮，而〔鬒〕髮者不屑焉。《詩》曰：「被之僮僮。」則被之者，不特髲鬄也。《少牢》曰：「主婦被錫，衣侈袂。」則被錫者，非髲髢也。鄭氏皆以爲髲髢，非是。

纚笄

婦人首飾，副也，編也，次也，纚笄也。觀《士昏禮》「女次，純衣。姆纚笄，宵衣」，《特牲禮》「主婦纚笄，宵衣」，則副、編、次之下，纚笄其飾也。《楚語》：「司馬子期欲以妾爲内子，訪之左史倚相，曰：『吾有妾而願欲笄之，其可乎？』」蓋古之爲妾者不笄。士姆纚笄，亦攝盛也。鄭氏曰：「王后之燕居，亦纚笄總而已。」此不可考。

象揥

《詩》曰：「象之揥也。」又曰：「佩其象揥。」毛氏曰：「所以摘髮也。」劉熙曰：「揥，摘也。」孔穎達曰：「以象骨搔首，因以爲飾，名之曰揥。」蓋有事則因以爲飾，無事則佩之。

禮書卷第十八終

禮書卷第十九

佩

天子佩　諸侯佩　大夫佩世子士佩附**　衡**

褑　璜　衝牙　琚瑀

天子佩白玉，玄組綬。

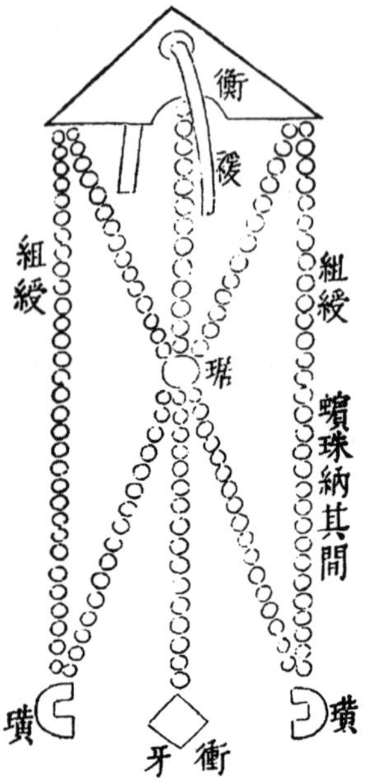

❶

諸侯佩山玄玉，朱組綬。

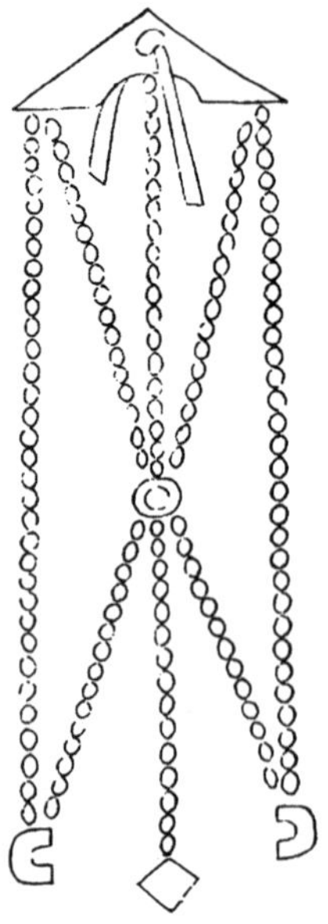

大夫佩水蒼玉。世子至士佩制亦然，特玉與組之色不同。

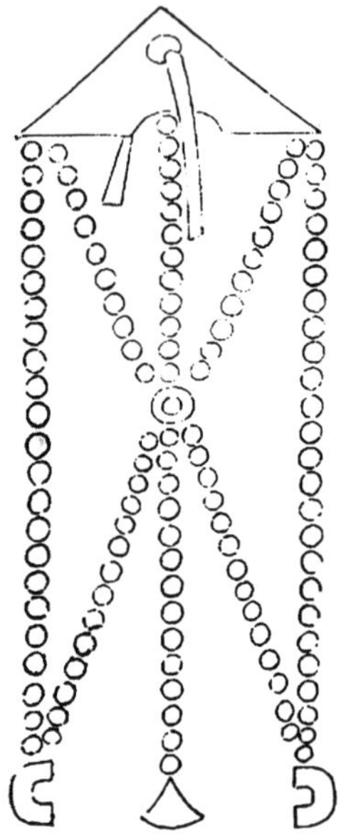

❶ 圖中文字，原無，爲明本、嘉慶本所增。

《周官·玉府》：「掌共王之佩玉。」《詩·木瓜》曰：「〔報〕之以瓊琚」、「瓊，美玉。琚，佩玉也。」「瓊瑤」、「瓊玖」。《丘中有麻》曰：「貽我佩玖。」「玖，石次玉。」《女曰雞鳴》曰：「雜佩以贈之。」「雜佩者，珩、璜、琚、瑀、衝牙之類。」《有女同車》曰：「佩玉瓊琚。」「佩有琚、瑀，所以納間。」《渭陽》曰：「瓊瑰玉佩。」「瓊瑰，石次玉。」《采芑》曰：❶「服其命服，有瑲葱珩。」《大東》曰：「鞙鞙佩璲。」《公劉》曰：「何以舟之，維玉及瑤。」《爾雅》曰：「璲，瑞也。繸，綬也。佩衿謂之褑。」《玉藻》曰：「將適公所，既服，習容，觀玉聲，乃出。揖私朝，煇如也。古之君子必佩玉，右徵角，左宫羽。君在不佩玉，齊則綪結佩而爵韠。凡帶必有佩玉，惟喪否。佩玉有衝牙。天子佩白玉而玄組綬，公侯佩山玄玉而朱組綬，大夫佩水蒼玉而純組綬，世子佩瑜玉而綦組綬，士佩瓀玫而緼組綬。「綬者，所以貫佩玉，相承受者也。」一命緼韍幽衡，再命赤韍幽衡，三命赤韍葱衡。」《經解》曰：「行步則有環佩之聲。」《左傳》曰：「佩衷之旗。」又：「季平子卒，陽虎將以璵璠斂。仲梁懷曰：『改步改玉。』」定五年。「申叔儀曰：『佩玉蘂兮。』」昭十二年。《晉語》曰：「白玉之珩六雙。」「珩似磬而小。」《楚語》曰：「楚之白珩猶在乎。」《大戴禮》曰：「下車以佩玉爲度，上有雙衡，下有雙璜、衝牙，玭珠以納其間，琚瑀以雜之。」《説文》云：「淮水中出玭珠。」《荀子·賦篇》：「璇玉瑶珠，弗知佩也。」璇亦玉。《韓詩外傳》曰：「阿谷之隧，處子佩璜。」又曰：「蠙珠以納其間。」

❶ 「芑」，原誤作「芭」。今據明本、庫本、嘉慶本改。按下引文出《毛詩·采芑》。

古之君子必佩玉，其制，上有折衡，下有雙璜，中有琚瑀，下有衝牙，貫之以組綬，納之以蠙珠。而其色有白、蒼、赤之辨，其聲有角、徵、宮、羽之應，其象有仁、智、禮、樂、忠、信、道、德之備。《禮記》曰：「昔者君子比德於玉焉：温潤而澤，仁也；縝密以栗，知也；廉而不劌，義也；垂之如隊，禮也；叩之其聲清越以長，其中詘然，樂也；瑕不揜瑜，瑜不揜瑕，忠也；孚尹旁達，❶信也；氣如白虹，天也；精神見于山川，地也；天下莫不貴者，道也。」或結或垂，所以著屈伸之理。或設或否，所以適文質之儀。此所以純固之德不內遷，非僻之心無自入也。蓋衡以平其心，璜以中其德，琚欲其有所安，牙欲其有所制。右徵角，所以象事與民；左宮羽，所以象君與物。趨以《采薺》，行以《肆夏》，所以比於樂；周還中規，折還中矩，所以比於禮。進則揖之於前，退則揚之於後，則佩之爲物，奚適而非道耶！蓋民爲貴，君爲輕；事爲先，物爲後。能治民然後能安君，能應事然後能生物，此所以事與民在所右，而物與君在所左也。《春秋傳》曰「改步改玉」，則自天子至士，步固不同而玉亦隨異。故天子佩白玉，公侯佩山玄玉，大夫佩水蒼玉，世子佩瑜玉，士佩瓀玟。蓋玉之貴者莫如白，晉以白珩賂秦，而楚寶白珩，以聞於晉，則白玉之貴可知。賤者莫如瓀玟。山玄以象君德之静，水蒼以象臣職之動。山玄水蒼其文也，瑜與瓀其質也。世子佩瑜，則士佩瓀矣；士佩瓀，則世子而上佩堅矣。瓀或作礝，以其多石故也。玟或作珉，以其賤故也。

❶「孚」，原誤作「乎」，今據明本、庫本、嘉慶本及《禮記·聘義》改。

衡亦作珩。韋昭曰：「珩似磬而小。」

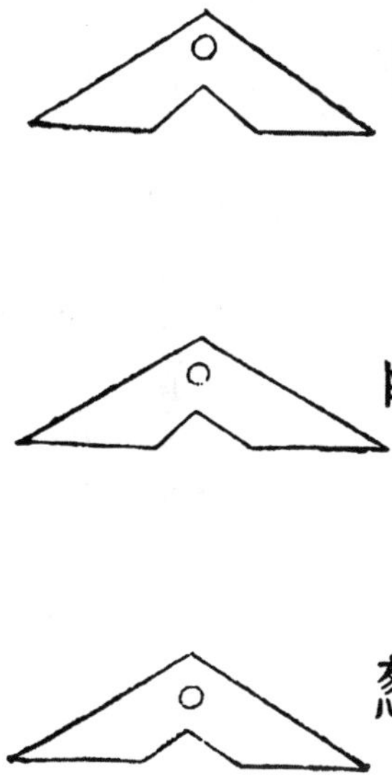

《詩》曰：「有瑲葱衡。」《晉語》曰：「白玉之衡六雙。」《楚語》曰：「楚之白珩猶在乎。」《大戴禮》曰：「上有雙衡。」《玉藻》曰：「一命幽衡，再命幽衡，三命葱衡。」韋昭曰：「珩似磬而小。」孔穎達曰：「佩玉上繫於衡，下垂三道，穿以蠙珠，前後下端垂以璜，中央下端垂以衝牙。」觀《晉語》、《大戴禮》皆言雙珩，則珩雙設矣。珩貴白而賤幽，綬貴玄而賤素。方叔非止三命而佩葱衡者，孔穎達曰：「《玉藻》累一命而上於三命，自三命以至九命，皆葱衡也。」以理或然。何則？方叔所乘者路車，所服者朱芾，則所佩者豈特三命之衡哉？《爾雅》曰：「青謂之葱。」

褑

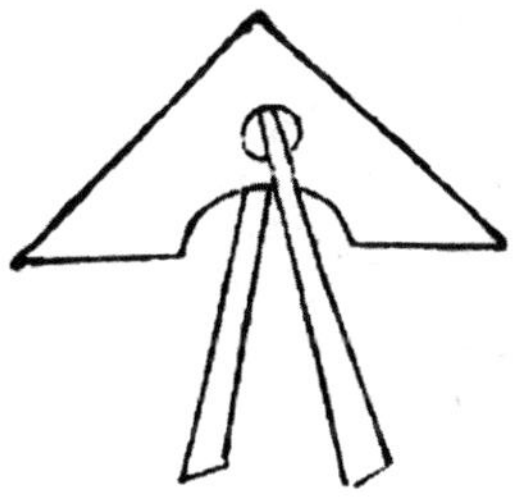

《爾雅》曰：「衿謂之袸，佩衿謂之褑。」則衿，衣之小帶也；褑，佩之衿也。鄭氏謂

❶ 圖中文字，原無，爲明本、庫本、嘉慶本所增。

「凡佩繫於革帶」，則繫於革者綏也。

璜

❶
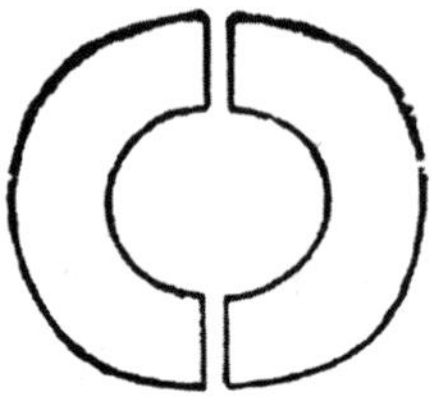

肉倍好謂之璧，❷半璧謂之璜。《韓詩外傳》曰：「阿谷之女佩璜。」《大戴禮》曰：「下有雙璜。」璜居前後而牙衝之，然後有宮、角、徵、羽之音。

衝　牙

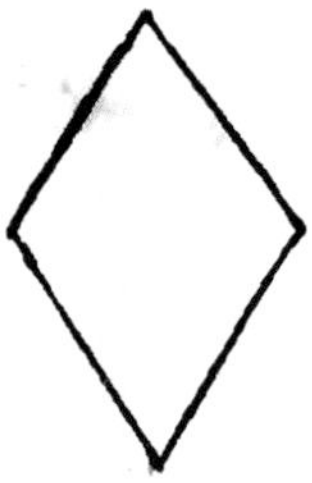

《玉藻》曰：「佩玉有衝牙。」鄭氏謂：「牙居中央以爲前後觸。」皇氏謂：「衝居中央，牙是兩端之璜。」然璜非牙也，當從鄭説。

琚　瑀

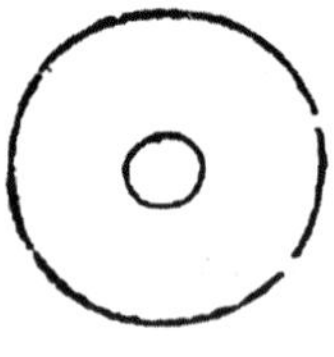

《説文》曰：「珩，佩上玉也。」「璜，半璧也。」琚，佩玉名。瑀、玫，石次玉也。考之於《詩》曰：「報之以瓊琚。」又曰：「佩玉瓊琚。」《大戴禮》曰：「上有雙衡，下有雙璜、琚。

❶ 此爲底本圖。
❷ 「肉」，原誤作「内」。按《爾雅·釋器》云：「肉倍好謂之璧。」故明本、庫本、嘉慶本作「肉」是也，今據改。

衡牙，玭珠以納其間，琚瑀以雜之。」毛氏《詩傳》曰：「雜佩者，珩、璜、瑀、衝牙之類。」則居中央而瑀爲之也。《纂要》曰：「琚瑀所以納間，在玉之間，今白珠也。」此不可考。《禮記》曰：「行步有環佩之聲。」又孔子佩象環，衛南子環佩璆然，魯昭公賜仲環而佩之。昭四年。漢制，「綖綬之間得施玉環鐍」，「缺環曰鐍。」❶蓋古者佩玉有環矣。

禮書卷第十九終

❶「鐍」，原誤作「施」。按《後漢書·輿服志》云：「綖綬之間得施玉環鐍」，劉昭注引《通俗文》云：「缺環曰鐍。」故明本、庫本、嘉慶本作「鐍」是也，今據改。

禮書卷第二十

組綬　玼珠　象環　婦人佩　綪結佩

男子事佩　婦人事佩

組綬

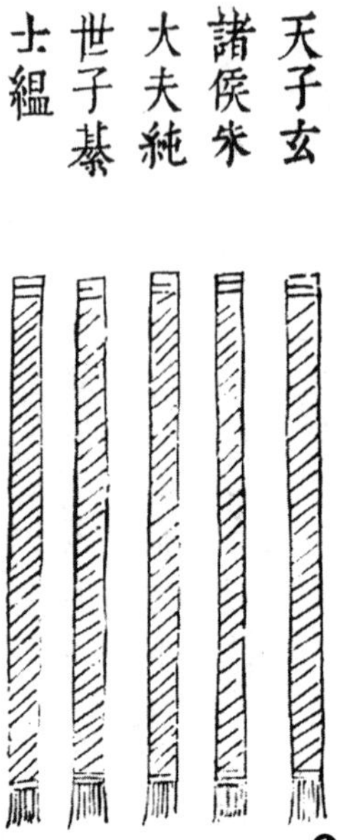

❶

《玉藻》：「天子佩白玉而玄組綬，諸侯佩山玄玉而朱組綬，大夫佩水蒼玉而純組綬，世子佩瑜玉而綦組綬，士佩瓀玟而緼組綬。」鄭氏曰：「綬者，所以貫佩玉，相承受也。純當爲緇。」《詩》曰：「青青子佩。」毛氏曰：「士佩瓀珉而青組綬。」《爾雅》曰：「璲，瑞也。繸，綬也。」《漢志》曰：「縌者，佩璲也。」然則組綬之佩謂之綬，以其貫玉相承受也；謂之璲，以其貫璲玉也；謂之縌，以其貫玉相迎也。其飾，天子玄，諸侯朱，大夫純，世子綦，士緼。玄者道也，朱者事也，蒼白者德之雜，赤黃者事之雜，純則素而已。此天子至士佩綬之辨也。鄭氏以大夫純綬爲緇綬，毛氏以青爲士佩，豈其所傳者異歟？《禮》：「紳、韠、結三齊。」特佩綬之長，無所經見。漢制，貴者縌長三尺二寸，卑者縌長三尺。古者之佩蓋亦類此。然秦以采組連結於璲，光明章表，轉相結受，故謂之綬。漢承秦

❶ 圖上文字，原無，爲明本、庫本、嘉慶本所增。

制，加之以雙印佩刀之飾。天子黄赤綬，四采，黄赤紺縹，❶淳黄圭，長丈九尺九寸，❷五百首；諸侯王赤綬，四采，赤黄縹紺，淳赤圭，長二丈一尺，三百首；諸國貴人、相國皆緑綬，三采，緑紫紺，淳緑圭，長二丈一尺，二百四十首；公、侯、將軍紫綬，二采，紫白，淳紫圭，長丈七尺，百八十首；九卿、中二千石、一千石青綬，❸三采，青白紅，淳青圭，長丈七尺，百二十首；千石、六百石黑綬，三采，青赤紺，淳青圭，長丈六尺，八十首；四百石、三百石長同；四百石、三百石、二百石黄綬，淳黄圭，一采，長丈五尺，六十首；百石青紺綸，❹一采，宛轉繆織，長丈二尺。凡先合單紡爲一系，四系爲一扶，五扶爲一首，五首成一文，文采淳爲一圭。首多者系細，少者系麤，皆廣尺六寸。唐制，天子白玉雙佩，黑組大雙綬，黑質，黑、黄、赤、白、縹、緑爲純，廣一尺，長二丈四尺，五百首。紛廣二寸四分，長六尺四寸，色如綬。又有小雙綬，長二尺六寸，色如大綬，而首半之。皇太子瑜玉雙佩，朱組雙大綬，朱質，赤、白、縹、紺爲純，長一丈八尺，廣九寸，三百二十首。紛長六尺四寸，廣二寸四分，色如大綬。群臣一品衮冕，山玄玉佩，緑綟綬，緑質，緑、紫、黄、赤色爲純，長一丈八尺，廣九寸，二百四十首。二品鷩冕，佩水蒼玉，紫綬，紫質，紫、黄、赤爲純，

❶「紺縹」，據《太平御覽》卷六百八十二《儀式部・綬》引董巴《輿服志》當作「縹紺」。

❷「丈」上，據《古今注》卷上《輿服第一》引漢舊制當增「二」字。

❸「一」，據嘉慶本、《太平御覽》卷六百八十二《儀式部・綬》引董巴《輿服志》當作「二」。

❹「綸」，據《太平御覽》卷六百八十二《儀式部・綬》引董巴《輿服志》當作「綬」。

長一丈六尺，廣八寸，一百八十首。三品毳冕，❶紫綬如二品。自三品以下皆青綬，青質，青、白、紅爲純，長一丈四尺，廣七寸，一百四十首。五品玄冕，黑綬紺質，青紺爲純，長一丈二尺，廣六寸，一百二十首。進賢冠紛長六尺四寸，廣四寸，色如其綬。遠游冠纁朱綬，朱質，赤、黄、縹、紺爲純，長一丈八尺，廣九寸，二百四十首。然大綬之飾，❷於古無有，特後世之制也。

玭珠

《玉府》：「共王之服玉、佩玉、珠玉。」《大戴禮》曰：「玭珠以納其間。」《韓詩傳》亦曰：「蠙珠以納其間。」蠙者，蚌也。玭即蠙也。然荀卿《賦》曰：「璇玉瑤珠，❸弗知佩也。」謂之瑤珠，則以玉爲珠，非蚌珠也。謂之蠙珠，蓋其狀若蚌珠然。

象環

五寸。

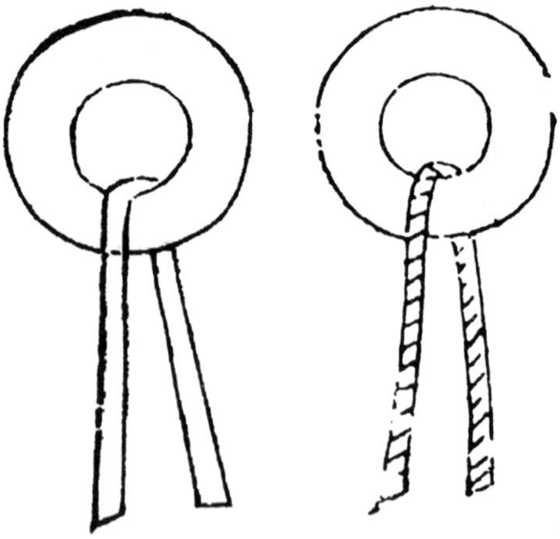
❹

❶「三」，原誤作「王」。按《唐會要·輿服》云：「三品服毳冕。」故明本、庫本、嘉慶本作「三」是也，今據改。

❷「大」，原誤作「犬」，今據明本、庫本、嘉慶本改。

❸「璇」，原爲墨丁，今據明本、庫本、嘉慶本及《荀子·賦》補。

❹此爲底本圖。

《爾雅》曰：「肉好若一謂之環。」《玉藻》曰：「孔子佩象環五寸而綦組綬。」❶《家語》稱：「孔子之喪，公西赤掌殯葬焉，襲衣十一稱，佩象環而綦組綬。」夫孔子其服也鄉，其冕也從衆，以爲大夫也不敢舍車而徒，以無臣也不敢爲有臣而葬，然佩不以大夫之水蒼玉而以象，綬不以大夫之純而以綦者，孔子制行有從衆者，有違衆者，要適於義而已。考之於《禮》，象次於玉，象路次玉路，象笏次玉笏。❷ 綦下於純，則象環綦綬，聖人之謙德也。❸

婦人佩

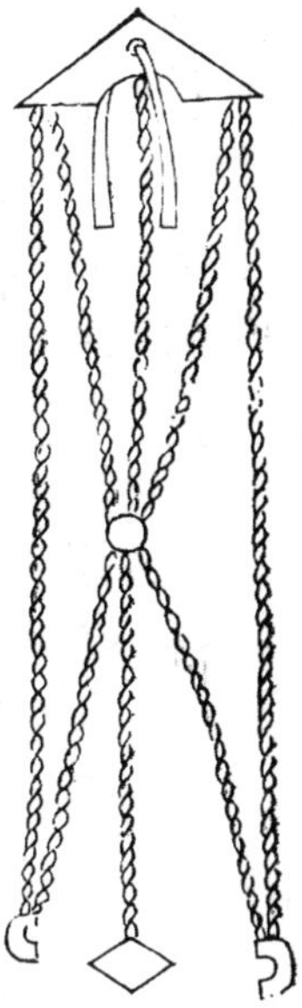

《竹竿》詩曰：「佩玉之儺。」《有女同車》詩曰：「佩玉瓊琚。」衛之南子環佩璆然，❹阿谷之女佩璜而澣，皆婦人佩也。其等衰不可以考。或亦眂其夫而爲之度歟？漢制，太皇太后、皇太后、皇后綬與乘輿同，公主綬與諸侯王同。唐制，亦皇后佩綬如天子，公主、王妃佩綬同諸王。然其所謂綬者，非古綬制也。

綪結佩 結又屈之。

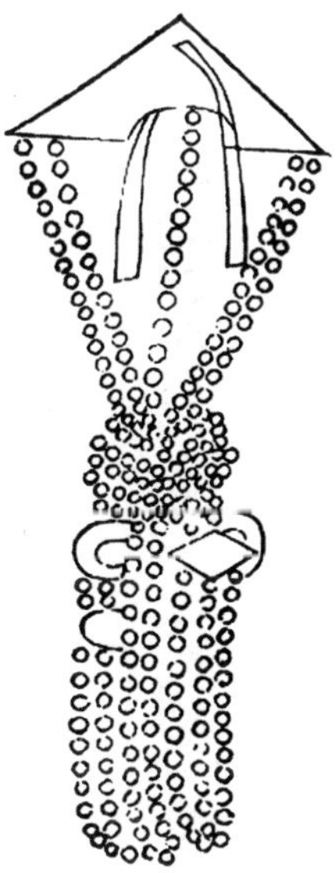

❶ 「孔子」，原誤作「天子」，今據《禮記·玉藻》改。
❷ 「玉」，原誤作「工」，今據明本、庫本、嘉慶本改。
❸ 「德也」，原爲墨丁，今據明本、庫本、嘉慶本補。
❹ 「南」，原作「男」，今據嘉慶本改。

《玉藻》曰：「齊則綪結佩。」鄭氏曰：「綪，屈也。結又屈之，思神靈，不在事也。」蓋齊所以致精明之德，佩既結矣，又從而屈之，不以徵、角、宮、羽之聲散其志也，況敢聽樂乎。《儀禮》之陳服器，有順有䋫，順則直，䋫則屈，故《士喪禮》「陳襲事于房中，西領，南上，不綪。陳衣于房，南領，西上，綪」，《士虞禮》曰「器西南上，綪」，《既夕禮》「乃奠，豆南上，綪；俎二，南上，不綪」。鄭氏曰：「綪讀爲䋫。䋫，屈也。江沔之間，謂縈收繩索爲䋫。」

男子事佩左五右六。

右 玦 捍 管 遰 大觿 木燧❶

左 紛帨 刀 礪 小觿 金燧

婦人事佩左五右六。

右 箴 管 線 纊 大觿 木燧❷

左 紛帨 刀 礪 小觿 金燧

《詩·芄蘭》曰：「童子佩觿。」「童子佩韘。」《瞻彼洛矣》曰：「鞞琫有珌。」《公劉》曰：「鞞琫容刀。」《内則》曰：「子事父母，左佩紛帨、刀、礪、小觿、金燧，右佩玦、捍、管、遰、大觿、木燧。❸婦事舅姑，如事父母，左佩紛帨、刀、礪、小觿、金燧，右佩箴、管、線、纊，施縏袠、大觿、木燧。」《詩》曰：「無感我

❶ 此圖原無，爲明本、庫本、嘉慶本所增。
❷ 此圖原無，爲明本、庫本、嘉慶本所增。
❸ 「捍」，原誤作「垾」，今據明本、庫本、嘉慶本及《禮記·内則》改。

帨兮。」又曰：「佩其象揥。」《士昏禮》：「母施衿結帨。」《玉藻》曰：「君在不佩玉，左結佩，右設佩。」鄭氏曰：「世子出所處，而君在焉，則去德佩而設事佩。結其左者，若於事未有能也。」古者有德佩，有事佩。德佩則左右皆玉；事佩則左紛帨，右玦、捍之類。❶左佩皆有五，右佩皆六，以左陽而奇，右陰而偶故也。左佩者小，右佩者大，以左手足不如右强故也。先設事佩，次加德佩，以事成而下，德成而上故也。《詩》言「佩觿」、「佩韘」，乃言「容兮遂兮」，是先設事佩後設德佩也。「君在不設佩，左結佩，右設佩；居則設佩，朝則結佩」，鄭氏以爲世子之禮是也。臣於君所，佩必垂委，而相必鳴玉，是與世子之禮異也。考之《内則》，男女未冠笄，衿纓，佩容臭而已。則佩者，成人之服也。《衛詩》以惠公驕而無禮，故譏以「童子佩觿」、「童子佩韘」，以言無成人之德，而服成人之服也。《子衿》詩曰「青青子佩」，蓋亦指成人者言之。

禮書卷第二十終

❶「玦」，原誤作「玞」，今據庫本、嘉慶本改。

禮書卷第二十一

觿 韘 捍 紛帨 礪 遰 金燧 木燧 鑒

觿或以象，或以角。

《禮》曰：「子事父母，婦事舅姑，左佩小觿，右佩大觿。」《詩》曰：「童子佩觿。」毛氏曰：「觿所以解結。」鄭氏曰：「觿貌如錐，以象骨爲之。」《説文》曰：「觿，佩角，鋭耑可以解結。」然則佩觿，成人之服也。衛惠公服成人之服，而有童子之行，故《詩》刺之。

韘韘、沓、極，一物而三名，以朱韋爲之。

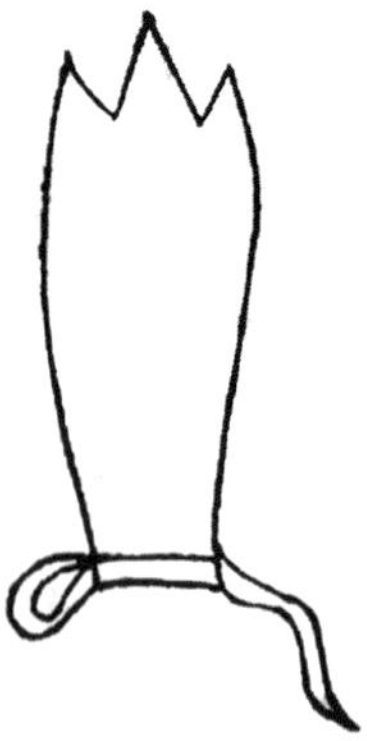

《詩》曰：「童子佩韘。」毛氏曰：「韘，玦也。」鄭氏曰：「韘之言沓也。」《説文》：「韘亦作弽。弽，射決也。」考之射禮，右巨指著決，所以鉤弦；食指、中指、無名指著沓，所以放弦；左臂著拾，所以遂弦。《士喪禮》：「決，用正王棘，若檡棘。」則大夫用骨，天子、諸侯用象矣。鄭氏釋《大射》及《繕人》云。《大射》：「朱極三。」《士喪》：「纊極二。」則韘，生者以韋，死者以纊矣。韘謂之極，以其中於指也；謂之沓，以其沓於指也。❶毛氏、許慎以韘爲決，誤矣。

捍

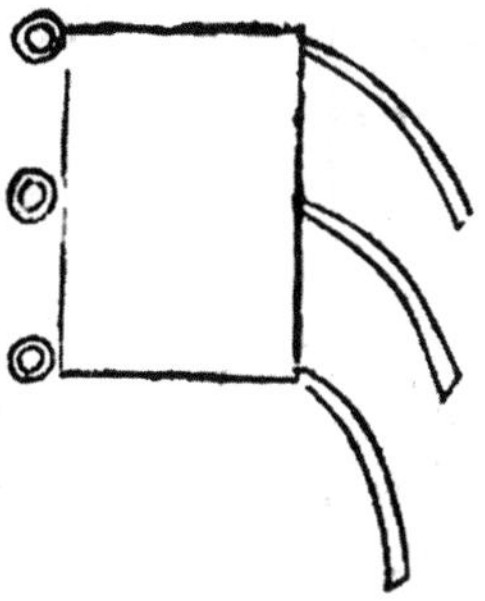

《禮》曰：「右佩玦、捍。」捍，韝臂也，以韋爲之，可以捍弦；亦謂之拾，亦謂之遂。則捍、拾、遂，一物而三名。餘見射門。

紛帨

《詩》曰：「無感我帨兮。」《内則》曰：「女子設帨於門右。」《昏禮》：「母施衿設帨。」《内司服》：「后之喪，共内具之物。」鄭氏曰：「内具，紛帨之屬。」然則帨，佩巾也。佩巾雖女子之事，而男子亦有之。故《禮》曰：「子事父母，左佩紛帨。」鄭氏曰：「紛帨，拭物之巾也。今齊人有言紛者。」蓋自巾言之謂之紛，與「帉」同義；先儒曰：「巾謂之帉。」自拭物言之謂之帨，與挩同義。《儀禮》既祭皆帨手。❷唐制，天子紛廣二寸四分，長六尺四寸，色如綬；皇太子、公服，紛廣二寸四分，長六尺四寸，色如綬；群臣進賢冠者，紛廣四寸，長六尺六寸，色如綬，此又因以爲飾者也。

❶「以」下，原衍「於」字。嘉慶本此處空一格，當是原有「於」字，後删。今據庫本、嘉慶本删。

❷「帨手」，原爲墨丁，今據明本、庫本、嘉慶本補。

礪金青色。❶

《禮》曰：「左佩刀、礪。」《詩》曰：「取厲取鍛。」《書》曰：「礪砥砮丹。」又曰：「若金，用汝作礪。」《漢書》曰：「泰山若礪。」又曰：「瑊玏玄厲。」❷《莊子》曰：「新發於硎。」鄭氏曰：「礪，礱也。」則礪謂之硎，亦謂之礱，又謂之砥。孔安國曰：「砥細於礪。」

鞞刀鞘。

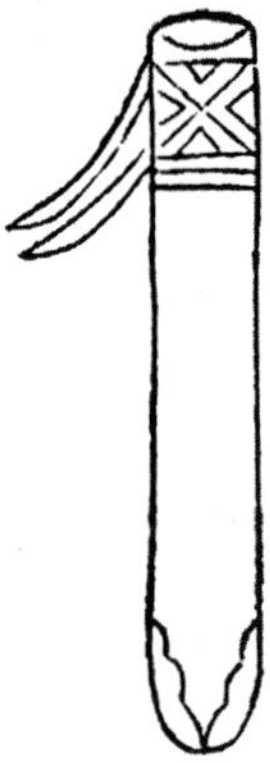

《禮》曰：「右佩鞞。」鞞，刀鞞也。《瞻彼洛矣》詩曰：「鞞琫有珌。」《公劉》詩曰：「鞞琫容刀。」《左傳》曰：「藻、率、鞞、鞛，昭其數也。」毛氏釋《瞻彼洛矣》曰：「鞞，刀鞞也。琫上飾，珌下飾。天子玉琫而珧珌，諸侯璗琫而璆珌，大夫鐐琫而鏐珌，士珕琫而珕珌。」釋《篤公劉》曰：❸「下曰鞞，上曰琫。」劉熙亦曰：「刀室曰削。室口之飾曰琫；琫，捧也。下末之飾曰琕；琕，卑也。」蓋琕、琫、珌皆刀削之飾，而琕尤在其下也。蜃謂之珧，❹蜃屬謂之珕。黃金謂之璗，其美者謂之璆；白金謂之銀，其美者謂之鐐。《爾雅》。此天子至士鞞飾所以不同也。《說

❶「金青色」，原無，爲明本文中小題、庫本文中小題、嘉慶本所增。明本禮圖標題、庫本禮圖標題則增作「金青」。

❷「玏」，原誤作「功」，今據《漢書·司馬相如傳》改。

❸「篤」，原誤作「云」。按古人每稱《毛詩·公劉》爲《篤公劉》。今據嘉慶本改。

❹「蜃」，避宋孝宗趙眘名諱缺末二筆，今補正。

文》：「珧，蜃甲。」「珕，蜃屬。」杜預云：「上飾曰鞞，下飾曰鞛。」與毛氏、劉氏之說不同，不可考也。削、遰皆刀室之異名。削亦作鞘、骳，❶鞞亦作琕，琫亦作鞛。

金燧

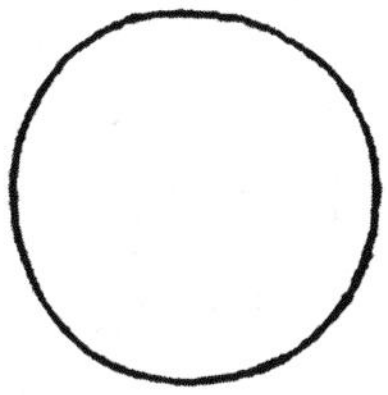

木燧

鑒

古者燧人取火。《周官・司烜氏》：「掌以夫遂取明火於日，以鑒取明水於月，以共祭祀之明齍、明燭，共明水。」《内則》：「左佩金鐩，右佩木燧。」《考工記》曰：「金錫半謂之鑒燧之齊。」《淮南子》曰：「陽燧見日則然而爲火，方諸見月則津而爲水。」王充《論衡》曰：「陽燧取火於日，方諸取水於月，相去甚遠，而火至水來者，氣感之也。」鄭司農釋《周禮》謂：「夫，發聲。」鄭康

❶「骳」，原爲空格，今據明本、嘉慶本補。

成謂：「夫遂，陽遂也。鑒，鏡屬，世謂之方諸。」然則鑒，金爲之，則夫遂亦金矣，《内則》以夫遂爲金遂是也。鑒之體方，則夫遂圜矣，世謂鑒爲方諸是也。蓋離者，陽中之陰，於物爲火；坎者，陰中之陽，於物爲水。以金遂取火，則以陽召陰；以方諸取水，則以陰召陽。以陽召陰，夫道也，故謂之夫。夫能遂事，故謂之遂。夫遂以義言，鑒以體言。於取火言夫遂，於取水言鑒，互相備也。高誘曰：「方諸，陰燧，大蛤也。熟摩向月則水生，以銅盤受之，下水數石。」觀漢之飲酎，夕牲，以鑒諸取水於月，以陽燧取火於日。（《漢舊儀》。）❶唐之李恭真嘗八、九月中取蛤尺二寸試之，得水數斗。（劉氏《唐志》。）則取水亦以大蛤矣。或謂之方珠，蓋其類也。《莊子》曰：「木與木相摩則然。」《文子》曰：「木中有火，不鑽不發。故四時變國火者，春取榆柳，夏取棗杏，季夏取桑柘，秋取柞楢，冬取槐檀。」而木燧取火，蓋不必然。先儒謂晴則取火以金燧，陰則取火以木燧。然金燧以取明火，特施於致嚴之時而已，則凡取火，皆木燧耳，孰謂木燧有間於陰晴耶？

禮書卷第二十一終

❶「漢舊儀」，原誤作「漢書儀」。據嘉慶本及《後漢書·禮儀志》劉注、《通典》卷五十二《禮十二吉十一》「上陵」條、《册府元龜》卷五百八十六同引改。

禮書卷第二十二

刀　削　鸞刀　劍　劍櫝　夫襓　纓

鞶袠

刀柄飾以木。❶

削　刀合六成規。

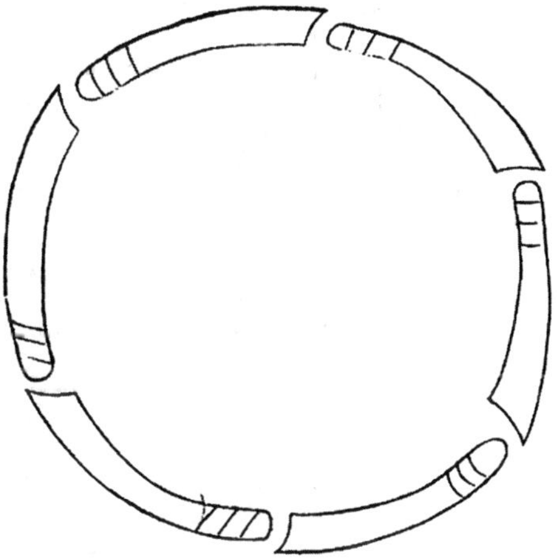

《考工記》曰：「三分其金而錫居一，謂之太刃之齊；五分其金而錫居二，謂之削殺矢之齊。」又曰：「築氏爲削，長尺博寸，合六而成規。」「桃氏爲刃。」鄭氏曰：「刃，刀劍之屬。削，今之書刀。」《詩》曰：「鞞琫

❶「柄飾以木」，原無，爲明本、庫本、嘉慶本所增。

容刀。」《書》曰：「赤刀大訓。」孔安國曰：「赤刀，赤刃，削。」《少儀》曰：「刀卻刃，授穎；削授拊。」鄭氏曰：「穎，環也。拊，把也。」《釋名》曰：「刀，到也。其末曰鋒，若鋒刺之利也。其本曰環，形似環也。」然則直而本環者刀也，曲而本不環者削也。

鸞刀前有鸞後有和。❶

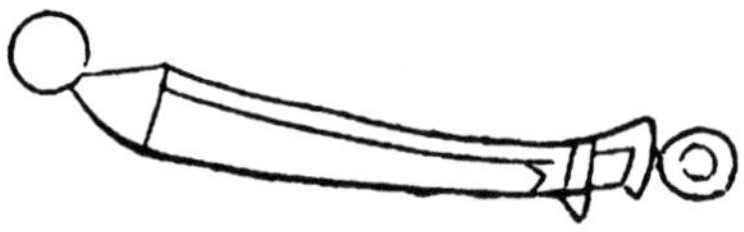

《詩》曰：「執其鸞刀，以啓其毛。」《記》曰：「割刀之用，鸞刀之貴，貴其義也，聲和而後斷也。」又曰：「鸞刀以封。」《公羊傳》曰：「鄭伯右執鸞刀以逆楚王。」毛氏曰：「鸞刀，刀有鸞者，割中節也。」孔穎達曰：「鸞即鈴也。謂刀環有鈴，其聲中節。」何休曰：「鸞刀，宗廟割切之刀。環有和，鋒有鸞。」考之《詩》、《禮》，曰：「和鸞雝雝。」曰：「登車聞和鸞之聲。」有鸞必有和，鸞在前，和在後。《詩》有言「鸞鑣」，有言「八鸞」，則和可知；有言「和鈴」，則鸞可知。然則何休言鸞刀之制，蓋有所授耳。夫和非斷則牽，斷非和則劌。故天以秋肅物而和之以兑，聖人以義制物而和之以仁。鸞刀以和濟割，亦此意也。《易》曰：「利物足以和義。」《説文》：「鸞，赤神之精，赤色，五采，雞形，鳴中五音。」

❶「前有鸞後有和」，原無，爲明本禮圖標題、庫本禮圖標題、嘉慶本所增。

劍

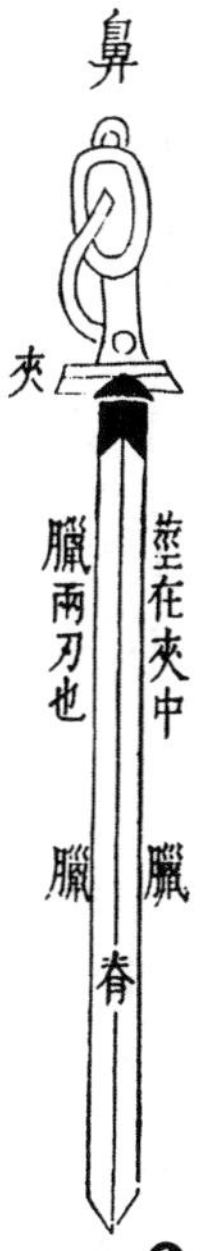

❶

《考工記》：「桃氏爲劍，臘廣二寸有半寸，兩從半之。以其臘廣爲之莖圍，長倍之。中其莖，設其後。三分其臘廣，去一以爲首廣，而圍之。身長五其莖長，重九鋝，謂之上制，上士服之；身長四其莖長，重七鋝，謂之中制，中士服之；身長三其莖長，重五鋝，謂之下制，下士服之。」蓋劍柄之名六：後、夾、「古協反，一作鋏。」❷鼻、莖、鐔、首也。劍刃之名三：臘、脊、鍔也。所握者爲夾，中於夾者曰莖，其旁鼻曰鐔，《釋名》曰：「帶所貫尋也。」設其下而大之者爲後，圜其上以接刃者爲首，兩刃爲臘，其中高者爲脊，其末殺者爲鍔。鍔亦謂之鋒，鼻亦謂之嶢。《字林》云：❸「亦謂之珥。」《博雅》：「劍珥謂之鐔。」上制九鋝，中制七鋝，❹下制五鋝，鋝六兩大半兩，此劍之大略然也。《少儀》曰：「僕者右帶劍。」《樂記》曰：「武王克商，裨冕，搢笏，而虎賁之士説劍。」《家語》曰：「子路拔劍而舞。」《莊子》曰：「孔子使子路去其危冠，解其長劍。」《春秋傳》曰：「衛渾良夫袒裘，不釋劍而食。太子數三罪而殺之。」則古者

❶ 圖中文字，原無，爲明本、庫本、嘉慶本所增。

❷「鋏」，原誤作「鈌」。按《莊子·説劍》云：「晉魏爲脊，周宋爲鐔，韓魏爲鋏。」郭注：「夾，古協反，把也。一本作鋏，同。」今據改。

❸「字林云」，原誤作小字注文。若作小字，是注前而非引後，考其實，反是。今改作大字。

❹「中制七鋝」，原脱。按上引《桃氏》有上中下制，下既言「此劍之大略」，則必上中下皆言之。今據嘉慶本補。

車僕、勇力之士帶劍；其服冕弁以行禮者，佩玉而已。至秦始皇，乃冠冕帶劍。漢禮，自天子及百官皆佩劍。魏氏唯朝服佩之。晉氏又以木代之。唐亦有焉，蓋承秦漢之制然也。《春秋繁露》曰：「劍之在左，青龍象也；刀之在右，白虎象也。」則古之佩劍者必左。而《少儀》「右帶劍」者，蓋車上之位，君在左，車右、僕居中，居中而右帶劍，避君也。

劍櫝

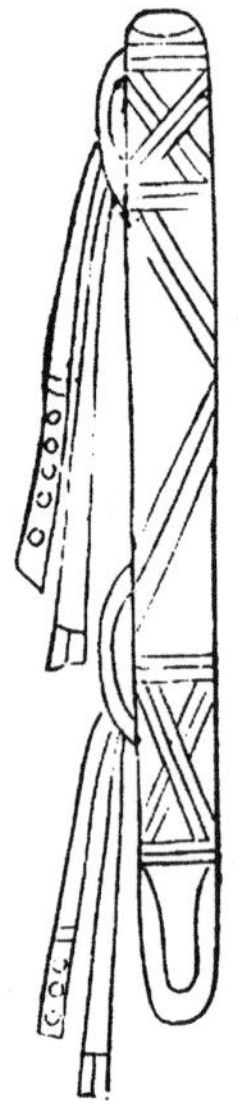

夫襓 劍衣。

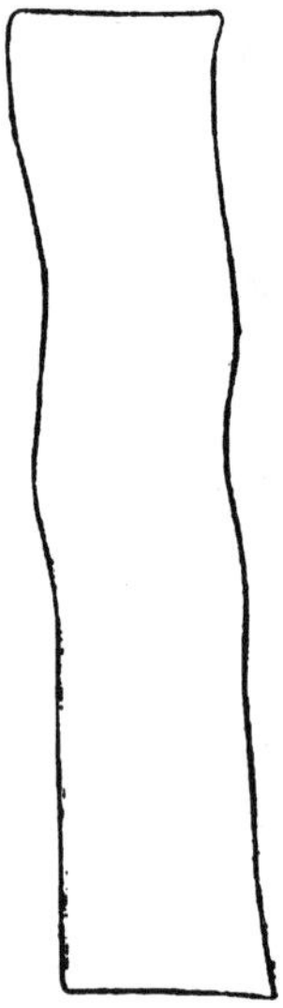

《少儀》曰：「劍則啓櫝。蓋襲之，加夫襓與劍焉。」《莊子》曰：「干越之劍，柙而藏之。」則櫝，劍柙也；夫襓，劍衣。凡藏玉與笲筴者曰櫝，藏弓矢者曰韇。而劍室亦謂之櫝，以其有所容故也；又謂之柙，以其有所檢故也。藏虎兕者亦曰柙。夫襓，《博雅》作袂襓。蓋進劍者左首，而加於夫襓之上。則左首者，尊其首也；加於夫襓之上，不敢褻也。

纓

《曲禮》曰：「女子許嫁，纓。」《内則》曰：「婦事舅姑，衿纓。」「男女未冠笄者，雞初鳴，衿纓，皆佩容臭。」《詩》曰：「親結其縭。」《士婚禮》：「女嫁，母施衿結帨。」《爾雅》曰：「婦人之褘謂之縭。縭，緌也。」又曰：「衿謂之袸。」郭璞曰：「縭，香纓也。褘，邪交落帶繫於體。」又曰：「袸，衣小帶也。」蓋纓帶曰衿，《婚禮》所謂「施衿」是也。帶結而垂曰縭，《爾雅》所謂「縭緌」是也。鄭氏曰：「衿猶結也。」則《詩》所謂「親結其縭」爲衿纓可知也。孔穎達之徒以《詩》言「結縭」，《禮》言「結帨」，則曰：「縭，帨巾也。」然《詩》言「紼纚維之」，《爾雅》作紼縭，亦曰「縭緌也」，則縭非帨巾矣。《内則》男女事父母，婦事舅姑，皆有纓，以佩容臭，則與女子許嫁之纓不同。鄭氏曰：「婦人有纓，示有繫屬。」誤矣。何則？許嫁已纓，將嫁無所復施；既嫁，夫説之矣，無所復用。則事舅姑之衿纓，非許嫁之纓也。鄭氏曰：「許嫁之纓，蓋以五采爲之。」然則事父母舅姑之纓，亦五采歟？

鞶袠

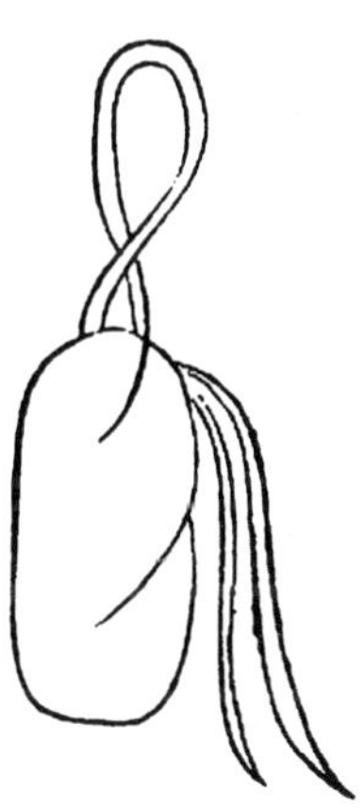

《内則》：「婦事舅姑，佩箴、管、線、纊，施鞶袠。」鄭氏曰：「鞶，小囊也。鞶袠言施，明爲箴、管、線、纊有之。」《内司服》：「后之喪，共凡内具之物。」鄭氏曰：「内具，鞶袠之屬也。」熊氏曰：「袠，刺也。刺袠而爲鞶囊，故曰鞶袠。」然則《士婚禮》所謂衿鞶者，蓋此也。鄭氏以衿鞶爲盛帨巾之屬，然《内則》「左佩帨巾，右佩鞶袠」，而帨巾不聞有鞶。《唐志》婦人帨巾亦不施鞶。

禮書卷第二十二終

禮書卷第二十三

天子韍　諸侯韍　大夫韍　士韎韐　素韠　爵韠　邪幅

天子　韍色朱而體直，其繪龍、火、山。上有頸、肩，旁與上有紕，下有純，中有紃。紕不至下五寸，繪去上五寸，則中二尺矣。鄭氏曰：「直謂四角直，無圜殺。」孔穎達曰：「《禮圖》，天子韠制，形如要鼓。今參驗，不附人情。」❶

❶ 題下小字注，原作大字，今據明本、庫本文中小題、嘉慶本改作小字。

諸侯韍諸侯在國則朱，朝王則赤韍，其體前後方，其繪火、山。頸、肩、紕、純、紃，與天子同。鄭氏曰：「前後方，謂殺四角使之方，變於天子也。所殺者，去上下各五寸。」孔穎達曰：「方則殺也。所殺之處，以物補飾之使方，❶變於天子。」然《考工記》曰：「大琮十有二寸，射四寸。」地體方而四隅有維，則射四寸者，其隅也。韍之前後方，蓋亦類此，所以異於天子直也。毛氏釋《詩》曰：「韍，天子純朱，諸侯黄朱。」考之《禮》，周尚赤而尊黄彝，纁裳，赤黄馬，黄朱舄、金舄，則韍固有黄朱者矣。❷

❶「方」，原誤作「万」，今據明本、庫本、嘉慶本及《禮記·玉藻》孔疏改。

❷「後方其繪」至「黄朱者矣」，原作大字，今據明本、庫本、嘉慶本改作小字。

大夫韍《詩》曰：「三百赤韍。」則大夫之韍，其色赤，其體前方後挫角，其繪山。此助祭冕服之韍也。若祭於己，則朝服用素韍。❶

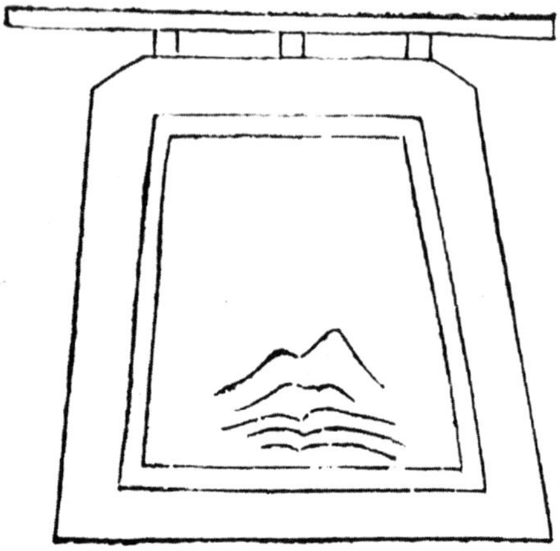

士韎韐士前後正。鄭氏曰：「士賤，與君同，不嫌也。正，直方之間語也。天子之士則直，諸侯之士則方。」孔穎達曰：「正，不衺也。直而不衺謂之正，方而不衺亦謂之正。」考之《説文》：「士無芾，有韐，制如榼，缺四角。」缺四角則與前方後挫者不同，所以其體正也。士缺上下，諸侯方而不挫，天子直而不方，此尊卑之辨也。❷

❶「則大夫」至「素韍」，原作大字，今據明本、庫本文中小題、嘉慶本改作小字。

❷「賤與」至「辨也」，原作大字，今據明本、庫本文中小題、嘉慶本改作小字。

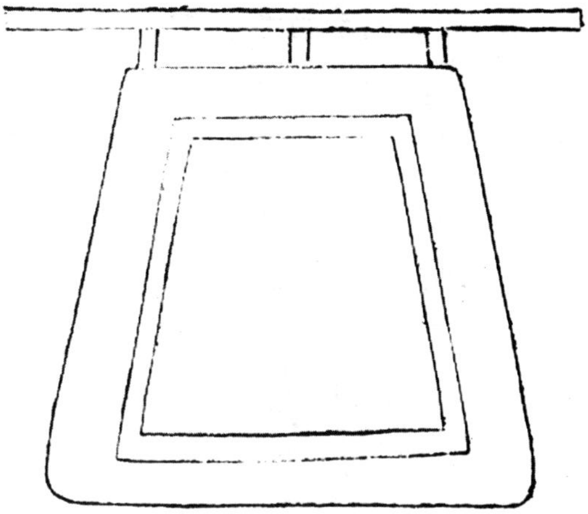

素韠

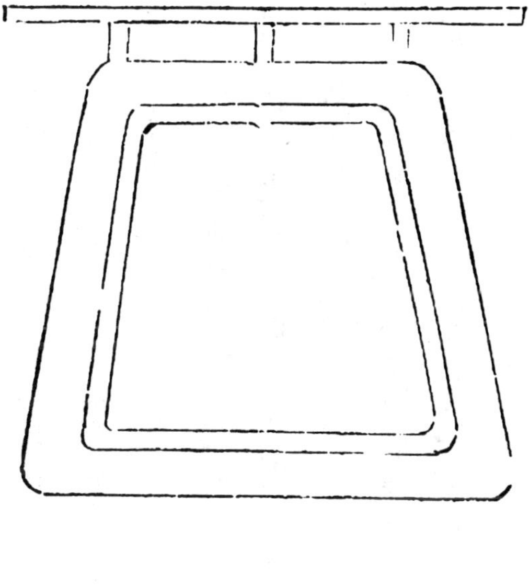

爵韠

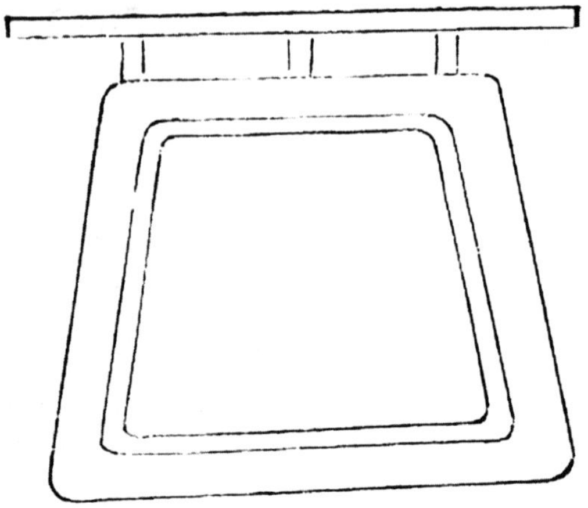

《詩》曰：「朱芾斯皇。」「三百赤芾。」「赤芾金舄。」「赤芾在股。」「庶見素韠兮。」箋：「祥祭，朝服素韠。」《易》曰：「朱紱方來。」「困于赤紱。」《玉藻》曰：「韠：君朱，大夫素，士爵韋。」「此玄端服之韠也。韠必象裳色。天子、諸侯玄端朱裳，大夫素裳，士玄裳、黄裳、雜裳。」圜，殺，直。

天子直，公侯前後方，「殺四角使之方，變於天子。」大夫前方後挫角，❶「圜其上角，變於君也。韠以下爲前，以上爲後。」士前後正。「士賤，與君同，不嫌也。正，直，方之間語也。天子之士則直，諸侯之士則方。」韠下廣二尺，上廣一尺，長三尺，其頸五寸，肩、革帶博二寸。」又曰：「一命緼紱，再命赤韍，〔三〕命赤韍。」「此玄冕、爵弁服之韠，尊祭服，異其名耳。」又曰：「齊則績結佩而爵韠。」《明堂位》曰：「有虞氏服韍，夏后氏山，商火，周龍章。」《雜記》曰：「韠長三尺，下廣二尺，上廣一尺，會去上五寸，紕以爵韋六寸，不至下五寸，純以素，紃以五采。」鄭氏曰：「會，謂上領縫也。領之所用，蓋與紕同，在旁曰紕，在下曰純。素，生帛也。❷紕六寸者，中執之，表裏各三寸也。純、紕所不至者五寸，與會去上同。紃施諸縫中，若今時

❶「方」，原脱，今據嘉慶本及《禮記·玉藻》補。

❷「帛」，原作「白」，今據《禮記·雜記》鄭注改。

條也。」《詩》曰：「韎韐有奭。」箋云：「此諸侯世子也，除三年之喪，服士服而來，未遇爵命之時，有征伐之事，天子使代卿士將六軍而出。」《士冠禮》：「爵弁服：韎韐。鄭氏曰：「韎韐，緼韍也。士緼韍而幽衡，合韋爲之，染以茅蒐，因以名焉。今齊人名蒨爲韎韐。」皮弁服：素韠。玄端：爵韠。」《特牲饋食》：「其服皆朝服，玄端、緇韠。❶唯尸、祝、佐食玄端，玄裳、黄裳、雜裳可也，皆爵韠。」「緇韠者，下大夫之服。」《左傳》曰：「衮、冕、黻、珽，昭其度也。」杜預曰：「黻，韋韠。」鄭康成曰：「古者田漁而食之，衣其皮，先知蔽前，後知蔽後。後王易之以布帛，而獨存其蔽前者，不忘本也。」《爾雅》曰：「蔽膝謂之襜。」《釋名》曰：「韠，蔽也，所以蔽前也。婦人蔽膝亦如之也。」〔是知〕韠之作也在衣之先，其服也在衣之後，其色則視裳而已。《禮記》言「君朱，大夫素，士爵韋」者，祭服之韠也。蓋君祭〔以〕冕服，冕服玄衣纁裳，故朱韠；大夫祭以朝服，❷緇衣素裳，故素韠；士祭以玄端，玄端玄裳、黄裳、雜裳可也，故爵韠。《周官·典命》公侯伯之士一命，而士之助祭以爵弁，「弁而祭於公。」爵弁纁裳，故緼韍，「緼，赤黄之間色。」所謂「一命緼韍」是也。公侯伯之卿三命，大夫再命，而卿大夫助祭、聘王以玄冕，《〔司〕服》「孤之服，自希冕而下」，鄭氏以爲〔卿〕大夫之服自玄〔冕〕而下。鄭氏以爲助祭、聘王之服，蓋〔孤希〕冕祭於公，弁〔而〕祭於己；卿大夫玄冕〔祭〕於公，冠而祭於己。玄冕纁裳，〔故赤韍〕，所謂「再命、三命赤韍」是也。韠之爲物，以其茀前〔則曰韍；以〕其一巾足矣，故曰韠；以色則曰緼；以緼質則〔曰韎韐〕。「〔古〕人謂蒨爲茅

---

❶ 「玄端」，據《儀禮·特牲饋食》及本書卷六同引當作「玄冠」。

❷ 「朝服」二字，依上下文例，疑當重出。

蒐，讀茅蒐爲韎韐。」考之《士冠禮》於皮弁、玄端皆〔言韠，特〕於爵弁言韎韐，《詩》於素韠言韠，於朱芾、赤芾乃言〔芾。是〕韠者，芾之通稱，而芾與韎韐異其名，所以尊祭〔服也。君〕韠雖以朱，而諸侯朝王亦赤芾，《詩》曰「赤芾在股」、「赤〔芾金〕舄」是也。士雖以爵，凡君子之齊服皆爵韠，《記》曰「齊則緕結佩而爵韠」是也。《采芑》言方叔之將兵，韍亦以朱。《瞻彼洛矣》言作六師而韍以韎韐者，蓋兵事韋弁服，韋弁服纁裳，故貴者以朱芾，卑者以韎韐。韎韐，即所謂緼韍也。韠長三尺所以象三才，頸五寸所以象五行，下廣二尺象地也，上廣一尺象天也。會去上五寸，紕以爵韋六寸，不至下五寸，純以素，紃以五采。會，猶《書》所謂「作會」也。紕，裨其上與旁也；純，緣其下也。去會與純合五寸，則其中餘二尺也。紕六寸，則表裏各三寸也。天子之韠直，其會龍、火與山；諸侯前後方，❶其會火以下；大夫，前方後挫角，❷其會，山而已。鄭氏謂山取其仁，火取其明，龍取其變，天子備焉。諸侯火而下，卿大夫山，士韍韋。以禮推之，周人多以近世之禮待貴者，遠世之禮待卑者，則鄭氏之説是也。周以虞庠爲小學，以夏序、商學爲大學，以商人棺椁葬長殤，以夏之堲周葬〔中〕殤，以虞氏之瓦棺葬無服之殤，皆待卑者以質略也。然韠自頸肩而下，則其身也。鄭氏以其身之五寸爲領，而會爲領縫，是肩在領上矣。衣之上韠，猶尊上玄酒，俎上生魚也。❸鄭氏謂衣之上韠者，執事以蔽裳爲敬，與不〔忘其

❶「諸侯」，庫本作「公侯」，與《禮記・玉藻》原文同。

❷「後」，原脱。按《禮記・玉藻》云：「大夫前方後挫角。」今據補。

❸「上」，明本作「之」。「生」，嘉慶本作「腥」。

本之」說戾矣。古者喪服用韠，無所經見。《詩》曰：「庶見素韠。」是祥祭有韠也。劉熙曰：「韠以蔽前，婦人蔽膝亦如之。」《唐志》婦人蔽膝皆如其夫，是婦人有韠也。《荀子》曰：「共艾畢。」說者曰：「蒼白之韋。」是罪人有韠也。及戰國連兵，韍非兵飾，去之。明帝復制韍，天子赤皮蔽膝。魏晉以來用絳紗爲之，故字或作紱。徐廣《車服儀制》云。

邪幅朱色。

《詩》曰：「赤芾在股，邪幅在下。」《左氏》曰：「帶裳幅舃。」《内則》曰：「偪屨著綦。」「綦，屨繫也。」鄭康成謂：「偪束其脛，自足至膝，故曰在下。」蓋以幅帛邪纏於足，故謂之邪幅。邪幅所以自偪束也，故謂之偪。偪即縢約之也，故漢謂之行縢。《内則》男子事父母有偪，《詩》諸侯朝天子有邪偪，則凡行皆有偪。特婦人不用焉，故《内則》婦事舅姑無偪。

禮書卷第二十三終

禮書卷第二十四

王及諸侯城郭之制　王城　經涂環涂　王畿　鄉制　遂制

王及諸侯城郭之制

《典命》：「上公九命爲伯，其國家、宫室、車旗、衣服、禮儀皆以九爲節；侯伯七命，其國家、宫室、車旗、衣服、禮儀皆以七爲節；子男五命，其國家、宫室、車旗、衣服、禮儀皆以五爲節。」「上公謂王之三公有德者，加命爲二伯。二王之後亦爲上公。國家，國之所居，謂城方也。公之城蓋方九里，宫方九百步。侯伯之城蓋方七里，宫方七百步。子男之城蓋方五里，宫方五百步。」《量人》：「掌建國之法，以分國爲九州。營國城郭。」《掌固》：「掌脩城郭、溝池、樹渠之固。」《匠人》：「營國，方九里，旁三門。「營謂丈尺其大小。天子十二門，通十二子。」國中九經九緯，經涂九軌。王宫門阿之制五雉，宫隅之制七雉，城隅之制九雉。「阿，棟也。宫隅、城隅，謂角浮思也。雉長三丈，高一丈，度高以高，度廣以廣。」經涂九軌，環涂七軌，野涂五軌。門阿之制以爲都城之制，宫隅之制以爲諸侯之城制。環涂以爲諸侯經涂，野涂以爲都經涂。」《詩·文王有聲》曰：「築城伊淢，作豐伊匹。」「淢，成溝也。❶匹，配也。」箋云：「方十里曰成，淢其溝也，廣深各八尺。文王受命而猶不自足，築豐邑之城，大小適與成偶，大於諸侯，小於天子之制。」《左

❶「成」，原誤作「淢」，今據嘉慶本及《毛詩·文王有聲》毛傳改。

傳》：「祭仲曰：『都城過百雉，國之害也。「方丈曰堵，三堵曰雉。一雉之牆，長三丈，高一丈。侯伯之城方五里，徑〔三〕百雉，故其大都不得過百雉。」先王之制，大都不過三國之一，中五之一，小九之一。今京不度，非制也。』」《春秋》隱七年、宣九年、定六年，皆書「城中城」。《孟子》曰：「三里之城，七里之郭。」《尚書大傳》：「古者百里之國，三十里之遂，二十里之郊，九里之城，〔三〕里之宫；七十里之國，二十里之遂，九里之郊，〔三〕里之城，一〔里〕之宫；五十里之國，九里之遂，三里之郊，一里之〔城〕，以〔城爲〕宫。」「玄或疑焉。《周禮》『匠人營國，方九里』，謂天子城也。今大〔國〕九里，則與天子同。《春秋傳》曰：『中五之一，小九之一。』以〔推〕此〔説〕，小國〔大都之城〕，三十三步三分之一，非也。然則大國七里之城，小國三〔里之城焉，爲近可也。或〕者天子實十二里城，諸侯大國九里，次城七里，小國五〔里〕。」

王城❶

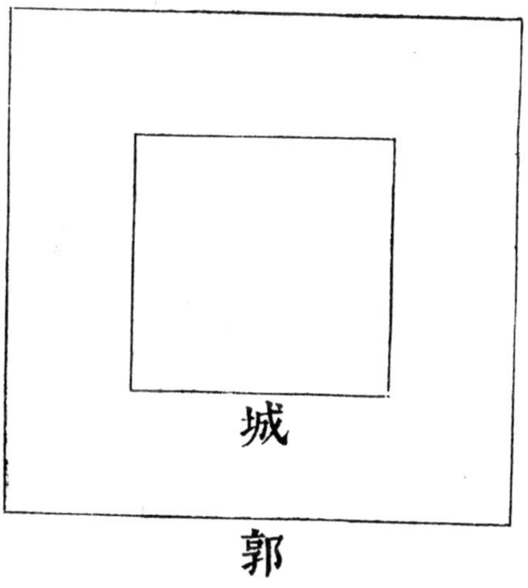

《典命》上公九命，諸侯七命，子男五命，其國家、宫室、車旗、衣服、禮儀，皆以九、以七、以五爲節。故上公桓圭九寸，繅藉九寸，冕服九章，建常九斿，樊纓九就，貳

❶「王城」，原作「王及諸侯城郭之制」，今據目録、卷首小目、明本、庫本、嘉慶本文中小題禮圖標題改。

車九乘，介九人，禮九牢，其朝位賓主之間九十步；侯伯子男各殺以兩。城之里數，無所經見，蓋國家之禮，宮室、車旗、衣服之制，必視其命，而城則不然。觀公侯受城地百里，而不以九、以七爲節，則城豈以命數制哉？《考工記》：「匠人營國，方九里。」王城九里，則公七里，侯伯五里，子男三里矣。祭仲曰：「都城不過百雉。」雉袤三丈，百雉五百步。大都不過三國之一。鄭，伯爵也，城千五百步，則五里而已。然則《孟子》所謂三里之城，七里之郭，子男國也。鄭康成嘗謂周城九里，公七里；《異議駮》云。又謂王城十二里，公城九里，宮方九百步，是自戾也。《詩》曰：「築城伊減。」蓋言爲之城以捍患，爲之洫以利水而已。鄭氏以城方十里言之，是不知《考工記》所謂成間有洫者，非謂成包以洫也。井田之制，城中之宅，率家二畝半，而納稼之後，上入執宮功，則至冬皆入保城矣。六鄉之民，七萬五千家，又士工商在焉，則九里之城固不能容。然則《考工記》所言，乃王之中城也。《春秋》書「城中城」，説者以爲内城，内城之外又有郭矣。《孟子》曰：「三里之城，七里之郭。」而郭數加多於城。則王城之郭，其廣不特又九里也。《説文》曰：「郛，郭也。」蓋郭有重口之義，而郛猶孚甲之於物歟？

《書傳》曰：「古者百里之國，三十里之遂，二十里之郊，九里之城，三里之宮；七十里之國，二十里之遂，九里之郊，三里之城，一里之宮；五十里之國，九里之遂，三里之郊，一里之城。」鄭氏釋《聘禮》謂：「周制天子畿内千里，遠郊百里。以此差之，遠郊上公五十里，侯伯三十里，子男十里；近郊各半之。」其説又與《書傳》不同，皆不可考。

經涂環涂

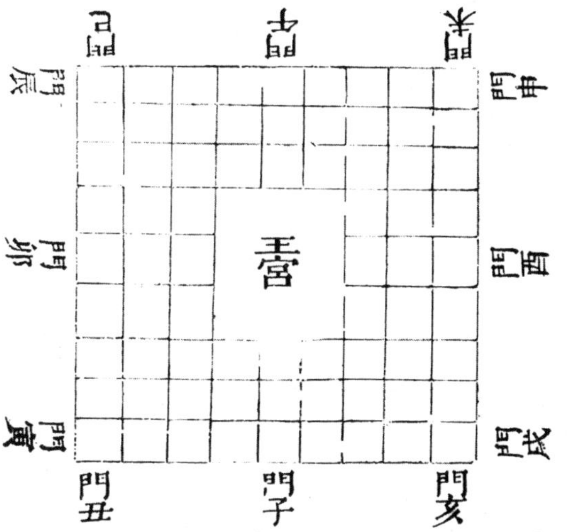

❶

《匠人》：「營國，方九里，旁三門。國中九經九緯，經涂九軌。左祖右社，面朝後市。」鄭氏曰：「天子門通十二子。經緯之涂，皆容方九軌。軌謂轍廣。乘車六尺六寸，旁加七寸，凡八尺，是爲轍廣。九軌積七十二尺，則此涂十二步也。旁加七寸者，輻内二寸半，輻廣三寸半，綆三分寸之二，金轄之間三分寸之一。」蓋南北爲經，東西爲緯。涂言經緯，猶所謂廣輪、阡陌也。賈公彦曰：「王城面有三門，門有三涂。男子由右，婦人由左，車從中央。」然男子由右，婦人由左，車從中央者，非謂各由一塗也。《詩》曰：「宛然左辟。」此所謂婦人由左。

王畿

《詩》曰：「邦畿千里。」《春秋傳》曰：「天子一圻。」❷《周語》曰：「規方千里以爲甸服。」《王制》曰：「千里之内曰甸。」則天子

❶ 圖中周邊文字，原無，爲明本、庫本、嘉慶本所增。

❷ 「圻」，原誤作「坼」，今據庫本、嘉慶本及《左傳》襄二十五年改。

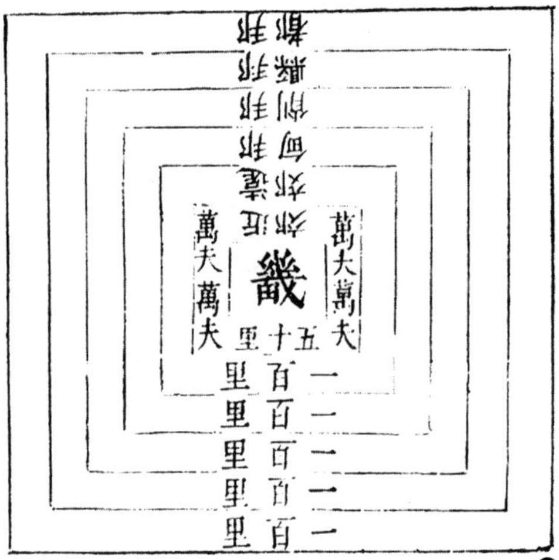
❶

寰内，面五百里，中爲王城，百里爲郊，二百里爲邦甸，三百里爲邦削，❷四百里爲邦縣，五百里爲邦都。郊之内置六鄉，七萬五千家，而宅田、士田、賈田，近郊。官田、牛田、牧田，遠郊。任其餘地；謂之郊，以其與邑交故也。邦甸之内置六遂，七萬五千家，而公邑任其餘地；謂之甸，以甸法在是故也。家削之地所以封大夫與王子弟之尤疏者，謂之削，以其削於縣都故也。邦縣之地所以封卿與王子弟之疏者，謂之縣，以其係於上故也。邦都之地所以封三公與子弟之親者，謂之都，以其有邑都故也。邦甸浸廣矣，又無九等之地，故餘地爲公邑。邦削至都又廣矣，而三等采地之外，其餘亦爲公邑。公邑有四，而《載師》特曰「公邑之田任甸地」者，言公邑始於此也。蓋公邑，閒田也，天子使大夫治之，遂人與縣師預焉。《遂人》：「掌野，自百里外至五百里皆曰野。」《縣師》：「掌邦國、都鄙、稍甸、郊里之地域。」❸鄭康成謂：「二百里、三百里，其大夫如州長。四百里、五百里，其大夫如縣正。」義或然也。然邦甸亦

❶ 圖中文字，原無，爲明本、庫本、嘉慶本所增。

❷ 「邦削」，據《周禮・大宰》及下文所釋，當作「家削」。下「邦削至都又廣矣」同。

❸ 「稍」，原誤作「謂」，今據《周禮・縣師》改。

謂之州，《司馬法》「二百里曰州」是也。邦縣亦謂之都，《載師》所謂「小都」是也。邦都亦謂之畺，《載師》所謂「畺地」是也。此周制也。周九服，侯在畿外。夏則五服，甸在畿內。

六鄉

鄉制

鄉大夫卿一人　鄉　萬二千五百家爲鄉

州長中大夫一人　州　二千五百家爲州

黨正下大夫一人　黨　五百家爲黨

族師上士一人　族　百家爲族

閭胥中士一人　閭　二十五家爲閭

比長下士一人　比　五家爲比

❶

六遂

一鄉五州，二十五黨，百二十五族，五百閭，二千五百比。自比長下士以上，其官

遂制

遂大夫中大夫一人　遂　萬二千五百家爲遂

縣正下大夫一人　縣　二千五百家爲縣

鄙師上士一人　鄙　五百家爲鄙

酇長中士一人　酇　百家爲酇

里宰下士一人　里　二十五家爲里

鄰長五家一人　鄰　五家爲鄰

❷

三千五十六。六鄉之官，❸凡一萬八千三百三十六。一遂五縣，二十五鄙，百二十五酇，五百里，二千五百鄰。自里宰下士以上，其官六百五十六。六遂之官，凡三千九百三十六。❹總二萬二千二百七十二人。

❶ 圖中文字，原無，爲明本、庫本、嘉慶本所增。

❷ 圖中文字，原無，爲明本、庫本、嘉慶本所增。

❸ 「六」，原脱，今據文意、文例及《五禮通考》卷二百三十三《軍禮一·軍制》所引補。

❹ 「凡」，原誤作「九」，今據明本、庫本、嘉慶本改。

學者固疑財不足以祿之，然王畿受天下之財貢，六鄉六遂乃軍之所在，而邦家之本繫焉。是雖祿養之繁，先王不以爲費也。夫鄉以嚮於内，遂以遂於外。内者謂之民，則以禮義爲主，故鄉大夫待之以教法；外者謂之甿，則以功事爲主，故遂大夫齊之以政令。鄉官謂之鄉吏，而其爵皆加遂一等，故鄉大夫卿，州長中大夫，黨正下大夫，而比長則下士。遂官謂之爲邑者，而其爵皆降鄉一等，故遂大夫中大夫，縣正下大夫，❶鄙師上士，而鄰長則非士。鄉學加遂一等，故謂之庠。庠者，養也，所以養人材。遂學降鄉一等，故謂之序。序者，射也，所以教藝事。《學記》曰：「術有序。」鄉之所辨有貴賤，遂則辨老幼廢疾而已。鄉之徵賦有間師，遂則里宰徵斂而已。鄉則大祭祀羞牛牲，遂則凡祭祀共野牲而已。鄉官大喪，執纛御匶，執斧涖匠師。遂官大喪，帟幄先道，抱磨，共丘籠而已。❷鄉稽鄉器，遂稽稼器。鄉大比以三年，遂大比以三歲。三年大比，則攷其德行道藝，而興賢者、能者。三歲大比，則興甿，明其有功者，屬其地治者。則賢能不待歲而後明，功事必待歲而後見。凡此，鄉遂之辨也。然遂之相保、相賙、相葬、相賓不異於鄉，鄉之相受、相糾不異於遂。鄉之田法同於遂，遂之軍法同於鄉。先王之於家也，既以五家爲比、爲鄰，積而上之至於萬二千五百家爲鄉、爲遂。其於人也，既以五人爲伍、爲兩，積而上之至於萬二千五百人爲軍；而又十家爲聯以聯其

❶「正」，原誤作「王」。按《周禮·縣正》職云：「縣正，每縣下大夫一人」。今據明本、庫本、嘉慶本改。

❷「丘」，原脱，今據明本、庫本、嘉慶本補。

居，十人爲聯以聯其事，鄉則聯之以八里。如此，則居作相友，戰守相衛，有同心而無離德也。管仲相齊，使居則五家爲軌，十軌爲里，十里爲連，十連爲鄉；出則五人爲伍，十伍爲戎，十戎爲卒，十卒爲旅。蓋放先王之遺制然也。

禮書卷第二十四終

禮書卷第二十五

都鄙之制　都鄙三等之別　夏商采地之制　鄉遂上中下之別　都鄙上中下地之別

都鄙之制

《太宰》：「以八則治都鄙。「都之所居曰鄙。都鄙，公卿大夫之采邑，王子弟所食邑，周召、毛、聃、畢、原之屬在畿内者也。」以九賦斂財賄：四曰家削之賦，五曰邦縣之賦，六曰邦都之賦。「家削三百里，邦縣四百里，邦都五百里。」以九兩繫邦國之民：二曰長，以貴得民；六曰主，以利得民。「鄭司農曰：『主謂公卿大夫，世世食采不絕，民税薄利之。』玄謂利，如『上思利民』之利，謂以政教利之。」正月之吉，始和布治于邦國都鄙，乃施則于都鄙，而建其長，立其兩，設其伍。」《宰夫》：「掌治法，以攷百官府、群都、縣鄙之治，乘其財用之出入。」群都，謂采邑也。❶《司會》：「掌邦之六典、八法、八則之貳，以逆邦國、都鄙官府之治。」《司裘》：「王大射，則共虎侯、熊侯、豹侯；諸侯則共熊侯、豹侯；大夫則共麋侯。」「諸侯，謂三公及王子弟封於畿内者。❷卿大夫亦皆有采地焉，其將祀其先祖，與群臣射以擇之。」《大司徒》：「辨其邦國都鄙之數，制其畿疆而溝樹之，❸設其社稷之壝而樹之田主。凡造都鄙，制其地域而封溝之。以其室數制之：

❶「謂」，《周禮·宰夫》鄭注本作「諸」。

❷「三」，原誤作「二」，今據明本、庫本、嘉慶本及《周禮·司裘》鄭注改。

❸「樹」，據《周禮·大司徒》當作「封」。

不易之地家百畝，「都鄙，王子弟、公卿大夫采地，其界曰都；鄙，所居也。《王制》曰：『天子之縣內，方百里之國九，七十里之國二十有一，五十里之國六十有三。』此蓋夏時采地，周未聞矣。」一易之地家二百畝，再易之地家三百畝。」《小司徒》：「乃經土地而井牧其田野：九夫爲井，四井爲邑，四邑爲丘，四丘爲甸，四甸爲縣，四縣爲都，以任地事。」「此謂造都鄙也。采地制井田，異於鄉遂，重立國。小司徒爲經之，立其五溝、五涂之界，其制似『井』之字，因取名焉。井田之法，備於一同。今止於都者，采地食者皆四之一，其制三等：百里之國凡四都，一都之田稅入於王；五十里之國凡四縣，一縣之田稅入於王；二十五里之國凡四甸，一甸之田稅入於王。」《封人》：「凡封國，設其社稷之壝，封其四疆。造都邑之封域亦如之。」《載師》：「以家邑之田任稍地，以小都之田任縣地，以大都之田任畺地。」《縣師》：「掌邦國、都鄙、稍甸、郊里之地域。」《遺人》：「以縣都之委積，以待凶荒。」《掌節》：「守邦國者用玉節，守都鄙者用角節。」《大宗伯》：「乃頒祀于邦國、都家、鄉邑。」《典命》：「王之三公八命，其卿六命，其大夫四命，及其出封，皆加一等，其國家、宮室、車旗、衣服、禮儀亦如之。」《太祝》：「頒祭號于邦國、都鄙。」《都宗人》：「都，謂王子弟所封及公卿所食邑。」「掌都祭祀之禮。凡都祭祀，致福于國。」《家宗人》：「家謂大夫所食采邑。」「掌家祭祀之禮。凡祭祀，致福。」《量人》：「營國城郭，營后宮，量市朝、道巷、門渠。造都邑亦如之。」《掌固》：「凡國都之境，有溝樹之固。郊亦如之。」《方士》：「掌都家，聽其獄訟之辭。」《小行人》：「達天下之六節，都鄙用管節，以竹爲之。」《朝大夫》：「掌都家之國治。「平理其來文書於朝者。」日朝，以聽國事故，以告其君長。「國事故，天子之事當施於都家者也。告其君長，使知而行之。」國有政令，則令其朝大夫。「使以告其都家之吏。」凡都家之治於國者，必因其朝大夫，然後聽之；惟大事弗因。凡都家之治有不及者，則誅其朝大夫；在軍旅則誅其有司。」《匠人》：「王宮門阿之制五雉，宮隅之制七雉，城隅之制九雉。經涂九軌，環涂七軌，野涂五軌。門阿之制以爲都城之制，宮隅之制以爲諸侯之城制。環涂以爲諸侯經涂，野涂以爲都經涂。」《王制》曰：「天子之三公之田視公侯，天子之卿視伯，天子之大夫視子男，天子〔之元〕士視附庸。凡天子之縣内，百里之國九，七十里之〔國二〕十有一，五十里之國六十有三，凡九十三國。名山〔大澤不以〕朌，其餘以禄士，以爲間田。天子之縣内諸侯，〔禄也〕；「〔選賢置之〕於位，其國〔禄之如〕諸侯，❶不得世。」外諸侯，嗣也。「有功封之，使之世爵。」諸侯〔世子世國〕。大夫不世爵，使以德，爵以功。「謂縣内及列國諸侯爲天子大〔夫者。不世爵而世禄，辟賢也〕。」諸侯之大夫不世爵禄。」《禮運》曰：「天子有田以處其子孫，諸侯有國以處其子孫，大夫有采以處其子孫。」《孟子》曰：「天子之卿受地視侯，大夫受地視伯，元士受地視子男。」

先王之建都鄙，以處子弟、公卿大夫，大者百里，其次七十里，其下五十里。而其外有封疆溝樹之固，其内有城郭、市朝、社稷、宗廟之别。使之朝夕涖事王朝，而退食於家。其家不出王城，而都鄙乃在三百里以至五百里之内，此猶民之廛里在國，而授田在鄉也。鄭武公爲周司徒，其詩曰：「適子之館兮，還予授子之粲兮。」鄭氏謂：「還在采邑之都。」然

❶「禄之」，據《禮記·王制》鄭注當作「之禄」。

列職於朝，常往返乎數百里之遠，則是在途之日多，而在朝之日鮮也，鄭氏之説其果然乎？ 采邑謂之都鄙者，都以其有邑都也，鄙以其在國之鄙也。 臣之於君，猶月之於日：月近日則其明缺，遠日則其明全；臣近君則其勢屈，遠君則其勢伸。故外諸侯世，内諸侯則禄而已；外諸侯曰君，内諸侯則曰長、曰主而已。 其城制不以宫隅而以門阿，其經涂不以環涂而以野涂，其卿不設三而立兩，其射侯不射三而射二，其守節不以玉而以角，其達節不以金而以竹，則其邑謂之都鄙，宜矣。然有社稷、臣民，其實國也，故亦曰「縣内之國」與「内諸侯」。

都鄙三等之制

《書》曰：「列爵惟五，分土惟三。」畿内之臣，其列爵與諸侯異，其受地與諸侯同。故《孟子》曰：「天子之卿受地視侯，大夫受地視伯，元士受地視子男。」然《周禮》上公九命，侯伯七命，子男五命，王之三公八命，卿六命，其大夫四命。 而士不言命，蓋上士三命，中士再命，下士一命也。以〔八命之公〕，六命之卿，其地視九命、七命之公〔侯〕；❶以四命之大夫，其地視七命之伯；以三命之元士，其地視五命之子男：蓋在内者卑其命而禄必視其外，則名有所屈而實有所養；在外者崇其命而禄大異乎内，❷則名有所伸而實有所守也。《載師》：「士田任近郊之地，家邑之田任稍地，小都之田任縣地，大都之田任畺地。」此所謂視侯伯子男者也。士之受田寡矣，而近地爲可容，故任之於近郊；公卿大夫之田多矣，非遠地不可，故任之於縣畺：此周采地之別也。鄭氏釋《大司徒》以《王制》縣内之數爲夏之采地，周則未聞；釋《小司徒》又曰「采地百里之國凡四都，五十里之國凡四縣，二十五里凡四甸」。孔穎達謂：「家邑、采地各二十五里，在三百里内；小都各受五十里，在四百里内；大都各受百里，在五百里内。」既曰「周之采地未聞」，又曰「采地二十五里之國凡四甸」，其言不特異於《孟子》，又自戾也。

夏商采地之制

《王制》曰：「天子之田方千里，公侯方百里，伯七十里，❸子男五十里。不能五十里者不合於天子，附於諸侯，曰附庸。天子三公之田視公侯，天子之卿視伯，天子之大夫視子男，天子之元士視附庸。」又曰：「天子之縣内，方百里之國

❶「七命」，原空闕，今據嘉慶本補；明本、庫本作「九命」，與前重複，誤也。
❷「其」，原脱，今據文例及嚴校補。
❸「公侯方百里伯七十里」，「百」、「伯」原誤倒，今據《禮記・王制》乙正。

九，七十里之國二十有一，五十里之國六十有三，凡九十三國。名山大澤不以朌，其餘以禄士，以爲間田。天子之元士不與。」又曰：「天子之縣内，方千里者，爲方百里者百。封方百里者九；其餘方百里者九十一。又封方七十里者二十一，爲方百里者十，方十里者二十九；其餘方百里者八十，方十里者七十一。又封方五十里者六十三，爲方百里者十五，方十里者七十五；其餘方百里者六十四，方十里者九十六。」鄭氏曰：「畿内大國九者，三公之田三，爲有致仕者副之爲六也；其餘三，待封王之子弟。次國二十一者，卿之田六，亦爲有致仕者副之爲十二，又三爲三孤之田；其餘六，亦以待封王之子弟。❶小國六十三，大夫之田二十七，亦爲有致仕者副之爲五十四；其餘九，亦以待封王之子弟。三孤之田不副者，以其無職，佐公論道耳。雖其致仕，猶可即而謀焉。」然則《王制》言王臣采邑之所視，與《孟子》之説不同，其爲夏商之法固可知矣。鄭氏以《王制》前所言爲商制，後所言爲夏制，不可考也。《周禮·載師》宅田任近郊之地，家邑、小都、大都之田乃在三百里至五百里之地，以近而狹者禄致仕之臣，遠而廣者禄公卿大夫及子弟，則是致仕之臣其禄少，公卿大夫及子弟其禄多也。鄭氏謂三等采邑皆有致仕之田，與公卿大夫、子弟地相埒，恐先王之法不然。

❶「亦以」，原作小字，今據明本、庫本、嘉慶本改作大字。

鄉遂都鄙三等之地

上地

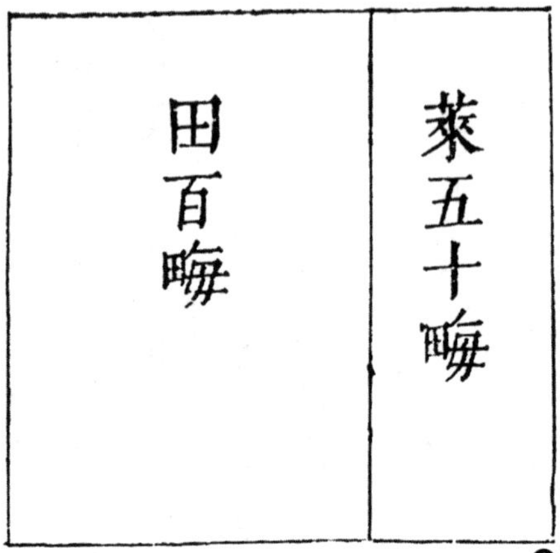

❶

中地

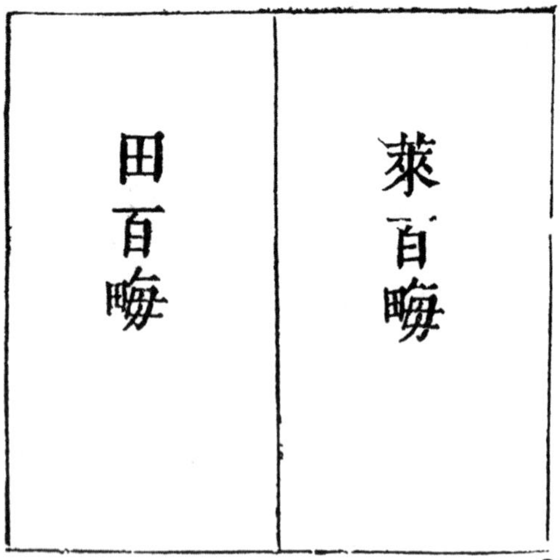

❷

❶ 圖中文字，原無，爲明本、庫本、嘉慶本所增。

❷ 圖中文字，原無，爲明本、庫本、嘉慶本所增。

下地

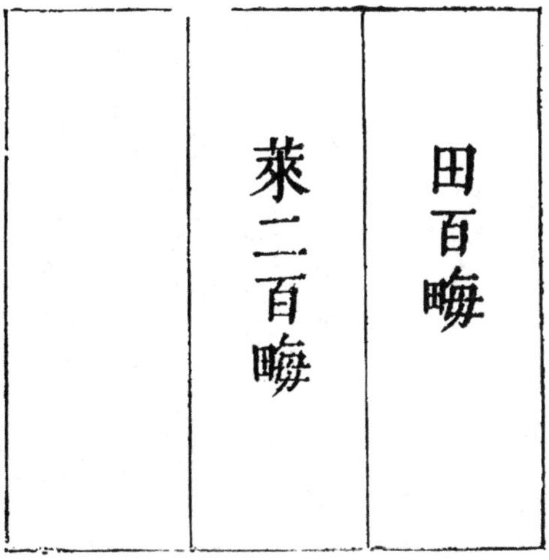

❶

《大司徒》：「凡造都鄙，不易之地家百畝，一易之地家二百畝，再易之地家三百畝。」《小司徒》：「均六鄉之土地：上地家七人，中地家六人，下地家五人。」《遂人》：「辨野之土地：上地，夫一廛，田百畝，萊五十畝，餘夫亦如之；中地，夫一廛，田百畝，萊百畝，餘夫亦如之；下地，夫一廛，田百畝，萊二百畝，餘夫亦如之。」《大司馬》：「凡令賦，以地與民制之。上地食者三之二，中地食者半，下地食者三之一。」《禮記・王制》：「上農夫食九人，其次食八人，其次食七人，其次食六人；下農夫食五人。庶人在官者，其禄以是爲差。」《孟子》曰：「上農夫食九人，上次食八人；中食七人，中次食六人；下食五人。」《爾雅》曰：「田一歲曰菑，二歲曰新田，三歲曰畬。」班固曰：「歲耕種者爲不易上田，休一歲者爲一易中田，休二歲者爲再易下田。士工商家受田，五口乃當農夫一人。此平土可以爲法者也。若山林藪澤原陵淳鹵之地，

❶ 圖中文字，原無，爲明本、庫本、嘉慶本所增。

各以肥磽多少爲差。」然則《周禮》於都鄙言易不易者，地事也；於鄉言所食者，❶地利也；於遂言田萊者，地力也。都鄙以政爲主，故以地事言之；鄉以人爲主，故以地利言之；遂以地爲主，故以地力言之。《司馬》之令賦，則欲知其地之厚薄，食之多寡，故亦以地利言之，其實一也。惟《遂人》上地有萊五十畝爲異於鄉與都鄙，以鄉之地狹於遂，而都鄙之地又輕於遂故也。然《周禮》上地家七人，而《王制》、《孟子》則上食九人，其次八人；中地家六人，而《王制》、《孟子》則中食七人，其次六人；下地家五人，而《王制》、《孟子》下食亦五人者，蓋先王之於民，養之欲其富，保之欲其庶，故家七人者必授以九人之上地，家六人者必授以七人之中地，下地則以地稱人而已。凡欲下地之民生齒之蕃，以及中上者而後慊，此富而庶之術也。《小司徒》：「井牧其田野。」春秋之時，楚蔿掩書土田之事，井衍沃，牧隰皋。大率二牧而當一井，則三家受六夫之地，與不易、一易、再易之法同也。漢趙過教民治田，一畝三甽，歲易其處，謂之代田，與一易、再易之意同也。觀《禹貢》之田，上上以至下下，凡九等。蔿掩別楚地，自土田以至衍沃，亦九等。「書土田，度山林，鳩藪澤，辨京陵，表淳鹵，數疆潦，規偃豬，町原防，牧隰皋，❷井衍沃，以授子木。」而《周禮》所言上中下地，三等而已，蓋總其大致然也。鄭氏謂「自二人以至於十爲九

❶「言」，原脱，今據文例及《群書考索》卷六十四《地理門·田制類》所引補。

❷「臯」，原誤作「皐」，今據庫本、嘉慶本及《左傳》襄二十五年改。

等，七、六、五者爲其中。」如此，則是二人、三人、四人，下地之三等也；五人、六人、七人，中地之三等也；八人、九人、十人，上地之三等也。《孟子》、《王制》舉上中地而不及下，《周禮》舉中地而不及上下，然《周禮》言上地、中地、下地，而《孟子》、《王制》或言上次、下次，或言上中下，是九等之地在其中矣。孰謂各舉其偏哉？《遂人》三等之田萊，《大司馬》三等之軍賦，其言上中下地，與《司徒》三等之地同。

禮書卷第二十五終

禮書卷第二十六

尺　步　畝　夫　屋　井　邑丘　甸成

縣都　通　成終❶　同

十寸之尺❷

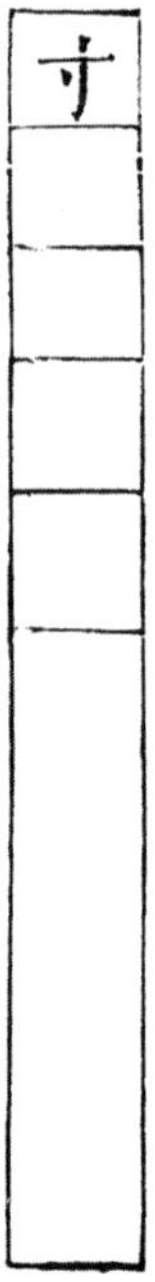

❸

八寸之尺

《家語》曰：「布指知寸，布手知尺。」

《投壺記》曰：「籌，室中五扶，堂上七扶。」

《公羊傳》曰：「膚寸而合。」鄭氏曰：「鋪四指曰扶，一指按寸。」何休曰：「側手爲膚，按指爲寸。」扶即膚耳。然則寸尺之度，取諸身也。《漢律曆志》曰：「一黍之廣爲分，十分爲寸，十寸爲尺。」然則寸尺之廣，又取諸物也。先王制法，近取諸身，遠取諸物，足以考信而無疑焉，然後尺寸之度起矣。則指尺之與黍尺，一也。黍有巨細，故尺有長短。先儒以黍之巨者積而爲寸，則於膚指不合，於是有指、黍二尺之辨：謂圭璧之屬用指尺，冠冕尊彝之屬用黍尺，豈其然乎？《周禮·典瑞》：「璧羨以起度。」《考

❶「通」、「成」，此二字原誤乙，今據目録、文中小題次序乙正。

❷明本文中小題、庫本文中小題、嘉慶本文中小題此處以「尺」爲正題，合此小題及下小題作副題。

❸圖中文字，原無，爲明本、庫本、嘉慶本所增。

工記》：「璧羨度尺，好三寸，以爲度。」璧徑九寸，羨而長之，從十寸，廣八寸，同謂之度尺，則周之法十寸、八寸皆爲尺也。《考工記》於案言十有二寸，於鎮圭言尺有二寸，此十寸尺之證也。《說文》曰：「咫，八寸，周尺也。」《王制》曰：「周尺八尺爲步，今以周六尺四寸爲步。」六尺四寸乃八尺爾，此八寸尺之證也。餘見黼斛門。《隋書》所載歷代之尺，至有一十五種，蓋古尺既廢，後世長短異同之論遂不一也。

步六尺爲步。

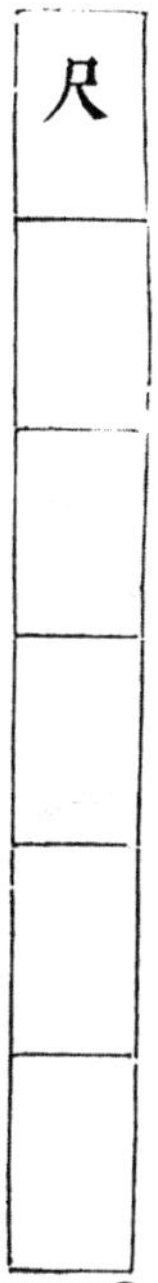

❶

單穆公曰：「目之察度也，不過步武之間。」荀卿曰：「立視前六尺而大之，六六三十六，三丈六尺。」然則荀卿所謂六尺者，步也；單穆公所謂步者，六尺也。故《司馬法》曰：「六尺爲步，步百爲畝。」班固論建步立畝，亦祖之以爲說，則古者以六尺爲步明矣。《王制》言：「古者以周尺八尺爲步，今以周六尺四寸爲步。古者百畝當今東田百四十六畝三十步，古者百里當今百二十一里六十步四尺二寸二分。」然六尺四寸者，十寸之尺也。十寸之尺六尺四寸，乃八寸之尺八尺也。其步數與荀卿之說不同，蓋各述其所傳然也。

❶ 圖中文字，原無，爲明本、庫本、嘉慶本所增。

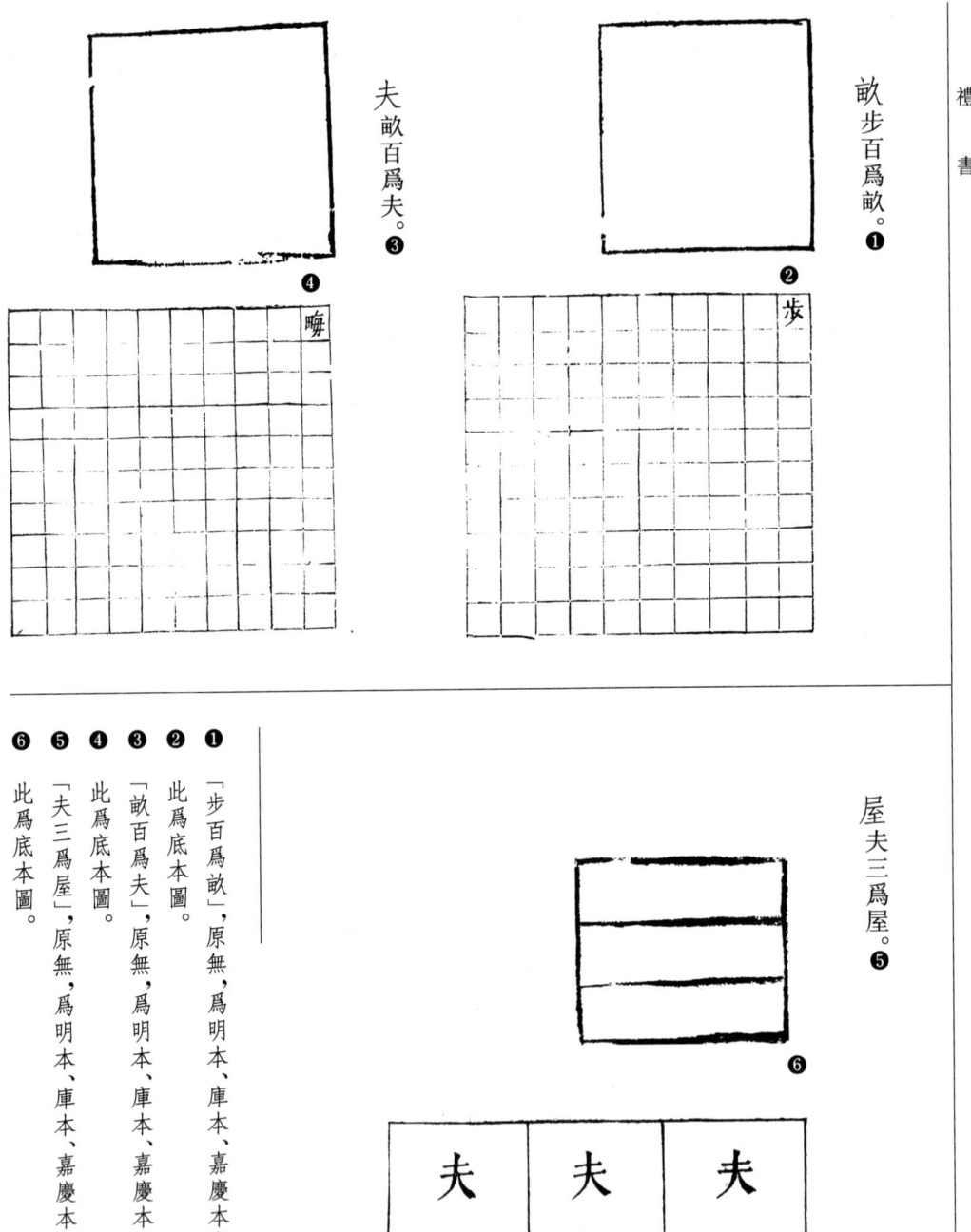

畝步百爲畝。❶

❷

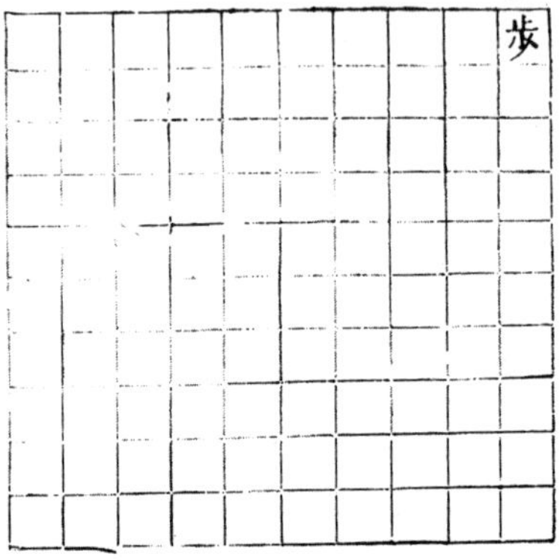

夫畝百爲夫。❸

❹

屋夫三爲屋。❺

❻

❶「步百爲畝」，原無，爲明本、庫本、嘉慶本所增。

❷此爲底本圖。

❸「畝百爲夫」，原無，爲明本、庫本、嘉慶本所增。

❹此爲底本圖。

❺「夫三爲屋」，原無，爲明本、庫本、嘉慶本所增。

❻此爲底本圖。

井屋三爲井。❶

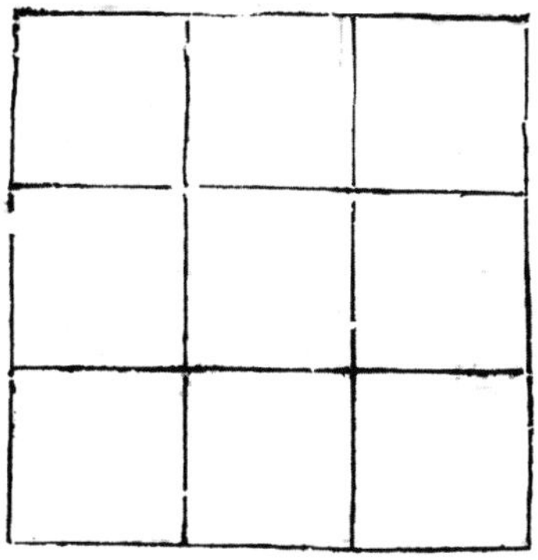

邑四井爲邑。❷

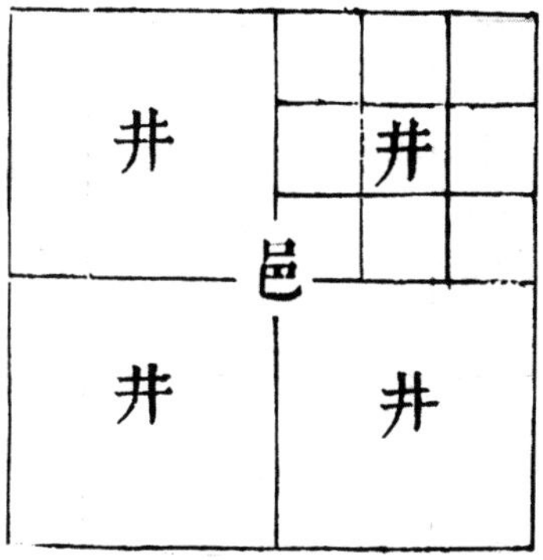

❸

丘四邑爲丘。❹

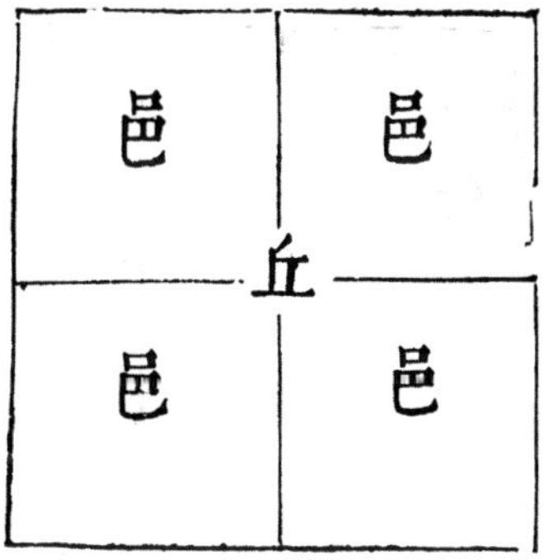

❺

❶「屋三爲井」，原無，爲明本、庫本、嘉慶本所增。

❷「四井爲邑」，原無，爲明本、庫本、嘉慶本所增。

❸圖中文字，原無，爲明本、庫本、嘉慶本所增。

❹「四邑爲丘」，原無，爲明本、庫本、嘉慶本所增。

❺圖中文字，原無，爲明本、庫本、嘉慶本所增。

甸四丘爲甸，方八里，凡六十四井，五百七十六夫之地。❶

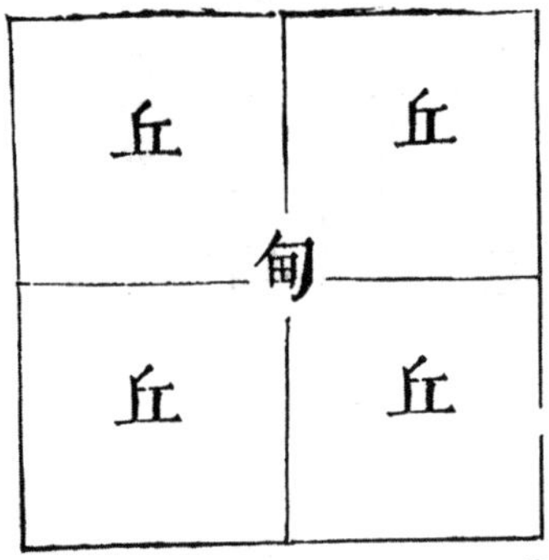

❷

成甸旁加一里爲溝洫，則爲十里之成。凡百井九百夫之地，以五百七十六夫出稅，餘三百二十四夫治溝洫。❸

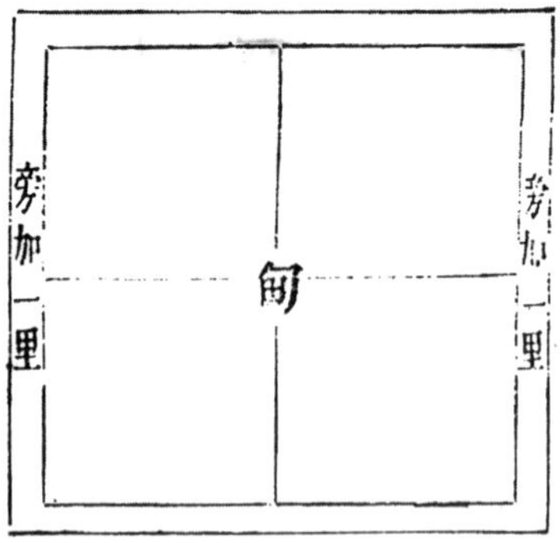

❹

❶「四丘」至「之地」，原無，爲明本、庫本、嘉慶本所增。唯「丘」字，嘉慶本作「邱」。

❷圖中文字，原無，爲明本、庫本、嘉慶本所增。

❸「甸旁」至「溝洫」，原無，爲明本、庫本、嘉慶本所增。

❹圖中文字，原無，爲明本、庫本、嘉慶本所增。

縣四甸爲縣，方十六里，旁加爲二十里。❶

❷

都四縣爲都，方三十二里，旁加爲四十里。❸

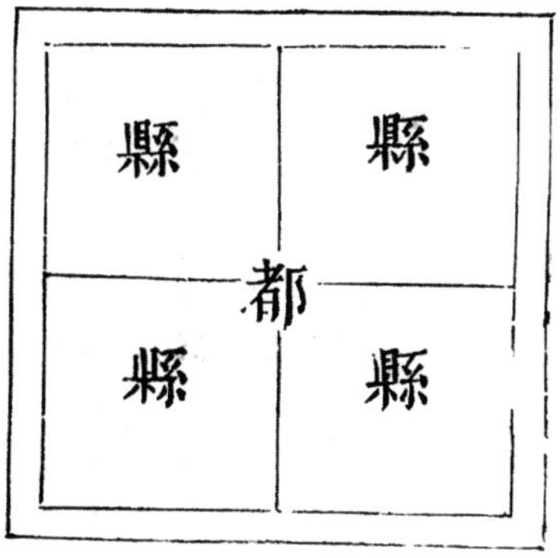

❹

通四都方八十里，旁加十里，則方百里，爲同。同十成，成百井。則同，一萬井、九萬夫之地。井田之法備於此也。❺

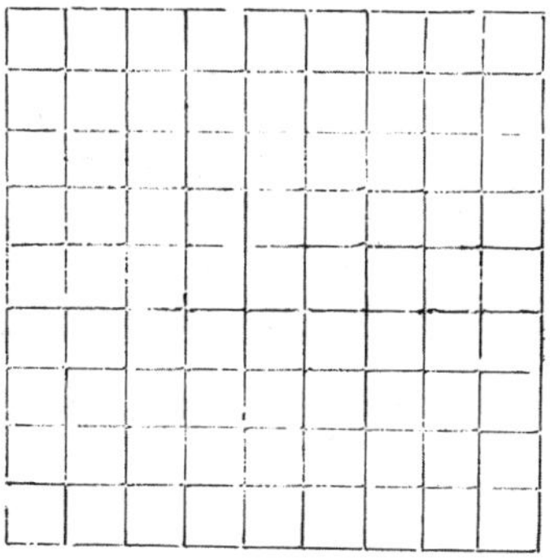
❻

❶「四甸」至「二十里」，原無，爲明本、庫本、嘉慶本所增。

❷圖中文字，原無，爲明本、庫本、嘉慶本所增。

❸「四縣」至「四十里」，原無，爲明本、庫本、嘉慶本所增。

❹圖中文字，原無，爲明本、庫本、嘉慶本所增。

❺「四都」至「此也」，原無，爲明本、庫本、嘉慶本所增。然此注文與小題「通」似不甚相應，嘉慶本目録、文中小題、禮圖標題三處將此小題改作「同」。

❻此圖嘉慶本漫漶不清，故用底本圖。

成《司馬法》曰：「井十爲通，通十爲成，成十爲終，終十爲同。」井十爲通，則九十夫之地三分去一，止六十夫。又有不易、一易、再易，率三夫受六夫之地，惟三十家。❶

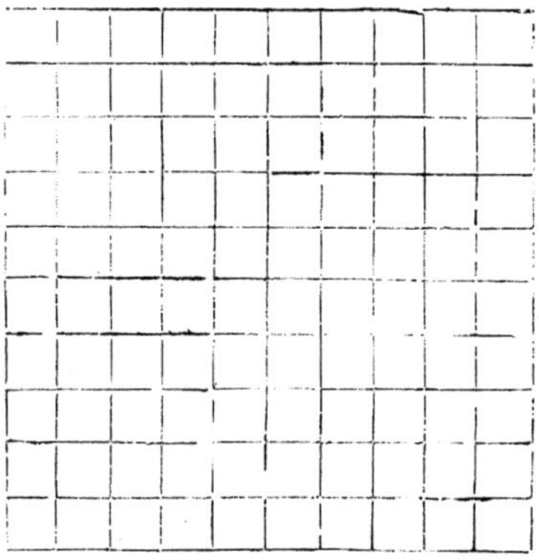

終通十爲成，成十爲終，九千夫之地。❷

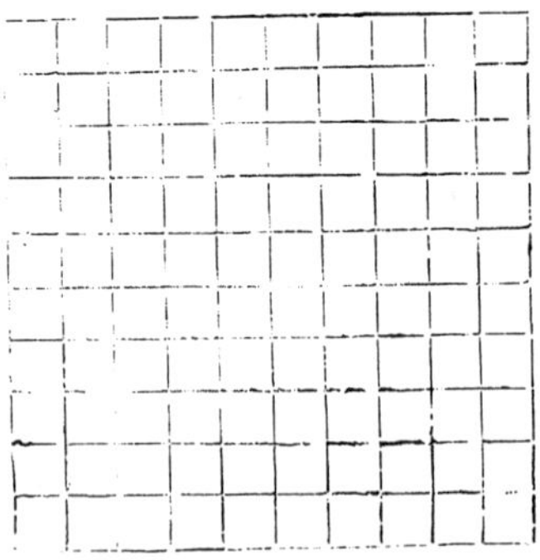

❶ 小題「成」，嘉慶本目録、文中小題、禮圖標題皆作「通」，或是據下所增之注文改也。「司馬法」至「三十家」，原無，爲明本、庫本、嘉慶本所增。「再易」下，明本文中小題、庫本文中小題有「三爲」二字，似衍也；明本禮圖標題「再易」下空兩格，當是原有此二字，後删。又「再易」下，嘉慶本文中小題爲「三等通」，則「三等」歸上以總不易、一易、再易，「通」字歸下，而成「通率」，此或據《周禮·小司徒》之職賈疏「又不易、一易、再易，通率三夫受六夫之地，是三十家也」成文。

❷ 「通十」至「之地」，原無，爲嘉慶本所增。明本、庫本則只增「成十」至「之地」。

同終十爲同，方百里。然《考工記》：「十里爲成，百里爲同。」則同，十成也。《司馬法》則「十成爲終，十終爲同」者，先儒謂終者據同一畔終頭爲言。然則十成爲終，其地也；十終爲同，其畔也。❶

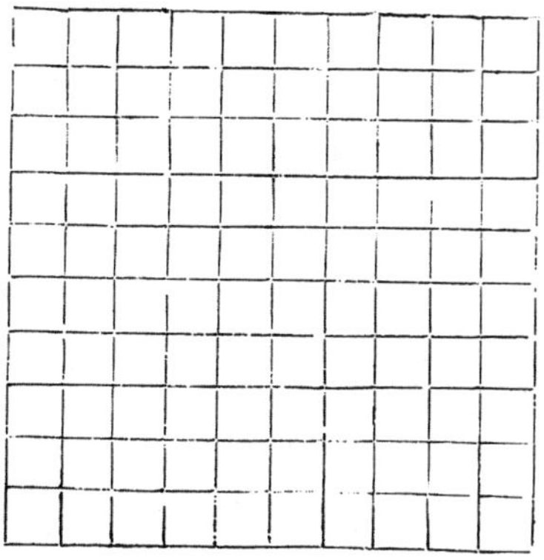

《虞書》：「禹曰：『濬畎澮距川。』」《小司徒》：「乃經土地而井牧其田野：九夫爲井，四井爲邑，四邑爲丘，四丘爲甸，四甸爲縣，四縣爲都，以任地事而令貢賦，凡稅斂之事。」「此謂造都鄙也。采地制井田，異於鄉遂，重立國。小司徒爲經之，立其五溝、五塗之界，其制似『井』之字，因取名焉。鄭司農云：『井牧者，《春秋傳》所謂「井衍沃、牧隰皋」者也。』玄謂隰皋之地，九夫爲牧，二牧而爲一井。今造都鄙授民田，有不易，有一易，有再易，通率二而當一，是之謂井牧。昔夏少康在虞思，有田一成，有衆一旅。一旅之衆而田一成，則井牧之法先古然矣。九夫爲井者，方一里，九夫所治之田也。此制小司徒經之，匠人爲之溝洫，相包乃成耳。邑丘之屬相連比，以出田稅。溝洫爲除水害。四井爲邑，方二里。四邑爲丘，方四里。四丘爲甸，甸之言乘也，讀如『乘甸』之甸，方八里，旁加一里，則方十里爲一成。積百井，九百夫。其中六十四井，五百七十六夫出田稅，三十六井，三百二十四夫治洫。四甸爲縣，方二十里。四縣爲都，方四十里。四都方八十里，旁加十里，乃得方百里，爲一同也。積萬井，九萬夫。其四千九十六井，三萬六千八百六十四夫，出田稅；二千三百四井，二萬七百三十六夫，治洫；三千六百井，三萬

❶「終十」至「畔也」，原無，爲明木、庫本、嘉慶本所增。

二千四百夫，治澮。井田之法備於一同，今止於都者，采地食者皆四之一，其制三等：百里之國凡四都，一都之田税入於王；五十里之國凡四縣，一縣之田税入於王；二十五里之國凡四甸，一甸之田税入於王。地事，謂農、牧、衡、虞也。貢，謂九穀、山澤之材也。賦，謂出車徒，給繇役也。❶《司馬法》曰：『六尺爲步，步百爲畝，畝百爲夫，夫三爲屋，屋三爲井，井十爲通。通爲匹馬，三十家，士一人，徒二人。通十爲成，成百井，三百家，革車一乘，士十人，徒二十人。十成爲終，終千井，三千家，革車十乘，士百人，徒二百人。十終爲同，同方百里，萬井，三萬家，革車百乘，士千人，徒二千人。』」《遂人》：「辨其野之土，上地、中地、下地，以頒田里：上地，夫一廛，田百畝，萊五十畝，餘夫亦如之；中地，夫一廛，田百畝，萊百畝，❷餘夫亦如之；下地，夫一廛，田百畝，萊二百畝，餘夫亦如之。❸凡治野：夫間有遂，遂上有徑；十夫有溝，溝上有畛；百夫有洫，洫上有涂；千夫有澮，澮上有道；萬夫有川，川上有路，以達于畿。」「十夫二鄰之田，百夫一酇之田，千夫二鄙之田，萬夫四縣之田。遂、溝、洫、澮，皆所以通水於川也。萬夫者方三十三里少半里，❹九而方一同。以南畝圖之，則遂從溝横，洫從澮横，九澮而川周其外焉。去山陵、林麓、川澤、溝瀆、城郭、宮室、涂巷三分之制，其餘如此，以至於畿，則中雖有都鄙，遂人盡主其地。」《匠人》：「爲溝洫。「主通利田間之水道。」耜廣五寸，二耜爲耦。一耦之伐，❺廣尺、深尺，謂之甽。田首倍之，廣二尺、深二尺，謂之遂。

---

❶「繇」，原誤作「餘」，今據庫本、嘉慶本及《周禮·小司徒》鄭注改。

❷「萊」下，原有空格，明本、庫本、嘉慶本空格處皆作「二」。據《周禮·遂人》無「二」字。

❸「下地」至「如之」，原脱，今據嘉慶本及《周禮·遂人》補。

❹上「三」，原誤作「二」，今據庫本及《周禮·遂人》鄭注改。

❺「一耦之伐」，原作小字，今據明本、庫本、嘉慶本及《周禮·匠人》改作大字。

「古者耜一金，兩人併發之，其壟中曰甽，甽上曰伐。伐之言發也。甽，畎也。今之耜岐頭，兩金，象古之耦也。❶田一夫之所〔佃〕百畝，方百步地。遂者，夫間小溝。遂上亦有徑。」**九夫爲井，井間廣四尺、深四尺，謂之溝。方十里爲成，成間廣八尺、深八尺，謂之洫。方百里爲同，同間廣二尋、深二仞，謂之澮。」**「此畿内采地之制。九夫爲井，井者方一里，九夫所治之田也。采地制井田，異於鄉遂及公邑。三夫爲屋。屋，具也。一井之中，三屋九夫，〔三〕三相具，以出賦税，共治溝也。方十里爲成，成中容一甸，甸方八里，出田税，緣邊一里治洫。方百里爲同，同中容四都、六十四成，方八十里，出田税，緣邊十里治澮。采地者，在三百里、四百里、五百里之中。《載師》職曰：『園廛二十而一，近郊什一，遠郊二十而三，甸、稍、縣、都皆無過十二。』謂田税也，皆就夫税之輕近重遠耳。滕文公問爲國於孟子，孟子曰：『夏后氏五十而貢，商人七十而助，周人百畝而徹，其實皆十一也。❷徹者，徹也；助者，藉也。龍子曰：「治地莫善於助，莫不善於貢。」貢者，校數歲之中以爲常。』文公又問井田，孟子曰：『請野九一而助，國中什一使自賦。❸卿以下必有圭田，圭田五十畝。餘夫二十五畝。死徙無出鄉，鄉田同井，出入相友，守望相助，疾病相扶持，則百姓親睦。方里而井，井九百畝，其中爲公田。八家皆私百畝，同養公田。公事畢，然後藝私事，❹所以別野人也。』又曰：『《詩》云：「雨我公田，遂及我私。」惟助爲有公田。由此觀之，雖周亦助也。』魯哀公問於有若曰：『年饑，用不足，如之何？』有若對曰：『盍徹乎？』曰：『二，吾猶不足，如之何其徹也！』《春秋》宣十五年：『秋，初税畝。』傳曰：『非禮也。穀出不過藉，以豐財也。』此數者，世人謂之錯而疑焉。以《載師》職及《司馬法》論之，周制，畿内用夏之貢法，税夫無公田。以《詩》、《春秋》、《論語》、《孟子》論之，周制，邦國用商之助法，制公田，不税

❶「古」，原誤作「士」；「耦」，原誤作「謂」，今皆據明本、庫本、嘉慶本及《周禮·匠人》鄭注改。

❷「十」，明本、庫本、嘉慶本作「什」，與《周禮·匠人》鄭注原文同。

❸「自」，原誤作「目」，今據明本、庫本、嘉慶本及《周禮·匠人》鄭注改。

❹「藝」，明本、庫本、嘉慶本作「治」，與《孟子·滕文公》原文同。

夫。貢者，自治其所受田，貢其税穀。助者，借民之力以治公田，又使收斂焉。畿内用貢法者，鄉遂及公邑之吏，旦夕從民事，爲其促之以公，使不得恤其私。邦國用助法者，諸侯專一國之政，爲其貪暴，税民無藝。周之畿内，税有輕重。諸侯謂之徹者，通其率以什一爲正。孟子云：『野九夫而税一，國中什一。』是邦國亦異外内之法耳。圭之言圭絜也，周謂之士田。鄭司農説以《春秋傳》曰：『有田一成。』又曰：『列國一同。』」《王制》：「方一里者，爲田九百畝。方十里者，爲方一里者百，爲田九萬畝。方百里者，爲方十里者百，爲田九十億畝。方千里者，爲方百里者百，爲田九萬億畝。❶凡四海之内，斷長補短，方三千里，爲田八十萬億一萬億畝。方百里者，爲田九十億畝，山陵、林麓、川澤、溝瀆、城郭、宫室、塗巷，三分去一，其餘六十億畝。古者以周尺八尺爲步，今以周尺六尺四寸爲步。古者百畝當今東田百四十六畝三十步，古者百里當今百二十一里六十步四尺二寸二分。」《詩》：「信彼南山，維禹甸之。畇畇原隰，曾孫田之。「甸，治也。」箋云：「禹治而丘甸之。」我疆我理，南東其畝。中田有廬，疆埸有瓜，是剥是菹。」《甫田》曰：「倬彼甫田，歲取十千。」箋云：「甫之言丈夫也。明乎彼太古之時，以丈夫税田也。歲取十千，於井田之法則一成之數也。九夫爲井，井税一夫，其田百畝。井十爲通，通税十夫，其田千畝。通十爲成，成税百夫，其田萬畝。欲見其數從井、通起，故言十千。上地穀畝一鍾。」❷《文王有聲》曰：「築城伊淢，作豐伊匹。」「淢，成溝也。匹，配也。」箋曰：「方十里曰成，淢其溝也，廣深各八尺。」「駿發爾私，終三十里。亦服爾耕，十千維耦。」「私，民田也。言上欲富其民，而讓於下，欲民之大發其私田耳。終三十里，言各極其望也。」箋

❶「田九」，原誤作「方田」，今據庫本、嘉慶本及《禮記・王制》改。

❷「鍾」，原誤作「種」，今據嘉慶本及《毛詩・甫田》並鄭箋改。

云：「駿，疾也。發，伐也。亦，大。服，事也。使民疾耕，發其私田，竟三十里者，一部一吏主之，於是民大事耕其私田，萬耦同時舉也。《周禮》曰：『凡治野田：❶夫間有遂，遂上有徑；十夫有溝，溝上有畛；百夫有血，洫上有塗；千夫有澮，澮上有道；萬夫有川，川上有路。』計此萬夫之地，方三十里少半里也。❷耜廣五寸，二耜爲耦。一川之間萬夫，故有萬耦耕。言三十里者，舉其成數。」《春秋》宣十五年：「初稅畝。」《左傳》曰：「非禮也。穀出不過藉。」「民耕百畝，公田十畝，❸借民力治之，稅不過此。」成元年：「作丘甲。」「《周禮》：『九夫爲井，四井爲邑，四邑爲丘。』丘十六井，出戎馬一匹，牛三頭。四丘爲甸，甸六十四井，出長轂一乘，❹戎馬四匹，牛十二頭，甲士三人，步卒七十二人。此甸所賦，今魯使丘出之，譏重斂，故書。」哀十二年：「用田賦。」《左傳》曰：「季孫欲以田賦，「丘賦之法，因其田財，通出馬一匹，牛三頭。今欲別其田及家財，各爲一賦，故言田賦。」使冉有訪諸仲尼。仲尼曰：『丘不識也。』三發，卒曰：『子爲國老，待子而行，何子之不言也。』仲尼不對，而私於冉有曰：『君子之行也，度於禮，施取其厚，事舉其中，斂從其薄，如是則以丘亦足矣。若不度於禮，而貪冒無厭，則雖以田賦，將又不足。且子季孫，若欲行而法，則周公之典在。若欲苟而行，又何訪焉？』」《左傳》又曰：「楚蔿掩爲司馬，書土田，度山林，鳩藪澤，辨京陵，表淳鹵，數疆潦，規偃豬，町原防，牧隰皋，井衍沃。」襄二十五年。又曰：「昔夏后少康在虞思，有田一成，有衆一旅。」《公羊》曰：「初稅畝。初者何？始也。稅

❶「田」，原誤作「甲」，今據明本、庫本、嘉慶本及《毛詩·文王有聲》鄭箋、《周禮·遂人》改。

❷「三十」，據《毛詩·噫嘻》鄭箋當作「三十三」。

❸「田」，原誤作「曰」，今據嘉慶本及《左傳》宣十五年杜注改。

❹「轂」，原誤作「穀」，今據明本、庫本、嘉慶本及《左傳》成元年杜注改。

畝者何？履畝而税也。何以書？譏始履畝而税也。古者什一而藉。什一者，天下之中正也。多乎什一，大桀小桀；寡乎什一，大貉小貉。什一者，天下之中正也。什一行而頌聲作矣。」何休曰：「聖人〔制〕井田之法而口分之，一夫婦受田百畝，以養父母妻子。五口爲一家，公田十畝，即所謂什一而税也。廬舍二畝半，凡爲田一頃十二畝半。八家而九〔頃，共爲〕一井，故曰井田。廬舍在内，貴人也；公田次之，重公也；私田在外，賤私也。井田之義：一曰無泄地氣，二曰無費一家，三曰同風俗，四曰合巧拙，五曰通財貨。因井田以爲市，故俗語曰市井。種穀不得種一，以備災害。田中不得有樹。還〔廬舍種桑荻雜〕菜，畜五母雞，兩母豕，瓜果種疆畔。女工蠶織，老者得衣帛焉，得〔食肉焉〕，死者〔得〕葬焉。❶多於五口，名曰餘夫。餘夫以率受田二十五畝。十井共出兵車一乘。司空謹別田之高下善惡，分爲三品：上田一歲一墾，中田二歲一墾，下田三歲一墾。肥饒不得獨樂，〔磽确〕不得獨苦。故三年一換土易居，財均力平，兵車素定，是謂均民力，彊國家。❷在田曰廬，在邑曰里，一里八十户，八家共一巷。中里爲〔校〕室，選其耆老有高德者名曰父老，其有辨護伉健者爲里正，皆受倍〔田，得〕乘馬。父老比三老孝悌官屬，里正比庶人在官之吏。民春夏出田，秋冬入〔保城郭〕。田作之時，春，父老及里正旦開門，坐塾上，晏出後時者不得出，莫不持〔樵〕者不得入。五穀畢入，民皆居宅，里正趨緝。男女同巷，相從夜績，至於夜中，故女功一月得四十五日〔作。從〕十月盡正月止。」哀十二年：「用田賦。」《公羊》曰：「譏始用田賦也。」「田謂一井之田。賦者，斂取其財物也。言『用田賦』者，若今漢家斂民錢，以田爲率矣。不言井者，城郭里巷亦有井，嫌悉賦之。禮，税民公田不過什一，軍賦十井不過一乘。哀公外慕彊吴，空盡國〔儲〕，故復用田賦，過什一。」《穀梁》曰：「初税畝者，始也。古者什一，藉而

❶「死者」，原誤作「多於」，今據明本、庫本、嘉慶本及《公羊傳》宣十五年何注改。

❷「彊」，原誤作「疆」，今據明本、庫本、嘉慶本及《公羊傳》宣十五年何注改。

不税。初税畝，❶非正也。古者三百步爲里，名曰井田。井田者，九百畝，公田居一。私田稼不善，則非吏；公田稼不善，則非民。初税畝者，非公之去公田而履畝，十取一也，以公之與民爲已悉矣。古者公田爲居，井竈葱韭盡取焉。」成元年：「作丘甲。」《公羊》曰：「丘甲何以書？譏。何譏爾？譏始丘使也。」「四井爲邑，四邑爲丘。甲，鎧也。譏始使丘民作鎧也。」《穀梁》曰：「作丘甲，「《周禮》：『九夫爲井，四井爲邑，四邑爲丘。』」丘爲甲也。兵甲，國之事也，丘作甲，非正也。丘作甲之爲非正，何也？古者立國家，百官具，農工皆有職以事上。古者四民，有士民，有商民，有農民，有工民。夫甲非人人之所能爲也。丘作甲，非正也。」「用田賦。「古者九夫爲井，十六井爲丘，丘賦之法，因其田財，❷通共出馬一匹，牛三頭。今別其田及家財，〔各出〕此賦。言用者，非所宜用而用。」古者公田什一，用田賦，非正也。」「古者五口之家，受田百畝，爲官田十畝，是爲私得其什而官税其一，故曰什一。周謂之徹，商謂之助，夏謂之貢，其實一也，皆通法也。今乃棄中平之法，❸而田財並〔賦〕，言其賦〔民〕甚矣。」《孟子》曰：「夏后氏五十而貢，商人七十而助，周人百畝而徹，其實皆什一也。《詩》云：『雨我公田，遂及我私。』惟助爲有公田。由此觀之，雖周亦助也。」又曰：「請野九一而助，國中什一使自賦。卿以下必有圭田，圭田五十畝。餘夫二十五畝。鄉田同井，出入相友，守望相助，疾病相扶持，則百姓親睦。方里而井，井九百畝，其中爲公田。八家皆私百畝，同養公田，公事畢然後敢治私事，此所以別野人

❶「初税」，原作小字，今據明本、庫本、嘉慶本改作大字。
❷「田」，原誤作「日」，今據明本、庫本、嘉慶本改。
❸「平」，原誤作「下」，今據明本改。

也。」《前漢志》曰：「理民之道，地著爲本。故必建步立畝，正其經界。六尺爲步，步百爲畝，畝百爲夫，夫三爲屋，屋三爲井，井方一里，是爲九夫。八家共之，各受私田百畝，公田十畝，是爲八百八十畝，餘二十畝以爲廬舍。出入相友，守望相助，疾病相救，民是以和睦，而教化齊同，力役生産，可得而平也。民受田，上田夫百畝，中田夫二百畝，下田夫三百畝。歲耕種者，爲不易上田；休一歲者，爲一易中田；休二歲者，爲再易下田。三歲更耕之，自爰其處。❶農民户一人已受田，❷其家衆男爲餘夫，亦以口受田如比。士工商家受田，❸五口乃當農夫一人。此謂平土可以爲法者也。若山林、藪澤、原陵、淳鹵之地，各以肥磽多少爲差。民年二十受田，六十歸田。七十以上，上所養也；十歲以下，上所長也；十一以上，上所强也。種穀必雜五種，以備災害。田中不得有樹，用妨五穀。力耕數耘，收穫如寇盗之至。還廬樹桑，菜茹有畦，瓜瓠果蓏，殖於疆場。雞豚狗彘毋失其時，女修蠶織，則五十可以衣帛，七十可以食肉。在野曰廬，在邑曰里。春將出民，里胥平旦坐於右塾，鄰長坐於左塾，畢出然後歸，夕亦如之。入者必持薪樵，輕重相分，班白不提挈。冬，民既入，婦人同巷，相從夜績，女工一月得四十五日。周室既衰，暴君污吏〔慢〕其〔經〕界，〔繇役〕横作，政令不信，上下相詐，公田不治。故〔魯宣公初税畝〕，《春秋》譏焉。李悝爲魏文侯作盡地力之〔教，以爲地

❶「爰」，原誤作「受」，今據嘉慶本及《漢書·食貨志》改。

❷「一」，原脱，今據明本、庫本、嘉慶本及下文之意補。

❸「士」下，原衍「農」字。按下既言「當農夫」，則上不當有農。今據《漢書·食貨志》删。

方百里〕，提封九萬頃，除山澤邑居參分去一，〔爲田六〕百萬畝，治田勤謹則畝益三升，不勤則損亦如之。地方百里之增減，輒爲粟百八十萬石矣。武帝末年，〔以趙過〕爲搜粟都尉。過能爲代田，一畝三甽，歲代其處，〔故〕曰代田，古法也。后稷始甽田，以二耜爲耦，廣尺深尺曰甽，長終畝。一畝三甽，一夫三百甽，而播種於甽中。苗〔生〕葉以上，稍耨隴草，因隤其土以附苗根。故其《詩》曰：『或耘或耔，黍稷儗儗。』芸，除草也。耔，附根也。言苗稍壯，每耨輒附根，比盛暑，隴盡而根深，能風與旱，故儗儗而盛也。其耕耘下種田器，皆有便巧。率十二夫爲田一井一屋，故畝五頃，用耦犂，二牛三人，一歲之收常過縵田畝一斛以上，善者倍之。過使教田太常、三輔，大農置工巧奴與從事，爲作田器。二千石遣令長、三老、力田及里父老善田者受田器，學耕種養苗狀。民或苦少牛，亡以趨澤，故平都令光教過以人輓犂。過奏光以爲丞，教民相與庸輓犂。率多人者田日三十畝，少者十三畝，以故田多墾闢。」《書》曰：「濬畎澮距川。」《詩》曰：「惟禹甸之。」《語》曰：「禹盡力乎溝洫。」《春秋傳》曰：「少康之在虞思，有田一成，有衆一旅。」則井田溝洫之制尚矣。《周官・小司徒》：「經土地而井牧其田野：九夫爲井，四井爲邑，四邑爲丘，四丘爲甸，四甸爲縣，四縣爲都，以任地事，以令貢賦。」《遂人》：「凡治野：夫間有遂，遂上有徑；十夫有溝，溝上有畛；百夫有洫，洫上有涂；千夫有澮，澮上有道；萬夫有川，川上有路，以達于畿。」《考工記》：「匠人爲溝洫。廣尺深尺，謂之甽。田首倍之，廣二尺、深二尺，謂之遂。九夫爲井，井間廣四尺、深四尺，謂之溝。方十里爲成，成間廣八尺、深八尺，謂之洫。方百里爲同，同間廣二尋、深二仞，謂之澮。」《司馬法》：「六尺爲步，步百爲畝，畝百爲夫，夫三爲屋，屋三爲井，井十爲成，成十爲通，通十爲終，終十爲同。蓋三屋爲井，井方一里，九夫。四井爲邑，邑方二里，三十六夫。十六井爲丘，丘方四里，❶百四十四夫。六十四井爲甸，甸方八里，五百七十六夫。二百五十六井爲縣，縣方十六里，二千三百四夫。一千二十四井爲都，都方三十二里，九千二百一十六夫。」鄭康成以《小司徒》有邑、甸、縣、都之别，而其名與采邑同；《匠人》有甽、遂、溝、洫、澮之制，而多寡與《遂人》異，故言采地制井田，鄉遂公邑制溝洫。又謂鄉遂公邑之吏，或促民以公，使不得恤其私；諸侯專國之政，或恣爲貪暴，税民無藝，故畿内用夏貢，邦國用商助。賈公彦之徒遂以《載師》自國中園廛以至甸稍縣都皆無過十二，是鄉遂及四等公邑皆用貢而無助，以明鄉遂特爲溝洫而已。然先王之爲井田也，使所飲同井，所食同田，所居同廛，所服同事，出入相友，守望相助，疾病相扶持，鄉遂六軍之所寓，庸豈各授之田而不爲井法乎？《大田》之詩言「曾孫來止」，而歌「雨我公田，遂及我私」；《噫嘻》之詩言「春夏祈穀于上帝」，而歌「駿發爾私，終三十里。亦服爾耕，十千維耦」；《周官·遂人》言「興耡」，《旅師》有「耡粟」，此鄉遂井田之事也。鄭氏以鄉遂無井田，而又以《〈遂

❶「丘方四里」，原誤作「丘四百里」，今據嘉慶本及元黄鎮成《尚書通考》卷五《五禮》、明唐順之《稗編》卷一百三所引改。程校補「方」字而未删「百」字。

人〕》之法釋《詩》，以一井之法釋《旅師》，是自戾也。《孟子》曰：「〔鄉田〕同井，請野九一而助。」則鄉遂之爲井田可知矣。《載〔師〕》之所徵賦非一夫受田之法，而甸稍縣都皆無過〔十〕二，則采地有不爲井田可知矣。井田之制，方里而井，八家皆〔私百畝，其〕中爲公田，而廬舍在焉。公田八十畝而家治十畝，廬舍二十畝而家二畝半。〔廬〕舍在內，貴人也；公田次之，重公也；私田在外，賤私也。民年二十受田，六十歸田，而任之也有期；强者有所加予，罷者有所罰辱，而勸之也有法。此民所以樂事勸功，而無憾於養生送死也。先王之時，上以仁撫下，下以義事上。以仁撫下，故先民而後公，則「駿發爾私」是也；以義事上，故先公而後己，則「雨我公田，遂及我私」是也。又私田稼不善則非吏，公田稼不善則非民，庸有鄉遂公邑之吏促民以公，使不恤其私者乎？《小司徒》「九夫爲井」，《匠人》亦「九夫爲井」。井間有溝，自井地言之也。《遂人》「十夫有溝」，兼溝涂言之也。然《遂人》「百夫有洫」，而《匠人》「十里爲成，成間有洫」，則九百夫之地。《遂人》「千夫有澮」，而《匠人》「百里爲同，同間有澮」，則九萬夫之地。其不同何耶？成間有洫，非一成之地包以一洫而已，謂其間有洫也；同間有澮，非一同之地包以一澮而已，謂其間有澮也。成與同，地之廣者也；洫與澮，溝之大者也。於成舉洫，於同舉澮，亦其大略云爾。春秋之時，楚蔿掩爲政，井衍沃，牧隰皋，而《小司徒》井其田野，則取名於縣都而已。觀二百一十國謂之州，五黨亦謂之州；萬二千五百家謂之遂，一夫之間亦謂之遂；王畿謂之縣，五鄙亦謂之縣。縣都之名，豈特施於采邑哉！然則鄉之井地謂之縣都，可也。

禮書卷第二十六終

禮書卷第二十七

廛　廬　餘夫田　賞田　加田

廛

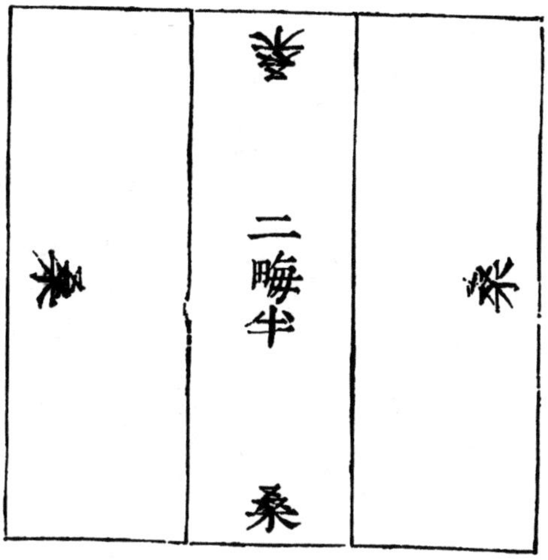

❶

廬

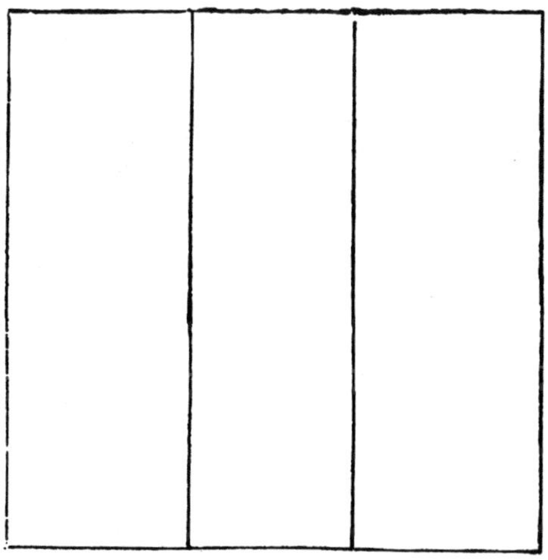

《周禮·遂人》：「上地、中地、下地，皆夫一廛。」《載師》：「以廛里任國中之地。」又曰：「宅不毛者有里布。」《詩》曰：「中田有廬，疆場有瓜。」又曰：「亟其乘屋。」《孟

❶ 圖中文字，原無，爲明本、庫本、嘉慶本所增。

子》曰：「五畝之宅，樹之以桑。」又曰：「五畝之宅，樹牆下以桑，五母雞，二母彘。」《穀梁》曰：「古者公田爲居，井竈葱韭盡取焉。」班固曰：「井方一里，是爲九夫。八家共之，各受私田百畝，公田十畝，是爲八百八十畝，餘二十畝以爲廬舍。」又曰：「還廬樹桑，菜茹有畦，瓜瓠果蓏殖於疆埸。在野曰廬，在邑曰里。」何休曰：「一夫一婦受田百畝，公田十畝，廬舍二畝半，凡爲田一頃十二畝半。八家而九頃，共爲一井，故曰井田。」夫一廛者，國中之居也。《載師》「以廛里任國中之地」，所謂「在邑曰里」是也。廬者，田中之居也，所謂「廬舍二畝半」是也。何休、范寧、趙岐皆云廬二畝半。廬舍二畝半，而廛亦二畝半，則五畝之宅，合在野、在邑言之耳。其在邑，則春出於野，《詩》曰「亟其乘屋，其始播百穀」、「同我婦子，饁彼南畝」是也；其在野，則冬入於邑，《詩》曰「我稼既同，上入執宮功」、「嗟我婦子，曰爲改歲，入此室處」是也。考之於《禮》，鄉師巡國及野以施惠，鄉大夫辨國中之可任舍者，鄉士掌國中之獄，則六鄉之民，莫不廛里於國中矣。廛里所以奠居，而廬舍特其宿息之地而已。觀《遺人》言「十里有廬」，《詩》言「廬旅」，莊周言「蘧廬」，則田之有廬亦若此耳。然《詩》又曰：「胡取禾三百廛兮。」揚子曰：「有田一廛。」❶田亦謂之廛者，據一夫所受而統言之也。

❶「廛」，原誤作「廬」，今據嘉慶本及嚴校改。

餘夫田二十五畝。

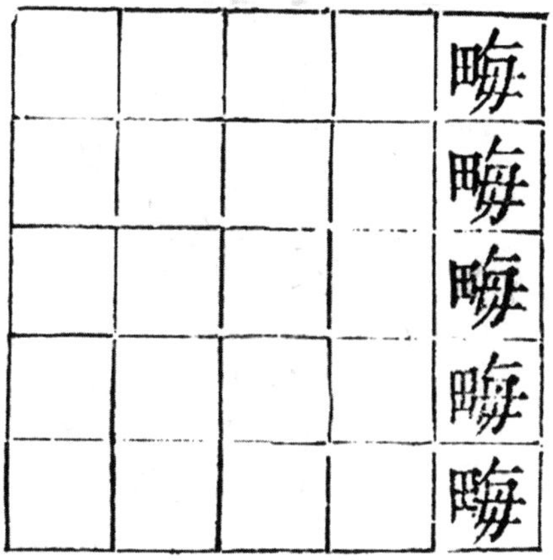

《周禮·遂人》：「以疆予任甿，「謂疆予者，民有餘力，復予之田，若餘夫然。」上地，夫一廛，田百畝，萊五十畝，餘夫亦如之；中地，夫一廛，田百畝，萊百畝，餘夫亦如之；下地，夫一廛，田百畝，萊二百畝，餘夫亦如之。」「户計一夫一婦而賦之田，其一户有數口者，餘夫亦受此田也。」《載芟》詩曰：「侯疆侯以。」箋：「疆有餘力者。《周禮》曰：『以疆予任氓。』」❶《孟子》曰：「餘夫二十五畝。」班固曰：「歲耕種者爲不易上田，休一歲者爲一易中田，休二歲者爲再易下田。農民户一人巳受田，其家衆男爲餘夫，衆亦以口受田如比。」賈公彦以先儒之説與《孟子》不同，謂：「此餘夫是年二十九以下，❷未有妻，受口田，故二十五畝。若三十有妻，則受夫田百畝。故鄭注《内則》云：『三十受田，給征役。』《鄉大夫》注亦云：『有夫有婦乃成家。』何休亦云：『一夫一婦受井田百畝。』」先王之於民受地雖均百畝，然其子弟之衆，或食不足而力有餘，

❶「氓」，原誤作「珉」，今據明本、庫本及《周禮·遂人》改。嘉慶本作「甿」。

❷「此」，《周禮·載師》賈疏本作「彼」，陳氏據引文需要變「彼」爲「此」，然底本「此」、「比」混同而刻作「比」，今據文意定作「此」。

則又以餘夫任之，此《詩》所謂「侯疆」，《禮》所謂「以疆予任甿」者也。然餘夫之田不過二十五畝，以其家既受田百畝，而又以百畝予之，則彼力有所不逮矣，故其田四分農夫之一而已。《禮》言上地田百畝，萊半之；中地二十五畝，❶萊亦二十五畝；下地二十五畝，萊五十畝。❷則所謂「如之」者，如田萊之多寡而已，非謂餘夫亦受百畝之田如正農夫也。班固謂「其家衆男亦以口受田如比」，鄭司農謂「户計一夫一婦而賦之，餘夫亦受此田」，其説與《孟子》不合。賈公彦之徒遂謂「餘夫三十有妻者受百畝，二十九已下未有妻者受田二十五畝」，是附會之論也。

賞田

❸

《載師》：「賞田任遠郊之地，」「廛里、場圃、宅田、士田、賈田、官田、牛田、賞田、牧田九者，亦通受一夫焉，則半農人也。定受田十二萬家。」賈公彦曰：「農人相通各受二夫之地，受一夫，故云半農人。」遠郊二十

❶ 「萊半之中」，原作小字。按《周禮·遂人》云：「上地，夫一廛，田百畝，萊五十畝。」萊五十畝，是爲百畝田之半也，故「萊半之」爲正文即可，不必作注文。今據明本、庫本、嘉慶本改作大字。

❷ 「中地」至「五十畝」，嘉慶本作「中地之萊如田之數，下地之萊倍田之數」。以此推之，則餘夫之田亦當上地二十五畝，萊十二畝半」。

❸ 圖中文字，原無，爲明本、庫本、嘉慶本所增。

而三。」《司勳》：「凡有功者，銘書於王之太常，祭於大烝，司勳詔之。大功，司勳藏其貳。掌賞地之政令，❶「政令謂役賦。」凡賞無常，輕重視功。凡頒賞地，三之一食。「鄭司農曰：『不以美田爲采邑。』玄謂賞地之税，三分計税，王食其一，二全入於臣。」唯加田無國正。」「凡賞無常，輕重視功」，則賞田無多少之限矣；「凡頒賞地，三之一食」，則賞田無上中之壤矣；「賞田任遠郊，遠郊二十而三」，則賞田非止什一之税矣。鄭氏謂《載師》自廛里以至賞田、牧田九者通受一夫，半農人焉，定田十二萬家，以爲九者之地，亦有不易、一易、再易，相通而各受一夫，九萬夫爲四萬五千，加以六鄉七萬五千夫爲十二萬夫，此特言其大致然也。賞田無上中之壤，庸有不易、再易之辨乎？古者任地之法，常以養民爲重，故臺榭不奪穡地，而牧馬必在坰野，則賞地三之一食，其税二十而三。鄭司農謂「不以美田爲采邑」，蓋以此也。後世賞賜常重於養民，故春秋之時，或予虢公以酒泉，❷莊二十二年。或予濤塗以虎牢，僖四年。或賜公孫免餘以六十邑，襄二十七年。或賜陳桓子以高唐，昭十年。或賜晉以陽樊、温、原、攢茅，僖二十五年。或賜郈班以門之征，文十一年。豈先王賞功之意哉！

加田

《司勳》：「惟加田無國正。」「加田，既賞之，又加賜以田，所以厚恩也。鄭司農曰：『正，謂税也。』禄田亦有給公家之賦貢，獨加賞之田無正耳。』」賈公彦曰：「加田是加恩厚，又不税入天子。凡大夫、士賜地有四種：大夫已上有采，家邑任稍地之等是也；又有賞田及加田、圭

❶「賞」，原脱，今據《周禮·司勳》補。

❷「予」，原誤作「子」，今據明本、庫本、嘉慶本改。

田，是有四種。加田無國征者，無税入天子法，其民出税入圭則有之。但加田未知所在，或可與賞田同處，以其仕田近郊，加田在遠郊可知。」《晉語》曰：「公食貢，大夫食邑，士食田，庶人食力，工商食官，皂隸食職，官宰食加。」「官宰，家臣也。加，大夫之加田。」先王之於功臣也，以車服不足以旌之，故有賞田；以賞田又不足以稱之，故有加田。賞田二十而三，則有國正矣。加田無國正，則正於鄉者，容有之也。何則？《王制》論秀士，升於司徒者不征於鄉，升於學者不征於司徒，則秀士升於司徒者無鄉征。《周官·諸子》：「國有大事，則帥國子而致於太子。司馬弗正。凡國征，不及。」則國子正於太子者，無國正。又《均人》言力政，有公旬用之法，則役於鄉者，非公用之也。以此推之，凡有田里者，正於鄉也，又正於國。加田無國正，則正於鄉而已，此所以優功也。

禮書卷第二十七終

禮書卷第二十八

夏貢　商助　周徹　五溝　五涂

夏　貢五十畝。

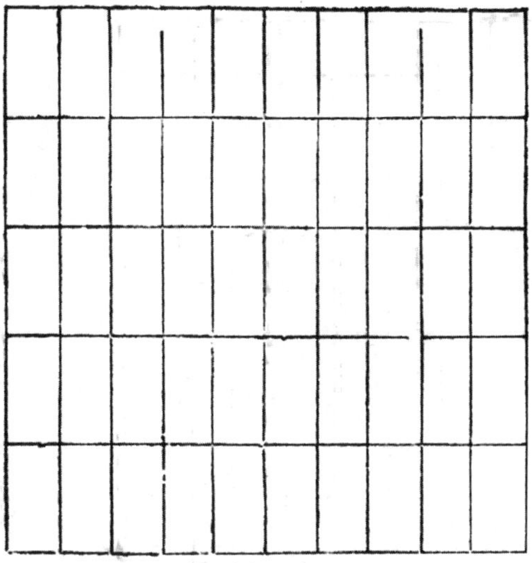

商　助七十畝。❶

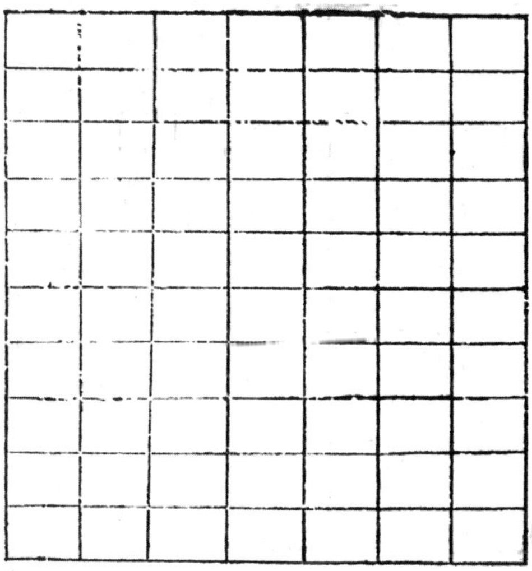

❶「七」,原脱,今據明本、庫本、嘉慶本補。

周 徹百畝。

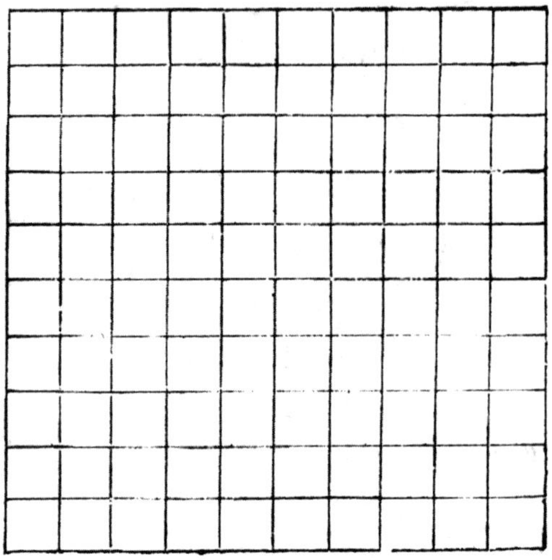

《詩》曰：「徹田爲糧。」又曰：「徹申伯土疆。」有若謂魯哀公曰：「盍徹乎？」曰：「二，吾猶不足。」《王制》曰：「古者公田，藉而不稅。」《左傳》曰：「穀不過藉，以豐財也。」《穀梁》曰：「古者什一，藉而不稅。」《公羊》曰：「古者什一而藉。多乎什一，大桀小桀；寡乎什一，大貉小貉。」《孟子》曰：「夏后氏五十而貢，商人七十而助，周人百畝而徹，其實皆什一也。徹者，徹也。助者，藉也。龍子曰：『治地莫善於助，莫不善於貢。』《詩》曰：『雨我公田，遂及我私。』惟助爲有公田。由此觀之，雖周亦助也。」又曰：「請野九一而助，國中什一使自賦。」校數歲之中以爲常者，夏后氏之貢也；借民力以治公田者，商人之助也；兼貢助而通行之者，周人之徹也。

《周官·載師》：「園廛二十而一，近郊十一，遠郊二十而三，甸、稍、縣、都皆無過十二。」《閭師》：「任農以耕事，貢九穀。」《司稼》：「巡野觀稼，以年之上下出斂法。」此周之貢法也。《詩》曰：「雨我公田，遂及我私。」《旅師》有「耡粟」，許慎釋「耡」爲「助」。《孟子》曰：「九一而助。」《穀梁》曰：「什一，藉而不税。」此周之助法。藉而不税，則同乎商。《王制》言：「古者公田，藉而不税。」鄭氏以爲商制。其貢法以年上下，則異乎夏。然夏之民耕五十畝而以五畝貢，商之民耕七十畝而以七畝助，皆什内之一。周之民耕百畝，以公田十畝徹，什外之一。《孟子》言「其實皆什一」者，以其法雖少異，而其實不離什一也。《孟子》曰：「請野九一而助，國中什一使自賦。」「九一」自地言之也，「什一」自物言之也。鄭氏釋《匠人》謂「通其率以什一爲正」，孔穎達之徒申之，謂「助則九而貢一，貢則什一而貢一，通率爲什一」，是助之所取者重，貢之所取者輕，非《孟子》之意也。夏商周之授田，其畝數不同。何也？《禹貢》於九州之地，或言土，或言作，或言乂。蓋禹平水土之後，有土焉而未作，有作焉而未乂，則於是時人功未足以盡地力，故家五十畝而已。沿歷商周，則田浸闢而法備矣，故商七十而助，周百畝而徹。《詩》曰：「信彼南山，維禹甸之。畇畇原隰，曾孫田之。我疆我理，南東其畝。」則法略於夏備於周可知。劉氏、皇氏謂夏之民多，家五十畝而貢；商之民稀，家七十畝而助；周之民尤稀，家百畝而徹。熊氏謂：「夏政寬簡，一夫之地税五十畝；商政稍急，一夫之地税〔七〕十畝；周政極煩，一夫之地盡税焉，而所税皆什一」。賈公彦謂：「夏五十而貢，據一易之地家二百畝而税百畝也；商七十而助，據六遂上地百畝、萊五十畝而税七十五畝也；周百畝而徹，據不易之地百畝全税之。」如四子之言，則古之民常多而後世之民愈少，古之稅常輕而後世之稅愈重，古之地皆一易而後世之地皆不易，其果然哉？

五　溝

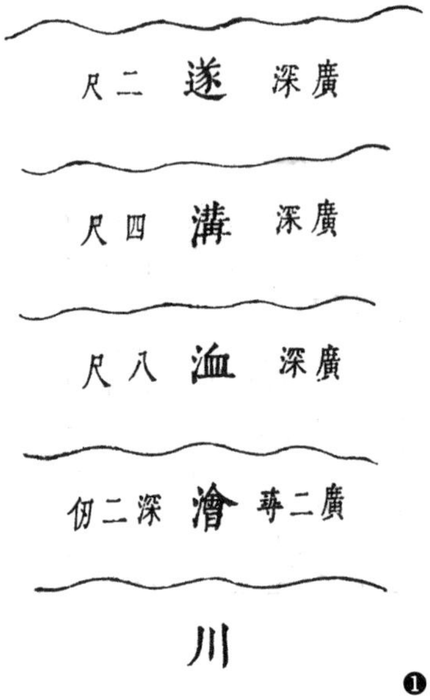

❶

《書》曰：「濬畎澮距川。」《語》曰：「禹盡力乎溝洫。」《遂人》：「夫間有遂，十夫有溝，百夫有洫，千夫有澮，萬夫有川。」《匠人》：「廣尺、深尺，謂之甽。田首倍之，廣二尺、深二尺，謂之遂。九夫爲井，井間廣四尺、深四尺，謂之溝。方十里爲成，成間廣八尺、深八尺，謂之洫。方百里爲同，同間廣二尋、深二仞，❷謂之澮，專達於川。凡溝逆地防，謂之不行；水屬不理孫，謂之不行。梢溝三十里而廣倍。❸凡行奠水，磬折以參伍。凡爲溝必因水勢，防必因地勢。善溝者水漱之，善防者水淫之。凡溝防，必一日先深之以爲式，里爲式，然後可以傳衆力。」《雍氏》：「掌溝、瀆、澮、池之禁，凡害於國稼者。春令爲阱、擭、溝、瀆之利於民者。」《稻人》：「掌稼下地，以豬畜水，以防止水，以溝蕩水，以遂均水，以列舍水，以澮寫水。」《王制》曰：「方百里者爲田九十億

---

❶ 圖中文字，原無，爲明本、庫本、嘉慶本所增。

❷ 下「二」，原印殘，僅餘下橫而成「一」，今據庫本、嘉慶本及《周禮・匠人》補。

❸ 「梢」，原誤作「稍」，今據明本、庫本及《周禮・匠人》改。

畝，山陵、林麓、川澤、溝瀆、城郭、宫室、涂巷三分去一，其餘六十億畝。」《月令》：「季春，命有司脩利隄防，導達溝瀆。孟秋完隄防，謹壅塞，以備水潦。」「八月宿值畢，畢好雨。」《郊特牲》曰：「祭坊與水庸，事也。」荀卿曰：「脩隄防，通溝澮，行水潦，安水藏，以時決塞。歲雖凶旱，使農夫有所耘艾，司空之事也。」班固曰：「后稷始甽田，以二耜爲耦，廣尺、深尺，長終畝，一畝三甽，一夫三百甽，而播種於甽中。」《亢倉子》曰：「甽欲深以耑，畝欲沃以平。」

《遂人》言五溝之制而始於遂，《匠人》言五溝之制而始於甽，則甽非溝也，乃播種之地而已。一畝三甽，一夫三百甽。甽從則遂横，甽横則遂從，遂從則溝横，遂横則溝從。由溝以達洫，由洫以達澮，其横從如之。《春秋傳》稱：「晉人使齊之封内盡東其畝，國佐對曰：『先王疆理天下，物土之宜而布其利，故《詩》云：「我疆我理，南東其畝。」今吾子疆理諸侯，而曰盡東其畝而已，惟吾子戎車是利，無顧土宜，其無乃非先王之命者乎！』」蓋天下之地勢，西北高而東南下，故古者或東其畝，或南其畝，畝之所嚮，溝涂隨之，則「南東其畝」者，亦其大致如此而已，不必盡然。鄭氏曰：「以南畝圖之，遂從溝横，洫從澮横，九澮而川周其外。」然川之所流，當適地泐，非於萬夫之外，必有大川圜而匝焉。穎達疏《詩》，謂「鄭氏所言，特設法耳」，其説是也。溝洫之於田野，可決而決，則無水溢之害；可塞而塞，則無旱乾之患。荀卿曰：「脩隄防，通溝洫，行水潦，安水藏，以時決塞。」則溝洫豈特通水而已哉？《稻人》：「掌稼下地，以瀦畜水，以防止水，以溝蕩水，以遂均水。」此又下地之制，與《遂人》、《匠人》之法異也。《考工記》所謂「水屬」者，屬溝洫也；所謂「梢溝」者，溝末也。自溝末言之謂之梢溝，自田端言之謂之田首。溝遠而不倍，不足以容水；水行而不磬折，不足以殺其勢。觀《易・坎》「爲弓輪」，而河亦百里一曲，千里一曲一直，則溝洫之制磬折可知矣。先王之時，通九川，陂九澤，溝洫絡脈，布於天下，則無適而非水利也。及井田廢而阡陌作，於是史起引漳以富河内，鄭國鑿涇以注關中，李冰壅江以灌蜀地，番係引汾以溉蒲阪，以至白公之於渭，邵信臣之於南陽，馬臻之於鏡湖，張闓之於新豐塘，劉義欣之於芍陂、鉗盧，李襲稱之於需陂，史臣書之以爲異績，此特名生於不足耳。

五涂

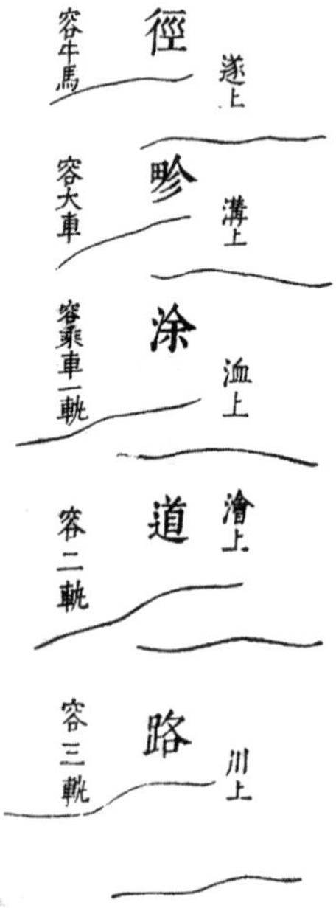

❶

《遂人》：「夫間有遂，遂上有徑；十夫有溝，溝上有畛；百夫有洫，洫上有涂；千夫有澮，澮上有道；萬夫有川，川上有路。」鄭氏曰：「徑容牛馬，畛容大車，涂容乘車一軌，道容二軌，路容三軌。」其説蓋以《匠人》之制推之也。《匠人》：「王城經涂九軌，環涂七軌，野涂五

❶ 圖中文字，原無，爲明本、庫本、嘉慶本所增。

軌。環涂以爲諸侯經涂，野涂以爲都經涂。」❶由是差之，諸侯環涂五軌，野涂三軌，都之環涂、野涂皆三軌，則《遂人》路容三軌，道容二軌，以至徑容牛馬，理或然也。《匠人》曰：「凡溝必因水勢，防必因地勢。善溝者水漱之，善防者水淫之。凡爲防，廣與崇方，其殺三分去一。大防外殺。」蓋溝成則涂立，涂立則防立。遂、溝、洫、澮、川雖不同，皆謂之溝，《司險》曰「五溝」是也；徑、畛、涂、道、路雖不同，皆謂之涂，《司險》曰「五涂」是也。然涂不特如此而已，亦謂之旅，《記》曰「旅樹」是也；亦謂之行，《詩》曰「微〔行〕」是也。《爾雅》曰：「宮中衖謂之壺，廟中路謂之唐，堂途謂之陳。一達謂之道路，二達謂之岐旁，三達謂之劇旁，四達謂之衢，五達謂之康，六達謂之莊，七達謂之劇驂，八達謂之崇期，九達謂之逵。」蓋涂莫小於徑，莫大於路，莫枝於逵。《書》言：「無有作好，遵王之道；無有作惡，遵王之路。」以作好之利小，作惡之害大故也。《兔罝》之詩言「在彼中逵」、「在彼中林」，以中逵之德顯，中林之德晦故也。《量人》：「掌天下之涂數，皆書而藏之。」《國語》：「司空視涂。」蓋藏其數，欲知所達之遠近，視之欲察其涂之修否。

禮書卷第二十八終

❶「都經」，原作小字，今據明本、庫本、嘉慶本改作大字。

禮書卷第二十九

耕藉　耕車　耕壇　先農壇　神倉　人耦　牛耦　土牛

耕藉

鄭氏曰：「藉之言借也。」韋昭亦曰：「藉，借也，借民力以治之。」然則《甸師》「掌帥其屬而耕耨王藉」，❶則王一耕之，而使庶人終之，故《孟子》曰「諸侯耕助以共粢盛」，此所謂借也。應劭曰：「藉者，帝王典藉之常也。」臣瓚曰：「藉，蹈藉也。」非是。

《甸師》：「掌帥其屬而耕耨王藉，以時入之，以共齊盛。」「其屬，府、史、胥、徒也。王以孟春躬耕帝藉，天子三推，三公五推，卿、諸侯九推，庶人終於千畝。庶人謂徒三百人。藉之言借也。王一耕之，而使庶人芸芓終之。」《內宰》：「上春，詔王后帥六宮之人，而生穜稑之種，而獻之于王。」「古者使后宮藏種，以其有傳類蕃孳之祥。必生而獻之，示能育之，使不傷敗，且以佐王耕事，共禘郊也。」《月令》：「孟春之月，乃擇元辰，天子親載耒耜，措之于參保介之御間，帥三公、九卿、諸侯、大夫躬耕帝藉。天子三推，三公五推，卿、諸侯九推。反，執爵于大寢。三公、九卿、諸侯、大夫皆御，命曰勞酒。」「元辰，蓋郊後吉辰也。耒，耜之上曲也。保介，車右也。置耒於車右與御者之間，明己勸農，非農者也。❷人君之車，必使勇士衣甲居右而參乘，備非常也。保猶衣也。介，甲也。」《樂記》曰：「耕藉，然後諸侯知所以敬。」《祭義》曰：

❶「帥」，原誤作「师」，今據明本、庫本、嘉慶本及《周禮·甸師》改。

❷「非」，原誤作「旅」，今據明本、庫本、嘉慶本及《禮記·月令》鄭注改。

「天子爲藉千畝，冕而朱紘，躬秉耒；諸侯爲藉百畝，冕而青紘，躬秉耒。以事天地、山川、社稷、先古，以爲醴酪齊盛，於是乎取之，敬之至也。」又曰：「耕藉，所以教諸侯之養也。」《祭統》曰：「天子親耕於南郊，以共齊盛；王后蠶於北郊，以共純服。諸侯耕於東郊，亦以共齊盛；夫人蠶於北郊，以共冕服。天子、諸侯非莫耕也，王后、夫人非莫蠶也。❶身致其誠信，誠信之謂盡，盡之謂敬，敬盡然後可以事神明，此祭之道也。」《表記》：「子言之：『君子之所謂義者，貴賤皆有事於天下。天子親耕，粢盛秬鬯，❷以事上帝，故諸侯勤以輔事於天子。』」《詩・載芟》：「春籍田而祈社稷也。」《國語》曰：「宣王不藉千畝，虢文公諫曰：『不可。夫民之大事在農，上帝之粢盛於是乎出，民之蕃庶於是乎生。日月底于天廟，「天廟，營室也。」土乃脈發。先時九日，太史告稷曰：「自今至于初吉，「初吉，二月朔也。」陽氣俱蒸，土膏其動。」稷以告王，乃使司徒咸戒公卿、百吏、庶民，司空除壇于籍，命農大夫咸戒農用。先時五日，王即齋宮，百官御事，各即其齋三日。及期，王祼鬯乃行，百吏、庶民畢從。及藉，后稷監之，膳夫、農正陳藉禮，太史贊王，敬從之。王耕一墢，班三之，「班，次也。王耕一墢，一耦之發也。耜廣五寸，二耜爲耦，一耦之發，廣尺深尺。三之，下各三其上也。王一墢，公三、卿九、大夫二十七也。」庶民終于千畝。畢，宰夫陳饗，膳宰監之。膳夫贊王，王歆太牢，班嘗之，庶人終食。廩于籍東南，鍾而藏之。』」又

❶ 上二「非莫」，原皆誤作「莫非」，今皆據《禮記・祭統》改。後誤同者逕改，不出校。

❷ 「秬」，原誤作「拒」，今據明本、庫本、嘉慶本及《禮記・表記》改。

曰：「王治農於藉，耨穫亦於藉，習民數者也。」《春秋》書「御廩災」，《穀梁》曰：「災不志，此其志，何也？以爲惟未易災之餘而嘗可也，志不敬也。天子親耕以共粢盛，后親蠶以共祭服。國非無良農工女也，以爲人之所盡事其祖禰，不若以己所自親者也。」

藉田 南郊。

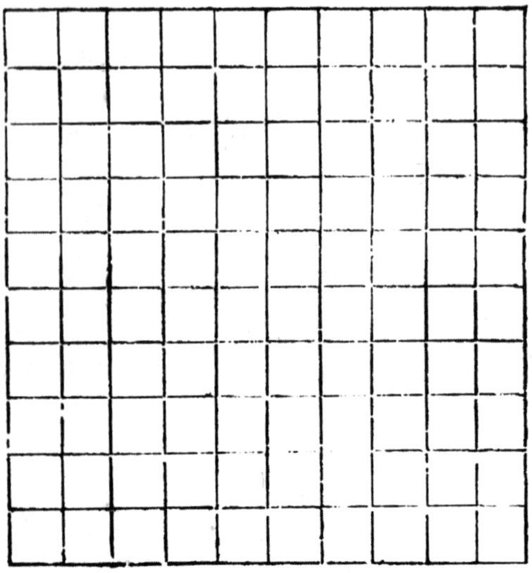

《記》曰：「天子、諸侯非莫耕也，王后、夫人非莫蠶也，身致其誠信。誠信之謂盡，盡之謂敬，敬盡然後可以事神明，此祭之道也。」然則天子爲籍千畝於南郊，正陽之位也；冕而朱紘，則朱者，正陽之色也。諸侯爲藉百畝於東郊，少陽之位也；冕而青紘，則青者，少陽之色也。其時則中春，《春秋傳》曰「啓蟄而郊，郊而後耕」，《國語》曰「日月底于天廟，至于初吉。韋昭曰：「二月初吉。」❶先時五日，告協風至，即齋宮三日乃行」是也。其日則剛日，《曲禮》曰「外事用剛日」，《月令》曰「乃擇元辰」是也。其祭則祈社稷于内，享先農于外，《詩》曰「春籍田而祈社稷」，《國語》曰「膳夫、農正陳藉禮」是也。韋昭曰：「陳藉禮而祭其神，自漢以來皆祀先農，則古可知。」

❶「初」，明本、庫本、嘉慶本作「之」。

其禮則后帥六宮贊事於內，司空、后稷、太史、瞽師、鬱人、犧人、膳夫、農正、司徒、太師贊事于外，《周禮·內宰》「詔后帥六宮之人，生穜稑之種，獻之于王」，《國語》曰「太史告稷、司空除壇」之類是也。親載耒耜，猶農者之出疆也。載必措于保介之御間，又明勸農者也。王必三推，即所謂「一墢」也；三公五推，卿、諸侯九推，即所謂「班三之」也。王以一人而發其土，三公三人、卿九人、大夫二十七人繼之，則《月令》所言者，推數也；《國語》所言者，人數也。庶人終于千畝，甸師所帥之徒也。既事，則王歆太牢，班嘗之，庶人終食；反，執爵于大寢，公卿、諸侯、大夫皆御，命曰「勞酒」，此春耕之終事也。若夫夏耨秋穫，王又至焉，《國語》所謂「耨穫亦於籍」是也。後世月或用孟春。《月令》孟春，蓋秦禮也。孔穎達釋《詩序》曰：「《月令》孟春耕藉，仲春命民社，《大司馬》蒐田、祭社、祈社，與藉田雖異月，以俱在春時，故《序》以春總之。」其說與《國語》不同。漢章、晉、隋皆用正月，特漢明及梁天監中、唐開元禮用二月。日或用亥，鄭氏釋《月令》，謂：「元辰，吉辰也。」孔穎達曰：「以亥爲天倉，故用之。」晉武、宋文、北齊皆用亥。或用乙。漢章以乙，耕於乙地。耕或於東，漢文、章、晉武及唐，東耕；特隋耕于國南。或於東南，宋文、北齊皆於東南。或於近，宋文帝度宮之辰地八里之外，隋於國南十四里。或於遠。漢明東巡耕於下邳，章帝北巡耕於懷縣。衣或以通天冠，青幘，青衮。宋文時禮。耜或以黛。唐禮。耕或盡壠。唐玄宗進耕五十餘步，盡壠而止。壇或祭先農，或祭社。歷代皆祭先農，唐神龍初用祝欽明之說，改先農壇爲帝社壇。開元中，親祠神農于東郊，勾芒配。祭或以太牢，或以羊，此歷代之禮所尚異也。考之於《禮》，蜡合萬物而索饗之，則群小祀也。其禮主先嗇。先嗇，先農也。王以玄冕祭之，則耕藉之祭先農，其服玄冕可知也。唐以希冕享先農，玄冕蜡祭百神。《小司徒》：「凡小祭祀奉牛牲，羞其肆。」鄭氏謂「小祭祀，王玄冕所祭」者，則祭先農用牛牲可知也。王之藉，掌以甸師，而諸侯亦有甸人。《文王世子》曰：「公族有罪，磬于甸人。」則諸侯之禮與王略同矣。

耕車 周禮，木路，不鞔以革，漆之而已。

❶

《漢志》：「耕車三蓋。」《東京賦》曰：「農輿路木。」薛綜曰：「所謂耕根車也。」然晉武及梁乘木路，宋文及唐乘耕根車，三重蓋。而《唐志》「木路黑質，耕車青質」，則木路與耕根車少異耳。考之《周禮·田僕》「掌馭田路，以田以鄙」，鄭氏曰：「田路，木

❶ 此爲底本圖。

路也。田，田獵也。鄙，循行縣鄙。」然則耕藉於郊，蓋木路歟？

耕壇《掌次》：「掌凡邦之張事。」則耕壇蓋有幕也。

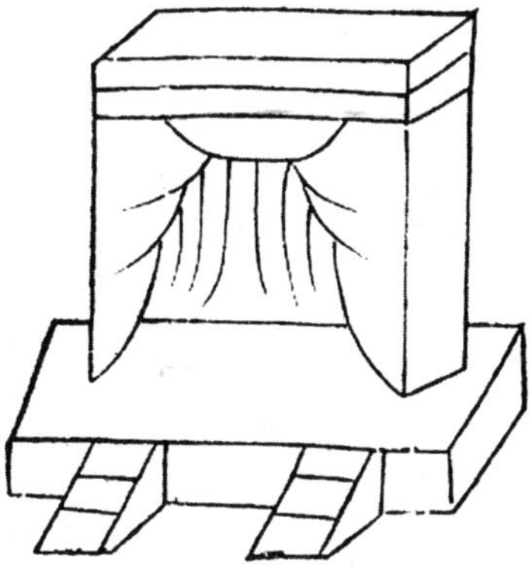

《國語》曰：「司空除壇于藉。」而宋有御耕壇於中，阡東陌北，將耕，宿青幕于耕壇之上。北齊於藉田一頃地中，通阡陌作祠壇，又外設御耕壇。後梁有親耕臺，在壇東，帝親耕畢，登臺以觀公卿之推。而晉及北齊、隋、唐皇后躬蠶，亦有桑壇。然則古者躬耕田有耕壇，司空除壇不特除先農壇而已。

先農壇

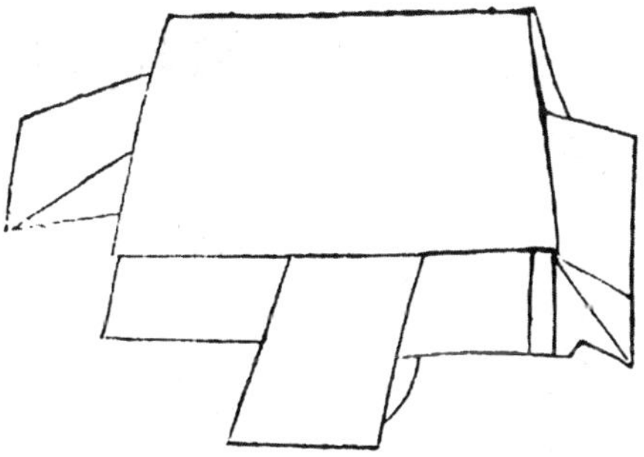

《國語》曰：「司空除壇于藉。」《漢舊儀》：「春始東耕，官祠先農以一太牢。」先儒謂先農，神農也。立壇於田所祠之，其制度如社之壇。後漢藉田儀：正月始耕，常以乙日祠先農，已享，乃就耕位。晉以太牢祀先農。宋元嘉中，度宮之辰地，整制千畝，中開阡陌，立先農於中，阡西陌南。御耕壇於中，阡東陌北。將耕，宿青幕于耕壇之上。耕日，以太牢祠先農，如帝社儀。後魏太武天興中，祭先農用羊一。北齊藉田，作祠壇於陌南阡西，廣三十尺，四陛、三壝、四門，正月上辛後吉亥，祠先農神農氏於壇上，無配。太宗親祭先農，藉于千畝。武后改藉田壇爲先農壇，神龍初，祝欽明奏曰：「《祭法》：『王自爲立社，曰王社。』先儒以爲其社在藉田之中，《詩序》云『春藉田而祈社稷』是也。」乃改先農壇爲帝社。然則先農即《禮》所謂先嗇也。歷代所祭，或以太牢，或以羊，或以乙日，或以亥日，要皆不遠於禮。其改先農壇爲帝社，此於經無見，特傅會《詩序》爲之說。

神倉　倉亦曰御廩。別而言之，圜曰廩，方曰倉。

❶

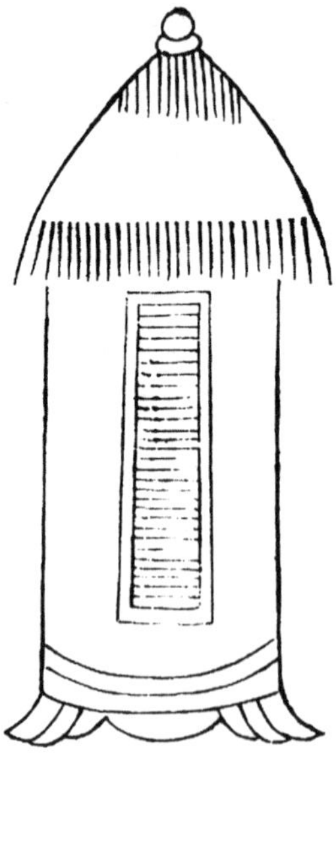

❶ 此爲底本圖。

倉

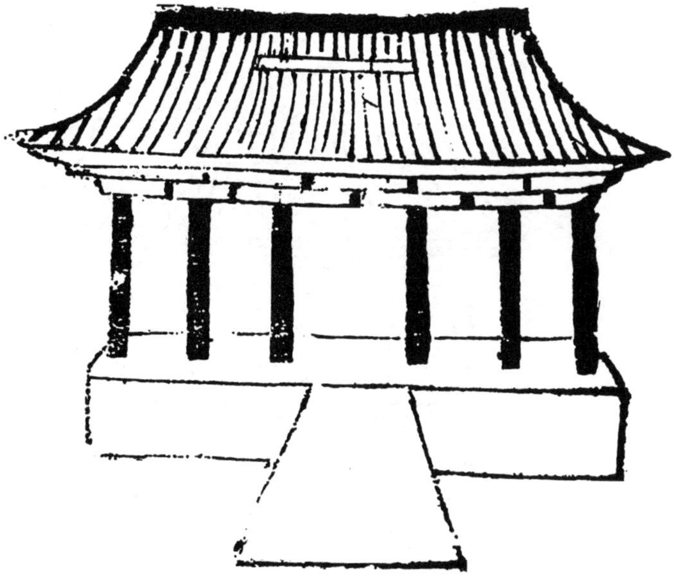

❶

❶ 此爲底本圖。
❷ 此爲明本圖。

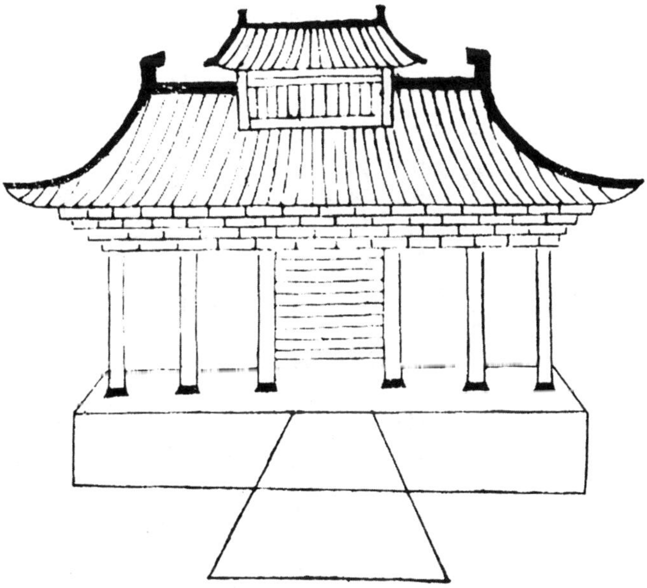

❷

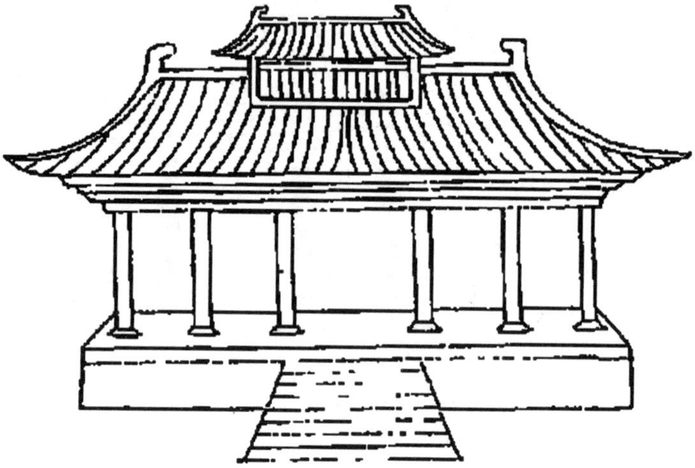
❶

《明堂位》曰有虞氏之米廩。鄭氏曰：「虞帝上孝，今藏粢盛之委焉。」《詩》曰：「亦有高廩。」《國語》曰：「廩于藉東南，鍾而藏之。」《春秋》書「御廩災」，《公羊》曰：「御廩，粢盛之所委也。」《穀梁》曰：「甸粟而納之三宮，三宮米而藏諸御廩。」《月令》：「季秋，藏帝藉于神倉。」廩亦謂之倉者，《周禮·廩人》：「掌九穀之數，以待國之匪頒、賙賜、稍食。」《倉人》：「掌粟入之藏，辨九穀之物，以待邦用。」而《廩人》：「下大夫二人，上士四人，中士八人，下士十有六人，徒三百人。」「倉人，中士四人，下士八人，徒四十人。」鄭氏謂藏米曰廩，倉人以粟爲主；❷廩人者，舍人、倉人、司禄官之長。《説文》曰：「廩而取之，故謂之廩。」「倉黄取而藏之，故謂之倉。」或曰方曰倉，圜曰廩。倉廩之別雖

❶ 此爲庫本圖。

❷ 「廩」、「倉」二字，原誤倒。按《周禮·地官·敘官》「廩人」條鄭注：「藏米曰廩。」又《周禮·倉人》云：「掌粟入之藏。」鄭注：「九穀盡藏焉，以粟爲主。」今據以乙正。

不可得其詳，然《詩》言「乃求千斯倉」，則言倉之多；言「亦有高廩，萬億及秭」，則言藏之多。又《周禮·廩人》「掌九穀之數」，《倉人》「掌九穀之物」，而廩人爲倉人之長，則廩固大於倉矣。《詩》曰：「曾孫之庾。」❶《月令》曰：「脩囷倉。」《考工記》曰：「囷、窌、倉、城，逆牆六分。」鄭氏曰：「囷，圜倉。穿地曰窌。」《荀卿》曰：「垣、窌、倉、廩，財之末也。」《吴語》曰：「囷鹿空虚。」韋昭曰：「圓曰囷，方曰鹿。」《爾雅》曰：「廩，廯也。」然則倉也，廩也，廯也，囷也，窌也，鹿也，皆禾穀之所藏。露積曰庾，地藏曰窌。窌或作窖，鹿或作庵。《晉·天文志》：「危星主天倉，胃三星主倉廩。」《隋·天文志》：「天囷十三星在胃南，主給御糧。天廩四星在昴南，一曰天廥，畜黍稷，以供饗祀。六星在婁南，倉穀所藏。西南四星曰天庾，積廚粟之所。」

人

耦《齊語》曰：「夫農，首戴茅蒲，身衣襏襫。」韋昭曰：「茅蒲，簦。襏襫，蓑襞衣也。」

❶「庾」，原誤作「庚」，今據明本、庫本、嘉慶本及《毛詩·甫田》改。

牛耦

《詩》曰：「十千維耦。」《周禮·里宰》：「合耦于耡。」❶《匠人》：「二耜爲耦。一耦之伐，廣尺、深尺，謂之甽。」《月令》：「季冬，命農計耦耕事。」《語》曰：「長沮、桀溺耦而耕。」鄭氏釋《周禮》謂：「古者耜一金，兩人併發之。」又謂：「合人耦，則牛耦亦可知。」王弼釋《易》亦曰：「牛者，稼穡之資。」而孔子之時，冉耕字伯牛，則古者耦耕不特以人，亦以牛也。然史稱漢趙過始教民牛耕，而王、鄭且云爾者，賈公彦曰：「或周兼有牛耦，至漢趙過乃絶人耦，專用牛耦。」於義或然。

❶「于」，原誤作「千」，今據明本、嘉慶本及《周禮·里宰》改。

土牛

❶

《月令》：「季冬，命有司大難，旁磔，出土牛以送寒氣。」「出猶作也。作土牛者，丑爲牛，牛可牽止也。送猶畢也。」正義曰：「其時月建丑，又土能剋水，持水之陰氣，❷故時作土牛以畢送寒氣也。」《唐月令》曰：「季冬，命有司出土牛，以示農耕之早晚。」「若立春在十二月望，則策牛人近前，示其農早也；立春在十二月晦及正月朔，則策牛人當中，示其農平也；立春近正月望，則牛人近後，示其農晚也。」❸《後漢

❶ 底本圖中無牛繮繩。

❷ 「持」，原誤作「特」，今據明本、庫本、嘉慶本及《禮記·月令》孔疏改。

❸ 「十二月望」，原誤作「十二月晦」；「十二月晦」，原誤作「一月晦」，明本、庫本、嘉慶本則誤作「正月晦」；「正月朔」，明本、庫本誤作「二月望」。按既言「及正月朔」，則「及」之前必爲早於「正月朔」之「一月晦」即「正月晦」也。正月朔爲晚於「正月朔」之日，而不得爲一年之始，既早於正月朔，則不得晚於上年之末日，即十二月晦也。是上農早之立春又不得爲十二月晦，而必當前移矣。又，按既言立春近正月望已爲農晚，則二月望立春不得反爲農平，故「正月朔」，明本、庫本作「二月望」尤誤也。李涪《刊誤》卷上「出土牛」條、丘光庭《兼明書》卷一「土牛義」條、《太平御覽》卷二十六《時序部十一·冬上》、宋高承《事物紀原》卷八「土牛」條同引此《唐月令》時序皆不誤，今據改。

志》：「冬之月，立土牛六頭於國都、郡縣城外丑地，以送大寒。」「《月令章句》：『是月之會建丑，❶丑爲牛，寒將極，是故出其物類形象，以示送達之，且以升陽也。』」

土勝水，牛善耕。勝水，故可以勝寒氣；善耕，故可以示農耕之早晚。《月令》：「季冬之月，大難，旁磔，然後出土牛。」則出土牛，驅除之終事也。既乃告民出五種，命農計耦耕事，則出土牛，又農耕之始事也。後世土牛之法，以歲之幹色爲首，甲至癸爲十幹。甲乙木，其色青；丙丁火，其色赤；戊己土，其色黄；庚辛金，其色白；壬癸水，其色黑：此五方也。❷支色爲身，寅至丑爲十二支。寅卯木，其色青；巳午火，其色赤；申酉金，其色白；亥子水，其色黑；辰戌丑未土，其色黄。納音色爲腹。若甲子乙丑金，其色白；丙寅丁卯火，其色赤。他皆放此。以立春日幹色爲角耳尾，支色爲脛，納音色爲蹄。設令甲子歲，甲爲幹，其色青，則青爲牛首；子爲支，其色黑，則黑爲身；納音金，其色白，則白爲腹。又若丙寅日立春，丙爲幹，其色赤，則赤爲角耳尾；寅爲支，其色青，則青爲脛；納音火，其色赤，赤爲蹄。其説蓋有所傳然也。

禮書卷第二十九終

❶「建」，原脱，今據明本、庫本、嘉慶本及《後漢書・禮儀志》劉注補。

❷「此五方也」，原無，爲明本、庫本、嘉慶本所增。

禮書卷第三十

后躬蠶　公桑蠶室　薦鞠衣之禮　后乘翟車　先蠶壇　躬蠶壇　蠶月　蠶器曲植

后躬蠶

《周禮·内宰》：「中春，詔后帥外内命婦始蠶于北郊，以爲祭服。」「蠶于北郊，婦人以純陰爲尊。」《馬質》：「禁原蠶。」「天文，辰爲馬。《蠶書》曰：『蠶爲龍精，月值大火則浴其種。』是蠶與馬同氣。」《月令》：「季春，天子乃薦鞠衣于先帝。「爲將蠶求福祥之助也。鞠衣，黄桑之服。先帝，大皞之屬。」正義曰：「依禮，祭五帝自服大裘。❶今薦鞠衣，蓋薦於神坐。以其言先不言上，故知非天，惟太皞之屬。云『之屬』者，以蠶功既大，非獨祭太皞，故何氏云『總祭五方之帝』。其所祭之處，王權、賀瑒、熊氏等並以爲在明堂。」是月也，命野虞無伐桑柘。鳴鳩拂其羽，戴勝降于桑。「蠶將生之候也。」具曲、植、籧、筐。后妃齋戒，親東鄉躬桑。禁婦女毋觀，省婦使，以勸蠶事。「后妃親桑，示帥先天下也。東鄉，鄉時氣也，是明其不常留養蠶也。留養者，所卜夫人與世婦。婦，謂世婦及諸臣之妻也。《夏小正》曰：『妾子始蠶，執養宫事。』毋觀，去容飾也。婦使，縫線組紃之事。」蠶事既登，分繭稱絲效功，以共郊廟之服。季夏，蠶事既畢，后妃獻繭，乃收繭税。」「内、外命婦獻繭于后。收税者，内、外命婦雖就公桑蠶室，其夫亦當有祭服，收以近郊之税。」正義曰：「公桑在國北，近郊。」《唐月令》：「三月之節，天子乃薦鞠衣于先帝。進於太廟。三月中氣，后妃齋戒，享先

❶「帝」，原誤重，今據《禮記·月令》孔疏删其一。

蠶，而躬桑以勸蠶事。」「季春吉巳，皇后享先蠶。先蠶，天駟也。」《祭義》曰：「古者天子、諸侯必有公桑、蠶室，近川而爲之，築宫仞有三尺，棘牆而外閉之。及大昕之朝，君皮弁素積，卜三宫之夫人、世婦之吉者，使入蠶于蠶室，奉種浴于川，桑于公桑，風戾以食之。歲既單矣，世婦卒蠶，奉繭以示于君，遂獻繭于夫人。夫人曰：『此所以爲君服與。』遂副禕而受之，因少牢以禮之。及良日，夫人繅，三盆手，遂布于三宫夫人、世婦之吉者，使繅。遂朱緑之，玄黄之，以爲黼黻文章。」「大昕，季春朔日之朝也。風戾之，蠶性惡濕。歲單，三月月盡之後也。❶三盆手者，三淹也。凡繅，每淹大總而手振之，❷以出緒也。」正義曰：「近川而爲之，取其浴蠶種便也。七尺曰仞，仞有三尺，❸高一丈也。棘牆者，謂牆上置棘。外閉，謂扇在户外閉也。」又曰：「《月令》：『三月，后妃親東鄉躬桑。』此云『二月』，與彼不同者，案《馬質》云：『禁原蠶。』彼注：『天文，辰爲馬。』引《蠶書》曰：『蠶爲龍精，月值大火，則浴其種。』是蠶與馬同氣，故此仲春始蠶者，亦謂浴種，至三月臨生蠶時，又浴種，乃生之，故設之有異。」「天子親耕於南郊，以供粢盛，王后蠶於北郊，以共純服。諸侯耕於東郊，亦以共粢盛；夫人蠶於北郊，以共冕服。天子、諸侯非莫耕也，王后、夫人非莫蠶也，身致其誠信。誠信之謂盡，盡之謂敬，敬盡然後可以事神明。此祭之道也。」《穀梁》曰：「天子親耕以共粢

❶ 下「月」，原誤作「日」，今據庫本及《禮記・祭義》鄭注改。

❷ 「大」，原誤作「火」，今據庫本、嘉慶本及《禮記・祭義》鄭注改。

❸ 「三」，原誤作「一」，今據明本、庫本、嘉慶本改。

盛，后親蠶以供祭服。國非無良農女工也，以爲人之所盡事其祖禰，不若以己所自親者也。」

公桑蠶室近川爲之。

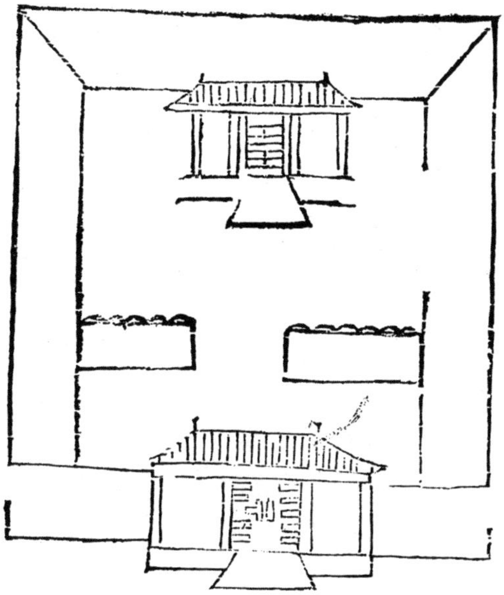

❶

天子、諸侯之禮，文而有辨，故耕於南郊、東郊；王后、夫人之禮，質而少變，故皆蠶於北郊。公桑蠶室近川爲之，以其便於浴蠶也。築宮仞有三尺，棘牆而外閉之，所以謹於養蠶者也。其始也，天子薦鞠衣于先帝，以告將蠶。內宰詔后帥內外命婦以

❶ 此爲底本圖。

趨蠶事，而后之首飾以編，服以鞠衣，屨以黃屨，車以翟車，貝面組總，有握。及郊，享先蠶，然後東鄉而躬桑焉。鄭氏曰：「東鄉者，鄉時氣也，是明其不常留養。而留養者，所卜夫人與世婦也。」考之《祭義》「諸侯卜三宫之夫人、世婦之吉者，使入蠶室」，則后不常留養可知也。及繭之成，夫人副褘受之，三盆手，則后亦副褘受之而三盆手可知也。躬桑，后、夫人之事耳。天子必薦鞠衣，君必皮弁素積，卜三宫夫人、世婦使入蠶室者，内外相成之義也。故建國則王立朝，后立市。祭祀則王裸獻，后亞之。賓客則王致酒，后致飲。以至王耕藉，后獻種；王射牲，后舂盛。則后、夫人之躬桑，王與諸侯不可不與之也。躬桑不過鞠衣，而受繭必以副褘者，重繭之成也。繅必三盆手者，禮成於三也。三盆手猶王藉之三推也。然後布于三夫人、世婦之吉者，使繅。遂朱緑之，玄黃之，以爲祭服。猶庶人之終畝也。晉制後乘載鉤筐。後周皇后採桑三條，公主五條，鄉縣以下九條，北齊及隋亦如之。然則採桑三條與三推同。其載鉤筐以後車，與親載耒耜不類，是不純乎古也。後漢蠶于東郊，晉蠶于西郊，宋齊蠶于西北，而漢制后乘鸞輅，載龍旂，千乘萬騎，鼓吹鉦鉞，莫不咸備。晉后著十二笄、步摇，衣青衣，乘油畫雲母安車，而女尚書著貂蟬，佩璽。後周之時，后乘翠輅。皆非古制。

薦鞠衣之禮

《月令》：「季春，天子薦鞠衣于先帝。」鄭氏曰：「先帝，大皥之屬。」孔穎達曰：「薦鞠衣置於神坐前。」熊氏之徒謂：「其祭在明堂」。李林父曰：「進鞠衣於太廟。」此不可考。

後乘翟車

巾車曰翟車，貝面，組總，有握。

鄭氏曰：「以翟飾車之側。有握，則此無蓋矣，如今軿車是也。后所乘以出桑。」

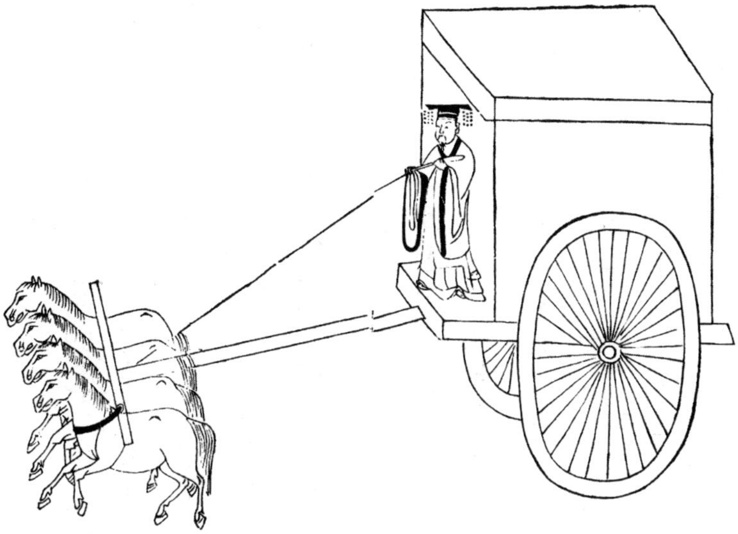

《巾車》王后五路，有重翟、厭翟、安車、翟車、輦車；四車有蓋，而翟車無蓋有握。鄭氏曰：「翟車不重、不厭，以翟飾車之側，后所乘以出桑。」

先蠶壇

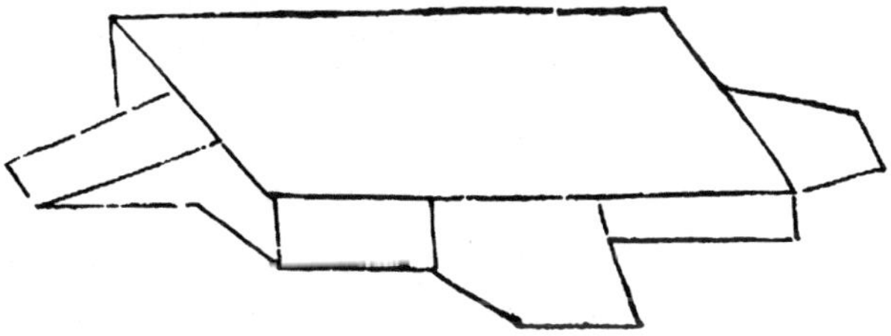

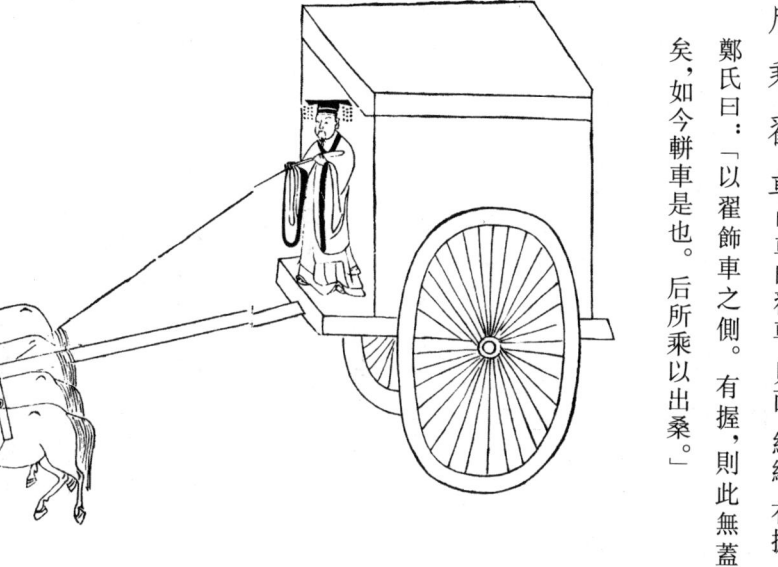

呂氏《月令》言「薦鞠衣于先帝」，不言享先蠶。《唐月令》言「薦鞠衣于先帝」，又言「享先蠶」。考之於古，食必祭先倉，竈必祭先炊，視學祭先聖先師，養老祭先老，射祭侯，師祭禡，則將蠶而享先蠶，蓋禮然也。《漢儀》以中牢羊豕祭蠶神，曰苑窳婦人、寓氏公主，凡二神。晉武帝時先蠶壇高一丈，方二丈，四出陛，陛廣五尺，在皇后採桑壇東南，帷宮外門之外，而東南去帷宮十丈，在蠶室西南，桑林在其東北。齊爲蠶壇，高四尺，方丈，四出陛，陛各廣八尺，置蠶壇於桑壇東南，大路東，横路南，壇高五尺，方二丈，❶四陛，陛各五尺，外兆方四十步，面開一門。每歲季春，穀雨後吉日，使公卿以一太牢祠先蠶黄帝氏於壇上，無配，如祀先農。禮訖，皇后乃躬桑。後周皇后至蠶所，以一少牢親進祭奠先蠶西陵氏神。二嬪爲亞獻、終獻。隋制先蠶壇，於宮北三里爲壇，高四尺。季春上巳，皇后服鞠衣，以太牢、制幣祭先蠶，用一獻之禮。唐制亦皇后吉巳享先蠶，❷遂以親桑。李林父釋《月令》曰：「先蠶，天駟也。先蠶之神，或以爲苑窳婦人、寓氏公主，或以爲黄帝，或以爲西陵氏，或以爲天駟，歷代儒者議論不一。然則蠶，其首馬首，其性喜温惡濕，其浴火月，而再養則傷馬，此固與馬同出於天駟矣。」然天駟可謂蠶祖，而非先蠶者也；蠶，婦人之事，非黄帝也。《史記》黄帝娶西陵氏，而

❶「方」，原脱，今據嘉慶本補。

❷「吉巳」，明本、庫本、嘉慶本作「上巳」。《新唐書·禮樂志》云：「皇后歲祀一，季春吉巳以親桑。」按古禮，皇后每年季春三月之巳日躬親蠶桑，其日卜須吉，故稱「吉巳」。上巳，魏晉以降，多在三月三日，有時也在巳日。唐時吉巳、上巳有同異，明本、庫本、嘉慶本作「上巳」或有據。

西陵氏始蠶，於志無見。漢祀苑窳婦人、寓氏公主二人，此或有所傳然也。其壇或在桑壇東南，或在桑壇之西；其祭或少牢，或太牢，或一獻，或三獻，歷代之所尚異也。然禮必皇后親享，北齊使公卿祠之，非古也。

躬桑壇

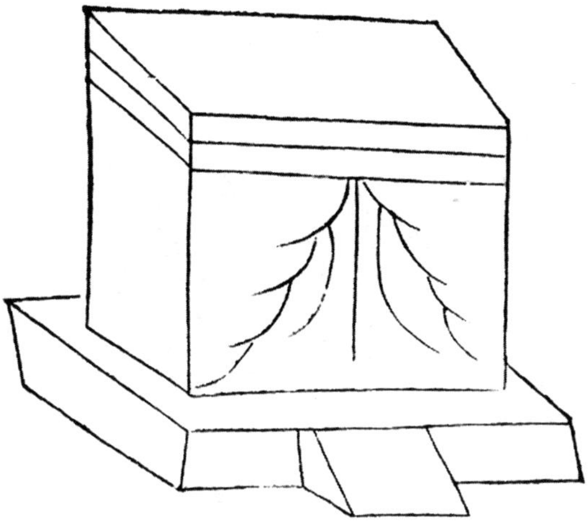

《國語》曰：「司空除壇于藉。」藉而有壇，則躬桑有壇矣。《掌次》：「掌凡邦之張事。」而異時有宿幕于耕壇之上。然則桑壇蓋亦張幕歟？

蠶月

《詩》曰：「蠶月條桑。」《周禮》：「仲春，后帥內外命婦始蠶。」《月令》：「季春，后妃齋戒，躬桑。」《祭義》：「大昕之朝，君卜三宮之夫人、世婦之吉者，使入蠶室，奉種浴于川。」又曰：「歲既單矣，世婦卒蠶。」鄭氏曰：「大昕，季春朔日之朝也。歲單，三月月盡之後也。」孔穎達謂：「中春浴種，季春再浴之。」理或然也。《荀卿·賦》曰：「夏生而惡暑。」則蠶有四月生者，有三月生者，不特春生而已。然蠶、馬無兩盛，故原蠶者，馬質禁之。

曲

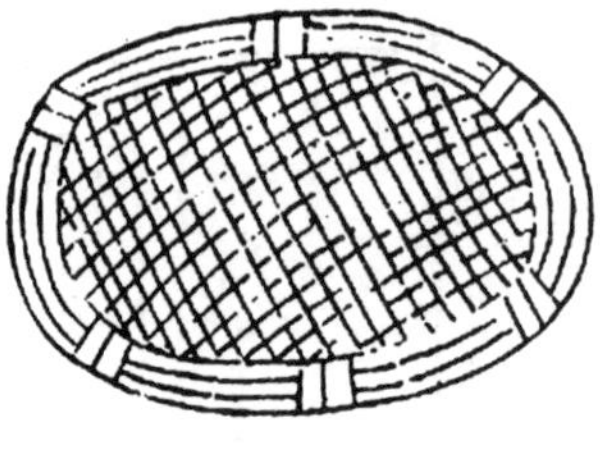

植

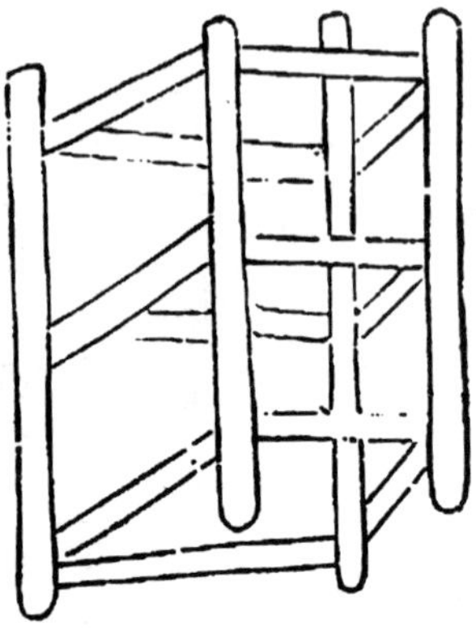

曲，薄也。植，槌也。正義曰：「案《方言》云：『宋、魏、陳、江淮之間謂之曲，或謂之麴；自關而西謂之薄，故云曲薄。』《方言》注：『槌，縣蠶薄柱也。宋、魏、陳、楚、江淮之間謂之植，自關而西謂之槌，齊謂之牂。』」

禮書卷第三十終

禮書卷第三十一

千乘之國 五等諸侯附庸

公五百里 侯四百里 男一百里 伯三百里 子二百里

圭田

千乘之國❶

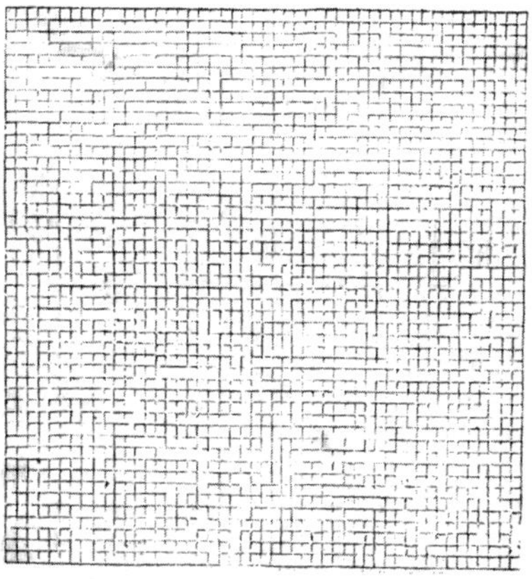

《大司馬》：「凡令賦，以地與民制之。」《司馬法》：「甸方八里，出長轂一乘。」又：「成方十里，出長轂一乘。」古者或以甸爲乘，或以乘爲甸。以甸爲乘，《稍人》「掌丘乘之政令」，《禮記》「惟社丘乘共粢盛」是也；❷以乘爲甸，《春秋》「衛良夫乘衷甸兩牡」是也。❸蓋乘者甸之賦，甸者乘之地。甸方八里據地言之，成方十里兼溝涂言之，其實一也。《易》曰：「震驚百里。」《王制》曰：「公侯之田方百里。」《孟子》曰：「諸侯不百里，不足以守宗廟之典籍。周公封於魯，太公封於齊，地非不足而儉於百里。」

❶「千」，原爲空格，今據目録、卷首小目、明本、庫本、嘉慶本補。

❷「共」，原脱，今據嘉慶本及《禮記·郊特牲》補。

❸「牡」，原誤作「牲」，今據庫本、嘉慶本及《左傳》哀十七年改。

《春秋傳》曰：「列國一同。」《明堂位》曰：「魯革車千乘。」《坊記》曰：「制國不過千乘。」《語》曰：「道千乘之國。」蓋諸侯地不過百里，車不過千乘，以開方之法計之，方十里者爲方一里者百，方百里者爲方一里者萬。方一里者百，其賦十乘。方一里者萬，則其賦千乘。然賦雖至於千乘，而兵不過三軍，三軍五百乘而已。❶則五百乘，三鄉之所出也；千乘，闔境之所出也。何則？鄉萬二千五百家，合三鄉則三萬七千五百家，凡起徒役，無過家一人，則三軍爲三萬七千五百人矣。《司馬法》：「兵車一乘，甲士三人，步卒七十二人，合七十五人。」則一卒所餘，在後車矣。後卒復以五十人，合二十五人爲一車，士卒則所餘五十人又在後車矣。凡三卒而車四乘，三旅而車二十乘，三師而車百乘，三軍而車五百乘。由此推之，天子六軍則車千乘矣。此車人參兩以相聯糾之法也。《詩》曰：「公車千乘。」又曰：「公徒三萬。」則千乘之賦，豈特三軍而已哉。鄭氏據《司馬法》：「井十爲通，通爲匹馬，三十家，士一人，徒二人；通十爲成，成百井，三百家，革車一乘，士十人，徒二十人；十成爲終，終千井，三千家，革車十乘，士百人，徒二百人；十終爲同，同萬井，三萬家，革車百乘，士千人，徒二千人。」率十家出一人之役，百家出十人之役。賈公彦遂以此爲畿内之法，以甸出長轂一乘，甲士三人，步卒七十二人爲邦國之法。然《周官》之於調役，其寡也家出一人，其多也起餘子與竭作；未聞十家出

❶「五百」下，原衍「里」字。嘉慶本此處空一格，佚校於「里」上加圈，意删去，今據删。

一人之役，百家出十人之役也。賈公彦言出軍之法，先六鄉，次六遂，次公邑、都鄙，乃徵兵於諸侯，不止，則諸侯闔境出焉，所謂千乘之賦也。然先王之於天下，大則有方伯，小則有連帥，其待卒應變，如身之使臂，臂之使指，各適其事之遠近而已。方伯、連率所不能克，然後鄉遂之士應之。《周官》曰：❶「王之大事諸侯。」❷《左傳》曰：「五侯九伯汝實征之。」又曰：「諸侯敵王所愾。」則出軍之法，顧豈先慮其內以實其外哉？馬融曰：「千乘之賦，其地千成，居地方三百一十六里有奇，惟公侯之封乃能容之。」其説蓋惑《周禮》「公五百里，侯四百里」之制，不知《周禮》之所言者，乃附庸也。

諸侯附庸

《周禮・大司徒》：「諸公之地封疆方五百里，其食者半；諸侯之地封疆方四百里，其食者三之一；諸伯之地封疆方三百里，其食者三之一；諸子之地封疆方二百里，其食者四之一；諸男之地封疆方百里，其食者四之一。」「鄭司農云：❸『其地但爲正四方耳。其食者半，公所食租税得其半耳；其半皆附庸小國也，屬天子三之一者亦然。』故《魯頌》曰：『錫之山川，土田附庸，奄有龜蒙，遂荒大東，至于海邦。』《論語》曰：『季氏將伐顓臾，孔子曰：『先王以爲東蒙主，且在邦域之中，是社稷之臣。』」此非七十里所能容。然則方五百里、四百里，合於《魯頌》、《論語》之言。諸男食者四之一，適方五

❶「周官」，嘉慶本作「周禮」。
❷「王」，原誤作「三」，今據明本、庫本、嘉慶本及《周禮・象胥》改。
❸「農」下，原衍「者」字，今據明本、庫本、嘉慶本删。

十里，獨此與今五經家説合耳。』玄謂其食者半、三之一、四之一者，土均均邦國地貢輕重之等，其率之也。公之地以一易，侯伯之地以再易，子男之地以三易，必足其國禮俗喪紀祭祀之用，乃貢其餘。若今度支經用，餘爲司農穀矣。大國貢重，正之也；小國貢輕，字之也。凡諸侯爲牧正帥長及有德者，乃有附庸，爲其有禄者當取焉。公無附庸，侯附庸九同，伯附庸七同，子附庸五同，男附庸三同。進則取焉，退則歸焉。魯於周法不得有附庸，以大言之也。附庸二十四，言得兼此四等矣。」《職方氏》：「凡邦國千里，封公以方五百里，則四公；方四百里，則六侯；方三百，則七伯；方二百里，則二十五子；方百里，則百男。以周知天下。」「方千里者爲方百里者百。以方三百里之積，以九約之，得十一有奇。云『七伯』者，字之誤也。周九州之界方七千里，七七四十九，方千里者四十九，其一爲畿內，餘四十八，八州各有方千里者六。周公變商湯之制，雖小國地皆方百里，是每事言『則』者，設法也。設法者，以待有功而大其封。一州之中，以其千里封公則可四，又以其千里封侯則可六，又以其千里封伯則可十一，又以其千里封子則可二十五，又以其千里封男則可百。公侯伯子男亦不是過也。州二百一十國，以男備其數焉。其餘以爲附庸。」《禮記》曰：「王者之制禄爵，公侯伯子男凡五等。公侯田方百里，伯七十里，❶子男五十里。不能五十里者不合於天子，附於諸侯，曰附庸。天子之元士視附庸。「不合，謂不朝會也。小城曰附庸，以國事附於大國，未能以其名通也。此制，商所因夏爵三等之制也。商有鬼侯、梅伯。春秋變周之文，從商之質，合伯子男以爲一，則商爵三等者，公侯伯也。箕，畿內謂之子。周武王初定天下，更立五等之爵，增以子男而猶因商之地，以九州之界尚狹也。周公攝政，致太平，斥大九州之界，制禮，成武王之意，封王者之後爲公，及有功之諸侯，大者地方五百里，其次侯四百里，其次伯三百里，其次子二百里，其次男百里。所因商之諸侯，亦以功黜陟之，其不合者皆益之地爲百里焉。是以周世有爵尊而國小，爵卑而國大者。唯天子畿內不增以禄，群臣不主爲治民。」凡四海之內九州，

❶「伯」，原作「百」，今據《禮記·王制》改。

州方千里。州建百里之國三十，七十里之國六十，五十里之國百有二十，❶凡二百一十國。名山大澤不以封。其餘以爲附庸、間田。八州，州二百一十國。天子之縣内，方百里之國九，七十里之國二十有一，五十里之國六十有三，凡九十三國。名山大澤不以朌，其餘以禄士，以爲間田。凡九州千七百七十三國，天子之元士、諸侯之附庸不與。」又曰：「成王以周公爲有勳勞於天下，是以封周公於曲阜，地方七百里，革車千乘。」「曲阜，魯〔地〕。上公之封方五百里，加魯以四等之附庸方百里者二十四，并五五二十五，積四十九，開方之得七百里。」《魯頌》曰：「乃命魯公，俾侯于東。錫之山川，土田附庸。」又曰：「泰山巖巖，魯邦所詹。奄有龜蒙，遂荒大東。至于海邦，淮夷來同。」《論語》曰：「昔者顓臾，先王以爲東蒙主，且在邦域之中，是社稷之臣也。」

諸公五百里　諸侯四百里　諸伯三百里

諸子二百里　諸男一百里

《書》言舜之受禪，曰：「輯五瑞，修五玉，復五器。」言武王之政出舊，曰：「列爵惟五，分土惟三。」則自唐至周，五等之爵一也。鄭氏釋《王制》謂商因夏爵，有公侯伯而無子男。以微子、箕子爲畿内之爵。《公羊》釋《春秋》謂春秋變周從商，合伯子男皆稱子。❷鄭忽出奔衛，《公羊》曰：「忽何以名？春秋伯子男一也，辭無所貶。」何休曰：「春秋改周之文，從商之質，

❶「五十」，原作小字，今據明本、庫本、嘉慶本改作大字。

❷「稱」，明本、庫本、嘉慶本作「從」。衛湜《禮記集説》卷二十四、《尚書通考》卷十《洪範九疇之下綱》引此作「稱」。然作「從」，合於下所引《公羊傳》桓十一年何注。

合伯子男爲一，辭無所貶，皆從子。」豈其然哉？夫列爵惟五，所以稱其德；分土惟三，所以等其功。德異而功有所同，故公侯之地同於百里，子男之地同於五十里；地同而附庸有所異，故諸公之地方五百里，諸侯之地方四百里，諸伯之地方三百里，諸子之地方二百里，諸男之地方百里。蓋三等之地正封也，五等之附庸廣封也。正封則尺地莫非其土，一民莫非其臣，尊者嫌於盛而無所屈，卑者嫌於削而無所立，故公之地必下而從侯，男之地必上而從子。至於廣封，則欲上之政令有所統而不煩，下之職貢有所附而不費，又非諸侯得以擅之也。而尊者不嫌於太多，卑者不嫌於太寡，故公之地必五百里而異於侯，男之地止百里而異於子也。民功曰庸，先儒以庸爲城。朝會曰合。謂之附庸，以其有所附，然後有功於民也，謂之「不能五十里不合於天子」，以其才不足以當五十里，則不足以特達於上也。古者天子之地象日月，諸侯之地象靁震，則《周官》所謂五百里以至百里，爲兼附庸明矣。鄭康成以《大司徒》之所言者爲正封，則曰公無附庸，侯附庸九同，伯附庸七同，子附庸五同，男附庸三同。魯於周法不得有附庸，故言錫之而附庸二十四。此説非也，既曰侯附庸九同，魯侯爵也，不得有附庸，何耶？《詩》曰：「錫之山川，土田附庸，奄有龜蒙，遂荒大東。」《記》曰：「地方七百里。」此所謂錫之也。

圭

田五十畝。

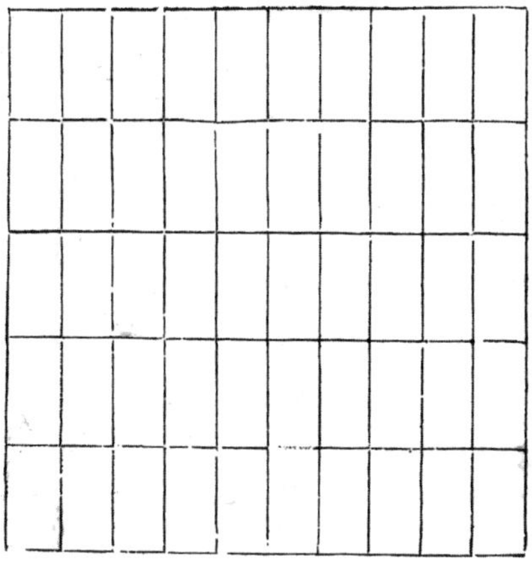

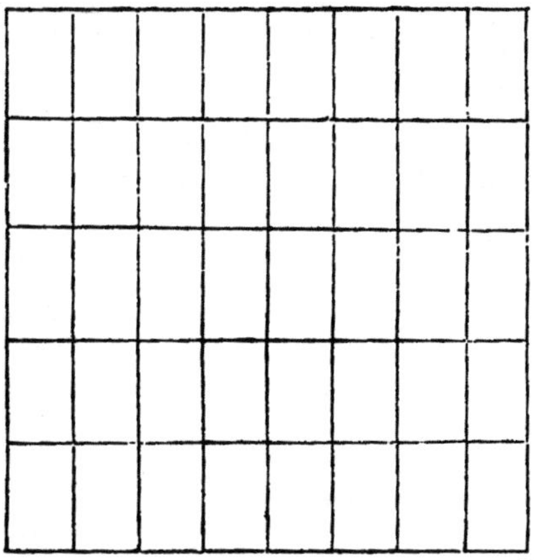
❶

《王制》曰：「夫圭田無征。」「夫猶治也。征，稅也。《孟子》曰：『卿以下必有圭田。』治圭田者不稅，所以厚下也。此則《周禮》之〔士〕田以任近郊之地，稅什一。」《周禮·載師》：「以士田賈田任近郊之地。」「士讀爲仕。仕者亦受田，所謂圭田也。」《孟子》曰：「卿以下必有圭田。圭田五十畝，餘夫二十五畝。」又曰：「惟士無田，則亦不祭。」「絀士無圭田。」孔穎達曰：「夫猶治也。卿以下皆以治此圭田，公家不稅其物。必云圭者，圭潔白也。言卿大夫德行潔白，乃與之田。此商禮也，商政寬緩，厚重賢人，故不稅之。周則兼通士稅之，故『《周禮》士田以任近郊之地，稅什一』。」後魏有公田。隋文帝時有公廨田。唐凡京諸司有公廨田，諸京官、諸州有職分田。

❶ 此爲嘉慶本圖。

《士虞禮》曰：「圭爲哀薦之，饗。」《詩》之「吉蠲」或作「吉圭」，則圭田潔白也。「惟士無田，則亦不祭」，則圭田所以共祭也。圭卿以下有圭田，猶天子、諸侯之有籍也。圭田無征，所以厚賢也。鄭氏以《周禮》士田爲圭田，以〔圭〕田無征爲商制，而改士爲仕，其説無據。《孟子》言「九一〔而〕助」，繼之以「圭田五十畝，餘夫二十五畝」者，圭田，禄外〔之〕田也，餘夫外之田也。禄外之田半百畝，夫外之田又半之，此自百畝而差之然也。古者自卿士達於圭田同等，欲各致其誠敬而已。後世職分田，以貴賤制之，非禮意也。

禮書卷第三十一終

禮書卷第三十二

禹貢五服　周九服　侯國及采邑貢賦之法　賦稅征斂之辨

禹貢五服自甸至荒五千里。

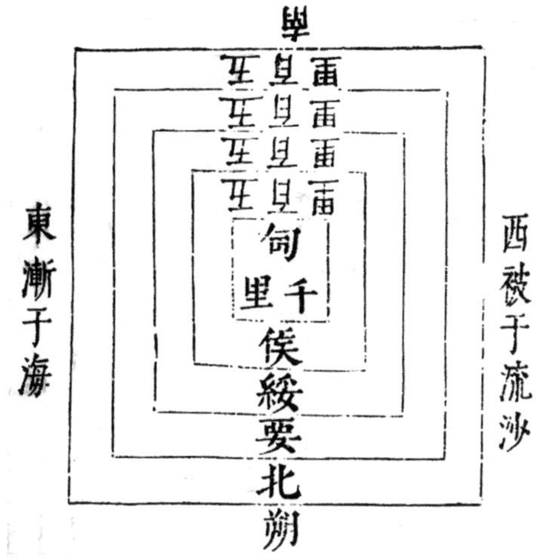

❶

周九服五千〔五〕百里。❷

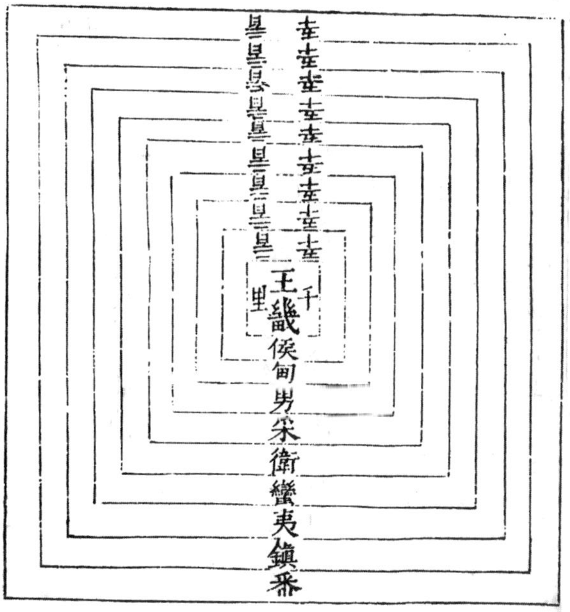

❸

《書·益稷》曰：「弼成五服，至于五

❶ 圖中文字，原無，爲明本、庫本、嘉慶本所增。

❷ 此小題及注，明本、庫本、嘉慶本在下第二段正文前。

❸ 圖中文字，原無，爲明本、庫本、嘉慶本所增。

千。」《禹貢》曰：「五百里甸服：百里賦納總，二百里納銍，三百里納秸服，四百里粟，五百里米。五百里侯服：百里采，二百里男邦，三百里諸侯。五百里綏服：三百里揆文教，二百里奮武衛。五百里要服：三百里夷，❶二百里蔡。五百里荒服：三百里蠻，二百里流，東漸于海，西被于流沙，朔南暨聲教。」

《周禮·大司馬》：「以九畿之籍，施邦國之政職。方千里曰國畿，其外方五百里曰侯畿，又其外方五百里曰甸畿，又其外方五百里曰男畿，又其外方五百里曰采畿，又其外方五百里曰衛畿，又其外方五百里曰蠻畿，又其外方五百里曰夷畿，又其外方五百里曰鎮畿，又其外方五百里曰蕃畿。」《職方氏》：「乃辨九服之邦國。方千里曰王畿，其外方五百里曰侯服，又其外方五百里曰甸服，又其外方五百里曰男服，又其外方五百里曰采服，又其外方五百里曰衛服，又其外方五百里曰蠻服，又其外方五百里曰夷服，又其外方五百里曰鎮服，又其外方五百里曰蕃服。」《行人》：「邦畿方千里，其外方五百里謂之侯服，歲一見，其貢祀物；又其外方五百里謂之甸服，二歲一見，其貢嬪物；又其外方五百里謂之男服，三歲一見，❷其貢器物；又其外方五百里謂之采服，四歲一見，❸其貢服物；又其外方五百里謂之衛服，五歲一見，其貢材物；又其外

❶「五百里綏服」至「三百里夷」，原脱，今據明本、庫本、嘉慶本及《尚書·禹貢》補。

❷「三」，原誤作「二」，今據明本、庫本、嘉慶本及《周禮·大行人》改。

❸「其貢器物」至「四歲一見」，原脱，今據明本、庫本、嘉慶本補。

方五百里謂之要服，六歲一見，其貢貨物。九州之外謂之蕃國，世一見，各以其所貴寶爲贄。」❶《國語》：「先王之制，邦内甸服，邦外侯服，侯衛賓服，夷蠻要服，戎狄荒服。甸服者祭，侯服者祀，賓服者享，要服者貢，荒服者王。日祭，月祀，時享，歲貢，終王。先王之訓也，有不祭則修意，有不祀則修言，有不享則修文，有不貢則修名，有不王則修德，序成而有不至則修刑。於是乎有刑不祭，伐不祀，征不享，讓不貢，告不王。於是乎有刑罰之辟，有攻伐之兵，有征討之備，有文告之詞。布令陳詞而又不至，則增修於德，而無勤兵於遠。是以近無不聽，遠無不服。」《荀子》曰：「諸夏之國同服同義，蠻夷戎狄之國同服不同制。封内甸服，封外侯服，至荒服終王。已上與《國語·周語》同。❷夫是之謂視形勢而制械用，稱遠近而等貢獻，是王者之事也。」《王制》曰：「千里之内曰甸，❸千里之外曰采，曰流。」注：「甸者，服治田，出穀税。采者，九州之内地，取其美物，以當穀税。」夏之服，甸、侯、綏、要、荒。《周語》曰：「邦内甸服。」又曰：「先王規方千里以爲甸服。」《王制》：「千里之内曰甸。」自甸至荒，凡五服，服五百里，則面二千五百里矣。面二千五百里，則爲方五千里矣。《書》曰：「弼成五服，至于五千。」周之服，侯、甸、男、采、衛、蠻、夷、鎮、蕃，自侯至蕃，凡九服，服二百五十里，❹則面二千二百五十里矣。❺加王畿五百，而

❶「九州」至「爲贄」，原脱，今據明本、庫本、嘉慶本補。
❷下「語」，原誤作「紀」。按上所引出《國語·周語》，今據改。
❸「甸」上，原衍「畿」字。嘉慶本此處爲一方框，《禮記·王制》原文亦無「畿」，今據删。
❹「二百五十」，原誤作「五百」，今據嘉慶本及文意改。
❺下「二」，原誤作「七」，今據明本、嘉慶本及文意改。

面二千七百五十里，❶則爲方五千五百里矣。蓋夏服先甸後侯，而甸即畿也。周服先侯後甸，而畿非侯也。夏之侯以當周之侯甸，而綏以當周之男采。周之衛蠻以當夏之要，而夷鎮以當夏之荒。特蕃服在《禹貢》之外。然則周之斥大中國，不過增夏五百里而已。《書》曰「弼成五服，至于五千」，此夏五服之域也；「東漸于海，西被于流沙，朔南暨聲教」，此夏五服之外也。孔安國、司馬遷、王肅之徒，其説皆然。特鄭康成謂堯之舊制服五百里，及禹輔而成之服加五百里，則面相距爲方萬里，故禹會諸侯於塗山，執玉帛者萬國。是不知經傳凡言「萬國」者，舉盈數也。孔穎達謂：「《地理志》言，漢之土境東西九千三百二里，南北萬三千三百六十八里，其言山川不出《禹貢》之域，而數不同者，直而計之以鳥跡，曲而量之以人跡異耳。」此説是也。《王制》曰：「西不盡流沙，東不盡東海，南不盡衡山，北不盡常山。凡四海之内，斷長補短，方三千里。」此蓋漢儒記六國之時地域然也。然則康成之誤，不特《禹貢》而已，其言夏衰，夷蠻戎狄内侵，國數損少；商湯承之，中國方三千里；周公復唐虞之舊域，要服之内方七千里，爲方千里者四十九，❷其一爲畿内，餘四十八，八州各方千里者六，設法一州方五百里不過四，方四百里者不過六，方三百里者不過十一，方二百里者不過二十五，餘方百里者謂之小國，又餘方百里者四十一，附庸地也。然《職方》之法，蓋兼附庸言之。安有四十六國之外，復有百

❶ 「加王畿五百而」，原脱，今據嘉慶本及文意補。
❷ 「爲方千里」，原脱，今據嘉慶本及文意補。

里者四十一爲附庸乎？周之設法，州建百四十六國，而附庸在焉。《王制》：「州二百一十國，諸侯之附庸不與。」非周制也。《王制》言：「凡四海之内九州，州方千里，州建百里之國三十，七十里之國六十五，十里之國百有二十，凡二百一十國。名山大澤不以封，其餘以爲附庸、間田。八州，州二百一十國。天子之縣内，方百里之國九，七十里之國二十有一，五十里之國六十有三，凡九十三國。名山大澤不以朌，其餘以禄仕，以爲間田。」然後總之以「凡九州千七百七十三國，天子之元士、諸侯之附庸不與」，則一代之禮也。康成以八州州二百一十國爲商禮，以天子之縣内九十三國爲夏禮，惑矣。天子之地，或曰甸，或曰畿、曰圻，或曰縣、曰寰，而後世猶有縣官之稱。孰謂畿獨施於商周，而縣獨施於夏乎？康成溺於「禹會萬國」之説，嘗曰「夏縣内四百國」，又曰「夏縣内九十三國」，是自戾也。

侯國及采邑貢賦之法

諸公之地其食者半

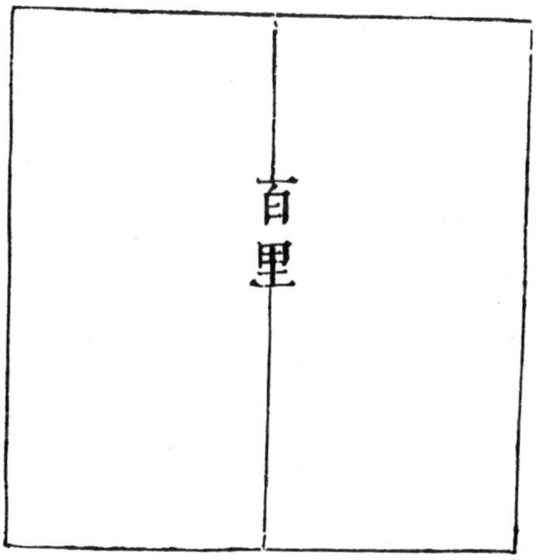

❶

❶ 圖中文字，原無，爲明本、庫本、嘉慶本所增。

侯伯之地其食者三之一

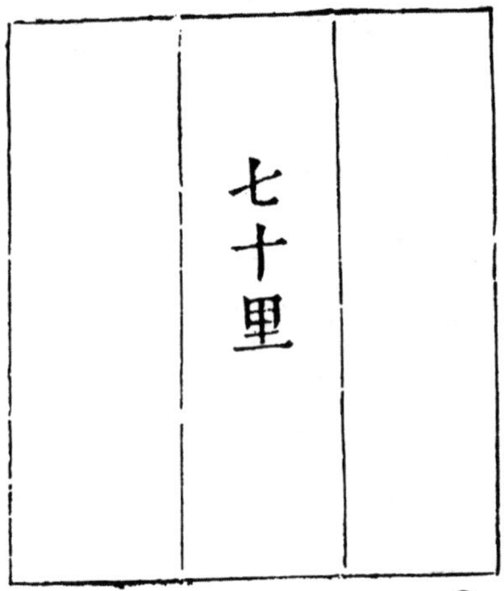

❶

子男之地其食者四之一

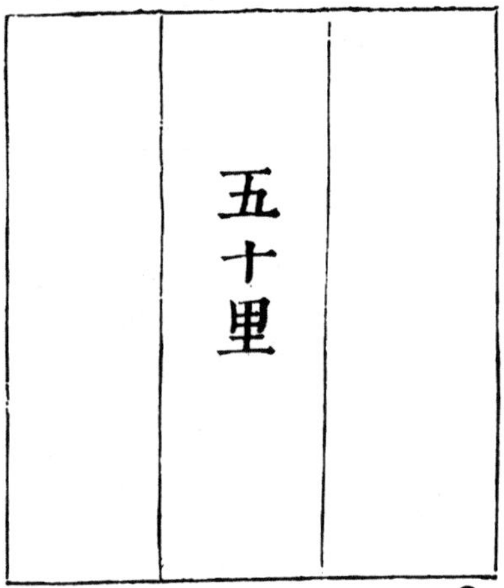

❷

《大司徒》：「諸公之地，其食者半；侯伯之地，其食者三之一；子男之地，其食者四之一。」鄭司農以「食者半」爲半入於公，半入於王；「三之一」爲一入於侯伯，二入於王。則大國貢輕，小國貢重。康成以「食者半」爲王食其半，「三之一」爲王食其一，則大國貢重，小國貢輕。然《春秋傳》曰：「天子班貢，輕重以列，列尊貢重，周之制也。卑而貢重，甸服也。」由此言之，以爲大國貢輕，則異夫「列尊貢重」矣；以爲小國貢輕，則又有「卑而貢重」矣。二者之説皆非周制。鄭氏又謂：「采地食者，皆四之一。百里之國凡四都，而王税以一都。五十里之國凡四縣，王税以一縣。二十五里

❶ 圖中文字，原無，爲明本、庫本、嘉慶本所增。

❷ 圖中文字，原無，爲明本、庫本、嘉慶本所增。

之國凡四甸，王稅以一甸。」不知何據而言耶。然則所謂「其食者半」，❶則食、不食之地各半也；「其食者三之一」，則不食之地二、食之地一也；「其食者四之一」，則不食之地三、食之地一也。先王制地，不必其實如此。蓋以德尊者國大而祿重，故其地媺；德卑者國小而祿輕，故其地惡。於是要其大率而爲之法耳。然則所謂食、不食者，非制貢之數也。此與《大司馬》「上地食者三之二，中地食者半，下地食三之一」，《司勳》「凡頒賞地，三之一食」，其受地之法同。

賦稅征斂之辨

《周官·司書》言賦而終之以凡稅斂，《掌交》言九稅而餘官言九賦，《司徒》言征而繼之以賦，《載師》言征亦終之以賦，則征賦者稅斂之總名，征稅者賦之別稱，斂者賦征稅之事而已。《荀卿》曰：「刀布之斂，田野之稅，關市之征。」此又對言之然也。周法，邦中之賦，則園廛二十而一；四郊之賦，則近郊十一，遠郊二十而三；邦甸、家削、邦縣、邦都之賦，皆無過十二。若夫關市山澤之賦，蓋十一而已。凡此非出於口率也。鄭康成釋《太宰》謂：「賦，口率出泉也。今之筭泉或謂之賦。」然筭泉之法特出於後世，先王之時無有也。《鄉大夫》：❷「以歲時登其夫家之衆寡，辨其可任者。國中自七尺以及六十，野自六尺以及六十有五，皆征之。」征之者，役之也，與《禮記》所

❶「其」，原脱，今據上文所引《周禮·大司徒》及文例補。

❷「鄉」，原誤作「卿」。按此所引，《周禮·鄉大夫》也。今據改。

謂「征於鄉升於學」之征同義。❶康成亦以征之爲口率，非是。

禮書卷第三十二終

❶「升」，原誤作「征」，今據《禮記·王制》改。嘉慶本無「征於學」三字。

禮書卷第三十三

力政　方伯連帥之職　軍制　羨卒

力政

大司徒大軍旅大田役以旗致萬民

遂人若起野役則以遂之大旗致民

大夫以旗致民《鄉師》：「凡四時之田，及期，以司徒之大旗致衆庶。」鄭氏曰：「司徒致衆庶者，以能虎之旗，此又以之，明爲司徒致之。大夫致衆，當以鳥隼之旟。」賈氏曰：「大司徒既是卿官，尋常建旜，在軍建熊虎。鄉師既是大夫官，尋常建物在旜下，明在軍當以鳥隼之旟，在熊虎之下。」

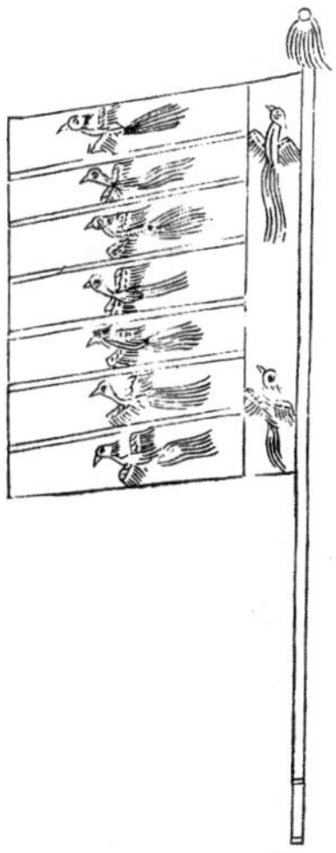
❶

❶ 底本圖無旗面右下角之鳥紋。

《小宰》：「以官府之八成經邦治，一曰聽政役以比居。」鄭司農云：「政謂軍政，役謂發兵起徒役。比居謂伍籍也。」《大司徒》：「大軍旅、大田役，以旗致萬民，而治其徒庶之政令。」《小司徒》：「上地家七人，可任也者家三人；中地家六人，可任也者二家五人；下地家五人，可任也者家二人。凡起徒役，毋過家一人，以其餘爲羨；唯田與追胥竭作。凡國之大事致民，大故致餘子。「鄭司農云：『餘子謂羨也。』玄謂餘子，卿大夫之子當守於王宮者也。」大軍旅，帥其衆庶。小軍旅，巡役，治其政令。大喪，帥邦役，治其政教。」《鄉師》：「大役，則帥民徒而至，治其政令。既役，則受州里之役要，以考司空之辟，以逆其役事。」《鄉大夫》之職：「以歲時登其夫家之衆寡，辨其可任者。國中自七尺以及六十，野自六尺以及六十有五，皆征之。其舍者，國中貴者、賢者、能者、服公事者、老者、疾者，皆舍。以歲時入其書。」「國中，城郭中也，晚賦税而早免之，以其所居復多役少；野，早賦税而晚免之，以其復少役多。鄭司農云：『征之者，給公上事也。舍者，謂有復除，❶舍不收役事也。貴者，謂若今宗室及關内侯皆復也。服公事者，謂若今吏有復除也。老者，謂若今八十、九十復羨卒也。疾者，謂若今癃不可事者，復之。』玄謂入其書者，言於大司徒。」《鄉師》：「大役，則帥民徒而至，治其政令。」《州長》：「若國作民而師田、行役之事，則帥而致之，掌其戒令與其賞罰。」《黨正》：「凡作民而師田、行役，則以其法治其政事。」《族師》：「若作民而師田、行役，則合其卒伍，簡其兵器，以鼓鐸、旗物帥而至，掌其治令、戒禁、刑罰。」《縣師》：「若將有軍旅、會同、田役之戒，則

❶「復」，原誤作「服」，今據庫本、嘉慶本及《周禮・鄉大夫》鄭注改。

受法于司馬，以作其衆庶及馬牛車輦，會其車人之卒伍，使皆備旗鼓兵器，以帥而至。」《遂人》：「若起野役，則令各帥其所治之民，而以遂之大旗致之。凡事致野役，而師田作野民，帥而至，掌其政治禁令。」《遂師》：「作役事，則聽其治訟。」《鄙師》：「凡作民，則掌其戒令。以時數其衆庶，察其媺惡而誅賞。」《縣正》：「若將用野民師田、行役，移執事，則帥而至，治其政令。」《稍人》：「若有會同、師田、行役之事，則以縣師之法，作其同徒輂輦，帥而以至，治其政令，以聽於司馬。」《酇長》：「若作其民而用之，則以旗鼓、兵革帥而至。」《大司馬》：「簡稽鄉民，以用邦國。凡令賦，以地與民制之。上地食者三之二，其民可用者家三人；中地食者半，其民可用者二家五人；下地食者三之一，其民可用者家二人。大役，與慮事，屬其植，受其要，以待考而誅賞。」鄭司農云：「植謂部曲將吏。故宋城，《春秋傳》曰：『華元爲植巡功。』屬謂聚會之也。要者，簿書也。」《均人》：「凡均力政，以歲上下：豐年則公旬用三日焉，中年則公旬用二日焉，無年則公旬用一日焉。凶札則無力政。」《王制》曰：「用民之力，歲不過三日。司空興事任力。凡使民，任老者之事，食壯者之食。五十不從力政，六十不與服戎，八十者一子不從政，九十者其家不從政。廢疾、非人不養者，一人不從政。」《祭義》曰：「五十不爲甸徒。」《論語》曰：「使民如承大祭。」《孟子》曰：「有布縷之征，有粟米之征，有力役之征，君子用其一，緩其二。用其二而民有殍，用其三而父子離。」《詩·大東》曰：「東國困於役。」《北山》曰：「役使不均。」

古者府、史、胥、徒有常職，而民不與

焉。其所與者，軍旅、田役而已。故任之以地之孅惡，辨之以國野之遠近，均之以歲之上下。《小司徒》：「上地家七人，可任也者家三人；中地家六人，可任也者二家五人；下地家五人，可任也者家二人。」此任之以地也。《鄉大夫》：「國中自七尺以及六十，野自六尺以及六十有五，皆征之。」此辨之以國野也。《均人》：「凡均力政，以歲上下：豐年則公旬用三日，中年則公旬用二日，無年則公旬用一日。凶札則無力役。」此均之以歲也。上地食七人，中地食六人，下地食五人，而任之者僅半而已。蓋以下養上則不足，以上養下則有餘。故凡起徒役，又無過家一人，所謂施從其厚，事舉其中，與「食壯者之食，任老者之事」同意。七尺、六尺征之以其才，六十、六十有五舍之以其齒。國中近而役多，故晚征而早舍；野遠而役少，故早征而晚舍。欲使勞逸輕重〔均〕而已，與「近郊什一，遠郊二十而三」、「甸、稍、縣、都無過〔十二〕」同意。力政有征於鄉，有征於司徒。征於司徒則公用〔之〕也。故豐年公旬用三日，則是歲用二十七日；中年公〔旬〕用二日，則是歲用十有八日；無年公旬用一日，則是〔歲〕用九日而已。以均力政在歲成之後，惟用於冬之一時故也。其作之也在鄉，則族師以鼓鐸旗物帥而至，大司徒以鄉之大旗致之；在遂，則酇長以旗鼓兵革帥而至，遂人以遂之大旗致之。蓋鄉百家爲族，遂百家爲酇。百家然後致之以旗鼓，則下於百家者非必旗鼓也。司徒之於六鄉，遂人之於六遂，以鄉遂之大旗致之，則族師、酇長之旗非大旗也。鄉有鄉官致之，遂有遂官致之，至於邦國、都鄙、甸、稍、郊、里之地，縣師又備旗鼓、兵器致之，則所統有其人，所會有其地，所治有其法，此所以如臂使指而無不率從也。其不役者，國中貴者、賢者、能者、服公事者、老者、疾者皆舍，又八十者一子不從政，九十者其家不從政，廢疾、非人不養者一人不從政，父母之喪三年不從政，齊衰、大功之喪三月不從政，將徙於諸侯者三月不從政，自諸侯徙家期不從政。然則役之義也，舍之仁也。義，故民忘其勞；仁，故民悦其德。此所〔以〕《北山》「不均」之刺不作於下，而「餘力」之頌日聞於上也。〔後〕世踐更之法，雖丞相之子不免戍邊，非所謂舍貴者也；絳之老人辱在泥塗，非所謂舍老者也，豈可與議先王之法哉！《周禮·均人》無年之力政猶至九日，《王制》用民之力歲不過三日，非周禮也。卿大夫國野之役至於六十、六十有五，《王制》曰：「五十不從力政。」《祭義》曰：「五十不爲甸徒。」亦非周制也。然六十不與服戎，恐周亦然。《班超傳》曰：「古者十五授兵，六十還之。」《韓詩》説：「三十受兵，六十還兵。」其受兵早晚雖殊，其六十還兵一也。

方伯連帥之職

《周官》六卿分職，各率其屬，以倡九牧。《周禮·太宰》：「乃施典于邦國，而建其牧，立其監，設其參，傳其五，陳其殷，置其輔。」「以侯伯有功德者，加命作州長，謂之牧，所謂『八命作牧』者。監，謂公侯伯子男各監一國。」又曰：「牧以地得民。」《大宗伯》曰：「八命作牧，「謂侯伯有功德者，加命得專征伐於諸侯。鄭司農云：『一州之牧。王之三公亦八命。』」九命作伯。」「上公有功德者，加命爲二伯，得征五侯九伯者。鄭司農云：『長諸侯爲方伯。』」《大司馬》：「建牧立監，以維邦國。」

《職方氏》：「凡邦國，大小相維，王設其牧。」《掌交》：「諭九牧之維。」《詩·旄丘》序曰：「衛侯不能脩方伯連帥之職。」《芃芃黍苗》曰：「四國有王，郇伯勞之。」《曲禮》：「五官之長曰伯，是職方。其擯於天子也，曰『天子之吏』。天子同姓謂之『伯父』，異姓謂之『伯舅』。自稱於諸侯曰『天子之老』，於外曰『公』，於其國曰『君』。九州之長入天子之國曰『牧』。「每一州之中，天子選諸侯之賢者，以爲之牧也。」天子同姓謂之『叔父』，異姓謂之『叔舅』，於外曰『侯』，於其國曰『君』。「牧尊於大國之君而謂之『叔父』，辟二伯也，亦以此爲尊。禮或損之而益，謂此類也。外，自其國之外，九州之中曰『侯』者，本爵也。二王之後不爲牧。」其在東夷、北狄、西戎、南蠻，雖大曰『子』。「謂九州之外長也。天子亦選其諸侯之賢者以爲之，子猶牧也。入天子之國曰『子』，天子亦謂之『子』。雖有侯伯之地，本爵亦無過子，是以同名曰『子』。」於內自稱曰『不穀』，於外自稱曰『王老』。」《王制》：「千里之外設方伯。五國以爲屬，屬有長。十國以爲連，連有帥。三十國以爲卒，卒有正。二百一十國以爲州，州有伯。八州，八伯，五十六正，百六十八帥，三百三十六長。八伯各以其屬屬於天子之老，二人分天下爲左右，曰『二伯』。」《左傳》曰：「五侯九伯，汝實征之。」

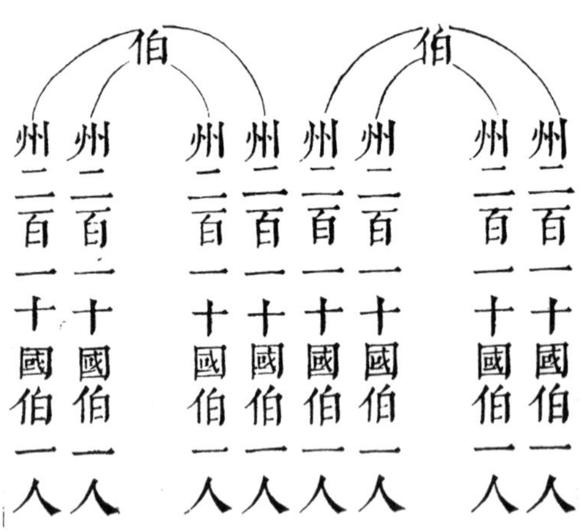

州七之而爲卒，卒三十國一正，則州七正矣。卒三之而爲連，連十國一帥，則州二十一帥矣。連二之而爲屬，屬五國一長，則州四十二長矣。八州八伯，五十六正，百六十八帥，三百三十六長。

古之官有常名，有異名。內而爲比長、閭師、族師、黨正、州長、鄉大夫，此常名也；及任以師田之事，則爲軍將、師帥、旅師、卒長、兩司馬、公司馬，此異名也。外而爲公侯伯子男，此常名也；及寓以連、屬之法，則爲屬長、連帥、卒正、州伯，此異名也。屬則繫其人，連則結其衆。以其民之衆，足以禦卒然之變，故謂之卒；以其地之廣，有達于重川之遠，故謂之州。屬有長，則足以長五國而已，未足以率十國之衆，故連有帥。帥足以率十國而已，未足以正三十國之衆，故卒有正。正足以正三十國而已，未足以長二百一十國，故州有伯。則爲人長者，才也；帥人者，智也；正人者，義也；長人者，仁也。《易》曰：「體仁足以長人。」則外之八伯，內之二伯，皆以其能體仁故也。蓋王者有分土，無分民。建萬國所以分其土，親諸侯所以合其人。不分其土則其守不專，不合其人則其勢不一。《王制》言「凡九州，千七百七十三國」，分其土也；繼之以方伯、連帥之法，合其人也。《周官·大司馬》「比小事大，以和邦國」，《職方氏》「凡邦國，大小相維」者，此也。古者什伍之法，於州鄉則聯其民，於師田則聯其徒，於宿衛則聯其官，故能以中國爲一人而無內患。爲屬、連、卒、州以聯其國，爲長、帥、正、伯以聯其人，故能以天下爲一家而無外虞。然「不惟其官，惟其人」，則法行而事舉，《詩》曰「四國有王，郇伯勞之」是也；非其人則法雖存而事廢，《詩序》曰「衛侯不能脩方伯連帥之職」，《公羊傳》曰「下無賢方伯」是也。方伯連帥之職，周道，故《書》與《周禮》伯皆稱牧者，蓋自内言之，則屈於二伯，故稱牧，《周官・大宗伯》「八命作牧」，《曲禮》「九州之長，入天子之國曰『牧』」是也；自外言之則伸於諸侯，故稱伯，《王制》謂「方伯之國」是也。虞十二州則十二牧，夏九牧，《左氏》曰：「夏之方有德也，貢金九牧。」周九州則九伯，而《王制》言「八州八伯」，則王畿之内不建伯焉，鄭氏以爲商制是也。然周牧伯之名見於經傳多矣，連帥特見於《詩序》，若夫五國之屬，於經無聞。《左傳》曰：「晉侯享公，請屬鄫。」豈周所謂連屬歟？《公羊傳》曰：「自陝以東，周公主之；自陝以西，召公主之。」《書》曰：「畢公率東方諸侯入應門右，太保率西方諸侯入應門左。」此所謂「九命作伯」者也，與商所謂「天子之老二人」一矣。周有九伯，則畿内蓋亦設牧，而太宰言「施典于邦國，設其牧」者，以牧之所設主爲邦國故也。康成釋《詩》謂「周之制，使伯佐牧」，蓋以傳所謂五侯者，五牧也；九伯者，佐侯之伯也。孔穎達申之，以爲「一牧之下二伯」。然質之於商，州伯之下無二佐，則周州牧之下無二伯。

軍制

大國三軍三萬七千七百五十人。

次國二軍二萬五千人。

小國一軍萬二千五百人。

《周官・大司馬》：「王六軍，大國三軍，次國二軍，小國一軍。」《春秋傳》曰：「成國不過半天子之軍，諸侯之大者三軍可也。」蓋天子六軍而將之以六卿，大國三軍而將之以三卿。周三等之國：以地言之，公侯百里，大國也；伯七十里，次國也；子男五十里，小國也。以國家、宮室、車旗、禮儀言之：上公以九爲節，❶大國也；侯伯以七爲節，次國也；子男以五爲節，小國也。然軍之多寡，係地之廣狹，而公侯之田皆百里，則皆三軍矣。魯於周爲侯，而地方百里，《頌》稱「公徒三萬」，此大國三軍之數也。《春秋》襄十一年：「作三軍。」昭五年：「舍中軍。」則魯之三軍蓋嘗變於僖公之後，至襄而復作，至昭而又舍也。《左氏》曰：「季武子作三軍，三分公室而各有其一。」杜預曰：「魯本無中軍，惟上下二軍，皆屬於公。有事，三卿更帥以征伐。季氏欲專其民人，故假立中軍。」《公羊》曰：「三軍者何？三卿也。何譏爾？古者上卿、下卿、上士、下士。」何休曰：「襄公委任强臣，乃益司馬作中卿，官踰王制，故譏之。」《穀梁》曰「古者天子六師，諸侯一軍。作三軍，非正也。」啖氏曰：「天子六軍，大國三之一，小國半大國，數不必常，所以示稱。」《國語》曰：「季武子爲三軍，叔孫穆子曰：『不可。今我小侯也，處大國之間，繕貢賦以共從者，猶懼有討，若爲元侯之所，以怒大國，無乃不可乎？』弗從，遂作中軍。自是齊楚伐討，魯襄、昭皆如楚。」由此觀之，魯於春秋之時，尊事齊楚爲不暇，則其國次國而已，不宜

❶「爲」下，原衍「一」字。嚴校於「一」上加圈，意删去也。今據嘉慶本及嚴校删。

復作三軍。作三軍，非正也。故《春秋》書「作」以譏之。「作」，猶「作僖公主」之類也。及舍中軍，以起於禮，又書以正之。《公羊》曰：「舍中軍，復古也。」《穀梁》曰：「復正也。」其説是也。然《穀梁》言「天子六師，諸侯一軍」，啖氏言「天子六軍，大國三之一，小國半大國」，其制與《周禮》不合，是臆説耳。春秋之時，王命曲沃伯以一軍爲晉侯，莊十六年。其後晉作三行以增上中下而當六軍，則世衰禮廢，大夫僭諸侯，諸侯僭天子，不足怪也。

羨卒

《小司徒》：「上地家七人，可任也者家三人；中地家六人，可任也者二家五人；下地家五人，可任也者家二人。凡起徒役，毋過家一人，以其餘爲羨；唯田與追胥竭作。凡國之大事致民，大故致餘子。」「鄭司農云：『餘子謂羨也。』玄謂餘子，卿大夫之子當守王宮者。」❶賈公彦曰：「此謂六卿之内，上劑致甿一人爲正卒，其餘皆爲羨卒。若六遂之内，以下劑致甿一人爲正卒，一人爲羨卒，其餘皆爲餘夫，饒遠故也。」《遂人》：「以下劑致甿。」「以下劑爲卒，謂可任者家二人。」賈公彦曰：「六鄉上劑致民，六遂下劑致甿；六鄉上地無業，六遂上地有業。是其異也。」《鄉大夫》：「老者皆舍。」鄭司農云：「老者，若今八十、九十復羨卒也。」《公劉》詩曰：「其軍三單。」箋云：「邰，后稷上公之封。大國之制三軍，以其餘卒爲羨。今公劉遷於豳，民始從之，丁夫適滿三軍之數。❷單者，無羨卒也。」

古者國有遊倅，田有餘夫，軍有羨卒，皆所以副其正也。六卿以三劑致民：「上

❶「宫」，原誤作「言」，今據明本、庫本、嘉慶本及《周禮・小司徒》鄭注改。

❷「丁」，原誤作「下」，今據明本、庫本、嘉慶本及《毛詩・公劉》鄭箋改。

地家七人，可任也者家三人；中地家六人，可任也者二家五人；下地家五人，可任也者家二人。凡起徒役，毋過家一人，以其餘爲羡。」則一人爲正卒，餘可任者皆羡卒也。六遂以下劑致民，上地可任家三人，中地可任二家五人，而皆以下地二人任之，則一人爲正卒，一人爲羡卒，其餘不預，所以優野人也。惟田與追胥竭作，鄉遂皆然，以田獵禽獸人所同欲，追伺盜賊人所同惡故也。羡卒亦謂之餘子，則餘子自私言之，羡卒自公言之故也。《詩》曰：「其軍三單。」先儒謂公劉始遷於豳無羡卒是也。

禮書卷第三十三終

禮書卷第三十四

九州　九州所宜　五土所宜　星分　土分

九州

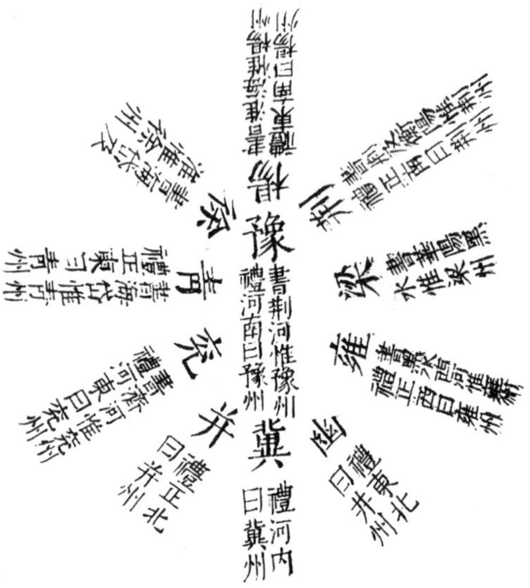

❶

冀《禮》：「河内曰冀州。」

兖《書》：「濟河惟兖州。」《禮》：「河東曰兖州。」

青《書》：「海岱惟青州。」《禮》：「正東曰青州。」

徐《書》：「海岱及淮惟徐州。」

揚《書》：「淮海惟揚州。」《禮》：「東南曰揚州。」

荆《書》：「荆及衡陽惟荆州。」《禮》：「正南曰荆州。」

豫《書》：「荆河惟豫州。」《禮》：「正南曰豫州。」

梁《書》：「華陽黑水惟梁州。」

雍《書》：「黑水西河惟雍州。」《禮》：「正西曰雍州。」❷

《禮》言共工霸九州，《黄帝書》言地

---

❶ 此圖原無，爲明本、庫本、嘉慶本所增。「雍」條釋文之「惟」，明本誤作「堆」，今據庫本及《尚書・禹貢》改。「幽」條釋文之「東北」，明本誤作「正北」，今據庫本及《周禮・職方氏》改；「幽州」，明本誤作「并州」，今據《周禮・職方氏》改。

❷ 以上九小題及注文，原無，爲明本、庫本、嘉慶本所增。

有九州，則堯以前〔九〕州耳。至舜之時洪水泛濫，通道阻塞，乃「釐下土，方設居方」，「肇十有二州」，分冀爲幽、并，分青爲營州，封十有二山，建十有二牧，然後政教之所加，貢賦之所出，有所統焉。及水土既平，禹又即舊域而辨之，以爲九州。故《書》言「禹别九州」，《傳》言「貢金九牧」，則「肇十有二州」不在治水之後矣。孔安國謂禹治水之後始置十有二州，誤也。《禹貢》先冀次兖，以治水始於近也；《周官》先揚次荆，以治地先於遠也。《商書》言「九有之師」，《商頌》言「奄有九有」、「式于九圍」，《王制》於商亦言「九州，千七百七十三國」，則商之九州，蓋亦襲夏而已。先儒以《爾雅》之九州爲商制，於義或然。然《禹貢》有徐、梁而無幽、并，《爾雅》有幽、營、徐而無梁、并、青，《周禮》有幽、并而無徐、梁，則周之時，徐、梁入於青、雍，而析冀於幽、并矣。至漢武帝，南置交阯，北置朔方之州，兼徐、梁、幽，并夏、周之制，改雍曰涼，改梁曰益，凡十三部，則地域之判合因革固不常也。班固曰冀州民多懻忮。李巡曰：「兖，信也。徐，舒也。揚，輕也。荆，强也。豫，舒也。雍，壅也。冀，近也。」謂兩河之間，情性相近。其論俗方之情性，大概或然。然以冀爲近，則與班異矣。蓋民生天地之間，其剛柔緩急繫水土之風，謂之風；好惡取舍隨君上之情欲，謂之俗。故太平之人仁，丹穴之人智，太蒙之人信，倥侗之人武。秦人上氣力，先獵射；燕人少思慮，多輕薄。凡此皆地使之然也。陳、楚之信巫重祀，衛之亟會流淫，魏之薄恩生分，周之高富下仕，韓之椎剽跕躧，燕之輕色急人，齊之侈詐不悁，吴粤之好劍輕死。朝鮮貴正信而尚禮器，重廉恥而尚禮義；宋多君子而好稼穡。凡此皆俗使之然也。班固以鄭俗流淫繫於陋險之所居，以揚州多士本於淮南王之所化，是不知《鄭風》所刺之由，《職方氏》所辨之異也。

九州所宜

冀州「土白壤，田中中。」「其利松柏，其民五男三女，其畜牛羊，其穀黍稷。」

兖州「土黑墳，田中下，貢漆絲，篚織文。」「其利蒲魚，其民二男三女，其畜六擾，其穀四種。」

青州「土白墳，田上下，貢鹽絺海物，篚檿絲。」「其利蒲魚，其民二男二女，其畜雞狗，其穀宜稻麥。」

徐州「土赤埴墳，田上中，貢土五色，篚玄纖縞。」《周禮》有幽州無徐州。

揚州「土塗泥，田下下，貢金三品，瑤琨篠簜，篚織貝。」❶「其利金錫竹箭，其民二男五女，其畜宜鳥獸，其穀宜稻。」

荆州「土塗泥，田下中，貢羽毛齒革，金三品，篚玄纁璣組。」「其利丹銀齒革，其民一男二女，其畜宜鳥獸，其穀宜稻。」

豫州「土惟壤，下土墳壚，田中上，貢漆枲絺紵，篚纖纊。」「其利林漆絲枲，其民二男三女，其畜六擾，其穀五種。」

梁州「土青黎，田下上，貢璆鐵銀鏤砮磬，熊羆狐狸織皮。」《周禮》有并無梁州，《爾雅》無梁、并、青。

雍州「土黄壤，田上上，貢琳球琅玕，織皮。」「其利玉石，其民三男二女，其畜牛馬，其穀宜黍稷。」

五地所宜

山林「毛物，皀物，民毛而方。」

川澤「鱗物，膏物，民黑而津。」

❶「貝」，原誤作「具」，今據《尚書·禹貢》改。

丘陵「羽物，覈物，民專而長。」墳衍「介物，莢物，民晳而瘠。」原隰「贏物，叢物，民豐肉而庳。」

《書·禹貢》：「冀州，厥土惟白壤，厥田中中。兖州，厥土黑墳，厥田中下，厥貢漆絲，厥篚織文。青州，厥土白墳，田上下，貢鹽絺海物惟錯，岱畎絲枲鉛松怪石，厥篚檿絲。徐州，厥土赤埴墳，田上中，貢土五色，厥篚玄纖縞。揚州，厥土塗泥，田下下，貢金三品，厥篚織貝。❶荆州，厥土塗泥，田下中，貢羽毛齒革，篚玄纁璣組。❷豫州，厥土惟壤，下土墳壚，田中上，貢漆枲絺紵，厥篚纖纊錫貢磬錯。梁州，厥土青黎，田下上，貢璆鐵銀鏤砮磬，熊羆狐貍織皮。雍州，厥土黄壤，田上上，貢球琳琅玕。」《周禮·職方氏》：「揚州，其利金錫竹箭，其民二男五女，其畜宜鳥獸，其穀宜稻；荆州，其利丹銀齒革，其民一男二女，其畜宜鳥獸，其穀宜稻；豫州，其利林漆絲枲，其民二男三女，其畜宜六擾，其穀宜五種；青州，其利蒲魚，其民二男二女，其畜宜雞狗，其穀宜稻麥；❸兖州，其利蒲魚，其民二男三女，其畜宜六擾，其穀宜四種；雍州，其利玉石，其民三男二女，其畜宜牛馬，其穀宜黍稷；幽州，其利魚鹽，其民一男三女，其畜宜四擾，其穀宜三種；冀州，其利松柏，其民五男三女，其畜宜牛羊，其穀宜黍稷；并州，其利布帛，其民二男三女，其畜

❶「貝」，原誤作「具」，今據明本、庫本、嘉慶本及《尚書·禹貢》改。

❷「荆州」至「璣組」，原脱，今據嘉慶本補。

❸「麥」，原誤作「麦」，今據明本、庫本、嘉慶本及《周禮·職方氏》改。後每有同誤，孫氏點勘則偶有校改，今則逕改，不出校。

宜五擾，其穀宜五種。」《大司徒》：「以土會之法，辨五地之物生：一曰山林，其動物宜毛物，其植物宜皁物，其民毛而方；二曰川澤，其動物宜鱗物，其植物宜膏物，其民黑而津；三曰丘陵，其動物宜羽物，其植物宜覈物，其民專而長；四曰墳衍，其動物宜介物，其植物宜莢物，其民晳而瘠；五曰原隰，其動物宜贏物，其植物宜叢物，其民豐肉而庳。以土均之法辨五物九等，制天下之地征。」「九等，騂剛、赤緹之屬。」《載師》：「掌任土之法，以物地事。」「物，物色之，以知其所宜。」《土均》：「掌平土地之政，以均地守，以均地事，以均地貢。」《草人》：「掌土化之法以物地，相其宜而爲之種。凡糞種，騂剛用牛，赤緹用羊，墳壤用麋，渴澤用鹿，鹹潟用貆，勃壤用狐，埴壚用豕，彊㯺用蕡，輕爂用犬。」《土方氏》：「以辨土宜、土化之法，而授任地者。」「土宜，謂九穀植穉所宜也。土化，❶地之輕重糞種所宜用也。任地者，載師之屬。」《鴻列子》曰：「土地各以其類生，是故山氣多男，澤氣多女，障氣多喑，風氣多聾，林氣多〔癃〕，木氣多傴，岸下氣多腫，石氣多力，險阻氣多癭，暑氣多夭，寒氣多壽，谷氣多痺，丘氣多狂，衍氣多貪；輕土多利，重土多遲，清水音小，濁水音大，湍水人輕，遲水人重，堅土人剛，弱土人肥，壚土人大，沙土人細，息土人美，秏土人醜。汾水濛濁而宜麻，濟水通和而宜麥，河水中濁而宜菽，雒水輕利而宜禾，渭水多力而宜黍，漢水重安而宜竹，江水肥仁而宜稻，平土之人慧而宜五穀。」《爾雅》曰：「太平之人仁，丹穴之人智，太蒙之

❶「土」，原誤作「上」，今據明本、庫本、嘉慶本及《周禮·土方氏》鄭注改。

人信，倥侗之人武。」《禮記・王制》：「凡居民材，必因天地寒煖燥濕，廣谷大川異制。民生其間者異俗，剛柔、輕重、遲速異齊，五味異和，器械異制，衣服異宜。脩其教，不易其俗。齊其政，不易其宜。中國、戎夷五方之民皆有性也，不可推移。東方曰夷，被髮文身，有不火食者矣。南方曰蠻，雕題交趾，有不火食者矣。西方曰戎，被髮衣皮，有不粒食者矣。北方曰狄，衣羽毛穴居，有不粒食者矣。中國、夷、蠻、戎、狄，皆有安居、和味、宜服、利用、備器。五方之民言語不通，嗜欲不同。達其志，通其欲，東方曰寄，南方曰象，西方曰狄鞮，北方曰譯。」

《大司徒》：「以土會之法辨五地之物生，以土宜之法辨十有二土之名物，以相民宅而知其利害；辨十有二壤之物而知其種，以教稼穡樹藝。」鄭氏曰：「以萬物自生焉則言土，土猶吐也。以人所耕而種藝焉則言壤；壤，和緩之貌也。」孔安國曰：「無塊曰壤。」蓋無塊，其質也；和緩，其性也。《禹貢》冀州白而壤，雍州黄而壤，豫州厥土惟壤，則壤色非一而已。壤與墳埴、塗泥雖殊，而墳埴、塗泥亦壤中之小別耳。此所以《禹貢》總言三壤，而《周官》總言十二壤也。墳，其起者也；埴，其黏者也；壚，其疏者也。《禹貢》有墳、壚，孔安國、鄭康成皆以壚爲疏，蓋有傳然也。《禹貢》壤、墳、塗泥、青黎各繫一州，❶此言其大致而已。然則《草人》土化之法，凡地預有之也。凡地高者宜黍稷，下者宜稻麥；山氣多男，澤氣多女；東南多絲纊，西北多織皮。先王之

❶「壤墳」，庫本作「墳壤」。

於民，因其地以施教，順其俗以行政。山者不使居川，澤者不使居中原。居山者不以魚鼈爲禮，居澤者不以豕鹿爲禮。騂剛之地糞種不以羊，赤緹之地糞種不以牛。然後五方之民各安其性，樂其業，而無偏弊之患，此《大司徒》、《土均》、《載師》、《土方氏》、《草人》所以有功於天下也。

十二分

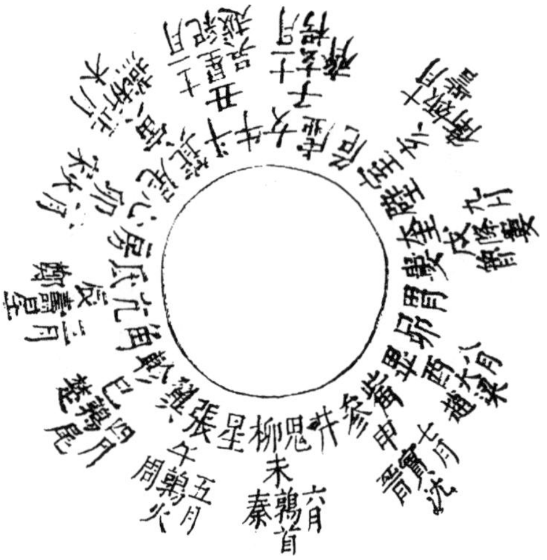

❶

天有十二次，日月之所躔。地有十二辰，王侯之所國。《周官·大司徒》「辨十有二土，十有二壤」，《保章氏》「以星土辨九州，所封封域皆有分星，以觀妖祥」。蓋九州十二域，或繫之北斗，或繫之二十

❶ 此二圖原無，爲明本、庫本、嘉慶本所增。

八宿，或繫之五星。則雍主魁，冀主樞，青、兖主機，揚、徐主權，荆主衡，梁主開陽，豫主摇光：❶此繫之北斗者也。星紀，吴越也；玄枵，齊也；娵訾，衛也；降婁，魯也；大梁，趙也；實沉，晉也；鶉首，秦也；鶉火，周也；鶉尾，楚也；壽星，鄭也；大火，宋也；析木，燕也：此繫之二十八宿者也。歲星主齊、吴，熒惑主楚、越，鎮星主王子，太白主大臣，辰星主燕、趙、代：此繫之五星者也。然吴、越南而星紀在丑，齊東而玄枵在子，魯東而降婁在戌，東西南北相反而相屬，何耶？先儒以謂古者受封之日，歲星所在之辰，其國屬焉。觀《春秋傳》凡言占相之術，❷以歲之所在爲福，歲之所衝爲災，故師曠、梓慎、裨竈之徒，以天道在西北而晉不害，歲在越而吴不利，歲淫玄枵而宋、鄭饑，歲棄星紀而周、楚惡，歲在豕韋而蔡禍，歲及大梁而楚凶，則古之言星次者，未嘗不視歲之所在也。梓慎曰：「龍，宋、鄭之星也。宋，大辰之虚也。陳，太皞之虚也。鄭，祝融之虚也。皆火房也。衛，高陽之虚也，其星爲大水。」以陳爲火，則大皞之木爲火母故也。以衛爲水，則高陽水行故也。子産曰：「高辛氏有二子，伯曰閼伯，季曰實沈，居於曠林而不相能。后帝不臧，遷閼伯於商丘，主辰，商人是因，故辰爲商星；遷實沈于大夏，主參，唐人是因，故參爲晉星。」然則十二域之所主亦若此也。班固曰：「丙丁，江、淮、海、岱。戊己，中州河、濟。

❶「摇光」，原作小字，今據明本、庫本、嘉慶本改作大字。
❷「術」，明本、庫本、嘉慶本作「屬」。

庚辛，華山以西。壬癸，常山以北。一曰，甲齊，乙東夷，丙楚，丁南夷，戊魏，己韓，庚秦，辛西夷，壬燕、趙，癸北夷。子周，丑翟，寅趙，卯鄭，辰邯鄲，巳衛，午秦，未中山，申齊，❶酉魯，戌吳、越，亥燕、代。」此又以方位辨州土。

禮書卷第三十四終

❶「申」，原誤作「由」，今據明本、庫本、嘉慶本改。

禮書卷第三十五

《尚書》中星　《月令》中星　二十四氣

挈壺刻漏之圖　壺　箭

《尚書》中星正義曰：「四方七宿，各成一形。東方龍形，西方虎形，皆南首而北尾。南方鳥形，北方龜形，皆西首而東尾。仲春日在奎、婁，而入於酉地，則初昏之時，井、鬼在午，柳、星、張在巳，❶軫、翼在辰，是朱鳥七宿皆得見也。❷」

❶「張」，原脱，今據明本、庫本、嘉慶本及《尚書・堯典》孔疏補。

❷「見」，原誤作「尾」，今據明本、庫本、嘉慶本及《尚書・堯典》孔疏改。

《月令》中星「春有三月，❶既正仲春，轉以推季、孟之月，亦可知也。馬融、鄭玄以爲星鳥、星火謂正在南方。春分之昏七星中，仲夏之昏心星中，秋分之昏虛星中，冬至之昏昴星中。皆舉正中之星，而星不爲一方盡見。此與孔異。」

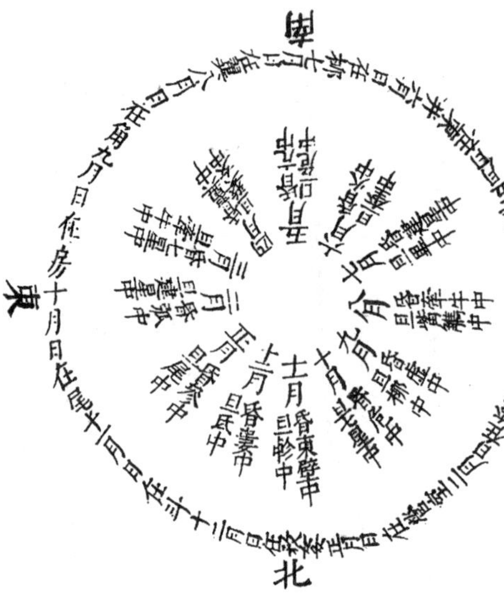

〔陽〕生於子，故日之行也，自北而西，歷南而東：冬至在牽牛，春分在婁，夏至在東井，秋分在角。《月令》正月在營室，二月在奎，三月在胃，四月在畢，五月在東井，六月在柳，七月在翼，八月在角，九月在房，十月在尾，十一月在斗，十二月在婺女。則婁、井、角以三仲月中言之也；斗以仲冬月本言之也。其餘或舉月本，或舉月末，不必皆月中也。日遡於天，故星春則見南，夏則見東，秋則見北，冬〔則〕見西。仲春日中星鳥，則昏之時井、鬼在午，柳、星、張在巳，軫、翼在辰；仲夏日永星火，則角、亢在午，氐、房、星在巳，尾、箕在辰；仲秋宵中星虛，則奎、婁在午，胃、卯、畢在巳，觜、參在辰；仲冬日短星昴，則斗、牛在午，女、虛、

❶「月令中星」下，原有「圖」字，且此小題在小字注文之後，意兼禮圖標題也。前小題「尚書中星」並無「圖」字，明本、庫本、嘉慶本亦無「圖」字，今據刪，並乙至此。

危在巳，室、壁在辰。《月令》：正月昏參中，旦尾中；二月昏弧中，旦建星中；三月昏星中，旦牛中；四月昏翼中，旦女中；五月昏亢中，旦危中；六月昏火中，旦奎中；七月昏建星中，旦畢中；八月昏牛中，旦觜中；九月昏虚中，旦柳中；十月昏危中，旦七星中；十一月昏東壁中，❶旦軫中；十二月昏婁中，旦氐中。蓋《書》之所言，皆昏星也。火，房心也。《書》於仲夏舉房心，❷而《月令》舉亢；《書》於仲秋舉虚，而《月令》舉牛；《書》於仲冬舉昴，而《月令》舉壁。則《書》之中星常在後，而《月令》中星常在前。蓋《月令》舉月本，《書》舉月中也。考之《漢志》：「正月節，昏畢中，旦尾中；正月中，昏參中，旦箕中。二月節，昏井中，旦斗中；二月中，昏鬼中，旦斗中。三月節，昏星中，旦斗中；三月中，昏張中，旦牽牛中。四月節，昏翼中，旦婺女中；四月中，昏角中，旦危中。五月節，昏亢中，旦危中；五月中，昏氐中，旦室中；六月節，昏火中，旦奎中；六月中，昏尾中，旦婁中。七月節，昏箕中，旦胃中；七月中，昏斗中，旦畢中。八月節，昏斗中，旦參中；八月中，昏牽牛中，旦井中。九月節，昏女中，旦鬼中；九月中，昏虚中，旦星中。十月節，昏危中，旦張中；十月中，昏室中，旦翼中。十一月節，昏壁中，旦軫中；十一月中，昏奎中，旦亢中。十二月節，昏婁中，旦氐中；十二月中，昏胃中，旦心中。」《月令》於四月、五月、十二月昏、旦舉節氣之星，於八月昏、旦舉

❶「東」，原脱，今據嘉慶本及《禮記·月令》補。

❷「於」，原誤作「中」，今據明本、庫本、嘉慶本及後之文例改。

中氣之星，於十月昏舉節氣之星，於正月、六月、十月旦舉節氣之星，於正月、八月、九月昏舉中氣之星，於三月、七月旦舉中氣之星。或舉朔氣，或舉中氣，猶《書》於七星或舉其名，或舉其次，皆互見也。昔王孝通詰傅仁均推步之法，謂：「日短星昴，以正仲冬，七宿畢見，舉中宿言，而仁均專守昴中，不亦謬乎！又《月令》冬昏東壁中，明昴中非爲常准。若堯時星昴昏中，差至東壁，然則堯前七千餘載，冬至昏翼中，日應在東井，井極北，去人最近，故暑；斗極南，去人最遠，故寒。寒暑易位，必不然也。」然則聖人南面視四星之中者，豈徒然哉？凡以授民時，秩民事而已。《書傳》曰：「主春者，張昏中，可以種穀；主夏者，火昏中，可以種黍；主秋者，虛昏中，可以種麥；主冬者，昴昏中，可以收斂。」不特是也，龍見而雩，火流而授衣，天根見而成梁，水昏正而栽，日至而畢。則凡所以奉天順人，莫不視乎此也。

《月令》二十四氣

劉歆《三統曆》：「正月立春節，雨水中；二月驚蟄節，春分中；三月穀雨節，清

明中；四月立夏節，小滿中；五月芒種節，夏至中；六月小暑節，大暑中；七月立秋節，處暑中；八月白露節，秋分中；九月寒露節，霜降中；十月立冬節，小雪中；十一月大雪節，冬至中；十二月小寒節，大寒中。」然《月令》孟春蟄蟲始振，而非二月；仲春始雨水，而非正月；仲夏小暑至，而非六月；孟秋白露降，而非八月者，鄭氏釋《月令》謂：「《夏小正》正月啓蟄，漢始以啓蟄爲正月中。」然則劉歆以驚蟄在二月，蓋謂蟄蟲正月始驚，二月大驚，故移驚蟄於二月也。其他與《月令》不同者，蓋《月令》或原其始，或要其終，其實記時而已，非必如曆之詳也。考諸傳記，五日爲候，三候爲氣，六氣爲時，四時爲歲，歲之氣二十有四，而候七十有二。然則一月之內，六候、二氣，朔氣常在前，中氣常在後。朔氣在晦則後月閏，中氣在朔則前月閏。朔氣〔有〕入前月，❶而中氣常在是月。中數周則爲歲，朔數周則爲年。是年不必具四時，而歲必具十二月也。二十四氣播於十二月之中，一氣十有五度，則二十四氣三百六十度。其餘五度四分度之一，度分爲三十二，則五度爲百六十，四分度之一又爲八分，總百六十八分，布於二十四氣之中，而氣得七分。中朔大小不齊，則氣有十六日者，有十五日七分者，是以三十三月已後，中氣有晦，不置閏則中氣入後月矣。

挈壺漏刻之圖

正月節，晝四十八六分　夜五十一四分　中，晝五十八分　夜四十九二分

❶「閏朔氣」，原爲空格，今據明本、庫本、嘉慶本補。

二月節，晝五十三三分　夜四十六七分　中，晝五十五八分　夜四十四二分

三月節，晝五十八三分　夜四十一七分❶　中，晝六十五分　夜三十九五分

四月節，晝六十二四分❷　夜三十七六分　中，晝六十三九分　夜三十六一分

五月節，晝六〔十四九〕分　夜三十五一分　中，晝六十五　夜三十五

六月節，晝六十四七分　夜三十五三分　中，晝六十三八分　夜三十六二分

七月節，晝六十二三分　夜三十七七分　中，晝六十二分　夜三十九八分

八月節，晝五十七八分　夜四十二二分❸　中，晝五十五二分　夜四十四八分

九月節，晝五十二六分　夜四十七四分　中，晝五十三分　夜四十九七分

十月節，晝四十八二分　夜五十一八分　中，晝四十六七分　夜五十三三分

十一月節，晝四十五五分　夜五十四五分　中，晝四十五　夜五十五

十二月節，晝四十五八分　夜五十四二分　中，晝四十六八分　夜五十三二分

壺箭❹

❶「一」，原脱，今據嘉慶本及《後漢書·律曆志下》補。

❷「二」，原誤作「三」，今據嘉慶本及《後漢書·律曆志下》改。

❸上「二」，原誤作「一」，今據明本、庫本、嘉慶本及《後漢書·律曆志下》改。

❹「壺箭」，原脱，今據目録、卷首小目、明本、庫本、嘉慶本補。

《周禮・挈壺氏》：「下士六人。掌挈壺以令軍井。凡軍事，縣壺以序聚㰌；凡喪，縣壺以代哭者。皆以水火守之，分以日夜。「以火守壺者，夜則視刻數也。分以日夜者，異晝夜刻也。❶漏之箭，晝夜共百刻，冬夏之間有長短焉。太史立成法，有四十八箭。挈壺，謂結之於竿首挈挈然也。」及冬，以火爨鼎水而沸之，而沃之。」正義曰：「鄭謂太史立成法有四十八箭者，此據漢法而言。則以器盛四十八箭，箭各百刻，❷以壺盛水懸於箭上，節而下之水，水淹一刻則爲一刻。❸四十八箭者，取倍二十四氣也。」《雞人》：「大祭祀，夜嘑旦以叫百官。「夜，夜漏未盡，雞鳴時也。呼旦，以警起百官，使夙興。」凡國事爲期，則告之時。」《齊詩・東方未明》：「刺無節也。朝廷興居無節，號令不時，挈壺氏不能掌其職焉。」正義曰：「置箭壺，內刻以爲節，而浮之水上。令水漏而刻下，以記晝夜昏明之數也。」梁《漏刻經》云：「漏刻之作，蓋肇於黃帝之日，宣乎夏商之代。」《渾天儀制》曰：「以銅爲器，再疊差置，實以清水，下各開孔。以玉虯吐漏水入兩壺，右爲夜，左爲晝。」殷夔《漏刻法》曰：「爲器三重，圓皆徑尺，差立於方輿之上，爲金龍口吐水，轉注之。其鑄金爲司辰，具衣冠，以兩手執箭。」李蘭《刻漏法》曰：「以銅爲渴烏，以引器中水，以銀龍口中吐之。」周天之星二十有八，而星之辰十有二，辰之度三十有奇。十二辰之度三百六十五有奇。星辰循天而左旋，日月、五星遡天而右轉。日，陽也，舒而遲，故期

❶「晝」，原誤作「書」，今據明本、庫本、嘉慶本及《周禮・挈壺氏》鄭注改。

❷「各」，原誤作「名」，今據庫本及《周禮・挈壺氏》賈疏、孫氏點勘改。

❸「水」，原無，今據明本、嘉慶本補。「則爲一刻」，原脱，今據嘉慶本及《周禮・挈壺氏》賈疏、孫氏點勘補。

而周；月，陰也，蹙以速，故一月而周。日月會於辰則爲月，十有二會則爲歲，歲三百有六旬有六日。而日之長短，❶參差不齊，先王於是刻箭沃漏以揆之，此挈壺氏所以設也。蓋日之行也，斗建寅則出乙而漸北，斗建午則出艮而漸南。漸北則春既分而晝加長，漸南則秋既分而晝加短。長短不過百刻而已，故晝長六十刻，夜短四十刻；晝短四十刻，夜長六十刻。然天之晝夜以日之出入爲分，人之晝夜以天之昏明爲節。明常先於日出，昏常後於日入，則日出之前二刻半爲明，日入之後二刻半爲昏。損夜五刻以裨於晝，故夏至晝六十五刻，夜三十五刻；冬至晝四十五刻，夜五十五刻；二分之晝五十五刻，夜四十五刻。自春分以至夏至，晝所增者九刻有半；自夏至以至秋分所減者亦然。自秋分至於冬至，晝所減者十刻有半；自冬至以至春分所加者亦然。挈壺之法，蓋爲箭四十八，以候二十四氣，大率七日大半而易一箭。孔穎達謂「浮箭壺內，以出刻爲准」，賈公彥謂「漏水壺內，以没刻爲度」，蓋各述其所聞而已。雖浮没不同，大概一也。《渾儀制》曰：「鑄金銅人爲胥徒，居壺之左右，以左手握箭，右手指刻，以别早晚。」則出刻之説，與此合歟。《挈壺氏》曰：「凡軍事，懸壺以序聚欜；❷凡喪，縣壺以代哭者。皆以水火守之，分以晝夜。及冬，則以火爨鼎水而沸之，而沃之。」則以火爨鼎，使之不凝；以火守壺，使之不差。施之於軍事所以嚴警守，

❶「之」，明本、庫本、嘉慶本作「有」。
❷「欜」，原誤作「橐」，今據明本、庫本、嘉慶本及《周禮・挈壺氏》改。

施之於喪事所以嚴凶哀，以至朝廷朝夕之禮，亦常以是爲節焉。然《春官·雞人》「凡國事爲期，則告之時」，而《齊詩》特罪挈壺氏者，蓋天子備官，挈壺掌漏，雞人告時，❶諸侯則掌漏、告時一於挈壺氏而已。

禮書卷第三十五終

❶「時」，原誤作「之」。按《毛詩·東方未明》孔疏：「挈壺掌漏，雞人告時。」今據嘉慶本改。

禮書卷第三十六

璿璣

❶

玉衡

❷

《書》曰：「在璿璣玉衡，以齊七政。」《易》曰：「觀乎天文以察時變。」《周禮·馮相氏》：「掌十有二歲、十有二月、十有二辰、十日、二十有八星之位，辨其敘事，以會天位。」《保章氏》：「掌天星，以志星辰日月之變動，以觀天下之遷，辨其吉凶。以星土辨九州之地，所封封域皆有分星，以觀妖祥。」《匠人》：「建國，夜考之極星。」然則周禮之察候，蓋亦不過璿璣、玉衡之法而已。禮無明證，不可考也。荀卿曰：「璇玉瑤珠。」

❶ 圖中文字及四小圈，原無，爲明本、庫本、嘉慶本所增。
❷ 圖中文字，原無，爲明本、庫本、嘉慶本所增。

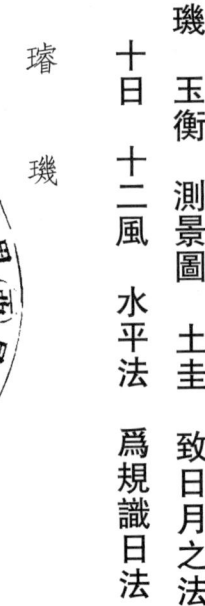

《説文》曰：「璿，美玉也。」孔穎達曰：「以璿爲璣，以玉爲衡。璣爲運轉，衡爲横簫，懸珠以象天，而以衡窺之，漢謂之渾天儀是也。蔡邕謂衡長八尺，孔徑一寸。」言天體者有三家：一曰周髀，二曰宣夜，三曰渾天。宣夜有其名而無説；周髀有其術而無驗；惟渾天爲近之，後世候壺銅儀則其法也。揚雄云：「或問渾天，曰：落下閎營之，鮮于妄人度之，耿中丞象之，幾幾乎莫之能違。問天，曰：蓋哉，應難未幾也。」説者以蓋天爲周髀，則雄於二者特取渾天而已。古之論周髀者，謂天地中高外下，北極所臨爲天地中，日月周行於旁，日近爲晝，日遠爲夜。論渾天者，謂地居中而天周焉，日在地上爲晝，在地下爲夜。是以後漢張衡、鄭康成、陸績，吴之王蕃，晉之姜岌、葛洪，江南皮延宗、錢樂之徒，皆祖渾天而傳之。蓋其視精祲，察災祥，有足驗焉故也。

測景圖❶

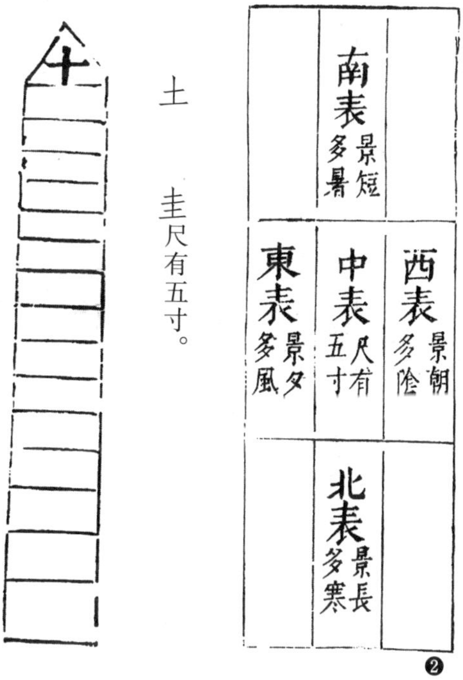

❶「圖」，明本文中小題、庫本文中小題、嘉慶本文中小題無。

❷圖中文字，原無，爲明本、庫本、嘉慶本所增。明本、庫本、嘉慶本又以圖中文字之東西南北及注文作「測景圖」下之分小題，然今用嘉慶本圖，圖中既有此文，則不必單列小題，故明本、庫本、嘉慶本文中小題不取。

《周官・大司徒》曰：「以土圭之法測土深，正日景，以求地中。日南則景短多暑，日北則景長多寒，日東則景夕多風，日西則景朝多陰。日至之景，尺有五寸，謂之地中。」《玉人》曰：「土圭尺有五寸，以致日，以土地。」《馮相氏》曰：「冬夏致日，春秋致月，以辨四時之序。」《匠人》曰：「晝參諸日景。」鄭康成曰：「晝漏半而置土圭，表陰陽，審其南北。景短於土圭謂之日南，則地於日爲近南也；景長於土圭謂之日北，則地於日爲近北也；東於土圭謂之日東，則地於日爲近東也；西於土圭謂之日西，則地於日爲近西也。如是則寒暑陰風偏而不和，是未得其所求。凡日景於地，千里而差一寸。」又曰：「景尺有五寸者，南戴日下萬五千里，地與星辰四遊升降於三萬之中，是以半之而得地之中。鄭司農曰：『夏至之日，立八尺之表，其景適與土圭等，謂之地中。今潁川陽城地爲然。』」傳曰：「冬至日，置八神，樹八尺之表，日中視其景如度者，歲美人和；晷不如度者，歲惡人僞。神讀如引，『八引』者，樹杙於地，❶四維四中，引繩以正之。晷進則水，晷退則旱，進尺二寸則月食，退尺二寸則日食。」

古者土圭必植五表：地中植中表，千里而南植南表，千里而北植北表，東西二表相去如之。先儒謂：「天地相距八萬里，其升降也不過三萬里之中。日景於表移一寸，則於地差千里，故於相距准表之度。而表八寸，以升降之半，准土圭之度，而圭尺有五寸。是以夏至日在東

❶「杙」，原誤作「□」，今據《周禮・馮相氏》賈疏所引《易緯通卦驗》改。

井，地升而南遊萬五千里，則去日近矣，故晝漏以半，景尺五寸。冬至日在牽牛，地降而北遊亦萬五千里，則去日遠矣，故晝漏以半，景丈三尺。」蓋有所傳然也。致日以冬夏，而《書》特〔於〕夏言敬致，《大司徒》特於夏求地中者，測景以夏爲正也。所謂「日南則景短多暑，日北則景長多寒，日東則景夕多風，日西則景朝多陰」者，於日爲近南，則南表之北得景尺四寸，其地多暑；於日爲近北，則北表之北得景尺六寸，其地多寒；於日爲近東，則晝漏以半日已夕矣，其地多風；於日爲近西，則晝漏以半日未中矣，其地多陰。先王以四表明中表之正，以中表定四方之中，在地則無道里遠近之不均，在天則無寒暑風陰雨之不和。萬物得極其高大，故至於阜；得其宜，由其道，故至於安，然後以建王國焉。《匠人》所謂「晝參諸日景，夜考諸極星」，蓋如此也。《易》言巽爲風，《禮》言東多風，蓋風之所屬者，東方也。《五行傳》以風屬中央，失之矣。

致日月之法

《禮》曰：「大明生於東，月生於西。」《詩》曰：「日居月諸，出自東方。」又曰：「東方之日。」「東方之月。」蓋月之始則生於西，其盛則生於東。揚子曰：「月未望則載魄于西，既望則終魄于東。」《漢書》謂：「日有中道，月有九行。中道，黃道也。黃道北至東井，南至牽牛，東至角，西至婁。夏至日在東井，而北近極星，則晷短，故〔立〕八尺之表，而景尺五寸。冬至日在牽牛，而南遠極星，則晷長，故立八尺之表，而景丈三尺。春分日在婁，秋分日在角，而中於極星，則景中，故立八尺之表，而景七尺三寸六分。日，陽也。陽用事則日進而北，晝進而長，陽勝，故爲温爲暑；陰用事則日退而南，晝退而短，陰勝，故爲涼爲寒。若日失節於南，則晷過而長，爲常寒；失節於北，則晷退而短，爲常燠。」此四時致日之法也。月之九〔行〕，在東西南北有青、白、赤、黑之道各二，而出於黄道之旁。立春、春分，月循青道，而春分上弦在東井，圓於角，下弦於牽牛；立秋、秋分，循白道，而秋分上弦在牽牛，圓於婁，下弦於東井；立冬、冬至，北從黑道；立夏、夏至，南從赤道。古之致月者不在立春、立秋，而常在二分；不在二分之望，而常在弦者，以月入八日，與不盡八日，得陰陽之正平故也。考之於經，仲夏「平秩南訛，敬致」，冬夏致日，春秋致月，則致日不於春秋，致月不於冬夏。而《漢書》有春秋致日之事，蓋兼後世之法也。然日之與月，其陰陽尊卑之辨若君臣然。觀君居中而佚，臣旁行而勞；臣近君則威損，遠君則勢盛：威損與君異，勢盛與君同。月遠日則其光盈，近日則其明闕；未望則出西，既望則出東。則日有中道，月有九行之説，蓋足信也。

十日

❶

《周官·馮相氏》：「掌十日之位。」《曲禮》曰：「外事用剛日，内事用柔日。」則甲、丙、戊、庚、壬五奇，剛日也；乙、丁、己、辛、癸五偶，柔日也。甲木之剛，己土之柔，故己配甲；乙木之柔，庚金之剛，故乙配庚；丙火之剛，辛金之柔，故辛配丙；壬水之剛，丁火之柔，故丁配壬；戊土之剛，癸水之柔，故癸配戊。其相生以相繼，其相剋以相治。故木王則火相，水廢、金囚而土死；火王則土相，木廢、水囚而金死；土王則金相，火廢、木囚而水死；金王則水相，土廢、火囚而木死；水王則木相，金廢、土囚而火死。施於一日則爲旦、暮、夜之期，施於一歲則爲春夏秋冬之候，❷施於一旬而五行之理亦具矣。先王於内外之事，可以不順之乎！外事師田、外祭之類，故用剛日，《詩》「吉日維戊，既伯既禱」、「吉日庚午，既差我馬」，《春秋》「壬午大閱，甲午治兵」是也；

❶ 此圖原無，爲明本、庫本、嘉慶本所增。

❷ 「夏」下，原衍「中央」二字，今據明本及衛湜《禮記集説》卷三十七所引删。

内事冠婚、内祭之類，故用柔日，《書》「丁未祀于周廟」，《春秋》「巳卯烝」、「乙酉吉，禘于莊公」、「丁丑作僖公主」、「丁卯大事于太廟」、「辛巳有事于大廟」、「辛巳立武宮」、「癸酉有事于武宮」、「丁丑夫人姜氏入」是也。

「士之始虞、再虞用柔日。三虞、卒哭、他，用剛日。」何也？始虞、再虞曰「哀薦祫事」，三虞、卒哭曰「哀薦成事」。祫事則凶而已，凶，陰也，故用柔日；成事則變而之吉，吉，陽也，故用剛日，亦外剛内柔之意也。郊，外事也，日用辛；社，内事也，日用甲。何也？甲者日之始而主生，辛者乾之位而主成。萬物之生本乎社，其成功則歸諸天。故社用甲而郊用辛，不可以内外拘之也。然則先王之於十日以生五聲，則戊癸爲宮，庚乙爲商，甲己爲角，丙辛爲徵，壬丁爲羽是也。以配仁義，則先甲後甲，先庚後庚，甲斷仁，庚斷義是也。以禮鬼神，則以其至之日而亨以其物；以去夭鳥，則方書十日之號，縣之於巢。〔而〕動作注錯，罔不奉順，然後天人之道盡矣。夫有日必有辰。日以辰爲子，辰以日爲母，母爲幹，子爲支。故日甲乙則辰寅卯，日丙丁則辰午未，日庚辛則辰申酉，日壬癸則辰亥子，日戊己則辰戌丑未。❶而甲子在人則始甲子，次乙丑，順而數之，以陽主進故也；在地則始甲戌，〔次〕癸酉，逆而數之，以陰主退故也。

❶「故日甲乙」至「辰戌丑未」，似有訛脱，疑當如揚雄《太玄·太玄數》作「故日甲乙則辰寅卯，日庚辛則辰申酉，日丙丁則辰巳午，日壬癸則辰子亥，日戊己則辰辰未戌丑」。但《太玄》諸本亦有差別，可詳鄭萬耕《太玄校釋》。

十二風

❶

《保章氏》：「以十有二風，察天地之和，命乖別之妖祥。」鄭氏曰：「十有二辰皆有風，吹律以知和不。《春秋》楚師伐鄭，師曠曰：『吾驟歌《北風》，又歌《南風》。《南風》不競，多死聲，楚必無功。』是時楚師多凍，其命乖別，審矣。」服虔曰：「《北風》無射、夾鍾以北，《南風》姑洗以南。」然考之傳記，陽立于五，極于九，五九四十五，則變矣。故八風各四十五日。艮爲條風，震爲明庶風，巽爲清明風，離爲景風，坤爲涼風，兑爲閶闔風，乾爲不周風，坎爲廣莫風。卦不過八，風亦八而已。其言十二風者，乾之風漸九月，坤之風漸八月，艮之風漸十二月，巽之風漸三月，而四維之風皆土兩月，此其所以爲十二風也。古人占風以知未然之事者，蓋〔亦〕多矣。若周之尹喜占風而知神人，漢之張成候風角而知有赦，則師曠之歌亦此類歟？

❶ 圖中文字，原無，爲明本、庫本、嘉慶本所增。

水平法

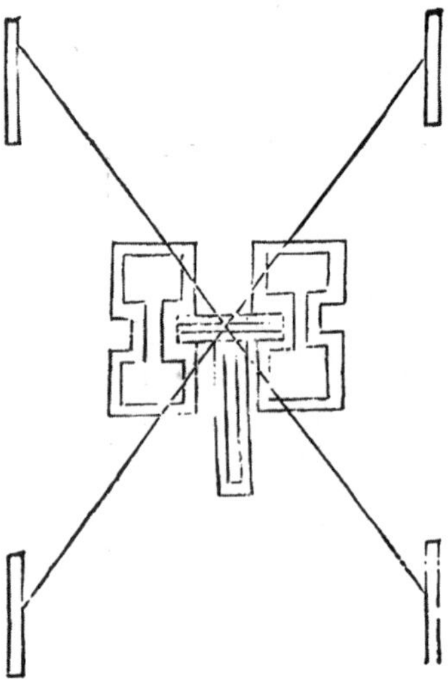

爲規識日法

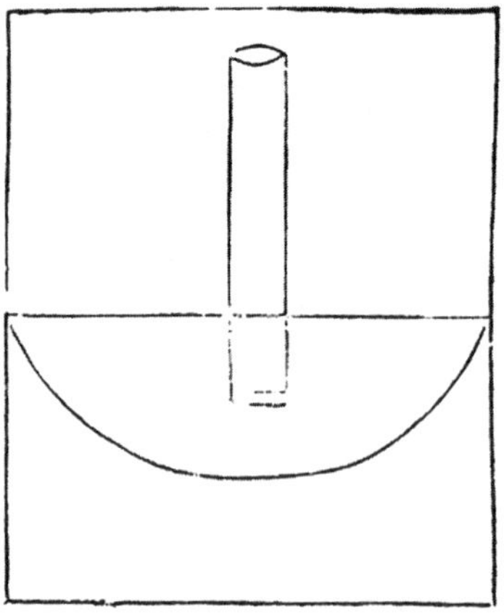

《匠人》：「建國，水地以縣，「立王國若邦國者，於四角立植而縣以水，望其高下，既定，乃爲位而平地。」置槷以縣，視以景。「於所平之地中央，樹八尺之槷，以懸正之，視其景，將以正四方也。」爲規，識日出之景與日入之景，「日出日入之景，其端則東西正也。又爲規以識之者，爲其難審也。自日出而畫其景端，以至日入，既則爲規測景兩端之内，規之交乃審也。度兩交之間，屈之以指臬，則南北正。」晝參諸日中之景，夜考之極星，以正朝夕。」「日中之景，最短者也。❶極星謂北極。」正義曰：「於造城之處四角立四柱，於柱四畔縣繩以正柱。柱正，然後去柱，遠以水平之法遥望柱高下，平高就下也。置槷以縣者，欲取柱之景，先須柱正。欲須柱正，當以繩縣而垂之於柱之四角四中，以八繩縣之，其繩皆附柱，則其柱正矣，

❶「短」，原誤作「矩」，今據明本、庫本、嘉慶本改。

然後視以景。」

水地以縣，則旁植四木而縣繩焉。以水望其高下，所以求地之平。置槷以縣，視以景，則〔中〕植一槷而懸繩焉。視其出入之景，將以求四方之正。視其出入之景，可以正東西而已。又爲規以度兩交之間，以求其南北，則四方於是乎正。然猶以爲未也，又晝參諸日中之景，夜考諸極星，以正朝夕。四方與朝夕皆正，然後可以建國。

禮書卷第三十六終

禮書卷第三十七

天子五門　諸侯三門　觀闕　屏　廟屏

天子五門❶

路門一名畢門。　應門　庫門　雉門

皋門

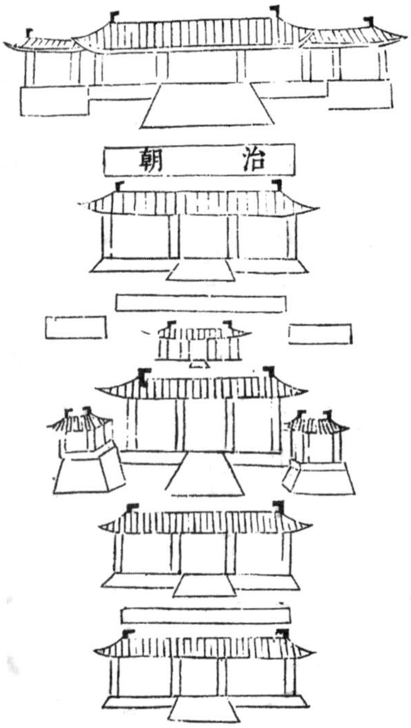

諸侯三門❷

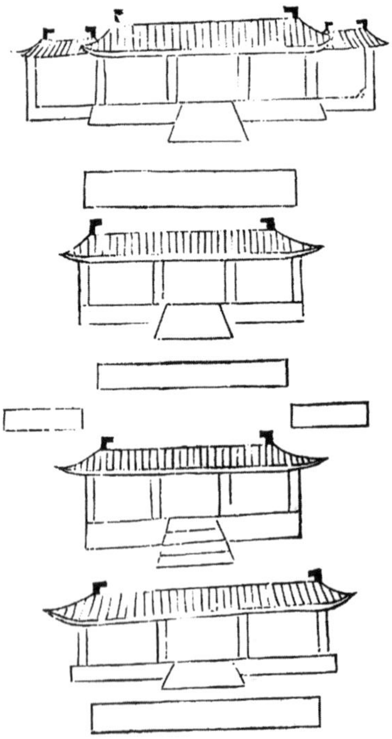

《周禮・閽人》：「掌守王宮之中門之禁。」「鄭司農云：『王有五門：外曰皋門，二曰雉門，三曰庫門，四曰應門，五曰路門（一曰畢門）。』玄謂雉門，三門也。」《師氏》：「居虎門之左，司王朝。」「虎門，

❶「天子五門」，原脱，今據目録、卷首小目、明本、庫本、嘉慶本補。

❷「諸侯三門」，原脱，今據目録、卷首小目、明本、庫本、嘉慶本補。

路寢門也。王日視朝於路寢門外，畫虎焉，以明猛勇。」《司士》：「王族故士、虎士，在路門之右。大僕、大右、大僕從者，在路門之左。」《大僕》：「建路鼓于大寢之門外，而掌其政。」《匠人》：「營國，方九里，旁三門。路門不容乘車之五个，應門二徹三个，「路門者，大寢之門。王正門謂之應門。」王宮門阿之制五雉。」《詩》曰：「迺立皋門，皋門有伉。迺立應門，應門將將。」「王之郭門曰皋門。伉，高貌。❶王之正門曰應門。將將，嚴正也。美大王作郭門以致皋門，作正門以致應門焉。」箋云：「諸侯之宮，外門曰皋門，朝門曰應門，内有路門。天子之宮加以庫、雉。」《書》曰：「二人雀弁，執惠，立于畢門之内。」「路寢門一名畢門。」《康王之誥》：「王出在應門之内，太保率西方諸侯入應門左，畢公率東方諸侯入應門右。」《記》曰：「君復於庫門、四郊。既卒哭，宰夫執木鐸以命于宮曰：『舍故而諱新。』自寢門至于庫門。「庫門，宮外門。」軍有憂，則素服哭於庫門之外。魯莊公之喪，既葬而絰不入庫門。」「仲尼與蜡賓，事畢出遊於觀上，喟然而嘆。」「觀，闕也。「天子、諸侯臺門，此以高爲貴也。」❷「臺門而旅樹，大夫之僭禮也。」「獻命庫門之内，戒百官也。」「庫門在雉門之外，入庫門則至廟門外矣。」《明堂位》：「九采之國，應門之外。「正門謂之應門。」庫門，天子皋門。雉門，天子應門。」「天子五門：皋、庫、雉、應、路。魯有庫、雉、路，則諸侯三門。」《郊特牲》曰：「繹之於庫門内，祊之於東方，朝市之於西方，失之矣。」《月令》：「季春，餧禽之藥毋出九門。」「天子九門者，路門也，應門也，雉門也，庫門也，皋門也，城門也，近郊門也，遠郊門也，關門

❶「貌」，原爲空格，今據明本、庫本、嘉慶本補。
❷「貴」，原誤作「實」，今據《禮記·禮器》改。

也。」《春秋》僖二十年：「新作南門。」《穀梁》曰：「南門，法門也。」定二年：「雉門及兩觀災。冬，新作雉門及兩觀。」《穀梁》曰：「有加其度也。」《春秋傳》曰：「齊晏子端委立於虎門。」「鄭子良伐虎門。」《爾雅》：「正門謂之應門，觀謂之闕，門側之堂謂之塾。」

《月令》曰：「毋出九門。」先儒謂天子外門四，闕門，遠近郊門，國門也；內門五，皋、庫、雉、應、路也。諸侯外門四，與天子同；內門三，則庫、雉、路，而與天子異。《詩》以天子之禮，追大王之事。《明堂位》以魯之門取天子之制，皆稱皋門、應門。又《書·康王之誥》、《周禮·考工記》、《爾雅》互稱應門、路門。《郊特牲》王聽誓命，曰：「庫門之內，戒百官也。」則天子之門謂之皋、庫、應、路，著矣。特雉門之説不見於經。然《周禮·閽人》「掌中門之禁」，則中門豈雉門歟？雉門謂之中門，猶應門，《書》謂之南門，《爾雅》謂之正門；路門，《書》謂之畢門，《師氏》謂之虎門。蓋中於五門謂之中門，前於路門謂之南門，發政以應物謂之應門，門畢於此謂之畢門，畫虎於此謂之虎門，則門之名豈一端而已哉。皋門之內，外朝也；朝士建其法，小司寇掌其政，列三槐與九棘，設嘉石與肺石，而朝諸侯、聽訟、詢大事在焉。應門之內，治朝也；司士正其位，〔宰〕夫掌其法，大僕正王之位，而王日視朝在焉。路門之內，燕朝也；大僕正其位，掌擯相而族人朝焉。《玉藻》曰：「朝服以視朝，退適路寢聽政。」〔然則〕王〔日〕視朝於治朝，而退聽政於燕朝矣。❶雉門之外縣治象，所以待萬民。應門之外設宗廟、社稷，所以嚴神位。路門之外，則九室、九卿朝焉。路寢之内，亦九室、九嬪居焉。《明堂位》曰：「庫門，天子皋門。」故魯莊公既葬而絰不入庫門，衛莊公繹於庫門之内。《檀弓》曰：「君復於庫門、四郊。」又曰：「卒哭而諱，宰夫執木鐸以命于宫，自寢門至于庫門。」又曰：「軍有憂，哭於庫門之外。」則諸侯之外門，庫門也。魯公周公之故，猶不可以稱皋門、應門，特爲皋、應之制而已，况非魯乎。《閽人》：「掌王宫之中門之禁，喪服、凶器不入宫，潛服、賊器不入宫。」《司寇》凡民之有獄訟，入束矢，鈞金于朝。《朝士》：「凡得獲貨財、人民、六畜者，委于朝。」是禁施於雉門之内，而不於雉門之外，故庶民得以造外朝，而奇服怪民得以入皋門、庫門。若然，縣法於中門，宜矣。《禮運》曰：「仲尼與蜡賓，事畢，出遊於觀之上。」《穀梁》曰：「女嫁，父送之不下堂，母不出祭門，諸母不出闕門。」諸侯之廟在闕門内，則天子可知。鄭氏釋《閽人》謂廟在中門之外，其説無據。

路門

路，大也。王之路車、路馬、路寢、路鼓，皆曰「路」，則大寢之門謂之路門，宜矣。路門，《書》謂之畢門，《師氏》謂之虎門。春秋之時，齊晏子端委於虎門，鄭子良伐虎門，蓋末世諸侯之門亦放其名耳。

❶「聽」，原爲墨丁，今據明本、庫本、嘉慶本補。

應門

應門，發政以應物也。《明堂位》南門之外亦曰應門，蓋明堂之南門猶路門，故南門之外門亦謂之應門。

皋門

《左傳》曰：「魯人之皋。」杜氏曰：「皋，緩也。」皋鼓、皋舞皆以皋爲緩，則門之遠者謂之皋，❶宜矣。毛氏以皋門爲郭門，非也。

雉門

《春秋》書：「新作雉門及兩觀。」《公羊傳》曰：「五板爲堵，五堵爲雉。」蓋城雉之制在是也。何休曰：「天子外闕兩觀，諸侯内闕一觀。」然天子外闕於經無見。

庫門

《曲禮》曰：「在府言府，在庫言庫。」天文東壁爲文府，西奎爲武庫。《漢書》於府言財物之府，於庫言武庫。則庫門，兵庫在焉。

觀門

《爾雅》曰：「觀謂之闕。」《禮運》曰：「出遊於觀之上。」《禮器》曰：「天子、諸侯臺門。」《郊特牲》曰：「臺門而旅樹，大夫之僭禮也。」《周禮》：「縣法于象魏。」莊周曰：

❶「遠」，明本、庫本、嘉慶本作「緩」。《群書考索》卷三十八《禮門·門觀·宫殿》、魏了翁《鶴山集》卷一百四《周禮折中》「皋門」條有與此「皋門」小題下正文雷同之文，作「遠」字，當是宋本如此。

「心遊魏闕之下。」《左氏》曰：「季桓子御公，立于象魏之外。」又曰：「鄭伯享王于闕西壁。」蓋謂之觀，以其可觀也；謂之闕，以其闕中也；《釋名》曰：「觀在門兩旁，中央闕然爲道也。」謂之魏，以其巍巍也；謂之象魏，以其縣象也。臺門，以其高於垣墉，若臺然也。諸侯有臺門，無兩觀。魯有兩觀，爲周公故也。《春秋傳》「新作雉門及兩觀」，譏加其度耳。子家駒以魯設兩觀爲僭，誤矣。先王之時，門皆南嚮。漢有北闕、東闕，非古也。《漢志》：「未央宮東闕罘思災。」先儒謂屏爲罘思。罘思，小樓也。城隅、闕上皆有之，屏上亦然，故稱屏曰罘思。然則先王觀闕之制，宜亦如此。

屏

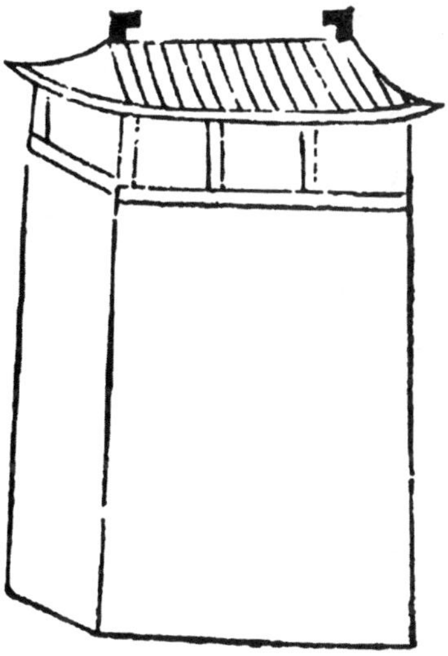

廟屏

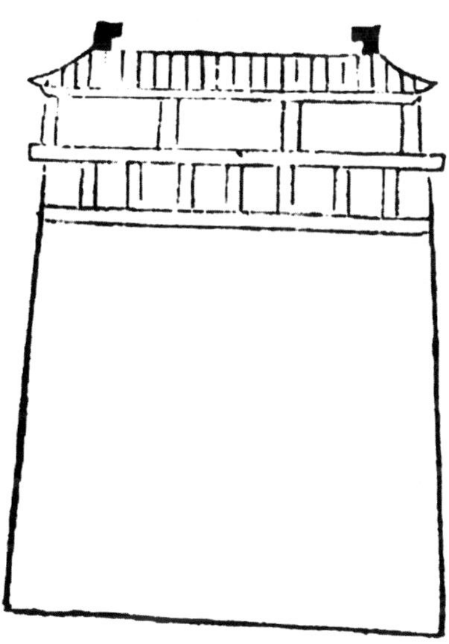

《詩》曰：「俟我於著乎而。」毛〔氏〕曰：「門屏之間曰宁。」《爾雅》曰：「門屏之間謂之宁。屏謂之〔樹〕。」「小〔牆〕當門中。」《詩》曰：「四方爲屏。」「之屏之翰。」《論語》曰：「邦君樹塞門，〔管〕氏亦樹塞門。」《荀子》曰：「天子外屏，不欲見外也；諸侯内〔屏〕，不欲見内也。」孔子曰：「吾恐季孫之憂不在顓臾，而在〔蕭〕牆之内也。」鄭氏曰：「蕭之言肅也。牆，屏也。君臣相見，❶至屏而加肅敬，是以謂蕭牆。」《禮緯》曰：「天子外〔屏〕，諸侯内屏，大夫以簾，士以帷。」《郊特牲》曰：「臺門而旅樹，大夫之僭禮也。」《明堂位》曰：「疏屏，天子之廟飾也。」鄭氏釋《〔明堂位〕》曰：「屏，今浮思也，刻之爲雲氣蟲獸，如今闕上爲之矣。」❷孔穎達曰：「漢時謂屏爲罘思。天子外屏，人臣至屏，〔俯伏〕思念其事。」則罘思，小樓也，故城隅、闕上皆有之。然則〔屏上〕亦爲屋以覆屏牆，故稱曰罘思。《漢書・五行志》曰：「東〔闕〕罘思災。」「罘思，闕之屏。」《晉・天文志》：「屏四星，在端門之内，❸近右執〔法，所以壅〕蔽帝庭也。」

古者門皆有屏。天子設〔之於〕外，諸侯設之於内。《禮》：「臺門而旅樹。」旅，道也，當道〔而設屏〕，此外門之屏也。治朝在路門之外，天子當宁而〔立〕，宁在門屏之間，此路門之屏也。《國語》曰：「吴王背屏而立，〔夫人〕向屏。」此寢門内之屏也。魯廟疏屏，天子之廟飾，〔此廟〕門之屏也。《月令》：

❶「臣」，原誤作「巨」，今據明本、庫本、嘉慶本改。

❷「之矣」，原印殘，今據明本、庫本補。「爲之矣」，嘉慶本作「之爲矣」。

❸「内」，原誤作「外」，今據《晉書・天文志》及下文同引改。

「天子田獵，整設于屏外。」此田防〔之屏〕也。疏屏，疏通之也。《穀梁》曰：「亡國之社以爲廟〔屏，戒〕也。其屋亡國之社，不得上達也。」然《記》曰：「亳社屋〔之，不〕受天陽也。亳社北牖，使陰明也。」《公羊》曰：「蒲社揜〔其上〕，棧其下。」則亡國之社屋之，三面幽閉，設牖於北〔而已，與〕《記》所謂「疏屏」者異矣。《春秋傳》曰：「間于兩社，爲〔公室輔〕。」則亡國之社，蓋位于東而非廟屏也。《爾雅》曰：「〔屏〕謂之〔樹〕。」《語》曰：「吾恐季孫之憂在蕭牆之内。」則屏謂之樹，又謂之蕭牆。漢之時，東闕罘思災。鄭康成釋《明堂位》曰：「屏若今浮思。」釋《匠人》曰：「城隅，角浮思。」孔穎達謂：「浮思，小樓也，城隅及闕皆有之，而屏亦然。」則屏又謂之浮思。孔子以管仲樹塞門爲不知禮，《禮記》以旅樹爲大夫之僭，而《禮緯》謂「大夫以簾，士以帷」，於理或然。《天文》：「屏四星，在端門之内，近右執法。」然則先王設屏，非苟然也。

禮書卷第三十七終

禮書卷第三十八

天子三朝　諸侯三朝　視朝退朝之禮
卿大夫二朝　王后夫人朝

天子三朝諸侯三朝附❶

外朝

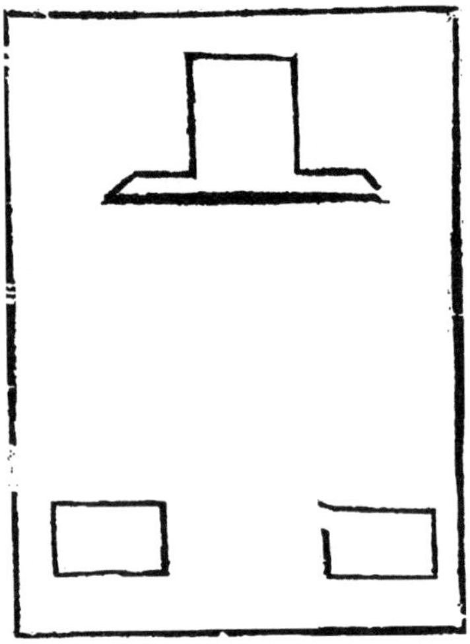

❷

治朝

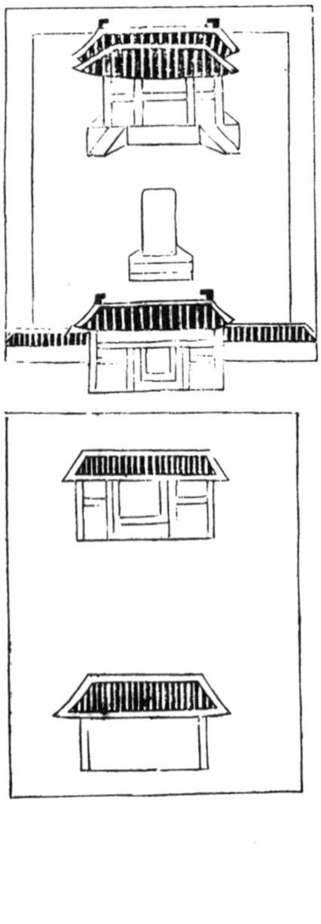

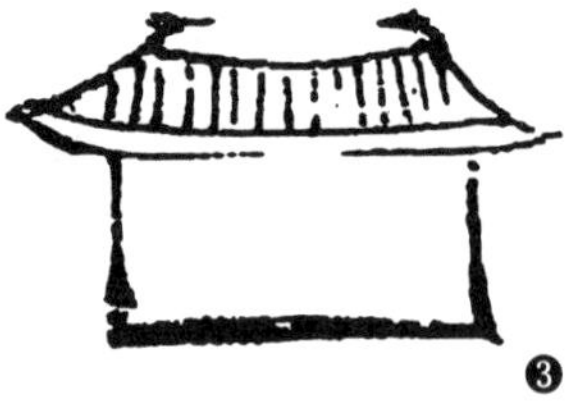

❸

❶「天子三朝諸侯三朝附」，原脱，今據目録、卷首小目、明本、庫本、嘉慶本補。

❷ 此爲底本圖。

❸ 此爲底本圖。

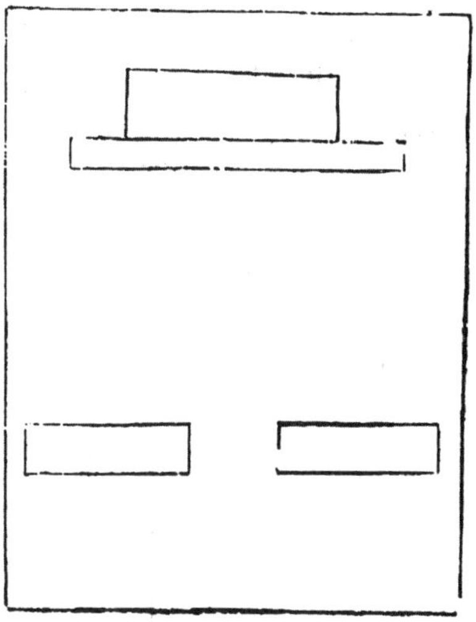

内朝

❶

《周禮·宰夫》之職：「掌治朝之法，以正王及三公、六卿、大夫、群吏之位。」「治朝在路門之外，其位司士掌焉。」《司士》：「掌正朝儀之位，辨其貴賤之等。王南鄉；三公北面，東上；孤東面，北上；卿大大西面，北上；王族故士、虎士在路門之右，南面，東上；大

❶ 此爲底本圖。

僕、大右、大僕從者，在路門之左，南面，西上。「此王日視朝於路門外之位。」司士擯：孤卿特揖，大夫以其等旅揖，士旁三揖，❶王還揖門左，揖門右。大僕前。王入，内朝皆退。「王入路門也。王入路門，内朝朝者皆退，反其官府治處也。」《大僕》：「掌正王之服位。王視朝則前正位而退，入亦如之。「前正位而退，道王。王既立，退居路門左，待朝畢。」建路鼓于大寢之門外而掌其政，以待達窮者與遽令；聞鼓聲，則速逆御僕與御庶子。王視燕朝，則正位，掌擯相。王不視朝，則辭於三公及孤卿。」《小司寇》之職：「掌外朝之政，以致萬民而詢焉，一曰詢國危，二曰詢國遷，三曰詢立君。「外朝，朝在雉門之外者也。」其位：王南鄉，三公及州長、百姓北面，群臣西面，群吏東面。小司寇擯以敘進而問焉，以衆輔志而弊謀。」《朝士》：「掌建邦外朝之法。左九棘，孤卿大夫位焉，群士在其後；右九棘，公侯伯子男位焉，群吏在其後；面三槐，三公位焉，州長、衆庶在其後。左嘉石，平罷民焉；右肺石，達窮民焉。「鄭司農云：『王有五門：外曰臯門，二曰雉門，三曰庫門，四曰應門，五曰路門（一曰畢門）。外朝在路門外，内朝在路門内。』玄謂《檀弓》曰：『魯莊公之喪，既葬，而絰不入庫門。』言其除喪而反，由外來，是庫門在雉門外必矣。如是，王五門，雉門爲中門。雉門設兩觀，與今之宫門同。閽人譏出入者，窮民蓋不得入也。周天子、諸侯皆有三朝：外朝一，❷内朝二。❸内朝之在路門内者，或謂之燕朝。」凡得獲貨賄、人民、六畜者，委于朝，告于士，旬而舉之：大者公之，

❶「三」，原誤作「二」，今據明本、庫本、嘉慶本及《周禮・司士》改。

❷「朝」，原脱，今據明本、庫本、嘉慶本及《周禮・朝士》鄭注補。

❸「二」，原誤作「一」，今據明本、庫本、嘉慶本及《周禮・朝士》鄭注改。

小者庶民私之。」《匠人》：「左祖右社，面朝後市，市、朝一夫。各方百步。內有九室，九嬪居焉；外有九室，九卿朝焉。」「內，路寢之裏也；外，路門之表也。」《曲禮》曰：「天子當依而立，諸侯北面而見天子，曰覲。天子當宁而立，諸公東面，諸侯西面，曰朝。」《文王世子》曰：「其朝于公，內朝則東面，北上，臣有貴者以齒；「內朝，〔路寢庭〕。」其在外朝，則以官司士爲之。」「外朝，路寢門之外庭。」又曰：「公族朝于內朝，內親也，雖有貴者以齒，明父子也；外朝以官，體異姓也。」《玉藻》曰：「朝服以日視朝於內朝。「此內朝，路寢門外之正朝也。天子、諸侯皆三朝。」朝，辨色始入。「入應門也。」君日出而視之，退適路寢聽政，使人視大夫，大夫退，然後適小寢，釋服。」「小寢，燕寢也。」《魯語》曰：「公父文伯之母如季氏，康子在其朝，「自其外朝也。」與之言，弗應。從之，及寢門，弗應而入。康子辭於朝而入見曰：『肥也不得聞命，無乃罪乎？』曰：『子弗聞乎？天子及諸侯合民事於外朝，合神事於內朝；「神事，祭祀也。內朝，在路門內也。」自卿以下合官職於外朝，「外朝，君之公朝也。」合家事於內朝；「家，大夫。內朝，家朝也。」寢門之內婦人治其業焉。上下同之。夫外朝，子將業君之官職焉；內朝，子將庀季氏之政焉。皆非吾所敢言也。」

《周官》：大僕掌燕朝之服位，宰夫掌治朝之法，司士掌朝儀之位，朝士掌外朝之法。《文王世子》：「公族朝於內朝，庶子掌之。其在外朝，司士掌之。」《玉藻》：「朝服以日視朝於內朝，退適路寢聽政。」然則《文王世子》與《玉藻》所謂朝者，諸侯之朝也。蓋天子庫門之外，外朝也，朝士掌之；路門之外，治朝也，宰夫、司士掌之；路寢，燕朝也，大僕掌之。諸侯亦有路寢，有外朝，則《文王世子》所謂内朝者，《玉藻》所謂路寢也；《玉藻》所謂内朝者，《文王世子》所謂外朝也。《玉藻》於路寢之外言内朝，則又有外朝明矣。諸侯内朝，司士掌之，其官與天子同；燕朝，庶子掌之，其官與天子異。《魯語》曰：「天子及諸侯合民事於外朝，合神事於内朝；自卿以下合官職於外朝，合家事於内朝。」然則卿大夫亦二朝也。王燕朝之位雖大僕掌之，然其位之所辨不可以考。《文王世子》曰：「公族朝于内朝，東面北上，臣有貴者以齒。」則王之燕朝宜亦然也。《大僕》：「建路鼓于大寢之門外，❶傳稱堯設敢諫之鼓，禹設敢規之鞀，乃周建路鼓之意。而掌其政，以待達窮者與遽令。」鄭氏曰：「路寢門外，則内朝之中。」蓋窮者達其情於外朝之肺石，朝士又達窮者之情於内朝之路鼓。遽令，傳遽之令也，《行夫》「掌邦國傳遽之小事」。則遽令非徒行夫之所掌者而已。❷鄭康成以《公食大夫》拜賜于朝不言賓入，《聘禮》以柩造朝不言喪入，則謂諸侯之朝在大門外。然大門外則經涂耳，非朝位也。

視朝退朝之禮

《玉藻》曰：「朝，辨色始入。君日出而視之，退適路寢聽政，使人視大夫，大

❶「于」，原誤作「千」，今據明本、庫本、嘉慶本及《周禮·太僕》改。

❷「徒」，原脱。按《周禮》及上文之意，太僕亦「掌邦國傳遽之小事」，故掌遽令者不唯行夫，是此處當補「徒」字。今據嘉慶本補。

夫退，然後適小寢，釋服。」則朝，辨色始入，所以防微；日出而視之，所以優尊。《詩》曰：「夜鄉晨，言觀其旂。」臣辨色始入之時也。又曰：「東方明矣，朝既盈矣。」君日出而視之之時也。蓋尊者體盤，卑者體蹩。體蹩者常先，體盤者常後。故視學，衆至，然後天子至。《燕禮》設賓筵，然後設公席。則朝禮臣入，然後君視之，皆優尊之道也。然朝以先爲勤，以後爲逸；退以先爲逸，以後爲勤。朝而臣先於君，所以明分守；退而君後於臣，所以防怠荒。此所以「使人視大夫，大夫退，然後適小寢釋服」也。然則公卿、諸侯之朝王，其有先後乎？《詩》云：「三事大夫，莫肯夙夜。邦君諸侯，莫肯朝夕。」夫夙先於朝，夜後於夕，則公卿朝常先至，夕常後退；諸侯朝常後至，夕常先退。

卿大夫二朝

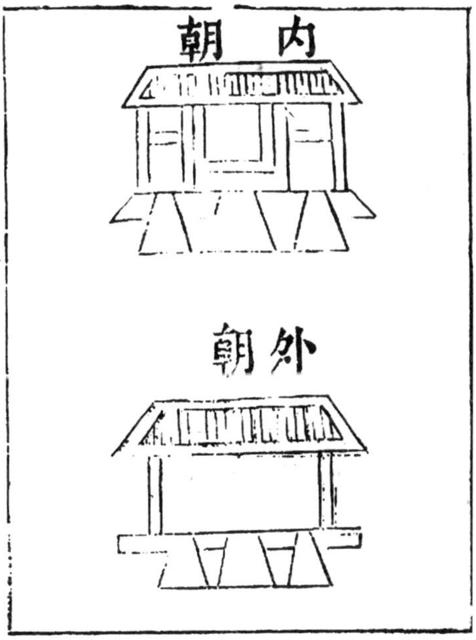

❶

《國語》：「敬姜謂季康子曰：『自卿以下合官職於外朝，合家事於内朝。』」又曰：「外朝，子將業君之官職焉；内朝，子

❶ 外方框原無，爲明本、庫本、嘉慶本所增。

將庀季氏之政焉。」則卿以下有二朝矣。韋昭謂「外朝，君之公朝；内朝，家朝」，非是。

王后夫人朝

《左氏》曰：「齊侯使華免殺國佐于内宫之朝。」則后夫人治家事於内，猶天子、諸侯治邦事於内，故内宫亦有朝。

禮書卷第三十八終

禮書卷第三十九

六服朝覲會同之禮　朝覲冕服　諸侯來朝天子送逆之節　諸侯貢享之禮

六服朝覲之禮

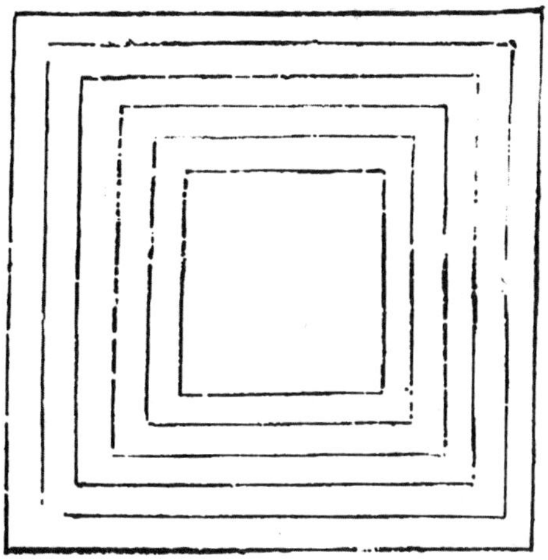

《曲禮》曰：「天子當依而立，諸侯北面而見天子，曰覲。天子當宁而立，諸公東面，諸侯西面，曰朝。「諸侯春見曰朝，受摯於朝，受享於廟，生氣文也。秋見曰覲，一受之於廟，殺氣質也。朝者位於內朝而序進，覲者位於廟門外而序入，王南面立於依、宁而受焉。夏宗依春，冬遇依秋。春秋時，齊侯言魯昭公，以遇禮相見，取易略也。覲禮今存，朝、宗、遇禮今亡。」諸侯未及期相見曰遇，相見於郤地曰會。」《王制》曰：「天子無事與諸侯相見曰朝。考禮、正刑、一德，以尊于天子。」《郊特牲》曰：「朝覲，大夫之私覿，非禮也。大夫執圭而使，所以申信也；不敢私覿，所以致敬也。而庭實私覿，何爲乎諸侯之庭？」又曰：「覲禮，天子不下堂而見諸侯。下堂而見諸侯，天子之失禮也，由夷王以下。」「凡自稱，天子曰『予一人』，伯曰『天子之力臣』，諸侯之於天子曰『某土之守臣某』，其在邊邑曰『某屏之臣』。」《明堂位》曰：「昔者周公朝諸侯于明堂之位：天子負斧依，南鄉而立；三公中階之前，北面東上；諸侯之位，阼階之東，西面北上；諸伯之國，西階之西，東面北上；諸子之國，門東，北面東上；❶諸男之國，門西，北面東上；九夷之國，東門之外，西面北上；八蠻之國，南門之外，北面東上；六戎之國，西門之外，東面南上；五狄之國，北門之外，南面東上；九采之國，應門之外，北面東上；四塞，世告至。此周公明堂之位也。明堂也者，明諸侯之尊卑也。」《樂記》曰：「朝覲然後諸侯知所以臣。」《經解》曰：「朝覲之禮，所以明君臣之義也。聘覲之禮廢，則君臣之義失，諸侯之行惡，而倍畔侵陵之敗起矣。」《中庸》曰：「朝聘以時，厚往而薄來，所以懷諸侯也。」《詩·蓼蕭》，「澤及四海也。」「既見君子，我心寫兮。」「遠國之君，朝見於天子也。」「既見君子，鞗革沖沖，和鸞雝雝，萬福攸同。」「諸侯燕見天子，天子必乘車迎于門。」❷《湛露》，「天子燕諸侯也。」「諸侯朝覲、會同，天子與之燕，所以示慈惠。」《車攻》：「赤芾金舄，會同有繹。」「繹，陳也。」《庭燎》曰：「夜如何其？夜未央。庭燎之光，君子至止，鸞聲將將。」「君子，謂諸侯也。」《沔水》曰：「沔彼流水，朝宗于海。嗟我兄弟，邦人諸友，莫肯念亂，誰無父母？」「諸友，謂諸侯也。女自姿，聽不朝，無肯念此於禮法爲亂者。」《雨無正》曰：「三事大夫，莫肯夙夜。邦君諸侯，莫肯朝夕。」《采菽》，「刺幽王也，侮慢諸侯。諸侯來朝，不能錫命，

❶「諸伯之國」至「東上」，原脱，今據嘉慶本及《禮記·明堂位》補。

❷「迎」，原爲墨丁，今據明本、庫本、嘉慶本及《毛詩·蓼蕭》鄭箋補。

以禮數徵會之，而無信義。君子見微而思古焉。」「采菽采菽，筐之筥之。君子來朝，何錫予之。雖無予之，路車乘馬。」《菀柳》，「刺幽王也，暴虐無親，而刑罰不中，諸侯皆不欲朝。」《韓奕》，「尹吉甫美宣王也。能錫命諸侯。」「韓侯入覲，以其介圭，入覲于王。」《清廟》，「周公既成雒邑，朝諸侯，率以祀文王焉」。《烈文》，「成王即政，諸侯助祭也。」《臣工》，「諸侯助祭遣於廟也。」《振鷺》，「二王之後來助祭也。」《載見》，「諸侯始見乎武王廟也。」《有客》，「微子來見祖廟也。」《長發》曰：「受小球大球，爲下國綴旒。受小共大共，爲下國駿厖。」《殷武》曰：「莫敢不來享，莫敢不來王。」《太宰》：「大朝覲會同，贊玉幣、玉几、玉獻、玉爵。」❶《大宗伯》：「以賓禮親邦國：春見曰朝，夏見曰宗，秋見曰覲，冬見曰遇，時見曰會，殷見曰同。」「此六禮者，以諸侯見王爲文。六服之內，四方以時分來，或朝春，或宗夏，或覲秋，或遇冬，名殊禮異，更遞而徧。朝猶朝也，欲其尊王。覲之言勤也，欲其勤王之事。遇，偶也，欲其若不期而俱至。時見者，言無常期，諸侯有不順服者，王將有征討之事，則既朝覲，王爲壇於國外，合諸侯而命事焉。《春秋傳》曰『有事而會，不協而盟』是也。殷猶衆也。十二歲王如不巡狩，則六服盡朝，朝禮既畢，王亦爲壇，合諸侯以命政焉。所命之政，如王巡狩。殷見，四方四時分來，終歲則徧。」《司几筵》：「凡大朝覲，王位設黼依，依前南鄉，設莞筵紛純，加繅席畫純，加次席黼純，左右玉几。」「左右有几，優至尊也。」《典端》：「公執桓圭，侯執信圭，伯執躬圭，繅皆三采三就；子執穀璧，男執蒲璧，繅皆二采再就：以朝、覲、宗、遇、會、同于王。」《行人》：「春朝諸侯而圖天下之事，秋覲以比邦國之功，夏

❶「贊」，原誤作「質」，今據嘉慶本及《周禮·大宰》改。

宗以陳天下之謨，冬遇以協諸侯之慮。時會以發四方之禁，殷同以施天下之政。邦畿方千里，其外五百里謂之侯服，歲一見，其貢祀物。甸服二歲一見，其貢嬪物。男服三歲一見，其貢器物。采服四歲一見，其貢服物。衛服五歲一見，其貢材物。要服六歲一見，其貢貨物。九州之外謂之蕃國，世一見，各以其所貴寶爲摯。」

《周官》之制，因地以辨服，因服以制朝，因朝以入貢，則遠者不疏，邇者不數。不疏者不至於懈，不數者不至於罷矣。侯服歲一見，甸服二歲一見，男服三歲一見，采服四歲一見，衛服五歲一見，要服六歲一見，則侯服每歲朝，甸服二歲朝，男服三歲朝，采服四歲朝，衛服五歲朝，要服六歲朝，而要服朝之歲，五服盡朝於京師。則侯服更六見，甸服更四見。元年、二年、四年、六年。男、元年、三年、六年。采、元年、四年、六年。衛元年、五年、六年。各三見矣。❶《書》曰「六年五服一朝」，而不及要服者，以其當朝之年而不數之也。又六年王乃時巡，則從王巡狩，各會于方岳矣。晉叔向曰：「明王之制，歲聘以志業，間朝以講禮，再朝而會以示威，再會而盟以顯昭明。」先儒以爲間朝在三年，再朝在六年，再會在十二年，而再朝再會之年適與《書》合。則叔向以爲明王之制，乃周制也。然周三年一朝，男服之禮耳。叔向之言，特爲男服而發，何耶？考之《周禮》，諸侯春入貢，秋獻功，此之謂歲聘。

❶「三」，原誤作「二」。按上文男、采、衛之注各三年，是字當作「三」，故改之。又《樂書》卷一百九十八曰：「男、采、衛各三見矣。」亦可證也。

服之見有歲，方之見有時，此之謂間朝。朝有常歲，而會盟無常期，故有事而會，不協而盟。《司盟》：「邦國有疑會同，以掌其盟約之載。」則會固疏於朝，❶而盟又疏於會，此所以言再朝而會，再會而盟，非謂會必六年，盟必十二年也。然則六年盡朝於京師，與有事而會者異矣。《大宗伯》：「殷覜曰視。」鄭氏謂：「殷覜者，一服朝之歲，以朝者少，諸侯使卿以大禮衆聘焉。一服朝在元年、七年、十一年。」賈公彦謂：「甸服二年、四年、六年、八年、十年朝，男服三年、六年、九年朝，采服四年、八年朝，衛服五年、十年朝。而元年、七年、十一年，甸、侯、采、衛皆不朝矣。故知一服朝在元年、七年、十一年也。」然觀康王即位，太保率西方諸侯入應門左，畢公率東方諸侯入應門右，各執壤奠，咸進陳戒，則天下諸侯莫不盡朝矣。自此侯服歲一見，甸服二歲一見，以至三歲、四歲、五歲、六歲一見者，皆以元年爲始，未聞元年獨一服朝也。又《行人》云：「殷覜以除邦國之慝。」蓋邦國有慝，諸侯乃使其臣行衆覜之禮，則衆覜亦無常期。此鄭、賈立説之誤也。

朝覲冕服

《司服》：「享先公、饗、射，則鷩冕。」鄭氏

❶「會」，原脱，今據程校補。

曰：「饗食賓客與諸侯射。」❶凡兵事韋弁服，視朝則皮弁服。」鄭氏曰：「王受諸侯朝覲於廟則衮冕。」賈公彦曰：「覲禮天子衮冕。春夏受贄，在朝則皮弁服，其受享於廟同用衮冕。」❷《節服氏》：「掌祭祀朝覲衮冕，六人維王之太常。鄭氏曰：「服衮冕者，從王服也。」❸諸侯則四人，其服亦如之。」《行人》：「上公之禮：桓圭九寸，繅藉九寸，冕服九章；朝位，賓主之間九十步；廟中將幣，三享。諸侯執信圭，諸伯執躬圭，繅藉七寸，冕服七章；朝位，賓主之間七十步；廟中將幣，三享。諸子執穀璧，諸男執蒲璧，五寸，繅藉五寸，冕服五章；朝位，賓主之間五十步；廟中將幣，三享。」《射人》：「三公執璧，孤執皮帛。諸侯在朝則北面。」《書》曰：「康王既尸天子，遂告諸侯。諸侯入應門，奉圭奠幣。群公既聽命，趨出。王釋冕。」《覲禮》：「侯氏裨冕，釋幣于禰。天子衮冕，負斧依。」又曰：「諸侯覲于天子，爲宫三百步。天子乘龍，載大旂，象日月、升龍、降龍；出，拜日於東門之外；反，祀方明。」鄭氏引《朝事儀》曰：「天子冕而執鎮圭，尺有二寸，繅藉尺有二寸，❹搢大圭，乘大路，建大常，十有二旒，樊纓十有二就；貳車十有二乘，❺帥諸侯而朝日於東郊，所以教尊尊也，退而朝諸侯。」《曲禮》曰：「天子當依而立，諸侯北面而見天子，曰覲。天子當宁而立，諸公東面，諸侯西面，曰朝。」《曾子問》稱孔子曰：「諸侯適天子，必告于祖，奠于禰，冕

❶「射」，原誤作「司」，今據《周禮·司服》鄭注改。
❷「冕」，原爲墨丁，今據明本、庫本、嘉慶本及《周禮·司服》鄭注補。
❸「也」，原爲墨丁，今據明本、庫本、嘉慶本及《周禮·節服氏》鄭注補。
❹「尺」，原誤作「天」，今據明本、嘉慶本改。
❺「車」，原爲墨丁，今據明本、庫本、嘉慶本及《儀禮·覲禮》鄭注補。

而出視朝。」鄭氏曰：「諸侯朝天子必裨冕，爲將廟受也。」

古者諸侯將適於王，則裨冕而出視朝，至湯沐之邑，則齋戒以入見。而王駕齋馬，乘齋車，以其等爲送逆之節。其致敬朝事如此。則侯氏裨冕，王衮冕，奚間於朝與廟哉？《曲禮》曰：「天子當依而立，諸侯北面而見，曰覲。天子當宁而立，諸公東面，諸侯西面，曰朝。」鄭氏謂：「春朝受摯於朝，受享於廟，生氣文也。秋覲一受之於廟，殺氣質也。夏宗依春，冬遇依夏。」又以《覲禮》「王服衮冕」，《司服》「王視朝皮弁服」，則謂受朝於廟則冕服，受朝於朝則皮弁。然皮弁服，王日視朝之禮，非受諸侯朝覲之服也。《行人》之職統言朝覲之禮，「上公冕服九章，侯伯冕服七章，子男冕服五章」，而繼之以廟中將幣，則未將幣之前受朝於朝，未聞不以冕服也。又《節服氏》：「掌祭祀朝覲衮冕，六人維王之太常。」維王之太常者，從王之服，而春朝秋覲皆然，孰謂王之在朝與廟其服異耶？或曰：「冕服，祭服也，施之於廟則可，施於朝廷則不可。」不然。《大車》詩言周大夫聽男女之訟，則服毳衣。禮，諸侯親迎則玄冕，王養老則冕而揔干，耕藉則冕而秉耒。是祭服有不施於廟也。又《司服》：「王饗、射則鷩冕。」《射人》：「三公北面執璧，孤東面執皮帛，卿西面執羔，大夫西面執鴈。諸侯在朝，則亦北面。」鄭氏謂：「饗、射，饗食賓客與諸侯射也。」「《射人》不言士者，此與諸侯之賓射，士不與也。」然則與諸侯之賓射固在朝矣。王鷩冕，三公執璧則毳冕，而諸侯亦冕服可知。射於朝以冕服，則受朝於朝亦冕服可知。「康王既尸天子，諸侯入應門，奉圭以進，既事，王乃釋冕」，此在朝冕服之事也。漢制，百官賀正月，天子服通天冠。張衡《東京賦》曰：「冠通天，佩玉璽。」韋彤曰：「通天冠，朝會之正服，猶古之皮弁也。」自晉以來，天子郊祀天地、明堂、宗廟、元會臨軒，介幘，通天冠，平冕。冕皂表朱緑裏，加於通天冠上。衣畫而裳繡，爲日月星辰十二章。自此，元日受朝始用祭服。梁及隋唐因之，蓋古者受朝未嘗不以祭服。漢失其制，至晉以來，諸儒考正，乃復舊典。本朝之制亦然。近者元會用漢儀，服通天冠，絳紗袍，恐非古也。

諸侯朝天子送逆之節

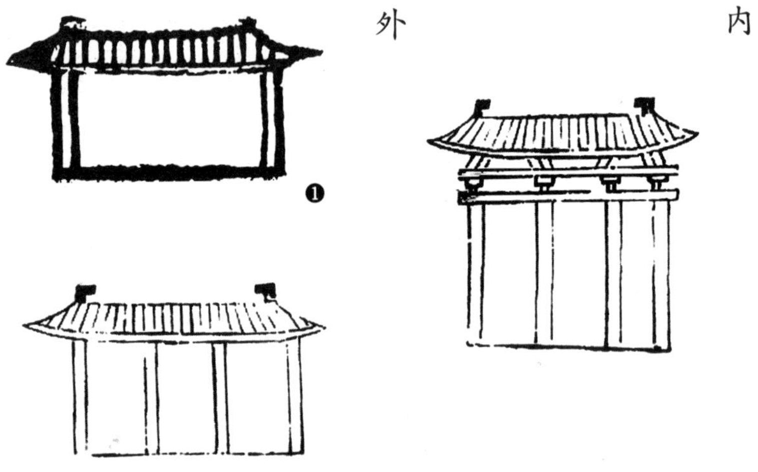

❶ 此爲底本圖。

賓主之間

《行人》：「上公之禮，其朝位賓主之間九十步；侯伯之禮，其朝位賓主之間七十步；子男之禮，其朝位賓主之間五十步。皆廟中將幣，三享。」《齋僕》：「朝、覲、宗、遇，皆乘金路，其法儀各以其等爲車送迎之節。」《郊特牲》曰：「覲禮下堂而見諸侯，自夷王始也。」蓋春朝、夏宗、秋覲、冬遇，其送迎之禮雖同，然朝、宗於朝以春夏者，萬物交際之時，故諸公東面，諸侯西面，❶以象生氣之文，而王於堂下見之，所以通上下之志也。覲、遇於廟以秋冬者，萬物分辨之時，故諸侯一於北面，以象殺氣之質，而王於堂上見之，所以正君臣之分也。夷王當覲而下堂，故記者譏之。賈公彥、孔穎達之徒於是謂秋覲無送逆之禮，其言與《齋僕》不合，非所信也。

諸侯貢享之禮

《夏書》曰：「禹別九州，任土作貢。兖州，厥貢漆絲，厥篚織文。青州，厥貢鹽絺，海物惟錯，岱畎絲枲鉛松怪石，厥篚檿絲。❷徐州，厥貢惟土五色，羽畎夏翟，嶧陽孤桐，

❶「諸侯西面」，原誤重，今據嘉慶本及《五禮通考》卷二百二十一《賓禮二·天子受諸侯朝》所引删其一。

❷「岱畎」至「檿絲」，原脱，今據明本、庫本、嘉慶本補。

泗濱浮磬，淮夷蠙蛛暨魚。揚州，厥貢惟金三品，瑤琨篠簜，齒革羽毛惟木，島夷卉服，厥篚織貝，厥包橘柚錫貢。❶荆州，厥貢羽毛齒革，惟金三品，杶榦栝柏，礪砥砮丹，惟箘簵楛，包匭菁茅，厥篚玄纁璣組，九江納錫大龜。豫州，厥貢漆枲絺紵，厥篚纖纊錫貢磬錯。❷梁州，厥貢璆鐵銀鏤砮磬，熊羆狐貍織皮。雍州，厥貢球琳琅玕。五百里甸服：百里賦納總，二百里納銍，三百里納秸服，❸四百里粟，五百里米。五百里侯服。五百里綏服。五百里要服。五百里荒服。」《洛誥》曰：「享多儀，儀不及物，惟曰不享。惟不役志于享，凡民惟曰不享。」《周禮・太宰》：「以九貢致邦國之用：一曰祀貢，二曰嬪貢，〔三〕曰器貢，四曰幣貢，五曰材貢，六曰貨貢，七曰服貢，八曰斿貢，九曰物貢。大朝覲會同，贊玉幣、玉獻。」「玉幣，諸侯享幣也。其合亦如小行人所合六幣。玉獻，獻國珍異，亦執玉以致之。」《小宰》：「執邦之九貢、九賦、九式之貳，以均財，節邦用。」《太府》：「掌九貢、九賦、九功之貳，凡邦國之貢，以待弔用。」《司會》：「以九貢之法，致邦國之財用。」《內府》：「掌受九貢、九賦、九功之貨賄、良兵、良器，以待邦之大用。」《土均》：「以均地貢。」《大司馬》：「施貢分職，以任邦國。」《職方氏》：「制其貢，各以其所有。」《行人》：「公侯伯子男之禮，廟中皆將幣，三享。」《行人》：「邦畿方千里。其外方五百里謂之侯服，歲一見，其貢祀物；又其外方五百里謂之甸服，二歲一見，其貢嬪物；又其外方五百里謂之男服，三歲一見，其貢器

❶「厥篚」至「錫貢」，原脱，今據明本、庫本、嘉慶本補。

❷「厥篚」至「磬錯」，原脱，今據明本、庫本、嘉慶本補。

❸「里」，原脱，今據明本、庫本及《尚書・禹貢》補。

物；又其外方五百里曰采服，四歲一見，其貢服物；又其外方五百里謂之衛服，❶五歲一見，其貢材物；又其外方五百里謂之要服，六歲一見，其貢貨物。九州之外謂之蕃國，世一見，各以其所貴寶爲摯。」《小行人》：「令諸侯春入貢，秋獻功，王親受之。合六幣：圭以馬，璋以皮，璧以帛，琮以錦，琥以繡，璜以黼。」《考工記》：「璧琮九寸，諸侯以享天子。」《曲禮》曰：「五官致貢〔曰享〕。」〔〔貢，功也。享，獻〕也。致〔其歲終〕於王，謂之獻。太宰〔歲終令百〕官府〔受其〕會，聽其政事，詔王廢置。」五官之長曰伯，是職〔方〕。」《王制》曰：「千里之內曰甸，千里之外曰采，曰流。」「九州之內地，取其美物以〔當〕穀稅。」《郊特牲》曰：「旅幣無方，所以別土地之宜，而節遠邇之期也。龜爲前列，先知也。以鍾次之，以和居參之也。虎豹之皮，示服猛也。束帛加璧，往德也。」《禮器》曰：「大饗，其王事歟！三牲、魚腊，四海九州之美味也。籩豆之薦，四時之和氣也。內金，示和也。束帛加璧，尊德也。龜爲前列，先知也。金次之，見情也。丹、漆、絲、纊、竹、箭，與衆共財也。其餘無常貨，各以其國之所有，則致遠物也。」《詩·商武》曰：❷「莫敢不來享。」《長發》曰：「受小球大球，爲下國綴旒。受小共大共，爲下國駿厖。」《泮宮》詩曰：「憬彼淮夷，來獻其琛。元龜象齒，大賂南金。」《覲禮》：「侯氏入門右，坐奠圭，再拜稽首。擯者謁。侯氏坐取圭，

❶「又其外方五百里曰采服，四歲一見，其貢服物；又其外方五百里謂之」，原作小字，今據明本、庫本、嘉慶本改作大字。又其中「采」字，原爲墨丁，今據明本、庫本、嘉慶本補；「見」，原誤作「冕」，今據明本、庫本、嘉慶本改；下「方」，原誤作「万」，今據明本、庫本、嘉慶本改。

❷「商」，明本、庫本、嘉慶本作「殷」，與《毛詩》原文同。

升致命。王受之玉。侯氏降，階東北面再拜稽首。擯者延之曰：『升。』升成拜，乃出。四享皆束帛加璧，庭實唯國所有。「四當爲三。初享或用馬，或用虎豹之皮，其次享三牲、魚腊、籩豆之實，龜也，金也，丹、漆、絲、纊、竹、箭也，其餘無常貨。此地物非一國所能有，分爲三享，皆以璧帛致之。」奉束帛，匹馬卓上，九馬隨之，中庭西上。奠幣，再〔拜〕稽首。擯者曰：『予一人將受之。』侯氏升，致命。王撫玉。侯氏降自西階，東面授宰幣，西階前再拜稽首，以馬出授人，九馬隨之。事畢。」「王不受玉，撫之而已，輕財也。」《春秋傳》曰：「天子班貢，輕重以列，列尊貢重，❶周之制也。卑而貢重，甸服也。」

采邑有賦而無貢，邦國有貢而無賦。《周官·太宰》以九賦斂財賄，有家削、邦縣、邦都之賦；以九貢致邦國之用，有祀、嬪、器、幣、材、貨、服、斿、物之貢。其制地貢在《大司徒》，其施邦國之貢在《大司馬》；其物則《職方氏》揚州之金錫、荆州之丹銀、青州蒲魚、雍州玉石之類是也。其用則《太府》以家削之賦待匪頒、邦縣之賦待幣帛、邦都之賦待祭祀、邦國之貢待弔用是也。然邦國有歲之常貢，有因朝而貢。歲之常貢，則春入貢是也。因朝而貢，則侯服歲一見，其貢祀物之類是也。二者之禮雖殊，其玉帛、庭實之設，蓋亦相類。考之《覲禮》：「侯氏入門右，坐奠圭，再拜。擯者謁。侯氏坐取圭，升致命。王受之玉。侯氏降，拜，升成拜，乃出。三享皆束帛加璧，庭實唯國所有。奉束帛，匹馬卓上，九馬隨之，中庭西上。奠幣，再拜。侯氏升，致命。王

❶「列」，原脱，今據明本、庫本、嘉慶本補。

撫玉。侯氏降自西階，東面授宰幣，西階前再拜，以馬出授人，九馬隨之。」《禮記》言：「龜爲前列，先知也。金次之，示和也。然後繼之以丹漆絲纊。」又《聘禮》夕幣之儀，「馬則北面，奠幣于其前」；及見主君，「賓奉束帛加璧享，庭實，皮則攝之，毛在内，賓致命，張皮」；「凡庭實，左先，皮、馬相間可知也；賓之幣唯馬出，其餘皆東」。由此推之，侯氏奉玉帛以升，庭實旅百，先龜，次金，次丹、漆、絲、纊，馬在其南，若皮則居馬之位，而王特撫玉而已。以示致方物者，臣之職；而不有其物者，王之道也。《禹貢》八州有貢，惟冀州無貢，以畿内王之所專，特斂其賦而已，非所謂貢也，《王制》曰「千里之内曰甸，千里之外曰采，曰流」，鄭氏謂「甸者，服治田，出穀税；采者，九州之地，采其美物以當穀税」是也。《周禮·太宰》序九貢之物，先祀貢、嬪貢，而繼之以器、幣、材、貨、服、斿、物之貢；《行人》序九服之貢，亦先祀物、嬪物，而繼之以器、服、材、貨之物者。侯服貢祀物，上先而下後也；甸服貢嬪物，内先而外後也。男服貢器物，采服貢服物，以器、服作治之功多，而責近以詳也；衛服貢材物，要服貢貨物，以材、貨作治之功少，而責遠以略也。材、貨，邦用所通，服則王身所獨。《太宰》退服在材、貨之後，此又著其先所養，而後其所自養也。幣、斿、物，六服所共貢者也。以幣繼嬪、器之後，以斿物繼貨服之後，❶

❶「服」，明本、庫本、嘉慶本作「物」，誤也。按《周禮·大宰》云：「以九貢致邦國之用：六曰貨貢，七曰服貢，八曰斿貢，九曰物貢。」是字當作「服」。

事之序也。《行人》無幣、斿、物貢者，以其所共貢者不可六服言之也。賈公彦曰：「《太宰》言歲之常貢，故有幣；《行人》因朝而貢，三享之中已有幣矣，故不及幣。」此説非也。鄭康成於《太宰》以器貢爲銀鐵石磬丹漆，而與鄭注異，於《行人》以器貢爲尊彝之屬，而與鄭注同；於《太宰》以材貢爲杶榦栝柏篠簜，於《行人》以材貢爲「八材」。是自惑也。古者邦國致貢，不必元日。班固《東都賦》曰：「春王三朝，會同漢宫，天子受四海之圖籍，膺萬國之珍貢。」唐禮，正至朝會，户部陳諸州貢物，禮部陳諸蕃貢物，而議者以此爲《周官》春入貢之禮，是附會之論也。

禮書卷第三十九終

禮書卷第四十

湯沐之邑　夏世室　商重屋　周明堂

湯沐之邑

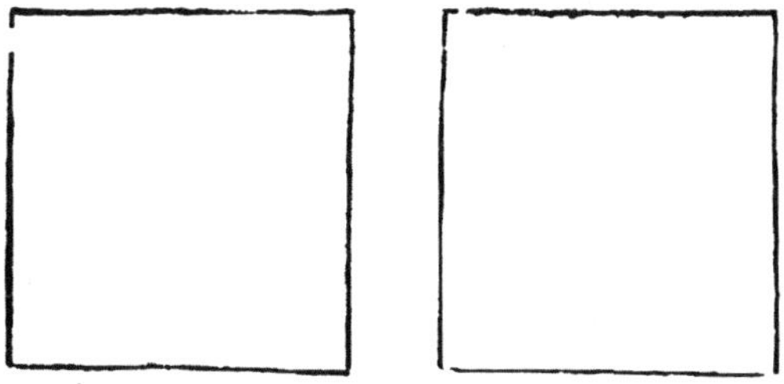

《王制》曰：「方伯爲朝天子，皆有湯沐之邑於天子之縣內，視元士。」「給齊戒潔清之田。浴用湯，沐用潘。」《春秋》桓二年：「鄭伯以璧假許田。」《左氏》曰：「鄭人請復祀周公，卒易祊田。三月，鄭伯以璧假許田，爲周公祊故也。」《穀梁》曰：「假不言以，言以非假也。非假而曰假，諱易地。許田地者，魯朝宿之邑也。邴者，鄭伯之所受命而祭泰山之邑。用見魯之不朝於周，而鄭之不祭泰山也。」「泰山非鄭境內，從天王巡狩，受命而祭也。」《公羊》曰：「許田者何？魯朝宿之邑也。諸侯時朝乎天子，天子郊，諸侯皆有朝宿之邑。此魯朝宿之邑也。則曷爲謂之許田？諱取周田也。曷爲謂之許？近許也。此邑也，其稱田何？田多邑少稱田，邑多田少稱邑。」「諸侯來朝，當有所住止，故賜邑於遠郊。其實天子地，諸侯不得專也。桓公專，以與鄭，背叛當誅，故深諱之，若暫假借。」定四年：「召陵之會，衛祝鮀私於萇弘曰：『衛取於有閻之土，以共王職；「有閻，衛所受朝宿邑。」取於相土之東都，以會王之東蒐。』」「爲湯沐邑。」《周本紀》曰：「鄭怨桓王，與魯易許田。許田，天子之用事泰山田也。」《魏公子傳》：「公子無忌留趙，趙王以鄗爲公子湯沐邑。」湯沐，朝宿之邑也。不曰朝宿而曰湯沐者，齋戒以見君也。

古者諸侯於王畿有朝宿之邑，泰山有湯沐之邑。《王制》曰：「方伯爲朝天子，皆有湯沐之邑於縣内，視元士。」則凡非方伯，其邑不得視元士也。不然，諸侯湯沐之邑多矣，盡王畿其足以容之乎？許田，魯侯湯沐之邑也；祊，鄭伯從祭泰山湯沐之邑也。邑非諸侯之所得專，魯、鄭專而易之，此《春秋》所以譏也。昔祝鮀盛稱魯、衛、晉國之封，而衛有湯沐之邑，則湯沐之邑豈諸侯之所均也？漢諸侯皆有邸於京師，武帝令諸侯各治邸泰山下，蓋先王之遺制也。先王之時，湯沐邑皆有所賦。漢初，民無蓋藏，高祖於是省禁輕租，自天子以至封君湯沐邑，皆各爲私奉養，不領於天子之經費。見《食貨志》。

夏世室「堂脩二七，廣四脩一。五室，三四步，四三尺。九階。四旁兩夾窗。白盛。門堂三之二，室三之一。」

商重屋「堂脩七尋，堂崇三尺，四阿，重屋。與夏世室同而其屋兩重耳。」❶

❷

❶「與夏」至「重耳」，原無，爲明本、庫本、嘉慶本所增。

❷此爲底本圖。

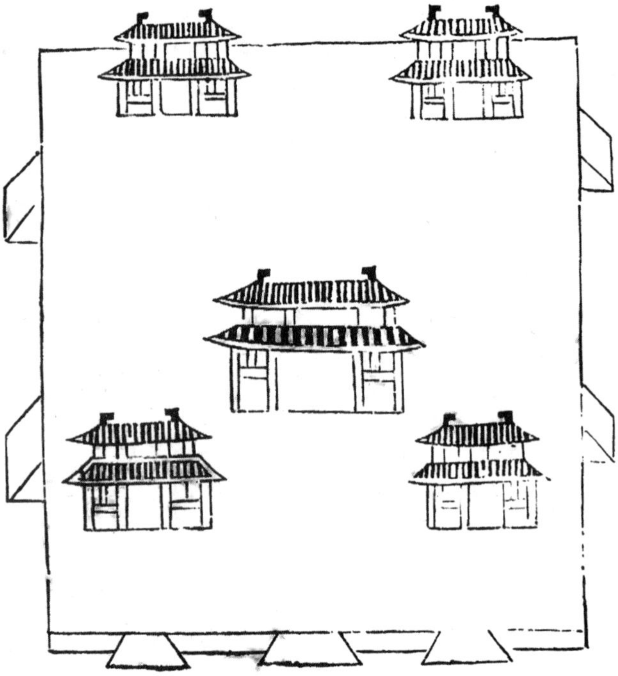

周明堂

堂度九尺之筵，東西九筵，❶南北七筵，堂崇一筵。五室，凡室二筵。

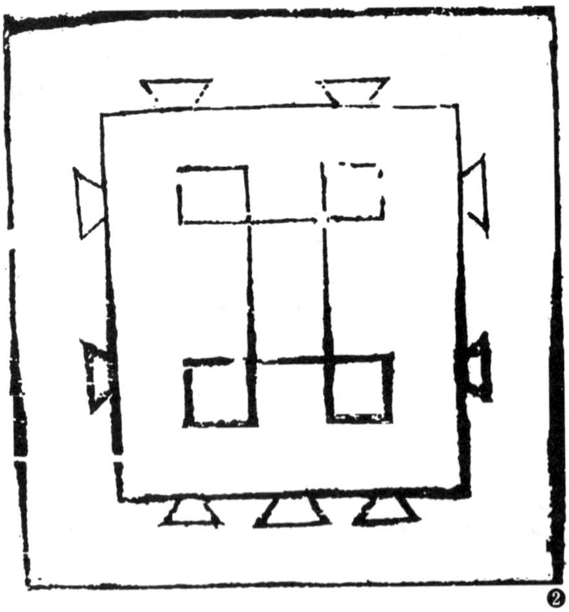

❷

❶「東西九筵」，原脱，今據嘉慶本補。

❷此爲底本圖。

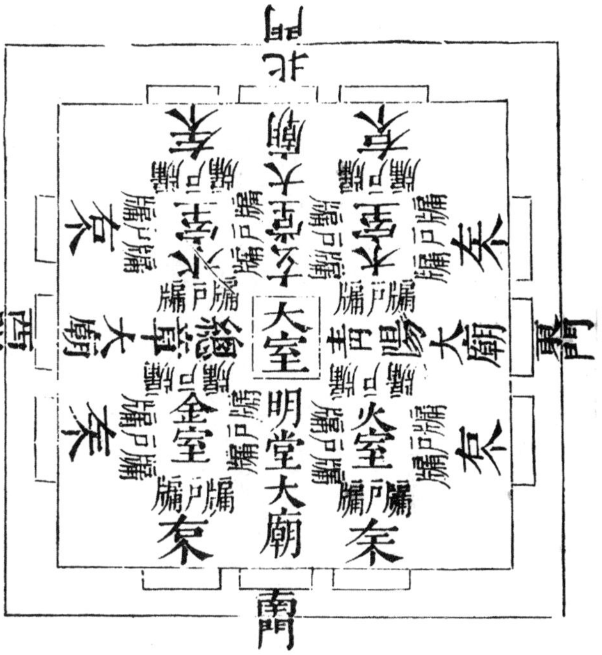

《考工記》曰：「夏后氏世室，堂脩二七，廣四脩一。五室，三四步，四三尺。九階。四旁兩夾窗。白盛。門堂三之二，室三之一。殷人重屋，堂脩七尋，堂崇三尺，四阿，重屋。周人明堂，度九尺之筵，東西九筵，南北七筵，堂崇一筵。五室，凡室二筵。」鄭氏曰：「世室，宗廟也。重屋者，王宮正堂，若大寢也。明堂者，明政教之堂。此三者，或舉宗廟，或舉王寢，或舉明堂，互言之，以明其同制。」《月令》：「孟春，天子居青陽左个；「青陽左个，大寢東堂北偏。」仲春，居青陽太廟；「東堂當大室。」季春，居青陽右个。「東堂南偏。」孟夏，居明堂左个；「大寢南堂東偏也。」仲夏，居明堂太廟；「明堂太廟，南堂當大室也。」季夏，居明堂右个。「南堂西偏也。」中央，居太廟太室。「中央室也。」孟秋，居總章左个；「大寢西堂南偏。」仲秋，居總章太廟；「西堂當大室也。」季秋，居總章右个。「西堂北偏。」孟冬，居玄堂左个；「北堂西偏也。」仲冬，居玄堂太廟；「北堂當太室。」季冬，居玄堂右个。「北堂東偏。」❶《明堂位》：「昔者周公朝諸

❶「東」，原誤作「西」，今據嘉慶本及《禮記·月令》鄭注改。

侯于明堂之位：天子負斧依，南嚮而立；三公中階之前，北面東上；諸侯之位，阼階之東，西面北上；諸伯之國，西階之西，東面北上；諸子之國，門東，北面東上；諸男之國，門西，北面東上；九夷之國，東門之外，西面北上；八蠻之國，南門之外，北面東上；六戎之國，西門之外，東面南上；五狄之國，北門之外，南面東上；九采之國，應門之外，北面東上；四塞，世告至。此周公明堂之位也。明堂者，明諸侯之尊卑也。」又曰：「太廟，天子明堂。」《詩》曰：「《我將》，祀文王於明堂。」《孝經》曰：「昔者，周公郊祀后稷以配天，宗祀文王於明堂以配上帝。」《月令》：「季秋，大饗帝。」《唐月令》：「九月，大享於明堂。」《樂記》：「祀乎明堂而民知孝。」《祭義》：「祀乎明堂，所以教諸侯之孝也。」《玉藻》曰：「天子聽朔於南門之外。閏月，則闔門左扉，立于其中。」「南門，謂國門也。天子廟及路寢，皆如明堂制。明堂在國之陽，每月就其時之堂而聽朔焉。卒事，反宿路寢亦如之。閏月，非常月也，聽其朔於明堂門中，還處路寢門終月。」《左傳》曰：「勇則害上，不登於明堂。」《孟子》稱：「齊宣王問曰：『人皆謂我毀明堂，毀諸？已乎？』孟子曰：『夫明堂者，王者之堂也。王欲行王政，則勿毀之矣。』」《家語》曰：「孔子觀於明堂，觀四門墉有堯舜桀紂之象，各有善惡之狀，廢興之誡。」《荀子·强國篇》曰：「雖爲之築明堂於塞外而朝諸侯，使殆可也。」❶孔穎達曰：「《孝經緯》云：『明堂在國之陽。』又《異義》淳于

❶「使」，今常見《荀子》諸本，多無此字。亦有有此字之本，如庫本；本卷稍下注文再引亦有此字；《玉海》卷九十六同引亦有此字。

登說：『明堂在三里之外，七里之内。』故知南門，亦謂國城南門也。在國之陽，丙巳之地，三里之外，七里之内。水木用事，交於東北；木火用事，交於東南；火土用事，交於中央；金土用事，交於西南；金水用事，交於西北。周人明堂五室，帝一室。」《大戴禮・盛德篇》云：「明堂九室，室有四户八窗，三十六户七十二牖。蓋之以茅，上圜下方，其外水名辟雍。」《明堂月令說》曰：「堂高三丈，❶東西九仞，南北七筵，九室，十二堂，四户八牖。宫三百步，在近郊三十里。」又云：「堂方百四十四尺，坤之策也；屋圜徑二百一十六尺，乾之策也。太廟明堂方三十六丈，通天屋徑九丈，陰陽九六之變，且圜蓋方載，六九之道也。八闥以象八卦，九室以象九州，十二宫以應十二辰，三十六户七十二牖以四户八牖乘九室之數也。户皆外設而不閉，示天下不藏也。通天屋高八十一尺，黄鍾九九之實也。二十八柱列於四方，亦七宿之象也。堂高三尺，以應三統。❷四鄉五色，各象其行。外博二十四丈，以應節氣也。」又戴德云明堂、辟雍是一物。❸《周禮》、《孝經說》以明堂爲文王廟。《左傳》魯僖公五年：「既視朔，遂登觀臺。」服氏云：「人君入太廟視朔，天子曰靈臺，諸侯曰觀臺，在明堂之中。」文公二年服氏云：「明堂，祖廟。」並與鄭說不同。鄭注《玉藻》云：「天子廟及路寢，皆如明堂制。」即鄭意以爲三者名異而同制。云「小學在公宫之左，大學在郊」，即云「天子曰辟雍」，

❶「三」，原誤作「王」，今據明本、庫本、嘉慶本及《明堂月令說》改。
❷「三」，原誤作「二」，今據明本、庫本、嘉慶本改。
❸「戴」，原誤作「載」，今據明本、庫本、嘉慶本改。

是學不得與明堂同爲一物。又天子宗廟在雉門之外，《孝經緯》云「明堂在國之陽」，《玉藻》又云「聽朔於南門之外」，是明堂與祖廟別處，不得爲一也。蔡邕《明堂章句》云：「明堂者，天子太廟，所以宗祀。周謂明堂，東曰青陽，南曰明堂，西曰總章，北曰玄堂，中曰太室。人君南面，故主以明堂爲名。在其五堂之中央，皆曰太廟，饗、射、養老、教學、選士，皆於其中。故言其正室之貌則曰太廟，取其尊崇則曰太室，取其堂則曰明堂，取其四時之學則曰大學，取其周水圜如璧則曰辟雍。雖各異名而事實一也。」袁准《正論》：「明堂、宗廟、太學，事義同，各有所爲而代之。儒者合爲一體，取《詩》、《書》放逸之文，經典相似之語，推而致之。考之人情，失之遠矣。宗廟之中，人所致敬，幽隱清淨，鬼神所居，而使衆學處焉，饗、射於中，人鬼慢黷，死生交錯，囚俘截耳，瘡痍流血，以〔干〕鬼神，非其理也；茅茨采椽，至質之物，建日月，乘玉輅，以處其中，非其類也；夫宗廟鬼神之居，而祭天於人鬼之室，非其處也；王者五門，宗廟在一門之內，若在廟而張三侯，❶又辟雍在內，人物衆多，非宗廟之中所能容也。」如准所論，與鄭義合。或以周時德澤洽和，蒿茂以爲宮柱，名蒿宮，此天子之路寢也。《呂氏春秋》曰：「茅茨蒿柱，土階三等。」漢武帝封泰山，泰山東北阯有古時明〔堂處〕，儉不敞上，欲理明堂奉高旁，未曉制度。濟南公玉帶上《黃帝時明堂圖》，其制中有一殿，四面無壁，以茅蓋，通水，水圜宮垣，爲複

❶「三」，原誤作「二」，今據明本、庫本、嘉慶本及《通典》卷四十四《禮四·吉三》「大享明堂」條注同引改。

道，上有樓，從西南入，名崑崙，天子從之以拜祀。上從之。隋無明堂，而季秋大享，嘗寓雩壇。唐高祖、太宗時，寓于圜丘。貞觀中，❶禮部尚書豆盧寬、國子助教劉伯莊議，從崑崙道上層以祭天，下層以布政。而太子中允孔穎達以爲非。侍中魏徵以謂：「五室重屋，上圜下方，上以祭天，下以布政。自前世儒者所言雖異，而爲如此者多同。至於高下廣狹丈尺之制，可以因事制宜也。」秘書監顔師古曰：「《周書》敘明堂有應門、雉門之制，以此知爲王者之常居爾。其青陽總章，玄堂太廟，左右个，皆路寢之名也。《文王居明堂》之篇，帶弓韣，禮高禖，九門磔禳，國有酒以合三族。推其事，皆與《月令》合，則皆在路寢也。《大戴禮》曰在近郊，又曰文王之廟也，此奚足以取信哉？且門有臯、庫，豈得施於郊野？謂宜近在宫中。」徵及師古等，皆當世名儒，其論止於此。高宗時改元總章，分萬年置明堂縣，示欲必立之。而議者紛然，或以爲五室，或以爲九室。而高宗依兩議，以帟幕爲之，與公卿臨觀，而議益不一。乃下詔，率意班其制度，至取象黄琮，琮上設鴟尾，其言益不經，而明堂亦不能立。至則天，始毁東都乾元殿，以其地立明堂，則制淫侈，無復可觀，皆不足紀。其後火焚之，既而又復立。開元二十五年，❷玄宗遣將作大匠康䛒素毁之。䛒素以爲勞人，乃去其上層，

❶「貞觀」，原避宋仁宗趙禎嫌名諱作「正觀」，今據庫本、嘉慶本改回。

❷「二十五年」，原誤作「五年」。按《新唐書・禮樂志》云：「開元五年，復以爲乾元殿而不毁。初，則天以木爲瓦，夾紵漆之。二十五年，玄宗遣將作大匠康䛒素毁之。」是陳氏節引而致誤也。今據改。

易以真瓦，而迄唐之世，季秋大饗，皆寓圜丘。

明堂之名見於《周頌》、《孝經》、《左傳》、《孟子》、《荀卿》、《考工記》、《禮記》、《家語》，其制不見於經，特《考工記》曰：「夏后氏世室，堂脩二七，廣四脩一。五室，三四步，四三尺。九階。四旁兩夾窗。白盛。門堂三之二，室三之一。商人重屋，脩七尋，堂崇三尺，四阿，重屋。周人明堂，度九尺之筵，凡室二筵。」此三代明堂之別也。「南北爲脩，東西爲廣。夏堂脩二七，則十四步也。其廣益以四分脩之一，則十七步有半也。室三四步，則大室方四步，四角室各三步也。四三尺，則東西益廣各三尺，而中四尺也。以此計之，南北室各一丈八尺，與大室二丈四尺，則六丈也。東西室亦一丈八尺，而各益三尺；大室亦二丈四尺，而益四尺：則七丈也。門堂三之二，以堂脩之十四步三分取二，而南北九步二尺矣。堂廣十七步者半，三分取二，而東南十一步四尺矣。」夏世室，商重屋，周明堂，則制漸文矣。夏度以步，商度以尋，周度以筵，則堂漸廣矣。夏言堂脩廣而不言崇；商言堂脩而不言廣，言四阿而不言室；周言堂脩廣崇而不言四阿：其言蓋皆互備。鄭康成曰：「夏堂崇一尺，商堂廣九尋。」理或然也。《月令》中央太室，東青陽，南明堂，西總章，北玄堂，皆分左右个，與太廟則五室十二堂矣。《明堂位》前中階、阼階、賓階，旁四門，而南門之外又有應門，則南三階，東、西、北各二階，而爲九階矣。《考工記》五室九階。蓋木室於東北，火室於東南，金室於西南，水室於西北，土室於中央，其外別之以十二堂，通之以九階，環之以四門，而南門之外加以應門，此明堂之大略也。《大戴禮》、《白虎通》，韓嬰、公玉帶、淳于登、桓譚、鄭康成、蔡邕之徒，其論明堂多矣。特淳于登以爲在國之陽，三里之外，七里之内，其説蓋有所傳然也。何則？聽朔必於明堂，而《玉藻》曰「聽朔於南門之外」，則明堂在國之南可知。成王之朝，諸侯四夷之君咸列四門之外，而朝、寢之間有是制乎？則明堂在國之外可知。然《大戴》謂九室，三十六户，七十二牖，上圜下方；公玉帶謂爲一殿居中，覆之以茅，環之以水，設之以複道，通之以樓；鄭康成謂明堂、太廟、路寢異實同制；康成以《春秋》書「世室屋壞」，❶《明堂位》稱「魯公之廟，文世室；武公之堂，武世室」，則以《考工記》所謂世室爲廟，重屋爲寢，或舉王寢，或舉明堂，互言之。蔡邕謂明堂、太廟、辟雍，同實異名。其豈然哉？諸侯之廟見於《公食大夫》，有東西房、東西夾而已。天子路寢見於《書》，亦東西房，東西夾，又東序西序、東堂西堂而已。則太廟、路寢無五室十二堂矣，謂之明堂、太廟、路寢異實同制，非也。宗廟居雉門之内，而教學、飲、射於其中，則莫之容；處學者於鬼神之宮，享天神於人鬼之室，則失之瀆：袁准嘗攻之矣。則謂之明堂、太廟、辟雍同實異名，非也。彼蓋以魯之太廟有天子明堂之飾，晉之明堂有功臣登享之事，乃有同實異實之論，是不知諸侯有太廟，無明堂，特魯放其制，晉放其名也。四時之氣，春爲青陽，夏爲朱明，秋爲白藏，冬爲玄英。則青者春之色，春者陽之中，故春堂名之；總者物之聚，章者文之成，故秋堂名之；明者萬物之相見，玄者萬物之

❶「壞」，原誤作「環」，今據明本、庫本、嘉慶本改。

復本，故冬夏之堂名之。左右之堂曰个，以其介於四隅故也；中之堂曰太廟，以其大享在焉故也。古者鬼神所在，皆謂之廟。《書》與《士虞》以殯宮爲廟，則大享在焉，謂之太廟可也。明堂之作，不始於周公，而武王之時有之，《記》曰「祀乎明堂而民知孝」是也；不特建之於内，而外之四岳亦有之，孟子之時，齊有泰山之明堂是也。《荀子·强國篇》曰：「雖爲之築明堂於塞外而朝諸侯，使殆可也。」漢有奉高明堂。《月令》言明堂之制則然，其言四時乘異路、載異旂、衣異衣、用異器則非也；《明堂位》言朝諸侯於明堂則然，其言周公踐天子之阼、負扆而受朝則非也。何則？王者迎五氣，則於東、南、西、北之四郊；禮六神，則以蒼、黄、青、赤、白、玄之牲玉；象四時以巡岳，順閏月以居門，而天地之間罔不欽若，則十二月之異堂聽朔，不爲過也。若夫車旗之辨，見於《巾車》、《司常》；衣冠之等，見於《弁師》、《司服》，皆無四時之異。《禮運》曰：「五色十二衣，旋相爲質。」郎顗曰：「王者隨天，自春徂夏，改青服絳，非古制也。」《書》曰：「周公位冢宰，正百工。」《詩序》曰：「周公既成洛邑，朝諸侯，乃率以祀文王。」蓋成王宅憂，周公位冢宰，而百工總己以聽焉。及既成洛邑，輔成王以朝諸侯。《詩序》言朝諸侯乃率以祀文王，則朝不在廟而在明堂可知也。若曰周公代之而受朝，則誤矣。且周公之東征也，稱王命然後往；其居東也，俟王察已然後復。則周公事成王如此，孰謂敢代之乎？代之之説，始於荀卿，盛於漢儒，於是以「復子明辟」爲還政之事，以「誕保文武受命惟七年」爲還政之時，是皆不知《書》者也。

禮書卷第四十終

禮書卷第四十一

明堂朝諸侯之位　壇壝宮　方明

明堂朝諸侯之位❶

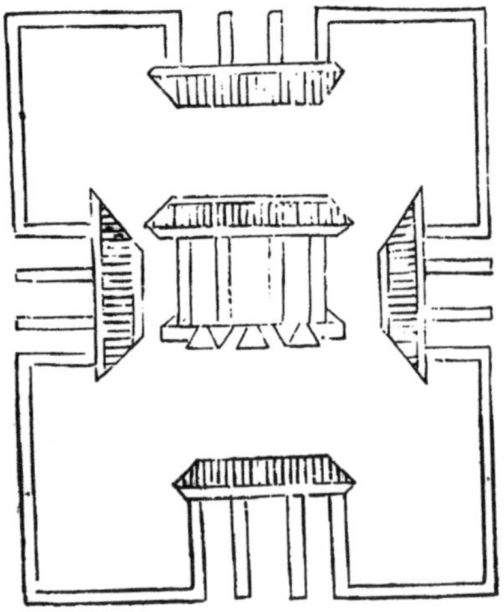

《周禮》治朝之位，孤東面，卿大夫西面；外朝之位，左孤卿，右公侯伯子男。《射人》：「孤東面，卿大夫西面。」皆尚右。東西面者，皆尚北。路門之左右者，皆尚中。而《明堂位》諸侯西面，諸伯東面，則不尚右；在門東西者，東上，則不尚中；在西門之外者，東面，南上，則有不尚北。何也？《儀禮》諸侯覲于天子，壇壝宮於國外，上介皆奉其君之旂置于宮，尚左，公侯伯子男皆就其旂而立，位皆東上。是朝於國外與朝於國內之禮異也。《明堂位》與壇壝宮相類，蓋亦國外之禮然也。先王之於夷狄，後之而弗先，賤之而弗貴。故疆以戎索，和以舌人，食

❶「明堂朝諸侯之位」，原脱，今據目録、卷首小目、明本、庫本、嘉慶本補。

之則委之牲體而坐諸外，樂則不使亂雅而陳於門。則位夷蠻於東南之門外，位戎狄於西北之門外，宜矣。漢蕭望之欲貴單于於諸侯之上，賈誼欲高堂邃宇以懷其腹，親酌而手食之以懷其心，蓋不知此。

壇壝宫

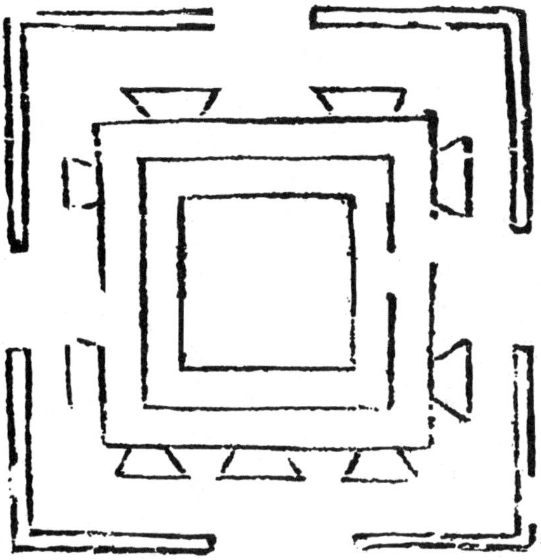

❶

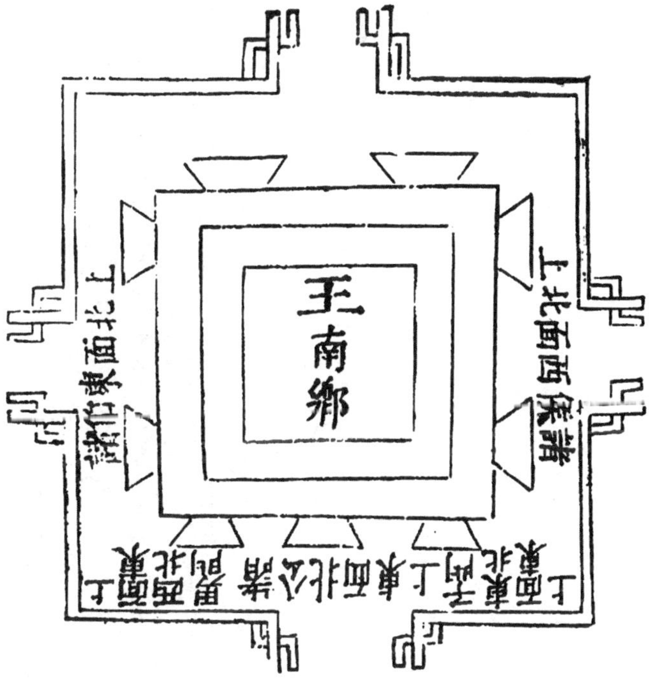

「諸侯覲于天子，爲宫方三百步，四門。壇十有二尋，深四尺，加方明于其上。」「四時朝覲，受之於廟，此謂時會、殷同也。宮，謂壝土爲埒，以

❶ 此爲底本圖。

象牆壁也。爲宮者於國外，春會同則於東方，夏會同則於南方，秋會同則於西方，冬會同則於北。方八尺曰尋，十有二尋，則方九十六尺也。深爲高也，從上曰深。《司儀》職曰：『爲壇三成。』成猶重也。❶三重者，自下差之爲三，而上有堂焉。堂上方二丈四尺，❷上等、中等、下等，每面十二尺。方明者，上下四方神明之象也。上下四方之神者，所謂神明也。會同而盟，明神監之，則謂之天之司盟。有象者，猶宗廟之有主乎。王巡狩，至于方嶽之下，諸侯會之，亦爲此宮以見之。《司儀》職曰：『將會諸侯，則命爲壇三成，宮，旁一門。詔王儀，南鄉見諸侯也。』」方明者，木也。方四尺，設六色：東方青，南方赤，西方白，北方黑，上玄，下黃。設六玉：上圭，下璧，南方璋，西方琥，❸北方璜，東方圭。上介皆奉其君之旂置于宮，尚左。公侯伯子男皆就其旂而立。「置于宮者，建之豫爲其君見王之位也。諸公中階之前，北面東上；諸侯東階之東，西面北上；諸伯西階之西，東面北上；諸子門東，北面東上；諸男門西，北面東上。尚左者，建旂，公東上，侯先伯，伯先子，子先男，而位皆上東方也。❹諸侯入壝門，或左或右，各就其旂而立。王降階，南鄉見之，三揖：土揖庶姓，時揖異姓，天揖同姓。見揖，位乃定。」四傳擯。「王既揖，五者升壇。設擯，升諸侯以會同之禮。其奠瑞玉及享幣，公拜於上等，侯伯於中等，子男於下等。擯者每延之升堂致命，王受玉、撫玉，降拜於下等。及請事、勞，❺皆如覲禮。四傳擯者，每一位畢，擯者以告，乃更陳列而升其次。公也，侯也，伯也，各一位。子男俠門而俱東上，❻亦一位也。至庭，乃設擯，則諸侯初入門，王官之伯帥之耳。」天子乘龍，載大旂，象日月、升龍、降龍。出，拜日於東門之外；反，祀方明。禮

❶「成」，原脱，今據《儀禮·覲禮》鄭注補。
❷「方」，原誤作「高」，今據《儀禮·覲禮》鄭注改。
❸「西」，原誤作「四」，今據明本、庫本、嘉慶本改。
❹「上」，原脱，今據明本、庫本、嘉慶本及《儀禮·覲禮》鄭注補。
❺「請」，原誤作「諸」，今據庫本、嘉慶本及《儀禮·覲禮》鄭注改。
❻「俠」，原誤作「狹」，今據庫本、嘉慶本及《儀禮·覲禮》孔疏改。

日於南門外，禮月與四瀆於北門外，禮山川丘陵於西門外。祭天，燔柴；祭山、丘陵，升；❶祭川，沈；祭地，瘞。」《司儀》：「掌九儀之賓客擯相之禮，以詔儀容、辭令、揖讓之節。「出接賓曰擯，入贊禮曰相。以詔者，以禮告王。」將合諸侯，則令爲壇三成，宮，旁一門。「合諸侯，謂有事而會也。爲壇於國外，以命事。宮謂壝土以爲牆處，所謂爲壇壝宮也。天子春帥諸侯拜日於東郊，則爲壇於國東；夏禮日於南郊，則爲壇於國南；秋禮山川丘陵於西郊，則爲壇於國西；冬禮月、四瀆於北郊，則爲壇於國北。既拜禮而還，加方明於壇上而祀焉，所以教尊尊也。❷《覲禮》曰『諸侯覲於天子，爲宮方三百步，四門，壇有十二尋，深四尺』是也。王巡狩殷國而同，則其爲宮亦如此歟？鄭司農云：『三成，三重也。《爾雅》曰：「丘一成爲敦丘，再成爲陶丘，三成爲昆侖丘。」謂三重。』」詔王儀。南鄉見諸侯，土揖庶姓，時揖異姓，天揖同姓。「謂王既祀方明，諸侯上介皆奉其君之旂置于宮，乃詔王升壇，諸侯皆就其旂而立。諸公中階之前，北面東上。諸侯東階之東，西面北上。諸伯西階之西，東面北上。諸子門東，北面東上。諸男門西，北面東上。王揖之者，定其位也。庶姓，無親者。土揖，推手小下之也。異姓，婚姻也。時揖，平推手也。《衛將軍文子》曰：『獨居思仁，公言言義，其聞《詩》也，一日三復白圭之玷，是南宮縚之行也。夫子信其仁，以爲異姓。』謂妻之也。❸天揖，推手小舉之。」及其擯之，各以其禮，公於上等，侯伯於中等，子男於下等。「謂執玉而前見於王也。擯之各以其禮者，謂擯公者五人，侯伯四人，子男三人也。上等、中等、下等者，謂所奠玉處也。❹壇三成，深四尺，則一等一尺也。壇十有二尋，方九十六尺，則堂上二丈四尺，每等丈二尺

❶「丘」，原脱，今據明本、庫本、嘉慶本及《儀禮・覲禮》補。

❷「尊尊」，原誤作「尊卑」，今據《周禮・司儀》鄭注改。

❸「妻之」，原誤作「之妻」，今據庫本、嘉慶本及《周禮・司儀》鄭注改。

❹「所奠玉處」，原作「玉所處」，今據庫本及《周禮・司儀》鄭注改。

與？諸侯各於其等奠玉，降拜，明臣禮也。❶既，乃升堂，授王玉。」❷其將幣亦如之。」「將幣，享也。禮謂以鬱鬯祼之也。皆於其等之上。」《掌舍》：「掌王之會同之舍。設梐枑再重。「梐枑，謂行馬。再重者，以周衛有內外別。」爲壇壝宮，棘門。」「以戟爲門。」《掌次》：「朝日，祀五帝，則張大次、小次，設重帟。合諸侯亦如之。諸侯朝覲、會同，則張大次、小次。」《師氏》：「凡祭祀、賓客、會同、喪紀、軍旅，王舉則從；聽治亦如之。使其屬帥四夷之隸，各以其兵服守王之門外，且蹕。朝在野外，則守內列。」《虎賁氏》：「掌先後王而趨以卒伍。軍旅、會同亦如之。舍則守王閑。」《節服氏》：「掌祭祀、朝覲袞冕，六人維王之太常。」《司兵》：「軍事，建車之五兵；會同亦如之。」《司戈盾》：「軍旅、會同，授貳車戈盾，建乘車之戈盾，授旅賁及虎士戈盾。及舍，設藩盾，行則斂之。」

朝、覲、宗、遇之禮行於廟朝，會同之禮行於國外。國外壝土爲宮，方三百步，旁各一門，中爲壇而三成，壇十有二尋，深四尺。旁一門，則棘門矣。壇三成，則三重矣。十有二尋，則方九十六尺矣。深四尺，則一等一尺矣。

春宮於東，夏宮於南，秋宮於西，冬宮於北。加方明于壇上。天子既拜日、禮月與山川丘陵，則祀方明。既祀方明，則見諸侯。諸侯上介奉其君之旂置于宮，尚左。❸

❶「明臣」，原誤作「明神」。今據庫本、嘉慶本及《周禮・司儀》鄭注改。

❷「授王玉」，原誤作「受玉」，今據嘉慶本及《周禮・司儀》鄭注改。

❸「尚左」，原作「左尚」，今據明本、庫本、嘉慶本及《儀禮・覲禮》改。

《左氏》曰：「會有表。」鄭氏謂：「諸公中階之前，北面東上。諸侯東階之東，西面北上。諸伯西階之西，東面北上。諸子門東，北面東上。諸男門西，北面東上。公侯先伯，伯先子，子先男，而位皆上東。」❶然《覲禮》不言壇階，而鄭氏曰前三階者，以其宫四門而位尚左，與《明堂位》相類故也；不言侯氏奠玉、降拜、升拜，而鄭氏曰「公奠玉於上等，❷降拜於中等；侯伯奠玉於中等，降拜於下等；子男奠玉於下等，降拜於地。升成拜，皆於奠玉之處」者，以其致命，王受之玉，降拜，升拜，與覲於廟相類故也。《掌次》王合諸侯，「張大次、小次，設重帟、重案。」鄭氏謂大次初往所止居，小次即宫待事之處；賈公彦謂大次去壝遠，小次去壇近。其説是也。壇域，君子所設以行禮者也。故去祧有壇，凡祭天及日月方望之類，皆有壇。齊侯爲柯之盟有壇，《公羊》曰「莊公升壇」是也；諸侯適鄰國有壇，《左氏》曰襄二十六年。「先君適四國，未嘗不爲壇」是也；大夫、士去國，爲壇位，❸鄉國而哭，魯公孫歸父聘還，「及笙壇帷，復命於介」是也。況王者之會諸侯乎？《司儀》言「將合諸侯，令爲壇」，則凡巡狩于方岳之下，皆有壇壝宫矣。

❶ 「上東」，明本、庫本作「東上」。
❷ 「鄭氏曰」，按此所引實爲《周禮·司儀》賈疏。
❸ 「位」，原誤作「於」，今據明本、庫本、嘉慶本及《禮記·曲禮》改。

〔方明〕〔木爲之，六色〕。

《覲禮》：「方明者，木也。方四尺。設六色：東方青，南方赤，西方白，北方黑，上玄，下黄。設六玉：上圭，下璧，南方璋，西方琥，東方圭，北方璜。」鄭氏曰：「方明者，上下四方神明之象也。會同而盟，明神監之，則謂天之司盟。有象者，猶宗廟之有主乎？❶六色象其神，六玉以禮之：上宜以蒼璧，下宜以黄琮，而不以者，則上下之神非天地之至貴者也。設玉者，刻其木而著〔之〕。」然《司盟》曰：「凡邦國有疑會同，則掌其盟約之載書及其禮儀，北面詔明神。」《左氏》曰：「不協而盟。」又曰：「不協之，故用昭乞盟于爾大神。」則凡會同不必皆盟也。鄭氏以會同必盟，方明之設爲盟而已，其説拘矣。方明之制，方四尺之木，設上下四方之色。上圭以象天神之制用，下璧以象地示〔之〕居體，東圭而南璋，西琥而北璜，各象其方而禮之。天子拜日禮月與四瀆、山川、丘陵畢，則升壇以祀方明，既而退方明以朝諸侯。其或盟，則復加方明於壇，而以載辭告之。《覲禮》於春言

❶「主」，原誤作「土」，今據明本、庫本、嘉慶本及《儀禮·覲禮》鄭注補。

拜日，於夏秋冬言禮日月與四瀆、山川、丘陵，鄭氏曰：「變拜言禮者，容祀也。」其説以爲春無盟誓，不祀方明，特拜日以教尊尊而已；三時盟誓，祀方明，故言禮。然天子之出，必禮天地四方以示敬也，祀方明豈爲盟誓而已哉？言祀與禮，蓋互見也。《漢·律曆志》引《書·伊訓》曰：「太甲元年，伊尹祀于先王，誕資有牧方明。」❶以冬至越茀，與「紼」同。祀先王于方明，以配上帝。其文與今《書》不同，不可考也。

禮書卷第四十一終

❶「明」，原脱，今據嘉慶本及《漢書·律曆志》、孫氏點勘補。

禮書卷第四十二

盟　珠盤　玉敦　詛　桃茢　聘儀

盟詛❶

珠盤

玉敦

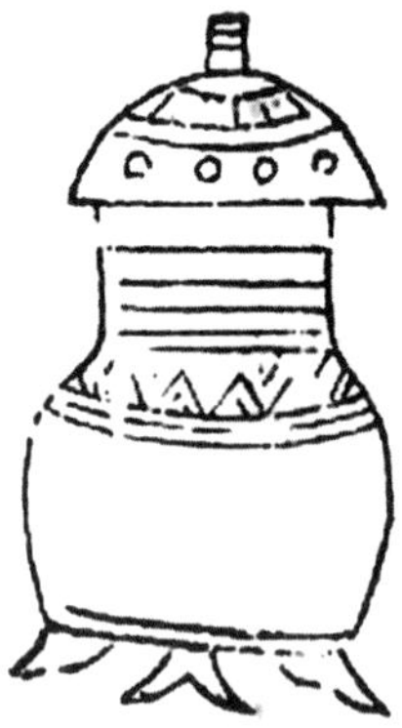

《周禮·司盟》：「掌盟載之法。凡邦國有疑會同，則掌其盟約之載及其禮儀，北面詔明神。既盟，則貳之。盟萬民之犯命者，詛其不信者，亦如之。有獄訟者，則使之盟詛。各以其地域之衆庶共其牲而致焉。既盟，則爲司盟共祈酒脯。」《玉府》：「若合諸侯，則共珠盤、玉敦。」賈公彦曰：「禮，敦盛黍稷，今盟無黍稷，敦中宜盛血，牛耳宜在盤。」《戎

❶「盟詛」，原脱，今據目録補。卷首小目，「盟」、「詛」分立；明本、庫本、嘉慶本「詛」作「盟」之副題。

右》：「盟，則以玉敦辟盟，遂役之。贊牛耳、桃茢。」《封人》：「凡喪紀、賓客、軍旅、大盟，飾其牛牲。」《司寇》：「凡邦之大盟約，涖其盟書，而登之于天府。大史、內史、司會及六官，皆受其貳而藏之。」《覲禮》：「諸侯覲于天子，爲宮方三百步，四門。壇十有二尋，深四尺，加方明于其上。天子乘龍，載大旂，象日月、升龍、降龍。出，拜日於東門之外；反，祀方明。「帥諸侯而朝日於東郊，所以教尊尊也；退而朝諸侯。由此二者言之，已祀方明，乃以會同之禮見諸侯也。凡會同者，不協而盟。《司盟》職曰：『凡邦國有疑會同，則掌其盟約之載書及其禮儀，北面詔明神。既盟，則貳之。』言北面詔明神，則明神有象者，其方明乎？及盟時，又加於壇上，乃以載辭告焉。詛祝掌其祝號。」禮日於南門外，禮月與四瀆於北門外，禮山川丘陵於西門外。「此謂會同，以夏冬秋者也。變拜言禮者，容祀也。禮月於北郊者，月，太陰之精，以爲地神也。盟神必云日月山川者，尚著明也。《詩》曰：『謂予不信，有如皦日。』《春秋傳》曰：『縱子忘之，山川神祇，其忘諸乎？』皆用神明爲信也。」祭天，燔柴；祭山、丘陵，升；祭川，沈；祭地，瘞。」「『升沈，必就祭者也。❶就祭，則是謂王巡狩及諸侯之盟祭也。』《郊特牲》曰：『郊之祭也，迎長日之至也，大報天而主日也。』《宗伯》職曰：『以實柴祀日月星辰。』則燔柴祭天，謂祭日也。❷柴爲祭日，則祭地瘞者，祭月也。日月而云天地，靈之也。王制曰：『王巡狩至于岱宗，柴。』是王巡狩之盟，其神主日也。《春秋傳》曰：『晉文公爲踐土之盟。』❸而傳云『山川之神』，是諸侯之盟，其神主山川也。月者，太陰之精，上爲天使，臣道莫貴焉。是王官之伯會諸侯而盟，其神主月與？」《禮記》曰：「涖牲曰盟。」又曰：「周人作會而民始疑。」「會，盟」

❶「必」下，原衍「隨」字，今據嘉慶本及《儀禮·覲禮》鄭注刪。

❷「日」，原脱，今據庫本、嘉慶本及《儀禮·覲禮》賈疏補。

❸「土」，原誤作「主」，今據明本、庫本、嘉慶本及《左傳》定四年改。

也。」《詩》曰：「君子屢盟，亂是用長。」《春秋》書盟多矣，或書盟，或書同盟，莊十六年、二十七年「同盟於幽」，宣十七年「同盟於馬陵」，十五年「同盟于戚」，十八年「同盟于虛朾」，襄三年「同盟于雞澤」，九年「同盟于戲」，二十五年「同盟于重丘」。或書會盟，僖十九年「會盟于邾」。或盟于不地，文三年「公及晉侯盟」，二年「公及晉處父盟」，❶桓二十一年「衛人及狄盟」。與及而不稱公。莊十九年「會齊侯、宋公」云云「盟于幽」，隱元年「及宋人盟于宿」，莊二十二年「及齊高傒盟于防」，僖二十九年夏「會王人」云云「盟于翟泉」，文二年「及晉處父盟」，十年秋「及蘇子盟于女栗」，襄十五年二月「及宋向戌盟于劉」。《左傳》：「叔向曰：『明王之制，再朝而會以示威，再會而盟以顯昭明。』」「子太叔曰：『文襄之霸也，諸侯有事而會，不協而盟。』」《荀卿》與《穀梁》曰：「盟詛不及三王。」《史記》：「平原君適楚，毛遂謂楚王之左右曰：『取雞狗馬之血來。』毛遂奉銅盤而跪進之楚王曰：『王當歃血而定。』從於殿上，毛遂左手持盤血，而右手招十九人曰：『公相與歃此血於堂下，公等録録，音禄。所謂因人成事者也。』」「漢高帝刑白馬以盟。」

先王之時，結民以忠信誠慤之心，維邦國以比小事大之禮。然盟詛之末，常不弛於天下，使人明則知好惡，幽則知信畏，然後有同德而無離心，則盟詛之輔於教也，其可忽哉！《周禮》有盟萬民，有盟諸侯，有詛萬民之不信，有敘國之信用，則盟詛固有大小矣。《玉府》：❷「若

❶ 「公」，明本、庫本、嘉慶本無，與《春秋》原文同。按禮，處父不當與公盟，故《春秋》不言公，諱之也。陳氏補出「公」字，是明其實也。

❷ 「玉府」，原誤作「司盟」。按此所引出《周禮·玉府》，又本卷上文、本書卷五十二、卷一百一同引，皆作「玉府」。今據改。

合諸侯，則共珠盤、玉敦。」《戎右》：「以玉敦辟盟，贊牛耳、桃茢。」《封人》：「凡賓客、軍旅、大盟，飾牛牲。」其未殺也，飾以文繡；其殺也，寘之於坎，加書其上。襄二十六年《左傳》曰：「宋伊戾將譖太子痤。楚客過宋，太子野享之。伊戾歃用牲，加書驗之，而騁告公曰：『太子將爲亂。既與楚客盟矣。』」《曲禮》曰：「涖牲曰盟。」盤以盛耳，敦以盛血，尸之者執耳。《左氏》哀十七年：「公會齊侯，盟于蒙。孟武伯問於高柴曰：『諸侯盟，誰執牛耳。』季羔曰：『鄫衍之役，吴公子姑曹。發陽之役，衛石魋。』武伯曰：『然則彘也。』」定八年：「晉師盟衛侯，衛人請執牛耳。涉佗、成何曰：『衛，吾温、原也，焉得視諸侯？』將歃，涉佗捘衛侯之手，及捥。」大者先歃，小者亞之。哀十三年，吴、晉争先。《國語》曰：「吴先歃，晉亞之。」又《晉語》：「宋之盟，楚人請先歃。霸王之勢在德，不在先歃。」定四年祝鮀曰：「晉文踐土之盟，衛成公弟猶先蔡。」有玉帛以禮明神，哀十二年：「子貢曰：『盟有玉帛以奉之。』」有桃茢以袚不祥。既盟，則以盟書登于天府，太史、内史、司會及六官，皆受其貳而藏之。然則《司盟》「共祈酒脯」，則既殺以盟於前，又用酒脯以祈於後也。覲禮，諸侯覲天子，春拜日，夏禮日，秋禮山川丘陵，冬禮月與四瀆，而繼之以「祭天燔柴，祭山丘陵升，祭川沈，祭地瘞」。鄭氏謂：「升沈必就祭，謂王巡狩也。王巡狩之盟，其神主日。諸侯之盟，其神主山川。王官之伯會諸侯，其神主月歟？」經言祭天，而鄭氏言祭日；經言祭地，而鄭氏言祭月。且方明以象上下四方，而經傳凡言主盟者多稱明神。《司盟》：「北面詔明神。」《左傳》僖二十八年：「王子虎盟諸侯于王庭，曰：『有渝此盟，明神殛之。』」襄九年，子駟、子展曰：「明神不蠲要盟。」哀十二年：「子貢曰：『盟，所以周信也，明神以要之。』」昭十三年：「叔向曰：『昭明於神盟也。』」《春秋》：「諸侯盟于亳，襄十一年。曰：『司慎司盟、名山名川、群神群祀、先王先公、七姓十二國之祖。』」《齊語》：「桓公與諸侯飭牲爲載，以約誓于上下庶神。」則諸侯之盟，非特主山川也。鄭氏謂王之盟主日，諸侯主山川，王官之伯主月，其禮無據。瑕禽曰：「平王東遷，吾七姓從王，王賜之騂旄之盟。」杜預曰：「言得重盟，不以雞犬。」蓋騂旄之盟，非王賜者不得用也。❶襄十年。《詛祝》：「掌盟、詛、類、造、攻、説、禬、禜之祝號。作盟詛之載辭，以敘國之信用，以質邦國之劑信。」「載辭，爲辭而載之於策。坎用牲，加書于其上也。」《詩》曰：「出此三物，以詛爾斯。」毛氏曰：「君以豕，臣以犬，民以雞。」《左傳》曰：「鄭伯使卒出豭，行出犬雞，以詛射穎考叔者。」❷「百人爲卒，二十五人爲行。」《書·無逸》曰：「否則厥口詛祝。」鄭氏曰：「大事曰盟，小事曰詛。」賈公彦曰：「盟者，盟將來；詛者，詛往過。」然季武子作三軍，盟諸僖閎，詛諸五父之衢；襄十一年。陽虎已丑盟桓子于稷門之內，庚寅大詛，又盟三桓於周社，盟國人於亳社，詛於五父之衢；定五年、六年。鄭伯使卒出豭，行出犬雞，以詛射穎考叔者。是盟有繼之以詛，詛有不繫於盟，則大事必盟而或詛，詛以詛往過，而或爲將來也。《詩》曰：「出此三物，以詛爾斯。」毛氏曰：「君以豕，臣以犬，民以雞。」蓋以鄭伯使卒與行出此三物，辨而等之，其詳不可考也。《周禮》、《左傳》天子、諸侯之

❶「不」，原脱，今據明本、庫本、嘉慶本及文意補。
❷「者」，原脱，今據嘉慶本及《左傳》隱十一年補。

盟，皆執牛耳；而衛太子蒯聵與伯姬輿豭以盟，蓋下人君之禮也。然盟詛皆坎牲、加書，以告明神。其異者，盟有執耳、歃血，既盟有祈，而詛無是也。《春秋》之盟，有適一時之急而不用牲者，若子任割臂以盟莊公；華元登楚子反之牀，子反懼而與之盟，此皆假行其禮而不用牲也。《春秋》之盟，或尋或同，或乞或要，或逃或渝，或盟君以大夫，或辱人以城下，日以長亂，莫之或熄，皆先王之罪人也。

桃

茢

鄭氏曰：「茢，菼帚也。」《說文》曰：「茢，苕也。」古者人君，出户則巫覡有事，弔臣則桃茢在前，開冰則桃弧棘矢以除其災，致膳則葷、桃、茢以辟凶邪，「膳於君有葷、桃、茢，於大夫去茢，於士去葷。」則盟用桃茢宜矣。蓋桃茢，凶邪之所畏避者也。觀古人度朔之論，桃湯之用，則桃又過於茢矣。

聘儀

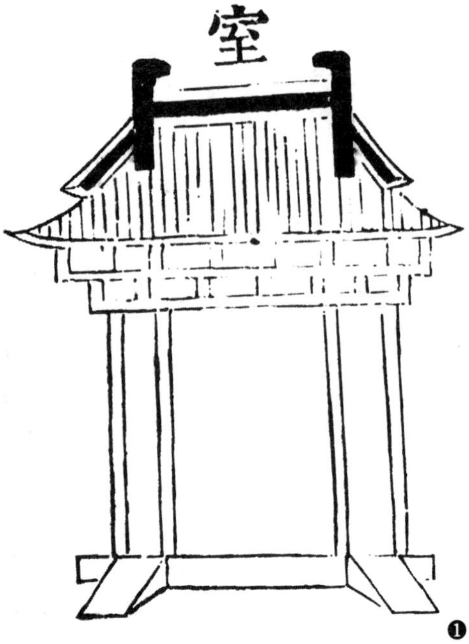

❶

輕財重禮，交人之道也。聽命達言，使者之事也。三輔人語「輕財曰聘」，則聘之爲義可知矣。古者比年小聘，三年大聘。小聘曰問，大聘曰殷聘。殷，中也，盛也。既歲聘矣，中復盛聘，此《周禮》所以言「殷相聘」，《春秋傳》所以言「殷聘，禮也」。《周禮》又言：「殷覜曰視。」「殷覜以除天下之慝，時問以諭諸侯之志。」《玉人》：「瑑圭璋八寸，璧琮八寸，以覜聘。」鄭氏：「特來曰聘，衆來曰覜。聘有圭，覜有璋。」蓋覜爲除慝而已，故其儀物殺也。《書》於四時之中皆曰殷，《漢・天文志》於衡星「殷南斗，殷中州河、濟之間」，則殷，中也，《易》有殷薦，《儀禮》有殷奠，傳有殷祭，《左傳》曰：「祭以特牲，殷以少牢。」《公羊》曰：「五年而再殷祭。」則殷，盛也。然則《周禮》所謂殷同、殷國，以衆來爲盛也；所謂殷相聘，以間聘爲中也。《左傳》曰：「先王之制：諸侯之喪，士弔，大夫送葬，惟嘉好、聘享、三軍之事，於是乎使卿。」則小聘之問，雖不享，有獻，不

❶ 圖中文字，原無，爲明本、庫本、嘉慶本所增。

及夫人；主人不筵、几，不禮、面，不升，不郊勞；其禮如爲介，三介。然則小聘蓋亦卿爾，以其與君爲禮也。鄭氏曰：「小聘使大夫。」其説無據。聘雖有國者之禮，而其下亦有焉，故凡聘女曰聘，問人曰聘是也。❶《春秋》書王臣來聘八，諸侯之臣來聘二十有五。隱七年：「天王使凡伯來聘。」僖二十年：「天王使宰周公來聘。」或稱名，或稱字，南季父、家父、祭叔、歸父之類是也。或稱弟，隱七年、桓三年：「齊侯使其弟年來聘。」或稱公子，或稱公孫，襄元年：「冬，衛侯使公孫剽來聘。」❷五年：「夏，鄭伯使公子發來聘。」或稱人，莊三十三年：「荆人來聘。」或不稱氏，文九年：「楚子使椒來聘。」十二年：「秦伯使術來聘。」襄二十九年：「吴子使札來聘。」或不言使，莊二十三年：「祭叔來聘。」其褒貶輕重各稱其事，非可以一端求也。《穀梁》曰：「聘諸侯非正。」趙子曰：「凡言聘，則知君使矣。曷爲又稱君以别乎？不當稱使也。」此説非也。凡聘所以通好，則天子之於諸侯，非不可以行聘也。祭叔不言使，所以譏其專行，諸侯之遣使，非不可以稱使也。聘，大夫之事也，稱弟稱子，譏之也。《公羊》曰：「大夫來曰聘。仍叔之子，譏父老子代也。」啖子曰：「凡夷狄朝聘皆稱人。」

禮書卷第四十二終

❶「問」，原誤作「門」，今據明本、庫本、嘉慶本改。
❷「剽」，原誤作「標」，今據嘉慶本及《春秋》襄元年改。

禮書卷第四十三

王及諸侯寢廟制　大夫士寢廟制　內九室　外九室　大次　小次

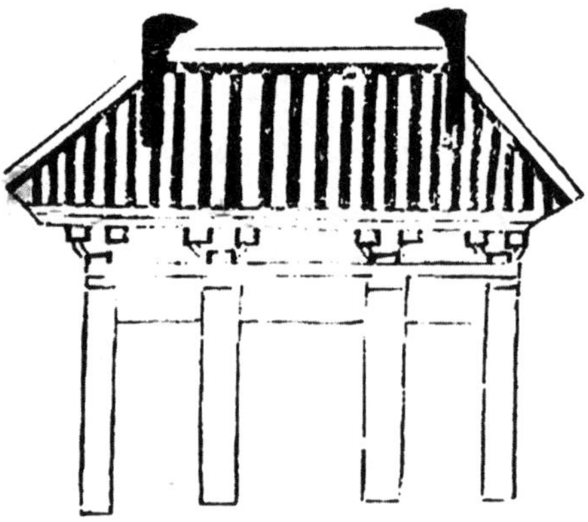

王及諸侯寢廟制

《周禮・宮人》：「掌王之六寢之脩。」「六寢者，路寢一，小寢五。《玉藻》曰：『朝，辨色始入。君日出而視朝，退適路寢聽政。使人視大夫，大夫退，然後適小寢，釋服。』是路寢以視事，小寢以時燕息焉。《春秋》書魯莊公薨于路寢、僖公薨于小寢，則人君非一寢明矣。」《司士》：❶「居虎門之左，司王朝。」「虎門，路寢門也。王日視朝於路寢門外，畫虎焉，以明勇猛，於守宜也。」《大僕》：「建路鼓于大寢之門外，而掌其政。」「大寢，路寢也，如今寢殿端門下矣。」《匠人》：「營國，內有九室，九嬪居焉；外有九室，九卿朝焉。」「內，路寢之裏也。外，路門之表也。」又曰：「王宮門阿之制五雉，宮隅之制七雉。」《士冠禮》：「設洗直于東榮。」「榮，翼室也。❷周制，自卿大夫以下，其室爲夏屋。」正義曰：「兩下屋爲夏。榮，即今之摶風。」《士昏禮》：「納采，賓

❶「司士」，按此所引出《周禮・師氏》。

❷「翼室」，據《儀禮・士冠》鄭注原文當作「屋翼」。

升西階，當阿，致命。」「阿，棟也。入堂深，示親親。❶」《燕禮》：「設洗當東霤。」「人君爲殿居之。」正義曰：「天子、諸侯，屋皆四注。」《少牢禮》：「主人獻祝，祝拜于席上，坐受。」「室中迫狹也。」正義曰：「大夫廟室皆兩下五架，棟北一架後乃爲室。必知然者，昏禮賓當阿致命，鄭云：『阿，棟也。入堂深。』明不入室。是棟北乃有室也。」《鄉射禮》曰：「序則物當棟，堂則物當楣。」「是制五架之屋也。正中曰棟，次曰楣，前曰庪。」《覲禮·記》：「几俟于東廂。」❷「王即席，乃設之。東廂，東夾之前，❸相翔待事之處。」《喪服傳》曰：「子不私其父，則不成其爲父。❹故有東宮，有西宮，有南宮，有北宮。」《書》有西序、東序，「東西廂謂之序。」西夾，「西廂夾室。」西房、東房，「西房，西夾坐東。東房，東廂夾室。」賓階、阼階，左塾、右塾，東堂、西堂，「東西廂之前堂。」東垂、西垂，「東西之階上。」側階，「側階，北階。」畢門。「路寢門名畢門。」《晉語》曰：「天子之室，斲其椽而礱之，加密石焉。諸侯礱之，大夫琢之，士首之。」《禮記·檀弓》曰：「伯高死於衛，赴於孔子。孔子曰：『吾惡乎哭諸？師，吾哭諸寢；朋友，吾哭諸寢門之外。』」《王制》：「寢不踰廟。」《文王世子》：「公若有出疆之政，庶子以公族之無事者守於公宮，正室守太廟，「正室，適子也。」諸父守貴宮、貴室，諸子、諸孫守下宮、下室。」又曰：「世子朝夕至於大寢之門外。」《內則》：「由士以上皆異宮。大夫七十而有閣。天子之閣，左達五，右達五。公侯伯於房中五，大夫於閣三，士於坫一。」又曰：

❶「示」，原誤作「亦」，今據嘉慶本及《儀禮·士冠》鄭注改。

❷「俟」，明本、嘉慶本作「侯」。

❸「之前」，原脱，今據嘉慶本及《儀禮·覲禮》鄭注補。

❹「父」，據《儀禮·喪服》當作「子」。

「妻將生子，居側室。「側室，謂夾之室，次燕寢也。」夫齊，則不入側室之門。」又曰：「國君世子生，三日，卜士負之。吉者宿齊，朝服寢門外，詩負之。」又曰：「異爲孺子室於宮中。」又曰：「妻以子見於父。夫入門，升自阼階，立于阼，西鄉。妻抱子出自房，當楣。」又曰：「世子生，則君阼階名之。」「人君見世子於路寢，見妾子就側室。凡子生皆就側室。」又曰：「妾子生三月，見於内寢。「内寢，適妻寢也。」公庶子就側室。庶人無側室。」《玉藻》：「朝，辨色始入。君日出而視之，退適路寢聽政。使人視大夫，大夫退，然後適小寢釋服。」「小寢，燕寢也。」又曰：「將適公所，宿齋戒，居外寢。」《雜記》：「路寢成則考之。」又曰：「婦見舅姑，皆立于堂下；見諸父，各就其寢。」《喪大記》：「君夫人卒於路寢；大夫世婦卒於適寢；内子未命則死於下室，遷尸于寢；士之妻皆死于寢。」「君謂之路寢，大夫謂之適寢，士或謂之適室。世婦以君下寢之上爲適寢。内子，卿之妻也。下室，其燕處也。」《詩·斯干》曰：「築室百堵，西南其户。」毛云：「西鄉、南鄉户也。」箋云：「此築室者，謂築燕寢也。天子之寢者左右房，西其户者，異於一房者之室户也。又云南其户者，宗廟及路寢，制如明室，每室四户，❶是室一南户爾。」《閟宫》曰：「松桷有舄，路寢孔碩。」「舄，大也。」《殷武》曰：「是斷是遷，方斲是虔。松桷有梴，旅楹有閑，寢成孔安。」《春秋》莊三十二年：「公薨于路寢。」《公羊》曰：「路寢何？正寢也。」何休曰：「天子、諸侯皆有三寢：一曰高寢，二曰路寢，三曰小寢。父居高寢，子居路寢，孫從王父母，妻從夫寢，夫人居小寢。」《穀梁》曰：「小寢，非正寢也。」范氏曰：「小〔寢〕，内寢。」定十五年：「公薨于高寢。」《穀梁》曰：「高寢，非正寢也。」僖二十年：

❶「户」，原誤作「尺」，今據《毛詩·斯干》鄭箋改。

「西宮災。」《公羊》曰：「西宮者何？小寢也。小寢則曷爲謂之西宮？有西宮則有東宮矣。魯子曰：『以有西宮，亦知諸侯之有三宮。』」「西宮者，小寢內室，楚女所居也。禮，諸侯取三國女，以楚女居西宮，知二國女於小寢內各有一宮也。禮，夫人居中宮，少在前；右媵居西宮，左媵居東宮，少在後。」《爾雅·釋宮》曰：「宮謂之室，室謂之宮。牖、户之間謂之扆，其內謂之家。東西牆謂之序。西南隅謂之奥，西北隅謂之屋漏，東北隅謂之宧，東南隅謂之窔。兩階間謂之鄉。中庭之左右謂之位。門屏之間謂之宁。宮中之門謂之闈，其小者謂之閨，小閨謂之閤。門側之堂謂之塾。宮中衖謂之壼，廟中路謂之唐，堂途謂之陳。室有東西廂曰廟，無東西廂有室曰寢。」《尚書大傳》曰：「天子之堂，廣九雉，三分其廣，以二爲內；五分內，以一爲高；東房、西房、北堂各三雉。公侯七雉；三分其廣，以二爲內；五分內，以一爲高；東房、西房、北堂各一雉。伯子男五雉，三分其廣，以二爲內；五分內，以一爲高；東房、西房、北堂一雉。士三雉，三分其廣，以二爲內，以一爲高；有室，無房、堂。」「廣，榮間相去也。雉，長三丈。內，堂東西序之內也。高，穹高也。今士禮有房，此云無房、堂也。」其桷，天子斲之，大夫達稜，士首本，庶人到加。「礱礪之也，密石砥之也。稜，菱也。」天子賁庸，「賁，大也。牆謂之庸。大牆，正直之牆。」諸侯疏杼。「疏，猶衰也。杼亦牆也。衰，殺。衰殺其上，不得正直。」士、大夫有石材，「柱下質也。」庶人有石承。」「當柱下而已，不出外爲飾也。」

《爾雅》曰：「室有東西廂曰廟，無東西廂有室曰寢。西南隅謂之奥，西北隅謂之屋漏，東北隅謂之宧，東南隅謂之窔。東西牆謂之序。牖、户之間謂之扆。宫中之門謂之闈，門側之堂謂之塾。」以《書》考之，天子路寢之制，室居中，左户右牖，東西有房。又有東序、西序，東堂、西堂，東垂、西垂，「東、西垂，東、西階之上。」賓階、阼階。「狄設黼扆，牖間，南嚮。東西序敷席、陳寶。西夾敷席。東、西房陳服、器。大輅在賓階，綴輅在阼階。執戣立東垂，執瞿立西垂，執鋭立側階。側階，北階也。」房之南有東西夾室，鄭康成釋《儀禮》謂「房當夾室北」是也。孔安國謂「西房，西夾室；東房，東夾室」，誤矣。諸侯路寢與大夫、士之室，皆東、西房。《士喪禮》：「男子髻髮于房，婦人髽于室。」《喪大記》：「主人即位于户内，婦人髽于房。」士禮，婦人髽于室，在男子之西；則諸侯之禮，婦人髽于房，爲西房矣。士亦有西房，而婦不於此髽者，尊卑之别然也。公食大夫於廟，宰夫饌于東房，贊者負東房，大夫立于東夾南，宰東夾北；則諸侯之廟亦東西房、東西夾矣。夾室，《内則》謂之達。《少牢禮》「司宫尊兩甒于房户之間」，《士冠》、《鄉飲》亦尊于房户之間，《特牲禮》尊于户東，皆指東房言之，非謂無西房也。《鄉飲·記》曰：「席出自左房。」《鄉射·記》曰：「出自東。」與《大射》諸侯擇士之宫，宰、胥薦脯醢由左房，其言相類。蓋言左以有右，言東以有西，則大夫、士之房室，與天子、諸侯同可知。鄭氏謂「大夫、士無西房」，誤矣。然房皆南户而無北牖，室有北牖而無北堂，則房户之外由半以南謂之堂，其内由半以北亦謂之堂。《昏禮》「尊于房户之東」，是房有南户矣；禮、《大射》

羞膳者升自北階，❶立于房中，而不言入户，是房無北墉矣；《昏禮》「尊于室中北墉下」，是室無北堂矣。故《昏禮》「洗在北堂，直室東隅」，則北堂在房之北可知。

大夫士寢廟制五架之〔屋〕。

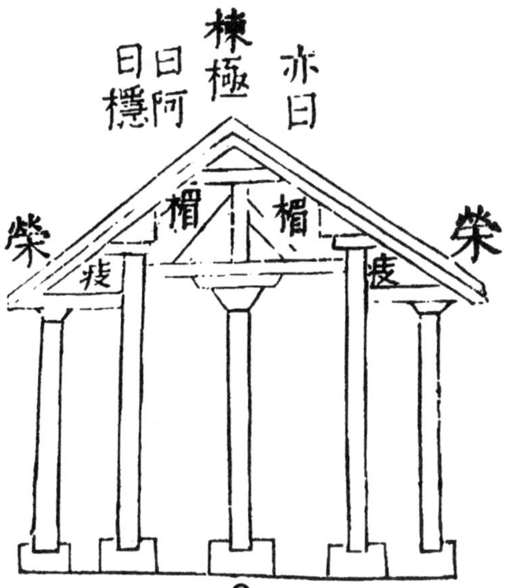

❷

天子、諸侯之寢廟，四阿，有霤。士、大夫則五架，有榮而已。五架之制，棟居中，而南北薦簷曰庪，棟庪之間曰楣。《昏禮》「賓當阿致命」，「阿，棟也。」則是大夫、士之廟室設於棟北矣。《少牢禮》「主人獻祝，設席，南面，祝拜于席上」，則是大夫、士之廟室迫狹矣。《爾雅》曰：「無東西廂有室曰寢。」其文對廟言之，則廟，寢也。鄭氏謂天子路寢、太廟、明堂同制，豈非惑於《明堂位》「太廟，天子明堂」之説乎？所謂「太廟，天子明堂」者，蓋其崇其飾與明堂同，非必五室、四門一如

❶「禮」，此處語意不明，文字似有脱訛。按《儀禮·燕禮》云：「執冪者升自西階，立於尊南，東上。」鄭注：「羞膳者從而東，由堂東，升自北階，房中西面，南上，不言之者，不升堂，略之也。」故疑「禮」當作「燕禮」。

❷圖中文字，原無，爲明本、庫本、嘉慶本所增。「櫋」，明本、庫本作「隱」，嘉慶本作「穩」，皆誤。按《爾雅·釋宮》曰：「棟謂之桴。」郭注：「屋櫋。」故孫氏點勘改作「櫋」是也。今據改。

明堂也。不然，《書》言路寢詳矣，而無是制，何耶？

内九室

外九室

《考工記》曰：「内有九室，九嬪居之。外有九室，九卿朝焉。」鄭氏曰：「内，路寢之裏也。外，路門之表也。九室，如今朝堂諸曹治事處。」然《周禮》有王宮，有后宮，則路寢之後有小寢五，皆王宮也。九嬪所居則后宮耳，《内宰》所謂「王之北宮」是也。

大次

小次

《幕人》：「凡朝覲、會同、軍旅、田役、祭祀，共其帷幕幄帟。」《掌次》：「掌王次之法，以待張事。王大旅上帝，則張氈案，設皇邸。朝日、祀五帝，則張大次、小次，設重帟、重案。合諸侯亦如之。師田，則張幕，設重帟、重案。諸侯朝覲、會同，則張大次、小次。師田，則張幕設案。孤卿有邦事，則張幕設案。」蓋案，所據之案；邸，所宿之邸；大次，初往則止之大幄也；小次，待事與退俟之小幄也。朝日、祀五帝、合諸侯，張大次、小次，而不設氈案、皇邸，師田張幕而不設大幄、小幄者，次氈與皇羽者，皇，德之象，德不稱此，不足以格上帝也。大幄、小幄者，蔽飾之具，師田而張之，非所以與衆皆作也。

禮書卷第四十三終

禮書卷第四十四

王六寢　后六宮❶　諸侯三寢　夫人三宮

卿大夫士二寢　卿大夫士之妻二寢

士庶子宿衛制　虎士五隸守衛制

王六寢

❷

后六宮

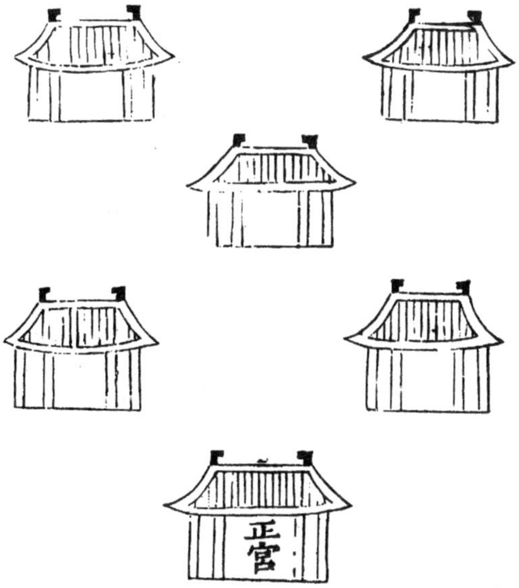

❸

❶「宮」，原誤作「寢」。按后稱宮不稱寢。今據目録、文中小題、明本文中小題、庫本文中小題、嘉慶本文中小題改。

❷ 圖中文字，原無，爲明本、庫本、嘉慶本所增。

❸ 圖中文字，原無，爲明本、庫本、嘉慶本所增。

諸侯三寢

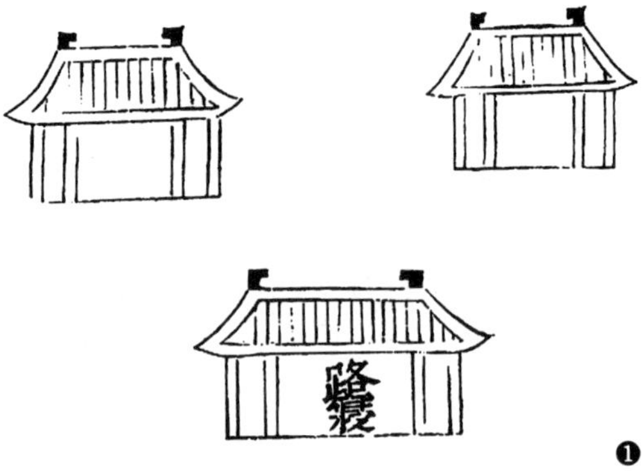

❶

夫人三宮

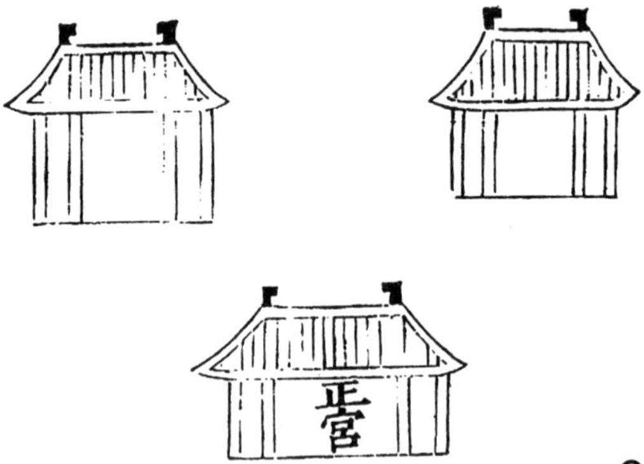

❷

❶ 圖中文字，原無，爲明本、庫本、嘉慶本所增。

❷ 圖中文字，原無，爲明本、庫本、嘉慶本所增。

卿大夫士二寢

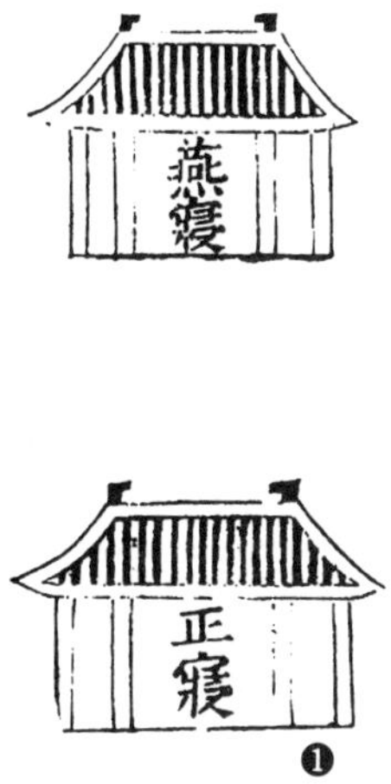

❶

卿大夫士之妻二寢

❷

《周官·宮人》：「掌王宮六寢之脩。」《女御》：「掌御序于王之燕寢。」《大僕》：「掌建路鼓于大寢之門外。」《春秋》書莊公「薨于路寢」，僖公「薨于小寢」，書「西宮災」。《公羊》曰：「路寢，正寢也。西宮，小寢也。有西宮則有東宮，以有西宮，知諸侯之有三宮也。」《玉藻》曰：「君日出視朝，退適路寢聽政。使人視大夫，大夫退，然後適小寢，釋服。」《左傳》曰：「齊人遷襄公，殯于大寢。」「宋大尹盟于小寢之庭。」《文王世子》曰：「正室守太廟，諸父守貴宮、貴室，諸子、諸孫守下宮、下室。」《內則》：「公庶子生，就側室。」《內宰》：「正歲，令于王之北宮，以陰禮教六宮。」又曰：「王后帥六宮之人。」《昏義》曰：「古者天子后六宮。」《祭義》曰：「諸侯卜三宮之夫人使蠶。」《穀梁》曰：「甸粟而納之三宮。」《喪大記》曰：「大夫世婦卒於適室；內子未命死於下室，遷尸于寢上；士之妻皆死于寢。」《士喪禮》：「士死適

❶ 圖中文字，原無，爲明本、庫本、嘉慶本所增。

❷ 圖中文字，原無，爲明本、庫本、嘉慶本所增。

室，朔月若薦新，則不饋于下室。」〔蓋王〕六寢，后六宮；諸侯三寢，夫人三宮。王大寢一，小寢五；諸侯大寢一，小寢二。大寢謂之路寢，又謂之正寢；小寢謂之燕寢，又謂之少寢。大寢聽政，嚮明而治也，故在前；小寢釋服燕息也，故在後。先儒謂王小寢五，而一寢在中，四寢於四角，春居東北，夏居東南，秋居西南，冬居西北，土王之月居中；后之六宮，亦正宮在前，五宮在後，其制如王之五寢。諸侯小寢二，而東西建焉，春夏居東寢，秋冬居西寢；夫人三宮，亦正宮在前，二宮在後，其制如諸侯之三寢。自卿以下二寢，正寢居前，燕寢居後；其妻二寢亦如之。理或然也。何則？諸侯三宮而有東宮、西宮，則正寢在中可知。退適小寢，則小寢在後可知。魯定公之時，有高寢，蓋變亂禮法而名其寢耳。何休曰：「諸侯三寢：一曰高寢，二曰路寢，三曰小寢。」妄也。

士庶子宿衛制 鄭康成云：「衛王宮者，必居四角、四中，儌侯便也。次，其宿衛所在。舍，其休沐之處。鄭司農云：『在内爲次，在外爲舍。』」

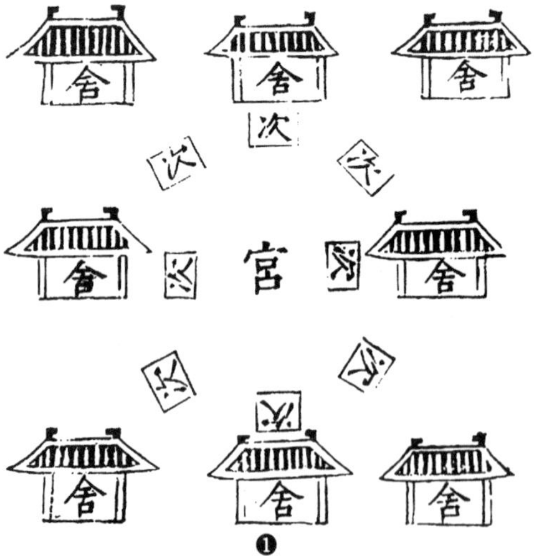

❶

❶ 圖中文字及「次」字之方框，原無，爲明本、庫本、嘉慶本所增。

《小宰》：「掌建邦之宮刑，以治王宮之政令，凡宮之糾禁。正歲，以宮刑憲禁于王宮，其有不共，國有大刑。」《宰夫》：「正歲，則以法警戒群吏，令脩宮中之職事，書其能者與其良者，以告于上。」《宮正》：「掌王宮之戒令、糾禁，❶以時比宮中之官府、次舍之衆寡，爲之版以待。夕擊柝而比之。國有故則令宿，其比亦如之。辨外内而時禁，稽其功緒，糾其德行，幾其出入，均其稍食，去其淫怠與其奇邪之民，會其什伍而教之道藝。月終則會其稍食，歲終則會其行事。凡邦之大事，令于王宮之官府次舍，無去守而聽政令。」《宮伯》：「掌王宮之士、庶子，凡在版者。掌其政令，行其秩敘，作其徒役之事，授八次、八舍之職事。若邦有大事，作宮衆，則令之。月終則均秩，終歲則均敘，以時頒其衣裘，掌其誅賞。」《大胥》：「凡祭祀之用樂者，以鼓徵學士。序宮中之事。」《士師》：「掌國之五禁之法，一曰宮禁。」漢中郎將分掌三署郎，❷有議郎、中郎、侍郎、郎中，凡四等，皆秦官，無員，多至千人，皆掌門户，出充車騎，故卿、校尉、牧守待價於此。公車特徵賢良、方正、敦樸、有道、高節、公府掾曹試博士者，亦充兹位。其下第白衣試博士者，皆拜郎中。中郎者，有五官、左、右三將。郎中有車、户、騎三將。如淳曰：「主車曰車郎，主衛曰户郎。」《漢舊儀》曰：「郎中令主郎中，左右車將主左右車郎，左右户將主左右户郎。」凡郎官皆主更直，執戟宿衛諸殿門，惟議郎不在直中。郎官故事，令出錢市財，用給文書，乃得出，號曰山郎。凡三署郎官，

❶「王」，原誤作「正」，今據明本、庫本、嘉慶本及《周禮·宮正》改。

❷「署」，原避宋英宗趙曙嫌名諱作「宇」，今回改。

二漢並屬光禄勳。光禄選三署郎，有行應四科者，歲舉茂才二人，四行二人，又上廉吏六人爲長理劇。明帝時，館陶公主爲子求郎，帝不許，賜錢千萬，曰：「郎官上應列宿，出宰百里，有非其人，民受其殃。」後代親衛之府一，曰親府；勳衛之府二，一曰勳一府，二曰勳二府；翊衛之府二，一曰翊一府，二曰翊二府：凡五府。武德、貞觀世，重資蔭，二品、三品子補親衛；二品曾孫、三品孫、四品子、職事官五品子若孫、勳官三品以上有封及國公子，補勳衛及率府親衛；四品孫、五品及上柱國子，補翊衛及率府。

《周禮·宫正》：「掌王宫之戒令、糾禁，以時比宫中之官府、次舍之衆寡，爲之版以待。」《宫伯》：「掌王宫之士、庶子，凡在版者。」鄭康成曰：「官府之在宫中者，若膳夫、玉府、内宰、内史之屬。士謂王宫中諸吏之適子也。庶子，其支庶也。鄭司農曰：『庶子，宿衛之官。』」司農以庶子爲《夏官》之諸子，康成固不取之矣。諸吏之適子或未爲士，不可謂之士，康成以士爲諸吏之適子，亦誤也。蓋士，衛士也；庶子，國子之倅未爲士者也。上言士，下言庶子，則國子舉矣。宫正掌凡宫中之官府、次舍之衆寡，宫伯掌士、庶子，授次舍之職事，則宫伯所掌皆宿衛之人，宫正所掌不特宿衛者而已。次，其宿衛所在也；舍，其休沐所在也。八次、八舍，布於王宫四角、四中，則遠邇節而徼候便矣。士、庶子非王族則功臣之世賢者之類，王以自近而衛焉，則上下親而内外察矣。又宫正稽其功緒，糾其德行，會其什伍，而教之道藝。宫伯掌其政令、誅賞，使之學問日進，職業日脩，足以備顧問，謹侍衛。則王之左右前後，孰非多聞直諒之士乎？ 秦有郎中令掌宫殿門户，漢武帝更名光禄勳，其屬有議郎、中郎、侍郎、郎中，凡四等，謂之三署郎。而中郎以下更直執戟，内謹門禁，外充車騎，類取經明行脩者充之。至于公車特起賢良、方正、敦樸、有道、高節、公府掾曹試博士者，多在此選，而劉向、霍光、張安世、東方朔、揚雄之徒皆與焉。是以董仲舒欲使列郡守二千石各擇其吏民之賢者，歲貢二人，以給宿衛，且以觀大臣之能。館陶公主爲子求郎，明帝曰：「郎官上應列宿，出宰百里，有非其人，民受其殃。」則宿衛之選，可謂重矣。魏晉以後，無復三署郎，而光禄不復在禁中。至梁改爲光禄卿，北齊曰光禄寺，兼掌膳食、帳幕而已。唐爲三衛、五府，以品官之子弟，使父兄任保而後處之，亦古之遺制也。

虎士五隸守衛之制周垣下爲區廬。

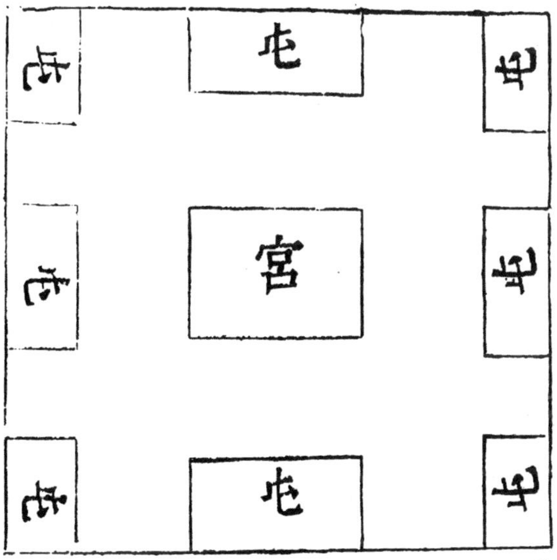

❶

❶ 圖中文字，原無，爲明本、庫本、嘉慶本所增。

《周禮・虎賁氏》：「下大夫二人，中士十有二人，府二人，❶史八人，胥八十人，虎士八百人。虎賁氏掌先後王而趨以卒伍。舍則守王閑，王在國則守王宫，「爲周衛。」國有大故則守王門。」《司隸》：「掌五隸之法。掌帥四翟之隸，使之皆服其邦之服，執其邦之兵，守王宫與野舍之厲禁。」《罪隸》：「其守王宫與其厲禁者，如蠻隸之事。」《蠻隸》：「掌役校人養馬。其在王宫者，執其國之兵以守王宫。在野外則守厲禁。」《夷隸》：「其守王宫者與其守厲禁者，如蠻隸之事。」《貉隸》：「其守王宫者與其守厲禁者，❷如蠻隸之事。」《師氏》：「凡祭祀、賓客、會同、喪紀、軍旅，王舉則從。聽治亦如之。使其屬帥四夷之隸，各以其兵服守王之門外，且蹕。朝在野外則守内列。」《保氏》：「凡祭祀、賓客、會同、喪紀、軍旅則從。聽治亦如之。使其屬守王闈。」衛尉，秦官，掌門衛屯兵。漢因之，《漢舊儀》曰：「衛尉寺在宫内。」胡廣云：「主宫闈之内衛士，於周垣下爲區廬者，若今之仗宿屋。」❸景帝更名中大夫令。後復爲衛尉。又有長樂、建章、甘泉衛尉，皆掌其宫，職略同而不常置。張衡《西京賦》曰：「衛尉八屯。」李善曰：「衛尉率吏士周宫外，於四方、四角立八屯。」隋衛尉掌軍器、儀仗、帳幕，以監門衛掌宫内屯兵。唐龍朔二年，改爲司衛寺正卿。咸亨中，復舊唐之宿衛以府兵。其番上宿衛者，惟給弓矢、横刀而已。兵部以遠近給番：五百里

❶「府」，原誤作「有」，今據明本、庫本、嘉慶本及《周禮・虎賁氏》改。

❷下「其」，原誤作「在」，今據明本、嘉慶本及《周禮・貉隸》改。

❸「屋」，原誤作「星」，今據明本、庫本、嘉慶本及《漢書・百官公卿表》顔注引胡廣改。

爲五番，千里七番，一千五百里八番，二千里十番，外爲十二番，皆一月上。若簡留直衛者，五百里爲七番，千里八番，二千里十番，外爲十二番，亦月上。高宗、武后時，天下久不用兵，府兵之法寖壞，番役更代多不以時，衛士稍稍亡匿，至是益耗散，宿衛不能給。宰相張説乃請一切募士宿衛，更號曰「彍騎」。自是諸府士益各不補，折衝將又積歲不得遷，士人皆恥爲之。十三年，始以彍騎分隸十二衛，總十二萬，爲六番，每衛萬人。自天寶以後，彍騎之法又稍變廢，士皆失拊循。八載，折衝諸府至無兵可交，李林父遂請停上下魚書，其後徒有兵額、官吏。故時府人目番上宿衛者曰侍官，言侍衛天子；至是，衛佐悉以假人爲童奴，而人人恥之，至相罵辱必曰侍官。而六軍宿衛皆市人，富者販繒綵、食粱肉，❶壯者爲角觝，拔河、翹木、扛鐵之戲，❷及禄山竊發，皆不能受甲矣。

古之守衛王宮者，不特士、庶子而已，有虎賁之虎士，司隸之五隸，虎士有卒伍，而四翟之隸有兵。國有大故，則守王門，舍則守王閑。而《司戈盾》「軍旅、會同，授旅賁及虎士戈盾」，則王之在國在野，可謂嚴矣。然必使四翟之隸者，以著王之所守在四夷也。或使師氏之屬帥之者，以著王之使武以文也。四隸所守皆如蠻隸之事者，周之時以南方爲遠，尤貴其來也。故掌四夷之官曰象胥，而奏樂亦以《南》，《詩》曰：「以《雅》以《南》。」《記》曰：

❶「粱」，原作「梁」，今據文意改。後此意作「梁」者逕改作「粱」，不出校。

❷「拔」，原誤作「枝」，今據明本、庫本、嘉慶本改。

「胥鼓《南》。」則周人之意可知矣。士、庶子所直在四中、四角，而虎士、五隸之所直於經無見。漢之衛士於周垣下爲區廬，而張衡有「八屯」之説，則先王之制蓋亦如此。

禮書卷第四十四終

禮書卷第四十五

扆 宁 庭 㢶 垂 檐 位 屏攝 霤

扆

《覲禮》：「天子設斧依於户牖之間，左右几。天子衮冕，負斧依。」「依，如今綈素屏風也。有繡斧文，所以示威也。」《司几筵》：「凡大朝覲、大饗射，凡封國、命諸侯，王位設黼依，依前南鄉，左右玉几。」「斧謂之黼，其繡白黑采，以絳帛爲質。依，其制如屏風然。依前設席，左右有几，優至尊也。」《士虞禮》：「佐食無事則出户，負依南面。」《書》曰：「狄設黼扆綴衣，「扆置户牖間，復設幄帳，象平生所爲。」牖間南鄉。」《詩·公劉》曰：「俾筵依几，既登乃依。」箋云：「公劉既登，當負扆而立。」《曲禮》曰：「天子當依而立，諸侯北面而見天子，曰覲。」《明堂位》曰：「天子負斧依，南鄉而立。」《荀卿》曰：「居則設張、容，負依。」《爾雅》曰：「牖户之間謂之扆。」「容謂之防。」「形如今牀頭小曲屏風，唱射者所以自防隱。」《釋名》曰：「依，倚也。」《考工記》曰：「白與黑謂之黼。」《爾雅》曰：「户牖之間謂之扆。」

黼或作斧，扆或作依。則依欲其有所依，黼明其有所斷也。賈公彦曰：「依如屏風，以絳爲質，高八尺，爲斧文。《舊圖》從廣八尺，畫斧無柄，設而不用之意。」朝於寢，覲於廟，射於郊學，朝於明堂，皆於户牖之間設之，其制則左右有張、容焉。荀卿曰：「居則設張、容，❶負扆。」容之爲物，蓋若唱射之容。《爾雅》曰：「容謂之防。」郭璞謂：「如曲屏風。」觀此，則天子張、容之制可知矣。然禮言「負黼依」，則張、容可畫黼矣。❷《詩》曰：「既登乃依。」《士虞禮》：「佐食無事出户，負依南面。」蓋諸侯至士，皆有依焉。或畫或否，不可考也。《掌次》：「王大旅上帝，張氈案，設皇邸。」鄭司農曰：「皇，羽覆上。邸，後版也。」鄭康成謂：「後版，屏風與？染羽象鳳羽色而爲之。」❸孔穎達謂：「大方版於坐後。此不在寢廟，無扆，不得云扆，故別名皇邸。」然皇邸非扆類也，其説誤矣。

宁

《爾雅》曰：「門屏之間謂之宁。」《詩》曰：「俟我於著。」《記》言天子春朝，「當宁而立」。則著、宁一也。大夫以簾，

❶「張」原誤倒在下「負」下，今據《荀子·正論》乙正。

❷「可」，原誤作「不」。按唱射之容，即防、乏也，聶崇義《新定三禮圖·弓矢圖·乏》云：「《舊圖》云：『乏，一名容。似今之屏風，其制從廣七尺。以牛革鞔，漆之。』」所配乏之圖，漆而不繪。「觀此，則天子張、容之制可知」，是陳氏先以唱射之容明居所設之張、容之形制。旋又恐人誤以爲居所設之容亦不繪，遂特言「禮言『負黼依』」，意唱射之容雖不繪，然居所設之張、容，在扆依左右而並用，黼不唯繪之於扆依，亦繪之於張、容也。今據明本、庫本、嘉慶本改。

❸下「羽」，明本、庫本、嘉慶本作「毛」。

士以帷，則無屏矣。《詩》曰「俟我於著」，而大夫、士預焉者，蓋簾帷之爲蔽限，亦謂之屏。

庭

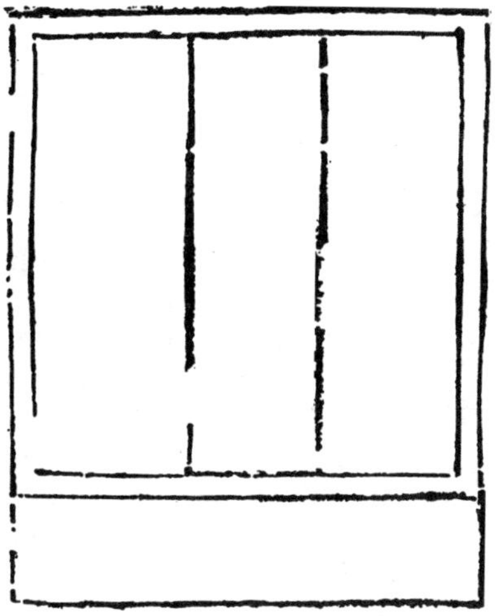
❶

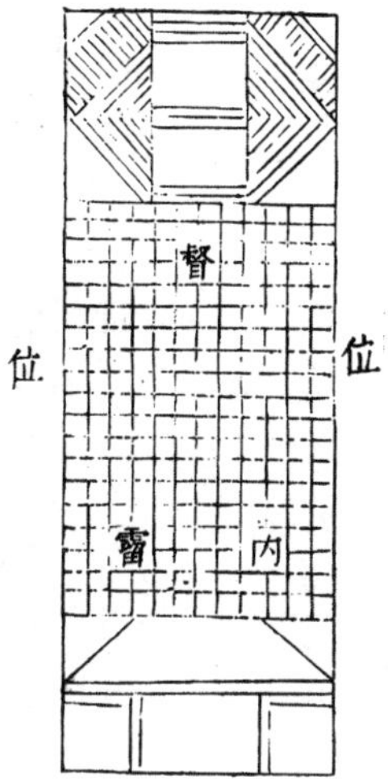

《詩》曰：「不入我陳。」又曰：「中唐有甓。」《爾雅》曰：「廟中路謂之唐，堂途謂之陳。」堂與陳皆堂下至門之徑，特廟堂異其名耳。《考工記》曰：「堂涂十有二分。」鄭氏曰：「階前，若今令辟裓也。分其督旁之脩，以一分爲峻。」❷蓋令辟即甓也，裓其道也。中央爲督峻，其督所以去水。

戺

《〔書〕》曰：「四人執戈，夾階戺。」《鄉飲酒》：「設工席于堂廉。」《聘禮》：「〔陪〕鼎當内廉。」鄭氏曰：「側邊曰廉。」

❶ 此爲底本圖。

❷ 「一」，原誤作「二」，今據《考工記·匠人》鄭注改。

孔安國曰：「堂廉曰戺。」❶

垂

《書》曰：「一人執戣立于東垂，一人執瞿立于西垂。」《史》曰：「坐不垂堂。」孔安國曰：「東、西垂者，東、西下之階上。」

檐

《明堂位》曰：「複廟垂檐。」《爾雅》曰：「檐謂之樀。」《士喪禮》：「爲銘，置于宇西階。」鄭氏曰：「宇，梠也。」《説文》曰：「齊人謂之檐，楚人謂之梠。」樀、宇、梠，同實異名也。夫輮末謂之宇，疆境亦謂之土宇，又謂之邊垂，則宇與垂皆檐之窮也，故輮末、疆境取名也。自屋言之曰檐，自堂言之曰垂。檐亦作簷。

位

《周禮·司士》：「正朝儀之位。」《爾雅》曰：「中庭左右謂之位。」《禮記》曰：「立而無序則亂於位。」《家語》曰：「列而無次序，則亂於著。」《左傳》曰：「朝有著。」《國語》曰：「恪位著以敬其官。」又曰：「位宁有官師之典。」則著所以著其位者也。人君之行也，過位然後登車；其入也，過位則下，《曲禮》曰「下卿位」是也。❷人臣過此必加敬焉。《語》曰：「過位，色勃如也。」

❶ 上四「廉」字，原皆誤作「簾」，今據嘉慶本及《儀禮·鄉飲》、《聘禮》並鄭注、《尚書·顧命》孔傳改。

❷ 「曲」，原誤作「典」，今據嘉慶本改。

屏攝❶

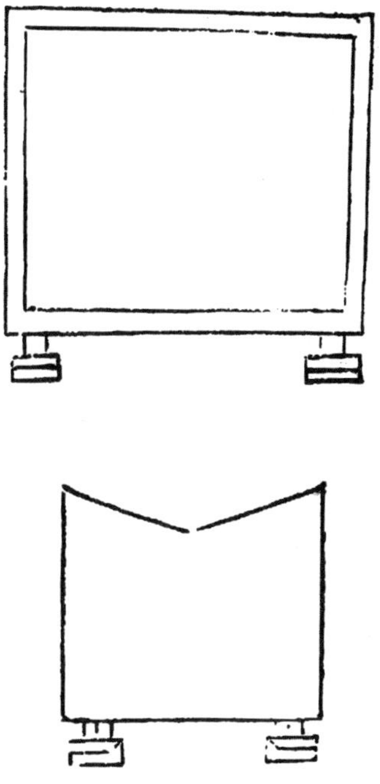

會有表，朝有著，祭有屏攝，皆明其位也。《周禮・太史》：「祭之日，執書以次位常。」《左傳》稱：「鄭火，子産使子寬、子上巡群屏攝，至于大宫。」《楚語》曰：「屏攝之位。」韋昭曰：「屏，屏風也。攝，如要扇。皆所以明尊卑，爲祭祀之位。近漢亦然。」鄭氏釋《檀弓》曰：「翣，以布衣木，如攝與？」釋《喪大記》曰：「漢禮，翣以木爲筐，廣三尺，高二尺四寸，方，兩角高，衣以白布，柄長五尺。」是漢亦名翣，無攝也。

霤

《月令》曰：「其祀中霤。」先儒曰：「中霤，猶中室也。古者複穴，是以名室爲中霤。」《坊記》曰：「喪禮每加以遠：浴於中霤，飯於牖下，小斂於户内，大斂於阼。」阼遠於户内，户内遠於牖下，牖下遠於中霤。則中霤爲中室可知。昔齊諸大夫之陳乞之家，乞使力士舉巨囊至于中霤，亦中室也。然禮有東霤，《燕禮》：「設篚當東霤。」❷有門内霤，《燕禮》：「賓執脯以授鍾人於門内霤。」《檀弓》：「曾子弔於季氏，涉内霤。」❸有重霤。《檀弓》：「池視重霤。」重霤非屋霤也。鄭氏注云：

❶「攝」，明本文中小題、嘉慶本文中小題作副題。
❷「東」，原誤作「中」，今據嘉慶本及《儀禮・燕禮》改。
❸「涉」，原誤作「設」，今據嘉慶本及《禮記・檀弓》改。

「堂有承霤，以木爲之，用行水，亦宫之飾也。今宫中有承霤，以銅爲之。」孔穎達曰：「天子則四注，四面爲重霤。諸侯四注，重霤則差降，去後，餘三。大夫唯餘前後二，士則唯一在前。」❶

禮書卷第四十五終

❶「一」，原爲墨丁，今據明本、庫本、嘉慶本及《禮記·檀弓》孔疏補。

禮書卷第四十六

碑　隅阿雉　垣墉牆壁序　門制　賓館
庭燎　市制

碑

碑，石爲之。鄭氏釋《聘禮》曰：「設碑近如堂深。」

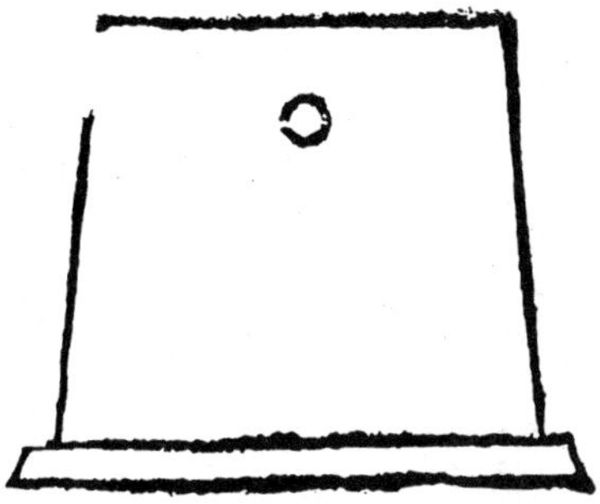

❶

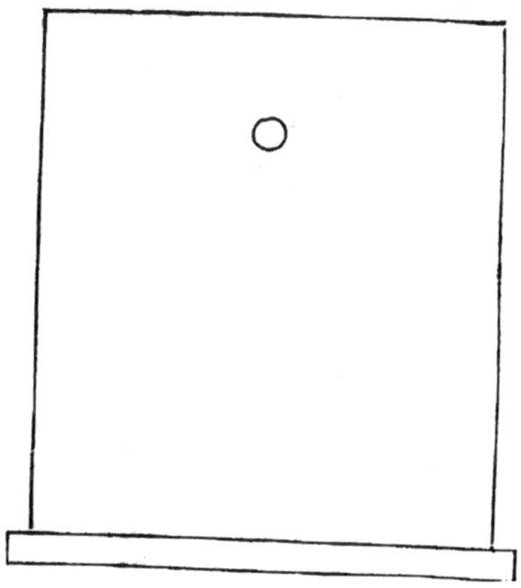

《公食大夫禮》：「庶羞陳于碑內，庭實陳于碑外。」《燕禮》：「賓自碑內聽命。」《聘禮》：「醯醢百甕，夾碑，❷十以爲列。❸賓自碑內聽命。」《祭義》曰：「君牽牲入廟門，麗于碑。」《士昏禮》：「賓入廟

❶ 此爲底本圖。

❷ 「夾」，原誤作「夷」，今據明本、庫本、嘉慶本及《儀禮·聘禮》改。

❸ 「十」下，原衍「分」字，今據《儀禮·聘禮》删。

門。」《鄉飲酒》：「賓入庠門。」《鄉射》：「賓入序門。」皆三揖至于階，而三揖之中，有當碑揖，則諸侯、大夫、士之宫，皆有碑矣。鄭氏曰：「宫必有碑，所以識日景，引陰陽也。凡碑引物者，宗廟則麗牲焉。其材，宫室以石，窆用木。」禮，天子之窆豐碑，諸侯桓楹，大夫二碑，士無碑。《喪大記》。魯之季也，公室視豐碑，三家視桓楹。鄭氏曰：「豐碑，斲大木爲之，形如石碑，於椁前後四角樹之，❶穿中，於間爲鹿盧。天子四碑，前後各重鹿盧也。桓楹，斲之如大楹耳。四植謂之桓。」窆碑如桓楹，則宫室碑制可知。

隅阿雉

《春秋》書墮郈、墮費，《公羊》曰：「邑無百雉之城。雉者何？五板而堵，五堵而雉，百雉而城。」《記》曰：「都城不過百雉。」鄭叔段居京，祭仲曰：「都城過百雉，國之害也。先王之制，大都不過三國之一。」鄭伯之城方五里，積千五百步。大都三國之一，則五百步也。五百步爲百雉，則雉五步也。步六尺，則五步三丈也。《書傳》曰：「雉長三丈。」鄭康成謂「雉長三丈，則板六尺」，是連五堵而爲三丈也。今夫雉之所處各有分域，而飛不過三丈。古者所以立雉制，蓋取此也。毛氏曰：「一丈爲板，五板爲堵。」《韓詩》傳曰：「八尺爲板，五板爲堵，五堵爲雉。」何休曰：「堵四十尺，雉二百尺。」此皆不可以考。鄭氏曰：「長三丈、高一丈。」然板廣二尺，而雉高一丈，此先儒之所同也。

❶「樹」，原誤作「桓」，今據《禮記・檀弓》鄭注改。明本作「植」，植亦樹也。

《考工記》曰：「王宮門阿之制五雉，「高五丈。」宮隅之制七雉，城隅之制九雉。門阿之制以爲都城之制，宮隅之制以爲諸侯之城制。」蓋門阿，外也，故庳；宮隅，内也，故崇。都城近也，故庳以屈；諸侯遠也，故崇以伸。

垣墉牆壁序

《爾雅》曰：「牆謂之墉。」《詩》曰：「崇墉言言。」《易》曰：「乘其高墉。」則墉，牆之高者也。《儀禮》於房室言墉。《士冠禮》：「陳服于房中西墉下。」《既夕・記》：「士東首于北墉下。」《聘禮》：❶「西夾六豆，設于西墉下。」於堂下言壁，牆之卑者也。《鄉飲酒》：「俎由東壁，自西階升。」《士虞禮》：「饎爨在東壁。」《特牲禮》：「饎爨在西壁。」❷《士冠禮》：「冠者降自西階，❸適東壁。」《書》有東序、西序。《爾雅》曰：「東西牆謂之序。」則序，堂上之東西牆也。《詩》曰：「之子于垣，百堵皆作。」《書》曰：「既勤垣墉。」《春秋傳》曰：「子産使盡壞其館之垣，納車馬焉。」則垣，宮室之外牆也。《考工記》曰：「牆厚三尺，崇三之。」則牆者，垣墉之總名歟？

❶「聘禮」，原誤作「大射」。按此所引，實《儀禮・聘禮》。今據改。

❷上二「饎」字，原皆誤作「饍」，今皆據《儀禮・特牲》及孫氏點勘改。

❸「西」，原誤作「東」。按東階接東壁，若自東階降難言「適東壁」，故作「東」字誤也。今據本書卷六十五同引及《儀禮・士冠》改。

門制

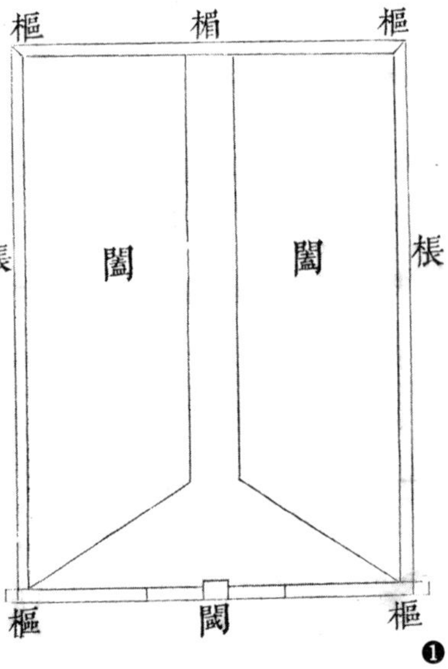

❶

《爾雅》：「柣千結。」❷謂之閾。棖謂之楔。樞謂之椳。樞達，北方謂之落時，「門持樞者，或達北檼以爲固。」落時謂之戺。樴謂之杙，❸在地謂之臬。」又曰：「橛謂之闑，門橛。楣謂之梁。」蓋界于門者，楣也，亦曰柣，曰閾；中于門者，閫也，亦曰闑，曰橛；旁于門者，楔也，亦曰棖。所以開闔者，樞也，亦曰椳。樞上之横梁，楣也。

樞達，北棟落時也。《月令》曰：「以脩闔扇。」《爾雅》曰：「闔謂之扉。」《公羊》曰：「齒著于門闔。」《左氏》曰：「以枚數闔。」《越語》曰：「乃闔左闔。」《荀卿》曰：「子貢觀於魯廟之北堂，復瞻九蓋，彼皆繼耶？」蓋即闔也。則扇也，闔也，扉也，其實一也。鄭氏釋《月令》謂：「木曰闔，竹葦曰扇。」蓋對而言之然也。《禮》：「君入中門，上介拂闑，大夫中棖與闑之間，士介拂棖，賓入不中門、不履閾。公事自闑西，私事自閾東。」蓋門以中爲貴，故君入中門，上介拂闑，大夫中棖與闑之間，士介拂棖。入以自高爲戒，故賓不履閾。

❶ 圖中文字，原無，爲明本、庫本、嘉慶本所增。
❷ 「千」，原誤作「于」，今據《經典釋文·爾雅音義》改。
❸ 「杙」，原作「□」，今據嘉慶本及《爾雅·釋宮》改。

君入中門，諸侯相朝之禮也；賓入不中門，諸侯來聘之禮也。凡入門而右，由闑東；左，由闑西。《曲禮》曰：「大夫、士出入君門由闑右。」《燕禮》大夫皆入門右，臣統於君也。《聘禮》賓入門左，賓伉於主也。聘享，公事也，故入門而左，所以致敬；覿、面，私事也，故入門而右，所以致親。

賓館

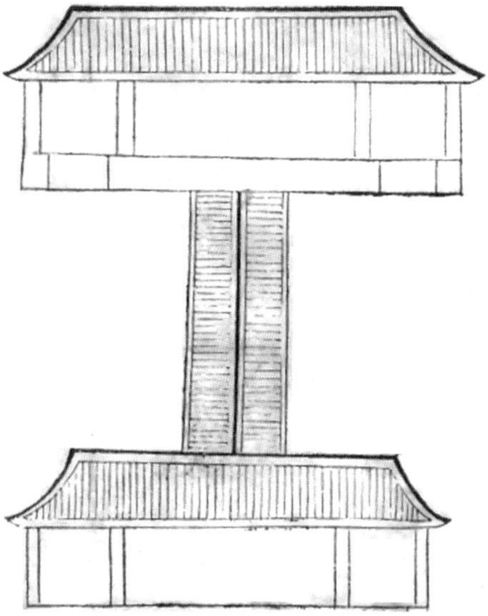

《周禮・小行人》：「凡諸侯入王，則逆勞于畿。及郊勞、眡館、將幣，爲承而擯。」《司儀》：「凡諸公相爲賓，主君郊勞，交擯，三辭，車逆，拜辱，三揖，三辭，拜受。致館亦如之。鄭氏曰：「使大夫授之君，又以禮親致焉。」諸公之臣相爲國客，則三積，皆三辭，拜受。及大夫郊勞，旅擯，三辭，拜辱。三讓，登聽命，下拜，登受。賓使者，如初之儀。鄭氏曰：「賓登堂，聽命也。❶賓當爲擯。❷勞用束帛，擯用束錦。」及退，拜送。致館，如初之儀。」鄭氏曰：「如郊勞也，不擯耳。侯伯之臣致館于庭，不言致飧者，君於聘大夫不致飧也。」❸《環人》：「掌送逆邦國之通賓

❶「鄭氏曰賓登堂聽命也」，嘉慶本作「登聽命賓登堂也」，與《周禮・司儀》鄭注原文同。

❷「當」，原脱，今據嘉慶本及《周禮・司儀》鄭注補。

❸「致」，原誤作「敢」，今據明本、庫本、嘉慶本及《周禮・司儀》鄭注改。

客，以路節達諸四方。舍則授館。」《遺人》：「五十里有市，市有候館，候館有積。」《詩》曰：「于豳斯館。」《聘禮》：「大夫帥至于館。卿致館，賓迎再拜。卿致命，賓再拜稽首。卿退，賓送，再拜。」記曰：「卿館於大夫，大夫館於士，士館於工商。」《雜記》曰：「凡爲君使而死，公館復，私館不復。公館者，公宮與公所爲也；私館者，自卿大夫以下之家也。」《禮運》曰：「天子適諸侯，必舍其祖廟。」《覲禮》侯氏至朝，「天子賜舍，鄭氏曰：「賜舍猶致館也。所使者司空與？小行人爲承擯。」曰：『伯父，女順命于王所，賜伯父舍。』此致館辭。侯氏再拜稽首，擯之束帛乘馬。」❶「王使人以命致館。無禮猶擯之者，尊王使也。侯氏受館於外，既則擯使者於內。」《國語》曰：「襄王使太宰文公及內史興賜晉文公命。晉侯郊勞，館諸〔宗廟〕。」〔韋〕昭曰：「尊〔王〕命也。」「單襄公曰：『敵國〔賓至，卿出〕郊〔勞，司〕里授館。』」《聘禮》：「卿致館。」《左傳》襄三十一年：「子産相鄭伯以如晉，晉侯未之見也。子産使盡壞其館之垣而納車馬焉，士文伯讓之，子産曰：『僑聞文公之爲盟主也，宮室卑庳，無觀臺榭，以崇大諸侯之館。館如公寢，圬人以時塓館宮室。諸侯賓至，甸設庭燎，僕人巡宮，賓至如歸。今銅鞮之宮數里，而諸侯舍於隸人，門不容車，而不可踰越；若又勿壞，是無所藏幣以重罪也。』趙文子曰：『信。』晉侯見鄭伯，有加禮，乃築諸侯之館。」

古者天子巡守，館於諸侯之祖廟，《禮記》曰「天子適諸侯，舍於祖廟」是也。

❶「擯」及注文兩「擯」字，《儀禮·覲禮》及鄭注皆作「儐」。

王人出聘，亦館於諸侯之廟，《國語》曰「襄王使太宰文公及内史興賜晉文公命，文公館諸宗廟」是也。若侯氏之朝王，列國之相朝聘，則不必館於廟，故《覲禮》「侯氏至，天子賜舍」，《春秋傳》曰「文公之爲盟主也，崇大諸侯之館，館如公寢」，《聘禮·記》曰「卿館於大夫，大夫館於士，士館於工商」，《雜記》曰「凡爲君使而死，公館復，私館不復」。公館者，公宫與公所爲也；私館者，自卿大夫以下之家」是也。鄭氏曰「館者必於廟」，拘矣。禮，既授賓館，則從而致之。故諸侯相朝，主君致館；諸臣相聘，卿致館。主君致館必有幣，賓繼主君亦然，《司儀》云「諸公相爲賓，主君郊勞，三辭，拜受。拜受，受幣也。❶致館亦如之。賓繼主君，皆如主國之禮」是也。若天子之於侯氏，賜舍則無幣，而侯氏猶儐賜舍者以束帛乘馬，尊王使也。諸侯之於聘賓，致館亦無幣，而賓亦不儐致館者，降君禮也。鄭氏釋《司儀》謂「致館如郊勞，不儐耳」，及釋《聘禮》則曰「主人以上卿禮儐之」；賈公彦於《司儀》言「致館無束帛，賓亦無儐」，於《聘禮》言「以上卿禮，明有束帛可知」，是自戾也。

庭燎

《詩·庭燎》「美宣王，因以箴之」，而言：「夜未央，庭燎之光；夜未艾，庭燎晣

❶「拜受，受幣也」，原作大字正文。按「拜受，受幣也」是陳氏以己意釋「拜受」，前後皆爲《司儀》文，若「拜受，受幣也」作大字正文，則不得不前後分引，下「是也」不得包「諸公相爲賓，主君郊勞，三辭，拜受」，自非陳氏本意。若改作小字注文，則前後貫通。今改之。

晰；夜向晨，庭燎有輝。」毛氏曰：「庭燎，大燭也。」《郊特牲》曰：「庭燎之百，由齊桓公始也。」「庭燎之差，公蓋五十，侯伯子男三十。」❶正義曰：「此數出《大戴記》也。百者，皇氏云：『作百炬列於庭也。或云百炬共一束也。』」又曰：「鄉爲田燭。」「田燭，田首爲燭也。」《少儀》曰：「主者執燭抱燋。」《周禮・宮正》：「宮中、廟中則執燭。」《司烜氏》：「凡邦之大事，共墳燭、庭燎。」「墳，大也。樹於門外曰大燭，於門內曰庭燎。」正義曰：「庭燎所作，依慕容所爲，以葦爲中心，以布纏之，飴蜜灌之，若今蠟燭。百者，或以百根一處設之，或百處設之；若人所執者，用荊燋爲之。執燭抱燋，《曲禮》云『燭不見跋』是也。」《周語》：「大宰文公及內史興賜晉文公命，上卿逆於境，晉侯郊勞，館諸宗廟，饋九牢，設庭燎。」「單子謂定王曰：『敵國賓至，甸人積薪，火師監燎。』」「火師，司火燎、庭燎也。」《左傳》曰：「諸侯賓至，甸設庭燎。」《燕禮》：「甸人執大燭於庭。」

在手曰燭，在地曰燎，故《禮》於燭言執，於燎言設而已。古者，祭祀、朝覲、賓客，皆用庭燎，而《司烜》「凡邦之大事共墳燭、庭燎」，則非大事之所用者，不必司烜所共也。庭燎之差，天子百，公五十，侯伯子男皆三十，此蓋其所設之數也。先儒謂：「庭燎所作，依慕容所爲，以葦爲中心，以布纏之，飴蜜灌之；若人所執者，用荊燋爲之。」於理或然。《漢志》：「秦以十月上宿郊見，通權火。」張晏曰：「權火，烽火也。其法類稱，故謂之權火。」漢祀五時於雍，五十里一烽火，而後世祭祀或祖而用焉，非古也。

❶「三」，原誤作「二」，今據明本、庫本、嘉慶本及《禮記・郊特牲》鄭注改。

市制

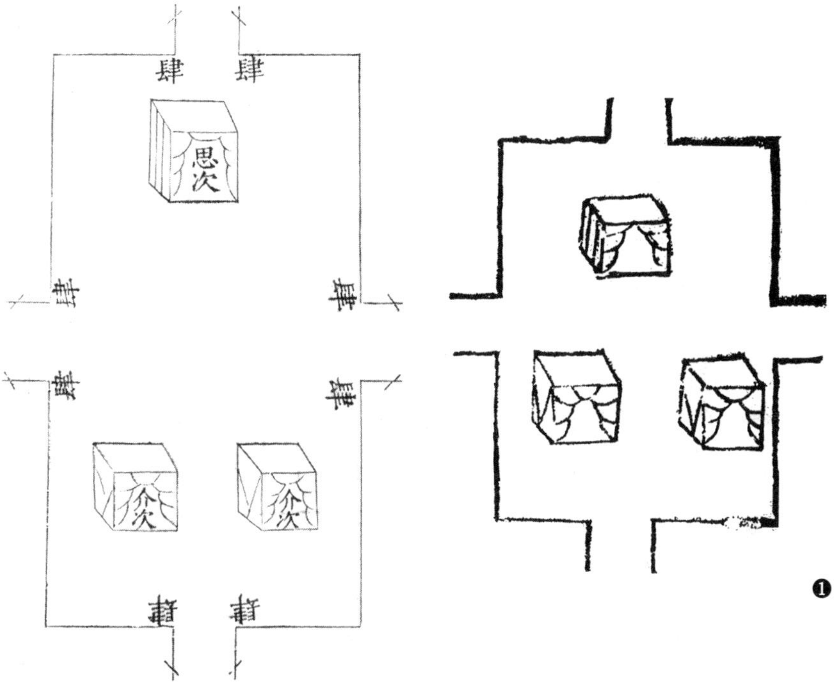

❶

《易》曰：「古者日中爲市，致天下之民，聚天下之貨，交易而退，各得其所。蓋取諸噬嗑。」《内宰》：「凡建國，佐后立市，設其次，置其敘，正其肆，陳其貨賄，出其度量淳制，祭之以陰禮。」「王立朝而后立市，陰陽相成之義。次，思次也。敘，介次也。祭之以陰禮，市中之社，先后所立社也。」《遺人》：「五十里有市，市有候館。」《司市》：「掌市之治教、政刑、量度、禁令。以次敘分地而經市，「次，謂吏所治舍，思次，介次也，若今市亭然。敘，肆行列也。❷經，界也。」以陳肆辨物而平市，以政令禁物靡而均市，以商賈阜貨而行布，以量度成價而徵債，以質劑結信而止訟，以賈民禁僞而除詐，以刑罰禁虣而去盜，以泉府同貨而斂賒。大市，日

❶ 此爲底本圖。

❷ 「肆」，原誤作「四」，今據明本、庫本、嘉慶本及《周禮・司市》鄭注改。

昃而市，❶百族爲主；朝市，朝時而市，商賈爲主；夕市，夕時而市，販夫、販婦爲主。凡市入，則胥執鞭度守門，市之群吏平肆、展成奠賈，上旌于思次以令市。市師涖焉，而聽大治、大訟；胥師、賈師涖于介次，而聽小治、小訟。」《質人》：「掌成市之貨賄、人民、牛馬、兵器、珍異。」《廛人》：「掌斂市絘布、總布、質布、罰布、廛布，而入于泉府。」《胥師》：「各掌其次之政令，而平其貨賄。」《賈師》：「各掌其次之貨賄之治。」《司虣》：「掌憲市之禁令。」《司稽》：「掌巡市，而察其犯禁者與其不物者而搏之。」《胥》：「各掌其所治之政，執鞭度而巡其前。」《肆長》：「各掌其肆之政令。」《泉府》：「掌以市之征布，斂市之不售、貨之滯於民用者。」《司關》：「掌國貨之節，以聯門市。」《量人》：「營軍之壘舍，量其市朝、州涂、軍社之所里。」《匠人》：「營國，面朝後市，市朝一夫。」《禮記·檀弓》曰：「歲旱，穆公召縣子而問曰：『徙市則奚若？』曰：『爲之徙市不亦可乎！』」《王制》曰：「有圭璧金璋不粥於市，命服命車不粥於市，宗廟之器不粥於市，犧牲不粥於市，戎器不粥於市，用器不中度不粥於市，兵車不中度不粥於市，布帛精麤不中數、幅廣狹不中量不粥於市，姦聲亂正色不粥於市，錦文珠玉成器不粥於市，衣服飲食不粥於市，五穀不時、果實未熟不粥於市，木不中伐不粥於市，禽獸魚鼈不中殺不粥於市。」「冢宰齋戒受質，大樂正、大司寇、市三官，以其成從質於天子。」《家語》：「衛莊公改舊制，變宗廟，易朝市。」

❶「昃」，原誤作「是」，今據明本、庫本、嘉慶本及《周禮·司市》改。

高子問於孔子曰：『周禮，繹祭於祊。祊在廟門之西，前朝而後市。今衛君欲其事事一更之，如之何？』孔子曰：『繹之於庫門內，祊之於東方，朝市於西方，失之矣。』」《左氏》昭二年：「鄭子晳請以印爲褚師。」杜預曰：「市官也。」《孟子》曰：「古之爲市也，以其所有易其所無者，有司治之耳。有賤丈夫焉，必求龍斷而登之，以左右望而罔市利，人皆以爲賤，故從而征之。征商自此賤丈夫始矣。」《風俗通》曰：「市，恃也。言交易而退，恃以不匱也。」《古史考》云：「神農作市。高陽氏衰，市官不脩。祝融脩市。」「又市巷謂之闠，市門謂之闤，巷門謂之閎。市中空地謂之廛。市樓謂之旗亭，《西京賦》云：『旗亭五里。』」

先王之居也，左聖向仁，右義背藏。嚮仁，故面朝；背藏，故後市。朝，王所建；市，后所立。市之制，其廣一夫，其位三方，其旁有門，分之以廛，列之以肆；有泉府以斂賖，有思次、介次以治訟；其祭有禮，其徙有時。古之言市者，必曰市井。若《詩》曰：「歌舞於〔市〕井。」《士相見禮》曰：「在邦曰市井之臣。」《齊語》曰：「處商就市井。」揚子曰：「市井〔相與言〕。」以市〔必〕同井故也。何休曰：「因井田以爲市。」《風〔俗〕通》曰：「人有所鬻，必濯於井上，然後至市。」二說不知何據〔然〕也。賈公彦曰：「三市皆於一院内爲之。大市於中，朝市於東，夕市於西。」則市之所設，豈非陰陽自然之理哉？衛之時朝市之於西方，失之矣。古之治市也，每肆一長，二肆一胥，五肆一司稽，十肆一司虣，二十肆一賈師、一胥師。其法有治、教、政、刑、量度、禁令，而君夫人、世子、命夫、命婦不得過，屬遊、飲食者不得行，鬥囂虣亂、出入相陵犯者不得作，圭璧金璋、犧牲、祭器、戎器與不中度量、不中殺伐之類不得粥。其犯禁者，司門舉之於門，質人舉之於市，搏之以司稽，察之以胥師，然後治於司市。其附于刑，則歸于士。凡以阜民財，一民行而已。此所謂以義爲利，不以利爲利也。然市不特立於國中而已。《遺人》：「五十里有市，市有候館。」《量人》：「營軍之壘舍，量其市朝、州涂、軍社之所里。」則道路之與軍師，亦有市矣。《天文》：「心爲明堂。東北曲十二星曰旗，旗中四星曰天市。中星衆者實，其中虚則耗。」此市之象也。

禮書卷第四十六終

禮書卷第四十七

五席

熊席　葦席　萑席❶　衽　越席　稾秸　蒯席

五席❷

王大朝覲、大饗射，封國、命諸侯，祀先王、酢席，皆三次席黼純　繅席畫純　莞筵紛純❸

諸侯祭祀席二莞席紛純　蒲筵繢純

諸侯酢筵國賓席二繅席畫純　莞筵紛純

公食大夫席二萑席玄帛純❹　蒲莛緇布純

大夫鄉飲、士鄉射席一蒲筵緇布純

《周禮·大宰》：「大朝覲會同，贊玉几、玉爵。」《司几筵》：「掌五几、五席之名物，辨其用與其位。凡大朝覲、大饗射，凡封國、命諸侯，王位設黼依，依前南鄉，設莞筵紛純，加繅席畫純，加次席黼純，左右玉

❶「萑」，原缺末二筆，今據目録、明本、庫本、嘉慶本補。後缺同者徑補，不出校。

❷「五席」，原無，今據明本、庫本、嘉慶本補。

❸「次席」，原誤作「大席」；「莞筵」，原誤作「蒲筵」。按正題作「王大朝覲、大饗射，封國、命諸侯，祀先王、酢席，皆三」，副題當從正題。《周禮·司几筵》云：「凡大朝覲、大饗射，凡封國、命諸侯，王位設黼依，依前南鄉，設莞筵紛純，加繅席畫純，加次席黼純，左右玉几。」故明本、庫本、嘉慶本作「次席」、「莞筵」是也，今據改。

❹「萑席」，原誤作「莞筵」。按正題作「公食大夫席二」，副題當從正題。《儀禮·公食》云：「司官具几與蒲筵常，緇布純。加萑席尋，玄帛純。」故明本、庫本、嘉慶本作「萑席」是也，今據改。

几。祀先王昨席亦如之。諸侯祭祀，席蒲筵繢純，加莞席紛純，右彫几；昨席莞筵紛純，加繅席畫純。筵國賓于牖前，亦如之，左彤几。甸役則設熊席，右漆几。凡喪事，設葦席，右素几，其柏席用萑黼純，諸侯則紛純，每敦一几。吉事變几，凶事仍几。」《書》：「狄設黼扆綴衣，牖間南嚮。敷重篾席，黼純，華玉仍几。西序東嚮，敷重底席，綴純，文貝仍几。東序西嚮，敷重豐席，畫純，彫玉仍几。西夾南嚮，敷重筍席，玄紛純，漆仍几。」《詩·行葦》曰：「肆筵設席，授几有緝御。」《篤公劉》曰：「或肆之筵，或授之几。」《公食大夫禮》：「蒲筵常，緇布純。加萑席尋，玄帛純。上大夫蒲筵，加萑席，其純皆如下大夫純。」《鄉飲酒》、《鄉射禮》：「蒲筵，緇布純。」《燕禮》：「司宮筵賓于户西，東上，無加席。「席用蒲筵，緇布純也。無加席，燕私禮，臣屈也。諸侯之官無司几筵。」小臣設公席于阼階上，西鄉，設加席。」《大射》：「小臣設公席于阼階上，西鄉。司宮設賓席于户西，南面，有加席。」《聘禮》：「賓立接西塾。几筵既設，擯者出請命。「有几筵者，以其廟受，宜依神也。」賓請覿。宰夫徹几，改筵。「將禮賓，徹神几，改神席，更布也。《公食大夫禮》曰：『蒲筵常，緇布純。加萑席尋，玄帛純。』此筵上、下大夫也。《周禮》『筵國賓于牖前，莞筵紛純，加繅席畫純，左彤几』者，則是筵孤也。孤彤几，卿大夫漆几。」公出，迎賓以入。公升，側受几于序端。宰夫内拂几三，奉兩端以進。「以進，自東箱來授君。」公東南鄉，外拂几三。卒，振袂，中攝之，進，西鄉。擯者告。賓進，訝受几于筵前，東面俟。❶「未設也。」公一拜送。賓以几辟，北面設几。」《公

❶「俟」，明本作「侯」，庫本、嘉慶本作「候」。

食大夫禮》：「宰夫設筵，加席、几。「公不賓至授几者，親設湆醬，可以略此。」司宮具几與蒲筵常，緇布純，加萑席尋，玄帛純。皆卷自末。「丈六尺曰常，半常曰尋。必長筵者，以左右饌也。」宰夫筵出自東房。上大夫蒲筵，加萑席，其純皆如下大夫純。」「謂三命大夫也。❶孤爲賓，則莞筵紛純，加繅席畫純。」《士虞禮》：「素几、葦席在西序下。祝布席于室中，東面，右几。尸出，執几、席從。尸出門右，南面。席設于尊西北，東面。几在南。」《特牲禮》：「几、席陳于西。祝筵、几于室中，東面。」《少牢禮》：「司宮筵于奥。祝設几于筵上，右之。」「西南隅曰奥，近南爲右。」《有司徹》：「司宮筵于户西，南面；又筵于西序，東面。主人降，受宰几。「《周禮·大宰》：『贊玉几、玉爵。』」二手橫執几，揖尸，升。主人西面，左手執几，縮之；以右袂推拂几，三；二手橫執几，進授尸于筵前。尸進，二手受于手間。主人退。尸還几，縮之；右手執外廉，北面奠于筵上；左之，南縮，不坐。「生人陽，長左；鬼神陰，長右。不坐奠之者，几輕。」卒蕢，有司官徹饋，饌于室中西北偶，南面，如饋之設。右几，厞用席。」《曲禮》曰：「群居五人，則長者必異席。「席以四人爲節。」爲人子者，坐不中席，毋踖席。「〔升席〕必〔由下也〕。」奉席如橋衡，請席何鄉，請衽何趾。席南鄉、北鄉，以西方爲上；東鄉、西鄉，以南方爲上。若非飲食之客，則布席，席間函丈；主人跪正席，客跪撫席而辭；客徹重席，主人固辭；客踐席，乃坐。侍坐於所尊敬，無餘席。客至於寢門，則主人請入爲席。虛坐盡後，食坐盡

❶「三」，原誤作「二」，今據明本、庫本、嘉慶本及《儀禮·公食》鄭注改。

前。有憂者，側席而坐。「側，特也。不在接人，不布他面席。」有喪者，專席而坐。」「單席。」《禮器》曰：「禮有以多爲貴者：天子之席五重，諸侯之席三重，大夫再重。」「有以少爲貴者，鬼神之祭單席。」「莞簟之安，而稾鞂之設。」《郊特牲》曰：「大饗，君三重席而酢焉；三獻之介，君專席而酢焉。莞簟之安，而蒲越、稾鞂之尚，明之也。」《玉藻》曰：「登席不由前，爲躐席。浴出，履蒯席。君賜之食，越席再拜受，登祭之。」《論語》曰：「席不正不坐。」鄭康成曰：「鋪陳曰筵，藉之曰席。紛如，綬有文而狹者。繅席，削蒲蒻展之，編以五采。次席，桃枝席，有次列成文。莞，小蒲席。」孔安國曰：「篾，桃枝竹也。厎，蒻苹也。豐，莞也。筍，蒻竹也。」《爾雅》曰：「莞，苻蘺。」郭璞曰：「西人呼蒲爲莞。」

《司几筵》之席莫貴於次席，而次席黼純。《書》之席莫貴於篾席，❶而篾席亦黼純。孔安國以篾席爲桃枝席，鄭氏以次席爲桃枝席，蓋有所傳然也。《司几筵》王筵有莞而無蒲，純有黼而無繢；諸侯筵有蒲與莞，席有莞繅而無次，純有繢而無黼，則蒲不如莞，繢不如紛，紛不如畫，而斷割之義，又王之所獨也。❷《司几筵》王席三，諸侯席二；《鄉飲》、《鄉射》大夫、士一而已。《禮器》曰：「禮有以多爲貴者：天子之席五重，諸侯三重，大夫再重。」《郊特牲》曰：「大饗，君三重席而酢焉。」舉重數也。《司几筵》王之朝、祀

❶「書」，原誤作「畫」。按《尚書·顧命》言成王崩，喪禮依次設篾席、厎席、豐席、筍席，下又言「孔安國以篾席爲桃枝席」，故嘉慶本作「書」是也，今據改。

❷「又」，原誤作「文」，今據庫本、嘉慶本改。

席皆三，諸侯祭祀席二。《禮器》曰：「禮有以少爲貴者，鬼神之祭單席。」非祀廟之禮也。《司几筵》：「諸侯筵國賓，莞筵紛純，加繅席畫純。」《公食大夫》：「蒲筵常，緇布純。加莞席尋，玄帛純。」鄭氏釋《聘禮》謂：「蒲筵莞席，筵上、下大夫也。莞筵繅席，筵孤也。」《公食大夫》、《大射》賓有加席，《燕禮》之賓無加席，鄭氏曰：「燕私禮臣屈也。」❶筵席之制，短不過尋，長不過常，中者不過九尺。《公食大夫》：「蒲筵常，萑席尋。」《匠人》：「明堂，度九尺之筵。」純緣之制，上不過黼，下不過緇布。其卷之也必自末；其奉之也如橋衡；敷必請鄉，升必由下。主人敬客則請爲席，客敬主人則徹重席。侍所尊者敬，無餘席。爲人子者，坐不中席。❷食坐則前席，虛坐則後席。有喪者側席，有憂者專席。此禮之大略然也。《司几筵》大朝覲、大饗射，凡封國、命諸侯，祀先王，無異席，則祀先公亦用之矣。賈公彦釋《禮器》謂：「天子大祫席五重，禘祭四重，時祭三重；上公大祫四重，諸侯大祫三重，禘與時祭同二重。」其言無所經見。然《書》皆言敷重席，毛氏釋《詩》亦曰設重席，則王之次席、繅席皆重焉，與莞筵而五；諸侯繅席亦重焉，與蒲筵而三。其數適與《禮器》合矣。

❶「私禮」，原誤作「禮私」，今據《儀禮·燕禮》鄭注改。
❷「坐」，原脱，今據明本、庫本、嘉慶本及《禮記·曲禮》補。

熊席

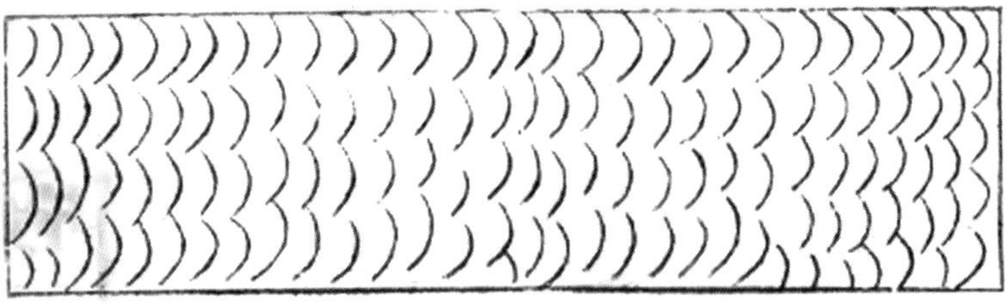

《司几筵》：「甸役設熊席。」鄭氏謂：「王甸有司祭表貉所設席。」❶然經言甸役，不言甸役之祭，則熊席之設位，蓋王也。王師田，掌次張幕，設重帟、重案，司几筵設熊席，皆野外之禮也。蓋大田簡衆，大役任衆，涖之不可以無威，故席以熊皮爲之。

葦席 萑席❷

《爾雅》曰：「菼，騅也。」又曰：「葭，蘆。菼，薍。」郭璞曰：「蘆，葦也。薍，似葦而小，實中。」❸毛氏曰：「薍爲萑，葭爲葦。」孔穎達曰：「菼長爲薍，成爲萑。葭

❶「祭」，原脱，今據明本、庫本、嘉慶本及《周禮·司几筵》鄭注補。

❷「萑席」，原無，今據目録、卷首小目、明本、庫本、嘉慶本補。

❸「小實」，原作小字，今據明本、庫本、嘉慶本改作大字。

長爲蘆，成爲葦。」然《詩》於霜降之時言「蒹葭蒼蒼」，於物長之時言「敦彼行葦」，則葭非必初生之名，葦非必已成之稱也。萑似葦而小，則葦席麤於萑矣。故《司几筵》：「喪禮葦席，柏席用萑黼純。」鄭司農以柏席爲迫地之席，鄭康成以柏席爲椁中之席，二者皆不可考。然《士喪禮》始死與小斂之奠設於地，大斂然後有席，特未有几。《士虞》素几、葦席，則斂之席亦葦席也。《司几筵》言「凡喪事，設葦席，右素几」，則虞亦喪事也。《檀弓》曰「虞而立尸，有几筵」者，連言之也。諸侯而上喪有几。

越席槀秸❶

❶「槀秸」，原無，今據卷首小目、明本、庫本、嘉慶本補。

《禹貢》：「甸服三百里貢秸服。」「秸，稾也。」《禮器》言：「大路素而越席。」《郊特牲》曰：「蒲越、稾秸之尚，明之也。」「蒲越、稾秸，藉神席也。明之者，神明之也。」《左傳》曰：「大路越席，昭其儉也。」「越席，結草。」《荀卿》曰：「大路越席，所以養體。」「越席，翦蒲席也。」《禮器》曰：「禮有以多爲貴者：天子之席五重，諸侯之席三重，大夫再重。」又曰：「禮有以少爲貴者，鬼神之祭單席。」正義曰：「熊氏云：『天子祫席五重，此文是也。禘則宜四重也，時祭三重，《司几筵》職是也，受神酢席亦然。祭天則蒲越、稾鞂，《郊特牲》云是也。自天地以外，日月、山川、五祀，則「鬼神之祭單席」是也。』」《祭統》曰：「鋪筵，爲依神也。」《淮南子》曰：「越席不緣。」《漢儀》云：「高皇帝配天紺席，祭天用六綵綺席六重。成帝初即位，丞相衡、御史大夫譚奏言：『饗帝之義，埽地而祭，尚質也。其牲用犢，其席稾秸，其器陶匏，皆因天地之性，貴誠上質，不敢修其文也。以爲神祇功德至大，雖修精微而備庶物，猶不足以報功，唯至誠爲可，故上質不飾，以章天德。』天子從焉。」《後漢書·志》：「光武隴蜀平後，乃增廣郊祀，凡用席二百一十六枚，皆莞簟。」《宋書·志》：「南郊，皇天神座、太祖坐，蒯席各二，不設茵蓐。古者席稾，晉江左用蒯。」梁南郊席用稾秸，五帝以上悉用蒲席稾薦。《開元禮》：「皇帝冬至祀圜丘，設昊天上帝神座，席以稾鞂；高祖神堯皇帝，席以莞；五方帝、日月，席皆以稾鞂；五星、十二辰、河漢及内官五十五座，席皆以莞。」

祭天服大裘，乘素車，器用陶匏，冪用疏布，杓用樿，牲用犢。凡皆以爲德産之致精微，盡天下之物無以稱其德，故特報以內心之誠而已。則藉用稾鞂、越席，不亦宜乎？稾鞂本於自然，越席出於人爲。人爲者不若自然之尤質，故大路用焉，則越不施於天神可知矣。唐禮，冬至祀圜丘，設昊天上帝神座，席以稾鞂；高祖神堯皇帝，席以莞。亦古之遺制歟？

衽

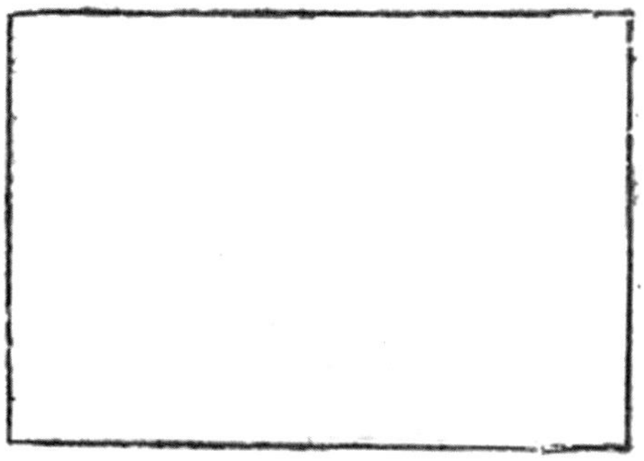

《周官·玉府》：「掌王之燕衣服、衽席。」《曲禮》曰：「請席何鄉，請衽何趾。」鄭氏曰：「衽，臥席也。臥席北趾。」然請衽何趾，則趾特未定，謂之北趾，拘矣。《管子》曰：「俶衽則請，有常則否。」則請以何趾者，以其始衽故也。《昏禮》：「御衽于奥，媵衽良席在東，北趾。」《玉藻》曰：「君子之寢，常東首。」《喪大記》曰：「疾病寢東首於北牖下。」《論語》曰：「疾，君視之，東首。」蓋寢東首者，庸禮也。昏寢南首，斯須禮也。其他不必皆然。至疾病則復其庸禮，以正終焉，此所以特言「東首於北牖下」。鄭司農釋《玉府》云：「衽，單席也。」賈公彦曰：「《詩》云：❶『下莞上簟』。」《內則》云：「斂枕簟

❶「詩云」，庫本無。

簞席，襡器而藏之。」則臥之簞，席也。然衽於文從衣，非簞也。

蒯席

《玉藻》：「浴出，履蒯席。」鄭氏曰：「蒯席澀，便於足。」考之經傳，草席亦謂之蓐，《春秋傳》曰「蓐食」，又曰「軍行，左追蓐」是也。蓐亦謂之茲，《爾雅》。《周紀》「衛康叔布茲」，《春秋傳》「諸侯病曰負茲」是也。

禮書卷第四十七終

禮書卷第四十八

《周禮》五几

漆几

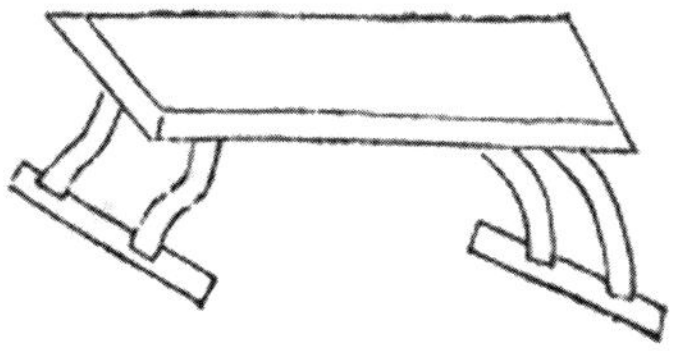

雕几

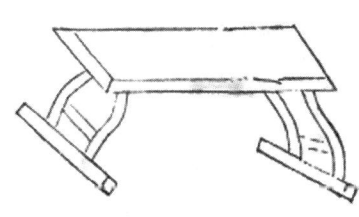

素几

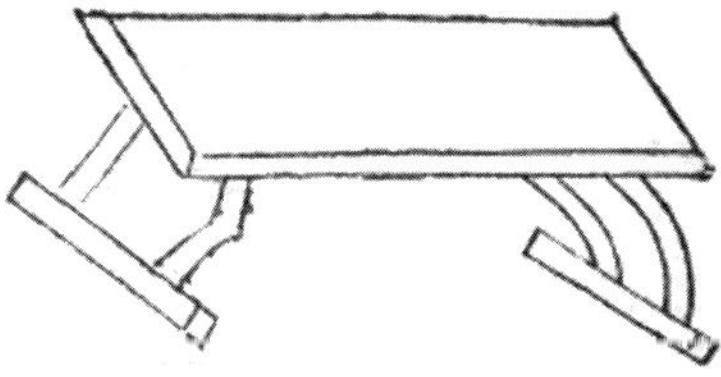

玉几

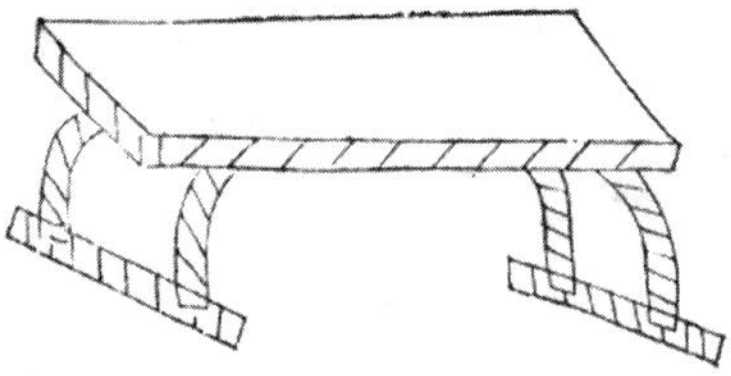

彤几❶

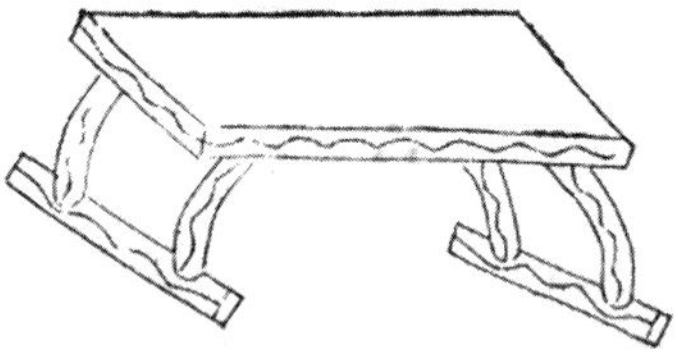

《書》四几

華玉几

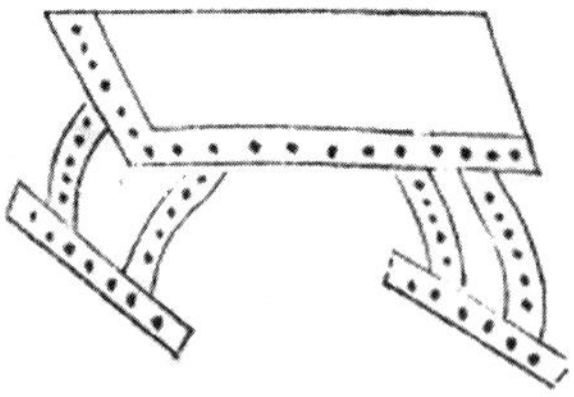

漆几

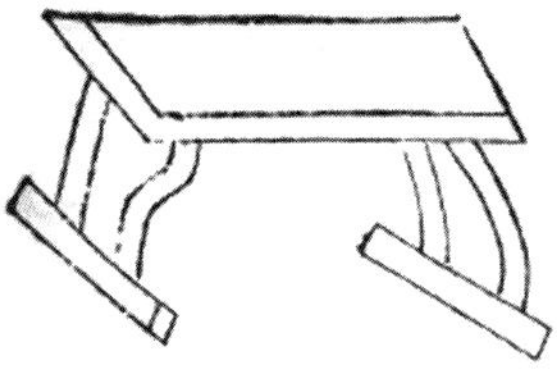

❶ 上「漆几」至「彤几」五小題，原無，今據明本、庫本、嘉慶本補。

文貝

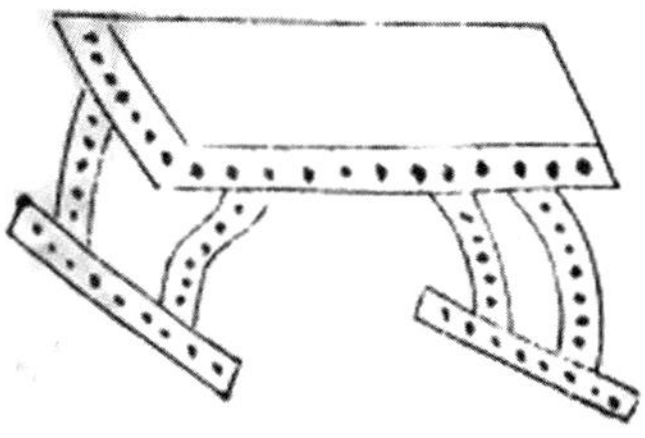

雕玉❶

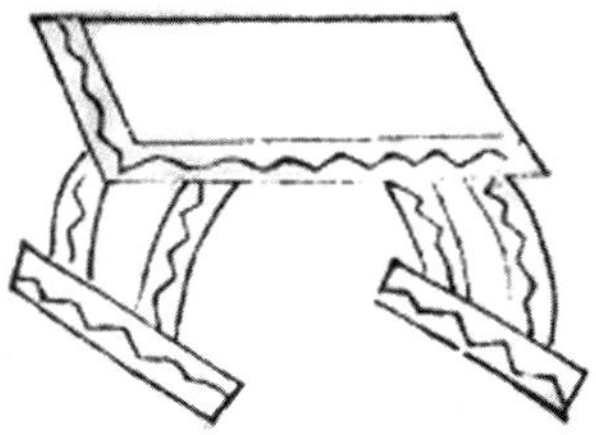

《周禮·司几筵》五几莫貴於玉几，《書》之四几莫貴於華玉几，則玉几者，華玉几也。王設几於左右，優至尊也。諸侯而下或設之左，或設之右，適事之宜也。諸侯祭祀席右几，筵國賓左几，則祭祀陰事也，故右之；筵國賓陽事也，故左之。《士虞禮》「布席于室中，東面，右几」，《少牢》「祝設几于筵上，右之」，《有司徹》「尸奠几于筵上，左之」，卒蓍而厭祭設右几，鄭氏謂「生人陽，長左；鬼神陰，長右」是也。然鬼神雖長右，而長右不必皆鬼神。故甸役亦右几，以甸役陰事故也。鄭氏以甸役右几爲貉祭，然經言甸役而不言甸役之祭，鄭氏之説其果然乎？《司几筵》：「吉事變几，凶事仍几。」蓋吉事尚文而几必變，凶事尚質而

❶ 上「華玉」至「雕玉」四小題，原無，今據明本、庫本、嘉慶本補。

几常仍故也。孔安國以《書》之仍几爲因生時之几不改作，誤矣。《詩》曰：「肆筵設席，授几有緝御。」《昏禮》：「主人拂几授校。」「校，几足。」《聘禮》：「宰夫奉兩端以進，公於序端受宰几，攝之，一手受之。以授賓。賓進，訝受。」「賓以兩手於几兩端執之。」《有司徹》：「主人降，受宰几，二手横執以授尸。尸二手横于手間。」則席常設於賓未至之前，几常授於行禮之際，其將授也必拂。《曲禮》曰：「進几杖者拂之。」《士昏禮》：「主人拂几。」鄭氏曰：「外拂之也。」《聘禮》：「公東南鄉，外拂几三。〔宰〕内拂几三。」蓋於敵以下外拂，於尊者内拂，皆拂之三。其授之也，必拜送；其受也，必拜答。執之或横，或中攝；授之或受其足，或受于手間。其避拜送也，或以几辟，《昏》、《聘禮》皆以几有辟，以賓卑故也。或不以几辟。《有司徹》不云以几辟者，尊尸也。其

敬父母不傳，《内則》：「父母杖、几不傳。」其謀於長者必操以從。是皆稱情以爲文故也。《禮》：「王大朝覲、大饗射，凡封國、命諸侯，祀先王、昨席，皆玉几。諸侯祭祀彫几、昨席，筵國賓彤几，凡甸役漆几。」鄭氏謂「諸侯朝者彫几，聘者彤几」，「聘者孤彤几，卿大夫其漆几歟？」然《禮》於祭祀言彫几，而朝者不與；於國賓言彤几，則無間於孤卿大夫。不知鄭氏何據云然耶？馬融曰：「几長三尺。」阮諶曰：「几長五尺，高二尺。」《舊圖》，几兩端赤，中央黑。」❶蓋各述其所傳然也。《覲禮》：「天子設斧扆，左右玉几。」《司几筵》：「大朝覲、大饗射，封國、命諸侯，王位設黼依，左右玉几。」几，所憑以

❶「央」，原誤作「央」，今據明本、庫本、嘉慶本改。

安者也。王於朝覲、會同，立而不坐，《曲禮》曰：「天子當依而立曰覲，當宁而立曰朝。」《明堂位》曰：「天子負斧扆而立。」非有所憑也。然必設几者，鄭氏釋《太宰》謂：「立而設几，優至尊也。」《荀卿》曰：「周公負扆而坐，諸侯趨走堂下。」得非所傳聞者異歟？《儀禮·昏》《聘》《公食大夫》皆有几，《冠禮》醴賓、《鄉飲酒》、《鄉射》及《燕》賓無几，皆輕重之别也。喪或同時在殯，則每敦異几。鄭氏曰：「敦讀曰燾。燾，❶覆也。」❷及祭則同几，生事、鬼事之别也。几不特施於行禮而已，燕居亦有焉，《士喪禮》所謂「燕几」是也；不特施於燕居而已，田役、軍旅亦有焉，《周禮》「甸役，右漆几」，春秋之時智伯在軍「投之以几」是也；晉伐偪陽城，荀偃、士匄請班師，❸智伯怒，投之以几，出於其間。不特所憑以安而已，死者用之拘足，尸與嫁者或用以乘車，《士喪禮》「綴足〔用〕燕几」，《曲禮》「尸必式，乘必以几」，《〔昏〕禮》「婦乘以几」是也。

學校

《王制》曰：「有虞氏養國老於上庠，養庶老於下庠。夏后氏養國老於東序，養庶老於西序。商人養國老於右學，養庶老於左學。周人養國老於東膠，養庶老於虞庠，虞庠在國之西郊。」又曰：「天子命之教，然後爲學。小學在公宮南之左，太學在郊。

❶ 「燾」，原誤作「壽」，今據明本、庫本、嘉慶本及《周禮·司几筵》鄭注改。

❷ 「覆」，原誤作「履」，今據《周禮·司几筵》鄭注改。

❸ 「匄」，原誤作「匃」，今據明本、庫本、嘉慶本及《左傳》襄十年改。

天子曰辟廱，諸侯曰頖宮。」又曰：「耆老皆朝于庠。」《文王世子》曰：「春夏學干戈，秋冬學羽籥，皆於東序。春誦夏弦，大師詔之。瞽宗秋學禮，執禮者詔之。冬讀書，典書者詔之。禮在瞽宗，書在上庠。」《學記》曰：「古之教者，黨有庠，術有序，國有學。」《文王世子》曰：「凡祭與養老乞言、合語之禮，皆小樂正詔之於東序。凡語于郊者，於成均，以及取爵於上尊。天子視學，大昕鼓徵。有司卒事，適東序。」《明堂位》曰：「米廩，有虞氏之庠也。序，夏后氏之序也。瞽宗，商學也。頖宮，周學也。」《禮器》曰：「魯人將有事于上帝，必先有事於頖宮。」《祭義》曰：「食三老五更於太學，❶所以教諸侯之弟；祀先賢於西學，所以教諸侯之德。」「西學，周小學也。」又曰：「天子設四學，當入學而太子齒。」四學，謂周四郊虞庠之學。❷《鄉飲酒》：「賓迎于庠門之外。」《孟子》曰：「夏曰校，商曰序，周曰庠。」《詩》曰：「鎬京辟廱。」又曰：「於樂辟廱。」又曰：「思樂泮水。」又曰：「《子衿》，刺學校廢也。」《周禮·州長》：「春秋以禮會民射于州序。」《黨正》：「以禮屬民，飲酒于序。」《大司樂》：「掌成均之法，以治建國之學政，而合國之子弟。凡有道者、有德者，使教焉，死則以爲樂祖，祭於瞽宗。」又曰：「春合諸學，秋合諸射。」賈誼曰：「帝入東學，上親而貴仁，則親疏有序，而恩相及矣；帝入南學，上齒而貴信，則長幼有差，而民不誣矣；帝入西學，尚賢而貴德，則聖智在位，

❶「食」，原誤作「祀」，今據《禮記·祭義》改。

❷「四郊虞庠之學」，明本、庫本、嘉慶本作「四郊之虞庠也」，與《禮記·祭義》鄭注原文同。

而功不遺矣；帝入北學，上貴而尊爵，則貴賤有等，而下不踰矣；帝入太學，承師問道，退習而考於太傅，太傅罰其不則，而正其不及。」董仲舒曰：「成均，五帝之學。」《書大傳》曰：「古之帝王必立大學、小學，使公卿之太子，元士、大夫之子，❶十有三年始入小學，見小節焉，踐小義焉；二十入大學，見大節焉，踐大義焉。故小師取小學之賢者登之大學，大師取大學之賢者登之天子。」

周四代學 辟廱在國，虞庠在國之西郊。

《今圖》辟廱之制如此。❷

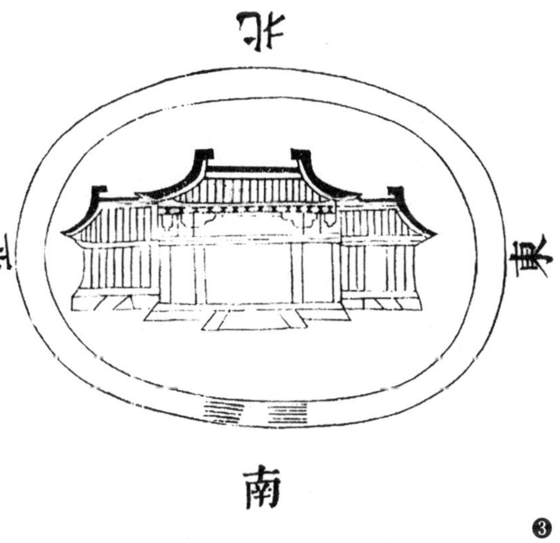

❸

❶「元士大夫」，嘉慶本作「大夫元士」。

❷「辟雍」至「如此」，原無，爲明本、庫本、嘉慶本所增。「今圖辟廱之制如此」，嘉慶本文中小題則無。

❸圖中文字，原無，爲明本、庫本、嘉慶本所增。

魯四代學

《記》曰：「小學在公宮南之左，大學在郊。」又曰：「魯人將有事於上帝，必先有事於泮宮。」❶則頖宮在郊，太學也；虞庠在公宮南之右，小學也。《白虎通》曰：「〔諸侯曰〕頖宮。半者象璜也，獨南面禮儀之方有水耳。」其説是也。❷鄭康成曰：「頖，班也。」非是。

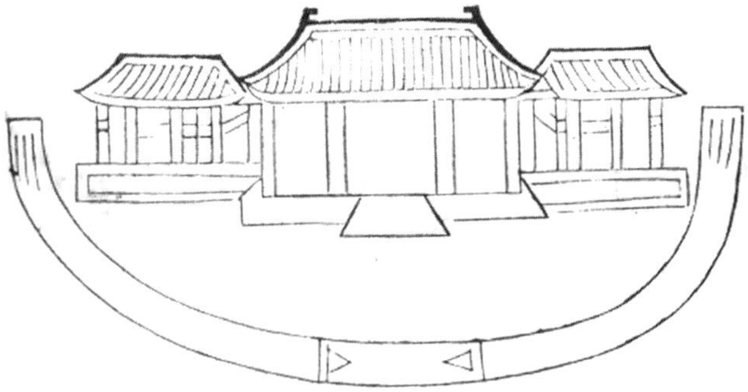

諸侯學

頖宮，在郊。

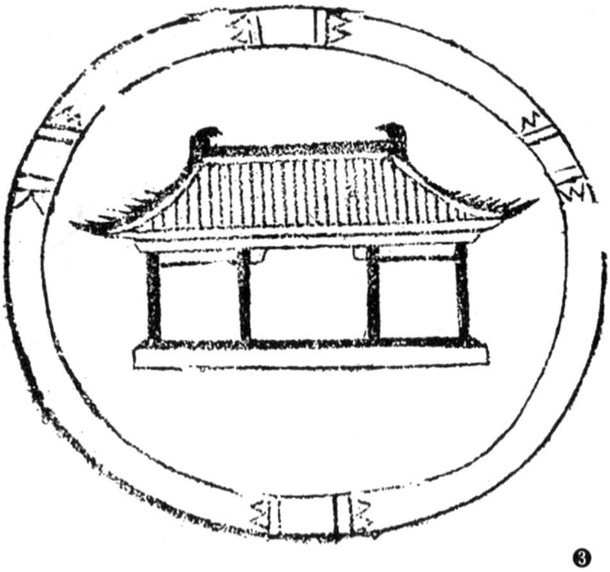

❸

❶「泮」，明本禮圖標題、庫本禮圖標題、嘉慶本禮圖標題作「頖」。

❷「説」，原誤作「貌」，今據明本、庫本、嘉慶本改。

❸此爲底本圖。

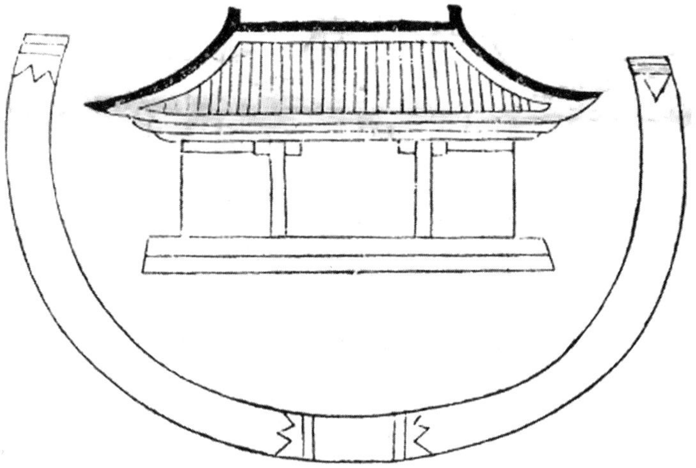

四代之學，虞則上庠、下庠，夏則東序、西序，商則右學、左學，周則東膠、虞庠，而周則又有辟廱、成均、瞽宗之名。則上庠、東序、右學、東膠，大學也，故國老於之養焉；下庠、西序、左學、虞庠，小學也，故庶老於之養焉。《記》曰：「天子設四學。」蓋周之制也。周之辟廱即成均也，東膠即東序也，瞽宗即右學也。蓋以其明之以法、和之以道則曰辟廱，鄭氏釋《王制》謂：「辟，明也。廱，和也。所以明和天下。」毛氏釋《詩》謂：「水旋丘如璧，以節觀者，故曰辟廱。」孔穎達曰：「《禮》注解其義，《詩》注解其形。」以其成其虧、均其過不及則曰成均；以習射事則曰序，以糾德行則曰膠；以樂祖在焉則曰瞽宗，以居右焉則曰右學。蓋周之學，成均居中，其左東序，其右瞽宗，此大學也；虞庠在國之西郊，則小學也。《記》曰：「天子視學，命有司行事，祭先師先聖焉。卒事，遂適東序，設三老五更之席。」又曰：「食三老五更於太學，所以教諸侯之弟；祀先賢於西學，所以教諸侯之德。」夫天子視學，則成均也。命有司行事祭先師先聖焉，即祀先賢於西學也。祀先賢於西學，則祭於瞽宗也。有司卒事，適東序，設三老五更之席，即養國老於東膠也。養國老於東郊，❶即食三老五更於大學也。❷然則商之右學，在周謂之西學，亦謂之瞽宗。夏之東序，在周謂之東膠，亦謂之太學。蓋夏學上東而下西，商學上右而下左，周之所存特其上者耳。則右學、東序蓋與成均並建於一丘之上而已。由是觀之，成均頒學政，右學祀樂祖，東序養老更，右學、東序不特存其制而已，又因其所上之方而位之也。夫諸侯之學，小學在內，大學在外，故《王制》言「小學在公宮南之左，大學在郊」，以其選士由內以升於外，然後達于京故也；天子之學，小學居外，大學居內，故《文王世子》言「凡語于郊，然後於成均，取爵於上尊」，以其選士由外以升於內，然後達于朝故也。《明堂位》曰：「米廩，有虞氏之庠也。序，夏后氏之序也。瞽宗，商學也。頖宮，周學也。」頖宮則泮水也。其制半於辟廱，而水蓋闕於北方也。諸侯樂懸闕其南，而泮水闕其北者：闕南而存北，所以便其觀也；闕北而示南，所以便人之觀也。泮宮，❸大學也。魯之大學在郊，❹故將有事於上帝，則於之先有事焉。然則序與瞽宗蓋亦設於頖宮之左右，而米廩其公宮南之小學歟？《孟

❶「郊」，庫本、嘉慶本作「膠」。
❷「食」，原誤作「祀」，今據《禮記・祭義》改。
❸「泮」，明本、庫本、嘉慶本作「頖」。
❹「魯之大學在郊」，原誤重，今據明本、庫本、嘉慶本删其一。

子》曰：「夏曰校，商曰序，❶周曰庠。」何也？孟子因論井地而及此，則校、庠、序者，鄉學也。《鄉飲酒》：「主人迎賓于庠門之外。」鄉簡不帥，耆老皆朝于庠。則庠，鄉學名也。《周官·州長》：「會民射于州序。」《黨正》：「會民飲酒于序。」❷則序亦鄉學名也。鄭人之所欲毁者謂之鄉校，則校亦鄉學名也。然鄉曰庠，《記》言「黨有庠」；州曰序，《記》言「遂有序」，何也？古之致仕者，教子弟於閭塾之基，則「家有塾」云者，非家塾也。合二十五家而教之於閭塾謂之「家有塾」，則合五黨而教之鄉庠，謂之「黨有庠」可也。《周禮》遂官各降鄉官一等，則遂之學亦降鄉一等矣。降鄉一等而謂之州長，其爵與遂大夫同，則遂之學其名與州序同可也。周之時，干戈羽籥在東序，絃誦與禮在瞽宗，書在上庠。以言學者之事始乎書，立乎禮，成乎樂，而舞又樂之成焉。故《大司樂》言「樂德」、「樂語」而終於「樂舞」，《樂師》言「樂成告備」而終於「皋舞」，《孟子》言仁義禮樂之實而終於「不知手之舞之」，《記》言「《詩》言志，歌詠聲」而終於「舞動容」，此舞之所以爲樂之成也。由小學之書以進於瞽宗之禮樂，由瞽宗之禮樂而成之以東序之舞，則周之教法可知矣。漢明帝時視辟廱，冠帶搢紳之人圜橋門而觀者，蓋億萬計。則周人辟廱之制宜亦然也。《白虎通》曰：「辟者，璧也。圜以法天。外圜内方，明德當圜，行當方。」考之於《禮》，簠、簋、錢之類皆外圜内方。圜而函方，陰陽之義也。然則

❶「商」，庫本作「殷」。

❷「會」，明本、庫本、嘉慶本據《周禮·黨正》作「屬」。

《白虎通》辟廱之論，蓋有所受耳。❶董仲舒以成均爲五帝之學，大戴、賈誼有「帝入五學」之説，鄭康成謂「周有四郊之虞庠」，王肅謂「辟廱即明堂耳」，此皆不可考也。

禮書卷第四十八終

❶「耳」，原誤作「且」，今據明本、庫本、嘉慶本改。

禮書卷第四十九

塾

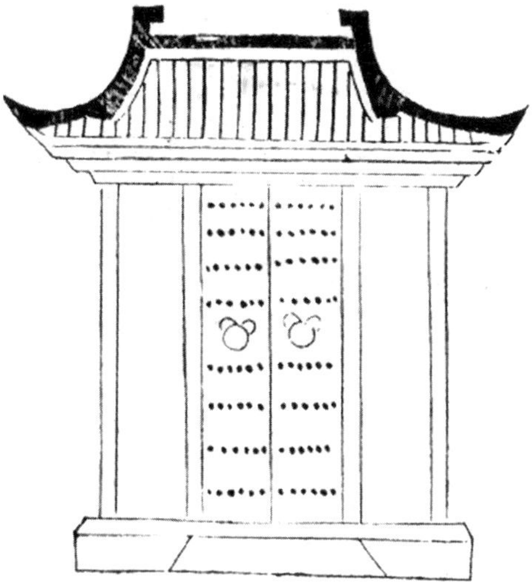

《説文》曰：「閭，里門也。」《爾雅》曰：「門側之堂謂之塾。」《尚書大傳》曰：「大夫七十而致仕，老其鄉里。大夫爲士師，士爲少師。歲事已畢，餘子皆入學。距冬至四十五日始出學，傳農事。上老平明坐於右塾，庶老坐於左塾，餘子畢出然後歸。夕亦如之。」「上老，父師也。庶老，少師也。」《食貨志》亦曰：「春，將出民，里胥平旦坐於右塾，鄰長坐於左塾，畢出然後歸。夕亦如之。」蓋古者合二十五家而爲之門塾，坐父師、少師於此，所以教之學也；坐里胥、鄰長於此，所以教之耕也。《書》言：「先路在左塾之前，次路在右塾之前。」先路，象路也；次路，木路也。象路貴於木路，而象路在左塾，木路在右塾，則左塾者，東塾也；里胥尊於鄰長，而里胥在右塾，鄰長在左塾，則右塾者，西塾也。何則？自内視外，則左東而右西；自外視内，則左西而右東也。《曲禮》曰：「主人入門而右，客入門而左。」此左西而右東也。又曰：「公事自闑東，私事自闑西。」此左東而右西也。然則《書》言左塾，史言右塾，皆西塾也，自内外言之異耳。漢之時，閭里亦有門，史稱石慶「入里門」是也。

庠鄉有庠。

序州有序。

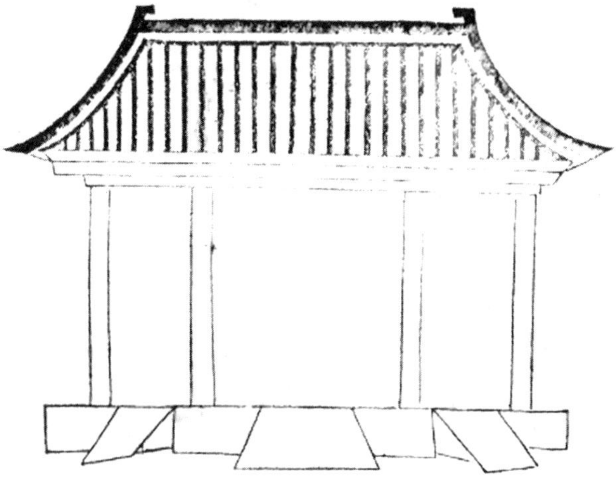

《孟子》曰：「庠者，養也。序者，射也。」《鄉飲酒》：「尊兩壺于房户之間。」《鄉射》：「尊於賓席之東。」蓋鄉飲在庠，而庠有房室，故尊于房户之間；鄉射在序，而序無房室，故尊於賓席之東而已。《鄉射禮》：「豫鄭氏曰：「今文豫爲序。」則鉤楹内，堂則由楹外。」「堂，序也。」「序則物當棟，堂則物當楣。」是於其有室，則所揖所履之位淺而前；於其無室，則所揖所履之位深而後。《爾雅》曰：「東西牆謂之序。」序之名蓋本於此。

鄉官書攷之法

鄉大夫 三年大比攷其德行道藝而興賢者能者

州長 正月之吉各屬其州之民而讀法以攷其德行道藝而勸之以糾其過惡而戒之若以歲時祭祀州社則屬其民讀法亦如之

黨正 孟月吉日屬民而讀邦法以糾戒之正歲屬民讀法而書其德行道藝 ❶

❶「鄉大夫」條釋文之「攷」，明本誤作「攻」，今據底本、嘉慶本改。

族師

月吉屬民而讀邦法書其孝悌睦婣有學者春秋祭酺亦如之

閭胥

以歲時辨其施舍凡春秋之祭祀政役喪紀之數聚衆庶既比讀屬書其敬敏任恤者

比長

閭胥聚民無常時，族師屬民有常月。族師歲屬以月吉與春秋，黨正歲屬以孟吉與正歲，州長歲屬以正月之吉與春秋，然後鄉大夫三年大比之。以卑者〔其職煩，尊〕者其事簡也。由黨正而下，有所讀，有所書；州〔長則有所〕讀，無所書，而有所考；鄉大夫則考而興之，無所讀。敬、敏、任、恤，易知者也，故閭師書之；孝、悌、睦、婣、有學，難知者也，故族師書之；德行則非特孝悌也，道藝則非特有學也，故黨正書之。書之者易，攷之、興之者難，故書之止於黨正，攷之在州長，興之在鄉大夫。以卑者其責輕，尊者其任重也。凡此皆教之有其術，養之有其漸。方其在學也，「一年視離經辨志，三年視敬業樂群，五年視博習親師，七年視論學取友，謂之小成；九年知類通達，强立而不反，謂之大成。」此中年攷校之法也。《大胥》：「掌國學士之版，春合舞，秋合聲。」於其合聲，則頒次其所學而辨異之。《諸子》：「掌國子之倅，春合諸學，秋合諸射，以攷其藝而進退之。」此比年攷校之法也。學之攷校如此，鄉之攷察又如彼，所掌非一人，所積非一日，此人人所以莫不激昂奮勵，以趨上之所造也。齊桓公爲軌里連鄉之法，「正月之朝，鄉長復事，君親問焉，曰：『於子之鄉，有居處好學，慈孝於父母，聰惠質仁，發聞於鄉里者，有則以告。有而不以告者，謂之蔽明，其罪五。』有司已事而竣。桓公又問曰：『於子之鄉，有拳勇股肱之力，秀出於衆者，有則以告。有而不以告者，謂之蔽賢，其罪五。』有司已事而竣。桓公又問曰：『於子之鄉，有不慈孝於父母，不長悌於鄉里，驕躁淫暴，不用上令者，有則以告。有而不以告者，謂之下比，其罪五。』有司已事而竣。是故鄉長退而修德進賢。桓公親見之，遂使役官。」及五屬大夫復事，其言亦然。此亦古者鄉舉之遺意也。

秀選俊造進士升論之法

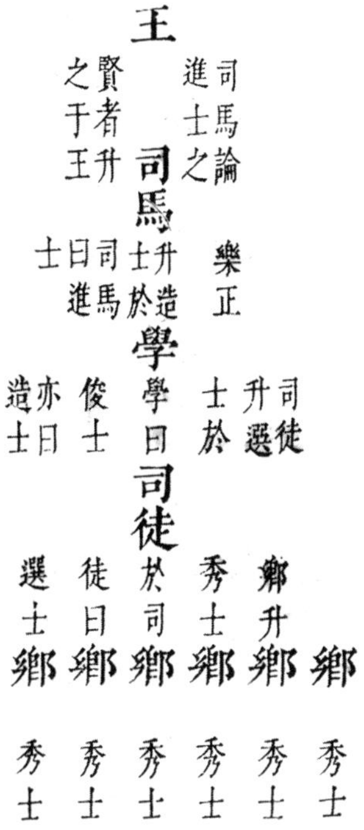

《王制》曰：「命鄉論秀士，升之司徒，曰選士；司徒論選士之秀者，而升之學，曰俊士；升於司徒者不征於鄉，升於學者不征於司徒，曰造士；大樂正論造士之秀者以告于王，而升諸司馬，曰進士。司馬辨論官材，論進士之賢者以告于王而定其論，論定然後官之，任官然後爵之，位定然後禄之。」蓋秀於一鄉謂之秀士，中於所選謂之選士，俊士以其德之敏也，造士以其材之成也，進士以其將進而用之也。選士升於司徒而不征於鄉，俊士升於學而不征於司徒。俊士亦謂之造士，蓋學至於此材成德敏，非可一名命之也。傳曰：「十人曰選，百人曰俊。」此論其大致然也。古之六卿，其分職也未嘗不通，其聯事也未嘗不分。司徒掌邦教，司馬掌邦政，未嘗不分也。有發則司徒教士以車甲，升造士則司馬辨論官材，未嘗不通也。《周官》大司馬之屬司士曰：「以德詔爵。」此司馬辨論官材之謂也。《尚書大傳》曰：「古之帝王者，必立大學、小學，使公卿之太子、大夫、元士之適子，十有三年始入小學，見小節焉，踐小義焉；二十入大學，見大節焉，踐大義焉。故入小學知父子之道，長幼之序；入大學知君臣之義，上下之位。故小師取小學之賢者登之大學，大師取大學之賢者登之天子，以爲左右。」《漢志》曰：「八歲入小學，學六甲五方書計之事，始知室家長幼之節。十五入大學，學先聖禮樂，而知朝廷君臣之禮。其有秀異者，移鄉學于庠序；庠序之異者，移國學于少學。諸侯歲貢少學之異者於天子，學于大學，命曰造士。行同能偶，則別之以射，然後爵命焉。」凡此，其言詳略與《王制》雖少異，其實皆先王之遺跡也。

簡不帥教之法

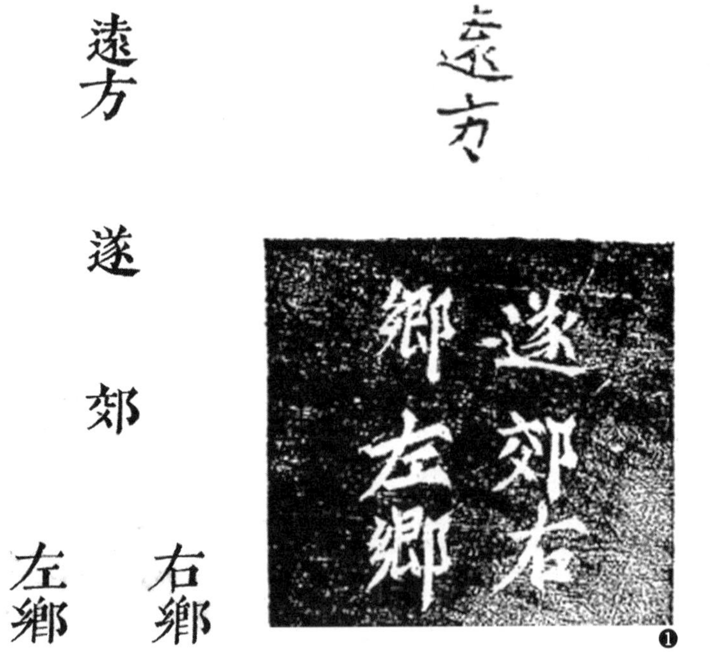

❶

❶ 此爲底本圖。

《王制》曰：「命鄉簡不帥教者以告，耆老皆朝于庠。元日，習射上功，習鄉上齒，大司徒帥國之俊士與執事焉。不變，命國之右鄉簡不帥教者移之左，命國之左鄉簡不帥教者移之右，如初禮。不變，移之郊，如初禮。不變，移之遂，如初禮。不變，屏之遠方，終身不齒。」又曰：「王太子、王子、群后之太子，卿大夫、元士之適子，國之俊選，皆造焉。將出學，小胥、大胥、小樂正簡不帥教者，以告于大樂正，大樂正以告于王。」「王命三公、九卿、大夫、元士皆入學。不變，王親視學。不變，王三日不舉，屏之遠方：西方曰棘，東方曰寄，終身不齒。」然則鄉簡不帥教者，至于四不變然後屏之；小樂正簡國子之不帥教，止於二不變則屏之者。先王以匹庶之家爲易治，膏粱之性爲難化。以其易治，故鄉遂之所攷，常在三年大比之時；以其難化，故國子之出學，常在九年大成之後。三年而攷，故必在於四不變，然後屏之；九年而簡焉，則雖二不變，屏之可也。古之學政，其輕者有觵撻，其重者不過屏斥而已。若夫萬民之不服教，其附于刑者，歸于士。

禮書卷第四十九終

禮書卷第五十

天子諸侯視學之禮　視學養老之禮　養孤之禮　鄉飲酒之禮

天子諸侯視學之禮

《禮記·王制》:「天子出征,受成於學。出征執有罪,反,釋奠于學,以訊馘告。將出學,小胥、大胥、小樂正簡不帥教者以告于大樂正,大樂正以告于王,王命三公、九卿、大夫、元士皆入學。不變,王親視學。」《月令》:「仲春上丁,命樂正習舞、釋菜,天子乃帥三公、九卿、諸侯、大夫親往視之。季春,是月之末,擇吉日大合樂,天子乃帥三公、九卿、諸侯、大夫親往視之。」《文王世子》:「凡大合樂,必遂養老。「大合樂,謂春入學舍菜合舞,秋頒學合聲。於是時也,天子則視學焉。遂養老者,謂用其明日也。」天子視學,大昕鼓徵,所以警衆也。衆至,然後天子至。乃命有司行事,興秩節,祭先師先聖焉。有司卒事,反命,始之養也。適東序,釋奠於先老,遂設三老五更、群老之席位焉。適饌省醴,養老之珍具,遂發詠焉。退,修之以孝養也。」《學記》:「未卜禘,不視學,游其志也。」《祭義》曰:「天子設四學,當入學而太子齒。」《詩·泮水》:「魯侯戾止,言觀其旂。」「魯侯戾止,在泮飲酒。」又曰:「在泮獻囚。」「在泮獻功。」「在泮獻馘。」《賈誼傳》曰:「帝入東學,上親而貴仁。」「帝入南學,上齒而貴信。」「帝入西學,上賢而貴德。」「帝入北學,上貴而尊爵。」「帝入太學,承師問道。」後漢明帝永平二年，三月，臨辟廱，初行大射禮。十月，幸辟廱，初行養老禮。《儒林傳》：「明帝即位，袒割辟廱之上，養三老五更。饗、射禮畢，帝正坐自講，諸儒執經問難於前。冠帶搢紳之士，圜橋門而觀聽者，蓋億萬計。」

《禮》曰天子視學四：養老也，簡不帥教也，出征受成也，以訊馘告也。養老必於仲春、季春、仲秋，而簡不帥教、出征受成，以訊馘告者無常時。雖有常時，其入學也亦必養老焉。《文王世子》曰：「天子視學，大昕鼓徵，所以警衆也。適東序，釋奠於鄉老，❶遂設三老五更、群老之席位焉。適饌省醴，養老之珍具，遂發詠焉。退，修之以孝養也。」《祭義》曰：「天子當入學而太子齒。」蓋天子將視學，以鼓徵衆，序立以齒。及天子至，命有司行事，祭先師先聖於西學。有司卒事，反命，乃適東序養老焉。此視學之大略也。「漢明帝袒割辟廱之上，養三老五更。饗、射禮畢，帝正坐自講。諸儒執經問難於前。冠帶搢紳之士，圜橋門而觀聽者，蓋億萬計。」豈亦先王之髣髴乎？《學記》曰：「未卜禘，不視學，游其志也。」蓋古者喪畢則禘，未卜禘而視學，非所以示孝道，而不足以游學者之志也。《春秋傳》稱晉人曰：「以寡君之未禘祀。」未禘祀猶不可務外事，況視學乎！諸侯視學之禮，蓋有同於天子。《詩》曰「魯侯戾止，在泮飲酒。既飲旨酒，永錫難老」，此養老也；「在泮獻囚」，此以訊馘告也。

❶「鄉老」，嚴校改作「先老」，與《禮記・文王世子》原文同。

視學養老之禮鄭氏曰：「席位之處，則三老如賓，五更如介，群老如衆賓，必也。」

《外饔》：「邦饗耆老、孤子，則掌其割烹之事。」「孤子者，死王事之子也。《王制》曰：『周人養國老於東膠，養庶老於虞庠。』」正義曰：「邦饗耆老者，謂死事者之父祖，兼有國老、庶老。國老者，謂卿大夫致仕者。庶老，謂士之致仕者。❶經直言耆老，對孤子，則耆老者，死事之父祖可知。但此不見饗國老、庶老之文。故鄭解耆老謂國老、庶老。」《酒正》：「饗耆老、孤子，皆共其酒，無酌數。凡有秩酒者，以書契授之。」「玄謂所秩者，謂老臣。《王制》曰：『七十不俟朝，八十月告存，九十日有秩。』」《大司徒》：「以保息六保萬民：一曰慈幼，二曰養老。」「養老，『七十養於鄉，五十異粻』之屬。」正義曰：「《王制》云：『五十養於鄉，六十養於國，七十養於學。』彼謂大夫、士也。《王制》又云：『凡三王養老皆引年。』注云：『已而引户校年，當行復除也。』老人衆多，非賢者不可皆養。』故《食貨志》云：『七十已上，上所養也。』此云七十養於鄉，亦謂有賢行者也。『五十異粻』之屬者，是《王制》文。《禮記》常法，庶人食稷，士並食黍，大夫又加以粱。今雖庶人，至五十，或與士、大夫同食，食黍粱。」《遺人》：「門關之委積，以養老孤。」「門關以養老孤，人所出入，易以

❶「士」，原誤作「庶人」，今據《周禮·外饔》賈疏改。「謂士之致仕者」，嘉慶本作「謂士兼庶人在官者」。

取餼廩也。」正義曰：「門謂十二門，關謂十二關。門關出入皆有説，所説得者亦送帳，多少足國用之外，留之以養老孤。」《司門》：「以其財養死政之老與其孤。」「財，所謂門關之委積也。死政之老，死國政事者之父母也。」《槁人》：「若饗耆老、孤子、士庶子，共其食。」正義曰：「耆老謂死王事者之父。國家春饗孤子，秋食耆老，則亦槁人共其食。」《羅氏》：「仲春羅春鳥，獻鳩以養國老，行羽物。」《伊耆氏》：「共王之齒杖。」「王所以賜老者之杖。鄭司農云：『謂年七十，當以王命受杖者，今時亦命之爲王杖。』玄謂《王制》曰：『五十杖於家，六十杖於鄉，七十杖於國，八十杖於朝。』」《鄉大夫》：「以歲時登其夫家衆寡，辨其可任者。國中老者皆舍。」「老者，若今八十、九十復羨卒也。」《司厲》：「凡有爵者與七十者與未齓者，不爲奴。」《曲禮》曰：「六十曰耆，指使；七十曰老，而傳；八十、九十曰耄；百年曰期，頤。大夫七十而致仕，若不得謝，則必賜之几杖。於其國則稱名，越國而問焉，必告之以其制。老者不以筋力爲禮。「年五十始杖，八十拜君命，一坐再至。」君子式黄髪。」《王制》：「司徒養耆老以致孝，耆老皆朝于庠。「耆老，致仕及鄉中老賢者。朝猶會也。此庠謂鄉學也。鄉謂飲酒也。鄉禮春秋射，國蜡而飲酒養老。」正義曰：「總言耆老，其數則衆，故知『致仕及鄉中老賢』。致仕，則《書傳略説》云『大夫爲大師，士爲少師』是也。鄉中老賢，謂鄉人不仕、年老有德行者，故《鄉飲酒》云『以告于先生、君子可也。』」凡養老，有虞氏以燕禮，夏后氏以饗禮，殷人以食禮，周人脩而兼用之。「兼用之，備陰陽也。凡飲養陽氣，凡食養陰氣。❶陽用春夏，陰用秋冬。」正義曰：「『凡養老』者，皇氏云：『人君養老有四種：一是養三老五更，二是子孫爲國難而死王事者父祖，三是養致仕之老，四是引户校年庶人

❶「凡」下，原衍「一」字，今據明木、庫本、嘉慶本及《禮記・王制》鄭注删。

之老。』熊氏云：『天子視學之年養老，一歲有七。』謂四時皆養老，故鄭此注『凡飲養陽氣，食養陰氣；陽用春夏，陰用秋冬』，是四時凡四也。按《文王世子》云『凡大合樂，必遂養老。』注云：『大合樂，謂春入學舍菜合舞，秋頒學合聲。』通前爲六。又季春大合樂，天子視學亦養老，《文王世子》云：『凡視學，必遂養老。』是總爲七也。『有虞氏以燕禮』者，以虞氏帝道弘大，故養老以燕禮。崔氏云：『夏受禪于虞，是三王之首，❶貴尚於禮，故養老以饗禮，相敬養也。殷人素質，威儀簡少，故養老以食禮。』周人脩三代之禮而兼用之。春夏養老之時，用虞氏燕禮、夏后氏饗禮之法；若秋冬養老之時，用殷人食禮之法。云『陽用春夏，陰用秋冬』者，案《郊特牲》云：『饗禘有樂，而食嘗無樂，是故春禘而秋嘗。』饗與禘連文，故知饗在春；食與嘗連文，故知食在秋。彼不云冬夏，彼是殷禮；此言冬夏者，據周法也。或鄭因春而言夏，因秋而言冬；雖周，冬夏不養老也。就如熊義，去冬夏，則一年有五養老也。又『春合舞，秋合聲』，即是春秋養老之事，冬夏更無養老，通季春大合樂，有三養老也。熊氏以爲春秋各再養老，故爲一年七養老也。去冬夏爲五，義實可疑。皇氏云：『春夏雖以飲爲主，亦有食；先行饗，次燕，次食。秋冬以食爲主，亦有饗：先行食，次燕，次饗。一日之中，三事行畢。』義或然也。」五十養於鄉，六十養於國，七十養於學，達於諸侯。「天子、諸侯養老同也。國中小學，在王宮之左；學，大學也，在郊。小學在國中，大學在郊，此殷制明也。」正義曰：「養於國與養於學文相對，故知國亦是學也。六十少於七十者，六十者宜養於小學，七十者宜養於大學，故云『國，國中小學』。云『在王宮之左』者，據上文而知。云『小學在國中，大學在郊，此殷制明矣』者，以上文云『小學在公宮南之左，大學在郊』，下文云『殷人養國老於右學，養庶老於左學』，貴右而賤左。小學在國中，左也；大學在郊，右也，與殷同也，故云『此殷制明矣』。以此篇從上以來雖解爲殷制，無正據可憑，因此小學、大學是殷制不疑，故云『明矣』。」八十拜君命，一坐再至，瞽亦如之；九十使人受。五十異粻，六十宿肉，七十貳膳，❷八十常珍，九十飲食不離

❶「三」，原誤作「二」，今據《禮記·王制》孔疏改。

❷「貳」，原誤作「一」，明本、庫本、嘉慶本皆作「二」，今據《禮記·王制》改。

寢，膳飲從於遊可也。六十歲制，七十時制，八十月制，九十日脩。唯絞、衾、紟、冒，❶死而後制。五十始衰，六十非肉不飽，七十非帛不煖，八十非人不煖，九十雖得人不煖矣。五十杖於家，六十杖於鄉，七十杖於國，八十杖於朝，九十者，天子欲有問焉，則就其室，以珍從。七十不俟朝，八十月告存，九十日有秩。五十不從力政，六十不與服戎，七十不與賓客之事，八十齊喪之事弗及也。五十而爵，六十不親學，七十致政，唯衰麻爲喪。有虞氏養國老於上庠，養庶老於下庠。夏后氏養國老於東序，養庶老於西序。商人養國老於右學，養庶老於左學。周人養國老於東膠，養庶老於虞庠，虞庠在國之西郊。正義曰：「此四代養老之處。熊氏云：『國老謂卿大夫致仕者，庶老謂士也。』皇氏云：『庶老兼庶人在官者。』其致仕之老，大夫以上當從國老之法，士從庶人之法，故《外饔》云：『邦饗耆老，掌其割亨。』鄭注引此『周人養國老於東膠，養庶老於虞庠』是也。」有虞氏深衣而養老，夏后氏燕衣而養老，商人縞衣而養老，❷周人玄衣而養老。「凡養老之服，皆其時與群臣燕之服：有虞氏質，深衣而已；夏尚黑而黑衣裳；殷尚白而縞衣裳；周人則兼用之，玄衣素裳。」凡三王養老皆引年。八十者一子不從政，九十者其家不從政。斑白者不提挈，君子耆老不徒行，庶人耆老不徒食。」《月令》：「仲秋之月，養衰老，授几杖，行糜粥飲食。」「助老氣也。」《文王世子》：「凡祭與養老乞言、合語之禮，皆小樂正詔之於東序。「學以三者之威儀也。養老乞言，養老人之賢者，因從乞善言可行者也。合語，謂鄉射、鄉飲酒、大射、燕射之屬也。」大樂正學舞干戚、語說、命乞言，皆大樂正授數。凡大

❶「衾紟」，庫本作「紟衾」，與《禮記·王制》原文同。

❷「商」，庫本作「殷」。

合樂，必遂養老。「大合樂，謂春入學釋菜合舞，秋頒學合聲。於是時也，天子則視學焉。遂養老者，用其明日也。《鄉飲酒》、《鄉射》之禮，『明日乃息司正，唯所欲，以告於先生、君子可也。』是養老之象類也。」天子視學，大昕鼓徵，所以警衆也。衆至，然後天子至。乃命有司行事，興秩節，祭先聖先師焉。❶有司卒事反命，始之養也。「又之養老之處。凡大合樂，必遂養老，是以往焉，言始立學也。」適東序，釋奠於先老，「親奠之，己所有事也。養老東序，則是視學於上庠。」遂設三老五更、群老之席位焉。「三老五更各一人也，皆年老更事致仕者也。天子以父兄養之，示天下之孝弟也。名以三五者，取象三辰五星，天所因以照明天下者。群老無數，其禮亡。以鄉飲酒禮言之，席位之處則三老如賓，五更如介，群老如衆賓必也。」適饌省醴，養老之珍具，遂發詠焉。退，脩之以孝養也。「發詠，謂以樂納之。退脩之，謂既迎而入，獻之以醴，獻畢而樂闋。」反，登歌《清廟》。「反，謂獻群老畢皆升就席也。反就席，乃席工於西階上，歌《清廟》以樂之。」既歌而語，以成之也。言父子、君臣、長幼之道，合德音之致，禮之大者也。下管《象》，舞《大武》，大合衆以事，達有神，興有德。正君臣之位、貴賤之等焉，而上下之義行矣。有司告以樂闋，王乃命公侯伯子男及群吏曰：『反養老幼于東序。』終之以仁也。」「群吏，鄉遂之官。王於燕之末而命諸侯時朝會在此者，各反養老如此禮，是終其仁心，《孝經説》所謂『諸侯歸，各帥於國，大夫勤於朝，州里驉於邑』是也。」《禮運》：「三公在朝，三老在學。」《内則》：「凡養老，五帝憲，「憲，法也。養之爲法其德行。」三王有乞言。「又從之求善言可施行也。」五帝憲，養氣體而不乞言，有善則記之，爲惇史。三王亦憲，既養老而後乞言，亦微其

❶「先聖先師」，庫本作「先師先聖」。

禮，皆有惇史。」「惇史，史孝厚者也。微其禮者，依違言之，求而不切也。」《樂記》：「食三老五更於大學。天子袒而割牲，執醬而饋，執爵而酳，冕而揔干，所以教諸侯之弟也。」「三老五更，互言耳，皆老人更知三德五事者也。冕而揔干，親在舞位也。周名大學曰東膠。」《祭義》：「貴老，爲其近於親也。昔者有虞氏貴德而尚齒，夏后氏貴爵而尚齒，殷人貴富而尚齒，周人貴親而尚齒。「貴謂燕賜有加於諸臣也，尚謂有事尊之於其黨也。」虞夏殷周，天下之盛王也，未有遺年者，年之貴乎天下久矣，次乎事親也。「言其先老也。」是故朝廷同爵則尚齒。七十杖於朝，君問則席；八十不俟朝，君問則就之，而弟達乎朝廷矣。「同爵尚齒，老者在上也。君問則席，爲之布席於堂上而與之言。凡朝位於庭。就之，就其家也。老而致仕，君或不許，異其禮而已。」食三老五更於大學，所以教諸侯之弟也；食三老五更於大學，天子袒而割牲，執醬而饋，執爵而酳，冕而揔干，所以教諸侯之弟也。「割牲，致俎實也。冕而揔干，親在舞位以樂侑食也。教諸侯之弟，次事親。」天子巡守，諸侯待于境，天子先見百年者。八十、九十者東行，西行者弗敢過；西行，東行者弗敢過。欲言政者，君就之可也。壹命齒于鄉里，再命齒于父族，三命而不齒。族有七十者，弗敢先。「此謂鄉射飲酒時也。齒者，謂以年次立若坐也。三命，列國之卿也。不復齒，席之於賓東。不敢先族之七十者，謂既一人舉觶乃入也，雖非族亦然，承齒于族，故言族爾。」七十者不有大故不入朝；若有大故而入，君必與之揖讓而後及爵者。」「謂致仕在家者，其人朝，君先與之爲禮，而后揖卿大夫。」《中庸》：「燕毛，所以序齒也。」「燕，謂既祭而燕也。燕以髮色爲坐，祭時尊尊也，至燕親親也。齒亦年也。」《大學》曰：「上老老而民興孝。」「鄉飲酒之禮，六十者坐，五十者立侍，以聽政役，所以明尊長也。六十者三豆，七十者四豆，八十者五豆，九十者六豆，所以明養老也。民知尊長養老，而後乃能入孝出弟；民入孝出弟，尊長養老，而後成教；成教而後國可安也。」《詩·七月》：「爲此春酒，以介眉壽。」「春酒，凍醪也。眉壽，豪眉也。介，助也。」《正月》：「召彼故老，訊之占夢。」《行葦》：「忠厚也。周家忠厚，仁及草木，故能內睦九族，外尊事黃耇，養老乞言，以成其福禄焉。」「肆筵設席，授几有緝御。」「兄弟之老者，既爲設重席授几，❶又有相續代而侍者。」曾孫維主，酒醴維醹。酌以大斗，以祈黃耇。黃耇台背，以引以翼。壽考維祺，以介景福。」《泮水》：「魯侯戾止，在泮飲酒。既飲旨酒，永錫難老。」《閟宮》：「黃髮兒齒。」「兒齒亦壽徵。」《書》曰：「播棄黎老，弗迪。」又曰：「尚猷詢茲黃髮。」又曰：「耇造德不降，我則鳴鳥不聞。」《孟子》曰：「西伯善養老。」漢文帝具爲養老，令年八十以上賜粟、絮、帛、酒、肉。東漢明帝賜三老五更皆以二千石禄；賜天下三老，酒人一石，肉四十斤。《書大傳》：「宣王問於子春曰：『寡人欲行孝弟之義，爲之有道乎？』子春曰：『昔者衛聞之樂正子曰：❷「文王之治岐也，❸五十者杖於家，六十者杖於鄉。七十者杖於國，見君揖。八十者杖於朝，見君揖，君曰：『趣見客，毋俟朝。』以朝乘車輲輪，❹

❶「授」，原脱，今據《毛詩·行葦》鄭箋補。

❷「之」，明本、庫本、嘉慶本作「於」。

❸「岐」，原誤作「歧」，今據明本、庫本、嘉慶本改。

❹「輲輪」，原誤作「輴輪」。輴輪，柩車之輪也，與文意不合。按《禮記·曲禮》孔疏引熊氏云：「案《書傳略説》云：致仕者『以朝，乘車輲輪』。鄭云：『乘車，安車。言輲輪，明其小也。』」明此當作「輲輪」。今據改。下「乘車輲輪」同此。

御爲僕，送至於家，而孝弟之義達於諸侯。九十杖而朝，見君建杖，君曰：『趣見，毋俟朝。』以朝車送之舍，❶卜筮、巫醫御于前，祝饐、祝鯁以食，乘車輲輪，胥與就膳徹，送至於家，君如有欲問，明日就其室，以珍從，而孝弟之義達於四海。」』」

天子之於老也，其所養也三：國老也、庶老也、死政者之老也。歲養之也三：仲春也，季春也，仲秋也。《周禮·羅氏》「羅春鳥，獻鳩以養國老」，在仲春。《月令》「養衰老，授几杖」，在仲秋。《文王世子》曰：「凡大合樂，必遂養老。」鄭氏云：「大合樂，謂春入學舍菜合舞，秋頒學合聲。於是時也，天子則視學焉，遂養老。」此養老於仲春、仲秋者也。《月令》：「季春之末，擇吉日大合樂，天子乃率三公、九卿、諸侯、大夫親往視之。」大合樂亦必養老，此又養老於季春者也。若夫簡不帥教、出征受成、以訊馘告，凡天子入學，莫不養老，此又不在歲養之數也。夫貴冑謂之國子，則貴而老者謂之國老；賤者謂之庶人，則賤而老者謂之庶老。國子與庶人之俊者同其學，所以一道德；國老與庶老異其學，所以别分義。故有虞氏養國老於上庠，養庶老於下庠；夏后氏養國老於東序，養庶老於西序；殷人養國老於右學，養庶老於左學；周人養國老於東膠，養庶老於虞庠。而又有死政者之老焉。故羅氏獻鳩以養之者，國老也；司徒以保息養之者，庶老也；司門以其財養之者，死政者之老也。

❶「車」，原脱，今據朱熹《儀禮經傳通解》卷十九《學禮十五》、《玉海》卷七十四同引補。

若夫《外饔》、《酒正》、《槁人》所謂耆老者，總三者而言之也。鄭氏謂：「三老五更各一人，皆年老更事致仕者也。名三、五者，取象三辰、五星，天所因以照明天下者。」皇氏謂：「人君養老有四種：一是養三老五更，二是子孫爲國難而死者父祖，三是養致仕之老，四是引户校年，庶人之老。」熊氏云：「天子視學養老，一歲有七。」鄭氏云：「凡飲養陽氣，凡食養陰氣。陽用春夏，陰用秋冬。」是四時養老凡四也。《文王世子》：「凡大合樂，必遂養老。」大合樂，謂春入學舍菜合舞，秋頒學合聲。又季春大合樂，天子視學亦養老，是七也。然則古者建國必立三卿，鄉飲酒必立三賓，而養老必立三老，故《禮》曰：「三公在朝，三老在學。」三公非一人，則三老五更非各一人矣。《漢志》以德行年高老者一人爲老，次一人爲更，故永平中拜桓榮爲五更，建初中拜伏恭爲三老，而鄭氏以此爲三代之制，誤矣。晉亦以王祥爲三老。❶先王父事三老，兄事五更，則三老五更乃群老之尤者，而致仕之老固在其間，皇氏離而二之，亦誤矣。《月令》無冬夏養老之文，《周禮》、《禮記》特言春養秋食而已，熊氏謂養老歲有七，亦誤矣。又《禮記》言「天子視學，遂適東序養老」，則視學、養老皆同日也，鄭氏謂「用其明日」，亦誤矣。養老之禮，外饔掌割亨，酒正共酒，槁人共食，羅氏共鳩。方其養也，必先「釋奠于先老」，遂設三老五更、群老之席位，適饌省醴，養老之珍具，遂發詠焉。登歌《清廟》，下管《象》、

❶「三老」，原誤作「三更」，今據《晉書・王祥傳》改。

《武》」。「天子袒而割牲，執醬而饋，執爵而酳，冕而摠干」，則乞言、憲行之養著，而孝弟之化行矣。「有司告以樂闋，王乃命公侯伯子男及群吏曰：『反養老幼于東序』，而終之以仁。」此所謂一舉事而衆皆知其德之備也。《禮》言凡養老，有虞氏以燕禮，而服深衣；夏后氏以饗禮，而服燕衣；殷人以食禮，而服縞衣；周人脩而兼用之，而服玄衣。蓋虞氏以燕，則以恩勝禮；夏后氏以饗，則以禮勝恩；殷人以食，則趣恩禮之中；而周則文備，故脩而兼用之。《周官·外饔》言「饗耆老」，此周人以饗禮養老也；《行葦》言飲射而繼之「以祈黄耇」，此周人以燕禮養老也；《祭義》曰「食三老五更於大學」，❶此周人以食禮養老也。然玄衣，燕衣也，燕衣非冕服，及摠干而舞必冕服者，以舞者樂之成，故特服冕以明至誠，有加而無殺也。冕而摠干施於食禮，而《記》稱食嘗無樂者，考之於《〔詩〕》，《商頌》言「〔顧予〕烝嘗」，〔而有「鞉鼓淵淵，嘒嘒管聲」，《小〕雅》言「以往〔烝嘗〕」，而有「鍾鼓既戒，鼓鍾送尸」，則嘗有樂矣；《樂師》「饗食諸侯，序其樂事，❷令奏鍾鼓」，《鍾師》「凡饗食，奏燕樂」，《籥師》「賓客饗食，鼓羽籥之舞」，則食有樂矣。其曰食嘗無樂，蓋非商周之制也。漢明帝養老之禮，其曰：「乘輿先到辟廱禮殿，御坐東廂，遣使者安車迎三老五更，天子迎于門屏，交禮，道自阼階，三老升自賓階。至階，

❶ 「祭義」，原誤作「祭記」。按「食三老五更於大學」，《禮記·樂記》、《祭義》皆有之。嘉慶本作「祭義」，今據改。嚴校改作「樂記」，亦可。

❷ 「樂」，原脱，今據《周禮·樂師》補。

天子揖如禮。三老升，東面。三公設几，九卿正履舄，天子親袒割牲，執醬而饋，執爵而酳，祝鯁在前，祝饐在後。❶五更南面，公進供禮，亦如之。明日皆詣闕謝。」其養特三老五更二人而已，群老不與焉，非古禮之意也。

養孤之禮

《周禮・外饔》：「邦饗耆老、孤子，則掌其割亨之事。」《酒正》：「饗耆老、孤子，皆共其酒，無酌數。」《遺人》：「門關之委積，以養老孤。」《司門》：「凡財物犯禁者舉之，以其財養死政之老與其孤。」《槁人》：「若饗耆老、孤子、庶子，共其食。」《郊特牲》曰：「饗禘有樂而食嘗無樂，陰陽之義也。凡飲，養陽氣也；凡食，養陰氣也。故春禘而秋嘗，春饗孤子，秋食耆老，其義一也。」《文王世子》曰：「有司告以樂闋，王乃命公侯伯子男及群吏曰：『反養老幼于東序。』終之以仁也。」《尚書大傳》：「舜五祀，秋饗耆老而春食孤子。」❷

先王老吾老以及人之老，所以教天下之孝；幼吾幼以及人之幼，所以教天下之慈。又況出身戮力而死於王事者，在上有父祖，在下有子孫，棄而不養，不足以報勞；養不以禮，不足以示勸。故春饗孤子所以象陽之生，秋食耆老所以象陰之成，而外饔、❸酒正、遺人、司門、槁人皆共其職事焉。然財必出於遺人、司門者，用以利犯禁之財，養以義死政之老

❶「饐」，原誤作「鱧」，今據《後漢書・禮儀志》改。

❷「孤子」，原作「餔子」，孫之騄輯《尚書大傳》稱有作「餔於」者。今據文意及下文同引改。

❸「而外」，原爲空格，今據明本、庫本、嘉慶本補。

與其孤，則趣利者知所愧，而徇義者知所勉矣。《家人》之職：「凡死于兵者不入兆域。」鄭氏謂：「戰敗無勇，投諸塋外以罰之。」罰其身而養其父祖子孫者，不罰不足以示義，不養不足以盡仁也。然春饗孤子，秋未嘗不食，而以饗爲主；秋食耆老，而春未嘗不饗，而以食爲主。《周禮》皆言「饗耆老、孤子」，《書大傳》言「食孤子」，則饗與食固兼用也。耆老養於學，孤子亦養於學。《文王世子》：「王命公侯伯子男及群吏曰：『反養老幼于東序。』」謂各反其國，養老幼如東序之禮也。春秋之時，齊將救鄭，❶「屬孤子三日朝，以乘車兩馬，繫五邑焉。❷召顏涿聚之子晉曰：❸『隰之役，而父死焉，今君命女以是邑也，服車而朝。』乃救鄭。」又魏文侯「舉有功而進賞之，有死事之家，歲使使者勞賜其父母」。漢有孤兒兵。凡此皆有所爲然也。

鄉飲酒之禮

❶「救」，原誤作「殺」，今據下文及明本、庫本、嘉慶本改。
❷「五」，原誤作「兩」，今據《左傳》哀二十七年改。
❸「涿」下，原衍「子」字，今據《左傳》哀二十七年删。

《周禮・鄉大夫》：「三年則大比，考其德行、道藝而興賢者、能者。鄉老及鄉大夫帥其吏與其衆寡，以禮禮賓之。」「玄謂變舉言興者，謂合衆而尊寵之，以鄉飲酒之禮禮而賓之。」《黨正》：「國索鬼神而祭祀，則以禮屬民，而飲酒于序以正齒位：一命齒于鄉里，再命齒于父族，三命而不齒。」「國索鬼神而祭祀，謂歲十二月大蜡之時，建亥之月也。正齒位者，《鄉飲酒義》所謂『六十者坐，五十者立侍；六十者三豆，七十者四豆，八十者五豆，九十者六豆』是也。必正之者，爲民三時務農，將闕於禮，至此農隙而教之尊長養老，見孝弟之道也。黨正飲酒禮亡，以此事屬於鄉飲之義，微失少矣。凡射飲酒，此鄉民雖爲卿大夫，必來觀禮，《鄉飲酒》、《鄉射・記》『大夫，樂作不入；士，既旅不入』是也。齒于鄉里者，以年與衆賓相次也。齒于父族者，父族有爲賓者，以年與之相次，異姓雖有老者，居於其上。不齒者，席于尊東，所謂尊。」正義曰：「凡有四事：一則三年賓賢能，二則鄉大夫飲國中賢者，三則州長習射飲酒，四則黨正蜡祭飲酒。總而言之，皆謂之鄉飲酒。」《禮記・經解》：「鄉飲酒之禮，所以明長幼之序也。鄉飲酒之禮廢，則長幼之序失，而争鬥之獄繁矣。」《仲尼燕居》：「鄉射之禮，所以仁鄉黨也。」《射義》：「卿大夫、士之射也，必先行鄉飲酒之禮。」《豳・七月》曰：「九月肅霜，十月滌場。朋酒斯饗，曰殺羔羊。躋彼公堂，稱彼兕觥，萬壽無疆。」毛氏曰：「饗者，鄉人以狗，大夫加以羔羊。公堂，學校也。」鄭氏曰：「十月民事，男女俱畢，國君閑於政事，而饗群臣。」正義曰：「毛氏以爲鄉飲酒，鄭氏以爲十月大飲烝。」《儀禮》：「鄉飲酒之禮，主人就先生而謀賓、介。」「主人，謂諸侯鄉中之大夫也。先生，鄉中致仕者。賓、介，處士賢者。《周禮・鄉大夫》：『三年大比，而興賢者、能者。鄉老及鄉大夫帥其吏與其衆寡，以禮禮賓之。』是禮乃三年正月而一行也。諸侯之鄉大夫貢士於其君，蓋如此云。賢者爲賓，其次爲介，又其次爲衆賓。今郡國十月行此飲酒禮，以《黨正》每歲『邦索鬼神而祭祀，則以禮屬民，而飲酒于序，以正齒位』之說。」漢明帝永平三年，郡國、縣道行鄉飲酒禮於學校。《晉禮志》：「武帝臨辟廱，行鄉飲之禮。」

禮義者，人性之所固有。然民勞於耕穫，則曠於尊卑、長幼、貴賤之節。先王於是因其暇時制爲飲酒之禮，以正齒位，此尊讓絜敬之俗所以成，而鬥辨暴亂之禍所以息也。其屬飲則於鄉學，其主人則鄉官，其賓、介則處士賢者，其謀賓、介則就先生。先生，致仕老於鄉里者。《黨正》「國索鬼神而祭祀，以禮屬民，飲酒于序」，則黨之飲酒必於每歲蜡時也；《州長》「春秋以禮會民射于州序」，「卿大夫、士之射，必先行鄉飲酒禮」，則州之飲酒必於春秋也；《鄉大夫》「三年大比而興賢者、能者，以禮禮賓之」，則鄉之飲酒又於三年興賢能之時也。其坐主人於東南，僎於東北，坐賓於西北，坐介於西南，此所以正齒位也。一命齒于鄉里，再命齒于父族，三命不齒；六十者三豆，七十者四豆，八十者五豆，九十者六豆：此所謂正齒也。以至牲則用狗，樂則工歌《鹿鳴》之三、間歌《魚麗》之三、笙《由庚》之三，尊於房戶之間，羞出東房，洗當東榮，與夫升降、酬酢、繁省、隆殺之辨，皆制之以道，此孔子所以觀之而知王道之易易也。然鄉射衆賓之席繼而西，鄉飲三賓之席不屬；鄉射無介而鄉飲有介；鄉射處士爲賓，大夫與則易之以公士，鄉飲處士爲賓，有大夫與不易之者：以鄉飲之所重者在賓，與射異也。後世鄉飲酒廢，間或講求而復古者，則漢明、晉武常舉之於上，伏湛、李忠常行之於下，而史臣稱之以爲美談，蓋名生於不足也。

禮書卷第五十終

禮書卷第五十一

笏　大圭　諸侯荼　大夫笏　士笏

笏

《玉藻》曰：「笏，天子以球玉，諸侯以象，大夫以魚須文竹，士竹本象可也。」「球，美玉也。文猶飾也。大夫、士飾竹以爲笏，不與君並用純物也。」見於天子，與射，無説笏。入太廟説笏，非古也。「言凡吉事無説笏也。太廟之中，唯君當事説笏也。」小功不説笏，當事免則説之。「免，悲哀哭踊之時，❶不在於記事也。小功輕，不當事可以搢笏也。❷」既搢必盥，雖有執於朝，弗有盥矣。凡有指畫於君前，用笏。造受命於君前，則書於笏。笏畢用也，因飾焉。笏度二尺有六寸，其中博三寸，其殺六分而去一。」「殺猶杼也。天子杼上，終葵首；諸侯不終葵首；大夫、士又杼其下。首廣二寸半。」又曰：「天子搢珽，方正於天下也。諸侯荼，前詘後直，讓於天子也。大夫前詘後詘，無所不讓也。」又曰：「將適公所，史進象笏，書思對命。」又《玉藻》曰：「年不順成，君衣布，搢本。」「搢本，去珽荼，❸佩士笏也。」《内則》曰：「子事父母，韠，紳，搢笏。」《樂記》曰：「武王散軍而郊射，裨冕，搢笏，而虎賁之士説劍也。」《儀禮》：「士

❶「悲」，原誤作「恐」，今據庫本及《禮記・玉藻》鄭注改。

❷「搢」，原誤作「説」，今據《禮記・玉藻》鄭注及文意改。

❸「荼」，原誤作「茶」，今據明本、庫本、嘉慶本及《禮記・玉藻》鄭注改。

緇帶，韎韐，竹笏。」《禮器》曰：「大圭不琢。」❶《周禮》：「王搢大圭，執鎮圭，藻藉五采五就，以朝日。」《考工記》曰：「大圭長三尺，杼上，終葵首，天子服之。」《荀卿》曰：「天子御珽，諸侯御荼，大夫服笏。」《管子》曰：「天子執玉笏以朝日。」《釋名》曰：「笏，忽也。君有命則書其上，備忽忘也。或曰簿，可以簿疏物也。」徐廣《車服儀制》曰：「笏即手板也。」《蜀志》：「秦宓見太守，❷以簿擊頰。」❸則漢魏以來皆執手板，故云「若今吏之持簿」。

天下之事，常脩治於人之所慎，而廢弛於人之所忽。先王於是制爲之笏，或執或搢，而畢用之，使人稽其名以見其義，觀其制以思其德，庸有臨事而失者乎？天子之笏以玉，諸侯以象，大夫以魚須文竹，士竹本象可也。蓋玉，德之美；象，義之辨；竹，禮之節。天子尚德，諸侯貴義，大夫、士則循禮而已，此笏所以異也。魚須文竹，竹而以魚須文之也。竹本象可也，竹本而象飾之也。大夫近尊而其勢屈，士遠尊而其體伸，此飾所以異也。禮，大夫沐稷，而君與士皆沐粱；大夫之臣曰私人，而君與士之臣皆曰私臣；大夫祭，則堂之上下共尊，而君與士則堂下異尊；大夫內子拜尸西，而君與士之妻則北面；大夫之於主婦不致爵，而君與士則致爵；大夫嗣子不舉奠，而君與士之嗣則舉奠；大夫賓尸，尸酢主人乃設席，而君與士則先

❶「琢」，原誤作「瑑」，今據《禮記·禮器》改。後誤同者徑改，不出校。
❷「宓」，原誤作「密」，今據《三國志·蜀書·秦宓傳》改。
❸「擊」，原誤作「繫」，今據《三國志·蜀書·秦宓傳》及孫氏點勘改。

酢而設席；大夫前祭一日筮尸，而君與士則前祭三日筮尸；大夫祭之日視濯，而君與士則前祭一日視濯：凡此皆順而摭之之禮。則其飾笏以象不亦可乎？天子之於天下，體無所屈，故珽必方正；諸侯之於天子，則謹度以臣之，於臣民則制節以君之，故荼必前屈後直；大夫於其君則爲臣，於天子則爲陪臣，故笏必前屈後屈；士笏之制無所經見，觀其飾之以象，疑亦前屈後直歟。天子之朝日，執鎮圭，搢大圭，則所執者摯也，所搢者笏也。諸侯之朝，大夫之聘，蓋亦如此。則諸侯執命圭者必搢荼，大夫執聘圭者必搢笏，及其合瑞而授圭，則執其所搢而已，此所謂見於天子無説笏也。見天子也，入太廟也，射也，皆禮之不可忽者，故不説笏。小功則禮可以勝情，故亦不説笏。當事而免，則事可以勝禮，故説之。

小功不説笏，則大功以上説之可知。

大圭 三尺，杼上，終葵首。杼，殺也。《考工記》曰：「凡爲輪，行澤者欲杼。」

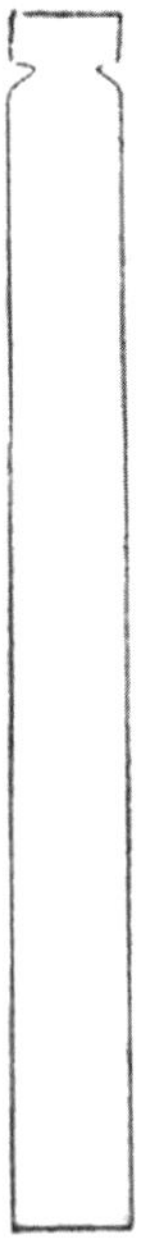

《典瑞》：「王搢大圭，執鎮圭，繅藉五采五就，以朝日。」《玉藻》曰：「笏，天子以球玉。」又曰：「天子搢珽，方正於天下也。」《左氏》曰：「衮、冕、黻、珽，昭其度也。」《禮器》曰：「大圭不琢。」《玉人》曰：「大圭長三尺，杼上，終葵首，天子服之。」鄭氏釋《玉藻》曰：「珽亦笏也，或謂之大圭。球，美玉也。」《禹貢》：「雍州，厥貢球琳琅玕。」《爾雅·釋地》：❶「西北之美者，有崐崙之璆

❶「雅」，原誤作「推」，今據明本、庫本、嘉慶本改。

琳琅玕。」❶《説文》曰：「球，或從翏。」則「璆」與「球」同。釋《玉人》曰：「大圭或謂之珽。杼，殺也。終葵，椎也。賈公彦曰：「齊人謂椎爲終葵。」爲椎於杼上，明無所屈也。」蓋天子之笏其玉以球，其不琢也謂之大圭，其方正也謂之珽，其實一也。終葵首六寸，《相玉書》曰「珽玉六寸，明自炤」是也。《典瑞》曰：「搢大圭。」《玉藻》曰：「搢珽。」《玉人》曰：「天子服之。」《荀子》曰：「天子御珽。」然則搢之者，服之也；御者，進之也。天子、諸侯之笏必以人進之，大夫、士則服之而已。《玉藻》曰：「史進象笏。」諸侯之禮也。然王朝日禮神，執鎮圭而搢大圭。既禮神矣，宜置鎮圭而用大圭歟？《玉藻》言：「笏度二尺有六寸，其中博三寸，其殺六分而去一。」然天子之笏長三尺，而六寸爲椎首而計之，則於二尺六寸爲有餘；去椎首而計之，則於二尺六寸爲不足。蓋《玉藻》所言非天子之笏。孔穎達曰：「二尺六寸短於天子，蓋諸侯以下度分皆然。」

諸侯荼　前詘後直。

《玉藻》曰：「笏，諸侯以象。」又曰：「諸侯荼，前詘後直，讓於天子也。」《荀子》曰：「諸侯御荼。」鄭氏曰：「荼讀爲『舒遲』之舒。舒，懦者畏在前也。詘，謂圜殺其首，不爲椎頭。」觀《考工記·弓人》曰：❷「斲目必荼。」鄭司農曰：「荼，徐也。」《書大傳》曰：「陽

❶「玕」，原脱，今據嘉慶本及《爾雅·釋地》補。

❷「工」，原誤作「二」，今據明本、庫本、嘉慶本改。

盛則吁荼萬物而養之外。❶日月朓則王侯其荼。」蓋古者荼、舒通用。荼之度〔二〕尺六寸，其中博三寸，其殺六分而去一。

大夫笏

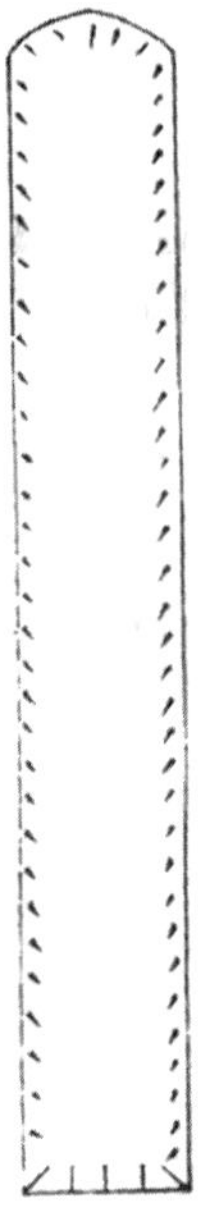

大夫之笏，以魚須文竹。鄭氏曰：「文猶飾也。」庾氏曰：「以鮫魚須飾竹以成文。」考之《書大傳》曰：「東海魚須目。」鄭氏曰：「魚須，今以爲簪。」司馬相如賦曰：「靡魚須之橈旃。」張揖曰：「以魚須爲旃柄。」則大夫以之飾笏，宜矣。陸德明讀須爲班。蓋竹取其堅貞有節也。前詘後詘，無所不讓也。以魚須飾之，卑者不敢用純也。「天子用全，❷上公用龍，侯用瓚，伯用將」，亦卑者不敢用純之意。

士竹本

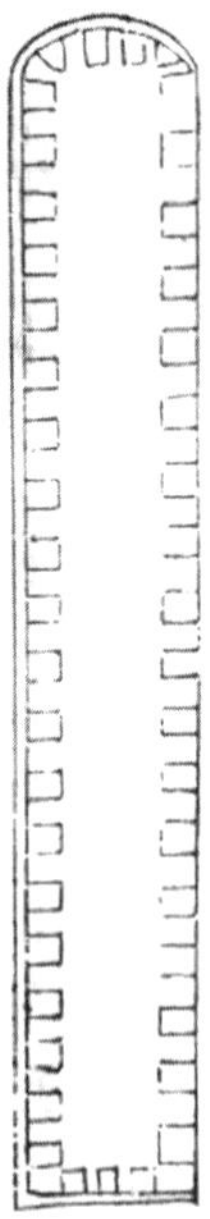

《儀禮》：「士竹笏。」《玉藻》曰：「士竹本象可也。」蓋竹本尤堅貞而有節者也，士以節義爲尚，故笏用焉。象，諸侯所以爲笏者也。士卑而伸，故飾笏用焉。《玉藻》曰：「年不順成，君搢本。」蓋竹本也。先儒謂「士竹本象」者，以象飾其本，誤矣。天子之笏曰珽，諸侯曰荼，大夫以下曰笏者，尊者文其名，卑者命其實。故車，天子、諸侯曰路，大夫以下曰車；寢，

❶「外」，原誤作「史」，今據《太平御覽》卷二十一《時序部六・夏上》同引改。

❷「天子」上，原衍「王」字。按此所引，《周禮・玉人》也，本無「王」字。今據刪。

天子、諸侯曰宫，大夫以下曰寢；妻，諸侯曰夫人，大夫曰孺人，士曰婦，庶人曰妻；死，諸侯曰薨，大夫曰卒，士曰不禄，庶人曰死。意與此同。

禮書卷第五十一終

禮書卷第五十二

玉　冒圭　鎮圭　必

玉

《大宰》：「祀五帝，贊玉幣爵之事。「玉幣，所以禮神。玉與幣各如其方之色。」祀大神示亦如之。享先王亦如之，贊玉几、玉爵。大朝覲會同，贊玉幣、玉獻、玉几、玉爵。」「玉獻，獻國珍異，亦執玉以致之。」《小宰》：「凡祭祀，贊玉幣爵之事。」❶《玉府》：「王齊，則共食玉。「玉是陽精之純者，食之以禦水氣。鄭司農云：『王齊當食玉屑。』」若合諸侯，則共珠盤、玉敦。「敦，盤類，珠玉以爲飾。」凡王之獻金玉、兵器，受而藏之。」《内府》：「凡四方之幣獻金玉、齒革，入焉。」「諸侯朝聘所獻國珍。」《内宰》：「大祭祀，后祼獻則贊。瑤爵亦如之。「《祭統》曰：『君執圭瓚祼尸，大宗執璋瓚亞祼。』此大宗亞祼，謂夫人不與而攝耳。瑤爵，謂尸卒食，王既酳尸，后亞獻之，其爵以瑤爲飾。」凡賓客之祼獻、瑤爵，皆贊。」「瑤爵，所以亞王酬賓也。❷《坊記》曰：『陽侯殺穆侯而竊其夫人，故大饗廢夫人之禮。』」《大宗伯》：「以玉作六瑞，以等邦國。王執鎮圭，「鎮，安也，所以安四方。鎮圭者，蓋以四鎮之山爲瑑飾，圭長尺有二寸。」公執桓圭，「公，二王之後及王之上公。雙植謂之桓。桓，宮室之象，

❶ 「玉幣」、「爵」之間，原爲空格，當五字之位，當是原有文字，後悟其衍而删去也。明本、庫本、嘉慶本補「玉獻玉几玉」五字，反誤矣。《周禮·小宰》曰：「凡祭祀，贊玉幣爵之事、祼將之事。」孫氏點勘曰：「引《小宰》經，誤衍五字。」並於「玉獻玉几玉」五字上各加圈，意删去也。

❷ 「王」，原誤作「圭」，今據《周禮·内宰》鄭注改。

以安其上也。桓圭蓋亦以桓爲瑑飾，圭長九寸。」侯執信圭，伯執躬圭，「信當爲身，聲之誤也。身圭、躬圭，蓋皆象以人形，爲瑑飾，文有麤縟耳。欲其行以保身。圭皆長七寸。」子執穀璧，男執蒲璧。「穀所以養人。蒲爲席，所以安人。二者或以穀爲飾，或以蒲爲飾。璧皆徑五寸。不執圭者，未成國也。」以玉作六器，以禮天地四方。「禮，謂始告神時薦於神坐，《書》曰『周公植璧秉圭』是也。」以蒼璧禮天，以黄琮禮地，以青圭禮東方，以赤璋禮南方，以白琥禮西方，以玄璜禮北方。「此禮天以冬至，謂天皇大帝在北極者也；禮地以夏至，謂神在崑崙者也；禮東方以立春，爲蒼精之帝，而大昊、句芒食焉；❶禮南方以立夏，謂赤精之帝，而炎帝祝融食焉；禮西方以立秋，謂白精之帝，而少昊、蓐收食焉；禮北方以立冬，謂黑精之帝，而顓頊、玄冥食焉。禮神者必象其類：璧圜象天；琮方象地；圭鋭象春物初生；半圭曰璋，象夏物半死；琥猛象秋嚴；半璧曰璜，❷象冬閉藏，地上無物，唯天半見。」皆有牲幣，各放其器之色。「幣以從爵，若人飲酒有酬幣。」❸正義曰：「知幣是從爵，❹非禮神者，若是禮神，當在牲上，❺以其禮神，幣與玉俱設。若《肆師》云『立大祀，用玉帛、牲牷』，❻是帛在牲上；今在下，明非禮神者也。❼云『若人飲酒有酬幣』者，獻尸從爵之幣無文，故以生人飲酒之禮況之。案聘禮、饗禮有酬幣，❽明此幣既非禮神之幣，則獻尸後酬尸時，亦有幣之從爵也。」凡祀大神、享

❶「芒」，原誤作「王」，今據明本、庫本、嘉慶本及《周禮·大宗伯》鄭注改。

❷「曰」，原脱，今據庫本、嘉慶本及《周禮·大宗伯》鄭注補。

❸「人」，原脱，今據庫本、嘉慶本及《周禮·大宗伯》鄭注補。

❹「是」，原誤作「見」，今據庫本及《周禮·大宗伯》賈疏改。

❺「當」，原誤作「常」，今據庫本及《周禮·大宗伯》賈疏改。

❻「牷」，原誤作「牲」，今據庫本及《周禮·大宗伯》賈疏改。

❼「非」，原脱，今據庫本及《周禮·大宗伯》鄭注補。

❽下「禮」，原誤作「明」，今據庫本及《周禮·大宗伯》賈疏改。

大鬼，祭大示，宿，視滌濯，涖玉鬯，省牲鑊，奉玉齍，詔大號。」「玉，禮神之玉也。始涖之，祭又奉之。」《小宗伯》：「若國大貞，則奉玉帛以詔號。「號，神號、幣號。鄭司農云：『大貞，謂卜立君、卜大封。』」凡祭祀、賓客，以時將瓚果。」「將，送也，猶奉也。祭祀以時奉而授王，賓客以時奉而授宗伯。」❶《肆師》之職：「掌立國祀之禮，以佐大宗伯。立大祀，用玉帛、牲牷；立次祀，用牲幣；立小祀，用牲。」正義曰：「經言『立大祀用玉帛牲牷』者，天神中非直有升煙玉帛牲，亦有禮神者也；地示中非直有瘞埋玉帛牲，亦兼有禮神者也；宗廟中無升煙瘞埋，❷直有禮神幣帛與牲，又不見有禮神之玉。或可以灌圭爲禮神之玉，亦通一塗。『立次祀用牲幣』者，天神日月星辰，地示血祭社稷五祀五岳是也。宗廟次祀已下，與大祀同，亦直有禮神幣帛而已。」《天府》：「季冬陳玉，以貞來歲之媺惡。」「問事之正曰貞。陳玉，陳禮神之玉。龜有天地四方，則玉有六器者與？」正義曰：「夏之季冬將卜筮之時，先陳玉以禮神。」《典瑞》：「掌玉瑞、玉器之藏。「人執以見曰瑞，禮神曰器。」王晉大圭，執鎮圭，繅藉五采五就，以朝日。公執桓圭，侯執信圭，伯執躬圭，繅皆三采「朱白蒼。」三就；子執穀璧，男執蒲璧，繅皆二采「朱綠。」再就，以朝覲宗遇會同于王。諸侯相見亦如之。瑑圭璋璧琮，繅皆二采一就，以覜聘。「璋以聘后、夫人，以琮享之也。鄭司農云：『瑑，有圻鄂瑑起。』」四圭有邸以祀天、旅上帝。「鄭司農云：『於中央爲璧，圭著其四面，一玉俱成。』《爾雅》曰：『邸，本也。』圭本著於璧，故四圭有邸，圭末四出故也。玄謂祀天，夏正郊天也。上帝，五帝，所郊亦猶五帝。殊言天者，尊異之也。」正義曰：「夏正郊所感帝。」兩圭有邸以祀地，以旅四望。「兩圭者，以象地數二也。僢而

❶「奉」，原誤作「之」，今據庫本及《周禮・小宗伯》鄭注改。

❷「升」，今所見《周禮・肆師》賈疏無，然孫詒讓《周禮正義・肆師》引賈疏有，是孫氏之意此字當有。

同邸。祀地，謂祀於北郊神州之神。」正義曰：「按《河圖·括地象》『崑崙東南萬五千里神州』是也。或解郊用三陽之月，神州宜用三陰之月，當七月祭也。」裸圭有瓚，以肆先王，以裸賓客。「鄭司農云：『於圭頭爲器，可以挹鬯裸祭，謂之瓚。故《詩》曰：「卹彼玉瓚，黃流在中。」《國語》謂之鬯圭。以肆先王，灌先王祭也。』玄謂漢禮，瓚槃大五升，口徑八寸，下有槃口徑一尺。」圭璧以祀日月星辰。「圭其邸爲璧，取殺於上帝。」璋邸射以祀山川，以造贈賓客。「璋有邸而射，取殺於四望。」珍圭以徵守，以恤凶荒。「杜子春云：『珍當爲鎮，故書爲鎮。以徵守者，以徵召守國諸侯，若今時徵郡守以竹使符也。鎮者，國之鎮，諸侯亦一國之鎮，故以鎮圭徵之也。凶荒則民有遠志，不安其土，故以鎮圭鎮安之。』玄謂珍圭，王使之瑞節，制大小當與琬琰相依。王使人徵諸侯，憂凶荒之國，則授之，執以往致王命焉，如今時使者持節矣。」牙璋以起軍旅，以治兵守。「鄭司農云：『牙璋，瑑以爲牙。牙齒，❶兵象，故以牙璋發兵。若今時以銅虎符發兵。』玄謂牙璋亦王使之瑞節。兵守，用兵所守，若齊人戍遂，諸侯戍周。」正義曰：「《漢文帝本紀》云：『二年九月，初與郡國守爲銅虎符、竹使符。』應劭曰：『銅虎符，從弟一至弟五，國家當發兵，遣使者至郡國合符，合乃聽受之。竹使符，皆以竹箭五枝，長五寸，鐫刻篆書，弟一至弟五。』張晏曰：『以代古圭璋，從簡，亦便其事也。』」璧羨以起度。「鄭司農云：『羨，長也。此璧徑長尺，以起度量。《玉人》職曰：「璧羨度尺以爲度。」』玄謂羨，不圜之貌，蓋廣徑八寸，袤一尺。」正義曰：「減旁一寸以益上下，❷則上下一尺，橫徑八寸矣。」穀圭以和難，以聘女。「其飾若粟文然。難，仇讎，和之。」琬圭以治德，以結好。「琬圭，亦王使之瑞節。諸侯有德，王命賜之。及諸侯使大夫來聘，既而爲壇會之，使大夫執以命事焉。」琰圭以易行，以除慝。「琰圭，亦王使之瑞節。鄭司農云：『琰圭有鋒芒，傷害征伐誅討之象，故以易行、除慝。』」「玉人之事：鎮圭尺有二寸，天子守之；命圭九寸，謂之桓圭，公守之；命圭七

❶「牙」，原脱，今據庫本、嘉慶本及《周禮·典瑞》補。
❷「寸」，原誤作「尺」，今據庫本及《周禮·典瑞》賈疏改。

寸，謂之信圭，侯守之；命圭七寸，謂之躬圭，伯守之。「命圭者，王所命之圭也，朝覲執焉，居則守之。子〔守〕穀璧，男守蒲璧，不言之者，闕耳。故書或〔云〕『命〔圭〕五〔寸〕，謂之躬圭』。❶杜子春云：『當爲七寸。』玄謂五寸者，璧文之闕亂存焉。」天子執冒四寸，以朝諸侯。「名玉曰冒者，〔言〕德能〔覆蓋天下也〕。四寸者，方以尊接卑，以小爲貴。」天子用全，上公用龍，侯用瓚，伯用將。「鄭司農〔云：『全，純色〕也。龍〔當謂尨，謂雜〕色。』玄謂全，純玉也。❷瓚，讀爲『餐屬』之餐。龍、瓚、將，皆雜色也。卑者下尊，以〔輕重爲差，玉多則重〕，石多則輕。公侯四玉一石，伯子男三玉二石。」正義曰：「《盈不足術》曰：『玉，方寸，重〔七兩；石，方寸，重〕六兩。』云『公侯四玉一石，伯子男三玉二石』者，案《禮緯》云：『天子純玉，尺二寸；公侯九〔寸〕，四〔玉一石〕；伯子男三玉二石。』此注出於彼。但此經公與侯異，❸注及彼文公侯同。又彼伯子男同〔七寸，皆與此〕經不同者，彼據商法，但玉石多少與周同，故引之也。若然，公侯同四玉一石，而龍瓚異者，蓋玉色有別也。」繼子男執皮帛。「謂〔公之孤也，見禮〕次子〔男，贄用束帛〕，而以豹皮表之爲飾。天子之孤，表帛以虎皮。」天子圭中必。「必，讀如『鹿車縪』之縪，❹謂以組約其中央，爲執之〔以備失墜〕。」正義曰：「《聘禮・記》五等諸侯及聘使所執圭〔璋皆有繅藉〕及絢組，所以約圭中央，恐失墜，即此中必之類。❺若然，中必尊卑皆有，不言諸侯圭，❻舉上以明下可知。云『讀如鹿車縪之縪』者，俗讀之也。此縪、絢組一也。」四圭尺有二〔寸，以〕祀天。「郊天，所以禮其神也。《典瑞》曰：『四圭有邸以祀天，旅上帝。』」大

❶「躬」，原誤作「男」，今據庫本、嘉慶本及《周禮・玉人》鄭注改。

❷「玉」，原誤作「正」，今據庫本及《周禮・玉人》鄭注改。

❸「與」，原誤作「爲」，今據庫本、嘉慶本及《周禮・玉人》鄭注改。

❹上「縪」，原脱，今據明本、庫本、嘉慶本及《周禮・玉人》鄭注、文意補。

❺「此」，原誤作「以」，今據庫本及《周禮・玉人》賈疏改。

❻「不」，原誤作「岦」，今據明本、庫本、嘉慶本及《周禮・玉人》賈疏改。

圭長三尺，杼上，終葵首，天子〔服〕之。「王所搢大圭也，或謂之珽。終葵，椎也。爲椎於其杼上，明無所屈也。杼，殺也。《相玉書》曰：『珽玉六寸，明自炤也。』」土圭尺有五寸以致日，以土地。「致日，度景至不。夏日至之景尺有五寸，冬日至之景丈有三尺。土猶度也。❶建邦國以度其地而制其〔域〕。」裸圭尺有二寸，有瓚，以祀廟。「瓚如盤，其柄用圭，有流前注。」正義曰：「《大祝》職云：❷『王過大山川，大祝用事。』不言中山川、小山川者，〔舉大者而言，或〕使小祝爲之也。」❸琬圭九寸而繅，以象德。「琬猶圜也。王使之瑞節也。諸〔侯有德，王〕命賜之，使者執琬圭以致命焉。〔繅，藉〕也。」〔琰圭〕九寸，判規，以除慝，以易行。「凡圭，琰上寸半。❹琰圭，琰半以上，❺又〔半爲瑑飾。諸侯〕有爲不義，使者征之，執以爲瑞節也。〔除慝，誅惡逆〕也。易行，去煩苛。」璧羨度尺，好三寸，以爲度。「鄭司農云：『羨，徑也。好，璧孔也。《〔爾雅》曰：「〔肉〕倍好謂之璧，好倍肉謂之瑗。」』〔玄謂羨〕猶延，其袤一尺而廣狹焉。」圭璧五寸，以祀日月星辰。「禮其神也。圭，其邸爲璧，取殺於上帝。」璧琮九寸，諸侯以享天子。「享，獻也。《聘禮》享君以璧，享夫人以琮。」❻穀圭七寸，天子以聘女。「〔納徵〕加於束帛。」大璋、中璋九寸，邊璋七寸，射四寸，厚寸，黄金勺，青〔金〕外，朱中，鼻寸，衡四寸，有繅，天子以巡守，宗祝以前〔馬〕。「〔射，琰〕出者也。勺，鄭司農云：『鼻，謂勺龍頭鼻也。衡，謂勺柄龍頭也。』玄謂鼻，勺流也。〔凡流皆〕爲龍口

❶「土」，原誤作「王」，今據明本、庫本、嘉慶本及《周禮·玉人》鄭注改。

❷「祝」，原誤作「祀」。按此所引，《周禮·大祝》也。今據改。

❸「使」，原作「史」，今據及《周禮·玉人》鄭注改。

❹「上」，原誤作「二」，今據明本、庫本、嘉慶本及《周禮·玉人》鄭注改。

❺「上」，原誤作「工」，今據明本、庫本、嘉慶本及《周禮·玉人》鄭注改。

❻「夫」，原誤作「大」，今據明本、庫本、嘉慶本及《周禮·玉人》鄭注改。

也。衡謂勺徑也。三璋之勺，形如圭瓚。天子巡守，有事山川，則用灌〔焉。於大〕山川則用大璋，加文飾也；於中山川用中璋，殺文飾也；於小山川用邊璋，半文飾也。其祈沈以馬，宗祝亦執勺以先之。禮，王過大山川，❶則大祝用事焉；將有事於四海、山川，〔則校〕人飾黄駒。」正義曰：「《大祝》職云：『過大山川，大祝用事。』不言中山川、小山川者，舉大者而言，或使小祝爲之也。」大璋亦如之，諸侯以聘女。「亦納徵加於束帛也。大璋者，以大璋之文飾之也。亦如之者，如邊璋七寸，射四寸。」瑑圭璋八寸，璧琮八寸，以覜聘。「瑑，文飾也。覜，視也。聘，問也。衆來曰覜，特來曰聘。❷《聘禮》曰：『凡四器者，惟其所寶，以聘可也。』」牙璋、中璋七寸，射二寸，厚寸，以起軍旅，以治兵守。「二璋皆有鉏牙之飾於琰側，❸〔先〕言牙〔璋，有文〕飾也。」正義曰：「軍多用牙璋，軍少用中〔璋。牙璋之〕飾多，故先言之。」駔琮七寸，鼻寸有半寸，天子以爲權。「以爲權，故有〔鼻〕。」兩圭五寸有邸，以祀地，以旅四望。瑑琮八寸，諸侯以享夫人。案十有二寸，棗栗十有二列，諸侯純九，大夫純五，夫人以勞諸侯。璋邸射，素功；以祀山川，以致稍餼。「邸射，剡而出也。致稍餼，納稟食也。鄭司農云：『素功，無文飾也。』」《曲禮》：「執主器，操幣圭璧，則尚左手。行不舉足，車輪曳踵。」「凡摯，天子鬯，諸侯圭。」《王制》：「有圭璧金璋不粥於市，錦文珠玉成器不粥於市。」《月令》：「春服蒼玉，「凡所服玉，謂冠飾及所佩者之衡璜也。」夏服赤玉，中央服黄玉，秋服白玉，冬服玄玉。仲春祀不用犧牲，用圭

❶「山」，原誤作「川」，今據嘉慶本及《周禮・玉人》鄭注改。

❷「特」，原誤作「將」，今據明本、庫本、嘉慶本及《周禮・玉人》鄭注改。

❸「側」，原作「則」，今據明本、庫本、嘉慶本及《周禮・玉人》鄭注改。

璧，更皮幣。」「爲季春將選而合騰之也。」❶《曾子問》曰：「『師行無遷主，則何主？』孔子曰：『主命。』問曰：『何謂也？』孔子曰：『天子、諸侯將出，必以幣帛、皮、圭告于祖禰，遂奉以出，載于齊車以行，每舍奠焉，而后就舍。「以脯醢禮神，乃敢即安也。所告而不以出，即埋之。」❷反必告，設奠，卒，斂幣玉，藏諸兩階之間，乃出。蓋貴命也。』」《禮器》曰：「諸侯以圭爲瑞。家不藏圭，言有稱也。」又曰：「圭璋特，琥璜爵。此以少爲貴也。「圭璋特，朝聘以爲瑞，無幣帛也。琥璜爵者，天子酬諸侯，諸侯相酬，以此玉將幣也。」大圭不琢，此以素爲質也。大饗，其王事與？「謂祫祭先王。」束帛加璧，尊德也。」《郊特牲》曰：「大圭不琢，美其質也。」「灌以圭璋，用玉氣也。」「束帛加璧，往德也。」《玉藻》曰：「執玉龜襲。執龜玉，舉前曳踵，蹜蹜如也。」《明堂位》曰：「灌用玉瓚大圭，薦用玉豆，爵用玉琖，加以璧散、璧角。」又曰：「執玉、執龜筴不趨。」《雜記》：「含者執璧。上介賵，執圭。」《祭統》曰：「君執圭瓚祼尸，大宗執璋瓚亞祼。」「圭瓚、璋瓚，祼器也，以圭璋爲柄，酌鬱鬯曰祼。大宗亞祼，容夫人有故，攝焉。」《聘義》曰：「致饔餼，還圭璋，賄、贈、饗、食、燕，所以明賓客君臣之義也。」子貢問於孔子曰：『敢問君子貴玉而賤碈者何也？爲玉之寡而碈之多與？』「碈，石似玉，或作玟也。」孔子曰：『非爲碈之多故賤之也，玉之寡故貴之也。夫昔者君子比德於玉焉：溫潤而澤，仁也；縝密以栗，知也；廉而不劌，義也；垂之如隊，禮也；叩之其聲

❶ 「騰」，原誤作「滕」，今據明本、庫本、嘉慶本及《禮記·月令》鄭注改。

❷ 「埋」，原誤作「理」，今據明本、庫本、嘉慶本及《禮記·曾子問》鄭注改。

清越以長，其終詘然，樂也；瑕不揜瑜，瑜不揜瑕，忠也；孚尹旁達，信也；氣如白虹，天也；精神見于山川，地也；圭璋特達，德也；天下莫不貴者，道也。』」《聘禮》：「受命于朝。賈人西面坐，啓櫝，取圭垂繅，不起而授宰。「賈人，在官知物賈者。繅，所以藉圭也，其或拜，則奠于其上。」宰執圭，屈繅，自公左授使者。「屈繅者，斂之，禮以相變爲敬也。自公左，贊幣之義。」使者授圭，同面，垂繅以受命。「同面者，宰就使者北面並授之，既之，❶而君出命矣。凡授受者，授由其右，受由其左也。」既述命，同面授上介。「述命者，循君之言，重失誤。」上介受圭，屈繅，出授賈人。衆介不從。「賈人，將行者，在門外北面。」受享束帛加璧，受夫人之聘璋，享玄纁束帛加琮，皆如初。「享，獻也。既聘又獻，所以厚恩惠也。帛，今之璧色繒也。夫人亦有聘享者，以其與己同體，爲國小君也。其聘用璋，取其半圭也。君享用璧，夫人用琮，天地配合之象也。圭璋特達，瑞也。璧琮有加，往德也。《周禮》曰：『瑑圭璋璧琮，以覜聘。』」公側襲，受玉于中堂與東楹之間。賓出。公側授宰玉。聘于夫人用璋，享用琮，如初禮。君使卿皮弁還玉于館。「還之者，德不可取於人，相切厲之義也。皮弁者，始以此服受之，不敢不終也。」禮玉、束帛、乘皮，「禮，禮聘君也，所以報享也，亦言玉璧可知也。」皆如還玉禮。使者歸，卿進使者，使者執圭垂繅，北面。上介執璋屈繅，立于其左。「此主於反命。上介亦隨入，並立，東上。」反命，曰：『以君命聘于某君，某君受幣于某宮，某君再拜。以享某君，某君再拜。』「君亦揖使者進之，乃進反命也。某君，某，國名也。某宮，若言桓宮、僖宮也。某君再拜，謂再拜受也。必言此者，明彼君敬君，己不辱命。」宰自公左受玉。「亦於使者之東，同面並受也。不右

---

❶「既之」，明本、庫本、嘉慶本作「既授」，《儀禮・聘禮》鄭注原作「既授之」。

使者，由便也。」❶受上介璋，致命亦如之。執賄幣以告，曰：『某君使某子賄。』授宰。禮玉亦如之。私幣不告。「亦略卑也。」聘遭喪，「主國君薨。」不賄，不禮玉，不贈。」記：「所以朝天子，圭與繅皆九寸，剡上寸半，厚半寸，博三寸。繅，三采六等，朱白蒼。「剡上，象天圜地方也。九寸，上公之圭。」問諸侯，朱緑繅，八寸。二采再就，❷降於天子也。於天子曰朝，於諸侯曰問，互相備。」皆玄纁繫，長尺，絢組。「組無事則繫玉，因以爲飾，皆用五采組，上以玄，下以絳。」凡四器者，唯其所寶，以聘可也。「四器：圭璋璧琮。」上介執圭，如重，授賓。賓執圭，入門，鞠躬焉，如恐失之。凡執玉，無藉者襲。」「藉，謂繅也。」《覲禮》：「至于郊，王使人皮弁用璧勞。侯氏升受玉。使者左還而立，侯氏還璧。朝以瑞玉，有繅。侯氏入門右，坐奠圭，拜。坐取圭，升。王受之玉。侯氏降拜，升成拜，乃出。三享皆束帛加璧。侯氏升，致命。王撫玉。「王不受玉，撫之而已，輕財也。」方明者，木也。設六玉：上圭，下璧，南方璋，西方琥，北方璜，東方圭。」記：「奠圭于繅上。」《崧高》詩曰：「錫爾介圭，以作爾寶。」毛曰：「寶，瑞也。」箋云：「圭長尺二寸謂之介圭。諸侯之瑞圭，自九寸而下。」《韓奕》曰：「以其介圭，入覲于王。」鄭曰：「貢國所出之寶。」《長發》曰：「受小球大球，爲下國綴旒。」箋云：「湯受小玉，謂尺二寸圭也。受大玉，謂珽也，長三尺。執圭搢珽，以與諸侯會同。」《雲漢》曰：「圭璧既卒，寧莫我聽。」箋云：「禮神之圭璧又已盡矣。」《泮水》曰：「來獻其琛。」《舜典》曰：「輯五瑞，班瑞于群后。」又曰：「脩五禮、五玉、三帛、二生、一死贄，如

❶「便」，原誤作「使」，今據《儀禮·聘禮》鄭注改。
❷「二」，原誤作「三」，今據庫本及《儀禮·聘禮》鄭注改。

五器，卒乃復。」《禹貢》：「揚州，厥貢瑤琨。雍州，厥貢球琳琅玕。」《金縢》曰：「武王有疾，周公乃爲三壇同墠。「因大王、王季、文王，請命於天。」爲壇於南方，北面，周公立焉。植璧秉圭，乃告大王、王季、文王，「璧以禮神。植，置也，置於三王之坐。周公秉桓圭以爲贄。」曰：『爾之許我，我其以璧與珪歸，俟爾命；爾不許我，我乃屏璧與珪。』」《顧命》：「越玉五重，陳寶，弘璧、琬、琰在西序，大玉、夷玉、天球，在東序。大保承介圭，上宗奉同瑁。「大圭長尺二寸，天子守之，故奉以奠康王所位。同，爵名。瑁，所以冒諸侯。圭，所以齊瑞信，方四寸，❶邪刻之。」王乃受同瑁，王三宿，三祭，三咤。「咤，奠也。」上宗曰：『饗。』「祭必受福，贊王曰：『饗福酒。』」正義曰：「上宗以同酌進王。」❷太保受同，降，盥，以異同。正義曰：「祭祀以變爲敬。」秉璋以酢，「太保以盥手，洗異同，實酒，秉璋以酢祭。半圭曰璋，臣所奉王。已祭，太保又祭。報祭曰酢。」授宗人同，拜。王答拜。太保受同，祭，嚌。」《康王之誥》曰：「賓稱奉圭兼幣，曰：『一二臣衛，敢執壤奠。』」《周語》：「襄王使召公過及内史過，賜晉惠公命，晉侯執玉卑，拜不稽首。「玉，信圭，侯所執。執天子器則上衡。」内史過曰：『執玉卑，替其贄也；「替，廢也。」拜不稽首，誣其上也。替贄無鎮，「鎮，重也。」誣王無民。』」《魯語》：「長勺之役，曹劌問所以戰於莊公，公曰：『余不愛衣食於民，不愛牲玉於神。』」「魯饑，文仲以鬯圭與玉磬如齊告糴。」「仲尼曰：『古者分同姓以珍玉，展親也。』」《齊語》：「桓公知諸侯之歸己也，故使輕其幣

❶「方」，原脱，今據明本、庫本、嘉慶本及《尚書・顧命》孔注補。

❷「王」，原誤作「士」，今據明本、庫本、嘉慶本及《尚書・顧命》孔注改。

而重其禮，故天下諸侯罷馬以爲幣，縷綦以爲奉，「綦，綺文。以純緝綦，以爲藉玉之繅。」鹿皮四分。」「分，散也。」《楚語》：「先王之祀也，一純，二精。「一純，心純一而潔也。二精，玉帛也。」玉足以庇廕嘉穀，使無水旱之災，則寶之；龜足以憲臧否，則寶之；珠足以禦火災，則寶之；金足以禦兵亂，則寶之。」《晉語》：「公子夷吾居梁二年，驪姬使奄楚以環釋言。「環，還也。」夷吾以白珩六雙納之公子縶。」「重耳及河，子犯授公子載璧。❶公子曰：『所不與舅氏同心者，有如河水！』沈璧以質。」「質，信也。」《左傳》桓元年：「鄭伯以璧假許田。」莊十八年：「虢公、晉侯朝王，王皆賜玉五瑴，非禮也。」「雙玉爲瑴。」二十四年：「哀姜至，公使宗婦覿，用幣，非禮也。御孫曰：『男贄大者玉帛，小者禽鳥，以章物也。』」僖二年：「晉以垂棘之璧假道於虞。」六年：「許男面縛銜璧見楚子。」七年：「申侯有寵於楚文王，文王與之璧。」十一年：「天王使召武公、内史過賜晉侯命，受玉惰。過歸，告王曰：『晉侯其無後乎！王賜之命，而惰於受瑞，先自棄也已，其何繼之有！』」二十三年：「僖負羈饋重耳盤飧，❷寘璧焉。」二十八年：「楚子玉自爲瓊弁玉纓。」三十年：「衛侯納玉於王，與晉侯皆十瑴。」文十二年：「秦伯來聘，襄仲辭玉，答曰：『不腆先君之敝器，使下臣致諸執事，以爲瑞節。』」又：「秦伯以璧祈戰于河。」宣十年：「凡諸侯之大夫違，告於諸侯曰：『某氏之守臣某失守宗廟，敢告。』所有玉帛之使者則告，不

❶「載」，原誤作「戴」，今據嘉慶本及《國語·晉語》改。

❷「僖負羈」，原誤作「曹共公」。按《左傳》僖二十三年云：「晉公子重耳出亡，及曹，曹共公不禮。僖負羈之妻乃饋重耳盤飧，寘璧焉。」今據改。

然則否。」十五年：「伯宗曰：『瑾瑜匿瑕。』」成二年：「韓厥奉觴加璧以進。」「齊賂晉以紀甗玉磬。」十七年：「聲伯夢涉洹，或與己瓊瑰，食之。」襄十五年：「宋人得玉，獻諸子罕。」十八年：「晉侯伐齊，將濟河，獻子以朱絲係玉二瑴而禱曰：『苟捷有功，無作神羞。』」十九年：「公賄荀偃束錦加璧、乘馬。」二十六年：「宋夫人饋左師錦與馬，先之以玉。」三十年：「駟帶與子正盟，❶用兩珪質于河。」昭四年：「賴子銜璧造於中軍，王受其璧。」五年：「楚蔿啓彊曰：『朝聘有珪，享覜有璋，小有述職，大有巡功。』」十六年：「宣子有環，其一在鄭商。」七年：「燕人歸燕姬，賂以瑤罋、玉櫝、斝耳，不克而還。」二十有四年：「王子朝用成周之寶珪于河。甲戌，津人得諸河上。陰不佞以温人南侵，拘得玉者，取其玉，將賣則爲石。」定三年：「蔡昭侯爲兩佩，一獻楚昭王。蔡侯歸，及漢，執玉而沈。」四年：「子魚曰：『武王分魯以夏后氏之璜。』」五年：「季平子卒，陽虎將以璵璠斂。」八年：「陽虎取寶玉大弓。」十五年：「邾隱公來朝，執玉高。」哀七年：「子服景伯曰：『禹合諸侯於塗山，執玉帛者萬國。』」十三年：「子服景伯曰：『王合諸侯，朝覲玉帛不同。』」十四年：「向魋出於魏地，公文氏攻之，求夏后氏之璜，與之他玉。」十七年：「殺呂姜髢，取其璧。」❷

❶「正」，原誤作「止」，今據庫本及《左傳》襄三十年改。

❷「殺呂姜髢取其璧」，疑有脱文。《左傳》哀十七年云：「公自城上見己氏之妻髮美，使髡之，以爲呂姜髢。既入焉，而示之璧，曰：『活我，吾與女璧。』己氏曰：『殺女，璧其焉往。』遂殺之而取其璧。」

冒

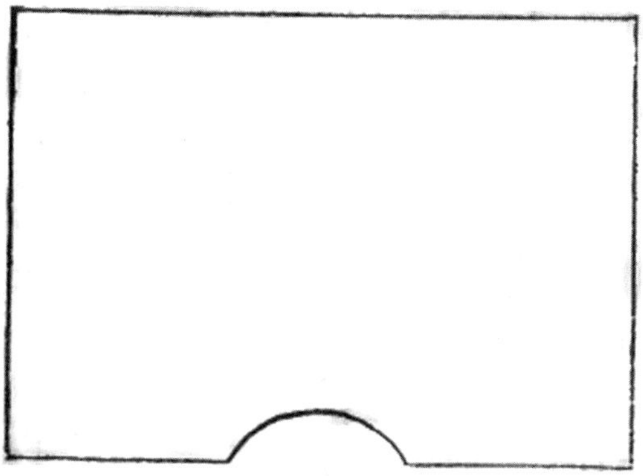

圭四寸。

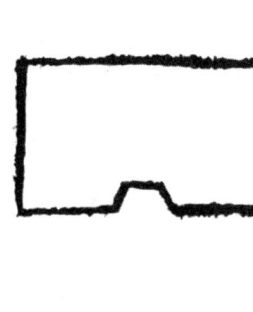

❶

《玉人》曰：「天子執冒圭四寸，以朝諸侯。」《書》曰：「太保承介圭，上宗奉同瑁。」《書大傳》曰：「古者圭必有冒，言下之必有冒，不敢專達也。天子執冒以朝諸侯，見則覆之。故冒圭者，天子所與諸侯爲瑞也。瑞也者，屬也。無過行者得復其圭，以歸其國。有過行者留其圭，能改過者復其圭。三年圭不復，少黜以爵；六年圭不復，少黜以地；九年圭不復，而地畢。此所謂諸侯之於天子也，義則見屬，不義則不見屬。」鄭康成曰：「冒，言德能覆天下也。四寸者，以尊接卑，以小爲貴也。」孔安國曰：「冒以齊瑞信，方四寸，邪刻之。」孔穎達曰：「諸侯即位，天子賜之命圭，首邪鋭，則冒當邪刻，其廣狹如圭首然，冒之以知諸侯之信

❶ 此爲底本圖。

僞，猶今之合符也。」瑁方四寸，則圭首之廣無四寸耳。天子以一瑁冒諸侯之圭，則公侯伯之圭首廣狹等也。瑁，冒圭而已。璧亦稱瑞，其所以齊信，未之聞也。

上覆下謂之冒，下冒上亦謂之冒。《易》曰：「冒天下之道。」《詩》曰「下土是冒」，上覆下也。《説文》曰「冒地而生」，《農書》曰「土長冒橛」，下冒上也。瑁圭謂之瑁，則覆下而已。四寸所以冒四方，邪刻之所以驗群瑞。天子執之以朝諸侯，則子男之璧亦在所驗，其詳不可考也。諸侯之朝天子，執瑞圭，搢象笏，及輯瑞圭而以瑁驗焉。蓋各執其所搢者，《禮》曰「見於天子無説笏」是也。孔穎達曰：「冒圭，王與諸侯朝覲所執者。小球尺二寸，大球長三尺，王與諸侯盟會所執者。然《詩》言『受小球大球』，則小球者，蒲璧、穀璧之類；大球者，桓圭、躬圭之類，而天子授之，則非二尺與三尺之圭矣。」穎達之言，非惑於《詩傳》之説歟？

鎮 圭尺二寸，有必。

❶

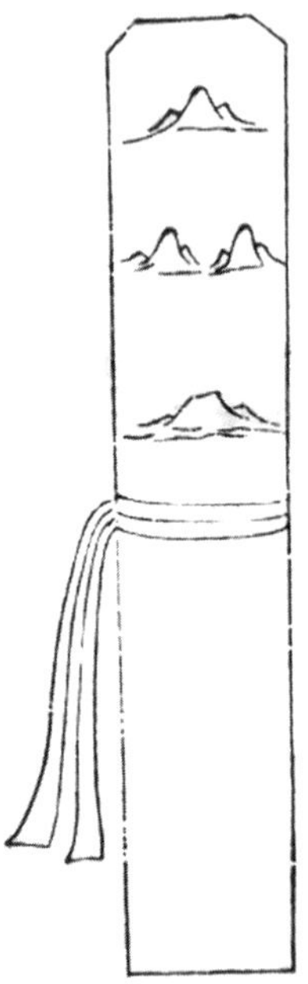

《周禮·大宗伯》：「王執鎮圭。」《典瑞》：「王搢大圭，執鎮圭，繅藉五采五就，

❶ 此爲底本圖。

以朝日。」又曰：「鎮圭以徵守，以恤凶荒。」《玉人》職曰：「鎮圭尺有二寸，天子守之。」鄭氏曰：「鎮，安也，所以安四方。鎮圭者，蓋以四鎮之山爲飾。」

崇高敦厚而萬物附焉，山也。山之大者四方仰焉，四鎮也。《周官·職方氏》九州皆有鎮山，《大司樂》有四鎮五嶽。鄭氏謂：「揚州之會稽，青州之沂山，幽州之醫無閭，冀州之霍山。」鎮圭以四鎮爲瑑飾，於理或然。鎮圭尺有二寸，則天數也。繅藉五采五就，備文德也。其玉用全，無厖雜也。《考工記》曰：「天子用全。」其中有必，防失隊也。《考工記》曰：「天子圭中必。」鄭氏曰：「必讀繹。繹，以組約其中央，以備失隊。」古之飾刀室者謂之珌，正固弓者謂之韠。則約圭之中，因以爲飾，而命之曰必，亦若是耳。鎮圭，王執之以朝日，使者執之以徵守，恤凶荒。蓋曰能鎮於下，然後可以事上；能鎮於此，然後可以召彼。衈凶荒，亦所以鎮之也。《玉人》：「大琮十有二寸，射四寸，厚寸，是謂內鎮，宗后守之。」則后之內鎮，猶王之鎮圭耳。鎮圭尺有二寸，言其長也。內鎮十有二寸，言其方也。《小行人》作瑱，《典瑞》作珍，故書作鎮。或曰鎮圭猶《天府》所謂玉鎮，非四鎮也。是亦一說。

禮書卷第五十二終

禮書卷第五十三

大琮　駔琮　后駔琮　桓圭　信圭　躬圭　穀璧　蒲璧　介圭　王繅　公侯伯繅　子男繅　聘王繅　問諸侯繅

大琮

《玉人》曰：「大琮十有二寸，射四寸，厚寸，是謂内鎮，宗后守之。」鄭氏曰：「琮體八方，射，其外鉏牙。」賈公彦曰：「八角鋒各出二寸，兩相并，四寸也。」然地體方而四隅有維，蓋所射者四角而已。《考工記》曰「土以黄，其象方」，則八角之説未之聞也。天子鎮圭以禮鬼神。宗后内鎮，其用無所經見，不可考也。《禮》「大圭不琢」，而大琮謂之内鎮，蓋亦刻鎮山以爲飾，而與大圭不類也。夫王尊而不親，故爲天下之所君；后親而不尊，故爲天下之所宗。觀祀天以璧，祭地以琮，則后固有宗道矣，故謂之宗后。

王駔琮

后駔琮

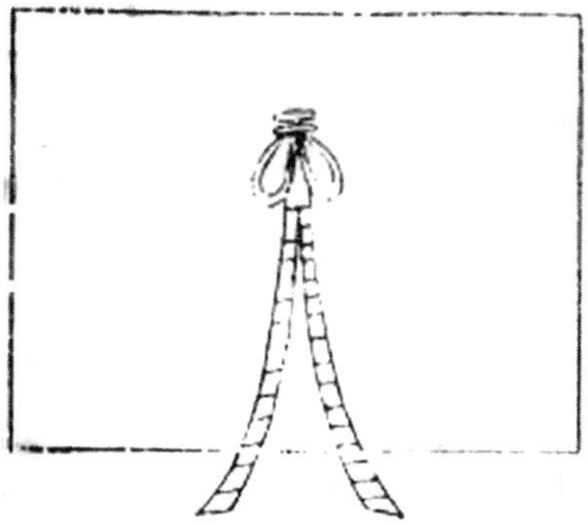

《玉人》：「駔琮五寸，宗后以爲權。駔琮七寸，鼻寸有半寸，大子以爲權。」鄭司農云：「以爲權，故有鼻也。」鄭康成云：「駔讀爲組，以組繫之，因名焉。」然則駔琮與「駔圭璋璧琮」之駔，同以爲權，則與「璧羨起度」之意同。璧羨起度而度不以璧，駔琮起權而權不以琮。《書》言「關石和鈞」，《月令》言「正權石」，《荀卿》言「衡石稱懸」，此權不以琮而以石也。班固言「圜而環之，令肉倍好」，此權不以琮之方而以圜也。《禮》曰：「天子與后，猶日之與月，陰之與陽，相須而後成者也。」故建國，則王立朝，后立市。祭祀，則王耕以共粢盛，后蠶以爲祭服，王獻尸，后亞祼；王親牽射牲，后親薦豆籩。賓客，則王祼獻，后亞之，王致酒，后致飲。玉，亦王有鎮，后有內鎮，王有駔琮

七寸，后有駔琮五寸。駔琮以爲權，而后有之者，以其立市故也。❶

上公桓圭

侯信圭

伯躬圭

子穀璧

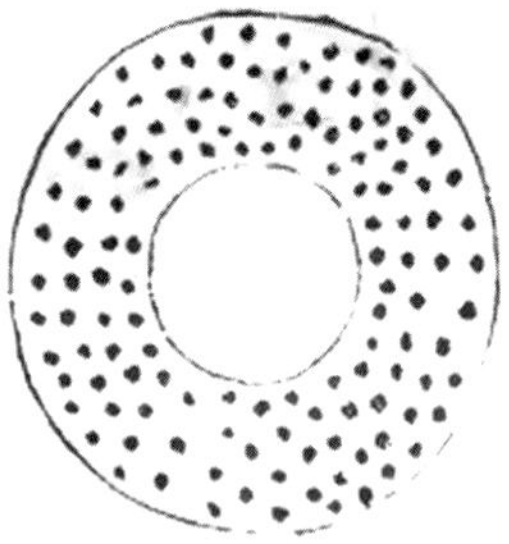

男蒲璧

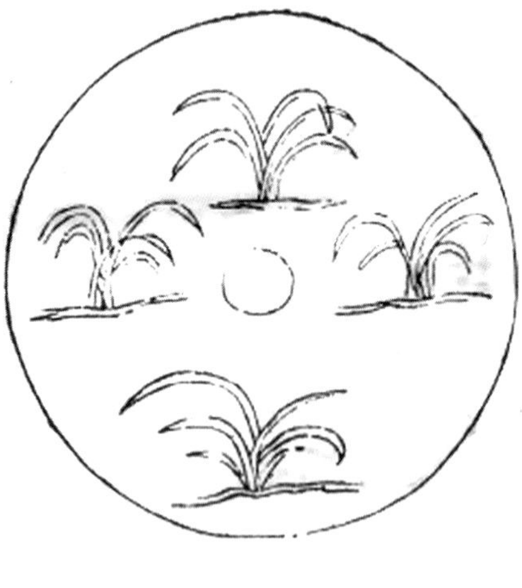

《書》曰：「輯五瑞，修五玉，如五器，卒乃復。」《周禮・大宗伯》：「以玉作六瑞，以等邦國。公執桓圭，侯執信圭，伯執躬圭，子執穀璧，男執蒲璧。」《典瑞》：「公執桓圭，侯執信圭，伯執躬圭，繅皆三采三就；子執穀璧，男執蒲璧，繅皆二采

❶「立市」，原作小字，今據明本、庫本、嘉慶本改作大字。

再就，以朝覲宗遇會同于王。諸侯相見亦如之。」《小行人》：「成六瑞：公用桓圭，侯用信圭，伯用躬圭，子用穀璧，男用蒲璧。」《玉人》：「命圭九寸，謂之桓圭，公守之；命圭七寸，謂之信圭，侯守之；命圭七寸，謂之躬圭，伯守之。」《雜記》曰：「圭，公九寸，侯伯七寸，博三寸，厚半寸，剡上，左右各寸半。」鄭氏曰：「公，二王之後及王之上公。雙植謂之桓。桓，宫室之象，所以安其上也。信當爲身。身與躬圭，❶蓋皆象以人形爲瑑飾，文有麤縟耳，欲其慎行以保身也。穀所以養人，蒲爲席所以安人，璧皆徑五寸。不執圭者，未成國也。」蓋桓强立不撓，而以安上爲任，故公圭瑑之。身伸而躬屈，伸者尊，足以侯外而蔽内；屈者卑，足以長人而已，故侯伯之圭瑑之。子不足於長人而可以養人，故璧瑑以穀；男不足於養人而可以安人，故璧瑑以蒲。圭者天之用，璧者天〔之體，盡〕其用者必盡其體，得其體未必盡其用。此圭璧所以不同也。然王之三公八命，其服七章之鷩冕，其執七寸之信圭，及大射則王服鷩冕，故公降服毳冕，降服毳冕則執躬圭而已。此禮所謂曲而殺也。五玉亦謂之五器，亦謂之五瑞，亦謂之摯。《左氏》曰：「男摯，大者玉帛。」《大宗伯》「作六瑞」，自王以下皆言「執」；《小行人》「成六瑞」，自王以下皆言「用」。則執者自人言之也，用者自玉言之也。執之所以行禮，用之所以合符。《宗伯》、《典瑞》、《行人》皆言「執」，特《小行人》言「用」，則行禮非小行

❶「身」下，今據《周禮·大宗伯》鄭注當有「圭」字。

人所專掌，特掌其合符之事而已。若夫不施於行禮、合符，則寶而守之，此《玉人》所以又言「守之」也。《覲禮》：「侯氏入門，坐奠圭，拜。取圭，升致命。王受之玉。侯氏降，擯者延之，升成拜，乃出。」蓋於是時安玉崇坫之上，《明堂位》所謂「崇坫康圭」者，此也。若夫壇壝宫之禮，則諸侯升受王玉，❶王授之於宰矣。賈公彦曰壇上無坫，當約《聘禮》「側授宰玉」，其説或然。《易》曰：「艮其身，止諸躬也。」《爾雅》曰：「身，我也。躬，身也。」蓋屈身爲躬，信躬爲身，言信圭則身可知。鄭氏改信爲身，不必然也。桓，《説文》作瓛。

介圭

《書》曰：「太保承介圭，上宗奉同瑁。」《詩·崧高》曰：「錫爾介圭，以作爾寶。」《韓奕》曰：「以其介圭，入覲于王。」《爾雅》曰：「介，大也。」又曰：「圭大尺有二寸謂之玠。」夫王之大圭長三尺，則尺有二寸所以錫諸侯者也。諸侯之圭長不過九寸，錫以尺有二寸，使寶之而已。《書》於介圭言太保承之，於瑁言上宗奉之。《書》之介圭，即大圭也。王朝日執鎮圭，搢大圭；見諸侯則執瑁圭，而大圭不搢，則太保承之耳。此承與奉所以不同也。孔安國以《書》之介圭爲王之守圭，長尺二寸者。毛氏以《崧高》、《韓奕》之介圭爲公之守圭，九寸者。鄭氏以《崧高》之介圭爲所錫之圭，尺二寸者；以

❶「受」，據上下文意當作「授」。

《韓奕》之介圭爲享玉者。然王與公之守圭曰鎮圭、桓圭而已，不謂之介，其義當從鄭氏之説。

王　繅五采五就。

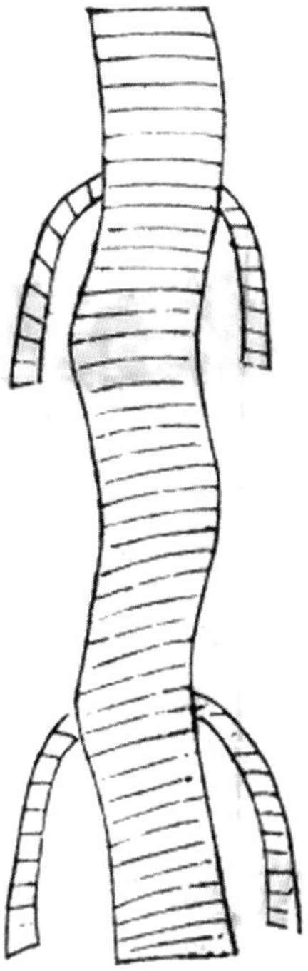

公侯伯　繅三采三就。

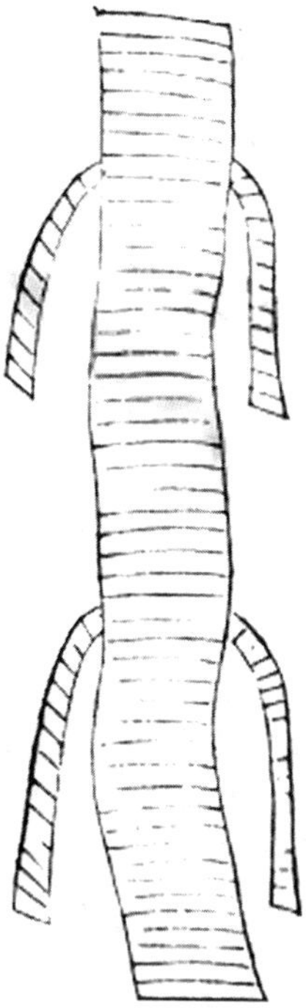

子男　繅朱緑，二采再就。

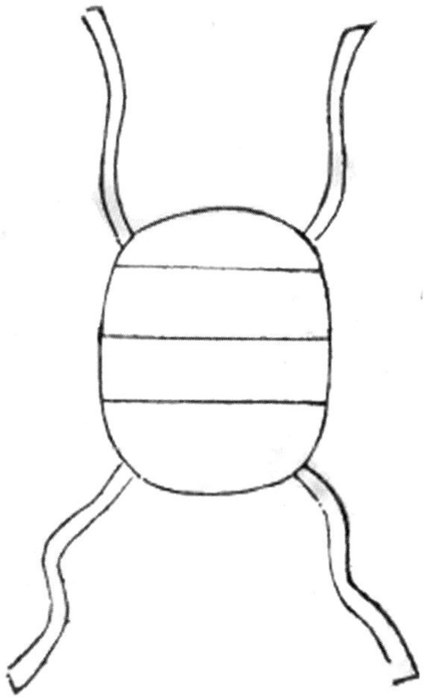

聘王　繅三采六就。

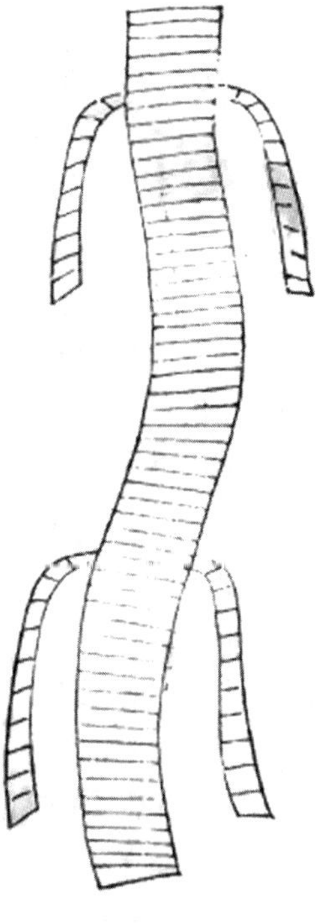

問諸侯繅二采再就。

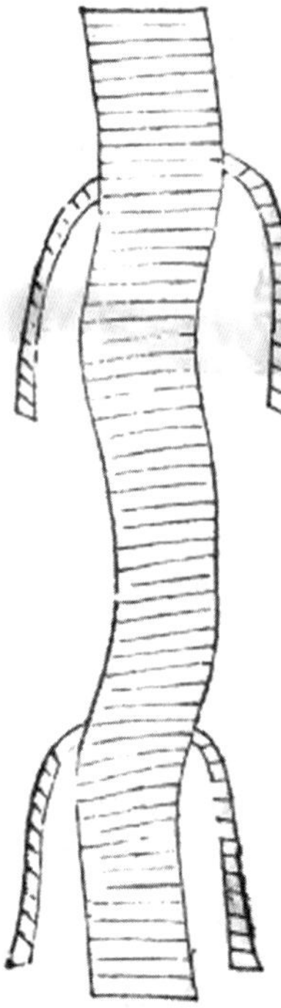

《典瑞》：「王搢大圭，執鎮圭，繅藉五采五就。公執桓圭，侯執信圭，伯執躬圭，繅皆三采三就；子執穀璧，男執蒲璧，繅皆二采再就。瑑圭璋璧琮，繅皆二采一就，以覜聘。」《玉人》：「琬圭九寸而繅，以象德。大璋、中璋九寸，邊璋七寸，有繅。」《雜記》：「《贊行人》曰：『圭，公九寸，侯伯七寸，子男五寸，博三寸，厚半寸，剡上，左右各寸半，玉也。藻，三采六等。』」「藻，薦玉者也。三采六等，以朱白蒼畫之再行也。子男執璧，作此《贊》者失之矣。」《覲禮》：「侯氏奠圭於繅上。」《聘禮・記》曰：「所以朝天子，圭與繅皆九寸，剡上寸半，厚半寸，博三寸，繅三采六等，朱白蒼。問諸侯，朱緑繅，八寸。皆玄纁繫，長尺，絢組。」又曰：「凡執玉，無藉者襲。」《曲禮》：「執玉，有藉者則裼，無藉則襲。」《左氏》曰：「藻率、鞞鞛，昭其數也。」鄭氏謂：「繅，所藉玉，以韋衣木而畫之，廣袤如其玉之大小。」一匝爲一就。蓋玉之藉以繅，而繅之長視玉。采以象德之文，就以象文之成。君子以貞剛之質存乎内，而以柔順藉之於外，又有文焉，然後可以行禮矣。玉五采五就，色不過五也。公侯伯皆三采三就，降殺以兩也。子男二采，而大夫聘王亦二采者，禮窮則同也。繅或作藻。冕繅織絲爲之，❶則圭繅亦然。

❶「織」，原誤作「城」，今據明本、庫本、嘉慶本改。

鄭氏與杜預皆謂以韋爲之，亡據也。繅可垂，可屈，則廣於玉矣。鄭氏謂「各視其玉之大小」，亦亡據也。《雜記》：「《贊行人》曰：『圭，公九寸，侯伯七寸，子男五寸。博三寸，厚半寸，剡上，左右各寸半，玉也。藻，三采六等。』」然子男執璧，則博剡者，公侯伯之圭而已。子男之繅二采再就，則三采六等者，公侯伯之繅而已。鄭氏曰「作此《贊》者失之矣。」其説是也。然則圭繅皆有組以繫之，《聘禮》所謂「皆玄纁繫，長尺，絇組」是也。璧繅蓋亦然，《春秋傳》所謂「楚康王再拜，皆厭璧紐」是也。❶先儒以垂繅爲有藉，屈繅爲無藉，此説非也。考之於《禮》，王有以繅爲之藉，有以束帛爲之藉，有藉則裼，無藉則襲，特施於束帛而已。《聘禮》賓襲執圭，公襲受玉，及享則賓裼奉束帛加璧。蓋聘特用玉，而其禮嚴；享藉以帛，而其禮殺：此裼、襲所以不同。《玉人》曰：「天子圭中必。」則與繅之絇組異矣。先儒以絇組爲必，是必者人有之也，❷豈禮意哉？《國語》曰：「大采朝日，少采夕月。」韋昭謂：「朝日繅五采，夕月三采。」

禮書卷第五十三終

❶「紐」，原誤作「紉」，今據明本、庫本、嘉慶本及《左傳》昭十三年改。

❷「有」，原脱，今據明本、庫本、嘉慶本補。

禮書卷第五十四

四圭有邸　蒼璧　兩圭有邸　黃琮　圭璧　璋邸射　青圭　赤璋　白虎　玄璜　牙璋中璋

四圭有邸

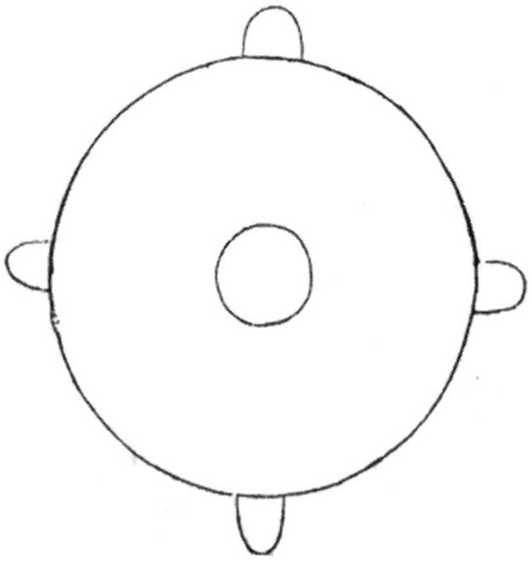

蒼璧

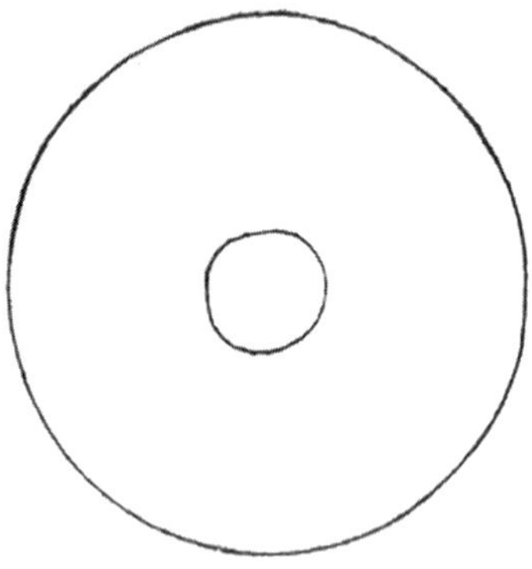

《大宗伯》：「蒼璧禮天，黃琮禮地。」《典瑞》：「四圭有邸以祀天，旅上帝；兩圭有邸以祀地，旅四望。」《玉人》：「四圭尺有二寸以祀天，兩圭五寸有邸以祀地，旅四望。」鄭氏謂：蒼璧禮天，冬至祀天皇大帝在北極者也；四圭祀天，夏至祀感生帝於南郊者；黃琮禮地者，崑崙之示；兩圭祀地者，神州之示。賈公彥謂：「黃琮以禮崑崙之示於夏至，則兩圭以祀神州之示宜於七月。」然感生帝與崑崙神州之説不見於經，又分郊以異於丘，别感生之禮以異於五帝，王肅嘗攻之矣。要之，蒼璧禮天，冬至之郊也，四圭有邸非必冬至之郊也；黄琮禮地，夏至之祭也，兩圭有邸非必夏至之祭也。冬至用蒼璧，夏至用黄琮，牲幣亦如之，所謂「牲幣各放其器之色」是也。非冬至則四圭，非夏至則兩圭，而牲幣蓋用騂黝矣，所謂「陽祀用騂牲，陰祀用黝牲」是也。禮神之玉，蓋皆植於神位之前，《書》曰「植璧秉圭」是也。或曰《大司樂》言樂六變、八變然後神示可得而禮；又言歌黄鍾、太蔟之類以祀天神地示，則禮之固在降神之後，祀之又在禮之之後。璧琮禮天地，四圭、兩圭祀天地，蓋皆一祭兼用之也。是不然。何則？青圭禮東方，赤璋禮南方，白琥禮西方，玄璜禮北方，則四方有禮玉無祀玉；圭璧以祀日月星辰，璋邸射以祀山川，則日月星辰、山川有祀玉無禮玉。《周官》之書雖或簡略，不應如是之缺也。然則祀之乃所以禮之，康成以祀爲禮其神，於義或然。《書》曰：「弘璧在西序。」❶《爾雅》曰：「璧大六寸謂之瑄。」《漢郊祀志》言：「皇帝始郊見泰一，雲陽有司奉瑄玉。」蓋與周之禮天者異矣。然則冬至禮天必以璧，何也？蒼，春天之色。圜鍾，春律之管。樂以圜鍾，玉以蒼璧，而牲幣皆蒼，以冬至者陽氣之始故也。

❶「弘」，原避宋太祖趙匡胤父趙弘殷偏諱作「宏」，今回改。

兩圭有邸

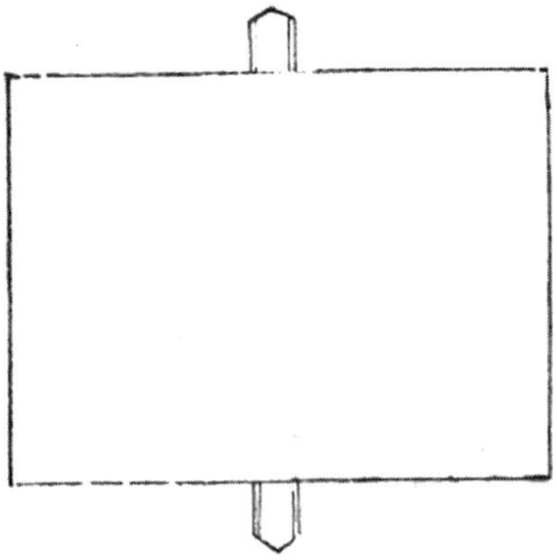

黃琮

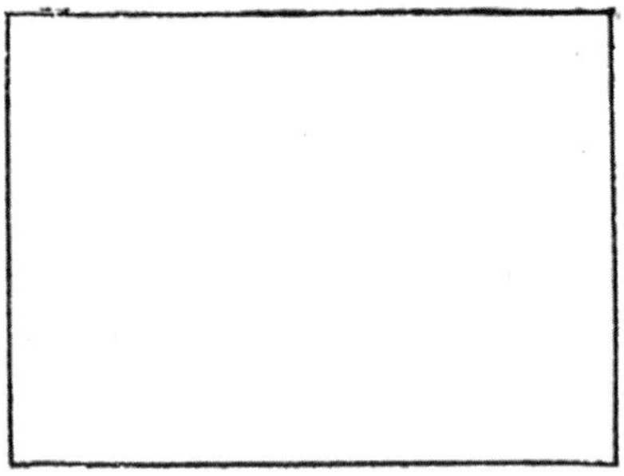

《大宗伯》曰：「黃琮禮地。」《典瑞》曰：「兩圭有邸以祀地，旅四望。」《玉人》：「兩圭五寸有邸，以祀地，旅四望。」《爾雅》曰：「邸謂之柢。」鄭氏謂：四圭有邸，中央爲璧，圭末四出；兩圭有邸，僢而同邸；圭璧者，圭其邸爲璧。賈公彦曰：「四圭、兩圭及下璋邸皆言邸，鄭皆以邸爲璧。圭璧不言邸，故鄭還以邸解璧也。」然璧，天象也，祀天則四圭邸璧；琮，地象也，祀地必兩圭邸琮。日月星辰，天類也，必一圭邸璧；山川，地類也，必一璋邸琮。謂地與山川皆邸璧，非所稱也。四圭則無所不達，尺有二寸，天之備數也。兩圭則能地而已，五寸，天地之中數也。《玉人》言：玉之制，其長不過大圭之三尺，其短不過瑁圭之四寸。由四寸而上之，則祀地之兩圭，祀日月星辰之圭璧，宗后之駔琮，皆五寸。侯伯之信圭、躬圭，巡守之邊璋，起軍治兵之牙璋、中璋，王之駔琮，聘女之穀圭，諸侯聘女之大璋，皆七寸。覜聘之瑑圭璋，享夫人之瑑琮，皆八寸。公之桓圭，象德之琬圭，除慝易行之琰圭，享天子之璧琮，巡守之大璋，皆九寸。璧羨度尺，而鎮圭、四圭、裸圭、大琮、玉案，皆十有二寸。土圭尺有五寸。則大圭三尺，三才之道也。❶ 土圭尺有五寸，夏至之景也。其餘長短不倫，各有所稱，豈苟異哉。

圭璧

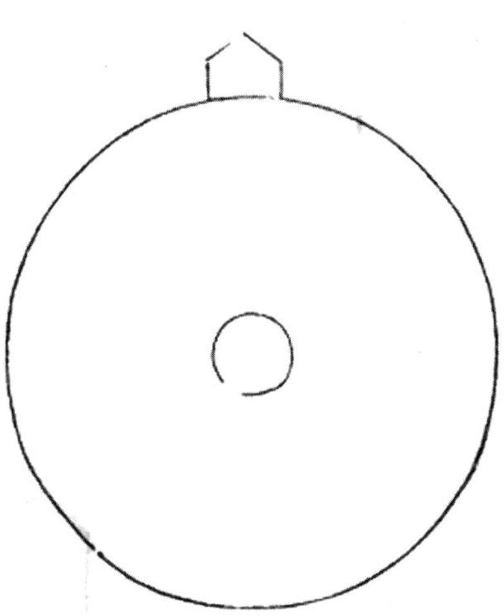

《典瑞》：「圭璧以祀日月星辰，璋邸射以祀山川，以造贈賓客。」《公羊傳》曰：「璋判白。」則璋於圭璧，半於兩圭，兩圭半於四圭，以禮有隆殺，故玉有等衰也。先王以大采朝日，少采夕月。日月星辰有合祭，有異祭，有正祭，有禱祈，其

❶ 「才」，原誤作「寸」，今據明本、庫本、嘉慶本改。

禮雖不一，❶而用圭璧一也。

璋邸射

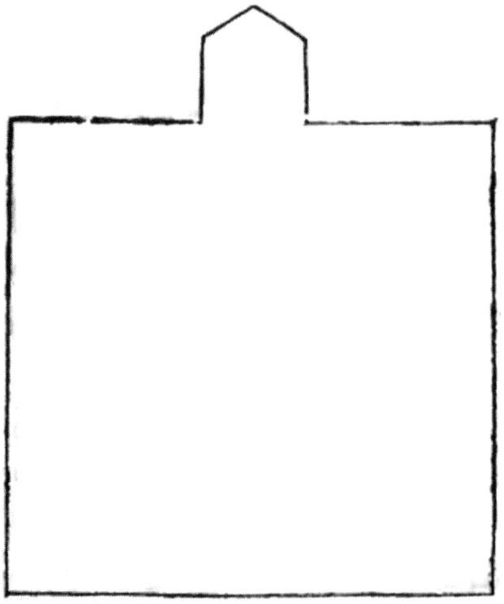

《典瑞》：「璋邸射以祀山川，以造贈賓客。」《玉人》：「璋邸射，素功，以祀山川，以致稍餼。」《王制》曰：「五嶽視三公，四瀆視諸侯。」《書大傳》曰：「其餘山川視伯，小者視子男。」周禮，諸侯爲賓，諸臣爲客。山川、賓客，等衰雖殊，其祀與造贈用邸射一也。賓至，致飧如致積，致饔、致贈如將幣。聘賓所過之邦，餼之以其禮；所聘之邦，則卿致館，宰夫朝服設飧，賓既聘享，君使卿韋弁歸饔餼；夕，夫人使下大夫韋弁歸禮，蓋於是時用璋邸射歟？「璋邸射，素功」，以其刮摩之功略也。鄭氏以素功爲無瑑飾。若然，是四圭圭璧之類有瑑飾乎？《玉人》大琮、大璋、中璋皆射四寸，牙璋亦射四寸，特璋邸射不言寸數，其詳不可以考。

青圭

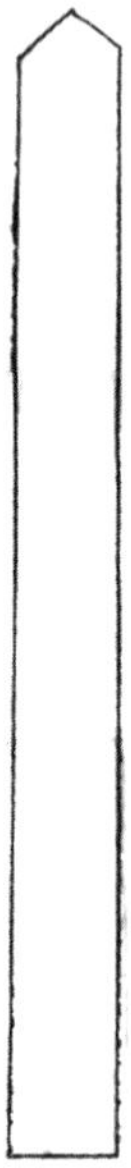

❶「其禮」，原作小字，今據明本、庫本、嘉慶本改作大字。

赤璋

白琥

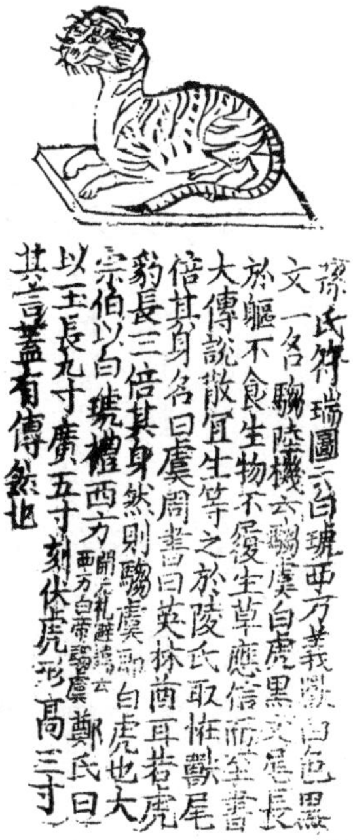

❶

玄璜

《大宗伯》：「以蒼璧禮天，以黄琮禮地，青圭禮東方，赤璋禮南方，白琥禮西方，玄璜禮北方。」蓋璧圜以象天，❷而天以始事爲功，故以蒼；琮方以象地，而地以終功爲事，故以黄；❸東，生物之方也，故圭鋭以象春；西，殺物之方也，故虎嚴以象秋；南，正陽也，陰居其半，故璋以半圭；北，正陰也，陽居其半，故璜以半璧。《覲禮》：「方明：東方圭，南方璋，西方琥，北方璜。」《天府》：「季冬陳玉，以貞來歲之媺惡。」龜有天地四方，玉有六器，皆其類也。六玉之制不同，而虎特取其形者，以形成於秋故也。古者鹽爲虎

❶ 此爲底本圖。底本此圖下有文字，明本、庫本、嘉慶本無，且底本尚清晰，故用底本圖。
❷ 「象」，原誤作「上」，今據明本、庫本、嘉慶本改。
❸ 「黄」，原誤作「璜」，今據庫本及文意改。

形以示武，敔爲虎形以止樂，亦此意歟？然則禮神則璧琮重於圭璋，圭璋無間於琥璜，朝聘則圭璋重於璧琮，而璧特重於琥璜而已。何也？ 圭璋，二王之後所以享王與后也；璧琮，五等諸侯所以享王與后也；琥璜，子男所以享諸侯者也；又圭璋特達，不加於束帛，琥璜將送酬爵而已。此六玉輕重之别也。至於禮神，則上下四方各象其類以求之，與朝聘之禮異矣。昔成王賜伯禽以夏后氏之璜，定四年《左》。❶《明堂位》曰：「大璜，天子之器。」則陽虎所竊之寶，杜預所謂大璜是也。《公羊》曰「璋判白」，誤矣。昭公疾，賜子家子雙琥，公薨，子家子反賜於府人。則雙琥亦魯之所寶也。《説文》曰：「琥，發兵瑞玉，爲虎文。」❷《白虎通》曰：「璜以徵召。」然先王之時，發兵用牙璋，徵守以鎮圭，召人以瑗，後世發兵乃用銅虎符，不知《説文》、《白虎通》何據而言然。

牙璋

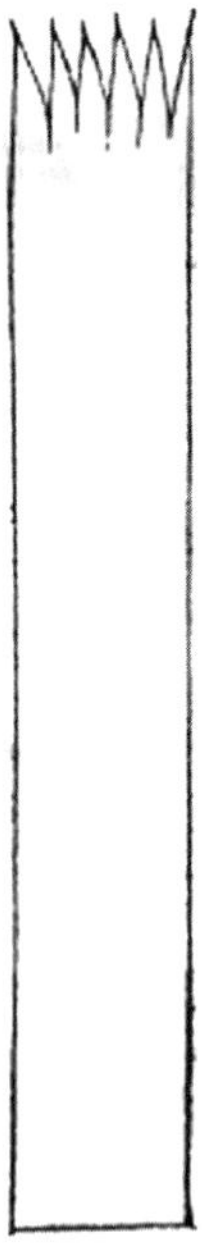

中璋

《典瑞》曰：「牙璋以起軍旅，以治兵守。」《玉人》曰：「牙璋、中璋七寸，厚寸，以起軍旅，以治兵守。」鄭司農曰：「牙

❶「左」，原誤作「九」，今據庫本及《左傳》定四年改。

❷「虎」，原誤作「琥」，今據《説文·玉部》「琥」條改。

璋，瑑以爲牙。牙齒，兵象，故以牙璋發兵。」鄭康成曰：「牙璋、中璋皆有鉏牙之飾於琰側。先言牙璋，有文飾也。」賈公彦曰：「軍多用牙璋，軍少用中璋。中璋亦有鉏牙，但牙璋〔文〕飾多，故得牙名而先言也。」春秋之時，宋司馬請瑞，哀十四年《左》。以命其徒攻桓氏。杜預曰：「瑞，符節，以發兵。」魏有兵符，漢有銅虎符以發郡國兵，豈牙璋之類歟？《白虎通》曰：「璋位南方，南方陽極而陰生，兵亦陰也，故以兵起。」於義或然。

禮書卷第五十四終

禮書卷第五十五

圭瓚　璋瓚　大璋　中璋　邊璋　宗廟禮神玉　穀圭　大璋　琬　琰圭

圭瓚

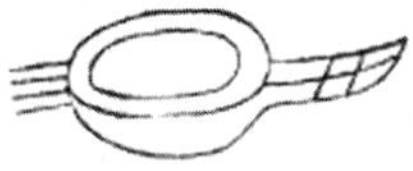

璋瓚

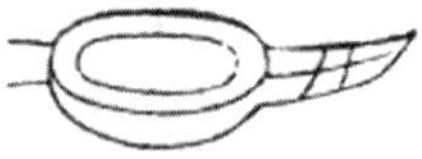

大璋中璋　邊璋

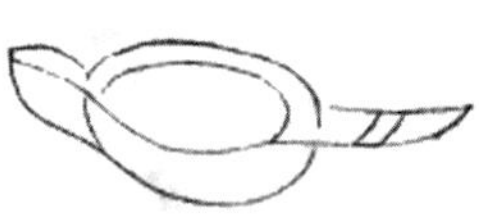

《鬱人》：「凡裸玉，濯之陳之，以贊裸事。詔裸將之儀與其節。「裸玉，謂圭瓚、璋瓚。」大喪及葬，共其裸器，遂埋之。」「遺奠之彝與瓚也。」《典瑞》：「裸圭有瓚，以肆先王，以裸賓客。」「鄭司農云：『於圭頭爲器，可以挹鬯裸祭。《詩》曰：「瑟彼玉瓚，黄流在中。」《國語》謂之鬯圭。以肆先王，裸先王祭也。』玄謂肆解牲體以祭，因以爲名。爵行曰裸。漢禮，瓚槃大五升，口徑八寸，下有槃，口徑一尺。」《玉人》：「裸圭尺有二寸，有瓚。「裸謂始獻酌奠也。瓚如槃，其柄用圭，有流前注。」大璋、中璋九寸，邊璋七寸，射四寸，厚寸，黄金勺，青金外，朱中，鼻寸，衡四寸，有繅。天子以巡守，宗祝以前馬。」「射，琰出者也。鄭司農云：『鼻，謂勺龍頭鼻也。衡，謂勺柄龍頭也。』玄謂鼻，勺流也。凡流皆爲龍口也。衡，古文横，假借字也。衡謂勺徑也。三璋之勺，形如圭瓚。天子巡守，有事山川，則用灌焉。於大山川，則用大璋，加文飾也。於中山川，用中璋，殺文飾也。於小山川，用邊璋，半文飾也。」《王制》：「賜圭瓚，然後爲鬯。未賜圭瓚，則資鬯於天子。」《郊特牲》：「周人尚臭，灌用鬯，鬱合鬯，臭陰達於淵泉。灌以圭璋，用玉氣也。既灌然後迎牲，致陰氣也。」《明堂位》曰：「灌用玉瓚、大圭。」《祭統》曰：「君執圭瓚祼尸，大宗執璋瓚亞祼。」「大宗亞祼，君夫人有故，❶攝焉。」《詩・棫樸》曰：「濟濟辟王，左右奉璋。」箋云：「璋，璋瓚也。祭祀之禮，王祼以圭瓚，諸臣助之。」《旱麓》曰：「瑟彼玉瓚，黃流在中。」「玉瓚，圭瓚也，黃金所以飾流鬯也。九命然後錫以秬鬯、圭瓚。」箋云：「瑟，潔鮮貌。黃流，秬鬯也。圭瓚之狀，以圭爲柄，黃金爲勺，青金爲外，朱中央。」圭瓚謂之玉瓚，黃金所以飾流鬯可知矣。《江漢》曰：「釐爾圭瓚，秬鬯一〔卣〕，告于文人。」「卣，器也。九命賜圭瓚、秬鬯。文人，❷文德之人也。」箋云：「王賜召虎以鬯酒一尊，使以祭其宗廟，告其先祖諸有德美見記也。」正義曰：「秬鬯一卣者，〔祭時在彝，未祭在卣。賜時〕未〔祭〕，故〔卣盛〕之。」《書・文侯之命》曰：「平王錫晉文侯秬鬯、圭瓚。」又曰：「用賚爾〔秬〕鬯一卣。」《魯語》：「魯饑，文侯以鬯圭與玉磬〔如齊〕告糴。」《白虎通》言九錫之禮曰：「孝道備者錫以秬鬯、〔圭瓚，宗廟〕之盛禮也。玉以象德，金以配情，芬香條鬯以通〔神靈。玉飾〕其末，君子之性；金飾其中，君子之道。」

❶「君」，原漫漶不清，庫本、本卷下文、本書卷五十二同引則皆作「容」。明本、嘉慶本及《續古今考》卷八同引作「君」，今據補。

❷「文人」，原脱，今據明本、庫本、嘉慶本及《毛詩・江漢》補。

金者，〔和之至也；玉〕者，德美之至也；鬯者，芬香之至也。君子有玉〔瓚、秬鬯〕乎。」鄭氏釋《小宗伯》云：「天子圭瓚，諸侯璋瓚，既不〔得鬯〕，則用薰，故《王度記》云『天子以鬯，諸侯以薰』。」

〔圭〕以象陽之生物，璋以象陰之成事。王之肆先王、禮賓客以祼圭，后之亞祼與王之巡守以祼璋，此王與后〔陰〕陽尊卑之分，而宗廟、賓客、山川、內外隆殺之辨也。〔祼〕圭尺有二寸，陽以偶成也。大璋、中璋九寸，邊璋七寸，陰以奇立也。圭璋其柄也，瓚其勺也。柄則圭璋，純玉爲之。勺則玉多石少者可矣，鄭康成、許慎所謂「瓚，四玉一石」是也。圭瓚、璋瓚則玉爲之。三璋之勺則飾以金焉，《玉人》所謂「黃金勺，青金外」是也。三璋射四寸，厚寸，勺鼻寸，衡四寸，有繅。則鼻寸所以流鬯也。衡四寸，勺徑也。繅，藉也。圭璋、瓚制蓋亦如此。先儒謂凡流皆爲龍口，瓚槃大五升，口徑八寸，下有槃，口徑一尺。然古者有圭瓚、璋瓚而無下槃，有鼻而無龍口。先儒之説，蓋漢制歟？周之時，典瑞掌祼圭之名物，鬱人掌祼事之儀節，涖玉鬯則大宗伯，贊祼將則小宰，而內宰贊后之祼獻，大宗伯攝后之載祼。此王與后祭祀賓客之祼禮也。惟天地之神無所用祼，故《典瑞》祼圭止於肆先王，《玉人》祼圭止於祀廟，則天地無祼可知。《禮》曰：「諸侯賜圭瓚，然後爲鬯。」故《旱麓》詩曰：「瑟彼玉瓚，黃流在中。」《江漢》詩曰：「釐爾圭瓚，秬鬯一卣。」而魯、晉之國皆用焉，以其有功於民者也。《祭統》所謂「君執圭瓚祼尸，大宗執璋瓚亞祼」，鄭曰：「容夫人有故，攝焉。」此諸侯用圭瓚之禮也。周衰禮廢，而臧文仲以鬯圭如齊告糴，豈知先王所以康周公之意哉？《書》曰：「王入大室祼。」《記》曰：「既灌而後迎牲。」則尸入祼之，然後后再祼焉。后再祼則大祭祀而已，凡小祭祀蓋一祼也。《内宰》：「大祭祀，后祼獻。」觀《周官》行人祼，侯伯子男一祼，則小祭祀一祼可知。《記》言「諸侯相朝，灌用鬱鬯」，此亦賜圭瓚者之禮也。「未賜圭瓚必資鬯於天子。」

宗廟禮神之玉

《大宗伯》有禮天地四方之玉，《典瑞》、《玉人》有祀天旅上帝、祀地旅四望、祀日月星辰山川之玉。特於宗廟言「祼圭有瓚，以肆先王」，「祼圭尺有二寸，有瓚，以祀廟」，則祼圭非禮先王之玉也。賈公彥釋《大宗伯》謂天地有神玉無鬱鬯，宗廟有鬱鬯無神玉，❶祼用圭璋，用玉氣也。則宗廟之玉，祼圭而已。然考之《大宰》「祀五帝，贊玉幣爵之事；祀神示、享先王亦如之」，《大宗伯》「祀大神，享大鬼，祭大示，涖玉鬯」，鄭氏皆以玉爲禮神之玉。又《書》稱周公之禱大王、王季、文王而「植璧秉圭」；《曾子問》稱「天子、諸侯將出，以幣帛、皮、圭告于祖廟。反必設奠，斂幣玉，藏諸兩階之間」，則宗廟之玉，非特圭而已。且祼以求神，及神之格斯，然後可得而禮，則祼圭非禮神之物也。祼之所不用者，天地而已，其餘祼以圭璋，又禮以玉。而賓客之儀猶且祼，與造贈異玉，况先王乎？然則《典瑞》、《玉人》不言宗廟

❶「無」，原脱，今據《周禮・大宗伯》賈疏及上下文意補。

有禮神之玉者，特其文不備耳。

穀圭

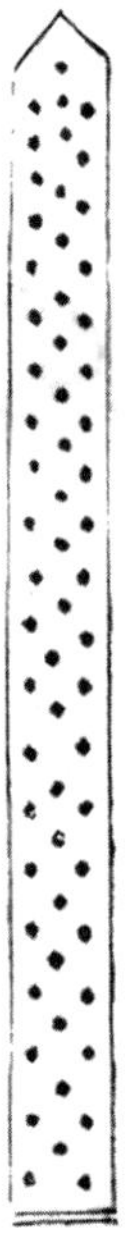

大璋

《典瑞》曰：「穀圭以和難，以聘女。」《玉人》曰：「穀圭七寸，天子以聘女。」蓋穀圭以穀爲文，以善爲義，故可和難以釋仇，聘女以納徵也。圭貴於璋，璋貴於皮。天子納徵以穀圭，諸侯以大璋，士以儷皮，此尊卑之所別也，然皆玄纁束帛以將之，此尊卑之所同也。《士婚禮》「納徵，玄纁束帛」，《周禮》「凡嫁子取妻，入幣純帛，無過五兩」，《雜記》曰「納幣一束，束五兩，兩五尋」是也。《蘇秦傳》曰：「錦繡千純。」《犀首傳》曰：「文繡千純。」裴駰曰：「純，端名。」則《周禮》所謂純帛者，匹帛也。鄭氏改「純」爲「緇」，與《士婚禮》玄纁之制不類，其説非也。考之經傳，大璋有三：《爾雅》「璋大八寸謂之琡」；《玉人》「大璋、中璋九寸，邊璋七寸，射四寸，厚寸，天子以巡守」；而諸侯聘女之璋如邊璋制，亦謂之大璋，則九寸、八寸皆可以大璋命之也。

琬圭

琰圭

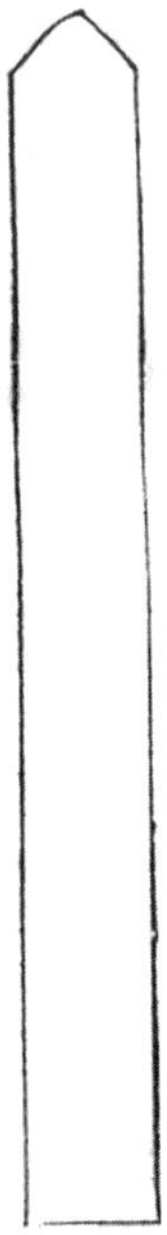

《書》曰：「琬琰在西序。」《典瑞》曰：「琬圭以治德，以結好。琰圭以易行，以除慝。」《玉人》曰：「琬圭九寸而繅，以象德。琰圭九寸，判規，以除慝，以易行。」《行人》曰：「時聘以結諸侯之好，殷覜以除邦國之慝。」鄭康成謂：「琬圭，王使之瑞節。諸侯有德，王命賜之。及諸侯使大夫來聘，既而爲壇會之，使大夫執以命事焉。琰圭，亦王使之瑞節。除慝，亦於諸侯使大夫來覜，既而使大夫執而命事於壇。」《調人》：「讎弗辟，則與之瑞節而以執之。」鄭康成曰：「瑞節，琰圭也。」《説文》曰：「琰，璧上起美色也。」蓋琬圭圜而宛之也，琰圭剡而有鋒也。圜而宛之，仁也，故以治德，以結好；剡而有鋒，義也，故以易行，以除慝。琰圭判規，則圭上圜而判之，與凡圭之琰上寸半者異矣。康成謂：「琰圭，琰半以上，又半爲瑑飾。」賈公彦曰：「判，半也。又云規，明半以上琰至首，規半以下爲瑑飾可知。」然琬琰之有瑑飾，於經無見，此不可考。

禮書卷第五十五終

禮書卷第五十六

璧羨　瑑圭　璋　璧　琮　合六幣　玉案　環　瑗

璧

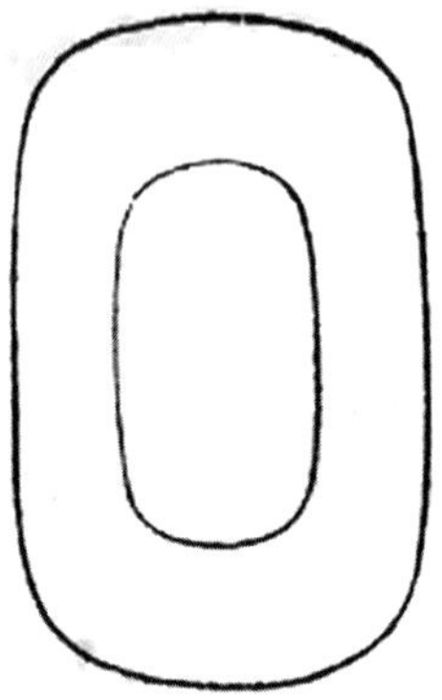

羨袤一尺，❶廣八寸。

《爾雅》曰：「肉倍好謂之璧。」《典瑞》：「璧羨以起度。」《玉人》：「璧羨度尺，好三寸，以爲度。」鄭司農曰：「好，璧孔也。羨，徑也。」鄭康成曰：「羨，不圜之貌。」「延，其袤一尺而廣狹焉。」蓋璧圜九寸，好三寸，延其袤爲一尺，旁各損半寸，則廣八寸矣。《説文》曰：「人手卻十分動脈爲寸口，十寸爲尺。周制寸、尺、咫、尋、常、仞諸度量，皆以人之體爲法。」又曰：「中婦人手長八寸，謂之咫，周尺也。」然則璧羨袤十寸，廣八寸，同謂之度尺，則周制十寸、八寸皆爲尺矣。❷以十寸之尺起度，則十尺爲丈，十〔丈爲引〕。以八寸之尺起度，則八尺爲尋，倍尋爲常。〔故鬴深十寸，內〕方八寸，而爲嘉量。幣長一丈八尺而〔爲

❶「袤」，原誤作「衺」，今據明本、庫本、嘉慶本改。後誤同者逕改，不出校。

❷「八寸」，原脱，今據庫本及孫氏點勘補。

制幣。凡此〕皆璧羨縱横之尺然也。度必爲璧以起之，❶〔則圍三徑〕一之制，又寓乎其中矣。度起於璧羨，權起〔於䮐琮〕，樂起於黄鍾之長，則先王制器，豈徒然哉？凡〔以〕存天下萬世之法耳。

瑑圭八寸。

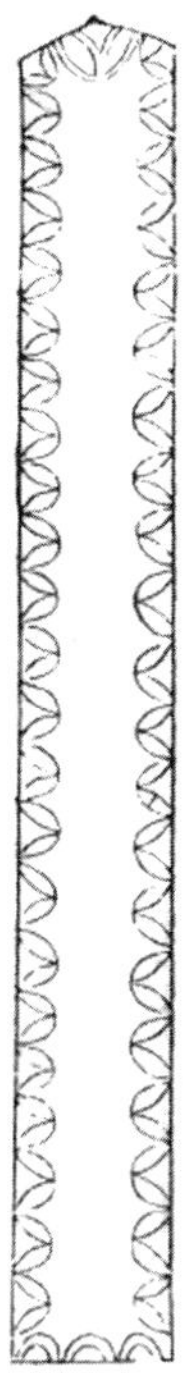

瑑璋八寸。

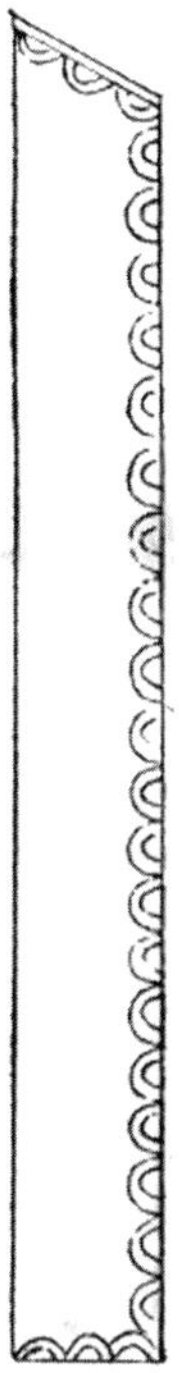

瑑璧八寸。

❶「必」，原誤作「心」，今據《周禮・考工記》及孫氏點勘改。

瑑琮八寸。❶

《典瑞》曰：「瑑圭璋璧琮，以覜聘。」《玉人》曰：「瑑圭璋八寸，璧琮八寸，以覜聘。」又曰：「瑑琮八寸，諸侯以享夫人。」《行人》：「合六幣：圭以馬，璋以皮，璧以帛，琮以錦，琥以繡，璜以黼。此六物者，以和諸侯之好故。」鄭康成曰：「五等諸侯享天子用璧，享后用琮，其大各如其瑞。二王之後享用圭璋，其於諸侯亦用璧琮耳。子男於諸侯則享用琥璜，下其瑞也。凡二王後、諸侯相享之玉，大小各降其瑞一等。及使卿大夫覜聘亦如之。」《史記・禮書》曰：❷「情好珍善，爲之琢磨圭璧以通其意。」蓋玉有朝覲之玉，有覜聘之玉，有享獻之玉。禮於朝覲之玉言其所瑑，桓、躬、信、穀、蒲是也。覜聘之玉言瑑而已，「瑑圭璋璧琮，以覜聘」是也。鄭司農曰：「瑑，有圻鄂瑑起。」若夫享獻之玉，諸侯以享天子則不瑑，《玉人》謂「璧琮九寸，諸侯以享天子」是也；諸侯

❶ 此小題、注文及圖，原無，爲明本、庫本、嘉慶本所增。

❷ 「禮書」，原誤作「樂書」。按此所引出《史記・禮書》，今據改。

以享夫人則琭，《玉人》謂「琭琮八寸，諸侯以享夫人」是也。《覲禮》侯氏覲天子，「三享皆束帛加璧」。《禮器》曰：「束帛加璧，尊德也。」《郊特牲》曰：「束帛加璧，往德也。」夫諸侯相朝而享夫人以琮，聘卿亦享夫人以琮，則諸侯享后亦必以琮；諸侯享王以璧，聘卿享君亦以璧，則諸侯相享亦必以璧。《玉人》言璧琮以享天子，則后舉矣。言〔琭琮享夫人，則璧舉〕矣。鄭氏曰：「五等諸侯享天子用〔璧，享后用〕琮，其〔大各如〕其〔瑞〕，皆有庭實，以馬若皮。用〔圭璋者〕，二王之〔後〕也。二王後尊，故享用圭璋而特之。其於諸侯亦用璧琮耳。子男於諸侯則享用琥璜，下其瑞也。凡二王後、諸侯相享之玉，大小各降其瑞一等。及使卿大夫覜聘亦如之。」考之《聘禮》，享君以璧，而有庭實與馬。特《行人》合六幣言「圭以馬，璋以皮」，而圭璋在璧琮之上，則圭璋爲二王後之禮可知。公瑞桓圭九寸，諸侯享王亦璧琮九寸。諸侯即公也，則璧琮各如其瑞可知。公侯伯之瑞以圭，而享以璧琮，下其瑞也。子男之瑞以璧，而享諸侯亦璧，非下其瑞也，則享用琥璜可知。賈公彦曰：「子男之臣，自享諸侯不得過君，蓋用琥璜。」公享夫人琭琮八寸，使卿大夫覜聘亦琭圭、璋、璧、琮八寸，降其瑞一寸，❶則諸侯相享之玉大小各降其瑞一等，及卿大夫覜聘亦如之可知。賈公彦曰：「直言覜聘亦如之，則聘享皆降一寸同。」❷《玉人》言「諸侯

❶「寸」，明本、庫本、嘉慶本作「等」。

❷「寸」，明本、庫本、嘉慶本據《周禮·小行人》賈疏或本作「等」。阮校以「寸」爲是。

以享」而不言公，言瑑圭、璋、璧、琮而不及公。鄭氏知其爲公，何也？《弁師》「諸侯之繅斿九就」，公之繅斿也。《聘禮》所以朝天子圭與繅皆九寸，公之圭繅也。《禮》之所言舉尊以明卑多矣，奚獨《玉人》然哉？《聘禮》曰：「凡四器者，惟其所寶以聘可也。」則圭、璋、璧、琮之類，惟其所寶者而已，此又先王權於禮者也。楚薳啓疆曰：「朝聘有圭，享覜有璋。」蓋朝聘之禮嚴於享，特聘之禮重於殷覜，故圭璋所用如此。然諸侯之臣聘后夫人以璋，二王之後享王以圭，❶則啓疆之言，亦有其大率者也。夫圭璋象陰陽之用，璧琮象天地之體，故天子、公侯伯之瑞以圭，子男璧。聘卿聘以圭，享以璧琮，又圭璋特達，璧琮有幣，則圭璋貴於璧琮矣。至於禮神，各以所象求之，此璧琮又重於圭璋。

合六幣

圭以馬

❶「二」，原誤作「一」，今據明本、庫本、嘉慶本改。

璋以皮

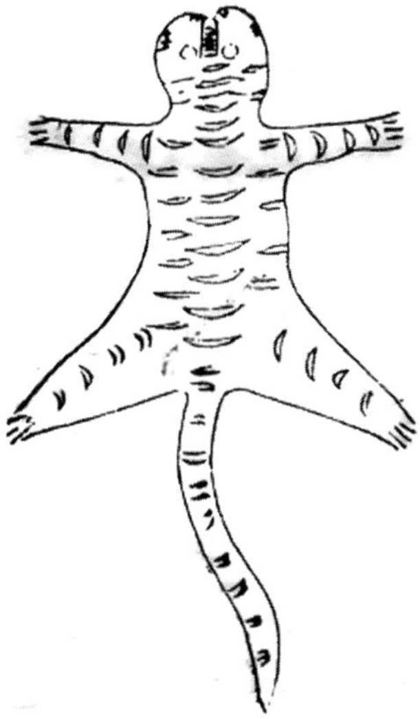

璧以帛玄〔纁〕。

〔琮〕以錦

琥以繡

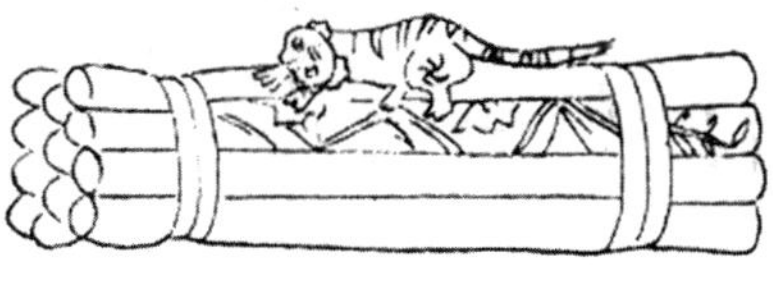

璜以黼

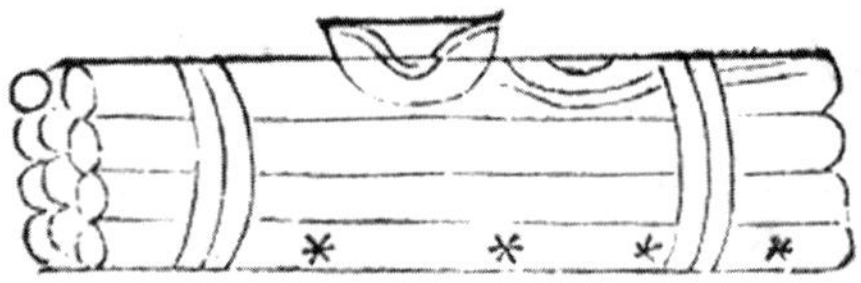

《行人》：「合六幣：圭以馬，璋以皮，璧以帛，琮以錦，琥以繡，璜以黼。」何也？昔大王之於狄人，事之以皮幣，繼之以犬馬，終之以珠玉。是珠玉重於犬馬，犬馬重於皮幣，則合圭以馬，合璋以皮，宜矣。繡黼皆陰功也，繡則五色之全，黼則白黑而已，是繡備於黼也。則合〔琥以〕繡，合璜以黼，宜矣。婚禮納徵以束帛，饗贈送者以束錦；聘禮享君夫人以束帛，覿以束錦；上大夫與下大夫致賓介饔餼皆以束帛，賓介儐之以束錦；食禮君侑幣以束帛，大夫相食以束錦：是帛質於錦也。則合璧以帛，合琮以錦，宜矣。圭，東方也，馬，動物也；璋，南方也，皮，文物也；璧，天象也，天事質，故以帛；琮，地象也，地事文，故以錦；琥，西方也，萬寶之成，莫備於此，故以繡；璜，北方也，陰陽之辨，莫斷於此，故以黼：此六幣所以合之意也。皮馬不上堂，故圭璋特。然則璧、琮、琥、璜皆非特達者歟？

玉案

案十有二寸。

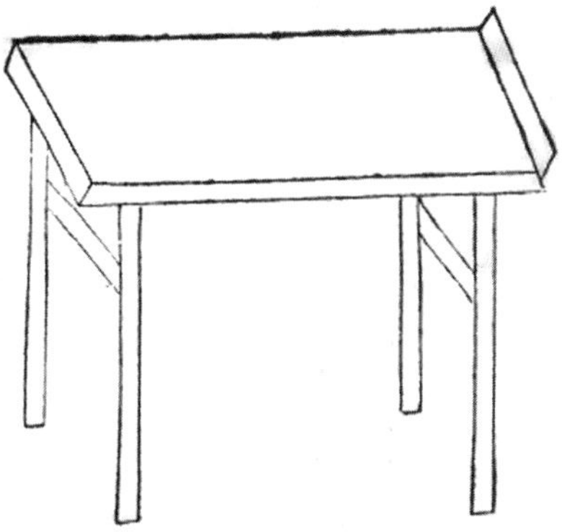

《説文》曰：「案，几屬。」《玉人》曰：「案有十二寸，棗栗十有二列，諸侯純九，大夫純五，夫人以勞諸侯。」鄭司農曰：「案，玉案也。」鄭康成曰：「玉飾案也。夫人，王后也。記時諸侯僭稱王，而夫人之號不別，是以同王后於夫人也。玉案十二以爲列，王后以勞諸侯也。諸侯皆九列，聘大夫皆五列，則十有二列者，勞二王之後也。《聘禮》：『夫人使下大夫勞以竹簠方，玄被纁裏，有蓋，其實棗烝栗擇。』則棗栗實之器，乃加於案也。」然《玉人》所言皆玉器，非玉飾之器，則所謂案者，非玉飾者也。《酒正》、《漿人》有后夫人致飲于賓客之禮，則是賓客之禮，王夫人預焉，非必記時諸侯夫人與王后同號也。

環

❶

《爾雅》曰：「肉好若一謂之環。」《春

❶ 圖中文字，原無，爲明本、庫本、嘉慶本所增。

秋傳》曰：「子見南子，環佩璆然。」又曰：「魯公賜仲環，賜子家子一環一璧。」又曰：「宣子有環，其一在鄭商。」《左》昭十六年。《晉語》：「夷吾在梁，驪姬使奄楚以環釋言。」《荀子》曰：「絶人以玦，反絶以環。」范甯釋《穀梁》亦曰：「君賜之環則還，賜之玦則往。」蓋環之爲物，或施於佩，或施於反絶，佩環則不佩玦。故晉獻公佩申生以金玦，所以離之也。反絶以環不以玦，故晉驪姬使奄楚以環釋言於夷吾，將以還之也。韋昭曰：「環，還也。」然環有以金銀爲之，其制蓋與玉環不同。毛公釋《詩》曰：「后妃群妾，以禮御於君所，女史書其日月，授之以環，以進退之。生子月辰，則以金環退之。當御者以銀環進之，著于左手，既御著于右手。」其言蓋有所受也。

瑗

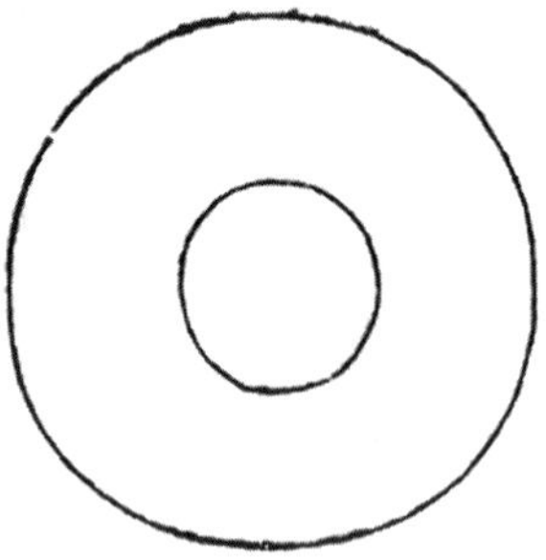

《爾雅》曰：「好倍肉謂之瑗。」《說文》曰：「瑗，大孔璧，人君上除陛以相引。」《荀子》曰：「召人以瑗。」說者曰：「《周禮》『珍圭以徵守』，然則天子以珍圭召諸侯，諸侯召臣以瑗。」考之於《禮》：「君召臣以三節，二節以走，❶一節以趨。」天子徵諸侯則以珍圭，非諸侯則以瑗歟？

禮書卷第五十六終

❶「二」，原誤作「一」，今據《禮記·玉藻》改。

禮書卷第五十七

節

玉節　角節　龍節　人節　虎節　符節

管節　旌節　英蕩　傳　璽書

節

《掌節》：「掌守邦節而辨其用，以輔王命。「邦節者，珍圭、牙璋、穀圭、琬圭、琰圭也。王有命，則別其節之用，以授使者。輔王命者，執以行爲信。」守邦國者用玉節，守都鄙者用角節。「玉節之制，如玉爲之，以命數爲大小。角用犀角，其制未聞。」凡邦國之使節，山國用虎節，土國用人節，澤國用龍節，皆金也，以英蕩輔之。「使節，使卿大夫聘於天子、諸侯，行道所執之信也。土，平地也。山多虎，平地多人，澤多龍，以金爲節，鑄象焉。必自以其國所多者，於以相別，爲信明也。今漢有銅虎符。杜子春云：『蕩當爲帑，❶謂以函器盛此節。或曰英蕩，畫函也。」門關用符節，貨賄用璽節，道路用旌節，皆有期以反節。「門關，司門、司關也。貨賄者，主通貨賄之官，謂司市也。道路者，主治五涂之官，❷謂鄉遂大夫也。凡民遠出至於邦國，邦國之民若來入，由門者司門爲之節，由關者司關爲之節，其商則司市爲之節，其以徵令及家徙則鄉遂大夫爲之節。唯時事而行不出關，不用節也。變司市言貨賄者，璽節主以通貨賄，貨賄非必由市，❸或

❶「爲」，原脱，今據明本、庫本、嘉慶本及《周禮・掌節》鄭注補。

❷「治」，原脱，今據嘉慶本及《周禮・掌節》鄭注補。

❸「貨賄」，原脱，今據庫本、嘉慶本及《周禮・掌節》鄭注補。

資於民家焉。變鄉遂言道路者，容公邑及小都、大都之吏，皆主治五涂，亦有民也。符節者，如今宫中諸官詔符也。璽節者，今之印章也。旌節，今使者所擁節是也。將送者執此節以送行者，皆以道里日時課，如今郵行有程矣。以防容奸，擅有所通也。凡節者法式，❶藏於掌節。」**凡通達於天下者，必有節，以傳輔之。**「必有節，言遠行無有不得節而出者也。輔之以傳者，節爲信耳，傳説所齎操及所適也。」**無節者，有幾則不達。**」「圜土内之。」❷正義曰：「『角用犀角』者，案《釋獸》云：『犀似豕。』注云：『角在鼻上。』犀角是角中之貴，故知不得用玉者當用犀角。案《小行人》：『都鄙用管節。』注謂：『公之子弟及卿大夫之采地之吏也』，故用管節，與此不同。彼諸侯采地亦同用管節，亦異内外也。『山多虎』者，謂晉國之類也。『平地多人』者，若衛國之類也。『澤多龍』者，若鄭國之類也。『輔之』者，以函，❸使不損壞也。案昭二十九年：『公在鄆，賜公衍羔裘，使獻龍輔於齊侯。』注：『龍輔，玉名，所以輔龍節。』與此别也。太史公《本紀》漢文帝二年『九月，初與郡國守相爲銅虎符，竹使符』，應邵曰：『銅虎符，第一至第五。國家當發兵遣使者，至郡國合符，符合乃聽受之。竹箭五枚，長五寸，鐫刻篆書第一至第五。』張晏曰：『符以代古之圭璋，從簡易也。』鄭引之者，欲明漢時銅虎符本出於此也。」《小行人》：「**達天下之六節：山國用虎節，澤國用龍節，皆以金爲之。道路用旌節，門關用符節，都鄙用管節，皆以竹爲之。**」「此謂邦國之節也。達之者，使之四方，亦皆齎法式以齊等之也。❹諸侯使臣行覜聘，則以金節授之，以爲行道之信也。虎、人、龍者，自其國象也。道路，謂鄉遂大夫也。都鄙者，公之子弟及卿大夫之采地之吏也。凡邦國之民遠出至他邦，他邦之民若來入，

---

❶「式」，原誤作「或」，今據明本、庫本、嘉慶本及《周禮·掌節》鄭注改。

❷「土」，原誤作「上」，今據明本、庫本、嘉慶本及《周禮·掌節》鄭注改。

❸「函」，原誤作「節」，今據庫本、嘉慶本及《周禮·掌節》賈疏改。「函」下，嘉慶本、《周禮·掌節》賈疏有「輔此法」三字。

❹「齎」，原誤作「齊」，今據明本、庫本、嘉慶本及《周禮·小行人》鄭注改。

由國門者門人爲之節，由關者關人爲之節，其以徵令及家徒鄉遂大夫及采地吏爲之節。皆使人執節將之以達之，亦有期以反節。管節，❶如今之竹使符也。其有商者，通之以符節，❷如門關。門關者與市聯事，節可同也，亦所以異於畿内也。凡節，有天子法式存於國。」❸正義曰：「行人亦是適四方之事者。言『達天下之六節』者，據諸侯國而言，《掌節》所云，據畿内也。虎節、人節、龍節三者，據諸侯使臣出聘所執。旌節、符節、管節三者，據在國所用。案《掌節》注變鄉遂言道路者，容公邑大夫及小都、大都之吏。今此旌節中何知不亦容都鄙之吏，而以都鄙吏在管節中者，彼都鄙用角節，文在上，當直是都鄙之主。此都鄙用管節，最在下，明都鄙吏在其中。若然，邦國之中，都鄙主及吏同用管節矣。云『亦所以異於畿内也』者，畿内貨賄用璽節，門關用符節，畿外同用符節，❹是異也。」《調人》：「凡和難，弗辟，則與之瑞節而以執之。」「瑞節，琰圭也。」《行夫》：「凡其使也，必以旌節。雖道路有難而不時，必達。」《比長》：「若徙于他，則爲之旌節而行。若無授無節，惟圜土内之。」《鄉大夫》：「國有大故，以旌節輔令則達之。」《大司徒》：「若國有故，則制萬民於王門，令無節者不行於天下。」《司救》：「凡歲時有天患民病，則以節巡國中及郊野，以王命施惠。」《布憲》：「正月之吉，執旌節以宣布于四方，而憲邦之刑禁。」《掌交》：「掌以節與幣巡邦國之諸侯，及其萬民之所聚。」《司險》：「若國有故，❺則藩塞阻路而止行者，惟有節者達之。」《懷方氏》：「達之以節。」《野廬氏》：「凡有爵及有節者至，則爲之辟。」《周語》：「先王爲贄幣瑞節以鎮之。敵國賓至，關

❶「節」，原脱，今據嘉慶本及《周禮・小行人》鄭注補。
❷「商者通之」，原爲空格，今據明木、庫本、嘉慶本補。
❸「式存於國」，原爲空格，今據明木、庫本、嘉慶本補。
❹「外」，原誤作「内」，今據庫本及《周禮・小行人》鄭注改。
❺「若國有故」，庫本作「若有故」；嘉慶本、《周禮・司險》作「國有故」。

尹以告，❶行理以節逆之。」

八節

玉節鄭氏曰：「玉節之制，以玉爲之，以命數爲大小。」

角節鄭氏曰：「角用犀角，其制未聞。」

龍節金爲之。

人節金爲之。

虎節金爲之。

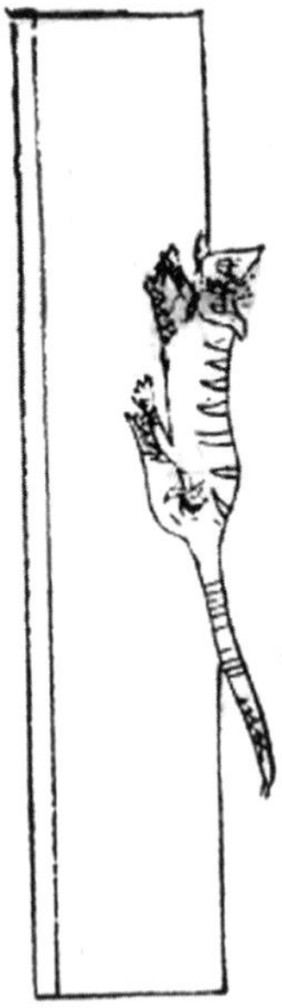

符節

管節

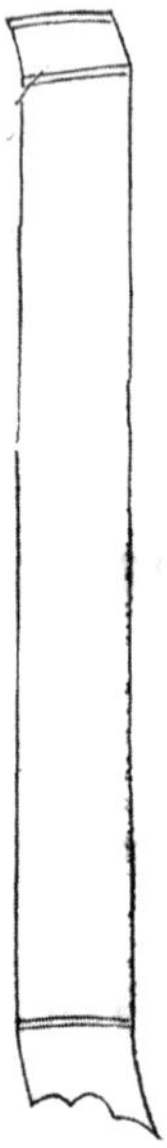

旌節

❶「尹」，原誤作「氏」，今據嘉慶本及《國語·周語》改。

節之爲物，或以玉，或以角，或以金，或以竹；或用以守，或用以使，或用以民。《周官·掌節》之所掌者八：玉節也，角節也，虎節也，人節也，龍節也，符節也，璽節也，旌節也。《小行人》之所達者六：虎節也，人節也，龍節也，旌節也，符節也，管節也。《掌節》：「守邦國者用玉節，守都鄙者用角節。」此用以守者也。「山國用虎節，土國用人節，澤國用龍節，皆金爲之。」此用以使者也。「門關用符節，貨賄用璽節，道路用旌節，皆有期以反節。」此用於使與民者也。《行夫》：「凡其使也，必以旌節。」此使者所執也。《比長》：「若徙于他，則爲之旌節以達之。」此民所執也。析竹爲符節，全竹爲管節。《小行人》有管節，而《掌節》無之者，《掌節》所掌謂之邦節，以輔王命，則所謂邦國之使節，使邦國者所執也。鄭氏謂：「使卿大夫聘於天子、諸侯。」誤也。《小行人》所達謂之天下之節，則所謂龍節、人節、虎節、管節，邦國、都鄙使者所執，非王官所掌也。《掌節》無都鄙之使節，以使都鄙者無節，特以旌節行之也。《小行人》無璽節，以其所掌者使節，而貨賄之事不預也。然節不特八節、六節而已。《典瑞》：「珍圭以徵守，以恤凶荒。牙璋以起軍旅。琬圭以治德，以結好。琰圭以除慝，以易行。穀圭以和難，以聘女。」鄭氏皆以爲王使之瑞節，則珍圭、牙璋、琬圭、琰圭、穀圭，使者爲信於所適者也；龍節、虎節、人節、符節、旌節，行人爲信於道路者也。《調人》：「凡和難，弗辟，則與之瑞節而以執之。」此琰圭耳。則琰圭不特施於使者，民亦與之也。《書·康誥》曰：「越小臣、諸節。」春秋之時，宋司馬握節以死，司城效節於府人而去，司馬牛致其邑與珪而適齊。杜預曰：「珪，守邑之信符。」則守節不特於邦國都鄙，雖官府小臣亦有之也。《考工記》：「牙璋、穀圭七寸，琬圭、琰圭九寸。」漢竹使符、竹箭五枚，長五寸。然則先王之節，其長蓋亦不過於此。若夫旌節之制，又加長焉。觀蘇武之杖節，則非以寸計之也。漢竹使符、銅虎各分其半，右留京師，左付郡守。唐符璽郎凡國有大事則出納符節，班其右而藏其左。先王之節，其班藏蓋亦如此。然老子曰「執左契不責於人」，則藏其右者非是。

英蕩

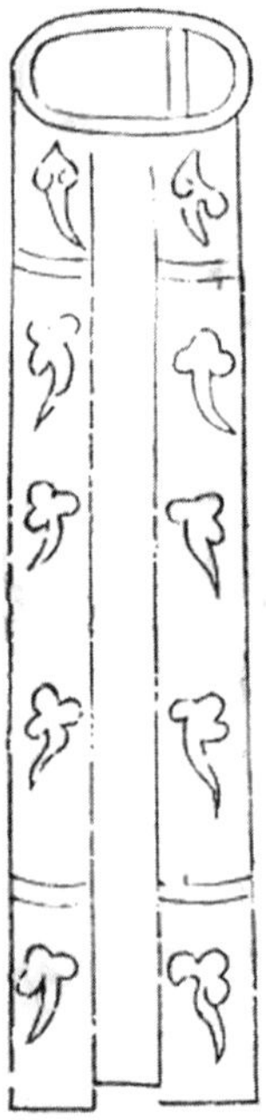

《掌節》：「凡邦國之使節，山國用虎節，土國用人節，澤國用龍節，皆金也，以英蕩輔之。」鄭氏曰：「使節，使卿大夫聘於天子、諸侯，行道所執之節也。杜子春：『蕩當爲帑，❶謂以函器盛此節。或曰：英蕩，畫函。』」考之於經，《禹貢》揚州貢篠蕩，《大射禮》「蕩在建鼓之間」，則蕩，竹也。《詩》曰：「二矛重英。」又曰：「朱英緑縢。」則英，飾也。節之函以竹爲之，而有飾焉。先儒以爲畫函，其説是也。言「凡邦國之使節」，則使邦國者之所執，非邦國使者之所執也。言「皆金也，以英蕩輔之」，則英蕩之輔王命，特虎、人、龍節而已，非輔其它也。

❶「爲」，明本、庫本、嘉慶本作「作」。

傳

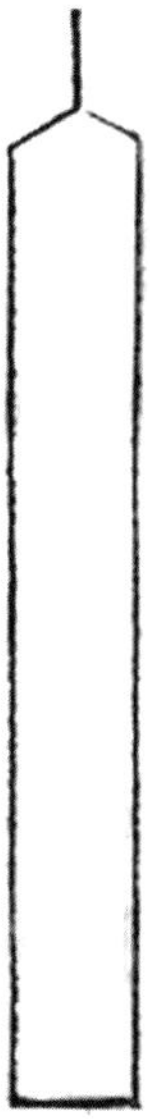

《司關》：「凡所達貨賄者，則以節傳出之。」鄭氏曰：「商或取貨於民間，無璽節者至關，關爲之璽節及傳出之。其有璽節亦爲之傳。傳，如今移所過文書。」❶節，「凡通達於天下者必有節，以傳輔之。」鄭氏曰：「節爲信耳，傳說所齎操及所適。」蓋《掌節》所謂傳者，凡通達於天下之節有傳也。《司關》所謂傳者，璽節之傳也。漢制門關用傳，兩行書繒帛，分持其一，出入合之，豈古之遺制歟？文帝十二年除之，景帝四年又復之。除之於無虞之時，復之於有警之後。然先王之於天下，先事而事，先患而慮，不爲無虞而輕廢，不爲有警而後設。

璽

《周禮·掌節》：「貨賄用璽節。」《職金》：「掌凡金玉、錫石、丹青之戒令，受其入征者，辨其物之媺惡與其數量，楬而璽之。」《左氏》曰：「季武子取卞，使公冶問襄公璽書，追而與之。」鄭、杜皆曰：

❶「所過」，據《周禮·掌節》鄭注當作「過所」。

「璽，印也。」《漢舊儀》曰：「璽皆白玉螭虎紐，❶文曰『皇帝行璽』、『皇帝之璽』、『皇帝信璽』、『天子行璽』、『天子之璽』、『天子信璽』，凡六璽。」衛宏《漢舊儀》曰：「諸侯玉印，黄金橐，它鈕，文曰璽；列侯黄金印，龜鈕，文曰印；丞相將軍黄金印，龜鈕，文曰章；中二千石銀印，龜鈕，文曰章；千石、六百石、四百石銅印，鼻鈕，文曰印。」唐符寳郎武后改符璽郎爲符寳郎。掌天子八寳及國之符節。《釋名》曰：「印，信也。」《説文》曰：「執政所持信也。」孫堅得傳國璽，方圍四寸，上有鈕文，盤五龍。然則漢天子之璽，其方不過四寸。諸侯王以下，其小又可知也。

禮書卷第五十七終

❶「紐」，原誤作「細」，今據嘉慶本及《太平御覽》卷六百八十二《儀式部三·璽　綬》、《東漢會要》卷九、《群書考索》卷四十六《儀衛門·鹵簿類》、《玉海》卷八十四同引改。

禮書卷第五十八

幣帛　祭祀用幣之禮　饗食燕用幣之禮

幣　帛帛錦附❶

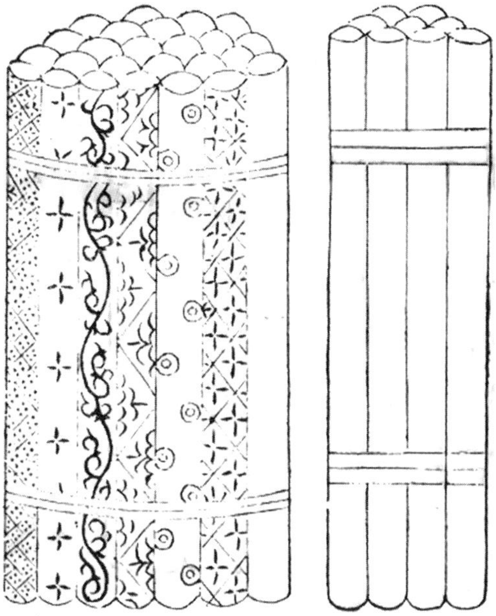

《儀禮·士冠禮》：「乃醴賓以壹獻之禮。主人酬賓，束帛、儷皮。」《士婚禮》：「納吉用鴈，如納采禮。納徵，❷玄纁束帛、儷皮。「婚禮用玄纁者，象陰陽備也。束帛，十端也。《周禮》曰：『凡嫁子取妻入幣。』」舅饗送者以一獻之禮，酬以束錦。「送者，女家有司也。爵至酬賓，又從之以束錦。」姑饗婦人送者，酬以束錦。「婦人送者，隸子弟之妻妾，凡饗速之。」若異邦，則贈丈夫送者以束錦。納徵，執皮攝之，内文；兼執足，左首；隨入，西上；參分庭一在南。「攝猶辟也。兼執足者，左手執前兩足，右手執後兩足。左首，象生。《曲禮》曰：『執禽者左首。』隨入，爲門中阨狹。西上，中庭位併。」賓致命，釋外足，見文。主人

❶「帛錦附」，原無，爲明本、庫本、嘉慶本所增。明本、庫本、嘉慶本將此小題及副題重出以作禮圖標題，各系以帛、錦之圖。

❷「徵」，因與宋仁宗趙禎名同音而諱缺末筆，今補之。

受幣。士受皮者自東出于後，自左受，遂坐攝皮，逆退，適東壁。「賓致命，主人受幣，庭實所用爲節。」若不親迎，則婦入三月，然後壻見。主人醴以一獻之禮。主婦薦，奠酬，無幣。」「無幣，異於賓客。」《士相見之禮》：「凡執幣者不趨，容彌蹙以爲儀。」《聘禮》：「宰書幣，命宰夫官具。及期，夕，管人布幕于寢門外。官陳幣：皮北首，西上，加其奉於左皮上；馬則北面，奠幣于其前。❶史讀書展幣。受享束帛加璧，受夫人之聘璋，享玄纁束帛加琮，皆如初。「享，獻也。既聘，又一獻，所以厚恩惠也。帛，今之璧色繒也。」入境，斂旜，乃展。布幕，賓朝服立于幕東，西面；介皆北面，東上；賈人北面，坐拭圭，遂執展之。上介北面視之，退復位。退圭。「圭璋尊，不陳之。」陳皮，北首，西上；又拭璧，展之；會諸其幣，加于左皮上。上介視之，退。馬則幕南，北面，奠幣于其前。展夫人之聘享亦如之。賈人告于上介，上介告于賓。「展夫人聘享，上介不視，貶於君也。賈人既拭璋、琮，南面告於上介，上介於是乃東面以告賓。」有司展群幣以告。「群幣，私覿及大夫有司載幣者，自展自告。」及郊，又展，如初。及館，展幣於賈人之館，如初。賓至于近郊，君使卿朝服，用束帛勞賓。賓用束錦儐勞者。賓裼，奉束帛加璧享。擯者入告，出許。庭實：皮則攝之，毛在内；内攝之，入設也。」「賓止也。賓執粱與湆之西序端。「不敢食於尊處。」主人辭，賓反之。卷加席，主人辭，賓反之。辭幣，降一等；主人從。「從辭賓降。」受侑幣，再拜稽首。主人送幣，亦然。「徹也。」辭於主人，降一等。主人從。

❶「幣」，原脱，今據庫本、嘉慶本及《儀禮·聘禮》補。

「辭，謂辭其臨己食。」❶卒食，徹于西序端，「亦親徹。」東面再拜，降出。「拜，亦拜卒食。」其他皆如公食大夫之禮。若不親食，則公作大夫朝服以侑幣致之。」《覲禮》：「至于郊，王使人皮弁用璧勞侯氏。侯氏束帛乘馬儐，使者再拜受。侯氏再拜送幣。「儐使者，所以致尊敬也。」天子賜舍，侯氏再拜稽首。受館，儐之束帛乘馬。饗，禮，乃歸。」「禮，謂食、燕也。王或不親，以其禮幣致之。略言饗、禮，互文也。《掌客》職曰：『上公三饗、三食、三燕，侯伯再饗、再食、再燕，子男一饗、一食、一燕。』」《士虞禮》：「卒哭明日，以其班祔。」鄭氏曰：「『卒哭成事，而後主各反其廟』，然則士之皇祖於卒哭亦反其廟。無主則反廟之禮未聞，以其幣告之乎？」《太宰》之職：「以九賦斂財賄，九曰幣餘之賦。祀五帝，及祀之日，贊玉幣爵之事。「玉、幣，所以禮神。玉與幣各放其方之色。」祀大神示亦如之。朝覲會同，贊玉幣、玉獻。』「玉幣，諸侯享幣也。其合亦如小行人所合六幣。」《小宰》：「凡祭祀，贊玉幣爵之事。凡賓客，贊祼，凡受幣之事。」《大府》：「幣餘之賦，以待賜予。」《職幣》：「掌式法以斂官府都鄙與凡用邦財者之幣，振掌事者之餘財。皆辨其物而奠其録，以書楬之，以詔上之小用、賜予。」《内宰》：「凡建國，佐后立市。出其度、量、淳、制。」「純制，《天子巡狩禮》所云『制幣丈八尺，純四咫』與？」《大宗伯》：「孤執皮帛。」「以蒼璧禮天，以黄琮禮地，以青圭禮東方，以赤璋禮南方，以白琥禮西方，以玄璜禮北方。皆有牲幣，各放其器之色。」「幣以從爵，若飲酒有酬幣。」「若國有貞，則奉玉帛以詔號。大賓客，受其將

❶「其」，原誤作「具」，今據嘉慶本及《儀禮·聘禮》鄭注改。

幣之齎。」「謂所齎束貢獻之財物。」《肆師》之職：「掌立國祀之禮，以佐大宗伯。立大祀，用玉帛、牲牷；立次祀，用牲幣；立小祀，用牲。」《占人》：「凡卜筮，既事，則繫幣以比其命。歲終，則計其占之中否。」「杜子春云：『繫幣者，以帛書其占，❶繫之於龜也。』玄謂既卜筮，史必書其命龜之事及兆於策，繫其禮神之幣而合藏焉。」《大祝》：❷「六曰幣號。」「幣云量幣。」《校人》：「凡賓客，受其幣馬。」「賓客之幣馬，來朝聘而享王者。」凡國之使者，共其幣馬。」「使者所用私覿。」《行人》：「凡大國之孤，執皮帛以繼小國之君。若有四方之大事，則受其幣，聽其辭。」《小行人》：「凡諸侯入王，則逆勞于畿。及郊勞，視館，將幣，爲承而擯。合六幣：圭以馬，璋以皮，璧以帛，琮以錦，琥以繡，璜以黼。此六物者，以和諸侯之好故。」《司儀》：「將合諸侯，則令爲壇三成。及其擯之，各以其禮：公於上等，侯伯於中等，子男於下等。其將幣亦如之。其禮亦如之。「將幣，享也。」致饔餼，還圭，饗食，致贈，郊送，皆如將幣之儀。「此六禮者，惟饗食速賓耳，其餘主君親往。親往者，賓爲主人，主人爲賓。君如有故不親饗食，則使大夫以酬幣、侑幣致之。」凡諸侯之交，各稱其邦而爲之幣，以其幣爲之禮。」《象胥》：「凡軍旅、會同，受國客幣而賓禮之。」《掌訝》：「待賓客，及將幣，爲前驅。」「道之以如朝。」《曲禮》：「幣曰量幣。」《檀弓》曰：「伯高之喪，孔氏之使者未至，冉子攝束帛乘馬而將之。孔子曰：『異哉！徒使我不誠於伯高。』」《王制》曰：「布帛精麤不中數、幅廣

❶「其」，原誤作「具」，今據明本、庫本、嘉慶本及《周禮·占人》鄭注改。

❷「大祝」，原誤作「大祀」。按此所引出《周禮·大祝》。今據改。

狹不中量不粥於市，錦文珠玉成器不粥於市。」❶《月令》曰：「仲春之月，祀不用犧牲，用圭璧，更皮幣。」《禮運》：「列祭祀，瘞繒。」「埋牲曰瘞，幣帛曰繒。」《禮器》：「圭璋特，琥璜爵。」《郊特牲》曰：「旅幣無方，所以別土地之宜，而節遠邇之期也。束帛加璧，往德也。」《曾子問》曰：「天子將出，告于祖禰，以幣帛、皮、圭。諸侯適天子，告于社稷、宗廟、山川，用牲幣。」又曰：「君薨，太子生，大祝裨冕執束帛，升自西階，升，奠幣于殯東几。」又曰：「凡告用牲幣，反亦如之。」「牲當爲制，字之誤也。制幣一丈八尺。」《禮器》曰：「大廟之內，敬矣。君親牽牲，夫人贊幣而從。」《鹿鳴》：「燕群臣嘉賓也。既飲食之，又實幣帛筐篚，以將其厚意，然後忠臣嘉賓得盡其心矣。」「飲之而有幣，酬幣也。食之而有幣，侑幣也。」正義曰：「此解飲食而有幣帛之意，言飲有酬賓送酒之幣，食有侑賓勸飽之幣，故皆有幣也。飲食必酬、侑之者，案《公食大夫禮》賓三飯之後，『公受宰夫束帛以侑』，注云：『主國君以爲食賓殷勤之意未至，復發幣以勸之，欲其深安賓也。』是禮食用幣之意也。饗禮亡，準此，亦安賓而酬之焉。案《聘禮》云：『君不親食，使大夫朝服致之以侑幣。』又曰：『致饗以酬幣，亦如之。』是親食有侑幣，不親食則以侑幣致之。然則不親饗以酬幣致之，明親饗有酬幣矣。故知飲之而有幣，謂酬幣也。鄭以飲爲饗者，以飲食連之，若飲食爲一，則食禮不主於飲。若飲爲燕禮，不宜文在食上。且饗食相對之物，有食不宜無饗。其幣所用，《公食大夫》用束帛以侑，其酬幣則無文，故《聘禮》注云：『酬幣，饗禮酬賓勸酒之幣，所用未聞也。禮幣用束帛乘馬，亦不是過。』❷是饗所用幣無正文也。禮幣用束帛乘馬，謂聘享之幣。聘享止用束帛乘馬而已。侑幣又用束帛，故云『亦不是過』，言諸侯於大夫酬幣不過

❶「成」上，原衍「不」字，今據明本、庫本、嘉慶本及《禮記・王制》删。

❷「是過」，原脱，脱則與下文不合。今據《毛詩・鹿鳴》孔疏補。

是也。其天子酬諸侯，及諸侯自相酬，幣不必用束帛乘馬。故《聘禮》注又引《禮器》曰：『琥璜爵，蓋天子酬諸侯也。』必疑琥璜爲天子酬諸侯之幣者，以琥璜非爵名，而云爵，明以送爵也。食禮無爵可送，則琥璜饗酬所用也，謂饗時酬賓，以琥璜將幣耳。大夫合六幣，琥以繡，璜以黼，則天子酬諸侯以黼繡，而琥璜將之。既天子饗諸侯之酬幣與諸侯異，則食禮天子侑諸侯，其幣不必束帛，無文以言之。此唯言享食之幣，不言燕幣。燕禮亦當有焉，但今燕禮唯有好貨無幣，故文不顯言之。」《左氏》昭五年：「公如晉，自郊勞至于贈賄無失禮。」又，晉韓宣子如楚，楚薳啓彊曰：❶「宴有好貨，飧有陪鼎，入有郊勞，出有贈賄，禮之至也。」十年：「晉葬平公，鄭子皮將以幣行。子産曰：『喪焉用幣！用幣必百兩，百兩必千人。』」二十六年：「申豐以幣錦二兩，縛一如瑱，適齊。」定六年：「陽虎使孟懿子往報晉夫人之幣。」《周語》：❷「晉侯使隨會聘于周，定王享之餚烝。范子曰：『此何禮也？』王召士季曰：『女今我王室之一二兄弟，體解節折而飲食之，酬幣宴貨，以示容合好。』定王使劉康公聘於魯，發幣於大夫。晉厲公克楚，使郤至告慶於周，未將事，王叔簡公飲之酒，交酬好貨皆厚，「交酬，飲酬之幣。」飲酒燕語，相說也。晉羊舌肸聘于周，發幣於大夫，及單靖公，靖公享之，儉而敬。賓禮贈、餞視其上而從之。」《魯語》：「哀姜至，公使大夫宗婦覿用幣。」「用幣，與大夫同幣。」「吴伐越，使來好聘，獲骨焉，節專車。賓發幣於大夫，❸及仲尼，爵之，既徹俎而宴，「獻酬禮畢，徹俎而宴飲也。」客執骨而問。」《晉語》：

❶「彊」，原誤作「疆」，今據庫本、嘉慶本及《左傳》昭五年改。

❷「周語」，原誤作「晉語」。按此所引出《國語·周語》，今據改。

❸「發」，原誤作「好」，今據嘉慶本及《國語·魯語》改。

「王饗禮，命公胙侑。」「胙，賜祭肉。侑，侑幣。」

祭祀用幣之禮

《肆師》：「立大祀，用玉帛、牲牷；立次祀，用牲幣；立小祀，用牲。」先儒謂大祀，天地、宗廟也；次祀，日月星辰、社稷、五祀、五嶽也；小祀，司中、司命、風師、雨師、山川、百物也。然《典瑞》祀日月星辰有圭璧，祀山川有璋邸射，《小宰》「凡祭祀，皆贊玉幣爵之事」，則用玉特大祀，用幣不特次祀而已。《肆師》「掌立國祀之禮」，而玉帛、牲幣用否不同如此，蓋始立國祀與凡祭祀異矣。用幣之禮，其色則天地四方各象其類，《大宗伯》曰「各放其器之色」是也。宗廟則玄纁雜焉，《聘禮》「制玄纁」是也。鄭康成曰：「玄纁之率，玄居三，纁居二。」其數則十端爲束，《曾子問》「執束帛升」，《聘禮》「玄纁束」是也。其長則丈八尺，《天子巡狩禮》謂「制幣長丈八尺」是也。其奠則或於几上，或於几下，《曾子問》「奠于殯東几上」，《聘禮》「奠于室中几下」是也。其埋則廟階之間，《曾子問》「斂幣玉藏諸兩階之間」，《聘禮》「埋于西階東」是也。天子則職之以太宰、小宰，《周禮》大宰、小宰贊幣是也。諸侯則小宰，《曾子問》「世子生，小宰舉幣」是也。大夫則祝而已，❶《聘禮》「祝入取幣」是也。先儒謂有燔瘞之幣，有禮神之幣，有從爵之酬幣。禮神之幣，則帛在牲上，若大祀用玉帛、牲牷是也。從爵之幣，則帛在牲下，若「牲幣各放其器之色」是也。然牲幣各放其器之色，則

❶「祝」，原誤作「祀」，今據嘉慶本改。

禮神者也。酬幣之説，於賓客有之，不聞祭祀有是禮也。賈公彦曰：「鄭以獻尸從爵之幣無文，故以生人飲酒之禮況之。案《聘禮》饗時有酬幣，則獻尸後酬尸時亦有幣之從爵也。」

饗食燕用幣之禮

《聘禮》：「公於賓，一食再饗。燕與羞，俶獻，無常數。賓介皆明日拜于朝。上介一食一饗。若不親食，使大夫各以其爵、朝服致之以侑幣，如致饔，無儐。致饗以酬幣，亦如之。大夫於賓，一饗一食。上介，若食若饗。若不親饗，則公作大夫致之以酬幣，致食以侑幣。」《公食大夫禮》：「賓三飯，公受宰夫束帛以侑，西鄉立。賓降辭幣，升聽命，降拜。公辭。賓升再拜稽首，受幣。賓降，公再拜。介逆出。賓北面揖，執庭實以出。公降立。上介受賓幣，從者訝受皮。若不親食，使大夫各以其爵、朝服以侑幣致之。大夫相食，侑幣束錦也。若不親食，則公作大夫朝服以侑幣致之。」《郊特牲》曰：「禮有以少爲貴者：圭璋特，琥璜爵。」《左氏》曰：「虢公、晉侯朝王，王饗醴，命之宥，皆賜玉五瑴，馬三匹。」❶又曰：「王饗禮，命晉侯宥。」莊。❷又曰：「秦后子享晉侯，歸取酬幣，終事八反。」又曰：「宴有好貨。」《詩・鹿鳴》曰：「我有嘉賓，鼓瑟吹笙。吹笙鼓簧，承筐是將。」《序》曰：「既飲食之，又實幣帛筐篚，以將其厚意。」《周語》：「晉隨會聘于周，定王享之餚烝。范子私於原公曰：『吾聞王室之禮無毀折，今

❶「賜」，原脱，今據明本、庫本、嘉慶本及《左傳》莊十八年補。後同引而脱「賜」字者逕補，不出校。

❷「莊」，明本、庫本、嘉慶本無。

何禮也？』王曰：『親戚宴饗，則有餚烝，酬幣宴貨，以示容合好。』」《周語》：「王叔簡公飲郤至酒，交酬好貨皆厚。」

食有侑食，故有侑幣；饗有酬爵，故有酬幣。《儀禮·公食大夫》侑以束帛，而庭實以皮，大夫相食以束錦。此食有侑幣也。《聘禮》：「公於賓若不親食，使大夫致之以侑幣。致饗以酬幣，亦如之。大夫於賓若不親饗，則公作大夫致之以酬幣，致食以侑幣。」《士婚禮》：「舅饗送者以一獻之禮，酬以束錦。姑饗婦人送者，酬以束錦。」春秋之時，「虢公、晉侯朝王，王饗醴，命之宥，皆賜玉五瑴、馬三匹」；「秦后子享晉侯，歸取酬幣，終事八反」；「魯侯享范獻子，莊叔執幣」。此饗有酬幣也。《燕禮》無用幣之文，特《鹿鳴》之詩燕群臣嘉賓言「承筐是將」，《序》曰「既飲食之，又實幣帛筐篚，以將其厚意」，則所謂「飲食」者，燕與食耳。此燕有酬幣也。孔穎達以飲食爲饗食，非詩意也。春秋之時，定王謂隨會曰「酬幣宴貨，以示容合好」；蘧啓疆曰「宴有好貨」；又晉郤至告慶于周，王叔簡公飲之酒，交酬好貨皆厚，飲酒宴語相說。則古人燕賓未嘗不用酬幣，特《燕禮》之文不備耳。《禮器》曰：「琥璜爵。」鄭氏以爲天子酬諸侯、諸侯相酬之禮。又王饗虢公、晉侯，皆賜玉五瑴、馬三匹，《〔左〕氏》不譏其物而譏其數之不異，是天子饗諸侯、諸侯相饗，酬幣用玉也。諸侯食大夫、大夫相食以皮帛與錦，則侑幣固有差矣。然《公食大夫》三飯而後侑，則每舉不侑。「秦后子享晉侯，歸取酬幣，終事八反」，而每爵必酬，非禮也。酬幣亦謂之侑，侑幣不謂之酬。故《春秋傳》享醴皆曰宥，以侑者勸酬之通稱也。《公食大夫》「飲酒實觶」，《舂人》「凡饗食，共其米」，《饎人》「凡賓客共其簠簋之實，饗食亦如之」，則食非無酒，饗非無食，特其所主者異耳。

禮書卷第五十八終

禮書卷第五十九

燔瘞　守瘞　釋幣　筐篚

燔瘞

《大宗伯》：「以禋祀祀昊天上帝，以實柴祀日月星辰，以槱燎祀司中、司命、風師、雨師，以血祭祭社稷、五祀、五岳，以貍沈祭山林川澤。」《司巫》：「凡瘞事，守瘞。」鄭氏曰：「埋牲玉也。」《詩》曰：「芃芃棫樸，薪之槱之。」又曰：「圭璧既卒，上下奠瘞。」《詩序》曰：「巡狩告祭、柴望也。」《書》曰：「至于岱宗，柴。」《禮記》曰：「天子適四方，先柴。」又曰：「柴于上帝。」又曰：「燔柴於泰壇，祭天也。瘞埋於泰折，祭地也。」又曰：「列祭祀，瘞繒。」《韓詩外傳》曰：「天子奉玉升柴，加於牲上而燔之。」《爾雅》曰：「祭天曰燔柴，祭地曰瘞埋，祭山曰庪縣，祭川曰浮沉。」《山海經》曰：「懸以吉玉。」春秋之時，晉公子投璧于河；鄭駟帶與子上盟，用兩圭質于河；王子朝用成周之寶珪于河；蔡侯及漢執玉而沈。

《曾子問》曰：「天了將出，必以幣帛、皮、圭告于祖禰，遂奉以出。反必告，設奠，卒，斂幣玉，藏諸兩階之間，乃出，蓋貴命也。君薨而世子生，太祝執束帛，升，奠幣于殯東几上，遂朝奠。小宰升，舉幣。」鄭氏曰：「舉而下，埋之階間。」則宗廟之瘞，在既事之後矣。祭天曰燔柴，祭地曰瘞埋。又周人尚臭，而升煙、瘞埋乃臭氣也。則天地之燔、瘞、柴，在行事之前矣。

崔靈恩謂：「祭天以燔柴爲始，祭地以瘞血爲先。」賈公彦謂：「天神中非直有升煙，玉帛牲亦有禮神者；地示中非直有瘞埋，玉帛牲亦有禮神者。」以爲燔瘞在作樂降神之後，而禮神又燔瘞之後，則燔瘞之與禮神，固有二玉、二帛、二牲矣。然《記》曰：「禮有以少爲貴者，祭天特牲。帝牛不吉，以爲稷牛。」《書》曰：「用牲于郊，牛二。」則帝牛與稷牛凡二而已。謂帝牛有二，殆不然也。晉賀〔循〕謂燔牲左胖，漢用牲首，唐用牲脅九箇，其制不一。以宗廟之祭考之，升首所以報陽，則天地燔瘞固用首矣。漢用牲首，蓋禮意也。《周官・羊人》：「凡釁、積，共其羊牲。」《犬人》：「凡祭祀共其犬牲，❶伏瘞亦如之。」鄭康成曰：「積柴，禋祀、槱燎、實柴。」鄭司農曰：「瘞謂埋祭，祭地曰瘞埋。」則燔瘞用羊犬矣。此豈施於天地之從祀，與夫次祀、小祀者乎？周、魏之間燔柴皆於祭末。郭璞云：「祭天既祭積柴燒之，祭地既祭埋藏之。」恐先王之時，祭祀事畢亦有燔瘞之禮，其詳不可考也。《詩》曰：「圭璧既卒。」《書・金縢》稱周公曰：「爾之許我，我其以璧與圭歸俟爾命。」則禮神之玉，其終固燔瘞矣。

守瘞

《司巫》：「凡祭事，守瘞。」鄭氏云：「瘞，謂若祭地祇有埋牲玉者。守之者，以祭禮未畢，若有事然。祭禮畢則去之。」其説是也。唐之守瘞者至於六旬，

❶「其」，嘉慶本爲一空格，《周禮・犬人》原文無「其」字。

非古也。

釋幣

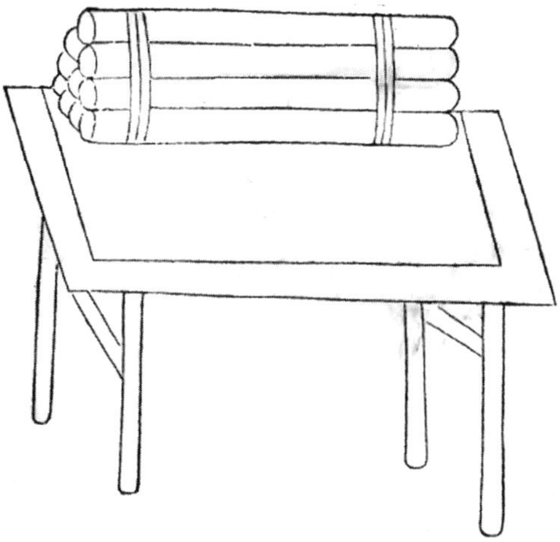

《聘禮》：「賓朝服釋幣于禰。「天子、諸侯將出告群廟，大夫告禰而已。凡釋幣，設洗、盥如祭。」有司筵几于室中。祝先入，主人從入。主人在右，再拜；祝告，又再拜。釋幣，制玄纁束，奠于几下，出。「玄纁之率，玄居三。《朝貢禮》云：『純三尺，制四丈八尺。』」主人立于户東。祝立于牖西，「少頃之間，示有俟於神。」又入，取幣，降；卷幣，實于笲，埋于西階東。又釋幣于行。「行者先之，其古人之名，未聞。大子、諸侯有常祀，在冬。大夫三祀，曰門，曰行，曰厲。喪禮有『毁宗躐行，出于大門』，則行神之位在廟門外西方。不言埋幣，可知也。」遂受命。上介釋幣亦如之。」「如其於禰與行。」《覲禮》：「侯氏裨冕，釋幣于禰。」「釋幣者，告將覲也。其釋幣如聘大夫將受命釋幣于禰之禮。既則祝藏其幣，歸乃埋之於祧西階之東。」《曾子問》曰：「『君薨而世子生，如之何？』孔子曰：『卿、大夫、士從攝主，北面於西階南。大祝裨冕，執束帛，升自西階，盡等，不升堂，命毋哭。「諸侯之卿大夫所服，裨冕，絺冕也，玄冕也。士服爵弁服。大祝裨冕，則大夫。」祝聲三，告曰：「某之子生，敢告。」升，奠幣于殯東几上，哭降。「几筵於殯東，明繼體也。」遂朝奠。「反朝夕哭位。」小宰升，舉幣。』「舉而下，埋之階間。」『凡告用牲幣，反亦如之。「牲當爲制，字之誤也。制幣一丈八尺。」諸侯相見，必告于禰，「道近，或可以不親告祖。」朝服而出視朝，命祝史告于五廟、所過山川。』」「山川所不過則不告，貶於適天子也。」《覲禮》侯氏將朝王，釋幣于禰。《聘禮》賓將受命，釋奠于禰于行。皆幣而已，則釋幣猶釋菜耳，牲牢、酒齊不預也。《聘禮》：「有司筵几于室中。祝先入，主人從入。主人在右，祝告，釋幣，制玄纁束，奠于几下。出，主人立于户東。祝立于牖西，又入。取幣，降；卷幣，實于笲，埋于西階東。」《覲禮》：「侯氏釋幣于禰。」鄭氏謂：「如聘大夫釋幣于禰之禮。既則祝藏其幣，歸乃埋之於祧西階之東。」蓋聘賓釋幣于廟，故舉幣而埋之。侯氏釋幣于行主，故舉幣而藏之。行主，祖之遷主也。謂之禰者，親之也。《文王世子》所謂「公禰」，與此同意。《曾子問》曰：「天子、諸侯將出，必以幣帛、皮、圭告于祖禰。」所告蓋有用牲者矣。其言止於幣帛、皮、圭者，以其無遷主，而奉此以出也。《曾子問》又曰：「凡告必用牲幣，反亦如之。」《肆師》：「凡師、甸，用牲于社、宗，則爲位。」則不用牲者，肆師不爲位也。蓋道或有遠近，禮或有重輕，故告有特用幣，有兼牲幣，非一端也。《太祝》：「大師，宜于社，造于祖。大會同，造于廟，宜于社。過大山川，用事焉。反行釋奠。」鄭氏引《曾子問》曰：「凡告必用牲幣。」及釋《曾子問》則改「牲幣」爲「制幣」，是自惑也。孔穎達曰：「天子、諸侯出入有告有祭，故告用制幣。卿大夫惟入祭而已。故《聘禮》既使而反，祭用牲也。」然禮，凡告朔、告至，必用牲也。孰謂天子、諸侯之告不皆用牲耶？皇氏、熊氏謂天子告用牲，諸侯不用牲，此尤無據。告雖或用牲，而其他不用牲者多矣。「若國大貞，則奉玉帛而詔號。」《春秋傳》曰：「凡天災有幣無牲。」《月令》：「仲春之月，祀不用犧牲，用圭璧，更皮幣。」以至晉侯謀以息民，魏絳請祈以幣更；齊饑，孔子請祈以幣玉。《家語》十。凡此視其事與時而已。

筐

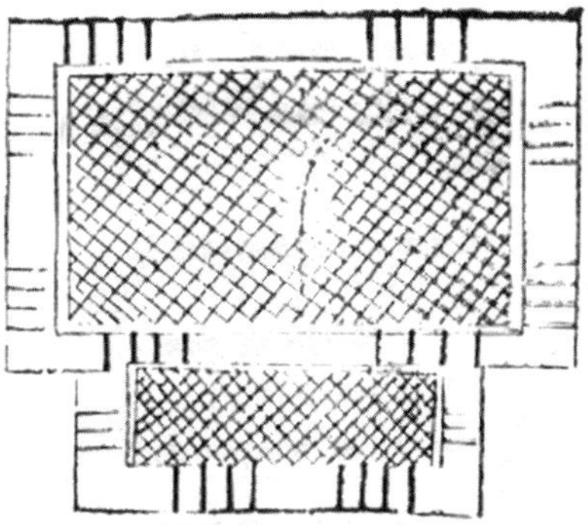

《詩》曰：「不盈頃筐。」「頃筐塈之。」「女執懿筐。」「維筐及筥。」「筐之筥之。」「承筐是將。」《序》曰：「實幣帛筐篚，以將其厚意。」《易》曰：「女承筐，無實。」《儀禮·公食大夫》：「簋實實于筐。」《聘禮》：「夫人使大夫餼賓，上介米八筐，衆介米六筐。」記曰：「凡餼，大夫黍、粱、稷，筐五斛。」《禮記》曰：「蠶則績而蟹有筐。」又曰：「具曲、植、籧、筐。」又曰：「熬，君八筐，大夫六筐，士四筐。」〔毛〕氏曰：「筐，畚屬。」《說文》曰：「方曰筐，圓曰籧。」蓋筐有頃筐，有懿筐，有大筐，有小筐。頃筐，其淺者也；懿筐，其深者也；大筐，實五斛；小筐，實績、熬、幣帛、簋實而已。筐，正也，其深淺大小雖殊，而其制皆方。

篚

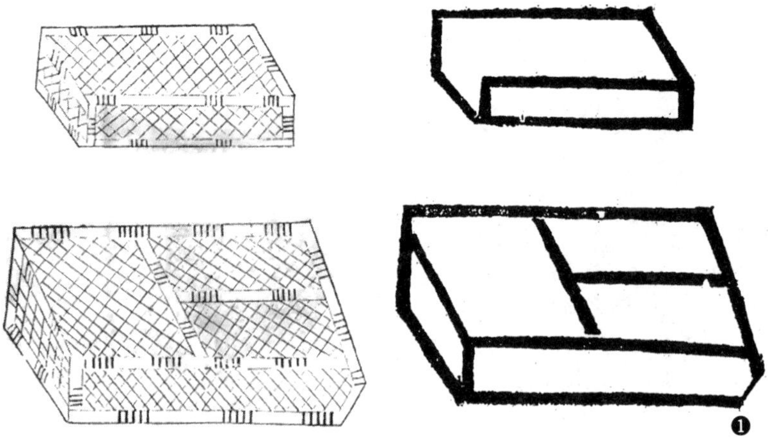

❶

《詩序》曰：「實幣帛筐篚。」《禹貢》厥篚玄纁，而織文絲縞之類皆以篚。《儀禮》罍、洗之西皆有篚，又有上篚、下篚、膳篚之辨，則上篚在堂，下篚在庭，膳篚特饌君爵而已。篚之爲物，可以盛幣帛，可以盛勺觶，可以盛苴茅，《士虞》：「苴刌茅，長五寸，束之，實于篚。」可以代肵俎，《士虞》：「佐食受肺脊，實于篚。」可以實黍稷。《肆師》：「大朝覲，佐儐，共設篚、罋。」此篚之實黍者也。《公食大夫》：「豆實實于罋，簋實實于篚。」而篚者筐類也，其用以實簋實宜矣。鄭氏曰：『篚』其『筐』字之誤歟？」不必然也。鄭氏又曰：「篚，竹器，如笭。」《說文》曰：「篚如竹篋。」篋有蓋，是以《舊圖》篚亦有蓋。

禮書卷第五十九終

❶ 此爲底本圖。

禮書卷第六十

贄　儀

鬯　皮帛　羔　鴈

贄　儀

《書》曰：「三帛，二生，一死贄。」《大宗伯》曰：「以禽作六贄，以等諸臣。孤執皮帛，卿執羔，大夫執鴈，士執雉，庶人執鶩，工商執雞。」《膳夫》：「凡祭祀之致福者，受而膳之。以贄見者亦如之。」《司約》曰：「治贄之約。」《行人》曰：「蕃國各以其所貴寶爲贄。」《士相見禮》：「贄，冬用雉，夏用腒，左頭奉之。下大夫相見以鴈，飾之以布，維之以索，如執雉。上大夫相見以羔，飾之以布，四維之，結于面，左頭，如麛執之。」《聘禮》：「賓既將公事，復見之以其贄。」《禮記》曰：「凡贄，天子鬯，諸侯圭，卿羔，大夫鴈，士雉，庶人之贄匹，童子委贄而退。野外、軍中無贄。婦人之贄，椇、榛、脯、脩、棗、栗。」《國語》曰：「爲贄幣瑞節以鎮之。」春秋之時，哀姜至，莊公使宗婦覿用幣。《左傳》曰：「男贄大者玉帛，小者禽鳥，以章物也。女贄不過榛、栗、棗、脩，以告虔也。」《孟子》曰：「出疆必載質。」又曰：「庶人不傳質爲臣，則不敢見諸侯。」《荀卿》稱周公曰：「吾所執贄而見者十人，還贄而相見者三十人。」

《禮》云：「無辭不相接也，無禮不相

見也，欲民之無相瀆也。」又云：「君子於其所尊不敢質也。」故貴至於邦君，賤至於庶人，以至婦人、童子相見，不依贄不足以爲禮，贄而不稱德不足以爲義。此玉、帛、禽、鳥、榛、栗、棗、脩之用，所以不一也。《儀禮》，士於士無辭贄，有還贄；大夫於士無還贄，終辭贄；君於其臣則受之，於外臣則使儐還之，大夫於嘗爲臣者亦然。士贄授受於庭，貴者授於堂。大夫、士於君，壻於舅，則奠摯。士嘗臣於大夫，亦奠摯。《左傳》言「委質爲臣」，《荀卿》言「錯質之臣」。童子於所奠則委贄。此禮之殺也。《周官·膳夫》：「祭祀致福者，受而膳之。以贄見者亦如之。」則受之所以納其德也，膳之所以用其德也。然膳夫之所受膳者，特禽鳥而已，若玉帛則非膳夫之所受也。《聘禮》賓見主君以圭璋，不以贄。訝者訝賓亦不以贄。及賓即館，訝將公事，乃見之以其贄。賓既將公事，復見之以其贄。

鬯

天子無客禮於天下，而有贄禮於鬼神。《禮記》：「凡贄，天子鬯。」《周禮·鬯人》：「凡王弔臨，共介鬯。」則天子之鬯，以介致之而已。鄭氏引：「《檀弓》曰：『臨諸侯，畛於鬼神，曰：「有天王某父。」』此王適四方、舍諸侯祖廟，祝告其神之辭。介於是進鬯。」其說是也。然以此爲《檀弓》之文，誤也。天子宗廟之灌以圭瓚，巡狩之灌以大璋、中璋、邊璋，則贄鬯之器蓋圭璋也。天子之贄不特鬯耳，其執鎮圭以朝日，猶諸侯執圭璧以朝君，皆贄瑞也。

皮帛

虎皮王之孤飾贄以虎。

豹皮公之孤飾贄以豹。

孤希冕。❶

《書》之言贄有三帛，《周禮》言贄亦三帛。《周禮》之三帛，則王與公之孤、諸侯適子之未誓者。《書》之三帛，孔安國以爲諸侯世子執纁，公之孤執玄，附庸之君執黃。其言雖無經見，然天子巡狩，卿大夫士皆以贄見於方岳之下，附庸宜亦有贄矣。孔氏之説蓋有所受之也。鄭氏

❶「希」，原誤作「玄」，今據明本、庫本、嘉慶本改。

以爲高陽氏之後用赤繒，高辛氏之後用黑繒，其餘諸侯皆用白繒。然二氏之與諸侯，贄以五玉而已，其謂用繒，誤也。《大宗伯》、《射人》：「孤執皮帛。」《典命》曰：「凡諸侯之適子未誓，則以皮帛繼子男。公之孤四命，以皮帛視小國之君。」《行人》曰：「凡大國之孤執皮帛，以繼小國之君。」《玉人》曰：「繼子男，執皮帛。」然則古者制幣，其長丈有八尺，其束十端，其色或素或玄纁，故婚禮納徵玄纁束帛，聘禮釋幣與享大夫亦玄纁束；❶享君束帛，則素而已。《周禮》三帛之色不可以考。觀天子之卿大夫飾羔、鴈以繢，諸侯之卿大夫飾羔、鴈以布，則天子之孤與公之孤，其贄帛之色宜不同矣。《郊特牲》曰：「虎豹之皮，示服猛也。」❷鄭氏謂天子之孤飾贄以虎皮，公之孤飾以豹皮，理或然也。《士婚禮》納徵奉帛於堂，❸賓皮於庭：「攝之，內文；兼執足，左首；隨入，西上；參分庭一在南。賓致命，釋外足，見文。主人受幣。士受皮者自東出于後，自左受，❹遂坐，攝皮，逆退，適東壁。」《聘禮》致享亦奉玉帛於堂，賓皮於庭：「攝之，毛在內。賓致命，張皮。士受皮者自後，右客。賓出，當之坐攝之。公側授宰幣。皮如入，右首而東。」孤之贄禮蓋亦類此，以皮不可以上堂故也。

❶「大夫」，據《儀禮・聘禮》當作「夫人」。「束」下，明本、庫本、嘉慶本增「帛」字。

❷「示」，原誤作「亦」，今據明本、庫本、嘉慶本及《禮記・郊特牲》改。

❸「禮納」，原誤作「納禮」，今據庫本、嘉慶本改。

❹「左」，原誤作「古」，今據明本、庫本、嘉慶本及《儀禮・士昏》改。

羔

鴈

《曲禮》曰：「飾羔鴈者以繢。」《士相見禮》：❶「下大夫相見以鴈，飾之以布，維之以索，如執雉。上大夫相見以羔，飾之以布，四維之，結于面，左頭，如麛執之。」先儒謂飾以繢者，天子之卿大夫也；飾以布者，諸侯之卿大夫也。諸侯之卿大夫以布，則士以下無布矣。昔魯侯會晉師于瓦，范宣子執羔，趙簡子、中行文子皆執鴈，魯於是始尚羔。蓋魯禮之失，至此乃復正也。《吕氏春秋》言：「得伍員者位執圭。」漢之曹參，始封執帛，後遷執圭。陳寔父子，同時旌命，羔鴈成群。魏司空、征南將軍與卿校同執羔，明帝詔之以執璧。則先王贄禮，沿歷漢魏，其大略尚存也。然《周禮》三公一

❶「相見」，原作小字，今據明本、庫本、嘉慶本改作大字。

命衮，其在朝則服鷩冕，服鷩冕則執信圭；及王服鷩冕以大射，然後公降服毳冕而執璧。魏以三公執璧爲常禮，誤矣。

禮書卷第六十終

禮書卷第六十一

士昏贄鴈　士雉　腒　庶人鶩　工商雞

童子贄　野外軍中贄　婦人贄

士昏用鴈❶

帛有衣被之仁，❷皮有炳蔚之文，故孤執之；羔有跪乳之禮，有群而不黨之義，故卿執之；進必以時，行必以序，鴈也，故大夫執之；交有時，别有倫，被文以相質，死分而不變者，雉也，故士執之；可畜而不散遷者，鶩也，故庶人執之；可畜而不違時者，雞也，故工商執之。《士相見禮》於雉「左頭奉之」，於鴈「飾之以布，維之以索，如執雉」，於羔「飾之以布，四維之，結于面，左頭，如麛執之」。蓋執禽者必左首，雉必左首而無飾維，鴈有飾維而亦左首，鴈之飾與羔同而

❶「用」，目録、卷首小目、明本文中小題、庫本文中小題、嘉慶本文中小題作「贄」。明本禮圖標題、庫本禮圖標題、嘉慶本禮圖標題以「士昏」爲總題，以「贄鴈」及下「雉」、「腒」、「鶩」、「雞」爲分題。

❷「仁」，原缺末筆，今據明本、庫本、嘉慶本補。

維與羔異，羔四維而結于面，鄭氏謂「繫聯四足，交出背上，於胸前結之」是也。士執雉而昏禮用鴈，以贄不用死且攝盛故也。觀其所乘者墨車，所冠者爵弁；女衣必纁衻，領必熲黼，腊必用鮮，魚必用鮒，則其攝盛可知。鄭氏謂：「鴈順陰陽往來，故昏禮用焉。」誤也。《詩》曰：「雝雝鳴鴈，旭日始旦。士如歸妻，迨冰未泮。」亦謂用鴈，士禮也。賈公彦曰：「昏禮〔無〕問尊卑皆用鴈。」蓋附會鄭氏而爲之説歟？

雉❶

❷

腒

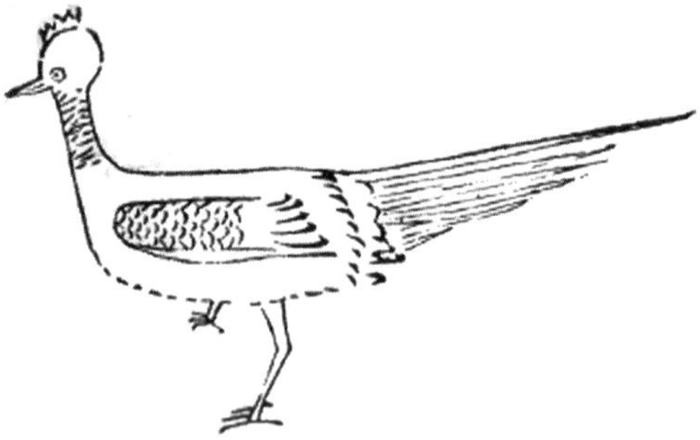

❸

❶「雉」，目録、卷首小目、明本文中小題、庫本文中小題、嘉慶本文中小題作「士雉」。

❷此爲底本圖。

❸此爲底本圖。

❶

《士相見之禮》：「冬用雉，夏用腒。」雉不飾以布，以士〔卑也〕；不維以索，以用死也。用死與「士死制」同意，用腒〔與「夏〕行腒鱐」同意。臣之於君，奠贄而不授，所以尊之也；自敵以下，授贄而不奠，所以交之也。壻之見舅，用臣見君之禮。鄭氏謂：「壻有子道，不敢授也。贄，雉也。」蓋壻之親迎稱賓，則贄以鴈；三月然後稱壻，故贄以雉。

鶩

❶ 底本「雉」圖與「腒」圖原誤乙。按《周禮・庖人》：「夏行腒鱐。」鄭注引鄭司農：「腒，乾雉。」又正文云：「雉不維以索，以用死也。」觀底本之圖，「雉」圖爲乾雉，實爲「腒」圖；「腒」圖爲死雉，實爲「雉」圖。今乙正。雖乙正，然猶有小誤焉，蓋雉「不維以索」，然圖中雉維以索，當去之也。明本、庫本、嘉慶本之「雉」圖、「腒」圖皆爲活物，顯有差失，或刻者不介意於此也；又能與底本之圖互相發明，故今備列於此。

雞

❶

童子贄❷

《周禮》：「庶人執鶩，工商執雞。」《禮記》言：「庶人匹。」鄭氏曰：「『匹』當爲『鶩』。」然鶩之爲物，有馴擾而無散遷，其謂之匹可也。《内則》曰：「舒鳧翠。」《爾雅》曰：「舒鳧鶩。」李巡曰：「鶩，鴨也。野曰鳧，家曰鶩。」然則庶人執鶩，非鳧也。《士相見禮》：「庶人見於君，❸不爲容，進退走。」《孟子》曰：「庶人不傳質爲臣。」則庶人見君無贄矣。鶩之爲贄，特施於下其君者也。工商亦然。昔闕黨童子將命，孔子譏之以「欲速成」；范匄謀晉軍，文子責之以「何知」。蓋童子之禮，衣不裳，屨不絇，服不緦，聽事不麻，立則在北，坐則在隅，見先生則從之而不並，有事走而不趨。及冠，然後「奠贄于君，遂以贄見於鄉大夫、鄉先生」。是未冠不預乎禮也。然或賢與多聞，不可不進以成人之事，故又有童子之贄焉。其制與成人同，所以優其德；其委與成人異，所以卑其年。

❶ 此爲底本圖，明本、庫本、嘉慶本圖不索維。按正文引李巡曰：「鶩，鴨也。野曰鳧，家曰鶩。」鶩以索維，雞亦家也，自亦不用死，而以索維，故用底本圖。

❷ 「童子贄」，原脱，今據明本、庫本、嘉慶本補。

❸ 「見於」，原作小字，今據明本、庫本、嘉慶本及《儀禮》改作大字。

野外軍中贄

纓

拾

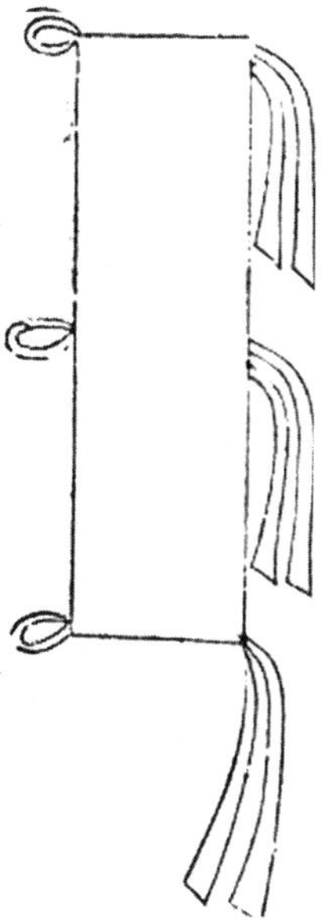

矢

《周官·掌客》：「在野在外殺禮。」《曲禮》曰：「野外軍中無贄，以纓、拾、矢可也。」蓋君子之爲禮，不以在野在軍而或廢，亦不以物不足而求備，故以纓、拾、矢，各適其宜而已。然不若備物之爲善，故曰「以纓、拾、矢可也」。

婦人贄❶

笲「音煩，❷一音皮彥，器名，以葦若竹爲之，其形如莒，衣之青繒，以盛棗、栗、腶脩之屬。」

❶「婦人贄」，原脱，今據目録、卷首小題、明本、庫本、嘉慶本補。

❷「音煩」至「之屬」，原無，爲明本禮圖標題、庫本禮圖標題、嘉慶本禮圖標題所增。

《昏禮》婦見舅姑：「執笲棗栗，自門入，升自西階；進拜，奠于席。舅坐撫之。婦降階，受笲腶脩，升，拜，奠于席。姑坐，舉以授人。」蓋棗取其赤心，榛栗堅實，脯脩取其正治。《士昏禮》不言椇榛，《特牲》《少牢》大夫、士之祭，亦棗栗而已。特《籩人》有棗栗，又有榛實，蓋具椇、榛、棗、栗者，盛禮也。魯莊公使宗婦覿用幣。《左氏》曰：「男贄，大者玉帛，小者禽鳥，以章物也。女贄，不過椇榛棗栗，以告虔也。」《公羊》曰：「宗婦曷用？棗栗云乎？腶脩云乎？」蓋棗栗陽也，故贄於舅；脯脩陰也，故贄於姑。《聘禮》：「夫人使下大夫勞以二竹簋方，其實棗蒸栗擇，兼執之以進。賓受棗，大夫二手授栗。」《玉人》：「案十有二寸，棗栗十有二列，諸侯純九，大夫純五，夫人以勞諸侯。」然則婦人之用棗栗，豈特爲贄而已哉。

禮書卷第六十一終

禮書卷六十二

大宗　小宗　有小宗無大宗　有大宗無小宗　有無宗亦莫之宗　辨嫡上　辨嫡下　姓族氏

大宗小宗❶

❷

《喪服小記》：「別子爲祖，繼別爲宗，繼禰者爲小宗。有五世而遷之宗，宗其繼高祖者也。是故祖遷於上，宗易於下。尊祖故敬宗，敬宗所以尊祖禰也。」《大傳》曰：「別子爲祖，繼別爲宗，繼禰者爲小宗。有百世不遷之宗，❸有五世則遷之宗。百世不遷者，別子之後也。宗其繼別子之所自出者，百世不遷者也。宗其繼高祖者，五世則遷者也。有小宗而無大宗者，有大宗而無小宗者。有無宗亦莫之宗者，公子是也。公子有宗道。公子之公，爲其士大夫之庶者，宗其士大夫之適者，公子之宗道也。」《曲禮》曰：「支子不祭，祭必告於宗子。」

❶「大宗小宗」，明本、庫本、嘉慶本分作「大宗」、「小宗」兩小題。

❷圖中文字，原無，爲明本、庫本、嘉慶本所增。

❸「宗」，原誤作「完」，今據明本、庫本、嘉慶本改。

《文王世子》曰：「五廟之孫，祖廟未毁，雖爲庶人，冠、取妻必告，死必赴，練、祥則告。宜弔不弔，宜免不免，有司罰之。至于賵、賻、承、含，皆有正焉。」《小記》曰：「支子不祭，明其宗也。」《内則》曰：「適子、庶子祇事宗子、宗婦，雖貴富，不敢以貴富入宗子之家；雖衆車徒，舍於外，以寡約入。子弟猶歸器，衣服、裘衾、車馬則必獻其上，而后敢服用其次也。若非所獻，則不敢以入宗子之門，不敢以貴富加於父兄宗族。若富則具二牲，獻其賢者於宗子，夫婦皆齊而宗敬焉，終事而后敢私祭。」《曾子問》：「孔子曰：『宗子雖七十，無無主婦。❶非宗子，雖無主婦可也。』曾子問曰：『宗子爲士，庶子爲大夫，其祭也如之何？』孔子曰：『以上牲祭於宗子之家，祝曰：「孝子某爲介子某薦其常事。」若宗子有罪居于他國，庶子爲大夫，其祭也，祝曰：「孝子某使介子某執其常事。」其辭于賓曰：「宗兄（宗弟、宗子）在他國，使某辭。」』曾子問曰：『宗子去在他國，❷庶子無爵而居者，可以祭乎？』孔子曰：『祭哉。』『請問其祭如之何？』孔子曰：『望墓而爲壇，以時祭。若宗子死，告於墓而后祭於家。❸宗子死，稱名不言孝，❹身没而已。子游之徒有庶子祭者，以此若義也。今之祭者，不首其義，故誣於祭也。』孔子曰：『宗子爲殤而死，庶子弗爲後也。其

❶ 下「無」，原脱，今據嘉慶本及《禮記・曾子問》補。

❷ 「在」，原誤作「任」，今據明本、庫本、嘉慶本及《禮記・曾子問》改。

❸ 「死告」，原誤作「告死」，今據庫本、嘉慶本及《禮記・曾子問》改。

❹ 「名」下，原衍「一」字，今據明本、庫本、嘉慶本及《禮記・曾子問》删。

吉祭特牲，祭殤不舉肺，❶無肵俎，無玄酒，不告利成，是謂陰厭。凡殤與無後者祭於宗子之家，當室之白，尊于東房，是謂陽厭。』」《昏禮·記》曰：「女子許嫁稱字。祖廟未毁，教于公宫三月。若祖廟已毁，則于宗室。」《周禮·太宰》：「宗以族得民。」《大宗伯》：「以飲食之禮親宗族兄弟。」《小宗伯》：「掌三族之别，以辨親疏，其正室皆謂之門子。」《瞽矇》：「掌諷誦詩，世奠繫。」「謂帝繫，諸侯、卿大夫世本之屬。」《小史》：「掌邦國之志，奠繫世，辨昭穆。」《諸子》：「掌國子之倅。」「公卿、大夫、士之副貳。」《儀禮·喪服》：「爲人後者，爲其父母，報。」傳曰：「何以期也？不貳斬也。持重於大宗者，降其小宗也。爲人後者孰後？後大宗也。❷曷爲後大宗？尊之統也。禽獸知母而不知父。❸野人曰：『父母何算焉？』都邑之士則知尊禰矣，大夫及學士則知尊祖矣。諸侯及其大祖，天子及其始祖之所自出。尊者尊統上，卑者尊統下。大宗者，❹尊之統也。大宗者，收族者也，❺不可以絶，故族人以支子後大宗也。適子不得後大宗。女子子爲昆弟之爲父後者何以亦期也？婦人雖在外，必有歸宗，曰小宗，故服期也。」「丈夫、婦人爲宗子、宗子之母、妻。」❻傳曰：「何以服齊

---

❶「肺」，原脱，今據庫本、嘉慶本及《禮記·曾子問》補。

❷「後大宗也」，原誤作「大宗後示也」。明本作「後大宗宗也」，嘉慶本「大」「宗」之間有一空格，蓋據明本，後覺「宗」字誤重而删其一也。今據嘉慶本及《儀禮·喪服》改。

❸「而」，原爲空格，今據明本、庫本、嘉慶本及《儀禮·喪服》補。

❹「宗者」，原作小字，今據明本、庫本、嘉慶本改作大字。

❺「收」，原誤作「牧」，今據明本、庫本、嘉慶本及《儀禮·喪服》改。

❻「子之」，原作小字，今據明本、庫本、嘉慶本改作大字。

衰三月也？尊祖也。尊祖故敬宗。敬宗者，尊祖之義也。宗子之母在，則不爲宗子之妻服也。大夫爲宗子何以服齊衰三月也？❶大夫不敢降其宗也。諸侯之子稱公子，公子不得禰先君。公子之子稱公孫，公孫不得祖諸侯，此自卑别於尊者也。若公之子孫有封爲國君者，則世世祖是人也，不祖公子，此自尊别於卑者也。是故始封之君不臣諸父昆弟，封君之子不臣諸父而臣昆弟，封君之孫盡臣諸父昆弟。」《詩》曰：「宗子維城。」又曰：「大宗維翰。」

百夫無長，不散則亂；一族無宗，不離則疏。先王因族以立宗，敬宗以尊祖，故吉凶有以相及，有無得以相通，尊卑有分而不亂，親疏有别而不貳，《儀禮》所謂「不貳斬」之類。貴賤有繫而不間，《文王世子》曰：「雖爲庶人，冠、取妻必告。」然後一宗如出乎一族，一族如出乎一家，一家如出乎一人，此禮俗所以刑而人倫所以厚也。蓋公子不得禰先君，故爲别子而繼别者，族人宗之爲大宗，遠雖至於絶屬，猶爲之服齊衰三月，母、妻亦然。庶子不得祭祖，故諸兄弟宗之爲小宗，以其服服之。大宗遠祖之正體，則一而已。小宗高祖之正體，其别有四，則繼禰者兄弟宗之，繼祖者從兄弟宗之，繼曾祖者從祖兄弟宗之，繼高祖者族兄弟宗之，四世則親盡屬絶而不爲宗矣。然言「繼别爲宗」，又言「繼别子之所自出者」；言「繼禰爲小宗」，又言「宗其繼高祖者」，則「繼别」者，别子之子也；「繼别子之所自出者」，即别子也；「繼禰」者，庶子之子也；「繼高祖者」，五

❶「月也」，原作小字，今據明本、庫本、嘉慶本改作大字。

世之孫也。「繼禰」言其始，「繼高祖」言其終，「繼别」言其宗，「繼别子之所自出」言其祖。經言「繼别子之所自出」，而孔穎達言「别子之所由出」，然則别子所由出即國君也，其可宗乎？《穀梁》曰：「燕，周之分子也。」分子即别子也。然别子不特公子而已，有來自他邦而爲卿大夫者，亦謂之别子；有起於民庶而爲卿大夫者，亦謂之别子。

有小宗而無大宗

有大宗而無小宗

有無宗亦莫之宗

諸侯之公子上不得宗君，下未爲後世之宗，必有以統之，故有三者之宗道也。君無適昆弟，使庶昆弟一人爲宗統，公子禮如小宗，故曰「有小宗而無大宗」；君有適昆弟，使之爲宗，以統公子，不復立庶昆弟爲宗，故曰「有大宗而無小宗」；公子一而已，無公子可宗，亦無公子宗之，故曰「有無宗亦莫之宗」。《儀禮》曰：「都邑之士則知尊禰，學士大夫則知尊祖。」《記》曰：「公子之公，爲其士大夫之庶者，宗其士大夫之嫡者。」《荀卿》曰：「大夫、士有常宗。」《左傳》曰：「大夫有貳宗。」❶蓋由士以上莫不知尊祖禰，知尊祖禰則尊者常宗。當其爲宗，則宗子統族人於外，主婦統族婦於內，死雖殤也，必喪以成人；齒雖七十也，主婦不可闕；居雖異邦也，正祭不可舉；妻死雖母在也，禫不可屈尊；與出嫁者不敢降

❶「夫」，原誤作「天」，今據明本、庫本、嘉慶本及《左傳》桓二年改。

其服，賢者不敢干其任，貴者不敢擅其祭，衆車徒不敢以入其門。凡以尊正統而一人之情也。惟其疾與不肖，然後易之，故史朝言「孟縶非人也，將不列於宗」，賀循言「奸回淫亂，則告廟而立其次」。凡此特義之權耳，非其所得已者也。方周之盛時，宗族之法行，故《常棣》、《行葦》之美作於上，《角弓》、《頍弁》之刺不聞於下，以此治國而國有倫，以此繫民而民不散，則宗子之於天下，豈小補哉！及秦用商君之法，富民有子則分居，貧民有子則出贅，由是其流及上，雖王公大人亦莫知有敬宗之道，浸淫後世，襲以爲俗，而時君所以統馭之者，特服紀之律而已。間有糾合宗族，一再傳而不散者，則人異之，以爲義門，此名生於不足歟？

辨嫡上

子服父三年，父以尊降服子期，而長子三年，以其傳重也。孫服祖期，祖以尊降服孫大功，而服適孫期，亦以其傳重也。若適子在而適孫死，則祖亦服大功，以其有適子者無適孫也。適子不在而祖死，則適孫亦服三年，以其無適子者適孫承其服也。然則古者父死立適子，適子死立適孫，上以後先祖，下以收族人，謂之大宗。大宗不可以絶，故無子則族人以支子後之，凡以尊正統而重適嗣也。《春秋左氏傳》曰：「太子有母弟則立之，無則立長，年鈞擇賢，義鈞則卜。」又曰：「王后無嫡則擇立長，年鈞以德，德鈞以卜。」以謂太子死而無後，則立嫡子之母弟，以其猶出於嫡室也。無母弟則立庶長，以其不得已而立妾子之長也。立妾子之長則無間於貴賤。《公羊》曰：「立適以長不以賢，立子以貴不以長。桓何以貴？母貴也。」何休曰：「禮，嫡夫人無子，❶立右媵子；右媵無子，立左媵子；左媵無子，立嫡姪娣子；嫡姪娣無子，立右媵姪娣子；右媵姪娣無子，立左媵姪娣子。」不識何據云然耶？夫嫡室所以配君子，奉祭祀者也。媵與姪娣所以從嫡室，廣繼嗣者也。故《內則》以冢子母弟爲嫡子，《書》以母弟與王父同其重，則太子死而無後，立太子之母弟可也。均妾庶也，而立其母之貴者可乎？《左氏》曰：「非嫡嗣，何必娣之子？」又曰：「王不立愛，公卿無私。」蓋言此也。《禮》言爲後者四：有正體而不傳重，嫡子有罪疾是也；有傳重而非正體，庶孫爲後是也；有體而不正，庶子爲後是也；有正而不體，嫡孫爲後是也。然傳至嫡孫，嫡孫無後則必立嫡孫之弟，猶太子之母弟也。《禮》謂族人以支子後之，蓋自其無弟者言之也。今令文諸王，公侯伯子男，皆子孫承嫡者傳襲。若無嫡子及有罪疾立嫡孫，無嫡孫以次立嫡子同母弟，無母弟立庶子，無庶子立嫡孫同母弟，無母弟立庶孫、曾孫以下，准此。若然，是無嫡孫則舍嫡孫母弟而上取嫡子之兄弟，無嫡曾孫則舍嫡曾孫母弟而上取嫡孫之兄弟，嫡子之子宜立而不立，嫡子之兄弟不宜立而立之，是絕正統而厚旁支矣，與《禮》「大宗不可絕」云不亦異乎！

❶「嫡夫」，原作小字，今據明本、庫本、嘉慶本改作大字。

辨嫡下

木之正出爲本，旁出爲枝；子之正出爲嫡，旁出爲庶。故伐枝不足以傷木，伐其本則木斃矣；廢庶不足以傷宗，廢其嫡則宗絶矣。本固而枝必茂，嫡立而庶必寧，此天地自然之理也。先王知其然，於是貴嫡而賤庶，使名分正而不亂，争奪息而不作。故子生則冢子接以太牢，庶子少牢；冢子未食而見，庶子已食而見；冠則嫡子於阼階，庶子於房外；死則嫡子斬，庶子期。其禮之重輕隆殺如此，豈有他哉？以其傳重與不傳重故也。《禮》曰：「庶子不祭祖，明其宗也。」又曰：「庶子不祭禰，明其宗也。」史曰：「父不祭於支庶之宅，君不祭於臣僕之家。」此嫡庶之分，不可不辨也。昔公儀仲子舍孫〔立子〕，而檀弓弔以免；司寇惠子舍嫡立庶，而子游弔以麻衰。皆重其服以譏之，欲其辨嫡庶之分而已。春秋之時，宋宣公舍子與夷，立弟穆公，穆公又舍子馮，立與夷，而與夷卒於見殺；莒紀公黜太子僕，愛季佗，而卒於召禍；晉獻公殺世子申生，立奚齊，而卒以亂晉；齊靈公廢太子光，立公子牙，而卒以亂齊。蓋嫡一而已，立之足以尊正統而一人之情；庶則衆矣，立之則亂正統而啓覬覦之心。宋、莒、齊、晉之君不察乎此，每每趨禍，良可悼也。或曰：「《易》言『大君有命，開國承家』，《禮》言『予，以馭其幸』，則人君之於臣，其所以立者，無嫡庶之間耳。」然考之於古，魯武公以括與戲見宣王，宣王立戲，仲山甫曰：「天子立諸侯而建其少，是教逆也。」王卒立之，其後魯人殺懿公而立括。則魯之禍，宣王爲之也。古之所謂「開國承家」者，猶之别子爲祖也。爲祖而不爲宗，則其所立者非爲傳襲其先也。果使之傳襲其先，而不以嫡長，則宣王已事之驗，可不鑒哉！

姓族氏

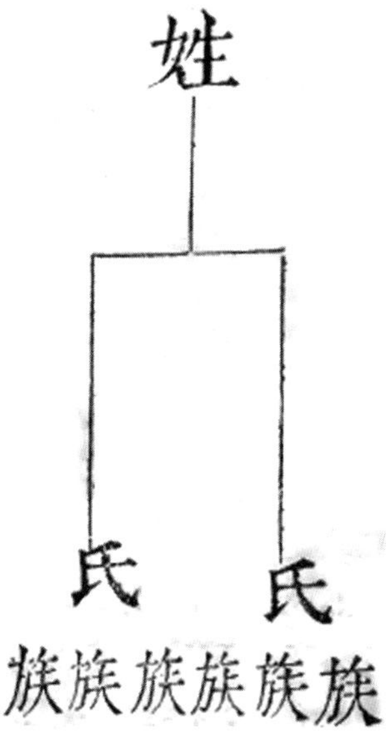

《詩》曰：「振振公姓。」「振振公族。」《書》曰：「錫土姓。」《國語》曰：「司商協民姓。」《左氏》稱：「衆仲曰：『天子建德，因生以賜姓，胙之土而命之氏。諸侯以字爲謚，因以爲族。官有世功，則有官族。邑亦如之。』」《周語》曰：「伯禹疏川導滯，鍾水豐物，皇天嘉之，祚以天下，賜姓曰姒，氏曰有夏，「堯賜禹姓曰姒，封之於夏。」謂其能以嘉祉富生物也。祚四岳國，命爲侯伯，賜姓曰姜，氏曰有吕，謂其能爲禹股肱心膂，以養物豐民人也。」姓非天子不可以賜，而氏非諸侯不可以命。姓所以繫百世之正統，氏所以别子孫之旁出，族則氏之所聚而已。然氏亦可以謂之姓，故《大傳》言「繫之以姓」，又言「庶姓别於上」，則氏、庶姓一也；氏又可以謂之族，故羽父爲無駭請族，隱公命以爲展氏，則氏、族一也。蓋别姓則爲氏，即氏則有族。族無不同氏，氏有不同族。故八元、八凱出於高陽氏、高辛氏而謂之十六族，是氏有不同族也；商氏、條氏、徐氏之類謂之六族，陶氏、施氏之類謂之七族，宋之華氏謂之戴族，向氏謂之桓族，是族無不同氏也。古者或氏於國，則齊、魯、秦、吴；氏於謚，則文、武、成、宣；氏於官，則司馬、司徒；氏於爵，則王孫、公孫；氏於字，則孟孫、叔孫；氏於居，則東門、北郭；氏於志，則三烏、五鹿；氏於事，則巫乙、匠陶。而受姓命氏，粲然衆矣。秦興滅學，而失《周官·小史》之職，❶於是繫〔世〕昭穆，失其本宗。及漢司馬遷約《世本》，修《史記》，因《周〔譜〕明〕《世家》，乃知姓氏之所由出。至晉賈弼有《姓氏簿狀》，賈希〔鏡〕有《姓氏要狀》，唐李素有《肉譜》，柳沖有《姓系〔録〕》，而〔路〕敬、〔韋〕述之徒，傳述不一，推敘昭穆，使不相〔亂，婚姻〕得之而有别，親疏得之而有屬，則姓氏之學，其可忽哉！《國語》曰：「教之世，爲之昭明德而廢幽昏，以怵懼其動。」則姓氏又可以示天下後世之勸戒也。

禮書卷第六十二終

❶「失」，原脱。按《周禮·小史》云：「掌邦國之志，奠世系，辨昭穆。」然世系昭穆之詳不得而知。南宋葉時《禮經會元》卷四上「系世」條云：「自《小史》之職廢，瞽矇之官缺，繫世既不復明，則昭穆失其序，親疏失其和，而本支之所從出者已不可得而辨。」是亦謂失《小史》之職而世系昭穆不明矣。衛湜《禮記集説》卷五引此有「失」字，當是所見宋本如此。程校補之。今據以補。

禮書卷第六十三

九族　三族　宗族　族燕之禮　族飫之禮

九　族

《書・堯典》曰：「克明俊德，以親九族。九族既睦，平章百姓。」「以睦高祖玄孫之親。」《皋陶謨》曰：「惇敘九族，庶明勵翼。」《仲虺之誥》曰：「志自滿，九族乃離。」《詩・葛藟》：「刺平王也。周室道衰，棄其九族焉。」「九族者，據己上至高祖，下及玄孫之親。」其詩曰：「終遠兄弟，謂他人父。終遠兄弟，謂他人母。終遠兄弟，謂他人昆。」《頍弁》：「諸公刺幽王也。不能燕樂同姓，親睦九族。」其詩曰：「豈伊異人，兄弟匪他。豈伊異人，兄弟甥舅。」《角弓》：「父兄刺幽王也。不親九族，而好讒佞。」其詩曰：「兄弟昏姻，無胥遠矣。」《行葦》：「忠厚也。能內睦九族，外尊事黃耇。」其詩曰：「戚戚兄弟，莫遠具爾。」《喪服小記》曰：「親親以三爲五，以五爲九。上殺，下殺，旁殺，而親畢矣。」「己，上親父，下親子，三也；以父親祖，以子親孫，五也；以祖親高祖，以孫親玄孫，九也。」

三　族

《周禮・小宗伯》：「掌三族之別，以辨親疏，其正室皆謂之門子，掌其禁令。」「三族，父、子、孫，人屬之正名。《小記》曰：『親親以三爲五，以五爲九。』」《禮記・仲尼燕居》曰：「閨門之內有禮，故三族和。」「三族，父、子、孫也。」《士昏禮》：「請期，曰：『惟是三族之不虞，使某也請吉日。』」「三族，謂父昆弟，己昆弟，子昆弟。虞，度也。不億度，謂卒有死喪。此三族者，己及子，皆爲服期。期服則踰年，欲及今之吉也。《雜記》曰：『大功之末，可以冠子、嫁子。』」《史記·秦紀》：「文公二十年，❶法初有三族之誅。」「張晏曰：『父母、兄弟、妻子也。』如淳曰：『父族、母族、妻族也。』」《前漢·張耳傳》：「趙相貫高曰：『人情豈不各愛其父母妻子哉？今吾三族皆以論死，豈以王易吾親哉？』」

宗族

《周禮·大宰》：「宗，以族得民。」「〔宗，繼别爲〕大〔宗，收族者〕。」《大宗伯》：「以飲食之禮親宗族兄弟，脤膰以親兄〔弟之〕國。」《甸師》：「王之同姓有罪則死刑焉。」「《文王世子》曰：『公族有死罪，則磬於甸人。』」《司士》：「正〔朝〕儀之位。王族故士、虎士在路門之右。」「王族故士，故爲士，晚退〔留宿衛〕者。未嘗仕，雖同族，不得在王宮。」《大僕》：「王視燕朝，則正位。」「燕朝，朝於路寢之庭。王圖宗人之嘉事則燕朝。」《巾車》：「金路封同姓。」《文王世子》：「庶子之正於公族者，教之以孝悌、睦友、子愛，明父子之義，長幼之序。其朝于公，内朝則東面北上，臣有貴者以齒。其登餕、獻、受爵，則以上嗣。庶子治之，雖有三命，不踰父兄。其公大事，則以其喪服之精麤爲序，雖於公族之喪亦如之，以次主人。若公與族燕，則異姓爲賓，膳宰爲主人；公與父兄齒。族食，世降一等。其在軍，則守於公禰。公若有出疆之政，庶子以公族之無事者守於公宮。五廟之孫，祖廟未毀，雖爲庶人，冠、取妻必告，死必赴，練、祥則告。族之相爲也，宜弔

❶「文公」，原誤作「襄公」，今據《史記·秦本紀》改。

不弔，宜免不免，有司罰之。至于賵、賻、承、含，皆有正焉。公族其有死罪，則磬于甸人。其刑罪，則纖剸，亦告于甸人。公族無宮刑。公與族燕則以齒，而孝弟之道達矣。其族食世降一等，親親之殺，而君臣之道著矣。公族之罪，雖親不以犯有司，正術也，所以體百姓也。刑于隱者，不與國人慮兄弟也。弗弔，弗爲服，哭于異姓之廟，爲忝祖，遠之也。素服居外，不聽樂，私喪之〔也，骨〕肉之親無絶也。公族無宮刑，不翦其類也。」《大傳》：「上〔治祖〕禰，尊尊也；下治子孫，親親也；旁治昆弟，合族以食，序以昭〔穆〕，别之以禮義，人道竭矣。同姓從宗，合族屬；異姓主名，治際會。繫之以姓而弗别，綴之以食而弗殊，雖百世而婚姻不通者，周道〔然也。親親故〕尊祖，〔尊祖〕故敬宗，敬宗故收族，收族〔故宗〕廟嚴。」

《坊記》：「君子因睦以合族。」《杕杜》詩曰：「晉人刺其君不親九族。」《左傳》曰：「庶人工商各有分親，皆有等衰。」文七年。「宋昭公欲去群公子，樂豫曰：『公族，公室之枝葉也，不可縱尋斧焉。』」叔向曰：「公族將卑，其宗族枝葉先落，根本從而亡也。」華亥欲代其兄合比爲右師，譖之於平公而逐之。左師曰：「汝夫也必亡！汝喪而宗室，於人何有？人亦於汝何有？」既而華亥果亡。

　《書》與《詩序》皆言九族，特《周禮·小宗伯》、《儀禮·士昏》、《禮記·仲尼燕居》特言三族者，三族，父、子、孫也；九族，高祖至玄孫也。三族舉其本，九族極其末，舉三族則九族見矣。《白虎通》夏侯、歐陽、何琦、如淳之徒，以父族四、母族三、妻族二爲九族，其說蓋以《詩》之

《葛藟》刺平王不親九族，而言「謂他人父」、「謂他人母」；《頍弁》刺幽王不親九族，而言「豈伊異人，兄弟甥舅」；《角弓》亦刺不親九族，而言「兄弟婚姻，無胥遠矣」，則所謂九族者，非特内宗而已。是惡知詩人之所主者，因内宗而發哉？彼謂父族四者，父之姓爲一族，父女昆弟適人者子爲二族，己女昆弟適人者子爲三族，己女適人者子爲四族；母族三者，母之父母爲一族，母之昆弟爲二族，母之女昆弟爲三族；妻族二者，妻之父爲一族，妻之母爲二族。然於母之父母則合而爲一族，❶妻之父母則離而爲二，可乎？《爾雅》於内宗皆曰族，於母妻曰黨而已。又禮小功之末可以嫁娶，妻之黨固無妨於嫁娶，昏禮不容慮其不虞也。然則九族之説，當從孔安國、鄭康成爲正。何則？《小記》曰：「親親以三爲五，以五爲九，上殺，下殺，旁殺，而親畢矣。」此九族隆殺之差也。蓋己上親父，下親子，三也；以父親祖，以子親孫，五也；以祖親曾、高，以孫親曾、玄，九也。然己之所親，以一爲三；祖孫所親，以五爲七。《記》不言者，以父子一體，而高、玄與曾同服，故不辨異之也。服父三年，服祖期，則曾祖宜大功，高祖宜小功，而皆齊衰三月者，不敢以大、小功旁親之服加乎至尊，故重其衰麻，尊尊也，減其日月，恩殺也。此所謂上殺。服適子三年，庶子期，適孫期，庶孫大功。適孫，傳重者也。「有適子者無適孫」，「則長子在，皆爲庶孫也。」則曾孫宜五月，而與玄孫皆緦麻三月者，曾孫服

❶「父母」，原作小字，今據明本、庫本、嘉慶本改作大字。

曾祖三月，曾祖報之亦三月，曾祖尊也，故加齊衰，曾孫卑也，故服緦麻。此所謂下殺。服祖期，則世、叔宜大功，以其與父一體，故加以期；從世、叔則疏矣，加所不及，故服小功；族世、叔又疏矣，故服緦麻。此發父而旁殺者也。祖之兄弟小功，曾祖兄弟緦麻，高祖兄弟無服。此發祖而旁殺者也。同父至親〔期，同〕祖爲從大功，同曾祖爲再從小功，同高祖爲三從緦麻。此發兄弟而旁殺者也。父爲子期，兄弟之子宜九月，不九月而期者，以其猶子而進之也；從兄弟之子小功，再從兄弟之子緦麻。此發子而旁殺者也。祖爲孫大功，兄弟之孫小功，從兄弟之孫緦麻。此發孫而旁殺者也。蓋服有加也，有報也，有降也。祖之齊衰，世、叔、從子之期，皆加也；曾孫之三月，與兄弟之孫五月，皆報也。若夫降有四品，則非五服之正禮耳。

族燕之禮

《周禮·大宗伯》：「以飲食之禮親宗族兄弟。」《禮記》曰：「若公與族燕，則異姓爲賓，膳宰爲主人；公與父兄齒。族食，世降一等。」又曰：「公族無宮刑。公與族燕則以齒，而孝弟之道達矣。其族食世降一等，親親之殺，而君臣之道著矣。」《大傳》

曰：「旁治昆弟，合族以食，序以昭穆，别之以禮義，人道竭矣。」《常棣》：「燕兄弟也。」詩曰：「儐爾籩豆，飲酒之飫。「儐，陳。飫，私也。不脱履升堂謂之飫。」箋云：「私者，圖非常之事，若議大疑於堂，則有飫禮焉。」兄弟既具，和樂且孺。妻子好合，如鼓瑟琴。「王與族人燕，則宗婦、内宗之屬亦從后於房中。」兄弟既翕，和樂且湛。」正義曰：「『飫，私』，《釋言》文。孫炎曰：『飫非公朝，私飫酒也。』《周語》有『王公立飫』，又曰『立成禮烝而已』。飫既爲私，不在公朝，在路門内也。酒肉所陳不宜在庭，則在堂矣。《燕禮》云：『皆脱屨，乃升堂。』《少儀》云：『堂上無跣，燕則有之。』是燕由坐而脱屨，明飫立則不脱矣，故云『不脱屨升堂謂之飫』。知飫禮爲『圖非常、議大疑』者，以《周語》云：『王公之有飫禮，將以講事成禮，建大德，昭大物。』講事昭物，是有所謀矣，明圖非常、議大疑而爲飫禮也。《周語》曰：『王公立飫則有房烝，親戚燕饗則有殽烝。』又曰：『飫以顯物，燕以合好。』則飫、燕禮異。《序》曰『燕兄弟』，此陳飫者，圖非常、議大疑乃有飫禮，則飫大於燕。天子燕宗族之禮亡，所以知王與族人燕，則宗婦、内宗從后者，《湛露》曰：『厭厭夜飲，不醉無歸。』傳曰：『夜飲，私燕也。宗子將有事，族人皆侍。不醉而出，是不親也；醉而不出，是渫宗也。』箋云：『天子燕諸侯之禮亡，此假宗子與族人燕爲説耳。』然則天子燕同姓諸侯之禮，猶宗子燕族人，則天子燕宗族兄弟爲朝廷臣者，如宗子於族人可知。案《特牲饋食禮》祭末乃曰：『徹庶羞，設於西序下。』注云：『爲將餕去之。庶羞主爲尸，非神饌也。』《尚書傳》曰：『宗室有事，族人皆侍終日。大宗已侍於賓奠，然後燕私者何也？已而與族人飲也。』此徹庶羞置西序下者，爲將以燕飲與？然則自尸、祝至於兄弟之庶羞，宗子與族人燕飲於堂，内賓、宗婦之庶羞，主婦以燕飲於房也。鄭以彼《特牲》是宗子之祭禮，族人及族婦皆助，故經云『宗婦執兩籩』、『宗婦贊豆』，是宗婦及族人俱助宗子之祭。及祭末，族人既爲宗子所燕，明宗婦亦主宗婦之燕可知也。」《湛露》，「天子燕諸侯也。」詩曰：「湛湛露斯，在彼豐草。厭厭夜飲，在宗載考。」「夜飲之禮，在宗室同姓諸侯則成之，於庶姓其讓則止。」正義：「《書傳》曰：『既侍其宗，然後得燕。燕私者何？而與族人飲，飲而不醉是不親，醉而不出是不敬。』與此傳同。毛、伏俱大儒，當各有所據而言也。《燕禮》曰：『宵則庶子執燭於阼階上，甸人執大燭於庭，閽人爲燭於門外。』是兩階、門、庭皆有燭也。」《楚茨》詩曰：「諸宰君婦，廢徹不遲。諸父兄弟，備言燕私。」箋云：「祭祀畢，歸賓客之俎，❶同姓則留與之燕，所以尊賓客、親骨肉也。」樂具入奏，以綏後禄。爾殽既將，莫怨具慶。既醉既飽，小大稽首。『神嗜飲食，使君壽考。』」「同姓之臣，燕已醉飽，皆再拜稽首曰：『神乃欲嗜君之飲食，使君壽且考。』此其慶辭。」

先王之於同姓，有時燕焉，有因祭而燕焉。《國語》曰：「時燕不淫。」此時燕也。《詩》曰：「諸宰君婦，廢徹不遲。諸父兄弟，備言燕私。」《坊記》曰：「因其酒肉，聚其宗族，以教民睦。」此因祭而燕也。其禮之詳雖不可考，要之，服皮弁服，即於路寢，「王皮弁，以日視朝。」《詩》刺不能宴同姓，而曰「有頍者弁」，則皮弁也。宰夫爲主，異姓爲賓。王與族人燕於堂，后帥内宗之屬燕於房。其物餚烝，所以合好也；其食世降一等，所以辨親疏也；昭穆以序之，所以明世次也；夜飲以成之，所以別異姓也。若夫几席之位，升降之儀，脱屨而坐，立監相禮，羞庶羞以盡愛，爵樂無算以盡驩，其大率蓋與諸侯燕禮不異。諸侯燕族人，與父兄齒，雖王之尊，蓋亦不以至尊廢至親也。《特牲饋食禮》：「祝告利成，徹庶羞，設于西序下。」鄭氏引：「《書傳》曰：『宗室有事，族人皆侍終日。大宗已侍於賓奠，然後燕私。燕私者何也？已與族人飲也。』」此徹庶羞置西序下者，爲將以燕飲與？然則自尸、

❶「俎」，原誤作「祖」，今據嘉慶本及《毛詩·楚茨》鄭箋改。

祝至於兄弟之庶羞，宗子以與族人燕飲於堂；內賓、宗婦之庶羞，主婦以燕飲于房。」由是觀之，燕族之禮，不特天子、諸侯而已。

族飫之禮

《周語》：「定王謂晉隨會曰：『郊禘之事，則有全烝。王公立飫，則有房烝。「禮之立成者爲飫。」親戚燕饗，則有餚烝。「餚烝，升體節解折之俎也，謂之折俎。」今女非他也，而叔父使士季實來。唯是先王之宴禮，欲以貽女。余一人敢設飫禘焉。夫王公諸侯之有飫也，將以講事成章，「章，章程也。」建大德，昭大物也。「大德，大功也。大物，大器也。」故立成禮烝而已。「立成，不坐也。烝，升也。升其備物而已。」飫以顯物，宴以合好，「顯物，示物備也。」故歲飫不倦，時宴不淫。』」「敬王十年，萇弘欲城周。衛彪傒見單穆公曰：『萇弘其不没乎？周詩有之曰：「天之所支，不可壞也；「周詩，飫時所歌也。支，拄也。」其所壞，亦不可支也。」昔武王克殷而作詩，作此以爲飫歌，❶名之曰支，以遺〔後〕之人，使永監焉。夫禮之立成者爲飫，〔昭明〕大〔節而已，少典與〕焉。「其詩樂少，章典〔威儀〕少，皆類也。」是〔以〕爲之日惕，其欲教民戒也。然則夫《支》之所道者，必盡知天地之爲也。不然，不足以遺後之人。今萇、劉欲支天之所壞，不亦難乎。』」《魯語》：「公父文伯之母祭悼子，康子與焉，酢不受，❷徹俎不宴，宗不具不繹，繹不盡飫則退。」「昭謂：立曰飫，坐曰宴。言宗具則與繹，繹畢而飲，不盡飫禮而退，恐有醉飽之失，皆所以遠嫌也。」

❶「作此」，原作小字，今據明本、庫本、嘉慶本改作大字。

❷「酢」，原誤作「胙」，今據嘉慶本及《國語·魯語》改。

「公父文伯之母欲室文伯，饗其宗老，請守龜卜室之族。師亥聞之曰：『善哉！男女之饗，不及宗臣；宗室之謀，不過宗人。』」

古者合族之禮，方其平居無事，則有燕以申好；及其有大疑謀，則有飫以圖事。燕則脱屨升堂，坐而不立，其牲體折節而殽烝，❶所以致愛。飫不脱屨升堂，立而不坐，其牲體半解而房烝，所以致嚴。《周語》曰：「王公之有飫禮，將以講事成章，建大德，昭大物，故立成禮烝而已。」又曰：「歲飫不倦。」然則飫以圖事，非必歲爲之也。《國語》言歲飫、時燕，蓋明其疏數之異而已。衛彪傒曰：「武王克商，作詩以爲飫歌，名之曰支，以遺後之人，使永監焉。」以其戒慎尤在於厭飫之時也。公父文伯之母祭悼子，康子與焉，繹不盡飫而退，則飫非若燕禮之多儀也。

禮書卷第六十三終

❶「烝」，原誤作「脀」，今據明本、庫本、嘉慶本改。下「房烝」同。

禮書卷第六十四

冠　筮日筮賓之儀　陳服設延及加冠之儀　孤子冠　庶子冠　醴醮冠儀　醴賓冠儀

冠

《周禮・大宗伯》:「以冠昏之禮親成男女。」《黨正》:「凡其黨之昏冠,教其禮事。」《禮記・曲禮》曰:「男子二十,❶冠而字,女子許嫁,笄而字。」《曾子問》曰:「『將冠子,冠者至,揖讓而入。❷聞齊衰、大功之喪,如之何?』孔子曰:『內喪則廢,外喪則冠而不醴,徹饌而掃,❸即位而哭。如冠者未至,則廢。如將冠子而未及期日,而有齊衰、大功、小功之喪,則因喪服而冠。』『除喪不改冠乎?』孔子曰:『天子賜諸侯、大夫冕弁服於大廟,歸設奠,服賜服,於斯乎有冠醮,無冠醴。父没而冠,則已冠,掃地而祭於禰。已祭而見伯父、叔父,而後饗冠者。』」《郊特牲》曰:「冠義:始冠之,緇布之冠也。大古冠布,齊則緇之。其緌也,孔子曰:『吾未之聞也。』冠而敝之可也。適子冠於阼,以著代也;醮於客位,加有成也;三加彌尊,喻其志也;冠而字之,敬其名也。委貌,周道也;章甫,殷道也;毋追,夏

❶「男子二」,原作小字,今據明本、庫本、嘉慶本改作大字。

❷「而入」,原作小字,今據明本、庫本、嘉慶本改作大字。

❸「掃」,原作「歸」。按《禮記正義》或本,字有作「掃」者,當是陳氏之所從也。阮校以「掃」爲是,今據改。

后氏之道也。周弁，殷冔，夏收。三王共皮弁素積。無大夫冠禮，而有其昏禮。古者五十而后爵，何大夫冠禮之有？諸侯之有冠禮，夏之末造也。天子之元子猶士也，天下無生而貴者也。」《内則》：「男女未冠笄者，雞初鳴，咸盥、漱、櫛、縰、❶拂髦、總角。二十冠，始學禮，可以衣裘帛，❷舞《大夏》，惇行孝弟，博學不教，内而〔不〕出。」《玉藻》：「始冠，緇布冠，自諸侯下達，冠而敝之可也。玄冠朱組纓，天子之冠也；緇布冠繢緌，諸侯之冠也。」「〔皆〕始冠之〔冠也〕」。《小記》曰：「丈夫冠而不爲殤。」《雜記》：「大功之末，可以冠子，可以嫁子；父小功之末，可以冠子，可以嫁子，可以取婦；❸已雖小功，既卒哭，可以冠、取妻。下殤之小功則不可。」❹「此皆謂可用吉禮之時。❺父大功，卒哭而可以冠子、嫁子；小功，卒哭而可以取婦。己大功，卒哭而可以冠子；小功，卒哭而可以取妻。必偕祭乃行也。下殤小功，齊衰之親，除喪而後可以爲昏禮。❻凡冠者，其時當冠，則因喪而冠之也。」《冠義》曰：「冠者，禮之始也。是故古者聖王重冠。筮日、筮賓，所以敬冠事。敬冠事所以重禮，重禮所以爲國本也。故冠於阼，以著代也。醮於客位，三加彌尊，加有成也。已冠而字

❶「縰」，原誤作「不」，今據明本、庫本、嘉慶本及《禮記·内則》改。

❷「始」，原誤作「如」，今據明本、庫本、嘉慶本及《禮記·内則》改。「禮可」，原作小字，今據明本、庫本、嘉慶本改作大字。

❸「可以」，原作小字，今據明本、庫本、嘉慶本改作大字。

❹「不可」，原誤作「斧」，今據明本、庫本、嘉慶本及《禮記·雜記》改。

❺「吉」，原誤作「可」，今據明本、庫本、嘉慶本及《禮記·雜記》鄭注改。

❻「以」，原誤作「一」，今據明本、庫本、嘉慶本及《禮記·雜記》鄭注改。

之，成人之道也。古者重冠，重冠故行之於廟。」《詩・甫田》曰：「婉兮孌兮，總角丱兮。未幾見兮，突而弁兮。」「加冠爲成人也。」《儀禮・士冠禮》：「筮于廟門，若不吉，則筮遠日，如初儀。「遠日，旬之外也。」前期三日，筮賓，如求日之儀。❶厥明夕，爲期于廟門之外。擯者請期，宰告曰：『質明行事。』夙興，設洗，陳服，側尊一甒醴，在服北。主人迎賓，乃行三加之禮。既冠，乃醴賓以一獻之禮。酬賓，束帛、儷皮。賓出，主人送于外門外。」《晉語》云：「趙文子冠，「冠，謂以士禮始冠。」見欒武子，武子曰：『美哉！昔吾逮事莊主，華則榮矣，實之不知。請務實乎。』見中行宣子，宣子曰：『美哉！惜也，吾老矣。』見范文子，文子曰：『而今可以戒矣。夫賢者寵至而益戒，不足者爲寵驕。』見郤駒伯，駒伯曰：『美哉！然而壯不若老者多矣。』見韓獻子，獻子曰：『戒之，此謂成人。成人在始與善。始與善，善進善，不善蔑由至矣；始與不善，不善進不善，善亦蔑由至矣。如草木之產也，❷各以其物。人之有冠，猶宮室之有牆屋也，糞除而已，又何加焉。』見智武子，武子曰：『成子之文，宣子之忠，其可忘乎！』見溫季子，季子曰：『誰之不如，可以求之。』」《左氏》襄九年：「晉侯與諸侯伐鄭，還，公送晉侯。晉侯以公宴于河上，問公年，季武子對曰：『會于沙隨之歲，寡君以生。』晉侯曰：『十二年矣，是謂一終，❸一星終也。國君十五

❶「求」，原誤作「來」，今據嘉慶本及《儀禮・士冠》改。
❷「木」，原誤作「禾」，今據明本、庫本、嘉慶本及《國語・晉語》改。
❸「矣是」，原作小字，今據明本、庫本、嘉慶本及《國語・晉語》改作大字。

而生子。冠而生子，禮也，君可以冠矣。』武子曰：『君冠必以祼享之禮行之，「享，祭先君。」以金石之樂節之，以先君之祧處之，請及兄弟之國而假備焉。』晉侯曰：『諾。』公還，及衛，冠于成公之廟，假鍾磬焉，禮也。」又曰：「豈如弁髦，而因以敝之。」成二年：「楚救齊，蔡景公爲左，許靈公爲右。二君弱，皆强冠之。」《荀子》曰：「天子、諸侯十九而冠，冠而聽治，其教至也。」賈公彦曰：「《書・金縢》云：『王與大夫盡弁。』是時成王年十五，云『與大夫盡弁』，則知天子亦十二而冠矣。」又《大戴禮》云：「文王十三生伯邑考。」《左傳》云：「冠而生子，禮也。」是商之諸侯亦十二而冠。若夏之天子、諸侯，與商天子亦十二而冠可知。若天子之子，則亦二十而冠。❶ 故《禮記・祭法》云：「王下祭殤五。」又《禮記・檀弓》云：「君之適長殤，車三乘。」是年十九已下皆爲殤，故二十乃冠矣。士既三加，爲大夫早冠者亦依士禮三加。若天子、諸侯，禮則多矣。故《大戴禮・公冠篇》云「公冠四加」者，緇布、皮弁、爵弁，後加玄冕。天子亦四加，後當加衮冕矣。案下文「天子元子猶士，天下無生而貴者」，則天子之子雖早冠，亦用士禮而冠。案《家語・冠頌》云「王太子之冠」，則天子元子亦擬諸侯四加。若然，諸侯之子不得四加與？三加可知。孔穎達釋《冠義》云：「諸侯尚四加，則天子亦當五加衮冕也。」《家語・冠頌》：「邾隱公既即位，將冠，使大夫因孟懿子問禮於孔子。子曰：『其禮如世子之冠。冠於阼者，以著代也；醮於客位，加其有成；三加彌尊，導喻其

❶ 「二十」，庫本、嘉慶本作「十二」，誤也。

志；冠而字之，敬其名也。雖天子之元子猶士也，其禮無變，天下無生而貴者故也。行冠事必於祖廟，以祼享之禮以將之，以金石之樂節之，所以自卑而尊先祖，示不敢擅。』懿子曰：『天子未冠即位，長亦冠也？』孔子曰：『古者王世子雖幼，其即位則尊爲人君。人君治成人之事者，何冠之有？』懿子曰：『然則諸侯之冠〔異〕天子與？』❶孔子曰：『君薨而世子主喪，是亦冠也已。人君無所殊也。』懿子曰：『今邾君之冠，非禮也。』孔子曰：『諸侯之有冠禮也，夏之末造也。有自來矣，今無譏焉。天子冠者，武王没，成王年十有三而嗣立。周公居冢宰，攝政以治天下。明年夏六月，既葬，冠成王，而朝于祖，以見諸侯，示有君也。周公命祝雍作頌，曰祝王辭達而勿多。祝雍辭曰：「使王近於民，遠於年，嗇於時，惠於財，親賢而任能。」其頌曰：「令月吉日，王始加元服，去王幼志，服衮職，欽若昊天，六合是式，率爾祖考，永永無極。」此周公之制也。』懿子曰：『諸侯之冠，其所以爲賓主何也？』孔子曰：『公冠則以卿爲賓，無介，公自爲主迎賓，揖，升自阼，立于席北。其醴也則如士：饗之以三獻之禮；既醴，降自阼。諸侯非公而自爲主者，其所以異，皆降自西階，玄端與皮弁異。朝服素韠，公冠四加，玄冕祭。其酬幣于賓，則束帛乘馬。王太子、庶子之冠擬焉，皆天子自爲主，其禮與士無變。饗食賓也，皆同。』懿子曰：『始冠必加緇布之冠，何也？』孔子曰：『示不忘古。太古冠布，齊則緇之。其

❶「天」，原誤作「大」，今據明本、庫本、嘉慶本及《孔子家語·冠頌》改。

綏也，吾未之聞。今則冠而弊之可也。』」漢孝惠即位，四年而冠。十七即位。孝昭即位，十年加元服。八歲即位。《五行志》曰：「上加元服。」《後漢志》曰：「正月甲子若丙子，爲吉日，加元服。」《冠禮》曰：「成王冠，周公使祝雍，曰：『辭達而勿多也。』祝雍曰：『近於民，遠於年，遠於佞，近於義，嗇於時，惠於財，任賢使能。』」《博物記》曰：「孝昭帝冠辭曰：『陛下擒顯先帝之光耀，以承皇天之嘉禄，欽奉仲春之吉辰，普專大道之郊域，秉率百福之休靈，始加昭明之元服。推遠沖孺之幼志，藴積文武之就德，肅勤高祖之清廟，六合之内，靡不蒙德，永永與天無極。』」《獻帝傳》曰：「興平元年正月甲子，帝加元服，司徒淳于嘉爲賓，加賜玄纁、駟馬，貴人、公主、卿、司隸、城門五校及侍中、尚書、給事黄門侍郎各一人，爲太子舍人也。」《獻帝起居注》曰：「建安十八年正月壬子，濟北王加冠户外，以見父母。給事黄門侍郎劉贍兼侍中，❶假貂蟬如濟北王，給之。」

冠者，禮之始、事之重也。古者尊重事，故筮日、筮賓，行之於廟，冠之於阼，醮於客位，祝之以成德，字之以伯仲。見於母，母拜之。見於兄弟，兄弟拜之。所以責之爲人子，爲人弟，爲人臣，爲人少之禮。爲子而孝，爲弟而悌，爲臣而忠，爲少而順，然後可以爲人，可以爲人然後可以治人，則冠禮其可不重歟！二十而冠，士禮也。天子、諸侯則十二而冠。故《春秋傳》曰：「十二年謂一終，一星終也。國君十五而生子。冠而生子，禮

❶「贍」，《漢書·禮儀志》顔注引《獻帝起居注》作「瞻」。

也。」考之經傳，文王十三生伯邑考，❶成王十五而弁，則十二而冠可知。《荀卿》曰「天子、諸侯十九而冠」，失之矣。《小記》曰：「大夫冠而不爲殤。」則大夫不待五十而爵者，亦不待二十而冠，豈天子、諸侯之冠特先士禮一歲哉？士禮始加緇布，不忘本也；次加皮弁，朝服也；三加爵弁，祭服也。不忘本，然後能事君；能事君，然後能事神。所謂「三加彌尊，喻其志」者，如是而已。若夫諸侯，則始緇布冠繢緌，次加皮弁，三加爵弁，四加玄冕。天子則始加玄冠朱組纓，次加皮弁，三加爵弁，四加玄冕，五加衮冕矣。《郊特牲》言：「玄冠朱組纓，天子之冠；緇布冠繢緌，諸侯之冠。」鄭氏皆以爲始冠之冠。《家語》稱：「成王冠，祝雍辭曰：『去幼志，服衮職。』」❷而賈公彦、孔穎達皆言天子當加〔衮〕冕。則始、終之所加，與士異也。《家語》曰「王太子之冠亦擬諸侯四加」，則天子五加可知矣。諸侯四，則其子三加可知矣。王太子四加，而《禮記》言天子之元子猶士者，非謂加數也。《儀禮》士冠無祼享之禮，無金石之樂，而季武子曰「君冠必祼享之禮行之，金石之樂節之」，而《家語》之説亦然，此蓋國君之禮歟？國君自冠有享禮，大夫、士自冠亦然。《曾子問》曰：「父没而冠，則已冠，掃地而祭於禰。」

❶「三」下，庫本增「而」字。

❷「服」，原誤作「心」，今據庫本改。

士冠筮日之儀

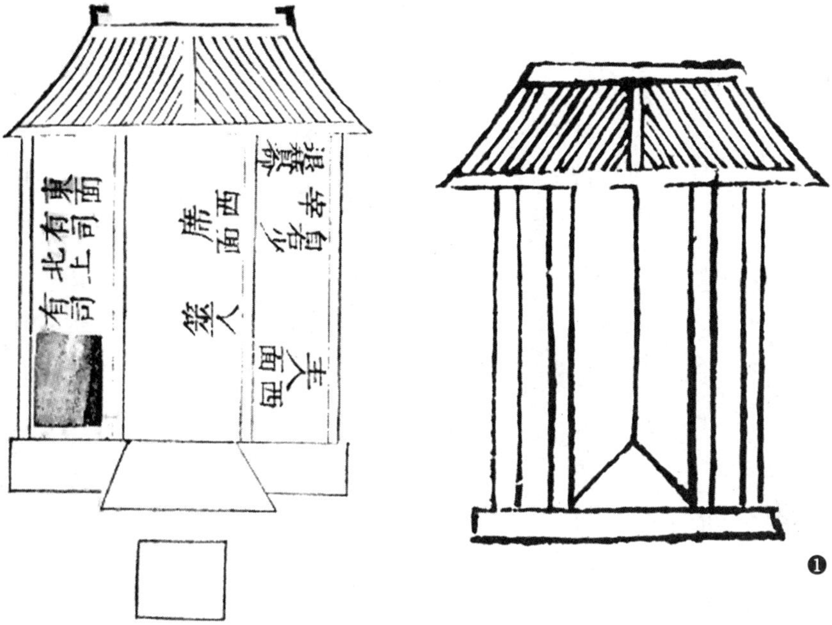

❶

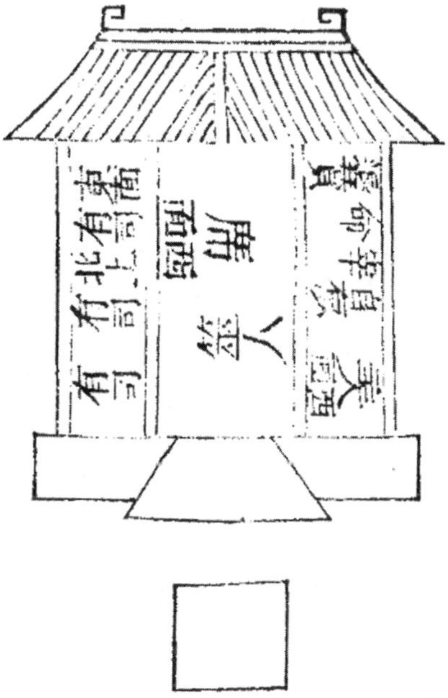

❷

《士冠禮》：「筮于廟門。主人玄冠、朝服、緇帶、素韠，即位于門東，西面。有司如主人服，即位于西方，東面北上。筮與席、所卦者，具饌于西塾。布席于門中，闑西閾外，西面。筮人執筴，抽上韇，兼執之，進受命於主人。宰自右少退，贊

❶ 此爲底本圖。
❷ 此爲嘉慶本圖。

命。筮人許諾，右還，即席坐，西面。卦者在左。卒筮，書卦，執以示主人。主人受視，反之。筮人還，東面，旅占卒，進告吉。若不吉，則筮遠日，如初儀。徹筮席。宗人告事畢。」然則筮必於廟，尊其親也；廟必於禰，親其親也。士筮於門而不於堂，避其君也。筮必面西，求諸陰也。卦者必居筮之左，上其北也。《聘禮》君受聘于先君之祧，卿受問于祖廟。《士冠》、《士昏》皆止言廟，則凡言廟者，禰廟也，記曰「凡行事受於禰廟」是也。若諸侯，則冠〔於〕祖廟，《左氏》曰「以先君之祧處之」是也。《少牢》：「筮旬有一日。若不吉，則及遠日，又筮日如初。」《特牲》、《士冠》不言旬有一日，而《特牲》若不吉，則筮近日者，以士筮旬內，大夫以上筮旬外也。《特牲》筮、祭同服玄端，《少牢》筮與祭同朝服，而《士冠》主人筮日服朝服，冠日服玄端者，《特牲》、《少牢》祭事也，筮不可尊於先祖，故同服；《士冠》非祭事也，筮可尊於子孫，故異服也。天子、諸侯筮於廟堂，大夫、士筮於廟門，此尊卑之辨耳。鄭氏謂筮不於堂，嫌筮之靈由廟神。其説誤也。

陳服設筵及加冠之儀

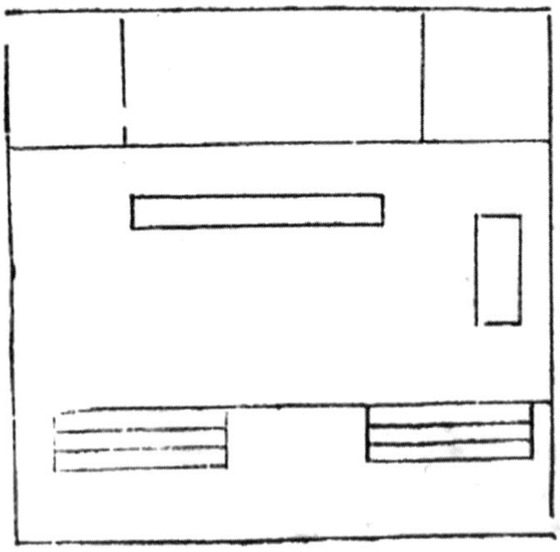

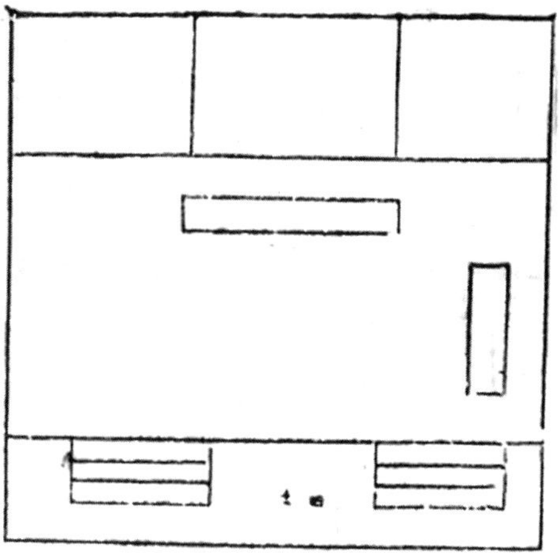

服陳于房，東領，上北。贊者立于房，西面，上南。醴設于房，尊篚、籩豆，上南。冠弁執于西坫南，上東。主人立于東序，面西。賓立于西序，面東。冠者未冠、既冠面南，即席加冠面西，醴之面南，❶其降而見母面北。其始也，賓揖冠者即筵坐。贊者坐，櫛，設纚。賓降與升，正纚，降受弁，進容，祝而冠之。既冠，揖之適房，服其服；又揖之即筵坐，櫛，纚，祝加如初。蓋賓盥所以致絜，降盥、降受冠弁所以致敬。始加，受冠，降一等；執者升一等；再加，降二等；三加，降三等。以服彌尊，故降彌下也。始祝「棄爾幼志，順爾成德」，再祝「敬爾威儀，淑慎爾德」，三祝「兄弟具在，以成厥德」，以順成德然後慎德，慎德然後能成德也。《禮記》曰：「五十以伯仲，周道然也。」冠禮既冠而字之曰「伯某甫」，仲、叔、季者，唯其所當。賈公彦曰：「殷質，二十爲字之時，兼伯、仲、叔、季呼之。周文，二十爲字之時，未呼伯、仲，至五十乃加而呼之。」其説是也。

❶「面」，原誤作「西」，今據《儀禮・士冠》及宋《家山圖書》所引改。

孤子冠

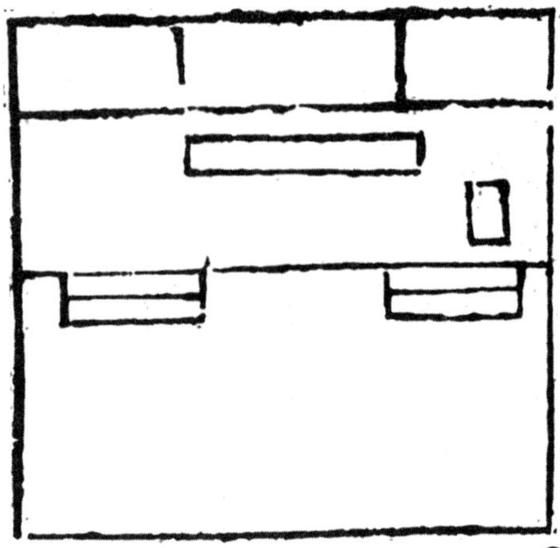
❶

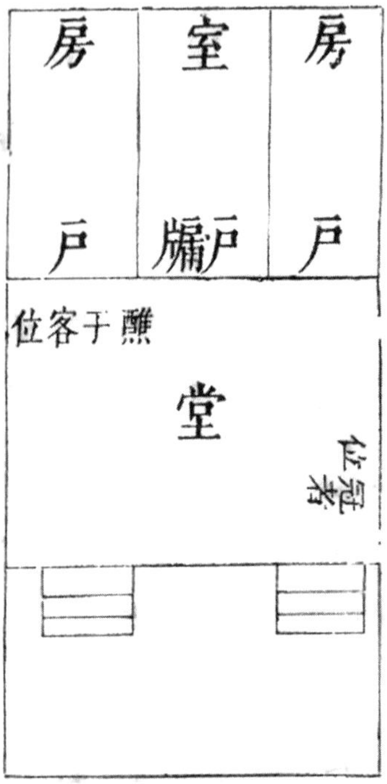

孤子則父兄戒、宿。冠之日，主人紒而迎賓，拜、揖、讓，立于序端，皆如冠主。禮於阼。凡拜北面于阼階上。賓亦北面于西階上答拜。若殺，則舉鼎陳于門外，直東塾，北面。然則孤子戒、宿以父兄，而迎、拜、揖、讓不以父兄者，以戒、宿者非冠日之事，冠日迎、拜、揖、讓者，冠日之事。若殺，則舉鼎陳于門外，鄭氏曰：「孤子得申禮，盛之。父在，有鼎不陳於門外。」賈公彥曰：「凡陳鼎在外者，賓客之禮也。在內者，家私之禮也。父在陳鼎不於門外，是在外者爲盛也。」

❶ 此爲底本圖。

庶子冠

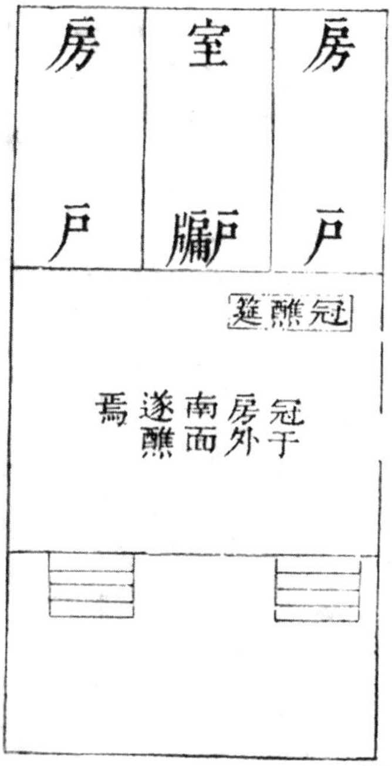

❶

〔庶子〕則冠于房外，南面，遂醮焉。鄭氏曰：「房外謂尊東也。不於阼階，非代也。不醮於客位，成而不尊也。」觀此，則孤子之冠雖不言醮位，其醮於客位可知。

醴醮儀❷

《〔士〕冠禮》：「側尊一甒醴，在服北。有篚實勺、觶、角柶。脯醢，南上。徹皮弁、冠、櫛、筵，入于户西，南面。贊者洗于房中，側酌醴，加柶，覆之，面葉。賓揖冠者就筵，筵西，南面。賓受醴于户東，加柶，面枋，筵前北面。冠者筵西拜受觶。賓東面答拜。薦脯醢。冠者即筵坐，左執觶，右祭脯醢，❸以柶祭醴三，興，筵末坐，啐醴，建柶，興，降筵坐，奠觶拜，執觶興。賓答拜。冠者奠觶于薦東，降筵，北面坐取脯，降自西階，適東壁，北面見于母。若不醴，則醮用酒。尊于房户之間，兩甒，有禁，玄酒在

❶ 圖中文字，原無，爲明本、庫本、嘉慶本所增；東西二階，較底本皆多一級。

❷ 「醴醮儀」，明本、庫本、嘉慶本作「醴醮」。

❸ 「脯」，原誤作「酬」，今據明本、庫本、嘉慶本及《儀禮·士冠》改。

西，加勺，❶南枋。洗有篚在西，南順。始加，醮用脯醢。賓降，取爵于篚，辭降如初；卒洗，升酌。冠者拜受。賓答拜如初。冠者升筵坐，左執爵，右祭脯醢，祭酒，興，筵末坐，啐酒，降筵拜。賓答拜。冠者奠爵于薦東，立于筵西。徹薦、爵，筵、尊不徹。加皮弁如初儀，再醮攝酒，其他皆如初。加爵弁如初儀。三醮，有乾肉折俎，嚌之。其他皆如初。」「若不醴，謂國有舊俗可行，聖人用焉不改者也。《曲禮》曰：『君子行禮，不求變俗。祭祀之禮，居喪之服，哭泣之位，皆如其國之故，謹修其法而審行之。』是酌而無酬酢曰醮。醮亦當爲醴。」正義曰：「自此已上説周禮冠子之法，自此已下至『取籩脯以降，❷如初』，説夏商冠子之法。云『若不醴則醮用酒』者，案上文適子冠於阼，三加訖一醴於客位，是周法。今云『〔若不醴則〕醮用酒』，非周法，故知先王法。鄭解：『無酬酢曰醮。』案《曲禮》云：『長者舉未釂。』鄭注〔云〕：『盡爵曰釂。』是醮不專於無酬酢者。若然，醴亦無酬酢，不爲『醮』名者，但醴大古之物，〔自然質無酬酢〕。此醮用酒，酒本有酬酢，故無酬酢得名『醮』也。」《記》曰：「醮於客位，加有成也。」「醮，〔夏商之禮〕。」《〔士昏禮〕》：「〔贊〕醴婦。舅姑〔共饗婦以〕一獻之禮。」庶婦則〔使醮之。醴，側尊〕一甒，無禁，無玄酒，設于房中。而醴冠〔者於三加之後，每加必祝〕，故醴辭、祝辭〔三〕，其薦則脯醢〔而已。醮尊兩甒，有禁〕，玄酒設于房户〔之〕西，而醮冠者〔於每加之後，而每加〕不祝。故醮辭三，無祝辭。其薦則始〔醮脯醢，再醮設酒，其他〕如初。三醮有乾肉折俎，嚌之。若殺，〔特豚〕，載合升。始〔醮〕如初，再醮兩豆：葵菹、蠃醢；兩籩：栗、脯。三醮加俎，嚌之

❶「勺」，原誤作「勹」，今據明本、庫本、嘉慶本改。

❷「下」，原誤作「上」，今據庫本、嘉慶本及《儀禮・士冠》賈疏改。「籩」，原誤作「邊」，今據庫本及《儀禮・士冠》賈疏改。

如初，〔嚌〕肺。而醴用觶，醮用爵。醴尊之篚亦在房，醮之篚則在庭。醴則贊者酌授賓，賓不親酌，故無升降；醮則賓親酌酒、洗爵，故有升降。蓋冠必用醴，若不用醴則醮焉。以醴者大古之物，故其禮簡，所以示質；酒者後世之味，故其禮煩，所以示文。故適子用醴，庶子用醮。適婦有醴與饗，庶婦使人醮之不饗。諸侯大夫受賜服於天子，歸設奠，服賜服，於斯乎有冠醮，無冠醴，是醮輕於醴也。《士冠》「若不醴則醮」者，則冠適子或醴或醮，惟其所用耳。《記》曰「醮於客位」，此適子之醮也。鄭氏遂以醴爲周法，醮爲夏商法，此不可考。❶《特牲》、《少牢》牲皆用右胖；《鄉飲》、《鄉射》主人牲用右體；《少儀》大牢、少牢則以左肩爲歸胙，右肩以祭；《特牲》、《士虞》喪祭反吉用左，❷則周之吉禮皆用右也。鄭氏釋特豚合升之文，謂「凡牲皆用左胖」，不知何據云然。

醴賓

既冠，乃醴賓以一獻之禮，酬賓束帛、儷皮。贊者皆與。贊冠者爲介。蓋君子之於人，勞之必有以禮之，故昏禮饗送者，鄉飲司正，祭禮賓尸，冠禮醴賓，其義一也。士醴賓以一獻之禮，公醴賓則三獻之禮。故《家語》曰：「以卿爲賓，其禮則如士，以三獻之禮也。」

❶「考」，原脱，今據明本、庫本、嘉慶本補。

❷「特牲」，疑衍。按陳氏此段論述，當源自《儀禮·士冠》賈疏云：「案《特牲》、《少牢》皆用右胖，《少儀》云『大牢，則以牛左肩折九个』，爲歸胙用左，則右而祭之。《鄉飲酒》、《鄉射》主人用右體。但《士虞》喪祭用左，反吉故也。」

陳服設筵之圖❶

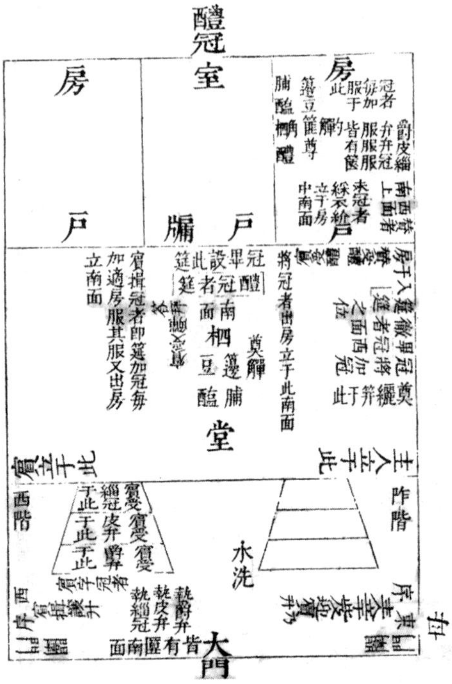

加冠之圖

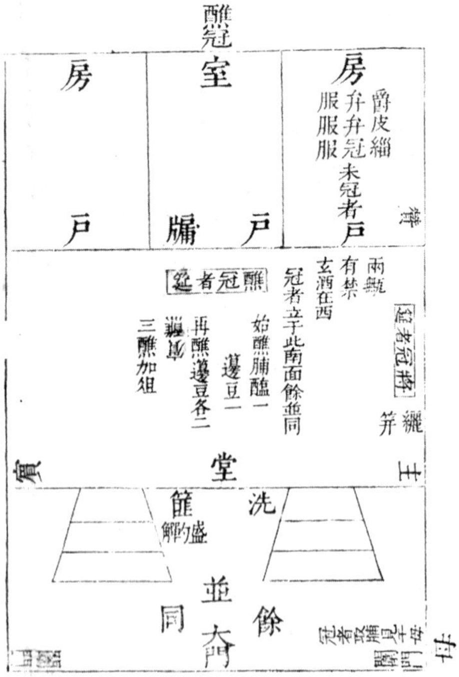

禮書卷第六十四終

❶ 此標題及圖、下標題及圖，原無，爲明本、庫本、嘉慶本所增，在本卷諸圖之後，今附於卷末。兩圖中右下角三「母」字，明本皆誤作「毋」，今皆據庫本、嘉慶本改。

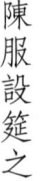

禮書卷第六十五

婚

納采　問名　納吉　納徵　請期　親迎

婚❶

《〔周〕禮・大宗伯》：「以冠婚之禮親成男女。」❷《大司徒》：「荒政，十曰〔多〕昏。」《黨正》：「凡其黨之昏冠，教其禮事。」《媒氏》：「掌萬民之判。〔凡〕男女自成名以上，皆書年月日名焉。令男三十而娶，〔女〕二十而嫁。凡娶判妻入子者，皆書之。中春之月，令會〔男〕女。於是時也，奔者不禁。若無故而不用令者，罰之。司〔男〕女之無夫家者而會之。凡嫁女娶妻，純帛無過五兩。〔禁〕遷葬者與嫁殤者。凡男女之陰訟，聽之于勝國之社。其〔附于〕刑者，歸之于士。」《遂人》：「以樂昏擾甿。」《典瑞》：「穀圭以和難，〔以聘〕女。」《玉人》：「穀圭七寸，天子以聘女。大璋，諸侯以聘女。」《〔禮記〕・曲禮》：「三十曰壯，有室。女子許嫁，纓，非有大故，不入〔其門〕。娶妻不娶同姓，買妾不知其姓則卜之。男女非有〔行媒〕，不相知名。非受幣，不交不親。故日月以告君，齋戒〔以〕告鬼神，爲酒食以召

❶「婚」，原脱，今據目録、卷首小目、明本、庫本、嘉慶本補。

❷「冠婚」，明本、庫本、嘉慶本作「昏冠」，與《周禮・大宗伯》原文同。

鄉黨僚友，以厚其别也。賀娶妻〔則〕曰：『某子使某，聞子有客，使某羞。』「不斥主人者，昏禮不賀。」納女於天〔子〕曰『備百姓』，於國君曰『備酒漿』，於大夫曰『備埽灑』。」正義〔曰〕：「成九年夏，『季孫行父如宋致女』。此云『納女』，故注云『納〔女猶〕致女也』。知壻不親迎，嫁女之家使人致女者，以成九年二月『伯姬歸於宋』時，宋公不親迎，故魯季孫行父如宋致女是也。而天子亦有親迎以否者，《異義》云：『《戴禮》説天子親迎。《左氏》説天子不親迎，使上卿迎之；諸侯亦不親迎，使上大夫迎之。』鄭《駁異義》云：『文王娶大姒，親迎于渭。』又引孔子答哀公：『合二姓之好，以繼先聖之後，以爲天地、宗廟、社稷之主，冕而親迎，君何謂已重乎？』此天子、諸侯有親迎也。若不親迎，則宜致女，云『備百姓』也。」《曾子問》：「『昏禮既納幣，有吉日，女之父母死，則如之何？』孔子曰：『壻使人弔。如壻之父母死，則女之家亦使人弔。父喪〔稱〕父，母喪稱母。父母不在，則稱伯父、世母。壻已葬，壻之〔伯〕父致命女氏曰：「某之子有父母之喪，不得嗣爲兄弟，〔使〕某致命。」女氏許諾而弗敢嫁，禮也。壻免喪，女之父母〔使〕人請，壻弗取而后嫁之，禮也。女之父母死，壻亦如之。』〔曾〕子問曰：『親迎，女在塗，而壻之父母死，如之何？』孔子曰：『女改服，布深衣，縞總，以趨喪。女在塗，而女之父母死，則女反。』『如壻親迎，女未至，而有齊衰、大功之喪，則如之何？』孔子曰：『男不入，改服於外次。女入，改服於内次。然後即位而哭。』曾子問曰：『除喪則不復昏禮乎？』孔子曰：『祭，過時不祭，禮也。又何反於初？』孔子曰：『嫁女之家，三夜不息燭，〔思〕相離也；取婦之家，三日不舉樂，思嗣親也。三月而廟〔見〕，稱來婦也。擇日而祭於禰，成婦之義也。』曾子問曰：『女〔未〕廟見而死，則如之何？』孔子曰：『不遷於祖，不祔於皇姑，〔壻〕不杖、不菲、不次，歸葬于女氏之黨，示未成婦也。』曾子問曰：『娶女有吉日，而女死，如之何？』孔子曰：『壻齊衰而弔，既葬而除之。夫死亦如之。』」《郊特牲》曰：「天地合而後萬〔物興〕焉。夫昏禮，萬世之始也。〔取於〕異姓，所以附遠厚別也。❶〔幣〕必誠，辭無『不腆』，告之以直信。信，事人也。信，婦德也。一〔與〕之齊，終身不改，故夫死不嫁。男親迎，男先於女，剛柔之義也。天先乎地，君先乎臣，其義一也。執摯以相見，敬章別也。男女有別，然後父子親；父子親，然後義生；義生，然後禮作；禮作，然後萬物安。無別無義，禽獸之道也。壻親御授綏，親之也。親之也者，親之也。敬而親之，先王之所以得天下也。出乎大門而先，男帥女，女從男，夫婦之義由此始也。婦人，從人者也：幼從父兄，嫁從夫，夫死從子。夫也者，夫也。夫也者，以知帥人者也。玄冕齋戒，鬼神陰陽也。將以爲社稷主，爲先祖後，而可以不敬乎？共牢而食，同尊卑也。故婦人無爵，從夫之爵，坐以夫之齒。器用陶匏，尚禮然也。三王作牢，用陶匏。厥明，婦盥饋。舅姑卒食，婦餕餘，私之也。舅姑降自西階，婦降自阼階，授之室也。昏禮不用樂，幽陰之義也。樂，陽氣也。昏禮不賀，人之序也。」〈大傳〉曰：「其

❶「厚別也」，原漫漶不清，今據嘉慶本及《禮記·郊特牲》補。

庶姓别於上而戚單於下，婚姻可以通乎？繫之以姓而弗别，綴之以食而弗殊，雖百世而婚姻不通者，周道然也。」《雜記》：「大功之末，可以冠子，可以嫁子。父小功之末可以冠子，可以嫁子，可以娶婦。已雖小功，既卒哭，可以冠、娶妻。下殤小功則不可。」「納幣一束，束五兩，兩五尋。婦見舅姑，兄弟、姑、姊妹皆立于堂下，西面北上，是見已。見諸父，各就其寢。女雖未許嫁，年二十而笄，禮之。❶婦人執其禮。燕則鬈首。」《經解》曰：「婚姻之禮廢，則夫婦之道苦，而淫辟之罪多矣。」《哀公問》：「孔子曰：『非禮無以别男女、父子、兄弟之親，婚姻、疏數之交也。大婚爲大，大婚至矣。大婚既至，冕而親迎，親之也。親之也者，親之也。』哀公曰：『寡人願有言。然冕而親迎，不已〔重〕乎？』孔子愀然作色而對曰：『合二姓之好，以繼先聖之後，以爲天地、宗廟、社稷之主，君何謂已重乎？』公曰：『寡人固。不固，焉得聞此言也？寡人欲問，不得其辭，請少進。』孔子曰：『天地不合，萬物不生。大婚，萬世之嗣也，君何謂已重焉？』孔子遂言曰：『内以治宗廟之禮，足以配天地之神明；出以治直言之禮，足以立上下之敬。物恥足以振之，國恥足以興之。爲政先禮，禮其政之本歟？』」《坊記》：「『男女無媒不交，無幣不相見，恐男女之無别也。以此坊民，民猶有自獻其身。』子云：『婚禮，壻親迎，見於舅姑，舅姑承子以授壻，恐事之違也。以此坊民，民猶有不至者。』」《婚義》曰：「婚禮納采、問名、納吉、納徵、請期，皆主人筵几於廟，而拜迎

❶「之」，庫本作「也」。

於門外，入，揖讓而升，聽命於廟，所以敬慎重正婚禮也。父親醮子而命之迎，男先於女也。子承命以迎。主人筵几於廟，而拜迎于門外，壻執鴈入，揖讓升堂，再拜奠鴈，蓋親受之於父母也。降，出，御婦車，而壻授綏，御輪三周，先俟于門外，婦至，壻揖婦以入，共牢而食，合巹而酳，所以合體、同尊卑以親之也。夙興，婦沐浴以俟見。質明，贊見婦於舅姑，婦執笲棗、栗、腶脩以見。贊醴婦，婦祭脯醢，祭醴，成婦禮也。❶舅姑入室，婦以特豚饋，明婦順也。厥明，舅姑共饗婦以一獻之禮，奠酬。舅姑先降自西階，婦降自阼階，以著代也。是以古者先嫁三月，祖廟未毀，教于公宫；祖廟既毁，教于宗室。教以婦德、婦言、婦容、婦功，教成祭之，牲用魚，芼之以蘋藻，所以成婦順也。」《詩·桃夭》曰：「后妃不妬忌，則男女以正，婚姻以時，國無鰥民也。」《鵲巢》，「夫人之德也」。曰：「之子于歸，百兩御之。」「百兩將之。」「百兩成之。」《摽有梅》，「男女及時也。」「野有死麕，白茅包之。❷有女懷春，吉士誘之。」《何彼襛矣》，「美王姬也。雖則王姬，亦下嫁於諸侯。車服不繫其夫，下王后一等。」「碩人其頎，衣錦褧衣。」「國君夫人翟衣而嫁，今衣錦者，在塗之服也。」「四牡有驕，朱幩鑣鑣，翟茀以朝。」《有狐》，「刺時也。古者國有凶荒，則殺禮而多昏，會男女之無夫家者，所以育人民也。」《丰》，「刺亂也。婚姻之道缺，陽倡而陰不和，男行而女不隨。」「衣錦褧衣，裳錦褧裳。」「庶人之妻嫁服也。」

❶「禮」，原誤作「順」，今據《禮記·昏義》改。

❷「白」，原誤作「曰」，今據明本、庫本、嘉慶本及《毛詩·摽有梅》改。

士妻緇衣纁袡。」《著》，「刺時也，時不親迎也。」「俟我於著乎而，充耳以素乎而。「士之服也。」俟我於庭乎而，充耳以青乎而。「卿大夫之服也。」俟我於堂乎而，充耳以黄乎而。」「人君之服也。」《綢繆》，「刺晉亂也。國亂則婚姻不得其時焉。」《東門之楊》，「刺時也。婚姻失時，男女多違，親迎女猶有不至者也。」《大明》：「文定厥祥，親迎于渭。造舟爲梁，不顯其光。」「天子造舟，諸侯維舟，大夫方舟，❶士特舟。」《韓奕》曰：「韓侯迎止，于蹶之里。諸娣從之，祁祁如雲。」《春秋》隱八年：「鄭公子忽如陳逆婦嬀，先配後祖。鍼子曰：『是不爲夫婦，誣其祖矣，非禮也，何以能育！』」莊公二十四年：「夏，公如齊逆女。秋，哀姜至。公使宗婦覿用幣，非禮也。御孫曰：『男贄，大者玉帛，小者禽鳥，以章物也。女贄不過榛、栗、棗、脩，以告虔也。今男女同贄，是無别也。男女之别，國之大節也。而由夫人亂之，無乃不可乎！』」文四年：「夏，逆婦姜于齊。」「卿不行，非禮也。君子是以知出姜之不允於魯也，曰：『貴聘而賤逆之，君而卑之，立而廢之，棄信而壞其主，在國必亂，在家必亡，不允宜哉。《詩》曰：「畏天之威，于時保之。」敬主之謂也。』」七年：「穆伯爲襄仲于莒聘焉。穆伯如莒涖盟，且爲仲逆。及鄢陵，登城，見之，美，自爲娶之。仲請攻之。」宣元年：「春，公子遂如齊逆女，尊君命也。三月，遂以夫人婦姜至自齊，尊夫人也。」成八年：「夏，宋公使公孫壽來納幣，禮也。衛人來媵共姬，禮也。凡諸侯嫁女，同姓媵之，異姓則否。」昭

❶「方」，原誤作「万」，今據明本、庫本、嘉慶本及《毛詩·大明》鄭箋改。

元年：「春，楚公子圍聘于鄭，且娶於公孫段氏，伍舉爲介。將入館，鄭人惡之。使行人子羽與之言，乃館於外。既聘，將以衆逆。子産患之，使子羽辭曰：『以敝邑褊小，不足以容從者，請墠聽命。』命太宰伯州犂對曰：『圍布几筵，告於莊、共之廟而來。若野賜之，是委君貺於草莽也，是寡大夫不得列於諸卿也。唯大夫圖之。』」「鄭徐吾犯之妹美，公孫楚聘之矣，公孫黑又使强委禽焉。犯懼，告子産。子産曰：『是國無政，非子之患也。唯所欲與。』犯請於二子，請女擇焉。皆許之。子晳盛飾入，布幣而出。子南戎服入，左右射，超乘而出。女自房觀之，曰：『子晳信美矣，抑子南夫也。夫夫婦婦，所謂順也。』適子南氏。子晳怒，欲殺之。子南執戈逐之，子晳傷而歸。」二年：「四月，韓須如齊逆女。齊陳無宇送女，致少姜。少姜有寵於晉侯，晉侯謂之少齊。謂陳無宇非卿，執諸中都。少姜爲請，曰：『送從逆班。畏大國也，猶有所易，是以亂作。』」三年：「齊侯使晏嬰請繼室於晉，曰：『寡君使嬰曰：「寡人願事君，朝夕不倦。不腆先君之適以備內官，焜燿寡人之望，則又無禄，早世隕命，寡人失望。君若不忘先君之好，惠顧齊國，辱收寡人，徼福於大公、丁公，照臨敝邑，鎮撫其社稷，則猶有先君之適及遺姑姊妹若而人。君若不棄敝邑，而辱使董振擇之，以備嬪嬙，寡人之望也。」』韓宣子使叔向對曰：『寡君之願也。寡人不能獨任其社稷之事，未有伉儷，在縗絰之中，是以未敢請。君有辱命，惠莫大焉。若惠顧敝邑，撫有晉國，賜之內主，豈唯寡君，舉群臣實受其貺。』」昭五年：「晉韓宣子如楚送女，叔向爲介。及楚，楚子朝其大夫，曰：『晉，吾仇敵也。苟得志焉，無恤其他。』薳啓疆曰：『晉之事君，臣曰可矣：求諸侯而麇至，求婚而薦女，君親送之，上卿及上大夫致之。猶欲恥之，君其亦有備矣。不然，柰何？』楚子終厚禮之。」成十一年：「聲伯之母不聘。穆姜曰：『吾不以妾爲姒。』生聲伯而出之，嫁於齊管于奚，生二子而寡，以歸聲伯。聲伯以其外弟爲大夫，而嫁其外妹於施孝叔。郤犨來聘，求婦於聲伯。聲伯奪施氏婦以與之。婦人曰：『鳥獸猶不失儷，子將若何？』❶曰：『不能死亡。』婦人遂行。生二子於郤氏。郤氏亡，晉人歸之施氏。施氏逆諸河，沈其二子。婦人怒曰：『己不能庇其伉儷而亡之，又不能字人之孤而殺之，將何以終？』遂誓施氏。」襄十二年：「靈王求后于齊，齊侯問對於晏桓子。桓子對曰：『先王之禮辭有之，天子求后於諸侯，諸侯對曰：「夫婦所生若而人，妾婦之子若而人。」無女而有姊妹、姑姊妹，則曰：「先守某公之遺女若而人。」』齊侯許婚。王使陰里結之。」哀十二年：「昭公夫人孟子卒。昭公娶于吴，故不書姓。死不赴，故不稱夫人。不反哭，故不言葬小君。」二十四年：「公子荆之母嬖，將以爲夫人，使宗人釁夏獻其禮。對曰：『無之。』公怒曰：『女爲宗司，立夫人，❷國之大禮也，何故無之？』對曰：『周公及武公娶於薛，孝、惠娶於商，自桓以下娶於齊，此禮也則有。若以妾爲夫人，則固

❶「子」，原誤作「于」，今據明本、庫本、嘉慶本及《左傳》成十一年改。

❷「立」，原誤作「之」，今據明本、庫本、嘉慶本及《左傳》哀二十四年改。

無其禮也。』公卒立之，而以荆爲太子，❶國人始惡之。」《公羊》隱二年：「紀履緰來逆女。何以不稱使？婚禮不稱主人。然則曷稱？稱諸父兄師友。宋公使公孫壽來納幣，則其稱主人何？辭窮也。辭窮者何？無母也。然則紀有母乎？曰有。有則何以不稱母？母不通也。外逆女不書，此何以書？譏始不親迎也。始不親迎昉於此乎？前此矣。前此則曷爲始乎此？託始焉爾，《春秋》之始也。」又曰：「女在其國稱女，在塗稱婦，入國稱夫人。伯姬歸于紀，其言歸何？婦人謂嫁曰歸。」桓三年：「公子翬如齊逆女，齊侯送姜氏于讙。何以書？譏諸侯越境送女，非禮也。比入國矣，何以不稱夫人？自我言齊，父母之於子，雖爲鄰國夫人，猶曰吾姜氏。」八年：「祭公來，遂逆王后于紀。遂者何？生事也。大夫無遂事，此其言遂何？成使乎我也。其成使乎我柰何？使我爲媒可，則因用是往逆矣。女在其國稱女，此其稱王后何？王者無外，其辭成矣。」九年：「春，紀季姜歸于京師。其辭成矣，則其稱紀季姜何？自我言，紀父母之於子，雖爲天王后，猶曰吾季姜。」莊元年：「單伯逆王姬。何以不稱使？天子召而使之也。逆之者何？使我主之也。曷爲使我主之？天子嫁女乎諸侯，必使諸侯同姓者主之。諸侯嫁女于大夫，必使大夫同姓者主之。秋，築王姬之館于外。築之，禮也；于外，非禮也。于外何以非禮？築于外，非禮也。其

❶「太」，原誤作「木」，今據明本、庫本、嘉慶本及《左傳》哀二十四年改。

築之何以禮？❶主王姬者，必爲之改築，於路寢則不可，小寢則嫌。群公子之舍，則以卑矣。其道必爲之改築者也。」二十四年：「夫人姜氏入。其言入何？難也。其難奈何？夫人不僂，❷不可使入，與公有所約，然後入。大夫宗婦覿用幣。用者，不宜用也。見用幣，非禮也。然則曷用？棗栗云乎？腶脩云乎？」二十七年：「杞伯姬來。其言來何？直來曰來，大歸曰來歸。莒慶來逆叔姬。何以書？譏。大夫越境逆女，非禮也。」僖八年：「禘于大廟，用致夫人。用者，不宜用也；致者，不宜致也。禘用致夫人，非禮也。夫人何以不稱姜氏？貶，譏以妾爲妻也。其言以妾爲妻奈何？蓋脅于齊媵女之先至者也。」九年：「伯姬卒。此未適人，何以卒？許嫁矣。婦人許嫁，字而笄之，死則以成人之喪治之。」〔三〕十一年：「杞伯姬來求婦。其言來求婦何？兄弟辭也。其稱婦何？有姑之辭也。」文二年：「公子遂如齊納幣。譏喪娶也。娶在三年之外，何譏乎喪娶？三年之内不圖婚，吉禘于莊公譏，然則曷爲不祭焉譏？三年之恩疾矣，非虛加之也，以人心爲皆有之。以人心爲皆有之，則曷爲獨於娶焉譏？娶者，大吉也，非常吉也。其爲吉者主於己，以爲有人心焉者，則宜於此焉變矣。」四年：「逆婦姜于齊何？略之也。高子曰：『娶乎大夫者略之也。』」八年：「宋人殺其大夫司馬，宋司城來奔。司馬、司城，皆官舉也。曷爲皆官舉？宋三世無大夫，

❶「禮」上，原衍「非」字。嘉慶本此處空一格，《公羊傳》原文亦無「非」字。今據删。

❷「僂」，原誤作「能」，今據明本、庫本、嘉慶本及《公羊傳》莊二十四年改。

三世内娶也。」十五年：「齊人來歸子叔姬。其言來何？閔之也。此有罪，何閔爾？父母之於子，雖有罪，猶若其不欲服罪然。」十八年：「夫人姜氏歸于齊。」成八年：「衛人來媵。媵不書，此何以書？録伯姬也。」九年：「杞伯來逆叔姬之喪以歸。内辭也，脅而歸之。伯姬歸于宋，季孫行父如宋致女。未有言『致女』者，此其言『致女』何？録伯姬也。晉人來媵，録伯姬也。」襄十五年：「劉夏逆王后于齊。外逆女不書，此何以書？過我也。」《穀梁》桓三年：❶「公子翬如齊逆女。逆女，親者也。使大夫，非正也。齊侯送姜氏于讙。禮，送女，父不下堂，母不出祭門，諸母兄弟不出闕門。❷父戒之曰：『謹慎從爾舅之言。』母戒之曰：『謹慎從爾姑之言。』諸母般申之曰：『謹慎從爾父母之言。』送女踰境，非禮也。公會齊侯于讙，無譏乎？曰爲禮也。齊侯來也，公之逆而會之可也。夫人姜氏至自齊。其不言翬之以來，何也？公親受之于齊侯也。子貢曰：『冕而親迎，不已重乎？』孔子曰：『合二姓之好，以繼萬世之後，何謂已重乎！』」八年：「祭公來，遂逆王后于紀。其不言使焉，何也？不正其以宗廟之大事即謀於我，故弗與使也。遂，繼事之辭也。其曰『遂逆王后』，故略之也。或曰天子無外，王命之則成矣。」九年：「紀季姜歸于京師。爲之中者，歸之也。」十八年：「公會齊侯于濼。公與夫人姜氏遂如齊。濼之會，不言及夫人，何也？以夫人伉，弗稱數

❶「桓」，原誤作「相」。按此所引，《穀梁傳》桓三年也。今據明本、庫本、嘉慶本改。

❷「闕」，原誤作「開」，今據庫本、嘉慶本及《穀梁傳》桓三年改。

也。」莊元年：「單伯逆王姬。其不言如，何也？其義不可受於京師也。曰躬君弑於齊，使之主婚姻，與齊爲禮，其義固不可受也。築王姬之館于外。主王姬者，必自公門出。於廟則己尊，於寢則己卑，爲之築，節矣。築之外，變之正也。築之外，變之爲正，何也？仇讎之人，非所以接婚姻也。衰麻，非所以接弁冕也。其不言齊侯之來逆，何也？不使齊侯得與吾爲禮也。」十九年：「公子結媵陳人之婦于鄄，遂及齊侯、宋公盟。媵，淺事也，不志，此其志何也？辟要盟也。何以見其辟要盟？媵，禮之輕者也。盟，國之重也。以輕事遂乎國重，無說。其曰『陳人之婦』，略之也。其不日，數渝，惡之也。夫人姜氏如莒。婦人既嫁不踰境，踰境，非正也。」二十二年：「公如齊納幣。納幣，大夫之事也。禮有納采，有問名，有納徵，有告期，四者備而後娶，禮也。公之親納幣，非禮也，故譏之。」二十四年：「公如齊逆女。親迎，恒事也，不志。此其志，何也？❶不正其親迎於齊也。❷公至自齊。迎者，行見諸，舍見諸。先至，非正也。丁丑，夫人姜氏入，❸內弗受也。日入，惡入者也。何用不受也？以宗廟弗受也。娶仇人子弟，以薦舍於前，其義不可受也。

❶「何」，原誤重，今據明本、庫本、嘉慶本及《穀梁傳》莊二十四年刪其一。「何也」，原作小字，今據明本、庫本、嘉慶本改作大字。

❷「不」，原脱，今據庫本、嘉慶本及《穀梁傳》莊二十四年補。

❸「丁丑夫人」，原作小字，今據明本、庫本、嘉慶本及《穀梁傳》莊二十四年改作大字。

戊寅，大夫宗婦覿，❶用幣。禮，大夫不見夫人。不言及，不正其行婦道，故列數之也。男子之贄，羔、鴈、雉、腒；婦人之贄，棗、栗、腶脩。用幣，非禮也。大夫，國體也，而行婦道，惡之，故謹而日之也。」二十七年：「莒慶來逆叔姬。諸侯之嫁子於大夫，主大夫以與之。來者接内也，不正其接内，故不與夫婦之稱也。」文四年：「逆婦姜于齊，爲其禮成乎齊也。其逆者誰？親迎而稱婦，或者公與，何其速婦之也？曰公也。其不言公，非成禮於齊也。曰『婦』，有姑之辭也。其不言氏，貶之也。❷夫人與有貶也。」十二年：「子叔姬卒。其曰『子叔姬』，貴也，公之母姊妹也。其一傳曰：許嫁以卒之也。男子二十而冠，冠而列丈夫；三十而娶。女子十五而許嫁，二十而嫁。」成十四年：「僑如以夫人婦姜氏至自齊。大夫不以夫人，以夫人，非正也，刺不親迎也。僑如之挈，由上致之也。」《春秋》桓八年：「祭公來，遂逆王后于紀。」襄十五年：「劉夏逆王后于齊。」啖子曰：「古儒者或言天子當親迎，或言不當親迎，二説不明，未敢定也。然《春秋》所載，皆譏也。」趙子曰：「康成據《毛詩》義，以文王親迎爲證。據文王，乃非天子，不可爲證。考之大體，固無自逆之道。王者之尊，海内莫敵，故嫁女即使諸侯主之；適諸侯，諸侯莫敢有其室。若屈萬乘之尊而行親迎之禮，即何莫敢敵之有乎？曰：夫子對哀公云『爲天地、社

❶「戊寅大夫」，原作小字，今據明本、庫本、嘉慶本及《穀梁傳》莊二十四年改作大字；「戊」，原誤作「庚」，今據庫本、嘉慶本及《穀梁傳》莊二十四年改。

❷「也其」，原作小字，今據明本、庫本、嘉慶本及《穀梁傳》文四年改作大字。下「之也夫」同。

稷、宗廟之主，非謂天子乎？』答曰：『魯有郊天地之禮，故云爾，何得言天子乎？』」桓三年「公子翬如齊逆女」，莊二十四年「夏，公如齊逆女」，文四年「夏，逆婦姜于齊」，宣元年「公子遂如齊逆女」，成十四年「秋，叔孫僑如如齊逆女」。啖子曰：「諸侯親迎，皆常事，不書，《穀梁》云『親迎常事，不志』是也。公子翬、公子遂、叔孫僑如爲君逆夫人，皆以非禮。翬、遂公子而行昏禮，尤不可也。《左氏》以卿逆爲合禮，殊誤矣。《公》、《穀》並云『譏不親迎』。」莊十九年「秋，公子結媵陳人之婦于鄄，遂及齊侯、宋公盟」，成八年「衛人來媵」，九年「晉人來媵」，十年「齊人來媵」。啖子曰：「凡媵，常事，不書。公子結，爲遂事起本也。三國來媵，非禮也，故書。《公羊》云：『媵不〔書。』《穀梁〕》云：『媵，淺事也，不志。』此說皆是。《〔左氏》云：『凡諸侯嫁〕女，同姓媵之，異姓則不。』若然，則莒姓己，〔郲姓曹〕，此〔二國〕同姓至少，如嫁女，孰爲媵乎？恐此禮〔難行。今則不取。」趙子〕曰：「《左氏》云『異姓則否』，啖子難之，誠〔爲當矣。若寔異姓〕不合媵，則成十年直云『齊人來媵』，足知非禮，〔何假先書〕衛晉乎？所以先書二國者，明九女已足，而又來媵，所以爲失禮，非謂譏異姓來媵，其義甚明。」

婚有六禮：納采、問名、納吉、納徵、請期、親迎。而納采者，擇其族類；問名者，詢其誰氏。問名然後卜之，故納吉。納吉則其禮成矣，故納徵。然則納采、問名同一使，納吉、納徵、請期皆異使；納采、問名、納吉、請期以禽贄，納徵以圭璋、皮帛，由徵以前慮其或不受也，故皆言「納」。既納徵，則聽命而已，故於期言「請」焉。《曲禮》曰：「日月以告君，齋戒以告鬼神。」春秋之時，楚公子娶於鄭，曰「告於莊、共之廟而來」；鄭公子忽先配後祖，君子譏之。故《士婚禮》既納采、問名，然後歸卜於禰，既卜然後納吉，而卜常在告廟之日。《禮記》曰：「卜郊，受命于祖廟，作龜于禰宮，尊祖親考之義也。」鄭氏謂受命退乃卜，卜婚之禮蓋亦如之。然則告廟始於納采、問名之後矣。《白虎通》曰：「娶妻告廟者，示不必人女。」此臆説也。《異義》云：「《戴禮》説天子親迎。《左氏》説天子不親迎，上卿迎之；諸侯亦不親迎，使上大夫迎。」鄭《駁異義》云：「文王娶大姒，親迎於渭。」又孔子答哀公：「合二姓之好，以繼先聖之後，以爲天地、宗廟、社稷之主，冕而親迎，何謂已重乎？」此天子、諸侯有親迎也。然考之於經，《著》之詩「刺不親迎」，而「充耳以黄」者，人君之飾；又文王迎于渭，韓侯迎于蹶，而春秋紀裂繻來逆女，《公羊》曰：「譏不親迎也。」公子翬如齊逆女，《穀梁》曰：「逆女，親者也；使大夫，非正也。」莊公如齊逆女，《穀梁》曰：「親迎常事也，不志，此其志何？不正其親迎於齊也。」凡此皆言諸侯親迎之禮。若天子則不然。《趙氏》曰：「王者之尊，海内莫敵，故嫁女則使諸侯主之；適諸侯，諸侯莫敢有其室。若屈萬乘之尊而行親迎之禮，則何莫敢敵之有乎？夫子對哀公曰『爲天地、社稷、宗廟之主』，❶以魯有郊祀天地之禮，故云爾，非爲天子發

❶「夫子」，庫本作「孔子」。

也。」《左氏》謂諸侯不親迎，《公羊》謂天子亦親迎，其説不能全與經合，當從趙氏之論爲正。漢惠帝納后，納采鴈、璧、乘馬、束帛，聘黄金二萬斤，十二匹。其後桓帝納后，悉依其故事。北齊皇帝納后之禮，納采至納徵訖，告圜丘、方澤及廟，是日皇帝臨軒，命太尉爲使，司徒副之，持節詣后行宫，東向奉璽綬。唐皇帝納后，卜日，告天地，並如《開元禮》。然皆不聞有親迎者，蓋其傳襲於古然也。

納采問名

《禮》言「婚禮下達」，而繼之以納采。納采辭曰：「吾子有惠，貺室某也。某有先人之禮，使某也請納采。」❶則納采之前，已達其言矣。納采於廟，賓授主人鴈訖，❷降，出。擯者出請。賓執鴈，請問名，入授如初禮。擯者出請醴賓。主人迎于廟門外，揖讓如初。一使而二鴈，三入廟而再迎之，則問名因於納采，故其禮略也。士昏贄用鴈者，不以死贄，亦攝盛也。觀其所乘大夫之墨車，所衣助祭之爵弁，而女必次、純衣纁袡，腊必用鮮，魚必殺全，則攝贄以鴈不爲過也。鄭氏曰：「用鴈，取其順陰陽來往。」理必不然。

納吉納徵

士納吉用鴈，如納采禮。納徵玄纁束帛、儷皮，如納吉禮。鄭氏曰：「徵，成也。使使者納幣以成昏禮。用玄纁者，

❶「請」，原誤作「謀」，今據《儀禮·士昏》改。
❷「授」，原作「受」，今據《儀禮·士昏》及上下文意改。

象陰陽備也。束帛，十端也。《周禮》曰：『凡嫁子娶妻，入幣純帛，無過五兩。』儷，兩也。執束帛以致命，兩皮爲庭實。皮，鹿皮。」釋《周禮》曰：「『純』實『緇』字也，古『緇』以『才』爲聲。士大夫乃以玄纁束帛，天子加以穀圭，諸侯加以大璋。《雜記》：『納幣一束，束五兩，兩五尋。』然則每端二丈。」賈公彥曰：「庶人用緇，無纁。其大夫無冠禮，有婚禮，若試爲大夫及幼爲大夫者，依士禮；若五十而爵，改娶者，婚禮玄纁及鹿皮，❶則同於士。餘有異者，無文以言之也。」然考之于《史》，曰：「錦繡千純。」《蘇秦傳》。又曰：「文繡千純。」《張儀傳》。則純，匹端也。《周禮》所謂純帛乃匹帛也。鄭改以爲「緇」，誤矣。匹帛無過五兩，則庶人不必五兩，大夫、士不得過焉，非謂庶人用緇，大夫用玄纁也。先王之制婚禮，其用財不過如此，則婦之所飾可知矣。以爲合二姓之好，上以事宗廟，下以繼後世，而不在財也。是以梁鴻鄙孟光之綺繡，袁隗卻馬倫之囊裝，王通亦曰「婚娶論財，夷虜之道也」。後世之俗有以金幣相高，蓋不知此。

請期

納采以至納徵，主人不辭，而請期辭者，以期在夫家，而不在主人也。請期曰：「吾子有賜命，某既申受命矣。惟是三族之不虞，使某也請吉日。」蓋惟父之昆弟，己與子之昆弟，無死喪之凶，然後可以行禮焉。其言止於三族而不及母妻

❶「玄」，原誤作「云」，今據明本、庫本、嘉慶本改。

之黨者，《雜記》曰「大功之末，可以冠子、嫁子」，妻之父母小功也，故不避焉。

親迎

將迎則齊戒居外，鬼神陰陽也。及期，則初婚之時，❶父醮而命之曰：「往迎爾相，承我宗事，勉帥以敬，先妣之嗣。」子諾乃行。至于門外，主人筵于户西，西上，右几。女立于房中，南面。主人迎于門外。賓執鴈從，至于廟門，揖入，升階，奠鴈，稽首，降，出。婦從，降自西階。主人不降送。壻御婦車，授綏。婦乘以几。壻先，俟于門外。此所謂男帥女，女從男，夫婦之義由此始也。納幣必以使，而春秋之時有親行之者，莊公如齊納幣是也。逆女必親，而春秋之時或以使，公子翬、公子遂如齊逆女是也。應親而不親，不應親而親之，此《春秋》所以譏耳。禮必親迎，若不親迎，則有婦入三月壻見之儀存焉。

禮書卷第六十五終

❶「婚」，據《儀禮·士昏》云：「士昏禮，凡行事必用昏昕。」宜作「昏」。

禮書卷第六十六

昏禮

昏禮

婦見舅姑禮

《士昏禮》：「夙興，婦沐浴，纚笄、宵衣以俟見。質明，贊見婦于舅姑。席于阼，舅即席。席于房外，南面，姑即席。婦執笲棗栗，自門入，升自西階，進拜，奠于席。舅坐撫之，興，答拜。婦還，又拜。降階，受笲腶脩，升，進，北面拜，奠于席。姑坐，舉以興，拜，授人。」《記》曰：「笲，緇被纁裏加于橋。舅答拜，宰徹笲。」❶《雜記》曰：「婦見舅姑，兄弟、姑、姊妹皆立于堂下，西面北上，是見已。見諸父，❷各就其寢。」然則婦於嫁夕次、純衣纁袡，厥明則纚笄、宵衣以見舅姑者，❸以盛飾可以施於嫁夕，不可施於厥明也。棗、栗，腶脩，贄也。見舅以棗栗，見姑以腶脩者，以棗栗者天所産，腶脩者人所成也。棗栗進於舅，而舅拜之；腶脩進於

❶「笲」，原誤作「笄」，今據庫本、嘉慶本及《儀禮・士昏》改。
❷「見」，原脱，今據明本、庫本、嘉慶本及《禮記・雜記》補。
❸「笄」，原誤作「笲」，今據嘉慶本及《儀禮・士昏》改。

姑，而姑拜之。以禮無不答，猶冠禮母拜也，燕禮君答臣，祭禮，尸答主人也。見必立於堂下，而拜必於階上者，立於堂下，婦之所以尊尊也；拜於階上，舅姑所以親親也。❶若舅姑没，則有奠菜之禮焉。後漢、晉、魏以來，有拜時、三日之婦。張華曰：「拜時之婦，盡恭於舅姑；三日之婦，成吉於夫氏。準於古義，可以成婦。」江應元等曰：「未廟見之婦，死則反葬女氏之黨。以此推之，貴其成婦，不係成妻，明拜舅姑爲重，接夫爲輕。❷所以然者，陳鋮子曰：『先配而後祖，是不爲夫婦，誣其祖矣，非禮也。』此《春秋》明義，拜時重於三日之證也。」

醴婦饗婦禮

冠必醴子，昏必醴女，以至主人醴賓，舅姑醴婦，皆致其誠敬而示以質也。醴婦必席于户牖間，其酌以觶，其薦以脯醢，其禮有祭，而拜送、拜答則贊者而已。若夫饗婦則不然。故舅洗在庭，姑洗在北堂，則所與行禮者，舅姑也。然則醴與饗，必於户牖間，猶冠者之醮於客位也。婦降自阼階，猶冠者之冠于阼也。庶婦則使人醮之，猶庶子之冠不醴也。

舅姑饗送者

《昏禮》：「舅饗送者以一獻之禮，酬以束錦。姑饗婦人送者，酬以束錦，若異邦則贈丈夫送者以束錦。」鄭氏曰：「丈

❶「舅姑」，庫本作「姑舅」。

❷「接」，原誤作「節」，今據《通典》卷五十九《禮十九·嘉四》「拜時婦三日婦輕重議」條同引改。

夫送者，女家有司也。婦人送者，隸子弟之妻妾也。凡饗速之。」蓋嫁女之禮，父送不下堂，母送不出門，則其送者非尊者也。春秋之時，齊侯送姜氏，《左氏》譏之曰：「非禮也。凡公女嫁于敵國，姊妹則上卿送之，以禮於先君；公子則下卿送之。於大國，雖公子，亦上卿送之。於天子，則諸卿皆行，公不自送。於小國，則上大夫送之。」然則士使有司送之可知也。古者大夫束脩之問不出境，聘弓鍭矢不行國中。故大夫無外娶，欲一致於其君而不外交也。春秋之時，紀履繻、莒慶、齊高固娶于魯，公子圍娶于鄭，襄仲娶于莒，蓋不知此。《公羊》曰：「大夫越境逆女，非禮也。」若士卑，不嫌，故有異邦送者。

媵姪娣❶

《易·歸妹》曰：「其君之袂，不如其娣之袂良。」《詩·江有汜》曰：「有嫡不以其媵備數，媵遇勞而無怨。」《韓奕》曰：「諸娣從之，祁祁如雲。」《春秋》莊十九年：「秋，公子結媵陳人之婦于鄄，遂及齊侯、宋公盟。」成八年：「衛人來媵。」九年：「晉人來媵。」十年：「齊人來媵。」《公羊》曰：「公子結媵陳人之婦于鄄，遂及齊侯、宋公盟。媵者何？諸侯娶一國則二國往媵之，以姪娣從。姪者何？兄之子也。娣者何？弟也。諸侯壹聘九女，諸侯不再娶。晉人來媵，録伯姬也。齊人來媵，録伯姬也。三國來媵，非禮也。曷爲皆以『録伯姬』之辭言

❶「媵」，原脱，今據卷首小目、明本、庫本、嘉慶本補。

之？婦人以衆多爲侈也。」《穀梁》曰：「衛人來媵。媵，淺事也，不志。此其志，何也？以伯姬之不得其所，故盡其事也。」何休曰：「禮：適夫人無子，立右媵；右媵無子，立左媵；左媵無子，立嫡姪娣；嫡姪娣無子，立右媵姪娣；右媵姪娣無子，立左媵姪娣。質家親親先立娣，文家尊尊先立姪。」《左氏》曰：「衛人來媵共姬，禮也。凡諸侯嫁女，同姓媵之，異姓則否。」杜預曰：「古者諸侯取適夫人及左右媵，各有姪娣，皆同姓之國，國三人。」《昏義》曰：「古者天子后立六宮、三夫人、九嬪、二十七世婦、八十一御妻，以聽天下之内治。」《周禮・天官・序官》有九嬪、世婦、女御，《曲禮》天子有后，有夫人，有世婦，有嬪，有妻，有妾；公侯有夫人，有世婦，有妻，有妾。又曰：「國君不名卿老、世婦，大夫不名世臣、❶姪娣，士不名家相、長妾。」《檀弓》曰：「舜葬於蒼梧之野，蓋三妃未之從也。」鄭氏曰：「帝嚳立四妃，象后妃四星，其一明者爲正妃，其三小者爲次妃，帝堯因焉。至舜，不告而娶，不立正妃，但三夫人而已。夏后氏增以三三而九，爲十二人。商人又增以三九二十七，合三十九人。周人上法帝嚳，立正妃，又三二十七爲八十一人以增之，合百二十一人。」毛氏釋《衛詩》曰：「古者后夫人必有女史彤管之法。后妃群妾，以禮御於君所，女史書其日月，授之以環以進退之。生子月辰，則以金環退之。當御者以銀環進之，著于左手，既御著于右手。」《周禮》：「九嬪以時序于王所。」鄭氏曰：「群妃

❶「名」，原誤作「各」，今據明本、庫本、嘉慶本及《禮記・曲禮》改。

御見之法，卑者宜先，尊者宜後。女御八十一人當九夕，世婦二十七人當三夕，九嬪九人當一夕，后當一夕，亦十五日而遍云。自望後反之。」《論語》曰：「管氏有三歸。」

古者天子有后，有夫人，有嬪，有世婦，有妻，有妾；諸侯有夫人，有世婦，有妻，有妾。天子自御妻而上，其數百二十有一；諸侯夫人而下，其數不可考也。諸侯娶一國，二國媵之，國三人，則夫人與二媵各有姪娣，凡九女；而天子國媵之數不可考也。孔子譏管仲三歸之不儉，而不以爲不知禮，則大夫一娶三女矣。《士昏禮》「女從者畢袗玄」，鄭氏曰：「從者謂姪娣。」然則士亦有姪娣也。春秋之時，衛人、晉人、齊人來媵伯姬，❶譏三國媵之也。《左氏》曰「諸侯嫁女，同姓媵之，異姓則否」，然《國語》曰「王御不參一族」，是丘明前後自惑也。❷趙氏曰：「媵不異姓，則莒姓己，郲姓曹，此二國姓至少，如嫁女，孰爲媵乎？恐此禮難行。今則不取。」

致　女

《曲禮》曰：「納女於天子曰『備百姓』，於國君曰『備酒漿』，於大夫曰『備埽灑』。」鄭氏曰：「納女猶致女。不親迎，則女之家遣人致之，此其辭也。」春秋之時晉韓宣子、叔向如楚送女，《左氏》曰：「上卿及上大夫致之。」魯季孫行父如宋致女，其辭蓋亦如《曲禮》云爾。

❶「晉人齊人」，庫本作「齊人晉人」。
❷「丘」，原誤作「立」，今據明本、庫本、嘉慶本改。

還車之禮

《士昏禮》：「主人爵弁、纁裳，從車二乘。婦車亦如之。」《谷風》詩曰：「以爾車來，以我賄遷。」《鵲巢》詩曰：「百兩御之。」「百兩將之。」《何彼襛矣》詩曰：「衣服不繫其夫，下王后一等。」鄭氏謂：「士妻之車，夫家共之。大夫以上嫁女，則自以車送之。」然諸侯夫人「百兩御之」，則特有送之之車而已。送車繼又乘之以歸，故《泉水》詩有「還車言邁」之嘆。鄭氏曰：「還車者，嫁時乘來，今思乘以歸。」春秋之時，齊高固子、叔姬有反馬之禮，此皆古之遺制也。

昏姻之時

《周禮·媒氏》：「令男三十而娶，女二十而嫁。」「二三者，天地相承覆之數。《易》曰：『三天兩地而倚數焉。』」《禮記·內則》曰：「男三十而有室，始理男事。女十有五年而笄，二十而嫁，有故二十三年而嫁。」《家語》曰：「男子二十而冠，有爲人父之端；女子十五許嫁，有適人之道。於此而往，則自昏矣。」楊氏曰：「元氣起於子，人之所生也。男從子左行三十，女從子右行二十，俱至於巳。古者男三十而娶，女二十而嫁，法於此也。」《越語》：「女十七不嫁，丈夫二十不娶，父母有罪。」《周禮·媒氏》：「仲春之月，令會男女之無夫家者。」《詩》曰：「士如歸妻，迨冰未泮。」《家語》曰：「霜降而婦功成，嫁女者行焉。冰泮農業起，昏禮殺於此。」孫卿曰：「霜降逆女，❶冰泮殺內。」毛氏釋《東門之楊》曰：「不逮秋

❶「逆」，原誤作「送」，今據明本、庫本、嘉慶本及《荀子·大略篇》改。

冬。」鄭氏曰：「女春盛而不嫁，至夏則衰。」

《禮》言「男子三十而娶」，非必三十也，以謂三十不娶則非也；「女二十而嫁」，非必二十也，以爲二十不嫁則非也。故《家語》曰：「男二十而冠，有爲人父之端；女子十五許嫁，有適人之道。於此而往，則自昏矣。」譙周亦曰：「男自二十以及三十，女自十五以至二十，皆得以嫁娶。」其説是也。若夫嫁娶之時，則《詩》言「迨冰未泮」，而《家語》、《荀卿》皆以冰泮爲期，則仲春之月會男女而無夫家者。❶蓋昏禮殺於正月，至仲春則極矣。毛、鄭釋《詩》或期以秋冬，或期以仲春，皆指一端言之也。

禮書卷第六十六終

❶「而」，嚴校改作「之」，合於《周禮·媒氏》「司男女之無夫家者而會之」，意似勝。

禮書卷第六十七

廟制

天子七廟　諸侯五廟　附庸五廟　大夫三廟　適士二廟　官師一廟

廟制

《書·舜典》曰：「禋于六宗。」張髦曰：「六宗，三昭三穆。」《商書》曰：「七世之廟，可以觀德。」《周禮·小宗伯》：「掌建國之神位，右社稷，左宗廟。辨廟祧之昭穆。」《守祧》：「掌守先王、先公之廟祧，其遺衣服藏焉。其廟則有司脩除之，其祧則守祧黝堊之。」《祭僕》：「大喪，復于小廟。」「始祖曰大廟，高祖以下曰小廟。」《考工記》：「匠人營國，左祖右社。廟門容大扃七个，闈門容小扃三个。」《禮記·王制》曰：「天子七廟，三昭三穆，與太祖之廟而七。」「此周制。七者，大祖及文王、武王之祧，與親廟四。大祖，后稷。商則六廟，契及湯，與二昭二穆。夏則五廟，無大祖，禹與二昭二穆而已。」正義曰：「鄭氏之意，天子立七廟，唯謂周也。鄭必知然者，案《禮緯稽命徵》云：『唐虞五廟，親廟四，始祖廟一。夏四廟，至子孫五。商五廟，至子孫六。』《鉤命決》云：『唐堯五廟，親廟四，與始祖五。禹四廟，至子孫五。商五廟，至子孫六。周六廟，至子孫七。』鄭據此爲説，故謂七廟周制也。周所以七者，以文王、武王受命，其廟不毁，以爲二祧，并始祖后稷及高祖以下親廟四，故爲七也。若王肅則以爲天子七廟者，謂高祖之父及高祖之祖廟爲二祧，并始祖及親廟四爲七，故《聖證論》肅難鄭云：『周之文、武受命之王，不遷之廟，權禮所施，非常廟之數。商之三宗，宗其德而存其廟，亦不以爲數，凡七廟者，皆不稱周室。《禮器》云：「禮有以多爲貴者，天子七廟。」《孫卿》云：「有天下者事七世。」又云：「自上以下，降殺以兩。」今使天子、諸侯立廟，並親廟四而止，則君臣同制，尊卑不別。名位不同，禮亦異數，況其君臣乎？又《祭法》云「王下祭殤五」，及五世來孫，則下及無親之孫，而祭上不及無親之祖，不亦詭哉！《穀梁傳》曰：「天子七廟，諸侯五。」《家語》云：「子羔問尊卑立廟制，孔子云：禮，天子立七廟，諸侯立五廟，大夫立三廟。又曰：遠廟爲祧，有二祧焉。」』又儒者難鄭云：『《祭法》遠廟爲祧，鄭注《周禮》云遷主所藏曰祧，違經正文。鄭又云先公之遷主藏於后稷之廟，先王之遷主藏於文、武之廟。便有三祧，何得《祭法》云有二祧？』難鄭之義，凡有數條，大略如此，不能具載。鄭必爲天子七廟唯周制者，馬昭難王義云：『案《喪服小記》王者立四廟，又引《禮緯》：「夏無太祖，宗禹而已，則五廟。商人祖契而宗湯，則六廟。周尊后稷，宗文王、武王，則七廟。自夏及周，少不減五，多不過七。」《禮器》云：「周旅酬六尸。」一人發爵，則周七尸七廟明矣。今使文、武不在七數，既不同祭，又不享嘗，豈禮也哉！漢侍中盧植說云：「二祧，謂文、武。」《曾子問》當七廟無虛主，❶《禮器》天子七廟，堂九尺，《王制》七廟，盧植〔云〕皆據周言也。《穀梁傳》天子七廟，尹更始說天子七廟，據周也。《漢書》韋玄成四十八人議，皆云周以后稷始封，文、武受命。《石渠論》、《白虎通》云周以后稷、文、武，特七廟。』又張融謹案：『《周禮・守祧》職奄八人，女祧每廟二人。自人祖以下與文、武及親廟四用七人，姜嫄用一人，適盡。若除文、武，則奄少二人。《曾子問》孔子說周事而云七廟無虛主，若王肅數高祖之父、高祖之祖廟，與文、武而九，主當有九，孔子何云七廟無虛主乎？故云以《周禮》、孔子之言爲本，《穀梁》說及《小記》爲枝葉，韋玄成、《白虎通》爲證驗，七廟并言，玄說爲長。』是融申鄭之意。且天子七廟者，有其人則七，無其人則五。若諸侯廟制，雖有其人，不得過五。此天子、諸侯七五之異也。王肅云『君臣同制，尊卑不別』，其義非也。又『王下祭殤五』者，非是別立殤廟。七廟外親盡之祖，禘祫猶當祀之，而王肅云『下祭無親之孫，上不及無親之祖』，又非通論。且《家語》云，先儒以爲肅之所作，未足可依。案《周禮》，唯存后稷之廟不毁。案昭七年《傳》

❶「當」，原誤作「常」，今據明本、庫本、嘉慶本及《禮記・王制》鄭注改。

云：❶『余敢忘高圉、亞圉。』注云：『周人不毀其廟，報祭之。』似高圉、亞圉廟亦不毀者。此是不合鄭説，故馬融説云：❷『周人所報，而不立廟。』」諸侯五廟，二昭二穆，與大祖之廟而五。「大祖，始封之君。王者之後不爲始封之君廟。」大夫三廟，一昭一穆，與大祖之廟而三。「大祖，別子始爵者。《大傳》曰『別子爲祖』，謂此。雖非別子，始爵者亦然。」士一廟。」「謂諸侯之中士、下士，名曰官師者。上士二廟。」《禮器》曰：「禮有以多爲貴者：天子七廟，諸侯五，大夫三，士一。」《祭法》曰：「王立七廟，一壇一墠：曰考廟，曰王考廟，曰皇考廟，曰顯考廟，曰祖考廟，皆月祭之；遠廟爲祧，有二祧，享嘗乃止；去祧爲壇，去壇爲墠，墠有禱焉祭之，無禱乃止；去墠曰鬼。諸侯立五廟，一壇一墠：曰考廟，曰王考廟，曰皇考廟，皆月祭之；顯考廟，祖考廟，享嘗乃止；去祖爲壇，去壇爲墠，壇墠有禱焉祭之，❸無禱乃止；去墠爲鬼。大夫立三廟二壇。❹適士二廟一壇。❺官師一廟。」《小記》曰：「王者禘其祖之所自出，以其祖配之，而立四廟。庶子王亦如之。」《曾子問》曰：「非禘，則七廟、五廟無虛主。」又曰：「諸侯相見，祝、史告于五廟。」《荀子》曰：「有天下者事七世，有一國者事五世，有五乘之地者事三世，有三乘之地者事二世，持手而食者不得立宗廟，所以表積厚者流澤廣，積薄者流澤狹也。」《春秋》書「震夷伯之

---

❶「案」，原脱，今據明本、庫本、嘉慶本及《禮記・王制》孔疏補。

❷「云」，與下「不立廟」之「立」，此二字原誤乙，今據《禮記・王制》孔疏乙正。

❸「壇」，原脱，今據嘉慶本及《禮記・祭法》補。

❹「二」，原誤作「一」，今據嘉慶本及《禮記・祭法》改。

❺「士二」，原誤作「十三」，今據明本、庫本、嘉慶本及《禮記・祭法》改。

廟」，《穀梁》曰：「夷伯，魯大夫也。」因此以見天子至于士，皆有廟。天子七廟，諸侯五，大夫三，士二。蓋德厚者流光，❶德薄者流卑。是以貴始，德之本也。始〔封〕必爲祖。書「世室屋壞」，《公羊》曰：「周公稱太廟，魯公稱〔世〕室，群公稱宫。世室，猶世室也，世世不毁也。」《記》曰：「魯公之廟，文世室；武公之廟，武世室。」《家語》曰：「衛將軍文子將立先君之廟於其家，使子羔訪於孔子。孔子曰：『公廟設於私家，非古禮之所及。天子七廟，諸侯五，大夫三，士二；庶人無廟，四時祭於寢。自虞至周所不變也。』」

天子七廟❷

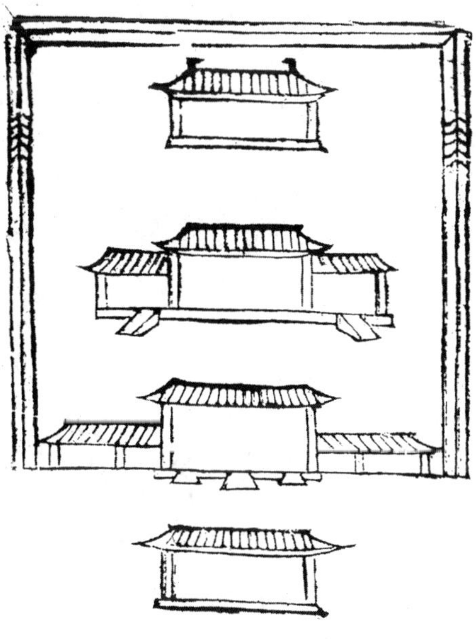

❶「蓋」，原誤作「故」，今據庫本及文意改。

❷「天子七廟」上，原衍「天子七廟諸侯五廟附庸五廟」「大夫三廟適士二廟官師一廟」兩行小題，今據明本、庫本、嘉慶本删。

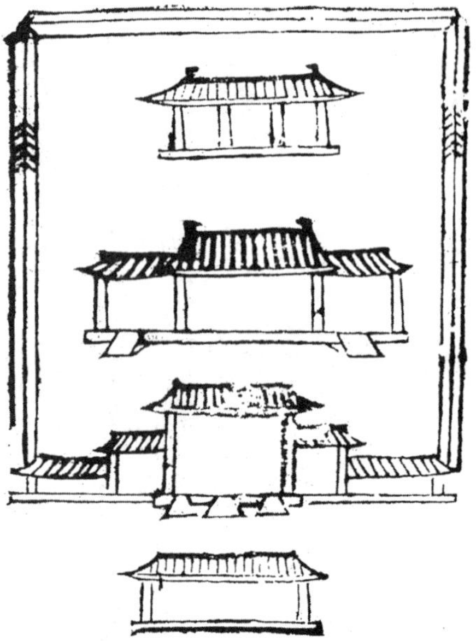

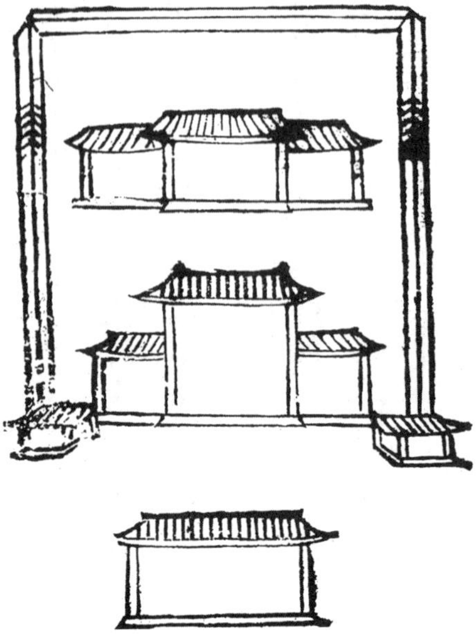

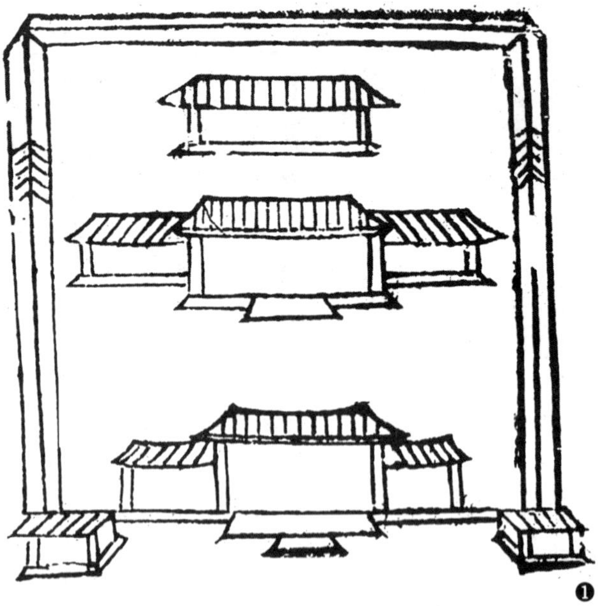
❶

❶ 以上四圖，底本天子七廟圖。天子七廟，然只四圖，顯有脫漏，且與明本、庫本、嘉慶本之圖形制有異，故備列於此。

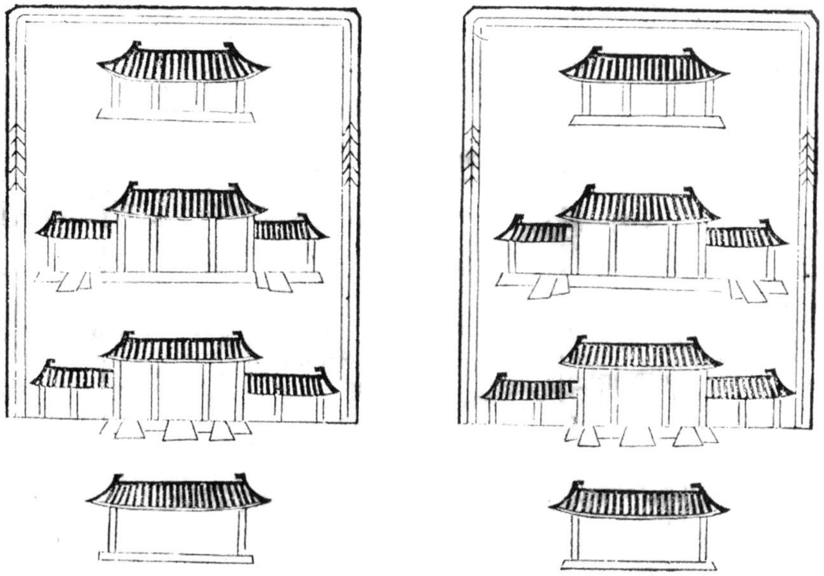

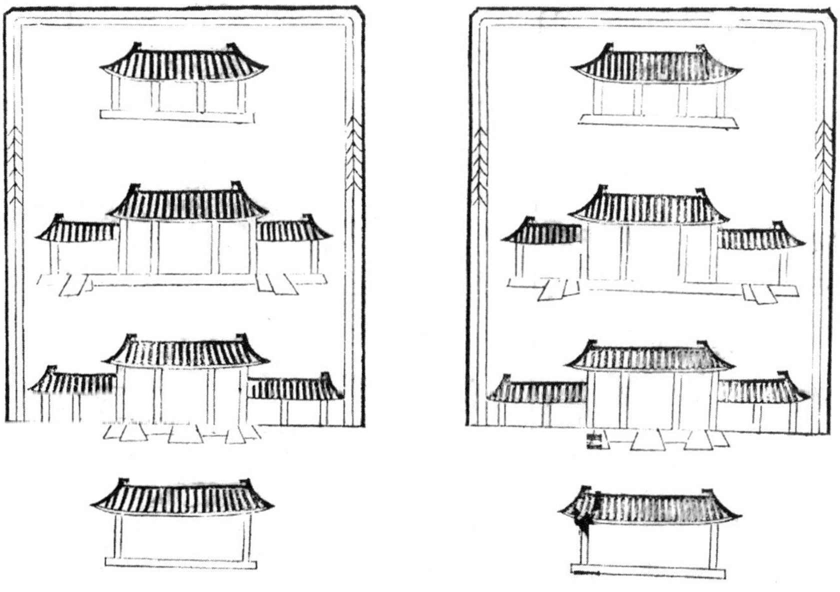

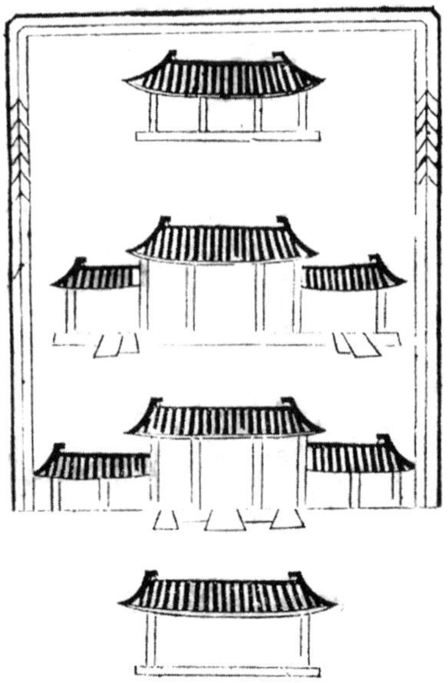

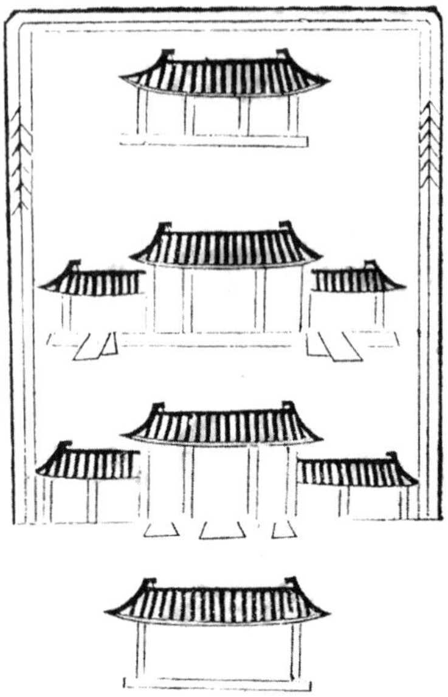

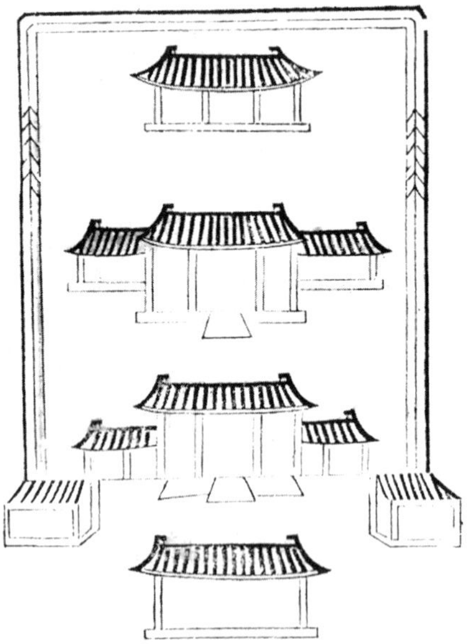

廟，所以象生之有朝也；寢，所以象生之有寢也。建之觀門之內，不敢遠其親也；位之觀門之左，不忍死其親也，《家語》曰「天子七廟，諸侯五廟，自虞至周之所不變也」是也。故《虞書》「禋于六宗」以見大祖，《周官》守祧八人以兼姜嫄之宮，則虞、周七廟可知矣。伊尹言七世之廟，商禮也。《禮記》、荀卿、《穀梁》皆言天子七廟，不特周制也，則自虞至周七廟又可知矣。然存親立廟，親親之至恩；祖功宗德，尊尊之大義。古之人思其人而愛其樹，尊其人則敬其位，況廟乎？法施於民則祀之，以勞定國則祀之，況祖宗乎？於是禮以義起，而商之三宗，周之文、武，漢之孝文、孝武，唐之神堯、文皇，其廟皆在三昭三穆之外，歷世不毁，此所謂不遷之廟，非謂祧也。鄭康成之徒以《喪服小記》言王者立四廟，則謂周制七廟，文、武爲二祧，親廟四而已，❶則文、武不遷之廟在七廟内，是臆説也。王肅《聖證論》曰：「〔禮自上以下，降〕殺以兩。使天子、諸侯皆親廟四，則是君臣〔同等，尊卑不别也。又王〕祭殤五，而下及無親之孫，上不及無親之祖，不亦詭哉！」王舜、劉歆論之於漢，❷韓退之論之於唐，其言皆與肅同，蓋理之所在者無異致也。

諸侯五廟

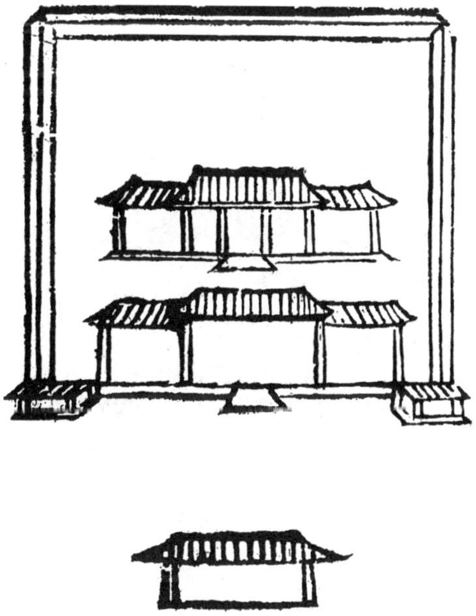

❶「廟四」，庫本作「四廟」。衛湜《禮記集説》卷一百九、《文獻通考》卷九十一等引此皆作「廟四」，當是《禮書》宋本如此也。

❷「劉歆」上，原衍「中」字，或因劉歆官中壘校尉而衍。案「王舜」之上未冠其官名，且中壘校尉無省稱「中」之例，故知其衍。嚴校於「中」字加點，意删去也。今據删。後凡「劉歆」上衍「中」字者逕删，不出校。

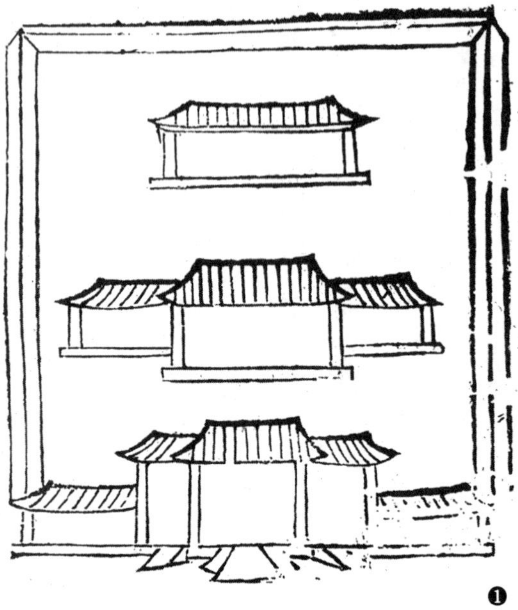

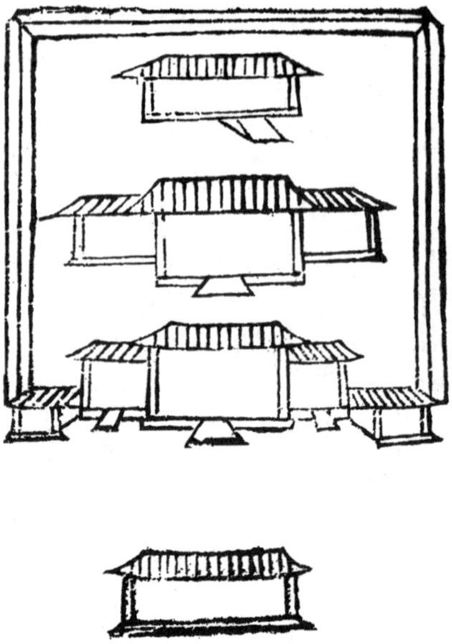

❶

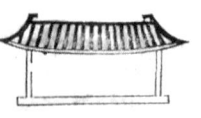

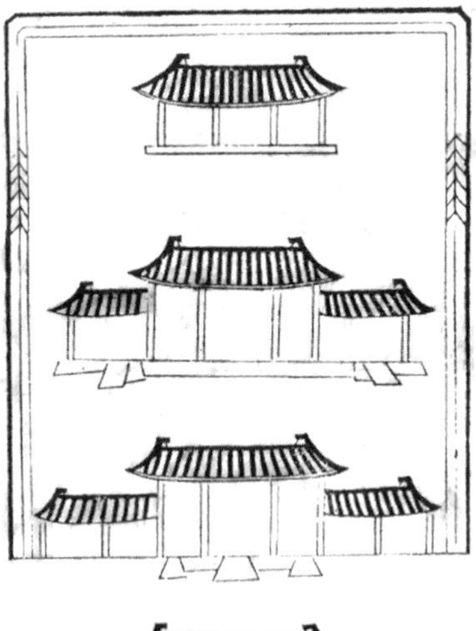

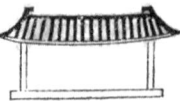

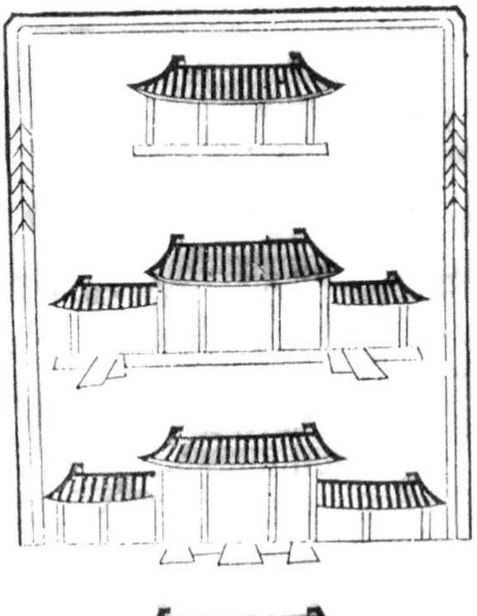

❶ 以上三圖，底本諸侯五廟圖。諸侯五廟，然只三圖，顯有脱漏，且與明本、庫本、嘉慶本之圖形制有異，故備列於此。

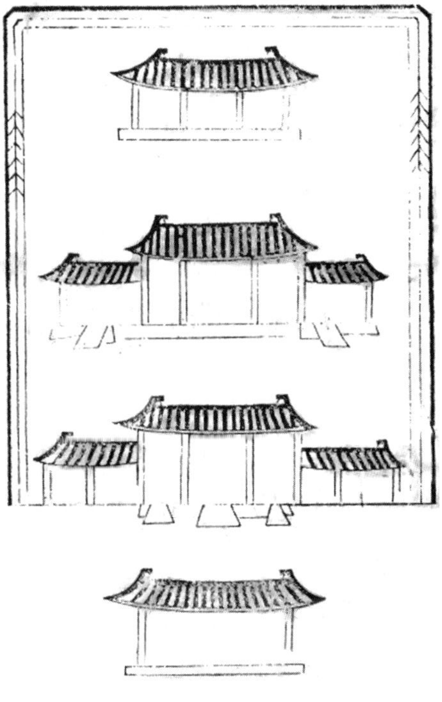

《王制》曰：「諸侯五廟，二昭二穆，與大祖之廟而五。」鄭氏曰：「太祖，始封之君。王者之後，不爲始封之君廟。」蓋諸侯不敢祖天子，故王之子弟始爲諸侯，不得立出王之廟，後世子孫祖其始封者而已。其或有大功德，特命祀其祖先，則立廟可也，魯有姜嫄、文王之廟，鄭祖厲王是也。若王者之後始封之君，非有功德不可爲祖，則祖其先代之王者，宋祖帝乙是也。孔穎達曰：「若異姓始封，如太公之屬，❶得立五廟，從諸侯禮。」然王者始受命所立不過四廟，諸侯初封蓋亦廟止高祖而已。謂得立五廟，無是理也。《玉藻》曰：「皮弁以聽朔於太廟。」而朔祭有牲，是月祭及太祖也。《祭法》謂王考、皇考月祭之，顯考、祖考享嘗乃止，非禮意也。《穀梁》曰：「諸侯受朔于禰廟。」其説無據。

附庸五廟

公侯伯子男，其衣服、宮室、車旗等衰雖殊，其立五廟一也。附庸之封雖不能五十里，亦國君爾，故亦五廟。《春秋》書：「紀季以酅入於齊。」《公羊傳》曰：「紀季請後五廟，❷以存姑姊妹。」則附庸之廟與諸侯同可知也。

附庸五廟❸

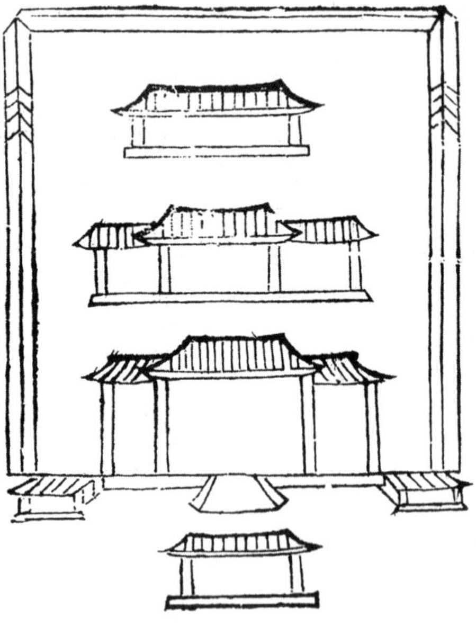

❶「公」，原誤作「祖」，今據《禮記·王制》孔疏改。

❷「五」，原誤作「王」，今據明本、庫本、嘉慶本及《公羊傳》莊三年改。

❸「附庸五廟」，按本書文圖之例，此小題不當有，且其下之圖當在上小題「附庸五廟」之下，或因圖漏刻而補刻且加小題以標識之也。

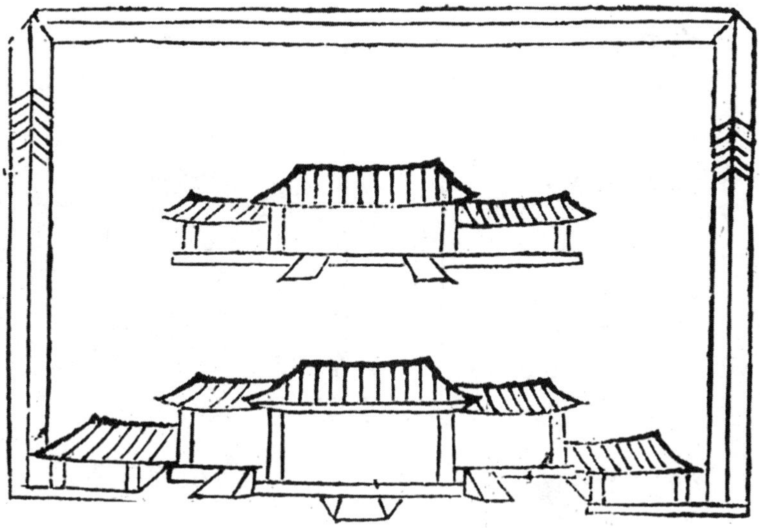

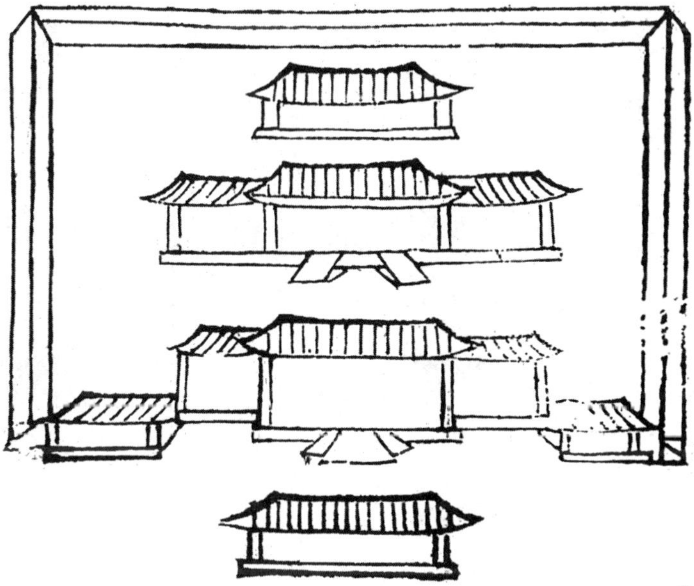

❶

❶ 以上三圖，底本附庸五廟圖。附庸五廟，然只三圖，顯有脱漏，且與明本、庫本、嘉慶本之圖形制有異，故備列於此。

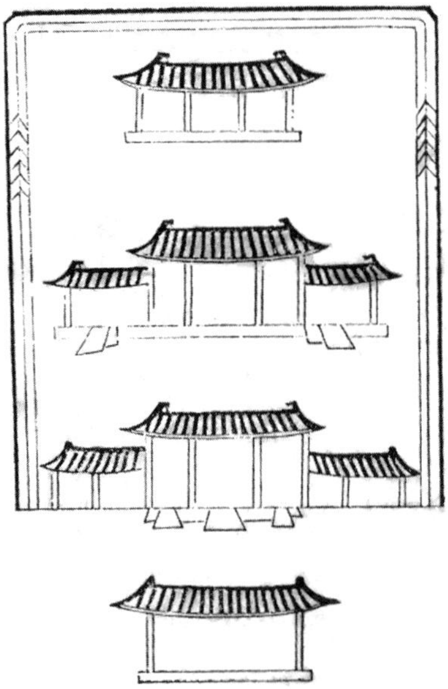

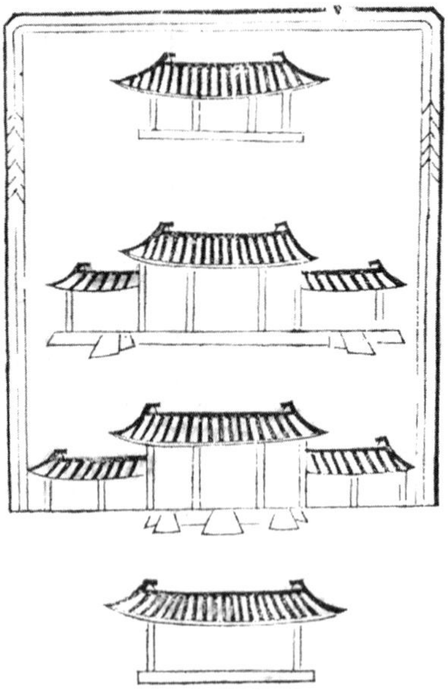

大夫三廟❶

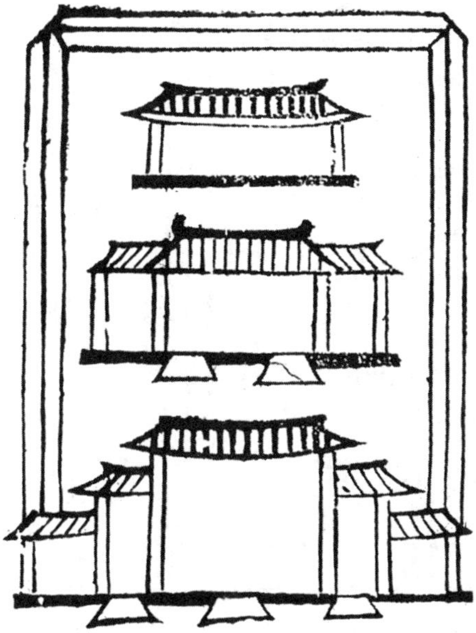

❶「大夫三廟」及下圖，原誤倒在正文之下，今據明本、庫本、嘉慶本乙正。

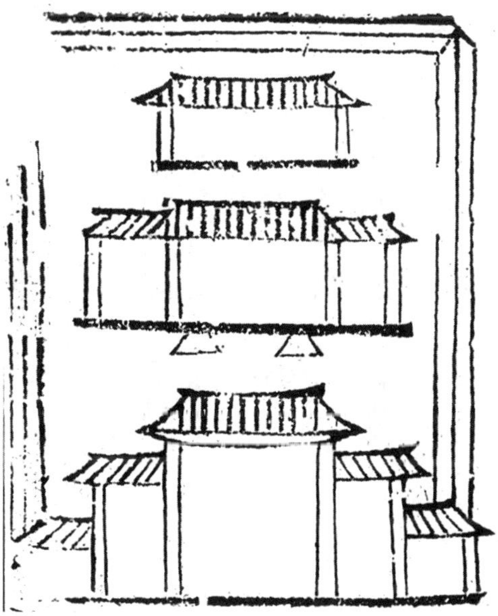

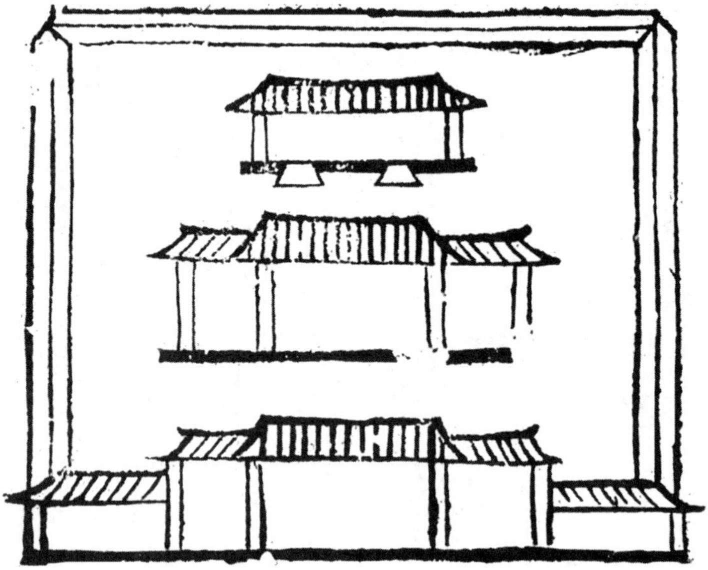

❶

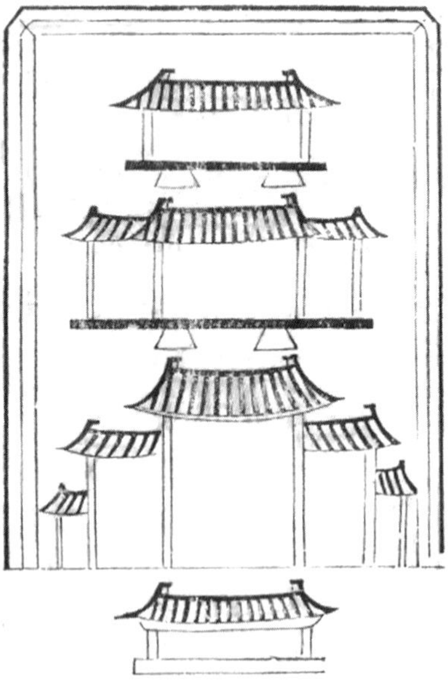

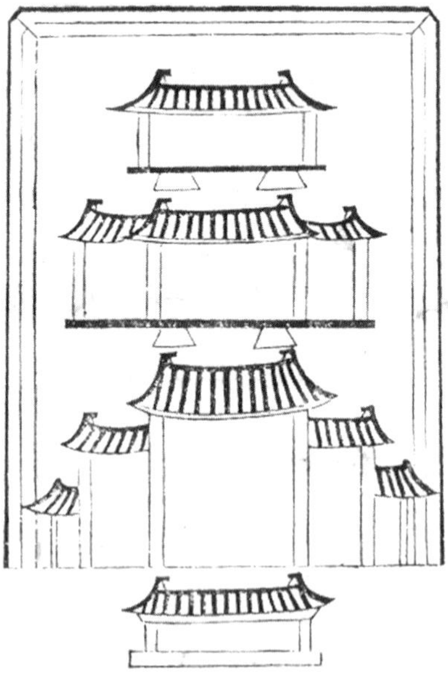

❶以上三圖，底本大夫三廟圖，與明本、庫本、嘉慶本之圖形制有異，故備列於此。

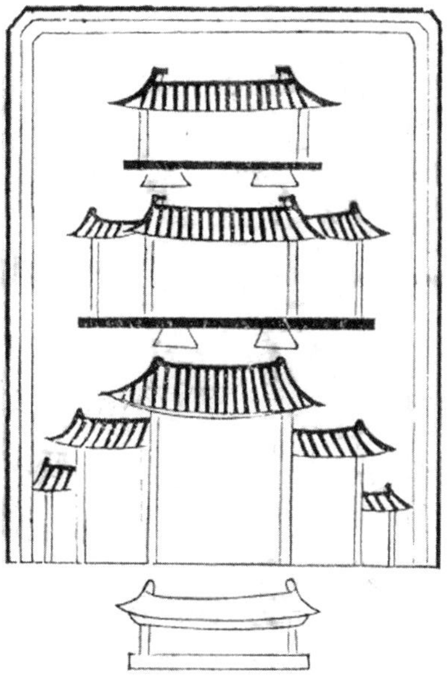

《王制》：「大夫三廟，一昭一穆，與太祖之廟而三。」鄭氏曰：「太祖，別子始爵者。雖非別子，始爵者亦然。」《鄭〔志》答趙〕商謂：「《王制》：商制，故雖非諸侯之別子，亦得立太祖之廟。周制，別子爲大祖，若非別子之後，雖爲大夫，但立父、祖、曾祖三廟，隨時而遷，不得立始爵者爲太祖也。」然《左氏》曰大夫有二宗，《荀卿》曰「大夫士有常宗」，則大夫有百世不遷之大宗，有五世則遷之小宗，是大祖之廟常不遷也。特《祭法》曰大夫三廟，考與王考、皇考有廟，顯考、祖考無廟。而鄭氏遂以爲周大夫之制，誤也。孔穎達曰：「大夫三廟，天子、諸侯之大夫同。卿即大夫也，〔故〕《春秋》殺卿皆曰大夫。其三公之廟與諸侯同。」於理或然。

適士二廟

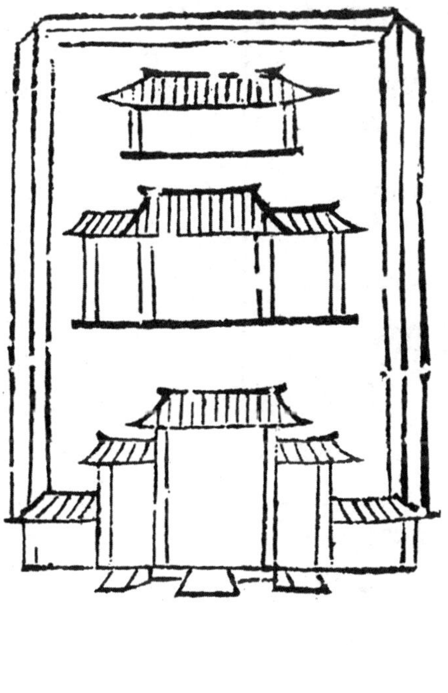

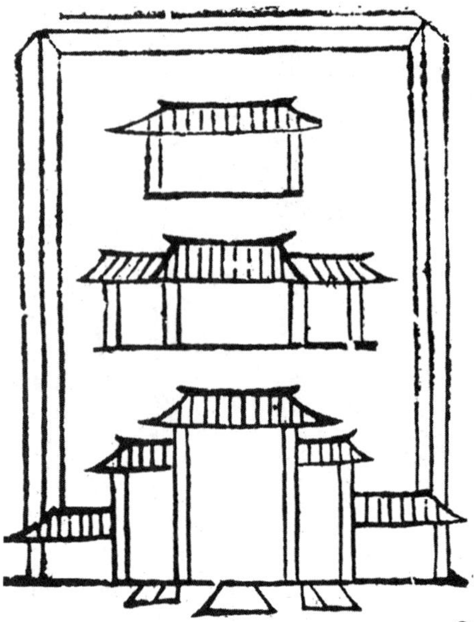

❶

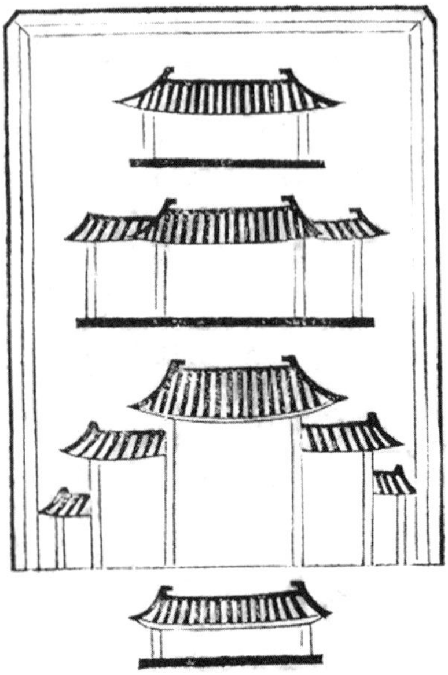

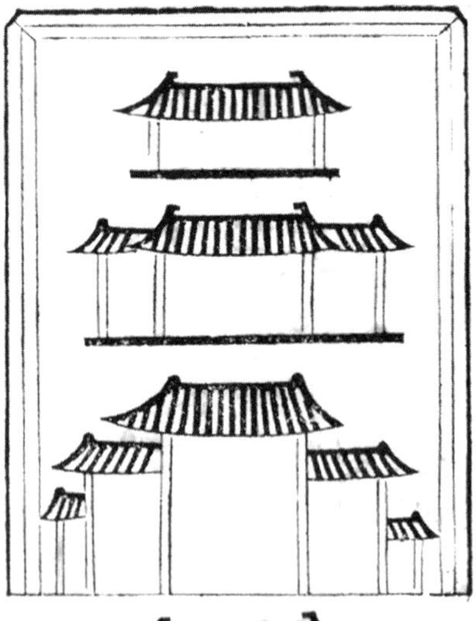

❶ 以上二圖爲底本適士二廟圖，與明本、庫本、嘉慶本之圖形制有異，故備列於此。

官師一廟

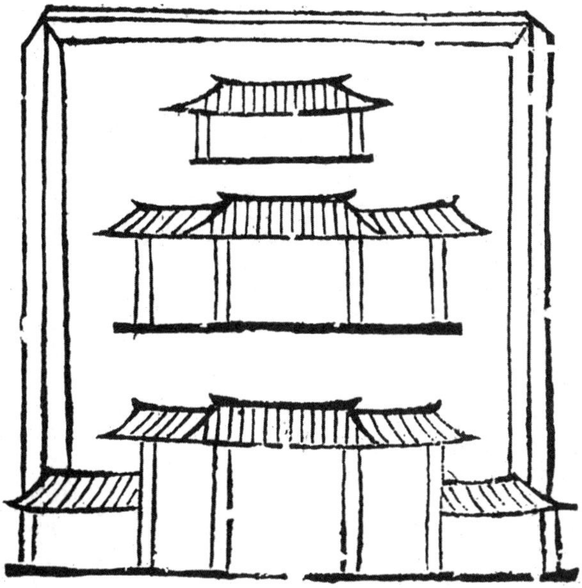
❶

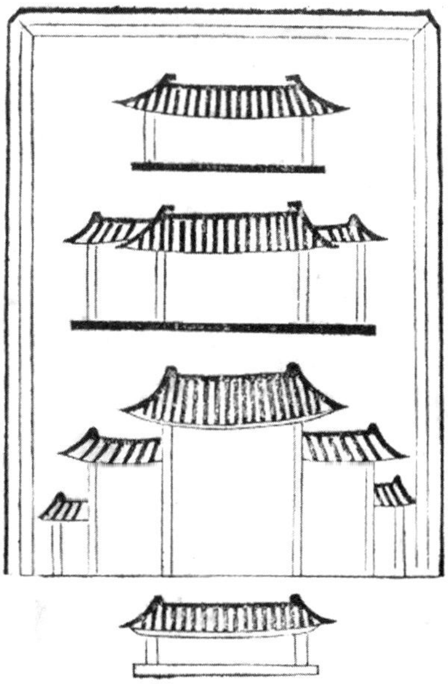

《王制》：「士一廟。」《祭法》：「適士二廟一壇，曰考廟，曰王考廟，享嘗乃止；顯考無廟，鄭氏謂：「考當作皇考。」有禱焉，爲壇祭之；去壇爲鬼。官師一廟，曰考廟。王考無廟，而祭之，去王考爲鬼。」鄭氏謂：「官師，中士、下士也。上士異廟。中士、下士祖禰同廟。」然《喪服傳》曰：

❶ 此圖爲底本官師一廟圖，與明本、庫本、嘉慶本之圖形制有異，故備列於此。

「都邑之士則知尊禰，學士、大夫則知尊祖。」是都邑之士立一禰廟而已。其曰禰、祖共廟，非所聞也。賈公彦曰：❶「鄭氏言諸侯之中士、下士一廟，〔則天〕子之士皆二廟。」《禮》言八十一元士，而不别上下，〔是〕以〔知〕其皆二廟也。

禮書卷第六十七終

❶「賈公彦」，據《禮記·王制》孔疏，當爲「孔穎達」。

禮書卷第六十八

壇　墠　不遷之廟　王者立四廟　廟位

廟飾

壇

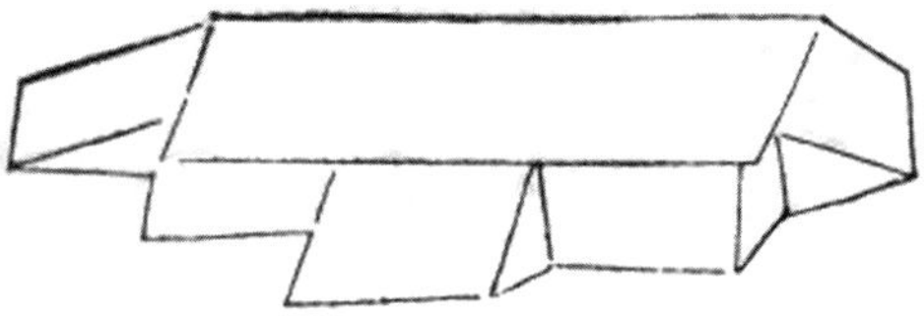

墠

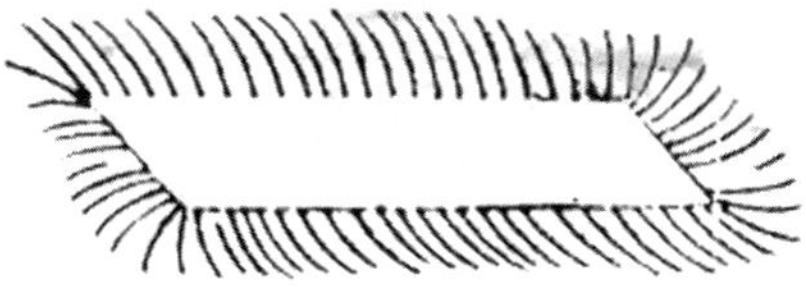

《祭法》言：「王立七廟，一壇一墠。去祧爲壇，去壇爲墠；壇墠有禱焉祭之，❶無禱乃止；去墠曰鬼。諸侯五廟，一壇一墠。去祖爲壇，去壇爲墠，壇墠有禱焉祭之，無禱乃止；去壇爲鬼。大夫三廟二壇；顯考、

❶「壇墠有」，原作小字，今據明本、庫本、嘉慶本改作大字。

祖考無廟，有禱焉，爲壇祭之；去壇爲鬼。適士二廟一壇。顯考無廟，有禱焉，爲壇祭之；去壇爲鬼。官師一廟，王考無廟，而祭之，去王考爲鬼。」鄭氏曰：「天子、諸侯爲壇墠，祈禱謂後遷在祧者也，既事則反其主於祧。鬼亦在祧，顧遠之於無事，祫乃祭之爾。唯天子、諸侯有主禘祫。大夫有祖考者亦鬼，❶其百世不禘祫，無主爾。凡鬼者，薦而不祭。」《國語》曰：「壇場之所。」

《祭法》言天子至士立廟之制，多與禮異。其言壇墠等威之辨，理或有之。蓋先王之於祖，有仁以盡其愛，有義以斷其恩，近則月祭，遠則享嘗，在祧無寢，去祧無廟，此以義處仁也。去祧爲壇，去壇爲墠。壇墠之設，爲其無廟而不忍忘焉，此以仁行義也。蓋禱祈則出其主於壇墠而祭之，既事則復其主於廟而藏之，惟禘祫與載之出疆，然後在祭告之列，其他不預也。大夫、士之無禘祫，禮之節然爾。鄭氏謂大夫、士無木主，誤也。其言凡鬼薦而不祭，賈氏申之謂大夫之鬼薦於太祖壇，士之鬼薦之於廟，此尤無據。

不遷之廟

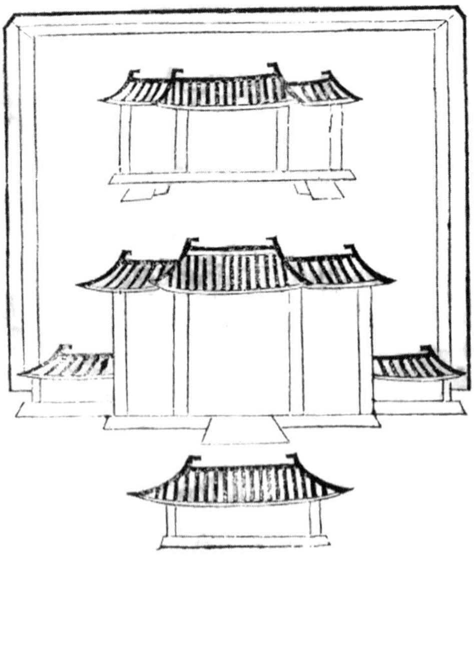

❶「考者」，原作小字，今據明本、庫本、嘉慶本改作大字。

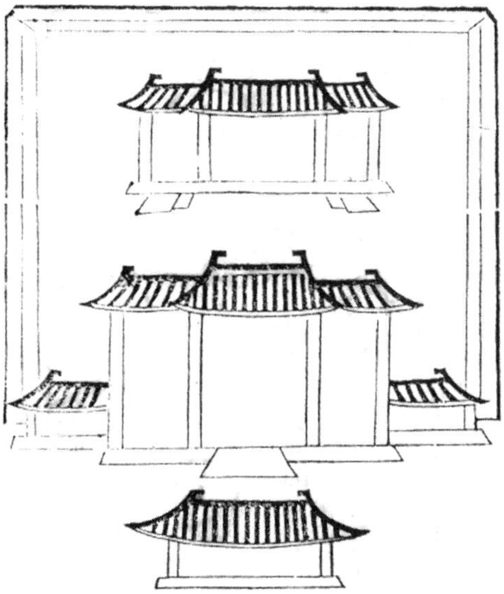

父昭子穆而有常數者，禮也；祖功宗德而無定法者，義也。故周於三昭三穆之外，而有文、武之廟；魯於二昭二穆之外，而有魯公之世室。觀《春秋傳》稱襄王致文、武胙於齊侯，《史記》稱顯王致文、武胙於秦孝公。方是時，文、武固已遠矣。襄王、顯王猶且祀之，則其廟不毁可知矣。《家語》、《左傳》稱孔子在陳聞魯廟火，曰「其桓、僖乎」，以謂桓、僖親盡，無大功德而魯不毁，故天災之。其言雖涉於怪，而理或有焉。若然，則魯公之室在所不毁可知矣。王舜、劉歆、王肅、韓退之之徒，皆謂天子祖德宗功之廟，不在七世之列。特鄭康成以《周禮·守祧》有八人，《小記》王者立四廟，則謂周制七廟，文、武爲二祧，親廟四而已。是不知周公制禮之時，文、武尚爲近廟，其所以宗之之禮，特起於後代也。果所以宗之者在七廟内，使繼世祖先間有豐功盛德不下文、武，復在可宗之列，則親廟又益殺乎？理必不然。《祭法》曰：「遠廟爲祧。」則祧者，兆也。天子以五世、六世之祖爲祧，所謂有二祧是也。諸侯以始祖爲祧，所謂先君之祧是也。鄭氏以祧爲超去之超，誤矣。既曰超矣，又以文、武爲不毀之祧，❶何耶？《明堂位》曰：「魯公之廟，文世室；武公之廟，武世室。」然武公之於魯，徇宣王立庶之非，以階魯國攻殺之禍，而豐功懿德不著於世。自武至閔，其廟已在可遷之列矣。《春秋》成公六年二月立武宮，昭十五年有事于武宮，《左氏》曰：「季文子以鞌之戰立武宮。」《公羊》曰：「武宮者何？武公也。立者，不宜立也。」蓋武宮立於成公之時，歷襄及昭，積世不毀，故記史得以大之，❷欲以比周之文、武也。

王者立四廟

《喪服小記》曰：「王者禘其祖之所自出，以其祖配之，而立四廟。庶子王亦如之。」何也？韋玄成曰：「王者禘其祖所自出，以其祖配之，而立四廟，言始受命而王，祭天以其祖配，不爲立廟，親盡也。」然則玄成以禘爲祭天，固不足信；以立四廟爲始受命而王者。於理或然。

❶「不」，原誤作「下」，今據明本、庫本、嘉慶本改。

❷「記史」，庫本作「史記」。衛湜《禮記集説》卷一百九、《文獻通考》卷九十一《宗廟考一》「天子宗廟」條引此作「記史」，當是宋本如此。「記史」雖令人費解，然《史記》言不及「武宮」，故庫本當屬妄改。元汪克寬《春秋胡傳附録纂疏》卷十九《成公上》、明胡廣《春秋大全》卷二十三《成公中》、《春秋傳説彙纂》卷二十三引此皆作「記禮」，《五禮通考》卷一百八《吉禮一百八·諸侯廟祭》引此作「記者」，亦難解。考察文獻，唯《禮記·明堂位》論及於此，曰：「魯公之廟，文世室也。武公之廟，武世室也。」鄭注：「此二廟象周有文王、武王之廟也。」孔疏：「案成六年立武宮，《公羊》、《左氏》並譏之不宜立也。又武公之廟立在武公卒後，其廟不毀在成公之時，此記所云美成王襃崇魯國而已。云武公之廟武世室者，作記之人因成王襃魯，遂盛美魯家之事。因武公其廟不毀，遂連文而美之。非實辭也。」是陳氏之意即指此耶？

蓋始受命而王者，不必備事七世，故立四廟，止於高祖而已。其上親盡，不祭可也。「庶子王亦如之」者，禮，爲人後者爲父母期。公子爲後爲其母；於子祭，❶於孫否。蓋爲人後者，雖受重於所後，而不廢父母期。公子爲後雖受重於君母，而不廢其母祭。則庶子爲王，雖有正統之七廟，其可輒廢祖考之祭乎？於是自立四廟以視始受命而王者，所以著其不忘本也。昔漢宣帝以從孫繼昭帝，患昭穆之體一也，於是立悼皇考廟，以當一代之穆，而王舜、劉歆以爲孝宣以兄孫繼統，爲孝昭後，考廟固不當立，累世奉之，是兩統二父也。然宣帝以悼皇考當一代之穆，固不合禮，若特立廟，乃庶子王之所當立者，謂不當立，誤矣。

廟位

《周官・小宗伯》、《禮記・祭義》皆曰：「建國之神位，右社稷，左宗廟。」《考工記》：「匠人營國，左祖右社。」蓋宗廟陽也，故居左；社稷陰也，故居右。何休曰：「質家右宗廟，上親親；文家右社稷，上尊尊。」無據。陰，故社稷皆北嚮；陽，故宗廟皆南嚮。君祭社南嚮於北墉下，而薄社亦北牖，則社稷北嚮可知。廟所以象王之朝，而朝必南面，則廟皆南嚮可知。《聘禮》：「賓入大門内，公揖入，每門每曲〔揖。」然後〕及祖廟。《司儀》：「諸公相爲賓，及將幣，三揖三讓，每門止一相，然後及廟。」賈公彦曰：「賓大門東行至廟，

❶「於子」，原作小字，今據明本、庫本、嘉慶本改作大字。

考之於《禮》，諸侯之廟在闕門内，先儒皆謂在大門内。其間有每門者，諸侯五廟，祖廟位居中，東二昭廟，西二穆廟，各有門，門之兩旁有牆，牆之中夾通門，則祖廟以西閤門者三，東行而歷三門，及至祖廟，則廟皆南鄉矣。廟皆南鄉，而昭南面、穆北面者，禘祫之位也。」晉孫毓曰：「宗廟之制，外爲都宫，内各有寢廟，別爲門垣。太祖在北，左昭右穆，次而南。」蓋其所傳聞者異也。

禮書卷第六十八終

禮書卷第六十九

大寢小寢　**廟飾**　**寢廟薦新**　**庶人祭於寢**　**昭穆**

大寢小寢

《詩》曰：「奕奕寢廟。」又曰：「寢廟奕奕。」《周禮·隸僕》：「掌五寢之掃除糞灑之事。祭祀，脩寢。大喪，復于小寢、大寢。」鄭氏曰：「五寢，五廟之寢。周天子七廟，唯祧無寢。❶《詩》曰『寢廟繹繹』，相連貌也。小寢，高祖以下廟之寢。始祖曰大寢。」《爾雅》曰：「室有東西廂曰廟，無東西廂曰寢。」《左傳》曰：「民有寢廟。」❷又曰：「子大叔之廟在道南，其寢在道北。」《月令》曰：「乃脩闔扇，寢廟畢備。」

《詩》曰：「寢廟奕奕。」鄭氏釋《周禮》謂：「『寢廟繹繹』，相連貌也。」蓋古詩之文，或作繹繹。又春秋之時，子太叔之廟在道南，其寢在道北，此古者前廟後寢之遺象也。漢自明帝詔遵儉約，無起陵寢，藏主於世祖廟更衣，自此魏立二廟。「文、武之高祖處士，曾祖高皇、大皇帝共一廟，考太祖皇帝特一廟。」晉、宋、齊、隋及唐，皆一廟異飾，非古制也。

❶「無」，原誤作「之」，今據明本、庫本、嘉慶本及《周禮·隸僕》鄭注改。

❷「民」，原誤作「氏」，今據明本、庫本、嘉慶本及《左傳》襄四年改。

廟飾

《明堂位》曰：「山節，藻棁，❶復廟，重檐，刮楹，達鄉，反坫，出尊，崇坫康圭，疏屏，天子之廟飾也。」「山節，刻欂盧爲山也。藻棁，畫侏儒柱爲藻文也。復廟，重屋也。重檐，重承壁材也。刮，刮摩也。❷鄉，牖屬，謂夾户窗也。」《春秋》書：「丹桓宮楹。」「刻桓宮桷。」《穀梁》謂：「天子、諸侯黝堊，大夫蒼，士黈。丹楹，非禮也。天子之桷，斲之礱之，加密石焉。「《晉語》、《書大傳》皆曰：『天子之室，斲其椽而加密石焉。』」諸侯之桷，斲之礱之。大夫斲之，士斲本。斲之，蓋稜之也。傳曰：「大夫達稜，士首本。」刻桷非正也。」天子之楹刮之，而飾以黝堊。天子之桷礱之，加密石而無飾。黝，黑飾也。堊，白飾也。《爾雅》：「地謂之黝，牆謂之堊。」《穀梁》之言黝堊，則楹而已。范甯以黝堊爲黑飾，誤也。子貢觀魯廟之北堂，問於孔子：「彼皆斷耶？❸匠過之耶？」孔子曰：「非無良材也，蓋在貴久也。」魯廟如此，則天子之廟可知矣。後世禮廢，趙文子之室斲而礱之，僭於諸侯。臧文仲、管夷吾山節、藻棁，❹又僭於天子。

寢廟薦新上

《檀弓》曰：「有薦新，如朔奠。」「重新物，爲之殷奠。」《王制》：「大夫、士宗廟之祭，有田

❶「棁」，原誤作「稅」，今據明本、庫本、嘉慶本及《禮記·明堂位》改。

❷「刮」，原爲重文號「〻」，今據明本、庫本、嘉慶本及《禮記·明堂位》鄭注復其本字。

❸「斷」，明本、庫本、嘉慶本作「斲」。

❹「棁」，原誤作「稅」，今據庫本、嘉慶本及《禮記·明堂位》改。

則祭，無田則薦。「有田者，既祭又薦新。祭以首時，薦以仲月。士薦牲用特豚，大夫以上用羔。所謂『羔豚而祭，百官皆足』。《詩》曰：『四之日其蚤，獻羔祭韭。』」庶人春薦韭，夏薦麥，秋薦黍，冬薦稻；韭以卵，❶麥以魚，黍以豚，稻以鴈。」《月令》：「仲春，天子乃鮮羔開冰，先薦寢廟。「鮮當爲獻，聲之誤也。獻羔，謂祭司寒也。祭司寒而出冰，薦於宗廟，乃后賦之。」季春，天子始乘舟，薦鮪于寢廟，「進時美物。」孟夏，天子乃以彘嘗麥，先薦寢廟。「麥之新氣尤盛，以彘食之，散其熱也。彘，水畜。」仲夏，天子乃以雛嘗黍，羞以含桃，先薦寢廟。「含桃，櫻桃也。」孟秋，天子嘗新，先薦寢廟。」「天子必親往視漁，明漁非常事也，此時魚潔美。」《少儀》：「未嘗不食新。」「嘗，謂薦新物於寢廟。」《周禮·漁人》：「春獻王鮪。」「王鮪，鮪之大者。《月令》：『季春，薦鮪于寢廟。』」《詩·七月》：「四之日其蚤，獻羔祭韭。」「《月令》：『仲春，天子乃獻羔開冰，先薦寢廟。』」《潛》詩曰：「季冬薦魚，春獻鮪也。」「冬，魚之性定。春，鮪新來。薦獻之者，謂於宗廟也。」《儀禮·士喪禮》：「朔月，奠用特豚、魚腊，陳三鼎。有薦新，如朔奠。徹朔奠，先取醴酒，其餘取先設者。」《既夕禮》：「朔月若薦新，不饋于下室。」「以其殷奠有黍稷也。」漢惠帝時，叔孫通者曰：「古者有春嘗果，方今櫻桃熟，可獻。」遂獻。宗廟諸果之獻由此興。魏初，高堂隆按舊典：天子、諸侯月有祭事，其孟月則四時之祭也，三牲、黍稷、時物咸備，其仲月、季月皆薦新之祭也；大夫以上將之以羔，或加以犬而已，不備三牲也；士以豚；庶人則唯其時宜，魚〔鴈可〕也。皆有黍稷。《禮器》曰：「羔豚而祭，百官皆足。太牢而祭，不必有餘。」羔

❶「卵」，原誤作「夘」，今據明本、庫本、嘉慶本改。

豚則薦新之禮也。後魏詔曰：「有邑之君，祭以首時。無田之士，薦以仲月。」《漢舊儀》嘗韭之屬，皆於廟而不在寢。故《韋玄成傳》以爲廟歲二十五祠，而薦新在焉。自漢至隋唐，因仍其失，薦新雖在廟，然皆不出神主。韋彤《五禮精義》所説，但設神座。後漢詔書亦以「薦新味多，非其節，或鬱養强熟，或穿掘萌芽，味無所至，而夭折生長。自今當奉祠陵寢，皆須時乃上」。唐四時各以孟月享太廟，室各用一太牢，若品物時新堪進御者，有司先送太常，令尚食相知，簡擇務令潔淨，仍以滋味與新相宜者配之。太常卿及少卿一人奉薦太廟。有司行事，不出神主。仲春薦冰亦如之。

人子之於親，飲食與藥必先嘗而後進，四時新物必先獻而後食。寢廟之薦新，蓋亦推其事先之禮，以盡其誠敬而已。

先儒謂廟藏神主而祭以四時，寢藏衣冠几杖之具而祭之以新物。❶然《國語》曰：「大寒，取名魚，登川禽，嘗之寢廟。」《月令》四時新物皆先薦寢廟者，蓋有寢者薦於寢，無寢者薦於廟，非謂薦止於寢也。《月令》雜記秦禮，秦出寢於陵，則《月令》所謂寢廟，豈皆廟後之寢乎？古者掌外事之兆有典祀，掌廟有守祧，掌寢有隸僕，故典祀若以時祭祀，則帥其屬而脩除，徵役于司隸而役之守祧。其廟則有司脩除之，其祧則守祧黝堊之。鄭氏曰：「廟，祭此廟也。」《隸僕》：「祭祀，修寢。」《祭

❶「藏」，原脱。按《後漢書·祭祀志》云：「廟以藏主，以四時祭。寢有衣冠几杖象生之具，以薦新物。」所謂「先儒謂」者，當指此。衛湜《禮記集説》卷四十、《文獻通考》卷九十六《宗廟考六》「祭祀時享」條引此皆作「寢藏衣冠几杖之具而祭之以新物」。今據補。

義》：「孝子將祭，宮室既修，牆屋既設，百物既備，然後夫妻齊戒。」又曰：「孝子將祭，以脩宮室，以治百事。」祭祀脩寢，則薦新蓋亦脩焉。觀《詩序》言「薦魚獻鮪」，而詩言「以享以祀」，《月令》言「以共寢廟之祀」，則薦新亦謂之祀也。《祭僕》：「大喪，復于小廟。」《隸僕》：「大喪，復于小寢、大寢。」小寢，高祖以下之寢廟也。大寢，始祖之寢也。復於廟則小廟而已，於寢則及大寢者，以廟嚴於寢故也。

寢廟薦新下

古者祭必卜日，而薦新不擇日。祭有尸，而薦無尸。以至不出神主，奠而不祭，有時物而無三牲黍稷，此薦新之大略也。漢及隋唐，薦新不出神主，韋彤《五禮精義》言薦新但設神座。鄭氏釋《王制》，❶謂大夫、士「祭以首時」。然祭以致禮，有常月。「薦以仲月」。祭以致孝，而無常時。《周禮》王者享、烝之畋皆在仲月，是祭有常月也。《月令》王者薦新或於孟月，或於仲、季，唯其時物而已，是薦無常時也。魏高堂隆謂天子、諸侯月有祭事，其孟月則四時之祭也，其仲月、季月薦新之祭也，豈非惑於鄭氏之説然耶？《漢舊儀》嘗韭

❶「鄭氏」至「常時」，文字或有舛誤。《禮記・王制》鄭注：「有田者既祭又薦新，祭以首時，薦以仲月。」衛湜《禮記集説》卷三十一、《五禮通考》卷一百一《吉禮一百一・薦新》引此皆作：「鄭注釋《王制》，謂大夫、士祭以首時。然祭以致禮，而有常月；薦以致孝，而無常時。」陳暘《樂書》卷一百五十四《樂圖論・吉禮》「薦新」條有與此文近意同之論，曰：「鄭康成釋《王制》，謂大夫、士祭以首時，薦以仲月。然後致禮，而有常月；祭以致孝，而無常時。」或可釐正爲：「鄭氏釋《王制》，謂大夫、士祭以首時，薦以仲月。然祭以致禮，而有常月；薦以致孝，而無常時。」

之屬皆於廟，而不在寢，故《韋玄成傳》以爲廟歲二十五祠，而薦新在焉。唐禮，使太常卿一人奉薦新物，有司行事。然薦非盛禮，一之於廟，失之太瀆；有司行事，失之太輕。《既夕禮》：「朔月薦新，不饋于下室。」《檀弓》亦曰：「薦新，如朔奠。」古人之重薦新如〔此〕，則躬薦可知。

庶人祭於寢

《王制》曰：「庶人祭於寢。」「寢，適寢也。」又曰：「庶人春薦韭，夏薦麥，秋薦黍，冬薦稻；韭以卵，麥以魚，黍以豚，稻以鴈。」「庶人無常牲，取與新物相宜而已。」《曾子問》曰：「無祿者稷食。」《祭法》曰：「庶士、庶人無廟，死曰鬼。」「庶士，府、史之屬。凡鬼薦而不祭。」《楚語》曰：「庶人有魚炙之薦，籩豆脯醢，則上下共之。「以多少爲差也。」不羞珍異，不陳庶侈。」又曰：「庶人食菜，祀以魚。」又曰：「士、庶人舍時。」

庶人之死曰鬼，寢而不廟，薦而不祭。故「春薦韭，夏薦麥，秋薦黍，冬薦稻；韭以卵，麥以魚，黍以豚，稻以鴈」，取其與新物相宜而已。《國語》曰「庶人有魚炙之薦」，而不及豚、鴈者，舉其所易者言之也。然言「庶人舍時」，則與《王制》異矣。古之貴者有正寢，有燕寢。正寢在外，燕寢在内。然則庶人祭於寢，蓋亦在外之適寢歟？《聘禮·記》：「卿館於大夫，大夫館於士，士館於工商。」鄭氏曰：「官師以上有廟有寢，工商則寢而已。」寢所以館士，則在外可知。

昭穆

《周禮・小宗伯》：「辨廟祧之昭穆。」《冢人》：「先王之葬居中，以昭穆爲左右。」《小史》：「掌邦國之志，奠繫世，辨昭穆。」《小史》：「大祭祀，史以書敘昭穆之俎簋。」❶《司士》：「凡祭祀、賜爵，呼昭穆而進之。」《祭統》曰：「凡賜爵，昭爲一，穆爲一，昭與昭齒，穆與穆齒，此之謂長幼有序。」又曰：「祭有昭穆。昭穆者，所以别父子、遠近、長幼、親疏之序，而無亂也。是故有事於大廟，而群昭群穆咸在，而不失其倫，此之謂親疏之殺。」《仲尼燕居》曰：「嘗禘之禮，所以仁昭穆也。」《中庸》曰：「宗廟之禮，所以序昭穆也。」《王制》：「天子七廟，三昭三穆，與大祖之廟而七；諸侯五廟，二昭二穆，與大祖之廟而五；大夫三廟，一昭一穆，與大祖之廟而三；士一廟。」《大傳》曰：「合族以食，序以昭穆，人道竭矣。」《喪服小記》曰：「妾祔於妾祖姑，亡則中一以上而祔，祔必以昭穆。」《雜記》曰：「士不祔大夫，祔大夫之昆弟，無昆弟則從其昭穆。婦祔於其夫之所祔之妃，❷無妃則亦從其昭穆之妃。妾祔於妾祖姑，無妾祖姑亦從其昭穆之妾。」《士虞禮・記》曰：「明日，以其班祔。」《春秋》書「大事於大廟，躋僖公」，《穀梁》曰：「先親而後祖，逆祀也。逆祀則是無昭穆也，無昭穆則是無祖也，無祖則無天也。君子不以親親害尊尊，《春秋》之義也。」《國語》曰：「夏父弗忌爲宗，烝將躋僖

❶「史」，原脱，今據庫本及《周禮・小史》補。

❷「其」，原誤作「具」，今據明本、庫本、嘉慶本及《禮記・雜記》改。

公。宗有司曰：『非昭穆也。』曰：『我爲宗伯，明者爲昭，其次爲穆，何常之有？』有司曰：『夫宗廟之有昭穆也，以次世之長幼，而等胄之親疏也。夫祀昭孝也，各致齊敬於其皇祖，昭孝之至也。故工、史書世，宗、祝書昭穆，猶恐其踰也。』弗聽，遂躋之。」《左傳》：「宮之奇曰：『大伯、虞仲，大王之昭；虢仲、虢叔，王季之穆。』」富辰曰：「管、蔡、郕、霍，文之昭也；邘、晉、應、韓，武之穆也。」曹侯曰：「曹叔振鐸，文之昭也；先君唐叔，武之穆也。」《記》曰：「庶子不祭殤與無後者，殤與無後者從祖祔食。」劉歆曰：「孫居王父之處，正昭穆，則與祖相代，此遷廟之殺也。」張純曰：「父子不並坐，而孫從王父。」《決疑要注》曰：「凡昭穆，父南面，故曰昭。昭，明也。子北面，故曰穆。❶穆，順也。」杜佑曰：「太祖於室中之奧，西壁下，東面。太祖之子南面，爲昭，次之。昭之子北面相對，爲穆。」張純曰：「元始中，禘禮，父爲昭，南向；子爲穆，北面。父子不並坐。」

父以明察下，故曰昭；「昭」如字。晉諱「昭」，字音「韶」。子以敬事上，故曰穆。宗廟有迭毀，昭穆則一成而不可易：《春秋傳》言「大王之昭，王季之穆」，又言「文之昭，武之穆」，此世序之昭穆不可易也；《周官·冢人》「掌公墓之地，先王之葬居中，以昭穆爲左右」，此葬位之昭穆不可易也；《儀禮》曰「卒哭明日，以其班祔」，《禮記》曰「祔必以其昭穆，亡則中一以上」，此祔位之昭穆不可易也；《司士》「凡祭祀、賜爵，呼昭穆而進之」，《祭統》「凡賜爵，昭

❶「曰」，原脱，今據明本、庫本、嘉慶本補。

爲一，穆爲一，昭與昭齒，穆與〔穆齒〕，此〕賜爵之昭穆不可易也；《大傳》曰「合族以食，〔序以昭穆〕」，此合食之昭穆不可易也。生而賜爵、合食，死而葬、祔，皆以世序而不可易，則廟之昭穆可知矣。其制蓋祖廟居中，而父昭在左，子穆在右。始死者昭耶，則毁昭廟；始死者穆耶，則毁穆廟。昭與昭爲列，而無嫌乎子加於父；穆與穆爲列，而無嫌乎父屈於子。猶之賜爵也，子與祖齒，而無嫌乎卑者先；父與孫齒，而無嫌乎尊者後。猶之立尸也，子無嫌乎南面而坐，父無嫌乎北面而事之，則昭穆之不互易不足怪也。先儒謂周藏先公木主於后稷之廟，先王木主穆在文王廟，昭在武王廟。於理或然。

禮書卷第六十九終

禮書卷第七十

虞主　吉主　師行載主　祏　匱　坫

虞

主　主制不一，今從何休之說。❶

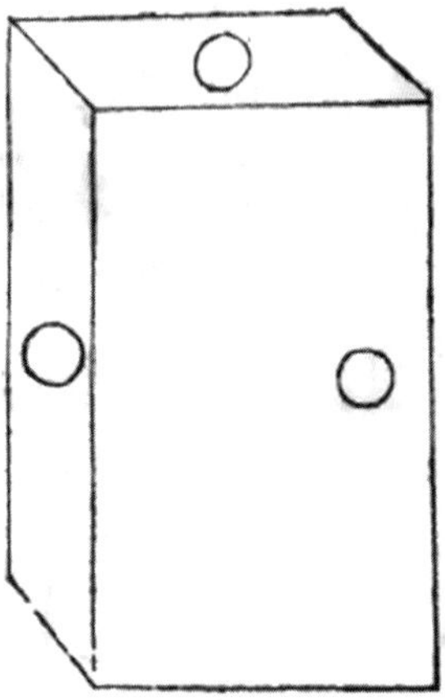

吉

主　練主用栗刻而謚之，以辨昭穆。❷

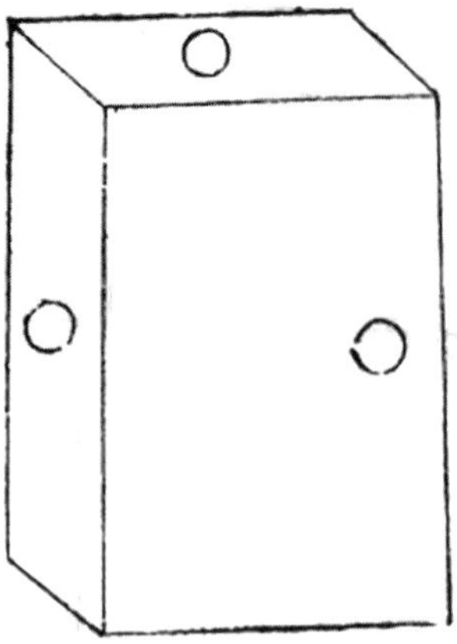

《周禮·守祧》：「掌守先王、先公之廟祧。」鄭氏曰：「廟謂大祖之廟，及三昭三穆。遷主所藏曰祧。先公之遷主藏于后稷之廟，先王之遷主藏于文、武之廟。」《司巫》：「祭祀則共匰主。」「杜子春曰：『匰，器名。主，謂木主也。』主先匰者，共主以匰。」賈公彦曰：「以匰器盛主，來向祭所。大祝取得主，匰器即退。」❸

❶「主制」至「之説」，原無，爲明本、庫本、嘉慶本所增。

❷「練主」至「昭穆」，原無，爲明本、庫本、嘉慶本所增。

❸「主匰」，原誤作「匰主」，今據明本、庫本、嘉慶本及《周禮·司巫》賈疏改。

摯虞《決疑》云：「石函中笥，以盛主者也。」《禮記・曲禮》曰：「措之廟，立之主，曰『帝』。」《曾子問》曰：「『廟有二主，禮與？』孔子曰：『天無二日，土無二王，嘗禘郊社，尊無二上。昔者齊桓公亟舉兵，作僞主以行；及反，藏諸祖廟。廟有二主，自桓公始也。』又曰：『當七廟五廟無虛主。虛主者，唯崩、薨與君去其國，與祫祭於祖，爲無主耳。吾聞諸老聃曰：「崩、薨，則祝取群廟之主而藏諸祖廟，禮也。卒哭成事，而後主各反其廟。「藏諸主於祖廟，象有凶事者聚也。卒哭成事，先祔之祭名也。」君去其國，太宰取群廟之主以從，禮也。「鬼神依人者也。」祫祭於祖，則祝迎四廟之主。主出廟、入廟，必蹕。」』」《檀弓》曰：「重，主道也。商主綴重焉，周主重徹焉。」《郊特牲》曰：「直祭祝于主，索祭祝于祊。」《坊記》曰：「祭祀之有尸也，宗廟之有主也，示民之有事也。」《春秋》書「作僖公主」，《左傳》曰：「凡君卒哭而祔，祔而作主，特祀於主，烝、嘗、禘於廟。」《公羊》曰：「作僖公主者何？爲僖公作主也。何休曰：「主狀正方，❶穿中央達四方。天子長尺二寸，諸侯長一尺。」主者曷用？虞主用桑，「用桑者，取其名與其麤觕，所以副孝子之心。」練主用栗。何休曰：「練埋虞主於兩階之間，易用栗也。夏后氏以松，商人以柏，周人以栗。松猶容也，柏猶迫也，栗猶戰慄，謹敬貌。《士虞・記》曰：『桑主不文，吉主皆刻而諡之。』❷蓋爲禘祫時別昭穆也。」

❶「主」，原誤作「王」，今據明本、庫本、嘉慶本及《公羊傳》文二年何注改。

❷「士虞記曰桑主不文吉主皆刻而諡之」，按此所謂「士虞記曰」者，不見於今本《儀禮》。惠士奇《禮說》卷九：「案《士虞・記》亦無桑主、吉主之文，皆出於逸《禮》。」并注曰：「宋元豐二年，祕閣校禮何洵直言虞禮『桑主不文』，請罷題虞主。太常言嘉祐治平虞主亦不題諡。」浦鏜《十三經注疏正字》卷七十：「案《士虞・記》無文。」

用栗者，藏主也。「藏于廟室中。質家藏於堂。」作僖公主，譏不時也。」《穀梁》曰：「立主，喪主於虞，吉主於練。作僖公主，譏其後也。作主壞廟有時日，有練焉壞廟。」正義曰：「縻信引衛次仲云：『宗廟主皆用栗，右主八寸，左主七寸，廣厚三寸。若祭訖，則内於西壁埳中，❶去地六尺一寸，右主謂父也，左主謂母也。』何休、徐邈、范甯皆云天子尺二寸，諸侯一尺，狀正方，穿中央達四方。是與衛氏異也。《白虎通》云『藏之西壁』，其説與衛氏同。」《春秋》書「躋僖公」，《穀梁》曰：「祫祭者，毁廟之主陳于太祖，未毁廟之主皆升，合祭于太祖。」《左傳》曰：「典司宗祏。」又曰：「孔悝反祏於西圃。」「宗祏，宗廟中藏主石室。」正義曰：「宗祏者，於廟之北壁内爲石室，以藏木主，有事則出而祭之，既祭納於石室。祏字從示，神之也。」鄭氏注《士虞禮》曰：「凡祔，已復于寢，如既祫，主反其廟，練而後遷廟。士之皇祖於卒哭亦反其廟。無主則反廟之禮未聞，以其幣告之乎？」許慎《五經異義》曰：「大夫、士無主，大夫結帛依神，士結茅爲菆。」《大戴禮》、《五經異義》、《公羊》説主藏太廟室西壁，以備火災。魏高堂隆曰：「正廟之主各藏太室西壁之中，遷廟之主於太祖太室北壁之中。」《漢儀》：「藏主於室中西牆壁埳中，去地六尺一寸，當祠則設坐於埳下。」韋玄成等議：「太上、孝惠廟皆親盡，宜毁。太上廟主宜瘞園，孝惠主遷於太祖，寢園皆無復修。」奏可。《漢舊儀》曰：「已葬，收主，爲木函，藏廟太室中西牆壁埳中。皇后主長七寸，圍九寸，在皇帝主右旁。❷高皇帝主長九寸。

❶「西」，原誤作「四」，今據庫本、嘉慶本及《穀梁傳》文二年楊疏改。「埳」，原誤作「焰」，今據明本、庫本、嘉慶本及《穀梁傳》文二年楊疏改。

❷「帝主」，原作小字，今據明本、庫本、嘉慶本改作大字。

上林給栗木。」《晉志》：「元帝神位在愍帝之下，❶故有坎室者十也。于時續廣太廟，故三遷主，並還西儲，名之曰祧，以準遠廟。」漢元帝時親盡之廟主瘞於園。晉尚書符問太廟制度：「南向七室，北向陰室復有七，帝后神主應共處七室坎中，當別處陰室，依禮處上？」太常賀循上曰：「按后配尊於帝，神主所居宜同。」東晉元帝江左建廟主，明帝之代有坎室者十也，恭帝時廟、坎室十八。《唐會要》：「貞觀二十三年，許敬宗奏言：『皇祖弘農府君廟應迭毁。❷按《舊儀》，漢丞相韋玄成以爲毁主瘞埋。但萬國尊饗，❸有所從來，一旦瘞藏，事不允愜。晉博士范宣意欲別立廟宇，奉征西等主安置其中，方之瘞埋，頗叶情理。然事無典故，亦未合儀。又議者言毁主藏於天府。按天府，祥瑞所藏，本非斯意。今準量去祧之外，猶有壇墠，祈禱所及，竊謂合宜。今時廟制，與古不同。共堂別室，西方爲首。若在西夾之中，仍處尊位，祈禱則祭，未絶祈享，方諸舊議，情實可安。弘農府君廟遠親殺，詳據舊章，禮合迭毁。臣等參議，遷奉神主於夾室，本情篤教，在理爲宏。』從之。」《開元禮義鑑》曰：「藏主合在何處？按《五經異義》云：『藏主於廟西壁中，備水火之災。必在西者，長老之處，地道尊右，鬼神幽陰也。』又曰：『藏主何故於室中？』《江都集禮》云：『太祖室北壁中。堂上無藏主處，故於室中也。』」《唐志》：「禮部奏：『準貞觀故事，遷廟之主藏於夾室西壁南北

❶「位」，明本、庫本作「主」。
❷「弘農」，原避諱作「洪農」，今回改。
❸「尊」，《唐會要》卷十二「廟制度」條作「宗」。

三間。第一間代祖室，第二間高宗室，第三間中宗室。伏以睿宗皇帝祧遷有期，夾室西壁三室外，無置室處。準《江都集禮》，古者遷廟之主，藏於太室北壁之中。今請於夾室北壁，以西爲上，置睿宗皇帝主石室。』❶制從之。」

《公羊》曰：「虞主用桑，練主用栗。」《穀梁》曰：「喪主於虞，吉主於練。」特《左氏》曰：「凡君祔而作主。」《曲禮》曰：「措之廟，立之主，曰『帝』。」然人子之於親，不忍一日使無依焉，故始死依以重，既葬依以主，重埋則桑主作，桑主埋則栗主立。豈有既虞、卒哭不存其象，俟祔而後爲之乎？然則《左氏》、《曲禮》之説，蓋曰作主將以祔廟，非祔而後作之也。先儒謂既祔，主反其寢，大夫、士無主，以幣告。然《坊記》曰：「喪禮每加以遠。」荀卿曰：「喪事動而遠。」故將喪而既祖，柩不可反，孰謂將祔而既餞，主可反乎？重，主道也。大夫、士有重。尸，神象也。大夫、士有尸。孔悝，大夫也，去國載祏。孰謂大夫、士無主乎？徐邈、王澤之徒皆曰大夫、士有主，特鄭康成、許慎謂大夫、士無主。主之制不見於經。何休曰：「主狀正方，穿中央，達四方。天子長尺二寸，諸侯長一尺。桑主不文，吉主皆刻而謚之。」衛次仲曰：「右主八寸，左主七寸，廣、厚三寸。右主父也，左主母也。」《漢舊儀》：「后主長七寸，圍九寸。帝主長九寸。」其制雖不可考，然正廟之主，各藏其室西壁之中。廟遷之主，藏於大室北壁之中，去

❶「石」，原誤作「右」，今據明本、庫本、嘉慶本及《舊唐書·禮儀志》改。

地六尺一寸。《大戴禮》、《五經異義》、《江都集禮》傳述皆然，蓋有所授之也。自東漢迄隋唐，宗廟之制與古不同，而遷主所藏或在西儲，或在西夾室；其正廟之主雖各藏廟室西壁之中，而帝后別爲石埳，非禮意也。案《少牢饋食》薦歲事于皇祖，❶必以某妃配某氏，故同几共牢一尸，而俎豆不兩陳，以其夫婦一體故也。賀循亦謂后配尊於帝，神主所居宜同。故東晉明帝時廟有埳室者十，❷皆帝后共一石室。至恭帝時廟爲埳室一十八，而帝后異室，此議者所以譏之也。

師行載主

遷主❸

❶「薦」，原誤作「藏」，今據明本、庫本、嘉慶本及《儀禮·少牢》改。

❷「十」，原誤作「下」，今據明本、庫本、嘉慶本改。

❸「遷主」，原無，爲明本、庫本、嘉慶本所增。

社主❶

《小宗伯》：「若大師，則帥有司而立軍社。」《大祝》：「大師，設軍社。」《大司馬》：「若大師，則帥執事涖釁主及軍器。」❷「以血塗主及軍器，皆神之。」《肆師》：「用牲于社、宗，則爲位。」「社，軍社。宗，遷主。」凡師不功，則助牽主車。」「《大司馬》曰：『若師不功，則厭而奉主車也。』」《書》曰：「用命賞于祖，不用命戮于社。」衛祝鮀曰：「君以軍行，祓社釁鼓，祝奉以從。若君行師從，卿行旅從，祝不出境。」《曾子問》曰：「『古者師行，必以遷廟主行乎？』孔子曰：『天子巡狩，以遷廟主行，載于齊車，「金路。」言必有尊也。今也取七廟之主以行，則失之矣。』又問曰：『古者師行無遷主，則何主？』孔子曰：『天子、諸侯將出，必以幣帛、皮、圭告于祖禰，遂奉以出，載于齊車以行，每舍奠焉，而後就舍。反必告，設奠，卒，斂幣玉，藏諸兩階之間，乃出。蓋貴命也。』又曰：『主出入廟

❶「社主」，原無，爲明本、庫本、嘉慶本所增。
❷「帥」，原脱，今據《周禮·大司馬》補。

必蹕。』又曰：『齊桓公亟舉兵，作僞主以行，及反，藏諸祖廟。』」《書傳》曰：❶「王升舟，❷鼓鐘亞，觀臺亞，將舟亞，宗廟亞。」賈公彦曰：❸「社殺戮與軍將同，故名社主爲將。宗廟則遷主也。亞在將舟後。」《文王世子》曰：「族食，世降一等。其在軍，則守於公禰。」「公禰，行主也。」然則師行載遷主，則未遷之主不行矣。遷主載于齊車，則社主亦齊車矣。孔穎達曰：「專社主載於齊車，❹遷主亦載于齊車。」用命賞于祖，則遷主之車在左，所以象左宗廟也；不用命戮于社，則社主之車在右，所以象右社稷也。師載遷主，而武王伐紂載文王之木主者，所以成文王之志而已，不可以常禮議之也。《書傳》曰：「將舟亞，宗廟亞。」蓋舉宗廟以見社耳。先儒以將舟爲社主，恐不然也。社主，示也。石，土類也。先儒謂社主石爲之，蓋有所授之也。《王制》曰：「天子將出，宜于社，造于禰。」《肆師》：「用牲于社、宗。」皆先社而後祖。蓋君之出也，先祓社，後釁祖，其行也前社而後祖，其止也右社而左祖。祖非禰也，《文王世子》謂之「公禰」者，親之也。

❶「書傳」，原誤作「詩傳」。按此所引，出《周禮・肆師》鄭注引《尚書傳》；下文同引即作「書傳」。今據改。

❷「王」，原誤作「三」，今據明本、庫本、嘉慶本及《周禮・肆師》鄭注同引補。

❸「賈公彦」，原誤作「孔穎達」。孫氏點勘曰：「此《周禮・肆師》賈疏，非孔説。」按此處實約《周禮・肆師》賈疏而引，今據改。

❹所謂「孔穎達曰」者，實不見於今存孔穎達之著述，或陳氏誤記也。「專」，疑衍。

祏

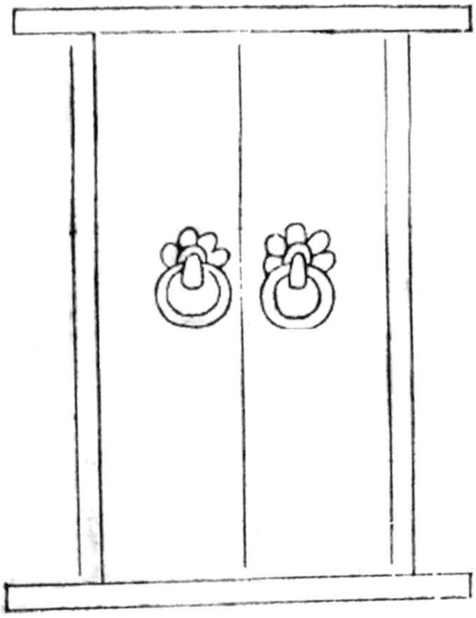

《左傳》曰：「典司宗祏。」又曰：「孔悝反祏於西圃。」杜預曰：「宗祏，宗廟中藏主石室。」孔穎達曰：「宗祏者，於廟之北壁内爲石室以藏木主，有事則出而祭之，既祭納於石室。祏字從示，神之也。」

匰

《司巫》：「祭祀共匰主。」《説文》曰：「宗廟盛主器也。」賈公彦曰：「以匰器盛主至祭所。❶太祝取得主，❷匰器即退。」❸摯虞曰：「藏主有石函，函中笥以盛主。」然則匰笥類也。

❶「至」，明本、庫本、嘉慶本作「來向」，与《周禮·司巫》賈疏原文同。

❷「得」，原脱，今據明本、庫本、嘉慶本及《周禮·司巫》賈疏補。

❸「即」，原脱，今據明本、庫本、嘉慶本及《周禮·司巫》賈疏補。

坫

坫者，以土〔爲〕之，其別有〔四〕。《記》曰：「反坫，出尊。」《語》曰：「邦君爲兩君之好，有反坫。」此〔反〕爵之坫也。《記》曰：「崇坫康圭。」此奠玉之坫也。《記》又曰：「士於坫一。」此庋食之坫也。《士冠禮》：「爵弁、皮弁、緇布冠各一，執以待于西坫南。」《大射》將射，工遷於下，「東坫之東南。」《士喪禮》：「牀第，夷衾，饌于西坫南。」《既夕禮》：「設棜于東堂下，南順，齊于坫。」此堂隅之坫也。蓋兩君相見於廟，尊於兩楹之間，而反爵之坫出於尊南，故曰「出尊」。鄉飲酒是鄉大夫禮，❶尊於房户間，燕禮燕其臣，尊於東楹之西，皆無坫。特兩君相見，尊於兩楹間，有坫。管仲有反坫，故孔子譏之。❷又於其南爲之崇坫以安玉焉，故曰「康圭」。庋食之坫在房，堂隅之坫在北陳。《爾雅》曰：「垝謂之坫。」郭璞曰：「坫，端也，北堂之隅之坫也。」《鄉飲》、《鄉射》、《燕禮》皆奠

❶「鄉」，原誤作「卿」。按《鄉飲酒禮》鄭注：「諸侯之鄉大夫，三年大比，將獻賢者、能者於其尹以禮賓之，與之飲酒之禮。」故知當爲「鄉大夫」。今據改。

❷「子」，原誤作「二」，今據明本、庫本、嘉慶本改。

爵于篚，則反爵於坫，特兩君相好之禮也。《聘禮》「公受玉于中堂與東楹之間，賓出，公側授宰玉」，而不康之于坫，蓋亦兩君相見之禮也。鄭康成改「康」爲「亢」，非也。

禮書卷第七十終

禮書卷第七十一

禘祫上　禘祫下

禘祫上❶

禘禮

祫禮

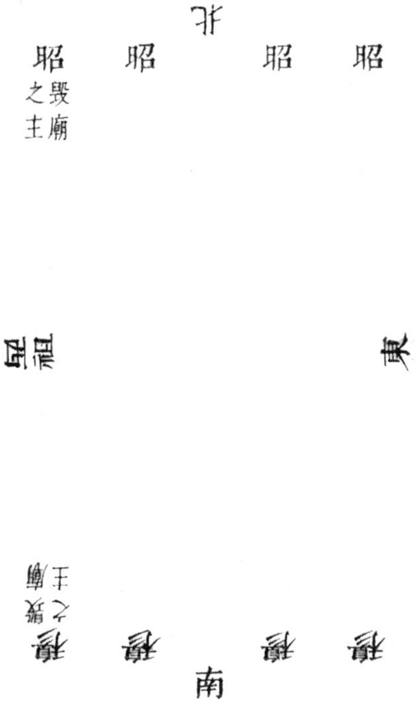

《士虞禮》曰：「哀薦祫事。」「始虞謂之祫事者，主欲其祫先祖。」《喪服》曰：「都邑之士則知尊禰，大夫及學士則知尊祖，諸侯及其大祖，天子及其始祖之所自出。」❷始祖之所自出，

❶「禘祫上」，原脱，今據目録、卷首小目補。

❷「自」，原脱，今據明本、庫本、嘉慶本及《儀禮·喪服》補。

謂祭天也。❶《周禮·大宗伯》：「以肆、獻、祼享先王，❷以饋食享先王，以祠春享先王，以禴夏享先王，以嘗秋享先王，以烝冬享先王。」「肆、獻、祼、饋食，在四時之上，則是祫也，禘也。祫言肆、獻，禘言饋食，互相備也。魯禮，三年喪畢而祫於太祖，明年春禘於群廟，自爾以後，率五年而再殷祭，一祫一禘。」❸正義云：「若僖公以三十三年薨，至文二年秋八月，大事于大廟。于禮雖少四月，❹猶是三年而爲祫祭，此三年喪畢祫於大祖也。明年春禘於群廟者，案僖公八年及宣八年皆有禘，則僖公、宣公三年春有禘可知。以文公二年祫，則知僖公、宣公二年亦有祫。僖公、宣公二年既有祫，是明年春禘，四年、五年，六年秋祫，是三年祫，更加七年、八年，添前爲五年禘。故僖公、宣公八年皆有禘，五年之中一禘一祫。」

《司尊彝》：「凡四時之間祀，追享、朝享，祼用虎彝、蜼彝，皆有舟。其朝踐用兩大尊，其再獻用兩山尊，皆有罍，諸臣之所昨也。」鄭司農曰：「追享、朝享，謂禘祫也。在四時之間，故曰間祀。」鄭氏曰：「追享，謂追祭遷廟之主，以事有所請禱。朝享，謂朝受政於廟。《春秋傳》曰：『閏月不告朔，猶朝于廟。』」《大司樂》：「凡樂，圜鍾爲宮，黃鍾爲角，大蔟爲徵，姑洗爲羽，靁鼓、靁鼗，孤竹之管，雲和之琴瑟，《雲門》之舞；冬日至，於地上之圜丘奏之，若樂六變，則天神皆降，可得而禮矣。凡樂，函鍾爲宮，大蔟爲角，姑洗爲徵，南呂爲羽，靈鼓、靈鼗，孫竹之管，空桑之琴瑟，《咸池》之舞；夏日至，於澤中之方丘奏之，若樂八變，則地示皆出，可得而禮矣。凡樂，黃鍾爲宮，

❶「也」下，原衍「非」字，今據明本、庫本、嘉慶本及《儀禮·喪服》鄭注刪。

❷「先」，原誤作「非」，今據明本、庫本、嘉慶本及《周禮·大宗伯》改。

❸「一祫一禘」，庫本作「一禘一祫」。

❹「于禮」，原脱，今據明本、庫本、嘉慶本及《周禮·大宗伯》賈疏補。

大呂爲角，太蔟爲徵，應鍾爲羽，路鼓路鼗，陰竹之管，龍門之琴瑟，《九德》之歌，《九韶》之舞；於宗廟之中奏之，若樂九變，則人鬼可得而禮矣。」鄭氏曰：「此三者，皆禘大祭也。」《詩・雝》，「禘大祖也」。「禘，大祭也，大於四時而小於祫。大祖謂文王。」正義云：「毛於禘祫，其言不明，惟《閟宮》傳曰：『諸侯夏禘則不礿，秋祫則不嘗。』然則天子亦有禘祫，蓋亦如鄭，三年一祫，五年一禘也。《爾雅》曰『禘，大祭』，即云『繹，又祭』，則禘是宗廟之禘也。禘大於四時，小於祫。然禮宜小者稠，❶大者稀，而《禮緯》言『三年一祫，五年一禘』者，以天道三年一閏，五年再閏，故制禮象之。其實禘祫自相距各五年，非祫多而禘少也。《春秋》文二年：『大事于大廟。』《公羊》曰：『大事者何？祫也。毀廟之主陳於太祖，未毀之主皆升合食。』是合群廟之主謂之『大事』。昭十五年：『有事于武宮。』《左傳》曰：『禘于武公。』是禘祭一廟謂之『有事』，是祫大於禘也。」《玄鳥》，「祀高宗也」。「祀當爲祫。高宗崩，始合祭於契之廟也。古者三年喪畢禘於其廟，而後祫祭于太祖，明年春禘于群廟。自此之後，五年而再殷祭，一禘一祫。」正義云：「鄭作《魯禮禘祫志》，其略云：魯莊公三十二年秋八月薨，閔二年五月而吉禘。閔二年春除喪，夏四月則祫，又卻以五月禘，比月大祭，故譏其速，明當異歲也。魯閔公二年秋八月薨，僖二年除喪，明年春禘，自此之後乃五年再殷祭，六年祫，故八年秋七月『禘于太廟，用致夫人』。致夫人自有禮，因禘事而致哀姜，故譏焉。魯僖公冬十二月薨，文二年秋八月祫。經言『八月丁卯，大事于太廟，躋僖公』。魯文公十八年春二月薨，宣二年除喪而祫，明年春禘，六年祫，故八年禘。經曰：『夏六月，有事於太廟，仲遂卒。』」《長發》，「大禘也」。「大禘，祭天也，《禮記》曰『王者禘其祖之所自出，以其祖配之』是也。」正義云：「王肅謂禘，祭宗廟，非祭天也。」《禮記・王制》曰：「天子犆礿，祫禘，祫嘗，祫烝。「天子、諸侯之喪畢，〔合先〕君之主於祖廟，後因〔以〕爲常。天子先祫而後時祭，諸侯先時祭而後祫。魯禮，三年喪畢而祫於大祖，明年春禘於群廟。自爾之後五年而再殷祭，一祫一禘。」諸侯礿犆，禘一犆一祫，嘗祫，

❶「稠」，原誤作「裯」，今據嘉慶本改。

烝祫。」《曾子問》：「當七廟五廟無虛主者，祫祭於祖爲無主耳。」又曰：「祫祭於祖，則祝迎四廟之主。」《禮運》曰：「魯之郊禘，非禮也，周公其衰矣！」《明堂位》曰：「季夏六月，以禘禮祀周公於大廟。」《喪服小記》曰：「王者禘其祖之所自出，以其祖配之。」《大傳》曰：「禮，不王不禘。王者禘其祖之所自出，以其祖配之。「郊祀天也。」❶諸侯及其大祖。大夫、士有大事，以省於其君，干祫及其高祖。」《學記》曰：「未卜禘，不視學，游其志也。」《雜記》：「孟獻子曰：『正月日至，可以有事於上帝；七月日至，可以有事於祖。』七月而禘，獻子爲之也。」鄭氏《禘祫志》云：「大王、王季以上遷主，祭于后稷之廟，其座位與祫祭同。文、武以下遷主，若穆之遷主祭於文王之廟，文王居室之奥，東面，文王孫成王居文王之東而北面，以下穆主直至親盡之祖，以次繼而東，皆北面，❷無昭主。若昭之遷主，祭於武王之廟，武王亦居室之奥，東面，其昭孫康王亦居武王之東，北面，以次亦繼而東，直至親盡之祖，無穆主也。其尸，后稷廟中后稷尸一，昭穆尸各一。文王廟中文王尸一，穆尸共一。武王廟中武王尸一，昭尸共一。「逸《禮》稱〔二〕尸者，據文、武之廟，及太祖昭穆而言也。其實太祖廟三尸也，故云獻昭尸如穆尸之禮。」其五齊，自醴齊而下四齊而已，❸無泛齊。酒亦三酒，所陳設之處，所加之明水玄酒等，一如禘祭於文王之廟，無降神之樂。「《大司樂》云『黄鍾爲宮』以下等樂，云『若九變，人鬼可得而禮矣』。鄭氏云：『人鬼，謂后

❶「也」，原作「子」。《禮記・大傳》鄭注：「大祭其先祖所由生，謂郊祀天也。」今據改。

❷「皆」，原誤作「堦」，今據庫本、嘉慶本及《禘祫志》改。

❸「醴」，原誤作「體」，今據明本、庫本、嘉慶本改。

稷也。先奏是樂以致其神，禮之以玉，然後合樂而祭焉。』則不據文、武也。」其裸樽用雞彝、鳥彝。「《司尊彝》云『春祠、夏礿，裸用雞彝、鳥彝』，以禘在夏故也。」朝踐用兩犧尊，❶再獻用兩象樽。其迎尸出在堂之時，其后稷、文、武之尸皆南向，餘尸主如室中之左右也。「謂后稷以下昭穆，昭西面，穆東面。文王以下穆主在西，❷東面；武王以下昭主在東，西面也。」合樂時，作四代之樂。其祭禮，后稷、文王、武王廟各一日。「凡祭之禮，質明行裸，謂之晨裸。繼以朝踐，次乃饋熟以下。是則每廟各行此禮，以其禮煩，難可以一日而畢，又乖朝踐之義。」繹祭則同一日。」馬融、王肅皆云禘大祫小，鄭玄注二《禮》以祫大禘小。賈逵、劉歆則云一祭二名，禮無差降。杜預曰：「逸《禮》記祫于太廟之禮云：『毁廟之主升合食，而立二尸。』」又按《韓詩内傳》云：「禘取毁廟之主，皆升合食於太祖。」則禘小於祫也。祫則備五齊、三酒，禘唯四齊、三酒；祫則備用六代之樂，禘則四代而下，又無降神之樂，以示其闕也。「後漢光武建武二十六年，❸詔問張純，禘祫之禮不行幾年。❹純奏：『舊制，三年一祫，毁廟之主合食高廟，存廟主未嘗合。元始中，始行禘禮。父爲昭，南嚮；子爲穆，北嚮。父子不並坐，而孫從王父。「《決疑要注》曰：『始祖東面，父南面，故曰昭。昭，明也。子北面，故曰穆。穆，順也。』」禘之爲言

❶「犧」，明本、庫本、嘉慶本作「獻」。按《周禮·司尊彝》鄭注引鄭司農云：「獻讀爲犧。犧尊，飾以翡翠。」是底本從注説也。

❷「王」，原誤作「武」，今據文意及《通典》卷四十九《禮九·吉八》「祫禘上」條同引改。

❸下「武」，原誤作「安」。按此所引，《後漢書·祭祀志》也。今據改。

❹「行」上，明本、庫本、嘉慶本據《後漢書·祭祀志》增「施」字。

諦也，是審諦之義。❶以夏四月陽氣在上，陰氣在下，故正尊卑之義。祫以冬十月，五穀成熟，物備禮成，故合聚飲食。祖宗廟未定，且合祭高廟爲常。』後三年冬祫、五年夏禘之時，但就陳祭毀廟主而已，謂之殷祭。❷大祖東面，❸惠、文、武、元四帝爲昭，景、宣二帝爲穆。惠、景、昭三帝非殷祭時不祭也。」袁准曰：「『祫及壇墠，禘及郊宗石室』，此所及遠近之殺也。《大傳》曰：『禮，不王不禘。』諸侯不禘，降殺於天子也。❹若禘祫同貫，此諸侯亦不得祫也。然則禘大而祫小。謂祫爲殷祭者，大於四時，皆大祭也。」博士陳舒表：「三歲一閏，五年祭，八年又殷，兩頭如四，實不盈三。又十一年殷，十四年殷，凡間含二，則十年四殷，與禮五年再殷其義合矣。」博士徐禪議：「《春秋左氏傳》曰：『歲祫及壇墠，終禘及郊宗石室。』許慎稱舊説曰：『終者，謂孝子三年喪〔終〕，則禘於太廟，以致新死者也。』」徐邈議：「禮，五年再殷。凡六十月，分中，每三十月殷也。」大學博士曹述初難云：「三年之喪，其實二十五月，則五年何必六十月。禮，天子特礿，三時皆祫。禘雖有定年，而文無定月。」「按《明堂位》云『夏六月，以禘禮祀周公』，則今之四月。七月日至，❺孟獻子禘其祖，則今之五月。《春秋》文公二年『大事于大廟』，則今之六月。」邈答

---

❶「是審諦之義」，明本、庫本、嘉慶本作「諦諟昭穆，尊卑之義」，與《後漢書·祭祀志》原文同。

❷「殷」，原避宋太祖趙匡胤父趙弘殷偏諱缺末筆，今補之。

❸「大祖」，原作小字，今據明本、庫本、嘉慶本改作大字。

❹「殺」，嘉慶本爲空格，當是原有而後删去也。

❺「日」，原脱。按《禮記·雜記》云：「孟獻子曰：『七月日至，可以有事于祖。』」今據補。

曰：「五年再殷，象再閏，❶無取三年喪也。❷祫三時皆可者，蓋喪終則吉而祫，服終無常，故祫隨所遇，唯春不祫，故曰『特礿』，非殷祀常也。禮，大事有時日，故烝嘗以時，況祫之重，無定月乎！」今據徐邈議，每三十月當殷祀。唐陸淳曰：「『禘者，帝王立始祖之廟，猶謂未盡其追遠尊先之義，故又推尋始祖所出之帝，而追祀之。以其祖配之者，謂於始祖廟祭之，而便以始祖配祭也。此祭不兼群廟之主，爲其疏遠，不敢褻狎故也。其年數或每年一行，或三年一行可知也。鄭氏注《祭法》云禘謂配祭昊天上帝於圜丘也，蓋見《祭法》所說，文在郊上，謂爲郊之最大者，故爲此〔説〕耳。《祭法》所論禘、郊、祖、宗者，謂六廟之外，永世不絶祭者有四種爾，非關配祭也。禘之所及最遠，故先言之爾。何關圜丘哉？❸若實圜丘，「五經」之中何得無一字説處？又云祖之所自出謂感生帝靈威仰也，❹此何妖妄之甚！此文出自讖緯，始於漢哀平間僞書也。故桓譚、賈逵、蔡邕、王肅之徒疾之如讎，而鄭玄述之，通於「五經」，其爲誣蠹甚矣。』或問曰：『若然，則《春秋》書魯之禘何也？』答曰：『成王追寵周公故也，故《祭統》云「成王追念周公，賜之重祭，郊、社、禘、嘗」是也。《仲尼燕居》云明郊社其

❶「再」，原脱，今據嘉慶本補。
❷「三」，原誤作「二」，今據明本、庫本、嘉慶本改。
❸「何」，嘉慶本作「豈」。
❹「帝」下，原有「之」字。嘉慶本此處空一格，當是原有而删去也。今據删。抑或「之」在「帝」上而誤乙也，若然，則當乙正於「帝」上。

義也。❶郊禘，天子之禮。社與嘗，❷諸侯所自有。撰禮者見《春秋》書嘗社，以爲郊與禘同，遂妄意言耳。魯之用禘，蓋於周公廟，而上及文王，即周公之所出也，故此祭惟得於周公廟爲之。❸閔公時遂僭於莊公廟行之。「亦猶因周公廟有八佾，季氏遂用之於私庭也。」以其不追配，故直言莊公而不言莊宮，明用其禮物耳，不追配文王也。本以夏之孟月爲之，至孟獻子乃以夏之仲月爲之。《禮·雜記》云：「孟獻子曰：『正月日至，❹可以有事于上帝。七月日至，可以有事于祖。』七月而禘，獻子爲之也。」今備引諸經書之文，證之于左：閔二年五月「吉禘于莊公」，「譏其不當吉，又不當禘于莊。」僖八年秋七月「禘于大廟，用致夫人」。「譏其非時之禘，又譏致于夫人也。」《左氏》云：「烝、嘗、禘于廟。」又云：「禘于武宮、僖宮、襄宮。」又：「晉人以寡君之未禘祀。」「時未終喪也。」又云：「魯有禘樂，賓、祭用之。」《禮運》云：「魯之郊禘非禮也，周公其衰矣！」「魯郊多失時，又於諸公用禘禮也。」《郊特牲》曰：「春禘而秋嘗。」鄭注：「禘，當爲礿。」《明堂位》曰：「季夏六月，以禘禮祀周公於大廟。」「夏之四月。」《祭義》曰：「春禘秋嘗。」《祭統》曰：「春礿夏禘。」鄭氏云：「夏商時禮也。」又曰：「成王追念周公，賜之重祭，郊、社、嘗、禘是也。」《仲尼燕居》云：「明乎郊社之義，❺禘嘗之禮，治國其如指諸掌而已。」《王

❶「是也仲尼燕居云明郊社其義也」，疑有訛誤。據陸淳《春秋集傳纂例》卷二《辨禘義》，此十三字當作「是其義也」，中間九字乃衍文。

❷「社」，原脱，今據明本、庫本、嘉慶本補。

❸「也故」，原誤作「故也」，今據陸淳《春秋集傳纂例》卷二《辨禘義》改。

❹「正」，原誤作「五」，今據陸淳《春秋集傳纂例》卷二《辨禘義》及《禮記·雜記》改。

❺「明乎」，原作小字，今據明本、庫本、嘉慶本改作大字。

制》云：「春礿，夏禘。」鄭云：「商時禮也。」又云：「礿則不禘，禘則不嘗，嘗則不烝，烝則不礿。」鄭云：「虞夏諸侯歲朝，廢一時祭也。」《詩・周頌》序云：「《雝》，禘大祖也。」鄭云：「禘大於時祭，而小於祫。」又《商頌》云：「《長發》，大禘也。」《爾雅》云：「禘，大祭也。」《論語》曰：「禘自既灌而往者，吾不欲觀之矣。」《國語》曰：「禘、郊之牛角繭栗。」』問曰：『《左傳》云「烝、嘗、禘于廟」，何也？』答曰：『此謂見《春秋經》前後祭祀唯有此三種，以爲祭名盡於此。但據經文，不識經意，所以云爾。又見經中禘于莊公，以爲諸廟合行之，故妄云禘于武宮、僖宮、襄宮，皆妄引禘文而説祭爾。』問者曰：『若禘非時祭之名，則《禮記》諸篇所説，其故何也？』答曰：『《禮記》諸篇，或孔門後之末流弟子所撰，❶或漢初諸儒私撰之，以求購金。「漢初以金購遺書，故儒者私撰禮篇鬻之。」皆約《春秋》爲之，見春秋禘于莊公，遂以爲時祭之名。「若非末流弟子及漢初儒者所著，不應差互如此也。」❷見《春秋》唯兩度書禘，一春一夏，「閔二年五月吉禘于莊公，今之三月；僖八年七月禘于太廟，❸今之五月也。」所以或謂之春祭，或謂之夏祭，各自著書，不相扶會，理可見也。而鄭玄不達其意，故注《郊特牲》云禘當爲礿。《祭義》與《郊特牲》同，鄭遂不注。《祭統》及《王制》，則云此夏殷時禮也，且《祭統》篇末云「成王追念周公，賜之重祭，郊、社、嘗、禘是也」，何得云夏殷禮哉？遂都不注。鄭又見吉禘于莊公，遂云禘小於祫。❹見《毛

❶「後之」，原作小字，今據明本、庫本、嘉慶本改作大字。
❷「如」，明本、庫本作「若」。
❸「僖」下，明本、庫本、嘉慶本增「公」字。
❹「遂云」，原脱，今據陸淳《春秋集傳纂例》卷二《辨禘義》補。

詩·雝》篇注。❶儒者通之云：「三年哀畢，小禘于禰，五年大祫，自此便三年一禘，五年一祫。」若禘不迎群廟之主，何謂之大？若迎群廟之主，何得於禰廟迎之？又《曾子問》篇中何得不序？「引文在下。」乖謬之甚也！且《春秋》文二年《公羊》云：❷「大事，祫也。毁廟之主皆陳於大祖，「陳者，明素皆藏於太祖廟，今但出而陳之也。」未毁廟之主皆升，合食于太祖。「升者，明自爲本廟而來升也。」《禮記·曾子問》篇云：「祫祭于大廟，祝迎四廟之主。」「明毁廟之主皆素在太廟，故不迎也。」又云：「非祫祭則七廟、五廟無虚主。」「義與《公羊》同。」並無説禘爲殷祭處，則禘不爲殷祭明矣。』「殷，重大之義也。」問曰：『若禘非三年喪畢之殷祭，則晉人云「以寡君之未禘祀」，何也？』答曰：『此《左氏》之妄也。《左氏》見經文云「吉禘于莊公」，以爲喪畢當禘，而不知此本魯禮也，不合施於它國。❸《左氏》亦自云：「魯有禘樂，賓、祭用之。」即明諸國無禘，了可知矣。是《左氏》自相違背，亦可見矣。』或曰：『禘非殷祭，則《論語》云：「禘自既灌而往者，吾不欲觀之矣。」何也？』答曰：『此夫子爲大夫時，當禘祭而往助祭，❹歎其失禮，故云爾也。初酌酒灌地以降神之時，其禮易行，既灌之後，至於饋薦，則事繁而大懈慢，故夫子退而嫌之。或人因而問其故，夫子不欲指斥君之惡，便云不知也。言其禮難知也，若能知者，則於天下大

❶「篇」，原誤作「什」，今據陸淳《春秋集傳纂例》卷二《辨禘義》改。

❷「文二年」，原誤作「宣八年」。按此所引，出《公羊傳》文二年。今據改。

❸「施於」，原作小字，今據明本、庫本、嘉慶本改作大字。

❹「禘」，原誤作「殮」，今據明本、庫本、嘉慶本及上文改。

事莫不皆知，可如掌中之物。言如此者，是禘禮至難知，以隱其前言非斥之意耳。注家不達其意，遂妄云既灌之後，列尊卑，序昭穆，爲躋僖公，故惡之。且禘祭之時，固當先陳設座位，位定之後乃灌以降神。《郊特牲》云「既灌然後迎牲」，明牲至即殺之以獻，何得先裸然後設位乎？先儒不達經意，相沿致誤，皆此類也。或難曰：「夫子所歎，若非爲逆祀，别致虧禮，則《春秋》何不書乎？」答曰：「《春秋》所紀祭祀，皆失時及非常變故乃云爾。至於懈慢虧失，史官如何書乎？若如此細故盡書，則《春秋》一年經當數萬言，不當如此簡也。」述《祭統》者不達此意，遂云：「明乎郊社之義，禘嘗之禮，治天下其如指諸掌乎。」此不達聖人掩君惡之意，遂云爾。假令達於祭祀亦儀表中一事爾，若别無理化之德，何能治天下乎。此並即文爲説，不能遠觀大指，❶致此弊耳。』問者曰：『《王制》所云：「礿則不禘，禘則不嘗，嘗則不烝，烝則不礿。」信如鄭説乎？』答曰：『撰此篇者，亦緣見《春秋》中唯有禘、烝、嘗三祭，謂魯唯行此三祭，遂云爾。若信如鄭注，諸侯每歲皆朝，即遠國來往須歷數時，何獨廢一時而已？又須往來當在道路，如何守國理民乎？』問者曰：『《明堂位》云：「季夏六月，以禘禮祀周公于大廟。」又云：「夏礿，秋嘗，冬烝。」此即以禘爲大祭，而時祭闕一時，❷義甚明著也。』答曰：『《禮》篇之中，夏礿，秋嘗，冬烝，庸淺鄙妄，此篇爲甚，故云：「四代之官，魯兼一用之。」又云：「君臣未嘗相弑也，禮樂刑法

❶「大」，原誤作「天」，今據庫本、嘉慶本及陸淳《春秋集傳纂例》卷二《辨禘義》改。

❷「一時」，原作小字，今據明本、庫本、嘉慶本改作大字。

未嘗相變也。」其鄙若此，何足徵乎！　鄭玄不能尋本討原，但隨文求義，解此禘禮輒有四種：其注《祭法》及《小記》則云「禘是祭天」，注《詩・頌》則云「禘是宗廟之祭，❶小於祫」，注《郊特牲》則云「禘當爲禴」，注《祭統》、《王制》則云「禘是夏殷之時祭名」，殊可怪也。』問曰：『禘若非圜丘，《國語》云「郊禘之牛角繭栗」，何也？』答曰：『凡禘皆及五帝。五帝，大皞等是也。以其功高，歷代兆於四郊以祭之，比之次於天帝。且郊祀稷牛角猶繭栗，則太皞之牛不得不爾，何足疑哉？　儒者又以禘祫俱大祭，❷祫則於大廟列群宮之主，禘則於文、武廟各迎昭穆之主。「文爲穆列，武爲昭列，已毀廟及未毀廟之主，各以昭穆分集於文、武。」予謂凡太廟之有祫祭，象生有族食之義，列昭穆則齒尊卑之義。今乃分昭穆各於一廟集之，有何理哉！　又「五經」中何得無似是之說？「言不獨無明文，亦無疑似之說。」若信有此禮，五廟、七廟有虛主，其《曾子問》篇中何得不該？「義已上見。」蓋儒者無以分別禘祫之異，强生此義，又何怪哉！』」《周禮・大宗伯》：「以肆、祼、獻享先王，❸以饋食享先王。」《司尊彝》：「凡四時之間祀，追享、朝享。」夫肆、祼、獻、饋食在時享之上，❹追享、朝享間於時享之間。則追享，禘也，禘以肆、祼、獻爲主，猶生之有饗也；朝享，祫也，祫以饋食爲主，猶生之有食也。古者喪除朝廟，合群祖而祭焉，故祫謂之朝享。以合群祖爲不足，明年又

❶「則云」，原作小字，今據明本、庫本、嘉慶本改作大字。
❷「又以」，原作小字，今據明本、庫本、嘉慶本改作大字。
❸「祼獻」，明本、庫本、嘉慶本作「獻祼」，與《周禮・大宗伯》原文同。
❹「祼獻」，明本、庫本、嘉慶本作「獻祼」。下「祼獻」同。

禘其祖之所自出，故禘謂之追享。自此五年而再殷祭，三年一祫，又二年一禘。《公羊》曰：「五年而再殷祭。」《禮緯》曰：「三年一祫，五年一禘。」考之《春秋》：「文二年八月，大事于大廟，躋僖公。」《公羊》曰：「大事者何？祫也。」《穀梁》曰：「大事者何？大是事也，著祫嘗。」則僖公之喪，畢於文二年十二月，❶八月喪未畢而祫，且躋僖公焉，非禮也，故書「大事，躋僖公」以譏之。先儒曰：「禫而後祫。僖公以十二月，所少者四月也。」閔二年：「吉禘于莊公。」《公羊》曰：「言吉者，未可吉也。」《穀梁》曰：「喪事未畢而舉吉祭，故非之也。」則莊公之喪畢於閔二年，而禘必踰年。二年而禘，非禮也，故書「吉禘于莊公」以譏之。此喪除而祫，《士虞禮》曰：「哀薦祫事。」虞而欲合於先祖，則喪畢之祭，莫始於祫也。踰年而禘之證也。《禮記》曰：「未卜禘，不視學。」《左傳》稱：「晉人曰：『寡君之未禘祀。』」此皆喪除踰年之禘也。故僖二年除閔之喪，八年秋禘于太廟；宣二年除文之喪，八年夏有事于太廟：均八年也。其去喪除踰年之禘，適五年耳，則有事爲禘可知。此三年禘之證也。鄭康成曰：「魯禮，三年喪畢，禘于其廟，然後祫於太廟。明年〔春，禘于群廟。」其〕言喪畢之祫，明年之禘，固合《春秋》之義；其言禘于其廟，又禘于群廟，是不知魯之失禮而惑之也。《左氏》曰：「禘于僖宮、武宮、襄宮，此魯之失禮。」孔子曰：「魯之郊禘，非禮也，周公其衰矣。」禘之非禮，蓋此類歟。《儀禮》曰：「學士、大夫知尊祖矣。諸侯及其大祖。天子及其始祖之所自出，以其祖配之。」諸侯及其大祖，大夫有事省於其君，而祫及其高祖。是學士、大夫知尊祖而已，有

❶「十二月」，原誤作「二年」，今據明本、庫本、嘉慶本改。

時祭而無祫，諸侯及其大祖而已，有祫而無禘。大夫有事省於其君，然後有祫，則周公有大勳勞，省於成王然後有禘，故《禮記》曰「以禘禮祀周公於大廟」，則禘可施於群廟哉？《春秋》書「吉禘于莊公」，不特譏吉禘也，兼譏禘于莊公也。晉之有禘，蓋亦僭耳。先王制禮，必象天道，故月祭象月，時祭象時，三年之祫象閏，五年之禘象再閏。而禮，數者小，稀者大；小者祭及近，大者追及遠。此孔融、王肅所以皆言禘大祫小也。康成以配祖之禘爲圜丘之祭，以群廟之禘爲魯之正禮，於是謂祫大禘小，而始則禘先祫後，終則祫先禘後，此不經之論也。然則禘之年月，可推於《春秋》，見於《禮記》，謂魯以六月禘周公。魯之六月，夏之四月也。孟獻子易之以七月日至，而用夏之五月，君子譏之。崔靈恩言禘宜在夏，張純言禘以四月，其説是也。祫之年月，經傳無文。《禮緯》與康成謂祫在三年，張純謂祫在十月，於理或然。蓋禘以諦昭穆之尊卑，必以四月，以其陽上陰下，有尊卑之義也；祫以合群祖，必以十月，以其萬物歸根，有合於本之義也。然康成又以《王制》祫禘、祫嘗、祫烝爲三年之祫，而祫無常月，殆不然也。唐自睿宗以後，三年一祫，五年一禘，各自計。然至二十七年，凡五禘，七祫，而禘祫同歲。太常議曰：「今太廟禘祫兩岐俱下，或比年頻合，或同歲再序，或一禘之後併爲再祫，或五年之内驟有三殷，求禮經，❶頗爲乖失。」然則五年再殷之制，可以不通計乎？

❶「求禮經」，嘉慶本作「求之禮經」，《通典》卷五十《禮十・吉九》「祫禘下」條及《舊唐書・禮儀志》同引皆作「求之禮文」。

禘祫下

《公羊傳》曰：「毁廟之主陳於太祖，未毁廟之主皆升合食。」《韓詩傳》曰：「禘取毁廟之主，皆升合食。」皆升合食，則未毁廟之主舉矣。鄭康成謂禘祭毁廟，不及親廟。《禘祫制》云：「禘不及親廟。文、武以下毁主，依昭穆於文、武廟中祭之。王季以上，於后稷廟中祭之。」陸淳謂：「禘祭不兼群廟，爲其疏遠，不敢褻狎。」此殆未嘗考之於經也。《詩·頌·長發》「大禘」而歌「玄王桓撥，相土烈烈」，與夫武王之湯，中葉之太甲；《雝》，「禘太祖」「大祖，后稷也。」而歌皇考之武王，烈考之文王。則不及親廟與夫不兼群廟之説，其足信哉？《祭法》曰：「有虞氏禘黄帝而郊嚳，祖高陽而宗堯；夏后氏亦禘黄帝而郊鯀，祖高陽而宗禹；❶商人禘嚳而郊冥，祖契而宗湯；周人禘嚳而郊稷，祖文王而宗武王。」禘非祀天，而文在「郊」上者，以其祖之尤遠故也；祖、宗非皆祀明堂，而文在「郊」下者，以其祖有功，宗有德，而廟不遷故也。虞夏商以質而親親，故郊其近而祖其遠；嚳，高陽之猶子。鯀，高陽之子。冥，契之六世孫。周以文而尊尊，故郊其遠而祖其近。鄭康成謂：「虞夏宜郊高陽，商宜郊契。」其説非也。《魯語》展禽曰：「有虞氏禘黄帝而祖高陽，郊堯而宗舜；夏后氏禘黄帝而祖高陽，郊鯀而宗禹；商人禘舜而祖契，郊冥而宗湯；周人禘嚳而郊稷，祖文王而宗武王。幕，「舜後虞思也。」能帥高陽者也，有虞氏報焉；杼，杼，少康之子。能帥禹者也，夏后氏報

❶「高陽」，明本、庫本、嘉慶本作「顓頊」，其實一人也。下六「高陽」同。

焉；上甲微，契後八世。能帥契者也，商人報焉。高圉、高圉，后稷十世孫。大王，能帥稷者也，周人報焉。凡禘、郊、祖、宗、報，此五者國之祀典也。」其言虞氏郊、宗異於《祭法》者，賈氏曰「虞氏之後，在夏商爲二王後，❶有郊禘祖宗之體」是也。由此推之，《國語》言商人禘舜，亦異於《祭法》者，蓋宋禮歟。康成《禘祫志》曰：「祫備五齊、三酒，禘以四齊、三酒；祫用六代之樂，禘以四代。」賈公彦曰：「祫十有二獻，禘九獻。」然《酒正》「凡祭祀以法共五齊、三酒，以實八尊」，《大司樂》「以六律、六同、五聲、八音、八舞大合樂，以致鬼、神、祇，乃奏無射，歌夾鍾，舞《大武》，以享先祖」，而無禘祫隆殺之辨。《掌客》諸侯長猶且十有再獻，則禘先王不容九獻而已。彼蓋溺於祫大禘小之説然也。《國語》曰：「郊禘之牛，不過繭栗。」又曰：「郊禘之事射牛。」「郊禘之事有全脀。」又曰：「天子親春郊禘之盛。」是禘之禮與郊同，而其義則孔子以「治天下如指諸掌」，則祭其有大於此乎。《爾雅》曰：「禘，大祭也。」則禘爲廟祭之大者明矣。或曰以《春秋》有事爲禘，而《公羊》、《穀梁》以大事于太廟爲祫，則禘非大於祫矣；又《曾子問》、《王制》皆以言祫而不該禘，則祫非小於禘矣。其故何也？《春秋》言大事，所以甚逆祀之非，言有事，則本下事而已，則有事不必非大事也；《曾子問》兼諸侯而言之，故舉祫而已；《王制》之言祫，非三年之祫也。

禮書卷第七十一終

❶「後」，原爲異體「后」而印殘，明本、庫本、嘉慶本作「後」，今據改。

禮書卷第七十二

時祭之祫　月祭時享　三代時祭　天子卜祭於廟堂　大夫卜祭於廟門　卜郊

時祭之祫

君子以義處禮，則祭不至於數煩；以仁處禮，則祭不至於疏怠。悽愴發於霜露之既降，怵惕生於雨露之既濡，此所以有四時之享也。商禮，春曰礿，夏曰禘，而五年之禘爲大禘，《詩・頌・長發》「大禘」是也；周禮，春曰祀，夏曰礿，而五年之禘不稱大焉，《詩・頌・雍》「禘太祖」是也。然四時之享，皆前期十日而齋戒，前祭一日而省視。祭之日，禮交動乎上，樂交應乎下；自再祼以至九獻，其禮非一舉；自致神以至送尸，其樂非一次。以一日而歷七廟，則日固不足，而强有力亦莫善其事矣。若日享一廟，前祭視牲，後祭又繹，則彌月之間，亦莫既其事矣。考之經傳，蓋天子之禮，春則犆祭，夏秋冬則合享；犆祭各於其廟，合享同於太廟。《王制》曰：「天子犆礿，祫禘，祫嘗，祫烝。諸侯礿犆，禘一犆一祫。」是天子春犆，而三時皆祫；諸侯亦春犆，而冬皆祫。其異於天子者，禘一犆一祫而已。禘一犆一祫，而嘗、烝皆祫，是始年再祫，次年三祫也。天子言「犆礿」，諸侯言「礿犆」；天子言「祫禘，祫嘗，祫蒸」，諸侯言「嘗祫，烝祫」，此特變文而已，非有異也。鄭氏曰：「天子先祫而後時祭，諸侯先時祭而後祫。凡祫之歲，春一礿而已。」孔穎達云：「皇氏以爲虞夏祫祭，❶每年爲之。又云三時祫者，夏秋冬，或一祫焉。按《禘祫志》云祫於秋於冬於夏，❷則夏商三時俱殷祭。❸皇氏之説非也。其言皆無所據。」《楚茨》之詩，始言「以往烝嘗」，終言「神具醉止」；《儀禮》大夫三廟，筮止丁亥之一日，而言「薦歲事于皇祖」；《禮記》言「嘗禘之禮，所以仁昭穆」。則會群神於烝、嘗而具醉者，祫也；合三廟於一日而薦于皇祖者，亦祫也；嘗禘所以仁昭穆，亦祫也。祫有三年之祫，有時祭之祫。時祭之祫，小祫也；《士虞禮》曰：「薦此祫事。」則時祭謂之祫，宜矣。三年之祫，大祫也。時祭有小禮，有大禮。小禮，春也；大禮，夏秋冬也。《公羊傳》曰：「大事者何？大祫也。」則明時祭之祫爲小祫矣。《禮記》曰「大嘗」，《周禮》曰「大烝」，則明春祀爲小禮矣。蓋小祫止於未毁廟之主，大祫已及於毁廟之主。《禮記》曰：「周旅酬六尸。」又曰：「祫于太廟，祝迎四廟之主。」

❶「以爲」，原誤作「讀」，今據明本、庫本、嘉慶本改。

❷「夏」上之「於」，原誤作「皆」，今據明本、庫本、嘉慶本改。

❸「商」，明本、庫本、嘉慶本作「殷」。「殷」，原誤作「商」，今據明本、庫本、嘉慶本及《禮記・王制》孔疏改。

夫天子旅酬止於六尸，諸侯迎主止於四廟，非小袷而何！

月祭時享

《周禮·大宗伯》以肆、獻、祼、饋食享先王，以春祠、夏禴、秋嘗、冬烝享先王。《祭法》：「王立七廟，一壇一墠：曰考廟，曰王考廟，曰皇考廟，曰顯考廟，曰祖考廟，皆月祭之；遠廟爲祧，有二祧，❶享嘗乃止。諸侯五廟，一壇一墠：曰考廟，曰王考廟，曰皇考廟，皆月祭之；顯考廟、祖考廟，享嘗乃止。」然則《周禮》有時祭無月祭，《祭法》有月祭無時祭，《周語》祭公謀父曰：「甸服者祭，侯服者祀，賓服者享，要服者貢。日祭，月祀，時享，歲貢。」《楚語》觀射父曰：❷「先王日祭，月享，時類，歲祀。諸侯舍日，卿大夫舍月，士、庶人舍時。」韋玄成、韋昭之徒則曰：「天子日祭於祖、考，月祭於曾、高，時享於二祧，歲貢於壇墠。」此與漢法日祭於寢，月祭於廟，時祭於便殿，其事相類。而甸、侯、賓、要、荒五服之制，與《禹貢》相合。蓋夏商之禮如此，故左丘明、荀卿、司馬遷皆得以傳之也。《周禮·小宗伯》：「凡天地之大災，類社稷、宗廟，爲位。」則類於宗廟者無常時，與所謂王時類者異矣。《王制》：「庶人春薦韭，夏薦麥，秋薦黍，冬薦稻；韭以卵，麥以魚，黍以豚，稻以鴈。」則薦於四時者有常物，與所謂「庶人舍時」者異矣。然則《玉藻》

❶「有二祧」，原誤作「祧有一祧」，今據嘉慶本及《禮記·祭法》改。

❷「觀射父」，原誤作「射觀父」，今據庫本、嘉慶本及《國語·楚語》改。

言：「天子聽朔於南門之外，諸侯聽朔於大廟。」《春秋》文公六年書：「閏月，不告朔，猶朝于廟。」《論語》曰：「子貢欲去告朔之餼羊。」鄭氏釋《玉藻》謂：「天子聽朔於明堂，以特牲告其帝及神，配以文王、武王。」釋《論語》謂：「人君每月告朔有祭，謂之朝享。」然《周禮》朝享非謂告朔；而「聽朔於明堂，以特牲告其帝及神，配以文王、武王」，無所經見。要之，告朔於廟，餼以特牲，謂之月祭，此先王之禮也。魯文公不行告朔之禮，但身至廟拜謁而已，故《春秋》譏之。《穀梁》言：「天子告朔于諸侯，諸侯受于禰廟，禮也。」又曰：「閏月不以告朔。」然受朔于禰，則異於《玉藻》。閏月不告朔，則異於《左氏》。《左氏》曰：「閏以正時，時以作事，事以厚生，生民之道於是乎在。不告朔，棄時政也。」《祭法》諸侯月祭不及祖考，其説與《穀梁》同，不知何據然耶。

三代祭時

夏祭其闇。

商祭其陽。

周祭日以朝及闇。

《祭義》曰：「夏后氏祭其闇，商人祭其陽，周人祭日以朝及闇。」《檀弓》曰：「夏后氏大事用昏，商人大事用日中，周人大事用日出。」然則《春秋》書之「大事于大廟」，傳稱「國之大事，在祀與戎」，則祭亦大事也。夏尚黑，用昏，故祭其闇；商尚白，用日中，故祭其陽；周尚赤，用日出，故祭以朝及闇。鄭氏謂：「陽，讀爲『曰雨曰暘』之暘。以朝及闇，謂終日有事。」蓋三代正朔之所尚，正則夏以建寅，商以建丑，周以建子；

朔則夏以平旦，商以雞鳴，周以夜半。是皆夏據其末，商周探其本，則祭之早晏，亦若此也。《少牢》大夫之祭，「宗人請期，曰：『旦明行事。』」子路祭於季氏，「質明而始行事，晏朝而退」，孔子取之。此周禮也。然禮與其失於晏也，寧早，則周雖未明之時祭之可也，故曰「以朝及闇」。《周官・雞人》：「凡國事爲期，則告之時。」《宗伯》：「祭之日，告時于王。」蓋雞人告于宗伯，宗伯告于王，然後行事。

天子諸侯卜祭於廟堂

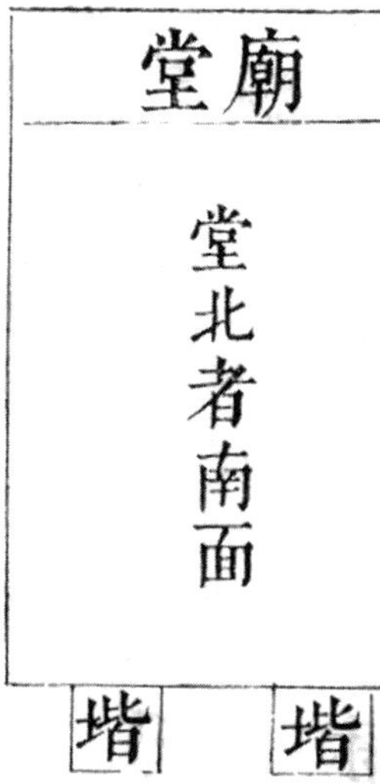

❶

大夫士卜祭於廟門

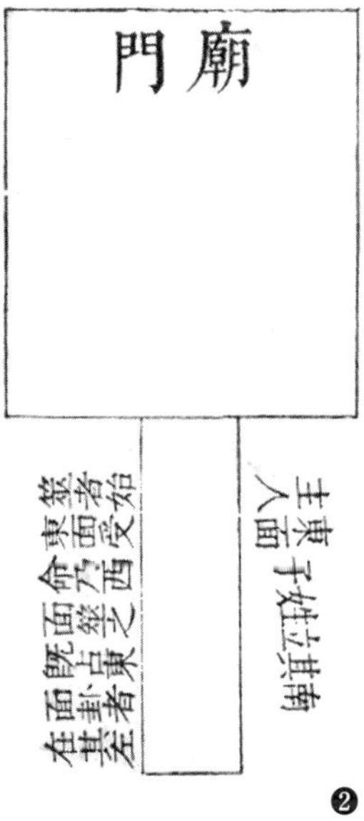

❷

《周官》有大卜、龜人、占人、筮人。凡國之大事，先筮而後卜。《表記》則曰「天子無筮」，《禮器》言「諸侯以龜爲寶」，《表記》則曰「諸侯有守筮」。❸ 蓋天子主於龜而未嘗無筮，諸侯主於筮而未嘗無

❶ 圖中「堂北者南面」五字，原無，爲明本、嘉慶本所增。

❷ 圖中文字，除「廟門」二字外，原皆無，爲明本、嘉慶本所增。「筮者始東面」之「東」，原誤作「西」，今據嘉慶本及《儀禮・特牲》改。

❸ 「寶表」，原誤作「表寶」，今據明本、庫本、嘉慶本改。

龜。鄭康成謂「天子至尊，大事皆用卜」，此皆指其所主者言之也。《周官》凡祭祀之禮，肆師於卜日、宿、爲期，大宰、大宗伯帥執事而卜日，大史與執事卜日。《郊特牲》曰：「卜郊受命於祖廟，作龜于禰宮。」《龜筴傳》曰：「王者發軍行將，必鑽龜廟堂之上，以決吉凶。」《儀禮・特牲》、《少牢》、《士冠》皆筮於廟門之外，士卜葬亦於廟門之外，則人君卜於禰宮之内，大夫、士筮於禰門之外也。鄭氏釋《士冠禮》謂：「筮不於堂者，嫌蓍之靈由廟神。」失之矣。考之於《禮》，大夫、士有筮無卜，筮則有筮史，卜則請於君。故臧氏居蔡，孔子所譏；騶乞請卜，子產弗與。則士又可知矣。《記》曰：「易抱龜南面，天子卷冕北面。」《少牢》大夫朝服而祭，亦朝服而筮。《特牲》士冠端玄而祭，亦冠端玄而筮。則卜筮之嚴，與祭同也。然大夫、士筮則主人西面，筮史亦西面。天子之卜則易南面，天子北面，何也？北者正陰之位，西者少陰之方，天子求兆於正陰，大夫、士則求兆於少陰而已。猶之天子藉於正陽之南郊，諸侯藉於少陽之東郊也。然天子之卜，易雖抱龜南面受命，及其卜也，亦北面。觀《士喪禮》筮宅，筮者南面受命，然後北面筮之，則天子之卜蓋亦然也。士筮宅以筮，而卜日又以龜，豈非請於君乎？

卜郊

《郊特牲》曰：「郊之用辛也，周之始郊，日以至。」《周官・大司樂》：「凡樂，冬日至，於地上之圜丘奏之，天神皆降，可得而禮。」「凡以神仕者，以冬日至，致天神、人鬼。」則周之始郊，乃周正月之郊也。周正月之郊以冬日至，則非始郊者用辛矣。《家語》曰：「冬至之月用辛。」此王肅傅會之論也。《春秋》成十七年書「九月辛丑用郊」，定十一年「五月辛丑郊」，哀元年「四月辛丑郊」。《穀梁》曰：「我以十二月下辛，卜正月上辛。如不從，則以正月下辛，卜二月上辛。如不從，則以二月下辛，卜三月上辛。如不從，則不郊矣。郊，三卜，禮也；四卜，非禮也；五卜，强也。」考之於《禮》，卜筮不過三，則僖、襄之四卜郊，成之五卜郊，其爲非禮與强可知也。然《詩》曰：「春秋匪懈，享祀不忒。皇皇后帝，皇祖后稷。」《明堂位》曰：「孟春乘大路祀帝于郊，配以后稷。」《左氏》曰：「啓蟄而郊，郊而後耕。」則魯郊固在夏之孟春矣。啖氏曰：「以周二月卜三月上辛，不吉則卜中辛，又不吉則卜下辛。」此説是也。《穀梁》謂自夏正月至三月，郊之時也，皆卜上辛。然考之《儀禮·少牢饋食》：「筮旬有一日，若不吉，則及遠日，又筮日如初。」《曲禮》曰：「旬之外曰遠日。」是古人踰旬則卜，未聞踰月乃卜也。社用甲，郊用辛者，甲者日之始，辛者乾之方。生物者社也，故用甲；成功者天也，故用辛。鄭氏謂：「用辛者，凡爲人君當齋戒自新。」若然，是祭祀之卜日，其義不在神而在人也。《公羊傳》曰：「禘嘗不卜，郊何以卜？」魯郊，以周公之故，不爲非禮。

禮書卷第七十二終

禮書卷第七十三

六龜　燋　楚焞　卜法　蓍　筮法　蓍
韇　畫爻木❶　卦版春秋筮法附　繫幣

六龜

❷

《龜人》：「掌六龜之屬，各有名物。天龜曰靈屬，地龜曰繹屬，東龜曰果屬，西龜曰靁屬，南龜曰獵屬，北龜曰若屬。各以其方之色與其體辨之。」《卜師》：「凡卜，辨龜之上下、左右、陰陽，以授命龜者，而詔相之。」《爾雅》十龜：「一曰神龜，二曰靈龜，三曰攝龜，四曰寶龜，五曰文龜，六曰筮龜，七曰山龜，八曰澤龜，九曰水龜，十曰火龜。」「〔龜，俯〕者靈，仰者射，前弇諸果，後弇諸獵，左倪不類，❸右倪不若。」《龜策傳》八龜：「一曰北斗龜，二曰南辰龜，三曰五星龜，四曰八風龜，五曰二十八宿龜，六曰日月龜，七曰九州龜，八曰玉龜：凡八名龜。龜圖各有文在腹下。」然則《爾雅》所謂射即繹屬也。

❶「爻木」，原誤作「本爻」，今據目録、文中小題改。
❷圖上文字，原無，爲明本、庫本、嘉慶本所增。
❸「不」，原誤作「下」，今據明本、庫本、嘉慶本及《爾雅·釋魚》改。

鄭氏釋《玉藻》「卜人定龜」，謂「靈射之屬」。蓋射與繹同。不類即靁屬也，不若即若屬也。天龜俯，地龜仰，西龜左倪，北龜右倪，皆其首然也；東龜前弇，南龜後弇，皆其甲然也。上仰者也，下俯者也，左左倪也，右右倪也，陰後弇也，陽前弇也。其色則天龜玄，地龜黄，東龜青，南龜赤，❶西龜白，北龜黑，此所謂「各以其方之色」也。《樂記》曰：「青黑緣，天子之寶龜也。」《公羊傳》曰：「龜青純。」何休曰：「龜甲髯也。千歲之龜青髯。」然則六龜之色，蓋亦視其髯而已。其長則《逸禮》「天子龜尺二寸，《龜策傳》曰：「龜千歲乃滿尺二寸。」諸侯八寸」是也。《禮》曰：「家不寶龜。」《儀禮》大夫、士祭筮而已。則大夫無守龜矣。《逸禮》又言「大夫龜六寸」，誤也。凡龜，取以秋，攻以春。《龜人》：「秋獻龜、魚。」《月令》：「季夏，登龜取黿。」鄭氏謂《月令》似誤。其藏有室，鄭氏曰：「六龜各異室。」《莊子》曰：「楚有神龜，王巾笥而藏之廟堂之上。」《龜策傳》曰：「高廟中有龜室，藏内以爲神寶。」其釁有時。《龜人》：「上春釁龜。」《月令》：「孟冬，釁祠龜策。」鄭氏曰：「上春者，夏正建寅之月。秦以十月建亥爲正，欲以歲首釁龜耳。」奉之必襲而曳踵，「執玉龜襲，舉前曳踵。」奠之必端而辨其首。「倒策側龜於君前有誅。」❷《儀禮》或南首、或西首是也。卜則腹骨，灼則四體。鄭氏曰：「卜用龜之腹骨，骨近足者部高。春骨灼後左，夏灼前左，秋灼前右，冬灼後右。」而大卜或作，或命，或貞，或陳，其事不一。蓋凡國大貞，卜立君，卜大封，則視高作龜。喪

❶「龜青南龜赤」，原作小字，今據明本、庫本、嘉慶本改作大字。

❷「策側」，原誤作「側策」，今據明本、庫本、嘉慶本及《禮記·曲禮》改。

祭之事輕於大貞，則視高命龜。國大遷、大師，輕於喪祭，則貞龜。凡旅，則陳龜而已。考之《儀禮》：「卜人奠龜，宗人示高，乃坐命龜，而後卜人坐作龜。」然則太卜於大祭祀、凡喪事，命之而不作，則作者其屬也。國大貞作之而不命者，宗伯也。貞龜則正之於卜位，而不親命也；陳龜則陳之於饌所，而不卜也。《禮統》曰：「神龜之象，上圜法天，下方法地，背上有盤法丘山，互文交錯以成列宿。」

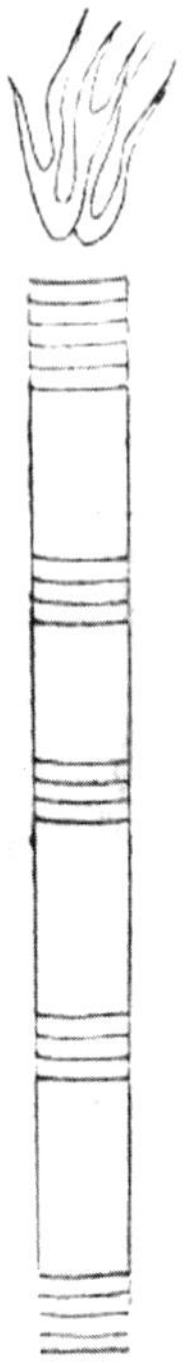
燋

楚焞

卜法 用龜之腹骨。❶

❷

《周禮·菙氏》：「掌共燋契，以待卜事。凡卜，以明火爇燋，遂吹其焌契，以授卜師，遂役之。」《卜師》：「凡卜事，揚火以作龜，致其墨。」《士喪禮》將葬卜日：「卜人先奠龜于西塾上，南首，布席。楚焞置于燋，在龜東。宗人立于門西，東

❶「用龜之腹骨」，原無，爲明本禮圖標題、庫本禮圖標題、嘉慶本禮圖標題所增。

❷圖上文字，原無，爲明本、庫本、嘉慶本所增。

面南上。占者三人在其南，北上。席于闑西閾外。主人北面，免絰。卜人抱龜燋，先奠龜，西首，燋在北。」蓋燋，炬也。《龜策傳》曰：「卜先以造灼龜。」徐廣曰：「造，音竈。」契，灼龜之木也。契謂之焌，亦謂之楚焞。楚，其材也；❶《龜策傳》曰：「灼以荆。」焞，其體也；鄭氏曰：「焌，讀如『戈鐏』之鐏。」則焌之狀可知。契，其用也。焌與焞其名一也，契與作其義一也。《士喪》卜葬，始則「卜人奠龜于西塾上，南首。楚焞置于燋，在龜東」，以龜奠也；既而「奠龜，西首，燋在北」，以占者在南也。掌共燋契謂之華氏者，鄭氏曰：「燋焌用荆華之類也。」《卜師》：「揚火以作龜，致其墨。」《占人》：「凡卜筮，君占體，大夫占色，史占墨，❷卜人占坼。」《玉藻》：「卜人定龜，史定墨，君定體。」《書》曰：「惟洛食。」又曰：「乃命卜筮，曰雨，曰霽，曰蒙，曰驛，曰克，曰貞，曰悔，鄭氏注《大卜》引《洪範》所謂曰雨，曰霽，曰圛，曰蟊，曰尅」，蓋其所傳者異也。凡七。卜五，占用二，衍忒。立時人作卜筮，三人占則從二人之言。」蓋占龜之法，體有吉凶，色有善惡，墨有小大，坼有微明。❸雨、霽、蒙、驛、克，其兆狀然也。君占體然後大夫占色，史占墨，卜人卜，其事序然也。《書》曰：「體，王其無害。」《詩》曰：「爾卜爾筮，體無咎言。」《儀禮》：「卒筮，示主人。主人受眡，反之。筮人還。旅占卒，進告吉。」主人先視卦體，然後旅占也。《大卜》「掌三兆之法」，有玉兆、瓦

❶「材」，原誤作「村」，今據明本、庫本、嘉慶本改。

❷「占」，原誤作「書」，今據庫本、嘉慶本及《周禮・占人》改。

❸「坼」，原誤作「拆」，今據庫本、嘉慶本改。

兆、原兆。❶而《洪範》占者必三人，《士喪禮》占者亦三人。先儒以爲三人，所以占三兆也，於義或然。然《玉藻》「卜人定龜」，即占坼也，而鄭氏以爲定所當用之龜。《卜師》「作龜，致其墨」，則後墨也，而孔氏以爲先墨畫龜乃灼之，其説誤也。《易》曰：「天生神物，聖人則之。」《龜策傳》曰：「龜千歲乃遊蓮葉之上，蓍百莖共一根。❷其所生，獸無虎狼，草無毒螫。」又曰：「上有擣蓍，下有神龜。蓍生滿百莖者，其下必有神龜守之，其上有青雲覆之。」劉向曰：「龜千歲而靈，蓍百年而神。」然則蓍、龜皆以久而後可用也。龜爲動物而屬乎陽，❸故知象；蓍植物而屬乎陰，故知數。屬乎陽者，其長或尺二寸，或八寸，〔成〕之以陰也；屬乎陰者，其長或九尺，〔或〕七〔尺，成之以陽也〕。《大戴·三正記》曰：「天子蓍長九尺，諸侯七尺，大夫五尺，士三尺。」考之《儀禮》：《特牲饋食》筮者坐筮，《少牢饋食》筮者立筮。鄭氏云：「卿大夫蓍五尺，立筮；士之蓍短，坐筮，由便也。」推此，則天子、諸侯之蓍，其長如《大戴》之説，信矣。《周禮》上春釁龜、相筮，《月令》孟冬則釁龜策，周秦之法異也。鄭氏曰：「蓍龜歲易。」然《龜策傳》曰：「夏商欲卜，乃取蓍龜，已則棄之。周室之卜官，常寶藏蓍龜。」則所謂相筮者，擇其不可用者而

❶「瓦」，原誤作「厄」，今據明本、庫本、嘉慶本及《周禮·太卜》改。

❷「莖」，原誤作「筮」，今據明本、庫本、嘉慶本及《史記·龜策列傳》改。

❸「龜」下，原衍「後」字。嘉慶本此處空一格，當是原有「後」字，後删。今據删。

已，非歲易也。

蓍筮法

《易》曰：「大衍之數五十，其用四十有九。〔「京房云：『五十者，謂十日、❶十二辰、二十八宿也。』馬融云：『易有太極，謂北辰也。大極生兩儀，兩儀生日月，日月生四時，四時生五行，五行生十二月，十二月生二十四氣。北辰居位不動，其餘四十有九，轉運而用也。』荀爽曰：『卦各六爻，六八四十八爻，加乾坤二用，❷凡有五十。乾初九潛龍勿用，故用四十九也。』鄭康成曰：❸『天地之數五十有五，以五行氣通。凡五行減五，大衍又減一，故四十九也。』姚信、董遇云：❹『天地之數五十有五者，其六以象六畫之數，

❶「日」，明本、庫本、嘉慶本誤作「月」，今據《周易・繫辭》孔疏改。

❷「用」，明本、嘉慶本誤作「月」，庫本誤作「卦」，今據《周易・繫辭》孔疏及嚴校改。

❸「曰」，明本、庫本用字，嘉慶本及《周易・繫辭》孔疏作「云」。

❹「遇」，明本、庫本誤作「過」，今據嘉慶本、《周易・繫辭》孔疏、《三國志・王肅傳》裴注引《魏略・董遇傳》改。

故減之而用四十九。』王弼云：『演天地之數，所賴者五十。』其意以謂萬物之策，凡萬有一千五百二十，其推演天地之數唯用五十策。其一不用，以其虛無，非所用也。」分而爲二以象兩，掛一以象三，揲之以四以象四時，歸奇於扐以象閏，五歲再閏，故再扐而後掛。」又曰：「四營而成易，十有八變而成卦。」「一爻有三變，初揲不五則九，再揲、三揲不四則八。九、八爲多，五、四爲少。三者俱多爲老陰，三者俱少爲老陽。❶兩少一多爲少陰，兩多一少爲少陽。」《周禮・大卜》：「掌三《易》之法：一曰《連山》，二曰《歸藏》，三曰《周易》。其經卦皆八，其別皆六十有四。」《筮人》：「掌三《易》，」以辨九筮之名：一曰巫更，二曰巫咸，三曰巫式，四曰巫目，五曰巫易，六曰巫比，七曰巫祠，八曰巫參，九曰巫環。」❷蓋「大衍之數五十」，天地自然之數也。虛其一以爲本，實其四十有九以爲用。「分而爲二以象兩」，陰陽也。「掛一以象三」，陰陽與陰陽之中也。陰陽變而爲四時，四時歸奇而爲閏，天道之變不過四，而《易》之所營亦如之，以至十有八變而後成卦，則每爻各三變矣。三《易》「其經卦皆八，其別皆六十有四」，則卦於三代之前固已重矣。揚子曰「文王重之爲六十四」，誤也。古者占筮之工謂之巫。❸《世本》曰：「巫咸作筮。」❹商爲巫咸，後世有神巫季咸，❺

❶「三」，明本、庫本、嘉慶本誤作「二」，今據《周易・繫辭》孔疏及文意改。

❷上九「巫」字，原皆誤作「筮」，今皆據明本、庫本、嘉慶本及《周禮・筮人》改。

❸「巫」，原誤作「筮」，今據孫氏點勘改。

❹「巫」，原誤作「筮」，今據《周禮・卜師》鄭注引《世本》及孫氏點勘改。

❺上二「巫」字，原皆誤作「筮」，今皆據孫氏點勘改。

蓋祖其名耳。九筮之名，自巫更、巫咸以至巫環，❶或以其人名書，或以其法名書，非若龜之八命也。鄭氏以「巫」爲「筮」，以九筮況八命，而已事釋之，不可考也。《筮人》：「凡國之大事，先筮而後卜。」《洪範》曰：「汝有大疑，謀及卜筮。」故舜禪禹，武王伐紂，而卜筮兼用，《書》：「舜曰：『龜筮協從。』」「武王曰：『朕夢協朕卜。』」《春秋左氏傳》曰：「筮襲於卜，武王所用也。」此所謂大事、大疑者也。降於此則卜筮不相襲，或卜若筮而已。然《太卜》「凡小事涖卜」，則小事亦卜矣。《記》曰：「大事有時日用卜，小事無時日有筮。」蓋此所謂大事者，小事之大者也。小事非不用卜，以用筮爲主耳。《禮》：「先筮而後卜。」春秋之時，魯桓公卜成季之生，晉文公卜逆襄王，獻公卜娶驪姬，皆先卜而後筮，何也？物生自幽之乎明，故有象而後有數；卜筮自明求乎幽，故先筮而後卜。後世先卜後筮，失之矣。

蓍櫝

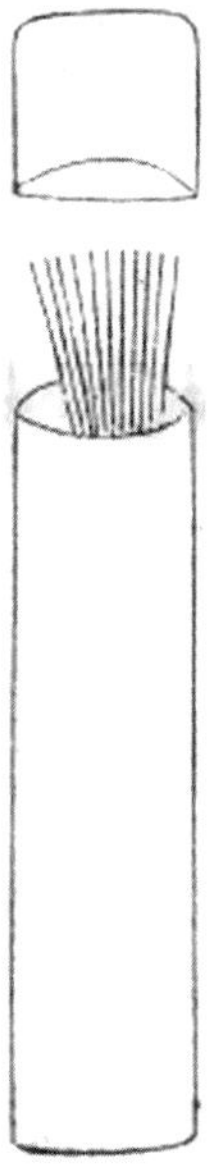

畫爻木

❶ 上三「巫」字，原皆誤作「筮」，今皆據明本、庫本、嘉慶本改。

卦板

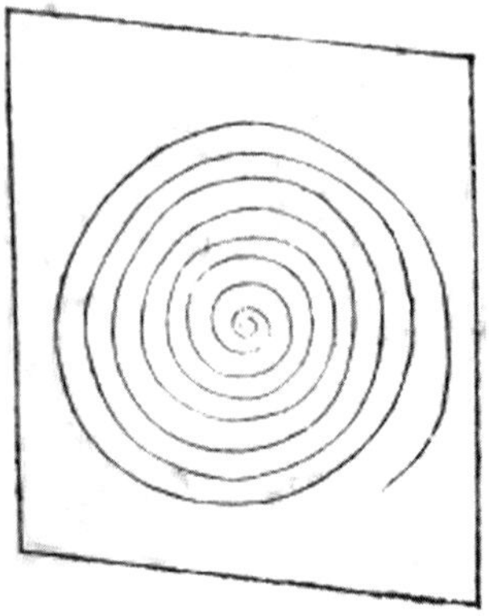

《士冠禮》：「筮人執策，抽上韇，兼執之，進受命于主人。」鄭氏曰：「韇，藏筴之器。今時藏弓矢者謂之韇。」《士喪》：❶「筮者東面，抽上韇，兼執之，南面受命。」《特牲》：「筮人取筮于西塾，執之，東面受命于主人。」《少牢》：「史朝服，左執筮，右抽上韇，兼與筮執之，東面受命于主人。主人命之。史西面于門西，抽下韇，左執筮，右兼執韇以擊筮，❷乃釋韇，立筮。吉則史韇筮。」

龜之藏有櫝，蓍之藏亦有韇。龜櫝以木，蓍韇以革。未筮則筮者執筮，抽上韇以聽命。將筮則抽下韇，左執筮，右兼韇，執之以擊筮。筮者及筮則釋韇，既事則韇筮。《士冠》、《士喪》筮有韇，而《特牲》不言韇；《少牢》言上、下韇，而《士喪》不言下韇，互備也。《士冠禮》：「筮與席、所卦者，具饌于西塾。「所卦者，所以畫地記爻。」卒筮，書卦，執以示主人。「筮人以方寫所得之卦。」主人受視，反之。筮人還，東面。旅占卒，進以告。」❸《士喪》：❹「筮

❶「喪」下，明本、庫本、嘉慶本增「禮」字。
❷「以」，原誤作「次」，今據《儀禮・少牢》改。
❸「以告」，嘉慶本據《儀禮・士冠》作「告吉」。
❹「喪」下，嘉慶本增「禮」字。

宅，❶筮人指中封而筮。卦者在左。卒筮，❷執卦以示命筮者。乃旅占」。《特牲饋食》：「筮者即席，西南坐，卦者在左。卒筮，寫卦，筮者執以示主人。」《少牢饋食》：「筮者立筮。卦者在左，坐，卦以木。卒筮，乃書卦于木，示主人，乃退，占。」「每爻畫地以記之，六爻備，書於板。」筮者常在右，卦者常在左。大夫以上筮者立，卦者坐。士以下筮與卦者皆坐。卦者始畫爻於地，卒書卦，以示主人。畫爻以木，《少牢》所謂「卦以木」是也；書卦以板，《少牢》所謂「卦于板」是也。古之筮法見於《春秋》多矣，有以前卦統後卦，有以後卦斷前卦，有兼二卦，有止一卦。陳侯筮敬仲，遇觀之否，觀，坤下巽上。否，坤下乾上。變觀之六四爲否之九四，則是風爲天於坤上矣。其吉在於「觀國之光，利用賓于王」；崔杼筮娶，遇困之大過，困，坎下兑上。❸大過，巽下兑上。變困之六三爲大過之九三，則是夫從風而不可娶矣。❹其凶在於「困于石，據于蒺藜」，此以前卦占之也。魯桓公筮季友，遇大有之乾，大有，乾上離下。變離之六五爲乾之九五，乾爲父、爲君，故曰「同復于父，敬如君所」。其吉在於「同復于父，敬如君所」，此以後卦占之也。畢萬筮仕，遇屯之比，屯，震上坎下。比，坤上坎下。變屯之初九爲比之初六。其吉在於「車從馬，足居之，兄長之，母覆之，衆歸

❶「筮」，原誤作「誓」，今據嘉慶本及《儀禮・士喪》改。
❷「筮」下，原衍「卦」字，今據《儀禮・士喪》删。
❸「坎下兑上」，原誤作「坎上兑下」，今據《周易・困卦》改。
❹「娶」，原誤作「要」。按《左傳》襄一十五年載，崔杼欲取棠姜，筮，遇困之大過，陳文子解卦以爲「夫從風，風隕，妻不可娶也」。故明本、庫本、嘉慶本作「娶」是也，今據改。

之」；莊叔筮穆子，遇明夷之謙，明夷，離下坤上。謙，艮下坤上。變明夷之初九爲謙之初六，則是「火焚山，山敗。於人爲言，敗言爲讒」。其凶在於「火焚山，山敗。於人爲言，敗言爲讒」，此兼二卦占之也。秦筮伐晉，遇蠱，曰「千乘三去，三去之餘，獲其雄狐」；晉筮於楚戰，遇復，曰「南國蹙，射其元王，中厥目」，此止一卦占之也。然《禮》：「問卜筮，曰：『義與，志與？』義則可問，志則否。」故以私志而問者，兆不必應。若魯穆姜居東宮，遇艮之隨，其繇「元亨利貞，無咎」；南蒯筮叛，遇坤之比，其爻「黃裳元吉」，皆卒以凶。此又吉凶在人也。

繫幣

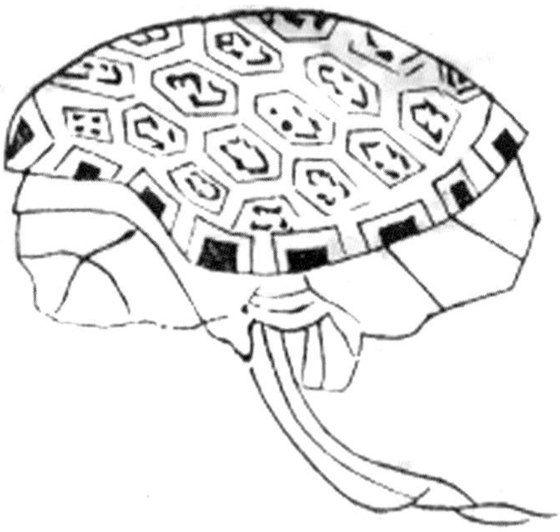

《占人》：「凡卜筮，既事，則繫幣以比其命。歲終，則計其占之中否。」杜子春云：「繫幣者，以帛書其占繫之於龜也。」鄭康成云：「既卜筮，史書其命龜之事，及兆於策，繫其禮神之幣而合藏焉。」《書》曰：「王與大夫盡弁，開金縢之書，❶乃得周公所自以爲功代武王之說。」是命龜書。然經言「凡卜筮繫幣，以比其命，歲終則計其占之中否」，則繫幣於龜策矣。當從杜子春之說爲正。

禮書卷第七十三終

❶「開」，明本、庫本、嘉慶本作「啓」，與《尚書·金縢》原文同。

禮書卷第七十四

戒誓　王齊宮　后齊宮　齊服　尸

誓戒

《周官・太宰》：「祀五帝，則掌百官之誓戒。前期十日，帥執事而卜日，遂戒。祀大神示、享先王，亦如之。」《大司寇》：「若禋祀五帝，則戒之日，涖誓百官，戒于百族。」《遂師》：「凡國祭祀，審其戒誓。」《太史》：「大祭祀，與執事卜日。戒及宿之日，與群執事讀禮書而協事。」《司士》：「凡祭祀，掌士之戒令，詔相其法事。」《滌狼氏》：「凡誓，執鞭以趨於前，且命之。」《郊特牲》曰：「卜之日，王立于澤，親聽誓命。獻命庫門之内，戒百官也。大廟之命，戒百姓也。」《明堂位》曰：「各揚其職，百官廢職服大刑。」《少牢饋食》：「筮旬有一日。」

戒者敕以事，誓者告以言。《大司寇》：「戒之日，涖誓百官。」《士師》五戒而誓居其一，則戒之中有誓，而誓則明其戒而已。夫小宗祭則兄弟皆與，宗子祭則族人皆侍，則《周禮》所謂百族，《郊特牲》所謂百姓者，《儀禮》所謂子姓兄弟之類是也。澤，郊學也。誓於澤，即其所擇而誓也。繼之以庫門、太廟者，庫門之内象法之所在，戒百官於此，所以謹之也。太廟，先祖之所在，戒百姓於此，所以親之也。掌之以太宰，重其事也；協之以太史，正其禮也；涖之以司寇，肅其職也。然古者用刑之法常恕以寬，誓人之辭常嚴以峻，故軍旅之誓曰「孥戮汝」，無餘刑；祭祀之誓曰「服大刑」。《明堂位》之所言者，誓百官之辭也；《滌狼氏》所謂殺、轘、鞭、墨者，誓其屬之辭也，凡欲齊莊謹肅而已，孰謂其法大苛哉？天子、諸侯誓以卜吉之日，戒宿以卜尸之日。大夫前有十日之戒，則與天子、諸侯同，後有一日之宿，則與天子、諸侯異。此所謂「有曲而殺」也。士有筮日而無諏日，有宿而無戒，此戒宿之戒。與大夫異，宿以三日而不以一日，則與天子、諸侯同。此所謂「有順而摭」也。考之《月令》：「教習田獵整設于屏外，司徒搢扑北面誓之。」《聘禮》：「誓于其境，賓南面，上介西面，衆介北面；史讀書，司馬執策立于其後。」鄭氏曰：「史於衆介之前，北面讀誓，以敕告士衆。」然則祭祀之誓亦應如此。《禮》曰：「獻命庫門之内，戒百官也。」北面獻命，固其理也。古之讀誓者，史官耳，《大史》所謂「戒及宿之日，讀禮書而協事」是也。唐制，大尉讀誓，非古也，今猶襲之。

后齊宮

《記》曰：「旬有一日，宮宰戒夫人。」則后、夫人散齋、致齋與君同。

❶

王齊宮

❷

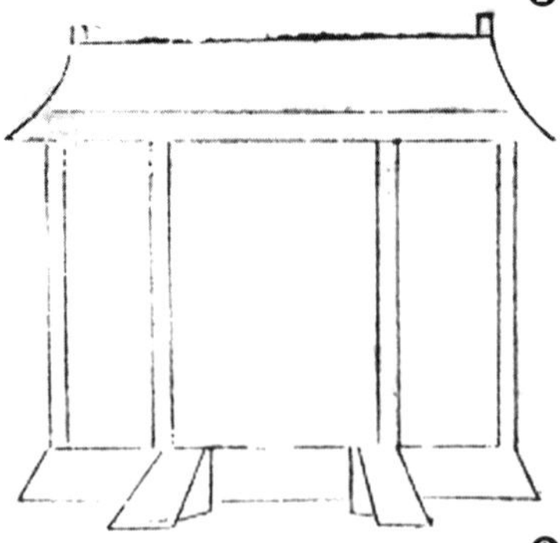
❸

《曲禮》曰：「立如齊。」「齊者不樂，不弔。」《檀弓》曰：「君子非有大故，不宿於

❶ 此爲底本圖。
❷ 此爲底本圖。
❸ 小題「后齊宮」及禮圖與小題「王齊宮」及禮圖，據目録、卷首小目、正文之意、明本禮圖順序、庫本禮圖順序、嘉慶本禮圖順序，當乙。

外；非致齊也，非疾也，不晝夜居於內。」「石駘仲卒，「駘仲，衛大夫。」無適子，有庶子六人，卜所以爲後者，曰：『沐浴佩玉則兆。』」《王制》：「天子齊戒受諫，冢宰齊戒受質。」《月令》：「先立春三日，太史謁之天子，天子乃齊。立春之日，天子親帥三公、九卿、諸侯、大夫，以迎春於東郊。」「四時皆然。」《禮器》曰：「三月繫，七日戒，三日宿，慎之至也。」《郊特牲》曰：「大古冠布，齊則緇之。其緌也，孔子曰：『吾未之聞也。』」「昏禮玄冕齊戒，鬼神陰陽也。」「齊之玄也，以陰幽思也。故君子三日齊，必見其所祭者。」《玉藻》：「將適公所，齊戒，居外寢，沐浴。」「君羔幦虎犆。「此君齊車之飾。」大夫齊車，鹿幦豹犆，朝車。士齊車，鹿幦豹犆。」「臣之朝車與齊車同飾。」「玄冠丹組纓，諸侯之齊冠也；玄冠綦組纓，士之齊冠也。」「言齊時所服也。四命以上齊、祭異冠。」正義曰：「言齊者，兼祭祀之時。故《曲禮》云『立如齊』，謂祭祀時。恐此齊亦兼祭祀，❶故言『齊時所服』。其祭，諸侯則玄冕也。云『四命以上齊、祭異冠』者，以諸侯玄冕祭，玄冠齊；孤則爵弁祭，亦玄冠齊，是齊、祭異冠也。必知孤亦玄冠齊者，以諸侯尚玄冠齊，明孤亦玄冠齊也。其三命以下，大夫則朝服以祭，士則玄端以祭，皆玄冠也。此云『玄冠綦組纓，士之齊冠』，是齊、祭同冠也。其天子之士與諸侯上大夫同，故《深衣目録》云『士以朝服』，❷謂之天子之士也。祭用朝服，與諸侯大夫同。然則天子大夫與諸侯孤同，亦爵弁祭，❸玄冠齊。此是熊氏説也。皇氏以爲天子大夫與諸侯大夫同，但朝服以祭，便與鄭注『四命以上齊、祭異冠』於文爲妨，皇氏之説非

❶「亦」，原誤作「示」，今據明本、庫本、嘉慶本及《禮記·玉藻》孔疏改。

❷「士以朝服」，明本、庫本、嘉慶本作「士祭朝服」，《禮記·玉藻》孔疏原文作「士祭以朝服」。

❸「祭」，原脱，今據明本、庫本、嘉慶本及《禮記·玉藻》孔疏補。

也。其天子之祭，玄冕祭則玄冠齊，❶絺冕祭則玄冕齊，以次差之可知也。此亦熊氏説。此云「四命齊、祭異冠」者，謂自祭也。若助祭於君，則齊、祭同冠。故《鄭志》答趙商問云：❷『以《雜記》云：「大夫冕而祭於公，弁而祭於己；士弁而祭於公，冠而祭於己。」是爲三命以下齊、祭異冠，何但四命以上〔也？觀〕注自若但施於己祭，不可通之也。』鄭答云：❸『齊、祭謂齊時一冠，❹祭時亦一冠，❺四命〔乃然〕。大夫冕、士弁而祭於君，齊時之冠，祭時服之，何以亦異。』如鄭此言，是助祭齊、祭同冠，故云『何以亦異』。若然，士之助祭則齊，❻服應服爵弁，而鄭注《旅賁氏》云『王齊服服袞冕，則士之齊服服玄端』。不服爵弁者，熊氏云：『若士助王祭祀服爵弁，若助王受朝覲，齊服則服玄端。』義或然也。」「齊則績結佩而爵韠。」「績，屈也。❼爵韠者，齊服玄端。」《祭義》曰：「致齊於内，散齊於外。齊之日，思其居處，思其笑語，思其志意，思其所樂，思其所嗜。齊三日，乃見其所爲齊者。」「致齊思此五者。散齊七日，不御，不樂，不弔耳。見所爲齊者，思之熟也。」《祭統》：「及時將祭，君子乃齊。齊之爲言齊也，齊不齊，以致齊者也。是故君子非有大事也，非有恭敬也，則不齊。不齊則於物無防也，嗜欲無止也。及其將齊也，防其邪物，訖其嗜欲，耳不聽樂，故《記》曰『齊者不

❶「祭」下，原衍「前」字，今據嘉慶本及《禮記·玉藻》孔疏删。「齊」，原脱，今據明本、庫本、嘉慶本及《禮記·玉藻》孔疏補。

❷「答」字，阮校云：「閩、監、毛本同。惠棟校無『答』字。」

❸「云」，原誤作「者」，今據明本、庫本、嘉慶本及《禮記·玉藻》孔疏改。

❹下「齊」，原誤作「声」，今據明本、庫本、嘉慶本及《禮記·玉藻》孔疏改。

❺「亦一冠」，原爲墨丁，今據明本、庫本、嘉慶本及《禮記·玉藻》孔疏補。

❻「祭則」，原誤作「則祭」，今據庫本、嘉慶本及《禮記·玉藻》孔疏改。

❼「屈」，原誤作「曲」，今據明本、庫本、嘉慶本及《禮記·玉藻》鄭注改。

樂』，言不敢散其志也。心不苟慮，必依於道。手足不苟動，必依於禮。是故君子之齊也，專致其精明之德也。故散齊七日以定之，致齊三日以齊之。定之之謂齊，齊者精明之至也。然後可以交於神明也。是故先期旬有一日，宫宰宿夫人，夫人亦散齊七日，致齊三日。君致齊於外，夫人致齊於内，然後會於大廟。」《中庸》曰：「使天下之人齊明盛服，以承祭祀。洋洋乎，如在其上，如在其左右。」《周禮・膳夫》：「王齊，日三舉。」「鄭司農曰：齊必變食。」《玉府》：「王齊，則共食玉。」「玉是陽精之純者，食之以禦水氣。鄭司農云：『王齊當食玉屑。』」《鬯人》：「凡王之齊事，共其秬鬯。」「給淬浴。」《司服》：「其齊服有玄端、素端。」「士齊有素端者，亦爲札荒，有所禱請，變素服言端者，明異制。」《太史》：「戒及宿之日，與群執事讀禮書而協事。」正義曰：「戒，散齊。宿，❶致齊也。」《旅賁氏》：「凡祭祀、會同、賓客，則服而趨。」「會同、賓客，王亦齊服，服衮冕，則此士之齊服，服玄端。」《既夕・記》：「士處適寢，有疾，疾者齊。」「適寢者，不齊不居其室。」養者皆齊。」《孟子》：「雖有惡人，齊戒沐浴，可以事上帝。」孔子曰：「齊必變食。」「齊必有明衣布。」「子之所慎，齊、戰、疾。」「雖蔬食菜羹，❷瓜祭，必齊如也。」《荀子》曰：「端衣玄裳，絻而乘路，志不在於食葷。」《莊子》曰：「不飲酒，不茹葷，是祭祀之齊，非心齊也。」揚子曰：「孝〔子〕有祭乎，有齊乎。夫能存亡形、屬荒絶者，惟齊乎。故孝子之於齊，見父母之存也。是以齊不賓。」《國語》：

❶「宿」，原誤作「服」，今據明本、庫本、嘉慶本及《周禮・太史》賈疏改。

❷「蔬食」，原誤倒在下「瓜祭」下，今據嘉慶本及《論語・鄉黨》乙正。

「宣王不藉千畝。虢文公諫曰：❶『先時五日，瞽告有協風至。❷王即齊宮，百官御事各即其齊三日。王乃淳濯饗禮。及期，鬱人薦鬯，❸犧人薦醴。王祼鬯饗醴乃行。』」《左氏》：「隱公祭鍾巫，齊于社圃，館于寪氏也。」

《祭統》曰：「君致齊於外，夫人致齊於內，然後會於太廟。」《祭義》曰：「致齊於內，散齊於外。」《檀弓》曰：「非致齊也，非疾也，不晝夜居於內。」《儀禮》：「疾者齊，處適寢。」《國語》：「耕藉之禮，王即齊宮，百官御事各即其齊三日。」蓋君齊於路寢，夫人齊於正寢，而大夫、士亦各齊於適寢。散齊夜處適寢，亦豫外事，所謂「致齊於內，散齊於外」是也；致齊晝夜處適寢，不豫外事，所謂「非致齊也，不晝夜居於內」是也。鄭氏曰：「散齊不御，不樂，不弔。」則散齊雖豫外事，其它與致齊同矣。故不飲酒，不茹葷，不賓，不鳴佩，喪者則弗見也，不蠲則弗見也。凡不以哀、欲，惡貳其心而已。則浹旬之間，其可伐鼓乎？季桓子將祭，齊三日而二日伐鼓。孔子曰：「三日齊，一日用之，猶恐不敬。二日伐鼓，何居？」蓋季桓子之於祭，特齊三日而已，非禮經所謂致齊之日也。祭有大小，禮有輕重。先王之時，蓋有三日齊者，《國語》所謂「百官各即其齊三日」，《月令》天子迎氣

❶「虢」，原誤作「號」，今據明本、庫本、嘉慶本及《國語·周語》改。

❷「風」，原誤作「氣」，今據明本、嘉慶本及《國語·周語》改。

❸「鬱」，原誤作「物」，今據明本、庫本、嘉慶本及《國語·周語》改。

亦齊三日是也。考之《儀禮》，大夫旬有一日筮日，前祭二日宿戒尸，明日筮尸，又明日乃祭。士筮日，又前期三日之朝筮尸。❶先儒謂人君卜日則散齊，卜尸則致齊；大夫前祭一日筮尸，則散齊九日，致齊一日；❷士前祭三日筮尸，則致齊與人君同，而散齊與人君異。然致齊不必繫於筮尸，大夫致齊一日，散齊九日，於禮無據。古之齊也，非特施於祭祀而已。故「將適公所，宿齊戒，居外寢，沐浴」，則見君必齊矣；昏禮「玄冕齊戒，鬼神陰陽也」，則娶妻必齊矣；《周禮》「金路以賓」，謂之齊車，其僕謂之齊僕，其右謂之齊右，則會同、賓客必齊矣；死於適寢，以齊終也，則疾必齊矣。《祭統》曰：「君子非有大事也，非有恭敬也，❸則不齊。」是凡所以致恭敬者，未嘗不齊也。然會同、賓客，其齊服蓋亦服玄端而已。鄭氏謂王齊服衮冕，無據。

齊服玄端、素端。

❹

❶「尸」，原誤作「師」，今據明本、庫本、嘉慶本及《儀禮·特牲》改。

❷「一」，原脱，今據明本、庫本、嘉慶本及上下文意補。

❸「恭敬」上，原衍「祭祀」二字，今據《禮記·祭統》删。

❹此爲底本圖。

《周官・司服》：❶「其齊服有玄端。」《記》曰：「太古冠布，齊則緇之。」又曰：「玄冠丹組纓，諸侯之齊冠也；玄冠綦組纓，士之齊冠也。」又曰：「齊之玄也，以陰幽思也。」又曰：「玄冕齊戒，鬼神陰陽也。」荀卿曰：「玄端玄裳，絻而乘路者，

志不在於食葷。」蓋太古之齊冠以緇，後世齊冠以玄。天子齊則玄冕、玄端，所謂「端衣玄裳、絻而乘路」是也；諸侯而下則玄冠、玄端，所謂「玄冠丹組纓」是也。鄭氏謂玄端、素端，士之齊服，蓋以《司服》所言「其齊服有玄端、素端」之文在士服之下，故誤爲之説也。諸侯之齊，於婚以天子之玄冕，攝盛故也。然諸侯與士之於祭祀，其齊則同，故皆玄冠，以一其誠。其分則異，故殊組纓，以辨其守。天子、諸侯、大夫齊、祭異服，天子於群小祀，齊、祭同冕不同服。士齊、祭則一，於冠端玄而已。鄭氏曰：「四命以上齊、祭異冠。」然三命而下齊、祭雖同冠而不同纓。其玄冠蓋與朝服之冠同，其所異者組纓而已。丹者，正陽之色，諸侯以爲組纓，以其純於德故

❶「周」，原誤作「同」，今據明本、庫本、嘉慶本改。

也；綦者，陰陽之雜，士以爲組纓，以其未純於德故也。綦，蒼艾色也。《詩》以綦巾爲女巾，《書》與《詩》以騏弁爲士弁，《禮》以綦組綬爲世子之佩，則綦皆卑者之飾也。《儀禮》曰：「玄端，玄裳、黄裳、雜裳可也。」❶鄭氏謂：「上士玄裳；中士黄裳；下士雜裳，前玄後黄。」於義或然。然齊之飾不特如此而已，其明衣布，其韠爵，其佩綪結，其車羔幦、鹿幦。

尸《雜記》曰：「尸冕弁而出。」《士虞・記》曰：「尸服卒者之上服。」

❷

❶「黄裳」，原脱，今據《儀禮・士冠》補。

❷此圖明本原誤作卷七十之圖，今據底本、庫本移於此。嘉慶本無此圖。

《曲禮》：「坐如尸。」「爲人子者，祭祀不爲尸。」「尸，卜筮無父者。」「《〔禮〕》曰：『君子抱〕孫不抱子。』此言孫可以爲王父尸，子不可以爲〔父尸〕。「〔以孫與祖〕昭穆同。」爲君尸者，大夫、士見之則下之；君知所以爲尸〔者，則自〕下之。「尊尸也。下，下車也。」尸必式，乘必以几。」《禮運》曰：「醆斝及〔尸〕君，❶非禮也，是謂僭君。」《曾子問》曰：『祭必有尸乎？若厭祭亦可乎？』「厭時無尸。」孔子曰：『祭成喪者必有尸，尸必以孫。孫幼則使人抱之，無孫則取於同姓可也。「人以有子孫爲成人。子不殤父，義由此也。」祭殤必厭，蓋弗成也。祭成喪而無尸，是殤之也。』」《禮器》曰：❷「周坐尸，詔侑武方，其禮亦然，其道一也。「言此，❸亦周所因於商也。武當爲無，聲之誤也。方猶常也，告尸行節，勸尸飲酒無常，若孝子之爲也。孝子就養無方。」夏立尸而卒祭，「夏禮，尸有事乃坐。」殷坐尸，「無事猶坐。」周旅酬六尸。「使之相酌也。后稷之尸，發爵不受旅。」曾子曰：『周禮其猶醵與。』」「合錢飲酒爲醵，旅酬相酌似之也。《王居明堂禮》：❹『仲秋，乃命國醵。』」「尸，陳也。」❺「尸，或詁爲主。此尸神象，當從主訓之言。陳，非也。」「舉斝角，詔妥尸。古者尸無事則立，有事而後坐也。尸，神象也。」「天子奠斝，諸侯奠角。」《玉藻》曰：「尸襲。「尸尊。」君與尸行接

❶「君」，原爲空格，今據明本、庫本、嘉慶本及《禮記·禮運》補。

❷「禮器」，原誤作「郊特牲」。按此所引，出《禮記·禮器》也。今據明本、庫本、嘉慶本改。

❸「言此」，原誤作「此言」，今據明本、庫本、嘉慶本及《禮記·禮器》鄭注改。

❹「堂」下，明本、庫本、嘉慶本增「之」字。

❺「尸陳也」上，明本、庫本、嘉慶本增「郊特牲曰」四字。按「尸陳也」，《禮記·郊特牲》文也，然本書引文每有不指明所出者，明本、庫本、嘉慶本僅此處補之，不必也。

武，大夫繼武，士中武。」《小記》曰：「練，筮日，筮尸，視濯，皆繩屨。大祥，吉服而筮尸。」《少儀》：「父爲士，❶子爲天子、諸侯，則祭以天子、諸侯，其尸服以士服。父爲天子、諸侯，子爲士，祭以士，其尸服以士服。」「婦人爲尸，坐則不手拜。《士虞》：❷「男，男尸。女，女尸。」酌尸之僕，如君之僕。」「當其爲尸則尊。」《曾子問》曰：❸『卿大夫將爲尸於公，受宿矣，而有齊衰内喪，則如之何？』孔子曰：『出舍乎公宫以待事，禮也。』「尸重受宿，則不得哭。内喪，同宫也。」孔子曰：『尸弁冕而出，卿、大夫、士皆下之，尸必式，必有前驅。』」「冕兼曰弁者，君之尸或服士、大夫之服也。」《祭統》：「冕而揔干，以樂皇尸。」「尸謖，君與卿四人餕。」「尸在廟外則疑於臣，在廟中則全於君。」「夫人薦豆執校，執醴授之，執鐙。尸酢夫人執柄，夫人受尸執足。」《坊記》：「祭祀之有尸也，宗廟之有主也，示民有事也。」《坊記》曰：「七日戒，三日齊，承一人焉以爲尸，過之者趨走，以教敬也。尸飲三，衆賓飲一，示民有上下也。」「主人、主婦、上賓獻尸，乃後主人降，洗爵，獻賓。」《掌次》：「凡祭祀張尸次。」鄭司農云：「尸次，祭祀之尸所居更衣帳。」❹《大司樂》：「尸出入則令奏《肆夏》。」《大祝》：❺「凡大禋祀、肆享、祭示，則執明水火

❶「父爲士」至「祭以士其尸服以士服」，《禮記・喪服小記》文；「婦人爲尸」至「如君之僕」，《禮記・少儀》文。是陳氏混二者爲一而皆歸之於《少儀》。明本、庫本、嘉慶本無「少儀」二字。按本書引文每有不指明出處者，是明本、庫本、嘉慶本删之亦可。

❷「虞」下，明本、庫本、嘉慶本增「禮」字。

❸「曾子」上，原衍「雜記曰」三字，今據明本、庫本、嘉慶本删。

❹「居」下，明本、庫本、嘉慶本增「之」字。

❺「大祝」，原誤作「大祀」。按「凡大禋祀」至「相尸禮」，《周禮・大祝》文也。今據改。

而號祝。隋釁，❶逆牲，逆尸，令鍾鼓。右亦如之。相尸禮。」《小祝》：「大祭祀，逆齍盛，逆尸，沃尸盥。」《節服氏》：「郊祀裘冕，二人執戈，送逆尸。」「裘冕者，亦從尸服也。裘，大裘也。凡尸服卒者之上服。從車，從尸車，送逆往來。《春秋傳》曰：『晉祀夏郊，董伯爲尸。』」《士師》：「若祭勝國之社稷，則爲之尸。「以刑官爲尸，略之也。」祀五帝，則沃尸及王盥，洎鑊水。」《士虞禮》：「尸服卒者之上服。「上服者，如《特牲》士玄端也。不以爵弁服爲上者，祭於君之服，非所以自配鬼神。❷士之妻則宵衣耳。」男，男尸。女，女尸，必使異姓，不使賤者。」「異姓婦也。賤者，謂庶孫之妾也。尸配尊者，必使適也。」《詩·鳧鷖》曰：「神祇祖考，安樂之也。」詩曰：「鳧鷖在涇，公尸來燕來寧。箋：「水鳥而居水中，猶人爲公尸之在宗廟也。」鳧鷖在沙，公尸來燕來宜。「喻祭四方百物之尸也。」鳧鷖在渚，公尸來燕來處。「喻祭天地之尸也。」鳧鷖在潨，公尸來燕來宗。「喻祭社稷山川之尸。」鳧鷖在亹，公尸來止熏熏。」「亹之言門也。燕七祀之尸於門户之外，故以喻焉。」《中霤禮》：「祭五祀於廟，用特牲，有主有尸。」《逸禮》記祫于大廟之禮云：「毁廟之主升合食，而立二尸。」

古者事死如事生，事亡如事存，故祭祀必立尸。《周官·節服氏》：「郊祀裘冕，二人執戈，送逆尸。」《士師》：「若祭勝國之社稷，則爲之尸。祀五帝，則沃尸及王盥。」《守祧》：「若將祭祀，則各以其服授尸。」《鳧鷖》之《序》言「神祇祖考」，而詩稱「公尸」，則凡祭有尸矣。惟奠與祭殤

❶「隋」下，原衍「則執」二字。嘉慶本二字空缺，《周禮·大祝》原文亦無此二字。今據删。

❷「配」，原誤作「記」，今據明本、庫本、嘉慶本及《儀禮·士虞》鄭注改。

無尸。《春秋傳》曰：「晉祀夏郊，董伯爲尸。」傳曰：「舜入唐郊，丹朱爲尸。」又：「周公祭泰山，以召公爲尸。」《曾子問》曰：「卿大夫爲尸於公。」則凡尸皆貴者矣。《白虎通》曰：「王者宗廟以卿爲尸，不以公爲尸，嫌三公尊近天子，親稽首拜尸也。」杜佑曰：「天子不以公爲尸，諸侯不以卿爲尸。天子、諸侯雖以卿大夫爲尸，皆取同姓之嫡也。卿大夫不以臣爲尸，俱以孫〔者，避〕君〔故〕也。」《禮記》曰：「爲人子者，祭〔祀〕不〔爲尸〕。」則凡尸皆無父者矣。然則天〕子、諸侯之尸以卿大夫，則幼者不與焉。《禮》曰：「祭成喪者必有尸，❶尸必以孫，孫幼則使人抱之，❷無孫則取於同姓可也。」此大夫、士之禮歟？蓋喪禮始喪而奠則無尸，以人道事之也；既葬而祭則有尸，以神道事之也。祭祀同几則一尸。《儀禮》曰：「男，男尸。女，女尸。」謂虞祭也。父爲士，子爲大夫，葬以士禮，而祭之尸則服士服；父爲大夫，子爲士，葬以大夫禮，而祭之尸則服大夫服。故《周官・司服》：「享先公則鷩冕。」以爲祭則各以其服授尸，尸服鷩冕而王服衮以臨之，則非所以致敬，故弗敢也。然《小記》曰「父爲天子、諸侯，子爲士，祭以士，其尸服以士服」者，鄭氏曰：「父以罪誅，尸服以士服，不成其爲君也。」以卒者不成其爲君，故不敢服其爲君之服也。《儀禮》大夫前祭一日筮尸，士則前祭三日筮尸；大夫於尸再宿而一戒，士於尸一宿而無戒。則大夫之禮有所屈，士之禮有所伸。推而上之，則人君

❶「成」下，原衍「祭」字，今據《禮記・曾子問》删。
❷「幼」，原脱，今據《禮記・曾子問》補。

蓋亦前三日筮尸，而宿戒之儀又加隆矣。《周官·掌次》：「祭祀張尸次。」《儀禮》大夫、士之祭皆祝迎尸於門外，❶祝入門左，則固張於廟門之西矣。及其入也，主人立于阼階東，❷西南面。尸盥而進，升自西階。主人升自阼階。祝從尸，主人從祝。尸入即席，東面而坐。祝、主人西面而立，❸皆拜妥尸。尸答拜，遂坐而挼祭焉。❹《禮記》曰：「周坐尸，詔侑無方。」夏立尸而卒祭。殷坐尸。周旅酬六尸。」觀《儀禮》大夫、士之祭，則人君事尸之儀略可見矣。後魏文成帝拓跋濬時，高允獻書云：「祭尸久廢，今風俗則取其狀貌類者以爲尸，黷亂情禮。」又《周蠻夷傳》：「巴梁間俗，每秋祭祀，取鄉里鬚面人，迭迎爲尸以祭之。」唐柳道州人每祭祀迎同姓丈夫、婦人狎神以享，亦爲尸之遺法。

禮書卷第七十四終

❶「之祭」，原作小字，今據明本、庫本、嘉慶本改作大字。
❷「主」，原誤作「士」，今據明本、庫本、嘉慶本改。
❸「面」，原誤作「南」，今據《儀禮·少牢》改。
❹「挼」，原誤作「按」，今據《六家詩名物疏》卷四十一《楚茨篇上》「妥」條、《五禮通考》卷六十二《吉禮六十二·宗廟制度》、卷八十六《吉禮八十六·宗廟時享》所引改。

禮書卷第七十五

牧牲官　卜牲卜免牲　養牲　三牢　飾牲

牧牲官

《牧人》：「掌牧六牲。凡祭祀，共其犧牲，以授充人繫之。」《牛人》：「掌養國之公牛。凡祭祀，共其享牛、求牛，以授職人而芻之。」「鄭司農云：『享牛，前祭一日之牛也。求牛，禱於鬼神，所求福之牛也。』❶共，❷謂享獻也。獻神之牛，謂所以祭者也。求，終也。終事之牛，謂所以繹之也。」《槁人》：「掌豢祭祀之犬。」《祭義》曰：「古者天子、諸侯必有養獸之官，及歲時，齊戒沐浴而躬朝之，犧牲祭牲必於是取之，敬之至也。」《羊人》：「若牧人無牲，則受布于司馬，使其賈買牲而共之。」

卜牲卜免牲

《禮記》曰：「君召牛，納而視之，擇其毛而卜之吉，然後養之。」《郊特牲》曰：「帝牛不吉，以爲稷牛。」《公羊傳》曰：「養牲必養二。卜帝牲不吉，則扳稷牲而卜之。」❸僖三十一年：「夏四月，四卜郊，不從，乃免牲。」成七年：「正月，鼷鼠食郊牛角，改卜牛。鼷鼠又食其角，乃免牛，不郊。」襄七年：「夏四月，三卜郊，不從，乃免牲。」《穀梁》曰：「卜免牲者，

❶「所」，《周禮·牛人》鄭注作「祈」。
❷「共」，《周禮·牛人》鄭注作「玄」。
❸「牲」，原脱，今據明本、庫本、嘉慶本及《公羊傳》宣三年補。

吉則免之，不吉則否。全曰牲，傷曰牛，未牲曰牛。其牛一也，其所以爲牛者異。有變而不郊，故卜免牛也。已牛矣，其尚卜免之，何也？嘗置之上帝矣，故卜而後免之，不敢專也。卜之不吉則如之何？不免。安置之？繫而待六月上甲始庀牲，然後左右之。」又曰：❶「免牲者，爲之緇衣纁裳，有司玄端，奉送至于南郊。免牛亦然。」《〔公〕羊》亦曰：「免牲，禮也。免牛，非禮也。免牛何以非禮？傷者曰牛。」蓋君子之於鬼神也，無非卜用。故擇牲必卜，❷不敢專取也；免牲必卜，不敢專去也。在牧爲牛，在滌爲牲。在滌而或傷之，則不成牲也，故以在牧名之。

養牲 楅衡附❸

❶「曰」，原誤作「白」，今據明本、庫本、嘉慶本改。

❷「卜」，原脱，今據上下文意補。

❸「楅衡附」，原無，爲明本文中小題、庫本文中小題、嘉慶本所增。

《周禮・牛人》：「凡祭祀，共其享牛、求牛，以授職人而芻之。」《肆師》：「大祭祀，展犧牲，繫于牢，頒于職人。」《充人》：「掌繫祭祀之牲。祀五帝，則繫于牢，芻之三月。享先王亦如之。凡散祭祀之牲，繫于國門，使養之。」「散祭祀，謂司中、司命、山川之屬。」《司門》：「凡祭祀之牛繫焉，監門養之。」《牧人》：❶「凡牲不繫者，共奉之。」「謂非時而祭祀者。」《封人》：「凡祭祀，飾其牛牲，設其楅衡，置其絼，共其水槀。」「飾謂刷治絜清之也。鄭司農云：『楅衡，所以楅持牛也。絼，著牛鼻繩，所以牽牛者，今時謂之雉，與古者名同。❷皆謂夕牲時也。』玄謂楅設於角，衡設於鼻，如椵狀也。」《詩・閟宮》曰：「秋而載嘗，夏而楅衡。」毛曰：「楅衡，設牛角以楅之也。」鄭氏曰：「楅衡其牛角，爲其觸觝人也。」《禮記》曰：「三日繫，七日戒，三日宿，慎之至也。」又曰：「犧牲不粥於市。牲死則埋之。」《月令》：「仲秋之月，乃命宰、祝循行犧牲，❸視全具；按芻豢，瞻肥瘠；察物色，必比類；量小大，視長短，皆中度。五者備當，上帝其饗。」《郊特牲》曰：「帝牛必在滌三月，稷牛惟具，所以別事天神與人鬼也。」《祭義》曰：「擇其毛而卜之吉，然後養之。君皮弁素積，朔月、月半，君巡牲，所以致力，孝之至也。」《公羊》曰：「帝牲在于滌三月。」何休曰：「滌，宮名。養帝牲三牢之處也。謂之滌者，取其蕩滌潔清。三牢者，各主一月，取三月一時，足以充其天牲。」❹

❶「牧」，原誤作「牛」。按此所引，出《周禮・牧人》，今據改。
❷「與」，原脱，今據《周禮・封人》鄭注補。
❸「乃命」，原作小字，今據明本、庫本、嘉慶本改作大字。
❹「天」，原誤作「大」，今據《春秋公羊經傳解詁》宣三年改。

《國語》：「楚昭王問於觀射父曰：❶『芻豢幾何？』對曰：『遠不過三月，近不過浹日。』」「遠謂三牲，近謂雞、鶩之屬。浹日，十日也。」《唐郊祀録》：「凡祭祀之牲，大祀在滌九十日，中祀三十日，小祀十日。」「一月在外牢，二月在中牢，三月在明牢。」《史記》：「莊周謂楚使者曰：『子獨不見郊祭之犧牛乎？ 養食之數歲，衣以文繡，以入太廟。當是之時，雖欲爲孤豚，豈可得乎？』」《郊祀志》注：「漢祭天，養牛五歲。」

《周官・封人》：「凡祭祀，飾其牛牲，設其楅衡，置其絼。」《詩》曰：「秋而載嘗，夏而楅衡。」鄭司農曰：❷「楅持牛也。絼，著牛鼻以牽者。」鄭康成曰：「楅設於角，衡設於鼻。」又曰：「楅衡其牛角，爲其觸觝人也。」蓋楅衡以木爲之，横設於角，則楅幅其角，猶射以楅幅其矢也。絼則《少儀》、《祭統》所謂紖也。《少儀》：「牛則執紖。」《祭統》：「及迎牲，君執紖。」康成於《詩》合楅、衡以爲一，於《禮》離楅、衡以爲二，是自惑也。《郊特牲》曰：「帝牛不吉，以爲稷牛，稷牛惟具。」《牛人》：「凡祭祀，共其享牛、求牛，以授職人而芻之。」蓋牛有卜而後用者，有用而不必卜者。❸享牛卜而後用，求牛具而不必卜。求牛猶《曲

❶「觀射父」，原誤作「射觀父」，今據庫本、嘉慶本及《國語・楚語》改。

❷「鄭司農」，原誤作「毛氏」。按此所引乃《周禮・封人》鄭注引鄭司農語，本卷上文同引即作「鄭司農」。今據改。

❸「有」，原誤作「可」，今據明本、庫本、嘉慶本改。

禮》所謂索牛，❶《春秋傳》所謂「索牛馬」也。❷以授職人而芻之，❸則職人者，充人、司門之類也。大祭祀之牛授之充人，「祀五帝則繫于牢，芻之三月，享先王亦如之」，《肆師》「大祭祀，展犧牲，繫于牢」是也。散祭祀之牛授之司門，《充人》「凡散祭祀之牲，繫于國門，使養之」，❹《司門》「祭祀之牛牲繫焉，監門養之」是也。「楚昭王問於觀射父曰：『芻豢幾何？』對曰：『遠不過三月，近不過旬浹。』」則先王繫牲不必皆三月矣。《唐郊祀録》：「凡祭祀之牲，大祀在滌九十日，中祀三十日，小祀十日。」理或然也。莊周言郊牛食之數歲，漢之郊牛養之五歲，此非禮之禮也。然則稷牛惟具，而先王之牛必卜。何也？稷祀於郊則屈而不伸，故用求牛而與帝牛異；先王享于廟則伸而無屈，故用享牛而與帝牛同。古者之於牲也，視之則召，見之則下，於歲時則齊戒沐浴以朝之，於朔望則皮弁素積以巡之，牽之必親，殺之必射，割之必袒，以爲不如是不足以致嚴於鬼神。然見而下之，夏商之禮耳。《周官·齊右》：「凡有牲事，則前馬。」《道右》：「王式，則下，前馬。」則周人於齊牛，式而不下也。

三　牢

養馬謂之閑，養牛謂之牢。閑以防

❶「索」，原誤作「牽」，今據庫本、嘉慶本、《禮記·曲禮》及孫氏點勘改。

❷「索」，原誤作「牽」，今據庫本、嘉慶本及《左傳》襄公二年、孫氏點勘改。「牛馬」，孫氏點勘改作「馬牛」。

❸「授職」，原誤作「職授」，今據嘉慶本及上下文改。

❹「使」下，原衍「人」字，今據《周禮·充人》及上文同引删。

之，牢以固之，各象其性而制之也。然牢不特施之於牛而已，羊之所在亦曰牢，《禮》凡言少牢是也，豕之所在亦曰牢。所處三牢，各主一月。唐制一月在外牢，二月在中牢，三月在明牢。其言蓋有所受也。

飾牲

《周禮·封人》：「飾其牛牲。」《小子》：「凡沈、辜、侯〔禳〕，飾其牲。」《羊人》：「凡祭祀，飾羔。」《校人》：「飾幣馬，執扑而從之。凡將事于四海山川，飾黃駒。」《曲禮》曰：「飾羔鴈者以繢。」莊周曰：「犧牛衣以文繡。」《漢儀》：「夕牲被以絳。」然則《羊人》「飾羔」，《曲禮》所謂「飾以繢」也；《校人》「飾黃駒」，猶傳所謂「文馬」也。羊人「掌羊」，校人「掌馬」，其飾羔馬宜矣。封人非掌牛而飾牛者，牛，土畜也，《封人》「掌設王之社壝，封樹而疆之」，則飾土事也。使飾土事者飾土畜，因其類也。《小子》「凡沈、辜、侯禳，飾其牲」，則凡牲無不飾矣。鄭氏以飾爲「刷治潔清之」，然則刷治潔清之，非所謂飾。

禮書卷第七十五終

禮書卷第七十六

用牲之別　省牲迎牲殺牲之儀　互　盆　簝

用牲之別

《周官·牧人》：「掌牧六牲，以共祭祀之牲牷。凡陽祀，用騂牲毛之；陰祀，用黝牲毛之；望祀，各以其方之色牲毛之。凡時祀之牲，必用牷物。凡外祭毀事，用尨可也。凡祭祀，共其犧牲，以授充人繫之。」蓋純謂之牷，❶完謂之犧。故《禮記》言毛以告全，《左傳》言「雄雞自斷其尾，憚其爲犧」，則牷之純在色，犧之完在體也。然牷者亦必完，犧者亦必純。《禮》凡言「牷物」，其爲犧可知也；凡言「犧牲」，其爲純可知也。先儒謂陽祀，祀天於南郊及宗廟也；陰祀，祭地於北郊及社稷也；望祀，四嶽、四瀆也。然《大宗伯》「牲幣各放其器之色」，則天牲以蒼而不以騂，地牲以黃而不以黝者，蓋騂者陽之盛色，陽祀以騂爲主，而不必皆騂；黝者陰之盛色，陰祀以黝爲主，而不必皆黝。則《牧人》所言亦其大率而已。《郊特牲》之騂犢，《閟宮》之騂犧，此祀天之用騂者也；《旱麓》、《信南山》之騂牡，❷《閟宮》之騂剛，《洛誥》之騂牛，此宗廟之

❶「謂之」，原作小字，今據明本、庫本、嘉慶本改作大字。

❷「牡」，原誤作「牲」，今據《毛詩·旱麓》、《信南山》及孫氏點勘改。

用騂者也。《爾雅》曰：「黃牛黑脣曰犉。」《詩》曰：「殺時犉牡。」此社稷之用黝者也。《詩》曰：「來方禋祀，以其騂黑。」則四方有用騂黑者矣。孔子曰：「犂牛之子騂且角，山川其舍諸？」則山川有用〔騂者矣〕。湯之告天以玄牡，用夏禮也。〔揚子雲曰〕：「玄〔牛〕騂白，其升於廟乎？」兼三代之禮言之也。《曲禮》曰：「天子以犧牛，諸侯以肥牛，大夫以索牛，士以羊豕。」曾子曰：「諸侯祭牲曰大牢，大夫祭牲曰少牢，士之祭牲曰特豕。無祿者稷食。」楚屈建曰：「國君有牛享，大夫有羊饋，士有豚豕之奠，庶人有魚炙之薦。」觀射父曰：「天子祀以會，諸侯祀以大牢，卿祀以特牛，大夫祀以少牢，士祀以特牲，庶人祀以魚。」《儀禮》大夫饋食以少牢，士虞與饋食皆特牲。《雜記》：「上大夫之虞也少牢，卒哭成事、附皆大牢。❶ 下大夫之虞也特牲，卒哭成事、附皆少牢。」❷然則大夫用牛，士用羊豕，蓋天子大夫、士之禮歟？ 凡此特宗廟用牲之別而已。 若夫王之喪祭用馬牲，伏瘞用犬牲，凡面禳、釁用雞牲，以至王之社稷大牢，諸侯社稷少牢，與夫五祀、盟詛、雩禜、招梗、侯禳之類，其用牲之別，蓋又有等矣。 先王之於牲，以牡爲貴而賤其牝，以小爲貴而賤其大，以純爲貴而賤其尨，以充美爲貴而去其疾。故《書》曰：「敢用玄牡。」《詩》曰：「白牡騂剛」，「從以騂牡。」又曰：「殺時犉牡。」此

❶ 「附」，原誤作「柎」，今據明本、庫本及《禮記・雜記》改。

❷ 「附」，原脱，今據明本、庫本及《禮記・雜記》補。

以牲爲貴也。《郊特牲》曰：「牲孕弗食，祭帝不用。」《月令》：「仲春祀，犧牲無用牝。」則祭亦有用牝而非所貴也。《楚語》曰：「郊禘不過角繭栗，烝嘗不過把握。」《記》曰：「天地之牛角繭栗，宗廟之牛角握，賓客之牛角尺。」此以小爲貴者也。《牧人》：「凡外祭毀事，用厖可也。」《犬人》：「凡幾珥、沈、辜，用厖可也。」以用厖爲可，則不若齊毫之爲貴者也。「牛夜鳴，❶則庮；羊泠毛而毳，羶；犬赤股而躁，❷臊；鳥皫色而沙鳴，貍；❸馬黑脊而般臂，螻；❹豕盲視而交睫，❺腥。」盲視，亢鼻也，莊周以爲不可適河。則牛馬犬鳥之疾者，其可以祭祀哉？此以充美爲貴者也。《書》曰：「文王騂牛一，武王騂牛一。」《公羊》曰：「周公白牡，魯公騂剛，群公不毛。」由此觀之，廟各一牢矣。《逸禮》：「毀廟之主，昭一牢，穆一牢。」

《校人》：「將事于四海山川，飾黃駒。」

省牲迎牲殺牲之儀

《大宗伯》：「祀大神，享大鬼，祭大示，宿，視滌濯，省牲鑊。」《小宗伯》：「大祭祀，省牲，視滌濯。」《大宰》：「及納亨，贊王牲事。及祀之日，贊玉幣爵之事。」

❶「鳴」，原誤作「鳥」，今據明本、庫本、嘉慶本及《周禮·內饔》改。

❷「臊」，原誤作「燥」，今據《周禮·內饔》改。

❸「貍」，明本、庫本作「鬱」。當是底本據《周禮·內饔》，明本、庫本據《禮記·內則》，而有此用字之異也。嘉慶本於「貍」下又增小字「註音鬱」以明之。

❹「螻」下，原衍一小字「貍」，今據明本、庫本、嘉慶本及《周禮·內饔》删。又，「馬黑脊而般臂螻」，嘉慶本在「盲視亢鼻也」下，是據《禮記·內則》也。

❺「豕」，原作小字，今據明本、庫本、嘉慶本改作大字。

《大司寇》：「及納亨，前王。祭之日亦如之。」然則夕牲之禮，於宗伯言「省牲」，則就省之也；於王言「納亨」，納其所亨而不就省之也。鄭氏云：「納亨者，納牲，將告殺。謂鄉祭之晨，既殺以授亨人。」然祭之晨即祭之日也。祭之日，王袒牽牲，子姓答之，卿大夫序從之。《禮器》曰：「君牽牲，大夫贊幣而從。」《明堂位》曰：「君肉袒迎牲于門，❶大夫贊君。」《祭義》曰：「君牽牲，穆答君，卿大夫序從。」「士執芻，君執鸞刀，羞嚌。」樂工奏《昭夏》，封人從而歌舞之。及詔於庭而麗于碑，則王射之。卿大夫袒而毛，王執鸞刀以刲焉。《祭義》曰：「君牽牲，既入廟門，麗于碑。卿大夫袒，而毛牛尚耳。鸞刀以刲，取膟膋，乃退。爓祭，祭腥而退，敬之至也。」《禮》曰：「納牲詔於庭。」《詩》曰：「執其鸞刀，以啓其毛。」方是時也，不特司徒奉牛，宗伯奉雞，司馬奉馬羊，司寇奉犬，司空奉豕而已。《小宗伯》：「毛六牲，頒之于五官，使共奉之。」又太宰、太僕贊其事，太宰、太僕祭祀贊王牲事，則前祭及祭日皆贊。封人供其水槀，諸侯則士執芻。充人共其互與盆、簝。《國語》曰：「禘郊之事，天子必自射其牲。」然《司弓矢》「凡祭祀，共射牲之弓矢」，則射牲豈特禘、郊哉。諸侯殺牲之禮，蓋與天子同。大夫、士皆視殺于門外，惟其視之而弗親，外之無不入，所以爲卑者之事也。《漢郊祀志》武帝祠地，「令侍中儒者皮弁縉紳射牛」，亦先王之遺制歟。

❶「牲」，原誤作「特」，今據明本、庫本、嘉慶本及《禮記·明堂位》改。

互

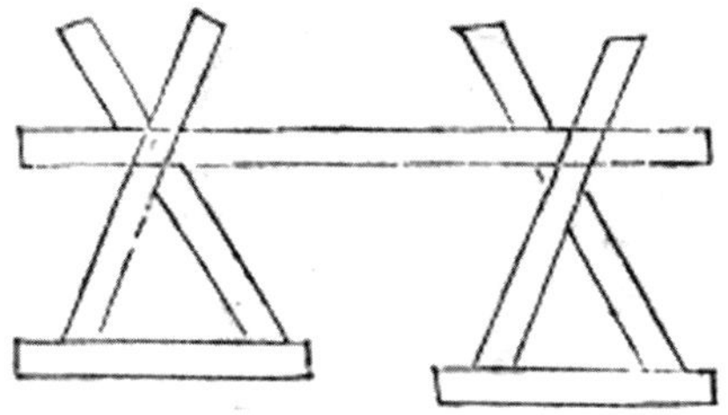

盆

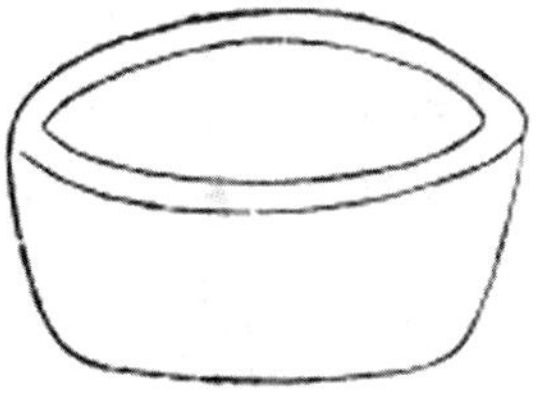

簝

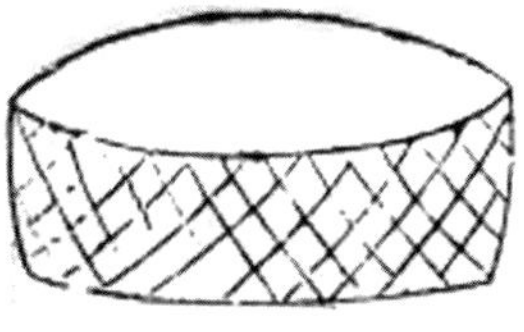

《牛人》：「凡祭祀，共牛牲之互與其盆、簝，以待事。」鄭司農謂：「互，楅衡之屬。❶盆，以盛血。簝，受肉籠也。」鄭康成謂：「互，若今縣肉格。」《楚茨》詩曰：「或剝或亨，或肆或將。」毛氏曰：「或陳于牙，或齊于肉。」蓋「互」、「牙」古字通用。祭之日，君牽牲入廟門，麗于碑，卿

❶ 「楅」，原誤作「榀」，今據明本、庫本、嘉慶本及《周禮·牛人》鄭注引鄭司農改。

大夫袒而毛，鸞刀以封，盛血以盆，受肉以簝，然後陳肉於互，以授亨人亨之。《掌舍》：「設梐枑。」《脩閭氏》：「掌比國中宿互者。」互，行馬也。肉格謂之互，蓋其制類此。鄭司農以爲楅衡之屬，非是。

禮書卷第七十六終

禮書卷第七十七

骨體　血腥爓熟　舉肺　祭肺

骨體❶

《周禮》王之牲事，冢宰、太僕贊之，《大宰》：「及納亨，贊王牲事。」《太僕》：「祭祀，贊王牲事。」五官共奉之，內饔、外饔割亨之。《內饔》：「凡宗廟之祭祀，掌割亨之事。」《外饔》：「掌外祭祀之割亨。」司士帥其屬而割，羞。《司士》：「凡祭祀，帥其屬而割，羞俎豆。」諸子正其牲體。蓋司士掌群臣之版，諸子掌國子之倅，則凡預〔祭〕者皆在所掌，❷故割羞、正體繫之。夫肱骨三，肩、臂、臑也。股骨三，肫、❸亦作膊，音純。胳、亦作骼。觳也；《既夕》：「前後裳，❹長及觳。」脊骨三，正脊、脡脊、橫脊也；

❶「骨體」，原脱，今據目録、卷首小目、庫本、嘉慶本補。
❷「者皆在所」，原爲空格，今據明本、庫本、嘉慶本補。
❸「臑也股骨三肫」，原爲空格，今據明本、庫本、嘉慶本補。
❹「裳」，原誤作「掌」，今據嘉慶本及《儀禮・既夕》改。

脅骨三，代脅、長脅、《特牲》又曰幹。短脅也。❶正脊之前則膉也，亦謂之脰。肫之上則髀也。然則左右肱之肩、臂、臑，與左右股之肫、胳、觳而爲十有二。脊骨三，與左右脅骨六而爲九。二觳正祭不薦於神尸、主人之俎，兩髀不升於主人、主婦之俎，膉不升於吉祭之俎。《士虞》：「祝俎，髀、脰。」則祭之所用者，去髀、膉而二十有一，❷去二觳而爲十九矣。《國語》曰：「禘郊之事則有全脀，王公立飫有房脀，親戚燕飲有殽脀。」則全脀，豚解也；房脀，體解也；殽脀，骨折也。《士喪禮》：「特豚，四鬄，去蹄，兩胉，脅也。脊。」《既夕》：「鼎實，羊左胖。豕亦如之。」❸然則四鬄者，殊左右肩髀而爲四，又兩胉一脊而爲七，此所謂豚解也。士喪禮略豚解而已，至虞然後豚解、體解兼有焉。若夫正祭，則天子、諸侯有豚解、體解。《禮運》曰：「腥其俎，孰其殽，體其犬、豕、牛、羊。」腥其俎，謂豚解而腥之，爲七體。孰其殽，謂解之、爓之，爲二十一體。大夫、士有體解，無豚解，以其無朝踐獻腥之禮故也。《儀禮》有言合升，有言升左胖，有言升右胖者，《士冠禮》「特豚，載合升」，《喪禮》大斂亦「豚合升」，則豚於吉凶之禮皆合升也。用成牲者，然後升其胖，豚合升則髀亦升矣，《士喪禮》「載兩髀于兩端」是也。升其胖則去髀矣，《既夕禮》「實羊豕左胖，髀不升」是也。《既夕》「升羊豕左胖」，《士虞》「升左胖」，《公食大夫》、《鄉射·記》、《少牢》皆

❶「短」，原誤作「脰」，今據孫氏點勘改。「脅」原誤作「肩」，今據明本、庫本、嘉慶本及上文改。

❷「髀」，原誤作「脾」，今據明本、庫本、嘉慶本及上文改。

❸「豕」，原脱，今據《儀禮·既夕》補。

升右胖，《特牲》尸俎右肩。蓋禮以右爲貴，而喪以左爲上。觀吉禮魚寢右，喪禮魚左首，則喪之反吉可知矣。《少牢》尸俎羊豕體十一，侑羊體四，豕體三；主人羊、豕體各三；主婦無豕體，而羊體三，侑則左肩而已。《特牲》尸之牲體九，祝三，主人與主婦五，佐食三，賓一，長兄弟及宗人折其餘如佐食俎，衆賓而下皆殽脀；尸脊無中，脅無前。此尊卑之辨也。《祭〔統〕》曰：「商人貴髀，周人貴肩。」以周人之禮觀之，脅貴中而賤兩端。《特牲》食幹，鄭云「長脅」。骨貴右而賤左，貴前而賤後，貴上而賤下。貴上則祭不升髀，以在體左後故也；❶賤下而苞取下體者，以脛骨可以久藏故也；貴前而祭不用臑者，以非體之正故也。《士喪禮》斂奠之俎「載兩髀于兩端，兩肩亞，兩胉亞，脊肺在中」，《少牢》「肩、臂、臑、膞、胳在兩端，脊、脅、肺、肩在上」，則俎之有上下，猶牲體之有前後也。肩、臂、臑在上端，則膞、胳在下端矣。喪奠兩髀于兩端，此喪事質，猶用商禮故也。《特牲》尸俎正脊二骨，長脅二骨；胙俎亦正脊二骨，長脅二骨。《少牢》脊三、脅三，皆二骨以並。蓋骨、臂、臑、膞、胳之骨不折，所折者脊、脅也。脊二以並，多爲貴故也。《少牢》脊則先正脊，脅則先短脅，❷以屈而綍之故也。《士虞禮》：「尸舉魚腊俎，俎釋三

❶ 「體」下，原衍「以」字。嘉慶本此處空一格，當是原有後删去，今據删。

❷ 「短」，原誤作「脰」，今據《儀禮·少牢》及《續古今考》卷三十五、《五禮通考》卷六十四《吉禮六十四·宗廟制度》所引改。

箇。」《特牲》：「佐食盛肵俎，❶俎釋三箇。」則《士虞》釋三箇者，不盡人之歡也；《特牲》釋三箇者，將以改饌陽厭也。《少儀》：「凡膳告於君子。太牢以牛左肩、臂、臑折九箇，少牢以羊左肩七箇，犆豕以左肩五箇。」膳以肩不以膞者，貴其前也；肩以左不以右者，右以祭也。

血腥爓熟

《禮記》曰：「有虞氏之祭也，尚用氣。血、腥、爓，用氣也。商人臭味未成，滌蕩其聲。周人尚臭。」則自氣至於臭，❷其禮浸文矣。又曰：「郊血，大饗腥，三獻爓，一獻熟。」則自血至於熟，其誠浸殺矣。蓋宗廟之祭，始則以神事焉，故以腥；終則以人養焉，故以熟。則坐尸於堂，血毛詔於室，「乃腥其俎，熟其殽，進於尸主之前」，以行朝踐焉，鄭康成謂「腥者，豚解而腥之，以法於上古；熟者，體解而爓之，以法於中古」是也。及退而合亨，體其犬、豕、牛、羊，設饌於堂，延尸主以入室，於是遷堂上之饌進於尸主之前，以行饋食焉，鄭康成謂「薦今世之食」是也。《特牲》、《少牢》有饋食無朝踐，故有體解無豚解，惟《士喪》、《士虞》有豚解七體，鄭康成謂「豚解者，解前後脛、脊、脅」是也。《祭義》曰「爓祭腥而退」，則爓祭固已體矣。《禮運》曰「退而合亨，體其犬、豕、牛、羊」者，非體解也，辨其體以陳之俎也。《楚茨》之詩曰：「或剝或亨，或

❶「肵」，原誤作「胙」，今據《儀禮・特牲》改。
❷「氣」，原誤作「器」，今據上下文意及《五禮通考》卷八十七《吉禮八十七・宗廟時享》條所引改。

肆或將。」則剥者，解之也；肆者，陳之俎也。然《楚茨》先言「執爨」而繼之以「或燔或炙」；《鳧鷖》先言「爾殽」，而終之以「燔炙芬芬」；《禮運》亦先言「熟其殽」，然後繼之以「薦其燔炙」。《周禮・量人》：「制從獻脯燔之數量。」《特牲》：「主人獻尸，賓長以肝從；主婦獻尸，賓長以燔從。」是燔以肉，炙以肝。燔炙在血、腥、爓、熟之後，非祭之所先也。謂之從獻，非獻之正味也。故制之不在司士，而在量人；獻之不在主人，而在賓。特《祭義》言「建設朝事，燔燎羶薌」，繼之以「薦黍稷，羞肺肝，加以鬱鬯」，而鄭氏謂「朝事，君親制祭」，則親制其肝，洗於鬱鬯而燔之，❶以詔神於室，又出以墮於主前。然則主人用肝之禮，又與從獻者異矣。

舉肺

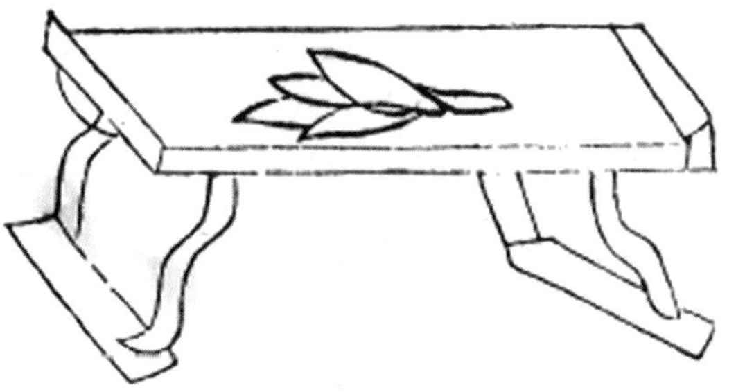

❶「於」，原脱。按「朝事，君親制祭」者，鄭氏注《禮記・禮器》之文也，《禮器》云：「君親制祭，夫人薦盎。」鄭注：「所制者，制肝洗於鬱鬯，以祭於室及主。」今據補。

祭肺

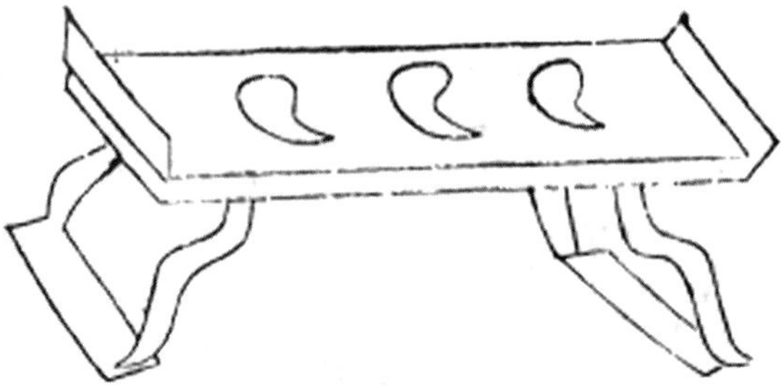

《儀禮·少牢》舉肺一、祭肺三，皆切之，❶則舉肺一者，尸之所先食者也，故封離之而不切；祭肺三者，尸與主人、主婦之所祭者也，故切之而不封離。舉肺亦謂之離肺，亦謂之嚌肺。祭肺亦謂刌肺，亦謂之切肺。則離與刌，以所制名之也；嚌與切，以所用名之也。祭肺祭而不嚌，舉肺嚌而必祭。祭肺三皆在尸俎，而舉肺各於其俎。故《儀禮》尸俎、阼俎以至主婦、佐食、賓、長兄弟、宗人、衆賓，❷及衆兄弟、内賓、宗婦、公有司之俎，皆離肺一。則祭肺三者，施於尸、主人、主婦之綏祭也。❸皆離肺一者，自尸至公有司食之也。《少儀》曰：「牛羊之肺，❹離而不提心。」離而不提心，則絶而祭之，故挩手；則刌而祭者，不挩手矣。祭以

❶「一」，原脱，今據《儀禮·少牢》及上下文意補。

❷「阼」，原誤作「昨」，今據明本、庫本、嘉慶本及《儀禮·特牲》改。

❸「綏」，庫本作「挼」。

❹「牛」，原誤作「生」，今據明本、庫本、嘉慶本及《禮記·少儀》改。

右手。見《鄉射》。凡祭必於脯醢之豆間，特《公食大夫》、《有司徹》祭於上豆之間，以豆數多故也。祭之尚肺，周禮而已。若有虞氏則祭首，夏后氏則祭心，商則祭肝，以時異則禮異也。周之尚肺，特宗廟賓客飲食之間而已。若五祀，則户先脾，中霤先心，門先肝，以事異則禮異也。《士冠》有嚌肺，而《鄉飲》、《鄉射》、《燕禮》之類皆有離肺而無祭肺。《婚禮》有離肺，又有祭肺，鬼神陰陽之意也。《特牲饋食》先祭肺，後祭肝，祝亦祭肺後祭肝，則祭肺非不祭肝也，以肺爲主耳。由是推之，夏商非不祭肺也，以心與肝爲主而已。

禮書卷第七十七終

禮書卷第七十八

大夫肵俎

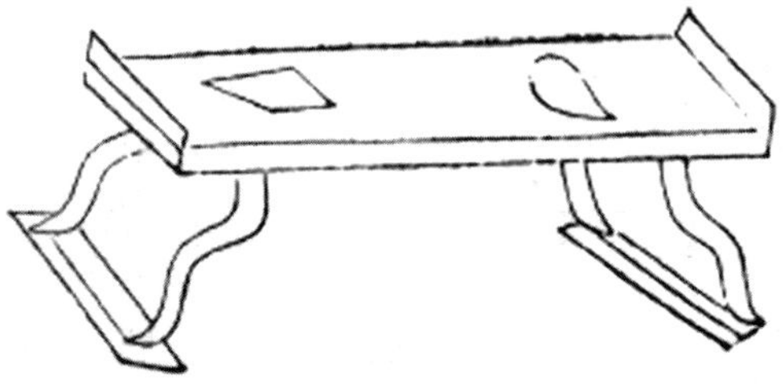

士肵俎

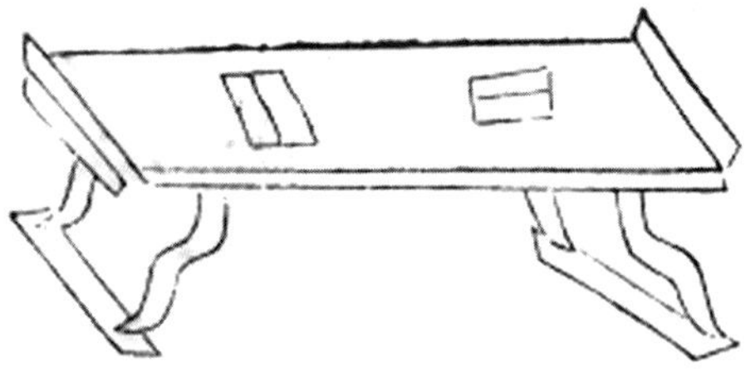

《禮記》曰：「肵之爲言敬也。」《特牲・記》：❶「肵俎心舌，皆去本末，午割之，實于牲鼎。載，心立，舌縮俎。」鄭氏曰：「立、縮順其牲。心、舌知食味者，欲尸之饗此祭，

❶「特」上，原衍「郊」字。按此所引，《儀禮・特牲》之記也。今據删。「牲」下，嘉慶本增「饋食」二字。

是以進之。」《少牢禮》：「心舌載于肵俎。心皆安下切上，午割勿没；其載于肵俎，末在上。舌皆切本末，亦午割勿没；其載于肵，横之。」則士之肵俎立舌而不立心，大夫之肵俎立心而不立舌。士之〔載〕縮俎，則於俎〔爲縮，於〕人爲横；大夫之載横之，則於俎爲横，於人爲縮。《特牲》尸九飯乃盛肵俎，下大夫八飯即盛肵俎。則士之肵俎盛於飯後，下大夫之肵俎盛於飯間矣。「士九飯，少牢十一飯。」❶下大夫亦十一飯。肵俎之禮，其升心、舌則佐食也，其設之則阼階西也，其羞之則主人也，其置之則腊北、膚北也。《特牲》：「主人羞肵俎腊北。」《少牢》：「主人羞肵俎，升自阼階，置于膚北。」制之在合亨之前，羞之在尸食舉之後。尸之舉幹，舉骼，舉魚，舉肩，以至舉肺、正脊，佐食受之加于肵俎，而俎釋三箇，以備陽厭，則神俎之體歸於肵俎多矣。《士喪禮》無肵俎，祭殤無肵俎，無尸故也；《士虞禮》不以肵俎而以篚，尚質故也。《特牲》「尸謖，佐食徹尸俎」，《有司徹》「司士歸尸俎」，《士虞》「出，從者奉篚，哭從之」，則與諸臣之自徹者有間歟？

腸　胃　膚

《少儀》曰：「君子不食圂腴。」鄭康成曰：「惟煬者有膚。」則牛羊有腸胃而無膚，豕有膚而無腸胃。豕雖有膚，然四解而未體折無膚，豚而未成牲無膚。《士喪禮》豚皆無膚，以未成牲故也；《既夕

❶「士九」至「一飯」，按《儀禮》之《有司徹》，實《少牢》之下篇，因簡册繁重釐而爲二，故亦可稱《少牢饋食禮》，簡稱《少牢》。《有司徹》鄭注：「士九飯，大夫十一飯。」陳氏概取用此鄭注，然誤倒且有脱文。

禮》大遣奠、《少牢》四解無膚，以未體折故也。《士虞禮》：「膚祭三，取諸左膉上。」「膉，脰也。」鄭康成曰：「膚，脅革肉。」蓋豕肉之美者不過脅革肉而已，故禮於膚皆謂之倫膚。東晉所謂禁臠者，豈此類歟？《公食大夫》：「魚、腸胃、倫膚，若九，若十有一；下大夫若七，若九。」蓋士一命，故其數七；小國之卿、次國之大夫再命，故其數九；大國之卿三命，故其數十一。《公食大夫》膚與牲皆七，而《少牢》膚與牲體皆九，隆於祭禮故也。《聘禮》腸胃與膚不同鼎，《公食大夫》腸胃與膚不同俎，❶腸胃常在先，膚常在後者，以腸胃出於牛羊，膚出於下牲故也。《公食大夫》：「腸、胃、膚皆〔橫〕諸俎，垂之。」《少牢》折俎腸、胃皆及俎拒。❷ 蓋腸、胃之長及俎拒，膚則垂之而已。

脯

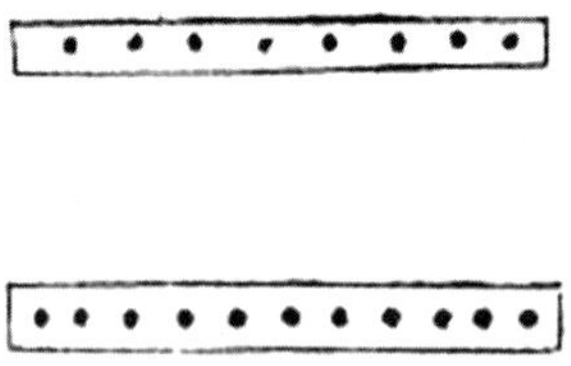

《周禮・腊人》：「掌乾肉，凡脯、腊、膴、胖之事。」《內則》：「牛脩，鹿脯，田豕脯，麋脯。大夫燕食，有膾無脯，有脯無膾。」《郊特牲》曰：「大饗尚腶脩。」《少儀》曰：「其以乘壺酒、束脩、一犬賜人若

❶「胃」，原脱，今據《儀禮・公食》及上下文意補。

❷「折俎」，明本、庫本、嘉慶本作「肵俎」。「腸」，原脱，下言「蓋腸、胃之長及俎拒」，是脱則有誤，今據明本、庫本、嘉慶本及《儀禮・少牢》補。

獻人，則陳酒執脩以將命。」先儒謂「薄析曰脯，捶而施薑桂曰腶」，然則腶猶濁氏之胃脯也。❶《食貨志》注：「胃以椒薑。」❷腶析而段之，脩則其體長矣。脯之於禮，可以爲輕，可以爲重，可以用之於前，可以羞之於後。《膳夫》凡王祭祀、賓客則有俎，凡稍食則脯醢而已。《冠禮》三加有乾肉折俎，始醮、再醮則脯醢而已。《喪禮》則大斂卒塗、朔月，《既夕》、《士虞》，有牲體、魚腊之俎，小斂則特豚、脯醢而已，以脯醢之於魚腊俎爲輕故也。大饗有腥、熟，尚腶脩，以禮賓；《冠禮》有牲俎，取脯以見母；《婚禮》賓取脯以授從者；《燕禮》賓執脯以賜鍾人。又《婚禮》婦贄腶脯以見姑，學者束脩以見師。以脯之於禮爲重故也。用之於前，則《冠禮》始醮、再醮之類是也；羞之於後，則《籩人》加籩之實栗、脯是也。蓋脯，割之也謂之尹，《曲禮》、《士虞》所謂尹祭是也。體之直也謂之脡，《士虞禮》所謂脯四脡是也。脡亦作挺，《鄉飲禮》所謂「薦脯五挺」是也。脡亦謂之膱，《鄉射禮》薦腊用籩，「五膱，祭半膱，膱長尺二寸」是也。鄉飲、鄉射，大夫禮也，故五挺；《士虞》，士禮也，故四挺。春秋之時，齊侯「唁昭公于野井」，以四挺脯，蓋野禮之禮歟？《曲禮》曰：「以脯脩置者，左朐，右末。」《儀禮》俎設于脯醢東，❸朐在南。

❶「胃」，原誤作「冒」，今據孫氏點勘改。
❷「胃」，原誤作「冒」，今據庫本、所注正文及《史記·貨殖列傳》改。
❸「東」，原誤作「秉」，今據《儀禮·士虞》改。

腊

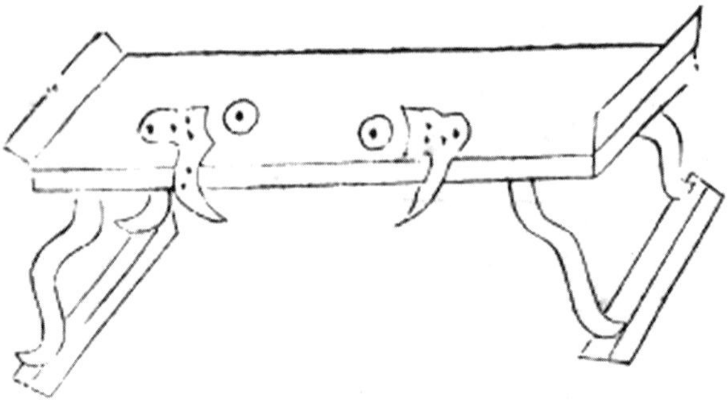

《周官》：「獸入于腊人。」《腊人》：「掌乾肉，凡田獸之脯、腊、膴、胖之事。」蓋析而乾之曰脯，全而乾之曰腊。脯在籩，腊在俎。脯常先於醢，腊常亞於魚。禮有薧腊，有鮮腊，有全腊，有胖腊，或取以用或不用，或取以祭或不祭，或在庶羞或不在庶羞，或先舉魚後舉腊，❶或先舉腊後舉魚。《聘禮》賓之飪鼎九，有魚、腊、鮮魚、鮮腊；上介飪鼎七，無鮮。《公食大夫》上大夫之俎九，有魚、腊，加鮮魚、鮮腊；下大夫之俎七，無鮮；而《婚禮》「腊必用鮮」。則用鮮者，禮之所隆也。《少牢》鼎「腊一純」，《特牲》、《士冠》、《婚》之類皆用全；《士喪》大斂，《士虞》、《既夕》胖而已。則不用全者，禮之所略也。《婚禮》厥明，婦饋舅姑特豚，無魚腊，《既夕禮》「徹巾，苞，不以魚腊」，以非正牲故也；《公食大夫禮》「魚、腊、醬、湆不

❶「魚」下，原衍「或」字，今據明本、庫本、嘉慶本删。

祭」，以預正饌故也；若入庶羞故祭。《公食大夫》若不親食，魚腊陳於碑内，《有司徹》升羊、豕、魚三鼎而無腊，以在庶羞故也；《特牲》後舉魚，以三俎腊皆三舉故也；《少牢》後舉腊，以腊魚皆一舉故也。❶夫腊之骨也如牲體，卒塗之腊進祇，未異於生也。《少牢》之腊進下，異於生也。其載之也上肩，其舉之也以肩。鄭氏云：「體始於正脊，終於肩。」《婚禮》腊肫髀不升，《喪禮》腊髀亦不升，而《少牢》祝俎髀屬于尻，《有司徹》腊辨無髀，則腊之賤髀亦與牲同矣。《禮器》曰：「大饗其王事歟。三牲、魚腊，四海九州之美味也。」則天子之腊，凡田獸在焉。《儀禮》大夫「腊用麇」，鄭康成曰：「士腊用兔。」然《特牲》腊用獸，則苟有獸焉可也，孰爲必用兔耶！

禮書卷第七十八終

❶「一」，原脱，今據明本、庫本、嘉慶本及《儀禮・少牢》補。

禮書卷第七十九

魚　鱐　膴❶　粢盛

魚

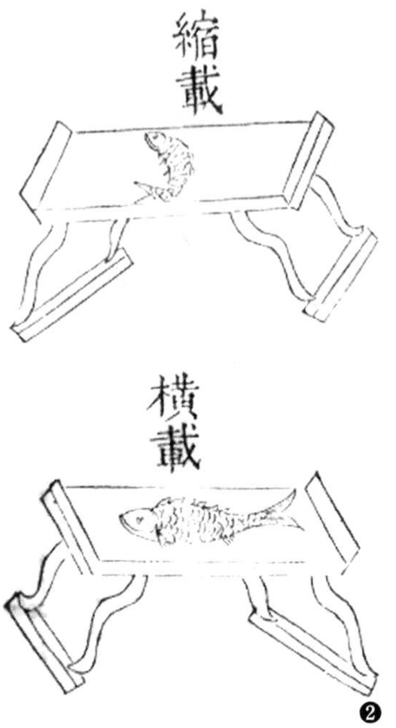

❷

月盈則魚腦盈，月虧則魚腦虧。《特牲》、《少牢》尸俎魚皆十有五，取盈數於三五故也。若夫飲食之禮則不然。《公食大夫》：「魚與腸、胃、倫膚，若九，若十有一；下大夫若七，若九。」❸則一命之魚七，再命九，三命十有一。特天子、諸侯魚數不見於經。先儒謂諸侯十有三，天子十有五，理或然也。《士婚禮》魚十有四，攝盛也；其加不至十有五者，貴偶也。然魚之在俎，或縮，或橫，或右首，或左首，或進首，或進尾，或進鬐，脊也。或進腴，或右鬐。則右首、左首者，於俎爲縮，於人爲橫；進首、進尾者，於俎爲橫，於人爲縮。《公食大夫》「魚縮俎，寢右」，進鬐；《士喪》卒塗之奠，「左首，進鬐」；

❶「膴」，原脱，今據目録、文中小題補。

❷圖中文字，原無，爲明本、庫本、嘉慶本所增。

❸「九」，原誤作「五」，今據《儀禮·公食》及本書卷七十八同引改。

《士虞》亦「進鬐」；《少牢》「右首，進腴」。蓋鬐者，體之所在；腴者，氣之所聚。禮雖貴右，人之飲食貴體，鬼神之祭貴氣也。《公食》與《少牢》皆右首，而《喪禮》左首，〔反吉〕故也。《少牢》進腴，《公食》進鬐，而喪奠與虞〔進鬐，未異〕於生故也。《儀禮》大夫、士祭皆薧魚，《周禮·漁人》：「〔凡祭祀〕，共其魚之鮮薧。」《曲禮》曰：「薧魚曰商祭，鮮魚曰脡祭。」《少儀》曰：「進濡魚者進尾。」先儒謂天子、諸侯之禮備薧、濡，其説是也。魚之爲物，冬則潛而趨陽乎下，故腴美；夏則躍而趨陽乎上，故鬐美。冬右腴，夏右鬐，此又所尚在時，與《公食大夫》、《少牢》之所進者異矣。然《儀禮》魚皆縮於俎，而《少牢》獻祝魚一横載之。《有司徹》：「尸俎五魚，横載之。侑、主人皆一魚，❶亦横載之。」❷蓋《少牢》祝俎所載非一物也，故横之。《有司徹》之横載，鄭康成曰「彌變於神」是也。《有司徹》尸、侑、主人之魚皆加膴祭於其上，《少儀》亦曰「祭膴」。蓋膴，大也。《公食大夫禮》：「士羞庶羞，皆有大。」則膴者，特爲大臠以備祭者也。《士虞》用鱄、鮒，《少牢》魚用鮒，蓋大夫用鮒，士虞或鱄或鮒也。《漁人》「春獻王鮪」，《潛》之詩「季冬薦魚，春獻鮪」；《月令》「季冬，乃命魚師始漁，天子親往。乃嘗，先薦寢廟」，《魯語》曰「古者大寒降，土蟄發，水虞於是乎講罛、罶，取魚嘗之」。則大寒降者，季冬薦魚之時

❶「一魚」，原作「魚一」，今據明本、庫本、嘉慶本及《儀禮·有司徹》改。

❷「亦」，原脱，今據明本、庫本、嘉慶本及《儀禮·有司徹》補。

也；土蟄發者，春獻鮪之時也。此特薦其新者而已。然王於凡祭祀奚適而不用魚哉？以非正牲，故其俎在牲體之下。

鱐

《庖人》：「夏行腒鱐。」鄭司農曰：「腒，乾雉。鱐，乾魚。」鄭康成曰：「腒鱐，暵而乾。」❶《内饔》：「掌共羞、脩、刑、膴、胖、骨、鱐，以待共膳。」《漁人》：「辨魚物，爲鱻薧，以供王膳羞。凡祭祀、賓客、喪紀，共其魚之鮮薧。」《籩人》：「朝事之籩，其實膴、鮑魚、鱐。」鄭康成曰：「鮑者，於楅室中糗乾之，出於江淮也。鱐者，析乾之，出東海。王者備物，近者腥之，遠者乾之，因其宜也。」《曲禮》曰：「薧魚曰商祭。」鄭氏曰：「商猶量也。」然薧魚曰鱐，鱐曰商祭，則鱐與商，豈「摰斂」之謂歟？《籩人》：「朝事之籩，膴、鮑魚、鱐。加籩之實，❷蔆、芡、栗、脯。」則籩之所薦，先魚而後脯矣。

膴

《内饔》：「掌共羞、脩、刑、膴、胖、骨、鱐。」鄭司農曰：「刑膴，謂夾脊肉。」鄭康成曰：「刑，鉶羹也。膴，牒肉大臠，所以祭者。」《外饔》：「掌外祭祀之割亨，共其脯、脩、刑、膴，凡賓客之飧、饔、饗、食亦如之。」《籩人》：「朝事之籩，其實膴、鮑魚、鱐。」鄭氏曰：「膴，牒生魚爲大臠。今燕人膾魚方寸，切其腴以啗所貴。」《公食大夫禮》：「庶羞皆有大。」《有司徹》：「主人亦一魚，加膴祭於其上。」《少儀》：「羞濡魚者進尾，冬右腴，夏右

❶「暵」，原誤作「膜」，今據嘉慶本及《周禮・庖人》改。
❷「之」，原脱，今據明本、庫本、嘉慶本及《周禮・籩人》補。

鬐，祭膴。」鄭氏曰：「謂刳魚腹也。膴讀如冔。」❶蓋牒肉之大臠亦曰膴，所以祭。其在俎，則加于魚肉之上；在籩，加于鮑、鱅之上。」

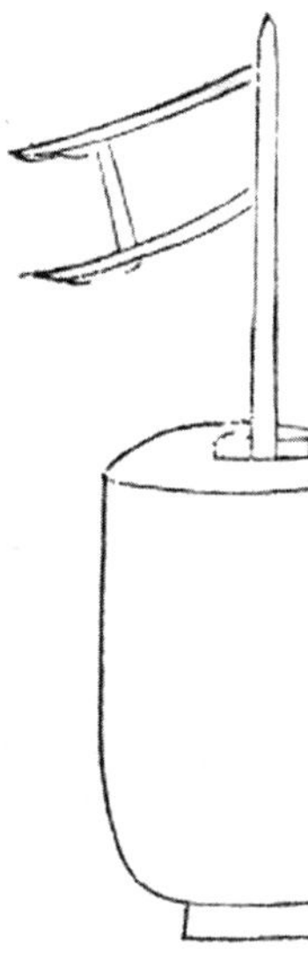

粢盛《肆師》：「表齍盛，告絜。」鄭氏曰：「故書表爲剽。剽、表皆謂徽識也。」

《甸師》：「掌帥其屬而耕耨王籍，以時入之，以供粢盛。」「粢，稷也，爲穀長，是以名。在器曰盛。」《周禮·九嬪》：「凡祭祀，贊玉齍。」「玉齍，玉敦，受黍稷器，后進之。」❷《閭師》：「凡庶民不耕者無盛。」「盛，黍稷也。」《廩人》：「大祭祀，則共接盛。」「接讀爲『一扱再祭』之扱。扱以授舂人舂之。❸大祭祀之穀，❹藉田之收藏於神倉者也。」《舍人》：「凡祭祀，共簠簋，實之，陳之。」《舂人》：「掌共米物。祭祀，共其齍盛之米。」《饎人》：「掌凡祭祀共盛。」《大宗伯》：「凡祀大神，享大鬼，祭大示，涖玉鬯，省牲鑊，奉玉齍。」「玉，禮神之玉也。始〔涖〕之，祭又奉之。」《小宗伯》：「辨六齍之名物與其用，使六宮之人共奉之。」「黍、稷、稻、粱、麥、苽。」大祭祀，祭之日，逆齍，省鑊。」《肆師》：「祭之日，表齍盛，告絜。」「故書表爲剽。剽、表皆謂徽識也。」《太祝》：「五曰齍號。」《曲禮》：「稷曰明粢，盛曰薌合，

❶「冔」，原誤作「卑」，今據嘉慶本及《禮記·少儀》鄭注改。

❷「后」，原誤作「後」，今據《周禮·九嬪》鄭注改。

❸下「舂」，原脱，今據明本、嘉慶本及《周禮·廩人》鄭注補。

❹「大」下，原衍「倉」字，今據明本、庫本、嘉慶本及《周禮·廩人》鄭注刪。

粢曰薌萁，粱曰嘉疏。」❶《月令》：「季秋，乃命冢宰：農事備收，舉五穀之要，藏帝籍之收於神倉，祗敬必飭。」《郊特牲》曰：「惟社，丘乘共粢盛。」《祭義》：「天子爲籍千畝，諸侯百畝，以爲醴酪、粢盛。」《祭統》曰：「八簋之實。」《生民》詩曰：「誕我祀如何？或舂或揄，或簸或蹂。釋之叟叟，烝之浮浮。」「揄，抒臼。釋，淅米也。蹂之言閏也。」又曰：「吉蠲爲饎。」「大糦是承。」《春秋》書「御廩災」，《穀梁》曰：「三宮米而藏諸御廩。」❷范氏曰：「夫人親舂。」《公羊》曰：「周公盛，「盛，新穀也。」魯公燾，「燾，冒也，故以新。」群公廩。」「廩者，連新於陳上，財令半相連爾。」《楚語》曰：「天子郊禘之事，王后必自舂其粢；諸侯宗廟之事，夫人必自舂其盛。」桓二年《左傳》曰：「粢食不鑿，昭其儉也。」《周語》曰：「廩于藉之東南，鍾而藏之。」《晉語》曰：「日入監九御，使潔奉郊禘之粢盛。」《詩》曰：「彼疏斯粺。」鄭氏曰：「疏，糲米也。米之率，糲十，粺九，鑿八，侍御七。」《九章筭術》：「粟率五十，糲米三十，粺二十七，鑿二十四，御二十一。」言粟五斗，爲米二斗四升，細者窮於御也。《爾雅·釋草》云：「粢，稷也。」郭璞云：「今江東呼粟爲粢。」孔穎達曰：「《小宗伯》『辨六粢』，是諸穀亦名粢。」

天子籍于南郊，正陽之方也；廩於籍東南，長生之地也。《舂人》：「祭祀，共粢盛之米。」《楚語》曰：「天子親舂郊禘之盛。」又曰：「天子郊禘之事，王后必自舂其粢；諸侯宗廟之事，夫人必自舂

❶「曲禮」至「嘉疏」，庫本據鄭注作「爲黍稷皆有名號也，《曲禮》曰：『黍曰薌合，粱曰薌萁，稻曰嘉蔬』」。

❷「諸」，明本、庫本、嘉慶本據《穀梁傳》桓十四年作「之」。

其盛。」❶《穀梁》曰：「三宮米而藏之御廩。」蓋祭祀之禮，貴於出力以致養。故王耕籍，后獻種，夫人親桑。君卜三宮夫人、世婦之吉者，蠶于蠶室。夫婦相成以盡志力，而後可以交於鬼神，則春盛固所以自盡也。然王耕籍不過三推，夫人繅絲不過三盆，則春盛之禮，蓋亦如此，然後春人卒其事以共之也。黍稷曰粢，在器曰盛。《周禮》或言齍，或言盛，或言齍盛。《大宗伯》「奉玉齍」，《小宗伯》「辨六齍」、「逆齍」，《太祝》「齍號」之類，此言齍而不及盛也。《閭師》「不耕者無盛」，《廩人》「共接盛」，《饌人》「共盛」之類，此言盛而不及齍也；《甸師》「共齍盛」，《春人》「共齍盛之米」，《小宗伯》「表粢盛」，此兼言齍盛也。其言各有所當，非苟異耳。齍盛共之以甸師，春之以春人，饎之以饎人，實之以舍人，奉之以大宗伯，逆之以小宗伯，然後立之以表，而六宮之人共奉之。鄭氏曰：「表爲徽識。」蓋各書其號以辨異之也。《九嬪》「贊玉齍」者，玉敦也。《大宗伯》「奉玉齍」者，玉與齍也。《廩人》之「接盛」施於大祭祀而已，接猶《曾子問》「接祭」之接也。鄭氏改以爲扱，非是。

禮書卷第七十九終

❶「夫人」，原誤作「大夫」，今據明本、庫本、嘉慶本及《國語・楚語》改。

禮書卷第八十

田獵　火田　田禽　射禽之儀

田獵

❶

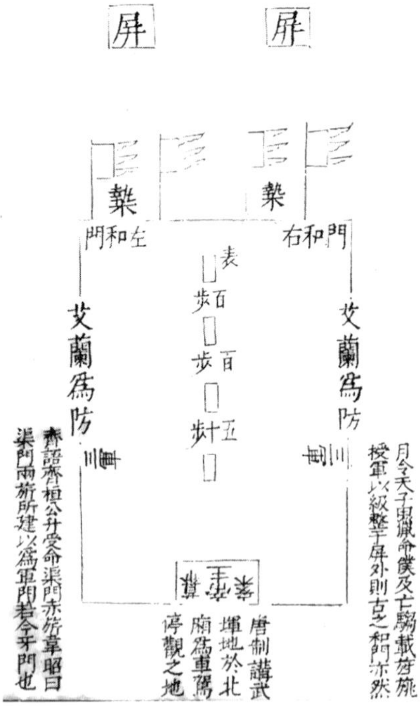

《周禮·大宰》：「田役以馭其衆。」《小宰》：「田役之聯事。」「聽師田以簡稽。」《獸人》：「掌罟田獸，❷辨其名物。時田，則守罟。及弊田，令禽注于虞中。凡田獸者，掌其政令。」《幕人》：「田役，共其帷、幕、幄、帟、綬。」《掌次》：「師田，則張幕，設重帟、

❶ 此爲底本圖。

❷「罟」，原脱，今據明本、庫本、嘉慶本及《周禮·獸人》補。

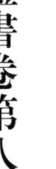

重案。」「師田，❶則張幕設案。」《大司徒》：「大田役，以旗致萬民，而治其徒庶之政令。」《鄉師》：「凡四時之田：前期，出田法于州里，簡其鼓鐸、旗物、兵器，脩其卒伍。及期，以司徒之大旗致衆庶，而陳之以旗物；辨鄉邑而治其政令刑禁；巡其前後之屯，而戮其犯命者，斷其爭禽之訟。」《州長》：「若國作民而師田、行役之事，則帥而致之，掌其戒令與其賞罰。」《黨正》：「凡作民而師田、行役，則以其法治其政事。」《族師》：「若作民而師田、行役，則合其卒伍，簡其兵器，以鼓鐸、旗物帥而至，掌其治令、戒禁、刑罰。」《縣師》：「若將有軍旅、會同、田役之戒，則受法于司馬，以作其衆庶及馬牛、〔車輦，會其〕車人之卒伍，使皆備旗鼓、兵器，以帥而至。」《遂人》：「以歲時登其夫家之衆寡及其六畜、車輦，辨其老幼癈疾與其施舍者，以頒職作事，以令師田。凡事，致野役，而師田作野民，帥而至，掌其政治禁令。」《遂師》：「軍旅、田獵，平野民，掌其禁令，比敘其事而賞罰。」《縣正》：「若將用野民師田、行役，移執事，則帥而至，治其政令。」《稍人》：「若有會同、師田、行役之事，則以縣師之法，作其同徒輂輦，帥而至，治其政令，以聽於司馬。」《山虞》：「若大田獵，則萊山田之野，及弊田，植虞旗于中，致禽而珥焉。」《澤虞》：「若大田獵，則萊澤野，及弊田，植虞旌以屬禽。」《跡人》：「凡田獵者，受令焉。」《大宗伯》：「大田之禮，簡衆也。」《小宗伯》：「若大甸，則帥有司而

❶「師田」上，明本、庫本、嘉慶本據《周禮·掌次》增「諸侯」。然上言王師田，即不言王，此亦不必言諸侯，是無需增也。

饁獸于郊，遂頒禽。凡王之會同、甸役之禱祠，肆儀爲位。」《肆師》：「凡師田，用牲于社、宗，則爲位。凡四時之大甸獵，祭表貉，則爲位。獮之日，涖卜來歲之戒。」《司几筵》：「甸役則設熊席，右漆几。」《司服》：「凡甸冠弁服。」《甸祝》：「掌四時之田表貉之祝號。師甸，致禽于虞中，乃屬禽。及郊，饁獸，舍奠于祖禰。」《巾車》：「木路，前樊鵠纓，建大麾，以田。」《司常》：「凡軍事，建旌旗；及致民，置旗，弊之。甸亦如之。」《大司馬》：「中春教振旅，司馬以旗致民，平列陳，如戰之陳。辨鼓鐸、鐲鐃之用。遂以蒐田，有司表貉，誓民，鼓，遂圍禁。火弊，獻禽以祭社。中夏教茇舍，如振旅之陳。遂以苗田，如蒐之法。車弊，獻禽以享礿。中秋教治兵，如振旅之陳。遂以獮田，如蒐田之法。羅弊，致禽以祀祊。中冬教大閱。前期，群吏戒衆庶脩戰法。虞人萊所田之野，爲表，百步則一，爲三表，又五十步爲一表。田之日，司馬建旗于後表之中，群吏以旗物、鼓鐸、鐲鐃，各帥其民而致。質明弊旗，誅後至者，乃陳車徒，如戰之陳，皆坐。群吏聽誓于陳前。斬牲，以左右徇陳，曰：『不用命者，斬之。』中軍以鼙令鼓，鼓人皆三鼓，司馬振鐸，群吏作旗，車徒皆作。鼓行，鳴鐲，車徒皆行，及表乃止。三鼓，摝鐸，群吏弊旗，車徒皆坐。又三鼓，振鐸，作旗，車徒皆作。鼓進，鳴鐲，車驟徒趨，及表乃止，坐、作如初。乃鼓，車馳徒走，及表乃止。鼓戒三闋，車三發，徒三刺。乃鼓退，鳴鐃且卻，及表乃止，坐、作如初。遂以狩田。以旌爲左右和之門，群吏各帥其車徒以敘和出，左右陳車徒，有司平之。旗居卒間以分地，前後有屯百步，有司巡其前後。險野人爲主，易野車爲主。既陳，乃設驅逆之車，有司表貉于陳前。中軍以鼙令鼓，鼓人皆三鼓，群司馬振鐸，車徒皆作。遂鼓行，徒銜枚而進。大獸公之，小禽私之，獲者取左耳。及所弊，鼓皆駴，車徒皆譟。徒乃弊，致禽饁獸于郊，入獻禽以享烝。」《田僕》：「掌馭田路，以田以鄙。掌佐車之政，設驅逆之車。令獲者植旌。及獻，比禽。凡田，王提馬而走，諸侯晉，大夫馳。」《司弓矢》：「夾弓、庾弓以授射鳥獸者，❶殺矢、鍭矢用諸近射、田獵。」《曲禮》曰：「國君春田不圍澤，大夫不掩群，士不取麛卵。」《王制》曰：「天子、諸侯無事則歲三田，一爲乾豆，二爲賓客，三爲充君之庖。「三田者，夏不田，蓋夏時也。」無事而不田曰不敬，田不以禮曰暴殄天物。天子不合圍，諸侯不掩群。天子殺則下大綏，諸侯殺則下小綏，大夫殺則止佐車，佐車止則百姓田獵。獺祭魚，然後虞人入澤梁。❷豺祭獸，然後田獵。鳩化爲鷹，然後設罻羅。草木零落，然後入山林。昆蟲未蟄，不以火田。不麛，不卵，不殺胎，不殀夭，不覆巢。」「季春之月，田獵罝罘、〔羅網〕、畢翳、餧獸之藥，毋出九門。孟夏之月，毋大田獵。季〔秋〕之月，天子乃〔教田獵，以習〕五〔戎，班馬政〕；「五戎謂〔五兵，弓矢、殳、矛、戈、戟也〕。」命僕及七騶咸駕，載旌旐，授車以級，整設于屏外；「屏，所田之地門外之蔽。」司徒搢扑，北面誓之。天子乃厲飾，執弓挾矢以獵；「厲飾，謂戎服，尚威武也。」命主祠祭禽于四方。」《郊特牲》

❶「夾弓」至「獸者」，原脱，今據明本、庫本、嘉慶本及《周禮·司弓矢》補。明本、庫本二「弓」字皆作「矢」，誤也。

❷「虞」，原誤作「魚」，今據《禮記·王制》改。

曰：「季春出火，爲焚也。然後簡其車賦，歷其卒伍，而君親誓社，以習軍旅。左之右之，坐之起之，以觀其習變。而流示之禽，而鹽諸利，以觀其不犯命也。求服其志，不貪其得。大羅氏，天子之掌鳥獸者也，諸侯之貢屬焉。❶草笠而至，❷尊野服也。羅氏致鹿與女，而詔客告也，以戒諸侯曰：『好田好女者亡其國。』」《仲尼燕居》曰：「以之田獵有禮，故戎事閑也。」《大叔于田》曰：「叔在藪，火烈具阜。」《還》，「刺荒也。哀公好田獵，從禽獸而無厭」。《盧令》，「刺荒也。襄公好田獵，畢弋而不修民事」。《駟鐵》，「美襄公也。始命有田狩之事」。詩曰：「公曰左之，舍拔則獲。」「左之者，從禽之左射之也。舍拔則獲，言公善射。」《豳》詩曰：「一之日于貉，取彼狐貍，爲公子裘。二之日其同，載纘武功。言私其豵，獻豜于公。」「大獸公之，小獸私之。」《車攻》詩曰：「徒御不驚，大庖不盈。」「不驚，驚也。不盈，盈也。一曰乾豆，二曰賓客，三曰充君之庖。故左膘而射之，達于右腢，爲上殺。射右耳本次之。射左膘，達于右骼，下殺。面傷不獻，踐毛不獻，不成禽不獻。禽雖多，擇三十焉，其餘以與大夫、士。以習射於澤宮，田雖得禽，射不中不得取禽。田雖不得禽，射中則得取禽。古者以辭讓取，不以勇力取。」《吉日》，「美宣王田也」。「吉日維戊，既伯既禱。」「戊，剛日也。」吉日庚午，既差我馬。」「外事以剛日。差，擇也。」❸《公羊》桓四年春：「公狩于郎。狩者何？田狩也。春曰苗，「苗，毛

❶「之」，嘉慶本此處爲一方框，《禮記·郊特牲》原文無「之」字。「貢」，原誤作「貴」，今據明本、庫本、嘉慶本及《禮記·郊特牲》改。

❷「笠」，原誤作「立」，今據明本、庫本、嘉慶本及《禮記·郊特牲》改。

❸「擇」，原誤作「与」，今據明本、庫本、嘉慶本及《毛詩·吉日》毛傳改。

也。明當毛物，取未懷任者。」秋曰蒐，「蒐，簡擇也。簡擇幼稚，取其大者。」冬曰狩。「狩猶獸也。冬時禽獸長大，遭獸可取。不以夏田者，春秋之制也。」諸侯曷爲必田狩？一曰乾豆，「一者，第一之殺也。自左膘射之，達于右腢，中心死疾，鮮潔，故乾而豆之，薦于宗廟。」二曰賓客，「二者，第二之殺也。自左膘射之，達于右髀，遠心死難，故以爲賓客。」三曰充君之庖。「三者，第三之殺也。自左膘射之，達于右骼，中腸胃，污泡死遲，故以充君之庖廚。已有三牲，必田狩者，孝子之意，以爲己之所養，不如天地自然之牲逸豫肥美。禽獸多則傷五穀，因習兵事，又不空設，故因以捕禽獸，所以供承宗廟，示不忘武備，又因以爲田除害。」莊四年：「冬，公及齊人狩于郜。公曷爲與微者狩？齊侯也。齊侯則其稱『人』何？諱與讎狩也。」《穀梁》桓四年：「春，公狩于郎。四時之田，皆爲宗廟之事也。春曰田，夏曰苗，秋曰蒐，冬曰狩。四時之田，用三焉。唯其所先得，一爲乾豆，二爲賓客，三爲充君之庖。」昭八年：「秋，蒐于紅。正也。因蒐狩以習用武事，禮之大者也。艾蘭以爲防，置旃以爲轅門，以葛覆質以爲槷，流旁握，御轚者不得入。車軌塵，馬候蹄，揜禽旅，御者不失其馳，然後射者能中。過防弗逐，不從奔之道也。面傷不獻，不成禽不獻。禽雖多，天子取三十焉，其餘與士衆，以習射於射宮。射而中，田不得禽則得禽；田得禽而射不中，則不得禽。是以知古之貴仁義而賤勇力也。」

《春秋傳》曰：「惟君用鮮，衆給而已。」是天子、諸侯有四時田獵之禮，大夫、士不與焉。故鄭豐卷將祭，❶請田，而子產止之。《周官》四時之田，春蒐以教

❶「故」，原誤作「敂」，今據明本、庫本、嘉慶本改。

振旅，夏苗以教茇舍，秋獮以教治兵，冬狩以教大閱。鄉師於凡田，「前期出田法于州里，簡其兵器，修其卒伍」。山虞萊山田之野，澤虞萊澤野。而大閱之禮，「爲表，百步則一表，爲三表，又五十步爲一表。田之日，司馬建旗于後表之中，群吏以旗物帥民而致。質明，弊旗，誅後至者。群吏聽誓于陳前」，教以坐作進退之節，「遂以狩田。以旌爲左右和之門，群吏各帥其車徒以敘和出，左右陳車徒，有司平之。既陳，乃設驅逆之車。有司表貉于陳前。中軍以鼙令鼓，銜枚而進。獲者取左耳。」然則虞人所萊之野，《穀梁》所謂「艾蘭以爲防」是也。毛氏曰：「艾草以爲防。」以旌爲左右和之門，《穀梁》所謂「置旃以爲轅門，❶葛覆質以爲槷」是也。毛氏曰：「褐纏旃以爲門，❷裘纏質以爲槷。」其末田也，教戰於此。及田，則驅禽以入。天子發〔則抗〕大〔綏〕，諸侯發〔則抗小綏〕，諸侯發然後大夫、士發，〔置虞於其〕中以〔致〕禽焉。小宗伯帥有司而饁獸于郊，遂頒禽。則饁獸于郊者，《月令》所謂「既田命祠祭禽四方」是也；頒禽，《詩傳》及《穀梁》所謂「擇取三十焉，其餘以予大夫、士」是也。田之服則冠弁服，車則木路，旗則大麾，弓則夾弓、庾弓，矢則鍭矢、殺矢。其出也，用牲于社、宗，而載之行；其止也，張幕，設重帟、重案，而於是臨誓。先王之於田，宜社，造廟，祭馬祖，

❶「置」下，原衍「旗」字，今據明本及《穀梁傳》昭八年删。

❷「纏旃」，原誤作「質」，今據明本、庫本、嘉慶本改。然明本、嘉慶本「旃」誤作「栴」，庫本則又誤作「梅」，皆據《穀梁傳》昭八年楊疏引毛傳、《毛詩·車攻》毛傳改。

繼之以饁于郊，慎之至也。《詩傳》言天子、諸侯發，則抗大綏、小綏，殺之時也。《王制》言下大綏、小綏，既殺之時也。《曲禮》「國君春田不圍澤，大夫不掩群」，諸侯在國之禮也。《王制》「天子不合圍，諸侯不掩群」，諸侯從王蒐之禮也。《周官・司服》：「凡田，冠弁服。」《月令》：「季秋，天子乃厲飾。」蓋周、秦之禮異也。

火田

《周禮・司爟》：「季春出火，季秋納火。」《司烜氏》：「中春，以木鐸修火禁于國中。」《司馬》：「中春，蒐田，火弊，獻禽。」《王制》曰：「昆蟲未蟄，不以火田。」《郊特牲》曰：「季春出火，爲焚也。」《月令》：「仲春之月，毋焚山林。」《爾雅》曰：「火田爲狩。」《春秋傳》曰：「古之火正，或食於心，或食於咮，以出納火。是故咮爲鶉火，心爲大火。」鄭鑄刑鼎，士文伯曰：「火未出而作火，鄭其有災乎。」仲尼曰：「火伏而後蟄者畢。」蓋建辰之月，鶉火見於南方，則令民出火，所謂「季春出火」是也；建戌之月，火伏於日下，故令民納火，所謂「季秋納火」是也。《司烜》「仲春，❶修火禁」，以火未出而不可以作火故也。《王制》「昆蟲未蟄，不以火田」，以火伏而後蟄者畢故也。然孟春啓蟄，而《周禮》中春之田有「火弊」者，焚圃草以田可也，焚山林以田不可也。《月令》「仲春，禁焚」，禮也。《郊特牲》

❶「司烜」，原誤作「司爟」。按此所引，出《周禮・司烜》。今據嘉慶本及嚴校改。

「季春出火，爲焚」，非禮也。春秋之時，楚子田，使齊侯載燧，此火田之所用者歟。

田　禽五牲。

《庖人》：「掌共六畜、六獸、六禽，辨其名物。」《春秋傳》言：「六畜、五牲以奉五味。」昭公。鄭司農云：「六獸：麋、鹿、熊、麕、野豕、兔。六禽：鴈、鶉、鷃、雉、鳩、鴿。」鄭康成謂：❶「獸人冬獻狼，夏獻麋。又《内則》無熊，則六獸當有狼，而熊不屬。六禽，於禽獻及六摯，宜爲羔、豚、犢、麛、雉、鴈。」杜預曰：「五牲：麋、鹿、狼、麕、兔。」考之於《詩》，曰「一發五豝」、「一發五豵」、「並驅從兩肩」、「並驅從兩狼」、「言私其豵，獻豜于公」、「獸之所同，麀鹿麌麌」、「發彼小豝，殪此大兕」。❷《爾雅》曰：「豕生三曰豵，牝曰豝。」《内則》有：「鹿脯、田豕脯、麋脯、麕脯、❸麋鹿、田豕、麕，皆有軒；雉、兔，皆有芼。」又曰：「麋、鹿、魚爲菹，麕爲辟雞，野豕爲軒，兔爲宛脾。」「軒、辟雞、宛脾，皆菹類也。」《少儀》：「麋鹿爲菹，野豕爲軒，皆聶而不切。麕爲辟雞，兔爲宛脾，皆聶而切之。」特《内則》八珍有狼臅膏，則六獸當有狼無熊，如康成之説；五牲當有野豕，非如杜氏之論也。

❶「康」，原爲墨丁，今據庫本、嘉慶本補。

❷「兕」，原誤作「兒」，今據明本、庫本、嘉慶本及《毛詩・吉日》改。

❸「麋脯」，原脱，今據庫本、嘉慶本及《禮記・内則》補。

射禽之儀❶

❷

馭法曰：「逐禽左。」《秦詩》曰：「公曰左之。」則禽之入防，虞五豝，奉辰牲，❸而御者從左以逐之，君從左以射之。《詩》曰：「悉率左右，以燕天子。」則亦驅左右之禽，以趨於右也。傳曰：「自左膘而射之，達于右腢，爲上殺。射右耳本次之。射左膘，達于右骼，爲下殺。面傷不獻，踐毛不獻，不成禽不獻。禽雖多，擇三十焉。其餘以與大夫、士，以習射於澤宫。」蓋中心而死速者，上殺也，以爲乾豆；遠心而死緩者，次殺也，以待賓客；中腸胃，汙泡而死尤緩者，下殺也，以充君庖。面傷不獻，爲誅降也；不成禽不獻，爲殀夭也。擇取三十，每禽擇三十，

❶「射」，原脱，今據目録、卷首小目、明本、庫本、嘉慶本補。

❷圖中文字，原無，爲明本、庫本、嘉慶本所增。

❸「虞五豝，奉辰牲」，文意不可解，當有字句訛脱。嘉慶本「虞」作「翼」，然文意亦不足。按《詩・駟驖》：「奉時辰牡，辰牡孔碩。公曰左之，舍拔則獲。」又《騶虞》：「彼茁者葭，壹發五豝。」據此二詩之文及傳箋之意，此二句當作「虞人翼五豝，奉辰牡」。

而乾豆、賓客、君庖各十也。考之於《禮》，饔、醢在豆，脯、腊在籩，則乾物不施於豆矣。言乾豆者，《周官·腊人》「凡祭祀共豆脯、薦脯」，孔穎達謂豆實有先脯之然後漬，於理或然。

禮書卷第八十終

禮書卷第八十一

廟門之位　旅次　尸次　朝踐之儀　饋食之儀　加爵之儀

大夫廟門之位

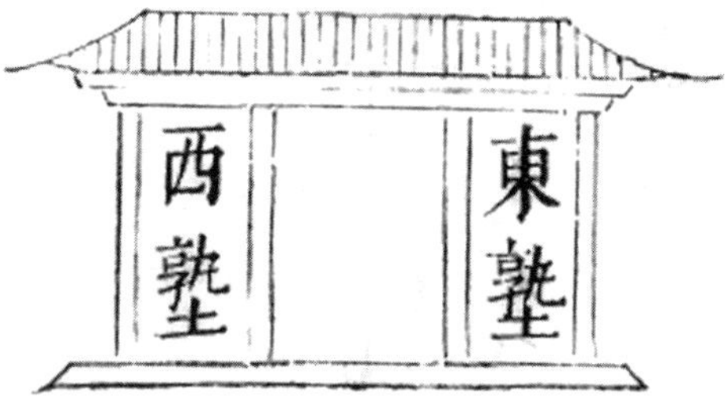

❶

筮日，主人西面。既宿尸，主人南面，宗人北面請期。鄭氏曰：「大夫不西面者，尊於諸官，有君道也。」祭日，主人南面視殺。

爨，《特牲》：「牲爨在廟門外東南，魚腊爨在其南。」

鼎。《少牢》：「雍人陳鼎五，三鼎在羊鑊西，二鼎在豕鑊西。」鄭氏曰：「魚腊從羊，膚從豕，統於牲。」

筮日，史東面受命。

《記》曰：「卜郊于禰宮。」又曰：「君致齊於外，夫人致齊於内，然後會于太廟。」則人君筮與祭日不在廟門矣。大夫、士與助祭者勢不相遠，故於廟門之外以見之。

❶ 圖中文字，原無，爲明本、庫本、嘉慶本所增。

士廟門之位

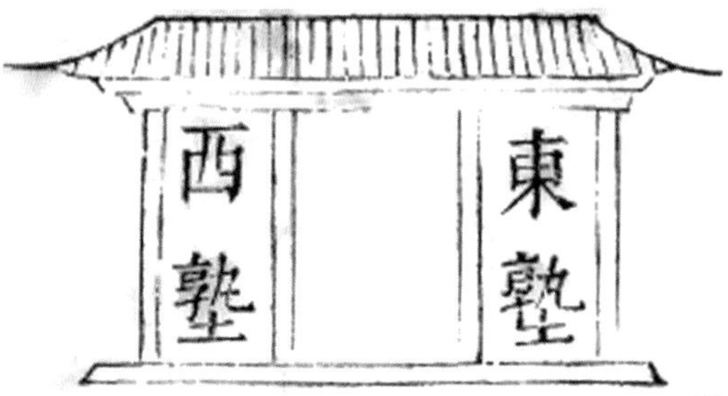

❶

筮日及前祭，主人西南；子姓兄弟立于主人之南，西面北上。祭日，主人南面視殺。

爨，牲爨在廟門外東南。魚腊爨在其南。

鼎。「北面，北上。棜在其南，南順，實獸于其上，東首，當門也。牲在棜西，北首，東足。」

筮日，有司、群執事東面北上。筮者東面受命。前祭，衆賓東面北上。宗人、祝立于賓西北，東面南上。祭日如初。

《特牲》：「筮日，主人冠端玄，即位于門外，西面。子姓兄弟立其南，西面北上。有司、群執事東面北上。前期三日，筮尸，如筮日之儀。❷前祭之夕，主人、兄弟即位于門東，如初。賓及衆賓即位于門西，東面北上。宗人、祝立于賓西北，東面南上。既視壺濯，宗人請期。祭之日，主人視殺，立于門外東方，南面。既而祝迎尸于門外，主人降立于阼階東。

❶ 圖中文字，原無，爲明本、庫本、嘉慶本所增。

❷ 「筮」，明本、庫本、嘉慶本作「求」。

尸入門左。」《少牢》：「筮日，主人朝服于門東。既宿尸，反，爲期于廟門之外。主人門東，南面。宗人北面，請祭期。明日，主人朝服，即位于廟門之外，東方南面。宗人西面北上。視封羊擊豕，乃退。將祭，主人即位于阼階東，西面。司宮筵于奧。❶祝出，迎尸于廟門之外。主人降立于阼階東，西面。祝先，入門右。尸入門左。」然則士前祭立于廟門者五：筮日，一也；筮尸，二也；前祭之夕將視濯具揖入，三也；既視復外位而請期，四也；祭之日，視殺，揖入，五也。大夫前祭立於廟門者四：筮日，一也；筮尸，二也；既宿尸而請期，三也；祭之日，視殺，入，四也。蓋士遠君而伸，故視濯具與視殺異日；大夫近君而屈，故視濯具與視殺同日。然皆視殺於門外而已。天子、諸侯其殺與大夫、士異，其視濯具以異日與士同。然天子、諸侯門外之禮無所經見。《郊特牲》言「作龜於禰宮」，則不於廟門矣。《太宰》祭祀「贊王牲事」，《大司寇》「大祭祀，納亨，前王」，《玉藻》曰「惟君黼裘以誓省」，則天子之於視濯具，未嘗不親也。

尸次

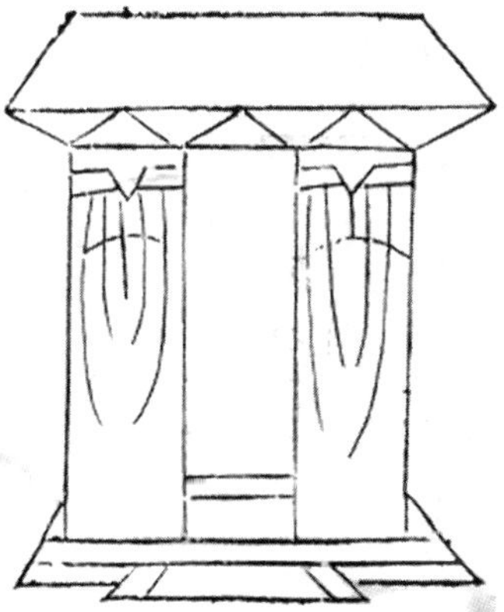

❶「筵」，原誤作「延」，今據明本、庫本、嘉慶本及《儀禮・少牢》改。

《掌次》：「凡祭祀，張其旅幕，張尸次。」鄭氏曰：「旅，衆也。公卿以下即位所祭祀之門外以待事，爲之張大幕。尸則有幄。」考之《幕人》：「祭祀，共其帷、幕、幄、帟、綬。」帷設於旁，幕設於上，幄則四合如屋者也，帟則平帳承塵者也。《掌次》於旅言幕，於尸言次，則次不特用幕而已，鄭氏謂「尸則有幄」是也。《特牲禮》「迎尸于門外，尸入門左」，《少牢禮》「祝出，迎尸于廟門外。祝先，入門右。尸入門左」，則次設於西塾矣。尸次設於西塾，則旅幕設東塾矣。

朝踐

饋食

《禮運》曰：「玄酒以祭，薦其血毛，腥其俎，孰其殽；醴醆以獻，❶薦其燔炙。君與夫人交獻，以嘉魂魄，是謂合莫。「腥其俎，謂豚解而腥之，及血毛，皆所以法於太古也。孰其殽，謂體解而爓之，此以下皆所以法於中古也。」然後退而合亨，體其犬、豕、牛、羊，實其簠、簋、籩、豆、鉶羹。」「此謂薦今世之食也。體其犬、豕、牛、羊，謂分別骨肉之貴賤以爲衆俎也。」正義曰：「玄酒以祭，謂朝踐之時。薦其血毛，亦朝踐時。醴醆以獻者，朝踐之時用醴，饋食之時用醆。薦其燔炙，謂燔肉、炙肝。《特牲禮》：『主人獻尸，賓長以肝從。主婦獻尸，賓長以燔從。』則此君薦之用炙，夫人薦用燔也。退而合亨者，前期薦爓，既未孰，今至饋食，乃取鼎爓肉，更合亨之令孰，擬更薦尸俎。惟載右體，則左體亦鑊中亨之，既熟，乃分別骨之貴賤以爲衆俎也。」《禮器》：「大廟之内敬矣：君親牽牲，大夫贊幣而從；「用幣告神殺牲。」君親制祭，夫人薦盎；「親制祭，謂朝事進血膋時。所制

❶「醴」，原作「禮」，今據庫本、嘉慶本及《禮記·禮運》改。

者，制肝洗於鬱鬯，以祭於室及王。」君親割牲，夫人薦酒。「親割，謂進牲熟體時。」正義曰：「君親制祭，夫人薦盎，此謂薦殺牲已畢，進血腥之時，斷制牲肝，洗於鬱鬯，入以祭神於室，此時夫人薦盎。侯伯子男之君朝踐，君不獻，故夫人薦盎。君親割牲，夫人薦酒者，謂薦孰時君割牲體，於時君亦不獻，故夫人薦酒。制肝洗於鬱鬯，約漢法而知也。」納牲詔於庭，血毛詔於室，羹定詔於堂，三詔皆不同位，蓋道求而未之得也。設祭于堂，爲祊乎外。」正義曰：「羹定詔于堂，謂煮肉既熟，將迎尸入室，乃先以俎盛之，告神於堂。」《郊特牲》曰：「周人尚臭。既灌，然後迎牲，致陰氣也。蕭合黍稷，臭陽達於牆屋，故既奠，然後焫蕭合羶薌。」「灌，謂始獻神也，已乃迎牲於庭殺之，天子、諸侯之禮也。奠，謂薦熟時也，《特牲饋食》所云『祝酌奠于鉶南』是也。」❶詔祝於室，坐尸於堂。「謂朝事時也。朝事延尸于户西，南面。布主席，東面。取牲膟膋燎于爐炭，洗肝于鬱鬯而燔之，❷以詔神於室，❸又出以墮於主前。❹主人〔親制其肝，所〕謂制祭也。薦以籩豆，至薦孰，乃更延主于室之奧。尸〔來升席，❺自北方〕，坐于主北焉。」用牲於庭，升首於室，「制祭之後，升牲首於北牖下。」直祭祝于

❶「所」，明本、庫本、嘉慶本作「禮」。

❷「之」，原誤作「樂」，今據明本、庫本、嘉慶本及《禮記·郊特牲》鄭注改。

❸「神」下，原有「入」字，《禮記·郊特牲》鄭注、本書卷八十三同引有「入」字；明本、庫本、嘉慶本、本書卷七十七同引並衛湜《禮記集説》卷五十五、《五禮通考》卷八十八《吉禮八十八·宗廟時享》引此亦無「入」字，是《禮書》宋本此處即無「入」字，今據刪。

❹「墮」，原誤作「隨」，今據明本、庫本、嘉慶本改。

❺「尸」，原誤作「户」，今據明本、庫本、嘉慶本及《禮記·郊特牲》鄭注改。「來」，原爲空格，今據明本、庫本、嘉慶本補。

主。」「謂饋食時也。」❶祭以熟爲正，則血腥之屬盡敬心耳。」《祭義》曰：「祭之日，君牽牲，穆答君，卿大夫序從。既入廟門，麗于碑。卿大夫袒，而毛牛尚耳。鸞刀以封，取膟膋，乃退。爓祭，祭腥而退，敬之至也。二端既立，報以二禮：建設朝事，燔燎羶薌，見以蕭光，以報氣也。此教衆反始也。薦黍稷，羞肝肺首心，見間以俠甒，加以鬱鬯，以報魄也。教民相愛，上下用情，禮之至也。」「二端，謂氣也，魄也。二禮，謂朝事與薦黍稷也。朝事，謂薦血腥時也。薦黍稷，所謂饋食也。」《周官·籩人》：「朝事之籩，其實麷、蕡、白、黑、形鹽、膴、鮑魚、鱐。饋食之籩，其實棗、栗、桃、乾藔、榛實。」《醢人》：「朝事之豆，其實韭菹、醓醢、昌本、麋臡、菁菹、鹿臡、茆菹、麇臡。饋食之豆，其實葵菹、蠃醢、脾析、蠯醢、蜃、蚳醢、豚拍、魚醢。」《司尊彝》：「春祠夏禴，其朝踐用兩獻尊，其再獻用兩象尊。秋嘗冬烝，其朝獻用兩著尊，其饋獻用兩壺尊。凡四時之間祀，追享、朝享，其朝踐用兩大尊，其再獻用兩山尊。」

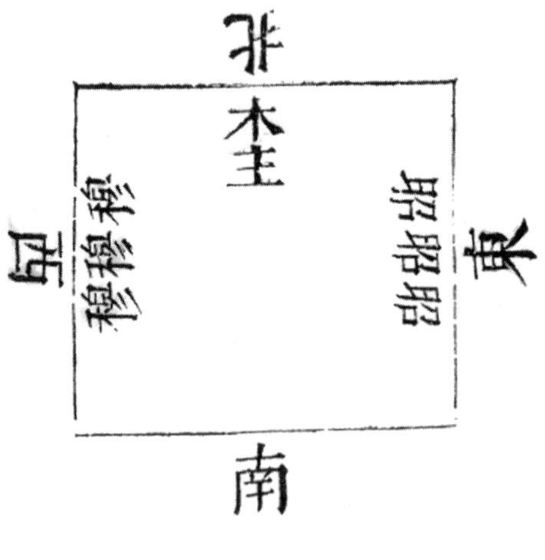

❶「饋食」，明本、庫本、嘉慶本作「薦熟」，與《禮記·郊特牲》鄭注原文同。《周禮·籩人》鄭注曰：「饋食，薦孰也。今吉禮存者，《特牲》、《少牢》，諸侯之大夫、士祭禮也。不祼、不薦血腥，而自薦孰始，是以皆云饋食之禮。」《通典》卷四十九《禮九·吉八》「時享」條亦曰：「至薦孰之時，謂之饋食。」是饋食、薦熟意一也。

尸入，既裸於室，然後延之于户西，坐于主東，南面，行朝踐之禮焉。延之于户西，所謂「坐尸于堂」是也；坐于主東，所謂「南鄉北鄉，以西方爲上」是也；南面，所謂「父南面，子北面而事之」是也。是時君出迎牲，袒而牽之，麗于碑，以幣詔之於庭。卿大夫袒，而毛牛尚耳，鸞刀以刲，取膟膋，而毛血詔於室，蕭載膟膋，❶合以黍稷，焫於爐。其籩實則麷、蕡、白、黑、形鹽、膴、鮑魚、鱐，豆實則韭菹、醓醢、昌本、麋臡、菁菹、鹿臡、茆菹、麇臡。尊則春祠夏禴用兩犧尊，秋嘗冬蒸用兩著尊，追享、朝享用兩大尊。〔俎〕則或豚解而腥之，或體解而爓之。然後詔以羹定焉。其禮謂之朝踐，亦謂之朝事，又謂之朝獻，以象朝時之所養也。

大夫饋食儀天子、諸侯饋食之儀，見於經者尤略。今圖大夫、士禮于後。賈公彦曰：「天子、諸侯、大夫、士，雖同名饋食，仍有少别。何者？天子、諸侯食前仍有饋獻二，❷是饋熟陰厭。陰厭，❸尸入室乃獻。大夫、士則饋熟與黍稷爲陰厭，陰厭前無饋獻，❹以此爲異耳。」❺

❶「膟」，原誤作「脾」。按《禮記·郊特牲》鄭注：「膟膋，腸間脂也，與蕭合燒之，亦有黍稷也。」是字當作「膟」。今據明本、庫本、嘉慶本改。

❷「二」，原誤作「一」，今據明本、庫本、嘉慶本改。

❸「陰厭」，原誤作「陽厭」，今據《周禮·籩人》賈疏改。

❹「陰厭」，原誤作「陽厭」，今據《周禮·籩人》賈疏改。

❺「天子、諸侯饋食」至「異耳」，原夾於兩小題「大夫饋食儀」與「士饋食儀」之間；明本文中小題、庫本文中小題、嘉慶本文中小題則歸於「士饋食儀」下，如此，則「大夫饋食儀」之圖不在此注文之後而在其前，不合於「今圖大夫、士禮于後」也，故此注文當歸於「大夫饋食儀」下，以統下兩圖。

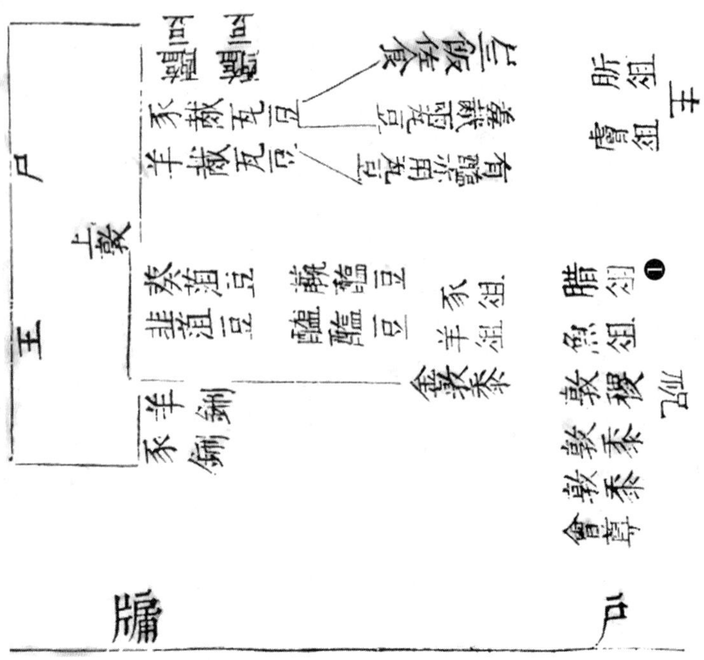

士饋食儀

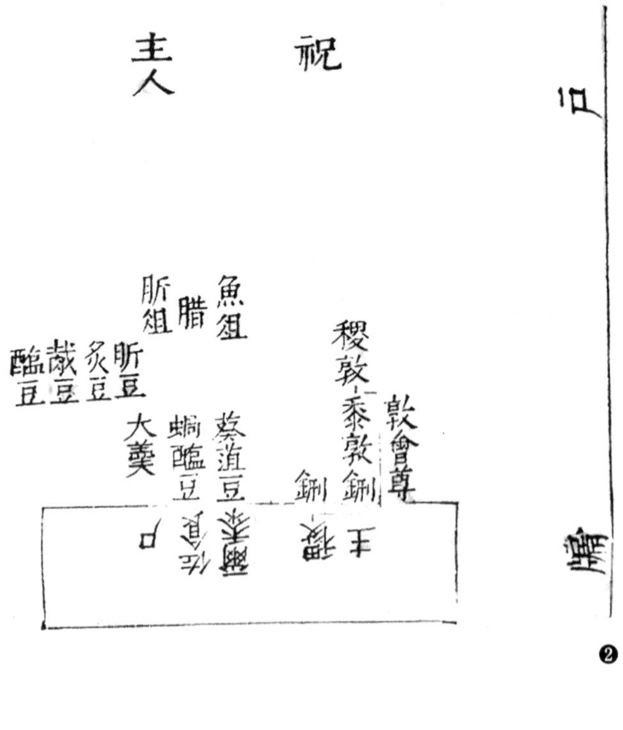

❶「腊」，底本、明本誤作「膈」，今據嘉慶本改。

❷右「鉶」，明本誤作「鋼」，今據嘉慶本改。

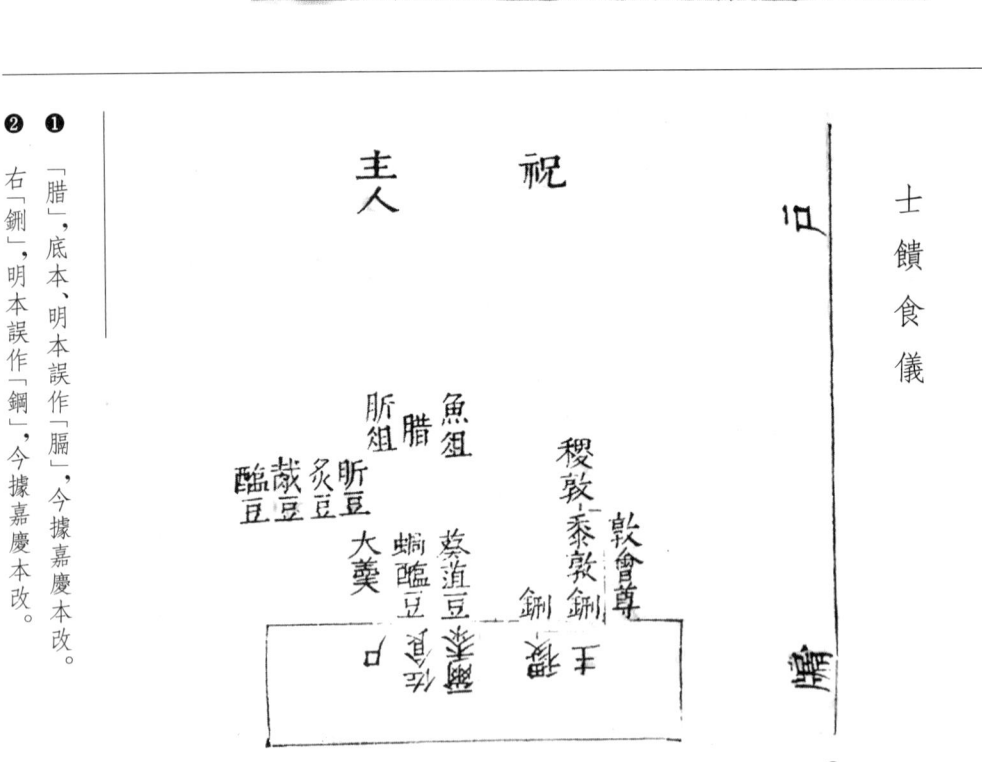

羹定，詔於堂，然後延主于奧。尸坐其北。主人拜妥尸，而奠爵擧焉。此所謂「擧斝角、詔妥尸」，《少牢禮》所謂「尸即席坐，主人拜妥尸，即奠」是也。其籩實則棗、栗、桃、乾䕩、榛實，豆實則葵菹、蠃醢、脾析、蠯醢、蜃、蚳醢、豚拍、魚醢。尊則春祠夏禴用兩象尊，秋嘗冬烝用兩壺尊，追享、朝享用兩山尊。俎則載合享之熟，而簠簋之黍稷進焉。考之《儀禮》饋食之儀，「祝筵几于室中，❶東面。主婦薦兩豆：葵菹、蝸醢，醢在北。主人設俎于豆東，魚次，腊特于俎北。主婦設黍稷于俎南，西上；及兩鉶芼設于豆南，南陳。祝酌奠于鉶南。佐食啓會，郤于敦南。尸授祭。佐食取黍、稷、肺祭，授尸。❷尸祭酒，祭鉶。❸佐食爾黍稷于席上。設大羹湆于醢北。❹尸食肺脊。主人羞所俎于腊北。九飯告飽，主人主婦酳尸。」

加爵

《周禮·籩人》：「加籩之實：蔆、芡、栗、脯，蔆、芡、栗、脯。」「加籩，謂尸既食，后亞獻尸所加之籩。重言之者，以其四物爲八籩。」❺正義曰：「『加籩是尸既食，后亞獻尸所加之籩』者，❻案《内宗》『掌宗廟之祭祀，薦加豆籩』，以其内宗所薦，明主於后。又見《特牲》主婦獻尸云：『宗婦執兩籩於户外，主婦受，設於敦

❶ 「几」，原誤作「尸」，今據明本、庫本、嘉慶本及《儀禮·特牲》改。

❷ 「授」，原脱，今據《儀禮·特牲》補。

❸ 「祭」，原脱，今據嘉慶本及《儀禮·特牲》補。

❹ 「湆」，原脱，今據嘉慶本及《儀禮·特牲》補。

❺ 「其」，嘉慶本此處空一格，《周禮·籩人》鄭注原文無「其」字。

❻ 「獻」，原誤作「王」，今據明本、庫本、嘉慶本及《周禮·籩人》賈疏改。

南。』主人獻尸之時不見有設籩之事，故知惟主於后也。《少牢》主婦不設籩者，以其當日賓尸故也。其下大夫不賓尸者，亦與士同。」《醢人》：「加豆之實：芹菹、兔醢、深蒲、醓醢、箈菹、鴈醢、筍菹、魚醢。」《内宗》：「掌宗廟之祭祀，薦加豆籩。」「加爵之豆籩。」《郊特牲》曰：「恒豆之菹，水草之和氣也。其醢，陸産之物也。加豆，陸産也。其醢，水物也。」「此謂諸侯也。天子朝事之豆有昌本、麋臡，❶饋食之豆有葵菹、蠃醢、豚拍、魚醢，❷其餘別有雜錯云也。」《明堂位》曰：「爵用玉琖仍雕，加以璧散、璧角。」《特牲饋食》：「主人、主婦酳尸畢，長兄弟洗觚爲加爵，如初儀，不及佐食。洗、致如初，無從。衆賓長爲加爵，止。」「大夫、士三獻而禮成，多之爲加也。❸尸爵止者，欲神惠之均於在庭。」❹《春秋傳》曰：「楚子入，享於鄭，九獻，加籩豆六品。」又：「季孫宿如晉，晉侯享之，有加，辭曰：『小國之〔事大國也，得〕既不過三爵。今豆有加，下〔臣弗〕堪。』」《籩人》、《醢〔人〕》言朝〔踐、饋食之籩豆〕，則朝獻、饋獻〔籩〕豆也；❺言加籩、加豆，則加爵之豆籩也。《特牲禮》主人、主婦既酳尸，然後長兄弟、衆賓長爲加爵，則加爵不施於亞獻之節。鄭氏釋《籩人》謂「后亞獻尸所加之籩」，其説誤也。《明堂位》曰：「獻用玉琖，加用璧散、璧

❶「臡」，原誤作「玉」，今據明本、庫本、嘉慶本及《禮記・郊特牲》鄭注改。

❷「蠃醢」，原誤作「以醢」，今據明本、庫本、嘉慶本及《禮記・郊特牲》鄭注改。

❸「之」上，原衍「上」字。嘉慶本此處空一格，《儀禮・特牲》鄭注原文無「上」字。今據删。

❹「惠」，原誤作「意」，今據嘉慶本及《儀禮・特牲》鄭注改。

❺「朝」，原脱，今據《周禮・籩人》、《醢人》及孫氏點勘補。

角。」《特牲禮》獻用爵，加用觚，又獻主人、主婦，加繫長兄弟、衆賓長，則加在獻數之外明矣。

禮書卷第八十一終

禮書卷第八十二

三詔　焫蕭　茅苴　茅旌　道布

三　詔

《禮》曰：「納牲詔於庭，血毛詔於室，羹定詔於堂。」又曰：「詔祝於室，迎尸於堂，用牲於庭，升首於室。」又曰：「血、毛，告幽全之物也。」蓋尸入則祼，既祼則迎牲，牲入則用幣於庭，以告其將殺，《禮器》所謂「君牽牲，大夫贊幣從」是也；既殺則薦血毛於室，以告其幽全，《國語》所謂「毛以告物，血以告殺」是也；及薦爓於堂，❶又用羹以告其飪，《禮器》所謂「堂事交乎階」是也。凡此皆朝踐之節也。《儀禮》大夫、士無祼禮，故殺牲而後迎牲，迎牲而後迎尸。天子、諸侯有祼禮，故迎尸而後迎牲。鄭氏曰：「迎牲之時，坐尸於堂西，南面；坐主於堂西，東面。祝乃燎膟膋於爐。君親制祭，然後升牲首於北牖下。至薦熟乃更延主於室之奧，尸坐于主北。」然《祭統》曰：「所使爲尸者，於祭者子行也，父北面而事之。」則尸之在堂固南面矣。《特牲》、《少牢》皆坐尸於室西，東面，則尸之在室西東面矣。鄭氏曰：「延主于室之奧，尸坐于主北。」其說或然。其言堂上「坐主於西，東面」，是象神者與神異嚮，無是理也。

❶「爓」，原爲墨丁，今據明本、庫本、嘉慶本補。

焫蕭

《周禮·甸師》：「祭祀共蕭茅。」《詩》曰：「取蕭祭脂。」又曰：「取其血膋。」《郊特牲》曰：「蕭合黍稷，臭陽達於牆屋。故既奠，然後焫蕭合羶薌。」鄭氏曰：「奠謂薦熟時也，《特牲饋食》所云『祝酌奠于鉶南』是也。蕭染以脂，合「黍稷燒之。」《祭義》曰：「二端既立」，報以二禮：建設朝事，燔燎羶薌，見以蕭光，以報氣也；薦黍稷、肝、肺、首、心，見間以俠甒，加以鬱鬯，以報魄也。」鄭氏曰：「二端，謂氣也、魄也。二禮，謂朝事與薦黍稷也。朝事，謂薦血腥時也。薦黍稷，所謂饋食也。見及間皆當爲『覸』字之誤也。羶當爲馨，聲之誤也。」《爾雅》曰：「蕭，荻也。」李巡曰：「荻，一名蕭。」陸機云：「今人所謂荻蒿者是也。或云牛尾蒿，似白蒿，白葉，莖麤，科生多者數十莖，可作燭，有氣，故祭祀以脂爇之爲香。許慎以爲艾蒿，非也。」

鬱合鬯臭，陰達於淵泉，以形魄歸于地，而求諸陰也；蕭合黍稷，臭陽達於牆屋，以魂氣歸于天，而求諸陽也。祭祀，君與夫人所以自盡者也。故君灌以圭，夫人灌以璋。君迎牲，夫人奠盎。《記》言：「灌以圭璋，用玉氣也。」既灌然後迎牲，既奠然後焫蕭。」是迎牲、奠盎，皆在既灌之後，而焫蕭又在既奠之後。則灌求神之始也，而焫蕭次之；迎牲、奠盎，事神之始也，而獻薦次之。《祭義》曰：「君牽牲，❶夫人奠盎；君獻尸，夫人薦豆。」求諸陰而事

❶「牽」，原爲墨丁，今據明本、庫本、嘉慶本及《禮記·祭義》補。

之，猶以爲未，又求諸陽而致曲焉，則神其不格乎？設燔燎羶薌，見以蕭光，則羶，膟膋之氣也；薌，黍稷之氣也。《曲禮》：「黍曰薌合，粱曰薌萁。」蕭合膟膋、黍稷而燔燎之，在朝事之節，而朝事之初有迎牲、奠盎之禮，則《祭義》、《郊特牲》之文雖殊，其事一也。蓋迎牲而封之，則血毛告於室以示其幽全，膟膋焫於堂以達其臭氣，而羹定之所詔又在其後，不然不足謂之尚臭也。鄭康成以《祭義》所言爲朝事之焫蕭，❶以《郊特牲》所言爲饋食之焫蕭，改羶爲馨。

茅苴

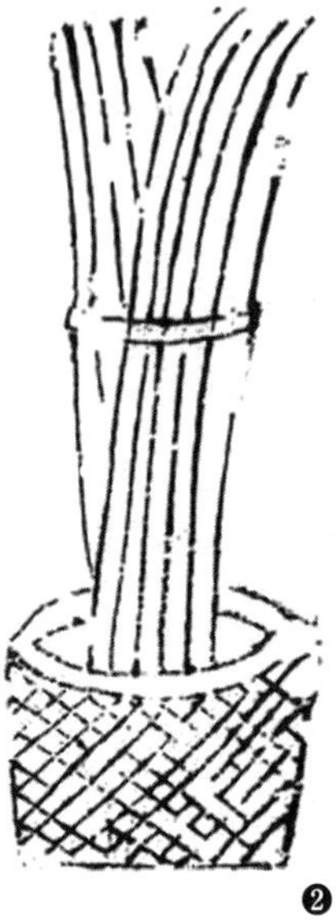
❷

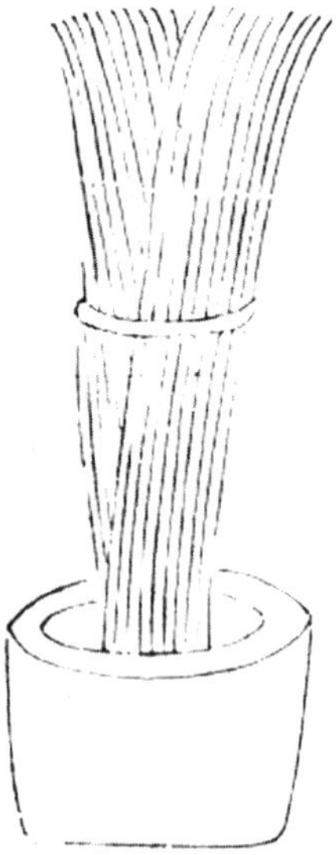

茅旌

《禹貢》：「荆州，厥貢包匭菁茅。」「匭，匣也。茅以縮酒。」《易》曰：「藉用白茅，無咎。」《繫辭》曰：「茅之爲物薄，而用可重也。」苟

❶「朝」，原誤作「廟」。按《禮記・祭義》鄭注：「朝踐焫蕭。」故嘉慶本及孫氏點勘作「朝」是也，今據改。

❷此爲底本圖。

錯於地而可矣。❶藉之用茅，何咎之有？」

《周禮・甸師》：「祭祀共蕭茅。」「鄭大夫云：『束茅立之祭前，沃酒滲下去，若神飲之，故謂縮滲也。故齊桓責楚不貢包茅，無以縮酒。』玄謂茅以共祭之苴，亦以縮酒，苴以藉祭。縮酒，泲酒也，『醴齊縮酌』。」《鄉師》：「大祭祀，羞牛牲，共茅蒩。」「鄭大夫謂祭前藉也。玄謂蒩，《士虞禮》所謂『苴刌茅，長五寸，束之』是也。『祝設于几東席上，命佐食取黍稷于苴，三；取膚祭，如初。』此所以承祭，既祭蓋束而去之。《守祧》云『既祭藏其隋』是與？」《司巫》：「祭祀共蒩館。」「蒩之言藉也，祭食有當藉者。館所以承蒩，謂若今筐也。共蒩以筐，大祝取其蒩陳之，器則退也。《士虞禮》曰：『苴刌茅，長五寸，實于篚，饌于西坫上。』又曰：『祝盥，取苴降，洗之；升，入設于几東席上，東縮。』」正義曰：「西坫者，堂西南隅謂之坫。《士虞禮》設席於奥禮神，❷東面，❸右几。縮，縱也。據神面爲正，東西設之，故言東縮。引之者，據苴是藉祭之物。」《司尊彝》：「醴齊縮酌。」「醴齊尤濁，和以明酌，泲之以茅，❹縮去滓也。」《醢人》：「茆菹麋臡。」「鄭大夫讀茆爲茅。茅菹，茅初生。」《男巫》：「掌望祀、望衍授號，旁招以茅。」《禮記》曰：「縮酌用茅，明酌也。」《士虞禮》：「苴刌茅，長五寸，束之，實于篚，饌于西坫上。」「苴猶藉也。」又曰：「祝升，取苴降洗之，升，入設于几東席上，東縮。」又曰：「祝饗，命佐食。佐食許諾，鉤袒，取黍稷祭于苴，三；取膚祭，祭如初。」「鉤袒，令擐衣也。苴，所以藉祭也。孝子始將納尸，以事其親，爲神疑於其位，設苴以定之耳。或曰：苴，主道也。則《特牲》、《少牢》當有主象，而無，何乎？」正義曰：「鄭意以苴爲藉祭，非主道也。若然，此據文有尸而言將納尸有苴，案卜記文無尸者亦有苴，又《特牲》、《少牢》吉祭無苴。案《司巫》『祭祀共蒩』，常祀亦有苴者，以天子、諸侯尊者禮備，故吉祭亦有苴。」

❶「於」，明本、庫本、嘉慶本作「諸」。
❷「禮」，原脱，今據《周禮・司巫》孔疏補。
❸「東」，原脱，今據《周禮・司巫》孔疏補。
❹「泲」，原誤作「滓」，今據《周禮・司尊彝》鄭注改。

〔記：「既饗祭于〕苴。」《左傳》：「齊侯以〔諸侯之〕師伐楚，曰：『爾貢〔包茅不入，王〕祭不共，無以縮酒。』」《公羊傳》曰：「鄭伯左執茅旌。」「茅旌，祀宗〔廟〕所用迎道神，指〔護〕祭者。斷曰藉，不斷曰旌。」《詩》曰：「野有死麕，白茅包之。」「野有死鹿，白茅〔純〕束。」又曰：「白茅菅兮。」又曰：「晝爾于茅，宵爾索綯。」《晉語》曰：「置茆蕝，設表望。」《史記》曰：「一茅三脊。」

茅之爲物，柔順潔白，可以施於禮者也，故古者藉祭縮酒之類皆用焉。《禹貢·荆州》「包匭菁茅」，《甸師》「祭祀共蕭茅」，《鄉師》「大祭祀共茅蒩」，❶《司巫》「祭祀共蒩館」。則茅有貢於方國者，有共於甸師者。甸師之茅有入之鄉師，有入之司巫。則鄉師之所共者，大祭祀也；司巫之所共者，凡祭祀也。賈公彥曰：「甸師共茅與司巫，司巫爲苴以共之，此據祭宗廟也；甸師氏送茅與鄉師，謂祭天也。」孔子曰：「苟錯諸地而可矣。藉之用茅，何咎之有？」則茅不特藉祭而已。《士虞禮》：「苴刌茅，長五寸，束之，實于篚，饌于西坫上。祝升，取苴降，洗之；升，入設于几東席上，東縮。佐食取黍稷祭于苴，三；取膚祭，祭如初。」此特藉祭者也。《司尊彝》：「醴齊縮酌。」《記》曰：「縮酌用茅，明酌也。」縮然後酌，則其縮不必束而立之祭前。鄭大夫謂「束而立之祭前，沃酒其上，❷酒滲而下，若神飲」；鄭康成謂「將

❶「蒩」，原作「租」，今據明本、庫本、嘉慶本及上文同引改。下「蒩館」同。

❷「沃」，原誤作「夭」，今據明本、庫本、嘉慶本改。

納戶，以事其親，爲神疑於其位，❶故設苴以定之」，其説皆不可考。《男巫》：「望祀、望衍，旁招以茅。」《國語》：「置茅蕝，設表望。」《公羊》曰：「鄭伯左執茅旌。」何休謂：「斷之曰藉，不斷曰旌。宗廟之中以迎道神，指護祭者。」然則茅之所用，豈一端哉。故可以冪鼎，可以御柩。《雜記》。❷或菹以爲豆實，或包以通問好，或索綯以備民用，此茅所以可重也。《士虞》有苴，《特牲》、《少牢》吉祭無苴，而《司巫》「祭祀共蒩館」，則凡王祭祀有苴矣。賈公彦謂「天子、諸侯尊者禮備」，〔於〕理或然。後世祭有翟，蓋茅旌之類。

道布

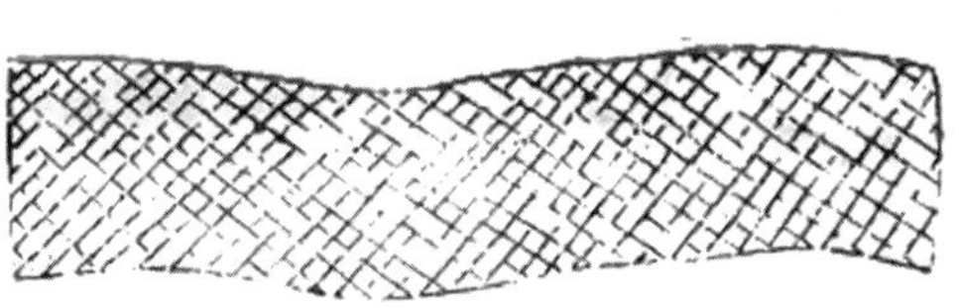

《周禮·司巫》：「祭祀，則共匰主及

❶「疑」，原誤作「起」，今據《儀禮·士虞》鄭注及孫氏點勘改。

❷「雜記」，原作大字正文，如是則爲引下，然此實爲注上。孫氏點勘曰：「『雜記』二字當爲小注。」今據以改作小字注文。

道布，及葅館。」杜子春曰：「道布，新布三尺也。或曰：布者，以爲席也。」鄭康成曰：「道布者，爲神所設巾。《中霤禮》曰：『以功布爲道布，屬几。』」蓋神位藉之以席，設之以布，謂之道布，爲道神故也。

禮書卷第八十二終

禮書卷第八十三

陰厭　陽厭　綏祭　受嘏❶

陰厭陽厭

《特牲禮》主婦薦豆，設敦、鉶，主人及佐食、宗人設鼎俎，祝洗酌奠于鉶南，主人再拜，然後祝出迎尸。《少牢》亦薦豆，設敦，設鼎俎，祝酌奠，主人再拜，然後祝出迎尸。則未迎尸之前陰厭也。《有司徹》：「卒餋，有司官徹饋，饌于室中西北隅，南面，如饋之設。右几，厞用席。納一尊于室中。」則尸謖之後陽厭也。鄭氏曰：「陽厭殺，無玄酒。」❷陰厭西南奥，陽厭西北漏。奥，室之闇，故曰陰；漏，室之白，故曰陽。陰厭席東面，陽厭席南面。

陰厭

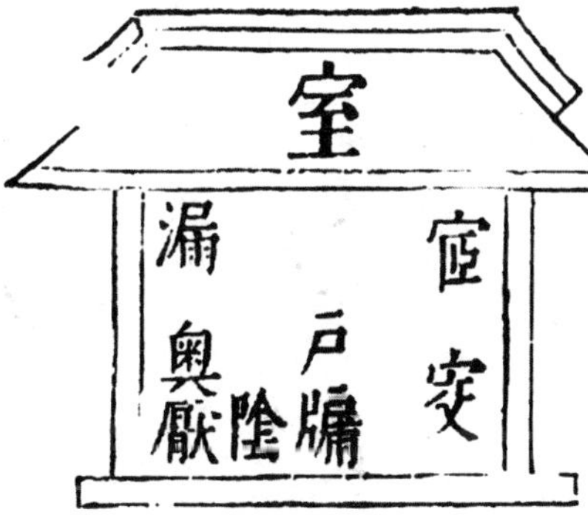

❸

❶「嘏」，原誤作「祭」，今據目録、文中小題改。

❷「玄」，原誤作「凡」，今據明本、庫本、嘉慶本及《儀禮·有司徹》鄭注改。

❸圖中文字，原無，爲明本、庫本、嘉慶本所增。

陽厭

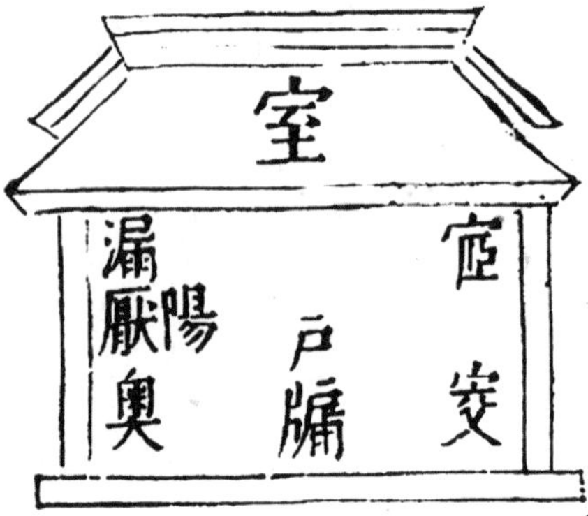

❶

《禮記》曰：「攝主不厭祭。」又曰：「祭殤必厭，蓋弗成人也。祭成喪而無尸，是殤之也。」「成人之後，雖婚而無子孫，與未成人同。」又曰：「宗子〔爲殤〕而死，庶子〔弗〕爲後也。祭殤不舉，無〔胙俎，無玄酒，不〕告利成，是謂陰厭。凡殤與無後者，❷祭於宗子之家，當室之白，尊于東房，是謂陽厭。」蓋祭殤之禮，有於陰厭之者，有於陽厭之者。鄭康成曰：「祭適殤於廟之奧，謂之陰厭。王子、公子祭適殤於其黨之廟，大夫以下祭殤於宗子之家，❸皆當室之白，謂之陽厭。」是宗子而殤，有陰厭，無陽厭。庶子之適爲凡殤有陽厭，無陰厭。若夫成人之祭，迎尸之前，設奠於奧謂之陰厭，尸謖之後改饌於西北隅謂之陽厭。《儀禮·特牲》有陰厭，有陽厭；《少牢》有陰厭，無陽厭。蓋天子、諸侯上大夫正祭有陰厭，繹祭有陽厭；下大夫與士無賓尸之繹，則陰厭、陽

❶ 圖中文字，原無，爲明本、庫本、嘉慶本所增。
❷ 「凡」，原誤作「兄」，今據明本、庫本、嘉慶本及《禮記·曾子問》改。
❸ 「宗」，原誤作「廟」，今據《禮記·曾子問》鄭注改。

厭設於祭之日而已。庶子攝祭不厭。鄭氏以爲不陽厭者，以《曾子問》先言不厭，而繼之以不旅，不假，不綏祭，不配，皆逆陳其祭末者，則不厭爲陽厭可知也。夫尸所以象神也，厭所以飫神也。殤之有厭，爲其無尸故也。正祭有厭，爲其尸不存故也。上大夫而上正祭無陽厭，不敢遽飫之也。攝祭無陽厭，不敢飫之也。適殤有陰厭，則其禮詳；庶殤有陽厭，則其禮略。觀陰厭尊有玄酒，陽厭納一尊而已；陰厭備鼎俎，陽厭俎釋三个而已。《特牲禮》。則陽厭之略可知也。

挼　祭尸、主人、主婦皆挼祭。《士虞》尸右執奠，《特牲》尸左執觶，則右手隋祭也。祭皆於豆間。既祭，守祧藏之。

《周官·大祝》：「隋釁，令鍾鼓。」《小祝》：「大祭祀，贊隋。」《守祧》：「既祭，藏其隋。」《儀禮·士虞》：「祝命佐食隋祭，佐食取黍稷肺祭，授尸。」《特牲》：「祝命尸挼祭之，尸取菹擩于醢，祭于豆間。」佐食授主人挼祭；主婦則佐食挼祭，主婦撫之。《少牢》受肺與黍，同祭于豆間；主人佑受佐食綏祭，坐祭之；主婦亦受佐食綏祭，祭之。《禮記·特牲》曰：「祭黍稷加肺，報陰也。」《曾子問》曰：「攝主不厭，不綏。」鄭康成謂「下祭曰隋」，則隋與《春秋傳》所謂「隋成」之隋同。《周官》與《士虞》作隋，《少牢》與《禮記》作綏，《特牲》作挼，❶其實一也。隋祭所以祭鬼神之物，猶生者之飲食必祭也。其物黍

❶「挼」，原誤作「綏」，今據明本、庫本、嘉慶本及《儀禮·特牲》改。

稷與肺，其樂鍾鼓，贊之以祝，祭之以佐食，藏之以守祧，《儀禮・有司》曰：「司宮埽祭。」❶先儒謂埽豆間之祭，埋之西階東。而尸與主人、主婦皆有是禮。則尸既舉奠而綏祭，祭神食也。主人受酢而綏祭，尸食也。《少牢》主婦受祭於佐食而祭之，《特牲》主婦祭以佐食而撫之，以士卑而禮簡故也。攝主不綏。❷《士虞》無尸不綏，以攝與尸非備文故也。周人所祭莫先於肺，天子、諸侯或隋於堂上，或隋於室中，固不可考。要之，皆先祭肺而已。鄭康成以《禮記》云「詔祝於室，坐尸於堂」，❸謂：「朝事延尸于户西，南面，布主席東面，取牲膟膋燎于爐炭，洗肝于鬱鬯而燔之，入以詔神於室，又出以隋于主前，主人親制其肺，❹所謂制祭也。」其説無據。

受嘏

❶「埽」上，原衍「婦」字，今據《儀禮・有司徹》删。

❷「主」，原誤作「子」，今據明本、庫本改。

❸「堂」下，原衍「前」字。按禮無坐尸於堂前者。嘉慶本此處空一格，《禮記・郊特牲》原文無「前」字。今據删。

❹「肺」，據《禮記・郊特牲》鄭注，當作「肝」。

《禮運》曰：「脩其祝嘏。」正義曰：「祝以主人之辭饗神，嘏謂祝以尸之辭致福而嘏主人。」「祝以孝告，嘏以慈告。天子祭天地，諸侯祭社稷，祝嘏莫敢易其常古。祝嘏辭説，藏於宗、祝、巫、史，非禮也。宣祝嘏辭説。」《郊特牲》：「嘏，長也，大也。」《曾子問》：「攝主不厭祭，不旅，不假，不綏祭，不配。」「假當作嘏。不嘏，避正主也。」《周禮·膳夫》：「凡王祭祀、賓客食，徹王之胙俎。」正義曰：「胙俎，若《特牲》、《少牢》主人受尸酢，尸東，西面。主人俎於席前，尸酢禮亦然。」《司几筵》：「凡大朝覲、大饗射，凡封國、命諸侯，王位設黼依，依前南鄉，設莞筵紛純，加繅席畫純，加次席黼純，左右玉几。祀先王、昨席亦如之。」「昨讀如酢，謂祭祀及王受酢之席。尸卒食，王酳之，❶卒爵，祝受之。〔又〕酌授尸，尸酢王，於是席王於户內。諸臣致爵，乃設席。」正義曰：「知席王在户內者，約《特牲》主人受酢時，在户内之東西面也。」《鬱人》：「大祭祀，與量人受舉斝之卒爵而飲之。」《儀禮·特牲饋食》尸九飯，「主人酳尸，祝酌授尸，尸以酢主人。主人拜受角。尸拜送。主人退。佐食授挼祭。主人坐，左執角，受祭祭之。祭酒，啐酒，進聽嘏。佐食摶黍授祝，❷祝授尸，❸尸受以菹豆，執以親嘏主人。主人左執角，再拜稽首受，復位。詩懷之，實于左袂，掛于季指，卒角，拜。尸答拜。主人出，寫嗇于房。祝以籩受。「實于左袂，掛袪

❶ 「酳」，原誤作「酺」，今據明本、庫本、嘉慶本及《周禮·司几筵》鄭注改。

❷ 「黍」下，原衍「稷」字，今據《儀禮·特牲》及宋程大昌《演繁露》卷六「摶黍」條、宋黃榦《儀禮經傳通解續》卷十七、宋魏了翁《儀禮要義》卷四十五「士尸親嘏主人大夫尸尊不親」條、宋楊復《儀禮圖》卷十五「尸醋主人」條同引删。

❸ 「授」，原作「受」，今據《儀禮·特牲》及上下文意改。

以小指者，便卒角也。變黍言嗇，因事託戒，欲其重稼嗇也。」主婦酌，亞獻尸，尸酢如主人儀。❶賓三獻，如初。」《少牢饋食禮》尸十二飯，「主人酳尸。祝酌受尸，尸酢主人。上佐食以綏祭。二佐食各取黍于一敦。上佐食兼受，摶之以授尸，尸執以命祝。卒命祝，祝受以東，北面于户西，以嘏于主人，曰：『皇尸命工祝，承致多福無疆于女孝孫。來女孝孫，使女受禄于天，宜稼于田，眉壽萬年，勿替引之。』主人坐奠爵，興；再拜稽首，興；受黍，坐振祭，嚌之；詩懷之，實于左袂，掛于季指，執爵以興；坐卒爵，執爵以興；坐奠爵，拜。尸答拜。執爵以興，出。宰夫以籩受嗇黍。主人嘗之，納諸内。」《書》：「王受同瑁，三宿，三祭，三咤。「王受瑁爲主，受同以祭，禮成於三，故酌者實三爵於王。三進爵，三祭酒，三奠爵。」上宗曰饗。「祭必受福，讚王曰：『饗福酒。』」太保盥，❷以異同，秉璋以酢。「半圭曰璋，臣所奉。王已祭，太保又祭。報祭曰酢。」太保受同，祭嚌。」「太保既拜而祭，既祭受福，嚌至齒，則王亦至齒。王言饗，太保言嚌，互相備。」《詩·天保》：「君曰卜爾，萬壽無疆。」「神之弔矣，詒爾多福。」《楚茨》：「工祝致告，徂賚孝孫。苾芬孝祀，神嗜飲食。卜爾百福，如幾如式。」梁天監五年，明山賓議：「請郊廟受福，唯皇帝再拜，明上靈降祚，臣下不敢同也。」詔依其議。唐《開元》《開寶禮》及《儀注》《熙寧祀儀》，天子親祠，而亞、終獻飲福，有司攝事，而太尉飲福、受胙。

祝以孝告，其辭説則《少牢饋食》祝曰「孝孫某，敢用柔毛剛鬣、嘉薦普淖，用

❶「酢」，原誤作「酌」，今據《儀禮·特牲》及上下文意改。

❷「盥」，原脱，今據明本、庫本補。

薦歲事于皇祖伯某，以某妃配某氏，尚饗」之類是也；嘏以慈告，其辭説則《少牢饋食》祝曰「皇尸命工祝，承致多福無疆于女孝孫。來汝孝孫，來與賚同，鄭氏作釐。使女受祿于天，❶宜稼于田，眉壽萬年，勿替引之」之類也。其儀，則士禮，「佐食摶黍授祝，祝授尸。尸受以菹豆，執以親嘏。主人左執角，再拜稽首受，復位；詩懷之，實于左袂，❷掛于季指；卒角，拜。尸答拜。主人出，寫嗇于房；祝以籩受」；大夫禮，「二佐食各取黍于一敦。上佐食兼受，摶之以授尸；尸執以命祝。祝受以東，北面于户西，以嘏于主人。主〔人〕坐奠爵，興；再拜稽首，興；受黍，坐振祭，嚌之；詩懷之，實于左袂，掛于季指，執爵以興；❸坐卒爵，拜。尸答拜。執爵以興，出。宰夫以籩受嗇黍。主人嘗之，納諸内」。❹蓋士賤而禮簡，故佐食摶黍授祝，祝授尸，❺尸執而親嘏之；大夫貴而禮煩，故佐食兼受一敦黍，摶之以授尸，尸執以命祝嘏之。士執角受之，詩懷而不嘗；大夫奠爵受之，坐祭嚌之，乃詩懷之而又嘗。其實于左袂，所以便執爵也；以袂掛于季指，所以便卒爵也。其受皆於主人酳尸之後，而主婦亞獻、賓三獻不與焉，特授尸酢爵而已。《曾子問》：「攝主不嘏。」以明福在主人，非攝

❶「祿」，原誤作「福」，今據庫本及《儀禮·少牢》改。

❷「實于」，原脱，今據明本、庫本、嘉慶本及上下文同引補。

❸「執」下，原衍「報」字。嘉慶本此處空一格，《儀禮·少牢》原文無「報」字。今據删。

❹「諸」，原脱，今據嘉慶本及《儀禮·少牢》、上文同引補。

❺「授」，原作「受」，今據庫本及上下文意改。

者所可受也。梁明山賓議：「請郊廟受福，惟皇帝再拜，明上靈降祚，臣不敢同也」，其言頗合禮意。唐《開元》、《開寶禮》，天子親祠，而亞終獻飲福，❶有司攝事，而太尉飲福。然受尸酢爵謂之飲酢可也，謂之飲福非也。以爲飲福非古，遂廢受酢之禮，此又全失獻酢往來之道也。古者受福雖在皇尸飯酳之後，然主人受酢受福皆同時，其後繼之以亞獻、終獻、加爵，無嫌乎受福太蚤也。今《親祠儀注》亞獻、終獻行禮已訖，然後禮官前導皇帝飲福受胙，而亞獻、終獻無復與於酢爵，恐非禮意。

禮書卷第八十三終

❶「終」，原脱。按《續資治通鑑長編》卷二百九十二云：「《開寶禮》及《儀注》、《熙寧祀儀》，天子親祠，而亞、終獻飲福。」下文亦曰天子亞獻、終獻。今據庫本補。

禮書卷第八十四

五齊　三酒　鬱鬯　六飲　五飲

五　齊泛齊、醴齊、盎齊、緹齊、沈齊。

三　酒事酒、昔酒、清酒。

《周禮·酒正》:「凡祭祀,以法共五齊、三酒,以實八尊。大祭三貳,中祭再貳,小祭一貳,皆有酌數。惟齊酒不貳,皆有器量。」《司尊彝》:「掌六尊、六彝之位,詔其酌,辨其用與其實。春祠夏禴,祼用雞彝、鳥彝,皆有舟。其朝踐用兩獻尊,其再獻用兩象尊,皆有罍,諸臣之所昨也。秋嘗冬烝,祼用斝彝、黄彝,皆有舟。其朝獻用兩著尊,其饋獻用兩壺尊,皆有罍,諸臣之所昨也。凡四時之間祀,追享、朝享,祼用虎彝、蜼彝,皆有舟。其朝踐用兩大尊,其再獻用兩山尊,皆有罍,諸臣之所昨也。凡六彝、六尊之酌,鬱齊獻酌,醴齊縮酌,盎齊涚酌,凡酒脩酌。」《儀禮·特牲》:「壺、禁在東序,尊于户東,玄酒在西。又尊兩壺于階東,西方亦如之。」《少牢》:「尊兩甒于房户之間,甒有玄酒。」《禮運》:「玄酒在室,醴醆在户,粢醍在堂,澄酒在下。」《坊記》:「醴酒在室,醍酒在堂,澄酒在下。」《禮器》:「罍尊在阼,犧尊在西。君西酌犧象,夫人東酌(罍)尊。君親制祭,夫人薦盎;君親割牲,夫人薦酒。」《祭統》:「宗婦執盎從,夫人薦涚水。」

濁莫如五齊,清莫如三酒。祭祀有

五齊，以神事之也；有三酒，❶以人養之也。《酒正》「共五齊、三酒，以實八尊」，皆陳而弗酌，所以致事養之義也。非此八尊所實而皆有貳者，大祭所酌度用一尊，則以三尊副之；中祭所酌度用一尊，則以兩尊副之；小祭所酌度用一尊，則以一尊副之。皆酌而獻，所以致事養之用也。《酒正》言「凡祭祀」，則天地、宗廟、社稷諸神之祭，皆有五齊、三酒。《司尊彝》「朝踐用犧尊，再獻用象尊，皆有罍」，蓋犧象所實泛與醴也，罍尊所實盎以下也。君西酌犧象，夫人東酌罍〔尊〕，君親制祭，夫人薦盎，盎齊涚酌，而宗婦執盎從夫人薦涚水。是罍尊之所實者盎，而盎之上泛、醴而已，則犧象實泛、醴可知也。《司尊彝》言醴而不及泛，言盎而不及緹、沈，鄭氏謂泛從醴，緹、沈從盎，❷則罍之所實盎之下又可知也。然則夫人酌罍而薦盎，則君制祭，朝事之時也。及君割牲饋食，則夫人薦酒而已。《儀禮》大夫「尊兩甒于房户之間」，士「尊於户東」；《禮記》「罍尊在阼，犧尊在西北」，皆所酌而非所設也。若夫「玄酒在室，醴醆在户，粢醍在堂，澄酒在下」，此則設而弗酌也。「醴醆在户」，而《坊記》言「醴酒在室」，蓋有不同，而其設亦異爾。齊之作也，始則其氣泛然，次則有酒之體，中則盎然而浮，久則赤，終則沈。室者陰之幽，户者陰陽之交，堂者陰陽之辨，堂下者陽之顯。而道以幽玄醇厚爲上，以顯著清美爲下。泛齊在室，以其未

❶「有」，明本、庫本、嘉慶本無。
❷「從」，原脱，今據《周禮·司尊彝》鄭注補。

離於道故也；醴醆在户，以其離道未遠故也；〔粢醍〕在堂，則道與事之間者也；澄酒在下，則純於事而已。觀此，則先王所辨齊酒之位，意可知矣。夫「醴齊〔縮〕酌」，則以茅縮而後酌，此《記》所謂「縮酒酌用茅，明酌」是也；「盎齊涗酌」，則以酒涗而後酌，此《記》所謂「醆酒涗于〔清〕」是也。黍稷別而言之，則稷曰粢，《曲禮》「稷曰明粢」是也；合而言之皆曰粢，《禮》凡言粢盛是也。《記》於醍齊言粢醍，指其材爾。鄭氏改「粢」爲「齊」，誤也。鄭氏又以明酌爲事酒，而澄酒或謂三酒，或謂五齊，於《酒正》、《坊記》、《儀禮》則曰「澄酒，三酒也」，於《禮運》則曰「澄酒，沈齊也」。祫備五齊，禘備四齊，時祭備二齊。朝用醴齊，饋用盎齊，諸臣自酢用凡酒。然《記》曰「夫人薦盎」，則醴以上君所酌，盎以下夫人所酌，而無君饋薦盎之禮矣。《酒正》曰「凡祭祀以五齊、三酒，實八尊」，則中祭、小祭皆備五齊，而無四齊、二齊之制矣。

鬱

鬯鬱草十二花，狀如紅藍。

❶

秬

鬯秬，黑黍也，一稃二米。

❶ 此鬱鬯圖與下秬鬯圖，底本原誤乙，今據下正文文意知明本、庫本、嘉慶本爲是，據乙正。

《周禮・鬱人》：「凡祭祀、賓客之祼事，和鬱鬯以實彝而陳之。」「築鬱金煮之，以和鬯酒。鄭司農云：『鬱，草名，十葉爲貫，百二十貫爲築，以煮之鐎中，停於祭前。鬱爲草若蘭。』」正義曰：「司農云『十葉爲貫，百二十貫爲築』者，未知出何文。云『以煮之鐎中，停於祭前』者，❶此似直煮鬱停之。無『鬯酒』者，文略，其實和鬯酒也。云『鬱〔爲〕草若蘭』，則蘭芝以其俱是香草，故比類言之。案《王度記》云：『天子〔以鬯，諸侯以薰，❷大夫〕以蘭芝，士以蕭，〔庶〕人以艾，此等皆以〔和酒〕。』諸侯〔以〕薰，❸〔謂未得圭瓚之賜，得賜〕則以鬱爾。《〔王度記》云〕『天子以鬯』，及《禮緯》〔云『鬯草生庭』〕，皆是〕鬱金之〔草，以其和鬯酒，因號爲鬯草也〕。」《〔鬯人》：「掌共秬鬯〕而〔飾之〕。「〔秬鬯，不和鬱者〕。飾之，謂設巾也。」大喪共其釁鬯。「釁尸以鬯酒。」凡王之齊事共其秬鬯。「給淬浴。」凡王弔臨共介鬯。」「祝告其神之辭，介於是進鬯。」《太宗伯》：「凡祭大神、享大鬼、祭大示，涖玉鬯。」《肆師》：「祭之日，及果，築鬻。「築煮，築香草，煮以爲鬯也。」大喪，大渳以鬯，則築鬻。」《禮記》曰：「鬱合鬯。」又曰：「暢臼以椈，杵以梧。」正義曰：「椈，柏也。梧，桐也。以柏香，桐潔白，擣鬱鬯，於神爲宜。」又曰：「天子親耕，粢盛秬鬯，以事上帝。」正義曰：「案《小宰》云『天地大神至尊不祼』，此祭上帝有秬鬯者，凡鬯有二，若和之鬯謂之鬱鬯，鬱人所掌是也，祭宗廟而灌也；若不和鬱，謂之秬鬯，鬯人所掌是也，謂五齊之酒，以秬黍爲之，以芬芳調暢，言秬鬯，故得以事上帝。」《詩・旱麓》曰：「瑟彼玉瓚，黃流在中。」箋云：「黃流，秬鬯也。」正義曰：「以

❶「停」，原誤作「亭」，今據明本、庫本、嘉慶本及《周禮・鬱人》賈疏改。

❷「薰」，原印殘，然其上猶存「艹」字頭，明本、庫本、嘉慶本皆作「熏」，是原當为「薰」。今據《周禮・鬱人》賈疏補。

❸「薰」，原漫漶不清，今據明本、嘉慶本及《周禮・鬱人》賈疏補。

秬鬯爲黄流者，秬，黑黍，一秠二米者也。秬鬯者，釀秬爲酒，❶以鬱金之草和之，使之芬芳調暢，故謂之秬鬯。草名鬱金，則黄如金色。酒在器流動，故謂之黄流云。」《江漢》曰：「釐爾圭瓚，秬鬯一卣。」「秬，黑黍也。鬯，香草也。築煮合而鬱之曰鬯。」箋云：「秬鬯，黑黍酒也。謂之鬯者，芬香條鬯也。」正義曰：「禮有鬱者，築鬱金之草而煮之，以和秬黍之酒，使之芬香條鬯，故謂之鬱鬯。鬯非草名，而此傳言鬯草者，以其可和秬鬯，謂之鬯草。毛言鬯草，蓋亦然也。言『築煮合而鬱之』，謂築此鬱草久煮之，乃與秬鬯之酒合和而鬱積之，使氣味相入，乃名曰鬯。言合而鬱積之，非草名。如毛此意，言鬯者，必和鬱乃名鬯，未和不爲鬯，與鄭異也。箋以毛解鬯其言不明，似必和鬱乃名爲鬯，故辨之，明黑黍之酒，自名爲鬯，不待和鬱也。《春官·鬯人》注云『秬鬯，不和鬱』者，是黑黍之酒即名鬯也。和者，以鬯人掌秬鬯，鬱人掌和鬱鬯，明鬯人所掌未和鬱也。故孫毓云：『鬱是草名，今之鬱金，煮以和酒者也。鬯是酒名，以黑黍秬一秠二米作之，芬香條鬯，故名之曰鬯。鬯非草名，古今書傳香草無稱鬯者。用箋説爲長。』」《生民》詩曰：「維秬維秠。」毛曰：❷「秬，黑黍。秠，一稃二米。」正義曰：「皆《爾雅》文。唯彼糜作虋，音同耳。李巡曰：『黑黍，一名秬。』郭璞曰：『秠亦黑黍，但中米異耳。漢和帝時，任城生黑黍，或三、四實，實二米，得黍三斛八斗。』則秬是黑黍之大名，秠是黑黍之中有二米者，别名之爲秠，故此經異其文。而《爾雅》釋之，若言秬、秠皆黑黍矣。而《春官·鬯人》注云『釀秬爲酒，秬如黑黍，一秠二米』，言『如』者，以黑黍一米者多，❸秬爲正稱；二米則秬中之異，故言如以明秬有二等也。秬有二等，則一米亦可爲酒。《鬯人》之注必言二米者，以宗廟之祭，惟裸爲重，二米嘉異之物，鬯酒宜當用之，故以二米解鬯。其實秬是大名，故云釀秬爲酒耳。《爾雅》云『秠，一稃二米』，《鬯人》注云『一秠二米』，文不同者，《鄭志》答張逸云：『秠即皮，❹其稃即亦皮也。❺

❶「秬」，原誤作「和」，今據《毛詩·旱麓》孔疏改。

❷「曰」，嘉慶本作「傳」。

❸「者以」，庫本作「則是」。按庫本，「則是」歸下句，意亦通。

❹「秠」，原誤作「秬」，今據《毛詩·生民》孔疏改。

❺「即」，嘉慶本爲空格，當是原有而後删去。

《爾雅》重言以曉人。』然則秠、稃古今語之異，故鄭引《爾雅》得以稃爲秠。」《周語》：「宣王不耤千畝，虢文公諫曰：『瞽告協風至。王即齊宮，及朝，鬱人薦鬯，犧人薦醴，王祼鬯，饗醴乃行。』」《魏略》曰：「大秦多蘇合、薰陸、鬱金、芸膠十二種香。」許慎《説文》曰：「鬯，以秬釀鬱草，芬芳攸服，以降神也。中象米，匕所以扱之。《易》曰：『不喪匕鬯。』凡鬯之屬皆從鬯。」「鬱，芳草也，十葉爲貫，百二十貫爲築，❶以煮之。一曰鬱鬯，百草之華，遠方鬱人所貢芳草，❷〈合釀〉之，以降神。鬱，今鬱林郡也。」《開寶本草·木部·中〈品〉》：「鬱香」，味苦温，無毒。陳藏器云：『其香十二葉，爲百草之英。』按《魏略》云：『生大秦國，二月、三月有花，狀如紅藍；四月、五月採花，即香也。』」《嘉祐本草圖經》云：「鬱金，本經不載所出州土。蘇恭云：『生蜀地及西戎，胡人謂之馬茱。今廣南、江西州郡亦有之，然不及蜀中者佳。四月初生，苗似薑黄，花白質紅，末秋出莖心，無實，根黄赤。』《木部·中品》有鬱金香，云：『生大秦國，二月、三月、十月有花，狀如紅藍，其花即香也。』陳氏云爲百草之英，乃是草類，又與此同名，而在木部，非也。今人不復用，亦無辨之者，故但附於此耳。」

《禮》或言秬鬯，或言鬱鬯，蓋秬一稃二米，天地至和之氣所生。謂之「鬯」以言和氣之條鬯也，謂之「鬱鬯」以其鬻鬱草和之也。鄭司農曰：「鬱，十葉爲貫，

❶「貫」，原誤作「葉」，今據上下文同引改。

❷「貢」，原誤作「貴」，今據庫本及《説文·鬯部》「鬱」條、孫氏點勘改。

百二十貫爲築，以煮之。」其言蓋有所受也。《禮》曰「諸侯未賜圭瓚，資鬯於天子」，則諸侯受封未嘗不資鬯而後祭也。傳曰「天子以鬯，諸侯以薰」，誤矣。《特牲》、《少牢》大夫、士有奠而無祼。傳又曰：「大夫以蘭芝，士以蕭，庶人以艾。」不可考也。鬯之所用，不特達臭氣以求神而已，故王齊則以鬯淬浴，王弔喪臨諸侯則以鬯爲摯，大喪則以鬯釁尸。

六　飲水、漿、醴、涼、醫、酏。

五　飲水、漿、酒、醴、酏。

《膳夫》：「掌王之食飲，飲用六清。」《酒正》：「辨四飲之物：一曰清，二曰醫，於已反。三曰漿，四曰酏。掌其厚薄之齊，以共王之四飲之饌，及后、世子之飲。「清，謂醴之泲者。醫，《內則》所謂『或以酏爲醴』。凡醴濁，釀酏爲之，則少清矣。醫之字，〔從〕殹從酉省也。漿，❶今之截漿也。酏，今之粥。《內則》有黍酏。酏飲，粥稀者之清也。鄭司農説以《內則》曰『飲：重醴，稻醴清、莤，黍醴清、莤，粱醴清、莤。或以酏爲醴；漿、水、醷』。后致飲於賓客之禮，有醫酏糟。糟音聲與莤相似，醫與醷亦相似，文字不同，記之者各異耳，此皆一物也。」共后之致飲于賓客之禮醫酏糟，皆使其士奉之。「糟，醫酏不泲者。泲曰清，不泲曰糟。后致飲無醴，醫酏不清者，與王同體，屈也。」❷歲終則會，惟王及后之飲酒不會。」《漿人》：「掌共王之六飲：水、漿、醴、涼、醫、酏，入于酒府。共賓客之稍禮。共夫人致飲于賓客之禮，清醴醫酏糟，而奉之。凡飲共之。」《食醫》：「掌和

❶「漿」，原誤作「醫」，今據庫本、嘉慶本及《周禮·酒正》鄭注改。

❷「體屈」，原誤作「屈體」，今據庫本及《周禮·酒正》鄭注改。

王之六食、六飲。凡飲齊眡冬時。」《内則》曰：「飲：重醴，稻醴清、糟，黍醴清、糟，粱醴清、糟。或以酏爲醴；「釀粥爲醴。」黍酏、「酏，粥。」漿、「酢截。」醷、「梅漿。」濫。」「以諸和水也。濫，涼也。」《玉藻》曰：「五飲：上水、漿、酒、醴、酏。」又曰：「惟水、漿不祭，若祭，爲已偞卑。」《少儀》曰：「客爵居左，其飲居右。凡齊，執之以右，居之以左。」「齊，謂食羹醬飲有齊和者也。」《曲禮》曰：「酒漿處右。」「處羹之右。此言酒若羹耳，兩有之，則左酒右漿，此大夫、士與賓燕食之禮。其禮食則宜放《公食大夫禮》云。」❶《公食大夫》：「飲酒、漿飲，俟于東房。「漿飲，截漿也。其俟，奠與豐上也。漿飲先言漿，別於六飲也。」賓三飯，宰夫執觶漿飲與其豐以進。宰夫設其豐于稻西。❷「酒在東，漿在西，是所謂左酒右漿。」上大夫庶羞，酒飲、漿飲，庶羞可也。」《士冠禮》：「側尊一甒醴，在服北。既冠，贊者洗于房中，側酌醴，加柶覆之，面葉。冠者以柶祭醴三。乃醴賓以一獻之禮。」「醴賓不用柶者，泲其醴。《内則》曰：『飲：重醴，稻醴清、糟，黍醴清、糟，粱醴清、糟。』凡醴事，質者用糟，文者用清。」《孟子》曰：「簞食壺漿。」《詩》曰：「或以其酒，不以其漿。」《莊子》曰：「十漿之家，五漿先饋。」

《酒正》四飲：清、醫、漿、酏，而無水、醴、涼；《漿人》六飲：水、漿、醴、涼、醫、酏，而無清；《内則》有醴清、糟，酏、漿、醷、濫，而無水、涼、醫；《玉藻》有水、漿、酒、醴、酏，而無涼、醫者，鄭氏曰「清謂醴之泲者」，〔則《酒〕正》之清與《漿〔人》之〕醴一也。《内則》：「重醴，稻醴

❶「大」上，原衍「無」字，今據庫本删。
❷「西」，原脱，今據《儀禮·公食》補。

清、糟；黍醴清、糟；粱醴清、糟。」三醴皆有清、糟，則糟，醴之濁者也。醴，《内則》所謂「或以酏爲醴」；❶酏，❷《内則》所謂黍酏也；醫，《内則》所謂醷也；涼，《内則》所謂濫也。鄭氏曰：「醫與醷相似。濫，以諸和水也。以《周禮》六飲校之，則濫，涼也。紀、莒之間，名諸爲濫。」水、涼之味薄，非酒正之所辨。酒在飲中，非用漿人之法。《内則》無水、涼，亦以其薄而略之也。夫飲之齊必寒，「飲齊視冬時。」其設必重。泲者爲清，醇者爲糟。糟用柶，清不用柶。后致飲于賓客，則醇者而已。故《酒正》曰「醫、酏糟」，則醫、酏皆糟也。夫人飲于賓客，則有清焉。故《漿人》曰「清醴、醫」，則醴清而醫、酏皆糟也。夫人致三飲，后致二飲，屈於王也。《漿人》六飲始水，《玉藻》五飲亦上水，貴其本也。六飲無酒，五飲有酒，異代之禮也。〔古〕者之於六飲，用醴爲多。鄭氏曰：「五齊正用醴爲飲者，醴恬，與酒異也。其飲四齊，味皆似酒。」其説是也。然《儀禮·士冠》醴子醴賓，《士昏》醴賓醴婦，《聘禮》醴賓，《士喪》、《既夕》、《士虞》皆有醴，而《公食》、《燕禮》、《大射》、《鄉飲酒》、《特牲》、《少牢》皆不用醴，何也？蓋禮之質者尚醴，文者尚酒。冠禮醴子，昏禮醴婦禮賓，厚其親也；❸聘禮醴賓，厚其私覿也；士喪及虞醴神，存其養也。非此無

❶「醴」上，原衍「一」字，今據明本、庫本、嘉慶本及《禮記·内則》删。

❷「酏」，原脱。明本此處爲一空格，庫本此處作一小字「闕」，今據嘉慶本及孫氏點勘補。

❸「厚」，原誤作「原」，今據明本、庫本、嘉慶本改。下「厚其私」同。

所事醴，則用酒而已。《儀禮》祭以柶。《玉藻》言：「水、漿不祭，若祭，爲已偞卑。」則水、漿與醴雖均曰飲，其厚薄甘淡故有間也。

禮書卷第八十四終

禮書卷第八十五

祼　十二獻　九獻　一獻三獻五獻七獻
之辨　正飯數　加飯數

祼

《書》曰：「王入太室祼。」《小宰》：「凡祭祀，贊玉幣爵之事、祼將之事。「將，送也。祼送，送祼，謂贊王酌鬱鬯以獻尸。❶謂之祼，言灌也，明不爲飲，主以祭祀。唯人道宗廟有祼，天地大神至尊不祼，莫稱焉。凡鬱鬯受祭祭之，啐之，奠之。」凡賓客，贊祼。」《內宰》：「大祭祀，后祼獻，則贊。瑤爵亦如之。「謂祭宗廟，王既祼而出迎牲，后乃從後祼。」凡賓客之祼獻、瑤爵，皆贊。」「謂王同姓及二王之後來朝覲爲賓客者，祼之。」《大宗伯》：「大祭祀，王后不與，則攝而薦豆籩，徹。大賓客，則攝而載祼。」《小宗伯》：「凡祭祀、賓客，以時將瓚祼。」《肆師》：「凡祭祀及祼，築鬻。大賓客，涖筵几，築鬻，贊祼將。」《鬱人》：「凡祭祀、賓客之祼事，和鬱鬯以實彝而陳之。凡祼玉，濯之，陳之，以贊祼事，詔

❶「鬱」，原誤作「爵」，今據明本及《周禮·小宰》鄭注改。

祼將之儀與其節。及葬，共其祼器，遂埋之。」《司尊彝》：「春祠夏禴，祼用雞彝、鳥彝。秋嘗冬烝，祼用斝彝、黄彝。」《行人》：「公再祼而酢，侯伯子男一祼而酢。「再祼，再飲公也。酢，報飲王也。」大國之孤，以酒禮之。」「以酒禮之者，謂齊酒也，和之不用鬱鬯耳。」《禮器》曰：「諸侯相朝，灌用鬱鬯，無籩豆之薦。」《郊特牲》曰：「諸侯爲賓，灌用鬱鬯。」「商人尚聲，臭味未成，滌蕩其聲，樂三闋然後迎牲。周人尚臭，灌用鬯臭，既灌然後迎牲。」又曰：「祼用圭璋，用玉氣也。」《祭統》曰：「獻之屬莫重於祼。」《投壺》：「當飲者皆跪奉觴，曰：『賜灌。』勝者跪曰：『敬養。』」《文王》詩曰：「厥作祼將，常服黼冔。」《論語》曰：「禘自既灌而往者，吾不欲觀之矣。」

商人尊神而交神於明，故先樂而求諸陽；周人尊禮而辨神於幽，故先祼而求諸陰。《書》曰：「王入太室祼。」《祭統》曰：「君執圭瓚祼尸。」則尸入太室，以圭瓚酌鬱鬯祼之，后又以璋瓚酌鬱鬯亞祼。其祼尸也，如祼賓客，則王與后自灌之矣。鄭氏釋《小宰》：「謂王酌鬱鬯以獻尸。尸受祭之，啐之，奠之。」然尸，神象也，神受而自灌，非禮意也。鄭氏又謂：「宗廟有祼，天地大神至尊不祼」。考之於《禮》，《典瑞》：「祼圭有瓚，以肆先王，以祼賓客。」《玉人》：「祼圭尺有二寸，有瓚，以祀廟。」又《鬯人》秬鬯之所用，則社、廟、山川、四方而已，是祼不施於天地也。然《大宗伯》：「凡祀大神，享大鬼，祭大示，涖玉鬯。」《表記》曰：「親耕，粢盛秬鬯，以事上帝。」蓋祀天有鬯者，陳之而已，非必祼也。《行人》曰：「公再祼，侯伯子男一祼。」諸侯有祼而卿無祼，則以酒禮之而已。《祭統》所謂「獻之屬莫重於祼」者，此也。《大宗伯》「賓客則攝而載祼」，謂攝后耳。鄭氏謂「君無酌臣之禮，宗伯代王祼」，其説誤也。《鬯人》「共秬鬯」，《鬱人》「和鬱鬯」，則鬱人和鬯人之鬯，而鬯人不用鬱也。賈公彦謂山川外神用秬鬯而不用鬱。❶於理或然。

十二獻

九獻

《禮器》曰：「有以小爲貴者：宗廟之祭，貴者獻以爵，賤者獻以散；〔尊者舉觶，卑者舉角；五〕獻之尊，門外缶，門内壺，君尊瓦甒。此以小爲貴。」「凡觴，一升曰爵，❷二升曰觚，三升曰觶，四升曰角，五升曰散。五獻，子男之饗禮也。壺大一石，瓦甒五斗，缶大小未之聞也。」❸「一獻質，「謂祭群小祀。」❹三獻文，「謂祭社稷五祀。」五獻察，「察，明也。謂祭四望山川也。」七獻神。」「謂祭先公。」《郊特牲》：「郊血，大饗腥，三獻爓，一獻孰。大饗，君三重席而酢焉。「言諸侯相饗，獻酢禮敵也。」三獻之介，君專席而酢焉，此降尊以就卑也。」「三獻，大夫來聘，主君饗燕之，以介爲賓。❺賓爲苟敬，則徹重席而受酢也。專猶單也。」《樂記》：「先王爲酒禮，壹獻之禮，賓主百拜。」「一獻，士飲酒之禮。」《祭統》：「尸飲五，君洗玉

---

❶「外」下，原衍「十二」二字。《周禮·小宰》賈疏原無此二字。孫氏點勘删之，且曰：「『十二』二字涉下行衍。」下行者，下小題「十二獻」也。今據删。

❷「一」，原爲空格，今據明本、庫本、嘉慶本及《禮記·禮器》鄭注補。

❸「聞」，原誤作「云」，今據明本、庫本、嘉慶本及《禮記·禮器》鄭注改。

❹「謂」，原作「胃」，今據庫本及《禮記·禮器》鄭注改。後此意作「胃」者逕改，不出校。

❺「介」，原脱，今據《禮記·郊特牲》鄭注補。

爵獻卿；尸飲七，以瑤爵獻大夫；尸飲九，以散爵獻士及群有司，皆以齒明尊卑之等也。」「尸飲五，謂酳尸五獻也。大夫、士祭，三獻而獻賓。」正義曰：「此據備九獻之禮者，至主人酳尸，故尸飲五也。凡祭二獻。祼用鬱鬯，❶尸祭奠而不飲。朝踐二獻，❷饋食二獻，及食畢主人酳尸，此等皆尸飲之，故云『尸飲五』。於此之時，以獻卿之後，乃主婦酳尸。酳尸畢，賓長獻尸，是尸飲七也。乃瑤爵獻大夫，是正九獻禮畢。但初二祼不飲，❸故云『尸飲七』。自此以後，長賓、長兄弟更爲加爵，尸又飲二，是并前尸飲九，主人乃散爵獻士及群有司也。此謂上公，故以酳尸之一獻，爲尸飲五也。若侯伯七獻，朝踐、饋食時各一獻，食訖酳尸，但尸飲三也。子男五獻，食訖酳尸，尸飲一也。云『大夫、士祭，三獻而獻賓』者，欲明諸侯獻賓時節，與大夫、士獻賓不同。知大夫、士祭三獻而獻賓者，❹《特牲禮》文。下大夫不賓尸，與士同，亦三獻而獻賓，知者，《有司徹》文。其上大夫別行賓尸之禮，與此異也。」《祭統》曰：「古者必賜爵禄於太廟，一獻，君降命之。」「一獻，酳尸也。」《周禮·司尊彝》：「掌六尊、六彝之

位。春祠夏禴，祼用雞彝、鳥彝，皆有舟。其朝踐用兩獻尊，其再獻用兩象尊，皆有罍，諸臣之所昨也。秋嘗冬烝，祼用斝彝、黄彝，皆有舟。其朝獻用兩著尊，其饋獻用兩壺尊，皆有罍，諸臣之所昨也。凡四時之間祀，追享、朝享，祼用虎彝、蜼彝，皆有舟。其朝踐用兩大尊，其再獻用兩山尊，皆有罍，諸臣之所昨也。」「祼如獻尸，后亞祼。朝踐謂薦血腥，❺酌醴，始行祭事。后於是薦朝事之豆籩，既又酌獻。其變朝踐爲朝獻者，尊相因也。朝獻，謂尸卒食，王

❶「鬱」，原誤作「爵」，今據明本、庫本、嘉慶本及《禮記·祭統》鄭注改。

❷「踐」，原誤作「社」，今據明本、庫本、嘉慶本及《禮記·祭統》鄭注改。

❸「但」，原脱，今據嘉慶本及《禮記·祭統》孔疏補。

❹「而獻」，原脱，今據嘉慶本及《禮記·祭統》孔疏補。

❺「血」，原誤作「豆」，今據嘉慶本及《周禮·司尊彝》鄭注改。

酳之。再獻者，王酳尸之後，后酌亞獻。諸臣爲賓又次后酌盎齊，備卒食三獻也。於后亞獻，内宗薦加豆籩。其變再獻爲饋獻者，亦尊相因。饋獻，謂薦孰時，后於是薦饋食之豆籩。此凡九酌，王及后各四，諸臣一，祭之正也。以今祭禮《特牲》、《少牢》言之，二祼爲奠，而尸七矣，王可以獻諸臣。《祭統》曰『尸飲五，君洗玉爵獻卿』，是其差也。《明堂位》曰：『灌用玉瓚、大圭，爵用玉琖，加用璧角、璧散。』又《鬱人》職曰：❶『受舉斝之卒爵而飲之。』則王酳尸以玉爵也。王酳尸用玉爵，而再獻者用璧角、璧散可知也。」

先儒謂大祫十有二獻，四時與禘九獻，上公亦九獻，侯伯七獻。《周官·掌客》：「諸侯長，十有再獻。」《行人》：「上公再祼，饗禮九獻；侯伯一祼，七獻；子男一祼，五獻。諸侯之卿，各下其君二等以下，及其大夫、士皆如之。」及《禮器》有五獻之尊，《郊特牲》有三獻之介，則饗賓、祀神之獻數固不異矣。然祫雖大於時祭，而禘又大於祫，宜亦十二獻。先儒以禘小於祫，非也。《行人》上公再祼，而祼不預於九獻；侯伯子男一祼，而祼亦不預於七獻、五獻。則先儒以二祼在九獻之内，非也。《司尊彝》朝踐用兩尊，皆有罍；饋食用兩尊，皆有罍。《籩人》、《醢人》有朝踐之籩豆，有饋食之籩豆，有加籩加豆。則朝踐，王獻，后亞之，諸臣之所昨，三獻也；饋食，王獻，后亞之，諸臣之所昨，六獻也；酳尸三，九獻，加爵不與焉。此宗廟九獻之禮也。夫卒食必有酳。《曾子問》言侑、酳，是侑食然後有酳也；《樂記》言「執醬而饋」、「執爵而酳」，是饋食然後有酳也。《特牲》、《少牢》之祭皆曰「饋食」，而獻皆曰「酳尸」，則大夫、士無朝獻、饋獻之禮，

❶「鬱」，原誤作「爵」，今據明本、庫本、嘉慶本及《周禮·司尊彝》鄭注改。

特酳尸於饋食之後而已。然士禮主人、主婦、賓三獻，又加爵三，長兄弟、賓長、利獻之也。下大夫，主人、主婦、賓又獻，又加爵二，賓長與利獻之也。上大夫，特主人、主婦、賓三獻而已。蓋士與下大夫無賓尸，故有加爵；上大夫有賓尸，故無加爵。天子、諸侯有繹祭，又有加爵，記所以隆於尊者也。春秋之時，楚子入享於鄭，九獻，加籩豆六品。季孫宿如晉，晉侯享之，有加，辭曰：「小國之事大國也，得貺不過三爵。今豆有加，下臣弗堪。」則加豈卑者之所預乎？士與下大夫有加，其代賓尸可知也。《周官》朝事、饋食之籩豆后薦之，加爵之籩豆内宗薦之，則加以璧散、璧角，亦諸臣獻之可知也。卑者獻以散。士之飲禮止於一獻，而祭有三獻者，攝〔盛〕也。〔士加爵三，而下大夫〕加爵二者，厭降也。《書》曰：「太保秉璋以酢。」孔安國謂：「祭報曰酢。」蓋獻，始事也；酢，成事也。諸臣之於禮，成之而已，故獻皆曰酢。

一獻三獻七獻之辨

《禮器》曰：「一獻質，三獻文，五獻察，七獻神。」《郊特牲》曰：「郊血，大饗腥，三獻爓，一獻孰。」鄭氏謂：「一獻，祭群小祀；三獻，祭社稷、五祀；五獻，祭四望、山川；七獻，祭先公。」其説以爲王祭群小祀以玄冕一章之服，故一獻；祭社稷以希冕三章之服，故三獻；祭四望、山川則毳冕五章，故五獻；享先公則鷩冕七章，故七獻。然《周禮》大祀、次祀、小祀見於《肆師》，大祭、中祭、小祭見於《酒正》，則《大宗伯》所辨天地、五帝、先王之類，大祀也；社稷、五祀、五嶽之類，中祀也；四方百物之類，小祀也。大祀獻多，小祀獻寡，則社稷所獻宜加於山川也。先王祭服各有象類，則希冕三章以祭社稷者，非卑之於山川也，以社稷之所上止於利人，故服粉米以稱之，則獻數不繫於服章矣。且賓客之禮，士一獻，《士冠禮》一獻。卿大夫三獻，《郊特牲》三獻之介。子男五獻，《禮器》：「五獻之尊，門外缶，門内壺。」昭元年《左傳》曰：「魯具五獻之籩豆，趙孟辭焉。」則大國之卿亦五獻。侯伯七獻，上公九獻，而王饗諸侯，自子男五獻以至諸侯長十有再獻，皆服鷩冕七章而已，孰謂獻數必繫於服章哉？鄭氏以三獻爲祭社稷、五祀，五獻爲祭四望、山川，誤矣。群小祀則四方百物之類也，其牲色尨，《牧人》：「凡外祭毁事，用尨可也。」其牲體疈辜，《大宗伯》：「以疈辜祭四方百物。」其祼器用散，《鬯人》凡疈事蓋用散云。其舞兵舞、帗舞，或不興舞。《鼓人》：「凡祭百物之神，鼓兵舞、帗舞者。」《舞師》：「凡小祭祀則不興舞。」山川、四望，則其兆位各因其郊與其方，《小宗伯》：「兆五帝於四郊，四望亦如之。山川、丘陵、墳衍，各因其方。」其牲各因其方之色，祼則用蜃，玉則兩圭有邸與璋邸射，「兩圭有〔邸以旅四望，璋邸射以祀山川〕。」〔舞則兵舞與羽舞〕，奏〔姑〕洗，歌南吕，舞《大韶》；四望。奏蕤賓，歌函鍾，舞《大夏》。山川。社稷則共黝牲，❶其祭血，祼以大罍，鼓以靈鼓，舞以帗舞，奏太蔟，歌應鍾，舞《咸池》。其禮樂辨異如此，則獻數不同宜矣。蓋禮略故質，禮加故文，察則其事地也察矣，神則其事祖也神矣。一獻孰，則於人情爲近，故曰質；三獻爓，則於人情

❶「共」，原誤作「其」，今據明本、嘉慶本改。

漸遠，故曰文。三獻爓，則五獻其血乎？禮所謂「血祭社稷」是也。

飯數

《曲禮》曰：「三飯，主人延客食胾。」《禮器》曰：「天子一食，諸侯再，大夫三，食力無數。」《玉藻》曰：「飯飧者，三飯也。」《論語》曰：「亞飯干適楚，三飯繚適蔡，四飯缺適秦。」《士婚禮》：「三飯，卒食。」《特牲禮》：「尸三飯，告飽。祝侑之如初。」鄭云：「不復飯者三。三者，士之禮大成也。」《少牢禮》：「尸三飯，又食胾，又食舉腊肩，又食舉牢骼，又食，告飽。又曰：❶『皇尸未實，侑。』尸又食舉牢肩。尸不飯。主人拜侑，尸又三飯。」《膳夫》：「以樂侑食。」《大司樂》：「王大食，三侑，皆令奏鐘鼓。」《詩》曰：「以妥以侑。」《荀卿》曰：「三臭之不食。」《大戴》、《史記》曰：「三侑之，不食。」鄭康成曰：「食，大名。小數曰飯。士九飯，大夫十一飯，其餘有十三飯、十五飯。」賈公彦曰：「一口謂之一飯。士三飯即告飽而侑，大夫七飯告飽而侑，諸侯九飯而侑，天子十一飯而侑。」孔穎達曰：「天子一食，諸侯再，大夫三。與《儀禮》不同，此據食畢更加飯告飽之數也。」

禮有以多爲貴，故《特牲》士祭尸九飯，《少牢》大夫祭尸十一飯；有以少爲貴，故《禮器》「天子一食，諸侯再，大夫、士三」。蓋一食即一飯也，士九飯，大夫十一飯，則飯以九與十一而又加者也。正飯致其隆，故貴多；加飯嫌於〔瀆，故貴少。此飯禮所〕以不同也。鄭氏曰：

❶「又」，據《儀禮・少牢》之文，疑當作「侑」。

「十九飯，大夫十一飯，其餘有十三飯、十五飯。」而賈公彦謂十三飯諸侯禮，十五飯天子禮，理或然也。飯必告飽，而告飽必侑。侑禮有拜以致其敬，有辭以道其勤，有樂以樂其心。《特牲》：「尸告飽，祝侑，主人拜。」《少牢》：「尸告飽，主人拜侑。」此拜以致其敬也。《少牢》祝侑曰：「皇尸未實，侑。」此辭以道其勤也。《大祝》：「逆尸，令鐘鼓，侑亦如之。」此樂以樂其心也。然《特牲》三飯告飽而侑，《少牢》七飯告飽而侑，則九飯三侑，飯寡而侑多；十一飯再侑，飯多而侑寡者。蓋禮殺者儀蹙，故告飽速而侑多；禮隆者儀紓，故告飽遲而侑少。此侑禮所以不同也。賈公彦謂：「諸侯九飯而侑，天子十一飯而侑。」理或然也。然以《論語》考之，每飯異樂，每樂異工，則侑固多矣。而《特牲》、《少牢》尸飯止於三侑、再侑，《大司樂》「王大食，三侑」者，蓋有每飯之侑，有終食之侑。每飯之侑，一工而已；終食之侑，侑禮之大者也。❶故《荀卿》言「三臭之不食」，《大戴》、《史記》亦言「三侑之不食」，此皆指其大者論之也。古者之於賓客，如祭祀禮，而祼獻之數未嘗不同，則天子而下，其飯數宜與尸食無異矣。《大司樂》「王人食，三侑，皆令奏鐘鼓。」則凡非大食，無鐘鼓歟。

禮書卷第八十五終

❶「侑」，原誤作「有」，今據文意及《五禮通考》卷八十八《吉禮八十八·宗廟時享》所引改。

禮書卷第八十六

大夫餕　士餕　脤播蜃器　**致福**

大夫餕禮　天子、諸侯餕禮見於經尤略，今圖大夫、士餕禮於後。

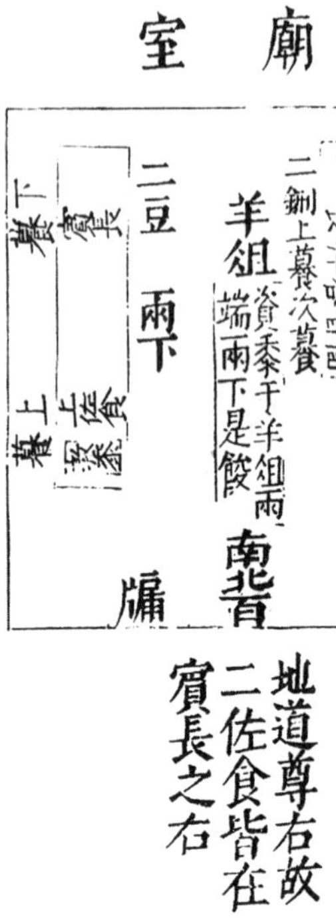

士餕禮

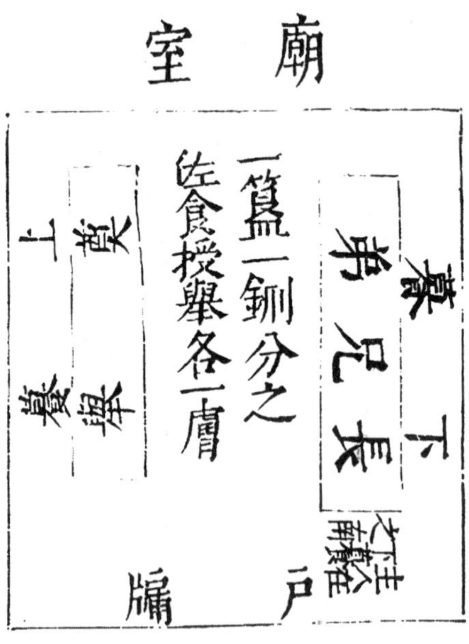

《特牲禮》：「尸謖。佐食徹尸俎，俎出于廟門；徹庶羞，設于西序下。「爲將餕去之。」筵對席，佐食分簋鉶。宗人遣舉奠及長兄弟盥，❶立于西階下，東面北上。祝命嘗食。

❶「盥」，原誤作「與」，今據嘉慶本及《儀禮·特牲》改。

養者、舉奠許諾，升，入，東面。長兄弟對之，皆坐。佐食授舉，各一膚。主人西面再拜，祝曰：『養有以也。』兩養奠舉于俎，❶許諾，皆答拜。若是者三。皆取舉，祭食，祭舉；乃食，❷祭鉶，食舉。卒食，主人降洗爵，宰贊一爵。主人升酌，酳上養，拜受爵，主人答拜；酳下養，亦如之。主人拜，祝曰：『養有與也。』如初儀。兩養執爵拜，祭酒，卒爵，拜。主人答拜。兩養皆降，實爵于篚。上養洗爵，升酌，酢主人。主人拜受爵。上養即位坐，答拜。主人坐祭，卒爵，拜。上養答拜，受爵，降，實于篚。主人出，立于户外，西面。祝命徹阼俎、豆、籩，❸設于東序下。」《少牢禮》：「尸謖。佐食徹肵俎，降設于堂下阼階南。司宫設對席，乃四人養。上佐食盥升，下佐食對之，賓長二人備。司士進一敦黍于上佐食，又進一敦黍于上佐食，❹又進一敦黍于下佐食，皆右之于席上。資黍于羊俎兩端，兩下是餕。司士乃辨舉，養者皆祭黍，祭舉。主人西面，三拜養者。養者奠舉于俎，皆答拜，皆反，取舉。司士進一鉶于上養，又進一鉶于次養，又進二豆湆于兩下。乃皆食，食舉，卒食。

❶「奠」，原誤作「莫」，今據明本、庫本、嘉慶本及《儀禮·特牲》改。

❷「乃」，原誤作「及」，今據《儀禮·特牲》改。

❸「阼」，原誤作「昨」，今據明本、庫本、嘉慶本及《儀禮·特牲》改。

❹「又進一敦黍于上佐食」，疑當衍。下段同引，亦衍。或有疑陳氏時所見《儀禮》即如此，非衍也。然按《儀禮·少牢》，先言「上佐食取黍稷于四敦」，又言「上佐食取四敦黍稷」，是黍唯四敦。祝致嘏前，「二佐食各取黍于一敦，以授尸」，則尚餘黍一敦。至此餕尸之餘，若「進一敦黍于上佐食，又進一敦黍于上佐食，又進一敦於下佐食」，則是三敦，前後不一矣。故今所見《儀禮·少牢》皆無「又進一敦黍于上佐食」是也。

主人洗一爵，升酌，以授上餕。贊者洗三爵，酌。主人受于户内，❶以授次餕，若是以辨。皆不拜，受爵。主人西面，三拜餕者。餕者奠爵，皆答拜，皆祭酒，卒爵，奠爵，皆拜。主人答一拜。餕者三人興，出；上餕止。主人受上餕爵，酌以酢于户内，西面，坐奠爵，拜；上餕答拜。坐祭酒，啐酒。上餕親嘏，曰：『主人受祭之福，胡壽保建家室。』主人興，坐奠爵，拜，執爵以興；坐卒爵，拜；上餕答拜。上餕興，出。主人送，乃退。」《文王世子》曰：「其登餕、獻、受爵，❷則以上嗣。」《禮記》曰：「餕者，祭之末也。尸亦餕鬼神之餘也，惠術也，可以觀政矣。故尸謖，君與卿四人餕；君起，大夫六人餕，臣餕君之餘也；大夫起，❸士〔八〕人餕，賤餕貴之餘也；士起，各執其具以出，陳于堂下，❹百官進，徹之，下餕上之餘也。百官進而餕，鄭改進爲餕，非。凡餕之道，每變以衆，所以別貴賤之等，而興施惠之象也。❺是故以四簋黍，見其脩於廟中也。廟中者，境内之象也。」

祭禮，利成則尸謖，尸謖則命餕。士餕，舉奠與長兄弟，則上餕、下餕二人而已，故一簋一鉶，所謂「佐食分簋鉶」是也。上大夫之餕，上佐食、下佐食、賓長二人，則上餕、次餕四人而已，故兩鉶、二豆，所謂「司士進一敦黍于上佐食，又進

❶「人」，原脱，今據嘉慶本及《儀禮·少牢》補。
❷「登」，原誤作「祭」，今據《禮記·文王世子》及本書卷六十三同引改。
❸「起」，原脱，今據庫本、嘉慶本及《禮記·祭統》補。
❹「陳于堂下」，原爲空格，今據明本、庫本、嘉慶本補。
❺「興」，原誤作「與」，今據庫本、嘉慶本及《禮記·祭統》改。

一敦黍于上佐食，又進一敦黍于下佐食。❶資黍于羊俎兩端，兩下是餕。司士進一鉶于上餕，又進二豆于兩下」是也。然則諸侯以四簋黍，則每變以衆，其分而資之可知矣。餕之簋，大夫倍士，諸侯倍大夫，每進不過以兩。孔穎達謂：「諸侯之祭六簋，留二以爲陽厭。」不可考也。天子、諸侯之餕，自君以至百官，而煇、胞、翟、閽之吏皆與焉，以明惠周於境内也；大夫之餕，二佐食、二賓長而已，以明惠及於其臣也；士之餕，舉奠與長兄弟而已，以明惠止於其親也。蓋餕筵於室中，就神位也；用尸之簋鉶，施神惠也。其禮則降與侑命而後升，祭舉、祭鉶然後食，拜酳、祭酒而後飲；其位則上餕東面，下餕不酢而先降，上餕酢而後出。此餕之大略也。然士餕，於其舉也，戒之曰「餕有與也」，於其酳也，戒之曰「餕有以也」，而大夫之餕不戒；士餕受爵皆拜，而大夫之餕受爵不拜；大夫之上餕不親酢而親嘏，❷士之上餕親酢而不嘏。何也？大夫之餕不戒，以其非舉奠也；受爵不拜，以其非貴者也；上餕不親酢，以其親嘏也。士之上餕不嘏，此其降於大夫歟。

❶「下」，原誤作「上」，今據庫本、嘉慶本及《儀禮·少牢》改。

❷「嘏」，原誤作「之」，今據明本、庫本、嘉慶本及《儀禮·少牢》改。

脤膰

致福

蜃器

《掌蜃》：「祭祀，共蜃器之蜃。」鄭氏曰：「飾祭器之屬也。」《鬯人》：「凡四方百物蜃器。」

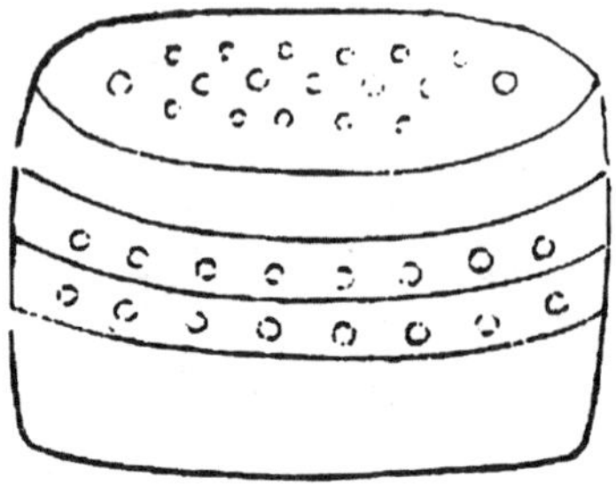

《大宗伯》：「以脤膰親兄弟之國。」《行人》：「歸脤以交諸侯之福。」❶《春秋》書「天王使石尚來歸脤」，《公羊》曰：「石尚者何？天子之士也。脤者何？俎實也。腥曰脤，熟曰膰。」何休曰：「禮，諸侯朝天子，助祭於宗廟，然後受俎實。魯不助祭而歸之，故譏。」《穀梁》曰：「脤者何？祭肉也。生曰脤，熟曰膰。石尚，士也。天子之大夫不名，石尚欲書《春秋》，諫曰：『久矣，周之不行禮於魯也，請行脤。』貴復正也。」《左氏》稱：「劉康公、成肅公會晉侯伐秦。成子受脤于社，不敬。劉子曰：『國之大事，在祀與戎。祀有執膰，戎有受脤，神之大節也。』」成十三年。杜氏曰：「脤，祭社之肉，盛以脤器。」「王使宰孔賜齊侯胙，曰：『天子有事于文武，使孔賜伯舅胙。』齊侯下拜，登受。」僖公九年。「宋成公如楚，還，入鄭。鄭伯將享之，問禮於皇武子，對曰：『宋，先代之後也，於周爲客，天子有

❶「以」，原脱，今據嘉慶本、《周禮·大行人》及上文同引補。

事膰焉。』」孔子曰：「非祭肉不拜。」「祭肉不出三日，出三日不食之矣。」《孟子》曰：「孔子於魯，膰肉不至，不稅冕而行。」《周禮・膳夫》：「祭祀之致福者，受而膳之。」《都宗人》：「凡都祭祀，致福于國。」《家宗人》：「凡祭祀，致福。」《少儀》曰：「爲人祭曰『致福』，爲己祭而致膳於君子曰『膳』，祔練曰『告』。凡膳告於君子，主人展之，以授使者于阼階之南，南面再拜稽首送。反命，主人又再拜稽首。其禮，太牢則以牛左〔肩、臂、臑，折九〕个，少牢〔則以〕羊左肩七个，犆豕則以豕左肩五个。」《玉藻》曰：「膳於君，有葷、桃、茢，於大夫去茢，於士去葷。」揚子曰：「秦用事四帝，而天下不匡，反致文武胙。」

腥曰脤，熟曰膰。脤，❶蜃以盛之也，《周禮・掌蜃》：「祭祀，共蜃器。」膰，燔以熟之也。《周禮・大宗伯》：「以血祭祭社稷五祀，以饋食享先王。」是社稷主腥，故謂之脤；宗廟主熟，故謂之燔。《春秋傳》曰「祀有執膰，戎有受脤」是也。兄弟之國親也，故兼脤膰以賜之；諸侯之國疏也，故歸脤而已。《大宗伯》「以脤膰親兄弟之國」，《行人》「歸脤以交諸侯之福」是也。然天子交福於諸侯，而諸侯有致福于天子，致福亦謂之「致膳」。《少儀》曰：「爲人祭曰『致福』，爲己祭而致膳於君子曰『膳』，祔練曰『告』。」致膳以肩不以膊，貴其前也；肩以左不以右，右以祭也。《少儀》：「凡膳告於君子，太牢則以牛左肩、臂、臑，折九个，少牢則以羊左肩七个，犆豕則以豕左肩五个。」用葷、桃、茢，祓不祥也。《玉藻》曰：「膳，於君有葷、桃、茢，於大夫去

❶「脤」，原脫，今據嘉慶本及上下文意補。

菿，於士去葷。」拜送，拜反，重其禮也。「凡膳告於君子，主人展之，❶以授使者于阼階之南，南面再拜稽首送；❷反命，主人又再拜稽首。」受而膳之，同其福也。《春秋》書「天王使石尚來歸脤」，《穀梁》曰：「石尚欲書《春秋》，請行脤，貴復正也。」考之《春秋》，天子之大夫稱官若字，士稱名。石尚，士也，故名之。行脤雖正，然諸侯非助祭而歸之，則祭肉其能均乎？何休謂：「魯不助祭而歸之，故譏。」其説是也。《玉藻》言膳於君、大夫、士者，致福之膳也；非致福之膳，則無事於桃菿。鄭氏以膳爲凡美食，誤也。致福致膳，吉禮也；祔練之胙，則曰吉而已。顔淵之喪，饋祥肉，孔子彈琴而後食，此吉肉也。

禮書卷第八十六終

❶「之」，原脱，今據《禮記・少儀》及上文同引補。
❷「南」，原脱，今據《禮記・少儀》及上文同引補。

禮書卷第八十七

祭日祊

明日祊

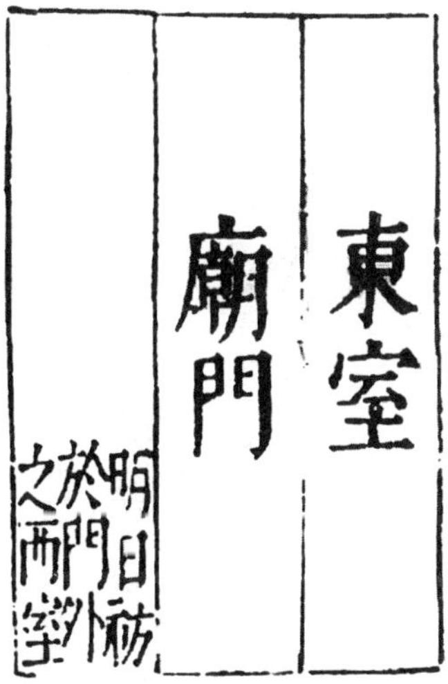

《楚茨》之詩曰：「祝祭于祊，祀事孔明。」「祊，門内也。」箋云：「孝子不知神之所在，故博求之，平生門内之旁，待賓客之處，祀禮於是甚明。」正義曰：『《釋宫》云：『閍謂之門。』李巡曰：『閍，廟門名。』孫炎曰：『《詩》云祝祭于祊，祊謂廟門也。』彼直言門，知門内者，以正祭之禮不宜出廟門也。而《郊特牲》云『直祭祝于主』，注云：『直，正也，謂薦熟時也。祭以熟爲正。』又曰『索祭祝于祊』，注云：『廟門外曰祊。』又注：『祊之禮宜於廟門外之西室。』與此不同者，以彼祊祭對正祭，是明日之名。又彼《記》文稱祊之於東方爲失，明在西方，與繹具在門外。❶故《禮器》曰『爲祊於外』，《祭統》曰『而出於祊』，對設祭於堂爲正，是亦明日之繹，故皆在門外，與此不同。以廟門謂之祊，知內外皆有祊稱也。明此祊廟門之名，其內得有待賓客之處者，《聘禮》、《公食大夫》皆行事於廟，其待之迎於大門之內，則天子之禮焉，其迎諸侯之臣，或於廟門內也。繹祭之祊在廟門外之西，此正祭之祊或在廟門內之西。天子迎賓在門東，此祭當在門西。大率繫之門內，爲待賓客之處也。」

《絲衣》詩曰：「繹，賓尸也。」「繹，又祭也。天子、諸侯曰繹，以祭之明日。卿大夫曰賓尸，與祭同日。」正義曰：「『繹，又祭』，《釋天》文。李巡曰：『繹，明日復祭，❷曰又祭。』知天子、諸侯同名曰繹，以祭之明日者，宣八年『六月辛巳，有事于太廟，仲遂卒于垂，壬午猶繹』。魯爲諸侯，用祭之明日，則天子之禮同名曰繹，故知天子亦以祭之明日也。故《公羊傳》曰：『繹者何？祭之明日也。』知卿大夫曰賓尸者，今《少牢饋食禮》者，卿大夫之祭禮也，其下篇《有司徹》云『若不賓尸』，注云：『不賓尸，謂下大夫也。』以言『若不賓尸』，是有賓尸者。《有司徹》所行，即賓尸之禮，是卿大夫曰賓尸。案其禮非異日之事，故知與祭同日。然則天子、諸侯謂之繹，卿大夫謂之賓尸，是繹與賓尸事不同矣。而此《序》云『繹，賓尸』者，繹祭之禮主爲賓事此尸，但天子、諸侯禮大，異日爲之，別爲立名，謂之繹，言其尋繹昨日；卿大夫禮小，同日爲之，不別立名，直指其事謂之賓尸耳。❸此《序》言繹者是祭之名，賓尸是此祭之事，故特詳其文也。周曰繹，商謂之肜者，因繹又祭，遂引《釋天》以明異代之禮別也。❹彼云『周曰繹，商曰肜』，孫炎曰：『肜者，亦相尋不絕之意。』《尚書》有《高宗肜日》，是其事也。」

《禮器》言：「設祭于堂，爲祊乎外，故曰：『於彼乎？於此乎？』」「設祭之饌於堂，人君禮然。祊，祭明日之繹祭也。謂之祊者，於廟門之旁，因名焉。其祭

❶「外」，原脱，今據嘉慶本及《毛詩·楚茨》孔疏補。

❷「明」，原誤作「名」，今據嘉慶本及《毛詩·絲衣》孔疏改。

❸「直」下，原衍「云祊」二字。嘉慶本空缺二字，《毛詩·絲衣》孔疏原文無此二字。今據刪。

❹「天」，原誤作「文」，今據嘉慶本及《毛詩·絲衣》孔疏改。

之禮，既設祭於室，而事尸於堂。孝子求〔神，非〕一處也。《周禮》曰：『夏后氏世室，門堂三之二，室三之一。』《詩・頌・絲衣》曰：『自堂徂基。』」〔正義〕曰：「『設祭于堂』，謂薦腥、爓之時，設此所薦饌在於堂。『爲祊乎外』，祊，謂明日繹祭。在廟門之旁，謂之祊。言爲此祊祭在於廟門外之西也。又此云『爲祊乎外』，稱外，❶故知明日繹祭也。《郊特牲》云『索祭祝于祊』，不云外，故鄭彼注不云明日繹祭。云『謂之祊者，於廟門外之旁，因名焉』者，以《釋宮》云『廟門謂之祊』。❷今日繹祭在廟門外之西旁，因以廟門爲稱，故云『因名焉』。『其祭之禮，既設祭於室，而事尸於堂』者，以正祭設薦在室，故繹祭亦設饌在室。案《有司徹》上大夫賓尸，坐尸、侑於堂，酌而獻尸，故知人君繹祭，亦事尸於堂也。但卿大夫賓尸禮略，不設祭於室，又不在廟門，異於君也。云『夏后氏世室，門堂三之二，室三之一』者，證廟門之旁有室有堂也。又引《頌・絲衣》之篇者，證繹祭在堂事尸也。」《郊特牲》：「孔子曰：『繹之於庫門內，祊之於東方，失之矣。』直祭祝于主，索祭祝于祊，不知神之所在，於彼乎？於此乎？或諸遠人乎？祭于祊，尚曰求諸遠者與？祊之爲言倞也。」「直，正也。祭以薦熟爲正。言薦熟正祭之時，祝官以祝辭告于主，若《儀禮・少牢》『敢用柔毛剛鬣，用薦歲事于皇祖某』是也。索，求也。廣博求神，非但在廟，又爲求祭，祝官行祭在於祊也。祊謂廟門。祭于廟門。凡祊有二種：一是正祭之時，既設祭於廟，又求神於廟門之內，《詩・楚茨》云『祝祭于祊』，注云『祊，門內平生待賓客之處』，與祭同日也；二是明日繹祭之時，設饌於廟門外西室，亦謂之祊，即上文云『祊之于東方』，注『祊之禮，宜于廟門外之西室』是也。今此索祭于祊，當是正祭日之祊矣。知者，《禮器》云『爲祊乎外』，以其稱『外』，故注云『祊祭，明日之繹祭』。鄭又注上直云『廟門曰祊』，亦不曰外，❸是據正祭日祊也。故下云：『肵之爲言敬也。相，饗之也。嘏，長也，大也。血毛，告幽全之物。』是皆據正祭之日，明此祊亦正祭日。」《祭義》曰：「孝子臨尸而不怍。君牽

❶「外」，原誤作「祭」，今據嘉慶本及《禮記・禮器》孔疏改。

❷「謂」，原脫，今據《禮記・禮器》孔疏補。

❸「曰」，原脫，今據《禮記・郊特牲》孔疏補。

牲，夫人奠盎；君獻尸，夫人薦豆。卿大夫相君，命婦相夫人。齊齊乎其敬也！愉愉乎其忠也！勿勿諸其欲其饗之也！《詩》曰：『明發不寐，有懷二人。』文王之謂也。❶祭之明日，明發不寐，饗而致之，又從而思之。」「奠盎，設盎齊之奠也。此時君牽牲，將薦毛血。君獻尸，而夫人薦豆，謂繹也。儐尸，主人獻尸，主婦自東房〔薦〕韭菹醢。祭之明日謂繹日也，言繹之夜不寐。」疏謂：「『繹日也』者，以其先云『君獻尸』，後云『夫人薦豆』，故知繹日也。❷引《有司徹》之文者，證儐尸之時，先獻後薦。上大夫儐尸，即天子、諸侯之繹也。」《祭統》曰：「詔祝於室，而出于祊，此交神明之道也。」「謂祝官以言詔告，祝請其尸於室求之。而出于祊者，謂明日繹祭，而出廟門旁，廣求神於門外之旁。❸神明難測，不可一處求之，❹或門旁，不敢定，是與神明交接之道。」《書·高宗肜日》：「祭之明日又祭。」《春秋》書：「辛巳，有事于太廟，仲遂卒于垂。壬午，猶繹。」《穀梁》曰：「繹者，祭之明日之享賓也。」《公羊》曰：「繹者何？祭之明日也。」《家語》：「衛莊公變宗廟，易市朝。高子問於孔子曰：『周禮，繹祭於祊，祊在廟門之西。今衛君更之，如之何？』孔子曰：『繹之於庫門內，祊之於東方，失之矣。』」《爾雅》曰：「閍謂之門。」李巡、張炎曰：「祊，廟門也。」「繹，又祭也。夏曰復胙，商曰肜，❺周曰繹。」

禮有正祭之祊，有繹祭之祊。於祊，求諸遠者也。祊於西，尊其右也。《詩》

❶「謂」，《禮記·祭義》本作「詩」。

❷「故」上，原衍「故」字。嘉慶本此處空一格，《禮記·祭義》鄭注原文無「故」字。今據刪。

❸「廣」，原誤作「廟」，今據嘉慶本及《禮記·祭統》孔疏改。

❹「求」，原脱，今據《禮記·祭統》孔疏補。

❺「肜」，原誤作「胙」，今據嘉慶本及《爾雅·釋天》改。

云「以往烝嘗,❶或剥或烹,或肆或將」,而繼之以「祝祭于祊」,此正祭之祊也;《禮》言「設祭於堂,爲祊乎外」,《家語》言「繹祭于祊」,此繹祭之祊也。正祭之祊位於門内之西室,故毛氏釋《詩》以祊爲門内;繹祭之祊位於門外之西室,故鄭氏釋《郊特牲》以祊於門外。蓋祊其位也,繹其祭也,賓尸其事也。繹祭謂之祊,而祭之祊不謂之繹。繹之名特施於天子、諸侯,賓尸之名亦施於卿大夫。鄭氏以卿大夫賓尸在堂,故謂祊於門外之西室,繹又於其堂。孔穎達申之云「求神在室,接尸在堂」,於義或然。卿大夫有賓尸,則正祭無加爵,無陽厭。下大夫、士無賓尸,故正祭有加爵,有陽厭。必於明日,《春秋》書「辛巳,有事於太廟,壬午猶繹」,《穀梁》曰「繹者,祭之明日之享」,《公羊》曰「繹者何?祭之明日」是也。賓尸則祭日而已,《儀禮·有司徹》「掃堂,攝酒,迎尸而賓之」是也。繹於明日則異牲,《詩》曰「自羊徂牛」是也。賓尸於祭日,則用正祭之牲而已,《有司徹》「燅音尋。尸俎」是也。蓋正祭重而主於禮神,❷繹輕而主於禮尸。重,故省牲視具在宗伯;輕,故使士焉。則「絲衣其紑,載弁俅俅」者,士而爵弁絲衣者也。主於禮神,故在室;主於禮尸,故在堂。則「自堂徂基」,掃堂設筵者,皆堂上之事也。考之《儀禮》,大夫正祭不迎尸,而賓尸迎之;正祭有祝,而賓尸有侑;正祭先

❶「云」,原爲墨丁,今據明本、庫本、嘉慶本補。
❷「重而」,原誤作「而重」,今據明本、庫本、嘉慶本及《文獻通考》卷九十六《宗廟考六》「九獻」條所引改。

薦後獻，賓尸先獻後薦；正祭之鼎五，賓尸之鼎三；正祭之牲體進下，賓尸之牲體進腠；❶正祭之魚縮載，賓尸之魚橫載；正祭主人獻尸而尸酢之於獻祝、佐食之前，賓尸主人獻尸而尸酢之於獻侑之後。凡此皆與正祭不同。則主人迎尸，尸後酢主人，所以伸主人也；先獻後薦而進下，所以醉飽尸也。其飲至於無筭，其罰至於兕觥，則繹祭可知矣。

拜儀上

《禮》曰：「拜，服也。稽首，服之甚也。」「拜稽顙，哀戚之至隱也。稽顙，隱之甚也。」《荀卿》曰：「平衡曰拜，下衡曰稽首，至地曰稽顙。」許慎曰：「頓，下首也。」然則《書》稱「拜手稽首」，則拜手，手拜也；稽首，首至地也，《荀卿》所謂「下衡曰稽首」是也；稽顙則首至地矣，《荀卿》所謂「至地曰稽顙」是也。《太祝》言禮之重者，則先稽首，而繼之以頓首、空首、振動；言禮之輕者，則先奇拜，而繼之以褒拜、肅拜。則頓首、空首、振動，重禮之漸殺者也；褒拜、肅拜，輕禮之尤殺者也。然則稽首，拜手而稽留焉；頓首，則首頓於手而已；空首，不至於手，空其首而已。奇拜，一拜也，《儀禮·鄉飲》、《鄉射》、《聘禮》、《士相見》，❷凡禮之殺者皆一拜是也。肅拜，俯其手而肅之也，婦人與介者之拜也。《少儀》曰：「婦人雖有君賜，肅拜。爲尸坐，則不手拜，肅拜。爲喪主則不手拜。」然則所謂手拜者，手

❶「腠」，原誤作「勝」，今據明本、嘉慶本改。

❷「射」，原誤作「則」，今據明本、庫本、嘉慶本改。

至地也，《士婚禮》「婦拜扱地」是也。褒拜介於一拜、肅拜之間，則禮固殺矣，其詳不可考也。《記》曰：「大夫之臣不稽首，避君也。」「孟武伯曰：『非天子，❶寡君無所稽首。』」「知武子曰：『天子在，君稽首，寡君懼矣。』」是稽首者，諸侯於天子，大夫、士於其君之禮也。然君於臣有所稽首，《書》稱太甲稽首於伊尹，成王稽首於周公是也。大夫於非其君亦有所稽首，《儀禮》公勞賓，賓再拜稽首；勞介，介再拜稽首是也。蓋君子行禮，於其所敬者無所不用其至。則君稽首於其臣者，尊德也；大夫、士稽首於非其君者，尊主人也。春秋之時，晉穆嬴抱太子頓首於趙宣子，魯季平子頓首於叔孫，則頓首非施於尊者之禮也。鄭氏謂：稽首，頭至地；頓首，頭叩地；空首，頭至手；褒讀爲報，再拜也。又引《書》曰「王動色變」，爲振動之拜。此不可考。

拜儀下

《檀弓》曰：「拜而後稽顙，頹乎其順也；稽顙而後拜，頎乎其至也。三年之喪，吾從其至者。」又曰：「晉獻公之喪，秦穆公使人弔。公子重耳稽顙而不拜，哭而起，起而不私。穆公曰：『夫稽顙而不拜，則未爲後也，故不成拜。❷哭而起，則愛父也。起而不私，則遠利也。』」又曰：「拜稽顙，哀戚之至隱也。稽顙，隱之甚也。」《喪服小記》曰：「爲父母、長子稽顙。大夫弔之，雖緦

❶「天」，原誤重，今據明本、庫本、嘉慶本及《左傳》哀十七年删其一。

❷「拜」，原脱，今據明本、庫本、嘉慶本及《禮記·檀弓》補。

必稽顙。婦人爲夫與長子稽顙，其餘則否。」孔穎達曰：「重服稽顙而後拜，❶期以下拜賓而後稽顙。」《少儀》曰：「婦人吉事，雖君賜，肅拜。爲喪主則不手拜。」「肅拜，拜低頭。手拜，手至地。婦人以肅拜爲正，凶事乃手拜。爲喪主不手拜者，爲夫與長子當稽顙也，其餘亦手拜而已。或曰爲喪主則不手拜，肅拜也。」《雜記》：「爲妻，父母在，不杖，不稽顙。母在不稽顙者，其贈也拜。「母在於贈拜得稽顙，則父在贈拜不稽顙。」弔者、含者、襚者入，皆子拜稽顙。」又曰：「三年之喪，以其喪拜；非三年之喪，以吉拜。」「稽顙而後拜曰喪拜，拜而後稽顙曰吉拜。」又曰：「廄焚，孔子拜鄉人爲火來者。❷拜之，士一，大夫再，亦相弔之道也。」《喪大記》：「小斂，男女奉尸夷于堂，❸降拜。「降拜，拜賓也。」君拜寄公、國賓。士、大夫拜卿大夫於位，於士旁三拜。夫人亦拜寄公夫人於堂上。大夫內子、士妻，特拜命婦，氾拜衆賓于堂上。❹其無女主，則男主拜女賓于寢門內；其無男主，則女主拜賓于阼階下。子幼則以衰抱之，人爲之拜。喪有無後，無無主。」又曰：「君弔於大夫、士，君退，主人送于門外，拜稽顙。「迎不拜，拜送者，拜迎則爲君之答己也。」❺夫人弔於大夫、士，主人出迎于門外。夫人入，升堂即位。主婦降自西階，拜稽顙于下。夫人退，主婦送于門內，拜稽顙。主人送于門外，不拜。」

❶「拜」下，原爲空格，明本、庫本、嘉慶本補「賓」字。
❷「來」，原脱，今據嘉慶本及《禮記・雜記》補。
❸「女」，原脱，今據嘉慶本及《禮記・喪大記》補。
❹「氾」，原誤作「妃」，今據明本、庫本、嘉慶本及《禮記・喪大記》改。
❺「迎不」至「己也」十五字，原誤作大字正文。按此十五字實《禮記・喪大記》鄭注，依例當作小字注文。今據嘉慶本改作小字注文。「拜迎」之「迎」，原誤作「送」，且下脱「則」字，今據嘉慶本改、補。

《奔喪》：「大夫哭諸侯，不敢拜賓。「謂大夫、士使於列國。」❶凡奔喪，有大夫至，拜之，成踊而后襲。於士，襲而后拜之。」《問喪》曰：「稽顙，觸地無容。」❷《士喪禮》既小斂，「主人拜賓：大夫特拜，士旅之。即位踊。賓、主人出，拜送于門外。君弔，哭。主人哭，拜稽顙，成踊，出。賓出，主人哭，拜送。」

三年之喪，稽顙而後拜，所謂喪拜也。期以下之喪，拜而後稽顙，所謂吉拜也。蓋拜則致敬於人，稽顙則致哀於己。「拜而後稽顙，頽乎其順也」，以其先致敬故也；「稽顙而後拜，頎乎其至也」，《考工記》「輈欲頎典」，鄭司農曰：「頎讀爲懇。蓋古字頎、懇通用。」以其先致哀故也。孔子之時，禮廢滋久，天下不知後稽顙之爲重，而或以輕爲重，是猶不知拜下之爲禮，拜上之爲泰，而或以泰爲禮，故孔子救拜之弊則曰「吾從其至者」，救泰之弊則曰「吾從下」，凡欲禮之明於天下而已。喪之稽顙猶稽首也。禮非至尊不稽首，則喪非至重不稽顙矣。然有非至重而稽顙者，非以其至親，則以弔者之尊也。故爲妻稽顙，❸以至親也；大夫弔之雖緦必稽首，以弔者之尊也。婦人移天於夫，而傳重於長子，故雖父母不稽顙，所稽顙者，爲夫與長子而已。以所受於此者重，則所報於彼者殺也。然《士喪禮》於三年之喪拜稽顙，《喪大記》、《雜記》皆言拜稽顙，此謂拜必稽顙，非拜而後稽顙也。「晉獻公之喪，秦穆公弔公子重耳，重耳稽顙而不

❶「於列」，原誤作「列於」，今據《禮記・奔喪》鄭注改。
❷「觸」，原誤作「獨」，今據明本、嘉慶本及《禮記・問喪》改。
❸「爲」，原作「謂」，今據上下文意改。

拜，穆公曰：『稽顙而不拜，未爲後也，故不成拜。』」《國語》曰「重耳拜而不稽顙」，誤矣。

禮書卷第八十七終

禮書卷第八十八

天帝之辨上　天帝之辨下　大神之辨

圜丘　方丘

天帝之辨上

《周禮・太宰》：「祀五帝，則掌百官之誓戒。祀大神示亦如之。」五帝謂天神，示謂天地。❶《掌次》：「王大旅上帝，則張氈案，設皇邸。」「大旅上帝，祭天於圜丘。國有大故而祭亦曰旅。此以旅見祀也。」正義云：「下經言祀五帝，則知此是昊天上帝，與《司服》及《宗伯》『昊天上帝』一也。」朝日，祀五帝，則張大次、小次。」《司裘》：「掌爲大裘，以共王祀天之服。」《大司徒》：「祀五帝，奉牛牲，羞其肆。」《充人》：「掌祭祀之牲牷。祀五帝，則繫于牢，芻之三月。」《大宗伯》：「以禋祀祀昊天上帝。以蒼璧禮天。牲幣各放其器之色。「此禮大以冬至，謂天皇太帝，在北極者也。」凡祀大神，享大鬼，祭大示，帥執事而卜日，宿，視滌濯，涖玉鬯，省牲鑊，奉玉齍。若王不與祭祀，攝位。國有大故，則旅上帝及四望。」《小宗伯》：「兆五帝於四郊。大災，執事禱祠于上下神示。」《肆師》：「類、造上帝，封于大神。」「類禮依郊祀而爲之。封謂壇也。大神，社及方嶽也。」《典瑞》：「四圭有邸以祀天，旅上帝。」「祀天，夏正郊天也。上帝，五帝，所郊亦猶五帝，殊言天者，尊異之也。」《司服》：「祀昊天上帝，則服大裘而冕。祀

❶「五帝謂天神，示謂天地」，或有訛脫。按《周禮・大宰》鄭注：「五帝，謂四郊及明堂。」又云：「大神示，謂天地也。」

五帝亦如之。」《大司樂》：「乃奏黄鍾，歌大吕，舞《雲門》，以祀天神。「天神，謂五帝及日月星辰也。王者又各以夏正月祀其所受命之帝於南郊。」凡樂，圜鍾爲宫，黄鍾爲角，大蔟爲徵，姑洗爲羽。若樂六變，則天神皆降，可得而禮矣。」「天神則主北辰。《祭法》曰：『周人禘嚳而郊稷。』此謂祭天圜丘，以嚳配之。」《大祝》：「掌六祈，一曰類，二曰造。辨六號，一曰神號。「神號，若皇天上帝。」正義曰：「皇天，北辰曜魄寶。上帝，大微五帝。」大師，類上帝。」「凡以神仕者，掌三辰之法，以猶鬼神示之居，辨其名物。以冬日至，致天神人鬼。」「致人鬼於祖廟，蓋用祭天地之明日。」《大司寇》：「若禋祀五帝，則戒之日，涖誓百官。」《小司寇》：「凡禋祀五帝，實鑊水。納亨亦如之。」《士師》：「祀五帝，則沃尸及王盥，洎鑊水。」《職金》：「旅于上帝，則共金版。」《玉人》：「四圭尺有二寸，以祀天。」《禮記》曰：「大雩帝。」又曰：「以共皇天上帝之祠。」又曰：「因吉土以饗帝于郊。」「祭帝于郊，所以定天位。」「郊社，所以事上帝。」「天子親耕，粢盛秬鬯，以事上帝。」「聖人爲能饗帝。」「帝牛必在滌三月。」《易》曰：「王用享于帝，吉。」「先王以作樂崇德，殷薦之上帝。」「聖人亨以享上帝。」「帝出乎震。」《詩》曰：「昭事上帝。」「帝謂文王。」「上帝臨女。」「有皇上帝。」「皇皇后帝。」「昊天上帝。」《書》曰：「伊尹格于皇天，伊陟格于上帝。」「肆類于上帝。」「以昭受上帝，天其申命用休。」「敢昭告于上天神后。」「鯀陻洪水，帝乃震怒，不畀洪範九疇。天乃錫禹洪範九疇。」「惟天不畀，允罔固亂。惟帝不畀，惟我下民秉爲。」

《周禮》有言祀天，有言祀昊天上帝，有言上帝，有言五帝者。言天則百神皆預，言昊天上帝則統乎天者，言五帝則無預乎昊天上帝，言上帝則五帝兼存焉。《周官·司裘》：「掌爲大裘，以共王祀天之服。」《典瑞》：「四圭有邸以祀天。」《大司樂》：「若樂六變，天神皆降。」「凡以神仕者，以冬日至致天神。」此總天之百神言之也。《大宗伯》：「以禋祀祀昊天上帝。」《司服》：「大裘而冕，以祀昊天上帝。」此指統乎天者言之也。《司服》言「祀昊天上帝，祀五帝亦如之」，則五帝異乎昊天上帝也；《大宰》「祀五帝，掌百官之誓戒。祀大神示亦如之」，則五帝異乎大神也；《肆師》「類、造上帝，封于大神」，則上帝又異乎大神也；《掌次》「大旅上帝，張氈案，設皇邸。祀五帝，張大次、小次」，則上帝異乎五帝也；《典瑞》「四圭有邸以祀天，旅上帝」，則上帝異乎天也。上帝之文既不主於天與昊天上帝，又不主於五帝，而《典瑞》「旅上帝」對「旅四望」言之。旅者，會而祭之之名。則上帝非一帝也。上帝非一帝，而《周禮》所稱帝者，昊天上帝與五帝而已，則上帝爲昊天上帝及五帝明矣。《孝經》曰：「郊祀后稷以配天，宗祀文王於明堂以配上帝。」則明堂之祀上帝，其爲昊天上帝及五帝可知也。《易》曰：「先王以作樂崇德，殷薦之上帝，❶以配〔祖〕考。」以配祖者，天也；以配考者，兼五帝也。合天與五帝而謂之上帝。則《易》、《孝經》之於《周禮》，其義一矣。《周禮》明其祀之大小輕重，故天帝之辨如此。《詩》、

❶「殷」，原誤作「盛」，今據庫本、嘉慶本及《周易·豫卦》改。

《書》之文未嘗有稱五帝，而《書》亦未嘗有稱昊天上帝者，其稱天及上帝，類皆泛言之而已，此固不可援之以議《周禮》也。且周人明堂之制，有金木水火土之五室，自漢以來皆於五室以祭五帝，惟晉泰始及唐顯慶中嘗議除之，後亦遂復，則明堂之祀五帝，其來遠矣。鄭康成以上帝爲五帝而不及天，王肅以上帝爲昊天上帝而不及五帝，二者之説皆與禮經不合，不足信也。昊天上帝之名，歷代不同。漢初曰上帝，曰太一，元始間曰皇天上帝，魏初元間曰皇皇天帝，梁曰天皇大帝，惟西晉、後齊、後周、隋唐乃曰昊天上帝。而鄭氏以《星經》推之，謂昊天上帝即天皇大帝，名雖不同，其實一也。今之南郊既以昊天上帝位乎其上，而壇第一等又有皇天大帝，是離而兩之也，宜講求以正之。

天帝之辨下

五帝與昊天同稱帝，不與昊天同稱天。猶諸侯與天子同稱君，不與天子同稱王。《周官》祀五帝之禮，有與天同，以極其隆；有與天異，以致其辨。故皆禋祀，皆服大裘，此其所同也；祀帝於圜丘，兆五帝於四郊，此其所異也。鄭氏之徒謂四圭之玉、黄鍾大吕之樂，夏正以祀感帝於南郊；蒼璧之玉、六變之樂，冬日至禮天皇大帝在北極者於圜丘。天皇大帝，曜魄寶也；五帝，太微之帝也。《晉書·天文志》：「中宮。鈎陳口中一星曰天皇大帝，❶其神曜魄寶。」《史記·天官書》：「太微，三光之庭。其

❶「大」，原誤作「天」，今據《晉書·天文志》「中宮」條改。

內五星，五帝坐。」分郊與丘，以異其祀；別四帝與感帝，以異其禮。王肅嘗攻之矣。然肅合郊丘而一之則是，以五帝爲人帝則非。夫有天地則有五方，有五方則有五帝。《月令》之五人帝，伏犧、神農、黄帝、少昊、顓頊而已。春大皞，夏炎帝，中央黄帝，秋少皞，冬顓頊。魏相曰：「大昊乘震，執規司春；炎帝乘離，執衡司夏；少皞乘兑，執矩司秋；顓頊乘坎，執權司冬；黄帝乘坤艮，執繩司下土。」《素問》謂：「春陽氣柔而中矩；秋陰升，陽氣降，有高下而中衡；冬陽氣居下而中權。」然則魏相言五帝之所司則是；言五帝之所執，以夏爲衡，以秋爲矩，則誤矣。果以是爲五帝，則前此其無司四時者乎？古者祀五帝必配以五人帝，從以五人臣。《月令》之五人臣：春勾芒，夏祝融，中央后土，秋蓐收，冬玄冥。《春秋傳》曰：「少皞氏有四叔：曰重，曰該，曰脩，曰熙。重爲勾芒，該爲蓐收，脩及熙爲玄冥。顓氏有子曰黎，爲祝融。共工氏有子曰勾龍，爲后土。」然即大皞、少皞，以春秋之氣言之也；炎帝，以火土之性色言之也。萬物之象勾芒於春，而其氣祝融於夏，其榮也以秋而蓐，其發也以秋而收，色以冬而玄，體以冬而冥，后土居中央以君之。此五人帝、五人臣命名之不同也。春、夏、秋、中央之臣，皆一人耳。而冬有脩與熙者，蓋冬於方爲朔，於卦爲艮，於腎有左右，於器有權衡，於物有龜蛇，於色有青黑，則官有脩、熙宜矣。司馬遷不紀少皞，以黄帝、顓頊、高辛、唐、虞爲五帝，孔安國以少昊、顓氏、高辛、唐、虞爲五帝，其説與四時五行之理不合，當以《月令》爲正。

圜丘

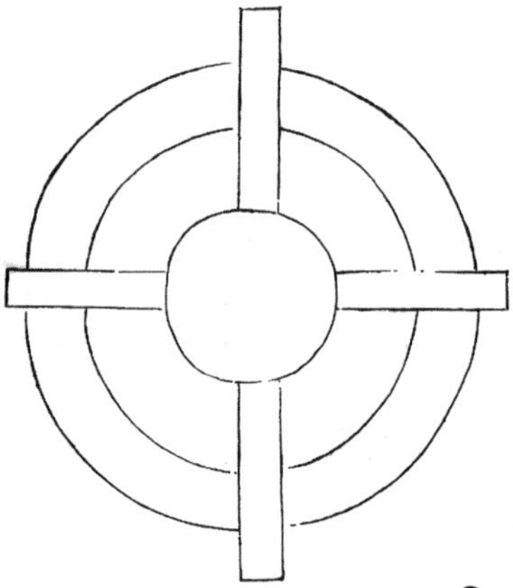
❶

方丘❷

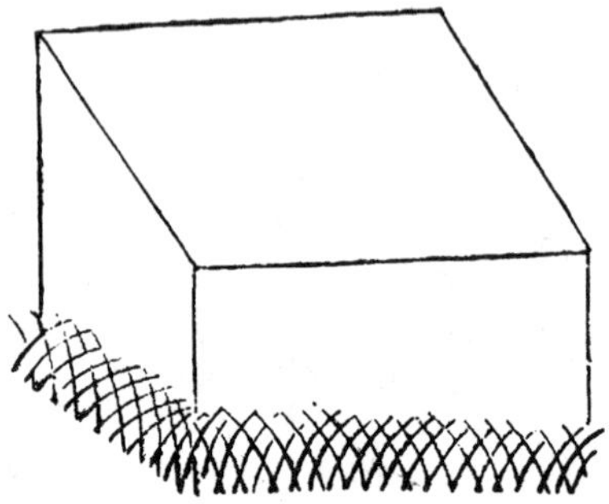
❸

《詩序》曰：「郊祀天地。」《記》曰：「因吉土以饗帝于郊。」「兆於南郊，就陽位也。於郊，故謂之郊。」又曰：「爲高必因丘陵，爲下必因川澤。」「至敬不壇，掃地而祭。」「燔柴於泰壇，祭天也；瘞埋於泰折，祭地也。」《周禮》：「郊祀，二人送逆尸。」「凡樂，圜鍾爲宫，冬日至，於地上之圜丘奏之，若樂六變，則天神皆降。凡樂，函鍾爲宫，夏日至，於澤中之方丘奏之，若樂八變，則地示皆出。」《爾雅》曰：「邑外謂之郊。」又曰：「非人爲謂之丘。」

祀天於南郊，而地上之圜丘者，南郊之丘也。丘圜而高，所以象天，此所謂

❶ 此圖原無，爲明本、庫本、嘉慶本所增。

❷ 「圜丘」、「方丘」，原脱，今據目録、卷首小目、明本、庫本、嘉慶本補。

❸ 此圖原無，爲明本、庫本、嘉慶本所增。

「爲高必因丘陵」也。祭地於北郊，而澤中之方丘者，北郊之丘也。丘方而下，所以象地，此所謂「爲下必因川澤」也。泰壇，南郊之壇也，以之燔柴；泰折，北郊之坎也，以之瘞埋。言「壇」則知泰折之爲坎，言「折」則知泰壇之爲圜。言「泰」則大之至也，言「壇」、「折」則人爲之也。祭祀必於自然之丘，所以致敬；燔瘞必於人爲之壇折，所以盡文。宗廟之禮，瘞埋於兩階之間，則壇必設於圜丘之南，坎必設於方丘之北矣；燔柴以升煙，瘞埋以達氣，則燔必於樂六變之前，瘞必於樂八變之前矣。先王燔瘞於郊丘，其牲角繭栗，其牲體全脀。《國語》曰：「郊禘之事有全脀。」其羹，大羹；❶其器，犧尊、疏布冪、樿杓、豆、登、鼎、俎、簠、簋、匏、爵之類；《詩》曰：「于豆于登。」《記》曰：「器用陶匏。」《大宗伯》：「凡祀大神，祭大示，涖玉鬯，省牲鑊，奉玉齍。」《記》又曰：❷「以〔其〕上帝之粢盛。」《國語》曰：「天子親春郊禘之盛。」則郊有簠簋可知也。其藉，蒲越、稾秸；《記》曰：「莞簟之安，稾秸之尚。」其樂，歌黃鍾、大蔟，奏大呂、應鍾；其舞，《雲門》、《咸池》；其鼓，靁鼓、靈鼓；其車，玉路、素車；其旂，❸大常；其服，大裘、衮冕；其搢執，則大圭、鎮圭；其位，則神南面王北面，示北面王南面，而日月從祀，則日居東，月居西。《記》言祭社之禮，「君南鄉

❶「大羹」，原脱，今據嘉慶本及元方回《續古今考》卷三十二「陳祥道論近世郊天之非」條、《五禮通考》卷一《吉禮一・圜丘祀天》所引補。

❷所謂「記又曰」者，意與前「器用陶匏」同出《禮記》，然《禮記》無之。《國語・周語》曰：「上帝之粢盛於是乎出。」陳氏意或指此而誤記也。

❸「旂」，庫本作「旗」。

於北墉下，❶答陰之義」。惟此，則圜丘之上王北鄉可知也。《記》又曰：「大明生於東，月生於西。」郊主日而配月，則日月之位固東西設矣。郊主日，猶王燕則主膳夫，王嫁女則主諸侯，古法見君則主侍人，皆致嚴於尊，而郊禮於卑也。其禮不過因其自然以報本反始，教民嚴上而已。古者郊祀，大略如此而已。更秦，則興鄜、密上下之四時，以祠五帝。至漢則增之以北畤，以祠五帝。秦之祠天不於圜丘，謂天好陰而兆於高山之下；其祠地不於方丘，謂地貴陽而兆於澤中之圜丘。漢之祠天不於南郊而於甘泉，其祠地不於北郊而於汾陰河東，以至壇有八觚，後世壇有八陛，祀天其上，奏樂其下，非先王掃地而祭之意。席有六采，樂有玉女，車有鸞路，騂駒龍馬，一切侈靡。而匡衡、劉向之徒邪正異同之論蠭起一時。元始之間，繆戾尤甚，❷春則天地同牢於南郊，冬夏則天地分祭於南郊。光武兆南郊於雒陽之陽，兆北郊於雒陽之陰，其禮儀度數一遵元始之制，而先王之禮隳廢殆盡，良可悼也。

禮書卷第八十八終

❶「墉」，原誤作「牗」，今據《禮記·郊特牲》改。
❷「尤」，原誤作「九」，今據庫本、嘉慶本及嚴校改。

禮書卷第八十九

祀明堂　大示地示土示之辨　社與后土之辨

祀明堂

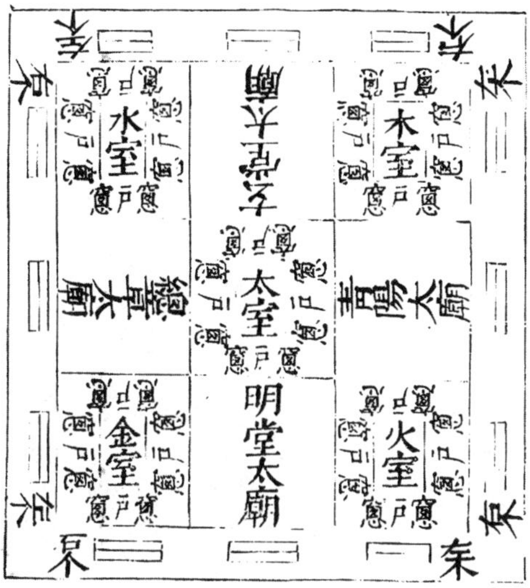

❶

《我將》詩〔序曰：「祀文王〕於明堂。」《〔孝經〕》曰：「孝莫大於嚴父，嚴父莫大於配〔天，則周公其人〕也。昔者周公郊祀后稷以配天，宗祀文王於明堂〔以配上〕帝。」《月令》：「季秋，上丁，命樂正入學習吹。「爲將饗帝。」❷是月也，大饗帝。」「〔遍祭五帝〕。」❸《曲禮》曰：「大饗不問卜。」❹「祭五帝於明堂，莫適卜也。《郊特牲》曰：『郊血大饗腥。』」《〈樂記〉》曰：「祀〔乎明〕堂而民知孝。」

先王之於天，尊而遠之，故〔祀於郊〕而配以祖；親而近之，故祀於明堂而配

❶ 此圖原無，爲明本、庫本、嘉慶本所增。

❷ 「將」，原誤作「時」，今據嘉慶本及《禮記・月令》鄭注改。

❸ 「遍祭五帝」，原漫漶不清，今據庫本、嘉慶本補。

❹ 「卜」，原脱，今據明本、庫本、嘉慶本及《禮記・曲禮》補。

以父。《孝〔經》曰〕：「孝莫大於配天。」又曰：「郊祀后稷以配天，宗祀文〔王〕於明堂以配上帝。」嚴父配天矣，又曰「配上帝」〔者〕，天則昊天上帝也，上帝則五帝與之也。明堂不祀昊天上帝不可謂配天，五帝不與不可謂配上帝。以上帝爲昊天上帝耶？而《周禮》以「旅上帝」對「旅四望」言之，則上帝非一帝也。以明堂特祀昊天上帝耶？而《考工記》明堂有五室，則五室非一位也。《祭法》曰：「周人禘嚳而郊稷，祖文王而宗武王。」鄭氏曰：「禘、郊、祖、宗，謂祭祀以配食也。」其説以爲坐五帝於堂上，以五人帝及文王配之；坐五神於庭中，以武王配之。然古者祖有功而宗有德，謂祖宗其廟耳，非謂配於明堂也。〔王〕肅曰：「審如鄭説，則經當言『祖祀文王』，不言『宗祀』也。凡言宗者，尊也。周人既祖其廟，又宗其祀。」《月令》之五人帝、五人神，所以配食四郊也。其與享明堂，於經無見。又況降五神於庭中，降武王以配之，豈嚴父之意哉？然宗祀文王，則成王矣。成王不祀武王而祀文王者，蓋於是時成王未畢喪，武王未立廟，故宗祀文王而已，此所以言周公其人也。《詩序》曰「《豐年》，秋冬報」，則秋報者，季秋之於明堂也；冬報者，冬至之於郊也。先明堂而後郊者，禮由内以及外也；先嚴父而後祖者，禮由親以及尊也。明堂之祀於郊爲文，於廟爲質。故郊掃地，稾秸而已，明堂則有堂有筵；郊特牲而已，明堂則維羊維牛。然郊有燔燎而明堂固有升煙。漢武帝明堂禮畢，燎于堂下，古之遺制也。由漢及唐，或祠太一、五帝；光武。或特祠五帝；光武、明帝。

或除五帝之坐，同稱昊天上帝；晉武帝時，議除明堂五帝之坐，同稱昊天上帝，各設一坐而已。後又復五帝位。或合祭天地；唐武后合祭天地於明堂，中宗仍之。或配以祖，或配以群祖。漢武帝祠明堂，高皇帝對之。章帝祠明堂，以光武配，後又以高祖、大宗、世宗、中宗、世祖、顯祖配，各一太牢。其服也，或以衮冕，東晉武。或以大裘；梁禮。其獻也，或以一獻，或以三獻。梁朱異曰：「祀明堂改服大裘。」又以貴質，不應三獻，請停三獻，止於一獻。隋於雩壇行三獻禮。❶抑又明堂之制變易不常，與《考工》之説不同，皆一時之制然也。

祀大神示地示土示之辨

《詩序》曰：「郊祀天地。」《大宰》：「祀五帝，則掌百官之戒誓。❷祀大神示亦如之。」《大宗伯》：「以黄琮禮地。」注：「禮地以夏至，謂神在崑崙者。」「牲幣各放其器之色。」「凡祀大神，享大鬼，祭大示，帥執事而卜日。」《小宗伯》：「大災，及執事禱祠于上下神示。」《典瑞》：「兩圭有邸以祀地。」《大司樂》：「以六律、六同、五聲、八音、六舞大合樂，以致鬼、神、示。乃奏大蔟，歌應鍾，舞《咸池》，以祭地示。「北郊神州之神及社稷。」凡六樂，五變而致介物及土示。「原隰平地之神。」凡樂，函鍾爲宫，若樂八變，則地示皆出，可得而禮矣。」「地示主崑崙。」《大祝》：「辨六號，三曰示號。」「若云后土地示。」「凡以神仕者，以夏日至致地示物鬽。」《玉人》：❸「兩圭有邸以

❶「三」，原誤作「二」，今據明本、庫本、嘉慶本及《文獻通考》卷七十三《郊社考六》「明堂」條所引改。

❷「戒誓」，庫本及《周禮·大宰》作「誓戒」。

❸「玉人」，當作「典瑞」。按此所引，出《周禮·典瑞》。

祀地，旅四望。」賈公彦曰：❶「黄琮禮崑崙之示以夏至，兩圭祀神州之示宜以七月。《河圖括象》云：❷『崑崙東南萬五千里神州。』」《孝經緯》云：「祭地示於北郊。」

《周禮》或言「大示」，或言「地示」，或言「土示」，蓋大示則地之大者，地示則凡地之示與焉，土示則五土之示而已。《禮記》言：「兆於南郊，就陽位也。」南郊祀天，則北郊祀地矣。祀天就陽位，則祭地就陰位矣。《大宗伯》「以黄琮禮地，牲幣各放其器之色」，而《牧人》「陰祀用黝牲」，則牲有不同也；《典瑞》「兩圭有邸以祀地」，則玉有不同也；《大司樂》「奏太蔟，歌應鍾，以祀地示。凡樂，函鍾爲宮，若樂八變，地示皆出」，則樂有不同也。蓋先王之於神示，求之然後禮，禮之然後祀。函鍾爲宮，求之之樂也；太蔟、應鍾，祀之之樂也。若夫玉之黄琮、兩圭，牲、幣之黄黑，蓋祭有不一，而牲、幣、器亦從而異也。鄭氏之徒謂夏至於方丘之上祭崑崙之示，七月於泰折之壇祭神州之示，此惑於讖緯之説，❸不可考也。

「凡以神仕者，以冬日至致天神人鬼，以

❶「賈公彦」，原誤作「孔穎達」。按此所引，不見於今存孔穎達之著述。《周禮・大宗伯》：「以黄琮禮地。」鄭注：「禮地以夏至，謂神在崑崙者也。」《周禮・典瑞》賈疏曰：「『黄琮禮地』，謂夏至祭崑崙大地，明此兩圭與上四圭相對，是神州之神。神州既與郊相對，宜用三陰之月，當七月祭之。」而本書卷五十四有同引，正作「賈公彦」。嘉慶本作「賈公彦」。今據改。

❷「括」，原誤作「推」。按「括象」即「括地象」之省。《文獻通考》卷七十三《郊社考六》「鑾駕還宮」條同引作「括象」，本書卷五十二、《群書考索》卷二《六經門・書類》同引作「括地象」。今據改。嘉慶本則於「象」上補「地」字。

❸「惑」，原誤作「感」，今據明本、庫本、嘉慶本改。

夏日至致地示物鬽。」致天神而人鬼與之者，《荀卿》所謂「郊則并百王於上天而祭之」是也。郊天合百王，則郊地合物鬽宜矣。鄭氏謂致人鬼於祖廟，致物鬽於壇墠，蓋用祭天地之明日，於經無據。

社后土之辨

《書》曰：「敢昭告于皇天后土。」孔曰：「后土，社也。」《周禮·大宗伯》：「王大封則先告后土。」「后土，土神也，黎所食者。」《大祝》：「建邦國，先告后土，用牲幣。」「后土，社神。」《月令》：「中央，其神后土。」「后土，顓氏之子黎，兼爲土官。」《左氏》曰：「君戴皇天而履后土。」又曰：「共工氏有子曰勾龍，爲后土。」

古者正祭有常數，非正祭者無常時，故歲祭天者四。《詩序》曰：「春夏祈穀于上帝。」又曰：「《豐年》，秋冬報。」則春祈穀，《左氏》所謂「啓蟄而郊」是也；夏祈穀，所謂「龍見而雩」是也；秋報，《月令》所謂「季秋，❶大饗帝」是也；冬報，《周禮》所謂「冬日至，於地上之圜丘」是也。凡此，正祭也。旅、類、造、禱、祠之屬，非正祭也。祭地之禮，《周禮》所謂「夏日至，於澤中之方丘」，正祭也。禱、祠之屬，非〔正〕祭也。然先王親地，有社存焉。《禮》曰：「饗帝於郊，祀社於國。」又曰：「郊所以明天道，社所以神地道。」又曰：「〔郊〕、社〔所〕以事上帝。」又曰：「明乎郊、社之義。」或以社對帝，或以社對郊，則祭社乃所以親地也。《大宗伯》：「以血祭祭〔社稷〕。」又曰：「大封，

❶「季秋」，原誤作「秋季」，今據明本、嘉慶本及《禮記·月令》改。

先告后土。」《大祝》：「大師、大會同，宜于社。」〔又〕曰：「建邦國，先告后土。」則后土非社矣。鄭〔氏〕釋《〔大宗〕伯》謂「后土，土神，黎所食者」，釋《月令》謂「后土，黎也」，釋《大祝》謂「〔后土，社〕神也」，既曰土神，又曰社神，是兩〔之〕也。《書》曰：「敢昭告于皇天后土。」《左氏》曰：「君戴皇天而履后土。」漢武帝祠后土於汾陰，宣帝祠后土於河東，而宋、梁之時祠地皆謂之后土，則古者亦命地示爲后土矣。然《周禮》有大示，有地示，有土示，又有后土，則所謂后土者，非地示也。

禮書卷第八十九終

禮書卷第九十

旅祭　類祭　雩祀　王宮祭日　夜明祭月

旅祭

《掌次》：「王大旅上帝，則張氈案，設皇邸。」「大旅上帝，祭天於圜丘。國有大故而祭亦曰旅。此以旅見祀〔也〕。」《大宗伯》：「國有大故，則旅上帝及四望。」「故謂凶災。旅，陳也。陳其祭祀以祈焉。❶禮不如祀之備。上帝，五帝也。」《司尊彝》：「大喪，存奠彝。大旅亦如之。」「旅者，國有大故之祭也。亦存其奠彝，則陳之，不即徹。」《〔典〕瑞》：「四圭有邸以祀天，旅上帝。兩圭有邸以祀地，旅〔四〕望。大祭祀，大旅，凡賓客之事，共其王器而奉之。」《視瞭》：「大喪，廞樂器。大旅亦如之。」「旅非常祭，乃興造其樂器。」《笙師》：「大喪，廞其樂器。大旅，則陳之。」《龜人》：「若有祭事，則奉龜以往。旅亦如之。」《職金》：「旅于上帝，則共其金版。」《禮器》：「一獻之禮，不足以大旅。大旅具矣，不足以饗帝。」《書》：「荆岐既旅。」「蔡蒙旅平。」「九山刊旅。」《論語》曰：「旅於泰山。」《爾雅》曰：「旅，陳也。」

旅，非常祭也。國有大故，然後旅其群神而祭之。則「荆岐既旅」、「蔡蒙旅平」、「九山刊旅」者，以水災耳。推此，則凡所遭大故，皆凶災之類也。考之於《禮》，天子所次之位，則張氈案，設皇邸；所奠之圭，則四圭有邸；所用之版，

❶「祈」，原漫漶不清，今據《周禮·大宗伯》鄭注補。

則金版。《職金》：「旅上帝，則用金版，旅諸侯亦如之。」❶至於《司尊彝》之「存奠彝」，《笙師》之「陳樂器」，《視瞭》之「廞樂器」，皆如大喪之禮。言「奠」，則非純乎祭也；言「存」，則非即徹之也。陳樂而不懸，廞樂而不鼓，則旅非以其凶災耶。《周官》或言「大旅」，或言「旅」，蓋〔故〕有〔大〕小而旅亦隨異也。然大旅之禮，不若祀天之爲至也，故《記》曰「大旅具矣，不足以饗帝」。若夫旅四望、山川，則所次不以氈案、皇邸，所用不以金版，而所奠之圭則兩圭有邸而已。先儒以旅之廞樂器爲明器，以皇邸爲後版，恐不然也。其言旅上帝於圜丘，其義或然。

類　祭

《書》曰：「類于上帝。」《詩》曰：「是類是禡。」《周禮·小宗伯》：「兆五帝於四郊，四望、四類亦如之。」「四類，日月星辰，運行無常，以氣類爲之：兆日於東郊，兆月與風師於西郊，兆司中、司命於南郊，兆雨師於北郊。」「凡天地之大災，類社稷、宗廟，則爲位。」「禱祈禮輕。類者，依其正禮而爲之。」《肆師》：「類，造上帝，則爲位。」《大祝》：「六祈：一曰類，二曰造。」「類上帝。」「大會同，造于廟。」《詛祝》：「掌類、造之祝號。」《禮記》曰：「天子將出，類于上帝，造于廟。」則類者，類其神而造之也；造者，即而祭之也。類之所施，或於上帝，或於日月星辰，或於社稷，或於宗廟。類之所因，或以巡狩，或以大師，或以大災。造則或於上帝，或

❶「則用金版」，《周禮·職金》作「則共其金版」。「旅諸侯」，《周禮·職金》作「饗諸侯」。

於祖廟。凡此皆有所祈也，不若大旅之有所告而已。故《大祝》六祈有類、造而無旅焉。鄭康成以《宗伯》之四類爲日月星辰，蓋以四類在四郊、四望之下而知之也。《爾雅》以《詩》之「是類是禡」爲師祭，蓋以《大祝》「大師，類上帝」而知之也。社稷、宗廟非大災則無類祭，上帝非巡狩之所至則無造祭。《書》言「至於岱宗柴」，《詩》言「巡狩告祭柴望」，此蓋造上帝之禮也。巡狩於其將出則類上帝，於其所至則造上帝。大師於其將出亦類上帝，於其所至特禡於所征之地而已。昔武王伐紂，既事而退，柴於上帝；成王營洛，位成之後，用牲于郊牛二。此蓋類禮也。何則？《書》於舜之既受命則類乎上帝，於湯之既受命則告于上天。是既事則必祭，而祭必以類禮也。於舜之既受命言類，則湯之既受命而類可知；既受命而類，則師之既事、邑之既成又可知也。類、造之禮其詳不可得而知，要之，劣於正祭與旅也。觀祀天旅上帝，而大宗伯掌之；類、造上帝，小宗伯、肆師掌之，則禮之隆殺著矣。四類日月星辰於四郊，則類上帝蓋南郊乎。

雩祀

《周禮·舞師》：「掌教皇舞，帥而舞旱暵之事。」「旱暵之事，謂雩也。暵，熱氣也。鄭司農曰：『皇舞，蒙羽舞。』玄謂皇，析五采羽爲之，亦如帗。」《司巫》：「掌群巫之政令。若國大旱，則帥而舞雩。」「雩，旱祭也。天子於上帝，諸侯於上公之神。鄭司農云：『魯僖公欲焚巫尪，以其舞雩而不得雨。』」《女巫》：「旱暵，則舞雩。」「使女巫舞，旱祭崇陰也。鄭司農云：『求雨以女巫，故《檀弓》曰：「歲旱，穆公召縣子而問焉，曰：『吾欲暴巫而奚若？』曰：『天則不雨，而望之愚婦人，無乃已疏乎！』」』」凡邦之大災，歌哭而請。」「有歌者，有哭者，以異悲哀感神靈也。」《大司徒》：「以荒政十有二聚萬民，十有一曰索鬼神。」「《雲漢》之詩所謂『靡神不舉，靡愛斯牲』也。」《黨正》：「春秋祭禜。」「禜，謂雩禜水旱之神。蓋亦壇位，如祭社稷云。」《稻人》：「旱暵，共其雩斂。」「稻急水者也。」《大祝》：「國有大故、天災，彌祀社稷，禱，祠。」「大故，兵寇也。天災，疫癘水旱也。」《小祝》：「掌小祭祀，逆時雨，寧風旱。」《禮記·檀弓》：「歲旱，穆公召縣子而問焉，曰：『天久不雨，吾欲暴尪而奚若？』曰：『天則不雨，而暴人之疾子，虐。毋乃不可與？』『然則吾欲暴巫而奚若？』曰：

『天則不雨，望之愚婦人，於以求之，毋乃已疏乎？』『徙市則奚若？』曰：『爲之徙市，不亦可乎。』」「徙市者，❶庶人之喪禮。今徙市，是憂戚於旱若喪。」《月令》：「仲夏，命樂師脩鞀鞞鼓，均琴瑟管簫，執干戚戈羽，調竽笙箎簧，飭鍾磬柷敔。「爲將大雩，帝習樂也。」命有司爲民祈祀山川百源，大雩帝，用盛樂。乃命百縣雩祀百辟卿士有益於民者，以祈穀實。」「陽氣盛而常旱。山川百源，能興雲雨者也。衆水始所出爲百源，必先祭其本，乃雩。雩，吁嗟求雨之祭也。雩帝，謂爲壇南郊之旁，雩五精之帝，配以先帝也。自鞀鞞至柷敔皆作曰盛樂，❷凡他雩用歌舞而已。百辟卿士，古者上公，若句龍、后稷之類也。《春秋傳》曰：『龍見而雩。』雩之正當以四月。凡周之秋三月之中而旱，〔亦〕修雩禮以求雨，因著正雩，❸此月失之矣。天子雩上帝，諸侯以下雩上公。周冬及春夏雖旱，禮有禱無雩。」正義曰：「雩音近吁。又《女巫》：❹『凡邦之大災，歌哭而請。』自鞀鞞至柷敔皆作曰盛樂，旱又是大災，故須吁嗟求雨。注《春秋》者以雩爲遠，非鄭義也。云『雩帝，謂爲壇南郊之旁，雩五精之帝』者，以雩是祭天，當以陽位，以五天總祭，不可遍在四方，故知在南郊也。以自外主者，無主不止，當以人帝配之：大皞配靈威仰，炎帝配赤熛怒，黄帝配含樞紐，少皞配白招拒，顓帝配汁光紀，❺故云『配以先帝』也。」《祭法》：「雩禜，祭水旱也。」《詩·噫嘻》：「春夏祈穀于上帝。」「祈猶禱也。《月令》：『孟春，祈穀于上帝。』『夏則龍見而雩』，桓五年《左傳》文。《郊特牲》：『郊之祭也，大報天而主日。』《書傳》云：『祀上帝於南郊，所以報天德。』然則郊所以報天，而云祈穀者，以人非神之德不生，爲郊祀以報其已往，又

❶「徙市者」至「於旱若喪」，乃《禮記·月令》鄭注之文，依全書之例當作小字注文。

❷「曰」上，原衍「故」字。嘉慶本此處空一格，《禮記·月令》鄭注原文亦無「故」字也。今據刪。

❸「正」，原誤作「王」，今據明本、庫本、嘉慶本及《禮記·月令》鄭注改。

❹「巫」，原誤作「也」，今據明本、庫本、嘉慶本及《禮記·月令》孔疏改。

❺「汁」，明本、庫本作「叶」。

祈其將來，故祈、報兩言也。襄七年《左傳》曰：『郊祀后稷，以祝農事。故啓蟄而郊，郊而後耕。』是郊爲祈報之事也。案《禮記・大傳》注云：『王者之先祖，皆感太微五帝之精以生。蒼則靈威仰，皆用正歲之正月郊祭之。』然則夏正郊天，祭所感一帝而已。《月令》注云：『雩祀五精之帝。』則雩祭五帝矣。郊、雩所祭其神不同，此序并云『祈穀于上帝』者，以其所郊之帝亦五帝之一，同有五帝之名，❶故一名上帝可以兼之也。《月令》：『孟春，祈穀于上帝。』注云『上帝，太微五帝』者，亦謂祈穀所祭，是太微之一，不言祈穀總言五帝。」《論語》曰：「浴乎沂，風乎舞雩，詠而歸。」《荀子》曰：「雩而雨，何也？曰：無何也，猶不雩而雨也。日月食而救之，天旱而雩，小筮而後決大事。非以爲得求也，以文之也。故君子以爲文，而百姓以爲神。以爲文則吉，以爲神則凶。」又曰：「湯旱而禱曰：『政不節與？使民疾與？何以不雨至斯極也！宮室榮與？婦謁盛與？何以不雨至斯極也！苞苴行與？讒夫興與？❷何以不雨至斯極也！』」

桓五年秋大雩　僖十一年秋大雩　十三年秋九月大雩　成三年秋大雩　七年冬大雩　襄五年秋大雩　八年九月大雩　十六年秋大雩　十七年九月大雩　二十八年秋八月大雩　昭三年八月大雩　六年秋九月大雩　八年九月大雩　十六年秋八月大雩　二十五年七月上辛大雩　季辛又雩　定元年九月大雩　七年秋大雩　十二年秋大雩　九月大雩

桓五年《左傳》曰：「凡啓蟄而郊，龍見

❶「同」，原誤作「周」，今據明本、庫本、嘉慶本及《毛詩・噫嘻》孔疏改。

❷「讒」，原誤作「王」，今據庫本、嘉慶本及《荀子・大略篇》改。

而雩。「龍見，建巳之月。」過則書。」莊十年《傳》曰：「魯公子偃伐宋，師出自雩門。」魯城南門。《公羊》曰：「大雩者何？旱祭也。」「雩，旱請雨祭名。不解『大』者，言『大雩』，大旱可知也。君親之南郊，以六事謝過自責。」然則何以不言旱？言雩則旱見，言旱則雩不見。何以書？記災也。」趙子曰：「凡祈澤曰雩。稱『大』，國遍雩也。勤民之祀也，故志之。」《爾雅》曰：「雩，號祭也。」

《爾雅》曰：「雩，號祭也。」鄭氏曰：「雩，吁嗟求雨之祭也。」《女巫》：「凡邦之大災，歌哭而請。」則《爾雅》、鄭氏之説是也。杜預以雩爲遠，誤矣。《春秋》書雩二十有一，皆在七月以後。《左氏》曰：「龍見而雩，過則書。」蓋龍見建巳之月，而建巳乃陽亢之時，❶陰氣所以難達也，故雩祀作焉。過此而後雩，此《春秋》所以譏也。大雩，禮之盛也，猶所謂大旅、大饗。趙氏謂「雩稱『大』，國遍雩」，❷誤矣。《詩序》曰：「夏祈穀于上帝。」《月令》曰：「大雩帝。」則〔雩〕祀昊天上帝及五帝也。鄭氏謂雩祀五精之帝，〔然〕《周禮》稱上帝與五帝不同，則上帝非止五帝也。《月令》曰：「命百縣雩祀百辟卿士。」則百辟卿士之祭亦曰雩也。鄭氏曰：「天子雩上帝，諸侯雩上公。」然《周禮·小祝》：「小祭祀，逆時雨，❸寧風旱。」則百辟亦天子所祀也。《祭法》有雩禜之壇，春秋之時魯以南門爲雩門，先儒

❶「亢」，原誤作「充」，今據庫本、嘉慶本改。
❷「遍」，原漫漶不清，今據庫本、嘉慶本補。
❸「時」，原誤作「風」，今據庫本及《周禮·小祝》改。

皆以魯之舞雩在城南。❶鄭氏曰：「雩，爲壇於南郊之旁。」其説蓋有所受也。古者雩斂在稻人，雩樂以皇，舞以女巫。皇與女，陰也，則舞所以達陽中之陰而已。董仲舒祈雨之術，閉南門，縱北門，蓋亦古者達陰之意也。然則雩祀上帝必升煙，後世乃謂用火不可以祈水，而爲坎以瘞；就陽不可以求陰，而移壇於東。梁禮。雩必自郊徂宫，❷後世或祈山林、川澤、群廟、百辟卿士，然後及於上帝，亦梁禮也。北齊及唐皆然。雩樂以舞爲盛，後世或選善謳者歌詩而已。皆非古也。北齊禮。

祭日

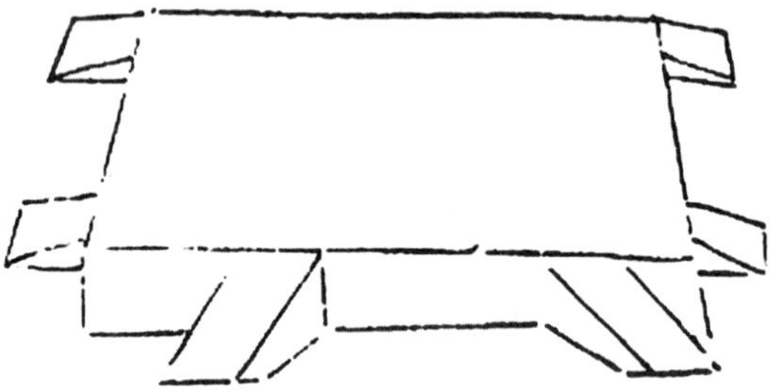

❶「儒」，原誤作「需」，今據明本、庫本、嘉慶本改。
「雩」，原誤作「巫」，今據庫本改。

❷「徂」，原誤作「但」，今據明本、庫本、嘉慶本改。

祭月

《周禮・大宗伯》：「實柴以祀日月星辰。」《典瑞》：「王搢大圭，❶執鎮圭，繅藉五采五就，❷以朝日。」「王朝日者，示有所尊也，訓民事君也。天子常春〔分〕朝日，秋分夕月。」又曰：「圭璧以祀日月星辰。」「圭，❸其邸爲璧，取殺於上帝。」

《小宗伯》：「兆五帝於四郊，四望、四類亦如之。」「兆爲壇之營域。❹四類，❺日月星辰。兆日於東郊，兆月於西郊。」《掌次》：「朝日，祀五帝，則張大次、小次，設重幣、重案。」《鼓人》：「以靁鼓鼓天神。」《大司樂》：「乃奏黃鍾，歌大呂，舞《雲門》，以祀天神。」「天神，謂五帝及日月星辰。」又曰：「凡樂六變，而致天神。」《月令》：「孟冬，祈來年于天宗。」「天宗，日月星辰之類。」《郊特牲》曰：「郊之祭也，大報天而主

❶「大圭」，原誤作「夫主」，今據明本、庫本、嘉慶本及《周禮・典瑞》改。

❷上「五」，原脱，今據庫本及《周禮・典瑞》補。

❸「圭」，原誤作「主」，今據庫本、嘉慶本及《周禮・典瑞》鄭注改。

❹「兆」，原誤作「北」，今據庫本、嘉慶本及《周禮・小宗伯》鄭注改。

❺「類」，原誤作「月」，今據明本、庫本、嘉慶本及《周禮・小宗伯》鄭注改。

日，配以月。」《玉藻》曰：「玄端而朝日於東門之外。」《祭義》曰：「祭日於東，祭月於西。」《祭法》曰：「王宮祭日，夜明祭月。」「王宮，日壇。王，君也。日稱君。宮，壇營域也。夜明，月壇也。」《左傳》曰：「日月星辰，雪霜風雨之不時，於是乎禜之。」《國語》曰：「大采朝日，少采夕月。」「大采，繅席五采五就。」

古者之祀日月，其禮有六：《郊特牲》曰「郊之祭，大報天而主日，配以月」，一也；《玉藻》曰「朝日於東門之外」，《祭義》曰「祭日於東，祭月於〔西〕」，二也；《大宗伯》四類於四郊，兆日於東郊，兆月於西郊，三也；《大司樂》「樂六變而致天神」，《月令》「孟冬，❶祈來年于天宗」，天宗者日月之類，四也；《覲禮》「拜日於東門之外；反，祀方明。禮日於南門之外，❷禮月於北門之外」，五也；「雪霜風雨之不時，於是乎禜之」，六也。夫因郊、蜡而祀之，非正祀也。類、禜而祀之，與覲諸侯而禮之，非常祀也。春分朝之於東門之外，秋分夕之於西門之外，此祀之正與常者也。日言朝，則於日出之朝朝之也；月言夕，則於月出之夕夕之也。日壇謂之王宮，以其有君道故也；月壇謂之夜明，以其昰於夜故也。其次則大次、小次，設重帟、重案；其牲體則實柴，其服則玄冕、玄端；其圭之繅藉則大采、少采。禮之之玉則一圭邸璧；祀之之樂則奏黃鍾，歌大呂，舞《雲門》。《玉藻》「十有二旒，龍袞以祭，玄端以朝日於東

❶「冬」，原誤作「春」，今據庫本及《禮記・月令》改。

❷「日」，原誤作「百」，今據明本、庫本、嘉慶本及《儀禮・覲禮》改。

門之外」，則龍衮、玄端皆言其衣也。衣玄冕之衣，則用玄冕矣。鄭氏改玄端爲玄冕，不必然也。虞氏釋《國語》謂「朝日以玄冕」，然祀上帝以衮冕，而朝日以圭璧，與張次、設帟，一切殺於上帝，則其不用衮冕可知矣。《周禮》於《掌次》之次、帟、案，於《典瑞》之大圭、鎮圭、繅藉，言朝日而已，則夕月之禮又殺乎此也。漢武帝因郊泰畤，朝出行宮，東向揖日，其夕西向揖月，則失東西郊之禮也。魏文帝正月祀日於東門之外，則失春分之禮也。齊何佟之曰：「王者兄日姊月，馬、鄭用二分，盧植用立春。佟之以爲日者太陽之精，月者太陰之精，春分陽氣方永，秋分陰氣向長，天地至尊故用其始而祭以二至，日月次天地故祭以二分。則融與康成得義矣。」魏薛靖曰：「朝日宜用仲春之朔，夕月宜用仲春之朏。」此尤無據也。後周於東門外爲壇以朝日，燔燎如圜丘；於西門外爲壇於坎中，❶方四丈，深四尺，以夕月，燔燎如朝日。隋唐壇坎之制廣狹雖與後周差異，大概因之而已。

禮書卷第九十終

❶「坎」，原誤作「坟」，今據明本、庫本、嘉慶本及《文獻通考》卷七十九《郊社考十二》「祭日月」條所引改。

禮書卷第九十一

表貉　四望　四方

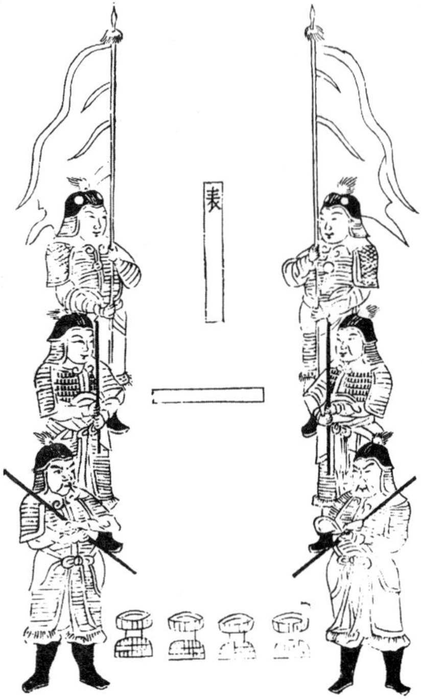

表貉

《詩》曰：「是類是禡。」《爾雅》曰：「類、禡，師祭也。」《禮記》：「禡於所征之地。」《公羊》曰：「甲午祠兵。」《小宗伯》：「凡王之會同、軍旅、甸役之禱祠，肄儀，爲位。」《肆師》：「凡四時之大田獵，祭表貉，則爲位。」「貉讀爲『十百』之百，於所立表之處，爲師祭造軍法者，禱氣勢之增倍也。其師蓋蚩尤，或曰黃帝。」《甸祝》：「掌四時之田表貉之祝號。」《大司馬》：「中春，教振旅。有司表貉，誓民，鼓，遂圍禁。中冬，教大閱。既陳，乃設驅逆之車，有司表貉于陳前。」《漢書》稱高祖祠黃帝、蚩尤於沛庭。先儒或以蚩尤爲天子，或以爲庶人，其詳不可以考。然管仲稱蚩尤作劍戟，《史記》稱黃帝與蚩尤戰於版泉，蓋軍法之興始於此也，故後世祭之。《周官》言「貉」，《詩》與《禮記》、《爾雅》言「禡」，其實一也。貉之祭，蓋使有司爲之，而立表於陳前，肆師爲位，甸祝掌祝號，既事然後誓衆，而師田焉，《周官》所謂「表貉誓民」是也。古者將射則祭侯，將卜則祭先卜，將用火則祭爟，將用馬則祭馬祖。然則將師田而貉祭者，不特爲禱而已也。唐制，禡祭爲壇壝，設瘗埳，皇帝齋於行宫，從官齋於軍幕，置甲胄弓矢於神座之側，建矟於神座之後，而牲幣犧象皆有儀度。然古人祭於立表之處則無壇壝，其置甲胄弓矢於神座之側，建矟於神座之後，理或有之。《司几筵》：「甸役，則設熊席，右漆几。」鄭氏以爲祭貉之禮，誤也。

四望

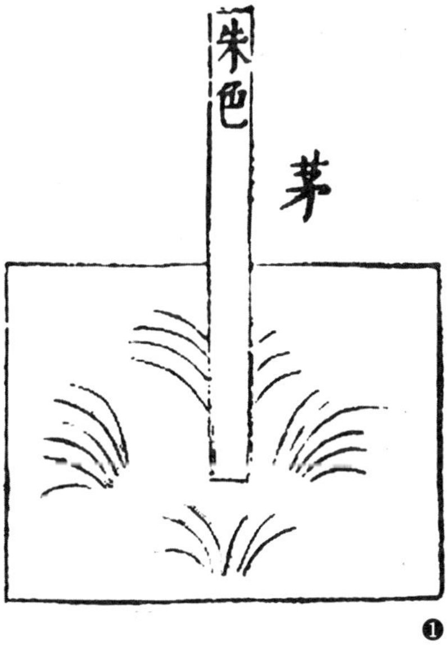

❶

《書》曰：「望于山川，至于岱宗，柴。望秩于山川。」又曰：「柴，望，大告武成。」《詩》曰：「《時邁》，巡狩告祭、柴、望。」《禮記》曰：「至于岱宗柴而望祀山川。」《周禮·小宗伯》：「祀五帝于四郊，四望、四類

❶ 圖中文字，原無，爲明本、庫本、嘉慶本所增。

亦如之。」《大宗伯》：「國有大故，則旅上帝及四望。」《典瑞》：「兩圭有邸以祀地，旅四望。璋邸射以祀山川。」《司服》：「毳冕以祀四望、山川。」《大司樂》：「奏姑洗，歌南呂，舞《大韶》，以祀四望；奏蕤賓，歌函鍾，舞《大夏》，以祭山川。」《男巫》：「掌望祀、望衍，旁招以茅。」《牧人》：「望祀，各以其方之色牲毛之。」《大祝》：「國將有事于四望，❶則前祝。」《春秋》：「魯僖公免牲，猶三望。」《左氏》曰：「望，郊之細也。宣公不郊而望。」《左氏》曰：「望，郊之屬也。」《公羊》曰：「天子有方望之事，無所不通。三望者何？泰山、河、海也。」楚昭王曰：「三代命祀，祭不越望。哀公六年。江、漢、睢、漳，楚之望也。禍福之至，不過是也。寡人雖不敏，河非所獲罪也。」韓宣子謂子產曰：「寡君寢疾，並走群望。」昭七年。「楚共王有寵子五人，❷無適立焉，乃有大事于群望。」昭十三年。❸《晉語》：「成王盟諸侯于岐陽。楚爲荆蠻，置茆蕝，設望表，與鮮牟守燎。」❹《三正記》：「郊後必有望。」

天子四望，達於四方。魯三望，泰山、河、海而已。《書》曰：「海岱及淮爲徐州。」諸侯之望，皆其境内之名山大川也。望雖以名山大川爲主，而其實兼上下之神，故《詩》於柴望言「懷柔百神，及河喬嶽」，《周禮》於望皆言「祀」而不言「祭」。又《典瑞》四望與山川異玉，《大司

❶「事」，原誤作「祀」，今據《周禮・大祝》及孫氏點勘改。

❷「楚」，原誤作「周」，今據《左傳》昭十三年及孫氏點勘改。

❸「十三」，原誤作「七」。按所注之文，出《左傳》昭十三年。今據改。

❹「牟」，原誤作「卑」，今據嘉慶本及《國語・晉語》改。

樂》四望與山川異樂。《左氏》曰：「望，郊之細也。」又曰：「望，郊之屬也。」《公羊》曰：「方望之事，無所不通。」則望兼上下之神可知矣。鄭司農釋《大宗伯》曰：「四望，日月星海。」杜預釋《左傳》曰：「望祀分野之星及封内山川。」許慎曰：「四望，日月、星辰、河海、大山。」其説蓋有所受之也。鄭康成釋《大宗伯》曰：「四望，五嶽四瀆。」釋《大司樂》又兼之以司中、司命、風師、雨師，釋《舞師》又以四望爲四方。其言異同，不可考也。望之禮有二，而其用不一。《男巫》：「掌望祀、望衍。」鄭氏讀衍爲延，謂望祀有牲與粢盛，望衍用幣致神而已。然鄭氏於《大祝》衍祭亦以爲延祭。禮文殘缺，不可考也。望祀或設於郊天之後，或設於巡狩之方，或旅於大故之時，則望有常、有不常之祀也。崔靈恩謂：「四望之祭，歲各有四。」不知何據然也。望祀，其兆四郊，其牲各放其方之色，其樂姑洗、南呂，《大韶》，其玉兩圭有邸，其服毳冕，其位茆以辨之，而植表於其中，《周禮》所謂「旁招以茆」，《晉語》所謂「置茆蕝，設表望」是也。《白虎通》謂：「周公祭泰山，以召公爲尸。」其言雖無經見，要之宗廟之尸用同姓，非宗廟之尸用異姓。

祭四方

《周禮·大司馬》：「春祭社，秋祀祊。」《舞師》：「教帗舞，帥而舞社稷之祭祀。教羽舞，帥而舞四方之祭祀。」《詩》曰：「以我犧〔羊〕，以社以方。」又曰：「方、社不莫。」古者言社必及方，則社爲民祈，方爲民報；祈在春，報在秋。《詩》

言「來方禋祀」，《明堂位》言「春社秋省」，則秋省斂而因祀焉，此所謂「來方禋祀」也。鄭康成釋《曲禮》謂「四方，五官之神」；東勾芒，❶南祝融后土，❷西蓐收，北玄冥。釋《舞師》謂「四方，四望也」；康成從先鄭之說，釋《大宗伯》謂「四方百物，八蜡也」。然《鬯人》四方在山川之下，《大司樂》四望在山川之上，則四方非四望也。《舞師》「教羽舞，帥而舞四方之祭祀」，《鼓人》「凡祭祀百物之神，鼓兵舞、帗舞者」，❸則四方非百物也。五官之說，亦不可考。《大司馬》於社言「祭」，則地示也；於礿、烝言「享」，則人鬼也；於方言「祀」，蓋兼上下之神也。祀之之禮，其位四郊，其鬯蜃尊，《鬯人》：「凡山川四方用蜃。」其舞皇舞，《舞師》：「教羽舞，帥而舞四方之祭祀。」其牲體則疈之，其牲色則各以其方之色而〔已〕。《詩》曰：「以我犧羊，以社以方。」《周禮·小司徒》：「小祭祀，共牛牲。」則四方之祭不特用羊而已。《詩》言「犧羊」者，孔穎達言「犧以見純，明非特羊也」。穎達之言，則是謂犧爲純，誤矣。

禮書卷第九十一終

❶「芒」，原誤作「若」，今據明本、庫本、嘉慶本改。
❷「后土」，明本、庫本、嘉慶本作「與黎」。
❸上「舞」，原脱，今據嘉慶本及《周禮·鼓人》補。

禮書卷第九十二

社稷王社大社附❶

太社

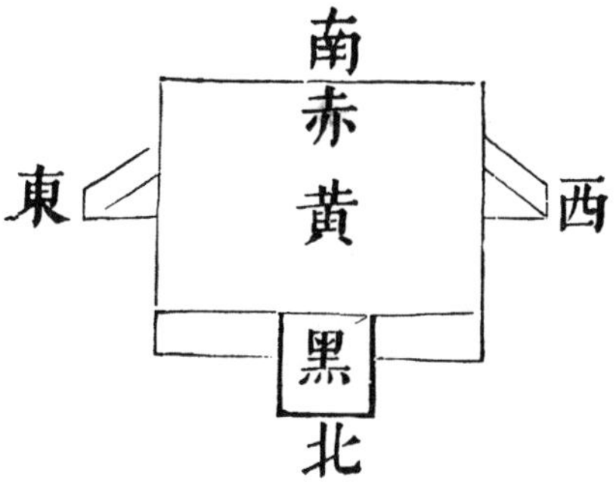

太稷

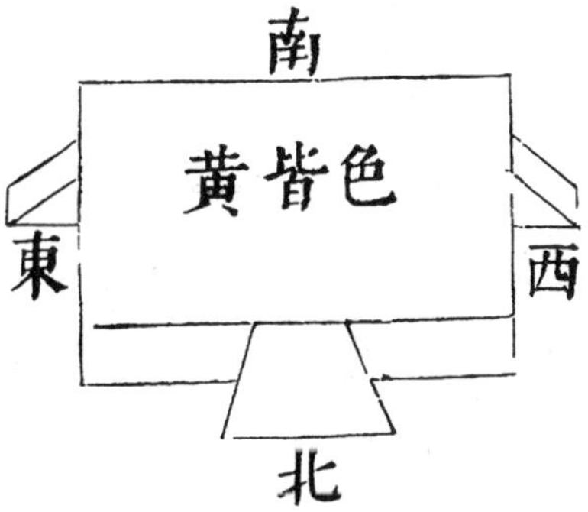

《周禮·內宰》：「凡建國，佐后立市，

❶「社稷王社大社附」及下「太社」、「太稷」兩小題並圖，爲明本、庫本、嘉慶本禮圖標題及圖。底本則作「社稷」、「王社」兩小題，兩小題所附圖分別與明本、庫本、嘉慶本「太稷」、「太社」圖同，唯無圖中文字。明本、庫本、嘉慶本文中小題與底本同，因與禮圖及標題分離，故不甚相符。今斟酌取用明本、庫本、嘉慶本禮圖標題及圖作文中小題及圖。

祭之以陰禮。」鄭司農云：「祭之以陰禮者，市中之社，先后所立社也。」《大司徒》：「設其社稷之壝而樹之田主，各以其野之所宜木，遂以名其社與其野。」「社稷，后土及田正之神。壝，壇與堳埒。田主，田神后土、田正之所依也，詩人謂之田祖。所宜木，謂若松、柏、栗也。若以松爲社者，則名松社之野，以別方面。」《小司徒》：「凡建邦國，立其社稷，正其畿疆之封。」「畿，九畿。」《封人》：「掌設王之社壝，爲畿封而樹之。「壝，謂壇及堳埒也。畿上有封，若今時界矣。不言稷者，稷，社之細也。」凡封國，設其社稷之壝，封其四疆。「封國，建諸侯，立其國之封。」造都邑之封域者亦如之。令社稷之職。」「將祭之時，令諸有職事於社稷者也。《郊特牲》曰：『唯爲社事，單出里。唯爲社田，國人畢作。唯爲社，丘乘共粢盛。所以報本反始也。』」《鼓人》：「以靈鼓鼓社祭。」「社祭，祭地示也。」《州長》：「若以歲時祭州社，則屬其民而讀法。」《舞師》：「掌教帗舞，帥而舞社稷之祭祀。」《牧人》：「陰祀，用黝牲毛之。」「陰祀，祭地北郊及社稷。」《媒氏》：「凡男女之陰訟，聽之于勝國之社。其附于刑者，歸之于士。」「勝國，亡國也。亡國之社，奄其上而棧其下，使無所通。」《大宗伯》：「以血祭祭社稷。「陰祀自血起，貴氣臭也。社稷，土穀之神，有德者配食焉。共工氏之子曰勾龍，食於社。有厲山氏之子曰柱，食於稷，湯遷之而祀棄。」王大封則先告后土。」「后土，土神也，黎所食者。」《小宗伯》：「掌建國之神位，右社稷，左宗廟。凡天地之大災，類社稷宗廟，則爲位。」「禱祈禮輕。類者，依其正體而爲之。」「若大師，則帥有司而立軍社，奉主車。」《肆師》：「次祀用牲幣。「玄謂次祀，又有社稷。」凡師甸用牲于社宗，則爲位。「社，軍社也。宗，遷主也。」封于大神。「社及方嶽也。」凡師不功，則助牽主車。社之日，涖卜來歲之稼。」「社，祭土取財焉。」《鬯人》：「凡祭祀社壝用大罍。」《司服》：「祭社稷五祀則希冕。」《大司樂》：「乃奏太蔟，歌應鍾，舞《咸池》，以祭地示。」「地示所祭於北郊，謂神州之神及社稷。」《大祝》：「國有大故、天災，彌祀社稷，禱，祠。大師，宜于社，設軍社。鄭司農説：「設軍社，以《春秋傳》曰所謂『軍以師行，祓社釁鼓，祝奉以從』者也。」及軍歸獻于社，則前祝。大會同，宜于社。建邦國，先告后土，用牲幣。」「后土，社神也。」大社，❶「有寇戎之事，則保郊祀于社。」鄭司農云：「謂保守郊祭諸祀及社，無令寇侵犯之。」《喪祝》：「掌勝國邑之社稷之祝號，以祭祀禱祠焉。」「勝國邑，所誅討者。社稷者，若亳社是矣。存之者，重神也。蓋奄其上而棧其下，爲北牖。」《大司馬》：「中春，教振旅，以祭社。「祭社者，土方施生也。」若師有功，則左執律，右秉鉞以先，愷樂獻于社。「兵樂曰愷。獻于社，獻功于社也。」若師不功，則厭而奉主車。」「奉猶送也，送主歸于廟與社。」《量人》：「營軍之壘舍，量其市朝、州涂、軍社之所里。」「軍社，社主在軍者。里，居也。」《小子》：「掌珥于社稷。」「珥社稷，以牲頭祭。珥者，釁禮之事也。用羽牲曰衈。衈社稷，謂始成其宮兆也。」《大司寇》：「大軍旅，涖戮于社。」「社，謂社主在軍者也。鄭司農云：『《書》曰：「用命賞于祖，不用命戮于社。」』」《士師》：「若祭勝國之社稷，則爲之尸。」《匠人》：「營國，左祖右社。」《曲禮》曰：「國君去其國，曰『奈何去社稷也』！」又曰：「國君死社稷。」又曰：「問國君之年，長則曰『能從宗廟社稷之事矣』，幼則曰『未能從宗廟社稷之事也』。」《王制》：「諸侯祭社稷。」《月令》：「仲春，擇元日，命民社。「社，后土也。使民祀焉，神其農業也。祀社日用

❶「大社」，疑當爲「小祝」。按《周禮》無《大社》篇，此所引實出《小祝》。

甲。」季冬，命太史次諸侯之列，賦之犧牲，以共皇天上帝、社稷、寢廟之祀。」《曾子問》曰：「諸侯適天子，命祝史告社稷、宗廟、山川。」《禮運》曰：「命降于社之謂殽地。」「謂教令由社下者也。社，土地之主也。《周禮》土會之法，有五地之物生。」又曰：「祀社於國，所以列地利。」又曰：「禮行於社而百貨可極焉。」《禮器》曰：「社稷山川之事，鬼神之祭，體也。」「天地人之別體也。」又曰：「三獻爓。」「三獻，祭社稷、五祀。」《郊特牲》曰：「郊特牲而社稷太牢。」又曰：「社祭土而主陰氣也，君南鄉於北墉下，答陰之義也。「牆謂之墉。北墉，社内北牆。」日用甲，用日之始也。天子大社，必受霜露風雨，以達天地之氣也。「大社，王爲群姓所立。」是故喪國之社屋之，不受天陽也。薄社北牖，使陰明也。「絶其陽，通其陰而已。亳社，殷社。殷始都亳。」❶社，所以神地之道。地載萬物，天垂象。取財於地，取法於天，是以尊天而親地也，故教民美報焉。家主中霤，國主社，示本也。「中霤亦土神也。」唯爲社事，單出里。唯爲社田，國人畢作。唯社，丘乘共粢盛。所以報本反始也。「單出里，皆往祭社。」君親誓社，以習軍旅。」《明堂位》曰：「春社秋省。」《大傳》曰：「牧之野，武王之大事。既事而退，柴於上帝，祈於社。」《祭法》曰：「王爲群姓立社曰大社，王自立社曰王社；諸侯爲百姓立社曰國社，諸侯自爲立社曰侯社；大夫以下成群立社曰置社。「群，衆也。大夫以下，謂下至庶人也。大夫不得特立社，與民族居，百家以上則共立一社，今時里社是也。《郊特牲》曰：『唯爲社事，單出里。』」厲山氏之有天下也，其子曰農，能殖百

❶「都亳」，原誤作「者淳」，今據明本、庫本、嘉慶本及《禮記·郊特牲》鄭注改。

穀。夏之衰也，周棄繼之，故祀以爲稷。共工氏之霸九州也，其子曰后土，能平九州，故祀以爲社。」《祭義》：「建國之神位，右社稷，左宗廟。」注云：「周尚左。」《中庸》：「郊社之禮，所以事上帝。」「社祭地神。不言后土，省文。」天子社稷皆太牢，諸侯社稷皆少牢。」《祭統》：「崇事宗廟社稷，則子孫順孝。」《泰誓》曰：「宜于冢土。」「祭社曰宜。冢土，社也。」《泰誓下》曰：「郊社不脩。」《甫田》曰：「以我齊明，與我犧羊，以社以方。」「社，后土也。秋祭社，與四方爲五。」《緜》詩曰：「迺立冢土，戎醜攸行。」「冢土，大社也。起大事，動大衆，必先有事乎社而後出，謂之宜。大社者，出大衆將所告而行也。《春秋傳》曰：『脤，宜社之肉。』」❶《雲漢》曰：「祈年孔夙，方社不莫。」《載芟》：「春藉田而祈社稷。」《良耜》：「秋報社稷。」《左傳》莊公二十五年：「六月辛未朔，日有食之，鼓，用牲于社，非常也。「非常鼓之月。」唯正月之朔，慝未作，日有食之，於是乎用幣于社，伐鼓于朝。秋，大水，鼓，用牲于社、于門，亦非常也。凡天災有幣無牲，非日月之眚不鼓。」文十五年：「六月辛丑朔，日有食之，鼓，用牲于社，非禮也。「得常鼓之月而於社用牲爲非禮。」日有食之，天子不舉。伐鼓于社，諸侯用幣于社。「社尊於諸侯，故請救而不敢責之。」伐鼓于朝，退自責。」哀七年：「魯以邾子益來，獻于亳社。」「以其亡國，與殷同。」《論語》：「哀公問社於宰我，宰我對曰：『夏后氏以松，殷人以柏，❷周人以栗，曰使民戰栗。』孔子曰：『成事不說，遂事不諫，既往不咎。』」《孟子》

❶「脤」，原作「脣」，今據《左傳・閔公二年》杜預注改。

❷「殷」，原避宋太祖趙匡胤父趙弘殷偏諱而缺末筆，今補之。

曰：「民爲貴，社稷次之，君爲輕。諸侯危社稷，則變置；旱乾水溢，則變置社稷。」《荀子》曰：「社，祭社。稷，祭稷。」正義曰：「社稷之義，先儒所解不同。鄭康成之説，以社爲五土總神，稷爲原隰之神。勾龍有平水土之功，配社祀之；稷有播種之功，配稷祀之。鄭必以爲此説者，案《郊特牲》云『社祭土而主陰氣』，又云『社所以神地之道』，又《禮運》云『命降于社之謂殺地』，又《王制》云『祭天地社稷爲越紼而行事』。據此諸文，故知社即地神，稷是社之細別，別名曰稷。稷乃原隰所生，故以稷爲原隰之神。若賈逵、馬融、王肅之徒，以社祭勾龍，稷祭后稷，皆人鬼也，非地神。故《聖證論》王肅難鄭云：『《禮運》云：「祀於郊，所以定天位；祀社於國，所以列地利。」社若是地，應云定地位，而言列地利，故知社非地也。』爲鄭學者馬昭之等通之云：『天體無形，故須云定位；地體有形，不須云定位，故唯云列地利。』肅又難鄭云：『祭天，牛角繭栗，而用特牲；祭社，牛角尺，而用大牢。又祭天地大裘而冕，祭社稷絺冕。又唯天子令庶民祭社，社若是地神，庶民豈得祭地乎？』爲鄭學者通之而云：『以天神至尊，而簡質事之，故牛角繭栗而用特牲，服大裘。天地至尊，天子至貴，天子祭社，是地之別體，有功於人，報其載養之功，故用大牢，貶降於天，故角尺也。祭用絺冕，取其陰類。庶人蒙其社功，故亦祭之，非是方澤神州之地也。』肅又難鄭云：『《召誥》：「用牲于郊，牛二。明后稷配天，故知二牲也。」又云：「社于新邑，牛一，羊一，豕一。」明知唯祭勾龍，更無配祭之人。』爲鄭學者通之云：『是后稷與天，尊卑既別，不敢同天牲。

勾龍是上公之神，社是地示之別，尊卑不甚懸絶，故云配同牲也。』肅又難鄭云：『后稷配天，《孝經》有配天明文，后稷不稱天也。《祭法》及昭二十九年傳曰：「勾龍能平水土，故祀以爲社。」不云祀以配社，明知社即勾龍也。』爲鄭學者通之云：『后稷非能與天同功，唯尊祖配之，故不得稱天。勾龍與社同功，故得云祀以爲社，而得稱社也。』肅又難云：『《春秋》説：「伐鼓于社，責上公。」不云責地示，明社是上公也。又《月令》云「仲春命民社」，鄭注云：「社，后土也。」《孝經》注云：「社，后土也。」勾龍爲后土。鄭既云社，后土，則勾龍也，是鄭自相違反。』爲鄭學者通之云：『伐鼓責上公者，以日食臣侵君之象，故以責上公言之。勾龍爲后土之官，其地神亦名后土，故《左傳》曰「君戴皇天而履后土」。地稱后土，與勾龍稱后土，名同而無異也。鄭注云后土者，謂地神也，非謂勾龍，故《中庸》云「郊社之禮」，注云：「社祭地神。」又《鼓人》云：「以靈鼓鼓社祭。」注云：「社祭，祭地示也。」是社爲地示也。』」

社所以祭五土之示，稷所以祭五穀之神。五穀之神而命之稷，以其首種先成而長五穀故也。稷非土無以生，土非稷無以見生生之效，故祭社必及稷，以其同功均利而養人故也。祭必有配，而社配以勾龍，共工氏之子。稷配以柱。列山氏之子。商之時又易柱以棄，以其功利足以侔社稷故也。《周官·大司徒》：「辨其邦國都鄙之數，設其社稷之壝而樹之田主，各以其野之所宜木，遂以名其社與其野。」《封人》：「掌設王之社壝，爲畿封而樹之。凡封國，設其社稷之壝。」《祭法》：「王爲群姓立社，曰大社；王自爲立社，曰王社。諸侯爲百姓立社，曰國社；自爲立社，曰侯社。士、大夫以下成群立社，❶曰置社。」蓋王社、侯社，國中之土示而已，無預農事，故不置稷；大社、國社則農之祈報在焉，故皆有稷。先儒謂王社或建於大社之西，或建於藉田。然《國語》王藉則「司空除壇，農正陳藉禮」，而歷代所祭先農而已，不聞祭社也。故《詩》曰「春藉田而祈社稷」，非謂社稷建於藉田也。其言王社建於大社之西，於義或然。西漢及魏有官社無官稷，晉之時有帝社無帝稷，類皆二社一稷。魏博士孔晁之論。議者紛然，或欲合二社以爲一，或欲異二社之所向。齊武帝議帝社南向，大社及稷東向。是雖違經悖禮，然亦二社同設於國中，未聞藉田有之也。《穀梁》曰：「天子親耕，故立社爲藉而報。」此說非也。果王社爲藉而設，必有稷也。蓋王與諸侯之社皆三，其二社所以盡祈報之誠，其勝國之社所以示鑒戒之理。王之大社則土五色而冒以黃。夏之時徐州，厥貢惟土五色，孔安國以社言之是也。諸侯之國社，則受其方色之土於天子，而苴以茅。❷漢之時有受青土、赤土，蔡邕以茅社言之是也。其位則中門之右，社主陰故也；其壝則北面，社嚮陰故也。其飾則不屋，《記》所謂「大社必受霜露風雨，以達天地之氣」是也；其表則木，傳所謂「夏以松，商以柏，周以栗」是也。其方廣則五丈，《韓詩外傳》。其

❶「士」，《禮記·祭法》原文無。然鄭注云：「大夫以下，謂下至庶人也。」故陳氏增「士」字亦可。

❷「苴」，原誤作「草」，今據庫本、嘉慶本及衛湜《禮記集說》卷六十四、《五禮通考》卷四十二《吉禮四十二·社稷》所引改。

主則石爲之，先儒謂石，地類也。《左傳》言：「擁社，抱社主也。」其列則社東而稷西。先儒之説，蓋有所受之也。先王之祭社稷，春有祈，秋有報，孟冬大割祠。《月令》：「大割祠于公社。」❶春祈而歌《載芟》，秋報而歌《良耜》，此祭之常者也。凡天地大災之類祭，《小宗伯》。大故、天災之彌祀，《大祝》。君行有宜，宮成有衈，此祭之不常者也。祭之常者用甲，其它則唯吉而已。祭之牲以太牢，其遇天災則用幣而已。考之於《禮》，王之祭也南面，其服也希冕，其牲用黝，❷其祭血祭，其樽大罍。❸用大罍而鬯人掌之，則有鬯裸可知。其樂應鍾，其舞帗舞，其鼓靈鼓。凡皆因其物以致其義，非夫深知禮樂之情者，孰與此哉？先儒有以王社有稷壇，原隰爲稷神；有以勾龍爲社而非配社，柱爲稷而非配稷。後世又有以夏禹爲社配，有以戌亥爲社日，有以先農爲帝社，有以太稷爲稷社，皆臆論也。

《祭法》曰：「諸侯爲百姓立社曰國社，諸侯自爲立社曰侯社。」《王制》曰：「天子社稷皆大牢，諸侯社稷皆少牢。」《郊特牲》曰：「家主中霤，國主社，示本也。」《曾子問》曰：「諸侯之祭社稷，俎豆既陳。」《白虎通》曰：「天子社廣五丈，諸侯半之。其色：東方青，南方赤，西方白，北方黑，冒以黄土。」《史・表》曰：❹「諸侯王始封者，必受

❶「于公」，原誤作「公于」，今據庫本、嘉慶本及《禮記・月令》改。
❷「用」，原誤作「于」，今據明本、庫本、嘉慶本改。
❸「大」，明本、嘉慶本作「有」。
❹「史表曰」者，實《史記・三王世家》之文，是陳氏偶誤也。

土於天子之社，歸立之以爲國社，以歲時祠之。天子之國有大社。故將封於東方取青土，封於南方取赤土，封於西方取白土，封於北方取黑土，封於上方取黄土，裹以白茅，封以爲社。此始受封於天子者也。」蔡邕《獨斷》曰：「天子大社，封諸侯者皆取土苞白茅授之，以立社於其國，故謂之授茅土立社。漢惟皇子封爲王者得茅土，其他功臣以户數租入爲節，不受茅土。」《召誥》：「用牲於社，牛一，羊一，豕一。」漢制，郡縣祭社皆羊豕。《尚書·無逸》篇：「大社唯松，東社唯柏，南社唯梓，西社唯栗，北社唯槐。」

諸侯有侯社、國社。亡國社與天子同，其祭用少牢，與天子異。先儒謂天子社廣五丈，諸侯半之。天子社五色，冒以黄；而諸侯受土各以其方之色，亦冒以黄。其言雖不經見，然五，❶土數；黄，土色。則天子社廣五丈，冒以黄，信矣。諸侯之禮常半天子，天子六軍，諸侯三軍；天子六卿，諸侯三卿；❷天子六宫，諸侯三宫；天子辟雍，諸侯泮宫；天子之馬十二閑，諸侯之馬六閑。則社半五丈，信矣。《禹貢》徐州貢土五色。土五色以爲社，則大社五色，諸侯受土各以其方之色，信矣。古者立社，皆有木以表之，故《大司徒》：「設其社稷之壝而樹之田主，各以其野之所宜木，遂以名其社與其野。」《語》曰：「夏后氏以松，殷人以柏，周人以栗。」後世宋有櫟社，豐有枌榆社。❸先儒謂諸侯社皆立樹，又爲主以象

❶「五」下，嘉慶本增「者」字。
❷「三」，原誤作「二」。按所注之文曰「諸侯之禮常半天子」，既「天子六卿」，則諸侯必三卿。今據嘉慶本改。
❸「枌」，原誤作「松」，今據明本、庫本、嘉慶本及《文獻通考》卷八十二《郊社考十五》「社稷」條注所引改。

其神，大夫以下但各以地之所宜木立之。於義或然。

大夫以下社❶

《祭法》曰：「大夫以下成群立社曰置社。」鄭氏曰：「群，衆也。大夫以下，謂下至庶人也。大夫不得特立社，與民族居，百家以上則共立一社，今時里社是也。」《郊特牲》曰：「唯爲社事，單出里。」正義曰：「皇氏曰：『天子、諸侯祭社則用藉田之穀。大夫以下無〔藉〕田，若祭社則丘乘之民共之，示民出力也。故曰「唯社，〔丘〕乘共粢盛」。』」正義曰：「天子、諸侯、大夫皆有稷，故鄭注《司〔徒〕》『田主，田神后土、田正之所依也』。田正則稷神者也。」

大夫以下，其社之〔大〕者則二千五百家爲之，《周禮》所謂「州社」是也；其小則二十五家亦爲之，《左傳》所謂「書社」、「千社」是也。《左傳》昭二十五年：「齊侯致千社於魯。」哀十五年：「齊人與衛地，自濟以西，〔禚〕、媚、杏以南，書社五百。」杜氏：「二十五家爲一社。」鄭氏謂百家以上共〔立〕一社，若今時里社。此以漢制明古也。《周禮》八鄉之內，族祭酺，黨祭禜，雖百家以上亦不祭社，特州然後祭之者，黨族非不祭也，❷姑以別社、禜、酺之等差耳。《禮》曰：「唯爲社事，單出里；唯爲社田，國人竭作；唯社，

❶ 「以下」，原脱。脱則成「大夫社」，然下明言「大夫不得特立社」，且所言皆爲「大夫以下社」，故知此不得爲「大夫社」。今據目録、卷首小目補。明本、庫本、嘉慶本因而不改，而於下「亳社」圖上補「大夫以下社」、「亳社」兩行小題，補「亳社」是，補「大夫以下社」則不必。

❷ 「黨」下，原衍「祭」字，今據上下文意及《五禮通考》卷四十二《吉禮四十二·社稷》所引删。

丘乘共粢盛。」蓋單出里則家出一人，畢作則羨卒盡起，丘乘共粢盛則牢醴亦在所共。皇氏曰：「大夫以〔下無〕藉田，祭社則丘乘之民共之。」其説是也。《左傳》有「清丘之社」，《月令》：「仲春命民社。」先儒以謂自秦以下民〔始得立社〕，然《禮》言「大夫以下」，則民社不始於秦。

亳社❶

❷

❶「亳社」，原脱，今據目録、卷首小目、明本、庫本、嘉慶本補。

❷此及上圖爲底本圖。

《禮記·郊特牲》曰：「天子大社，必受霜露風雨，以達天地之氣也。是故喪國之社〔屋〕之，不受天陽也。薄社北牖，使陰明也。」「絶其陽，通其陰而已。〔薄社〕，商之社。商始都薄。」正義曰：「風雨至則萬物生，霜露降則萬物〔成〕。故不爲屋以受霜露風雨。」❶《媒氏》：「凡男女之陰訟，聽之于勝國之社。」「勝國，亡國也。亡國之社，奄其上，棧其下，使無所通。就之以聽陰訟之情，明不當〔宣〕露其罪。」《喪祝》：「掌勝國邑之祝號，以祭祀禱祠焉。」《小司寇》：「若祭勝國之社稷，則爲之尸。」「以刑官爲尸，略之也。」左氏襄三十年《左傳》曰：「鳥鳴于亳社，如曰譆譆。甲午，宋大災。」又曰：「間于兩社。」亳社，大社也。又曰：「平子伐莒，取郠，獻俘，始用人於亳社。」哀四年書「亳社災」，七年「魯以邾子益獻于亳社」。「以其亡國，與殷同。」《公羊》曰：「亳社者何？亡國之社也。社者，封也。其言災何？亡國之社蓋揜其上而柴其下。薄社災，記異也。」「戒社者，先王所以威示教戒諸侯，使事上也。」《穀梁》曰：「亳，亡國也。亡國之社，以爲宗廟屏戒也。」「立亳之社於廟之外，以爲屏蔽。取其不得通天，人君瞻之〔而〕致戒心。」其屋亡國之社，不得達上也。」《白虎通》曰：「王者、諸侯必有誡社者何？示有存亡也。

❶「故」，原誤作「哀」，今據明本、庫本、嘉慶本及《禮記·郊特牲》鄭注改。

明爲善者得之，爲惡者失之。」《五行志》曰：「亳社災，董仲舒、劉向以爲亡國之社，所以爲戒也。」《韓詩傳》曰：「亡國之社，以戒諸侯。人之戒在於桃殳。」

孔子謂魯哀公曰：「君出魯之四門，以望魯之四郊，亡國之墟必有數焉。君以此思懼，則懼將焉不至。」然則天子、諸侯必有勝國之社，其意亦若此也。《記》言「天子大社」，繼之以「亡國之社屋之」，天子之亳社也。《春秋》書「亳社災」，魯之亳社也。《左傳》曰「鳴于亳社」，宋之亳社也。社必有稷，《小司寇》「祭勝國之社稷，則爲尸」是也。位必在左，《春秋傳》所謂「間于兩社」是也。揜上棧下，不受天陽，設於北牖，使陰明焉。以其不能生成萬物，而趨於幽也。男女之訟於此聽者，以其當隱蔽而不敢褻也。祭之而刑官爲尸者，以其滅亡，刑之類也。宗廟之制，天子外屏，諸侯内屏，不容以亡國之社爲之。《穀梁》以亡國之社爲廟屏，此不可考。孔穎達曰：「亡國之社或在廟，或在庫門内之東。」是穎達亦疑《穀梁》之説。

市社

《内宰》：「凡建國，佐后立市。設其次，置其敘，正其肆，陳其貨賄，出其度量淳制，祭之以陰禮。」鄭司農云：「祭之以陰禮者，市中之社，先后所當立也。」鄭康成曰：「陰禮，婦人之祭禮。」然則祭市之社，其禮與凡社異矣。

社主

《周禮·小宗伯》：「若大師，則帥有

司而立軍社，奉主車。」《春秋傳》曰：「軍行，祓社釁鼓，祝奉以從。」鄭氏曰：「社之主，蓋用石爲之。」唐神龍中，議立社主，韋叔夏等引《吕氏春秋》及鄭玄義，以爲社主用石。又後魏天平中，太社石主遷于社宫，是社主用石矣。又檢舊社主長一尺六寸，方一尺七寸，在禮無文。案《韓詩外傳》云：「天子大社方五丈，諸侯半之。蓋以五是土數，故壇方五丈。其社主請准五數，❶長五尺；准陰之二數，❷方二尺；剡其上以象物生，方其下以象地體；❸埋其半，以根在土中而本末均也。」蓋石，地類也。先儒謂社主石爲之，其長不過尺〔五〕寸，其短以寸計之。唐之時舊主一尺六寸，方一尺七寸，蓋有所傳然也。而議者謂宜長五尺，方二尺，埋其半於土中。此臆論也。古者天子、諸侯有載社之禮，而陳侯嘗擁社以見鄭子展。襄二十五年《左》。果埋其半，則不可迎而載；果石長五尺，方二尺，則不可取而擁。

禮書卷第九十二終

❶「准」，原脱，今據《唐會要》卷二十二「社稷」條、《通典》卷四十五《禮五·吉四》「社稷」條同引補。明本、庫本、嘉慶本去「請」字而補「准」字。

❷「准」，原誤作「唯」，今據《唐會要》卷二十二「社稷」條、《通典》卷四十五《禮五·吉四》「社稷」條同引及文例、文意改。

❸「象」，原誤作「體」，今據《唐會要》卷二十二「社稷」條、《通典》卷四十五《禮五·吉四》「社稷」條同引及文例、文意改。

禮書卷第九十三

蜡

臘　釁禮

蜡　臘蜡主先嗇而祭司嗇,❶則先嗇居主位,而司嗇居配位矣。蜡祭及天宗,而天宗者,日月之類。日月雖尊,非其所主,故《記》言「大蜡八」,而日月不與也。《鄉飲酒禮》僎固尊矣,不居正位,與此同意。❷

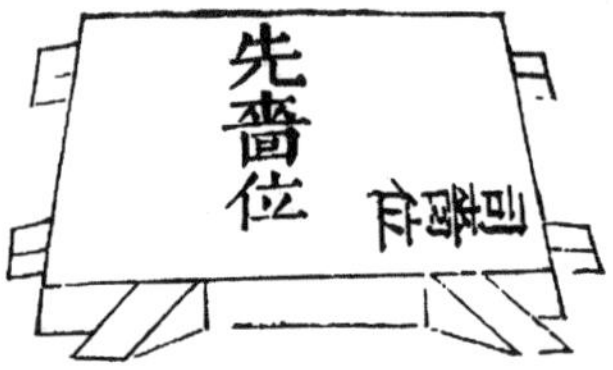

《周禮·黨正》:「國索鬼神而祭祀,則以禮屬民,而飲酒于序。」《鼓人》:「凡祭祀百物之神,鼓兵舞、帗舞者。」《大宗伯》:「以疈辜祭四方百物。」《司服》:「祭群小祀,則玄冕。」《大司樂》:「凡六樂者,一變而致羽物及川澤之示,再變而致鸁物及山林之示,三變而致鱗物及丘陵之示,四變而致毛物及墳衍之示,五變而致介物及土示,六變而致象物及天神。」《籥章》:「國祭蜡,則吹《豳頌》,擊土鼓,以息老物。」《羅氏》:「蜡則作羅襦。」《考工記·梓人》:「張獸侯

❶「臘」下,原有大字「附」。有「附」字,則「臘附」自當爲小字,作副題,然易與下注文相混。故明本、嘉慶本於目録中有「臘附」小字副題,此處則删「附」字,各從其宜也。庫本此處亦無「附」字。今據删。

❷「蜡主」至「同意」,原在圖下,大字似正文。今據明本、庫本、嘉慶本乙至此作副題。「同意」,明本、庫本、嘉慶本作「意同」。

以息燕。」鄭氏曰：「休農，息老物。」《月令》：「孟冬，天子乃祈來年于天宗，大割祠于公社及門閭，臘先祖、五祀，勞農而休息之。」鄭氏曰：「此《周禮》所謂蜡也。」《郊特牲》曰：「天子大蜡八。伊耆氏始爲蜡。蜡也者，索也；歲十二月，合聚萬物而索饗之也。蜡之祭也，主先嗇而祭司嗇也。祭百種，以報嗇也。饗農及郵表畷、禽獸，仁之至，義之盡也。迎貓，爲其食田鼠也。迎虎，爲其食田豕也。祭坊與水庸，事也。皮弁素服而祭。素服，以送終也。葛帶榛杖，喪殺也。黄衣黄冠而祭，息田夫也。「祭謂既蜡，臘先祖、五祀也。」八蜡，以記四方。四方年不順成，八蜡不通，以謹民財也。順成之方，其蜡乃通，以移民也。既蜡而收，民息已，故既蜡君子不興功。」「息民與蜡異，則黄衣黄冠而祭爲臘必矣。」《禮運》曰：「昔者仲尼與於蜡賓，事畢出遊於觀之上，喟然而歎。」《明堂位》曰：「大蜡，天子之祭也。」《雜記》：「子貢觀蜡，孔子曰：『賜也樂乎？』對曰：『一國之人皆若狂，賜未知其樂也。』孔子曰：『百日之蜡，一日之澤，非爾所知也。』」傳曰：「夏曰嘉平，商曰清祀，周曰大蜡；秦初曰臘，後曰嘉平。」《左氏》曰：「虞不臘矣。」揚子曰：「若牛羊用人，則狐狸、螻螾不膢臘也。」

蜡之爲祭，所以報本反始，息老送終也。其服，王玄冕，而有司皮弁素服，葛帶榛杖。其牲體疈辜，其樂六樂而奏六變，吹《豳頌》，擊土鼓，舞兵舞、帗舞。其所致者，山澤川陵以至土示、天神，莫不與焉。則合聚萬物而饗之者，非特八神也，而所重者八，以其尤有功於田故也。其神之尊者，非特先嗇也，而主先嗇，以其始有事於田故也，鄭氏曰「先嗇，若神農者。司嗇，后稷」是也。農，田畯也。郵表畷，田畯所以督約百姓於井間之處也。《爾雅》曰：「畯，農夫也。」然則蜡之八神，則先嗇也，司嗇也，百種也，農也，郵表畷也，禽獸也，坊也，水庸也。古者蜡則飲于學，《黨正》「屬民飲酒于序」是也；既蜡則臘先祖、五祀于廟，「仲尼與於蜡賓，事畢出遊於觀之上」是也。然則臘亦謂之蜡矣。先儒以《郊特牲》言「皮弁素服而祭」，又言「黄衣黄冠而祭」，則二祭之服不同。《月令》言「祈來年于天宗，割祠于公社」，又言「臘先祖、五祀」，則祈臘之名不同，於是謂「皮弁素服而祭」，與「祈來年於天宗」，蜡也；「黄衣黄冠而祭」，與「臘先祖、五祀」，臘也。蜡以息老物，臘以息民。息民固在蜡後矣，此《記》所以言「既蜡而收，民息已」也。周蜡於十有二月，秦臘於孟冬，皆建亥之月也。晉侯以十二月滅虢，遂襲虞。宫之奇曰：「虞不臘矣。」則臘在蜡月可知矣。古者臘有常月而無常日，祖在始行而無常時。由漢以來溺於五行之説，以王曰祖，以衰曰臘，❶其失先王之禮遠矣。後周兼五天帝、五人帝與百神而蜡於五郊；唐不祭五天帝、五人帝，特蜡百神於南郊，而闕其方之不登者。然蜡因其順成之方以報神，因其州之序以樂民，則唐一於南郊，非也。蜡及天宗，則日月星辰之類而已，後唐兼天帝而祭之，亦非也。先儒謂蜡六奏樂而禮畢，東方之祭則用太蔟、姑洗，南方蕤賓，西方夷則、無射，北方則黄鍾爲均。於理或然。

❶「衰」，原誤作「袞」，今據明本、庫本、嘉慶本改。

釁禮

《天府》：「上春，釁寶鎮及寶器。」《小子》：「掌珥于社稷，祈于五祀。「玄謂珥讀爲衈，祈或爲刏。用毛牲曰刏，羽牲曰衈。衈刏社稷五祀，❶謂始成其宮兆時。《士師》：『凡刏衈，則奉犬牲。』此刏衈正字與？」❷釁邦器及軍器。」《大司馬》：「涖釁主及軍器。」「軍器，鼓鐸之屬。凡師，既受甲，迎主于廟。及社主，祝奉以從。殺牲，以血塗主及軍器，皆神之。」《龜人》：「上春釁龜。」「釁者，殺牲以血之，神之也。《月令》：『孟冬，釁祀龜策。』」《羊人》：「釁積，共其羊牲。」《圉師》：「春除蓐，釁廐。」《雞人》：「凡祭祀，面禳，釁，共其雞牲。」「釁廟用羊，門、夾室皆用雞。」《大祝》：「隋釁、逆牲、逆尸，令鐘鼓。右亦如之。」「隋釁，謂薦血也。凡血祭曰釁。既隋釁後言逆牲，容逆鼎。」《小祝》：「大師，掌釁祈號祝。」「釁謂釁鼓也。《春秋傳》曰：『君以軍行，祓社釁鼓，祝奉以從之。』」《女巫》：「掌歲時祓除、釁浴。」「釁浴，謂以香薰草藥沐浴。」《鬯人》：「大喪，共其釁鬯。」「釁尸以鬯酒，使之香美。」《士師》：「凡刏珥，則奉犬牲。」《犬人》：「凡幾珥、沈、辜，用駹可也。」「玄謂幾讀爲刏，珥當爲衈。刏衈者，釁禮之事。」《司約》：「若有訟者，則珥而辟藏。」「玄謂殺雞取血釁其户。」❸《雜記》曰：「成廟則釁之，其禮：祝、宗人、宰夫、雍人皆爵弁、純衣。雍人拭羊，宗人視之。宰夫北面于碑南，東上。雍人舉羊升屋自中，中屋南面刲羊，血流于前，乃降。門、夾室皆用雞，先門而後夾室。其衈皆於屋下。割雞，門當門，夾室中室。」又

❶「衈刏」，原誤作「刏珥」，今據《周禮·小子》鄭注改。
❷「衈」，原誤作「珥」，今據《周禮·小子》鄭注改。
❸「户」，原誤作「尸」，今據《周禮·司約》鄭注改。

曰：「路寢成，則考之而不釁。釁屋者，交神明之道也。凡宗廟之器，其名者成，則釁之以豭豚。」《春秋傳》曰：「君以軍行，祓社釁鼓，祝奉以從。」又曰：「魯叔孫爲子孟鍾，饗大夫以落之。」《孟子》曰：「『牛何之？』『將以釁鐘。』」《說文》曰：「釁，血祭也，象祭竈也。」《文王世子》曰：「始立學者，既興器，用幣。」注：「『興』當爲『釁』。」唐制，鐘鼓新成，使羊豕一釁之。皇太子親戎，及大將出師，則豭豕一釁鼓。

釁者，塗釁以血，交神明之道也。廟成則釁，室成不釁，以室不可以神之也。宗廟之器，其名者釁，非名者不釁，以非名者不足以神之也。《記》曰：「成廟之釁，其禮：祝、宗人、宰夫、雍人皆爵弁、純衣。雍人拭羊，宗人視之。宰夫北面于碑南，東上。雍人舉羊升屋自中，中屋南面封羊，血流于前，乃降。門、夾室皆用雞，先門而後夾室，其衈皆於屋下。割雞，門當門，夾室中室。」然則《周官·羊人》「釁，共羊牲」，將以釁廟也；《雞人》「釁，共雞牲」，將以釁門及夾室也。《犬人》「幾珥用駹」，《禮記》言「宗廟之器，釁之以豭豕」，則釁牲不特釁羊而已，賈公彥曰「或犬或羊，俱得爲釁」是也。《小子》「珥于社稷，祈于五祀」，《羊人》之「祈珥」，《犬人》之「幾珥」，《士師》之「刉珥」，《司約》之「珥」，鄭氏皆以爲釁禮，謂祈、幾皆當爲刉，而珥當爲衈，毛牲曰「刉」，羽牲曰「衈」，其說蓋以《禮記》言「釁」而繼之以「衈，皆於屋下」，❶於是以「祈珥」爲釁。其詳不可考也。《羊人》：「凡祈珥，共羊

❶「於」，庫本作「以」。

牲。」《士師》：「凡刉珥，奉犬牲。」《犬人》：「凡幾珥，用駹。」《雜記》廟用羊，門用雞，皆云「衈」，則衈非特用牲矣。鄭之説誤也。古之用釁者多矣，若《天府》「釁寶鎮及寶器」，《小子》「釁邦器及軍器」，《龜人》「釁龜」，《圉人》「釁廄」，以至社稷、五祀，與夫師行之主，藏約之户，或釁於始成，或釁於將用，其禮豈一端哉。然釁，有司行事而君不親，《記》曰：「有司事畢反命于寢，君于門内朝服。既反命，乃退。」鄭氏曰：「君朝服者，不至廟也。」犬羊爲牲而牛馬不預，有司爵弁而不冕，❶牲駹而不純，則釁之爲禮也小矣。後世有以牛釁鐘，而甚者有叩人鼻以衈社，此先王之所棄也。《大祝》：「隋釁，令鐘鼓。」鄭氏曰：「隋釁，謂薦血也。凡祭血曰釁。」《女巫》：「掌歲時祓除、釁浴。」鄭氏曰：「釁浴，謂以香薰草藥沐浴也。」然釁浴之於釁禮，名同而實異。若夫隋釁，則挼與釁也。鄭氏合之，以爲薦血，誤矣。

禮書卷第九十三終

❶「司」，原誤作「可」，今據明本、庫本、嘉慶本改。

禮書卷第九十四

釋奠　釋菜　五祀

釋奠室中行禮。

❶

《王制》：「出征執有罪，反，釋奠于學，以訊馘告。」「釋采奠幣，禮先師也。」《文王世子》：「凡學，春，官釋奠于其先師。秋冬亦如之。「不言夏，夏從春可知也。釋奠者，設薦饌酒奠而已，無迎尸以下之事。」凡始立學者，必釋奠于先聖先師，及行事必以幣。凡釋奠者，必有合也，有國故則否。「合者，當與鄰國合也。」凡大合樂，必遂養老。」「大合樂，謂春入學舍采合舞，❷秋頒學合聲。於是時也，天子則視學焉。遂養老者，謂用其明日也。」「始立學者，既興器用幣，「興當爲釁。」然後釋菜，「菜，芹藻之屬。」不舞不授器。「釋菜禮輕也。釋奠則舞，舞則授器。司馬之屬司兵、司戈、司盾，祭祀授舞者兵也。」乃退，儐于東序，一獻，無介、語，可也。」「釋菜于虞庠，則儐賓于東序。」「天子視

❶ 圖中文字，原無，爲明本、庫本、嘉慶本所增。

❷ 「謂」，原作「爲」，今據《禮記·文王世子》鄭注改。

學，大昕鼓徵。乃命有司行事，興秩節，祭先師先聖焉。有司卒事反命，始之養也。適東序，釋奠於先老。」《周禮》：「凡有道有德者，使教焉，死則以爲樂祖，祭於瞽宗。」《大祝》：「大會同，造于廟，宜于社，過大山川則用事焉。反行，舍奠。」《曾子問》曰：「凡告必用制幣，反亦如之。」《甸祝》：「舍奠于祖廟，禰亦如之。」賈公彦曰：「非時而祭曰奠，以其不立尸。❶奠之爲言停，停饌具而已。」《儀禮》：❷「賓朝服釋幣于禰，又釋幣于行，遂受命。上介釋幣亦如之。釋幣于門，乃至于禰，筵几于室，薦脯醢，觴酒陳。「主人酌進奠，一獻。言陳者，將復有次也。先薦後酌，祭禮也。行釋幣，反釋奠，略出謹入也。」❸席于阼，薦脯醢，三獻。」魏齊王釋奠于辟雍，以太牢祠孔子，以顏回配。宋文帝時釋奠。裴松之議：「應舞六佾，宜設軒懸之樂，牲牢、器幣悉依上公。」齊武帝時，喻希議用宋元嘉故事。北齊將講於天子，講畢，以一太牢釋奠孔子，配以顏回，列軒懸樂、六佾。春秋二仲嘗行其禮，每月朔，祭酒領博士以下及國子諸學生以上，太學、四門博士升堂，助教以下、太學諸生階下，拜孔聖，揖顏回，日出行事。其郡學立孔、顏廟。❹博士以下亦每月朝。隋制，國子寺每歲四仲月上丁釋奠于先聖先師。唐武德中，國子學立周公、孔子廟各一所，四時致祭。初以博士爲祭主。許敬宗奏曰：「晉、宋以降，時有親行，而學官爲主。今請國學釋奠，令國子祭酒爲初

❶「立尸」，原誤作「尸只」，今據明本、庫本、嘉慶本及《周禮·甸祝》改。
❷「儀」，明本、庫本、嘉慶本作「聘」。
❸「略」，原誤作「客」，今據庫本、嘉慶本及《儀禮·聘禮》鄭注改。
❹「廟」，原誤作「朝」，今據明本、庫本改。

獻，詞稱『皇帝謹遣』，❶司業亞獻，博士終獻；州學刺史初獻，上佐亞獻，博士終獻；縣學令初獻，丞亞獻，主簿及尉通爲終獻。」貞觀中，太宗幸國子學，觀釋奠。永崇二年，皇太子親行釋奠之禮。開元十一年，春秋釋奠用牲牢，其屬縣用酒脯而已。後釋奠文宣王，始用宮縣之樂。後敕文宣王廟春秋釋奠，宜令攝三公行禮。劉瑗奏，准故事，釋奠之日，群官道俗等，皆合赴監觀禮。

奠者，陳而奠之也。鄭氏曰：「釋奠者，設薦饌酌奠而已，無迎尸以下事。」賈公彥曰：「奠之爲言停，停饌具而已。」考之《儀禮》，聘賓歸，「至于禰，薦脯醢，觴酒陳」。陳者，所以奠之也，則「釋奠，設薦饌酌奠而已」可知也；《特牲饋食》奠觶於尸未至之前，則釋奠無迎尸可知也。古者釋奠，或施於山川，或施於廟社，或施於學。《周官·大祝》：「大會同，造于廟，宜于社，過大山川則用事焉。反行，舍奠。」《甸祝》：「舍奠于祖廟，禰亦如之。」此施於山川、廟社者也。《大司樂》：「凡有道者有德者，使教焉，死則以爲樂祖，祭於瞽宗。」《文王世子》：「凡學，春，官釋奠于先師。秋冬亦如之。凡始立學者，必釋奠于先聖先師，及行事，必以幣。凡釋奠者，必有合也。」「天子視學，大昕鼓徵，乃命有司行事，興秩節，祭先聖先師焉。有司卒事反命。適東序，釋奠于先老。」《王制》：「出征執有罪，反，釋奠于學，以訊馘告。」此施於學者也。山川、廟社之

❶「詞」，原作「祠」，今據上下文意及《通典》卷五十三《禮十三·沿革十三·吉禮二十》「釋奠」條同引改。

祭不止於釋奠，學之祭釋奠而已。賈公彦曰：「非時而祭曰奠。」此爲山川、廟社而言之也。學之釋奠則有常時者，有非時者。《文王世子》：「凡學，春，官釋奠于先聖先師。秋冬亦如之。」鄭氏曰：「不言夏，夏從春可知。」此常時之釋奠也。凡始立學，天子視學，出征執有罪反，以訊馘告，必釋奠焉，此非時之釋奠也。釋奠之禮，有牲幣，有合樂，有獻酬。《大祝》：「造于廟，宜于社，過大山川則用事。反則釋奠。」此告祭也。《曾子問》曰：「凡告必用牲幣。」《文王世子》：「凡始立學，釋奠行事，必以幣。」此釋奠有牲幣之證也。《文王世子》：「凡釋奠者，必有合也。」此釋奠有合樂之證也。《聘禮》：「觴酒陳。席于阼，薦脯醢，三獻。一人舉爵，獻從者，行酬，乃出。」此釋奠有獻酬之證也。然山川、廟社之釋奠，皆有牲幣。學之釋奠，非始立學，則不必有幣也。學之釋奠有合樂，則山川、廟社不必有合也。聘賓釋奠有三獻，則天子、諸侯之於山川、廟社不止三獻也。凡始立學與天子視學，釋奠于先聖先師，四時則釋奠先師而已。《文王世子》謂「春釋奠于先師」，鄭氏釋《王制》亦謂釋奠禮先師。其説是也。然鄭氏以《王制》之釋奠謂釋菜奠幣，以《文王世子》之「釋奠者必有合」爲與鄰國合。孔穎達以《學記》之釋菜爲釋奠，其説誤也。

釋菜

《周禮·大胥》：「春入學舍菜合舞。」鄭司農云：「古者士見於君，以雉爲摯；見於師，以菜爲摯。菜，直爲蔬食菜羹之菜。」鄭康成云：「舍，即釋也。始入學，必舍菜禮先師也。菜，蘋藻之屬。」《占夢》：「季冬，乃舍萌于四方，以贈惡夢。」「舍萌猶釋菜也。」《儀禮・士婚禮》：「若舅姑既没，則婦入三月，乃奠菜。「以篚祭菜，蓋用菫。」席于廟奥，東面，右几；席于北方，南面。祝盥。婦盥于門外。婦執笲菜。祝帥婦以入。祝告，稱婦之姓曰：『某氏來婦，敢奠嘉菜于皇舅某子。』婦拜扱地，坐，奠菜于几東席上，還，又拜如初。婦降堂，取笲菜入。祝曰：『某氏來婦，敢告于皇姑某氏。』奠菜于席，如初禮。婦出。祝闔牖、户。」❶《詩・采蘩》曰：「于以采蘩，于沼于沚。于以用之，公侯之事。于以采蘩，南澗之中。于以用之，公侯之宫。」《采蘋》：「于以采蘋，南澗之濱。于以采藻，于彼行潦。于以盛之，維筐及筥。于以湘之，維錡及釜。于以奠之，宗室牖下。」《左傳》：「苟有明信，澗谿沼沚之毛，蘋蘩薀藻之菜，筐筥錡釜之器，潢污行潦之水，可薦於鬼神，可羞於王公。」《禮記・月令》：「仲春上丁，命樂正習舞，釋菜。」《文王世子》：「始立學者，既興器，用幣，「『興』當爲『釁』。」然後釋菜。不舞不授器。乃退，儐于東序，一獻，無介語可也。」《學記》：「皮弁祭菜，示敬道也。」《喪大記》：「大夫既殯，而君往焉。巫止于門外，祝代之先。君釋菜于門内。」

《周禮・大胥》：「春入學舍菜合舞。」《學記》：「皮弁祭菜，示敬道也。」《月令》：「仲春上丁，命樂正習舞，釋菜。」《文王世子》：「始立學者，既興器，用幣，然後釋菜。不舞不授器。乃退，儐

❶「祝」，原脱，今據明本、庫本、嘉慶本及《儀禮・士昏》補。

于東序，一獻，無介語可也。」然則釋菜之禮，猶摯也。婦見舅姑，其摯也，棗、栗、腶脩；若没而廟見，則釋菜。弟子見師，其摯也束脩；若禮于先師，則釋菜。《大胥》「釋菜，❶合舞」，而《文王世子》「釋菜，不舞不授器」者，以釋奠既舞故也。《士喪禮》：「君視斂，釋菜，入門。」《喪大記》：「大夫、士既殯而君往焉，釋菜于門内。」《占夢》：「季冬，乃舍萌于四方。」舍萌，釋菜也。則釋菜之禮豈特子弟之見先師、婦之廟見而已哉？《婚禮》：「奠菜。席于廟奥，東面，右几；席于北方，南面。祝盥。婦盥于門外。婦執笲菜。祝帥婦以入。祝告，稱婦之姓曰：『某氏來婦，敢奠嘉菜于皇舅某子。』婦拜扱地，坐，奠菜于几東席上，還，又拜如初。婦降堂，取笲菜入。祝曰：『某氏來婦，敢告于皇姑某氏。』奠菜于席，如初禮。」《記》曰：「笲，緇被纁裏，加于橋。」蓋婦菜盛以笲，笲飾以緇被纁裏，加之于橋，橋設於門外。婦盥，執笲以入，坐奠于東几上。然則弟子之見先師，其儀蓋此類歟？鄭氏謂婚禮奠菜蓋用堇，入學釋菜蘋藻之屬，❷始立學釋菜芹藻之屬，蓋以泮宫有芹藻，子事父母有堇荁，故有是説也。菜之爲摯，則菜而已。《采蘋》教成之祭，毛氏謂「牲用魚，芼之用蘋藻」，則《詩》所謂「湘之」者，芼之也，與釋菜異矣。

❶「釋」，明本、庫本、嘉慶本及《周禮・大胥》作「舍」。
❷「菜」，明本、庫本、嘉慶本作「奠」。

五祀

春祀户

夏祀竈

季夏祀中霤

秋祀門

冬祀井

《禮記·曲禮》：「天子祭天地，祭四方，祭山川，祭五祀，歲遍；諸侯方祀，祭山川，祭五祀，歲遍；大夫祭五祀，歲遍；士祭其先。」「五祀，户、竈、中霤、門、行也。此蓋殷時祭也。《祭法》曰：『天子立七祀，諸侯立五祀，大夫立三祀，士立二祀。』謂周制也。」《王制》：「大夫祭五祀。」「〔五〕祀謂司命也，中霤也，門也，行也，厲也。此祭謂大夫有地者，其無地祭三耳。」《月令》：「孟春，其祀户，❶祭先脾。」「春陽氣出，祀之於户，内陽也。祀之先祭脾者，春爲陽中，於藏直脾，❷脾爲尊。凡祭五祀，於廟，用特牲，有主有尸，皆先設席于奥。祀户之禮，南面設主于户内之西，乃制脾及腎爲俎，奠于主北。又設盛于俎西，祭黍稷，祭肉，祭醴，皆三。❸祭肉，脾一，腎再。既祭，徹之，更陳鼎俎，設饌于筵前。迎尸略如祭宗廟之儀。」孟夏，其祀竈，祭先肺。「夏陽氣盛，熱於外，祀之於竈，從熱類也。祀之先祭肺者，陽位在上，肺爲尊也。竈在廟門外之東，祀竈之禮，先席於門。亦既祭徹之，更陳鼎俎，設饌于筵前，迎尸，如祀户之禮。」中央土，其祀中霤，祭先心。「中霤，猶中室也。土主中央而神在室。古者複穴，是以名室爲霤云。祀之先祭心者，五藏之

❶「户」，原誤作「尸」，今據明本、庫本、嘉慶本及《禮記·月令》改。

❷「藏」，原誤作「疰」，今據明本、庫本、嘉慶本及《禮記·月令》鄭注改。

❸「皆」，原誤作「此」，今據嘉慶本及《禮記·月令》鄭注改。

次，心次肺，至此，心爲尊也。祀中霤之禮，設主牖下，❶乃制心及肺、肝爲俎。其祭肉，心、肺、肝各一，他皆如祀户之禮。」孟秋，其祀門，祭先肝。「秋陰氣出，祀之於門，外陰也。祀之先祭肝者，秋爲陰中，於藏直肝，肝爲尊也。祀門之禮，北面，設主于門左樞，乃制肝及肺、心爲俎，奠于主南，又設盛于俎東。其他皆如祭竈之禮。」孟冬，其祀行，祭先腎。「冬陰盛氣，❷寒於水，祀之於行，從辟除之類也。祀之先祭腎者，陰位在下，腎亦在下，腎爲尊也。在廟門外之西，爲軷壤，厚二寸，廣五尺，輪四尺。祀行之禮，北面，設主于軷上，乃制腎及脾爲俎，奠于主南，又設盛于俎東。祭肉，腎一，脾再。其他皆如祀門之禮。」是月也，天子乃祈來年于天宗，大割祠于公社及門閭，臘先祖、五祀。」「五祀，門、户、中霤、竈、行也。或言祈年，或言大割，或言臘，互文。」《曾子問》曰：「君薨而世子生，太宰命祝史以名遍告于五祀、山川。天子崩，未殯，五祀之祭不行。既殯而祭。其祭也，尸入三飯，不侑，酳不酢而已矣。自啓至于反哭，五祀之祭不行。已葬而祭，祝畢獻而已。」「既葬彌吉，畢獻祝而後止。郊社亦然，惟嘗禘宗廟，俟吉也。」《禮運》曰：「降于五祀之謂制度。」又曰：「禮行五祀，正法則也。家主中霤，國主社。」《郊特牲》云：「三獻文。」「謂社稷、五祀也。」《祭法》曰：「王爲群姓立七祀，曰司命，曰中霤，曰國門，曰國行，曰泰厲，曰户，曰竈；王自爲立七祀。諸侯爲國立五祀，曰司命，曰中霤，曰國門，曰國行，曰公厲；諸侯自爲立五祀。大夫立三祀，曰族厲，曰門，曰行。適士立二祀，曰門，曰行。庶士、庶人立一祀，或立户，或立竈。」「此非大神所祈報大事者也，小神居人之間司察小過作譴告者爾。《樂

❶「牖」，原誤作「户」，今據明本、庫本、嘉慶本及《禮記·月令》鄭注改。

❷「盛氣」，明本、庫本、嘉慶本皆作「氣盛」。按今本《禮記·月令》鄭注原文無「氣」字。

記》：『明則有禮樂，幽則有鬼神。』鬼神，謂此與？司命，主督察三命。中霤，主堂室居處。門、户，主出入。行，主道路行作。厲，主殺罰。竈，主飲食之事。《明堂月令》：『春曰其祀户，祭先脾。夏曰其祀竈，祭先肺。中央曰其祀中霤，祭先心。秋曰其祀門，祭先肝。冬曰其祀行，祭先腎。』《聘禮》曰：『使者出，釋幣於行。歸，釋幣於門。』《士喪禮》曰：『疾病，禱于五祀。』司命與厲，其時不著。今時民家，或春秋祠司命、行神、山神，門、户、竈在旁。是必春祠司命，秋祠厲也。或者合而祠之，山即厲也。民惡言厲，巫祝以厲山爲之，謬乎！《春秋傳》曰：『鬼有所歸，乃不爲厲。』」《周禮·大宗伯》：「以血祭祭社稷、五祀。」「鄭司農云：『五祀，五色之帝。於王者宫中曰五祀。』玄謂此五祀者，五官之神在四郊，四時迎五行之氣於四郊，而祭五德之帝，亦食此神焉。少昊氏之子曰重，爲勾芒，食於木；該爲蓐收，食於金；脩及熙爲玄冥，食於水。顓氏子曰黎，爲祝融、后土，食於火、土。」《司服》：「祭社稷、五祀，則希冕。」《小祝》：「大喪，分禱五祀。」「王七祀，祀五者，司命、大厲平生出入不以告。」《小子》：「珥于社稷，祈于五祀。」《儀禮·既夕》：「既疾病，乃行禱于五祀。」「五祀，博言之。士二祀，曰門，曰行。」《聘禮》：「賓釋幣于行；歸，釋幣于門。」《荀子》曰：「五祀，執薦者百人，侍西房。」「鄭云：『五祀，祭五德之帝。』或曰禘、祫、蒸、嘗及大祫。」《後漢志》：「國家亦有五祀之祭，其禮簡於社稷云。」劉昭曰：「五祀，門、户、井、竈、中霤。」《江都集禮》載：「《白虎通》云『户祭脾，竈祭肺，中霤祭心，門祭肝，井祭腎』者，脾，土也，春木旺，故以勝祭之。即如是，終冬腎。六月心，非所勝也。以心土位，在中央，至尊，故祭心者，五岳之尊者也，故祭之。水最卑，不得食所勝制。」

五祀見於《周禮》、《禮記》、《儀禮》，雜出於史傳多矣。特《祭法》以司命、泰厲爲七祀，而《左傳》、昭二十五年。《家語》《五帝》篇。則以五祀爲重、該、脩、熙、黎、句龍之五官；《月令》以五祀爲門、行、户、竈、中霤；《白虎通》、劉昭、范曄、高堂隆之徒以五祀爲門、井、户、竈、中霤；鄭氏釋《大宗伯》之五祀則用《左傳》、《家語》之説，釋《小祝》之五祀用《月令》之説，釋《王制》之五祀則用《祭法》之説；而《荀卿》謂「五祀執薦者百人，侍西房」，侍西房則五祀固非四方之五官，侍必百人則五祀固非門户之類。然則所謂五祀者，其名雖同，其祭各有所主也。七祀之制，不見他經。鄭氏以七祀爲周制，五祀爲商制。然《周官》雖天子亦止於五祀，《儀禮》雖士亦傳五祀，則五祀無尊卑隆殺之數矣。《祭法》自七祀推而下之，至於適士二祀，庶人一祀，非周禮也。然禮所言五祀，蓋皆門户之類而已。門户，人所資以出入者也；中霤，人所資以居者也；竈井，人所資以養者也。先王之於五者不特所資如此，❶而又事有所本，制度有所興，此所以祀而報之也。中霤，土之所用事，故祀於中央；竈，火之所用事，❷故祀於夏；井，水之所用事，故祀於冬；户，在内而奇陽也，故祀於春；門，在外而耦陰也，故祀於秋。兩漢、魏晉之立五祀，井皆與焉，特隋唐參用《月令》、《祭法》之説，五祀祭行。及李林甫之徒復脩《月令》，冬亦祀井而不祀行。然則行神亦特載於始行而已，非先王冬日之常祀也。考之於《禮》，五祀之牲羊牲。《小司徒》：「小祭祀共牛牲。」凡祭五祀於廟，有主，有尸。觀《月令》臘先祖、五祀同時，則五

❶「特」，原誤作「持」，今據明本、庫本、嘉慶本及《文獻通考》卷八十六《郊社考十九》「五祀」條所引改。

❷「火」，原誤作「人」，今據明本、庫本、嘉慶本及《文獻通考》卷八十六《郊社考十九》「五祀」條所引改。

祀祭於廟可知也。《曾子問》「既殯而祭五祀，尸入三飯」，則五祀有尸可知也。「既殯而祭，不酳，不酢」，則凡祭五祀固有侑、酳與酢矣。老婦之祭，先儒以爲竈配，則五祀固有配矣。先儒又謂卿以上宗廟有主，五祀亦有主矣。大夫以下宗廟無主，五祀亦如之。然大夫之廟未嘗無主，五祀有主與否，不可考也。

禮書卷第九十四終

禮書卷第九十五

雞彝　鳥彝　斝彝　黃彝　虎彝　蜼彝
犧尊　象尊　壺尊　著尊　大尊
山尊

雞彝

鳥彝

斝彝

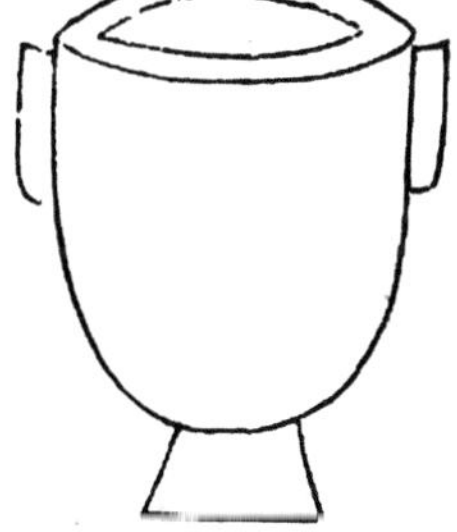

黃彝

虎彝

蜼彝

犧尊

象尊

壺尊

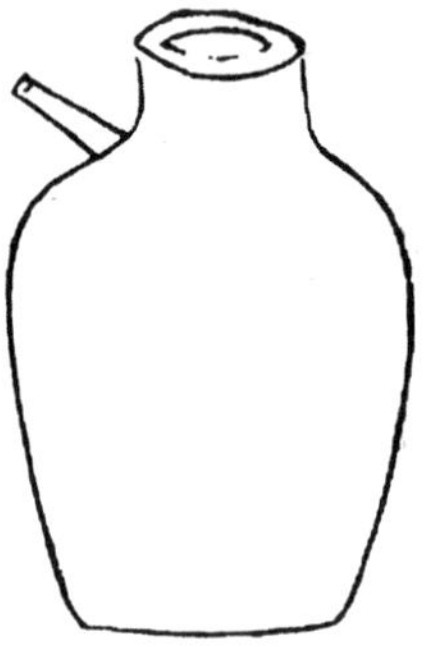

著尊

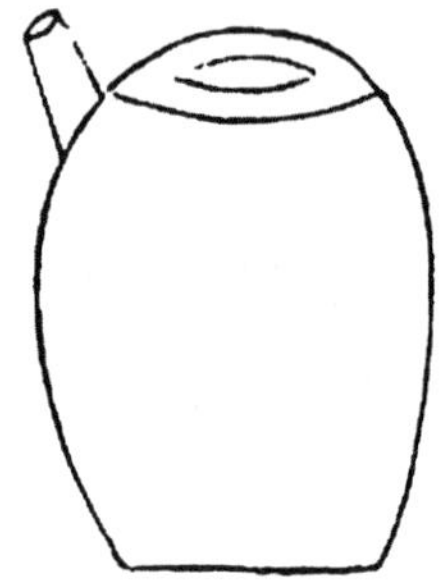

大尊

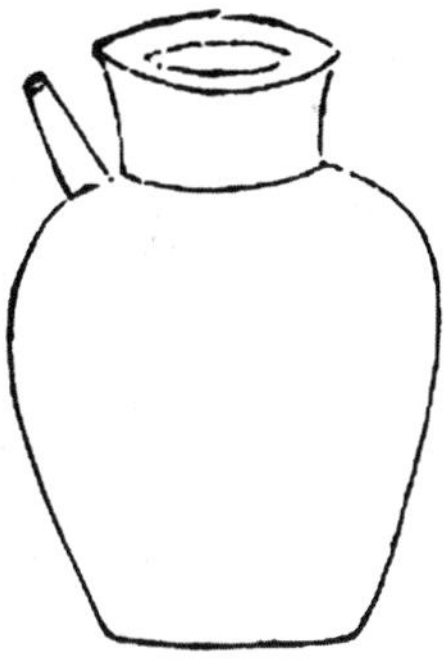

山尊

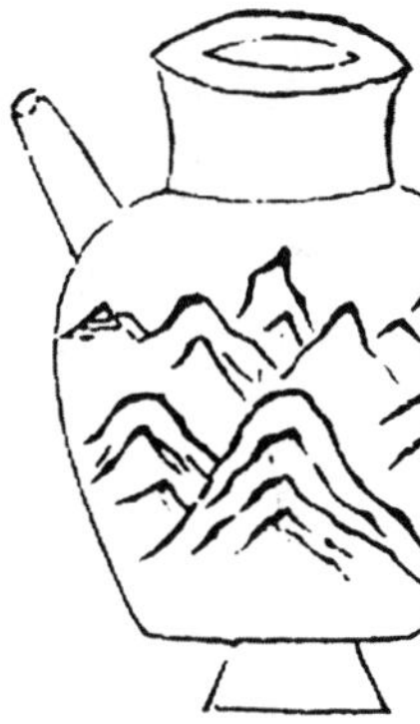

《周禮·酒正》：「凡祭祀，以法共五齊、三酒，以實八尊。大祭三貳，中祭再貳，小祭壹貳，皆有酌數。惟齊酒不貳。」「酌，器所用注尊中者，數量之多少未聞。鄭司農云：『齊酒不貳，爲尊者質，不敢副益也。』」《冪人》：「掌共巾冪。祭祀，以疏布巾冪八尊，「以疏布者，天地之神尚質。」以畫布巾冪六彝。」「宗廟可以文。畫者，畫其云氣。」《小宗伯》：「辨六尊之名物，以待祭祀、賓客。」《鬱人》：「掌祼器。「祼器，謂彝及舟與瓚。」凡祭祀、賓客之祼事，和鬱鬯以實彝而陳之。及葬，共其祼器，遂貍之。」「遣奠之彝與瓚也。」《司尊彝》：「掌六尊、六彝之位，詔其酌，辨其用與其實。春祠夏禴，祼用雞彝、鳥彝，皆有舟。其朝踐用兩獻尊，其再獻用兩象尊，皆有罍，諸臣之所昨也。秋嘗冬烝，祼用斝彝、黄彝，皆有舟。其朝獻用兩著尊，其饋獻用兩壺尊，皆有罍，諸臣之所昨也。凡四時之間祀，追享、朝享，祼用虎彝、蜼彝，皆有舟。其朝踐用兩大尊，其再獻用兩山尊，皆有罍，諸臣之所昨也。「雞彝、鳥彝，謂刻而畫之爲雞、鳳凰之形。皆有舟，❶皆有罍。鄭司農云：『舟，尊下臺，若今時承槃。象尊，或曰以象骨飾尊。《明堂位》曰：「犧象，周尊也。」《春秋傳》曰：「犧象不出門。」尊以祼神。罍，臣之所飲也。《詩》曰：「缾之罄矣，維罍之恥。」斝讀爲稼。稼彝，畫禾稼也。黃彝，黃目尊也。《明堂位》曰：「夏后氏以雞彝，商以斝，周以黃目。」《爾雅》曰：「彝、卣、罍，器也。」❷或曰著尊，著地無足。《明堂位》曰：「著，商尊也。」壺者，以壺爲尊。《春秋傳》曰：「尊以魯壺。」大尊，太古之瓦尊。山尊，山罍也。《明堂位》曰：「泰，有虞氏之尊也。山罍，夏后氏之尊。」』玄謂黃目，以黃金爲目。《郊特牲》曰：『黃目，鬱氣之上尊。黃者，中也。目者，氣之清明也。言酌於中而清明於外。』蜼，禺屬，卬鼻而長尾。山罍，亦刻而畫之，爲山雲之形。」凡六彝、六尊之酌，鬱齊獻酌，醴齊縮酌，盎齊涚酌，❸凡酒脩酌。大喪，存奠彝。」《司約》：「凡大約劑，書於宗彝。」「書於宗廟之六彝。」《禮記·禮運》：「夫禮之初，污尊而抔飲。」「污尊，鑿地爲尊。抔飲，手掬之。」《禮器》：「犧尊疏布鼏，樿杓，此以素爲貴也。」又曰：「五獻之尊，門外缶，門内壺，君尊瓦甒。此以小爲貴也。」又曰：「君西酌犧象，夫人東酌罍尊。」《郊特牲》：「黃目，鬱氣之上尊也。黃者，中也。目者，氣之清明者也。言酌於中而清明於外也。」《明堂位》：「季夏六月，以禘禮祀周公於太廟，尊用犧象、山罍，鬱尊用黃目。泰，有虞氏之尊也。山罍，夏后氏之尊也。著，殷尊也。犧象，周尊也。灌尊，夏后氏以雞彝，殷以斝，周以黃目。」《祭統》：「勤大命，施于烝彝鼎。」《玉藻》：「凡尊必

❶「皆有舟」，原脱，今據明本、庫本、嘉慶本及《周禮·司尊彝》鄭注補。

❷「器也」，原脱，今據明本、庫本、嘉慶本及《周禮·司尊彝》鄭注補。

❸「涚」，原誤作「洗」，今據明本、庫本、嘉慶本及《周禮·司尊彝》改。

上玄酒。惟君面尊，大夫側尊用棜，士側尊用禁。」《詩》曰：「犧尊將將。」《書》曰：「宗彝、藻、火。」又曰：「班宗彝，作《分器》。」《左傳》籍談曰：「有勛而不廢，撫之以彝器。」昭十五年《左》。臧武仲曰：「大伐小，取其所得，以作彝器。」襄十九年。❶《爾雅》：「彝、卣、罍，器也。小罍謂之坎。」又曰：「卣，中尊也。」《詩正義》曰：「犧尊之字，《春官·司尊彝》作獻尊。鄭司農云：『獻讀爲犧。犧尊飾以翡翠，象尊以象鳳凰。或曰以象骨飾尊。』此傳曰犧尊者沙羽飾，與司農飾以翡翠意同，則皆讀爲娑。傳言沙，即娑之字也。阮諶《禮圖》云：『犧尊飾以牛，象尊飾以象，於尊腹之上畫爲牛、象之形。』王肅云：『將將，盛之美也。太和中，魯郡於地中得齊大夫子尾送女器，有犧尊，以犧牛爲尊。然則象尊，尊爲象形也。』王肅此言以二尊形如牛象而背上負尊，皆讀犧爲羲，❷與毛、鄭義異，未知孰是。」先儒謂：「祫祭備五齊，禘祭備四齊，時祭備二齊。」

尊之爲言尊也，彝之爲言常也。尊用以獻，上及於天地；彝用以祼，施於宗廟而已。故尊於祭器獨名尊，彝於常器均名彝。籍談曰：「有勛而不廢，撫之以彝器。」昭十五年《左》。臧武仲曰：「大伐小，取其所得，以作彝器。」襄十九年《左》。則彝之爲常可知矣。《司尊彝》：「春祠夏禴，祼用雞彝、鳥彝，其朝踐用兩獻尊，其再獻用兩象尊。秋嘗冬烝，祼用斝彝、黄彝，其朝獻用兩著尊，其饋獻用兩壺尊。

❶「九」，原誤作「八」，今據《左傳》襄十九年及下文同引改。

❷「羲」，原誤作「犧」，今據《毛詩·閟宫》孔疏改。

追享、朝享，祼用虎彝、蜼彝，其朝踐用兩大尊，其再獻用兩山尊。」《明堂位》曰：「泰，有虞氏之尊也。山罍，夏后氏之尊也。著，商尊也。犧象，周尊也。灌尊，夏后氏以雞彝，商以斝，周以黄目。」蓋虞氏尚陶，故泰尊瓦，則山罍亦瓦矣。商人尚梓，故著尊木，則犧象亦木矣。《書》稱「宗彝，絺繡」，而宗彝在周爲毳衣。則虎彝、蜼彝，有虞以前之彝也。《説文》稱壺，昆吾尊。昆吾，祝融之後，則壺尊，商以前之尊也。《春秋傳》曰：「燕人以斝耳賂齊。」則斝固有耳矣。❶《記》曰：「黄目，鬱氣之上尊。黄者，中也。目者，清明之氣也。」則黄，其色也；目，其象也。蓋先王制器，或遠取諸物，或近取諸身。其取之也有義，其用之也以類。雞鳥虎蜼之彝，取諸物也；斝耳黄目，取諸身也。春祠夏禴，彝以雞鳥，尊以犧象，以雞鳥均羽物，犧象均大物故也。秋嘗冬烝，彝以耳目，尊以著壺，以耳目均人體，著壺均無足故也。追享、朝享，彝以虎蜼，尊以山大，以虎蜼均毛物，山大均瓦器故也。夫雞，東方之物，仁也；而牛，大牲也，膏薌宜於春。鳥，南方之物，禮也；而象，大獸也，産於南越。此王者所以用祠禴也。周彝黄，則商彝白矣。白者，陰之質，義也；黄者，陰之美，信也。著以象陽，降而著地；壺以象陰，周而藏物。此先王所以用嘗烝也。《太玄》曰：「陽氣潛萌於黄宫，信無不在乎中。」則冬之爲信可知矣。虎，義獸也；蜼，智獸也。自禰率而上之，至于祖因合食焉，義

❶「固」，原缺末筆，今據明本、庫本、嘉慶本補。

也。及於祖之所自出，義之至也。審其昭穆尊卑，不使紊焉，智也。皆升而合食乎其所出，智之至也。泰則象道之見於事業，❶山則象道之顯於仁。夫道之見於事業而顯諸仁，則可以王天下，可以王天下，則可以禘祫矣。此先王所以用追享、朝享。然雞、鳥、虎、蜼、黄目、犧、象、山罍之飾，或刻或畫，不可得而知也。《詩》與《禮記》、《左傳》、《國語》皆言犧，《詩》曰：「犧尊將將。」《記》曰：「君西酌犧象。犧尊疏布冪。」❷《左傳》曰：「犧象不出門。」《周語》曰：❸「犧人薦醴。」特《司尊彝》言「獻尊」，則犧者尊之飾，獻者尊之用也。❹先儒讀犧爲娑，讀罜爲稼，或云犧飾以翡翠，象飾以象骨，或曰犧飾以鳳凰，罜飾以禾稼。皆臆論也。王肅謂昔魯郡於地中得大夫子尾送女器有犧尊，以犧牛爲尊，則象尊，尊爲象形耳。此又不可考也。尊之爲物，其上有蓋，其面有鼻，其下有足。《少牢》：「司宫啓二尊之蓋冪，奠于棜上。」《特牲禮》：❺「覆兩壺焉，❻蓋在南。」《玉藻》曰：「惟君面尊。」❼《少儀》曰：「尊壺者面其鼻。」此尊之形制也。其無足者，著與壺耳。觀《投壺》之壺有頸與腹而無足，則壺尊無足可知矣。先儒謂壺有足，誤也。《大射》：「尊于東楹之西，兩方

❶「泰」，原誤作「恭」，今據明本、嘉慶本改。
❷「布」，原誤作「在」，今據嘉慶本及孫氏點勘改。
❸「周」，明本、庫本、嘉慶本作「國」。
❹「用」，原誤作「鳥」，今據嘉慶本及上下文意改。
❺「牲」，原誤作「祀」。按此所引，出《儀禮·特牲》。今據嘉慶本及孫氏點勘改。
❻「壺」，原脱，今據嘉慶本及《儀禮·特牲》補。
❼「面」，原誤作「西」，今據《禮記·玉藻》及孫氏點勘改。

壺，膳尊兩甒在南，❶皆玄尊，酒在北。」《少牢》：「尊兩甒于房户之間，甒有玄酒。」《特牲》：「尊于户東，玄酒在西。」《記》亦曰：❷「凡尊必上玄酒。」則兩尊之設，一以盛玄酒，一以盛齊矣。春則雞彝盛明水，鳥彝盛鬱鬯；夏則鳥彝盛明水，雞彝盛鬱鬯。而斝、黄、虎、蜼之相爲用，亦若此也。此先儒謂雞彝、虎彝專盛明水，鳥、黄、蜼彝專盛鬱鬯，恐不然。尊彝之量，先儒謂尊實五斗，❸彝實三斗。此雖無所經見，然彝裸而已，其實少，尊則獻酬酢焉，其實多，此尊所以大於彝歟。

烝　彝

尊亦謂之彝，彝亦謂之尊。故黄目，彝也，《禮器》曰「鬱氣之上尊」。雞、斝皆彝也，《明堂位》曰「灌尊」。然彝之爲器，不特飾以雞、鳥、黄目、虎、蜼之象而已。凡邦國之約劑書於此，《司約》「大約劑書於宗彝」是也。凡臣之有功銘於此，《祭統》「勤大命，❹施于烝彝鼎」是也。蓋臣之有功，祭於大烝，故勤大命者施于烝彝鼎，❺則三時之彝不預也。

禮書卷第九十五終

❶「兩」，原脱，今據《儀禮・大射》及本書卷九十七同引補。
❷「記」，原誤作「詞」，今據明本、庫本、嘉慶本改。
❸「斗」，原誤作「十」，今據明本、庫本、嘉慶本改。
❹「勤大」，原誤作「勒犬」，今據明本、庫本、嘉慶本及《禮記・祭統》改。
❺「勤」，原誤作「勒」，今據明本、庫本、嘉慶本及《禮記・祭統》改。

禮書卷第九十六

卣　祀天犧尊　山罍　金罍　大罍

卣

《書》曰：「秬鬯二卣。」《詩》與《左傳》曰：「秬鬯一卣。」《爾雅》曰：「彝、卣、罍，器也。」又曰：「卣，中尊。」郭氏曰：「不大不小。」蓋卣，盛鬯之器也。古者人臣受鬯以卣，不以彝。則鬯之未裸也實卣，其將裸則實彝矣。《周禮・鬯人》「廟用脩」者，謂始禘時，自饋食始。脩，漆尊也。脩讀曰卣。卣，中尊，謂獻尊之屬。尊者，彝爲上，罍爲下。然卣盛鬯，而獻尊之屬盛齊酒，則卣與獻、象異矣。其飾或漆或畫，不可考也。

祀天犧尊❶

❶「尊」，庫本文中小題作「象」。

《冪人》：「疏布巾冪八尊，畫布巾冪六彝。」《禮記》曰：「犧尊疏布鼏，椫杓，以素爲貴。」又曰：「器用陶匏，以象天地之性。」孔穎達謂：❶「祭天地以瓦爲尊，畫犧於上。或曰夏商禮。」然《明堂位》曰：「犧象，周尊也。」非夏商尊。其以瓦爲之，畫犧於上，理或然也。

山罍❷

❸

金罍

金飾龜目。

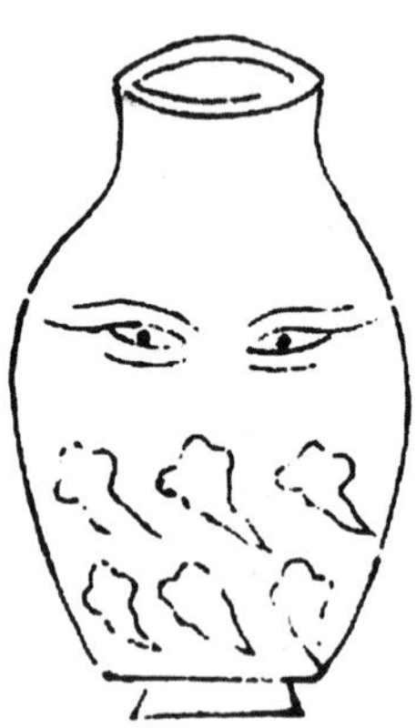

大罍

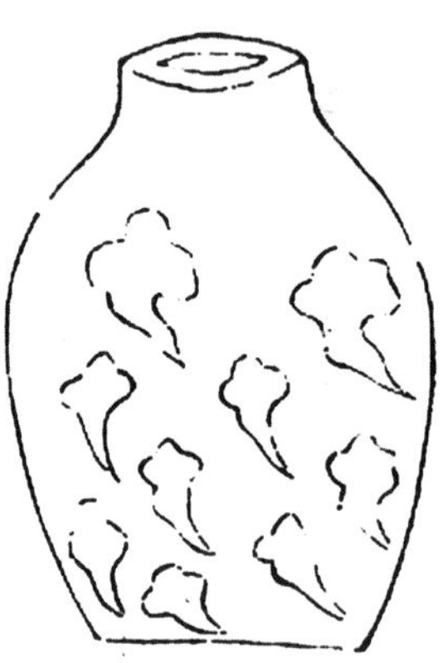

❶ 所謂「孔穎達謂」者，不見於今存孔穎達著述，亦不知何出。

❷ 「山罍」，原脱，今據目録、卷首小目、明本、庫本、嘉慶本補。

❸ 此圖原無，爲明本、庫本、嘉慶本所增。

《周禮・鬯人》：「凡祭祀，社壝用大罍。」「大罍，瓦罍。」《司尊彝》：「春祠夏禴，其朝踐用兩獻尊，其再獻用兩象尊，皆有罍，諸臣之所昨也。秋嘗冬烝，其朝獻用兩著尊，其饋獻用兩壺尊，皆有罍，諸臣之所昨也。凡四時之間祀，追享、朝享，其朝踐用兩大尊，其再獻用兩山尊，皆有罍，諸臣之所昨也。」「諸臣獻者，酌罍以自酢，不敢與王之神靈共尊。大尊，太古之瓦尊。山尊，山罍也，亦刻而畫之，爲山雲之形。」《詩》曰：「我姑酌彼金罍。」毛氏曰：「人君黃金罍。」又曰：「泂酌彼行潦，挹彼注茲，可以濯罍。」又曰：「缾之罄矣，維罍之恥。」《禮記》曰：「廟堂之上，罍尊在阼，犧尊在西。君西酌犧象，夫人東酌罍尊。」又曰：「山罍，夏后氏之尊也。」《儀禮・燕》《大射》：「設洗于阼階東南，罍水在東。」孔穎達曰：「《韓詩》說：『金罍，大夫器也。天子以玉，諸侯、大夫皆以金，士以梓。』《毛詩》說：『金罍，酒器也，諸臣之所昨。人君以黃金飾尊，大一碩，金飾龜目，蓋刻爲雲罍之象。』謹案：《韓詩》說天子以玉，經無明文。謂之罍者，取象雲靁博施，如人君下及諸臣。《韓詩》說士以梓。士無飾，言其木體，則以上同用梓而加飾耳。《毛詩》說黃金罍，謂天子也。《周南》王者之風，故皆以天子之事言焉。」《爾雅》曰：「彝、卣、罍，器也。小罍謂之坎。」《說文》曰：「罍，龜目尊，以木爲之。」郭璞曰：「罍形似壺，大者受一斛。」

《司尊彝》犧象之尊，王與后之所獻；罍，諸臣之所昨，則罍賤於尊矣。❶先儒曰彝上尊，罍下尊。《記》曰：「五獻之尊，門內壺，君尊瓦甒。」《燕禮》君尊瓦大，卿大

❶「賤」，原脱，今據明本、庫本、嘉慶本補。

夫、士旅以壺。《大射》膳尊兩甒，卿大夫、士旅亦以壺。《士喪》奠以兩甒，而祭以壺，則壺賤於瓦尊矣。夫有污尊，鑿土爲尊，❶然後有瓦大，有瓦大然後有山罍。罍〔或〕作櫑，許慎曰：「櫑，❷龜目尊，以木爲之。」則罍非特以〔瓦〕也。《詩》曰：「我姑酌彼金罍。」毛氏謂：「人君黄金罍。」孔穎達謂：「金飾龜目，蓋刻爲雲靁之象。」《周南》王者之風，則〔黄〕金罍謂天子也，於理或然。《韓詩》謂：「天子罍以玉，大〔夫〕以金，士以梓。」此不可考。罍之别有五：山罍，金罍，大〔罍〕，小罍，水罍也。《周禮·鬯人》「祭祀，社壝用大罍」，則盛鬯者也；《儀禮》「罍水在洗東」，則盛水者也。然則罍之爲器，〔豈〕施於一哉。《周禮》，❸天子禮諸侯，如諸侯之相爲賓。春〔秋〕之時，齊侯饗魯侯，❹孔子曰：「犧象不出門。」則諸侯〔相饗〕用犧象矣。《燕禮》君尊瓦大，卿大夫壺；《大射》膳〔尊〕瓦甒，卿大夫壺，則諸侯燕臣用壺矣。昔周王燕晉〔荀〕躒，樽以魯壺，則天子燕諸侯之臣亦以壺也。《詩》言「〔我〕姑酌彼金罍」，其饗臣之禮歟？《禮器》「五獻之尊，門内壺，君尊瓦〔甒〕」，鄭氏曰：「壺大一石，瓦甒五斗。」觀《喪大記》「棺椁之間，大夫容〔壺〕，士容甒」，則壺大於甒可知矣。漢梁孝王有罍樽，直千金，後世寶之，其制蓋侈於古也。

禮書卷第九十六終

❶「土」，原作「也」，今據明本、庫本、嘉慶本改。

❷「櫑」，原作「罍」，然上言「『罍』或作『櫑』」，並引《説文·木部》「櫑」條，以字形釋之，是當用其本用字「櫑」，以明「罍非特以瓦」，故孫氏點勘改作「櫑」是也，今據改。

❸「周」，原誤作「曰」，今據明本、庫本、嘉慶本改。

❹「饗」，明本、庫本、嘉慶本及《左傳》定十年作「將享」。

禮書卷第九十七

圜壺　方壺　廢禁　棜　禁　豐　彝舟

圜壺

方壺

《書》曰：「簞食壺漿。」《詩》曰：「清酒百壺。」《周禮》：「秋嘗冬烝，其饋獻用兩壺尊。」《掌客》：「上公壺四十，侯伯三十二，子男二十有四。」《左傳》曰：「樽以魯壺。」《禮記》：「五獻之尊，門内壺。」《特牲禮》：「視壺濯。尊兩壺于阼階東。」又曰：「覆兩壺焉，蓋在南。」《鄉飲酒》：「尊兩壺于房户間。」《鄉射》：「兩壺，斯禁。」主人，州長。《聘禮》陳饔，或八壺，或六壺。《燕禮》：卿大夫兩方壺，士旅兩圜壺，公尊瓦大。《大射》膳尊兩甒，卿大夫方壺，士旅圜壺。《少牢》：「尊兩甒。」《士喪》大斂，兩瓦甒；虞，兩甒。《説文》曰：「壺，昆吾尊也，象形，圜。」❶

圜者，君之道；方者，臣之德。《燕禮》、《大射》卿大夫皆方壺，❷以其近尊而屈也；士旅皆圜壺，以其遠尊而伸也。先儒謂方壺腹圜而足口方，圜壺腹方而足口圜。然方者腹圜，圜者腹方，則名實不稱矣。《鬯人》：「禜門用瓢齎。」用齎而已，與壺異也。莊周曰：「大瓠慮以爲樽。」《爾雅》曰：「康瓠謂之甈。」賈誼《弔屈原賦》曰：「斡棄周鼎而寶康瓠兮。」郭璞曰：「康瓠，壺也。」蓋壺之爲器也，其體有大小，❸其制有方圜，非必皆瓠爲之，特取名於「瓠」、「壺」而已。❹

廢禁

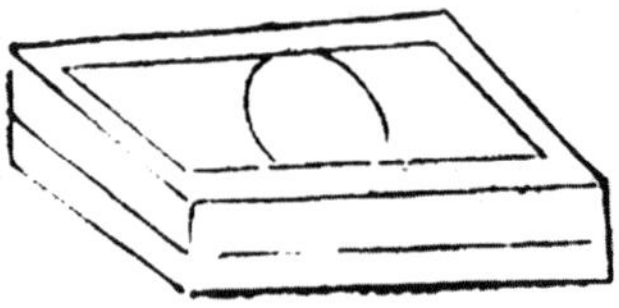

飾以朱。❺

❶ 「圜」，原爲空格，今據明本、庫本、嘉慶本及《説文・壺部》「壺」條補。

❷ 三「卿大夫」，原皆誤作「鄉大夫」。按燕禮，諸侯爲酬卿大夫勤勞而安樂群臣之飲酒禮也，間有射箭比賽，是爲大射，鄉大夫無與焉。且《燕禮》云：「司宫尊於東楹之西，兩方壺。」鄭注：「尊，方壺，爲卿大夫、士也。」今據嘉慶本及程校改。

❸ 「大小」，庫本、嘉慶本作「小大」。

❹ 「瓠壺」，明本、庫本、嘉慶本作「壺瓠」。

❺ 「飾以朱」，原無，爲明本、庫本、嘉慶本所增。

棜

禁大夫曰棜，❶士曰禁。飾以朱。❷

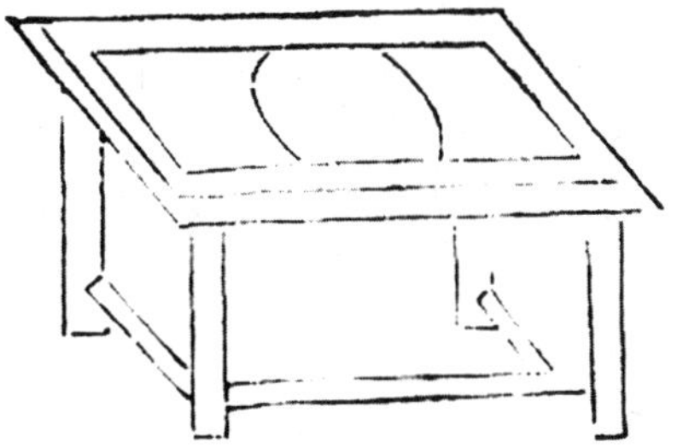

豐飾以朱。❸

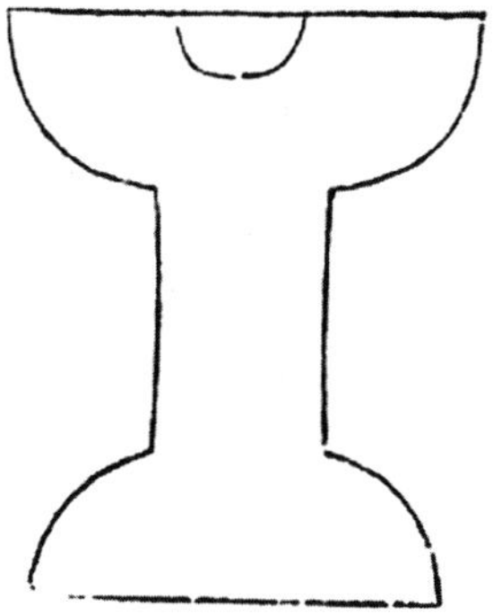

《周禮・司尊彝》彝皆有舟。《禮器》曰：「天子、諸侯之尊廢禁，大夫、士棜禁。此以下爲貴也。」「廢猶去也。棜，斯禁也。謂之棜者，無足，有似於棜。大夫斯禁，士用棜禁，如今方案，隋長局足，高三寸。」《玉藻》曰：「大夫側尊用棜，士側尊用禁。」《士冠禮》：「尊〔于〕房户之間，兩甒，有禁，玄酒在西。」「名之爲禁，爲酒戒也。」《士婚禮》：「尊于〔室〕中北墉下，有禁。」《鄉飲酒》：「尊兩壺于房户間，斯禁，玄酒在西。」「主人，諸侯鄉大夫也。」《鄉射》：「尊于賓席之東，兩壺，斯禁，左玄酒，皆加勺。」「鄉射主人州長，鄉大夫若在稱鄉大夫。」《燕禮》：「司宮尊于東楹之西，兩方壺。公尊瓦大兩，有

❶「禁」，原脱，今據目録、卷首小目、明本、庫本、嘉慶本及注文之意補。

❷「飾以朱」，原無，爲明本、庫本、嘉慶本所增。

❸「飾以朱」，原無，爲明本、庫本、嘉慶本所增。

豐。尊士旅食于門西，兩圜壺。」「豐形似豆，卑而大。」《大射》：「司宫尊于東楹之西，兩方壺，膳尊兩甒在南。尊士旅食于西鑮之南。」《公食大夫禮》無尊，「飲酒實于觶，加于豐」。《既夕》：「厥明，陳衣，設棜于東堂下，齊于坫，饌于其上。」《士虞禮》：「尊于室中北墉下，❶當户，兩甒醴、酒，酒在東，❷無禁。」《特牲禮》：「陳鼎于門外，棜在其南，實獸于其上。「棜之制如今木轝，上有四周，下有足。」壺、禁在東序。」《少牢》：「司宫尊兩甒于房户之間，同棜。「棜無足。禁者，酒戒也。大夫去足改名，優尊者，不爲之戒然也。」司宫啓二尊之蓋冪，❸奠于棜上。」《司尊彝》六彝，皆有舟，《燕禮》公尊瓦大有豐，《聘禮》亦瓦大有豐，《少牢》兩甒有棜，❹《鄉飲》、《鄉射》尊皆有斯禁。《士冠》、《婚》、《特牲禮》尊皆有禁。《禮器》曰：「天子、諸侯之尊廢禁，大夫、士棜禁。」《玉藻》：「大夫側尊用棜，士側尊用禁。」蓋天子、諸侯之禁無足而卑，大夫之棜、士之禁有足而高。無足謂之廢禁，猶《儀禮》所謂廢敦、廢爵也。大夫之棜亦謂之斯禁，士之禁亦謂之棜。蓋禁、棜同制，特其足之高下異耳。天子、諸侯廢禁之制不見於經。特《燕禮》以尊有豐，鄭康成謂「豐似豆而卑」，其他不可得而知也。豐，《公食大夫》、《大射》、《鄉射》以之承觶、爵。棜，《士既夕》以之饌衣，《特牲》以之實獸。蓋先王制器，苟可以便於禮者，皆用之也。然則謂之舟，欲其不溺也；謂之禁，欲其不

❶「北」，原脱，今據明本、庫本、嘉慶本及《儀禮・士虞》補。
❷「酒」，原脱，今據《儀禮・士虞》補。
❸「宫」，原誤作「容」，今據嘉慶本改。
❹「牢」下，明本、庫本、嘉慶本增「禮」字。

放也。棜，欲其屬厭而已，不可益也；豐，欲其豐盛而已，不可過也。鄭康成曰：「廢，猶去也。」「棜如今之木轝，上有四周，下無足。」❶「禁，如今方案，隋長局足，❷高三寸。」又言大夫改斯禁名棜，優尊也，若不爲之戒。然謂天子、諸侯去禁，而燕禮有豐；謂棜無足，而《既夕》棜齊于坫；❸謂優尊者，若不爲之戒，而《鄉飲》、《鄉射》謂之斯禁。何耶？《舊圖》刻人形，謂豐國之君嗜酒亡國，於是狀之以爲酒戒。此又不可考也。《士喪禮》凡奠以至虞祭，皆無禁，蓋禁，吉器也。《冠禮》醴尊無禁，酒尊有禁。蓋醴非飲醉之物，不設戒也。

彝舟

❹

❶「無」，原誤作「有」，今據《儀禮·特牲》鄭注及上下文意改。

❷「局」下，原衍「一」字，今據《禮記·禮器》鄭注删。

❸「夕」，原誤作「夂」，今據明本、庫本、嘉慶本改。

❹此爲底本圖。

《司尊彝》曰：彝皆有舟，尊皆有罍。舟以庋彝，而罍非庋尊。言彝有舟，以見尊有禁也。天子、諸侯之尊廢禁，廢禁無足，以下爲貴。則彝舟之爲物，蓋象舟之形而已。先儒以廢禁爲去禁，謂舟若漢承槃，圜而崇尺，❶恐不然也。

禮書卷第九十七終

❶「尺」，原誤作「盡」，今據明本、庫本、嘉慶本改。

禮書卷第九十八

琖　斝　爵　觚　觶　角　散

琖

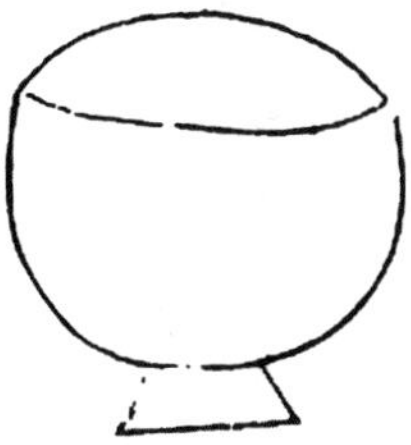

斝

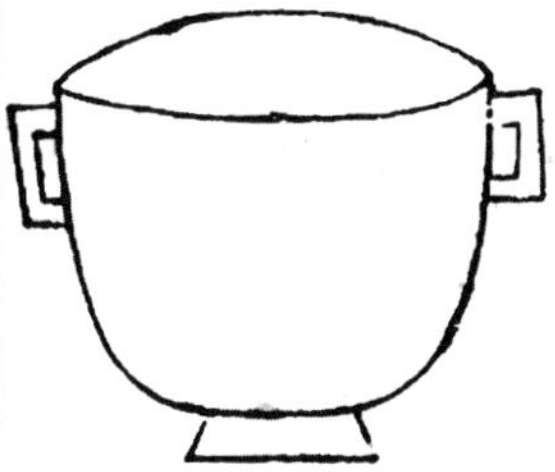

爵

觚觶角散説附❶

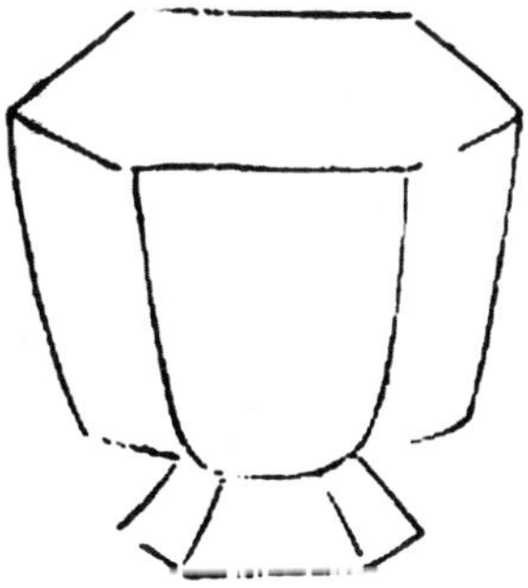

《太宰》：「祀之日，贊玉幣爵之事。」「爵

❶「觶角散説附」，原無，爲明本、庫本、嘉慶本所增。

所以獻齊酒。不用玉爵，尚質也。」❶祀大神〔示〕亦如之。享先王亦如之，贊玉几、玉爵。「宗廟獻用玉爵。」❷大朝覲會同，❸贊玉幣、玉獻、玉几、玉爵。」「玉爵，王禮諸侯之酢爵。」《小宰》：「凡〔祭〕祀，贊玉幣爵之事、祼將之事。凡賓客，贊祼，凡受爵之事。」《内宰》：「大祭祀，后祼獻，則贊。瑤爵亦如之。「瑤爵，謂尸卒食，王既酳尸，后亞獻之，其爵以瑤爲飾。」凡賓客之祼獻、瑤爵，皆贊。」「謂王同姓及二王之後來朝覲爲賓客者，王饗燕，亞王獻賓也。瑤爵，所以亞王酬賓也。」《鬱人》：「大祭祀，與量人受舉斝之卒爵而飲之。」《量人》：「凡宰祭，與鬱人受斝歷而皆飲之。」《司士》：「凡祭祀，掌士之戒令，詔相其法事。及賜爵，呼昭穆而進之。」「賜爵，神惠及下也。」《梓人》：「爲飲器，勺一升，爵二升，觚三升。獻以爵而酬以觚，一獻而三酬，則一豆矣。食一豆肉，飲一豆酒，中人之食也。」《禮記・曲禮》：「飲玉爵者，弗揮。」《月令》：「反，執爵于大寢，三公、九卿、諸侯、大夫皆御，命曰『勞酒』。」《禮運》：「醴醆以獻，薦其燔炙。」又曰：「醆、斝及尸君，非禮也，是謂僭君。」《禮器》：「琥璜爵。」又曰：「有以小爲貴者：宗廟之祭，貴者獻以爵，賤者獻以散；尊者舉觶，卑者舉角。」《郊特牲》：「卒爵而樂闋，孔子屢歎之。」又曰：「舉斝角，詔妥尸。」《明堂位》：「爵用玉琖仍雕，加以璧散、璧角。」又曰：「殷以斝。」《少儀》：「客爵居左，其飲居右。

❶「質」，原誤作「賢」，今據明本、庫本、嘉慶本及《周禮・大宰》鄭注改。

❷「宗廟獻用玉爵」，原無，今據明本、庫本、嘉慶本及《周禮・大宰》鄭注增。

❸「大朝」至「玉爵」十四字，原無，今據明本、庫本、嘉慶本及《周禮・大宰》增。

介爵、酢爵、僎爵皆居右。」《祭義》：「執爵而酳。」《祭統》：「尸飲五，君洗玉爵獻卿；尸飲七，以瑤爵獻大夫；尸飲九，以散爵獻士及群有司。」又曰：「尸酢夫人執柄，夫人受尸執足。夫婦相授受，不相襲處，酢必易爵，明夫婦之別也。」《玉藻》：「君若賜之爵，則越席再拜稽首受，登席祭之，飲卒爵，而俟君卒爵，然後授虛爵。君子之飲酒也，受一爵而色灑如也，二爵而言言斯，禮已三爵而油油以退。」《儀禮・燕禮》：主人以觚獻賓，賓以觚酢主人。主人以象觚獻于公，主人媵觚酬于賓。下大夫二人媵爵，二人卒觶，以象觶送公，公取以酬賓。主人以觚獻卿，又請二大夫媵爵如初。二人以象觶送公，公又行一爵，若賓若長，惟公所酬。射人乃升。主人獻工以爵。射人遂爲司正。卒角觶，徹俎，皆坐。主人以觶獻士，賓媵觚于公。賓卒爵，以象觶奠于薦南。公取之，惟所賜。無膳尊，無膳爵。《大射》：主人以觚獻賓，賓以觚酬主人。主人以象觚獻公，主人媵觚而酬于賓。立媵爵二人。媵賓爵者卒角觶，以象觶送公，公取以酬賓。主人以觚獻大夫，大夫媵爵如初。以象觶送公，惟公所賜。主人以觚獻大夫，乃獻工以爵。「獻不用觚，工賤，異之也。」立司正。卒角觶。立司射。司馬遂射，以觶飲不勝者。侍射者飲角觶，以象觶飲公。司正洗散獻服不。「散容五升。」三耦及諸公、卿、大夫，復射。公又舉奠觶，惟公所賜，乃徹俎而燕。主人以觶獻士，賓以象觚送公。公取，惟所賜。旅，無筭爵，無算樂。禮畢。《聘禮》：禮賓，賓觶以醴，賓坐啐醴。《士冠》父醮子，《士昏》主人禮賓、婦見舅姑，醴皆用觶。

《士喪》斂、塗、朔月之奠。《既夕》厥明之奠，皆觶。《士虞》陰厭，奠觶；獻尸，主人廢爵，主婦足爵，賓長繶爵。「繶爵，口足之間有篆。」《特牲》陰厭，亦奠觶；主人酳尸，獻祝、佐食以角，獻賓、兄弟以爵；主婦獻尸、祝、佐食，及賓獻尸，皆以爵；主人酬賓、❶兄弟，旅，於酬尸，嗣舉奠，皆以觶；長兄弟加獻觚，利獻以散。《少牢》主人、主婦、賓獻尸，皆以爵。《有司徹》主人、主婦、賓，❷侑尸亦以爵，酬賓用觶。《鄉飲》、《鄉射》獻以爵，其他皆用觶。《燕禮》主人獻、酬賓，賓酢主人，皆以觚。獻爵：二人卒觶之後，公象觶酬諸臣，主人以爵獻工；司正卒角觶之後，徹俎，皆坐，主人以觶獻士。❸公以象觶賜諸臣。《大射》立司正之前，與《燕禮》同，既射，勝者以象觶飲公，司馬正以散獻服不，主人以觶獻士，公以象觚惟公所賜。《聘禮》禮賓以醴而用觶，《公食大夫》亦酳以醴而用觶。

《明堂位》曰：「爵，夏后氏以琖，商以斝，周以爵。」考之《爾雅》：「鍾之小者謂之棧。」「音琖。」晉元興中，剡縣民井中得鍾，長三寸，❹口徑四寸，銘曰棧。則棧卑而淺矣。夏爵命之以琖，蓋其制若棧然也。《祭統》：「尸酢夫人執柄，夫人受尸執足。」柄，其尾也，有足而尾，命之以爵，蓋其制若雀然也。琖象棧，爵象雀，而斝有耳焉，則三者之制可知矣；《明堂位》

❶「主人」二字，原誤重，今刪其一。
❷「有司徹」，原誤作「有徹司」，今據庫本、嘉慶本改。
❸「人」，原脱。上文引《儀禮・燕禮》曰：「卒角觶，徹俎，皆坐。主人以觶獻士，賓媵觚于公。」是當有「人」字。今據明本、庫本、嘉慶本及上文補。
❹「寸」，原誤作「十」，今據明本、庫本、嘉慶本改。

言「玉琖」，《周禮》言「玉爵」，《春秋傳》言「瓘斝」，則三者之飾可知矣。《儀禮·士虞》主人獻尸以廢爵，主婦以足爵，賓長以繶爵。鄭氏謂繶爵者，口足之間有篆。則爵之繶，猶屨之繶也。主人廢爵而未有足，主婦足爵而未有篆，賓長則篆口足而已，以虞未純吉故也。然則吉禮之爵，蓋全篆歟？《明堂位》曰：「爵用玉琖仍雕。」仍雕，則雕之不在夏，而在周矣。《詩》曰：「洗爵奠斝。」《周禮·鬱人》：「大祭祀，與量人受舉斝之卒爵而飲之。」琖、斝，先王之器也，惟魯與二王之後得用焉，諸侯用之則僭矣。故《記》曰：「琖、斝及尸君，非禮也。」夫天下之理，莫之爵者常大，爲物所爵者常小。禽之名爵，以小故也；火之名爝，亦以小故也。爵資於導，而所入者小，其實一升而已，此所以謂之爵也。《梓人》曰：「爵一升，觚三升。獻以爵而酬以觚。」《韓詩》説：「一升曰爵，二升曰觚，三升曰觶，四升曰角，五升曰散。」而爵量與《梓人》同，觚量與《梓人》異者，《儀禮·少牢》《有司徹》皆獻以爵，酬以觶；《鄉飲》、《鄉射》亦獻以爵，酬以觶。鄭氏釋《梓人》謂：「觚當爲觶。」古書觶從角、氏，角、氏與觚相〔涉〕，故亂之耳。其説是也。然《梓人》曰：「獻以〔爵，酬〕以觚，〔一獻〕而三酬，則一豆矣。食一豆肉，飲一豆酒，中人之食也。」一獻而三酬者，獻以一升，酬以三升也，并而計之爲四升。四升爲豆，豆雖非飲器，其計數則然。鄭氏改「豆」爲「斗」，誤也。凡獻皆以爵，而《燕禮》、《大射》主人獻賓、獻公以觚，《特牲禮》主人初獻以角者，《禮器》曰：「宗廟之器以小爲貴：貴者獻以爵，賤者獻以散；尊者舉觶，卑者舉角。」《特牲》主婦獻以角與爵，❶而佐食加獻以散。《祭統》：「尸飲五，君洗玉爵獻卿；尸飲九，以散爵獻士。」《大射》主人以觚獻賓及公，而司馬以散獻服不，是貴者以小，賤者以大。或獻尸，或受獻，一也。士祭，初獻以角，下大夫也。《燕禮》、《大射》主人獻以觚，下饗禮也。饗禮惟不入牲，其他皆如祭祀，則用爵以獻可知也。《明堂位》加以璧散、璧角，則天子自觶而上用玉可知也。《燕禮》、《大射》以象觚、象觶獻公，則諸侯之爵用象可知也。《燕禮》司正飲角觶，而《士喪禮》奠亦角觶。蓋大夫飾以角，士木而已。喪奠用角觶，攝盛也。觶，中觴也。《鄉飲》、《鄉射·記》曰：「其他皆用觶。」觀《士冠禮》父醮子、《士婚》主人禮賓、婦見舅姑，醴皆以觶。《聘禮》禮賓，士虞及吉祭，與大夫吉祭，陰厭之奠皆以觶。《公食大夫》無尊亦以觶，則觶之爲用，非適於一也。先儒言諸觴，皆形制同而升數異。然爵如雀，觚不圜。孔子曰：「觚不觚，觚哉！觚哉！」古者破觚爲圜，殳體八觚，壇有八觚。則諸觴形制，安得而同哉！《書》稱「上宗奉同，王受同，三宿，三祭，三咤」，則周之爵又謂之同也。先儒謂：「爵，盡也，足也。觚，寡也。觶，適也。角，觸也。散，訕也。」又謂：「總名曰爵，其實曰觴。觴，餉也。」此不可考。要之，爵、觚、觶、角，皆示戒也。

禮書卷第九十八終

❶「特牲主婦獻以角與爵」，按《特牲》主婦獻尸、祝及佐食皆以爵而不以角，疑此句文字或有衍誤。

禮書卷第九十九

觵 龍勺 疏勺 蒲勺 樿 斗 鼏

鼒 鉶

觵

❶

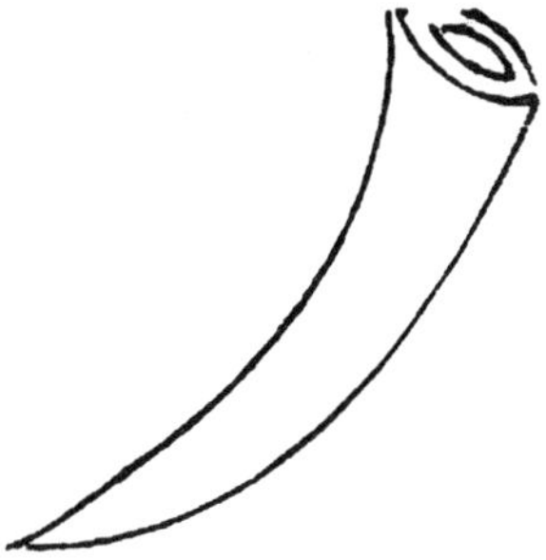

觵，亦作觥。《詩·卷耳》《七月》《桑扈》《絲衣》言「兕觵」，則觵，角爵也。《周官·閭胥》：「掌其比觵撻罰之事。」《小胥》：「觵其不敬者。」則觵，罰爵也。先儒謂其受七升，以兕角爲之，無兕則刻木爲之，如兕角然。其用則饗、燕、鄉飲、賓尸皆有之。《七月》言：「朋酒斯饗，稱彼兕觵。」春秋之時，衛侯饗苦成叔，而甯惠子歌「兕觵其觩」，則饗有觵也。鄭人燕趙孟，穆叔子皮而「舉兕爵』，是燕有觵也。《閭胥》「掌比觵」，是鄉飲有觵也。《絲衣》言「兕觵」，是賓尸有觵也。蓋燕禮、鄉飲酒、大夫之饗，皆有旅酬、無筭爵，於〔是時〕也用觵。

❶ 此爲底本圖。

龍勺

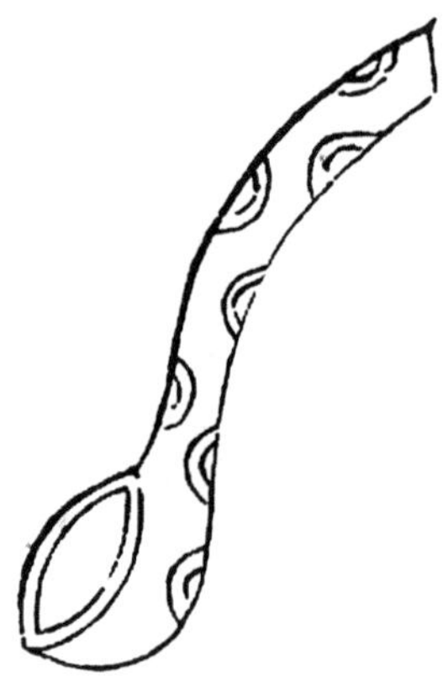

疏勺

蒲勺

樿勺[1]

彝巾以畫布，而勺有飾，《明堂位》曰「灌尊，龍勺、疏勺、蒲勺」是也；尊巾以疏布，而勺無飾，《禮器》曰「犧尊樿杓，以素爲貴」是也。樿，白理木也，與喪士素勺異矣。龍勺，刻之以龍也。疏勺，刻而疏之也。蒲勺，刻之以蒲也。疏勺，蓋與疏匕、疏屏、疏渠眉之象同。蒲勺，蓋與蒲璧之象同。龍，水畜也。疏，水道也。

[1]「樿勺」及圖，原無，爲嘉慶本所增。

蒲，水物也。勺所以斞齊酒、明水，❶故其飾如此。《考工記》曰：「梓人爲飲器，勺一升，爵一升。」《儀禮》加勺于尊，皆南枋，則杓者北面也。每尊皆加勺，則尊不共勺也。鄭康成曰：「蒲勺，如鳧頭。」不可考也。

斗

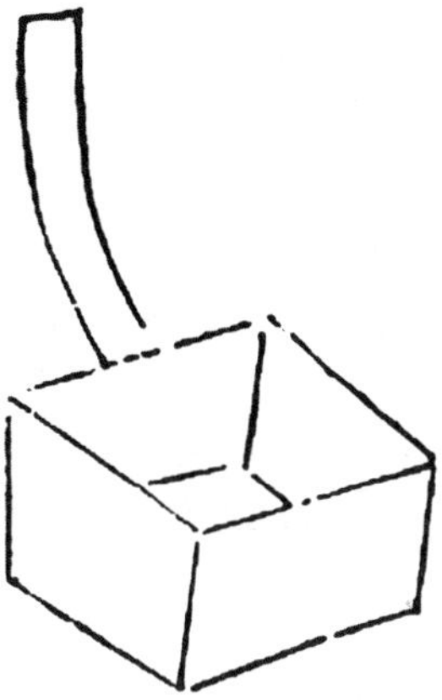

《詩·〔大東〕》曰：「維北有斗」，不可以挹酒漿。」又曰：「〔維北有斗〕，西〔柄〕之〔揭〕。」《行葦》曰：「酒〔醴維〕醹，酌以大斗。」〔毛氏曰：「大斗長三尺。」正義曰：「長三尺，謂其〕柄也，《〔漢禮器制度》注『勺五升，徑六寸〕，長三尺』〔是也。蓋從大器挹之于樽，用此勺耳，其在樽中不當用如此之長勺也〕。」〔蓋斗亦謂之勺〕，勺非〔斗也。勺挹于樽彝而注諸爵瓚，斗挹於大器而注諸尊彝。《舊圖》：「樽受五斗，斗實五升，勺柄長二尺〕四寸，〔斗柄長三尺。」蓋其所傳者尚矣。《史記》曰：「趙襄子令〕工人作爲〔金〕斗，長其尾，可以擊人。與代王飲，廚人進斟，因反斗以擊代王，殺之。」此又非先王之所謂斗。

❶「斞」，原誤作「斗」。按作「斗」則文意捍格難通，庫本作「斞」，文意暢然；《禮記義疏》卷八十「龍勺」條引此作「斞」。今據改。嚴校改作「斟」，亦可。

鼐

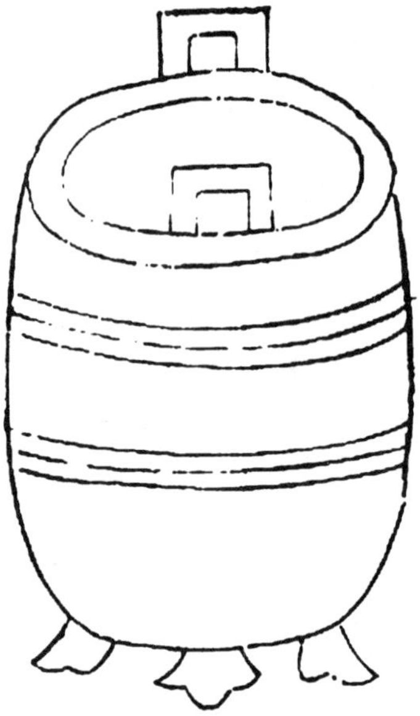

鼎

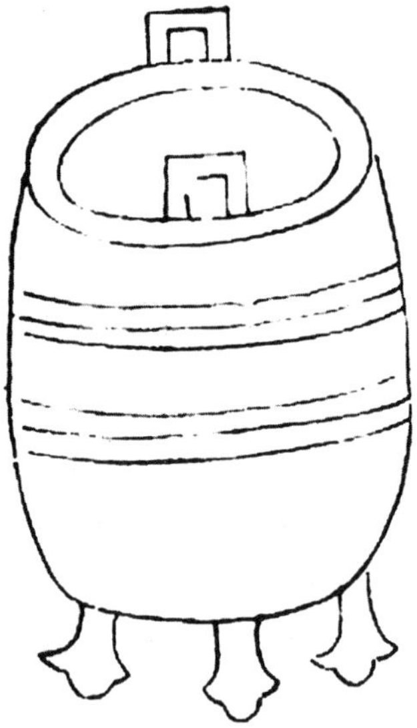

〔鼒〕

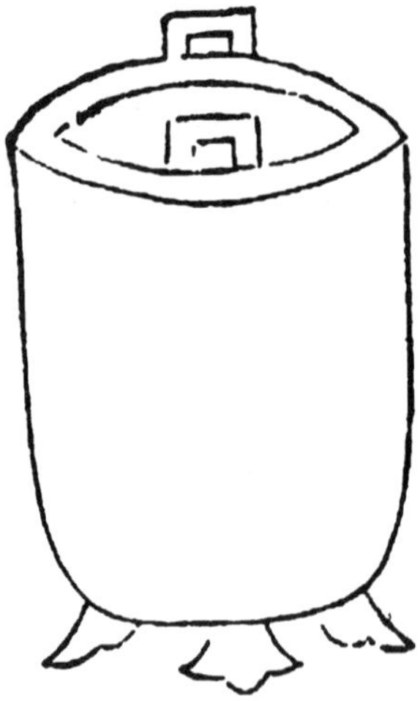

〔鉶〕

鼎之器於象爲備，《易》曰：「鼎，象也。」鼎

之齊於金爲多。❶「〔六分其金而錫居〕一謂之鍾鼎之齊。」下有足，上有耳。有鼏以覆之，❷有鉉以舉之。《説文》：「鼏，〔以〕木〔横其〕鼎耳而舉之。《周禮》：『廟門容大扃七个。』即《易》『玉鉉也』。鼏，❸冪狄切。」❹鼏，❺茅爲之，長則束其本，短則編其中。扃，木爲之，大者廟門容七个，小者闈門容參个。《考工記》。《詩》稱「鼐鼎及鼒」。《爾雅》曰：「鼎絶大者謂之鼐，圜弇上者謂之鼒，附耳外謂之釴，❻款足謂之鬲。」《士虞禮》有上鼎、中鼎、下鼎，《有司徹》「司馬舉羊鼎，司士舉豕鼎、魚鼎」。則鼎之體，有大小、侈弇之别，而其用有牛、羊、豕、魚之異。天子、諸侯有牛鼎，《後漢書》曰：「函牛之鼎。」大夫有羊鼎，士豕鼎、魚鼎而已。上得兼下，下不得兼上。則鼐鼎特王有之也。《周官·膳夫》：「王日一舉，鼎十有二。」《掌客》：「諸侯之禮，鼎皆十二。」《聘禮》：賓之飧饔，皆飪一牢，鼎九；而飧腥一牢，鼎七；饔腥二牢，鼎二七。上介飧饔，皆飪一牢，鼎七；而饔腥一牢，鼎七。衆介飧少牢，飪鼎五。大夫少牢，五鼎。士特牲。《喪禮》三鼎，《既夕》五鼎，而《掌客》、《聘禮》諸侯與卿之鼎過於王之數，士《既夕》之鼎過於《特牲》之制。何也？《聘禮》陳鼎也，王之日舉食鼎也，《特牲》庸禮也，《既夕》斯須禮也。然所謂「陪鼎」、「羞鼎」，皆鉶鼎也。鉶鼎所以實羹者也，

❶「多」，原爲空格，今據明本、庫本、嘉慶本補。
❷「鼏」，原誤作「鼎」，今據庫本、嘉慶本改。
❸以上兩「鼏」字，原皆漫漶不清，今皆據《説文·鼎部》「鼏」條補。
❹「冪」，嘉慶本作「幕」。
❺「鼏」，原誤作「鼎」，今據明本、庫本、嘉慶本改。
❻「釴」，原誤作「鉞」，今據明本、庫本、嘉慶本改。

《亨人》祭祀、賓客，共鉶羹。鉶羹所以具五味也，其芼則藿、牛。苦、羊。薇豕。也。其臭則膷、牛。臐、羊。膮豕。也。自羹言之曰鉶羹，自器言之曰鉶鼎，以其陪正鼎曰陪鼎，以其爲庶羞曰羞鼎，其實一也。王日食九鼎而陪鼎三，《公食大夫》七鼎而鉶鼎四。宰夫設四鉶于豆南。《掌客》：「上公鉶四十有二，侯伯鉶二十有八，子男鉶十有八。」《聘禮》之賓飧饔之羞鼎皆三，上介飧饔之羞亦三。《少牢》佐食設羊鉶、豕鉶，《特牲》主婦設兩鉶。然《公食大夫》之鉶多於王日食者，以公食者衆故也。聘介之鉶同於賓者，以王鼎殺故也。《周官·亨人》：「掌共鼎鑊，以給水火之齊。」《少牢》：「爨在廟外之東，三鼎在羊鑊之西，二鼎在豕鑊之西。」然則牲體皆亨於鑊，然後肉胥之鼎，而羹納之鉶登，大羹在登。則鑊者，釜錡之總名也。《舊圖》：「天子之鼎飾以黃金，諸侯飾以金，容一斛；大夫羊鼎飾以銅，容五斗；士豕鼎設以鐵，容三斗。而牛羊豕鼎各狀其首於足上。」若然，魚鼎、腊鼎，豈皆狀以魚腊乎？所謂飾以金與銅鐵，而容一斛與五斗、三斗，蓋以後世之鼎言之也。《士喪禮》：「陳鼎於寢門外，西面。」《士虞》：「陳鼎于門外之右，北面。鼎入，設于西階前，東面。」《特牲》：「陳鼎于門外，北面。鼎入，當阼階，東面。」則鼎固有面矣，其詳不可得而知。

禮書卷第九十九終

禮書卷第一百

束冪　編冪　大扃　小扃　疏布巾　畫布巾　𥲤豆巾　兼巾　梡俎　嶡俎　椇俎　房俎

束

冪茅爲之，束其本，飾以朱。❶

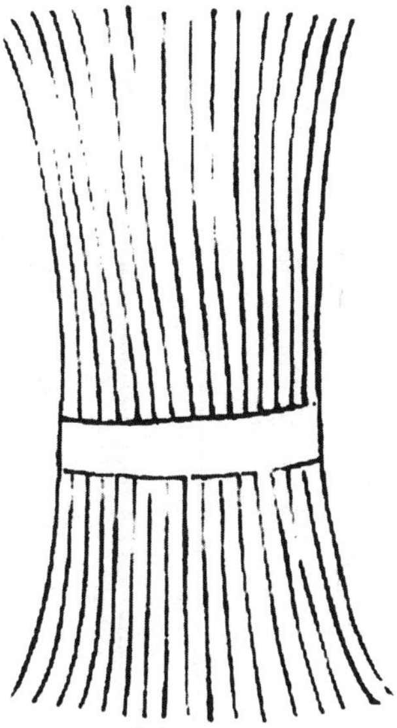

編

冪茅爲之，編其中，飾以朱。❷

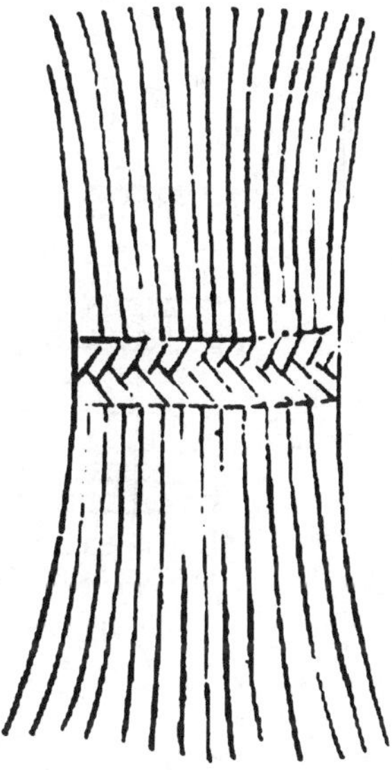

大扃飾以朱。❸

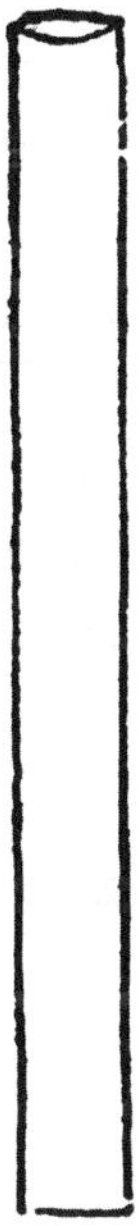

❶「茅爲」至「以朱」，原無，爲明本、庫本、嘉慶本所增。
❷「茅爲」至「以朱」，原無，爲明本、庫本、嘉慶本所增。
❸「飾以朱」，原無，爲明本、庫本、嘉慶木所增。

小扃 飾以朱。❶

《公食大夫禮》：「甸人陳鼎，設扃冪，若束若編。」《考工記》曰：「廟門容大扃七个，闈門容小扃參个。」《説文》曰：「扃，外門之閑也。」蓋鼎扃之制，取象於門扃；而廟門之度，取數於鼎扃。取數於鼎扃，則鼎之出入有容矣。大扃，牛鼎之扃也。小扃，羊豕鼎之扃也。鄭氏謂牛鼎之扃長三尺，膷鼎之扃長二尺。然膷鼎乃牛鼎之陪者也，以小扃爲膷鼎之扃，而不以爲羊豕鼎之扃者，以其長止二尺故也。扃謂之鉉，亦謂之鼏。《易》稱玉鉉、金鉉。《説文》曰：「鼏，以横木貫耳而舉之。」❷則木其質也，金玉其飾也。冪，茅爲之，長者束本，短者編中。陳鼎必於門外，舉之則去冪然後入，既入則抽扃，然後加匕。

疏布巾 白色。❸

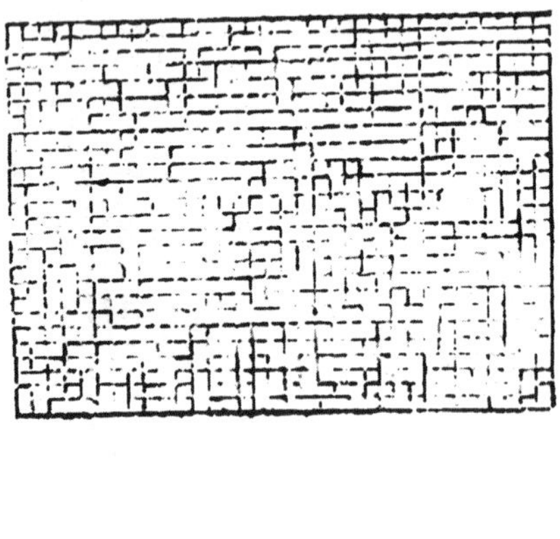

❶「飾以朱」，原無，爲明本、庫本、嘉慶本所增。

❷ 上兩「鼏」字，原皆誤作「鼏」，今皆據《説文・鼎部》「鼏」條改。

❸「白色」，原無，爲明本、庫本、嘉慶本所增。

畫布

巾畫斧。❶

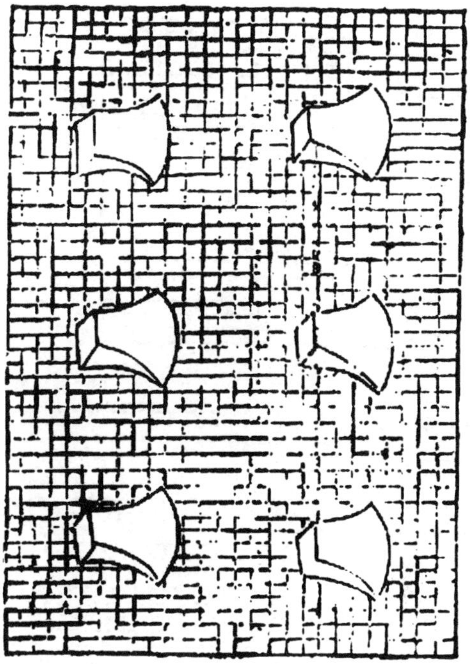

《周官·冪人》：「祭祀，以疏布巾冪八尊，以畫布巾冪六彝。」蓋八尊以獻及於天地，故巾疏而不畫；六彝以裸施於宗廟，故巾畫而不疏。《冪人》言疏布巾，則畫用精者可知；言畫布巾，則疏之不畫可知。巾以覆爲用，象天之體；畫必以黼，天事武也。鄭氏曰：「周尚武，畫黼。其用文德，則黻可。」又曰：「畫者，畫其雲氣歟？」此皆不可考也。《燕禮》：「公尊，冪用綌若錫。」《大射》：「冪用錫若絺。」《士喪》：「冪用功布。」《士虞》：「冪用絺。」《鄉飲酒》、《士昏》、《特牲》冪皆用綌。《少牢》合尊皆有冪。❷蓋亦用綌，以《鄉飲酒》知之。蓋人君尊也，故燕與大射之冪用葛若錫，冬夏異也；人臣卑也，故鄉飲、昏、喪、祭之冪用葛而已，冬夏同也。然士冠禮禮賓、贊禮、禮婦，聘禮禮賓，皆用醴而無冪，以醴質故也。醮用酒，亦無冪，從禮

❶「畫斧」，原無，爲明本、庫本、嘉慶本所增。

❷「少牢合尊皆有冪」，按《儀禮·少牢》云：「司宫尊兩甒于房户之間，同棜，皆有冪，甒有玄酒。」又：「司宫取二勺于篚，洗之，兼執以升，乃啟二尊之蓋冪。」此二尊即前之兩甒，而無「合尊」。疑「合尊」當作「二尊」。

子之質故也。燕禮，君尊有冪，方壺、圜壺無冪，卑屈於尊故也；昏禮，尊於室内有冪，尊於房户外無冪，賤屈於貴故也。若大夫鄉飲，舉則無所屈焉，故皆有冪。大射之禮，冪綴諸箭，則異於它冪矣。❶

籩豆巾纁裏。❷

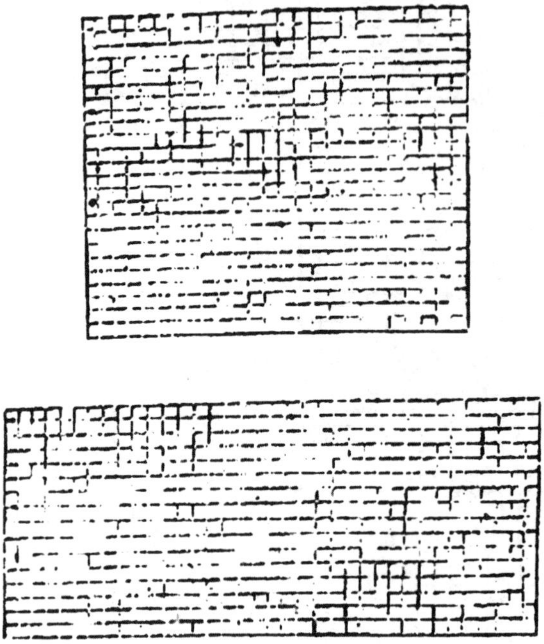

兼巾

《特牲》：「籩，巾以綌，❸纁裏。」《士昏》：「醯醬二豆，菹醢四豆，兼巾之。」

❶「它」，明本、庫本、嘉慶本作「他」。

❷「纁裏」，原無，爲明本、庫本、嘉慶本所增。

❸「綌」，原誤作「絡」，今據嘉慶本及《儀禮·特牲》改。

《士喪》籩豆用布巾。《士婚》：「笲，緇被纁裏。」《聘禮》：「竹簋方，玄被纁裏。」《有司徹》：「簠有蓋冪。」❶然則冪巾不特施於尊彝而已，簠簋、籩豆皆有之也。《冪人》：「凡王巾皆黼。」則諸侯、大夫、士之巾不畫黼矣。

四代之俎

有虞氏梡 色朱而淺，四足皆直。❷

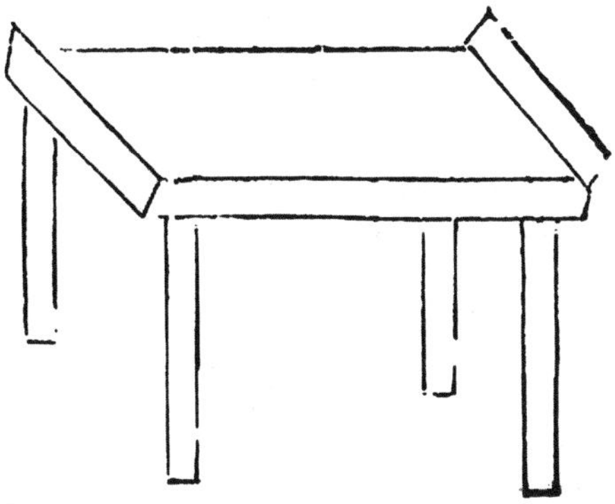

夏后氏嶡 色朱，形與前同，加以橫距。❸

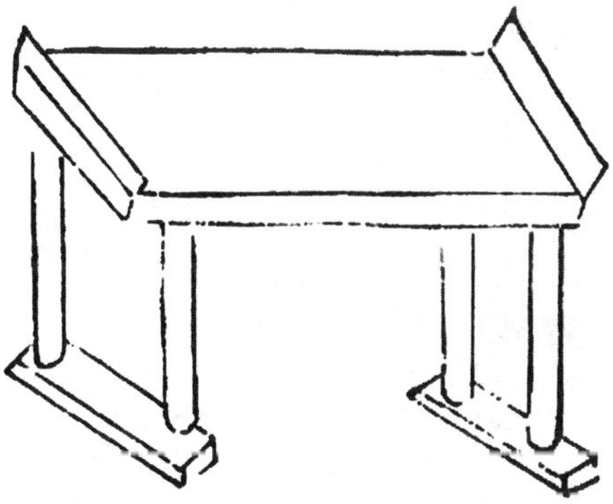

❶「有司徹簠有蓋冪」，按《儀禮·有司徹》無此文，而見於《公食大夫》，則「有司徹」當作「公食大夫」。

❷「色朱」至「皆直」，原無，爲明本、庫本、嘉慶本所增。唯明本禮圖標題「淺」作「没」，誤也。

❸「色朱」至「横距」，原無，爲明本、庫本、嘉慶本所增。

商

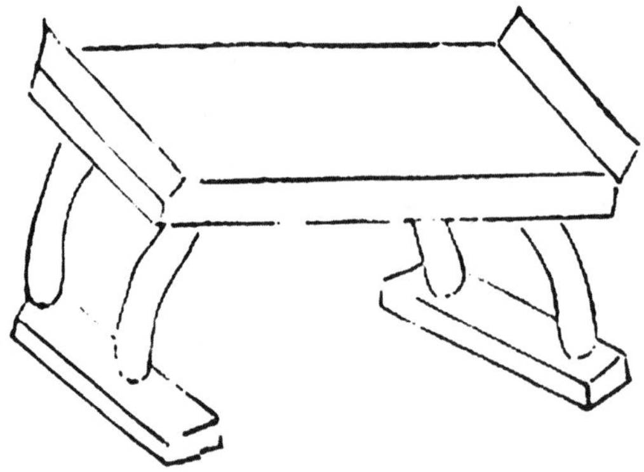

椇色朱，四足曲，下有横距。❶

周房俎

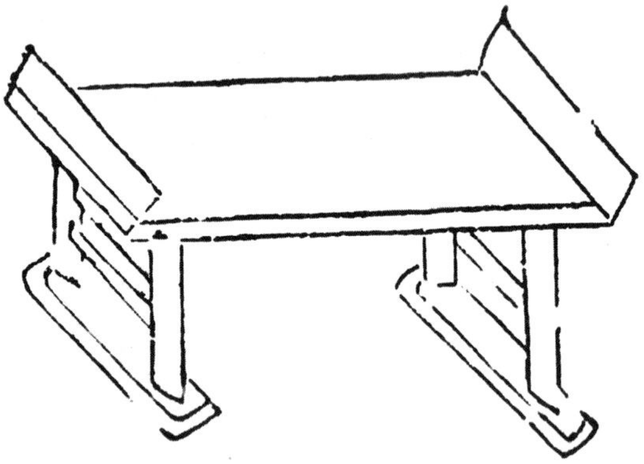

《明堂位》曰：「俎，有虞氏以梡，夏后氏以嶡，商以椇，周以房俎。」蓋斷木爲梡，横距爲嶡，椇之木多橈，房之制〔有〕

❶「色朱」至「横距」，原無，爲明本、庫本、嘉慶本所增。

户閾。虞氏之俎，斷木四足而已。夏氏之俎，加横距〔焉〕。商曲其足若椇然。周又設下跗於兩端若房然。是商之横距與夏同，而曲其足與三代異。周之下跗與三代異，而直其足與虞夏同。《詩》言「大房」，傳言「房烝」，此房俎也。《少牢禮》言「俎距」，此横距也。其高下、脩廣無文，《舊圖》謂「高二尺四寸，廣尺二寸」，不可考也。莊周曰：「加肩尻于雕俎之上。」唐褚遂良曰：「禹雕其俎。」《士喪禮》有「素俎」。蓋雕俎始於禹，而後世用之於吉凶者，文質於是異矣。牲體之在鼎曰脀，在俎曰載。魚載則縮，肉載則衡。鼎俎貴奇，籩豆貴偶。奇以象陽，偶以象陰。觀《聘禮》有牛、羊、豕、魚、腊、腸胃、膚，鮮魚、腊之九鼎，膷、臐、膮之三鼎，《少牢》五鼎五俎，《特牲》三鼎三俎，而肵俎非正俎。《周官·膳夫》：「鼎十有二。」陪鼎非正鼎。《玉藻》諸侯日食三俎，朔月五俎，則鼎俎奇可知矣。然《有司徹》有六俎者：蓋尸也，侑也，主人也，主婦也，各一俎；司馬之羞羊湆也，司士之羞豕湆也，各一俎。俎列而陳之則貴奇，散而用之雖偶可也。

禮書卷第一百終

禮書卷第一百一

虞敦　玉敦　金敦　廢敦　簠　簋　楬

豆　玉豆　雕匴　籩

敦鄭氏曰：「《士喪禮》敦，啓會，面足。」鄭氏曰：「面足，執之令足間鄉前。」即敦足，非如《舊圖》然也。近代有得古敦於地中，亦三足。虞敦、玉敦、金敦附。❶

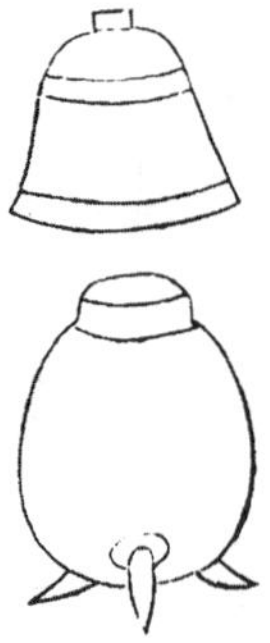

虞氏之敦無飾後世飾以金玉❷

廢敦無足無飾。❸

簠

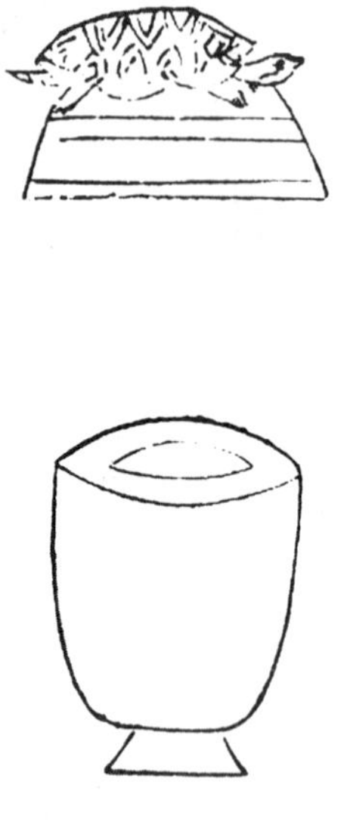

❶「虞敦玉敦金敦附」，原無，爲明本、庫本、嘉慶本所增。

❷明本、庫本、嘉慶本又於「敦」、「廢敦」之間增一小題「虞敦」，並以此圖中文字爲副題。

❸「無飾」，原無，爲明本、庫本、嘉慶本所增。

簠大夫以下無鏤簠。

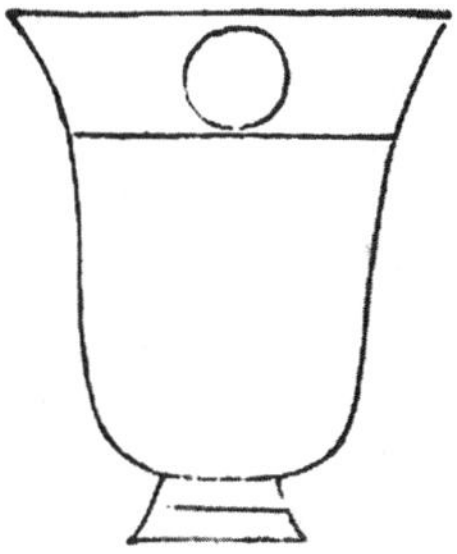

豆有楬豆，有玉豆。

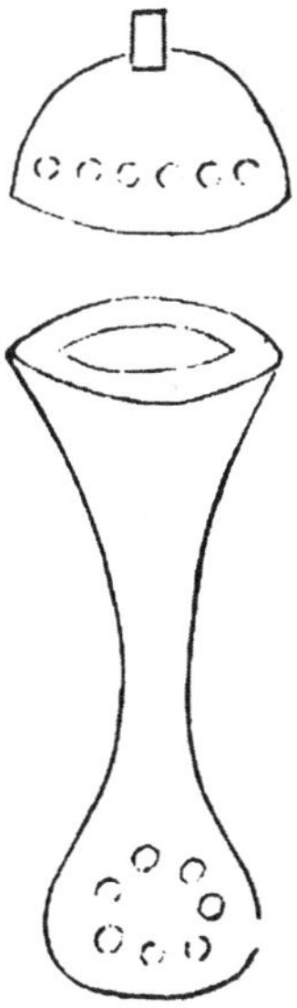

匴❶

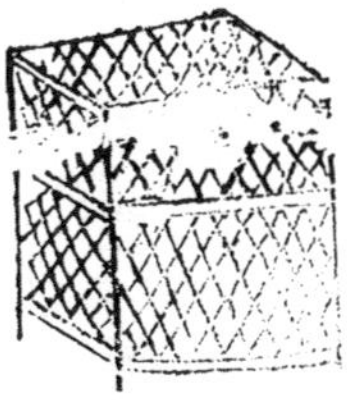

明堂位曰雕篹鄭氏曰篹籩屬也❷大記曰食於篹者盥鄭氏曰竹筥篹然說文曰筥箱也宋魏之間謂箸筩爲筲則筥與篹其類矣

籩有縢，喪祭之籩無縢。

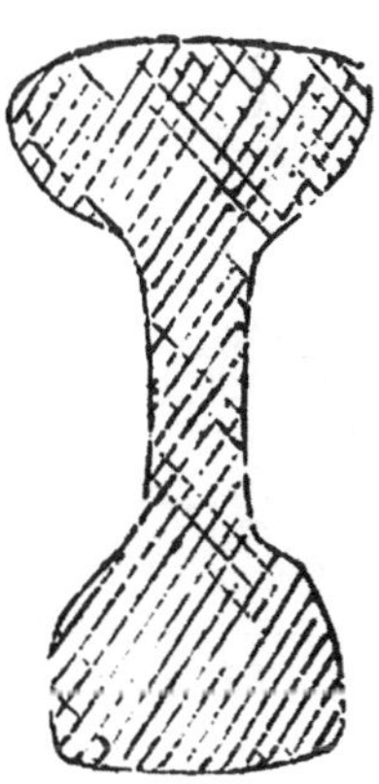

《周禮·玉府》：「若合諸侯，則共珠槃、玉敦。」「敦，槃類，珠玉以爲飾。古者以槃盛血，以敦盛食。合諸侯者，必割牛耳，取其血，歃之以盟。珠槃以盛牛耳，尸盟者執之。故書珠爲夷。鄭司農云：『夷槃或爲珠槃。玉敦，歃血玉器。』」《九嬪》：「凡祭祀，贊玉齍。」「玉齍，玉敦受黍稷器，后進之而不徹。」《禮

❶「匴」，明本禮圖標題、庫本禮圖標題、嘉慶本禮圖標題作「雕匴」。

❷底本圖下有説明性文字，明本、庫本、嘉慶本無，故用底本圖。「籩屬也」之「也」字，原漫漶不清，今據《禮記·明堂位》鄭注補。

記・內則》曰：「敦、牟，非餕莫敢用。」「敦、牟，黍稷器。」《明堂位》：「有虞氏之兩敦，夏后氏之四璉，殷之六瑚，周之八簋。」「皆黍稷器，制之異同未聞。」《士昏禮》：「期，初昏，饌于房，黍稷四敦，皆蓋。婦至，贊啓會，郤于敦南，對敦于北。」《少牢禮》：「主婦自東房執一金敦黍，有蓋。」「敦有首者，尊者器飾也。飾蓋象龜者，周人禮，❶飾器各以其類，龜有上下甲。」《士喪禮》：「廢敦、重鬲，皆濯。「廢敦，敦無足者，所以盛米。」朔月奠，無籩，有黍稷，用瓦敦，有蓋，當籩位。徹朔奠，敦啓會，面足。」「面足，執之令足間鄉前。敦有足，則敦之形如今酒敦。」《既夕》：「用器：兩敦、兩杅、槃、匜，無祭器，有燕樂器可也。」《士虞》：「贊設兩敦于俎南。」《特牲禮》：「盛兩敦，陳于西堂，藉用萑。」

簠　簋大夫以下無鏤簋。❷

《舍人》：「凡祭祀，共簠簋，實之，陳之。」「方曰簠，圓曰簋，盛黍稷稻粱器。」正義曰：「『方曰簠，圓曰簋』，皆據外而言。案：《孝經》云『陳其簠、簋』，注曰：『內圓外方，❸受斗二升者。』直據簠而言。若簋，則內方外圓。知皆受斗二升者，《旊人》云：『爲簋，實一觳。豆，實三而成觳。』豆四升，三豆，則斗二升可知。但外神用瓦簋，宗廟當用木，故《易・損卦》云：『二簋可用享。』損卦以離、巽爲之，離爲日，日圓；巽爲木，木器圓，簋象，是用木明矣。」《掌客》：「凡諸侯之禮，簠十，鼎、簋十有二；侯伯，簠八，鼎、簋十有二；子男，簠六，鼎、簋十有二。」「簠，稻粱器也。公十

❶「人」，原誤作「昏」，然此與昏禮無涉。《儀禮・少牢》鄭注原作「之」。今據明本、庫本、嘉慶本改。
❷「大夫以下無鏤簋」，原無，爲明本、庫本、嘉慶本所增。
❸「方」，原誤作「万」，今據明本、庫本、嘉慶本及《孝經》李注改。

簠，堂上六，西夾東夾各二也；侯伯八簠，堂〔上〕四，西夾、東夾各二；子男六簠，堂上二，西夾東夾各二。簠，黍稷器也。簠十二者，堂上八，西夾東夾各二。合言鼎簠者，牲與黍稷俱食之主也。」《考工記》：「旊人爲簠，實一㲉，崇尺，厚半寸。豆，實三而成㲉，崇尺。」「豆，實四升。」《玉藻》：「朔月少牢，五俎四簋。」「朔月四簋，則日食粱、稻各一簋而已。」《明堂位》：「周之八簋。」「黍稷器。」《樂記》：「簠簋俎豆，制度文章，禮之器也。」《祭統》：「以四簋黍，見其脩於廟中也。廟中者，境内之象也。」《聘禮》：「有司入陳。堂上八豆，設于户西，西陳，皆二以並，東上。韭菹，其南醓醢，屈。八簋繼之，黍，其南稷，錯。六鉶繼之，牛以西羊豕，豕南牛，以東羊豕。兩簠繼之，粱在北。西夾六豆，設于西墉下，北上。韭菹，其東醓醢，屈。六簋繼之，黍，其東稷，錯。四鉶繼之，牛以南羊，羊東豕，豕以北牛。兩簠繼之，粱在西。皆二以並，南陳。」

豆有楬豆，有玉豆。❶

《周禮·醢人》：「掌四豆之實：朝事之豆，饋食之豆，加豆之實，羞豆之實。凡祭祀，共薦羞之豆實，賓客、喪紀亦如之。」《九嬪》：「凡祭祀，贊后薦、徹豆籩。」《内宗》：「掌宗廟之祭祀，薦加豆、籩，及以樂徹，則佐傳豆、籩。」《外宗》：「掌宗廟之祭祀，佐王后薦玉豆，視豆籩。」《掌客》：「凡諸侯之禮，豆四十，夫人致禮，八豆；侯伯，三十有二，❷夫人致禮，八豆；子男，豆二十有四，

❶「有楬豆有玉豆」，原無，爲明本、庫本、嘉慶本禮圖標題所增。

❷「二」，原誤作「一」，今據嘉慶本及《周禮·掌客》改。

夫人致禮，六豆。」《梓人》：「一獻而三酬，則一豆矣。食一豆肉，飲一豆酒，中人之食也。」《禮記・王制》：「天子、諸侯無事則歲三田，一爲乾豆。」《禮運》：「體其犬、豕、牛、羊，實其簠簋、籩豆、鉶羹。」《禮器》：「禮有以多爲貴者，天子之豆二十有六；有以少爲貴者，諸侯相朝無籩豆之薦。晏平仲祀其先人，豚肩不揜豆。」《郊特牲》：「鼎俎奇而籩豆偶，陰陽之義也。籩豆之實，水土之品也。」《明堂位》：「夏后氏以楬豆，殷玉豆，周以獻豆。」「楬，無異物之飾也。獻，疏刻之。齊人謂無髮爲禿楬。」《樂記》：「簠簋俎豆，制度文章，禮之器也。鋪筵席，陳尊俎，列籩豆，以升降爲禮者，禮之末節也，故有司掌之。」《祭統》：「夫祭也者，三牲之俎，八簋之實，美物備矣。君執鸞刀，羞、嚌；夫人薦豆。此之謂夫婦親之。」《祭統》：「夫人薦豆執校，執醴授之，執鐙。尸酢夫人執柄，夫人受尸執足。」「校，豆中央直者也。執醴，授醴之人，授夫人以豆則執鐙。❶鐙，豆下跗也。」《鄉飲酒》：「六十者三豆，七十者四豆，八十者五豆，九十者六豆，所以明養老也。」《燕義》：「士舉旅行酬，而後獻庶子，俎豆、牲體、薦羞，皆有等差，所以明貴賤也。」《聘禮》：「有司堂上八豆，設于户西，西陳，皆二以並，東上。韭菹，其南醓醢，屈。西夾六豆，設于西墉下，北上。韭菹，其東醓醢，屈。」《公食大夫》六豆，上大夫八豆，❷《士昏》四豆，《士喪》毼豆兩，《既夕》四豆，《士虞》四豆，《特牲》兩豆，《少牢》四豆，《有司徹》四豆。

❶「鐙」，原誤重，今據明本、庫本、嘉慶本及《禮記・祭統》鄭注删其一。

❷「八」，原誤作「兩」，今據《儀禮・公食》及下文同引改。

籩有縢，喪祭之籩無縢。❶

《周禮》：「籩人掌四籩之實：「籩，竹器如豆者，其容實皆四升。」朝事之籩，饋食之籩，加籩之實，羞籩之實。凡祭祀，共其籩薦、羞之實，喪事及賓客之事，共其薦籩、羞籩。」《九嬪》：「凡祭祀，贊后薦、徹豆籩。」《内宗》：「掌宗廟之祭祀，薦加豆籩。及以樂徹，則佐傳豆籩。」《外宗》：「掌宗廟之祭祀，佐王后薦玉豆，視豆籩。」《掌客》：「凡諸侯之禮，夫人致禮八籩；侯伯，夫人致禮八籩；子男，夫人致禮六籩。」《禮記·禮器》：「有以少爲貴者，諸侯相朝無籩豆之薦。」《郊特牲》：「鼎俎奇而籩豆偶，陰陽之義也。籩豆之實，水土之品也。」《明堂位》：「夫人薦豆籩。」《儀禮·士冠禮》：「再醮，兩籩：栗、脯。」《鄉射禮·記》：「大夫與，則公士爲賓。薦：脯用籩，五膱，祭半膱，横于上。膱長尺二寸。」「脯用籩，籩宜乾物也。膱猶脡也。」《士喪禮》：「東方之饌，兩籩，無縢。」「縢，緣也。」

《考工記》：「旊人爲簋，實一觳，崇尺。豆，實三而成觳。「觳，容斗二升也。」崇尺，中繩。」❷《爾雅》：「木豆謂之豆，竹豆謂之籩，瓦豆謂之登。」《説文》：「古簋作朹。」蓋簋、豆有以瓦爲之，有以木爲之。先儒謂宗廟之簋、豆用木，天地之簋、豆用瓦。然《詩》述祀天之禮言「于豆于登」，則祀天有木豆矣。《儀禮·少牢饋食》有瓦豆，則宗廟有瓦豆矣。敦則簋之類，簠則簋相須者也。❸《士喪禮》有瓦敦，而簠之有瓦與

❶「有縢」至「無縢」，原無，爲明本、庫本、嘉慶本所增。
❷「繩」，嘉慶本作「縣」，當是據《周禮·旊人》「豆中縣」。
❸「簠則簋」，明本、庫本、嘉慶本作「簋則簠」。

否不可〔考〕也。《儀禮》曰：「蓋，執豆。」又曰：「右執鐙，以蓋降。」又曰：「啓簋會。」「會，蓋也。」又曰：「執敦黍，有蓋。」又曰：「簠有蓋冪。」又曰：「設四敦，皆南首。」則簠、簋、敦、豆、登皆有蓋，而敦之蓋有首。先儒以爲簠、簋、敦之蓋皆象龜形，義或然也。管仲鏤簋，禮以爲僭，則大夫、士之簋刻龜於蓋而已，非若人君全鏤之也。簠，内圓外方，其實稻粱；簋，外圓内方，其實黍稷。《周官·掌客》，五等諸侯簠數有差，而簋皆十二，有簠膳而已，簋非爲膳焉。用簠則簋從，用簋則簠或不預，是簠尊而簋卑也。籩有縢緣，其實乾實。豆若脰然，其實菹醢。登則人執而登之，其實大羹之湆。《瓬人》簋、豆皆崇尺，則簠、敦、籩之崇可知；簋實一觳，❶則敦、簠之量可知。❷《士喪禮》敦有足，則簠、簋有足可知。《士喪禮》：「敦啓會，❸面足。」無足曰廢敦。《士虞》、《特牲》敦有藉，虞，敦藉以葦席。祭，敦藉以萑。則簠簋、籩豆之有藉可知。《士喪》、《特牲》籩有巾，《士喪》：「兩籩，布巾。」《特牲》：「籩巾以綌，纁裏。」❹《公食大夫》「簠有蓋冪」，則簋、敦、豆之有巾可知。有虞氏曰敦，夏曰璉，商曰瑚，周曰簋；夏曰楬豆，商曰玉豆，周曰獻豆；而虞氏之敦在周用之於士、大夫，故《儀禮》大夫之祭有敦無簋。《特牲》「佐食分簋、鉶」，而先儒以爲同姓之士得從周制是也。夏后之楬

❶「觳」，原誤作「穀」。按《周禮·瓬人》。今據明本、庫本、嘉慶本改。
❷「簠」，原誤作「簋」，今據嘉慶本改。
❸「啓」，原脱，今據嘉慶本及《儀禮·士喪》補。
❹「纁」，原誤作「絺」，今據明本、庫本、嘉慶本及《儀禮·特牲》改。

豆，在周用之於喪禮，故《儀禮・士喪》「毼豆兩，實葵菹」是也。「毼，白也。」周曰獻豆，非不以玉飾也。《士虞禮》「獻豆兩亞之」，則獻豆猶所謂獻尊也。《周禮・玉府》有玉敦，《九嬪》有玉齍，先儒以玉齍爲玉敦，豈以其盛黍稷而因名之乎？《祭統》：「夫人薦豆執校，執醴授之，執鐙。」鄭氏謂：「校，豆中直者。鐙，豆下跗。」然則《考工記》所謂「中縣」者，校也。天子玉敦，大夫金敦，《少牢》：「夫人執金敦。」則士敦無飾可知。魯用彫簋，「簋，籩屬也。」《士喪禮》籩無縢，則士、大夫吉祭之籩有縢無彫可知。《舊圖》簠、簋、登、籩、豆皆崇尺二寸，而簠、簋、敦、豆皆漆赤中。考之於《書》：「若作梓材，既勤樸斲，惟其塗丹雘。」《周語》亦曰：「器無彫鏤，儉也。」先王之器多飾以赤，而《玉人》勺亦「朱中」，則漆而赤中，理或然也。然崇尺二寸之説與《旊人》之制不同，是臆論也。《周官・掌客》公簠十，侯伯簠八，子男簠六，而簋皆十二。《公食》上大夫之簋八，下大夫之簋六。《聘禮》饔餼，上大夫之簋二十。《詩》言天子之禮，「陳饋八簋」。《玉藻》言諸侯「朔月四簋」，《詩》言「每食四簋」，多於天子。《公食》上大夫之簋與天子之禮同，秦臣每食之簋與諸侯朔食之禮同，❶何也？蓋《聘禮》上大夫之簋二十，《掌客》諸侯之禮多於天子也，蓋《聘禮》上大夫之簋二十，《掌客》諸侯之簋十二，《公食》上大夫之簋八，有所陳者存焉。天子八簋，則其所食者也；《公食》下大夫六

❶「秦」，原誤作「泰」，「食」，原誤作「月」，今皆據明本、庫本、嘉慶本改。

簋，則公日食四簋可知。日食四簋，而朔月亦食四簋，此異代之禮也。觀《周官》王之日膳用六牲，❶則諸侯日食非止特牲也；王鼎十有二物皆有俎，則諸侯日與朔食非止三俎與五俎也。而《玉藻》所記一切與周禮不類，則異代之禮可知也。《周官·籩人》《醢人》有朝事、饋食之籩豆，與加籩、羞籩、加豆、羞〔豆，凡〕二十有六。祭祀之籩豆其數如此，則饗食之禮豈過是哉？《禮器》所謂「天子之豆二十有六」是也。推此，則諸公十有六，諸侯十有二，上大夫八，下大夫六，而《少牢》大夫四豆，蓋大夫食於公與祭於己者異矣。《周官·掌客》上公豆四十，侯伯豆三十有二，子男豆二十有四，而食皆稱之。先儒謂豆正羞、食庶羞，庶羞亦豆也。《公食》下大夫六豆，上大夫八豆。《聘禮》致饗餼於上大夫，堂上八豆，西夾六豆。然則《禮器》之豆數，用數也；《掌客》之豆數，陳數也。春秋之時，鄭享楚子加籩豆六品，晉享季孫夙有加籩。蓋古者籩豆有加者，皆所以優尊之也。豆實菹醢者也，而晏子豚肩不揜豆，菹醢濡物也，而田獵所獲爲乾豆者，蓋豚肩不掩豆，譏其用小牲，非必以豆實豚也。醢醬必乾析然後漬之，非謂以豆實乾也。鼎俎奇而籩豆偶，而《鄉飲酒》「六十者三豆，七十者四豆，八十者五豆，九十者六豆」，而數不皆偶者，此又視年高下而隆殺之，不可以常禮限之也。

❶「膳」，明本、庫本、嘉慶本作「食」。

竹簋方

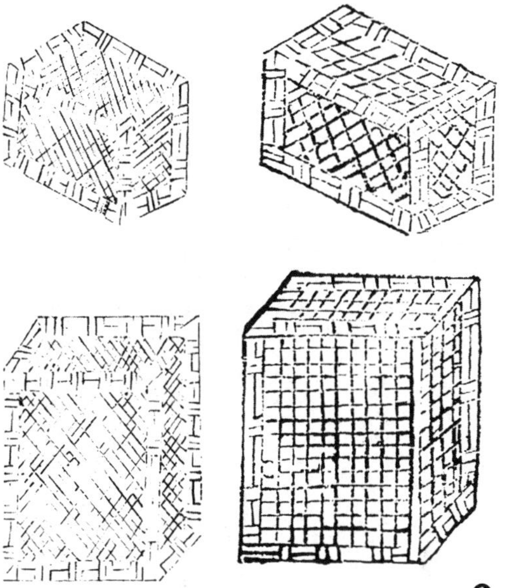

❶

《聘禮》：「夫人使下大夫勞以貳竹簋方，❷玄被纁裏，有蓋。」《考工記・玉人》：「案十有二寸，棗栗十有二列，諸侯純九，大夫純五，夫人以勞諸侯。」鄭氏謂：「竹簋方，以竹爲之，實以棗栗，乃加於案。」其説是也。《玉人》言諸侯以見二王之後，言夫人以見后，則棗栗十有二列以勞二王之後可知也，夫人以勞諸侯則后可知也。觀《酒正》、《漿人》有后、夫人致飲於賓客之禮，❸是賓客之禮后、夫人預之也。鄭氏謂：「夫人，王后也。記時諸侯僭稱王，而夫人之號不别，是以同王后於夫人。」其果然乎？謂之簋方，則大小長短如簋而方耳。《舊圖》圜其口，觚其名，則名實不類。

❶ 此爲底本圖。

❷ 「勞」，原脱，今據《儀禮・聘禮》補。

❸ 「夫」，原誤作「大」，今據嘉慶本及《周禮・漿人》改。

登

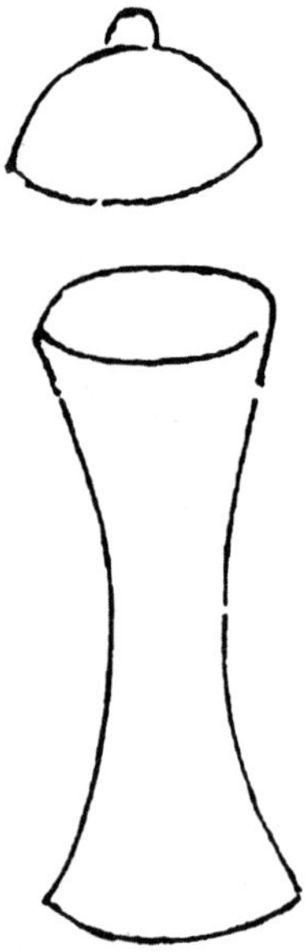

登，瓦豆也，❶《儀禮》作鐙，則登亦金爲之。其實大羹，食禮用之，飲禮不用，❷故《公食大夫》設于醬西，《鄉飲》、《鄉射》、《燕禮》不設也。《士虞》、《特牲》、《有司徹》皆設之，《少牢》不言設者，以《特牲》、《有司徹》見之也。

禮書卷第一百一終

❶「豆」，明本、庫本、嘉慶本作「器」。

❷「禮」，明本、庫本、嘉慶本作「酒」。

禮書卷第一百二

鑊　錡　釜　鬵　鍑　鬲　甗　甑　黍

稷匕　桃匕　疏匕　桑匕

鑊

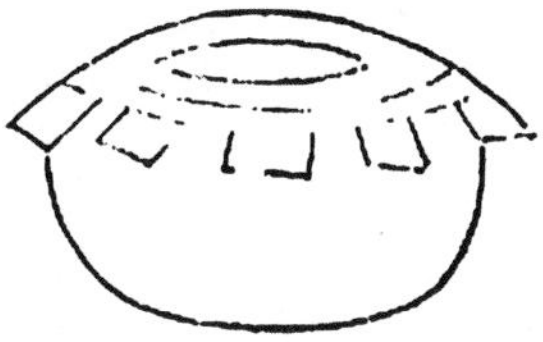

錡

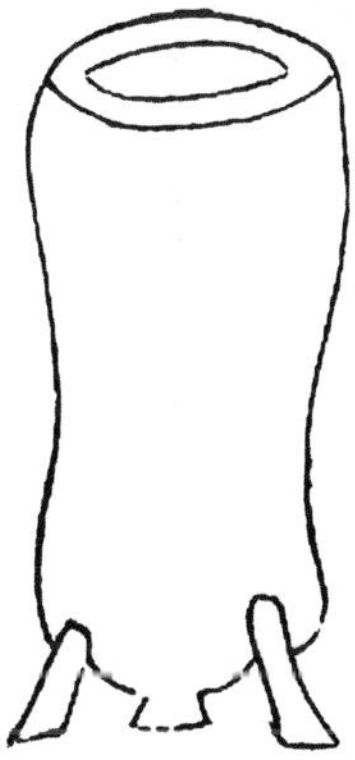

釜

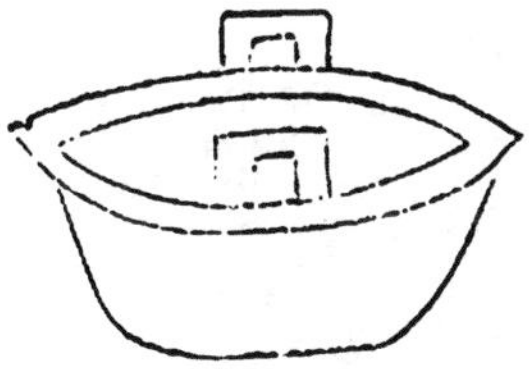

鍑

《周禮・亨人》：「共鼎鑊，以給水火之齊。」《小宗伯》：「祭之日，逆齊，省鑊。」《小司寇》：「禋祀五帝，實鑊水。」《士師》：「祀五帝，洎鑊水。」《少牢》：「饔人陳三鼎在羊鑊之西，二鼎在豕鑊之西。」《詩傳》曰：「有足曰錡，無足曰釜。」又曰：「鬲，釜屬。」《説文》曰：「江淮之間謂釜曰錡。」又曰：「鑊，鐫也；鍑，釜大口者。」又曰：「朝鮮謂釜曰錪。鬵，大釜也。一曰鼎上大下小若甑曰鬵。」《爾雅》曰：「窾足謂之鬲。」❶蓋鑊也，鐫也，釜也，鬵也，錡也，鬲也，錪也，鍑也，皆烹飪之器也。錡，有足者也。鬲，空足者也。鬵，大釜也。鍑，釜口大者也。❷《詩》以錡、釜湘菜，以釜、〔鬵〕烹魚。《周禮》、《儀禮》以鑊烹牲，則鑊又大於釜矣。

鬲

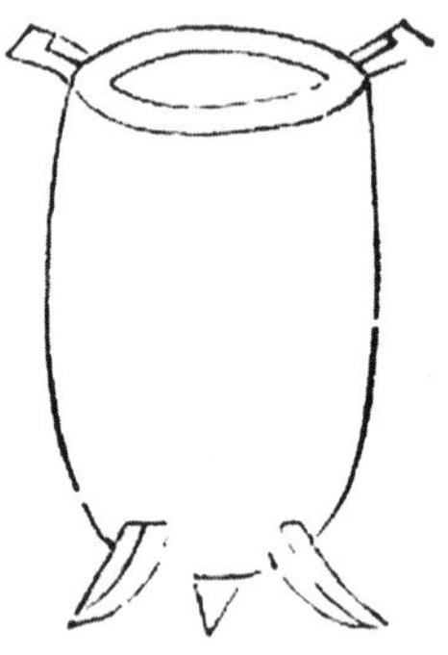

《考工記・陶人》：「鬲，實五觳，厚半寸，脣寸。」《爾雅》：「款足謂之鬲。」❸郭璞曰：「鼎曲腳也。」然先儒皆以窾爲空。《太史自序》曰：「實中其聲者謂之端，實不中其聲者謂之窾。」則窾非曲也。《喪禮》有重鬲，蓋亦取名於鼎鬲歟？

❶「窾」，原誤作「疑」。嘉慶本作「窾」，此「窾」之異體也，今據改而用其正體。《爾雅・釋器》作「款」。

❷「釜」，原誤作「之」，今據明本、庫本、嘉慶本改。

❸「款」，原誤作「疑」，今據明本、庫本、嘉慶本及《爾雅・釋器》改。

八九八

甗鄭司農曰：「甗，無底甑。」鄭康成曰：「如甑，一孔。」

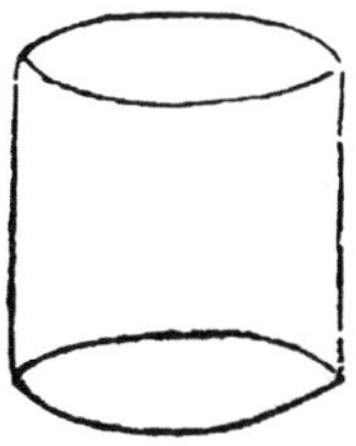

甑穿七。

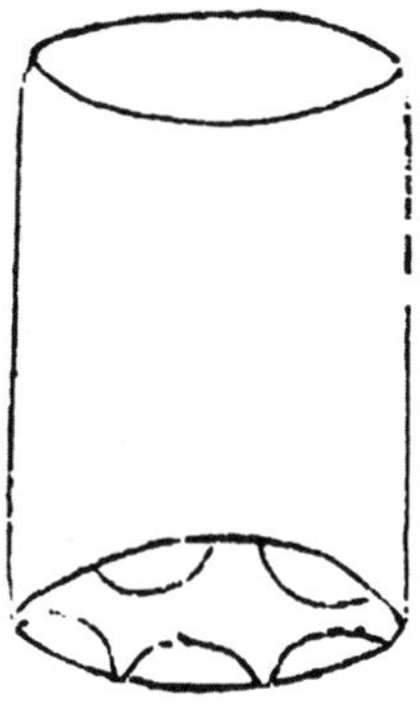

《考工記・陶人》：「爲甗，實二鬴，厚半寸，脣寸。盆，實二鬴，厚半寸，脣寸。甑，實二鬴，厚半寸，脣寸，七穿。」《少牢禮》：「雍人概鼎、匕，廩人概甑、甗。」《爾雅》：「甑謂之鬵。鬵，鉹也。」孫炎曰：「關東謂甑爲鬵，涼州謂甑爲鉹。」《方言》曰：「自關而東或謂之甗，或謂之鬵，或謂之酢餾。」甗，陶器也。春秋之時，齊有玉甗，則其所以寶者也。鬵，大釜也。毛氏、許慎以鬵爲釜屬，而《爾雅》、《方言》以鬵爲甑，則其名同者也。《考工記》：「豆，實三而成觳。」則觳之所容，斗二升矣。庾實二觳，則二斗四升也。《聘禮》：「十六斗曰庾。」申豐曰：「粟五千庾。」❶杜預亦曰：「庾十六斗。」昭二十六年《左》。❷則庾固有大小者也。鄭司農曰：「甗，無底甑。」鄭康成釋《儀禮》曰：「甗

❶「千」，原誤作「十」，今據《左傳》昭二十六年改。

❷「左」，原脱。按杜預所稱「庾十六斗」，實出《左傳》昭二十六年。今據明本、庫本、嘉慶本補。

如甑，一孔。」蓋無底則一孔而已。實菹醢者豆，而量容四升，亦曰豆；容六升謂之庾，❶而容二斗四升亦謂之庾；有鬵謂之釜，而無足亦謂之釜。則釜屬謂之鬵，甑亦謂鬵可也。謂鼎上大下小若甑曰鬵，則鬵非特名甑而已。

黍匕

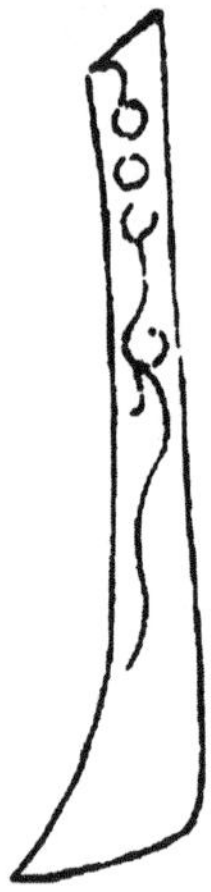

桃匕

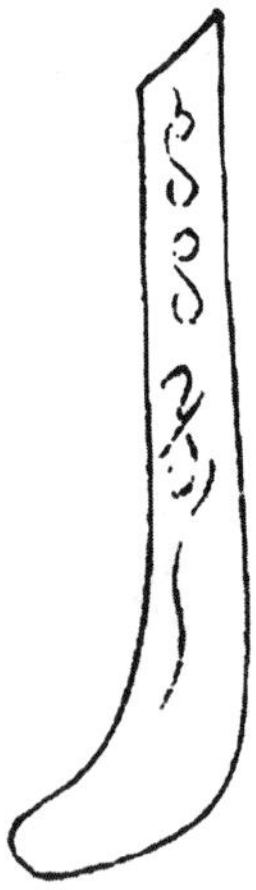

疏匕

桑匕

《雜記》云：「枇以桑，長三尺，或曰五尺。」《易》曰：「不喪匕鬯。」《詩》曰：「有捄棘匕。」《特牲禮》：「棘心匕，刻。」《少牢饋食禮》：「雍人概鼎、匕、俎于雍爨，廩人概甑、甗、匕與敦于廩爨。」《有司

❶「六升」，據上下文意疑當作「十六斗」。

徹》：「司馬以二手執桃匕枋以挹湆，注于疏匕，若是者三。」又云：「雍正、雍府加匕于鼎，東枋。雍人覆二疏匕于俎上。」蓋匕之別有四，有黍稷之匕，有牲體之匕，有疏匕，有喪匕。三匕以棘，喪匕以桑。廩人之所摡，黍稷之匕也。雍人之所摡，牲體之匕也。牲體之匕，桃匕小於疏。何則？敦之量不過三豆，而高不過一尺，則黍稷之匕小矣。其制則黍稷之匕小於桃匕，桃匕小也。挹之以桃匕，然後注于疏匕者三，則疏匕大矣。《詩》於角弓、兕觥皆言「其觩」，於天畢與匕皆言「有捄」，則匕之制非挺然也。《儀禮》或作枇，或作匕，所謂執匕、摡匕、取匕、加匕、覆匕，自匕言之也；所謂枇魚、枇者、乃枇、長枇、卒枇，自用匕言之也。《特牲》、《少牢》、《有司徹》、《公食》、《昏禮》舉鼎，執匕、俎，皆異其人。《士喪禮》執匕、執俎皆舉鼎者爲之。吉禮尚文，喪禮尚略故也。《特牲》右人於鼎北匕肉，左人于鼎西載諸俎，《士虞禮》則右人載者，以吉禮尚右，喪禮尚左故也。

禮書卷第一百二終

禮書卷第一百三

棘畢　桑畢　鍘柶　醴柶　鼓　概

《考工記》黼　《曆律志》黼

棘畢

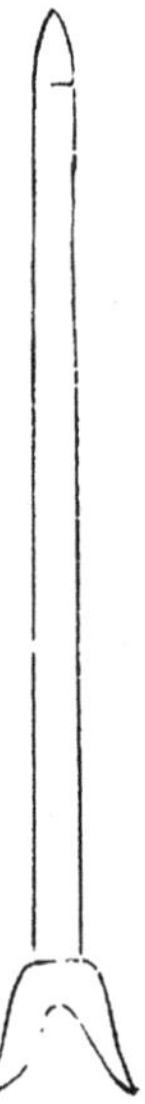

桑畢

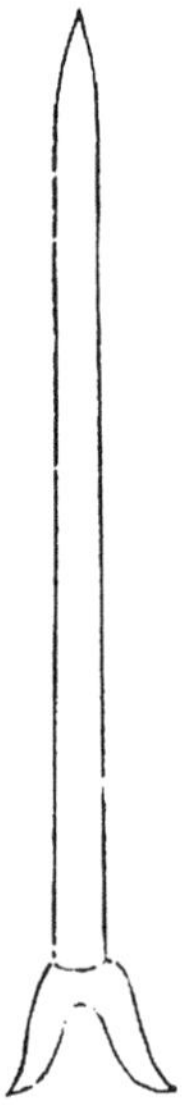

《爾雅》曰：「濁謂之畢。」濁，畋器也。郭氏曰：「掩兔之畢。」畋器曰畢，祭器亦曰畢，皆象畢星也。《詩》曰「兕觥其觩」、「角弓其觩」、「有捄棘匕」、「有捄天畢」，捄者，曲而長也，則畢之狀可知矣。鄭氏曰：「畢狀如义。」❶《雜記》言：「枇用桑，長三尺；畢用桑，長三尺，刊其柄與末。」《詩》言「棘匕」，《特牲·記》亦言「棘心匕，刻」。喪匕用桑而畢亦桑，則吉匕用棘而畢亦棘，此鄭氏所以言匕、畢同材也。然桑黃、棘赤，各致其義。舊《圖》謂匕、畢皆漆之，誤矣。《特牲》：「主人及佐食舉牲鼎，宗人執畢先入，贊者錯俎，加匕。」鄭氏曰：「主人親舉，則宗人執畢導之。」以畢臨匕載，備失脱也。《少牢》及《虞禮》無文，何哉？《少牢》大夫〔不〕親舉，虞祭主人未執事。」其説是也。《大射》司馬正東面，

❶「义」，庫本、嘉慶本作「乂」，《儀禮·特牲》鄭注作「叉」。

以弓爲畢。鄭氏曰：「畢所以教助執者。」則畢又可用以指教歟？

〔醴柶〕〔色白〕。

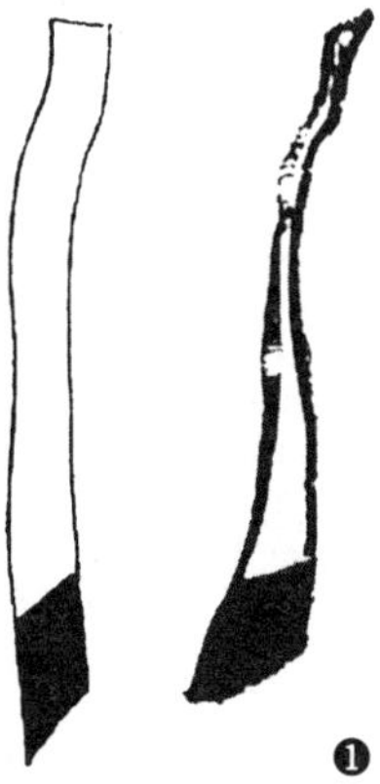

❶

〔鉶〕柶色赤。

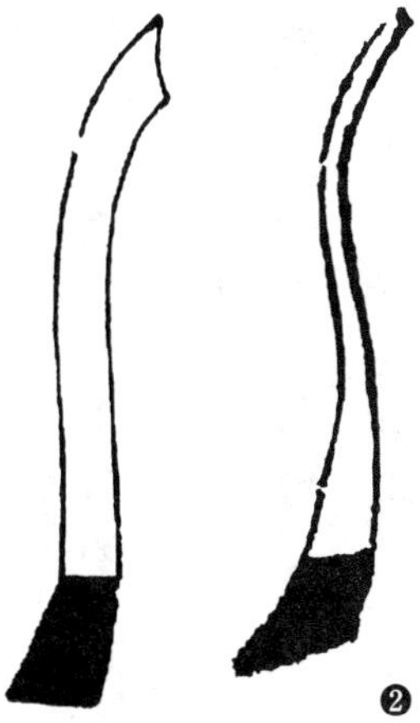

❷

《説文》曰：「柶，匕也。」鄭氏曰：「柶如匕。」《士冠》、《士昏》醴柶皆用角，《士喪》醴柶皆用木，以木質於角故也。《士喪》〔東方之饌〕用木柶，《既〔夕〕》厥明奠〕用木柶。《玉府》「大喪共角柶」，《士喪》「楔齒用角柶」，❸以角貴於木故也。柶施於醴，亦施於鉶。❹《公食大夫》、《少牢饋食》鉶柶不言其材，蓋亦角爲之歟？其制，則先儒以爲枋長尺，欃博三寸，醴柶之欃淺，鉶柶之欃深。理或然也。柶之所用有多有寡，授柶之禮有面枋、有面葉。《公食大夫》設柶鉶而柶扱上鉶，《少牢》羞二鉶皆有柶，蓋仁於賓者以同爲樂，仁於神者以

❶ 此爲底本圖。
❷ 此爲底本圖。
❸ 「楔」，原誤作「偰」，今據明本、庫本、嘉慶本及《儀禮·士喪》改。
❹ 「亦施」，原誤作「施亦」，且作小字，今據明本、庫本、嘉慶本乙正並改爲大字。

異爲敬故也。《冠禮》贊者既酌，面葉以授賓，賓面枋以授冠者，冠者面葉以扱祭。❶《昏禮》贊者既酌，面葉以授主人，主人面枋以授賓，賓亦面葉以扱祭。《聘禮》宰夫既酌，面枋以授公，公面枋以授賓，而授公不面葉。蓋冠之賓、昏之主人必訝受，而公不訝受故也。

鼓

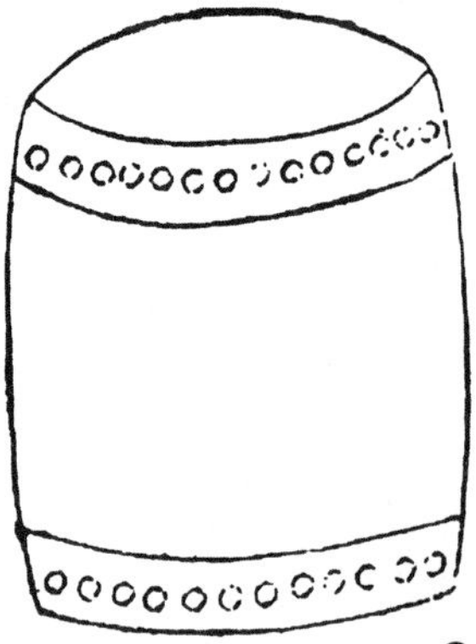

❷

《記》曰：「獻粟米者操量鼓。」《左傳》曰：「晉國以一鼓鐵鑄刑鼎。」《荀子》曰：「瓜、桃、棗、李一本數以盆鼓。」《管子》曰：「釜鼓滿則人概之。」《隱義》云：「東海樂浪人呼容十二斛爲鼓。」❸王肅注《家語》曰：「三十斤謂之鈞，鈞四謂之石，石四謂之鼓。」夫五量終于斛，而鼓又十二之，秉又十六之。蓋五者數之備，過是者亦推此而已。

概

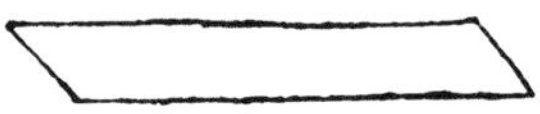

❶「者冠者」，原作小字，今據明本、庫本、嘉慶本改作大字。

❷底本圖上鼓無釘。

❸「十二斛」，嘉慶本作「十二石者」。文獻引《隱義》此語，或作「十二斛」，或作「十二石者」，不一。

《曆律志》：❶「以子穀秬黍中者千有二百實其龠，以井水准其概。」《月令》：「仲春，正權概。」《荀子》曰：「勝斛敦概者，所以爲嘖也。」又曰：「水盈不求概。」《管子》曰：「釜鼓滿則人概之。」《曲禮》曰：「食饗不爲概。」《考工記》曰：「概而不稅。」《說文》曰：❷「稅，平也。」謂斗概則概以竹木，或爲之五量，資之以爲平也。

《考工記》鬴亦謂之釜，重一鈞，容六斗四升。❸

耳三寸實一升鄭氏曰耳在旁可舉也賈公彥曰謂覆之所受臀一寸實一豆杜子春云覆之其底深一寸❹

《律曆志》鬴重二鈞，容十斗。❺

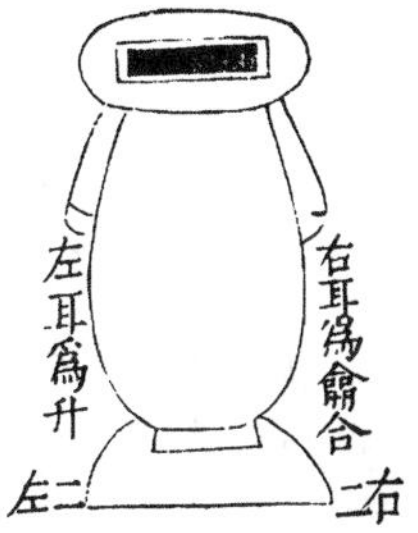

上三斛升合下二斗龠龠雖在耳布覆與計同故亦謂之鬴斛上下皆圜其外以圜函方欲其聲之圜也爲升合其聲之不韻也鍾之有乳意亦若此❻

《史》及《家語》曰：「黃帝設五量。」《考工記·栗氏》：「爲量，改煎金錫則不耗，不

❶「曆律志」，明本、庫本、嘉慶本作「律曆志」。

❷所謂「說文曰」者，實不見於《說文》。按《說文·禾部》云：「稅，租也。」孫氏點勘曰：「此引《說文》有誤，《周禮》《詩義》引作『槩，平也』，無『說文曰』三字。疑當作『《說文》曰槩，槩斗斛也。槩，平也。』」點勘之「槩」，當如「槩」之屬，亦爲「概」之異體。

❸「亦謂」至「四升」，原無，爲明本、庫本、嘉慶本所增。

❹圖中文字，原無，爲明本、庫本、嘉慶本所增。

❺「重二鈞容十斗」，原無，爲明本、庫本、嘉慶本所增。

❻圖中文字，原無，爲明本、庫本、嘉慶本所增。

耗然後權之，權之然後準之，準之然後量之。量之以爲鬴，深尺，❶內方尺而圜其外，其實一鬴。其臀一寸，其實一豆。其耳三寸，其實一升。重一鈞。其聲中黄鍾之宫。概而不稅。」《前漢・律曆志》：「量者，龠、合、升、斗、斛也。本起於黄鍾之龠，以子穀秬黍中者千有二百實其龠，以井水準其概。合龠爲合，十合爲升，十升爲斗，十斗爲斛，而五量嘉矣。其法用銅，方尺而圜其外，旁有庣焉。其上爲斛，其下爲斗。左耳爲升，右耳爲合龠。其狀似爵，以縻爵禄。上三下二，參天兩地，圜而函方，左一右二，陰陽之象也。其圜象規，其重二鈞，備氣物之數，合萬有一千五百二十。聲中黄鍾，始於黄鍾而反覆焉。」《春秋傳》：昭三年。「齊舊四量，豆、區、「烏侯反」，《管子》作鏂。釜、鍾。四升爲豆，各自其四以登於釜，釜十則鍾。」區斗六升，釜六斗四升，鍾六〔斛〕四斗。《爾雅》：❷「匊二升，二匊爲豆。豆四升，四豆曰區，四區曰釜，二釜有半曰庾。」❸《周禮》：「凡萬民之食，人四鬴，上也；人三鬴，中也；人二鬴，下也。」《聘禮》：「十斗曰斛，十六斗曰籔，鄭氏曰：「今文籔爲逾。」十籔曰秉。」「十六斛。」《論語》：「冉子爲子華之母請粟，孔子與之釜。請益，曰：『與之庾。』冉子與之粟五

❶「尺」，原作小字，今據明本、庫本、嘉慶本改作大字。「尺」下，明本、庫本增「者」字，嘉慶本此處空一格，當是原有後删去也。

❷所謂「爾雅」者，不見於今《爾雅》，或誤。「爾雅」上原有空格，《考工記・陶人》賈疏同引稱《小爾雅》，嘉慶本亦作「小爾雅」。然《小爾雅》曰：「掬一升也，掬四謂之豆。」是下引文又與《小爾雅》不合。

❸「有」上，原衍「四」字。《考工記・陶人》賈疏同引無「四」字；嘉慶本此處空一格，當是原有後删去。今據删。

秉。」《月令》仲春、仲秋，「角、斗、甬」。鄭氏曰：「甬，今斛也。」《管子》曰：「斗斛也、甬量也，謂之法。」「甬亦量器之名。」又曰：「釜、鏂之數不得爲侈、弇。」《爾雅》曰：「坎、律，銓量也。」❶

《栗氏》以鬴爲量而法止於三，則升、豆、鬴是也；《律曆志》以斛爲量而法備於五，龠、合、升、斗、斛是也。法止於三，故自升而上登之以四，則升四而豆，豆四而鬴，故鬴六斗四升；法備于五，故自合而上登之以十，則合十爲升，升十爲斗，斗十爲斛，故斛十斗。然《栗氏》之鬴深尺，內方尺而圜其外，其重一鈞。《律曆志》之斛亦方尺而圜其外，其重二鈞。其方尺圜外則同，而所容之多寡、所權之輕重不同，何也？《周禮》璧羨之制，從十寸，橫八寸，皆爲度尺，鬴亦如之。則外深尺者，十寸之尺也；內方尺者，八寸之尺也。自方八寸而八之，則爲方六十四寸。漢無八寸之尺，斛之內方皆十寸也，故言方尺，而不言深尺；自方十寸而十之，則爲方百〔寸〕。此其實所以不同也。《栗氏》之制，旁爲升，臀爲豆，腹爲鬴。《律曆志》之制，左耳爲升，右耳爲合龠，臀爲斗，腹爲斛。蓋內方所以處數，外圜所以利用。耳高而小，臀卑而博，故因其小者爲升，合因其博者爲斗、豆。則古之制器尚象，豈徒然哉。《周禮》上年人食四鬴，❷則二斛五斗六升；中年人食三鬴，則一斛九〔斗〕二升。《食貨志》人月

❶「銓」下，明本、嘉慶本有「也賦」二字。《爾雅·釋言》本無「量」字。

❷「人食」，原誤作「食人」，今據明本、庫本、嘉慶本改。

一石五斗，五人終歲爲九十石。然則四鬴、三鬴云者，亦月食也。其多寡不同，皆其大率然也。《律曆志》五量止於斛，《左傳》釜十則鍾，《聘禮》：「十六斗曰籔，❶十籔曰秉，四秉曰筥。」其法亦起于斛故也。《月令》曰：「角、斗、甬。」❷《管子》曰：「甬量也，皆謂之法。」則《月令》之角，《管子》之甬，皆量器也。鄭康成以甬爲斛，而飲器四升曰甬，豈此類歟？經傳鬴或作釜，庾或作逾，區或作鏂，升或作勝，蓋古字通用。

禮書卷第一百三終

❶「斗」，原誤作「斛」，今據嘉慶本及《儀禮・聘禮》改。

❷「角」，原誤作「甬」，今據明本、庫本、嘉慶本及《禮記・月令》改。

禮書卷第一百四

洗　罍　槃　匜　枓　盆　筥　篋　笲

箄　笥　匴

洗 洗之爲制，❶「高三尺，口徑一尺五寸，足徑三尺，士以鐵爲之，大夫以上銅爲之，諸侯白金飾，天子黄金飾。」此不可考。然《禮》坐奠觶與洗，則洗之尺蓋有所傳也。

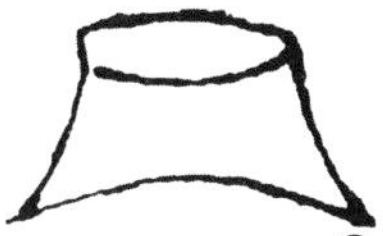

❷

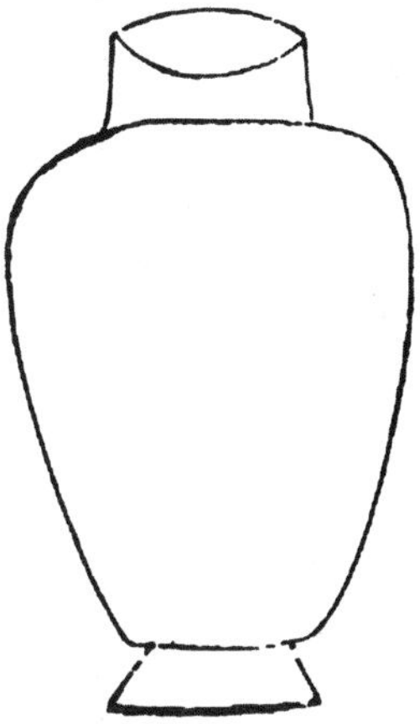

罍 鄭氏釋《儀禮》謂：❸「罍，水器，尊卑皆用金罍，大小異。」然謂之罍，蓋卿以雲雷之象。孔穎達釋《詩》謂：「金罍，金飾，龜目。」

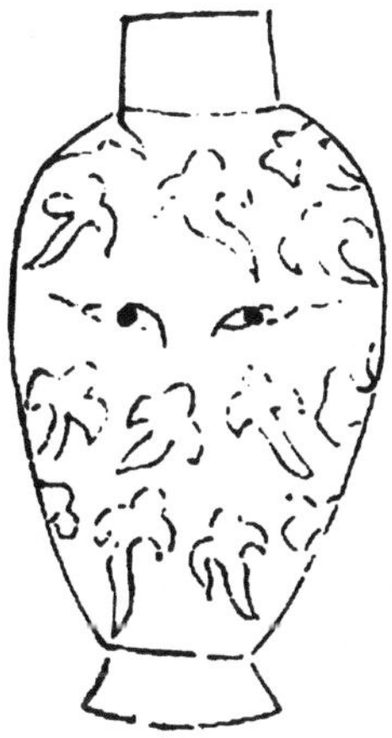

❶「洗之」至「傳也」，原無，爲明本禮圖標題、庫本禮圖標題、嘉慶本禮圖標題所增。

❷此爲底本圖。

❸「鄭氏」至「龜目」，原無，爲明本禮圖標題、庫本禮圖標題、嘉慶本禮圖標題所增。

槃《既夕》、《特牲禮》皆「匜錯於槃中，南流」。《內則》曰：「敦牟卮匜。」鄭釋《儀禮》以匜爲酒漿器，則匜之所用不適於一也。流，池一口也。❶ 設匜必南流，則盥者北面矣。❷ 觀《特牲》、《少牢禮》尸入，奉槃者東面，奉匜者西面；奉單巾者南面於槃北，乃沃尸盥。則盥者北面可知。《說文》曰：「匜似羹魁，柄中有道，可以注水。」❸

匜

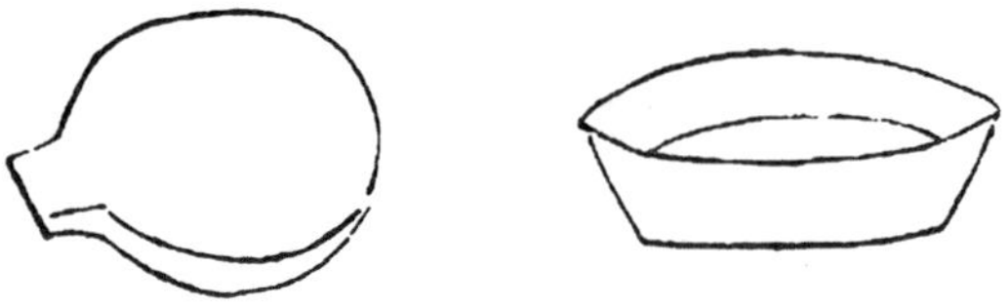

科《考工記·梓人》：「爲勺一升。」科，勺類也。

鬱矢洱丑斗與此科同。❹

❶「流池一口也」，文字當有訛誤。鄭注《儀禮·既夕》云：「流，匜口也。」又注《士虞》云：「流，匜吐水口也。」嘉慶本「池」作「匜」。

❷「盥」，原誤作「盟」，今據上下文意改。

❸「既夕」至「注水」，原無，爲明本禮圖標題、庫本禮圖標題、嘉慶本禮圖標題所增。

❹「考工記」至「科同」，原無，爲明本禮圖標題、庫本禮圖標題、嘉慶本禮圖標題所增。

盆 士喪盆盥。❶

《周禮・鬯人》：「凡祼事沃盥。」《小祝》：「大祭祀，沃尸盥。」《小臣》：「大祭祀、朝覲，沃王盥。」《御僕》：「大祭祀，相盥而登。」《天府》：「凡吉凶之事，祖廟之中沃盥。」《士師》：「祀五帝，則沃尸及王盥，洎鑊水。」《士冠禮》：「設洗直于東榮。」《士昏》：「設洗于阼階東南。」《鄉飲酒》、《鄉射》「設洗于阼階東南」，皆「水在洗東」。《大射》：「設洗于阼階東南，罍水在東。」《燕禮》：「設洗篚于阼階東南，罍水在東。」《特牲》：「設洗于阼階東南。尸盥匜水實于槃中，簞巾在門内之右。」《少牢》：「司宮設罍水于洗東，有枓。小祝設槃匜與簞巾于西階東。」

盛水者，罍也。㪺水者，枓也。盛棄水者，洗也。天子、諸侯之屋四注，故洗當東霤。大夫、士之屋兩下，故洗當東榮，水在洗東，祖左海也。南北以堂深，則遠近也。《公食大夫》、《鄉飲》、《鄉射》言洗與水而不及罍，《大射》、〔《燕禮》〕言罍水而不及枓，《少牢》兼言罍水有枓，互相備矣。故鄭氏于《少牢》言：「凡設水用罍，沃盥用枓，禮在此也。」洗皆在東階，《士虞》設于西階西南，反吉禮也。篚皆在洗西，《士〔虞〕》篚在洗東，以〔洗〕在西〔階〕也。〔然〕罍、〔洗者〕，臣下之所就熟

❶「士喪盆盥」，原無，爲明本禮圖標題、庫本禮圖標題、嘉慶本禮圖標題所增。

耳。若人君與尸，則有槃匜焉：《公食大夫》「小臣具槃匜，在東堂下」，《士虞》「匜水錯于槃中，南流」，《特牲》「尸盥，匜水實于槃中」，《少牢》「小祝設槃匜」。蓋人君與尸尊，不就洗，故設槃匜，則匜之用猶罍水也，槃之用猶洗也。《開元禮》皇帝、皇后行事有槃匜，亞獻以下及攝事者無之，亦君尊不就洗之義。《士喪》「設盆盥于饌東」，則奠禮未用罍、洗歟？

筥《說文》曰：「筥，箱也。宋魏之間謂箸筩爲箱。」則其制圓而長矣。米筥蓋亦類此。❶

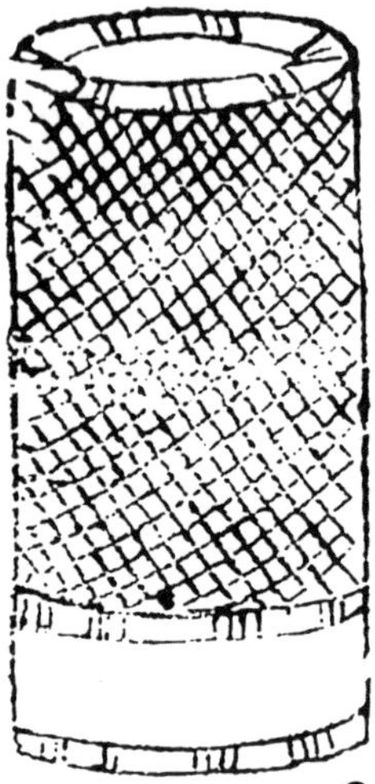
❷

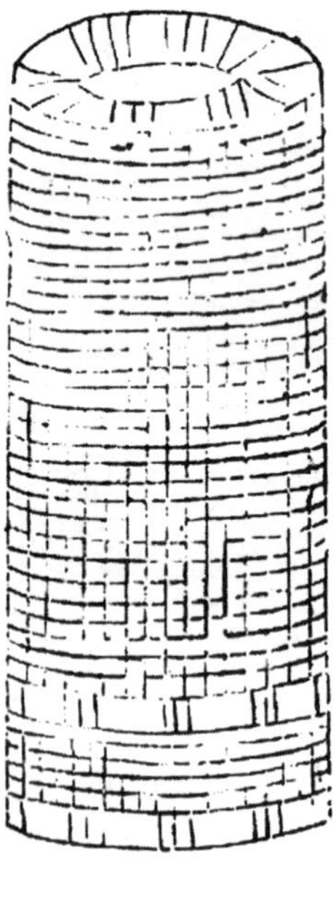

《詩》曰：「維筐及筥。」「筐之筥之。」《周禮·舍人》：「賓客，共其筥米。」《掌客》：「上公，米百二十筥；侯伯，百筥；子男，八十筥。」《左傳》曰：「筐、筥、錡、釜之器。」《聘禮》：君使卿歸饔餼，賓與上介皆米百筥，筥半斛；夫人使大夫歸饔餼，賓、上介米八筐，士介六筐，❸筐五斛。夫百筥以多爲榮，而所實少；八筐、

❶「說文」至「類此」，原作大字正文，且在圖下，今據明本、庫本、嘉慶本改作小字注文並乙至此。

❷此爲底本圖。

❸「士」，嘉慶本、《儀禮·聘禮》作「衆」。

六筐以少爲質，而所實多。則筐大而筥小矣。於文筐正而筥圍之，則筐方而筥圓矣。杜預曰：「方曰筐，圓曰筥。」天下之物固有同名而異實。《聘禮・記》曰：「四秉曰筥，十筥曰稯。」則秉，把也，與十藪之秉不同；筥，穧也，與半斛之筥不同。

篋

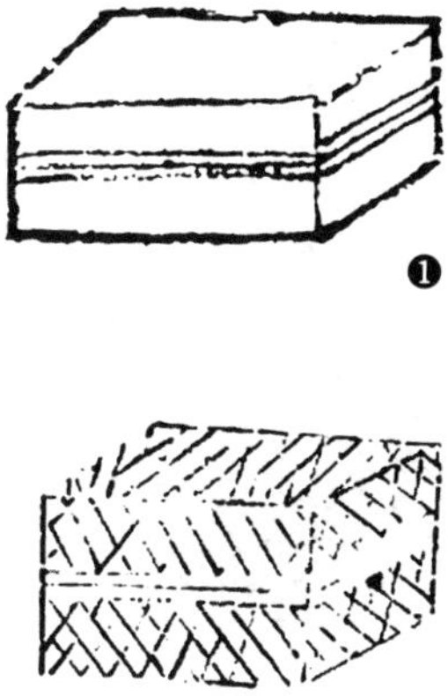
❶

《士冠禮》「緇布冠缺項」以至「緇組紘」，同篋；《士喪禮》：復衣受用篋，浴衣盛以篋；《禮記》言「入學鼓、篋」；史言「亡書三篋」。則篋所以盛衣，亦盛書也。

鄭氏曰：「隋方曰篋。」則隋者狹而長也。❷篋亦謂之笈，史稱蘇章負笈。❸

笲

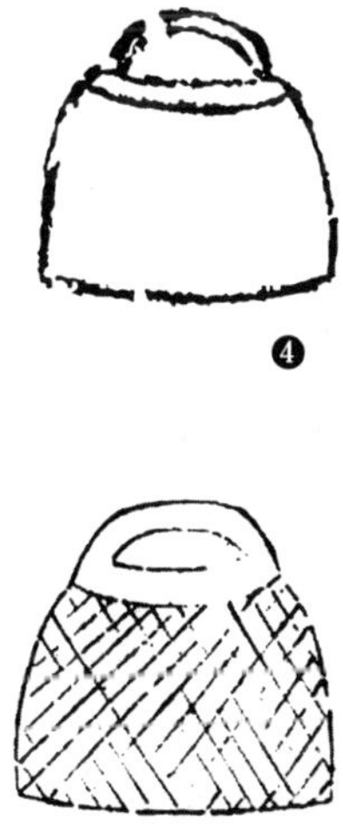
❹

《昏禮》婦執笲棗栗以見舅，又執笲腶脩以見姑；舅姑没，則執笲菜以見廟。《聘禮》：「釋幣，埋之，實以笲。」《士喪禮》：貝三，實以笲；❺沐浴巾，盛以笲。❻

❶ 此爲底本圖。
❷ 「則」，明本、庫本、嘉慶本無。
❸ 「蘇章」，原誤作「虞卿」。今據明本、庫本、嘉慶本改。
❹ 此爲底本圖。
❺ 「以」，嘉慶本及《儀禮・士喪》作「于」。
❻ 「盛以笲」，嘉慶本及《儀禮・士喪》作「皆用綌，于笲」。

《昏禮・記》曰：「笲，緇被纁裏加于橋。」❶鄭氏曰：「笲，竹器而衣者，其形蓋如今之筥䈞。」此以漢制況之也。《舊圖》笲揜上，於理或然。

簞

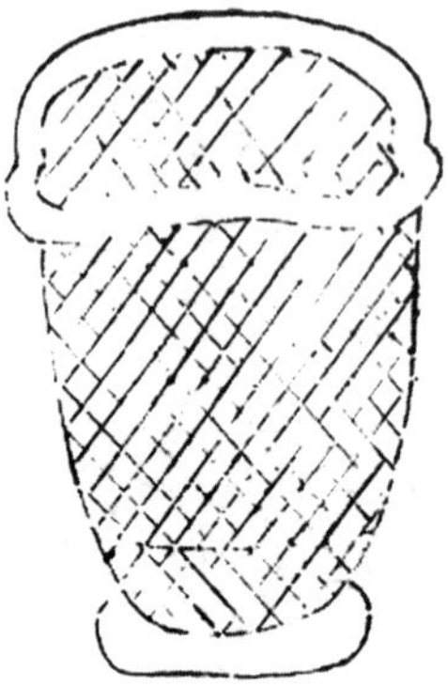

笥

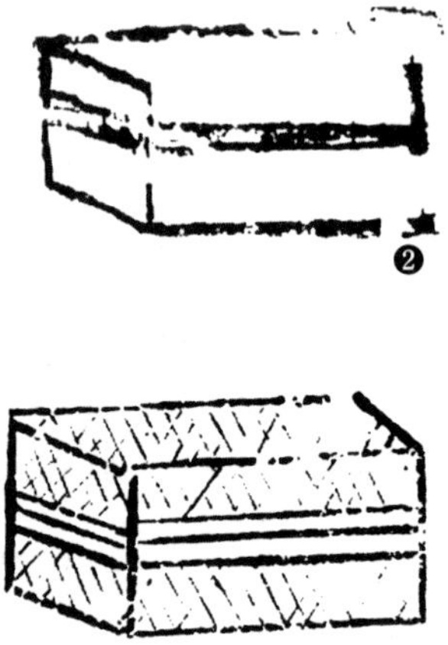
❷

《儀禮・士冠》、《士喪》實櫛于簞，《士虞》、《特牲》、《少牢》盥以簞巾。《禮》曰：「凡以簞、笥問人者。」《〔左傳》曰：「吴王以一〕簞珠問趙孟。」哀二十年。❸《〔論語》、《孟子》「簞食」，《漢律令》曰：「簞，小筐也〕。」鄭氏釋《儀禮》曰：❹「簞，笥也。」《〔説文〕》亦曰：「簞，笥也。」〔釋〕《曲禮》曰：「圓曰簞，方〔曰笥〕。」簞、笥，飯器也。然《書》曰：「衣裳在笥。」則笥亦盛衣。

❶「緇被」，原作小字，今據明本、庫本、嘉慶本改作大字。

❷此爲底本圖。

❸「十」下，原衍「一」字，今據明本、庫本、嘉慶本及《左傳》哀二十年删。

❹「鄭」，原爲空格，今據明本、庫本、嘉慶本補。「儀禮」，原作小字，今據明本、庫本、嘉慶本改作大字。

匴

❶

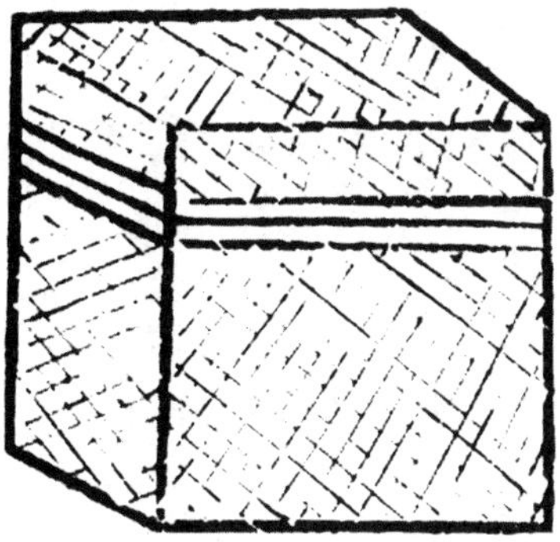

《士冠禮》：「爵弁、皮弁、緇布冠各一匴。」鄭氏曰：「匴，竹器名，今之冠箱。」《説文》曰：「匴，淥米籔也。」

禮書卷第一百四終

❶ 此爲底本圖。

禮書卷第一百五

射儀　侯制　天子虎侯　熊侯　豹侯

射儀

《周禮・司裘》云：「王大射，則共虎侯、熊侯、豹侯，設其鵠。諸侯則共熊侯、豹侯，卿大夫則共麋侯，皆設其鵠。」「大射者，爲祭祀射。王將有郊廟之事，以射擇諸侯及群臣與邦國所貢之士可以與祭者。射〔者〕，可以觀德行，其容體比於禮，其節比於樂，而中多者得與於祭。諸侯，〔謂〕三〔公〕及王子弟封於畿内者。卿大夫亦皆有采地焉，其將祀其先祖，〔亦與群〕臣射以擇之。凡大射，各於其射宮。侯者，其所射也。以虎熊豹麋〔之皮飾〕其側，又方制之以爲𩊚，謂之鵠，著于侯中，所謂皮〔侯。王〕之大射：虎〔侯，王〕所自射也；熊侯，諸侯所自射；豹侯，卿大夫以下所〔射。諸〕侯之大射：〔熊侯，諸〕侯所自射；豹侯，群臣所射。卿大夫之大射，麋〔侯，君〕臣共射焉。凡〔此〕侯〔道〕，虎九十弓，熊七十弓，豹、麋五十弓。列國之諸侯大射，大侯亦九十，參七十，❶干五十。遠尊得伸，可同耳。所射正謂之侯者，天子中之則能服諸侯，諸侯以下中之則得爲諸侯。鄭司農云：『鵠，鵠毛也。方十尺曰侯，四尺曰鵠，二尺曰正，四寸曰質。』玄謂侯中之大小，取數於侯道。《鄉射・記》曰：『弓二寸以爲侯中。』則九十弓者，侯中廣丈八尺；七十弓者，侯中廣丈四尺；五十弓者，❷侯中廣一丈，尊卑異等，此數明〔矣〕。《考工記》曰：『梓人爲侯，廣與崇方，三分其廣而鵠居一焉。』然則侯中丈八尺者，鵠方六尺；侯中丈四尺者，鵠方四尺六寸大半寸；侯中一丈

---

❶「參」，原誤作「三」，今據明本、庫本、嘉慶本及《周禮・司裘》鄭注改。

❷「十」，原誤作「寸」，今據明本、庫本、嘉慶本及《周禮・司裘》鄭注改。

〔者〕，鵠方三尺三寸少半寸。謂之鵠者，取名於鳱鵠。鳱鵠，小鳥而難中，是以中之〔爲〕儁。亦取鵠之言較，較者直也，射所以直己志。用虎熊豹〔麋〕之皮，〔示〕能服猛，討迷惑者。射者大禮，故取義衆〔也〕。」《司徒》云：❶「六藝：禮、樂、射、御、書、數。」《鄉大夫》之職曰：「退而〔以〕鄉射之禮五物詢衆庶：一曰和，二曰容，三曰主皮，四曰和容，五曰興舞。」《鄉師》：「黨共射器。」《州長》：「春秋以禮會民射于州序。」《保氏》：「養國子以道，乃教之六藝，三曰五射。」「白矢、參連、剡注、襄尺、井儀也。」《司几筵》：「凡〔大〕朝覲、大饗射，凡封國、命諸侯，王位設黼依，依前南鄉設莞筵紛純，加繅席畫純，加次席黼純，左右玉几。」《司服》：「王饗、射則鷩冕。」《大司樂》：「大射，王出入，令奏《王夏》；及射，令奏《騶虞》。詔諸侯以弓矢舞。」《樂師》：「凡射，王以《騶虞》爲節。同《射義》。❷燕射，帥射夫以弓矢舞。」《大師》：「大射，帥瞽而歌射節。」《鍾師》：「凡射，王奏《騶虞》。」《笙師》：「凡祭祀、饗、射，共其鍾笙之樂。」《鎛師》：「凡祭祀，鼓其金奏之樂。饗食、賓射亦如之。」《車僕》：「大射，共三乏。」《司常》：「凡射，共獲旌。」《射人》：「以射法治射儀：王以六耦，射三侯，三獲三容，樂以《騶虞》，九節，五正；諸侯以四耦，射二侯，二獲二容，樂以《貍首》，七節，三正；孤、卿、大夫以三耦，射一侯，一獲一容，樂以《采蘋》，五節，二正；士以三耦，射豻侯，一獲一容，樂以《采蘩》，五節，二正。若王大射，則以貍步張三侯。王射，則令去侯。」

❶「司徒」上，原爲空格，嘉慶本增「大」字。

❷「同射義」，原誤作大字正文。按，「同射義」者，謂此所引《樂師》射時樂節，與《射義》之文同也。此三字非《樂師》之文，今依例改作小字注文。

「射法，王射之禮。治射儀，謂肆之也。鄭司農云：『三侯，虎、熊、豹也。容者，乏也，待獲者所蔽也。九節，析羽九重，設於長杠也。正，所射也。《詩》云：「終日射侯，不出正兮。」二侯，熊、豹也。豻侯，豻者，獸名也。獸有貙、豻、熊、虎。』玄云三侯者，五正、三正、二正之侯也；二侯者，三正、二正之侯也；一侯者，二正而已。此皆與賓射於朝之禮也。《考工記・梓人》職曰：『張五采之侯，則遠國屬。』遠國，謂諸侯來朝者也。五采之侯，即五正之侯也。正之言正也，射者内志正，則能中焉。畫五正之侯，中朱，〔次〕白，次蒼，次黄，玄居外；三正，損玄黄。二正，去白蒼而畫以朱緑。其外之廣，皆〔居〕侯〔中〕三分之一，中二尺。❶今儒家云：『四尺曰正，❷二尺曰鵠，鵠乃用皮，其大如正。』〔此説〕失之矣。《大射禮》豻作干，讀如『宜豻宜獄』之豻。豻，胡犬也。士與士射，〔則以豻皮〕飾侯，下大夫也。大夫以上與賓射，飾侯以雲氣，用采各如其正。九節、七節、五節者，〔奏〕樂以爲射節之差。言節者，容侯道之數也。《樂記》曰：『明乎其節之志，不失其事，〔則〕功〔成〕而德行立。』鄭司農云：『貍步，謂一舉足爲一步，於今爲半步。』玄謂貍，善搏者也。〔行〕則止而擬度焉，其發必獲，是以量侯道者法之也。侯道各以弓爲度。〔九節〕者九十弓，七節者七十弓，五節者五十弓。弓之下制長六尺。《大射禮》曰『大侯九十，參七十，❸干五十』是也。❹三侯者，司裘所共虎侯、熊侯、豹侯也。列國之君大射亦張三侯，數與天子同。大侯，熊侯也。參讀爲糝。糝，雜者。豹鵠而麋飾，下天子大夫也。」《諸子》：「秋合諸射，以考其藝而進退之。」《大僕》：「王射，則贊王弓矢。」《繕人》：「掌詔王射，❺贊弓矢之事。」《梓人》：「爲侯，廣與崇方，參分其廣而鵠居一焉。上兩个與其身三，下兩

❶「二」，原誤作「一」，今據明本、庫本、嘉慶本及《周禮・射人》鄭注改。

❷「尺」，原誤作「尸」，今據明本、庫本、嘉慶本及《周禮・射人》鄭注改。

❸「參七」，原爲空格，今據明本、庫本、嘉慶本及《周禮・射人》鄭注補。

❹「干」，原脱，今據明本、庫本及《周禮・射人》鄭注補。

❺「王」，原誤作「三」，今據明本、庫本、嘉慶本及《周禮・繕人》改。

个半之。❶上綱與下綱出舌尋，縜寸焉。張皮侯而棲鵠，則春以功。張五采之侯，則遠國屬。張獸侯，則王以息燕。」《禮記・曲禮》：「君使士射，不能，則辭以疾，言曰：『某有負薪之憂。』」《王制》：「命鄉簡不帥教者以告，耆老皆朝于庠。元日，習射上功。凡執技，論力，適四方，贏股肱，決射御。」「季秋，司徒搢扑北面誓之。天子乃厲飾，執弓矢以獵。「今《月令》獵爲射。」❷孟冬，天子乃命將帥講武、習射御、角力。」《郊特牲》：「孔子曰：『射之以樂也，何以聽？何以射？』孔子曰：『士，使之射，〔不能，則〕辭以疾，縣弧之義也。』」《内則》：「子生，男子設弧於門左。」「成童，舞《象》，學射御。」《少儀》：「侍射則約矢，侍投則擁矢。」《樂〔記〕》：「〔武〕王克殷，散軍而郊射，左射《貍首》，右射《騶虞》，而貫革之射息也。」《射義》：「古者諸侯之射也，必先行燕禮。卿大夫、士之射也，必先行鄉飲酒之禮。其節：天子以《騶虞》爲節，諸侯以《貍首》爲節，卿大夫以《采蘋》爲節，士以《采蘩》爲節。《騶虞》者，樂官備也；《貍首》者，樂會時也；《采蘋》者，樂循法也；《采蘩》者，樂不失職也。」❸「孔子射於矍相之圃，蓋觀者如堵〔牆〕。射至司馬，❹使子路執弓矢出延射，曰：『賁軍之將，亡國之大夫，與爲人後者，不入。❺其餘皆入。』蓋去者半，入者半。

❶ 上二「个」字，原皆誤作「箇」。按此二「个」，舌也，不作「箇」。今皆據《周禮・梓人》改。

❷ 「今」，原誤作「二」，今據嘉慶本及《周禮・梓人》鄭注改。

❸ 「不失」，原誤作小字「不夫」，今據明本、庫本、嘉慶本及《毛詩・采蘩》序改正且作大字。

❹ 「至」下，嘉慶本據《禮記・射義》增「於」字。

❺ 「者不」，原作小字，今據明本、庫本、嘉慶本改作大字。

又使公罔之裘、序點揚觶而語。❶公罔之裘揚觶而語曰：『幼壯孝弟、耆耋好禮、不從流俗、脩身以俟死，者不？ 在此位也。』蓋去者半，處者半。 序點又揚觶而語曰：『好學不倦、好禮不變、旄期稱道不亂，者不？ 在此位也。』蓋〔斸〕有存者。」「孔子曰：『射者何以射？ 何以聽？ 循聲而發，發而不失正鵠者，其唯賢者乎！ 若夫不肖之人，則彼將安能以中？』」《書・益稷》曰：「侯以明之。」《太甲》曰：「若虞機張，往省括于度，則釋。」《盤庚上》：「予告汝于難，若射之有志。」《詩・車攻》：「決拾既佽，弓矢既調。 射夫既同，助我舉柴。」《賓之初筵》：「大侯既抗，弓矢斯張。 射夫既同，獻爾發功。 發彼有的，以祈爾爵。」

古者祈子帶弓韣，生子縣桑弧，其成童也教以射，其貢之也試以射，則射豈君子之所可忽耶？ 然則弧矢之作，始於黃帝。《易》曰：「弦木爲弧，剡木爲矢。」《世本》曰：「黃帝之臣揮作弓，夷牟作矢。」「侯以明之」，見於《虞書》。 至周，弓之別有六，矢之別有八，侯之別有三。皮侯、五采侯、獸侯。 侯之別有三，則大射、賓射、燕射之侯也。 士無大射而有賓射、燕射。 庶人無賓射、燕射，特有主皮之射而已。《周官・司裘》：「於王共虎侯、熊侯、豹侯，設其鵠。 諸侯共熊侯、豹侯，卿大夫共麋侯，皆設其鵠。」此大射之侯也，《梓人》所謂「張皮侯而棲鵠，則春以功」是也。《射人》：「以射法治射儀：王射三侯，❷五正；諸

❶「入者半又使」，原作小字，今據明本、庫本、嘉慶本改作大字。

❷「三」，原誤作「二」，今據明本、庫本、嘉慶本及《周禮・射人》改。

侯射二侯，三正；孤卿大夫射一侯，二正；士射豻侯，二正。」此賓射之侯也，《梓人》所謂「張五采之侯，則遠國屬」是也。《鄉射·記》曰：「凡侯：天子熊侯，白質；諸侯麋侯，赤質；大夫布侯，畫以虎豹；士布侯，畫以鹿豕。」此燕射之侯也，《梓人》所謂「張獸侯以息燕」是也。大射之侯用虎、熊、豹、麋之皮飾其側，而中又制皮以爲鵠。賓射之侯亦虎、熊、豹、麋之皮飾其側，而中畫五色「朱白蒼黃玄。」以爲正。燕射之侯則畫熊、麋、虎、豹、鹿、豕之形以象鵠。此三射之別也。然《司裘》諸侯熊侯、豹侯，則畿内諸侯大射之禮也。畿外諸侯大侯、參侯、干侯，故《大射禮》「量人、巾車張三侯，大侯之崇見鵠於參，參見鵠於干，干不及地武」是也。《司裘》不言豻侯，以士無大射故也；不言參侯，以畿外非司裘所共故也。《射人》言「士豻侯，二正」，則王三侯之爲虎、熊、豹，諸侯二侯之爲熊、豹，大夫一侯之爲麋可知也。蓋大射有鵠，則猶賓射之有正也；賓射有皮，則猶大射之飾其側也。大射側、中皆皮，故曰皮侯；賓射側皮而中五采，故曰五采之侯。則《司裘》、《射人》之三侯、二侯、一侯，其側則同，而所異者中而已。鄭司農釋《射人》曰「三侯，熊、虎、豹；二侯，熊、豹」是也。鄭康成曰：「三侯，五正、三正、二正之侯；二侯，三正、二正之侯；一侯，二正而已。」其説非也。蓋王三侯，皆五正；諸侯二侯，皆三正。經言王五正，康成謂有三正、二正；經言諸侯三正，康成謂有二正，可乎？夫天子、諸侯所尚者威，孤卿大夫所尚者才，士所尚者志。威以服猛爲事，而虎、熊、豹皆猛獸也，故天子大射之侯以虎、熊、豹；才以除害爲職，而麋害穀者也，故大夫大射之侯以麋；〔士以〕有事四方爲能，以勝夷狄之守爲善，而豻胡犬也，故士賓射之侯以豻。然燕射，天子降以熊，諸侯〔降〕以麋，大夫止用虎、豹，士用鹿、豕者，息燕勞功，則〔禮殺〕於祭祀、賓客，故天子、諸侯殺其威，然後能下下，❶孤〔卿〕大夫隆其才，然後能衛上。大夫隆其才以至於〔威〕，士〔隆〕其志以至於才，則燕之爲禮，所以異乎大射、〔賓射之嚴〕分守也。麋，鹿類也；豕，亦害物者也。《春秋》以〔冬多麋〕爲災，《詩》以「町曈鹿場」爲患，《禮記》以食田豕爲虎之〔功〕，此麋、鹿、豕之不可不除也。然則畿外諸侯大射以大侯、參侯、干侯，何也？大侯，熊侯也；參侯，麋侯也；干侯，豻侯也。諸侯三侯，熊爲上，故曰大侯；大夫麋侯，參於天子、諸侯之侯爲三，故曰參侯。天子得以兼諸侯之侯，故有熊侯；諸侯得以兼大夫、士之侯，故有麋侯、豻侯。康成以參爲糝，謂糝侯豹鵠而麋飾，以大夫用虎、豹不忘上下相犯，士用鹿、豕不忘君臣相養，非射禮之意也。鵠取名於鳱鵠，正取名於題肩。皆鳥之捷黠難中者，故以中爲儁焉。其義則鵠者，直也；正者，❷正也。直己正志，然後能中，故《記》

❶「後能」，原作小字，今據明本、庫本、嘉慶本改作大字。

❷「正者」，原脱。按《禮記・射義》孔疏：「以賓射之的謂之正。正者，正也。欲明射者內志須正也。鄭注《儀禮・大射》云『正者，正也，亦鳥名，齊、魯之間名題肩爲正』是也。以大射之質謂之鵠，鵠者，直也，欲使射者外體之直。是正鵠之名出自射者而來，故云『正鵠之名出自此也』。」今據嘉慶本補。

曰：「不失正鵠者，其惟賢者乎！」毛氏曰：「二尺曰正。的，質也。」鄭衆、馬融釋《周禮》皆曰：「十尺曰侯，四尺曰鵠，二尺曰正，四寸曰質。」王肅亦曰：「二尺曰正，四寸曰質。」又引《小爾雅》曰：❶「射侯，皮謂之侯，侯中謂之鵠，鵠中謂之正，正方二尺也。正中謂之槷，方六寸也。」❷槷，〔周〕質也。肅以《小爾雅》故，改質爲六寸。賈逵釋《周禮》曰：「四尺曰正，正五重，鵠在其内，而方二尺。」鄭衆、馬融、王肅則以正在鵠内，賈逵則以鵠在正内，二者之説皆無所據。要之，大射之侯棲鵠，賓射之侯設正，燕射之侯畫獸以象正鵠而已。《考工記·梓人》：「爲侯，廣與崇方，三分其廣，鵠居一焉。」由是言之，則賓射之侯，亦三分其廣，正居一也。蓋弓二寸以爲中，〔虎〕侯九十弓，則侯中丈八尺，鵠方六尺；熊侯七十弓，則侯中丈四尺，鵠方四尺六寸有奇；豹侯、麋侯五十弓，則侯中一丈，鵠方三尺三寸有奇。鄭衆、馬融之徒以四尺曰鵠，誤也。

侯制

《大射》：「量人量侯道以〔貍步，大侯〕九十，參〔七〕十，干五十。」《鄉射·記》：「侯道五十弓，弓二寸〔以〕爲侯中。倍中以爲躬，倍躬〔以爲〕左右舌。下舌半上舌。」夫王之虎侯謂之大侯，諸侯熊侯亦謂之大侯。諸侯大侯九十，參七十，干五十，則〔天〕子虎九十弓，熊七十弓，豹五十弓可知。豹五十弓，則〔麋〕亦五

❶「又」，原誤作「文」，今據明本、庫本、嘉慶本改。「小爾雅」，原誤作「爾雅」。按此所引，出《孔叢子·小爾雅·廣器》，下「肅以小爾雅故」，原亦誤作「肅以爾雅故」，今皆改之。

❷「方六寸」，原誤作「七尺」，今據《孔叢子·小爾雅·廣器》改。

十弓可知。先〔儒謂〕弓之下制六尺，則九十弓者〔五十四〕丈，七十弓者四十二丈，五十弓者三十丈。弓二〔寸以爲〕侯中，則九十弓者中〔丈〕八尺，七十弓者中丈四〔尺，五十〕弓者中十尺。〔侯中〕廣崇方，則五十弓之侯用布〔五幅；長〕丈，則中之布方丈矣；倍中以爲躬，則上躬、下躬〔各二丈〕矣；倍躬以爲左右舌，下舌半上舌，則上左右舌布四丈而出躬各一丈，下左右舌布三丈而出躬各五尺矣，鄭氏謂「半者，半其出於躬」是也。《鄉射·記》曰：「侯道五十弓。」《射人》：「若王大射，則以貍步張三侯。」《大射》：「量人〔以貍〕步量侯道。」蓋貍，善搏者也，行則止而擬度焉，其〔發必〕獲。大射擇士，欲其能擬度而獲也，故以貍步。非大射則弓而已，弓之下制六尺，貍再舉足亦六尺，其爲步同，其所用異也。古者制度取於身，而器用生於類。故侯道生於弓，而侯中亦生於弓。弓二寸以爲侯〔中，倍中〕以爲躬，倍躬以爲左右舌，下舌半上舌，而侯〔道之遠〕，侯中之廣者雖不止此。然十弓者侯道之所〔始也，故〕五十弓之侯，其上則象人八尺之臂，五八四十，而用布四丈；其下則象人六尺之足，五六三十而用布三丈。中其身也，上下其躬也，躬之左右出者舌也，持舌者綱也，籠綱者縜也。其不及地者武而已，則下綱其足也，武其足跡也，中人之跡二尺二寸。則侯之制度取於身，可謂備矣。

天子虎侯❶

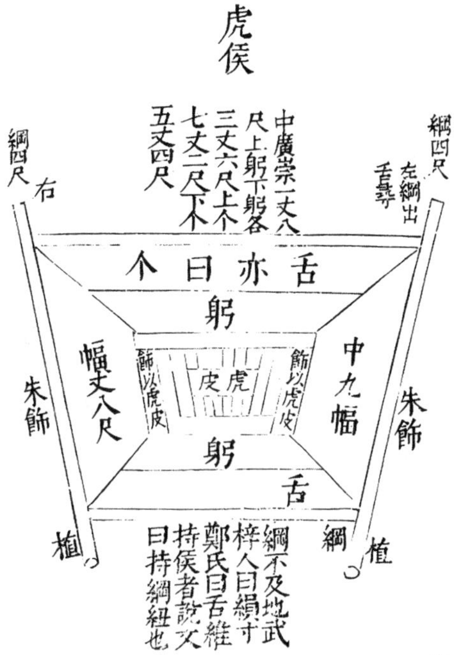

❷

熊侯

豹侯

《禮記・郊特牲》曰：「卜之日，王立于澤，親聽誓命。」《儀禮》大射畢，「公入，《鶩》。」《禮記》言王之出於澤，《儀禮》言公之出於澤。則天子澤宮，西郊小學也；諸侯澤宮，郊之太學也。《鄉射・記》曰「於郊則閭中」，此諸侯郊射之中也。《司裘》天子大射三侯：虎侯，侯道九十弓，侯中丈八尺，鵠方六尺；熊侯，侯道七十弓，侯中丈四尺，鵠方四尺六寸有奇；豹侯，侯道五十弓，侯中十尺，鵠方三尺三寸有奇。鄭氏謂：「王之大射，王射虎侯，諸侯助祭者射熊侯，卿大夫、士助祭者射豹侯。」其說蓋以《大射禮》公射大侯、大夫射參、士射干而知

❶「天子虎侯」，原誤作「虎侯天子」，今據明本文中小題、庫本文中小題、嘉慶本文中小題改。明本禮圖、庫本禮圖、嘉慶本禮圖則以「天子三侯」作總題，統「虎侯」、「熊侯」、「豹侯」三分題。

❷此圖原無，爲明本、庫本、嘉慶本所增。「中廣」，嘉慶本作「上廣」，誤也。按本卷前引《周禮・司裘》賈疏略云：「凡此侯道，虎九十弓。九十弓者，侯中廣丈八尺。」故「中廣」是而「上廣」非。

之也。天子、諸侯與其臣大射、賓射皆異侯，而燕射與其臣則同侯，蓋異侯所以辨其等，同侯所以一其驩也。凡侯面北，西方謂之左。其張而未射也，不繫左下綱，中掩束之，及射則説束，遂繫左下綱。

禮書卷第一百五終

禮書卷第一百六

射

射❶

畿內諸侯熊侯中與上下躬、上卜个，與天子熊侯之制同。

❶「射」，原無，今據卷首小目及明本禮圖標題、庫本禮圖標題、嘉慶本禮圖標題補。

豹侯中、上下躬、❶上下个，與天子豹侯之制同。

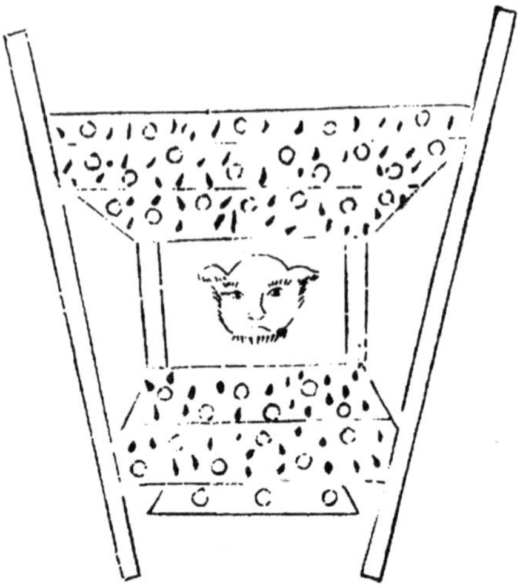

《司裘》「諸侯大射，共熊侯、豹侯」，鄭康成曰「諸侯謂三公及王子弟封於畿內者。熊侯，諸侯所自射。豹侯，群臣所射」是也。侯步之制，蓋與天子熊侯、豹侯同，與畿外之熊侯、參侯異，遠近屈伸之勢然也。《射人》「諸侯二侯，四耦」，亦畿內諸侯耳。

畿內卿大夫麋侯中與上下躬、个同豹侯。❷

《司裘》：「卿大夫射，共麋侯。」侯道五十弓，侯中十尺，鵠三尺三寸有奇。天子、諸侯之射與臣異侯，尊君也；大夫之射與

❶「中上」，原誤作「上中」，今據明本禮圖標題注、庫本禮圖標題注、嘉慶本禮圖標題注改。

❷「个」上，明本、庫本、嘉慶本增「上下」。

臣同侯，避君也。士事人非事於人者也，故有僚友而無臣，故無大射擇士之禮。

畿外諸侯大侯中亦廣崇丈八尺，❶上下躬、个亦與天子大侯同。

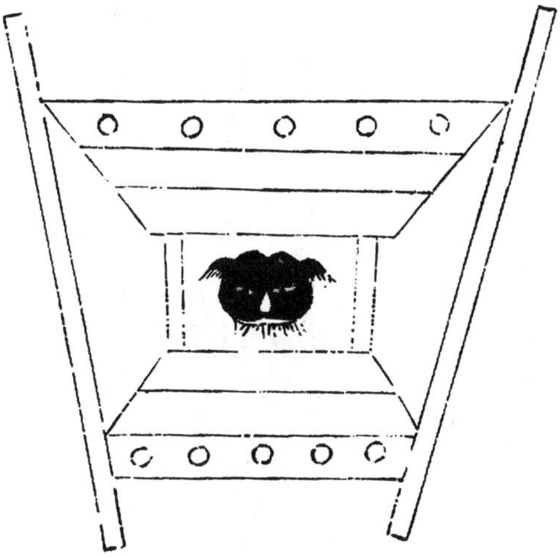

參

侯中、躬、个廣脩與麋侯同。

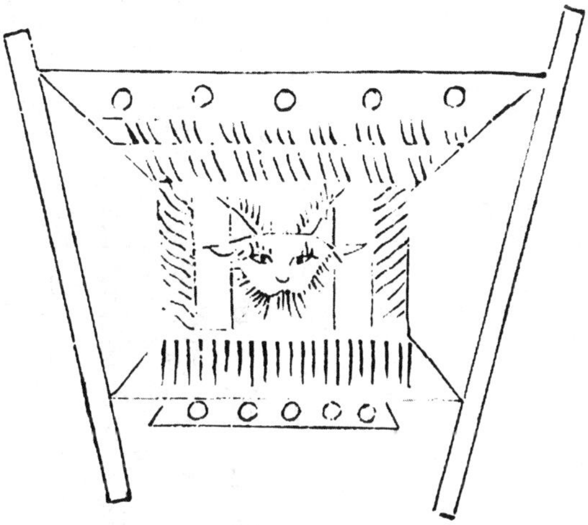

❶「八」，原誤作「一」，今據明本、庫本、嘉慶本及下正文之意改。

干

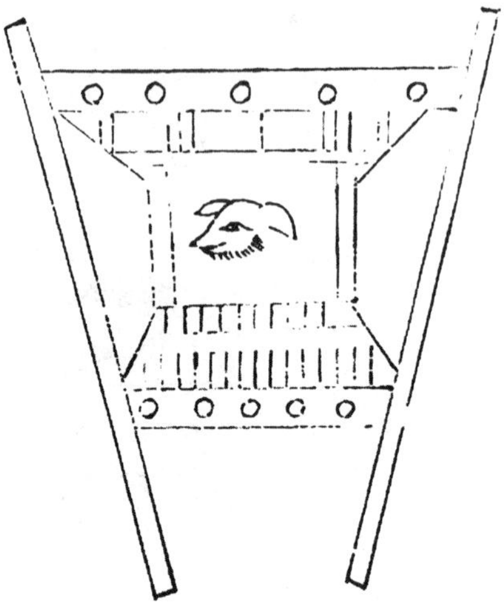

侯中、躬、个廣脩與參侯同。

《詩》曰「大侯既抗」，天子之侯也；《大射禮》「大侯九十」，諸侯之侯也。天子大侯九十步，而諸侯大侯亦如之。參侯以視天子熊侯，干侯以視天子豹侯，則步、中、躬、舌之制可知。大侯之崇見鵠於參，參見鵠於干，干不及地武，鄭氏曰「中人之足，長尺二寸。以豻侯計之，參侯去地一丈五寸少半寸，大侯去地二丈二尺少半寸」是也。何則？干侯中十尺，上下躬、舌各二尺爲八尺，則丈八尺矣。又下不及地尺二寸，則豻侯上綱去地丈九尺二寸矣。參侯中丈四尺，上下躬、舌八尺，則二丈二尺矣。鵠居侯中三分之一，則參鵠之下與豻侯上綱埒，此所謂見鵠於豻也。大侯中丈八尺，上下躬、舌八尺，則二丈六尺矣。鵠居侯中三分之一，則大鵠之下與參侯上綱埒，此所謂見侯於參也。諸侯如此，則天子虎侯見鵠於熊，熊侯見鵠於豹，豹不及地武又可知也。

賓射❶

天子虎侯五正

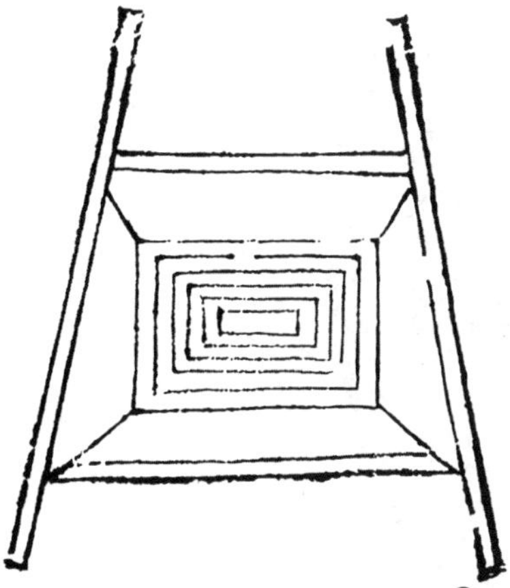

❷

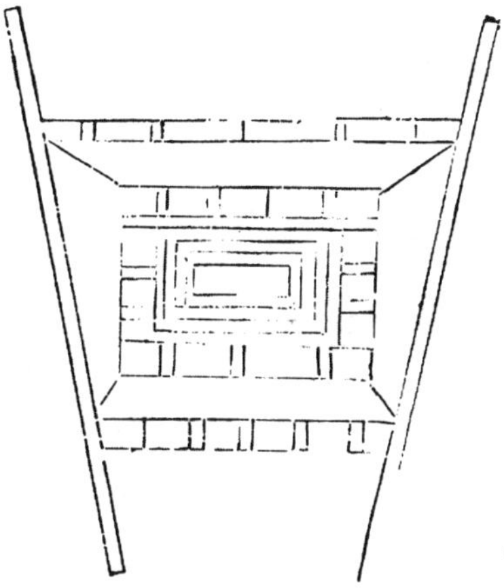

熊侯五正

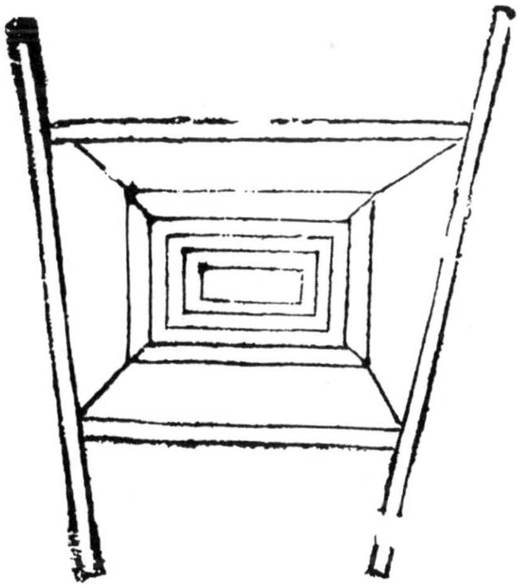

❸

❶「賓射」，原無，爲明本禮圖標題、庫本禮圖標題、嘉慶本禮圖標題所增。

❷此爲底本圖。

❸此爲底本圖。

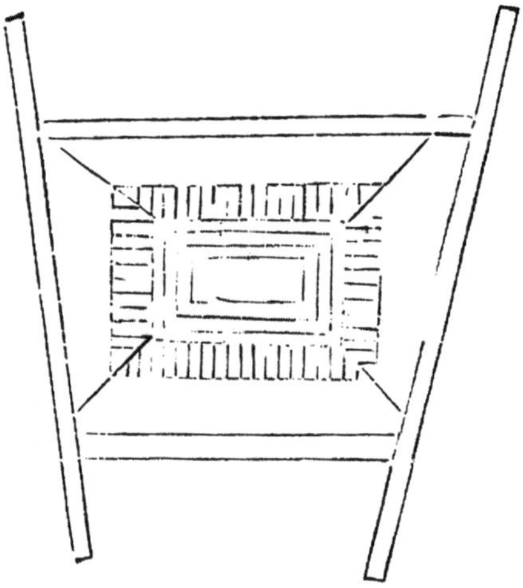

豹侯五正❶

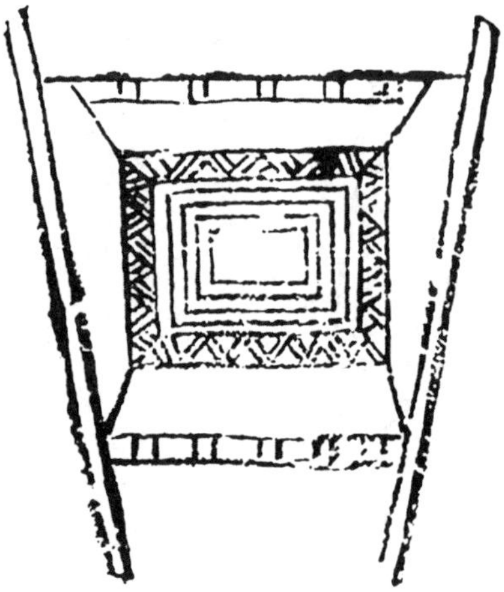

❷

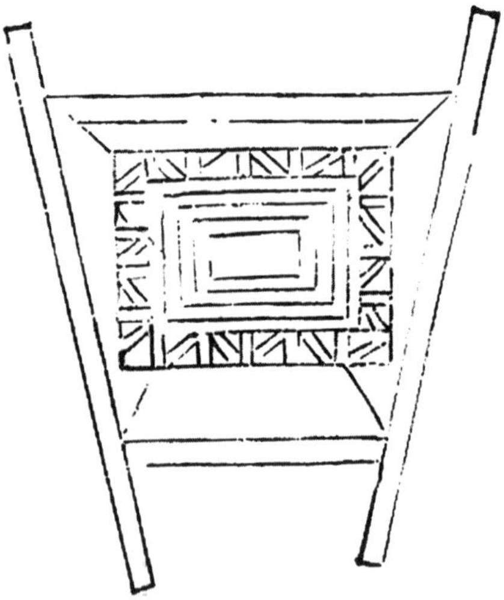

《梓人》曰：「張五采之侯，則遠國屬。」五采之侯，即五正之侯也。然則《射人》「王以六耦射三侯，❸五正」，以至「士以三

❶ 「五」，原漫漶不清，似「三」似「五」。按《周禮・射人》云：「王以六耦，射三侯、五正。」三侯者，虎侯、熊侯、豹侯也，故此當爲五正，明本禮圖標題、庫本禮圖標題、嘉慶本禮圖標題作「五」，今據以定作「五」。

❷ 此爲底本圖。

❸ 上「射」下，原有「衍」字，按此所引，出《周禮・射人》。今據明本、庫本、嘉慶本刪。

耦射一侯，二正」，皆賓射也。鄭氏曰：「五正之侯，中朱、次白、次蒼、次黄，而玄居其外；三正，損玄、黄；二正，去白、蒼而畫以朱緑。」賈公彦謂「中朱」以下皆以相剋爲次，南爲首，故先朱。攷之《聘禮・記》，繅藉三采，朱白蒼；二采，朱緑。則三正去玄黄，二正朱緑，理或然也。《司裘》諸侯大射二侯，《射人》諸侯賓射亦二侯，畿内諸侯也。若畿外，則三侯矣。二侯四耦，則三侯六耦矣。《儀禮・大射》畿外諸侯之制也，三耦射畢，然後公射，又三耦射畢，然後公再射，乃獲飲觶，則三侯亦六耦也。獻〔服〕不、獻釋獲者之後，又命〔五〕耦，❶然不作射，不作取矢，以其非正禮故也。昔晉范獻子聘於魯，魯侯享之，「射者三耦，公臣不足，取於家臣。」蓋方是時，公室卑矣，不能如禮。

諸侯熊侯三正❷

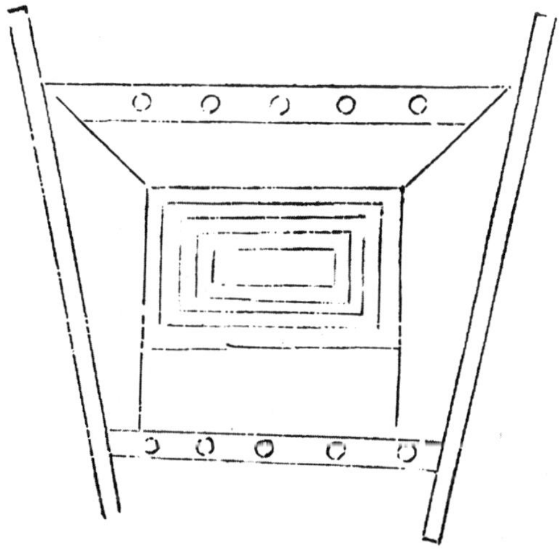

❶「五」，據《儀禮・大射》當作「三」。

❷「三」，明本、庫本、嘉慶本作「五」，誤也。按《周禮・射人》略云：「諸侯以四耦，射二侯，三正。」故「三」是而「五」非。

豹侯三正

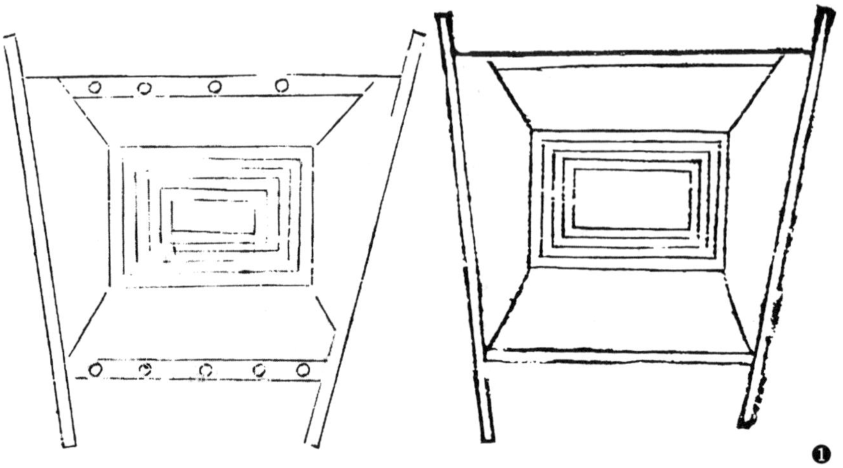

❶

《鄉射·記》：「君國中射則皮樹中，於郊則閭中，於境則虎中。」先儒謂國中，燕射也；境，賓射也。然諸侯賓射不特於境而已，其在國中亦皮樹中。魯襄公享晉范獻子，射者三耦，此諸侯賓射歟？

❶ 此爲底本圖。

大夫麋侯二正❶

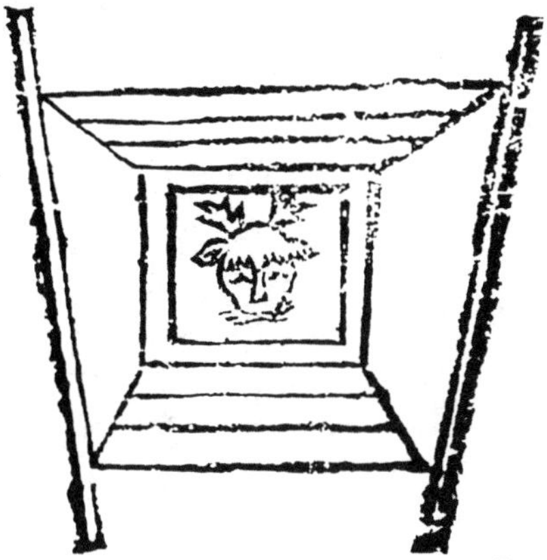

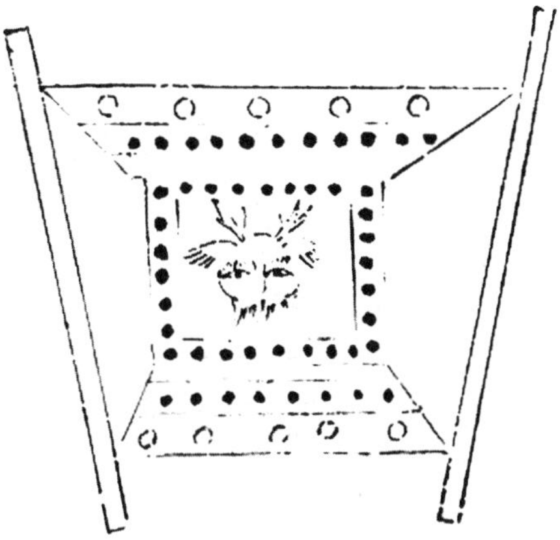

❷

士豻侯二正

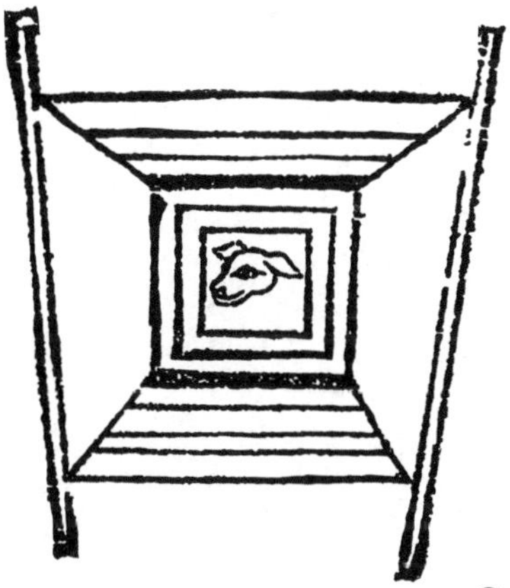

❸

❶「二」，原誤作「三」。按《周禮·射人》云：「士以三耦，射豻侯，二正。」鄭注：「一侯者，二正而已。」大夫一侯也。賈疏：「大夫、士同，一侯二正。」今據明本、庫本、嘉慶本改。

❷此爲底本圖。

❸此爲底本圖。

士有賓射，而不預王之賓射，故《射人》無士之摯位。士無大射，而與王之大射，故《司裘》豹侯，士射焉。《鄉射·記》言鄉侯之遠近廣狹而不言其侯，鄭康成謂鄉射當張麋侯二正。

禮書卷第一百六終

禮書卷第一百七

射

射❶

天子熊侯白質

諸侯麋侯赤質

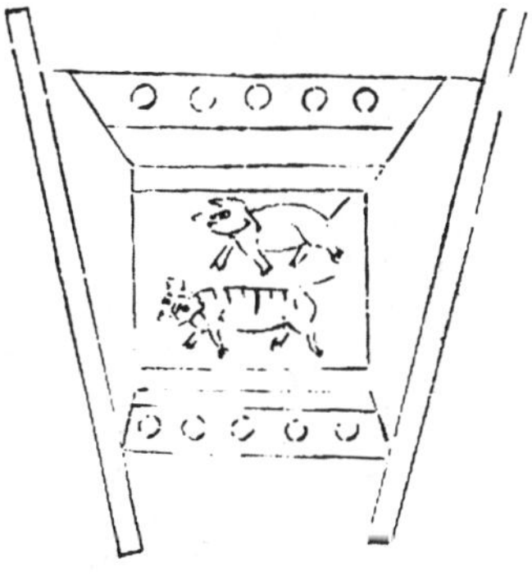

大夫布侯

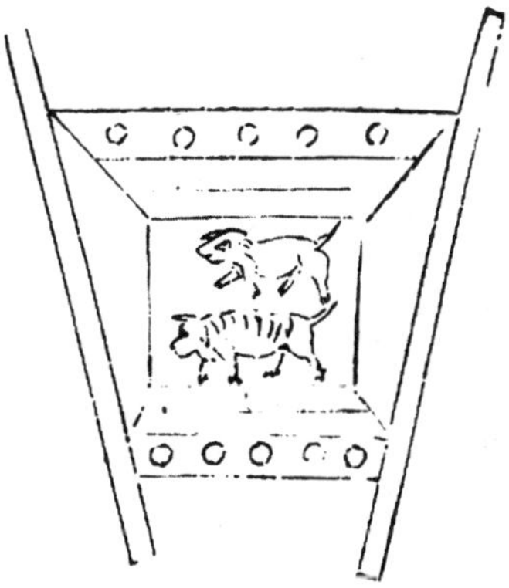

❶「射」，原無，今據目録、卷首小目、明本禮圖標題、庫本禮圖標題、嘉慶本禮圖標題補。

士布侯

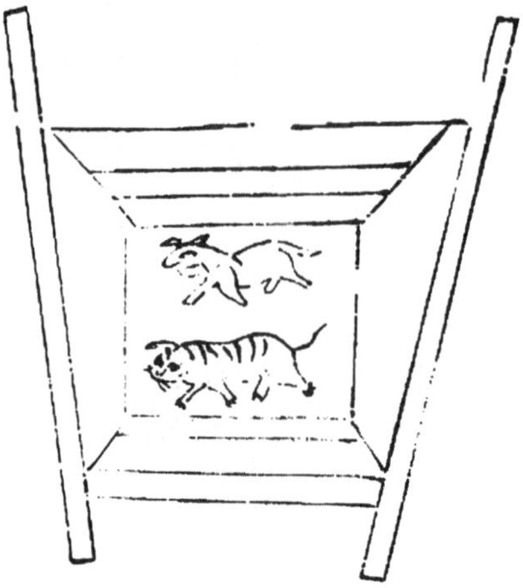

❶

《鄉射・記》曰：「凡侯：天子熊侯，白質；諸侯麋侯，赤質；大夫布侯，畫以虎豹；士布侯，畫以鹿豕。凡畫者，丹質。」鄭氏曰：「此所謂獸侯也。白質、赤質，皆謂采其地。其地不采者，白布也。」蓋白，德之成；赤，事之著。故天子之侯白質，諸侯之侯赤質。天子、諸侯言質而不言布，大夫、士言布畫而不言質，則大夫、士其地不采可知也。君，陽而奇，故畫一；臣，陰而耦，故畫二。畫非特其首而已，鄭氏之徒謂六獸皆正面畫其首於正鵠之處，猶《貍首》射不來者之首也。然天子歌《騶虞》，大夫歌《采蘋》，士歌《采蘩》，三詩皆爲射節，而無射事，孰謂《貍首》必射不來者之首耶？《考工記》曰：

❶ 此爲底本圖。

「張獸侯以息燕。」鄭氏以息爲休農息老物，於義或然。古者燕服黄衣狐裘，蜡亦黄衣狐裘，燕、蜡同服，則射之同侯不亦可乎？

主皮之射

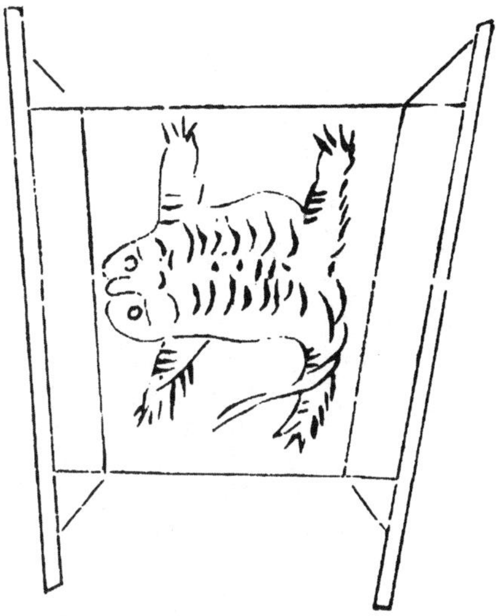

《周禮·鄉大夫》「以鄉射之禮五物詢衆庶」，有主皮之射。《鄉射·記》曰：「禮射不主皮。主皮之射者，勝者又射，不勝者降。」鄭氏釋《周禮》曰：「庶民無射禮，因田獵分禽則有主皮。」釋《鄉射》曰：「禮射，大射、賓射、燕射也。不主皮者，貴其容體比於禮，其節比於樂，不待中爲備也。言『不勝者降』，則不復升射也。主皮者無侯，張獸皮而射之，主于獲也。《尚書大傳》曰：『戰鬥不可不習，故於蒐狩以閑之也。閑之者，貫之也；貫之者，習之也。凡祭，取餘獲陳于澤，然後卿大夫相與射也。中者雖不中也取，不中者雖中也不取。所以貴揖讓之取也，而賤勇力之取。嚮之取也於囿中，勇力之取也；今之取也於澤宫，揖讓之取也。』澤，習禮之處，非所以行禮，其射又主中，此主皮之射與？」蓋主皮之射，庶人之禮也。鄉大夫或用之於澤宫，鄉大夫或用之以詢衆庶。用之以詢衆庶，在和與容之後，❶則主皮之射，雖君子之所不廢，亦非其所尚也。晚周之時，射尚主皮，故孔子譏之曰：「射不主皮，爲力不同科，古之道也。」

貫革之射

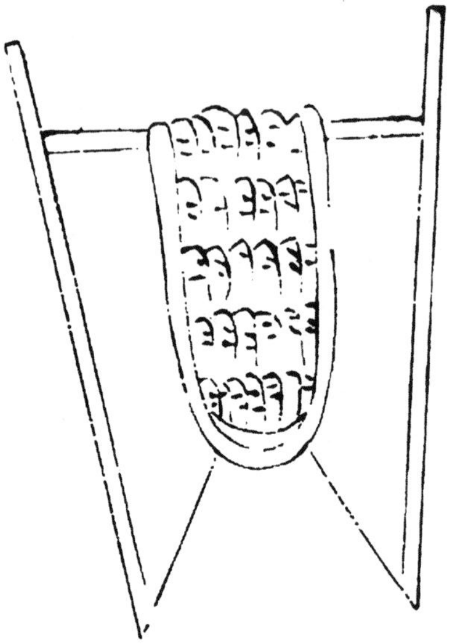

《司弓矢》：「王弓、弧弓，以授射甲革、椹質者。」《弓人》曰：「往體寡，來體多，謂之王弓之屬，利射革與質。」《禮記》曰：「散軍而郊射，左射《貍首》，右射《騶虞》，而貫革之射息也。」《春秋傳》曰：「楚使潘尫之黨與養由基蹲甲而射之，徹七札焉。」杜預曰：「黨，潘尫之子。蹲，聚也。一發達七札，言其能陷堅。」成十六年。鄭氏釋《司弓矢》曰：「甲革，❷革甲也。」釋《弓人》曰：「革謂干盾。」釋《樂記》曰：「貫革，穿革甲也。」考之《國語》有三革之制，《齊語》曰：「定三革。」韋曰：「甲、冑、盾也。」則射革非特甲也。

❶「與」，明本、庫本及《五禮通考》卷一百三十六《嘉禮三十六・射禮》所引皆作「以」。

❷「甲」，原誤作「曰」，今據明本、庫本、嘉慶本及《周禮・司弓矢》鄭注改。

射　服

大射鷩冕，燕射皮弁。❶

《司服》：「王祀先公、饗、射，則鷩冕。」賈公彦曰：「王饗食〔在廟〕，故服鷩冕。大射在西郊虞庠，亦服鷩冕。燕射在寢，則朝服。《燕禮·記》：「燕，朝服，於寢。」賓射在朝，則皮弁服。」然王燕以朝服，則燕射亦皮弁也。《詩》以「有頍者弁」刺幽王之不宴同姓，以「側弁之俄」刺幽王之飲酒無度，此燕射用皮弁之證也。《射人》：「掌國之三公、孤、卿、大夫之位。三公北面，孤東面，卿大夫西面。其摯，三公執璧，孤執皮帛，卿羔，大夫鴈。諸侯在朝，則皆北面。」蓋大射、賓射、燕射之位一也。大射王服七章之鷩冕，故三公執五命子男之璧，執五命子男之璧則五章之毳冕矣。王降衮冕以接賓，三公降鷩冕以從王，卿大夫而下不降，故執其等之摯，服其等之服。

❶「大射」至「皮弁」，原無，爲明本、庫本所增。然「大射」之「射」，誤作「夫」。按鷩冕乃王之冕服，非大夫所能服。下文言王大射服鷩冕，燕射服皮弁，則「夫」當作「射」，今據改。

扑

《鄉射·記》曰：「楚扑長如笴，刊本尺。」又曰：「射者有過則撻之。」蓋衆之所在，非威不足以制之。故古者閭胥於鄉，小胥於學，有觵撻。司市於市有扑罰，司徒于誓田亦有扑。《書》稱「扑作教刑」，以《記》之禮稱「夏、楚二物，收其威也」，則射之有扑，宜矣。《鄉射》、《司射》既誘射乃適階西取扑搢之，及升堂告賓則去扑，降而及位則搢扑。升而去扑，所以敬尊也；降而搢扑，所以威重也。

禮書卷第一百七終

禮書卷第一百八

射

貢士與射

《射義》曰：「古者，諸侯歲獻，貢士於天子。天子試之於射宮，其容體比於禮，其節比於樂，而中多者得與祭。其容體不比於禮，其節不比於樂，而中少者不得與祭。數與於祭而君有慶，數不與於祭而君有讓。數有慶而益地，數有讓而削地。故曰：射者，射爲諸侯也。」《書傳》稱：「諸侯之於天子，三年一貢士。一適謂之好德，再適謂之賢賢，三適謂之有功。一不適謂之過，再不適謂之敖，三不適謂之誣。其適則有衣服、弓矢、秬鬯、虎賁之賞，其不適則有絀爵之罰。」《漢武紀》有司奏類，❶其言亦類於此，則貢士與射，其來尚矣。蓋人之賢不肖，不能逃於威儀揖讓之間，而好惡趨舍常見於行同能偶之際。故射於澤宮，飾之以禮樂，以觀其德；比之以偶，以觀其類，則人材其有遺乎？

❶「類」，據《漢書・武帝紀》疑當作「議」。

射樂

天子《騶虞》九節
諸侯《貍首》七節
孤卿大夫《采蘋》五節
士《采蘩》五節

《射人》：「王射以《騶虞》，九節；諸侯射以《貍首》，七節；孤卿大夫以《采蘋》，五節；士以《采蘩》，五節。」《射義》曰：「《騶虞》，樂官備也；《貍首》，樂會時也；《采蘋》，樂循法也；《采蘩》，樂不失職也。」《儀禮·大射》《鄉射》皆司射命射者曰：「不鼓不釋。」《大射》：「奏《貍首》，間若一。」《鄉射》：「奏《騶虞》，間若一。」又曰：「歌《騶虞》，若《采蘋》，皆五終。」鄭氏曰：「鄉射之鼓五節，歌五終，所以將八矢。一節之間，當拾發，四節四拾，其一節先以聽也。」然則王之九節，五節先以聽；諸侯七節，三節先以聽。尊者先以聽則多，卑者先以聽則寡，所以優尊者，欲其先知之審也。然則王射以《騶虞》，大夫、士之鄉射亦以《騶虞》者，鄉射之詢衆庶，亦欲官備於天子也。鄉射合樂，大射不合樂者，鄉射屬民，欲同其意，故合樂；大射擇士與祭，欲嚴其事，故不合樂。

大射之位

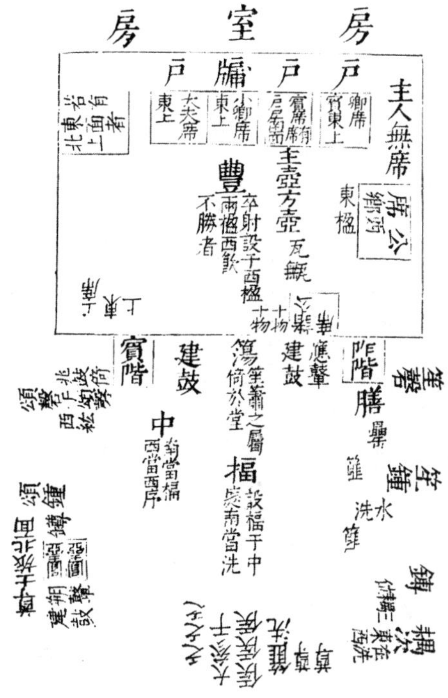

鄉射之位

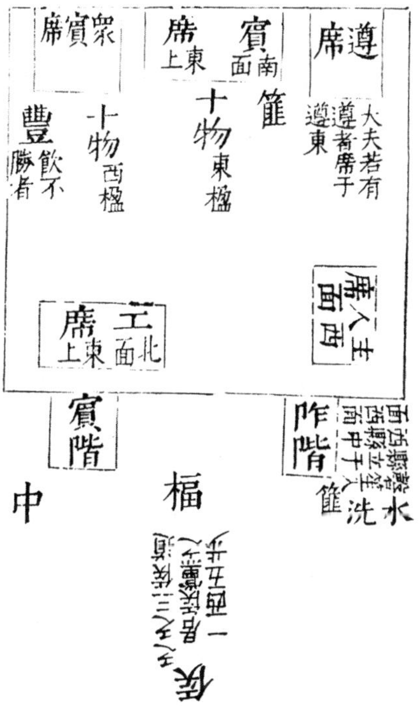

鄉射於序而用鹿中，鄭氏謂「士爲州長者之禮也」。然其言射必兼庠序，言禮必兼大夫。《周官·鄉大夫》有鄉射之禮，則鄉射不特士而已。大射前二日宰夫戒宰及司馬，鄉射不言，蓋戒與射同日也。大射有大射正、小射正、司射；《鄉射》則有司而已，蓋皆主人之吏爲之也。

大射設次於東，故不適堂西；鄉射無次，故射者適堂西而已。大射負侯者諸則以宫，又諸以商；鄉射獲者諸聲不絶而已。大射獻服不，則侯西北三步，北面拜受爵；鄉射獻獲者於侯而已。以服不士也，故獻近於乏；鄉人賤也，故獻即於侯也。大射，鍾師以鍾鼓奏《裓夏》；鄉射，以鼓《裓夏》。以君尊，故有鍾鼓；大夫、士卑，特用鼓也。大射度侯道以貍步，鄉射則度以躬。大射乏西十步、北十步；鄉射則乏參侯道，居侯黨之一，西五步。此大射、鄉射之别也。

禮書卷第一百八終

禮書卷第一百九

射

祭侯　楅　韋當　物

射❶

祭侯禮❷

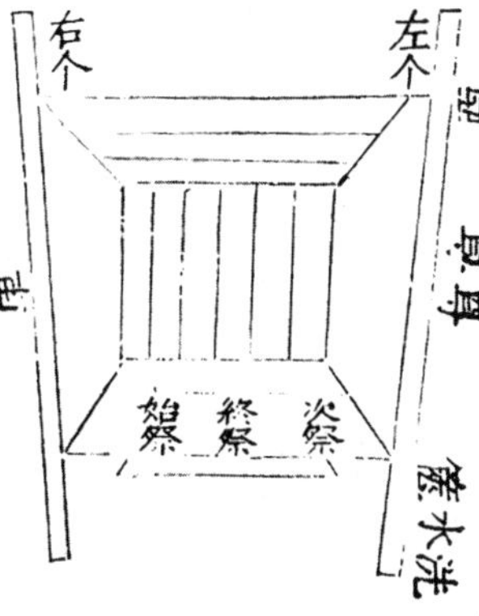

❸

《射人》：「祭侯則爲位。」鄭氏曰：「祭侯，獻服不，服不以祭侯。爲位，爲服不受獻之位也。」《鄉射》：「司馬洗爵，升，實之以降，獻獲者于侯。薦脯醢，設折俎，俎與薦皆三祭。獲者負侯北面拜受爵。司馬西面拜送爵。獲者執爵，使人執其薦與俎從之，適右个，設薦俎。「籩在東，豆在西，俎當在北。」獲者南面坐，左執爵，祭脯醢。執爵興，取肺坐祭，遂祭酒，興，適左个、中皆如之。左个之西北三步，東面設薦俎。獲者薦右東面立飲，不拜既爵。司馬受爵，奠于篚，復位。獲者執其薦，使執俎從之，辟設于乏南。獲者負侯而俟。」《鄉射·記》曰：「獲

❶「射」，原無，今據卷首小目、明本禮圖標題、庫本禮圖標題補。

❷「祭侯禮」，原脱，今據明本、庫本、嘉慶本補。

❸圖中文字，原無，爲明本、庫本、嘉慶本所增。

者之俎，折脊、脅、肺、臑。東方謂之右个。」《大射》：❶「司宮尊侯于服不之東北，❷兩獻酒，東面南上；設洗于尊西北，篚在南，東肆，實一散于篚。司馬正洗散，遂實之，❸獻服不。服不侯西北三步，北面拜受爵。至服不復負侯而俟。」❹

祭侯獻獲者，獲者以祭侯。獲者北面拜受爵，乃適右个、左个、中，南面而祭侯，終則左个之西北三步，東面而卒爵。其祝辭，則天子之禮曰：「惟若寧侯，毋或若女不寧侯，不屬于王所，故抗而射女，强飲强食，詒女曾孫諸侯百福。」諸侯以下之祝不可考也。其薦俎，則《鄉射》、《大射》薦有脯醢，俎有折脊、脅、肺、臑。天子之禮不可考也。其籩豆之設，則籩在東，豆在西，俎當在北。其祭，則獲〔者〕執其薦，使人整俎從之，設于乏南，然後負侯。而士卒爵不就乏者，明其享侯之餘也。既祭，薦俎設于乏南而不於左个之三步者，即其所有事之位也。獲者北面受爵，司馬西面拜送爵，不北面者，避正主也。獲者左執爵，右祭薦俎而不奠爵者，不備禮也。鄉射獲者以鄉人，大射以服不；鄉射獲者負侯受爵，大射服不俟西北三步受爵，尊卑異也。然《射人》「祭侯爲位」則三祭與獲者受爵之位也，《鄉射·記》獲者之俎皆有祭，則脊、脅、肺、臑皆有大以祭也。鄭氏謂：「位者，獲者受爵之位。皆有祭，皆獲者也。

❶「个大」，原作小字，今據明本、庫本、嘉慶本改作大字。

❷「侯」，原誤作「俟」，今據《儀禮·大射》改。

❸「散遂」，原作小字，今據明本、庫本、嘉慶本改作大字。「之」，嘉慶本作「爵」。

❹「至」，據《儀禮·大射》無此字。

祭，祭肺者也。」其說拘矣。皆有祭，與《公食大夫》庶羞皆有大，《少儀》魚皆有膴同。

楅《鄉射》注：❶「楅猶幅也，❷所以承笴齊矢也。」❸兩端爲龍首，中央爲蛇身，髹赤黑漆。

韋當《鄉射·記》注云：「直心背之衣曰當，以丹韋爲之。」

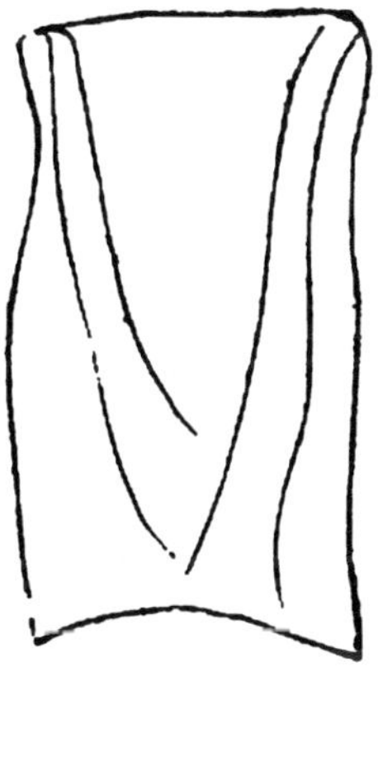

《鄉射·記》曰：「楅長如笴，博三寸，厚寸有半，龍首，其中蛇交，韋當。楅髹，橫而奉之，南面坐而奠之，南北當洗。」《鄉射》：「司射既請射，降自西階，階前西面，命子弟納射器。「射器：弓矢、決、拾、旌、中、籌、楅、豐。」乃納射器，皆在堂西。三耦卒射，司馬降自西階，北面，命弟子設楅。乃設楅于中庭，南當洗，東肆。「東肆，統於賓。」弟子取矢，

❶「注」，原誤作「主」，今據嘉慶本改。
❷「幅」，原誤作「福」，今據嘉慶本及《儀禮·鄉射》鄭注改。
❸「承」，原誤作「楊」，今據嘉慶本及《儀禮·鄉射》鄭注改。

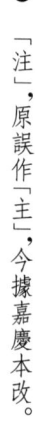

北面坐，委于楅，北括。司馬當楅南，北面坐，左右撫矢而乘之。「手撫而四數分之也。」既射，弟子退楅，獲者退中與筭。」《大射》：「司射請射，有司總衆弓矢、楅，皆適次而俟。三耦卒射，小臣師設楅。既設楅，小臣坐委矢于楅，❶北括，司馬師坐乘之。三耦既拾取矢，捆之。「齊等之也。」卒射，小臣師退楅，巾車、量人解左下綱。」

《鄉射·記》曰：「楅長如笴，博三寸，厚寸半，龍首，其中蛇交，韋當，髹之。」蓋兩端龍首，所以限矢也；其中蛇交，所以安矢也；韋當，所以分矢也。鄭氏曰：「司馬左右撫矢而乘之，分委於當。」賈公彦曰：「未分則總委於當，❷既分則四四在旁。」《大射》「三耦既拾取矢，捆之」，所以齊矢也。夫楅之楅矢，蓋猶楅衡之楅牛。考之於《禮》，奉楅者坐奠，委矢者坐委，乘矢者坐撫，取束矢者坐脱，則楅卑而無足可知。《舊圖》楅有足，誤矣。

物以丹爲黑，「度尺而午。」❸

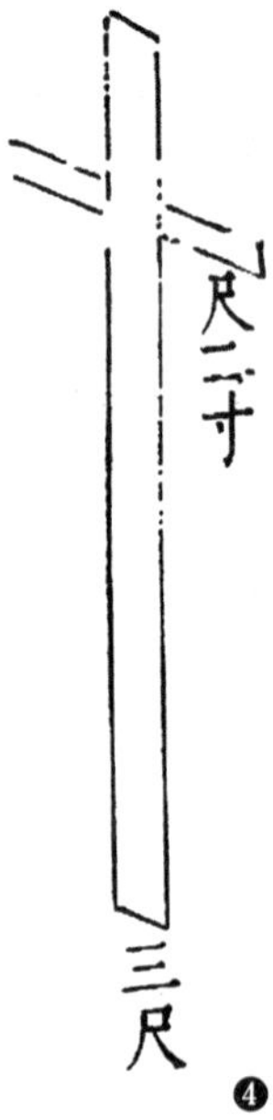

❹

《鄉射·記》：「射自楹間，物長如笴，其間容弓，距隨長武。序則物當棟，堂則物當楣。」《鄉射》：「司射升堂，❺揖，豫則鉤楹

❶「楅」字，原誤重。嘉慶本此處空一格，《儀禮·大射》原文不重。今據庫本、嘉慶本及《大射》删。
❷「未」，原誤作「木」，今據明本、庫本、嘉慶本及文意改。
❸「度尺」，原誤作「受天」，今據明本、庫本、嘉慶本及《儀禮·大射》改。
❹圖中文字，原無，爲明本、庫本、嘉慶本所增。
❺「堂」，原誤作「當」，今據嘉慶本及《儀禮·鄉射》改。

內，堂則由楹外。當左物，北面揖；「鉤楹，繞楹而東也。左物，下也。」及物，揖。左足履物，不方足，還；視侯中，俯正足。」「方，猶并也。」又曰：「上射揖下射，並行。皆當其物，北面揖，及物，揖。皆左足履物，還，視侯中，合足而俟。乃射。」又曰：「司馬升自西階，鉤楹，自右物之後，立于物間；西南面，揖弓，❶命取矢。乃出于左物之南，還其後，降自西階。」《大射》：「既三獻，有司納射器，工人、士與梓人升自北階。兩楹之間疏數容弓，若丹若墨，度尺而午。射正涖之。「一從一横曰午，謂畫物也。」卒畫，自北階下。司弓埽所畫物。」《燕禮》：「君與射，則爲下射。樂作而後就物。既發，則小臣受弓以授弓人。上射退于物一笴，既發，則答君而俟。」「答，對也。」

物者，則之所自出也。射之所履不過乎物，故位謂之物，左爲下物，右爲上物。其畫也，若丹若墨；其設也，兩楹之間，於序則當棟，於堂則當楣。弓長六尺而兩楹之間容弓，笴長三尺而物如笴，武長尺有二寸而距隨長武。一縱一横，縱長而横短，❷此所謂度尺而午也。前足至物之左端，後足合而隨之，此所謂距隨也。凡射，及物則揖，履物則先左足。先左足以正其位，還視侯中以審其的，然後俯正而俟，此所謂以志正體直，可以祈中矣。

禮書卷第一百九終

❶「揖弓」，原作小字，今據明本、庫本、嘉慶本改作大字。

❷「長而」，原誤作「而長」，今據明本、庫本、嘉慶本及文意改。

禮書卷第一百十

鹿中　兕中　皮樹中　閭中　虎中　筭
乏　決　拾　朱極

鹿中

中〔中〕者前跪，髹赤黑色。❶

兕中

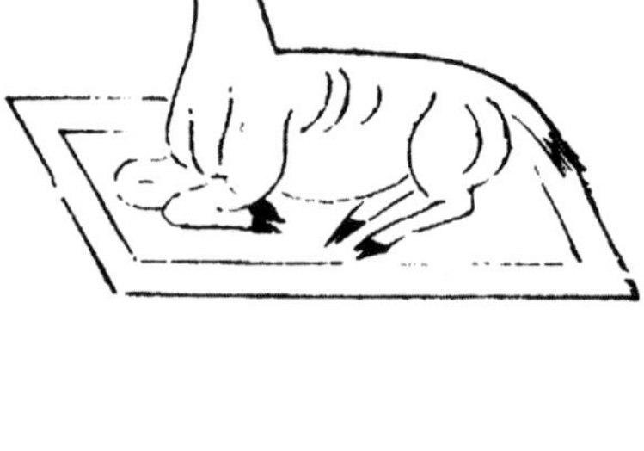

皮樹中

❶「髹」、「色」，原皆漫漶不清，今皆據明本禮圖標題、庫本、嘉慶本補。嘉慶本又於「色」下增「漆」字。明本「色」誤作「跪」，嚴校改作「漆」，亦通。

閭中

虎中

《鄉射·記》曰：「君國中射則〔皮樹中〕」，「謂城中燕射也。皮樹，獸名，今文皮〔樹〕繁豎。」❶張鎰《禮圖》曰：「〔皮樹，人面〕。」於郊則閭中，「於〔郊，謂〕大〔射也。大射於太學〕。《王制》曰：『大學〔在郊。』閭〕，獸〔名，如驢，一角；或曰閭〕如驢，跂蹄。《周書》曰：『北唐戎以〔閭〕。』」「跂蹄」已上《山海經》文。《周書》見於《國語》也。❷〔於竟〕則虎中。「謂與鄰國君射也。」大夫，兕中。「兕，獸名，似牛，一角。」士，鹿〔中〕。「〔謂小國之州長〕。」〔惟〕君〔有〕射于國中。」「臣不習武事於君側。」「鹿中：髹，前足跪，鑿背，容〔八筭，釋獲者〕奉之先首。」「前足跪者，象教擾之〔獸受負〕也。」賈公彥曰：「國中，燕在寢故也。《大〔射〕》『公入，《驁》』，從外來

❶「豎」，原誤作「樹」，今據明本、庫本、嘉慶本及《儀禮·鄉射》鄭注改。

❷「跂蹄」至「國語也」，原誤倒在下正文「大子大射於虞庠小學」下，且誤作大字正文，今據嘉慶本及與上文之關聯乙正並改作小字注文。「蹄」，原誤作「蹏」，按其所注之文原作「蹄」，故改。

入。此云『於郊』，故知大射在郊也。諸侯〔大〕射於大學，天子大射於虞庠小學。於竟，與鄰國君射，賓射也。以君有送賓〔之〕事，因送則射也。天子、諸侯皆燕射〔在〕國。又天子賓〔射〕在朝，亦在國。大夫、士燕射、賓射不在國。〔大夫〕亦得行〔大射，雖〕無〔郊〕學，亦〔不〕得在國。是以孔子爲〔鄉〕射，射於矍〔相之圃〕，是其〔一隅〕也。」鹿屈前〔足〕以受負，若今驢受負則〔四足俱屈之類〕也。《鄉射》：「未〔旅〕，司射請射，乃命弟子納射〔器。乃納射器〕，皆在堂西。「〔弓矢、決〕、拾、旌、〔中、籌、楅〕、豐也。」三耦卒射，司射〔請釋〕獲于〔賓。賓許。降〕，西面立于所設中之〔東〕，北面命釋〔獲者〕設中，〔遂〕視之。釋獲者執鹿中，一人執筭以從之。「〔鹿中，射於榭也。於庠〕當兕中。」釋獲者坐，設中，南當楅，西當西序，東面；興，受〔筭，坐〕，實八筭于中，橫委其餘於中西，南末，興，〔共〕而俟。〔司射遂〕進，由堂下北面〔命曰〕：『不貫不釋！』「貫猶中也。不中正，不〔釋筭也〕。」釋獲〔者坐取〕中之八筭，改實八〔筭〕于中，〔興〕，執而俟。❶「〔執〕所〔取筭〕。」乃〔射，若中，則〕釋獲者坐而釋獲，每一箇釋一筭。上射於右，下射於左。若有餘筭，則反委之。「委之，合於中西。」又取中之八筭，改實八筭于中，興，執而俟。既射，遂釋，西階西立于中南，北面視筭。釋獲者東面于中西坐，先數右獲，二筭爲純。卒，委其餘于中西，興，共而俟。」《大射》：「〔三爵既備，司射適西階前，東面命有司納射器。君之弓矢，適東堂。賓之弓矢與中、籌、豐，皆止于西堂

❶「而」，原誤作「中」，今據明本、庫本、嘉慶本及《儀禮·鄉射》改。

下。總衆弓矢、楅，皆適次而俟。三耦卒射，司射命釋獲者設中，以弓爲畢，北面。大史釋獲，小臣師執中，先首，坐設之，東面，退。大史實八筭于中。司射適階西，北面視筭。釋獲者東面于中西坐，先數右獲，二筭爲純。卒，委其餘于其中西，興，共而俟。」

皮樹，《儀禮》或作繁豎，其狀人面，蓋人面而能豎者也。閭如驢，一角而跂蹄。兕如牛，一角而青色。《爾雅》曰：「兕似牛。」郭璞曰：「一角，青色，重千〔斤〕。」《說文》曰：「兕，如野牛，青毛，其皮堅厚，可以制鎧。」《交州記》曰：「兕出九德，一角，角長三尺。餘形如馬鞭柄。」「君國中射，則皮樹中；於郊，則閭中；於竟，則虎中。大夫射，則兕中；士，則鹿中。」「鹿中：髹，前足跪，鑿背，容八筭。」則皮樹、虎、兕之制蓋亦然也。惟君有射于國中，而燕射、大射、賓射異中。大夫、士射必於郊，而燕射、賓射同中。君射則始納於西堂下，繼又總之以適次。大夫、士射則納於堂西而已。此尊卑之辨也。其奉之也先首，其設之也必坐，其位則南當楅，西當西序，其鄉則東面。籌雖八十，所容者八筭而已。上射之筭釋於右，下射之筭釋於左，則賓主之黨辨矣。二筭爲純，一筭爲奇，則勝負之黨辨矣。鄉射用鹿中，而投壺亦鹿中者，投壺輕於射禮，故用中之下者而已。

籌「籌，長尺有握，握素。」鄭氏曰：「握，本所持處。素，刊之也。」

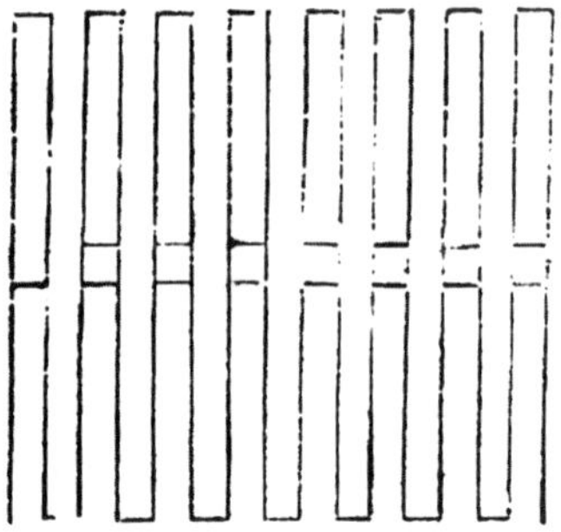

《鄉射·記》：「箭籌八十。❶長尺有握，握素。」握布四指，指一寸，則籌尺有四寸矣。《公羊傳》曰：「膚寸而合。」《投壺》曰：「室中布五扶。」先儒謂側手爲膚，鋪四指爲扶，則握與膚、扶一矣。握素，刊其本也。鄉籌八十而中實止於八者，籌八十以十耦計之也。一人四矢，皆中，則用八筭焉。射未必皆中，而必備八筭者，不敢期人之不中也。每一耦射中者一箇釋一筭。上射於右，下射於左，有餘筭則反之。蓋釋獲者取八筭於中執之，改實八筭以待後中。既釋獲，委於其中西，又取執而改實焉。故中之所容常八筭。

乏如曲屏風，無足。

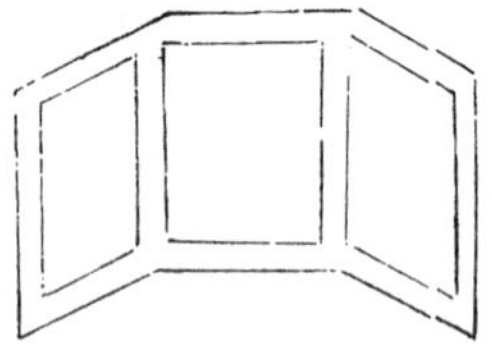

鄉射獲者既爵司馬受爵獲者執其薦使人執俎從之辟設于乏南遷設薦俎就乏明己所得禮❷

❶「箭」，原誤作「前」，今據嘉慶本、《儀禮·鄉射》及嚴校、孫氏點勘改。

❷此圖庫本無。圖中文字，原無，爲明本、嘉慶本所增，庫本則增於小題「乏」之注文「無足」下。「己」，原誤作「已」，今據文意改。

《周禮・射人》：「王三侯，三獲三容；諸侯二侯，二獲二容；卿大夫一侯，一獲一容；士豻侯，一獲一容。」《服不氏》：「射則贊張侯，以旌居乏而待獲。」《儀禮・鄉射》：「〔乏〕參侯道，居侯黨之一，❶西五步。」「容謂之乏。侯道〔五〕十步，此乏去侯北十丈，西三丈。」《大射》：「設〔乏〕，西十，北十。凡乏用革。」「前射三日張侯設乏，欲使有事者豫志焉。」《鄉射》將射，「司〔馬〕命獲者倚旌于侯中。射者升，履物。司馬南揚弓，命去〔侯〕。獲者執旌許諾，聲不絕，以至於乏，坐，東面偃旌，興而〔俟〕。」及射，「獲者坐而獲，舉旌以宮，偃旌以商；獲而未釋獲」。既射，「獻獲者于侯。獲者負侯拜受爵，遂使人執俎從之，〔辟〕設于乏南」。《大射》獻服不亦如之。

正面北，乏面南，故文反正爲「乏」。侯各有獲，獲各有容，故王三侯，三獲三容；諸侯二侯，二獲二容；卿大夫、士一侯，一獲一容。容，革爲之。《鄉射》：「三侯道，居侯黨之一，西五步。」《大射》：「西十、北十。」謂之乏，以矢力乏於此也。謂之容，以獲者所厞也。《爾雅》曰：「容謂之防。」郭璞曰：「如小曲屏，唱射者所以自防。」容與防皆乏之異名也。

拾

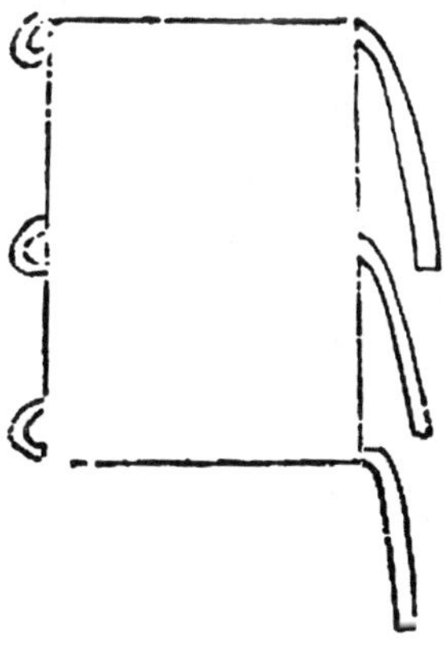

❶「一」，原脱，今據明本、庫本、嘉慶本及《儀禮・鄉射》補。

朱極

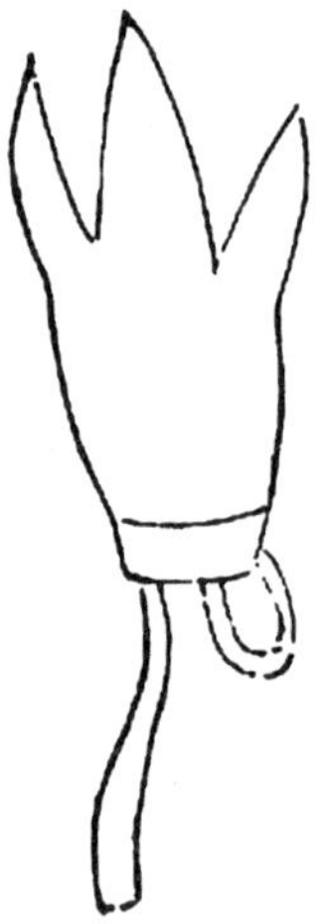

決

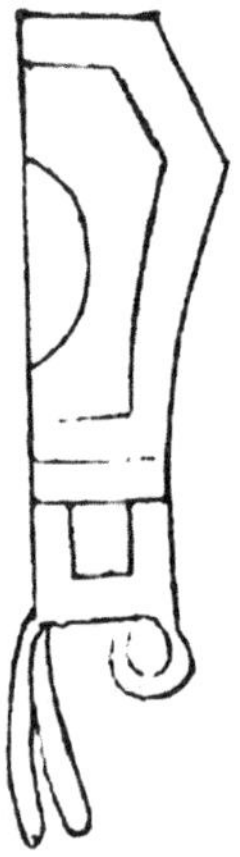

《〔繕〕人》：「掌王之用弓弩、〔矢箙、矰〕弋、決拾。」❶《詩》曰：「決拾既佽。」又曰：「童子佩韘。」《鄉射》曰：「〔袒、決〕、遂。」《大〔射〕》又曰：「設決，朱極三。」《士喪禮》：「決，用正王棘，若檡棘，組繫，纊〔極二〕。」《〔內〕則》曰：「佩〔決〕、捍。」蓋決著於右巨指，以鉤絃者也。極著於右三指，以釋絃者也。食指、中指、無名指。拾著於左臂，以遂弦者〔也〕。《大射》「朱極三」，《士喪禮》「纊極二」，則生者以朱韋，所以〔致飾〕，而三以致其用也；死者〔以〕纊，所以復質，而二以明其不用也。鄭氏釋《周禮》謂：「〔士〕決用棘，則天子用〔象骨〕與？」釋《大射》曰：「決以象骨爲之，遂以韋爲之。」賈公〔彥〕曰：「大夫以骨，不必以大象。」蓋皆推士禮而揆之也。拾，亦謂之遂，《儀禮》所謂「袒、決、遂」是也；亦謂之捍，《內則》所謂「佩決、捍」是也。極，亦謂之韘，所謂「佩

❶「弋」，原誤作「戈」，今據嘉慶本改。

韘」是也。鄭康成曰：「韘之言沓，❶所以彄沓手指。」❷《儀禮·鄉射·記》：「大夫與士射，袒纁襦。」《燕禮·記》：「君射，袒朱襦。」蓋大夫與士射，士則以拾蔽膚，大夫則斂衣而已。君與大夫射，大夫以拾蔽膚，君則斂衣而已。鄭氏謂「拾所以蔽膚斂衣」者，此也。《曲禮》曰：「野外軍中無摯，以纓、拾、矢可也。」則拾亦可以爲摯與。

禮書卷第一百十終

❶「韘」，原誤作「中」，今據明本、庫本、嘉慶本及《毛詩·芄蘭》鄭箋改。

❷「彄」，原誤作「驅」，今據《毛詩·芄蘭》鄭箋及孫氏點勘改。

禮書卷第一百十一

椹質　并夾　弩　彫弓　彤弓　黑弓

椹質

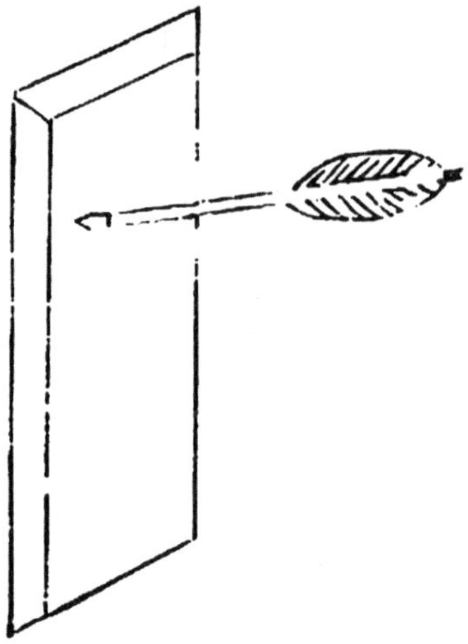

《司弓矢》：「王弓、弧弓，以授射甲革、椹質者。」又曰：「澤，共射椹質之弓矢。」《圉師》曰：「射則充椹質。」《荀卿》曰：「質的張而弓矢至焉。」鄭氏曰：「質，正也。植椹以爲射正。射甲與椹，試弓習武也。」《射義》曰：「天子將祭，必先習射於澤。澤者，所以擇士也。射於澤，而後射於射宫。」澤，共椹質之弓矢，則射於射宫不用椹質矣。射椹質必以王弓、弧弓，充椹質必使圉師者，蓋椹質以强弓而後入，圉師以所習而使共也。先儒謂澤是宫名，以其擇士於此，故謂之澤，蓋於寬閑之處近水澤而爲之。其射宫，天子則在廟也。《書傳》曰：「嚮之取也於囿中，勇力之取；今之取也於澤，揖讓之取。」則澤固有宫矣。其言射宫在廟，不可考也。《左氏》昭八年：「習射于射宫。」

并

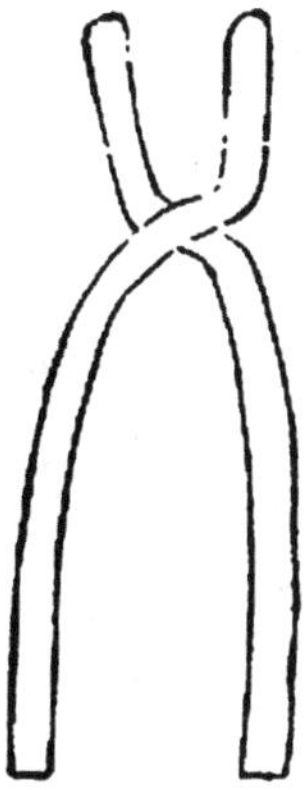

夾形制類鍼。❶

《周禮·射鳥氏》：「射則取矢。矢在侯高，則以并夾取之。」鄭氏曰：「王射，則射鳥氏主取其矢。并夾，鍼箭具。夾讀爲甲。」《司弓矢》：「太射、燕射，共弓矢如數并夾。」鄭氏曰：「并夾，矢箙也。」賈公彦曰：「《司弓矢》有大射、燕射，則賓射亦同。『矢箙』之言出於漢時也。」考之《儀禮》，大射則取矢以小臣，鄉射則取矢以子弟。其取矢也，皆司射揖弓命之。則射鳥氏之取矢蓋亦如此。然則取矢必以射鳥氏者，以其視高者審歟。

弩發弩之處謂之機。❷

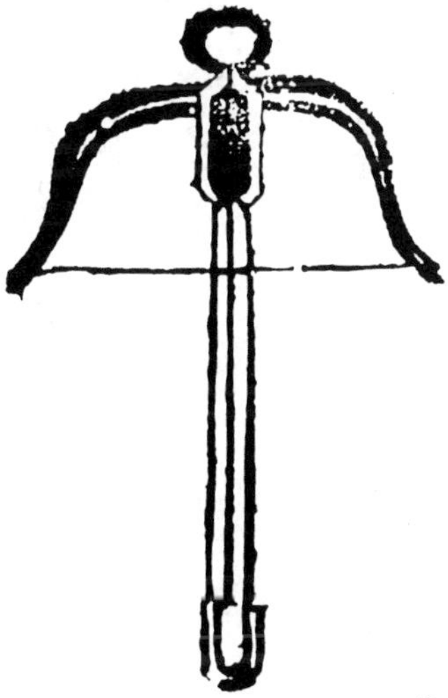

❸

❶「形制類鍼」，原無，爲明本、庫本禮圖標題、嘉慶本所增。又北大明本文中小題、浙大明本「形」作「刑」，孫氏點勘改爲「形」。北大明本文中小題此注則作「形」。刑與形通。

❷「發弩之處謂之機」，原無，爲明本、嘉慶本所增；庫本「弩」作「弦」。

❸此爲底本圖。

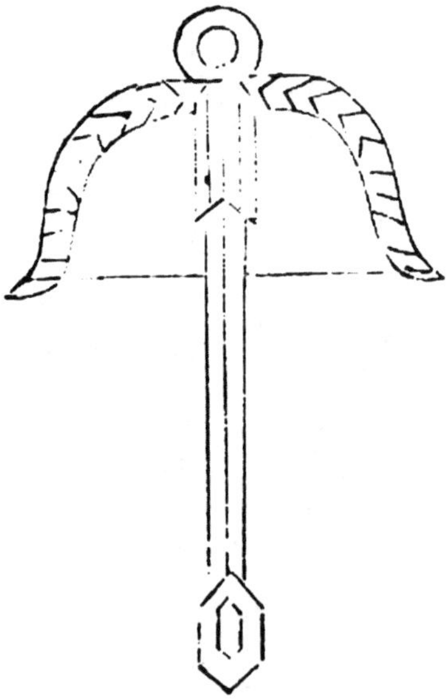

《説文》曰：「弩，弓有臂者。」❶《周禮》曰：「司弓矢掌六弓、四弩、八矢之法。凡弩，夾、庾利攻守；唐、大利車戰、野戰。凡矢，枉矢、絜矢利火射，用諸守城、車戰，殺矢、鍭矢用諸近射、田獵，矰矢、茀矢用諸弋射，恒矢、庳矢用諸散射。」❷鄭氏曰：「攻守相迫近，弱弩疾發也。車戰、野戰，進退非强則不及。弩無王、弧，恒服弦，往體少者，使矢不疾。八矢，弓弩各有四焉。枉矢、殺矢、矰矢、恒矢，弓所用也；絜矢、鍭矢、茀矢、庳矢，弩所用也。」《荀卿》曰：「魏氏之武卒，操十二石之弩，負矢五十箇。」晁錯曰：「平陵相遠，川谷居間，仰高臨下，此弓弩之地也。」又曰：「弩不可以及遠，與短兵同。」則弩特施於兵事而已。《繕人》：「掌王之用弓弩。」則兵事亦王之所預也。《易》曰：「樞機之發。」《書》曰：「若虞機張。」則機，弩牙也。《矢人》：「夾其陰陽以設其比，夾其比以設其羽。」「弓矢比在槀兩旁，❸弩矢比在上下。」則比，❹括也。

❶「有」，原誤作「之」，今據《説文・弓部》「弩」條改。
❷「恒」，原避宋真宗趙恒諱缺末筆，今補之。
❸「在」，原誤作「其」，今據明本、庫本、嘉慶本及《周禮・矢人》鄭注改。
❹「比」，原誤作「以」，今據明本、庫本改。

彫弓

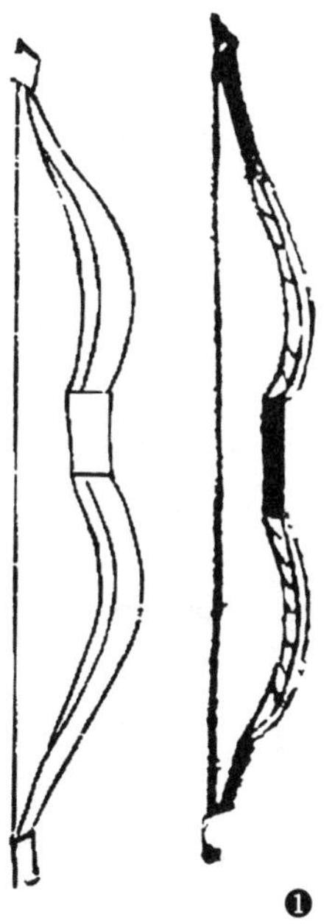

❶

彤弓

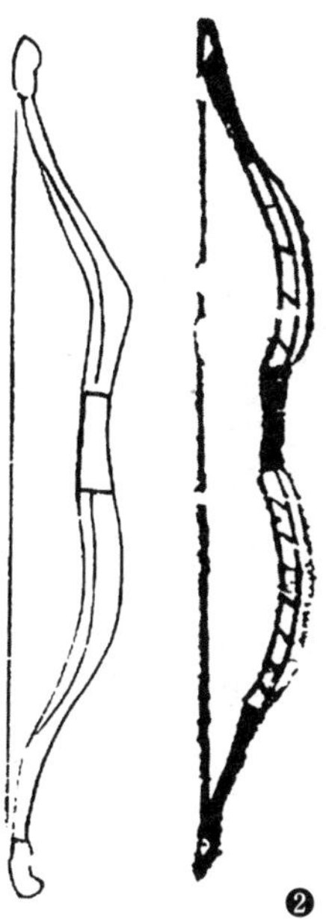

❷

黑弓

❸

《易》曰：「弦木爲弧，剡木爲矢。」《書》曰：「和之弓，垂之竹矢。」《弓人》：「取榦之道七：柘爲上，檍、檿桑、橘、木瓜、荆次之，竹爲下。」《禹貢》：「荆州貢杶、榦、「榦，柘也。」栝、柏，惟箘簵、楛。」「楛可爲矢。」《考工記》：「荆之榦，妢胡之笴。」《家語》曰：「南山之竹，不揉自直，羽而鏃之。」傳曰：「董澤之蒲，可勝既乎。」古者弓矢之材，以木若竹。弓以木爲上，以竹爲下；矢以竹爲常，以楛爲異。弓材謂之榦，矢材謂之稾。弓之長短視人之形體，

❶ 此爲底本圖。
❷ 此爲底本圖。
❸ 此爲底本圖。

弓之强弱因人之志氣，矢之安危以濟弓之强弱。故人有上士、中士、下〔士之別〕，❶則弓有六尺六寸、六尺三寸、六尺二寸之制。往體〔寡，❷來體多〕者，王弓、弧弓也；往體多，來〔體〕寡者，夾弓、庾弓也；往體、來體若一，唐弓、大弓也。材强則往體寡，材弱則往體多，强弱中則體若一。材强，故利射革與質，往體寡，故合九而後成規；材弱，故利射侯與弋，往體多，故合五而成規；强弱中，故利射深，體若一，故合七而成規。王弧，王之弓；唐、大，諸侯之弓；夾、庾，大夫之弓。王、弧則彤之，《詩》曰「敦弓既堅」，毛氏曰：「敦弓，畫弓也。」正義曰：「敦畫之弓，王弧也。」荀卿、何休曰「天子彤弓」是也。唐、大則彤之，荀卿、何休曰「諸侯彤弓」是也。《司弓矢》以唐、大弓授使者、勞者，《詩》以彤弓錫有功諸侯，平王以彤弓錫晉文侯，襄王以彤弓錫晉文公，則唐、大彤之可知。《儀禮·大射》《鄉射》大夫、士用夾、庾，《荀卿》曰「大夫黑弓」，則夾、庾黑之可知。然士合三而成規，則六弓之外弊弓也。《司弓矢》：「勾者謂之弊弓。」《儀禮》士亦用夾、庾者，蓋士之鄉射有大夫存焉，非鄉射則弊弓而已。先儒謂士不用合三成規之弓，❸《周禮》託士而言，其説無據。《明堂位》、《穀梁》曰：「大弓，天子之戎器。」

❶「上士中士下士之別」，「中士下」原誤作「下士中」，且「中」字印殘。既言其別，則當按上中下之次，故明本、庫本、嘉慶本作「上士中士下士之別」是也，今據以改、補。

❷「往」，原誤作「枉」，今據明本、庫本、嘉慶本及《周禮·弓人》改。

❸「三」，原誤作「二」，今據明本、庫本、嘉慶本及《周禮·弓人》改。

《公羊》曰：「弓繡質。」繡質，繡其拊也。蓋魯之大弓亦彤，天子之弓亦繡質，不然不可謂之「天子之戎器」也。天子、諸侯、大夫、士之弓以强弱辨其等，以安危因其躬。辨其等，所以明分；因其躬，所以利用。然王之田獵未嘗不以夾、庾，學射未嘗不以唐、大，所謂合九、合七、合五、合三者，其大致然也。

禮書卷第一百十一終

禮書卷第一百十二

弓　臂弣蔽簫隈淵茭　檠　柲　依　撻

弓臂弣蔽簫隈淵茭附❶

❷

《說文》曰：「弓，象形。」《史記》曰：「揮作弓。」弓以木爲身，以角爲面，筋所以爲深，絲所以爲固。張則筋外而角内，弛則角外而筋内。弣，把中也。簫，弓端也。隈，其曲也。茭，其接也。弣，或作拊，❸又曰質。旁曰撻，中曰蔽。簫，或作弰，又曰弭，曰彆，「方結反。」曰峻。《弓人》曰：「挺臂中有柎焉，故剽。」又曰：「凡爲弓，方其峻而高其柎，長其隈而薄其蔽。」又曰：「茭解中有變焉，故校。」《廣雅》曰：「柎，柄也。」鄭康成曰：「茭讀爲骹。茭解，謂接中也。」賈公彦曰：「隈、簫，角接處也。」《說文》曰：「彆，弓戾也。」《詩》曰：「象弭魚服。」《爾雅》曰：「弓無緣者謂之弭。」《左傳》曰：「左執鞭弭。」蓋無緣之弓，以骨飾其弭而已，故亦謂之弭。杜子春曰：「隈，弓之淵。」鄭司農曰：「蔽，謂弓人所握持者。」毛氏曰：「弭所

❶「臂弣蔽簫隈淵茭附」，原無，爲明本、庫本、嘉慶本據卷首小目增。

❷ 圖中文字，底本、嘉慶本皆無，爲明本、庫本所增。「弣」，原誤作「附」，今據圖上小題之附題及孫氏點勘改。

❸「或作」，原作小字，今據明本、庫本、嘉慶本改作大字。

以解紛。」《曲禮》曰：「凡遺人弓者，張弓尚筋，弛弓尚角，右手執簫，左手承弣。」❶則右手執簫矣。簫之飾不特以骨而已。《爾雅》曰：「以金者謂之銑，以蜃者謂之珧，以玉者謂之珪。」《爾雅》曰：「蜃小者珧。」郭璞曰：「珧，小蚌也。」

弓韔

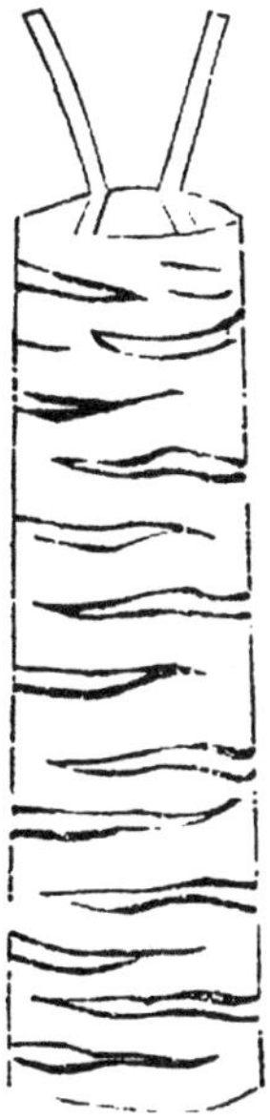

《明堂位》曰：「載弧韣。」《月令》曰：「玄鳥至，乃禮天子所御，帶以弓韣。」《既夕禮》：「弓有韣。」《詩》曰：「虎韔鏤膺，交韔二弓。」又曰：「抑鬯弓忌。」又曰：「彤弓弨兮，受言櫜之。」又曰：「載櫜弓矢。」《說文》曰：「弢，弓衣也。」《左傳》曰：「右屬櫜鞬。」杜氏曰：「櫜以受矢，鞬以受弓。」韔、弢、韣、櫜、鞬，皆弓衣也，亦曰弓室，鄭氏釋《既夕禮》謂以緇布爲之。❷《覲禮》言「包干戈以虎皮」，❸《詩》言「虎韔」，而「韔」、「韣」皆從「韋」，則古之弓衣以皮爲之也。明器之弓以緇布，蓋鄭氏以漢禮言之耳。《內則》曰：「斂簟而韣之。」《樂記》曰：「包干戈以虎皮，名曰建櫜。」則韣櫜之名不獨施於弓也。《詩》言

❶「承弣」下，浙大明本、嘉慶本有「《少儀》曰：『弓則以手屈⿰糹蜀執弣』」，孫氏點勘又改「⿰糹蜀」爲「韣」，庫本、北大明本則無。

❷「以」，原誤作「之」，今據嘉慶本及《儀禮・既夕》鄭注改。

❸「覲禮言包干戈以虎皮」，按《儀禮・覲禮》無「包干戈以虎皮」及內容相似之文，而《禮記・樂記》曰：「倒載干戈，包之以虎皮。」疑此陳氏誤記也。

「虎韔鏤膺，交韔二弓」，又言「二矛重弓」，❶重弓則一韔之内皆二弓，以備毀折。

弓　檠

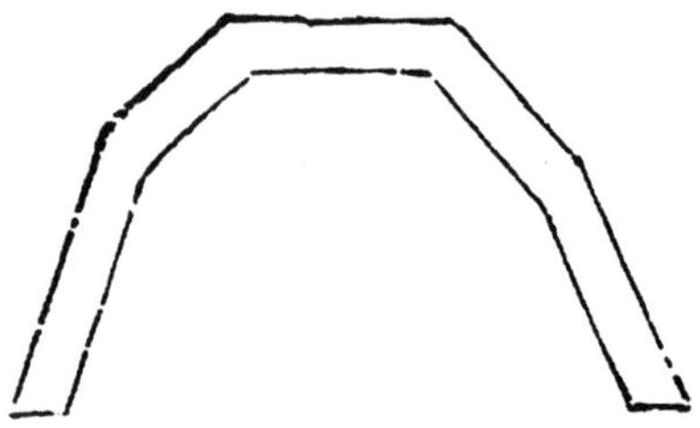

《荀子》曰：「接人用枻。」韓氏云：「枻者，檠枻，正弓弩之器。」揚子曰：「見弓之張兮，弛而不失其良兮，亦檠之而已矣。」蘇氏傳曰：「檠弓弩。」《説文》曰：「檠，榜也。」亦作㢣。則枻、榜皆檠之異名。《考工記·弓人》：「爲弓，寒奠體，冰析灂。寒奠體則不流，冰析灂則審環。」蓋奠體者，納之檠而已。析灂者，下於檠而復納之也。

弓　柲❷

《既夕》：「明器，弓有柲。」《詩》曰：「竹閉緄縢。」《考工記》曰：「恒角而達，譬如終紲。」蓋柲以竹爲之，狀如弓。然約於弓裏，命之曰柲，所以備損傷也。緄，繩也。縢，約之也。柲以閉之，故亦謂之閉；緄以繫

❶「鏤膺交韔二弓又」，原作小字，今據明本、庫本、嘉慶本改作大字。

❷孫氏點勘曰：「柲即檠也，《既夕》注有明文，此分爲二，誤。」

之，故亦謂之紲。如此，則納之觸中，足以定往來之體，祛翩反之病矣。柲亦作韠。

依撻

《既夕禮》曰：「弓設依撻。」鄭氏曰：「依，纏弦也。撻，弣側矢道也。皆以韋爲之。」❶賈公彦曰：「依，令弓彄也。撻，所以撻矢令出也。生者以骨，死者以韋。」

禮書卷第一百十二終

❶「皆」，原脱，今據明本、庫本、嘉慶本及《儀禮·既夕》鄭注補。

禮書卷第一百十三

矢　矢箙　鏃刃砮骲　矢括

矢❶

彤矢

玈矢❷

繒矢

《稾人》：「弓六物爲三等，弩四物亦如之。矢八物皆三等，箙亦如之。」鄭氏曰：「三等者，上、中、下人各有所宜。弩及矢箙長短之制未聞。」又曰：「矢稾長三尺。」蓋以經無其制，故兩言之也。枉矢則飛如變星者也，殺矢則中而必斃者也，矰矢則弋高者也，恒矢則常服者也。枉矢、絜矢五分，二在前，三在後，則其達遠，故利火射，用諸城守、車戰。殺矢、鍭矢三分，一在前，二在後，則其達遲，故用

❶「矢」，原脱，今據目録、卷首小目、明本文中小題、庫本文中小題、嘉慶本文中小題補。

❷「玈」，原誤作「旅」，今據孫氏點勘改。

諸近射、田獵。矰矢、茀矢七分，四在前，三在後，則其行高，故用於弋射。恒矢、庳矢八分，四在前，四在後，則其行平，❶故用諸散射。枉矢、絜矢，兵矢也，亦可施於田，故鄭氏以《矢人》之兵矢、田矢爲枉矢、絜矢是也。鍭矢與茀矢異，殺矢與鏃矢同，故鄭氏以《矢人》之茀矢爲殺矢，以殺矢爲茀矢也。《詩》曰：「四鍭如樹。」《爾雅》曰：「金鏃剪羽謂之鍭，骨鏃不剪羽謂之志。」則金鏃不特鍭矢有之，茀矢以上皆然，故鏃謂之鍭也。君子志於中而不志於殺，故禮射、習射之矢皆謂之志也。射〔必〕剪羽，尚疾也；志不剪羽，尚舒也。尚疾則以金鏃而必其入，尚舒則以骨鏃而防其傷。若夫明弓矢，則以金者骨鏃，以骨者無鏃，長羽者短衛，「衛，羽也。」《既夕禮》曰「猴矢一乘，骨鏃，短衛。志矢一乘，軒輖中，亦短衛」是也。《書》及《左傳》言賜諸侯皆彤弓一、彤矢百，《周官・司寇》「入束矢于朝」，鄭氏亦謂「其百箇與」，則古之束矢皆百也。《詩》曰「束矢其搜」，毛氏謂「五十爲束」者。《荀卿》曰：「魏氏武卒，衣三屬之甲，操十二石之弩，負矢五十箇。」則弩一而矢五十也。弩一而矢五十，弓一而矢百。兵法重弓，以備毁折，則百矢分而二之，理固然也。《司弓矢》言「六弓四弩」，而繼之以「八矢」，則八矢皆弓弩之所用也。鄭氏曰：「枉矢、殺矢、矰矢、恒矢，弓所用也。絜矢、鍭矢、茀矢、庳矢，弩所用也。」四弩皆利攻守與戰，而庳矢用諸散射。又《既夕禮》有弓無弩而有猴矢，

❶「則其」，原作小字，今據明本、庫本、嘉慶本改作大字。

無弩而有猴矢，❶則鄭氏之説誤矣。

矢箙

《稾人》：「弓六物爲三等，弩四物亦如之。矢八物爲三等，箙亦如之。」弓與弩異用，矢與箙相須。言弓必及弩，猶《司尊彝》之有罍也；言矢必及箙，猶《司尊彝》之言彝有舟也。彝有舟則尊有禁可知，矢有箙則弓有韣可知。弓與弩有三等，矢箙亦三等，則箙之長短視矢爲之也。田弋用籠〔箙〕；箙，竹爲之，則凡非籠箙皆皮也。《詩》曰：「象弭魚服。」陸機謂：「魚服，魚獸也。」然所謂魚服者，魚皮之堅者皆可爲之，不必魚獸而已。陸璣曰：「東海魚獸如豕，背班而腹青，其爲弓鞬、矢箙，風雨作潮至，毛則盡起，雨霽潮還，毛復如故。《春秋傳》曰：「夫人魚軒。」服虔亦名「魚獸也」。《司弓矢》：「中秋獻矢箙。」蓋皮以秋堅也。《司弓矢》：「田獵，充籠箙矢，共矰矢。」矰矢不在箙，蓋欲其繳之不紊也。《既夕禮》薦「干笮」。❷《詩》曰：「抑釋掤忌。」《左傳》曰：「公徒執冰而踞。」《方言》曰：「藏箭爲韇丸。」則笮、掤、韇丸，皆箙名也。史稱韓延壽「東郡負韊」，則韊亦承矢者歟？

❶ 兩「猴」字，原皆誤作「鏃」。按《儀禮・既夕》「猴矢一乘」，而無鏃矢。孫氏點勘改作「鍭」。猴、鍭古字通，故孫氏改之是也。今據改。

❷ 「笮」，原誤作「管」，然「管」非箙名，《儀禮・既夕》爲箙名者，笮也，曰：「役器，甲、胄、干、笮。」故孫氏點勘改作「笮」是也，今據改。下「笮、掤、韇丸」之「笮」亦誤作「管」，逕改，不出校。

鏃 鏃刃，鏃砮骲。

《矢人》：「爲矢，夾其陰陽以設其比，夾其比以設其羽，三分其羽以設其刃。刃長寸圍寸，鋌十之，重三垸。」夫矢五分其長而羽其一，稾長三尺則羽六寸矣。三分其羽以設其刃，羽長六寸則刃二寸矣。《記》言「刃長寸」，鄭康成謂「二寸」，其説是也。鋌則金之入稾者也。垸之多寡於經無見。鄭司農以爲量名，不可考也。《詩》曰：「四鍭如樹。」《爾雅》曰：「金鏃剪羽謂之鍭，❶骨鏃不剪羽謂之志。」郭璞曰：「金鏃，今錍箭也。❷骨鏃，今骨骲也。」❸《方言》曰：「箭，關東謂之矢，關西謂之箭，江淮之間曰鍭，鍭四鐮曰拘腸，三鐮曰羊頭；❹廣長而薄鐮曰錍，亦謂之鈀；小長而二孔曰錍。音卑。鑪，二孔，蓋若冒頓之鳴鏑然也。亦謂錍箭。」《説文》曰：「鏑，矢鋒也。」《禹貢》：「荆、梁貢砮。」孔安國曰：「砮，石中矢鏃者。」《魯語》曰：「仲尼在陳，有隼集于庭而死，楛矢貫之。石砮，其長尺有咫。❺仲尼曰：『此肅慎氏之矢也。』」《魏志》：「挹婁國矢用楛，青石爲鏃。」然則鏃之材有三，金、石、骨是也。鏃之名非一，鏃、鏑、錍、鈀、砮是也。金鏃謂之鍭，而近射、田

❶「鍭」，原誤作「鏃」，今據《爾雅·釋器》改。
❷「今」，原誤作「金」，今據《爾雅·釋器》郭注改。
❸「今」，原誤作「金」，今據《爾雅·釋器》郭注及孫氏點勘改。
❹「三」，原誤作「曰」，今據《方言》第九改。
❺「尺」，原脱，今據《國語·魯語》補。

獵之矢獨曰鍭矢。❶ 枉、絜、殺、鍭、矰、茀之鏃皆有齊，而《考工記》於殺矢獨有齊者，「五分其金而錫居二，謂之削殺矢之齊。」鍭矢以鏃爲節，❷殺矢用金爲多故也。

矢括

《儀禮》：「矢在弓下，北括。」《書》曰：「若虞機張，往省括于度，則釋。」《魯語》曰：「銘其括曰：『肅慎之貢矢。』」《詩》曰：「舍拔則獲。」《考工記》曰：「夾其羽而設其比。」《家語》曰：「括而羽之，鏃而礪之。」又曰：「後矢之括，猶銜弦。」《列子》曰：「後鏃中前栝。」然則括也，拔也，比也，皆矢末也。❸ 矢以鏃爲首，以括爲末。弓矢之括居稾兩旁，弩矢之括居稾上下。括或作筈，先儒謂：「筈，會也，與弦相會。」❹

禮書卷第一百十三終

❶ 兩「鍭」字，原皆誤作「鏃」，今皆據《周禮·司弓矢》及孫氏點勘改。

❷ 「節」，據《毛詩·駟驖》孔疏「以拔爲矢末，以鏃爲首」及文意，疑當作「首」。

❸ 「矢」，原誤作「天」，今據明本、庫本、嘉慶本改。

❹ 「弦」，原作「矢」，不確。按《釋名·釋兵》云：「栝，會也，與弦會也。」所謂「先儒謂」者，當指此也。今據改。

禮書卷第一百十四

投壺　司射度壺設中釋筭之儀❶　勝飲不勝之儀　馬　籌　筭　壺　鼓

投壺

投壺之籌曰矢，勝筭則以馬，❷贊其禮則以司射，實其筭則以射中，弦其詩則以射節之《貍首》，❸鼓其節則以射鼓之半。而釋筭、數筭、勝飲不勝，皆與射禮相類，則投壺亦兵象也。蓋兵凶戰危，人情之所惡；飲酒相樂，人情之所欲。先王因其所欲，而寓其所惡者於其中，❹使樂爲之不憚，則平日之所習，乃異日之所用也。昔晉侯與齊侯宴投壺，祭遵臨戎雅歌投壺。然則投壺之樂，豈間於貴賤軍國之間乎？其用鹿中者，投壺輕於射禮，故用中之下禮而已。鄭氏謂鹿中者，大夫、士之禮。是以射禮言投壺也，恐不必然。

❶「儀」，原誤作「仗」，今據目録、文中小題改。

❷「則以」，原作小字，今據明本、庫本、嘉慶本改作大字。

❸「弦」，原避宋太祖趙匡胤始祖趙玄朗嫌名諱缺末筆，今補之。

❹「中」上，原衍「所」字，今據明本、庫本、嘉慶本及文意删。

賓主授受之儀❶

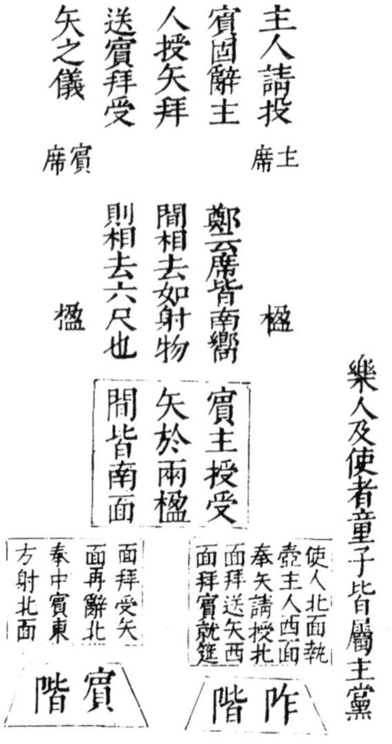
射庭長及冠士立者皆屬賓黨

《禮記》曰：「投壺之禮：主人奉矢，司射奉中，使人執壺。主人請曰：『某有枉矢哨壺，請以樂賓。』賓曰：『子有旨酒嘉肴，某既賜矣，又重以樂，敢辭。』主人曰：『枉矢哨壺，不足辭也。敢固以請。』賓曰：『某既賜矣，又重以樂，敢固辭。』主人曰：『枉矢哨壺，不足辭也。敢固以請。』賓曰：『某固辭不得命，敢不敬從！』賓再拜受。主人般還，曰：『辟。』主人阼階之上拜送，賓般還，曰：『辟。』「拜送，送矢也。辟亦於其階上。」已拜，受矢，進即兩楹間，退反位，揖賓就筵。」蓋「古者諸侯之射，必先行燕禮；卿大夫之射，必先行鄉飲酒之禮」，投壺，射之類，必先行燕飲焉，此賓所以辭曰「子有旨酒嘉肴，某既賜矣，又重以樂」也。主人位於阼階之上，然後奉矢，三請於兩楹之間；既受，則退而拜送；既拜送，自受矢；既受矢，則進而示有事，又退而揖賓就筵。則主人再即楹間，而再復位矣。賓位於西階之上，再辭乃從，然後受矢於兩楹之間，退而拜於其位。則賓一即楹間，而一

❶「賓主授受之儀」，原無，爲明本禮圖標題所增。

復位矣。「樂人及使者、童子皆屬主黨；司射、庭長及冠士、立者，皆屬賓黨。」蓋主人以仁接賓，則樂人樂賓者也，使者及童子事人者也，故屬主黨。司射，作人者也；《鄉射禮》：「司射作三耦射。」庭長，正人者也；《鄉飲酒》將旅，使相爲司正，在庭中，立于觶南。故知長，司正也。冠士，行禮者也；立者，觀禮者也，故屬賓黨。壺以授矢致樂者也，故主黨執之。中以盛筭取勝者也，故賓黨奉之。然黨雖有賓主之辨，而主黨之樂人必位於西階之上，使人執壺亦立於司射之側，凡皆所以就賓也。《鄉射》司射升自西階，西面，北上，北面告于賓；《鄉射》、《鄉飲》拜受爵、送爵皆北面。然則司射奉中，賓主拜送矢、受矢，皆北面可知也。司射執矢、奉中北面，則使人執壺亦北面可知也。《鄉射》射在脱屨升坐之前，《燕禮》射在脱屨升坐之後。《燕禮》：「取俎以出，卿大夫皆降。賓反入，及卿大夫皆脱屨，升就席，乃安。❶若射，❷則大司正爲司射。」投壺所以樂賓也，類於燕禮，故鄭氏謂「燕飲酒，既脱屨升坐，主人乃請投壺也」。矢枉則不直，壺哨則不正。《大戴》哨作峭，然則《小戴》作哨誤矣。

❶「安」，原空闕，明本、庫本、嘉慶本亦脱，今據《儀禮·燕禮》補。

❷「若」，明本、庫本、嘉慶本皆作「告」。

設壺釋矢之儀

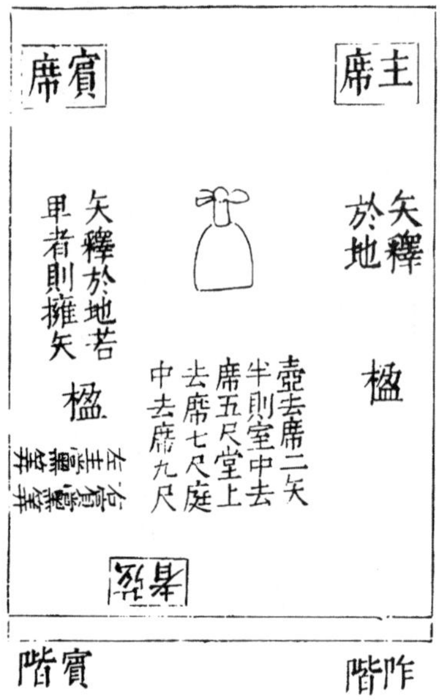

數筭立馬之儀

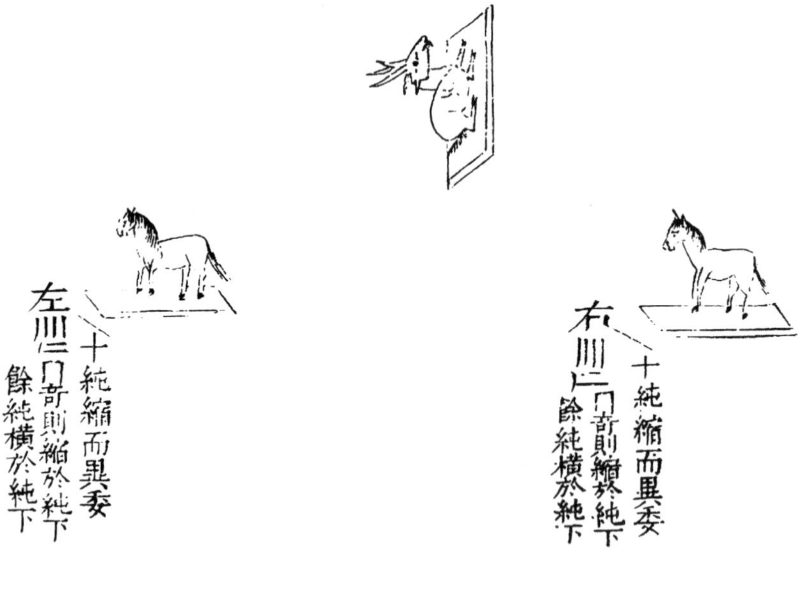

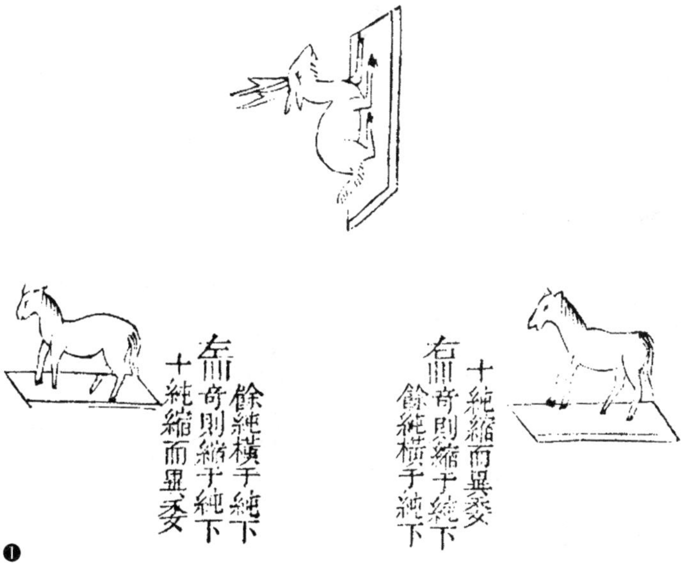

❶

《投壺》曰：「司射進度壺，間以二矢半，反位，設中，東面，執八筭，興，請賓曰：『順投爲入，比投不釋，勝飲不勝者。正爵既行，請爲勝者立馬。一馬從二馬，三馬既立，請慶多馬。』請主人亦如之。命弦者曰：『請奏《貍首》，間若一。』大師曰：『諾！』左右告矢具，請拾投。有入者，則司射坐而釋一筭焉。賓黨於右，主黨於左。卒投，司射執筭曰：『左右卒投，請數。』二筭爲純，一純以取；一筭爲奇。遂以奇筭告曰：『某賢於某若干純。』奇則曰『奇』，鈞則曰『左右鈞』。」司射奉中於西階上，乃進，度壺於簷前。蓋於是時受壺於使人而進焉，然則使人執壺在司射之西矣。射之中南當楅，西當西序，東面。司射反西階之位而設中，則投壺之中亦東面矣。投矢之禮以本入爲順，末中爲逆，故曰「順投爲入」。拾投取勝，然後可數。比投自樂，不足爲工，故

❶ 此爲嘉慶本圖。

「比投不釋算」。射禮，主人爲下射，賓爲上射；釋算，上射於右，下射於左。投壺之釋算亦如之。然則賓黨爲上投，主黨爲下投矣。射禮之數右獲，一純以取，實於左手；十純則縮而委之；❶每委異之，有餘則畫諸純下，❷一算爲奇，奇則縮諸純下，然後兼斂左算實于右手，一純以委，十則異之，其他如右獲。投壺之數算亦如之。然則賓黨之算自地數之，以實於手；主黨之算自手數之，以委於地矣。

觥角觥。❸

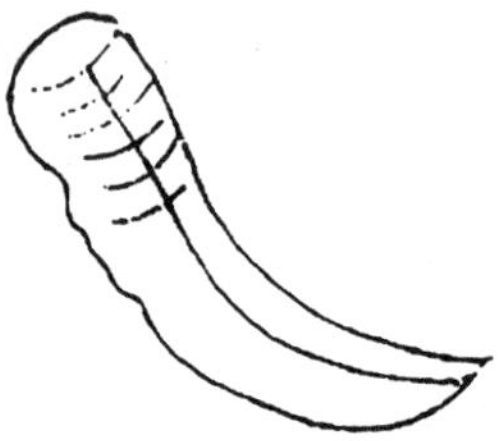

《射禮》既數獲，「司射適堂西，命弟子設豐。弟子奉豐升，設于西楹之西，乃降。勝者之弟子洗觶，升酌，南面坐，奠于豐上。勝者皆袒、決、遂，執張弓。不勝者皆襲，説決、拾，❹卻左手，❺右加弛弓于其上，遂以執弣。司射作升飲者。勝者先升堂，少右。不勝者進，北面坐，取豐之上觶，興，少退，立卒觶；進，坐奠于豐下；興，揖，先降。」《投壺禮》：「命酌曰：『請行觴。』酌者曰：『諾！』」此與弟子洗觶升酌者類也。「當飲者皆跪奉

❶「委」，原誤作「變」，今據《儀禮·鄉射》《大射》改。
❷「畫」，據《儀禮·鄉射》《大射》當作「橫」。
❸「角觥」，原無，爲明本、庫本、嘉慶本所增。
❹「決」，原脱，今據明本、庫本、嘉慶本及《儀禮·大射》補。
❺「卻」下，原衍「袒」字，今據明本、嘉慶本及《儀禮·大射》删。

觴」，此與不勝者取觶少退、立卒觶者類也。獻之屬莫重於祼，不勝者曰「賜灌」，所以重勝者之禮己也；酒所以養老與病，勝者跪曰「敬養」，所以矜不勝者之養於己也。然則使酌者行觴，特賓、主黨之禮而已。《少儀》曰：「侍投則擁矢，勝則洗而以請。客亦如之。」則卑者之於尊長，主人之於客，必親洗而酌焉。此使酌者，異矣。侍投之禮，罰不以角，則凡投以角，不以觶矣。以角不以觶，則無用豐爲。鄭氏曰：「酌奠於豐。」於經無見。

馬

《投壺》：「飲不勝者，正爵既行，請爲勝者立馬。一馬從二馬，三馬既立，請慶多馬。」又曰：「馬各直其筭。」蓋射禮三耦而已，投壺之禮賓主亦三而已，每一勝則立一馬，故三勝者立〔三馬〕。然一黨不必皆三勝，或主黨一勝，賓黨再勝，則以一勝之馬從二馬，以明一勝不足以爲功，三勝足以兼人也。馬各直其筭，則立於中之西、筭之東矣。多馬有慶，則偶必親酌矣。鄭氏曰：「飲慶爵者偶親，無豐。」以謂勝者不親爵，而使弟子酌者，不親受，而奠於豐，所以賤無能也。慶賢者則不然，是以偶親酌而無豐。然投壺之罰有豐，此特鄭氏惑於射禮而言然也。漢人格五之法，有功馬、散馬，皆刻馬象而植焉。鄭氏釋《周禮》「火弊獻禽」，謂旌弊争禽而不審者，罰以假馬。《投壺》之馬蓋亦類此。❶《少儀》曰：「侍投則擁矢，勝則洗而以請。客亦如之。不角，不擢馬。」蓋洗則勝，而以遺尊長與客，其禮同。「不角，不擢馬」，特施於尊長而已，客不與焉。鄭氏亦以不角爲待客禮，誤矣。

籌

先王制禮，未嘗無所因焉。故室必用几，而因几以度室；堂上必用筵，而因筵以度堂；野外必用步，而因步以度野；投壺用指而已，故因指以度籌。《春秋傳》曰：「膚寸而合。」其説，❷先儒謂側手爲膚，鋪四指爲扶，一指案寸，則膚、扶一

❶「類」，明本、庫本、嘉慶本作「如」。

❷「膚」下，原衍「二」字。《公羊傳》僖三十一年所載無「二」字，嘉慶本此處空一格，孫氏點勘亦無「二」字。今據删。「寸」，原誤作「十」，今據明本、庫本、嘉慶本改。「而合其説」，原作小字，今據明本、庫本、嘉慶本改作大字。

也。投或於室，或於堂，或於庭。籌之扶或以五，或以七，或以九者，所以隨日之早晏，視地之廣狹也。❶

筭

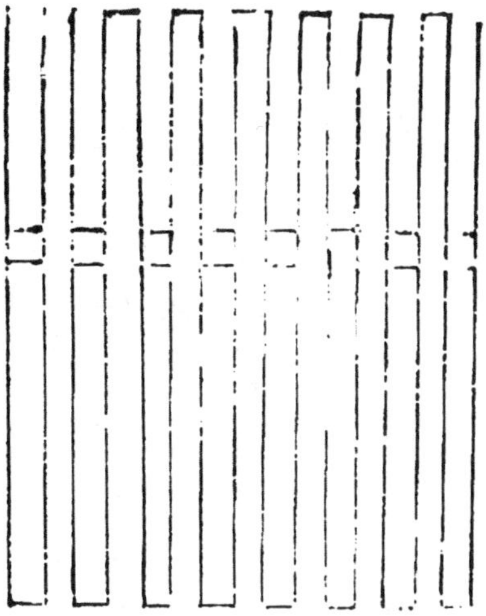

《投壺》：「筭長尺二寸。」❷射箭籌長尺，有握，握布四指，則射籌長投筭矣。然射矢不曰籌，故箭筭曰籌；投矢曰籌，故箭籌曰筭。《大戴》謂筭大八分。

壺

「壺，頸脩七寸，腹脩五寸，口徑二寸半，容斗五升。壺中實小豆焉，爲其矢之躍而出也。」先儒釋《大戴禮》謂壺高尺二寸，併頸腹言之。然則壺固無足矣。觀《司尊彝》壺尊與著尊同列，則壺之無足可知。

❶「視」，原脱，今據明本、庫本、嘉慶本補。

❷「尺二寸」，原誤作「二尺」，今據《禮記・投壺》及孫氏點勘改。

鼓或方或圓，與《投壺》篇所畫同。❶

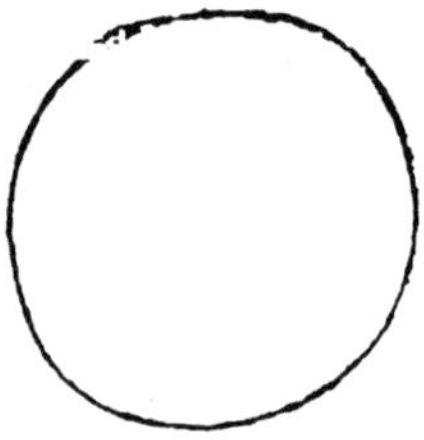

《投壺》：「命絃者曰：『請奏《貍首》，間若一。』」而其節之也，有鼓鼙，故《記》曰有魯鼓、薛鼓之制。❷鄭氏謂：「圓者擊鼙，方者擊鼓也。」射禮，天子奏《騶虞》，諸侯奏《貍首》，卿大夫奏《采蘋》，士奏《采蘩》，❸而投壺特奏《貍首》者，蓋取其樂會時也。《大戴》之言投壺則曰：「嗟爾不寧侯，爲爾不朝于王所，故抗而射汝。强飲强食，貽爾曾孫諸侯百福。」其言與諸侯射禮相類，則《小戴》所記不特大夫、士之禮而已。先儒以《小戴》所記稱主人請賓，與《鄉射》、《鄉飲》稱主者同，與《燕禮》、《大射》稱公者異，於是以爲士、大夫之禮。然《聘禮》亦稱主人者，接賓之辭固無間於諸侯、大夫、士也。諸侯奏《貍首》可也，大夫、士亦奏之者，其猶《鄉射》大夫歌《騶虞》歟？❹

禮書卷第一百十四終

❶「或方」至「畫同」，原無，爲明本、庫本、嘉慶本所增。

❷「曰」，原誤作「者」，今據嘉慶本改。

❸「士」下，原衍「大夫」。按《周禮·射人》云：「孤、卿、大夫以三耦，射一侯，一獲一容，樂以《采蘋》，五節，二正；士以三耦，射豻侯，一獲一容，樂以《采蘩》，五節，二正。」《禮記·射義》云：「其節：天子以《騶虞》爲節，諸侯以《貍首》爲節，卿大夫以《采蘋》爲節，士以《采蘩》爲節。」本書卷一百七云：「天子歌《騶虞》，大夫歌《采蘋》，士歌《采蘩》，三詩皆爲射節。」可知大夫不以《采蘩》爲節。今據删。

❹「歌」，原脱，今據明本、庫本、嘉慶本補。

禮書卷第一百十五

五　兵

殳　酋矛　夷矛　戈

五　兵

《易》曰：「弦木爲弧，剡木爲矢。弧矢之利，以威天下，蓋取諸睽。」《周禮》曰：「司兵掌五兵、五盾，各辨其物與其等，以待軍事。「五盾，干、櫓之屬，其名未盡聞也。等謂治功上下。鄭司農云：『五兵者，戈、殳、戟、酋矛、夷矛。』」及授兵，從司馬之法以頒之。及其受兵輸，亦如之。及其用兵，亦如之。祭祀，受舞者兵。授以朱干之屬。軍事，建車之五兵。會同亦如之。「車之五兵，鄭司農所云者是也。步卒之五兵，則無夷矛而有弓矢。」司戈盾掌戈盾之物而頒之。司弓矢掌六弓、四弩、八矢之法，辨其名物。」《考工記》：「燕無函，秦無廬。「函，鎧也。廬，謂矛戟柄，竹攢柲。」函人爲甲。矢人爲矢。廬人爲廬器，戈柲六尺有六寸，殳長尋有四尺，車戟〔常〕，酋矛常有四尺，夷矛三尋。凡兵無過三其身，弗能用也而無己，又以害人。」《禮記·月令》：「季秋，天子乃教田獵，以習五戎。「五戎謂五兵，弓矢、殳、矛、戈、戟也。」《書》曰：「善敹乃甲冑，敿乃干，無敢不弔。備乃弓矢，鍛乃戈矛，礪乃鋒刃，無敢不善。」「二人執惠，「惠，三隅矛。」四人執戈上刃，一人執劉，「劉，鉞屬。」一人執戣，一人執瞿。」「戣、瞿皆戟屬。」《詩·清人》曰

「二矛重英」、「重英，矛有英飾。」「二矛重喬」。「重喬，累荷也。」箋云：「喬，矛矜近上及室題，❶所以縣毛羽。」《小戎》曰：「龍盾之合。」「畫龍其盾也。」又曰：「厹矛鋈錞，蒙伐有苑。」「厹，三隅矛也。錞，鐏也。蒙，討羽也。伐，中幹也。苑，文貌。」箋：「俴，淺也，謂以薄金爲介之札。介，甲也。蒙，尨也。討，雜也。畫雜羽之文於伐，故曰尨伐。」「虎韔鏤膺，交韔二弓，竹閉緄縢。」《篤公劉》曰：「弓矢斯張，干戈戚揚。」「戈，句干戟也。」《管子·幼官篇》：「春兵尚矛，「象春物之芒鋭。」夏兵尚戟，「象夏物之森聳。」秋兵尚劍，「象金之利。」冬兵尚脅盾。」「象時物之閉。盾或著之於脅，❷故曰脅盾。」《鴻列子》曰：「凡有血氣之蟲，含牙戴角，前爪後距。有角者觸，有齒者噬，有毒者螫，有蹄者趹。喜而相戲，怒而相害，天之性也。人有衣食之情，而物弗能足也，故群居雜處，分不均、求不贍則争，争則强脅弱而勇侵怯。人無筋骨之强，爪牙之利，故割革而爲甲，爍鐵而爲刃。貪昧饕餮之人，殘賊天下，莫不擾動，莫寧其所。有聖人勃然而起，乃討强暴，平亂世，夷險除穢，以濁爲清，以危爲寧，故不得不中絶。「中絶，謂若殷王中相絶滅。」兵之所由來者遠矣。」《時訓》曰：「春，其兵矛；夏，其兵戟；中央，其兵劍；秋，其兵戈；冬，其兵鎩。」《孝經緯》云：「東夷之樂曰《韎》，❸持矛助時生；南夷之樂曰《任》，持弓助時養；西夷之樂曰《株離》，持鉞助時殺；北夷之樂曰《禁》，持楯助時藏。皆於四門之外，右辟。」

夫兵之原發於人之争心，而五兵之

❶「矜」，原誤作「於」，今據嘉慶本及《詩·清人》鄭箋改。
❷「脅」，原誤作「物」，今據《管子·幼官》房注及文意改。
❸「韎」，原誤作「𩏂」，今據明本、庫本、嘉慶本改。

制有象自然之物類，要之各適其用而已。先儒者以矛屬春，戟屬夏，戈屬秋，鎩屬冬；有以弓助夏，鉞助秋，盾助冬；有以兵助秋，甲鍪助冬，不可考也。《周官·司兵》：「軍事、會同，建車之五兵。」則兵有車之五，兵有步之五。兵車之五兵：戈、殳、戟、酋矛、夷矛也；步之五兵無夷矛，而有弓矢也。然夷矛雖不施於步，而弓矢未嘗不設於車，故兵車射者處左，❶禦者處中，戎右處右，則車上固有弓矢矣。《廬人》：「攻國之兵欲短，守國之兵欲長。」則攻國不以夷矛，守國不以殳、酋矛也。《司馬法》「弓矢圍，殳矛守，戈戟助」者，蓋以殳對矛，則殳可以攻，矛可以守；以弓矢對殳矛，則殳矛可以守，弓矢可以攻也。若夫戈戟則爲之助而已。五兵之用長以衛短，短以救長，則人持其一矣。盾則夫人而有之。《書》曰：「比爾干。」干欲其比，則夫人有之可知也。然五兵之所以便於用者，戈而已。其柲短而易持，❷其胡、援廣而易入，可以摏，可以斬，可以擊，可以鉤。觀富父終甥以戈摏僑如之喉，狼瞫以戈斬秦囚，子南以戈擊子皙，長魚矯以戈殺駒伯，則戈之於用可知矣。《詩》曰：「荷戈與祋。」《書》曰：「稱爾戈。」《周官》有《司兵》，又有《司戈盾》，《司戈盾》：「祭祀，授旅賁殳、故士戈盾。❸軍旅、會同，授貳車戈盾，建乘車

❶「者」下，原衍「人」字。嘉慶本此處空一格，當是原有而後刪。今據刪。

❷「柲」，原誤作「秘」，今據嘉慶本改。

❸「旅」，原誤作「於」，今據嘉慶本及《周禮·司戈盾》改。「賁」，原誤作「責」，今據明本、庫本、嘉慶本及《周禮·司戈盾》改。

之戈盾，授旅賁及虎士戈盾。」而「戎」、「武」、「戡」、「伐」、「戰」、「戮」皆從「戈」，則戈奚適而不用哉！

殳

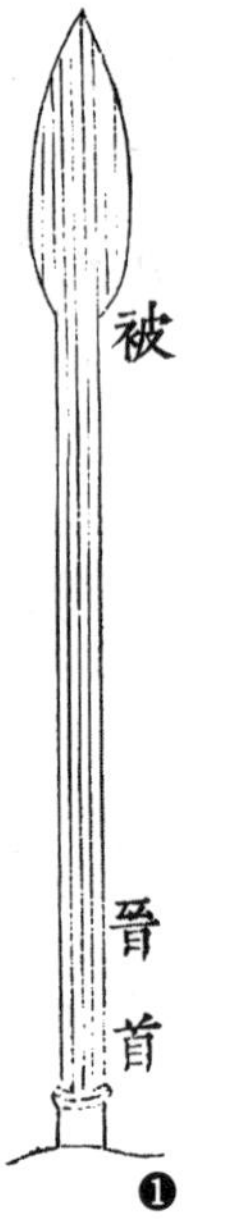

❶

《考工記》曰：「廬人爲廬器，殳長尋有四尺。」又曰：「毄兵同强，舉圍欲細。凡爲殳，五分其長，以其一爲之被而圍之；三分其圍，去一以爲晉圍；五分其晉圍，去一以爲首圍。」蓋舉則取而提之也，被則操而用之也，晉則矜於搢者也，首則上而鐏者也。殳長丈有二尺，五分其長，以其一爲之被而圍之，則所操者二尺四寸，圜之也。三分其圍，去一爲晉圍，則其趨鐏者又殺也。❷五分其晉圍，去一以爲首圍，則其如鐏者愈殺也。圍其所操，則非所操者有稜矣，鄭氏謂「矜八觚」是也。細而能毄，則非竹不可，許慎謂「積竹爲之」是也。《詩》曰：「伯也執殳，爲王前驅。」又曰：「彼候人兮，荷戈與祋。」祋亦殳也。蓋殳雖建之於車，及王行則州伯執而前驅，❸賓客往來則候人荷而趨。《說文》秦書有殳書，徐鍇曰：「殳體八觚，隨其勢而書之。」

❶ 圖中文字，原無，爲明本、庫本、嘉慶本所增。

❷ 「鐏」，原誤作「尊」。按「尊」字在此無義，上下文皆作「鐏」，今據改。

❸ 「伯」，原脱，今據《六家詩名物疏》卷十八《國風衛三·河廣篇》「殳」條所引補。「驅」，原誤作「賓」，今據明本、庫本、嘉慶本改。

酋矛

夷矛

厹矛

《廬人》：「酋矛常有四尺，夷矛三尋。凡爲酋矛，三分其長，二在前一在後而圍之。五分其圍，去一以爲晉圍。三分其晉圍，去一以爲刺圍。」《説文》曰：「矛，象形。」然則自《考工》言之，則爲刺兵；自《説文》言之，則爲勾兵。蓋矛之爲器，上鋭而旁勾，上鋭所以象物生之芒，旁勾所以象物生之勾。酋言其就，夷言其易，短者其體就，長者其體易。此矛之辨也。《詩》曰：「二矛重喬。」又曰：「二矛重弓，朱英緑縢。」毛氏曰：「重英，矛有英飾也。重喬，累荷也。」鄭氏曰：「二矛，酋矛、夷矛也。各有畫飾。喬，矛矜在上及室題，所以縣毛羽。又『二矛重弓』，備折壞也。」孔穎達曰：「矜，謂矛柄也。室，謂矛之銎。二矛於其上頭縣毛羽以題識之，如重累相負荷，言矛有毛羽。鄭氏以時事言之，猶今之鵞毛稍也。」則矛之飾以朱，而矜、室之間飾以羽毛矣。❶ 鄭氏曰「矛戟柄，竹欑柲」，則矛之柄亦以竹矣。然《詩》「厹矛鋈錞」，《記》曰：「進矛戟者前其鐓。」鄭氏曰：「鋭底曰鐏，平底曰鐓。」《爾雅》曰：「厹矛三隅。」《書》曰：「二人執惠，一人執鋭。」孔安國曰：「惠，三

❶「室」，原誤作「飾」，今據庫本及《周官義疏》卷四十八、《禮記義疏》卷八十所引改。

隅矛。鋭，矛屬。」《説文》曰：「鋋，小矛也。」《風俗通》曰：「矛長八尺謂之矟。」則矛之制固不一矣。

戈

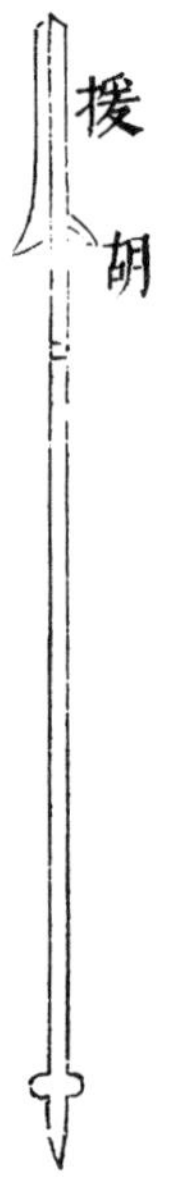

《考工記》：「四分其金而錫居一，謂之戈戟之齊。戈柲六尺有六寸。車戟常。戈廣二寸，内倍之，胡三之，援四之。已倨則不入，已勾則不決。長内則折前，短内則不疾。是故倨勾外博。重三鋝。」又曰：「勾兵欲無彈。」又曰：「勾兵椑。」「椑，隋圜也。」《記》曰：「進戈者前其鐏。」蓋胡則曲而下垂者也，援則直而上達者也，内則戈柲所以受胡者也，❶鋝則六兩三分兩之二也。倍之四寸，三之六寸，四之八寸，則其長也。已倨已勾，長内短内，則其病也。明乎倨勾外博，然後可以爲戈；明乎椑而無彈，而後可以爲戈柲。《書》曰：「執戈上刃。」則戈之刃與胡同嚮矣。然戈，勾兵也，或謂之雞鳴，或謂之擁頸，皆指其胡名之也。

禮書卷第一百十五終

❶「胡」，原誤作「明」，今據明本、庫本、嘉慶本改。《樂書》卷一百六十九有與本段雷同之文，字作「胡」。

禮書卷第一百十六

戟

戟，或作棘。《春秋傳》曰「子都拔棘」，《明堂位》言「越棘」，《周禮》言「棘門」，則戟、棘一也。《考工記》：「戟廣寸有半寸，內三之，「四寸半。」胡四之，「六寸。」援五之，「七寸半。」❶倨勾中矩，與刺重三鋝。」蓋戟有三鋒：刺則鋒之直前者也；胡則正方中短而下垂者也；援則磬折而上達者也。賈公彥曰：「必知三鋒胡向下者，三鋒皆向上者無用也。」觀《春秋傳》言衛公戟其肘，史言「戟手罵之」，則援上嚮可知也。❷晉人以戟鉤欒樂而殺之，宋狂狡倒戟以出鄭人於〔井〕，則胡之下垂可知也。「楚武王荆尸授師孑」，而先儒謂之戟。《書》「二人執戣，一人執瞿」，而先儒以爲戟屬。則戟之異名多矣。後世有棨戟，天子二十四，諸侯十二，❸或韜

❶「四寸半」、「六寸」、「七寸半」，原皆誤作大字正文，《考工記·冶氏》鄭注：「戟，今三鋒戟也。內長四寸半，胡長六寸，援長七寸半。」今據改作小字注文。

❷「上嚮」，庫本作「嚮上」。

❸「諸侯十二」，唐李涪《刊誤》卷下、《唐會要》卷三十二、宋王讜《唐語林》卷五皆曰：「凡戟，天子二十四，諸侯十。」然諸侯之禮常半天子，頗疑十二是而十非。

以赤油，❶或韜以黻繡，或施於公門，或設於私家，故〔漢〕杜詩、秦彭，唐李晟、韋綬，❷皆有棨戟以代斧鉞。❸

甲

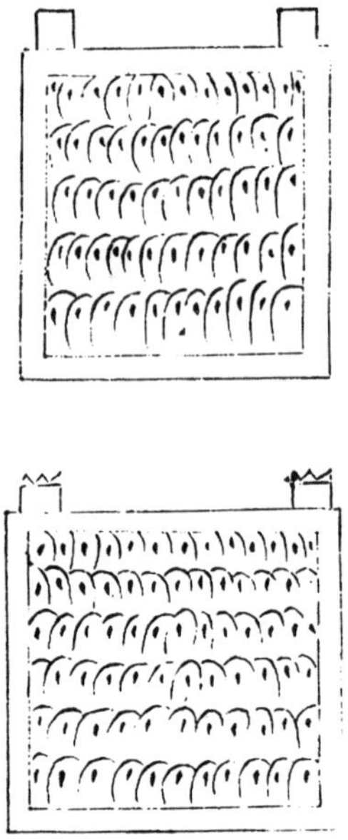

釬

甲裳

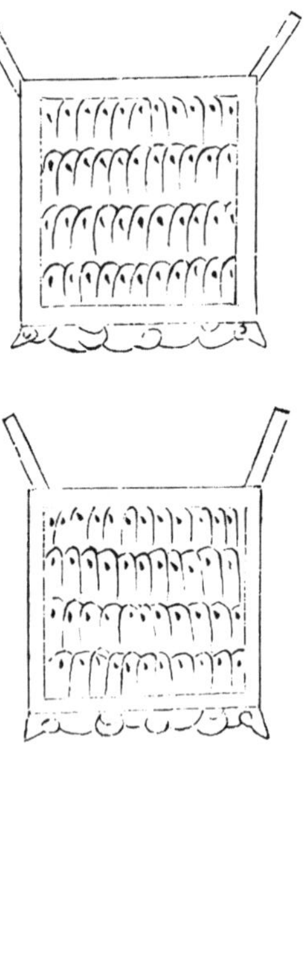

《考工記》曰：「燕無函。非無函也，夫人而能爲函也。」「函人爲甲，犀甲七屬，兕甲六屬，合甲五屬。鄭氏曰：「屬讀如『灌注』之注，謂上旅下旅札續之數也。革堅者其札長。」賈公彦曰：「一葉爲一札。」犀甲壽百年，兕甲壽二百年，合甲壽三百年。凡爲甲必先爲容，然後制革。

❶「或」，原脱，今據明本、庫本、嘉慶本補。「赤」下，原衍「漢」字，今據明本、庫本、嘉慶本删。

❷「綬」，原脱，今據明本、庫本、嘉慶本補。

❸「後世」至「斧鉞」，明本、庫本、嘉慶本作大字正文。

權其上旅下旅，而重若一。」鄭司農云：「上旅，腰以上；下旅，腰以下。」賈公彦曰：「以札衆多，故言旅。上旅，衣也。下旅，裳也。《春秋傳》曰：『棄其甲裳。』」《書》曰：「甲胄起戎。」孔氏曰：「甲，鎧。胄，兜鍪。」又曰：「善敹乃甲胄，無敢不弔。」《詩·清人》曰：「駟介彭彭。」《小戎》曰：「俴駟孔群。」毛氏曰：「俴駟，四介馬也。」鄭氏曰：「俴，淺也。謂以薄金爲介之札。介，甲也。」成二年《左傳》曰：❶「齊侯與晉戰，不介馬而馳之。」《魯頌》曰：「貝胄朱綅。」毛氏曰：「貝胄，飾也。朱綅，❷以朱綅綴之。」《説文》曰：「綅，綫也。」《孔子家語》曰：「家不藏甲。」《禮記》曰：「兵革藏於私家，非禮也。」又曰：「國家靡敝，甲不組縢。」「以組飾之，及矜帶。《詩》云：『貝胄朱綅。』亦鎧飾也。」又曰：「煇者，甲吏之賤者。」《周書》曰：「年不登，❸甲則纓縢。」「纓，繩，甲不以組。」《左傳》曰：「楚子重使鄧廖帥組甲三百以侵吳。」服氏曰：❹「以組綴甲。」又曰：「犀兕尚多，棄甲則那。」《吕氏春秋》曰：「郲之故爲甲常以帛。公息忌曰：『不若以組。』」《穀梁》曰：「作丘甲，非正也。夫甲非人所能爲。」《禮記》曰：「甲若有以前之，則執以將命；無以前之，袒櫜奉胄。」「櫜，韜甲之衣。」叔孫之甲有幟。「幟，記識也。」《管子》曰：「輕過，贖以犀甲一戟。」《説文》曰：首鎧謂之兜鍪，亦曰胄；臂鎧謂之釬；頸鎧謂之錏鍜。魏武卒負三屬之甲。《荀子》及《漢刑法志》。《荀子》曰：「楚人

❶「成」，原誤作「威」。按此所引，出《左傳》成二年，今據明本、庫本、嘉慶本改。

❷「朱」，原脱，今據《詩·閟宫》毛傳及所注之文補。

❸「不」，原脱，今據唐徐堅《初學記》卷二十二《武部》、《太平御覽》卷三百五十五《兵部八十六·甲上》同引補。

❹「服氏」。按《左傳》襄公三年孔疏：「賈逵曰：『組甲，以組綴甲。』」「服」疑當作「賈」。

鮫革犀兕以爲甲。」《吴語》：「伐越，有白裳素甲，望之如荼；赤裳丹甲，望之如火；纁裳黑甲，望之如墨。」❶《吴語》又曰：「羌衣水犀之甲。」

甲亦曰介，曰函，曰鎧，則甲猶植物之有甲也，介猶互物之有介也；函所以周其身，鎧所以致其愷。經言甲而不及鎧，則古者之甲以革爲之，後世乃用金耳。《管子》曰蚩尤以金爲鎧，不可考也。甲之制：腰以上爲上旅，腰以下爲下旅。革堅者札長，故其屬少；其次札短，故其屬多。札，其葉也；《左傳》曰：「射中七札。」屬，其續也。會衆札謂之旅，上旅爲衣，下旅爲裳。其鍛欲摯，其鑽欲小。其裏欲易，其朕爲直，飾之以組，衣之以櫜。《國語》曰：「甲不解纍。」《考工記》曰：「櫜之欲其約也。」《禮記》「組櫜」，鄭司農云：「卷置櫜中。」在首謂之冑，在臂謂之釬，在頸謂之錏鍜，此甲之大略然也。古之甲有至五屬，而魏之武卒則甲三屬。甲以犀甲、兕甲、合甲，而楚人加之以鮫革，則後世之制尤堅矣。《春秋》：「作丘甲，非人所能爲。」杜預以爲使丘出甲，失之矣。井田之法，四丘爲甸，乃出長轂一乘，甲士三人。哀公用田賦不過十二之法而已，豈成公之時其法也重於十二乎？《公羊》曰：「譏始丘使也。」《穀梁》曰：「丘作〔甲〕，非正也。」其説可取。古者介冑有不可犯之色。介者不拜，蓋介者所以服人，拜者所以服於人，服人者無所服於人，故不拜焉。不拜而《周禮》謂之「肅拜」，是亦不拜之拜也。

❶「墨」，原誤作「黑」，今據明本、庫本、嘉慶本及《國語・吴語》改。

《兵法》曰：「軍容不入國，國容不入軍。」軍容入國則民德廢，國容入軍則民德弱。兵車不式，危事不齒，介者不拜，不以國入軍也。鄢陵之戰，郤至不拜楚使；❶崤之役，蹇叔之子不拜其父；細柳之屯，周亞夫不拜其君。可謂知此矣。

冑

兜以兜之，猶史所謂兜笭也。鍪以蒙之，猶《荀子》所謂「冠有鍪者」也。甲曰鎧，冑亦曰鎧，《説文》曰「首鎧曰冑」是也。冑曰兜鍪，亦曰鞮鍪，《長楊賦》曰「鞮鍪生蟣蝨」是也。魯人之冑，綴以朱綫，飾以貝文，❷則古者冑制蓋亦類此。《張儀傳》曰：「虎賁之士，跿跔科頭。」科頭，不被冑也。故長子亦曰冑子。

介駟

❶「郤」，原誤作「鄭」，今據明本、庫本、嘉慶本及《左傳》成十六年改。

❷「貝」，原誤作「冑」。按《毛詩·魯頌·閟宫》：「貝冑朱綅。」毛傳「貝冑，貝飾也」，即冑「綴以朱綫，飾以貝文」也。今據明本、嘉慶本改。

《詩》曰：「駟介彭彭。」又曰：「俴駟孔群。」《左傳》曰：「不介馬而馳之。」鄭氏曰：「俴，淺金也。」秦人以淺金介馬，古或用革與否，不可考也。

禮書卷第一百十六終

禮書卷第一百十七

律呂旋生爲宫圖　律管　律呂上下相生圖　均　律呂左右相生圖

五聲

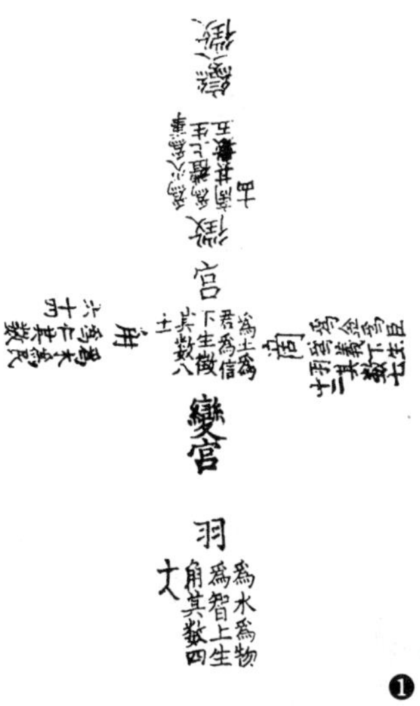

❶

《大司樂》：「以六律、六同、五聲、八音、六舞大合樂，以致鬼神示，以和邦國，以諧萬民，以安賓客，以説遠人，以作動物。凡六樂者，文之以五聲，播之以八音。」《大師》：「掌六律六同，以合陰陽之聲。皆文之以五聲：宫、商、角、徵、羽；皆播之以八音：金、石、土、革、絲、竹、匏、木。」「文之者，以調五聲使之相次，如錦繡之有文章。」《禮記・月令》：「孟春之月，其音角。「謂樂器之聲也，三分羽益一以生角，角數六十四。屬木者，以其清濁中，民之象也。春氣和，則角聲調。《樂記》曰：『角亂者則憂，其民怨。』凡聲尊卑取象五行，數多者濁，數少者清，大不過宫，細不過羽。」❷中央土，其音宫，「聲始屬於宫，宫數八十一。屬土者，以其最濁，君之象也。季夏之氣和，則宫

❶ 此爲底本圖。「角」條下釋文，明本與「羽」條下釋文同，顯誤；庫本、嘉慶本與底本同，然於「爲仁」下增「上生角」一語，誤。

❷ 「樂記」至「過羽」，明本、庫本、嘉慶本作正文大字「孟夏之月其音徵」，小字「三分宫去一以生徵，徵數五十四。屬火者，以其微清，事之象也」。

聲調。《樂記》曰：『君亂則荒，其君驕。』」孟秋之月，其音商。「三分徵益一以生商，商數七十二。屬金者，以其濁次宮，臣之象也。」孟冬之月，其音羽。」「三分商去一以生羽，羽數四十八。屬水者，以爲最清，物之象也。」《禮運》：「五聲、六律、十二管，還相爲宮。」《學記》：「鼓無當於五聲，五聲弗得不和。」《樂記》：「天下大定，然後正六律，和五聲，弦歌詩頌，此之謂德音。」《爾雅·釋樂》：「宮謂之重，商謂之敏，角謂之經，徵謂之迭，羽謂之柳。」「此五音之別，其義未詳。」《管子》：「凡聽徵，如負豬豕，覺而駭。凡聽羽，如鳴馬在野。凡聽宮，如牛鳴窌中。凡聽商，如離群羊。凡聽角，如雞登木以鳴，音疾以清。」《律曆志》：「商之爲言章也，物成熟可章度也。角，觸也，物觸而出，戴芒角也。宮，中也，居中央，暢四方，唱始施生，爲四聲綱也。徵，祉也，物盛大而繁祉也。羽，宇也，物聚藏宇覆之也。夫聲者，中於宮，觸於角，祉於徵，章於商，宇於羽，故四聲爲宮紀也。協之五行，則角爲木，五常爲仁，五事爲貌。商爲金，爲義，爲言；徵爲火，爲禮，爲視；羽爲水，爲智，爲聽；宮爲土，爲信，爲思。以君、臣、民、事、物言之，則宮爲君，商爲臣，角爲民，徵爲事，羽爲物。唱和有象，故言君臣位事之體也。」《史記·樂書》：❶「宮動脾而和正聖，商動肺而和正義，❷角動肝而和正仁，徵動心而和正智，羽動腎而和正禮。聞宮音使人溫舒而廣大，聞商音使人方正而好義，聞角音使人惻隱而愛人，聞徵音使人樂善而好施，

❶「樂」，原無。按此所引乃《史記·樂書》文，本書引《史記》之書，必明所指，今據文例補。

❷「肺」，原誤作「脉」，今據《史記·樂書》及下文同引改。

聞羽音使人整齊而好禮。」《孟子》曰：「晏子作君臣相悦之樂，曰《徵招》、《角招》。」《莊子》曰：「孔子歌猋氏之風，有其聲而無宮角。❶曾子歌商頌而無宮角徵羽。」

五聲生於黃鍾，黃鍾爲宮而管九寸，九之則其數八十一。❷三分宮去一而下生徵，其數五十四；三分徵益一而上生商，其數七十二；三分商去一而下生羽，其數四十八；三分羽益一而上生角，其數六十四。以上生下，皆三生二；❸以下生上，皆三生四。數多者濁，數少者清，聲濁者大，聲清者細，大不踰宮，細不踰羽，徵之聲又清於角，角之聲又清於商。其別重敏約留抑。先儒曰：「宮音重而尊，商音明而敏，角音約而易制，徵音泛而不留，羽音涣散而抑。」其配土火木金水，揚子曰：「聲生於日，則甲己爲角，乙庚爲商，丙辛爲徵，丁壬爲羽，戊癸爲宮，亦所以配五行。」其象君臣民事物。蓋土安於四方之中而有以宅人，❹故爲宮爲君；金行於南北之間而有以通物，故爲商爲臣；木與陰角而出，故爲角爲民；火出無徵有，❺故爲徵爲事；水之翕張因時而已，故爲羽爲物。民生於物，事生於民，君生於事，臣生於君，物生於臣。此五行之相生者也。物勝事，事勝臣，臣勝民，民勝君。此五行之相勝者也。民臣與物爲不變，而變者君與事而已，故五音無變商、角、羽而有變宮、徵也。方舜之時，琴五絃以寓五音。及周，增二絃以備七音。

❶「聲」，原誤作「風」，今據《莊子·山木》改。
❷「之」，原誤作「分」，今據明本、庫本、嘉慶本改。
❸「生」，原誤作「坐」，今據明本、庫本、嘉慶本改。
❹「中而」，原作小字，今據明本、庫本、嘉慶本改作大字。
❺「火出無徵有」，疑有脱訛。

七音雖始於周，而變宮變徵之寔古蓋有焉。時武王伐商，❶歲在鶉火，月在天駟，日在析木，辰在斗柄，星在天黿。自鶉及駟七列，南北之揆七同，於是以七音之律昭之，故黃鍾爲宮，大蔟爲商，姑洗爲角，林鍾爲徵，南呂爲羽，應鍾爲變宮，蕤賓爲變徵，此樂所以成也。楚王曰：「先王之祀也，六律七事八種。」又曰：「天地民四時之務爲七事。」《尚書大傳》曰：「聖王巡十有二州，論十有二俗，定以六律五聲八音七始。」又曰：「七始天統。」《律曆志》稱《書》曰：「予欲聞六律、五聲、八音、七始詠，以出納五言，汝聽。」七者，天地四時人之始也。」鄭康成釋《書傳》曰：「七始：黃鍾、大蔟、林鍾、南呂、姑洗、應鍾、蕤賓。」觀此則七音由來久矣。五音以物言之，則徵猶豕之負駭者，羽猶馬之鳴野者，商猶羊之離群者，角猶雞之鳴木者，宮猶牛之鳴窌者。《書大傳》亦曰：「禽獸之聲悉關於律。」以身言之，肝音角，心音徵，脾音宮，肺音商，腎音羽。然一音之變而五者具焉，故凡律之爲宮者，或爲徵角商羽，爲商者，或爲宮徵羽角。更十二律而爲六十，加二十四之變音而爲八十四，此六律七音之大致然也。故聞宮聲則使人温良而寬大，聞商聲則使人方廉而好義，聞角聲則使人惻隱而仁愛，聞徵聲則使人樂養而好施，聞羽聲則使人儉而好禮。以「宮動脾而和正聖，商動肺而和正義，角動肝而和正仁，徵動心而和正智，羽動腎而和正禮」故也。則五音其可斯須去身哉！祭與佩玉無商音者，鄭康成曰：「《大司樂》三宮無商，祭尚柔，剛故不用也。」楊牧曰：「周祭天地不用商及二少，以商聲剛而二少聲下，所以取其

❶「時」，原誤作「特」，今據明本、庫本、嘉慶本改。「伐」，庫本作「代」。

正而裁其繁也。漢祭天用商，而宗廟鬼神畏商之剛，故不用。」趙慎言曰：「商聲金也，周家木德，金能克木，作者去之。」蓋各述其所傳然也。

八音

《大司樂》：「以六律、六同、五聲、八音、六舞大合樂，以致鬼神示，以和邦國，以諧萬民，以安賓客，以說遠人，以作動物。凡六樂者，文之以五聲，播之以八音。」《大師》：「掌六律六同，以合陰陽之聲。皆文之以五聲：宮、商、角、徵、羽；皆播之以八音：金、石、土、革、絲、木、匏、竹。」「播猶揚也。揚之以八音，乃可得而觀之矣。金猶鍾也。石，磬也。土，塤也。革，鼓鼗也。絲，琴瑟也。木，柷敔也。匏，笙也。竹，管簫也。」《樂記》曰：「鍾聲鏗，鏗以立號，號以立橫，橫以立武。君子聽鍾聲，則思武臣。石聲磬，磬以立辨，辨以致死。君子聽磬聲，則思死封疆之臣。絲聲哀，哀以立廉，廉以立志。君子聽琴瑟之聲，則思志義之臣。竹聲濫，濫以立會，會以聚衆。君子聽竽笙簫管之聲，則思畜聚之臣。鼓鼙之聲讙，讙以立動，動以進衆。君子聽鼓鼙之聲，則思將帥之臣。君子之聽音，非聽其鏗鏘而已，彼亦有所合之也。」「《易》及

《樂》、《春秋説》：『夏至，人主與群臣從八能之士，作樂五日。』今止之，非其道也。」❶《書》曰：「八音，在治忽。」又曰：「八音克諧，無相奪倫。」《國語》曰：「景王將鑄無射而爲之大林，問之於伶州鳩。❷對曰：『琴瑟尚宮，鍾尚羽，石尚角，匏竹利制。樂器，重者從細，重爲金石。輕者從大。「輕，瓦絲也。」是以金尚羽，石尚角，瓦絲尚宮，匏竹尚議，革木一聲。』又曰：『金石以動之，絲竹以行之，匏以宣之，瓦以贊之，革木以節之。如是而鑄之金，磨之石，繫之絲木，❸越之匏竹，節之鼓，而行之以遂八風。』」「正西曰兑，爲金，爲閶闔風；西北曰乾，爲石，爲不周；正北曰坎，爲革，爲廣莫；東北曰艮，爲匏，爲融風；正東曰震，爲竹，爲明庶；東南曰巽，爲木，爲清明；正南曰離，爲絲，爲景風；西南曰坤，爲瓦，爲涼風。」

萬物盈於天地之間而若堅，若脆，若勁，若韌，若實，若虛，若沉，若浮，莫過於金、石、土、革、絲、木、匏、竹，而天下之音具存矣。可以和神人，可以作動物，非深於樂者，其能究此乎？蓋樂器重者從細，輕者從大，大不踰宮，細不踰羽，大細之中則角而已。金，重者也，故尚羽；瓦絲，輕者也，故尚宮；石，輕於金而重於瓦、絲，故尚角；匏竹，無大細之從，故尚議；革木，無清濁之變，故一聲。此八音所以直八卦而遂八風也。蓋主朔易者，坎也，故其音革而風廣莫；爲果蓏者，艮也，故其音匏而風融風；震爲竹，故其音竹而風明庶；巽爲木，故其音木而風清

❶「易及」至「道也」，爲《禮記·月令》鄭注，是陳氏移至此以釋前引《樂記》，依全書之例，當作小字注文。

❷「伶」，原脱，今據嘉慶本補。

❸「繫」，原誤作「擊」，今據嘉慶本及《國語·周語》改。

明；兑爲金，故其音金而風閶闔；乾爲玉，故其音石而風不周；瓦，土器也，故坤音瓦而風涼；蠶，火精也，故離音絲而風景風。以方言之，金石，則土類也，西凝之方也，故三者在西；匏竹，則木類也，東生之方也，故三者在東；絲成於夏，故在南；革成於冬，故在北。《大師》之序八音，❶先之以金石土，中之以革絲，後之以匏竹木。蓋西者聲之方，虚者聲之本，故音始於西而終於東。西則先金石而後土者，陰逆推其所始也；東則先匏竹而後木者，陽順序其所生也。革、絲居南北之正，而先革而後絲，亦先虚之意歟？《記》曰：「鍾聲鏗，鏗以立號，號以立横，横以立武。石聲磬，磬以立辨，辨以致死。絲聲哀，哀以立廉，廉以立志。竹聲濫，濫以立會，會以聚衆。鼓聲讙，讙以立動，動以進衆。」蓋竹聲濫，石聲清，濫則立會以阜財，清則立辨以死節；絲聲哀，鼓聲讙，哀則立廉以制行，讙則立動以致功。鍾聲不讙不哀不清，❷鏗鏘以立號，足以肅衆，横而不屈，足以立武。此所以聽之有合也。魏明帝曰：「金音鏗，鏗以立横，横以勁武，故金音正則人思武矣。石聲磑，磑以立别，别以致死，故石音正則人思守節矣。絲音哀，哀以立廉，廉以立志，絲音正則人將立操矣。竹音濫，濫以立會，會以聚衆，竹音正則

❶「大師」，原誤作「小胥」。自「大師」至「先虚之意歟」，陳暘《樂書》卷十九、卷二十五、卷一百六皆有文近而意同之論述，唯「大司樂」作「大師」。按《周禮》，小胥無序八音之職，唯《大師》曰：「皆播之以八音，金、石、土、革、絲、木、匏、竹。」是此文所言之意也。今據改。

❷「不哀」，原作小字，今據明本、庫本、嘉慶本改作大字。

人思和洽矣。土音濁，濁以立太，太以含育，土音正則人思寬厚矣。革音讙，讙以進衆，革音正則人思毅勇矣。匏音啾，啾以立清，清以忠志，匏音正則人思愛恭矣。木音直，直以立正，正以寡欲，木音正則人思潔己矣。」❶

十二律上下相生圖

黃鍾下生	林鍾上生	太蔟下生
南吕上生	姑洗下生	應鍾上生
蕤賓上生	大吕下生	夷則上生
夾鍾下生	無射上生	中吕下生

十二律左右相生圖

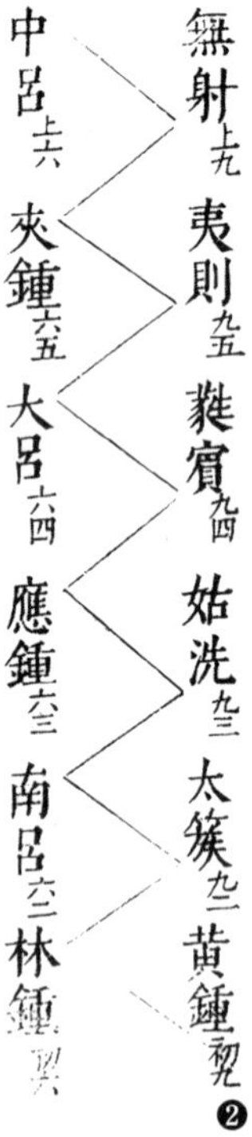

❶「魏明帝」至「思潔己矣」，原誤作小字注文，今據明本、庫本、嘉慶本改作大字正文。又，所謂「魏明帝曰」者，實由《禮記·樂記》「鍾聲鏗」一段演繹而來。而陳暘《樂書》卷二十五《禮記訓義·樂記》「合止柷敔」條、卷一百六《樂圖·雅部》「八音中」條皆有雷同之文，而不言明帝。蓋《樂記》原文乃子夏對魏文侯問，因涉「魏文侯」而誤。

❷圖中「姑洗」，底本作「沽洗」。

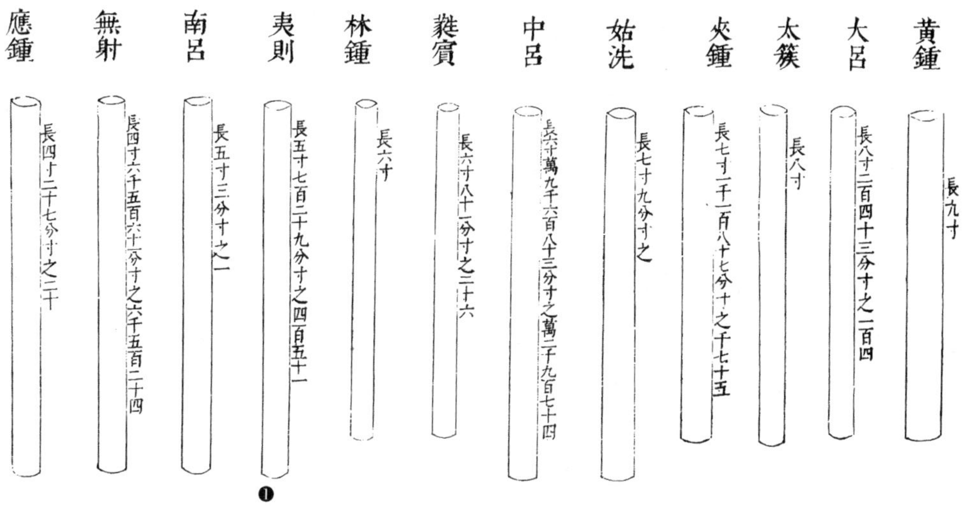

《大司樂》：「以六律、六同、五聲、八音、六舞大合樂，以致鬼神示，以和邦國，以諧萬民，以安賓客，以説遠人，以作動物。「六律，合陽聲也。六同，合陰聲也。此十一者以銅爲管，轉而相生。黃鍾爲首，其長九寸，各因而三分之，上生者益一分，下生者去一焉。《國語》曰：『律以立鈞出度也。古之神瞽，考中聲而量之以制，度律均鍾。』言以中聲定律，以律立鍾之均。」乃分樂而序之，以祭，以享，以祀。乃奏黃鍾，歌大呂，舞《雲門》，以祀天神。「以黃鍾之鍾、大呂之聲爲均者，黃鍾，陽聲之首，大呂爲之合也。」乃奏太蔟，歌應鍾，舞《咸池》，以祀地示。「太蔟，陽聲第二，應鍾爲之合。」乃奏姑洗，歌南呂，舞《大韶》，以祀四望。「姑洗，陽聲第三，南呂爲之合。」乃奏蕤賓，歌函鍾，舞《大夏》，以祭山川。「蕤賓，陽聲第四，函鍾爲之合。」乃

❶「夷則」條釋文之「一」，明本脱，今據底本、嘉慶本補。

奏夷則，歌小吕，舞《大濩》，以享先妣。「夷則，陽聲第五，小吕爲之合。」乃奏無射，歌夾鍾，舞《大武》，以享先祖。「無射，陽聲之下也，夾鍾爲之合。夾鍾一名圜鍾也。」凡樂，圜鍾爲宫，黄鍾爲角，太蔟爲徵，姑洗爲羽。冬日至，於地上之圜丘奏之，若樂六變，則天神皆降，可得而禮矣。凡樂，函鍾爲宫，太蔟爲角，姑洗爲徵，南吕爲羽。夏日至，於澤中之方丘奏之，若樂八變，則地示皆出，可得而禮矣。凡樂，黄鍾爲宫，大吕爲角，大蔟爲徵，應鍾爲羽，於宗廟之中奏之，若樂九變，則人鬼可得而禮矣。」「圜鍾，夾鍾也。夾鍾生於房心之氣，房心爲大辰，天帝之明堂。函鍾，林鍾也。林鍾生於未之氣，未坤之位，或曰天社在東井輿鬼之外，天社，地神也。黄鍾生於虚危之氣，虚危爲宗廟。以此三者爲宫，用聲類求之，天宫夾鍾，陰聲，其相生從陽數，❶其陽無射。無射上生中吕，中吕與地宫同位，不用也。中吕上生黄鍾，黄鍾下生林鍾，地宫又不用。林鍾上生太蔟，太蔟下生南吕，❷南吕與無射同位，又不用。南吕上生姑洗。地宫林鍾，林鍾上生太蔟，太蔟下生南吕，南吕上生姑洗。人宫黄鍾，黄鍾下生林鍾，林鍾地宫，又辟之。林鍾上生大蔟，大蔟下生南吕，南吕與天宫之陽同位，又辟之。南吕上生姑洗，南吕之合，又辟之。姑洗下生應鍾，應鍾上生蕤賓，蕤賓地宫林鍾之陽也，又辟之。蕤賓上生大吕。凡五聲，宫之所生，濁者爲角，清者爲徵羽。此樂無商者，祭尚柔，商堅剛也。」《大師》：「掌六律六同，以合陰陽之聲。陽聲：黄鍾、太蔟、姑洗、蕤賓、夷則、無射；陰聲：大吕、應鍾、南吕、函鍾、小吕、夾鍾。皆文之以五聲：宫、商、角、徵、羽；皆播之以八音：金、石、土、革、絲、木、匏、竹。「以合陰陽之聲者，聲之陰陽各有合也。❸黄

❶「陽」，原脱，今據嘉慶本及《周禮·大司樂》賈疏補。
❷「太蔟」，原脱，今據嘉慶本及《周禮·大司樂》賈疏補。
❸「也」，原誤作「乃」，今據明本、庫本、嘉慶本及《周禮·大師》賈疏改。

鍾，子之氣也，十一月建焉，而辰在星紀。大吕，丑之氣也，十二月建焉，而辰在玄枵。大蔟，寅之氣也，正月建焉，而辰在娵訾。應鍾，❶亥之氣也，十月建焉，而辰在析木。姑洗，辰之氣也，三月建焉，而辰在大梁。南吕，酉之氣也，八月建焉，而辰在壽星。蕤賓，午之氣也，五月建焉，而辰在鶉首。林鍾，未之氣也，六月建焉，而辰在鶉火。夷則，申之氣也，七月建焉，而辰在鶉尾。中吕，巳之氣也，四月建焉，而辰在實沉。無射，戌之氣也，九月建焉，而辰在大火。夾鍾，卯之氣也，二月建焉，而辰在降婁。辰與建交錯貿處如表裏然，是其合也。其相生，則以陰陽六體爲之。黄鍾初九也，下生林鍾之初六，林鍾又上生太蔟之九二，太蔟又下生南吕之六二，南吕又上生姑洗之九三，姑洗又下生應鍾之六三，應鍾又上生蕤賓之九四，蕤賓又上生大吕之六四，大吕又下生夷則之九五，夷則又上生夾鍾之六五，夾鍾又下生無射之上九，無射又上生中吕之上六。同位者象夫妻，異位者象子母，所謂律取妻而吕生子也。黄鍾長九寸，其實一籥，下生者三分去一，上生者三分益一，五下六上，乃一終矣。大吕長八寸二百四十三分寸之一百四，大蔟長八寸，夾鍾長七寸二千一百八十七分寸之千七十五，姑洗長七寸九分寸之一，中吕長六寸萬九千六百八十三分寸之萬二千九百七十四，蕤賓長六寸八十一分寸之二十六，林鍾長六寸，夷則長五寸七百二十九分寸之四百五十一，❷南吕長五寸三分寸之一，無射長四寸六千五百六十一分寸之六千五百二十四，應鍾長四寸二十七分寸之二十。」以六德爲之本，以六律爲之音。」《典同》：「掌六律之和，以辨天地四方陰陽之聲，以爲樂器。「陽聲屬天，陰聲屬地，天地之聲，布於四方。爲，作也。故書同作銅。鄭司農云：『陽律以竹爲管，陰律以銅爲管，竹陽也，銅陰也，各順其性，凡十二律，故《大師》職曰：「執同律以聽軍聲。」』玄謂律，❸述氣者也。同助陽宣氣，與之同也，故皆以銅爲焉。」凡爲樂器，以十有二律爲之數度，以十有二聲爲之齊量。」《禮記・王制》：

❶「應鍾」上，原似有一字漫漶不清，疑本刻有某字，後覺其衍而刮削不盡所致。今據庫本、嘉慶本删。

❷「二」，原誤作「三」，今據庫本及《周禮・大師》鄭注改。下段同誤逕改，不出校。

❸「玄」，原脱，今據《周禮・典同》鄭注補。

「命典禮考時月，定日，同律。」《月令》：「孟春，律中大蔟。「律，候氣之管，以銅爲之。中，猶應也，孟春氣至，則太蔟之律應，謂吹灰也。」仲春夾鍾，季春姑洗，孟夏中吕，仲夏蕤賓，季夏林鍾，中央律黄鍾之宫，孟秋夷則，❶仲秋南吕，季秋無射，❷孟冬應鍾，仲冬黄鍾，季冬大吕。」《禮運》曰：「五聲、六律、十二管，還相爲宫。」「更相爲宫，凡六十也。」《樂記》曰：「八風從律而不姦。天下大定，正六律，和五聲，弦歌詩頌，此之謂德音。」《國語》曰：「景王將鑄無射，問律於伶州鳩。對曰：『律所以立均出度也。古之神瞽考中聲而量之以制，度律均鍾，百官軌儀，紀之以三，平之以六，成於十二，天之道也。夫六，中之色也，故名之黄鍾，所以宣養六氣九德也。由是弟之：二曰大蔟，所以金奏，贊陽出滯也；三曰姑洗，所以修潔百物，考神納賓也；四曰蕤賓，所以安靖神人，獻酬交酢也；五曰夷則，所以詠歌九則，平民無貳也；六曰無射，所以宣布哲人之令德，示民軌儀也。爲之六間，以揚沈伏而黜散越也。元間大吕，助宣物也；二間夾鍾，出四隙之細也；三間中吕，宣中氣也；四間林鍾，和展百事，俾莫不任肅純恪也；五間南吕，贊陽秀也；六間應鍾，均利器用，❸俾應復也。律吕不易，無姦物也。細鈞有鍾無鎛，昭其大也。大鈞有鎛無鍾，甚大無鎛，鳴其細也。大昭小鳴，和之道也。和平則久，久固則純，純明

❶「孟」，原誤作「季」，今據庫本、嘉慶本及《禮記·月令》改。

❷「秋」，原誤作「夏」，今據庫本、嘉慶本及《禮記·月令》改。

❸「利」，字形原殘闕，明本、庫本、嘉慶本皆作「和」，下段同引亦作「和」，是此處原當作「和」。然作「和」誤也，今據《國語·周語》改。下段逕改，不出校。

則終，終復則樂，所以成政也。」《律曆志》：「黄鍾：黄者，中之色，君之服也；鍾者，種也。大吕：吕，旅也，言陰大，吕助黄鍾宣氣而牙物也。大蔟：蔟，奏也，言陽氣大，奏地而達物也。夾鍾：言陰夾助大蔟宣四方之氣而出種物也。姑洗：洗，潔也，言陽氣洗物辜潔之也。中吕：言陰微始起未成著於其中，旅助姑洗宣氣齊物也。蕤賓：蕤，繼也；賓，導也，言陽始導陰氣使繼養物也。林鍾：林，君也，言陰氣受任，助蕤賓君主種物，使長大茂盛也。夷則：則，法也，言陽氣正法度而使陰氣夷當傷之物也。南吕：南，任也，言陰氣旅助夷則任成萬物也。無射：射，厭也，言陽氣究物而使陰氣畢剥落之，終而復始，亡厭已也。應鍾：言陰氣應無射，該藏萬物而雜陽閡種也。」

先王因天地陰陽之氣而辨十有二辰，因十有二辰而生十有二律，統之以三，故黄鍾統天，林鍾統地，大蔟統人，所以象三才。生之以八，故黄鍾生林鍾，林鍾生太蔟，太蔟生南吕之類，所以象八風。律左旋而生吕，則爲同位，所以象夫婦；吕右轉而生律，則爲異位，所以象子母。六上所以象天之六氣，五下所以象地之五行。「天，陽也，有六氣、六甲；地，陰也，有五味、五子。腑，陽也，其數六；臟，陰也，其數五。此天地陰陽之中氣者也。」其長短有度，其多寡有數。「黄鍾九寸，林鍾六寸，大蔟八寸，此三統也，皆全寸而無餘分。大吕八寸二百四十三分寸之一百四，❶夾鍾長七寸二千一百八十七分寸之千七十五，姑洗長七寸九分寸之一，❷中吕長六寸萬九千六百八十三分寸之萬二

❶「三」，原誤作「二」，今據庫本及《周禮・大師》鄭注改。

❷「一」，原爲墨丁，今據明本、庫本、嘉慶本及《周禮・大師》鄭注補。

千九百七十四，蕤賓長六寸八十一分寸之二十六，夷則長五寸七百二十九分寸之四百五十一，南吕長五寸三分寸之一，無射長四寸六千五百六十一分寸之六千五百二十四，應鍾長四寸二十七分寸之二十。」其輕重有權，其損益有宜。「度起黄鍾之長，以子穀秬黍中者，一黍之廣，度之九十分，黄鍾之長。一爲一分，十分爲寸。量起黄鍾之龠，以子穀秬黍中者，千有二百寔其龠，合龠爲合。權起黄鍾之重，一龠容千二百黍，重十二銖，兩之爲兩。」始於黄鍾，終於中吕。黄鍾、太蔟、姑洗損陽以生陰，林鍾、南吕、應鍾益陰以生陽，蕤賓、夷則、無射又益陽以生陰，大吕、夾鍾、中吕又損陰以生陽。何則？黄鍾至太蔟，陽之陽也；林鍾至應鍾，陰之陰也。陽之陽，陰之陰，則陽息陰消之時，故陽常下生而有餘，陰常上生而不足。蕤賓至無射則陰之陽也，大吕至仲吕則陽之陰也。陰之陽，陽之陰，則陽消陰息之時，故陽常上生而不足，陰常下生而有餘。然則自子午以左皆上生，子午以右皆下生矣。鄭康成以黄鍾三律爲下生，以蕤賓三律爲上生。其説是也。班固則類以律爲下生，吕爲上生，誤矣。《書》曰：「聲依永，律和聲。」則律非五聲不能辨，聲非十二律不能和，❶五聲非變則不能盡。故一律之中莫不具五聲，五聲之外有所謂二變，黄鍾爲宫，則林鍾爲徵，大蔟爲商，南吕爲羽，姑洗爲角，應鍾爲變宫，蕤賓爲變徵，林鍾爲宫，太蔟爲徵，南吕爲商，姑洗爲羽，應鍾爲角，蕤賓爲變宫，黄鍾爲變徵。以至十律之爲宫，餘律之爲商角徵羽，爲二變，旋之爲十二宫，〔折〕之爲八十四聲，類皆五位爲五音，第之至〔六爲

❶「律」，原誤作「聲」，今據嘉慶本改。

變宮，又第之至七爲變」徵，及八然後宮復旋矣。此六律之大致也。京房之徒推而蔓之，至於三百六十以直三百六十日，不可考也。律之相生始於黃鍾，終於中吕，而十二律畢矣。房之法，中吕上生執始，執始下生去滅，上下相生，終於南事，而爲六十律。宋錢樂之推至三百律。梁博士沈重爲《鍾律義》曰：「易以三百六十策當期之日，此律曆之數也。《淮南子》曰：『一律而生五音，十二律而生六十音，用而六之，故三百六十音。』」乃重《淮南》、京房之術，求之得三百六十律。《國語》曰：「黃鍾，所以宣養六氣九德也；大蔟，所以金奏，贊陽出滯也；姑洗，所以修潔百物，考〔神〕納賓也；蕤賓，所以安靖神人，獻酬交酢也；夷則，所以詠歌九則，平民無貳也；無射，所以宣布哲人令德，示民軌儀也。大吕助宣氣也；夾鍾出四隙之細也；仲吕宣中氣也；林鍾和展百事，俾莫不任肅純恪也；南吕贊陽秀也；應鍾均利器用，俾應復也。」又曰：「武王夜陳未畢而雨，以夷則之上宮畢，所以藩屏民則也。以黃鍾之下宮，布戎於牧之野，所以厲六師也。以太蔟之下宮，布令于商。以無射之上宮，布憲施令於百姓。」觀此則十二律之名義，略可見矣。然陽盡變以造始，故每律異名，陰體常以效法，故止於三鍾三吕而已。則鍾者，物所聚也。吕者，物所正也。夾鍾亦謂之圜鍾，函鍾亦謂之林鍾，南吕亦謂之南事，中吕亦謂之小吕。不特此也，六律亦謂之六始，六吕亦謂之六間，亦謂之六同。蓋圜鍾以春主規言之也，林鍾以夏茈物言之也，南事則陰之所成者事而已，小吕則陰之所萌者小而已。律所以述陰陽也，始所以始六陰也，吕其體也，間其位也，同其情也，然皆述陰陽而已，故皆謂之十二律也。《月令》十二月皆言律中某律，特中央曰「律中黄鍾之宫」者，蓋四時本於中央，十二律本於黄鍾，五聲本於宫，中央無正律，故取黄鍾之宫爲聲律之本焉。量中黄鍾之宫，亦此意也。

管

律管，以竹若玉若銅爲之。傳曰：「黄帝命伶倫斷嶰谷之竹，❶制十二筩以分律。」又曰：「黄帝作律，以玉爲琯。」又曰：「西王母獻舜昭華之玉琯。」漢章帝時，零陵文學奚景於泠道舜祠下得白玉琯。晉武帝時，汲郡盜發魏襄王冢得玉律。鄭衆釋《周官·典同》謂：「陽律竹管，❷陰律銅管。竹，陽也；銅，陰也：各順其性。」鄭康成曰：「律述氣，同即陽，皆以銅爲之。」漢制亦用銅。劉歆曰：「銅自名也，所以同天下，齊風俗也。銅爲物之至精，不爲燥濕寒暑變其節，不爲風雨暴露改其形，有似於士君子之行，是以用焉。」東漢以玉律十二候氣於殿中，以竹律六十候氣於靈臺。蓋竹與銅玉其質雖殊，其達氣和聲一也，故始於竹而玉銅預焉。班固《漢志》以黄鍾九三之法起十二律之周徑，空孔三分三，天之數也。圍九分，終天之數也。孟康於是謂林鍾長六寸圍六分，大蔟長八寸圍八分。後魏安豐王珍用孟康之説，作十二律，林鍾空圍六分，太蔟圍八分，不合黄鍾商徵之

❶「命」，明本、庫本、嘉慶本作「令」。
❷「竹」，原脱，今據明本、庫本、嘉慶本及《周禮·典同》鄭注引鄭司農補。

聲。此康之失，非固之妄也。觀司馬彪、鄭康成以至鄭譯、何妥之徒，謂凡律俱三分圍九分，其説與固相合，此所謂善言律者也。

均

伶州鳩對周景王曰：「律所以立均出度也。」韋昭謂其制以木長七寸，繫之以絲，以均鍾音，以出大小清濁之度，漢大予樂官有之。宋均曰：「長八尺而施弦。」其詳不可考也。後世京房之準，房之律，「準如瑟，長丈，十三弦，❶〔隱間九〕尺，以應黄鍾之律九寸。中央弦下有畫〔之〕分寸，以爲六十律。」晉之十二笛，梁之四通，皆所以考律和聲，亦古者立均之類歟？定律之器始於管，終於鍾，次於均，移於笛，衍於通。

禮書卷第一百十七終

❶「瑟」，原誤作「琴」；「十」，原脱。《後漢書・律曆志》引京房云本作「瑟」、「十三弦」，《舊唐書・音樂志》、《樂書》卷一百四十六、《文獻通考》卷一百三十一《樂考四》「歷代製造律吕」條同引皆如《後漢書》。今據以改、補。

禮書卷第一百十八

合陰陽之聲　祀祭鬼神祇之律　祭歌下

管　房中之樂

合陰陽之聲❶

天左旋十二辰右轉

地右轉十二建左旋

《大師》：「掌六律六同，以合陰陽之聲。陽聲：黄鍾、太蔟、姑洗、蕤賓、夷則、無射；陰聲：大吕、應鍾、南吕、函鍾、小吕、夾鍾。」蓋日月所會在天而右轉，辰者，日月所會也。謂之辰，則會之時；謂之次，則會之所；謂之宿，以其宿於此；謂之房，以其集於此。其實一也。斗柄所建在地而左旋。

❶ 此處明本、庫本、嘉慶本以「天地辰建旋轉圖」爲禮圖標題，並以「合陰陽之聲附」爲副題。

轉旋雖殊，而交錯貿見，如表裏然。故子合於丑，寅合於亥，辰合於酉，午合於未，申合於巳，戌合於卯。黄鍾，子之氣，十一月建焉，辰在星紀。大吕，丑之氣，十二月建焉，辰在玄枵。太蔟，寅之氣，正月建焉，辰在娵訾。應鍾，亥之氣，十月建焉，辰在析木。姑洗，辰之氣，三月建焉，辰在大梁。南吕，酉之氣，八月建焉，辰在壽星。蕤賓，午之氣，五月建焉，辰在鶉首。林鍾，未之氣，六月建焉，辰在鶉火。夷則，申之氣，七月建焉，辰在鶉尾。中吕，巳之氣，四月建焉，辰在實沈。無射，戌之氣，九月建焉，辰在大火。夾鍾，卯之氣，二月建焉，辰在降婁。故《大司樂》「奏黄鍾，歌大吕，以祀天神；奏太蔟，歌應鍾，以祭地祇；奏姑洗，歌南吕，以祀四望；奏蕤賓，歌函鍾，以祭山川；奏夷則，歌小吕，以享先妣；奏無射，歌夾鍾，以享先祖」，皆即其所合者用之也。唐之祭社，下奏太蔟，上歌黄鍾。趙慎言曰：「大蔟，陽也，位在寅；應鍾，陰也，位在亥。故斗建亥，則日月會於寅；斗建寅，則日月會於亥。是知聖人之制，取合於陰陽；歌奏之儀，用符於交會。今之祭祀，上下歌奏俱是陽律，有乖古法。請改黄鍾爲應鍾均。」此所謂知合聲也。

祀天神	圜鍾宫	黄鍾角	太蔟徵	姑洗羽
祭地示	函鍾宫	太蔟角	姑洗徵	南吕羽
享人鬼	黄鍾宫	大吕角	太蔟徵	應鍾羽

祀祭享神祇鬼之律❶

《大司樂》所以序「圜鍾爲宮，黄鍾爲角，大簇爲徵，姑洗爲羽」，此律之相次者也；「函鍾爲宮，大簇爲角，姑洗爲徵，南吕爲羽」，此律之相生者也；「黄鍾爲宮，大吕爲角，太簇爲徵，應鍾爲羽」，此律之相合者也。天尚道，故取諸相次者，而相次者道之自然也；地尚功，故取諸相生者，而相生者功之所致也；人尚情，故取諸相合者，而相合者情之所感也。先儒謂夾鍾生於房心之氣，房心，天帝之明堂，故爲天宮；林鍾生於未之氣，未，坤之位，故爲地宮；黄鍾生於虚危之氣，虚危爲宗廟，故爲人宮。此説是也。蓋天帝之明堂，東南方也，帝與萬物相見，於是出焉；坤之位，西南方也，物於是致養焉；宗廟，北方也，物於是藏焉。其爲三宮，宜矣。然言天宮不用中吕、林鍾、南吕、無射，人宮避林鍾、南吕、姑洗、蕤賓。不用者，卑之也；避之者，尊之也。以謂天宮不用地宮之律，人宮避天宮之律。然則人宮用黄鍾，孰謂避天地之律耶？

登歌下管

《明堂位》曰：「以禘禮祀周公於大廟，登歌《清廟》，下管《象》。」《文王世子》曰：「天子養老，登歌《清廟》，下管《象》。」《祭統》曰：「夫大嘗禘，升歌《清廟》，下而管《象》，天子之樂也。康周公，故賜魯也。」《仲尼燕居》曰：「兩君相見，

❶「祀祭享神祇鬼之律」，原脱，今據目録、明本、庫本、嘉慶本補。

升歌《清廟》，下而管《象》。」則天子之祭祀、養老、饗諸侯，❶諸侯之相見，魯之嘗禘，皆升歌下管，貴人聲也。歌《清廟》，示德也；管《象》，示事也。德莫盛於文王之《清廟》，事莫先於文王之《象》。清者，德之潔而非任也。象者，事之始而未形也。《維清》奏《象》，而言「文王之典肇禋」。季札見舞《象》，而言「美哉，猶有憾」，則《象》爲文王之詩明矣。鄭氏以爲武王詩，誤矣。然晉享穆叔，歌《文王》之詩。穆叔以《文王》爲兩君相見之樂，則諸侯相見歌《文王》而不歌《清廟》也。孔子謂諸侯相見歌《清廟》者，蓋二王後、諸侯之長禮然也。《書》曰「下管鼗鼓」，《周官·小師》「教簫、管」，《笙師》「教竽、笙、塤、籥、簫、篪、篴、管」，《大司樂》祀天神有孤竹之管，祭地示有孫竹之管，《詩》曰「嘒嘒管聲」、「管磬鏘鏘」、「簫管備舉」，則管之用，重於笙矣。鄭氏曰：「管，併兩竹而吹之。」故《鄉飲》、《鄉射》、《燕禮》皆以笙配歌，❷特《大射》將祭擇士之禮乃用管焉，則祭享而管《象》，宜矣。然《鄉飲》、《燕禮》有歌笙與間而後合樂，《鄉射》有合樂而無歌笙與間，《大射》有歌而無間笙，有管而無合樂，歌必《鹿鳴》之三，間歌必《魚麗》之三，笙必《南陔》之三，間笙必《由庚》之三，合樂必《周南》、《召南》之三，《大射》之歌止於《鹿鳴》而管止於《新宮》。何也？《左傳》昭公二十五年：「宋公享叔孫昭子，賦《新宮》。」《鹿鳴》之三，忠臣之事

❶「饗」，原誤作「嚮」，今據明本、庫本、嘉慶本改。
❷「笙」，原誤作「管」，今據《儀禮·鄉飲酒》《鄉射》《燕禮》及孫氏點勘改。

也；《南陔》、《白華》，孝子之事也；《華黍》則物之豐而已。此笙歌所以異也。《魚麗》雖物也，以之告神明，故兼《嘉魚》之與賢、《有臺》之得賢而歌之，《由庚》、《崇丘》、《由儀》則物之遂而已。此間笙歌所以異也。蓋《鹿鳴》之三，《魚麗》之三，所以象宗廟朝廷之治，故歌之堂上；《南陔》之三，《由庚》之三，所以象庶民萬物之治，故奏之堂下。特《周南》、《召南》之三，正始之道，王化之基，故歌與八音合奏焉。❶然風可施於鄉，而燕禮亦用於國，小雅可施於國，而飲酒亦用於鄉者，蓋禮盛者可以進取，禮輕者可以下逮，故用之鄉人者可用之邦國，用之邦國者可用之鄉人也。鄉射志於射而已，故止合樂；大射主於擇士而已，故歌止於《鹿鳴》。此所以與鄉飲、燕禮異也。然則《大司樂》祀天神、祭地示則有歌，歌應鍾祭地示。而致天神、地示則無歌；《小師》大祭祀、大饗登歌，而小祭祀、小樂事則不登歌。何也？致天神、地示無歌，猶大神之不祼也；小祭祀、小樂事不登歌，猶小祭祀不興舞也。

房中樂

《燕禮》：「若與四方之賓燕，有房中之樂。」鄭氏曰：「絃歌《周南》、《召南》之詩，❷不用鍾磬。謂之房中者，后夫人之所諷誦，以事其君子也。」《周禮·磬師》：❸「教縵樂、燕樂之鍾磬。」鄭氏曰：「燕樂，房中之樂，所謂陰聲也。」《詩》曰：「右招

❶「化之基故」，原爲空格，今據明本、庫本、嘉慶本補。

❷「絃」，原避宋太祖趙匡胤始祖趙玄朗嫌名諱缺末筆，今補之。

❸「磬」，原誤作「笙」，今據下文之意及《周禮·磬師》改。

我由房。」《毛詩》曰：❶「房中之樂。」《漢書》曰：「漢有房中祀樂，高祖唐山夫人所作也。周有房中樂，至秦名曰《壽人》。高祖樂楚聲，故房中樂，楚聲也。」

房中之樂，見於《燕禮》與《漢書》，而毛氏以《詩》「招我由房」爲房中之樂，鄭氏以《磬師》之燕樂爲房中之樂，又謂弦歌《周南》、《召南》而不用鍾磬之節，后夫人之所諷誦以事君子也。蓋《周南》、《召南》后夫人之事，而漢房中樂乃夫人之所作，則弦歌《周南》、《召南》之説，理其然也。《關雎》之詩曰「鍾鼓樂之」，而《周禮》教燕樂以磬師，則房中之樂非不用鍾磬也。鄭氏言「不用鍾磬」，又言「教以磬師」，是自惑也。賈公彥曰：「房中樂以祭祀則有鍾磬，以燕則無鍾磬。」此不可考。毛萇、侯芭、孫毓皆云有鍾磬，王肅言無鍾磬，與鄭氏同。陳統曰：「婦人尚柔，以静爲體，不宜用鍾磬。」❷隋牛弘修房中之樂，❸遂采肅、統之説，❹據以爲證。

禮書卷第一百十八終

❶所謂「毛詩曰」者，出《毛詩·君子陽陽》毛傳。傳本於經，以傳意歸之於經，亦可，故不改。

❷「磬」，原脱。《通典》卷一百四十七《樂典》「皇后樂議」條云：「隋牛弘修皇后房内之樂。據毛萇、侯苞、孫毓故事，皆有鍾磬，而王肅之意，乃言不可。又陳統云：『婦人無外事，而陰尚柔，以静爲體，不宜用金石。』弘等采肅、統言，以取正焉。」按磬，石也。故庫本補「磬」字是也，今據補。

❸「弘」，原避宋太祖趙匡胤父趙弘殷偏諱作「洪」，今回改。

❹「肅」，原誤作「蕭」，今據嘉慶本及上文改。

禮書卷第一百十九

鍾虡　磬虡　鍾　旋蟲

鍾虡

鄭氏曰：❶「刻畫祭器，博庶物也。」考之《舊圖》及《今圖》，凡宗廟之器必狀蟲魚鳥獸之形。蓋其所傳者尚矣，不然非所謂博物也。今擇其可取者存之。

❷

磬虡

❸

❶「鄭氏」至「存之」，原無，爲嘉慶本所增。

❷ 此爲底本圖。

❸ 此爲底本圖。

《詩》曰：「虡業維樅，賁鼓維鏞。」又曰：「設業設虡，崇牙樹羽。」《明堂位》曰：「夏后氏之龍簨虡，鬻子曰：「大禹爲銘於筍虡，教我以道者擊鼓，教我以義者擊鍾，教我以事者振鐸，❶教我以憂者擊磬，教我以獄者揮鞀。」其言雖不經見，然禹之時故有筍虡矣。商之崇牙，周之璧翣。」《周官·典庸器》：「祭祀，帥其屬而設筍虡。大喪，廞筍虡。」《考工記》曰：「梓人爲筍虡，臝者、羽者、鱗者以爲筍虡。❷厚脣，弇口，出目，短耳，大胸，燿後，大體，短脰，若是者謂之臝屬，常有力而不能走，其聲大而宏。有力而不能走，則於任重宜；大聲而宏，則於鍾宜。若是者以爲鍾虡，是故擊其所縣而由其虡鳴。鋭喙，決吻，數目，顧脰，小體，騫腹，若是者謂之羽屬，常無力而輕，其聲清揚而遠聞。無力而輕，則於任輕宜；其聲清揚而遠聞，則於磬宜。若是者以爲磬虡，故擊其所縣而由其虡鳴。小首而長，摶身而鴻，若是者謂之鱗屬，以爲筍。」《爾雅》曰：「木謂之虡，大版謂之業。」

❶「我」，原脱，今據庫本及上文文例補。後二「我」字同此。

❷「筍」，原脱，今據嘉慶本及《周禮·梓人》補。「虡」下，嘉慶本據《周禮·梓人》增「外骨，内骨，卻行，仄行，以脰鳴者，以注鳴者，以旁鳴者，以翼鳴者，以股鳴者，以胸鳴者，謂之小蟲之屬，以爲雕琢」。然本段論鍾虡、磬虡，嘉慶本所增之語，與此無關，故不取。

傳曰：「秦始皇建千石之鍾，立萬石之虡，其高三丈。」

植者爲虡，横者爲筍，筍之上有崇牙。鄭氏曰：「龍上刻畫之，爲重牙，以掛縣紘。」❶虡之上設業，孫紘曰：「刻之捷業，如鋸齒然。」業之上樹羽，而有端，有璧翣。鄭氏曰：「畫繒爲翣，戴以璧。」《舊圖》爲龍首及鵲銜璧。❷鍾虡飾以贏屬，磬虡飾以羽屬，而筍皆飾以鱗屬。飾以鱗屬若筍文然，故謂之筍。其所植者蓋虛中焉，故謂之虡。先儒曰：「筍，峻也。虡，舉也。」又曰：「虡，神獸也，鹿首蛇身。」此不可考。《詩》曰：「虡業維樅。」樅之爲木，松葉柏身，身葉皆直。則虡、業者，皆以直木爲之也。漢武帝時，樂虡銅人生毛；董卓壞銅人、銅虡以充鑄。則漢時以銅爲之，與古異耳。漢魏相沿，虡爲龍頭及鵲銜璧，璧下有旄牛尾。隋采《周官》、漢、魏之制，筍虡並金博山，皆飾以崇牙、樹羽、旒蘇。❸其樂器，天地之神示，宗廟及殿庭，則五采漆畫。唐五郊，樂縣各從其方色，蓋一時之所尚然也。筍或作簨，虡或作鐻。莊周曰：「梓慶削木爲鐻。」蓋古字通用。

---

❶「掛縣」，原作「卦」，今據明本、庫本、嘉慶本及《禮記・明堂位》鄭注改。

❷「鵲」，庫本作「鶴」，嘉慶本作「顧」。按，既言「銜」，則必爲禽獸之類也，「鶴」字尚可，「顧」字則不可矣。且下言：「漢魏相沿，虡爲龍頭及鵲銜璧。」亦可證字當爲鵲。

❸「旒」，原誤作「旅」。按《隋書・音樂志下》云：「其簨虡皆金五博山，飾以崇牙、樹羽、旒蘇。」今據改。

大鍾

鍾之制，旁有兩欒，正有兩面，而面皆有帶，間有枚，則鍾體固不圓，❶而衡角之間無帶矣。賈公彥曰「鍾如鈴而不圓」是也，鄭氏曰「帶介於衡角之間」誤也。❷

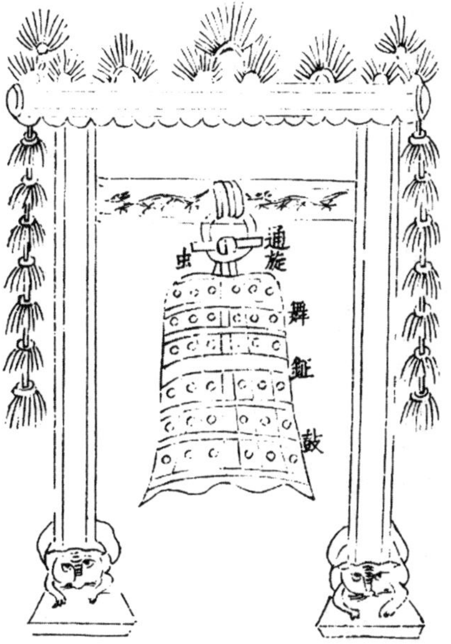

《明堂位》曰：「垂之和鍾。」《世本》曰：「垂作鍾。」傳曰：「伏犧之孫曰伯陵，伯陵生鼓、延，鼓始爲鍾。」又曰：「黄帝命伶倫與營援作十二鍾。」《考工記》：「六分其金而錫居一，謂之鍾鼎之齊。鳧氏爲鍾，兩欒謂之銑，「銑，鍾口兩角。」銑間謂之于，于上謂之鼓，鼓上謂之鉦，鉦上謂之舞，「四者鍾〔體〕也。于，鍾脣之上袪〔也〕。鼓，所擊處。」舞上謂之甬，甬上謂之衡。「二者鍾柄也。」鍾縣謂之旋，❸旋蟲謂之幹。「旋，柄上鐶也。旋以蟲爲飾。」鍾帶謂之篆，篆間謂之枚，枚謂之景。「帶所以介其名也，在于、鼓、鉦、舞、甬、衡之間，凡四。則中二通上下畔爲四也。枚，鍾乳也。漢時，鍾乳與舞處有九，面三十六。❹舉漢一帶有九，古法亦當然也，兩面皆三十六也。」❺于上之攠謂之隧。「攠，所擊之處也。」十分其銑，

❶「圓」，明本禮圖標題、庫本禮圖標題、嘉慶本禮圖標題皆作「圜」。下「鍾如鈴而不圓」之「圓」亦然。

❷「鍾之」至「誤也」，原無，爲明本、庫本、嘉慶本所增。

❸「縣」，原誤作「鐶」，今據《周禮·考工記·鳧氏》改。

❹「三」，原誤作「二」，今據庫本、嘉慶本及文意改。

❺「兩面」上，嘉慶本增「鍾有」二字。「兩面」下，嘉慶本增「面」字。

去二以爲鉦。以其鉦爲之銑間，❶去二分以爲鼓間。以其鼓間爲之舞修，去二分以爲舞廣。「横爲修，從爲廣。」以其鉦之長爲之甬長，以其甬長爲之圍。三分其圍，去一以爲衡圍。「衡又小於甬。」大鍾十分其鼓間，以其一爲之厚。爲遂，六分其厚，以其一爲之深而圜之。」《典同》：「掌六律六同之和，以辨天地四方陰陽之聲，以爲樂器。凡聲，高聲碮，正聲緩，下聲肆，陂聲散，〔險〕聲斂，達聲贏，微聲韽，回聲衍，侈聲筰，弇聲鬱，薄聲甄，〔厚〕聲石。凡爲樂器，以十有二律爲之數度，以十有二聲爲之齊量。凡和樂亦如之。」《樂記》曰：「鍾聲鏗，鏗以立號，號以動衆。」《國語》曰：「景王將鑄無射，爲之大林。單穆公曰：『先王之制鍾也，大不出鈞，重不過石，律度量衡於是乎生，小大器用於是乎出。』伶州鳩曰：『樂器重者從細，輕者從大。是以金尚羽，石尚角。』又曰：『律所以立均出度也。古之神瞽，考中聲而量之以制，度律均鍾，百官軌儀。』「立百事之道法。」又曰：『細鈞有鍾無鎛，昭其大也。大鈞有鎛無鍾，甚大無鎛，鳴其細也。』」《左傳》：「伶州鳩曰：『鍾，音之器也，小者不窕，「他刀。」大者不槬，「户花。」則和於物。今鍾槬矣。』」《爾雅》曰：「大鍾謂之鏞，其中謂之剽，小者謂之棧。」《書》曰：「笙鏞以間。」《詩》曰：「賁鼓維鏞。」「鏞鼓有斁。」晉時剡縣民於田中得一鍾，長三寸，口徑四寸，銘曰棧。盞。唐時岑陽耕者得古鍾，高尺餘，楊收扣之曰：❷「此姑洗角也。」既劘拭，有刻在兩欒，果然。《孟子》曰：「禹之聲尚文

❶「爲」，原作「謂」，今據《周禮・考工記》及上下文意改。

❷「收」，原誤作「牧」，今據《新唐書・楊收傳》改。

王之聲。」古者庭實，龜爲前列，鍾次之，以和居參之也。大饗，入門而金作，示情也。有功伐者亦刻銘焉。❶晉克潞之役，魏顆以身卻秦于輔氏，親止杜回，其勳銘於景鍾。又魯季武子以所得於齊之兵作林鍾，而銘魯功。

《典同》：「凡爲樂器，以十有二律爲之度數。」單穆公曰：「先王之制鍾也，大不出鈞，重不過石，律度量衡於是乎生。」則樂器待律然後制，而律度又待鍾然後生。故有十二辰之鍾，以應十二月之律。十二辰之鍾，大鍾也。大鍾特縣，《詩》、《書》、《爾雅》所謂「鏞」是也。非十二辰之鍾則編焉，《周禮》所謂「編鍾」是也。鍾體之别五，銑、于、鼓、鉦、舞是也；鍾柄之别二，❷甬、衡是也。衡上有旋，旋飾有蟲。介於于、鼓、鉦、舞之間有帶，布於帶間有枚。先儒曰：「銑，金之澤者。」又曰：「銑，小鑿也。」鍾欒亦謂之銑，以其類鑿然也。于，則銑間之曲袪者也；鼓，則于上之待枷者也；鉦，則鼓舞之正中者也；舞，則聲之震動於此者也；甬，出舞上者也；衡，横甬上者也。帶類篆，故謂之篆。乳有數，故謂之枚。然鍾之長短徑圍，經無明證，其言「十分其銑，去二以爲鉦，以其鉦爲之銑間」者，鉦體之徑居銑間之八也。「去鉦二分以爲之鼓間者」，鼓間之徑居銑間之六也。以其鼓間爲之舞修，修，舞之徑也，舞徑亦居銑間之六也。去舞徑二分以爲舞廣，廣，舞之長也，舞長居銑間之四也。舞長四而徑

❶「刻銘」，嘉慶本作「銘刻」。
❷「柄」，原誤作「磬」，文意不通，今據上文之意改。

間亦四，舞鼓徑六而長亦六。鄭氏以爲此鍾口十，其長十六也。凡樂器以十有二律爲之度數，若黄鍾之律九寸，十六之而銑取其十以爲度，則銑徑五寸有奇。鉦、鼓、舞之所居者遞去二分，則舞脩三寸有奇，舞廣二寸有奇。林鍾之律六寸，十六之而銑取其十以爲度，則銑徑三寸有奇。鉦、鼓、舞之居者遞去二分，則舞脩二寸有奇，❶舞廣一寸有奇。餘律之鍾亦然。賈公彦曰：「律各倍半以爲鍾。」舉一端也。大鍾十分其鼓間，以其一爲之厚；小鍾十分其鉦間，以其一爲之厚。❷蓋鉦體居銑之六，與鼓間同，鉦間又殺矣，與鼓間異，此所以各十分之以爲厚薄。鄭氏曰：「鼓鉦之間同方六，而今宜異，又十分之一猶太厚，皆非也。若言鼓外鉦外則近之，鼓外二、鉦外一。」以謂鼓外二間，鉦外一間，而十分之，以其一爲厚薄，其説誤矣。《鳧氏》曰：❸「以其鉦之長爲之甬，以其甬長爲之圍。三分其圍，去一以爲衡圍。三分其甬長，二在上，一在下，以設其旋。」鄭司農曰：「旋蟲者，旋以蟲爲飾。」又曰：「旋有蹲熊、盤龍、辟邪。」賈公彦曰：「鄭以漢法鍾旋之上以銅篆作蹲熊及盤龍，辟邪亦獸名。」

❶「脩」，原脱，今據上下文意補。
❷「小鍾十分其鉦間，以其一爲之厚」，原誤重，今據《周禮·鳧氏》删其一。
❸「鳧氏曰」至「亦獸名」，原無，爲明本、庫本、嘉慶本所增。

撞木

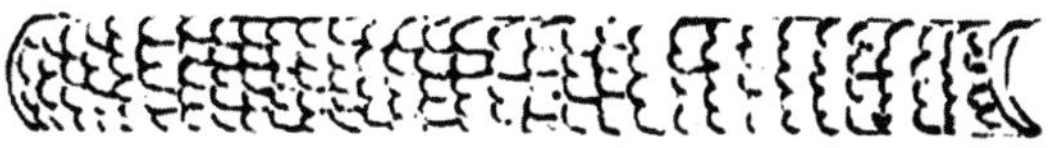

鐸鳴自内，鍾鳴自外。先儒以謂撞鍾磬必以濡木，以其兩堅不能相和也。或曰海中有巨魚曰鯨，巨獸曰蒲牢，蒲牢畏鯨，鯨擊則蒲牢大鳴。❶後世繇是作蒲牢於鍾上，而狀鯨魚以撞之，欲其大鳴，張衡《東京賦》曰「發鯨魚，鏗華鍾」是也。然經無明證，其制不可以考。《文選》曰：「撞之以筳，豈能發其聲。」❷韓退之曰：「有如寸筳撞巨鍾。」

禮書卷第一百十九終

❶「鯨擊」，原誤作「擊鯨」。按《文選·東都賦》云：「於是發鯨魚，鏗華鍾。」李注引三國吴薛綜曰：「海中有大魚曰鯨，海邊又有獸名蒲牢，蒲牢素畏鯨。鯨魚擊蒲牢，輒大鳴。」「或曰」者，當指此也。今據改。

❷「發」，原誤作「廢」。今據嘉慶本及《文選》李注引《説苑》、《説苑》改。

禮書卷第一百二十

磬　編鍾　編磬　鎛　錞　鐲　鐃　鐸

大　磬後長二律，❶尺八寸，博九寸，厚二寸。弦者，兩頭相望者也。兩弦之間，三尺三寸七分半。前長三律，二尺七寸，博六寸，厚三寸。

先儒曰：「磬，立秋之音。」《禹貢》：「泗濱浮磬。」蓋以土少而水多，故其聲和潤也。秦刻嶧山以頌曰：「刻此樂石。」顏師古曰：「嶧山近泗水，秦取泗濱石銘之，故曰樂石。」《山海經》云：「小華之山，其陰多磬石。」又曰：「鳥危之山，其陽多磬。」唐人多用華元石爲磬。

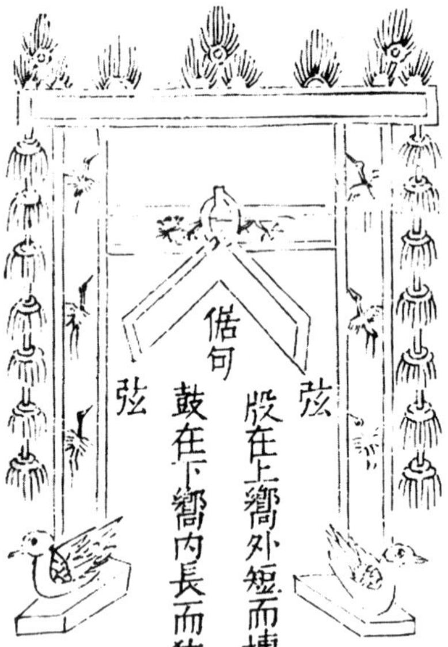

❷

《爾雅》曰：「大磬謂之毊。」郭璞曰：「形似犁錧，以玉石爲之。」《明堂位》曰：「叔之

❶「後長」至「爲磬」，原無，爲明本文中小題、庫本文中小題所增。明本禮圖標題、庫本禮圖標題則只增「後長」至「厚三寸」。嘉慶本禮圖標題則增作「前長三律，二尺七寸，博六寸，厚三寸。後長二律，一尺八寸，博九寸，厚二寸。兩弦之間，三尺三寸七分半。弦者，兩頭相望者也。」嘉慶本文中小題較禮圖標題則又加「先儒曰」至「爲磬」。

❷圖中文字，原無，爲明本、庫本、嘉慶本所增。

離磬。」蓋編則雜，離則特，❶叔之離磬，特縣之磬也。《大戴禮》曰：「縣一磬而尚拊。」❷則堂上亦有特縣磬矣。《世本》曰：「無句作磬，垂作鍾。」《書》曰：「垂之竹矢。」蓋叔與無句非二人，垂之爲工非一技。皇氏謂：「無句，叔之别名。」其説或然。《考工記》：「磬氏爲磬，倨句一矩有半。鄭氏曰：「必先度一矩爲句，一矩爲股，而求其弦。既而以一矩有半觸其弦，則磬之倨句也。磬之制有大小，此假矩以定倨句，非用其度耳。」正義曰：「假令句股各一，今以一尺五寸觸兩弦，其句股之形即磬之倨句折殺也。」❸其博爲一，股爲二，鼓爲三。三分其股博，去一以爲鼓博；三分其鼓博，以其一爲之厚。」蓋鍾圓中規，磬方中矩，則倨句一矩有半，觸其弦也。其博爲一，股博一律也。❹股爲二，後長二律也；鼓爲三，前長三律也。此《樂經》云。股非所擊也，短而博；鼓其所擊也，長而狹。鄭司農云：「股，磬之上大者；鼓，其下小者。」康成云：「股外面，鼓内面。」則擊者爲前而在内，不擊者爲後而在外。内者在下，外者在上，其小大長短雖殊，而其厚均也。黄鍾之磬，股、鼓皆厚二寸，則餘推此可知矣。❺

❶「離」，原誤作「雜」。陳暘《樂書》卷一百十亦引《明堂位》「叔之離磬」，下曰：「編則雜，離則特。」本書卷四十九引述同，唯「離則特」作「特則離」，蓋誤乙也。《五禮通考》卷七十五《吉禮七十五　宗廟制度》引《禮書》作「離」。今據改。

❷「尚拊」，原誤作「堂特」，今據嘉慶本及《大戴禮記・禮三本》改。

❸「倨」，原脱，今據嘉慶本及《周禮・考工記・磬氏》鄭注補。

❹「博」，原誤作「疑」，今據嘉慶本改。

❺「此」，庫本作「之」。

編鍾

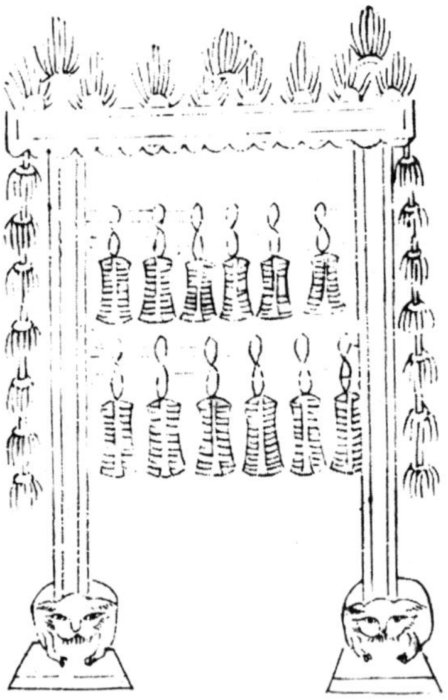

編磬

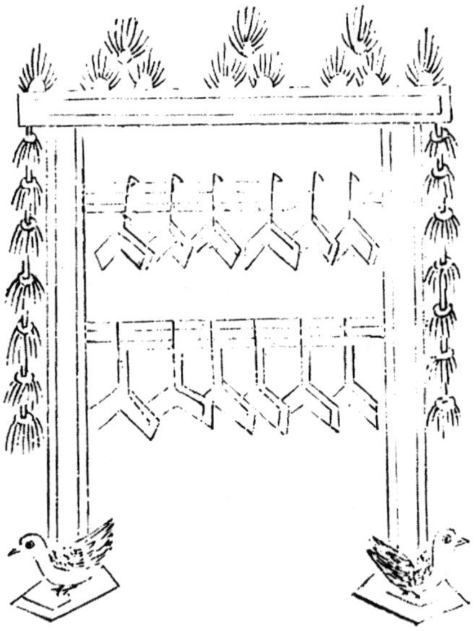

《周禮·鍾師》：「掌金奏。」《視瞭》：「掌擊頌磬、笙磬。賓射，奏其鍾鼓。」《磬師》：「掌教擊磬、擊編鍾。」鄭氏曰：「教視瞭也。磬亦編，於鍾言之者，鍾有不編，不編者鍾師擊之。」然則所謂不編者，十二辰零鍾也。豈惟十二零鍾哉，堂上一磬一鍾，蓋亦不編。《國語》曰：「蘧蒢蒙璆。」先儒曰：「璆，玉磬也。」古人之磬亦有不縣而蒙戴者，此不可考。

鎛

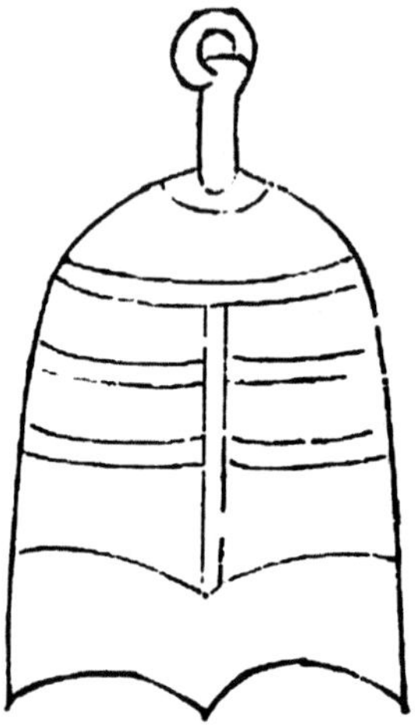

《周禮・鎛師》：「掌金奏之鼓。」《國語》：「伶州鳩曰：『細鈞有鍾無鎛，昭其大也。大鈞有鎛無鍾，甚大無鎛，鳴其細也。』」蓋細鈞，角、徵也；大鈞，宫、商也。細必和之以大，故有鍾無鎛；大必和之以細，故有鎛無鍾。鎛，小鍾耳。韋昭釋《國語》，杜預釋《左傳》，皆以鎛爲小鍾。《晉語》曰：「鄭伯嘉納女樂及寶鎛。」左氏曰：「鄭伯嘉納魯之寶鎛。」又曰：「鄭人貽晉侯歌鍾二肆及其鎛、磬。」❶杜氏謂：「鎛，小鍾也。」〔特〕康成曰：「鎛如鍾而大。」❷孫炎、許慎、沈約之徒亦以爲大鎛。然《爾雅》「大鍾謂之鏞」，不謂之鎛。又《儀禮》鎛從薄，與鉞鎛之鎛同。」則鎛爲小鍾之說，於理或然。

錞《梓人》曰：「外骨，内骨，卻行，仄行，連行，紆行，以脰鳴者，以注鳴者，以旁鳴者，以翼鳴者，以股鳴者，以胸鳴者，謂之小蟲之屬，以爲雕琢。」鄭氏曰：「刻畫祭器，博庶物也。」考之《舊圖》及《今圖》，凡宗廟之器，必狀蟲魚鳥獸之形，蓋其所傳者尚矣。不然，非所謂博物也。今擇其可取者存之。

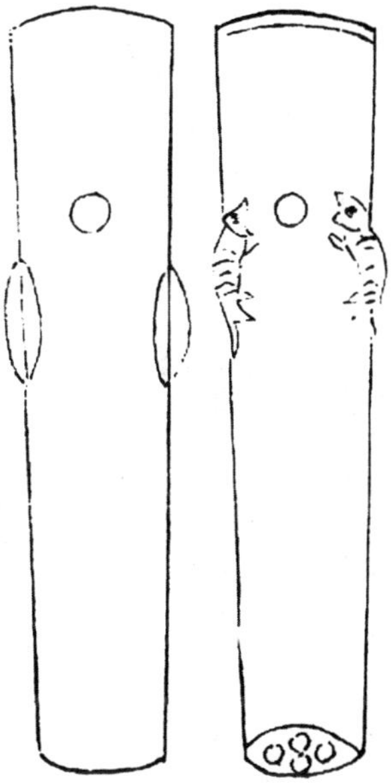

《周禮・小師》：「掌六樂之聲節與

❶「貽」，嘉慶本及《左傳》襄十一年作「賂」。
❷「而大」，原作小字，今據明本、庫本、嘉慶本改作大字。

其和。」鄭氏曰：「和即錞于也。」《鼓人》：「掌教六鼓、四金之音聲，以節聲樂，以和軍旅，以正田役。以金錞和鼓，以金鐲節鼓，以金鐃止鼓，以金鐸通鼓。」蓋錞聲淳，鐲聲濁，鐃聲高，鐸聲明。聲淳則有所合，故於鼓倡而和之；聲濁則有所制，故於鼓行而節之；聲高則有所辨，故於鼓退而止之；聲明則有所交，故於鼓作而通之。考之於《禮》，《大司馬》：「中春，教振旅。王及諸侯軍將、師帥皆執鼓，卒長執鐃，兩司馬執鐸，公司馬執鐲。中冬，教大閱。鼓人三鼓，司馬振鐸，車徒皆作。鼓行，鳴鐲，車徒皆行。三鼓，摝鐸，車徒皆坐。又三鼓，振鐸，乃止，❶如初。乃鼓，車馳徒走，徒三戒，車三發，徒三刺。乃鼓退，鳴鐃且卻，遂以狩田。」是鐸之於鼓，所以通之於其中。及其退也，去鐲而鳴〔鐃〕。錞之於兵，雖無經見，《國語》曰：「戰以錞于、丁寧，儆其民也。」又黄池之會，「吴王親鳴鍾鼓、丁寧、錞于、振鐸」。則兵法固用錞矣。《春秋傳》曰：「有鍾鼓曰伐。」則古之用兵蓋亦有鍾矣。鄭康成曰：「錞圜如碓頭，上大下小，樂作鳴之，與鼓相應。漢大予樂有之。」杜佑曰：「錞于，古禮器也。宋時，❷廣漢什邡人段祖以錞于獻始興王鑑，其制高三尺六寸，圍二尺四寸，圜如筩也。色黑，甚薄，上有銅馬，以繩縣馬，令去地尺餘，灌之以水，又以器盛水於下，以芒莖當心跪注錞于，❸以手震芒，則其聲如雷。後周平蜀得之，斛斯徵觀曰：『錞于也。』」唐李仲《樂圖》縣以龍格，今太常作伏虎於

❶「乃」，原誤作「及」，今據《周禮・大司馬》改。

❷「時」，原誤作「持」，今據明本、庫本、嘉慶本及《通典》卷一百四十四《樂典》「金」條改。

❸「芒莖」，原誤作「井」，今據明本、庫本、嘉慶本及《通典》卷一百四十四《樂典》「金」條改。

其上，若武舞入則兩工對舉，❶一人隨撞之。其縣以虡，❷則設於熊羆，按十二枚，鳴以和鼓。

鐲

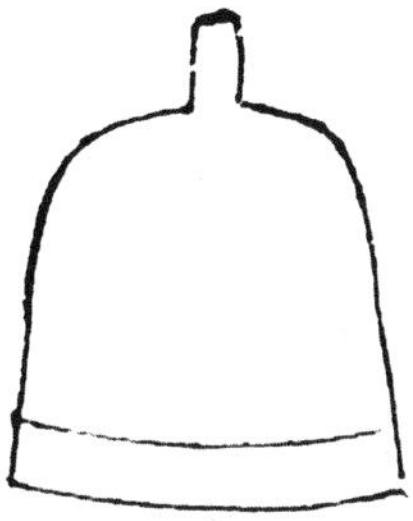

《鼓人》：「以金鐲節鼓。」《司馬》職：「公司馬執鐲，軍行鳴鐲。」《詩》曰：「鉦人伐鼓。」《國語》曰：「鼓丁寧。」《春秋傳》曰：「射汏輈而著於丁寧。」《說文》曰：「鐲，鉦也。」韋昭曰：「丁寧，鉦也。」然則鉦也，丁寧也，皆鐲之異名。鄭康成曰：「鐲如小鍾，軍行鳴之，以爲鼓節。」

鐃

鄭康成曰：「鐃如鈴，無舌，有秉，執而鳴之以止鼓。」《說文》曰：「鉦，鐃也。鐃，小鉦也，似鈴，柄中上下通。」《樂記》曰「始奏以文」，則登歌《清廟》之類也；「復亂以武」，則下管《象》之類也。鄭氏以文爲鼓，武爲鐃，豈其然乎？

❶「工」，原誤作「之」，今據明本、庫本、嘉慶本改。
❷「虡」，原誤作「虛」，今據明本、庫本、嘉慶本改。

金鐸

木鐸

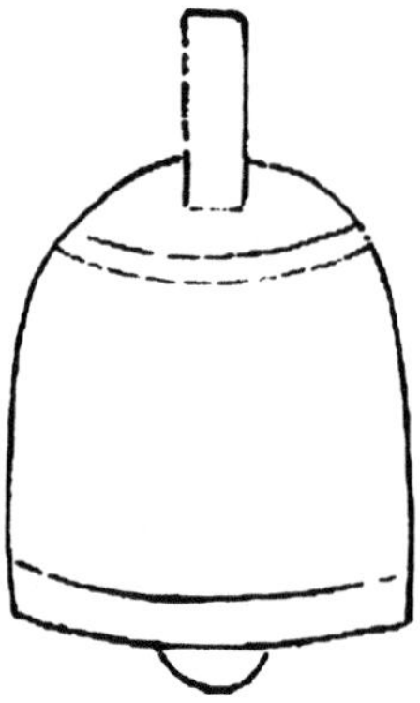

《鼓人》：「以金鐸通鼓。」《司馬》職曰：「兩司馬執鐸。」又曰：「三鼓，摝鐸。」「三鼓，振鐸。」《司馬法》曰：「鼓聲不過閶，鼙聲不過闒，❶鐸聲不過琅。」鄭康成、許慎皆曰：「鐸，大鈴也。」蓋鐸有金鐸，有木鐸。❷金鐸舌以金，木鐸舌以木。金鐸振武事，若司馬之振鐸、摝鐸。揜上振之謂之摝。黃池之會，官師振鐸是也。木鐸振文事，若《書》、《禮》所言「徇以木鐸」是也。《小宰》：「徇以木鐸。」《鄉師》：「以木鐸徇于市朝。」《樂記》曰：「天子夾振之。」鄭氏謂：「王與大將夾舞者，振鐸以爲節。」鐸雖用之於樂，然非王與大將振之也。晉荀氏得趙人牛鐸，然後能諧樂。則古人之爲鐸、鐲、鐃、錞，施於聲律，皆有當也。今大樂有二種鐸，❸以道武舞。木爲柄者謂之單頭鐸，金爲

❶「闒」，原誤作「闓」，今據嘉慶本及《周禮·司馬》鄭注引《司馬法》改。

❷「鐸」，原誤作「王」，今據明本、庫本、嘉慶本改。

❸「種」，原誤作「律」，今據明本、庫本、嘉慶本改。

柄而兩鐸相屬者謂之雙頭鐸，❶非古也。

禮書卷第一百二十終

❶「金」，原誤作「今」，今據明本、庫本、嘉慶本改。

禮書卷第一百二十一

鼓制　土鼓　蕢桴　足鼓　楹鼓

鼓制

《鼓人》：「掌教六鼓、四金之音聲，以節聲樂，以和軍旅，以正田役。「音聲，五〔聲〕合和者。」教爲鼓，而辨其聲用：以靁鼓鼓神祀，「靁鼓，八〔面〕鼓也。神祀，祀天神。」以靈鼓鼓社祭，「靈鼓，六面鼓也。社祭，祭地示。」以路鼓鼓鬼享，「路鼓，四面鼓也。」以鼖鼓鼓軍事，「大鼓謂之鼖，鼖鼓長八尺。」以鼛鼓鼓役事，「鼛鼓長丈二尺。」以晉鼓鼓金奏，「晉鼓長六尺六寸。金奏，謂樂作擊編鍾。」以金錞和鼓，「錞，錞于也。圜如碓頭，大上小下，樂作鳴之，與鼓相和。」以金鐲節鼓，「鐲，鉦也，形如小鍾，軍行鳴之，以爲鼓節。《司馬》職曰：『軍行鳴鐲。』」以金鐃止鼓，「鐃如鈴，無舌，有秉，執而鳴之，以止擊鼓。《司馬》職曰：『鳴鐃且卻。』」以金鐸通鼓。「鐸，大鈴也，振之以通鼓。《司馬》職曰：『司馬振鐸。』」凡祭祀百物之神，鼓兵舞、帗舞者。「兵謂干戚也。帗，列五采繒爲之，有秉，皆舞者所執。」凡軍旅，夜鼓鼜，「鼜，夜戒守鼓也。❶《司馬法》曰：『昏鼓四通爲大鼜，夜半三通爲晨戒，旦明五通爲發昫。』」軍動則鼓其衆，田役亦如之。救日月則詔王鼓，「救日月食，王必擊鼓者，聲大異。《春秋傳》曰：『非日月之眚不鼓。』」《大司樂》：「靁鼓、靁鼗，冬日至，於地上之圜丘奏之，若樂六變，

❶「鼜夜戒守」至「發昫」三十一字原前後誤倒，自「大鼜」至「發昫」十六字原錯出於「鼜夜」之上，今據明本、庫本、嘉慶本乙正。然明本、庫本、嘉慶本「昫」作「朐」，誤也。

則天神皆降，可得而禮矣。靈鼓、靈鼗，夏日至，於澤上之方丘奏之，若樂八變，則地示皆出，可得而禮矣。路鼓、路鼗，於宗廟之中奏之，若樂九變，則人鬼可得而禮矣。王大食三宥，皆令奏鍾鼓。」《樂師》：「凡國之小事用樂者，令奏鍾鼓。饗食諸侯，序其樂事，令奏鍾鼓，令相，❶如祭之儀。燕射，帥射夫以弓矢舞。樂出入，令奏鍾鼓。」《大師》：「下管播樂器，令奏鼓朄。「朄，小鼓也。先擊小鼓，乃擊大鼓，小鼓爲大鼓先引，故曰朄。朄讀爲『道引』之引。❷玄謂鼓朄猶言擊朄，❸《詩》云『應朄縣鼓』。」大饗亦如之。」《小師》：「掌教鼓、鼗。」「出音曰鼓。鼗，如鼓而小，持其柄搖之，旁耳還自擊。」「下管，擊應鼓。」「應，鼙也。應與朄及朔皆小鼓也。其所用未聞。」「凡小祭祀、小樂事鼓朄。」《瞽矇》：「掌播鼗。」《眡瞭》：「凡樂事播鼗，❹賓射皆奏其鍾鼓。」《鍾師》：「凡樂事，以鍾鼓奏《九夏》。」《鎛師》：「凡軍之夜三鼜，皆鼓之，守鼜亦如之。」《籥章》：「掌土鼓豳籥。杜子春云：「土鼓，以瓦爲匡，以革爲兩面，可擊也。」中春，晝擊土鼓，歈《豳詩》以逆暑。中秋，夜迎寒，亦如之。凡國祈年于田祖，歈《豳雅》，擊土鼓，以樂田畯。國祭蜡，則歈《豳頌》，擊土鼓，以息老物。」《大司馬》：「中春，教振旅。辨鼓鐸、鐲鐃之用：王執路鼓，諸侯執賁鼓，軍將執晉鼓，師帥執提，旅帥執鼙。」「提，謂馬上鼓，有曲木提持鼓立馬髦上，故謂之提。」《考工記》：「韗人爲皋陶，「鄭司農云：『皋

❶「令相」至「舞樂」，原作小字，今據庫本改作大字。

❷「讀爲」，原誤作「爲讀」，今據明本、庫本、嘉慶本及《周禮・大師》鄭注改。

❸下「朄」原誤作「揚」，今據嘉慶本及《周禮・大師》鄭注改。

❹「鼗」下，原衍「鼓」字，嘉慶本此處空闕，《周禮・眡瞭》原文、下文同引亦無此字，今據刪。

陶，鼓木也。』玄謂鞠則陶，❶字從革。」❷長六尺有六寸，左右端廣六寸，中尺，厚三寸。「版中廣頭狹爲穹隆也。鄭司農云：『謂鼓木一判者，❸其兩端廣六寸，而其中央廣尺也。如此乃得有腹。』」穹者三之一。「鄭司農云：『穹讀爲志無空耶之空，謂鼓木腹穹隆者，居鼓三之一也。』玄謂穹讀如『穹蒼』之穹。穹隆者居鼓面三分之一，則其鼓四尺者，版穹一尺三寸三分寸之一也。倍之爲二尺六寸三分寸之二，加鼓四尺，穹之徑六尺六寸三分寸之二也。此鼓合二十版。」上三正。「鄭司農云：『謂兩頭一平，中央一平也。』玄謂三讀當爲參；正，直也。參直者，穹上一直，兩端又直，各居二十二寸，不弧曲也。此鼓兩面，以六鼓差之。賈侍中云『晉鼓大而短』，近晉鼓也。以晉鼓鼓金奏。」鼓長八尺，鼓四尺，中圍加三之一，謂之鼖。「中圍加三之一者，加於面之圍以三分之一也。面四尺，其圍十二尺，加以三分一四尺，則中圍十六尺，徑五尺三寸三分寸之一也。今亦合二十版，則版穹六寸三分寸之二耳。大鼓謂之鼖。以鼖鼓鼓軍事。鄭司農云：『鼓四尺，謂革所蒙者廣四尺也。』」爲皋鼓，長尋有四尺，鼓四尺，倨句，磬折。「以皋鼓鼓役事。磬折，中曲之，不參正也。中圍與鼖鼓同，以磬折爲異。」凡冒鼓，必以啓蟄之日。「啓蟄，孟春之中也。蟄蟲始聞靁聲而動，鼓所以取象也。冒，蒙鼓以革。」良鼓瑕如積環。「革調急也。」鼓大而短，則其聲疾而短聞；鼓小而長，則其聲舒而遠聞。」《大僕》：「建路鼓于大寢之門外，而掌其政。」《禮記・王制》：「天子賜諸侯之樂，則以柷將之；賜伯子男，則以鼗將之。」《月令》：「仲夏之月，命樂師修鞀、鞞、鼓。」《禮運》：「夫禮之初，蕢桴而土鼓。」《禮器》曰：「廟堂之下，縣鼓在西，應鼓在東。」《學記》：「鼓無當於五聲，五聲弗得弗和。」《樂

❶「鞠」，原不可辨識，今據《周禮・韗人》鄭注定之。
❷「革」，原不可辨識，今據《周禮・韗人》鄭注定之。
❸「一」，原誤作「節」，今據嘉慶本及《周禮・韗人》鄭注改。

記》：「會守拊鼓。」「鼓鼙之聲讙，讙以立動，動以進衆。君子聽鼓鼙之聲，則思將帥之臣。」「然後聖人作爲〔鞉、鼓〕、椌、〔楬、壎〕、篪，此六者，德音之音也。」《大射》：「建鼓在阼階西，南鼓。應鼙在其東，南鼓。西階之西頌磬，東面。其南鍾、鎛。一建鼓在其南，東鼓。朔鼙在其北。一建鼓在西階之東，❶南面。簜在建鼓之間。」《爾雅·釋樂》曰：「大鼓謂之鼖，小鼓謂之應。大鼗謂之麻，小鼗謂之料，❷徒擊鼓謂之咢。」《詩》曰「擊鼓其鏜」、「坎其擊鼓」、「鼉鼓逢逢」，又曰「應田縣鼓」、「鼗鼓淵淵」、「置我鞉鼓」。《風俗通》曰：「鼓者，郭也。春分之音，萬物皆鼓甲而出，故謂之鼓。」《易通卦驗》曰：「冬至，鼓用馬革，圓徑八尺一寸。夏至，鼓用牛皮，圓徑五尺一寸。」❸鄭氏曰：「馬，坎類也。」《荀卿》曰：「鼓象地。」堯有敢諫鼓。禹以五聲聽治，曰：「教寡人以道者擊鼓。」《左氏》曰：「分唐叔以密須之鼓。」《上林賦》：「建靈鼉之鼓。」

土鼓

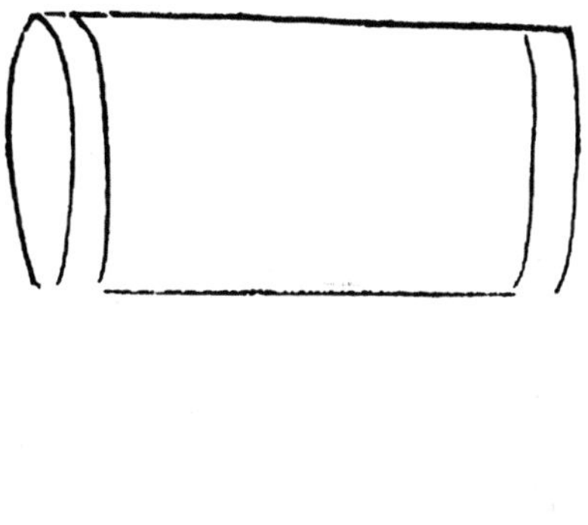

❶「鼓」，原脱，今據庫本、嘉慶本及《儀禮·大射》補。

❷「小」，原作「少」，今據庫本及《爾雅·釋樂》改。

❸「一」，《樂書》卷一百四十、《文獻通考》卷一百三十六《樂考》「革之屬」條、《初學記》卷十六《樂部下》、南宋潘自牧《記纂淵海》卷七十八同引則作「七」。

蕢桴

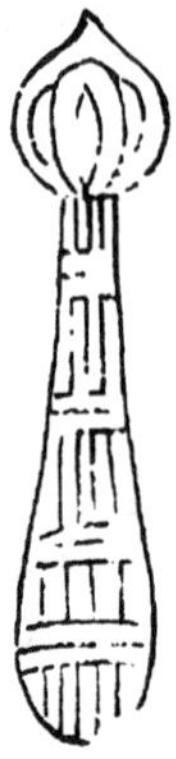

《禮記》曰：「夫禮之初，始諸飲食。❶蕢桴、土鼓，猶若可以致其敬於鬼神。」又曰：「土鼓、蕢桴、葦籥，伊耆氏之樂。」《世本》曰：「夷作鼓。」《周禮·籥章》：「春秋擊土鼓，吹《豳詩》以逆暑、迎寒。祈年，吹《豳雅》，擊土鼓，以樂田畯。祭蜡，吹《豳頌》，擊土鼓，以息老物。」蓋樂之作，本於籥，始於土鼓，而周家王業之興本於豳。逆暑、迎寒、祈年，皆本始民事。蜡息老物，則息使復本反始而已。故所擊者土鼓，所吹者豳籥也。《禮記》曰：「伊耆氏始爲蜡。」《周禮·伊耆氏》：「掌共王之杖。」咸以老者待杖然後安，猶老物待蜡然後息也。伊耆氏以有功於耆老著矣，故後世以其官爲姓，周人以其姓名官。先儒爲其始制鼓籥，又始爲蜡，於是以爲古王者之號。然古之制法者，隸首造曆，大撓作甲子，倉頡造書之類，豈皆古王者哉？果伊耆氏實古王者之號，周人固應尊異而神之，不宜列於銜枚氏、壺涿氏，而以下士之官名之也。土鼓，築土爲之也。杜子春曰：「土鼓，以瓦爲匡，❷以革爲面。」然《禮運》土鼓起於未合土之前，與《壺涿氏》炮土之鼓異矣。《禮運》、《明堂位》皆言「蕢桴」，蕢或作蒯，蓋結草以

❶「飲」，原誤作「侯」，今據明本、庫本、嘉慶本及《禮記·禮運》改。

❷「匡」，原誤作「皋陶」，今據《周禮·籥章》鄭注引杜子春及上文同引改。

爲桴也。鄭氏改蕡蒯爲凷，❶其説非也。鄭氏釋《籥章》，舉《明堂位》曰「蒯桴」。《白虎通》曰：「鼓，震音也。」《風俗通》曰：「鼓，春分之音。」《唐樂志》曰：「鼓者，冬至之音。」當從《唐樂志》爲正。韋昭曰：「正北曰坎，爲革。」

足鼓

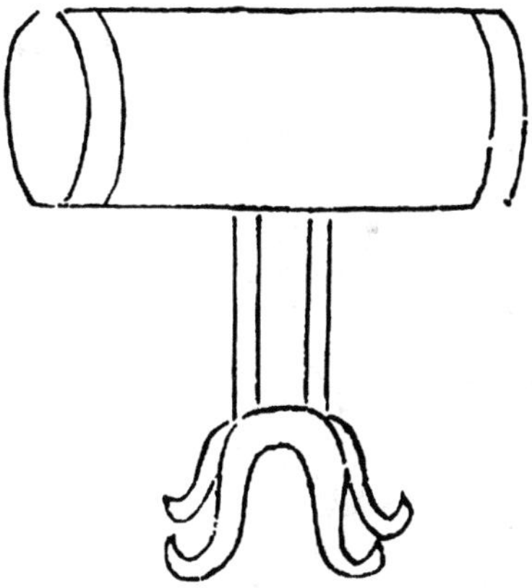

鼓，其聲象靁，其大象天，其於樂象君。故凡鼓瑟、鼓琴、鼓鍾、鼓簴、鼓缶，皆謂之鼓，以五音非鼓不節也。《明堂位》曰：「夏后氏之鼓足。」鄭康成曰：「足謂四足。」考之於《禮》，夏后氏尚黑，商尚白，周尚赤，則三代鼓色可知矣。春秋之時，楚伯棼射王鼓跗，然則兵車之鼓亦有足歟？

楹鼓

❶「凷」，原誤作「由」。按《禮記·禮運》鄭注：「蕢，讀爲凷。」《禮記·明堂位》鄭注：「蕢當爲凷。」所謂「鄭氏改蕡蒯爲凷」者，當指此也。今據庫本、嘉慶本改。

《商頌》曰：「置我鞉鼓。」《明堂位》曰：「商之楹鼓。」禮，公執桓圭，諸侯之葬有桓楹。鄭氏釋《周禮》曰：「雙植謂之桓。」釋《禮記》曰：「四植謂之桓。」則桓楹四稜；圭之所顯者，雙稜而已。楹鼓蓋爲一楹而四稜焉，貫鼓於其端。《周禮・大僕》：「建路鼓于大寢之門外。」《儀禮・大射》：「建鼓在阼階西，南鼓。」則其所建楹也。《莊子》曰：「負建鼓以求亡子。」❶建鼓可負，則以楹貫之可知。魏晉以後，復商制而樹之，謂之建鼓。隋制又棲翔鷺於其上；或曰鵠也，取其聲遠聞也；或曰鷺，鼓精也。越王勾踐建大路於康宮之端門，有雙鷺啄之而去，此其象也。或曰《詩》云「振振鷺，鷺于飛。鼓咽咽，醉言歸」，後世悲周之衰，❷故飾鼓以鷺，欲其風流存焉。國朝沿唐制，❸其高六尺六寸，中植以柱，設重斗方蓋，蒙以朱綢，張以絳紫繡羅，四角六龍竿，皆銜流蘇璧璜，五采羽爲飾于首，亦爲翔鷺。傍又扶二小鼓，左曰鞞，右曰應。然《詩》言「應田縣鼓」，則周制王之應田在縣鼓之側，不在建鼓傍矣。

禮書卷第一百二十一終

❶「以」下，原衍「亡」字。按《莊子・天運》云：「奚傑然若負建鼓而求亡子者耶？」嘉慶本此處空一格，今據删。

❷「世」，原誤作「出」，今據明本、庫本、嘉慶本改。

❸「沿」，原誤作「公」，今據明本、庫本、嘉慶本改。

禮書卷第一百二十二

晉鼓　靁鼓　靈鼓　路鼓　鼖鼓　提鼓

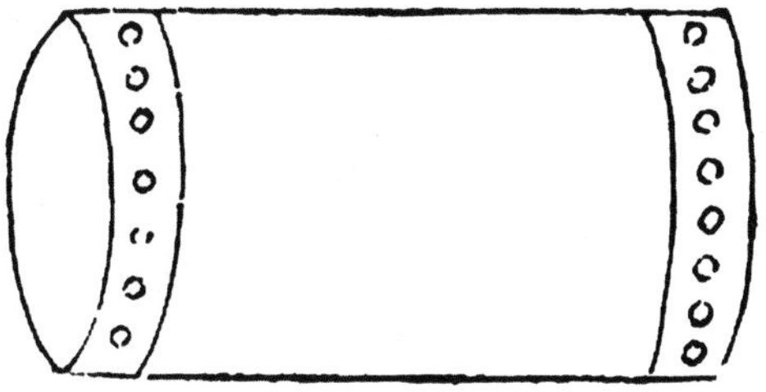

晉鼓

《考工記》：「韗人爲皐陶，長六尺有六寸，左右端廣六寸，中尺，厚三寸。穹者三之一。上三正。」先儒以爲晉鼓，其説是也。《鼓人》之六鼓有靁鼓、靈鼓、路鼓、鼖鼓、晉鼓、皐鼓，而路鼓以上不特左右端兩面而已，鼖鼓不特長六尺六寸而已，則長六尺六寸、左右端廣六寸，其爲晉鼓可知。《鼓人》：「以晉鼓鼓金奏。」《鎛師》：「掌金奏之鼓。」《鍾師》：「以鼓奏《九夏》。」此所以謂懸鼓也。《詩》曰：「應田懸鼓。」《明堂位》曰：「周人懸鼓。」《禮器》曰：「懸鼓在西。」然《司馬》春振旅，「軍將執晉鼓」。吴與越戰，「載常建鼓」，韋昭曰：「將軍執晉鼓。晉鼓建，謂爲楹而植之。」蓋晉鼓建之於軍，猶路鼓建之於寢，非此則不建矣。

靁鼓

靈鼓

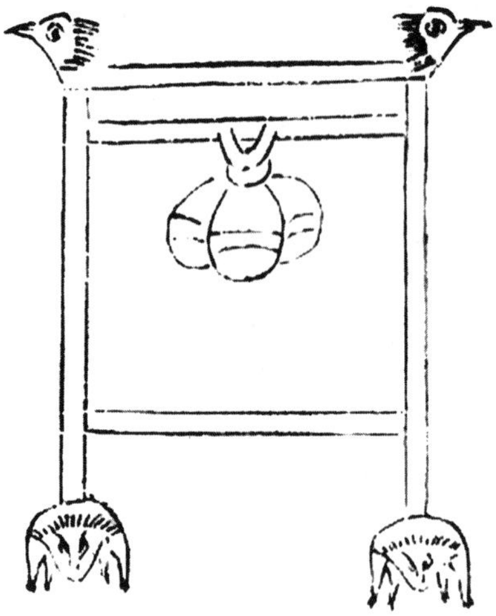

路鼓

《鼓人》：「靁鼓鼓神祀，靈鼓鼓社祭，路鼓鼓鬼享。」《大司樂》：「靁鼓、靁鼗，靈鼓、靈鼗，路鼓、路鼗。」鄭康成曰：「靁鼓八面，❶靈鼓六面，路鼓四面。」蓋以

❶「靁」，原誤作「靈」，今據嘉慶本及《周禮·大司樂》鄭注改。

鞞人爲晉鼓、鼛鼓、鼖鼓，三者非祭祀之鼓而兩面，則路鼓宜四面，靈鼓宜六面，靁鼓宜八面，亦或有所傳然也。鄭司農曰：「靁鼓六面，靈鼓四面，路鼓兩面。」蓋靁，天聲也。靁鼓鼓神祀，而救日月亦天事也，《鼓人》「救日月則詔王鼓」，先儒以爲鼓用靁鼓是也。靈，地德也。靈鼓鼓社祭，而攻猛獸亦地事也，《冥氏》「攻猛獸，以靈鼓毆之」是也。路鼓鼓鬼享，而田獵、達窮者與遽令亦用之，《司馬》「振旅，王執路鼓」，《大僕》「建路鼓于大寢之門外，以待達窮者與遽令」是也。晉鼓鼓金奏，而田獵亦用之，《司馬》「振旅，將軍執晉鼓」是也。《鼓人》言「詔王鼓」，《大僕》言「軍旅、田役贊王鼓」，《戎右》「詔贊王鼓」，鄭氏曰：「王通鼓，佐擊其餘面。」賈公彦曰：「王擊一面，大僕、戎右佐擊兩面，惟前一面不擊。」由此觀之，則路鼓四面又可知也。蓋詔則不贊，詔贊則不特詔而已。《大僕》、《戎右》皆言「贊王鼓」，則與《鼓人》所謂「詔」者異矣。

鼖鼓

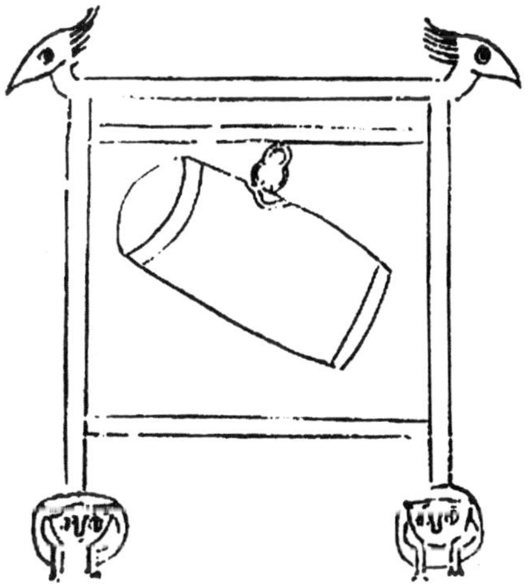

《鞞人》：「鼓長八尺，鼓四尺。四尺，鼓面也。中圍加三之一，謂之鼖鼓。」《鼓人》：「鼖鼓鼓軍事。」《司馬》：「中春振

旅，諸侯執鼖鼓。」《司馬法》曰：「十人之長執鉦，百人之師執鐸，千人之師執鼙，萬人之師執大鼓。」❶《鎛師》：「凡軍之夜三鼜，皆鼓之。」鄭氏謂：「鼓之以鼖鼓。」《司馬法》曰：「昏鼓四通爲大鼜，夜半三通爲晨戒，平旦五通爲發明。」❷此所謂三鼜也。《掌〔固〕》亦曰：「夜三鼜以戒號。」蓋鼖鼓之於軍，晝以作衆，夜以警之。《書》言「鼖鼓在西序」，《詩》言「鼖鼓維鏞」，則此鼖鼓與鼓軍事者異矣，是以周人尚之。沈約《宋書·樂志》曰：「長丈二尺曰鼜鼓，凡守備及役事鼓之。」然鄭氏云：「鼖鼓長八尺。」鼜鼓長丈二尺，鼜鼓役事不謂之鼜，則沈約之言誤矣。

提鼓

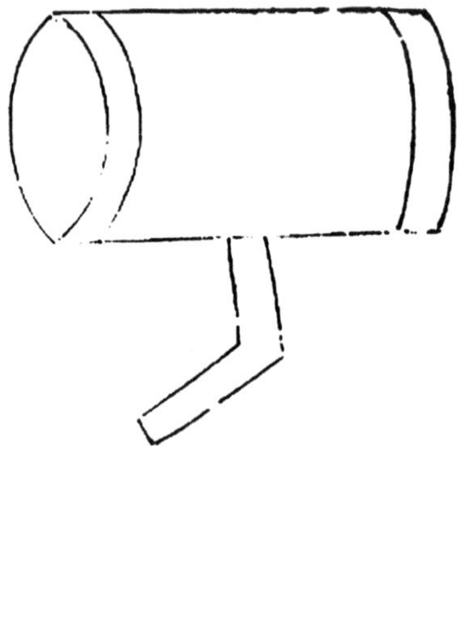

❶「師」，嘉慶本作「主」，《周禮·大司馬》職賈疏同引亦作「主」；《左傳》襄十三年孔疏同引作「將」，《太平御覽》卷三百三十八《兵部六十九》引《周髀》曰：「十人之長執銅，百人之師執鐸，千人之師執鼙，萬人之將執大鼓」，亦作「將」。

❷「明」，嘉慶本作「昫」，《周禮·鼓人》鄭注同引亦作「昫」。然「明」亦通，《樂書》卷四十八、卷一百十七、《文獻通考》卷一百三十六《樂考》「大鼜中鼜小鼜」條同引即作「明」。

《大司馬》春振旅，「師帥執提」。鄭氏曰：「馬上鼓，有曲木提持鼓立馬髦上者，故謂之提。」賈公彦曰：「鄭氏據當時有單騎舉以況周，❶其實周時無騎法也。」然《左傳》稱齊魯相遇，「以鞍爲几」，《禮記》稱「前有車騎」，《史記》稱趙靈王「胡服騎射」，蓋古者國容以車，軍容或有騎。

禮書卷第一百二十二終

❶「鄭氏」，《周禮·大司馬》賈疏本作「先鄭」；嘉慶本作「先鄭」，然其下有一空格，疑當是本賈疏於「鄭」上增「先」字，又以「氏」字爲衍而去之。

禮書卷第一百二十三

鼛鼓　鼖鼓　應鼓　朔鼓　拊

鼛鼓

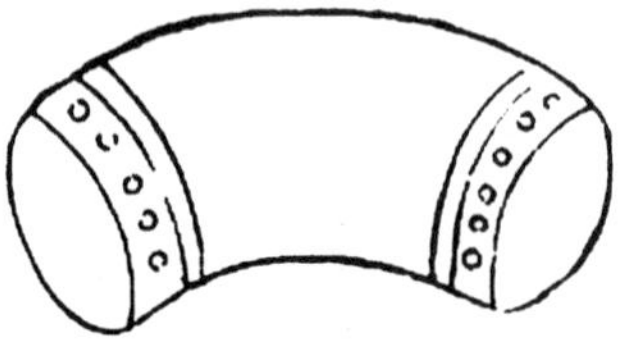

《韗人》：「爲皋鼓，長尋有四尺，鼓四尺，倨句，磬折。」則皋鼓中高而兩端下矣。《鼓人》曰：「以鼛鼓鼓役事。」《春秋傳》曰：「魯人之皋。」蓋皋，緩也。役事以勿亟爲義，故以皋鼓節之。古者上之使下以仁，常欲緩而不迫，故名鼓以「鼛」；下之事上以義，常欲敏而有功，故以鼓節之而弗止。《詩》曰：「鼛鼓弗勝。」

鼖鼓

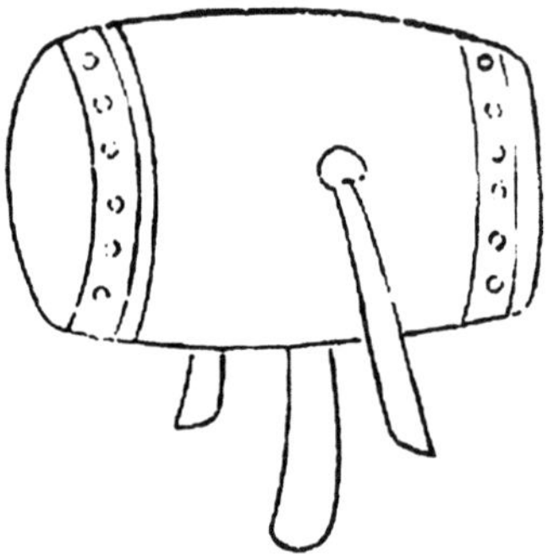

《月令》曰：「脩鞀音兆。❶ 鞞。」《世

❶「兆」，嘉慶本作「挑」。

紀》曰：「帝嚳命倕作鞞。」先儒謂小鼓有柄曰鞀，大鞀謂鞞。《爾雅》曰：「大鼗謂之麻，小者謂之料。」《儀禮・大射》：「鼗倚於頌磬〔西〕紘。」《〔周〕官・〔小〕師》：「掌教鼓鼗、柷、敔、塤、簫、管、絃、歌。」《瞽矇》：「掌播鼗、柷、敔、塤、簫、管、絃、歌。」《眡瞭》：「掌凡樂事播鼗，擊頌磬、笙磬。」漢大儺，侲子皆執大鞉。 蓋鼗之播也，有瞽矇者，有眡瞭者，而其制，鄭氏以爲「如鼓而小，持其柄搖之，旁耳還自擊」是也。《書》曰：「下管鼗鼓，合止柷敔。」《記》曰：「賜諸侯樂，以柷將之；賜伯子男，❶以鼗將之。」蓋柷以合樂，鼗則兆鼓而已，故其賜所以不同也。 孔穎達曰：「柷所以節一曲之始，其事寬，故以將諸侯之命；鼗所以節一唱之終，其事狹，故以將伯子男之命。」豈其然哉？❷《儀禮》諸侯之燕、大射，大夫、士之鄉射、鄉飲，皆有鼗無柷。諸侯之樂非無柷也，文不備爾。《白虎通》曰：「鞀者，震之氣也，上應卯星，以通五道，❸故謂之鞀。」其說無據。

鼛應鼓號應鼛，❹朔鼓號朔鼛。

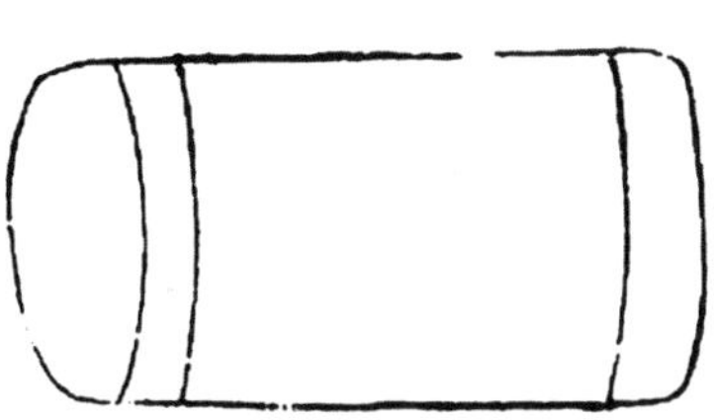

❶「伯」，原脱，今據嘉慶本及《禮記・王制》補。
❷「豈其」，原誤作「其豈」，今據庫本、嘉慶本改。
❸「以」，原誤作「心」，今據嘉慶本及《白虎通・社稷》改。
❹「應鼓」至「朔鼛」，原無，爲明本、庫本、嘉慶本所增。

《周禮・大師》：「大祭祀，下管播樂器，令奏鼓朄。」《小師》：「大祭祀，下管，擊應鼓；小祭祀，小樂事，鼓朄。」《儀禮・大射》：「建鼓在阼階西，南鼓；❶應鼙在其東，南鼓。西階之西頌磬，❷東面。其南鍾，其南鎛。皆南陳。一建鼓在其南，東鼓；朔鼙在其北。一建鼓在西階之東，南面。」《詩》曰：「應田縣鼓。」先儒以《詩》之「田」爲「朄」。朄，小鼓。應，應鼙也。《爾雅》曰：「大鼓謂之鼖，小者謂之應。」然則大祭祀皆鼓朄、擊應，《大射》有朔鼙、應鼙，《詩》又以應配朄，則朔鼙乃朄鼓也。以其引鼓焉，故曰「朄」；以其始鼓焉，故曰「朔」。是以《儀禮》有朔無朄，《周禮》有朄無朔。猶《儀禮》之玄酒，《周禮》之明水，其實一也。鄭氏以應與朄及朔爲三鼓，恐不然也。《大射》建鼓南鼓，應鼓亦南鼓而居其東；建鼓東鼓，朔鼙亦東鼓而居其北。則鼙與鼓比建，而鼙常在其左矣。朔作而應應之，朔在西，應在東，則凡樂之奏常先西矣。

❶「阼階西南鼓」，原作小字，今據明本、庫本、嘉慶本改作大字。「南」下，原衍「鬻」字，嘉慶本此處空一格，《儀禮・大射》原文無「鬻」字，今據删。

❷「鼓西階之」，原作左側單行小字，今據明本、庫本、嘉慶本改作大字正文。「頌磬」至「南面」凡三十六字，原作小字，然此實《儀禮・大射》經文，與上文相接，今據改作大字正文。

拊相

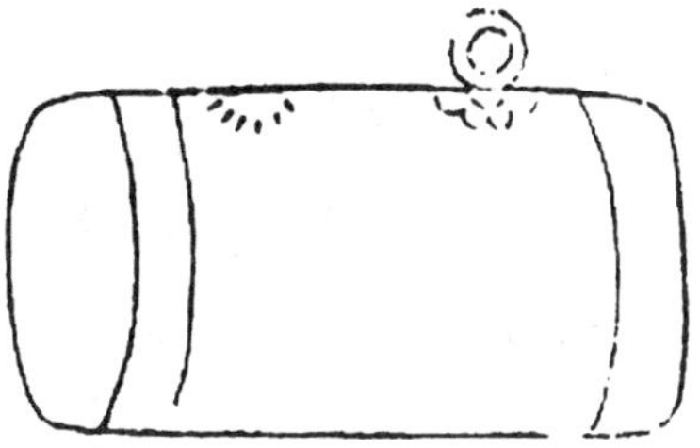

拊之爲物，以韋爲之，狀若鼓然，《書傳》所謂「以韋爲鼓，❶謂之搏拊」是也。實之以糠，《白虎通》所謂「拊革著以糠」是也。其設則堂上，《書》所謂「搏拊」是也。其用則先歌，《周禮》所謂「登歌，令奏擊拊」是也。《荀卿》曰：「鞉、拊、椌、楬似萬物。」又曰：「縣一鍾而尚拊。」《大戴禮》曰：「縣一磬而尚拊。」子夏曰：「絃、匏、笙、簧，會守拊鼓，始奏以文，復亂以武，治亂以相，訊疾以雅。」言「尚拊」，則拊在一鍾、一磬之東也。言「會守拊鼓」，則衆樂待其動而後作也。既曰「會守拊鼓」，又曰「治亂以相」，則相非拊也。鄭氏以相爲拊，誤矣。拊，《書》謂之搏拊，《明堂位》謂之拊搏，蓋以其或搏或拊，莫適先後也。《爾雅》：「和樂謂之節。」或說節即相也。晉傅休奕《節賦》曰：「口非節不詠，手非節不拊。」江左清樂有節鼓，唐雅樂升歌用之，其詳不可考也。

禮書卷第一百二十三終

❶「謂以」，原誤作「以謂」，今據嘉慶本改。

禮書卷第一百二十四

雅　壎　缶　琴　瑟

雅

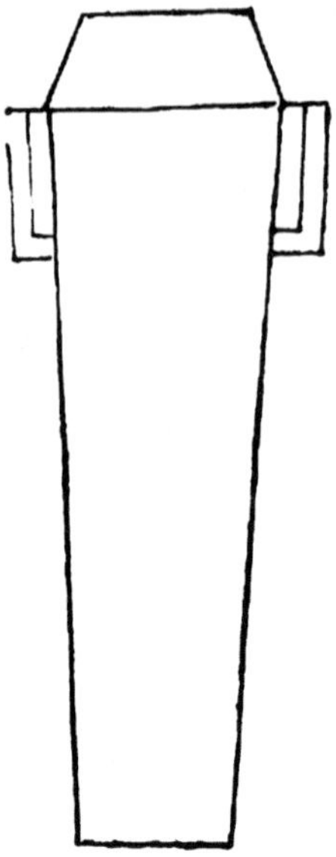

《周禮·笙師》：「掌教舂牘、應、雅，以教祴樂。」鄭司農云：「雅，狀如漆筩而弇口，大二圍，長五尺六寸，以羊韋鞔之，有兩紐，疏畫。」此約漢法云然也。鄭康成曰：「雅中有椎。」《樂記》注。「祴樂，《祴夏》之樂。牘、應、雅教其舂者，謂以築地。笙師教之，則三器在庭可知矣。賓醉而出，奏《祴夏》，以此三器築地，爲之行節。」《樂記》曰：「訊疾以雅。」孔穎達曰：「舞者訊疾，奏此雅器以應之。」蓋樂者，正也。❶ 賓出而舂雅，欲其醉而不失正也。工舞而奏雅，欲其迅疾而不失正也。賓出之奏雅，有祴樂，則工舞之奏雅，各以其舞之曲歟？

❶「蓋樂者正也」，依文意，疑「樂」當作「雅」。然宋衛湜《禮記集説》卷九十八、元吴澄《禮記纂言》卷三十六《樂記》引此即作「樂」，是宋本即如此。姑存之。

壎

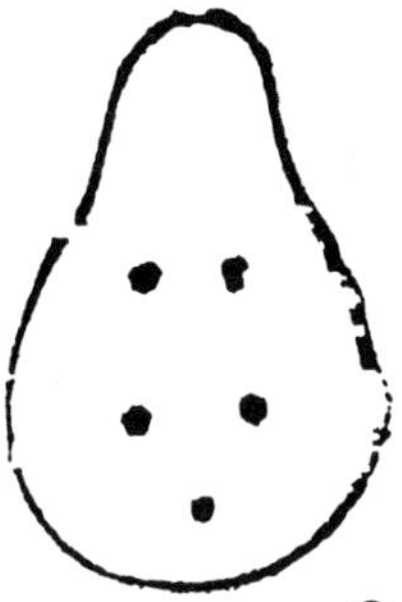

❶

《何人斯》，蘇公刺暴公之詩也。以「伯氏吹壎，仲氏吹箎」，託親愛之意而已。《世本》遂謂暴辛公作塤，蘇成公作箎。譙周譏之，宜矣。然周謂暴公善塤，蘇公善箎，不可考也。《周禮·小師》：「掌教塤。」《瞽矇》：「掌播塤。」《爾雅》曰：「大塤謂之嘂。」《廣雅》云：「塤象秤錘，以土爲之，六孔。」鄭司農釋《周禮》，郭璞釋《爾雅》，其説皆然。郭璞又謂：「鋭上平底，大者如鵝子，小者如雞子。」蓋塤之大小不同而同於六孔。《白虎通》曰：「塤，坎音也。管，艮音也。塤在十一月，陽氣於黄泉之下薰蒸而萌。」《唐樂志》曰：「壎，嚑也，立秋之音，萬物將嚑黄也。」《舊圖》：「大塤謂之雅塤，小者謂之頌塤。」然塤，土也，土位在坤而時立秋，則《唐志》之説是，而《白虎通》之説非矣。

缶

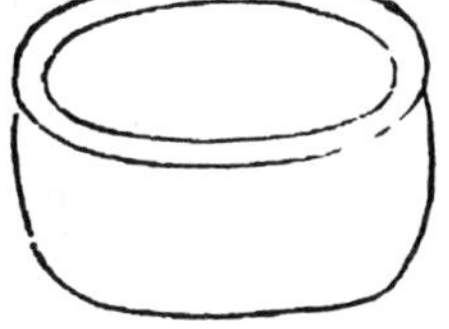

《爾雅》曰：「盎謂之缶。」《易》曰：「不鼓缶而歌，則大耋之嗟，凶。」《詩》曰：「坎其擊缶，宛丘之下。」《國語》曰：「瓦、絲尚宮。」澠池之會，秦王爲趙王擊

❶ 此爲底本圖，明本、庫本、嘉慶本少五孔，誤也。

缶。❶李斯曰：「擊甕扣缶，真秦聲也。」蓋缶，古之樂器，秦尚之。劉安曰：「窮鄉之社，扣瓮拊瓶，相和而歌，自以爲樂。」亦擊缶之類也。呂不韋曰：「堯使鄭以麋輅置缶而鼓之。」❷此不可考也。

琴

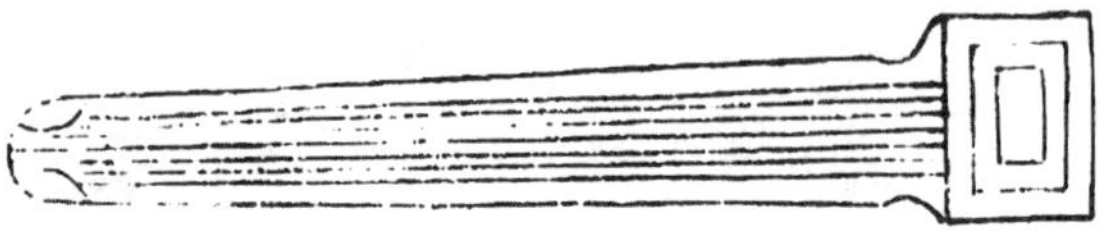

《琴操》曰：「伏犧作琴。」《世本》曰：「神農作琴。」《樂記》曰：「舜作五絃之琴，以歌《南風》。」或曰帝俊生晏龍，龍作琴瑟。郭璞曰：「俊即舜也。」《明堂位》曰：「大琴、大瑟、中琴、中瑟，四代之樂器也。」《爾雅》曰：「大瑟謂之灑，大琴謂之離。」❸《白虎通》曰：「琴者，禁也，禁邪以正人心也。」《樂書》曰：「琴長八尺一寸，正度也。絃大者爲君而居中央，商居右旁，其餘大小相次，不失其序，則君臣之位正矣。」《廣雅》曰：「琴長三尺六寸六分。」象三百六十有六日。五絃象五行，大絃爲君，寬和而溫；小絃爲臣，清廉不亂。騶忌子謂

❶「爲」，原作「謂」，今據《史記・廉頗藺相如列傳》改。
❷「置」，原誤作「冥」，今據嘉慶本改。
❸「離」下，原衍「一」字，今據明本、庫本、嘉慶本及《爾雅・釋樂》刪。

齊威王曰：「大絃濁以春温者，君也；小絃廉折以清者，臣也。」文王、武王加二絃，以合君臣之恩。《琴操》曰：「廣六寸，象六合也。又上曰池，言其平；下曰濵，言其服；前廣後狹象尊卑；上圜下方象天地。」然琴之大小雖不同，不過五絃、七絃而已。先儒釋《爾雅》，謂大琴二十七絃，或作於伏犧，或作於神農。不可考也。其長或八尺一寸，或三尺六寸六分，蓋大琴、中琴之辨歟？《春秋傳》：「穆姜擇美檟，自爲頌琴。」杜預謂：「頌琴猶言雅琴。」

瑟

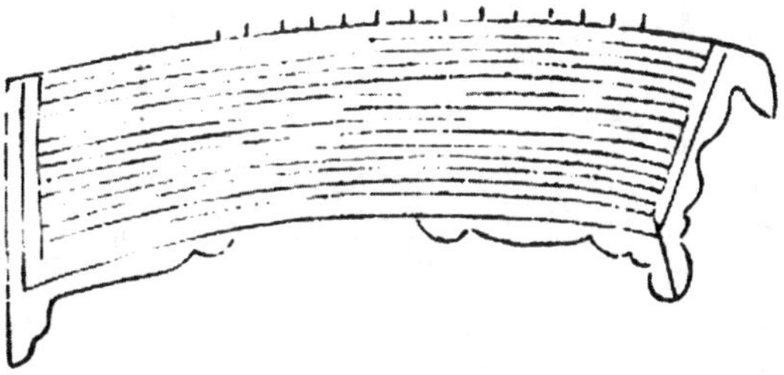

《世本》曰：「庖犧作瑟五十絃，黄帝使素女鼓之，哀不自勝，乃破爲二十五絃，具二均聲。」或曰朱襄氏之臣士達造五絃琴。《爾雅》曰：「大瑟謂之灑。」《鄉飲酒禮》：「二人皆左何瑟，後首，挎越。」《燕禮》

曰：「小臣左何瑟，面鼓，執越。」《樂記》曰：「清廟之瑟，朱絃而疏越。」《尚書大傳》曰：「大琴練絃達越，大瑟朱絃達越。」蓋越，底孔也。疏，達通之也。朱絃，練而朱之也。蓋絲不練則勁而聲清，練則熟而聲濁。孔小則聲急，大則聲遲。故疏越以遲其聲，然後不至於太急；練絲以濁其聲，然後不失之太清。《舊圖》：「雅瑟長八尺一寸，廣一尺八寸，二十三絃，其常用者十九絃，其餘四絃謂之番。番，贏也。頌瑟長七尺二寸，廣尺八寸，❶二十五絃盡用之。」此蓋有所傳然也。《周禮·小師》：「掌教絃、歌。」《瞽矇》：「掌教琴瑟。」《大司樂》：「雲和之琴瑟，冬日至，圜丘奏之。空桑之琴瑟，夏日至，方丘奏之。龍門之琴瑟，宗廟奏之。」則鼓瑟未嘗無琴也。《樂記》獨言「清廟之瑟」，《鄉飲酒》、《燕禮》亦獨言瑟者，舉其大者故也。後世高漸離之擊筑，似箏，細項。蒙恬之造箏，漢之琵琶、箜篌，《風俗通》曰：「漢武帝樂人侯調作坎侯。」《釋名》曰：「師延所作。」晉之阮咸，此皆放琴瑟而爲之歟。《易通卦驗》：「冬至日，使八能之士鼓黃鍾之瑟，瑟用槐，長八尺一寸。夏至日，瑟用桑，長五尺五寸。」❷槐取其氣上，桑取其垂下。

禮書卷一百二十四終

❶「寸」，原脱。按《爾雅·釋樂》邢疏引《禮圖》舊云：「頌瑟長七尺二寸，廣尺八寸，二十五絃盡用之。」聶崇義《三禮圖·投壺圖·瑟》：「頌瑟長七尺二寸，廣尺八寸，二十五弦盡用。」今據補。

❷下「五」，嘉慶本及《通典》卷一百四十四《樂典》「絲」條、《文獻通考》卷一百三十七《樂考》「絲之屬」條同引皆作「七」。

禮書卷第一百二十五

柷敔止籈牘應竽笙簫

柷

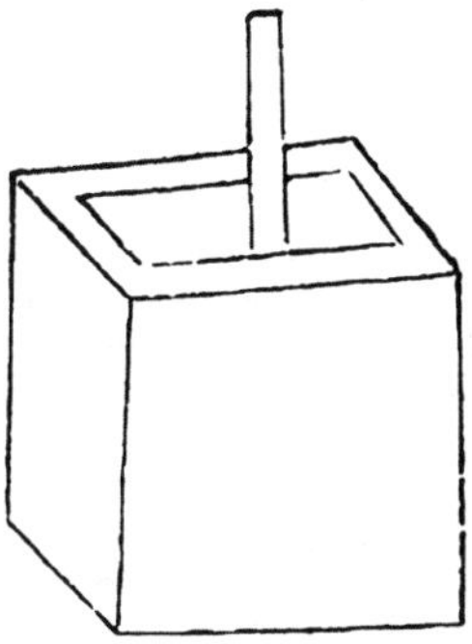

敔

止

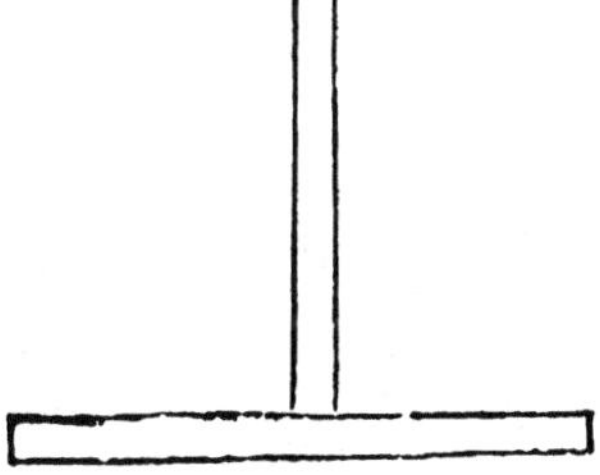

籈

《〔樂記〕》曰：「聖人作爲〔椌、楬〕。」《書》曰：「〔戛擊鳴球，合〕止柷敔。」《詩》曰：「鼗〔鼓柷圉。」《荀卿〕》曰：「〔鞉、柷、拊〕、椌、〔楬似萬物〕。」《明堂位》曰：「〔揩擊。」《周禮・小師》：「掌教播鼗、柷〕、敔。」蓋〔柷、敔以椌〕、楬爲體，〔椌、楬以〕戛、〔揩擊〕爲用，故椌、楬、戛、〔揩〕擊，先〔儒〕皆謂之柷敔也。《爾雅》曰：「所以鼓柷謂之止，所以鼓敔謂之籈。」先儒謂：「柷如漆桶，方二尺四寸，深一尺八寸，❶中有椎柄，連底撞之令左右擊。止者，其椎名也。敔如伏虎，背上有二十七鉏鋙，刻以木，長尺，櫟之。籈者，其名也。」❷此以漢大予樂言之。本朝依唐制，以竹爲籈，長二尺四寸，破一端爲十二莖。❸樂將止，先擊其首，次三戛之。蓋鼓柷謂之止，欲戒止於其早也；鼓敔謂之籈，欲修潔於其後也。

❶「一」，原誤作「二」。按《爾雅・釋樂》郭注、《通典》卷一百四十四《樂典》「木」條皆曰：「柷如漆桶，方二尺四寸，深一尺八寸。」陳氏所謂「先儒謂」者，當指此類也。今據嘉慶本改。

❷「其」下，原衍「戛」字。按此所謂「先儒謂」者，實乃引據《爾雅・釋樂》郭注，而郭注無「戛」字。今據删。

❸「莖」，原漫漶不清。唐王涇《大唐郊祀志》卷二云：「敔，形如伏虎，背上有二十七鉏鋙，以竹長二尺四寸，破爲十二莖。」清查繼佐《罪惟録・樂志》云：「唐宋以竹爲籈，長二尺四寸，破一端爲十二莖。」今據補。明本、嘉慶本作「䈂」，即「莖」之異體也。

柷方二尺四寸，陰也；敔二十七齟齬，陽也。樂作，陽也，以陰數成之；樂止，陰也，以陽數成之。固天地自然之理也。聲之所出，以虛爲本。桐虛而不實，故爲琴瑟；穅虛而不實，故爲搏拊。虛以虛，然後可設；椌以空，然後可擊。及其止，則歸於實焉。故敔爲伏虎之形，則實而已。

牘

應

《笙師》：「掌教舂牘、應、雅，以教祴樂。」鄭司農曰：「牘以竹，大五六寸，長七尺，短者一二尺，虛中。筩無底，其端有兩空，肆畫，以兩手築地。應長六尺五寸，其中有椎。」

竽

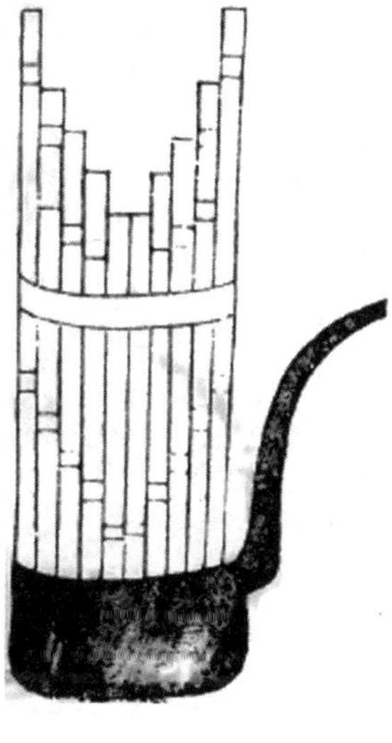

笙

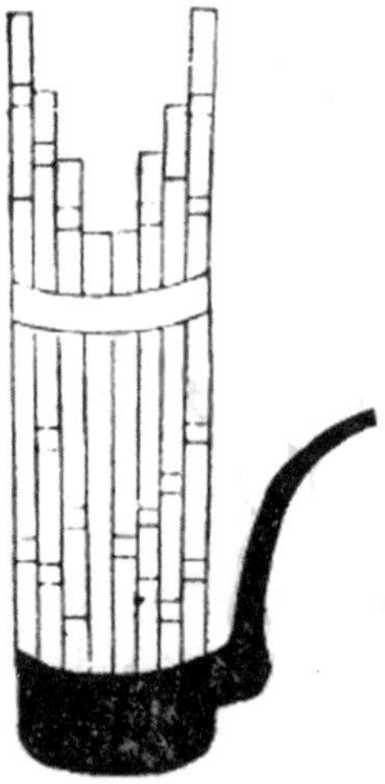

《禮記》曰：「女媧之笙簧。」《世本》曰：「隨作笙。」《儀禮》曰：「三笙一和而成聲。」❶《周禮·笙師》：「掌教吹竽、笙。」《爾雅》曰：「大笙謂之巢，小者謂之和。」先儒謂笙列管匏中，施簧管端，大者十九簧，小者十三簧，竽三十六簧。笙長四尺，竽長四尺二寸。簧，金鍱爲之。蓋衆管在匏，有巢之象，故大笙曰巢。大者倡，小者和，小笙曰和。後世雅樂，和皆二十七簧，外設二管，不定置，謂之義管，每變均易調，則更用焉。由是定置二管於匏中，爲十九簧。《書》曰：「笙鏞以間。」《笙師》：「祭祀、饗、射，共鍾笙之樂。」❷鄭氏曰：「與鍾相應之笙。」《國語》曰：「金石以動之，絲竹以行之。」則笙鏞雖間作，其動之於始則金石而已。《韓非》曰：「竽者五聲之長，故竽先則鍾瑟皆隨，竽唱則諸樂皆和。」蓋後世之樂然也。

❶「三」，原誤作「二」，今據嘉慶本及《儀禮·鄉射》改。

❷「射」，原誤作「食」；「鍾笙」，原誤作「笙鍾」，今據《周禮·笙師》及本書卷第一百五、第一百二十七同引改。

簫大者二十四管，❶小者十六管。

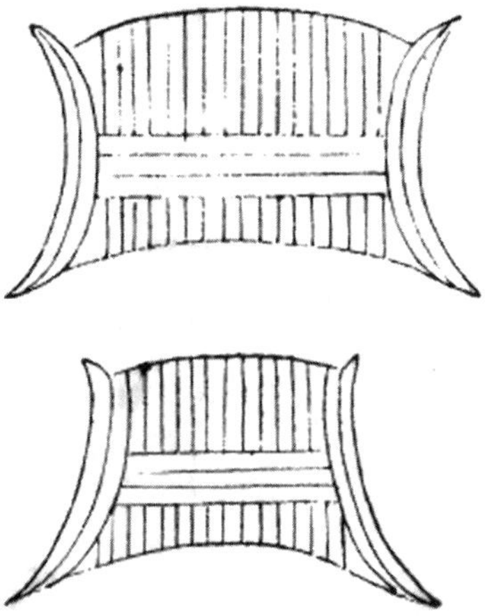

《小師》：「掌教簫、管、絃、歌。」《笙師》：「掌教吹竽、笙、塤、籥、簫、篪。」《書》曰：「笙鏞以間，《簫韶》九成。」《詩》：「簫管備舉。」《禮》：「從以簫管。」《書》於簫言「樂成」，《詩》於簫言「備舉」，《禮》凡言簫多在笙竽之後，則簫之奏蓋後於笙矣。《爾雅》曰：「大簫謂之言，小者謂之筊。」《廣雅》曰：「籟謂之簫。」莊周曰：「人籟比竹是已。」《荀卿》曰：「鳳凰于飛，其翼若干，其聲若簫。」蓋簫比竹爲之，其狀鳳翼，其聲鳳聲，言與籟皆其異名也。郭璞曰：「言二十三管，長尺四寸。❷筊十六管，長尺二寸。」《風俗通》曰：「簫，十管，長二尺。」《易》說長尺四寸。鄭氏曰：「簫象鳥翼。鳥，火禽也。火生數二，成數七。夏時火用事。二七一十四，簫之長由此也。」《舊圖》：「雅簫長一尺四寸，二十四彄；頌簫長尺二寸，十彄。」《博雅》云：「簫大者二十四管，無底；小者十六管，有底。」蔡邕曰：「簫，編竹有底，長則濁，短則清。以密室其底而增損之則和。」蓋皆述其傳然也。漢元帝云：「吹洞簫。」謂之洞簫，蓋無底耳。

禮書卷一百二十五終

❶「二十四」，原誤作「一十四」。下注文引《博雅》云：「簫大者二十四管，無底；小者十六管，有底。」今據庫本、嘉慶本改。

❷「尺四寸」，原誤作「四尺」，今據嘉慶本及《爾雅·釋樂》郭注改。

禮書卷第一百二十六

篪　篴　籥　管　簫

篪

《周禮・笙師》：「掌教吹篪。」《爾雅》：「大篪謂之沂。」孫炎曰：「沂，悲也。」《釋名》曰：「篪，啼也，若嬰兒啼也。」郭璞曰：「篪以竹爲之，長尺四寸，圍三寸，一孔上出寸三分，名翹，橫吹之。小者尺二寸。」《廣雅》曰「八孔」，鄭司農曰「七孔」，不可考也。後世有胡篪，沈約曰：「胡篪出於胡吹，非雅器也。」

篴

《周禮・笙師》：「掌教篴。」杜子春曰：「竹篴，五孔。」馬融《笛賦》稱此器出於羌笛，舊四孔，京房加一孔以備五音。又《風俗通》曰：「漢武帝時，丘仲作笛，長尺四寸。」然漢以前固有笛矣。但尺四寸者，仲所作耳。❶後世有長笛，世傳蔡邕避難江南，宿於柯庭之館，仰眄竹椽，曰：「是良竹也。」取以爲笛，奇聲獨絶。一説邕經會稽高遷亭，見屋椽竹東間第十六可以爲笛，取用，果有

❶「仲」上，明本、嘉慶本增「丘」字，庫本增作「邱」字。

奇聲。❶有短笛，今樂府短笛，尺有咫。有橫笛，小篪也。梁《橫吹曲》曰：「下馬吹橫笛。」有義觜笛，如橫笛而加觜，西涼樂也。有七孔者，今大樂雅笛七孔。有八孔者，今有橫笛八孔。❷皆適一時之所造然也。笛一作篴，篪一作䶵。

籥

《明堂位》曰：「土鼓蕢籥，❸伊耆氏之樂也。」《周禮·笙師》：「掌教籥。」《籥師》：「掌教國子舞羽、吹籥。」《籥章》：「掌擊土鼓、吹豳籥。」❹蓋籥三孔，主中聲，而上下之律呂於是乎生，命之曰籥，以黍籥之法在是故也。羽舞皆執籥，以聲音之本在是故也。《詩》曰：「左手執籥。」《春秋》書：「仲遂卒于垂，壬午猶繹，萬入，去籥。」《公羊》曰：「去其有聲者，置其無聲者。」則吹籥而舞可知。《爾雅》曰：「大籥謂之産，其中謂之仲，其小謂之箹。」《廣雅》曰：「籥七孔。」毛萇曰：「籥六孔。」鄭康成曰：「籥如笛，三

❶「可以」，原脱；「奇」，原誤乙至「十六」下。《後漢書·蔡邕傳》李注引張騭《文士傳》曰：「邕告吴人曰：『吾昔嘗經會稽高遷亭，見屋椽竹東間第十六可以爲笛。』取用，果有異聲。」又引伏滔《長笛賦序》云：「柯亭之觀，以竹爲椽，邕取爲笛，奇聲獨絶。」按陳氏「一説」者，當即指此，而綜取二者成文，然誤脱「可以」，又誤乙「奇」至十六下，今據補、乙正。

❷兩「八孔」，原皆誤作「八空」。前言「七孔」，此自亦當爲「孔」。《樂書》卷一百三十曰：「今教坊用橫笛八孔鼓吹，世俗號爲龍頸笛焉。」其所繪「龍頸笛」圖正爲八孔。今據改。

❸「土」，原誤作「上」，今據庫本、嘉慶本及《禮記·明堂位》改。

❹「土」，原誤作「上」，今據明本、庫本、嘉慶本及《周禮·籥章》改。

孔。」郭璞曰：「籥三孔而短。」當從郭、鄭之説爲正也。❶

管

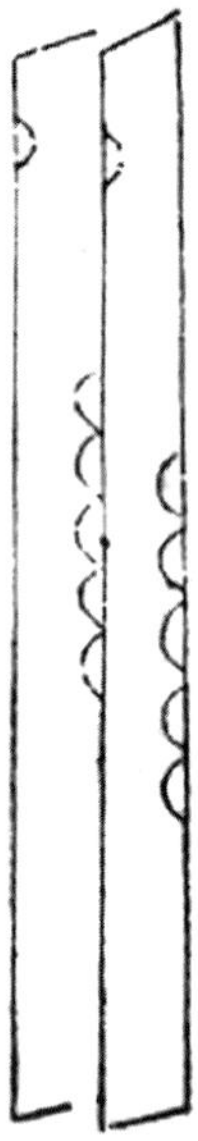

《書》曰：「下管鼗鼓。」《周禮・小師》：「掌教籥、❷管。」《瞽矇》：「掌播簫、管。」《笙師》：「掌吹竽、笙、塤、籥、簫、管。」《大司樂》圜丘孤竹管，方丘孫竹管，宗廟陰竹管；《燕禮》、《大射》皆下管《新宮》；《禮記》曰「下管《象》」；《詩》曰「磬管將將」、「簫管備舉」；《爾雅》曰「大管謂之簥，其中謂之篞，小者謂之篎」。鄭司農曰：「管如篪，六孔。」《説文》亦曰：「管六孔，十二月之音。」鄭康成曰：「管如笛而小，併兩而吹之，今大予樂官有焉。」《廣雅》云：「管象簫，長尺，圍寸，八孔，無底。」夫併兩而吹之，固象簫矣。管或作琯，則古者之管有以玉爲之也。《傳》稱西王母獻玉琯。

簧

《詩》曰：「吹笙鼓簧。」又曰：「並坐鼓簧。」又曰：「左執簧。」又曰：「巧言如簧。」《記》曰：「女媧之笙簧。」觀此，宜若簧非笙也。先儒皆以爲笙中之簧，其説拘矣。《漢武内傳》：「鼓振靈之簧。」《神

❶「爲」下，原衍「之」字。嘉慶本此處空一格，當是原有而删，今據删。

❷「籥」，《周禮・小師》云：「掌教鼓、鼗、柷、敔、塤、簫、管、弦、歌。」按此數種樂器，唯簫、管屬小題所謂管樂器，又下引《周禮》他篇、他書每簫、管並舉，故此「籥」疑當爲「簫」之誤。

仙傳》：「王遥有五舌竹簧。」然經無明說，豈亦古之遺制歟？

禮書卷第一百二十六終

禮書卷第一百二十七

堂上樂圖　王宮縣　諸侯軒縣　諸侯大射之縣

堂上樂圖❶

《書》曰：「戛擊、鳴球、搏拊、琴瑟，以詠。下管鼗鼓，合止柷敔，笙鏞以間。」而繼之以擊石、拊石。夫戛擊，柷敔也；鳴球，玉磬也；拊搏，鼓類也。是舜之時，堂上有戛擊，堂下有柷敔；堂上有鳴球，堂下有石磬；堂上有拊搏，堂下有鼗鼓也。《詩》言：「設業設虡，崇牙樹羽。應田縣鼓，鞉磬柷圉，簫管備舉。」皆在周之庭。《儀禮》樂虡皆在兩階之間，此堂下之樂也。《商頌》曰：「鞉鼓淵淵，嘒嘒管聲。既和且平，依我磬聲。」以言堂下之管鼓，依我堂上之磬聲也。《詩》注：「玉磬也。」觀《周書》有天球。春秋之時，齊國佐以玉磬賂晉；魯饑，

❶「堂上樂圖」，原脱，今據目録、卷首小目、明本、庫本、嘉慶本補。

文仲以玉磬告糴于齊。《荀卿》曰：「懸一鍾而尚拊。」《大戴禮》曰：「懸一磬而尚拊搏。」❶則自虞至周，堂上皆有玉磬矣。有磬必有鍾，此《荀卿》所以有一鍾之説也。《燕禮》、《鄉射》、《大射》皆「席工于西階上，北面東上」，則堂上之樂，蓋皆西陳而北面也。《儀禮》工入則瑟先歌後，獻工亦瑟先歌後，而樂正常立于西階東。《周禮》登歌先擊拊，是樂正居東，歌在瑟西，而瑟又在拊西。其他不可考也。《周禮·鼓人》：「以晉鼓鼓金奏。」《鎛師》：「掌金奏之鼓。」《鍾師》：「以鍾鼓奏《九夏》。」《記》曰：「入門而懸興。」《春秋傳》曰：「入門而金作。」《國語》曰：「金不過以動聲。」又曰：「金石以動之。」先儒謂「凡樂先擊鍾，次擊鼓」是也。《小胥》：❷「下管播樂器，令奏鼓朄。」《瞽矇》、《眡瞭》凡樂事先播鼗，朄則引大鼓者也。鼗，兆鼓者也。觀《眡瞭》「播鼗，擊頌磬、笙磬」，《詩》言鼗磬柷圉，《儀禮·大射》「鼗倚于頌磬西紘」，言鼗必及磬，設鼗必倚磬之紘，是鍾磬作則鼗作矣。及下管播樂器，而樂具作焉。乃鼓朄以先之，是鼗常在前，而朄常在後也。先王賜諸侯樂，則以柷將之；賜子男，❸則以鼗將之。以鼗不以朄，則鼗先於朄可知矣。鍾磬之應歌者曰頌鍾、頌磬，其應笙者曰笙鍾、笙磬。《春秋傳》有歌鍾，與頌鍾、頌磬之義同；《周禮》有鍾笙，《笙師》：

❶「尚」，原脱，今據《大戴禮·禮三本》及本書卷一百二十三同引補。
❷「小胥」。按此所引，出《周禮·大師》，而非《小胥》。
❸「子」上，嘉慶本據《禮記·王制》增「伯」字。

「祭祀、饗、射，共其鍾笙之樂。」與笙鍾、笙磬之意同。先儒謂磬在東曰笙，笙，生也；在西曰頌，頌或作庸，庸，功也。豈其然歟？然頌磬在西，笙磬在東；朔鼙在西，應鼙在東：是堂下之樂貴西也。堂下之樂貴西，堂上之樂上東者，貴西所以禮賓，上東於西階之上，亦以其近賓故也。觀《鄉飲酒》、《鄉射》之用樂，皆樂正告備于賓，特《燕禮》告備于公，以明君臣之分而已，則樂爲賓設可知矣。

樂縣

樂縣見於經者尤略，今姑推《儀禮·大射》、《燕禮》、《鄉射》鍾磬之位，存其大概於此。

王宮縣

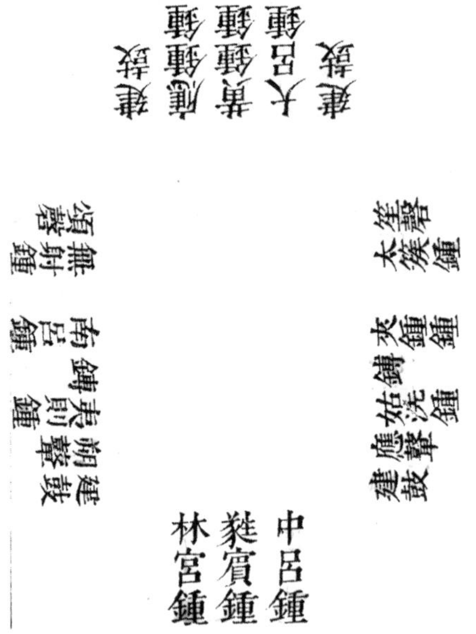

諸侯軒縣 軒縣，《左氏》所謂曲縣是也。

何休曰：「周，諸侯軒城。」則軒城猶軒縣。

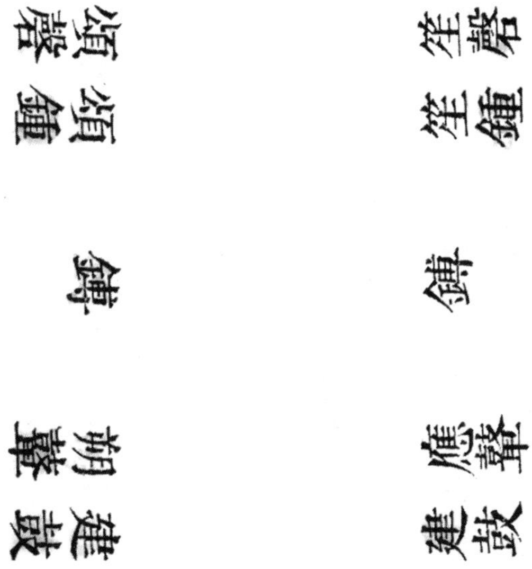

諸侯大射之縣

見大射門

鄉射之縣

見鄉射門

鄉飲樂

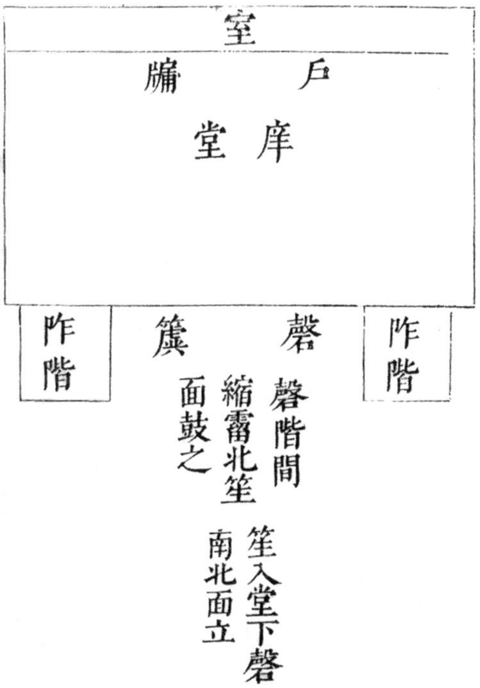

《周官・小胥》：❶「王宮縣，諸侯軒縣，卿大夫判縣，士特縣。凡縣鍾磬，半爲堵，全爲肆。」蓋縣鍾十二爲一堵，二堵爲一肆。堵言合，是以爲宮。肆言全，而後可以陳列也。宮縣象宮室，軒縣闕其南，判縣左右之合，特縣於東方或階間而已。諸侯之卿大夫半天子之卿大夫，諸侯之士半天子之士，則天子之卿大夫判縣，東西各一肆；東西各有鍾磬。諸侯之卿大夫判縣，東西各一堵。東磬西鍾。天子之士特縣，南一肆；諸侯之士特縣，南一堵。有磬無鍾。考之《儀禮・大射》：「樂人宿縣于阼階東：笙磬西面，其南笙鍾，其南鑮，皆南陳。建鼓在阼階西，南鼓。應鼙在其東，南鼓。西階之西頌磬，東面。其南鍾，先儒謂不言頌鍾，蒙上文。其南鑮，皆南陳。一建鼓在其南，東鼓。朔鼙在其北。一建鼓在西階之東，南面。簜在建鼓之間。鼗倚于頌磬西紘。」此於群臣備三面而已，非軒縣也。先儒以爲宮縣四面，皆鍾、磬、鑮；軒縣三面，亦鍾、磬、鑮；判縣有鍾磬而無鑮；特縣有磬而無鍾。大射避射位，北方鼓而已。此說是也。然則諸侯非大射，則阼階之建鼓蓋在東而南陳，應鼙在其北，與朔鼙相應。然則大射，阼階北方之鼓，非其常位也，《禮器》曰「廟堂之下，懸鼓在西，應鼓在東」是也。北齊之制，宮懸各設十二鍾於其辰位，四面設編鍾、編磬各一虡，合二十架，設建鼓於四隅，郊、廟、會同用之，此或髣髴古制歟？《鄉射》「笙入，立于縣中，西面」，則東縣磬而已；《鄉飲》「磬

❶「周官」，庫本作「周禮」。

階間縮霤，❶笙入，「磬南」，則縮縣磬而已，此士特縣之制也。《鄉射》避射位，故縣在東；《鄉飲》非避射位，故縣在南。《鄉射》有鄉大夫詢衆庶之事，《鄉飲酒》乃鄉大夫之禮，皆特縣者，以詢衆庶、賓賢能，非爲己也，故皆從士制。《燕禮》諸侯之禮，而工止四人，以從大夫之制，其意亦若此歟？鄭康成曰：「鍾磬二八在一虡爲一堵。」杜預曰：「縣鍾十六爲一肆。」服虔曰：「一縣十九鍾。」「十二鍾當十二辰，更加七律。」後周以鍾磬七正七倍，而縣十四。梁武帝以濁倍，三七而縣二十一。後魏公孫崇以鍾磬正倍，參縣之，正聲十二倍聲十二，而縣二十四。隋牛洪據《周官》鄭康成之説及《樂緯》「宮爲君，商爲臣，君臣皆尊，各置一枚」，❷故後周十四而縣十六。唐制分大小二調：以二十四枚爲大調，各有正倍，轉通諸均，天地、宗廟、蜡祭，大架用之；十六枚爲小調，正通黄鍾、林鍾二均，釋奠、小廟等小架用之。至於登歌、燕樂，亦縣十四或七枚爲一〔格。國〕朝因〔前代之制，止用十六枚，以〕十二枚爲正〔鍾，四〕枚爲清鍾。然〔考之於經，先王之樂〕，以十有二律爲之度數，以十有二聲爲之齊量。《國語》伶州鳩曰：「古者神瞽考中聲而量之以制，度律均鍾，紀之以三，平之以六，成於十二，天之道也。」唐段安節《樂府雜録》曰：「雅部十二鍾，每架各編鍾十二，各依律吕。」然則州鳩、安節之所述，皆與禮

❶「間」，原脱，今據《儀禮·鄉飲酒》及《五禮通考》卷七十《吉禮七十·宗廟制度》所引補。

❷「枚」，《册府元龜》卷五百六十八、《隋書》卷十五《音樂志下》、《樂書》卷一百十四同引作「副」。

合，是古者凡縣鍾磬不過十二，而旋宫備矣。後世增之以至十四、十六、十九、二十一、二十四，唐兼用之，以二十四爲大調，而其下止於七枚而已。蓋皆惑於清倍之法然也。或曰《左氏》云「中聲以降，五降之後，不容彈矣」，則降用半律爲清聲矣。《國語》武王「以夷則之上宫畢陳，以黄鍾之下宫布戎」。則上宫聲高爲清聲矣，以至晉師曠、師延之時亦有清角、清徵；晉人笛法，正聲應黄鍾，下徵應林鍾，則清聲所由來遠矣。特其用多寡不同，故有十三管之和，十九管之巢，三十六簧之竽，二十五絃之瑟，❶則清聲寓於其中可知矣。後世儒者以漢成帝犍爲郡水濱得古磬十六枚，正始中徐州薛城送玉磬十六枚，於是多宗鄭氏二八之説，用四清聲，以謂夷則、南吕、無射、應鍾四宫。管短，則減黄鍾、大吕、太蔟、姑洗四管之半，以爲清聲而應之，則樂音諧矣。

搏拊柷❷

編鍾 歌歌 歌歌

琴琴琴琴琴琴琴

笙笙笙笙笙笙笙

簫 七星匏 塤

❶「二十五」，原誤作「三十五」。按出土文物及文獻記載，古瑟皆二十五絃，而無三十五絃者；又本書卷一百二十四兩言瑟皆作二十五絃。今據明本、庫本、嘉慶本改。

❷此標題及圖、下標題及圖，原無，爲明本、庫本、嘉慶本所增，夾於「堂上樂圖」、「樂縣」圖之間，然不明所指，今附於卷末。

搏拊敔

歌歌
歌歌
編磬

琴琴琴琴琴琴琴

笙笙笙笙笙笙笙

塤
九耀匏
簫

禮書卷第一百二十七終

禮書卷第一百二十八

行以《肆夏》趨以《采薺》之儀　舞　武舞

行以《肆夏》趨以《采薺》之儀

《書傳》曰：「天子左五鍾右五鍾。出撞黄鍾，右五鍾皆應，然後大師奏登車，告出也；入撞蕤賓，左五鍾皆應，❶然後少師奏登堂就席，告入也。」先儒謂此十二辰零鍾，鎛也。❷然鎛小鍾，非大鍾也。《爾雅》曰：「堂上謂之行，堂下謂之步，門外謂之趨。」《周禮·樂師》「行以《肆夏》，趨以《采薺》」，自其出言之也，則黄鍾之鍾所以奏《肆夏》也。《禮記》「趨以《采薺》，行以《肆夏》」，自其入言之也，則蕤賓之鍾所以奏《采薺》也。出撞陽鍾而陰鍾應之，則動而節之以止也；入撞陰鍾而陽鍾應之，則止而濟之以動也。動而節之以止則無過舉，止而濟之以動則無廢功。後世儒者或謂出當言左應，入當言右應，黄鍾陽升出則升部皆應，蕤賓陽降入則降部皆應。❸其説誤矣！《周禮·鍾師》：「以鍾鼓奏《九夏》：《王夏》、《肆夏》、❹《昭夏》、《納夏》、《章夏》、《齊夏》、《族夏》、《裓夏》、《驁夏》。」《大司樂》：

❶「五」，原誤作「右」，今據嘉慶本及《周禮·樂師》鄭注引《書傳》、文意、嚴校改。

❷「鎛」上，原爲空格，明本、庫本、嘉慶本補「即」字。

❸「陽」，明本、庫本作「陰」。據文意，「陰」字似更爲妥帖，然文獻不足，不敢擅定，姑兩存之。

❹「肆」，原誤作「中」，今據明本、庫本、嘉慶本及《周禮·鍾師》改。

「大祭祀宿縣，遂以聲展之。王出入令奏《王夏》，尸出入令奏《肆夏》，牲出入令奏《昭夏》。大饗不入牲，其他皆如祭祀。大射，王出入令奏《王夏》。」蓋王於祭祀、大饗、大射，則出入奏《王夏》，非此則行以《肆夏》而已。《肆夏》非特施於王行也，享牧伯亦用焉，❶《春秋傳》稱「《三夏》，天子所以〔享〕元侯」是也。《左傳》曰：「金奏《肆夏》之三。」《國語》曰：「樂奏《肆夏》、《繁遏》、《渠》。」吕叔玉以《肆夏》爲《時邁》，❷《繁遏》爲《執競》，《渠》爲《思文》。杜預、韋昭謂《肆夏》一名《樊》，《昭夏》一名《遏》，《納夏》一名《渠》。鄭康成曰：「《夏》皆頌之族類，樂崩則《夏》章亦從而亡之。」非特享牧伯也，而送助祭者亦用焉，《禮記》稱「大饗，其王事歟？其出也，《肆夏》送之」是也。諸侯之禮有《肆夏》無《王夏》，大夫之禮有《陔夏》無《肆夏》。故燕禮奏《肆夏》，則諸侯有《肆夏》無《王夏》可知。鄉飲酒奏《陔夏》以送賓，而《禮》譏大夫之奏《肆夏》自趙文子始，則大夫有《陔夏》無《肆夏》可知。然《周禮》與《禮記》皆言「行以《肆夏》，趨以《采薺》」，《大戴禮記》則言「步中《采薺》，趨中《肆夏》」，誤也。夫王食則以樂侑之，言則以樂歌之，行則以《肆夏》、《采薺》以節之，登車則有鸞和以和之，然則王之所以言語、飲食、行趨、登車之際，無非樂音以樂之，樂禮以節之，❸則

❶「用」，庫本作「行」。

❷「邁」，原誤作「遇」，今據明本、庫本、嘉慶本及《周禮·鍾師》改。

❸「無非樂音以樂之，樂禮以節之」，明本、庫本作「無非樂音，樂以樂之，禮以節之」，嘉慶本與明本、庫本同，唯「音」作「者」。衛湜《禮記集説》卷七十六引此，與明本、庫本同。

純和之志不内散而非僻之心無自入焉。所謂「禮樂不可斯須去身」者，此也。《前漢志》云：「漢高祖時叔孫通制宗廟樂，皇帝入廟門奏《永至》以爲行步之節，猶古《采薺》、《肆夏》也。六年作《昭容》、《禮容》樂。《昭容》，猶古之《昭夏》也，主出《武德》舞；《禮容》者，主出《文始》、《五行》舞。❶入無樂者，將至至尊之前，不敢以樂也。出用樂者，言舞不失節，能以禮樂終也。」❷然《周禮》王與賓尸出入皆有樂，漢之《昭容》、《禮容》特主出樂而已。何承天曰：「今舞出樂謂之階步，步蕤賓廂作。」❸

舞

《封人》：「歌舞牲及毛炮之豚。」《鼓人》：「凡祭祀百物之神，鼓兵舞、帗舞者。」「帗，列五采繒爲之，❹有秉。皆舞者所執。」《舞師》：「掌教兵舞，帥而舞山川之祭祀。教帗舞，帥而舞社稷之祭祀。教羽舞，帥而舞四方之祭祀。教皇舞，帥而舞旱暵之事。」「羽，析白羽爲之，形如帗。鄭司農云，❺玄謂皇，析五采羽爲之，

❶「五」，原誤作「一」，今據明本、庫本、嘉慶本及《漢書·禮樂志》改。

❷「禮」，嘉慶本爲空格。

❸「步蕤賓廂作」，明本、嘉慶本作「步□賓□作」，庫本作「步階賓皆作」。按《樂府詩集》卷五十二「舞曲歌辭一」條、明馮惟訥《古詩紀》卷七十三「前舞階步歌」條、明梅鼎祚《古樂苑》卷二十七「前舞階步歌」條引《古今樂録》引何承天此語皆作「蕤賓廂作」；又《宋書》卷二十：「晉《正德之舞》，蕤賓廂作。」又曰：「晉《大豫之舞》，蕤賓廂作。」是「蕤賓廂作」之上不當有「步」字。

❹「繒」，原誤作「曾」，今據明本、庫本、嘉慶本及《周禮·鼓人》鄭注改。

❺「鄭司農云」，明本「云」作「曰」，司農所云「皇舞，蒙羽舞。書或爲翌，或爲義」則不引。嘉慶本「玄謂」作「皇舞，蒙羽舞」，是司農、康成之論不加區分。然「玄謂」者，實康成不從司農之辭也，是嘉慶本不明其異而混爲一談，應非陳氏本意。度陳氏之意，帗、羽、皇皆舞器，乃節引鄭注依次釋「帗」「羽」「皇」。司農意在釋「皇舞」，以此夾於「羽」、「皇」之釋間，殊爲不類也。故「鄭司農云」四字，當是衍辭。

亦如上。」❶《韎師》：「舞者十有六人。」《大司樂》：「以樂舞教國子舞《雲門》、《大卷》、《大咸》、《大韶》、《大夏》、《大濩》、《大武》。「此周所存六代之樂。黄帝曰《雲門》、《大卷》。❷黄帝能成名萬物，〔以〕明民共財，言其得如雲之出，民得以有族類。《大咸》，《咸池》，堯樂也。❸堯禪均刑法以儀民，❹言其〔德〕無所不施。《大韶》，舜樂也。言其德能紹堯之道也。《大夏》，禹樂也。❺禹治水敷土，❻言其德能大中國也。❼《大濩》，湯樂也。湯以寬治民而除其邪，❽言其得能使天下得其所也。❾《大武》，武王樂也。」以六律、六同、五聲、八音、六舞大合樂，以致鬼、神。❿雲和之琴瑟，《雲門》之舞，冬日至，於地上圜丘奏之。空桑之琴瑟，《咸池》之舞，夏日至，於澤中方丘奏之。龍門之琴瑟，《九德》之歌，《九韶》之舞，於宗廟之中奏之。」《樂師》：「掌國學之政，以教國子小舞。《内則》曰：「十三舞《勺》，成童舞《象》，二十舞《大夏》。」凡舞有帗舞，有羽舞，有皇舞，有旄舞，有干舞，有人舞。」鄭司農云：「帗舞者全羽；羽舞者

❶「上」，明本、庫本、嘉慶本及《周禮・鼓人》鄭注作「帗」。

❷「黄帝」，原皆誤作「王帝」，今據明本、庫本、嘉慶本及《周禮・大司樂》鄭注改。下「黄帝能成」同。「萬物」，原漫漶不清，明本、庫本作「方物」，嘉慶本及《周禮・大司樂》鄭注作「萬物」。當是底本用俗體「万」，致明本、庫本形訛爲「方」。今據嘉慶本及鄭注補。

❸「堯樂也」，原脱，今據《周禮・大司樂》鄭注及本段文例補。

❹「禪」，嘉慶本作「殫」。按此二字，《周禮注疏》各本已然不同，校勘諸家言殊。「法以儀」，原誤作「天八曾」，今據《周禮・大司樂》鄭注及明本、庫本、嘉慶本改。

❺「禹」，原誤作「有」，今據明本、庫本、嘉慶本及《周禮・大司樂》鄭注改。

❻「敷土」，原誤作「天吉」，明本、庫本、嘉慶本作「敷土」，與《周禮・大司樂》鄭注作「傅土」合，今據改。

❼「德」，原爲空格，今據明本、庫本、嘉慶本及《周禮・大司樂》鄭注補。

❽「邪」，原脱，今據《周禮・大司樂》鄭注補。

❾「言」，原誤作「信」，今據明本、庫本、嘉慶本及《周禮・大司樂》鄭注改。

❿「神」下，嘉慶本及《周禮・大司樂》有「示」字。

析羽；皇舞者以羽冒覆頭上，❶衣飾翡翠之羽；❷旄舞者，氂牛之尾；干舞者，❸兵舞；人舞者，手舞。社稷以帗，宗廟以羽，四方以皇，辟雍以旄，兵事以干，星辰以人舞。」《大胥》：「掌學士之版，春入學舍菜合舞，秋頒學合聲。以六樂之會正舞位，以序出入舞者。」《籥師》：「掌教國子舞羽龡籥，祭祀則鼓羽籥之舞，賓客、饗食亦如之。」《司干》：「掌舞器。祭祀，舞者既陳，則授舞器，既舞則受之。賓饗亦如之。」《大祝》：❹「來瞽，令皋舞。」《女巫》：「掌歲時祓除、釁浴，旱暵則舞雩。」《諸子》：「掌國子之倅。大祭祀，正六牲之體。凡樂，正舞位，授舞器。」《司兵》：「祭祀，授舞者兵。」《司戈盾》：「祭祀，授旅賁殳、故士戈盾，授舞者兵亦如之。」《禮記·郊特牲》：「諸侯之宮縣，而祭以白牡，❺擊玉磬，朱干設錫，❻冕而舞《大武》，乘大路，諸侯之僭禮也。」《明堂位》：「升歌《清廟》，下管《象》，朱干玉戚，冕而舞《大武》。」《樂記》：「凡音之起，由人心生也。人心之動，物使之然也。感於物而動，故形於聲。聲相應，故生變。變成方，謂之音。比音而樂之，及干戚羽旄，謂之樂。干戚之舞，非備樂也。其治民勞者，其舞行綴遠；其治民逸者，其舞行綴短。故觀其舞知其德。然後發以聲音，而文以琴瑟，動以干戚，飾以羽旄，從以簫

❶「冒」，原誤作「胃」，今據明本、庫本、嘉慶本及《周禮·樂師》鄭注改。

❷「翠」，原誤作「羽」，今據明本、庫本、嘉慶本及《周禮·樂師》鄭注改。

❸「舞」，原誤作「無」，今據明本、庫本、嘉慶本及《周禮·樂師》鄭注改。

❹「祝」，原誤作「侃」，今據明本、庫本、嘉慶本改。

❺「牡」，原誤作「牲」，今據《禮記·郊特牲》改。

❻「錫」，原誤作「埸」，今據明本、庫本、嘉慶本及《禮記·郊特牲》改。

管，奮至德之光，動四氣之和，以著萬物之理。詩言其志也，歌詠其聲也，舞動其容也。樂者非謂黃鍾大呂、絃歌干揚也，樂之末節也，故童者舞之。先鼓以警戒，三步以見方，再始以著往，復亂以飭歸，奮疾而不拔，極幽而不隱。然後鍾磬竽瑟以和之，干戚旄狄以舞之，❶此所以祭先王之廟也。且夫《武》，始而北出，再成而滅商，❷三成而南，四成而南國是疆，五成而分周公左召公右，六成復綴以崇。」《祭統》：「君致齊於外，夫人致齊於内，然後會於太廟。君純冕立於阼，夫人副褘立於東房。君執圭瓚祼尸，大宗執璋瓚亞祼。及舞，君執干戚就舞位。君爲東上，冕而揔干，率其群臣，以樂皇尸。是故天子之祭也，與天下樂之；諸侯之祭也，與竟内樂之。冕而揔干，率其群臣，以樂皇尸，此與竟内樂之之義也。」

武舞六成之位舞有〔表〕，有綴兆。❸鄭氏曰：「綴，謂酇舞者之位也。❹兆，其外營域也。」❺

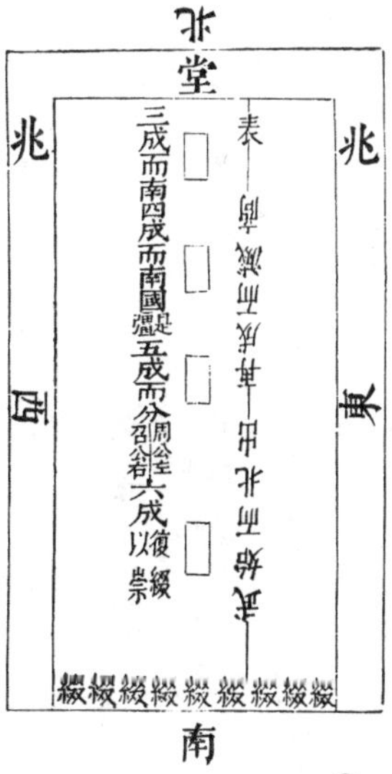

❻

❶「旄」，原有缺筆，似爲「旄」，今據明本、庫本及《禮記·樂記》補。

❷「滅商」，原爲兩空格，今據明本、庫本、嘉慶本及《禮記·樂記》補。

❸「綴」，原誤作「金」，今據明本、庫本、嘉慶本及圖中之文改。

❹「綴」，原誤作「也」；「位」，原誤作「作」，今皆據明本、庫本、嘉慶本及《禮記·樂記》鄭注改。

❺「域」，原誤作「成」，今據明本、庫本禮圖標題、嘉慶本及《禮記·樂記》鄭注改。

❻此圖原無，爲明本、庫本、嘉慶本所增。

《周官·大胥》：「以六樂之會正舞位。」《樂記》曰：「《武》始而北出，再成而滅商，三成而南，四成而南國是疆，五成而周公左召公右，六成復綴以崇天子。」又曰：「先鼓以警戒，三步而見方，再始以著往，復亂以飭歸。」先儒謂立四表於郊丘、廟廷，舞人自南表向二表爲一成，自二表至三表爲二成，自三表至北表爲三成。乃轉而南向，❶自一表至二爲四成，自二表至三爲五成，自三表至南表爲六成，則天神皆降。若八變，則又自南而北爲七成，自二表至三爲八成，則地祇皆出。若九變，又自三表至北表爲九成，❷人鬼可得而禮焉。蓋周都商之西南，商都周之東北，故舞始而北出，則至二表矣，此三步以見方者也。再成而滅商則至三表矣，此再始以著往者也。三成而南，則至四表矣。《家語》曰：「三成而南反。」四成而南國是疆，則又自北而南至二表矣。五成而分周公左召公右，則至三表矣。此復亂以飭歸者也。六成復綴以崇天子，《家語》曰：「以崇其天子。」則復初表矣。此樂終而德尊也。蓋《武》始而北出，則出表之東北，以商居東北故也。三成而南，則入表之西南，以周居西南故也。疆南國然後可得而分治，分治然後可得而復綴，分治繫於臣，故散而爲二，復綴統於君，故合而爲一。《樂記》言「復綴以崇天子」，繼以「夾振之而駟伐」者，又本其始也。何則？武舞四表所以象司馬之四表也，「夾振之而駟伐」所以象司馬振鐸，

❶「轉」，原誤作「人」，今據明本、庫本、嘉慶本改。
❷「自」，原誤作「有」，今據庫本、嘉慶本改。

師徒皆作也。夾振之而駟伐，《詩》所謂「駟騵彭彭」是也。復亂以飭歸，《國語》所謂「布憲施舍，謂之羸亂，以優柔容民」是也。司馬之四表三表百步，一表五十步。始則行而不驟趨，中則趨而不馳走，及四表則馳走之時也，故五十步而已。舞之四表，蓋不必然。

禮書卷第一百二十八終

禮書卷第一百二十九

文舞武舞之位　文舞武舞之飾　帗舞❶

羽舞　皇舞　旄舞

文舞武舞之位

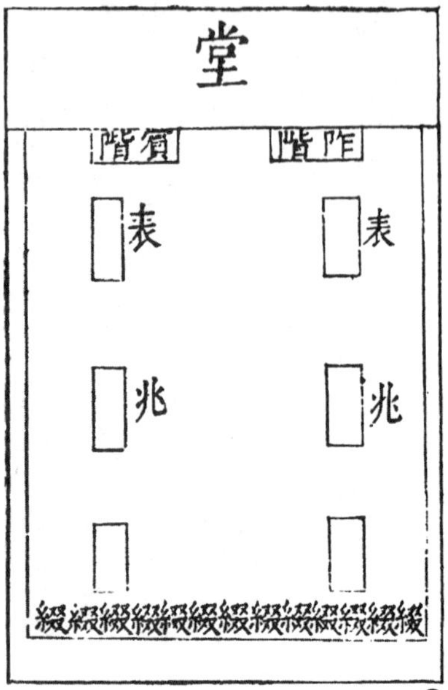

❷

舞之始也，發於所樂之極。其用也，常在諸樂之後。是以《周官・樂師》「樂成告備」，然後「詔來瞽皋舞」。春秋之時，季札歷觀樂歌，然後及於《象》、《武》、《韶》、《夏》之舞，在《詩序》則舞蹈後於嗟歎、永歌，在《樂記》則動容後於言志、❸詠聲，在《孟子》則舞蹈後於樂之實，以舞者所樂之極故也。夫舞有文有武，有大有小。《大司樂》：「以樂舞教國子舞《雲門》、《大卷》、《大咸》、《大韶》、《大夏》、《大濩》、《大武》。」皆舞之大者也。《樂師》教國子小舞，有帗舞、羽舞、皇舞、旄

❶「帗舞」，原誤作「帔舞」，今據目録、文中小題、明本、庫本、嘉慶本及《周禮》改。

❷圖中文字，原無，爲明本、庫本、嘉慶本所增。

❸「言」，原脱。按《禮記・樂記》云：「詩言其志也，歌詠其聲也，舞動其容也。」今據嘉慶本補。

舞、旄舞，氂牛尾也。傳曰：「葛天氏之樂，三人操牛尾而歌八闋。」❶其流風歟？　干舞、人舞。此舞之小者也。大舞有其章而無其儀，小舞有其儀而無其章。《大夏》而上，文舞也，其執以羽；《大濩》而下，武舞也，其執以干。則大舞必用小舞之儀，小舞不用大舞之章也。《大胥》：「以六樂之會正舞位。」《小胥》：「巡舞列。」蓋位者，酇也，正之所以辨其序；列者，佾也，巡之所以肅其慢。春秋之時，鄭伯享王，❷遍及六舞；王子頹享五大夫，樂及偏舞。則合舞之禮，東西蓋有辨，先後蓋有序矣。考之於經，舞干、羽于兩階，則文舞於東階，武舞於西階。武舞常在先，文舞常在後，何則？《書》言「舞干羽」，則先干而後羽；《樂記》言「及干戚羽旄謂之樂」，則先干戚而後羽旄。《郊特牲》、《明堂位》、《祭統》皆言「朱干玉戚，冕而舞《大武》；皮弁素積，裼而舞《大夏》」，❸則先《大武》而後《大夏》。《詩·簡兮》言「碩人俁俁，公庭《萬舞》」，乃言「左手執籥，右手秉翟」，則先《萬舞》而後籥翟。漢之樂亦先武德之舞而後文始之舞，唐之樂亦先七德之舞而後九功之舞。然則古人之舞皆先武後文，蓋曰武以威衆而平難，文以附衆而守成，平難常在先，守成常在後。唐太宗謂封德彝曰：「朕雖以武功興，終以

❶ 所謂「傳曰」者，實出《吕氏春秋·古樂》，曰：「葛天氏之樂，三人操牛尾，投足以歌八闋。」「闋」，原漫漶不清，似「國」，今據明本、嘉慶本及《吕氏春秋·古樂》補。

❷ 「享」，原誤作「李」，今據明本、庫本、嘉慶本及《左傳》莊二十一年改。

❸ 「裼」，原誤作「揚」，今據明本、庫本、嘉慶本及《禮記·明堂位》改。

文德綏海內。謂文容不如蹈厲，斯過矣。」觀此則古人舞序先後之意可見矣。何休釋《公羊》《萬舞》之説，以爲象武王以萬人伐紂，孔安國釋《書》以舞干羽爲文舞，失之矣。《商頌》曰：「《萬舞》有奕。」則《萬舞》豈始武王哉？《公羊》曰：「《萬舞》，干舞也。」楚令尹子元振《萬》，文夫人曰：「先君以是舞也，習戎備。」則《萬》爲武舞可知矣。然非始於武王。賈公彦曰：❶「武舞有四表，《大濩》而上應亦四表。」於理或然。《春秋傳》曰：「舞師題以旌夏。」蓋若今太樂以纛與旌引二舞者歟。

文舞武舞之飾

《禮》曰：「朱干玉戚，冕而舞《大武》；皮弁素積，裼而舞《大夏》。」蓋周之興也，功莫大於武功，樂莫重於武舞，故舞《大武》以祭服之冕，舞《大夏》則朝服之皮弁而已。干所以自蔽，戚所以待敵。朱干，白金以飾其背，《記》曰「朱干設鍚」是也。玉戚，剥玉以飾其柄，楚工尹路曰「剥圭以爲鏚柲」是也。舞《武》而執干戚，則舞《夏》執籥翟矣。舞《夏》而裼，則舞《武》襲。蓋朱所以象事，玉所以象德。武以自蔽者爲主，而待敵者非德也，故其宣布著見以爲事者，欲自蔽而已。至於持以待敵者，温純之德爾，此武舞之道也。籥所以爲聲，翟所以爲文。聲由陽來，故執籥於左，文由陰作，故秉翟於右，此文舞之道也。天子之樂如此，而魯有之，康周公故也。世衰禮廢，魯不特用於

❶ 所謂「賈公彦曰」者，不見於今存公彦之著述，亦不知何出，或陳氏誤記也。

周公之廟，而群廟亦用焉，故子家駒譏之。昭公謂子家駒曰：「吾何僭哉！」不特用於魯之群廟，而諸侯之廟亦用焉，故《郊特牲》譏之。《郊特牲》曰：「朱干設錫而舞《大武》，諸侯之僭禮也。」以至八佾作於季氏之庭，《萬舞》振於文夫人之側，則先王之樂掃地可知矣。《祭統》曰：「朱干玉戚以舞《大武》，八佾以舞《大夏》。」《公羊》曰：「朱干玉戚以舞《大夏》，八佾以舞《大武》。」蓋《公羊》所傳者誤也。然朱干玉戚之舞，國君躬與焉。《祭統》曰：「君執干戚就舞位，冕而揔干，率其群臣以樂皇尸。」

帗舞

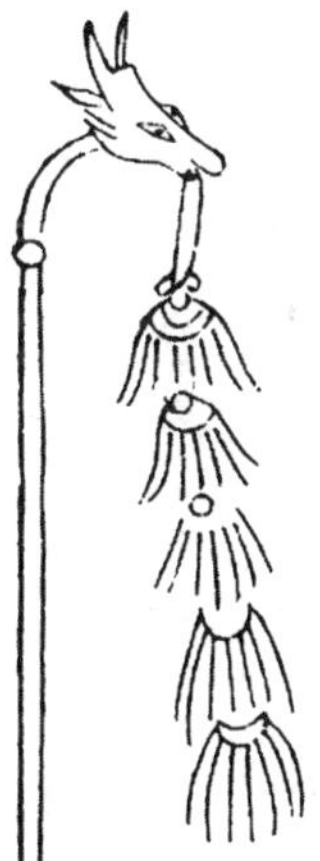

羽舞

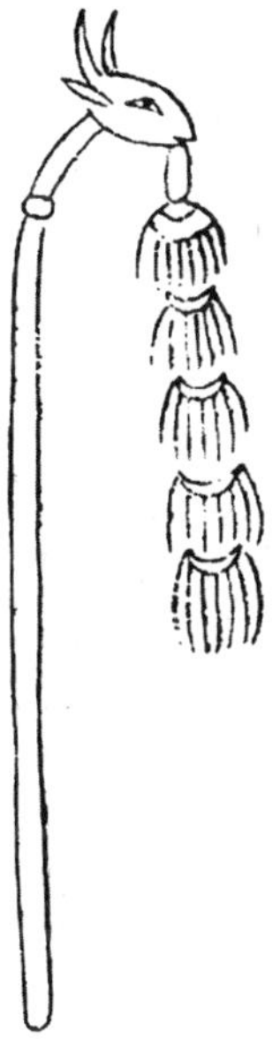

皇舞

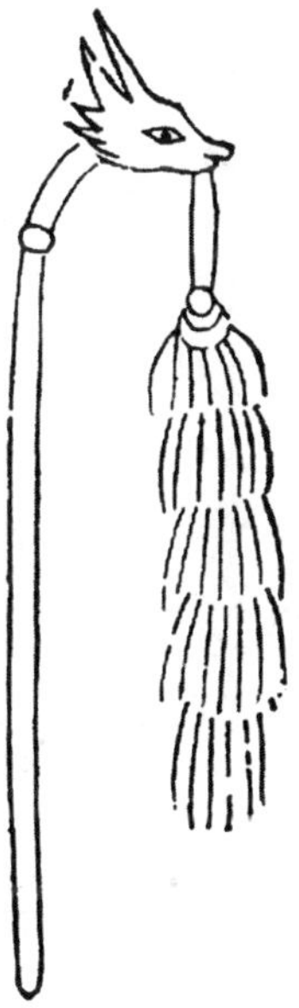

旄舞

《鼓人》曰：「凡祭祀百物之神，鼓兵舞、帗舞者。」《舞師》：「掌教兵舞，帥而舞山川之祭祀。教帗舞，帥而舞社稷之祭祀。教羽舞，帥而舞四方之祭祀。教皇舞，帥而舞旱暵之祭祀。」《樂師》教小舞，又有旄舞、人舞。蓋帗舞，裂五采繒爲之。先儒曰：「析五采繒，如漢靈星，舞子所持者也。」羽舞，析眾羽爲之。皇舞，以皇羽爲之。旄舞，以氂牛尾爲之。采繒之飾盛於眾羽，眾羽之飾盛於皇羽，皇羽盛於旄，干則執之而無飾，人則手舞之而無執。《樂師》先之以帗舞、羽舞，次之以皇舞、旄舞，而後之以干舞、人舞，以飾之隆殺爲序故也。人君有山川爲之阻固然後可以保社稷，保社稷然後可以有事於四方，有事於四方然後可以待變事。《舞師》先干舞以祀山川，帗舞以祀社稷，羽舞以祀四方，皇舞以舞旱暵之事，以事之先後爲序故也。鄭司農曰：「社稷以帗，宗廟以羽，四方以皇，辟廱以旄，兵事以干，星辰以人舞。」鄭康成曰：「四方以羽，宗廟以人，山川以干，旱暵以皇。」然古者之於大祭祀，有備樂必有備舞。《春秋》書：「有事於大廟，《萬》入去籥。」則宗廟用干與羽矣。若夫散而用之，則有所不備。故山川以干，社稷以帗，四方以羽，旱暵以皇。然則司農、康成之論不知何據然也。《旄人》：「掌教夷樂，凡祭祀、賓客，舞其燕樂。」《明堂位》以禘禮祀周公，而納夷蠻之樂於太廟。則宗廟亦以旄也。然《司兵》：「祭祀，授舞者兵。」《司戈盾》：「祭祀授旅賁殳、故士戈盾，授舞者兵亦如之。」《大司樂》：「大射，詔諸侯以弓矢舞。」《樂師》：「帥射夫以弓矢舞。」則兵舞不特以干而已。然則《鄉大夫》「以鄉射之禮五物詢衆庶」，而終之以「興舞」，蓋以弓矢舞歟？然舞者所樂之極而樂之盛者也，以其爲樂之極，故樂成而後詔舞。以其爲樂之盛，故小祭祀不興焉。《舞師》：「凡小祭祀不興舞。」《文王世子》曰：「既釁器用幣，然後釋菜，不舞。」

禮書卷第一百二十九終

禮書卷第一百三十

四夷舞　舞衣　朱干　玉戚　翟

四夷舞《周禮》：「韎師，下士二人，舞者十有六人。旄人，下士四人，舞者無數。」鄭氏曰：「韎，讀如韎韐之韎。旄，舞者所持以指麾。」❶

《周禮·韎師》：「掌教韎樂。祭祀則帥其屬而舞之，「舞之以東夷之舞。」大饗亦如之。」《旄人》：「掌教舞散樂，舞夷樂。「散樂，野人爲樂之善者，若今黄門倡矣。自有舞。夷之樂，亦皆有聲歌及舞。」❷凡四方之以舞仕者屬焉。凡祭祀、賓客，舞其燕樂。」《鞮鞻氏》：「掌四夷之樂與其聲歌。「四夷之樂：東方曰《韎》，南方曰《任》，西方曰《株離》，北方曰《禁》。《詩》云『以《雅》以《南》』是也。王者必作四夷之樂，一天下也。言與其聲歌，則云樂者主於舞也。」祭祀則歙而歌之，燕亦如之。」「吹之以管籥爲之聲。」正義曰：「四夷樂名，出於《孝經緯鉤命決》，故彼云『東夷之樂曰《韎》，持矛助時生。南夷之樂曰《任》，持弓助時養。西夷之樂曰《株離》，持鉞助

❶「麾」，庫本文中此小題之注作「揮」。

❷「歌」，原作「哥」，今據《周禮·旄人》鄭注改。下「言與其聲歌」同此。

時殺。北夷之樂曰《禁》，持楯助時藏。皆於四門之外，右辟』是也。案《明堂位》亦有東夷之樂曰《靺》，南夷之樂曰《任》。又案《虞傳》云『陽伯之樂舞株離』，則東夷之樂亦名《株離》者，東夷樂有二名，亦名《株離》。鄭注云：『《株離》，舞曲名。言象萬物生株離，若《詩》云「彼黍離離」，是物生亦曰離。』云『王者必作四夷之樂，一天下也』者，案《白虎通》云『王者制夷狄樂，不制夷狄禮』者，所以均中國。不制禮，恐夷人不能隨中國禮也。」《禮記》曰：「《昧》，東夷之樂也。《任》，南蠻之樂也。納夷蠻之樂於太廟，言廣魯於天下也。」「《周禮·靺師》：『掌教靺樂。』《詩》曰：『以《雅》以《南》。』以籥不僭。」廣，大也。《詩》曰：「以《雅》以《南》，以籥不僭。」「爲《雅》爲《南》也，舞四夷之樂，大德廣所及也。東夷之樂曰《昧》，南夷之樂曰《南》，西夷之樂曰《侏離》，北夷之樂曰《禁》。以爲籥舞，若是爲和而不僭矣。」孔穎達《詩》正義云：「然則言『昧』者，物生根也；『南』者，物懷任也。秋物成而離其根株，冬物藏而禁閉於下，故以爲名焉。言『南』而得總四夷者，以周之德先致南方，故《秋官》立象胥之職，以通譯四夷，是言『南』可以兼四夷也。然則舞不立南師而立昧師者，以象胥曲以示法。昧，四夷之始，故從其常而先立之也。」史記魯定公會齊景公於夾谷，「孔子攝相事，齊有司趨進曰：『請奏四夷樂。』於是旌旄、羽仗、矛戟、劍撥，鼓譟而至，孔子趨進，歷階而登，舉袂大言曰：『吾兩君爲好會，夷狄之樂何爲？』請有司卻之，齊侯乃麾而去。」《晉樂志》：「後漢天子受朝賀，舍利從西來，戲於殿前，擊水化成魚，漱水作霧，又化成龍出水遊戲，以兩大繩兩頭相去數丈，兩倡女對行於繩上也。」

王者舞先王之樂，明有法也。舞當代之樂，明有制也。舞四夷之樂，明有懷也。《周禮·韎師》：「掌教韎樂。祭祀則帥其屬而舞之，大饗亦如之。」《旄人》：「掌教舞夷樂，凡祭祀、賓客，掌其燕樂。」《鞮鞻氏》：「掌四夷之樂與其聲歌。祭祀則吹而歌之，燕亦如之。」蓋四夷之樂，東曰《韎》，南曰《任》，西曰《侏離》，北曰《禁》，或以其服色名之，或以其聲音名之。服色則《韎》是也，聲音則《侏離》是也。《漢書》曰：「語言侏離。」其他不可以考。鞮鞻氏掌四夷之樂，旄人掌教四夷之樂，韎師則掌教東夷之樂而已。然韎師之樂施於祭祀、大饗，而旄人、鞮鞻之樂施於祭祀與燕者，蓋東於四夷爲長，〔饗〕於〔燕爲〕重。觀《韎師》曰「師」，《旄人》、《鞮鞻》曰「人」與「氏」，❶師序於前而人與氏序於後，則夷樂之別可知矣。然《詩》曰：「以《雅》以《南》。」《記》曰：「〔胥〕鼓《南》。」而掌四夷者亦以象胥名官，〔則〕周人〔於〕南夷之樂又其所樂者也。先儒推四時之〔理〕以釋四樂之〔名〕，以《〔韎〕》爲晦昧，《任》爲懷任，《侏離》爲離根，《禁》爲禁閉。且曰韎樂持矛助時生，《任》樂持弓助時養，《〔侏離〕》持鉞助時殺，《禁》樂持盾助時藏。《白虎通》又以《〔侏離》爲〕東樂，《昧》爲南樂。南樂持羽，西樂持戟。班固〔又以《侏》爲兜〕，以《〔禁》爲伶〕，以《韎》爲侏。賦曰：「伶侏兜離。」蓋各述其所傳〔者然也。然〕《周〔禮》掌〕教夷樂者，皆以所服、所執、

❶「鞻」，原誤作「屨」。今據明本、庫本、嘉慶本及《周禮》改。

所履名之。〔鄭氏〕亦以〔韎爲韎韐〕之韎，則韎爲服色明矣。學者〔可以捨經〕而任傳乎？先王之於夷樂，雖或用之，然夷不可以〔亂〕華，哇不可以雜雅。蓋亦後之而弗先，外之而〔弗内也〕。觀夾谷之會，侏儒之樂奏於前，而孔子誅之。〔東漢〕元日，撣〔徒丹〕。國之樂作於庭，而陳禪非之。則魯納〔夷蠻〕之樂於太廟，蓋陳之於門而已。唐之時皆奏〔於〕四門之外，豈古之遺制歟？

舞衣

《書》曰：「胤之舞衣。」孔安國曰：「胤國所爲舞者之衣，皆中法。」然古者舞《大夏》則皮弁素積，❶舞《大武》則冕服。其他無所經見。特漢舞者之衣法五方色，謂之五行之舞，蓋亦古之遺制。魏景初以來，祭天〔地宗廟：武舞，執干戚，著平冕、黑〕介幘、黝衣裳、白〔領袖中衣、絳合幅袴袜、黑韋鞮；文〕舞，執羽籥，冠委貌，服同上。其奏〔於朝廷：武舞，武弁、赤介幘、生絳袍〕單衣、練領袖、❷巾衣、虎文畫合幅〔袴、白衣袜、黑韋鞮；文舞，著進賢冠〕、黑介幘、生黃袍單衣、白合〔幅袴，服同上。晉因魏舊，不改其制；唐則不然〕，趙〔慎〕言曰：「今祭器茵褥，〔總隨五方五神，衣服獨乖其色，舞者〕常持卓飾，工人皆服絳衣。臣愚竊不便之，其舞人、工人衣服請依方色，宗廟黃色，仍各以其所主褾袖。」❸

❶「積」，原誤作「幘」。此所謂「古者」，當指《禮記・樂記》，曰：「朱干玉戚，冕而舞《大武》；皮弁素積，裼而舞《大夏》。」今據改。

❷「練」，原誤作「柬」，今據明本、庫本、嘉慶本改。

❸「袖」，原誤作「神」，今據明本、庫本、嘉慶本改。

朱干

《周禮·司兵》：「掌五兵、五盾，以待軍事。」《禮記》曰：「朱干設錫。」《詩》曰：「龍盾之合。」又曰：「蒙伐有苑。」《春秋傳》曰：「狄虒彌建大車之輪以爲櫓。」《國語》曰：「官師奉文犀之渠以爲盾。」先儒以櫓爲大盾，以伐爲中干，則盾見於經傳者曰櫓，曰干，曰伐，曰渠而已。其他不可考也。今曰旁牌。盾之爲物，以革爲之，其背曰瓦。《左傳》曰：「中其楯瓦。」其瓦設錫，白金。朱質而繪以龍，龍之外又繪以雜羽。「蒙雜羽也。」其繫之也以繡韋，其屬繡韋也以紛。《書》曰：「敵乃干。」則敵者繫以紛也。《國語》曰：「輕罪贖以韇盾。」則韇者繡韋也。韇，丘位反。❶古之舞者或以干配戚，《禮》言「朱干玉戚舞《大武》」是也。或以干配戈，《司戈盾》「祭祀，授舞者兵」、《文王世子》「春夏學干戈」是也。漢迎秋，樂亦用之。隋初武舞，三十二人執戈，三十二人執戚，皆配以盾，而半執龍盾，半執龜盾。❷蓋惑於鄭氏「錫傅其背如龜」之説然也。是不知所謂如龜者，其背耳，非其飾也。

❶「反」，嘉慶本作「切」。

❷「龜」，原脱，今據嘉慶本及上文之意補。

玉戚❶

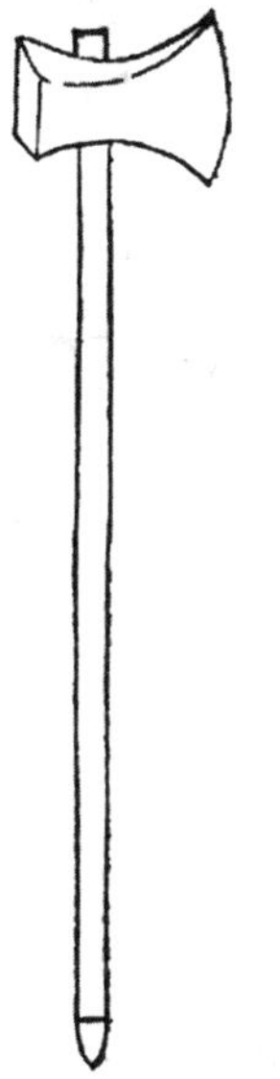

《詩》曰：「取彼斧斨。」又曰：「既破我斧，又缺我斨。」又曰：「〔干戈〕戚揚。」《書》曰：「左杖〔黄鉞〕。」又曰：「一人執劉。」《廣雅》曰：「鉞、〔戚，斧〕也。」《六韜》曰：「大〔柯〕斧，〔重〕八斤，一〔名〕天鉞。」毛氏謂：「斧，隋銎。斨，方銎。戚，斧也。揚，〔鉞〕也。」〔孔安國〕謂：「劉，斧屬。」孔穎達曰：「劉，鑱斧也。」蓋鉞也，揚也，戚也，斨也，劉也，皆斧也。斧莫重於鉞，而揚、戚、戕、劉皆其次者也。《書》言黄鉞，以金飾其柄也；《禮》言玉戚，以玉飾〔其〕柄也。楚工尹曰：「先王命剥圭以爲戚柲。」則黄與玉〔爲〕柄之飾可知也。《考工記·車人》：「柯長三尺，博三寸，厚一寸有半。五分其長，以其一爲之首。」則六寸矣。蓋斧之爲物，黑所以體道，白所以象義，而有剛斷之材焉，故軍禮與其葬皆用之。觀先王繡於冕服之裳、中衣之領，畫於所負之扆、所履之席、所冪之巾，則君之所以剛斷者，未嘗或忽也。《司兵》：「祭祀，授舞者兵。」鄭氏曰：「授以朱干玉戚之屬。」

翟

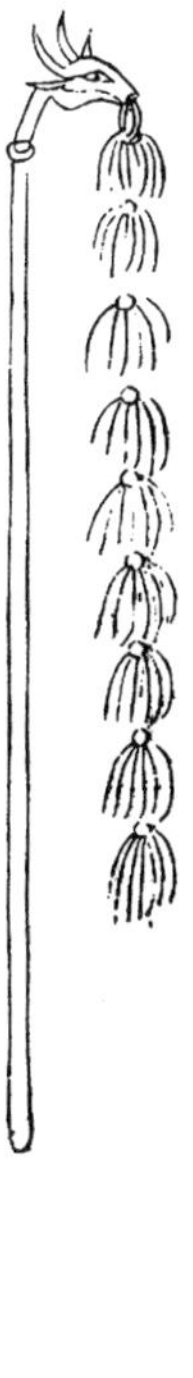

❶「玉」，原無，今據目録、卷首小目、明本、庫本、嘉慶本補。

《詩》曰：「左手執籥，右手秉翟。」《周官·舞師》：「教羽舞，帥而舞四方之祭祀。」鄭氏曰：「羽，析白羽爲之，形如帗也。」《樂師》：「教國子小舞，有羽舞。」《春秋》書：「考仲子之宫，初獻六羽。」何休曰：「鴻羽也。」《詩》曰：「無冬無夏，值其鷺羽。」蓋古之〔羽舞，以翟〕或鷺。何休以爲鴻羽，不可考也。南齊〔鄭義秦更以翟〕爲笛，❶説曰：「笛籥皆應用竹。笛飾以〔旄〕，籥〔飾以羽。」梁〕武帝曰：「翟者，五雉之一耳。寧謂羌笛耶？」遂改其制。

禮書一百三十卷終

❶「鄭義秦」，《南齊書·樂志》有太樂令鄭義泰，《樂書》卷一百七十《樂圖論》「翟」條作「鄭義奏」，《文獻通考》卷一百四十四《樂考》「翟」條作「鄭義」。此數者當即一人。

禮書卷第一百三十一

旗制　綏❶　太常　旂

旗制

《周禮・司常》：「掌九旗之物名，各有屬，以待國事。日月爲常，交龍爲旂，通帛爲旜，雜帛爲物，熊虎爲旗，鳥隼爲旟，龜蛇爲旐，全羽爲旞，析羽爲旌。「物名者，所畫異物則異名也。屬，謂徽識也，《大傳》謂之徽號。今城門僕射所被，及亭長著絳衣，皆其舊象。通帛謂大赤，從周正色，無飾。雜帛者，以帛素飾其側。白，商之正色。全羽、析羽，皆五采，繫之於旞旌之上，所謂『注旄於干首』也。凡九旗之帛皆用絳。」及國之大閱，贊司馬頒旗物：王建大常，諸侯建旂，孤卿建旜，大夫、士建物，師都建旗，州里建旟，縣鄙建旐，道車載旞，斿車載旌。「王畫日月，象天明也。諸侯畫交龍，一象其升朝，一象其下復也。孤卿不畫，言奉王之政教而已。大夫、士雜帛，言以先王正道佐職也。師都，六鄉六遂大夫也。畫熊虎者，鄉遂出軍賦，象其守猛，莫敢犯也。州里、縣鄙，鄉遂之官，互言之。鳥隼，象其勇捷也。龜蛇，象其扞難辟害也。道車，象路也，王以朝夕燕出入。斿車，木路也，王以田以鄙。全羽、析羽五色，象其文德也。大閱，王乘戎路，建大常。玉路、金路不出也。」皆畫其象焉，官府各象其事，州里各象其名，家各象其號。「事、名、號者，徽識所以題別衆臣，植之於位，❷朝各就焉。三者旌旗之細也。畫，畫雲氣也。異於在國，軍事之飾。」凡祭祀，各建其旗。「王祭祀之車則玉路。」會同、賓客亦如之。凡軍事，

❶「綏」，原脱，今據目録、文中小題補。
❷「植」，嘉慶本作「樹」，與《周禮・司常》鄭注原文同。

建旌旗，及致民置旗，弊之。甸亦如之。凡射，共獲旌。」《考工記》：「龍旂九斿，以象大火也。「交龍爲旂，諸侯之所建也。大火，蒼龍宿之心，其屬有尾，尾乃九星。」鳥旟七斿，以象鶉火也。「鳥隼爲旟，州里之所建。鶉火，朱鳥宿之柳，其屬有星，星乃七星。」熊旗六斿，以象伐也。「熊虎爲旗，師都之所建。伐屬白虎宿，與參連體而六星。」龜蛇四斿，以象營室也。「龜蛇爲旐，縣鄙之所建。營室，玄武宿，與東壁連體而四星。」弧旌枉矢，以象弧也。」「《覲禮》曰：『侯氏載龍旂弧韣。』則旌旗之屬皆有弧也。弧以張縿之幅，有衣謂之韣，又爲設矢，象弧星有矢也。妖星有枉矢者，蛇行，有毛目，此云枉矢，蓋畫也。」《夏采》：「以乘車建綏復于四郊。」「玄謂有虞氏之旂，夏后氏之綏，則旌旂有是綏者，當作緌。緌以旄牛尾爲之，綴於幢上，所謂『注旄於干首』者。王祀四郊，❶乘玉路，建太常。今以之復，去其旒，異之於生，亦因先王有徒緌者。」《大司徒》：「大軍旅，大田役，以旗致萬民。」「旗，畫熊虎者也。」《鄉師》：「凡四時之田，以旗物辨鄉邑而治其政令。」「司徒致衆庶者，以熊虎之旗，此又以之，明爲司徒致之。❷大夫致〔衆，當以鳥隼之旟，陳之以旗物〕，以表〔正其行列〕。」《遂人》：「若起野役，以遂之大旗致之。」「遂之大旗，熊虎。」《山虞》：「及弊田，植虞旗于中，致禽而珥焉。」「〔山虞有旗，以其主山，得畫熊虎〕。」《澤虞》：「及弊田，植虞旌以屬禽。」「〔澤虞〕有旌，以其主澤，澤鳥所集，〔故得注析羽〕。」《〔肆〕師》：「表〔粢〕盛，告潔。」「表，謂〔徽識〕。」正義曰：「於六粢之上皆爲徽識小旌，書其黍稷之名以表之。」《典命》：「上公九命，其車旗衣服皆以九爲節。侯伯七命，皆以七爲節。子男五命，皆以五爲節。王之三公八命，其卿六命，其大夫四

❶「王」，原誤作「工」，今據明本、庫本、嘉慶本及《周禮·巾車》改。

❷「致」，原誤作「攷」，今據庫本、嘉慶本及《周禮·小司徒》鄭注改。

命，及其出封，皆加一等，其車旗、衣服亦如之。公之孤四命，其卿三命，其大夫再命，其士一命。侯伯之卿大夫、士亦如之。子男之卿再命，其大夫一命，其士不命，其車旗、衣服各視其命之數。」《巾車》：「玉路，建太常，十有二斿，以祀；「太常，九旗之畫日月者，正幅爲縿，斿則屬焉。」金路，建大旂，以賓，同姓以封；「畫交龍者。」象路，建大赤，以朝，異姓以封；「大赤，通帛也。」革路，建大白，以即戎，以封四衛；「大白，商之旗，猶周大赤，蓋象正色也。」木路，建大麾，以田，以封蕃國。」「大麾不在九旗中，以正色言之則黑，夏后氏所建。」《大司馬》：「中春，教振旅，司馬以旗致民。中夏，教茇舍。辨號名之用：帥以門名，縣鄙各以其名，家以號名，鄉以州名，野以邑名，百官各象其事，以辨軍之夜事。「凡要名號，❶徽識所以相別。」正義曰：「即上注『旟旗之細』，皆綴於膊上。」中秋，教治兵。王載大常，諸侯載旂，軍吏載旗，師都載旜，鄉遂載物，郊野載旐，百官載旟，各書其事與其號焉。「凡旌旗，有軍衆者畫異物，無者帛而已。書當爲畫，事也，號也，皆畫以雲氣。」中冬，教大閱。司馬建旗于後表之中，群吏以旗物、鼓鐸、鐲鐃，各帥其民而致。質明，弊旗，誅後至者。以旌爲左右和之門，旗居卒間以分地。」《節服氏》：「祭祀、朝覲衮冕，六人維王之太常。「維之以縷，王旌十二斿，兩兩以縷綴連，旁三人持之。禮，天子旌曳地。」諸侯則四人。」《田僕》：「令獲者植旌。」「以告獲也。」《行人》：「上公，建常九斿。侯伯，建常七斿。子男，建常五斿。」《曲禮》曰：「武車綏旌，「綏，舒垂之。」德車結旌，前有水則載

❶ 「凡要」，按《周禮·大司馬》鄭注：「讀書契，以簿書校録軍實之凡要。號名者，徽識所以相別也。」是「凡要」無涉下文。

青旌，前有塵埃則載鳴鳶，前有車騎則載飛鴻，前有士師〔則載虎〕皮，前有摯獸則載貔貅。「青，青雀，水鳥。鳶鳴則將風。鴻取飛有行列。」行，前朱鳥而後玄武，左青龍而右白虎，招摇在上，急繕其怒。」「以此四獸爲軍陳，〔象〕天也。畫招摇於旌旗上。」《檀弓》曰：「銘，明旌也。以死者爲不可別已，故以其旗識之。」「孔子之喪，公西赤爲識焉：設崇，商也；綢練設旐，夏也。」「設崇，❶旌旗飾也。綢練，以練綢旌之杠，此旌，葬乘車所建也。旌之旒，緇布廣充幅長尋曰旐。《爾雅》説：『素錦綢杠。』」《明堂位》曰：「魯君孟春乘大路，載弧韣，旂十有二旒，日月之章，祀帝于郊。」「弧，旌旗所以張幅也。」又曰：「有虞氏之旂，夏后氏之綏，商之大白，周之大赤。」「綏，當爲緌。有虞氏當言緌，夏后氏當言旂。緌，謂注旄牛尾於杠首，所謂大麾。《書》曰：『武王秉白旄以麾。』」又曰：「有虞氏之緌，夏后氏之綢練，商之崇牙，周之璧翣。」「夏綢其杠，以練爲之旒。商又刻繒爲重牙，以飾其側，亦飾彌多。湯以武受，故以牙爲飾也。」❷《大傳》曰：「殊徽號。」「徽號，旌旗之名。」《樂記》曰：「龍旂九旒，天子之旌也，所以贈諸侯也。」《雜記》曰：「諸侯死於道，以其綏復。」「綏，當爲緌。緌謂旌旗之旄也，去其旒而用之，異於生也。」《詩・干旄》曰「孑孑干旄」、「注旄於干首，大夫之旃也。」「孑孑干旟」、「鳥隼爲旟。」「孑孑干旌」。「析羽爲旌。」《出車》曰：「設此旐矣，建彼旄矣。」「龜蛇曰旐。旄，干旄。」箋云：「設旐者，屬之於干旄，而建之戎車。」彼旟旐斯，胡不斾斾。「鳥隼曰旟。斾斾，旒垂貌。」出車彭彭，旂旐

❶「設崇」，明本、庫本、嘉慶本據《禮記・檀弓》鄭注作「崇崇牙」。

❷「故」，明本、庫本、嘉慶本據《禮記・明堂位》鄭注作「命」，是此二句之句讀當作「湯以武受命，以牙爲飾也」。

央央。」「交龍爲旂。央央，鮮明也。」《六月》曰：「織文鳥章，白旆央央。」「鳥章，錯革鳥爲章也。白旆，繼旐者也。央央，鮮明貌。」箋云：「織，徽織也。鳥章，鳥隼之文章，將帥以下衣皆著焉。」《車攻》曰：「建旐設旄，搏獸于敖。蕭蕭馬鳴，悠悠旆旌。」《采芑》曰：「方叔涖止，旂旐央央。」《無羊》曰：「牧人乃夢，衆維魚矣，旐維旟矣，大人占之。衆維魚矣，實維豐年。旐維旟矣，室家溱溱。」《采菽》曰：「君子來朝，言觀其旂。其旂淠淠，鸞聲嘒嘒。」《桑柔》曰：「四牡騤騤，旟旐有翩。」《韓奕》曰：「王錫韓侯，淑旂綏章。」「交龍爲旂。綏，大綏也。」《載見》曰：「龍旂陽陽，和鈴央央。」《泮水》曰：「魯侯戾止，言觀其旂。其旂茷茷。」《閟宮》曰：「龍旂承祀，六轡耳耳。」《玄鳥》曰：「龍旂十乘，大糦是承。」《爾雅》曰：「素錦綢杠，「以白地錦韜旗之竿。」纁帛縿，「纁帛，絳也。縿，衆旒所著。」素陞龍于縿，「畫白龍於縿，令上向。」練旒九，「練，絳練也。」飾以組，「用綦組飾旒之邊也。」維以縷。「用朱縷維連持之，不欲令曳地，《周禮》曰『衮冕六人維王之大常』是也。」❶緇廣充幅長尋曰旐，「帛全幅長八尺。」繼旐曰旆，「帛續旐末爲燕尾者。義見《詩》。」注旄首曰旌，「載旄於竿頭，如今之幢，亦有旒。」有鈴曰旂，「縣鈴於竿頭，畫交龍於旒。」錯革鳥曰旟，「此謂合剥〔鳥〕皮毛置之〔竿〕頭，即《禮記》云載鴻及鳴鳶。」因章曰旃。「以帛練爲旒，因其文章，不復畫之。《周禮》云：『通帛爲旃。』」《國語》：「吳王陳士卒百人以爲徹行，十行一嬖大夫，建旌提鼓，挾經秉枹。十旌一將軍，載常建鼓，挾經秉枹。萬人以爲方陣，皆白裳、白旂、素甲、白羽之矰，望之如荼。王親秉鉞，載白

❶「六人」，原誤作「之」，今據明本、庫本、嘉慶本及《爾雅·釋天》郭注改。

旗，以中陳而立。左軍亦如之，皆赤裳、赤旟、丹甲、朱羽之矰，望之如火。右軍亦如之，皆玄裳、玄旗、黑甲、鳥羽之矰，望之如墨。」

綏《明堂位》曰：❶「有虞氏之綏。」鄭注謂「綏注旄牛尾于杠首」，蓋方是時未有旒縿。杠，旗竿，飾以朱。

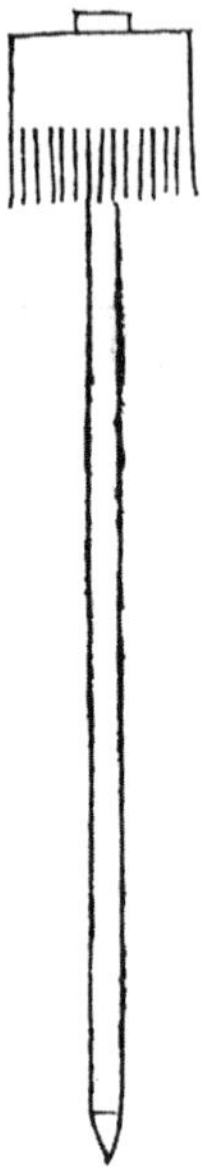

《釋名》曰：「旗，期也，言與衆期於下。」《明堂位》曰：「有虞氏之綏，夏后氏之綢練，商之崇牙。」則其制有自矣。《司常》：「日月爲常，交龍爲旂，熊虎爲旗，鳥隼爲旟，龜蛇爲旐，全羽爲旞，析羽爲旌。」則其等有辨矣。然熊虎爲旗，而九旗亦謂之旗，經傳凡言旌旗是也。日月爲常，而諸侯之旂亦謂之常，《行人》「公侯伯子男建常」是也；交龍爲旂，天子之常亦謂之旂，《覲禮》「天子載大旂」是也；析羽爲旌，天子至大夫、士之旗亦謂之旌，《樂記》「龍旂，天子之旌」，《鄉射》「旌各以其物」是也。《爾雅》曰：「素錦綢杠，纁帛縿，素陞龍于縿，練旒九，飾以組，維以縷。」蓋揭旗以杠，綢杠以錦，正幅爲縿，屬縿爲旒。旒亦曰旆。縿以纁，則旒綪矣，《左傳》曰「綪茷」是也。升龍素，則降龍青矣，《曲禮》曰「左青龍」是也。蓋青，陽也；素，陰也。陽在上而降，陰在下而升，交泰之道也。《覲禮》曰：「天子載大旂，升龍、降龍。」《周禮》曰：「交龍爲旂。」又曰：「諸侯建旂。」則天子、

❶「綏明」至「以朱」，原無，爲明本、庫本、嘉慶本所增。

諸侯之旂，龍章一也。《司馬法》謂旗章，夏以日月，上明；商以虎，上威；周以龍，上文。先儒謂諸侯畫交龍，一象其升朝，一象其下復。然《商頌》曰「龍旂十乘」，則商不聞其以虎也。天子之旂亦升龍、降龍，不象其升朝、下復也。先儒又謂天子之旌高九仞，「仞，八尺。」❶諸侯七仞，大夫五仞，士三仞；死者以尺易仞，天子九尺，諸侯七尺，大夫五尺，士三尺。《射禮》無物則翿旌，杠三仞。《士喪禮》無銘則緇，銘而杠三尺。其説蓋有所受也。《舊圖》杠首爲龍首銜結綬及鈴，蓋承唐制然歟？

太常《周禮》：「日月爲常。」又曰：「建太常十有二斿。」❷

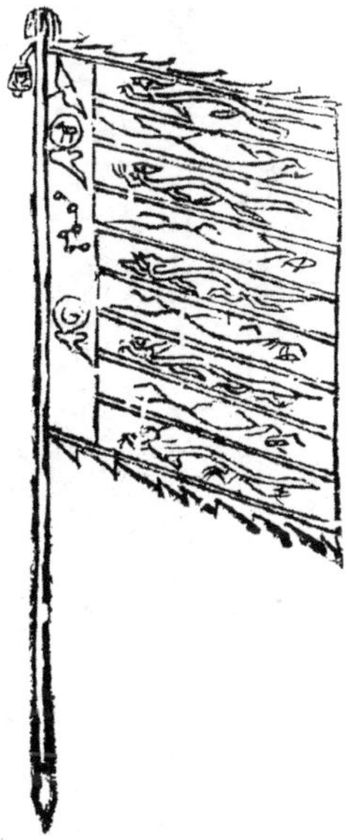

《周禮・司常》：「日月爲常。」《巾車》：「王乘玉路，建大常，十有二斿，以祀。」《覲禮》：「天子乘龍，載大旂，象日月，升龍、降龍。」《郊特牲》曰：「旂十有二旒，龍章而設日月，象天也。」《魯頌》與

❶「八」，原脱。按《尚書・旅獒》云：「爲山九仞，功虧一簣。」孔傳：「八尺曰仞。」《文獻通考》卷一百十六《王禮考》「乘輿車旗鹵簿」條引此有「八」字。今據補。

❷此爲底本圖，明本、庫本、嘉慶本無。

《明堂位》言魯用天子之禮，亦曰：「龍旂承祀。」「旂十有二旒，日月之章。」《左傳》曰：「三辰旂旗，昭其明也。」然則常有三辰、升龍、降龍，設崇牙，備弧矢，「弧，以張縿也。」鄭氏謂崇牙者，爲重牙以飾旒之側。飾之以旐，❶垂之以鈴，人臣有功則書於其上。《考工記》曰「弧旌枉矢，以象弧」，鄭氏曰：「畫枉矢。」恐不然也。《明堂位》曰「乘大路，載弧韣」，《覲禮》「侯氏載龍旂弧韣」，《左傳》曰「錫鸞和鈴」，《爾雅》曰「有鈴曰旂」，❷《書》曰「厥有成績，紀于太常」，《司勳》「凡有功者，銘書於王之太常」，觀此則太常之制可知矣。太常不特祀天而已，至於拜日禮月，祀方明，禮四瀆，禮山川，秋治兵，冬大閱，皆載焉。祀方明，遂會諸侯，則所會之旂與朝之大赤異矣。治兵大閱，然後田，則治兵大閱之旂與田之大麾異矣。鄭氏謂春夏之田用大麾，秋冬建太常，王之自將建太常，不自將建大白。然則治兵非即戎也，治兵大閱未即田也，孰謂行師而不建大白，田而不建大麾乎？然常之三辰則日、月、北斗而已，與衣服之畫星辰不同。觀《曲禮》曰「招摇在上」，《穆天子傳》曰「天子葬盛姬，建日月七星」，蓋旗以指物，則所畫者不過北斗耳。《漢郊祀歌》曰：「招摇靈旗。」則後世旗亦畫北斗也。《國朝會要》：「建隆中，將郊祀，陶穀建議取天文角攝提列星之象，作攝提旗及北斗旗、二十八宿旗、十二辰旗、龍墀十三旗、五方

❶「飾」上，原衍「牙」字，今據明本、庫本、嘉慶本及《文獻通考》卷一百十六《王禮考》「乘輿車旗鹵簿」條所引刪。

❷「雅」，原作「牙」，今改。

神旗、五方鳳旗、四瀆旗。時有貢黄鸚鵡、白兔及馴象自來，又作金鸚鵡、玉兔、馴象旗。太祖又詔别造大黄龍負圖旗一，黄龍負圖旗一，大神旗六，日旗一，月旗一，君王萬歲旗一，天下太平旗一，師子旗二，金鸞旗一，金鳳旗一，五龍旗五，凡二十一旗，皆有架，南郊用之。」其制與古異矣。

旂

《司常》：「交龍爲旂。諸侯建旂。」《覲禮》：「侯氏載龍旂弧韣。」《考工記》曰：「龍旂九斿，以象大火。」《樂記》曰：「龍旂九旒，天子之旌也。」《詩》曰：「龍旂陽陽」、「龍旂承祀」、「龍旂十乘」、「淑旂綏章。」《左傳》曰：「分魯公以大路大旂。」《史記》曰：「龍旂九旒，所以養信也。」《爾雅》曰：「素陞龍于縿，練旒九。」又曰：「有鈴曰旂。」先儒以爲，王之大常曳地，諸侯之旂齊軫，卿大夫齊較，士齊肩。觀大常之旒使人維之，則曳地可知矣。旒多者曳地，旒少者至於齊肩。侯伯建常七斿，子男五旒，而均於齊軫，以其皆君故也。春秋之時，楚令尹爲王旌以田，芋尹無宇斷之；齊欒高伐虎門，公使王黑以靈姑鈃率告，請斷三尺而用之，以其不可與君同制，則諸侯齊軫可知矣。《〔家語〕》曰：「鈴旗續紛下蟠於地。」❶《後漢志》：「龍旂九斿〔以〕齊軫，熊旗五仞以齊肩，龜虵四仞以齊首。」❷

禮書卷第一百三十一終

❶ 「鈴」，原誤作「於」，今據明本、庫本、嘉慶本及《孔子家語・致思》改。

❷ 「虵」，《後漢書・輿服志》作「旐」。

禮書卷第一百三十二

旗　旟　旐　旜　物

旗熊虎爲旗。

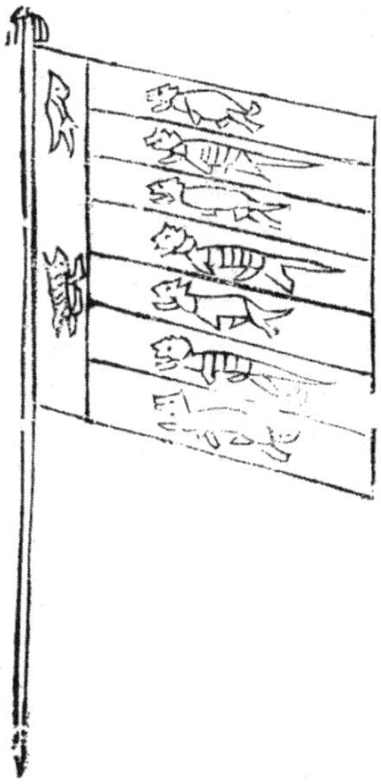

❶

《司常》：「熊虎爲旗。師都建旗。」《大司馬》：「軍吏載旗。」《考工記》：「熊旗六斿，以象伐。」鄭氏曰：「伐屬白虎宿，與參連體而六星。」故六斿。然九旗亦旗，猶五侯皆謂之侯，五溝皆謂之溝，五涂皆謂之涂，八法皆謂之法也。《周禮》言旗，言大旗，言旗物，言旌旗，言旗鼓。則旗與大旗云者，熊虎之旗也；旗物、旌旗、旗鼓云者，有非熊虎之旗也。故鄉邑以旗物及田之前期致民，則以司徒之大旗；鄙長之作民以鼓，遂之起野役致民，則以遂之大旗。然則熊虎之旗豈卑者所得而有耶？致民則以旗，既至則弊之。故《司常》曰：「致民置旗，弊之。」《大司馬》曰：「質明，弊旗，誅後至者。」蓋設而致之，使之一於所視，至而弊之，使之一於所聽也。旗之所用，不特軍旅、田獵、野役之事而已。〔凡祭祀，各建〕其〔旗〕，會同、賓

❶ 此爲底本圖，明本、庫本、嘉慶本無。

〔客〕亦如之。蓋衆之所會使，❶各視旗而知所從也。然則虞人有虞旗、虞旌，何也？《山虞》：「掌山林之政令。」山林者，獸之所集，故有虞旗以致禽。《澤虞》：「掌國澤之政令。」澤者，禽之所集，故有虞旌以屬禽。熊虎之旗，蓋皆六斿。先儒以爲遂大夫四命四斿，鄉大夫六命六斿，❷不可考也。其杠之長短則有差矣，鄭氏曰「山虞之旗其仞數則短」是也。先王之於旗，分之采物，而禮意存焉。後世，秦於四時各有所旂，《月令》：「春，青旂；夏，赤旂；中央，黄；秋，白；冬，黑。」鄭有蝥弧，晉有蠭旗，以至吴王之建肥，胡武之靈旃，田蚡之曲旃，後漢之雲罕，皆一時之觀美而已，豈古制哉。

旟「鳥隼爲旟。」

❶「蓋衆」至「虞旌」，底本作「蓋衆之所會使各□□□□□□也然則虞□□□□有虞旌」；明本、嘉慶本作「蓋衆之所□□各□□□□□□□□有虞人，有虞旗，有虞旌」，且嘉慶本於兩闕文處均明書「闕文」、庫本作「蓋衆之所視聽各建，以一之也。而田獵有虞人，有虞旗，有虞旌」，與底本差别較大；自「然九旗亦旗」至「豈卑者所得而有耶」、自「旗之所用」至「故有虞旌以屬禽」，《群書考索》卷三十八《禮門・旌旗類》有雷同之文，唯「旗」作「旂」，當是襲取《禮書》宋本也，今據補，並改「旂」爲「旗」。

❷「鄉大夫」，原誤作「卿大夫」。前言鄉遂，無涉卿大夫。今據孫氏點勘改。

《司常》曰：「鳥隼爲旟。」《爾雅》曰：「錯革鳥曰旟。」「朱雀與隼。」《輈人》曰：「鳥旟七斿，以象鶉火。」然《司常》之大閲，州里建旟；《司馬》之治兵，百官載旟，何也？軍法：「行，前朱鳥後玄武，左青龍右白虎，招摇在上，急繕其怒。」則諸侯載交龍之旂於左，軍吏載熊虎之旗於右，百官載鳥隼之旟於前，郊野載龜蛇之旐於後。王載太常於其中而加高焉，此所謂招摇在上也。然則州里建旟者，州里之常；百官載旟者，一時之事。軍國之容，固不同耳。《干旄》曰：「孑孑干旟。」蓋州里之臣也。太常而下，五旗皆畫，則旟畫鳥隼信矣。郭璞釋《爾雅》謂：「旟剥鳥皮毛置之竿頭，即《禮記》載鴻及鳴鳶。」其説非是也。

旐「龜蛇爲旐。」

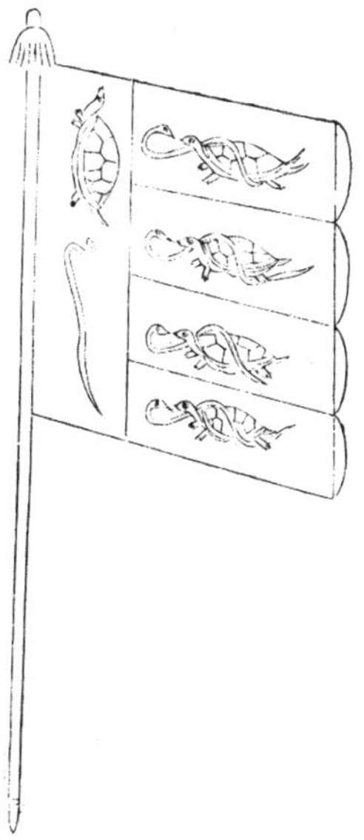

《司常》：「龜蛇爲旐。」《考工記》：「龜蛇四斿，以象營室。」《爾雅》曰：「緇廣充幅長尋曰旐。」《司常》又曰：「縣鄙建旐。」《大司馬》曰：「郊野載旐。」蓋田役軍旅，王之事也。雖命數不同而同於四斿，其所辨異者，有名號存焉。先儒謂縣正四斿，鄙師三斿。其説無據。《詩》曰：「孑孑干旄。」「孑孑干旟。」「孑孑干旌。」又曰：「設此旐矣，建彼旄矣。」又曰：「建旐設旄。」《爾雅》曰：「注干首曰旄，注旄首曰旌。」《孟子》曰：「羽旄之美。」《左傳》：「范宣子假羽旄於齊而弗歸，齊人始貳。」襄十四年。「晉人假羽旄於鄭，明日旆之。」定四年。❶ 賈公彦曰：「太常而下干首，皆有旄羽。」蓋干首注以旄，旌首注以旌，則羽毛所以爲旗飾也。旗皆有羽毛，而全羽之旞，析羽之旌，又爲旗焉。此所以道車、斿車之所載，澤虞之所建，與夫飾旗者異矣。《書》曰：「右秉白旄以麾。」《樂師》小舞有旄舞，《旄人》：「掌教散舞、旄舞。」傳曰：❷「葛天氏之樂，三人操牛尾，投足〔而〕歌八闋。」《爾雅》曰：「旄謂之蘢。」《山海》：「有獸如牛，四節有〔旄〕。」此旄牛也。《荀卿》曰：「西海則有文旄。」班固《地里志》：「秦西近邛莋，有旄，西方之産也。其尾可以飾旗，亦可以飾舞。」

旜 鄭氏曰：「通帛謂大赤，從周正色。孤卿不畫，言奉王之政教而已。」

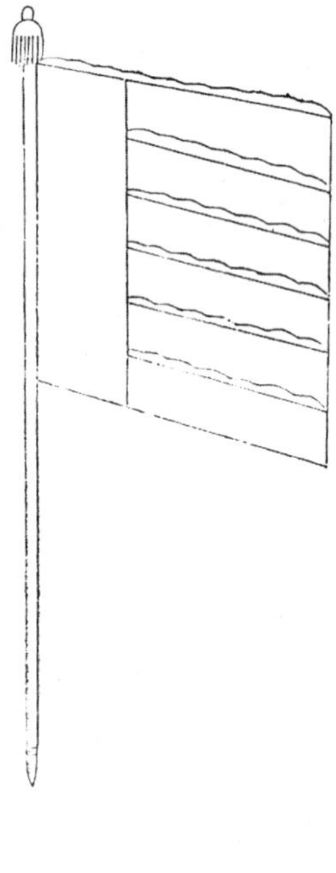

❶「定四年」，原在「明日旆之」之前。按自「晉人」至「旆之」，皆本於《左傳》定四年文，今據之乙正。

❷ 所謂「傳曰」者，實出《吕氏春秋・古樂》，曰：「葛天氏之樂三人操牛尾，投足以歌八闋。」孫氏點勘曰：「《吕氏春秋》文。」「投」，原誤作「捉」，孫氏點勘改作「投」，今據改。

物鄭氏曰：「雜帛者，以帛素飾其側。白，殷之正色，大夫、士雜帛，言以先王正道佐職也。」

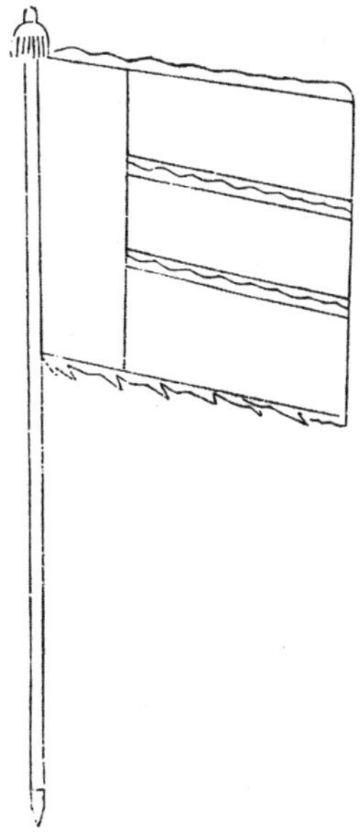

《司常》：「通帛爲旜，雜帛爲物。」《爾雅》：「因章曰旃。」《左氏》曰：「亡大旆之左旃。」又曰：「分康叔以少帛，綪茷旃旌。」蓋旃，大赤也；物，少帛也。旃爲大赤，❶故孤卿建之；物爲少帛，〔故〕士建之。《左氏》：❷「旝動而鼓。」❸杜氏曰：「旃也。」《爾雅》曰：「緇廣充幅長尋曰旐。」是〔旗〕旟而上，其色赤而不緇，其幅長而不特尋也。旜物之斿，經無其說。《周禮·典命》：❹「自上公至士，其車旗各視其命之數。」而《行人》「上公建常九斿，侯伯七斿，子男五斿」，皆以命數爲節。然即王之孤卿六命，大夫四命，公侯伯之孤四命，卿三命，大夫再命，士一命，子男之卿再命，其大夫一命。旜物之斿，蓋亦稱是，與旂、旗、旟、旐之斿有常數者異也。先儒以爲旜、物、旆如燕尾，此不可考。《聘禮》卿載旜，禮也。《既夕》士載旜，攝也。

禮書卷第一百三十二終

❶「赤」，原誤作「飾」，今據上文及孫氏點勘改。
❷「左氏」，明本、庫本、嘉慶本作「左傳」。
❸「動」，原脱，今據嘉慶本及《左傳》桓五年補。
❹「典命」，原誤作「司命」，今據明本、庫本、嘉慶本及《周禮·典命》改。

禮書卷第一百三十三

大閱之旗　治兵之旗　旞　旌　龍旃　翿旌

司常中冬大閱

王太常　諸侯旂　孤卿旜　大夫士物　師都旗師都，師帥也，鄭氏云鄉、遂大夫。❶　州里州里，州所里也。《爾雅》曰：「里，邑也。」鄭氏云州長、里宰。　縣鄙旐❷

司馬中秋治兵

王太常　諸侯旂　軍吏旗　師都旜師都，師帥也，鄭氏云遂大夫。　鄉遂物鄉大夫，遂大夫也，鄭氏云鄉大夫。　郊野旐郊野，縣師也，鄭氏云州長、縣正。　百官旟

《司常》：「國之大閱，王建太常，諸侯建旂，孤卿建旜，大夫、士建物，師都建旗，州里建旟，縣鄙建旐。」《司馬》：「中秋治兵，王載大常，諸侯載旂，軍吏載旗，師都載旜，鄉遂載物，郊野載旐，百官載旟。」何也？大閱軍實而已，治兵則軍法在焉。師都所以治徒役者也，軍吏所以將卒伍者也。大閱以治徒役爲主，故有師都而無軍吏；治兵以將卒伍爲主，亦有治徒役者也，故有軍吏又有師都。大閱，師都之所建；治兵，軍吏之所載，皆熊虎之旗。則大閱所以威

❶「云」，原誤作「六」，今據明本、庫本、嘉慶本改。

❷「縣鄙旐」，原無，爲明本、庫本、嘉慶本所增。

衆者，師都也；治兵所以威衆者，軍吏也。二者蓋皆孤卿爲之，故其序在州里鄉遂之上，謂之吏則任以事也，謂之師則帥其衆也，謂之都則自采邑言之也。《鄉師》：「出田法于州里。」州長攷州里之治，則州里，州所里也。《縣師》：「掌邦國、都鄙、稍甸、郊里之地域，若有軍旅、會同、田役之戒，則受法于司馬，以作其衆庶，會其車人之卒伍，以歲時徵野之貢賦。」則郊野縣師也。大閱有師都，而鄉遂乃鄉遂大夫也。百官，軍中之百官也。《禮》曰：「羔豚而祭，百官皆足。」《孟子》曰：「百官以事舜於畎畝之中。」凡此所謂百官者，非卿大夫也。治兵之百官，蓋亦如此。鄭氏以大閱之師都爲鄉遂大夫，以治兵之師都爲遂大夫，以鄉遂爲鄉大夫，以郊野爲州長、縣正，以州里爲州長與里宰，以百官爲卿大夫。然以師都爲鄉遂大夫，又以爲遂大夫，是離師都而二之也。鄉遂則鄉大夫與遂大夫也，以鄉、遂爲鄉大夫，是合鄉遂而一之也。有鄉遂則州縣在所統矣，孰謂郊野乃州長、縣正乎？鄙五百家然後爲一旅，而有旐，孰謂里宰有所建乎？使其有所建，其可踰於縣鄙之旐而建旟乎？軍行，卿大夫不爲將帥，則守國而已，孰謂百官乃卿大夫乎？

旞鄭氏曰：「全羽、析羽，皆五采，繫於旞旌之上，所謂『注旄於干首』。」

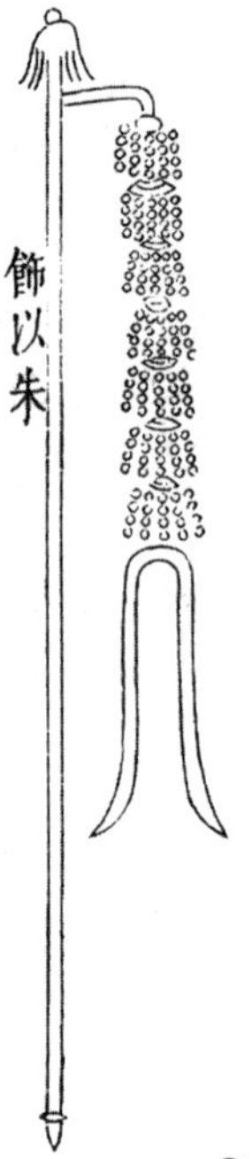

❶

旌

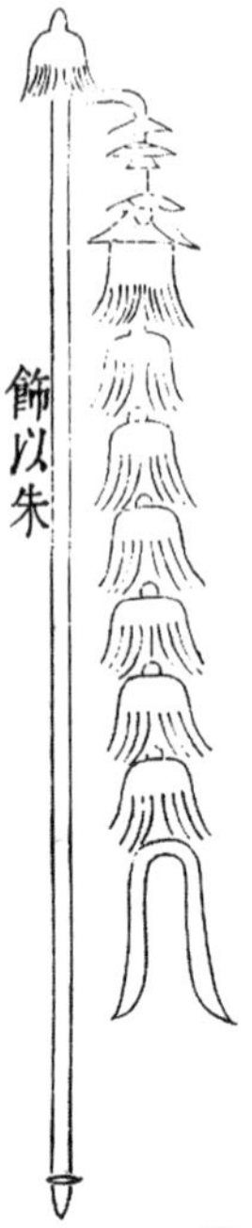

❷

《司常》：「全羽爲旞，析羽爲旌。道車載旞，斿車載旌。」道車，象路也。斿車，木路也。象路建大赤以朝，木路建大麾以田，而有旞旌者，蓋朝則建大赤，燕出入則載旞，田則建大麾，鄙則載旌。旞旌皆注旄，而旄與羽又注於旗，則羽可以飾旗，又可以爲旗也。《書》曰：「羽畎夏翟。」《考工記》：「鍾氏染羽，以朱湛丹秫，三月而熾之，淳而漬之。」蓋古人於羽，固用其自然者也；不足，則染以充之。《夏采》言「建綏」，《明堂位》言「有虞氏之綏」，於官言夏采，於旗言建綏，則所謂綏者，旌旞而已。復于四郊，豈非其燕出入之地歟。鄭氏釋《明堂位》曰：「有虞氏當言綏，夏氏后當言旂。」於義或然。其以綏爲大麾，則與《夏采》不合。

❶ 圖中文字，原無，爲明本、庫本、嘉慶本所增。

❷ 圖中文字，原無，爲明本、庫本、嘉慶本所增。

龍旜《鄉射・記》曰：「君射於竟則龍旜。」鄭氏曰：「畫龍旜，尚文章也。通帛爲旜。」

翿旌白羽與朱羽糅，以鴻脰韜杠上二尋。

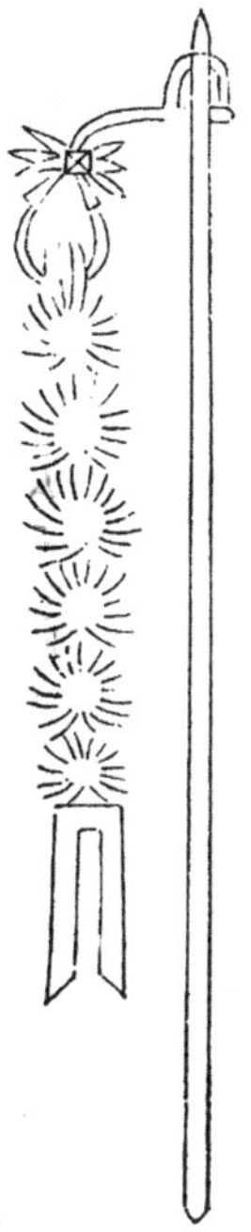

《鄉射禮》：「君國中射則皮樹中，以翿旌獲，白羽與朱羽糅；於郊則閭中，以旌獲；於竟則虎中，❶龍旜。大夫兕中，❷以其物獲。士以翿旌獲。」又曰：「旌，各以其物。無物，則以白羽與朱羽糅，杠長三仞，以鴻脰韜上二尋。」鄭氏謂此翿旌也。不命之士無物，然則君於國中燕射也，於郊大射也，於竟賓射也。翿旌之羽，白與朱而已，不若旌之備文，旌之備文不若龍旜之備德。故與群臣燕射則以翿旌，擇士而大射則以旌，於鄰國君射則以龍旜。龍旜蓋亦絳帛爲之，先儒以爲旆如燕尾，今姑存之。《詩》曰：「值其鷺翿。」毛氏曰：「值，持也。」顔師古曰：「立之而舞。」然《春秋傳》曰：「舞師題以旌夏。」則鷺

❶「於竟則虎中」，原誤作「虎中於竟則」，今據明本、庫本、嘉慶本及《儀禮・鄉射》改。

❷「夫」，原誤作「天」，今據明本、庫本、嘉慶本及《儀禮・鄉射》改。

翿，蓋若今大樂二工執之以引舞者也。❶值者，遭之也。《詩》曰：「左執翿。」《周禮·鄉師》：「葬則執纛治役。」《爾雅》曰：「翿，纛，翳也。」郭璞曰：「翿，葆幢也。」❷則纛可以引舞，可以習射，亦可以治葬役也。士射之獲與君同，豈非「順而摭」者歟？

禮書卷第一百三十三終

❶「二工」，原誤作「二上」。按陳氏所謂「今大樂」者，蓋宋會樂之類也。《文獻通考》卷一百四十五《樂考》、《宋史·樂志》於朝會樂皆每言「二工」，又稱「夾引舞者」。今據明本、庫本、嘉慶本改。

❷「幢」，原誤作「幅」，今據《爾雅·釋言》郭注及孫氏點勘改。

禮書卷第一百三十四

青旌　鳴鳶　飛鴻　虎皮　貔貅挈壺挈轡挈畚　徽織　招大夫士以旌旂之禮

青旌鄭氏曰：「青，青雀，水鳥。鳶鳴則將風。鴻取飛有行列也，虎取其有威勇也，貔貅亦摯獸也。」

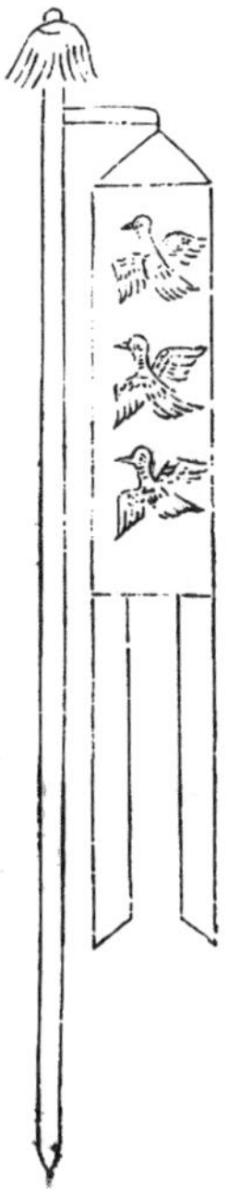

鳴鳶

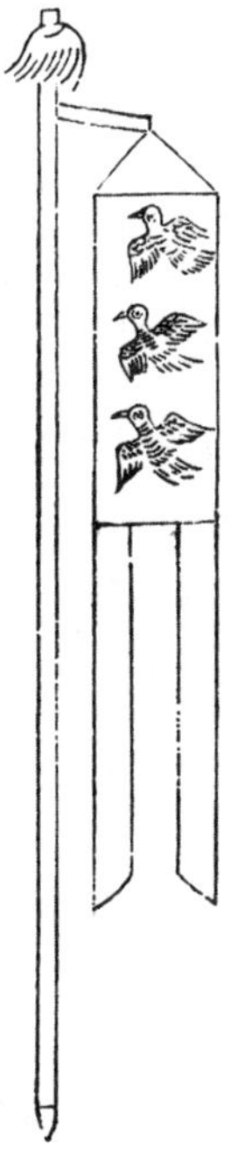

飛鴻

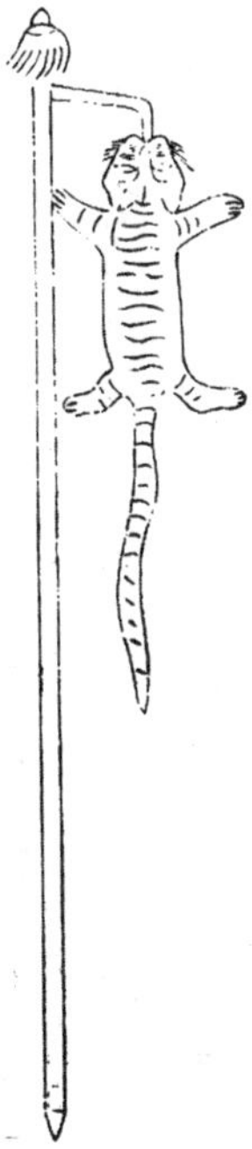

虎皮

貔貅

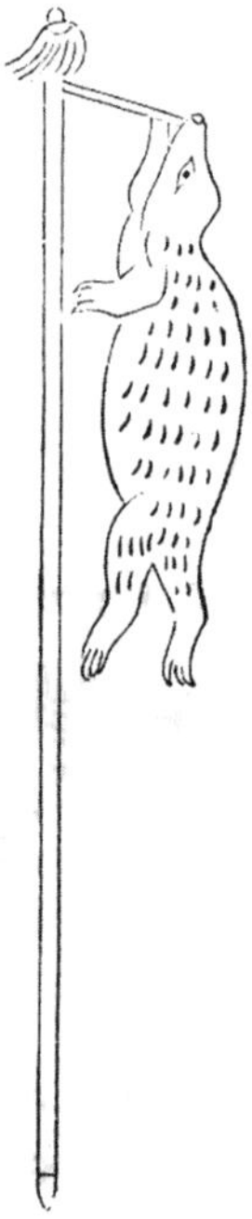

挈

壺挈轡挈畚附❶

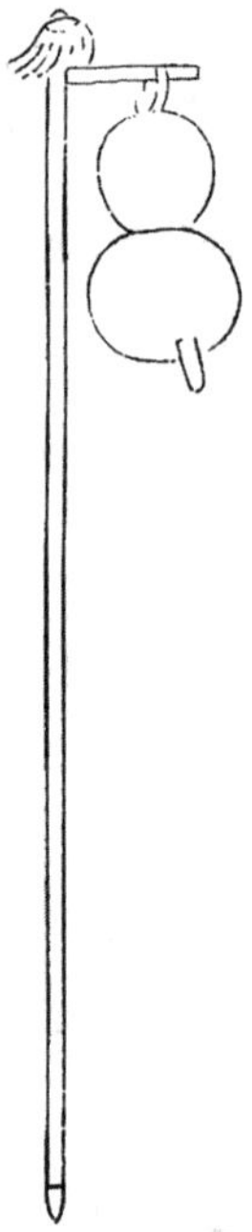

《禮記》曰：「前有水則載青旌，前有塵埃則載鳴鳶，前有車騎則載飛鴻，前有士師則載虎皮，前有摯獸則載貔貅。」考之《周禮·挈壺氏》：「掌挈壺以令軍井，❷挈轡以令舍，挈畚以令糧。」《春秋傳》曰：「前茅慮無。」兵法，行則持五旍，溝坑揭黃，衢路揭白，水潤揭黑，林木揭青，野火揭赤，此水載青旌，塵載鳴鳶，車騎載飛鴻，士載虎皮，摯載貔貅之意也。蓋青雀習水者也，鳶知風者也，飛鴻則有列，虎皮則有威，貔貅則有猛，皆各象其所見然也。先儒謂青雀、鳴鳶、飛鴻皆畫於旌而載之；虎皮、貔貅，或舉其皮，或畫其狀。蓋《禮》無明說，故兩存之。《書》曰：「如熊如羆，如虎如貔。」《詩》曰：「獻其貔皮。」《爾雅》曰：「貔，白狐。其子，縠。」「火卜。」❸《字林》曰：「貔，豹

❶「挈轡挈畚附」，原無，爲明本、庫本、嘉慶本據卷首小目增。

❷「以」，原脱，今據明本、庫本、嘉慶本及《周禮·挈壺氏》補。

❸「火」，原誤作「大」，今據嘉慶本及《爾雅·釋獸》釋文改。「卜」下，嘉慶本據《爾雅·釋獸》釋文增「切」字。

屬。」郭璞曰：「一名執夷，虎豹之屬。」陸機疏曰：「貔似虎，或曰似熊，遼東人謂之白熊。」則白熊、白狐、執夷皆貔之異名。

徽織　鄭氏曰：「徽織，旌旗之細，綴於膊上。今城門僕射所被，及亭長著絳衣，皆其舊象。」

《周官·司常》：「國之大閱，贊司馬頒旗物，王建太常，諸侯建旂，孤卿建旜，大夫建物，師都建旗，州里建旟，縣鄙建旐，道車載旞，斿車載旌。皆畫其象焉，官府各象其事，州里各象其名，家各象其號。」《大司馬》：「中夏，教茇舍，辨號名之用：帥以門名，縣鄙各以其名，家以號名，鄉以州名，野以邑名，百官各象其事，以辨軍之夜事。司馬中秋教治兵，辨旗物之用：王載太常，諸侯載旂，軍吏載旗，師都載旜，鄉遂載物，郊野載旐，百官載旟，各書其事與其號焉。」「事名號者，徽織，所以題別衆臣樹之於位，朝各就焉。徽織之書，則云某某之事，某某之名，某某之號，今大閱禮象而爲之。兵凶事，若有死事者，亦當以相別也。」《詩》曰：「織文鳥章，白旆央央。」「織，徽織也。鳥章，鳥隼之文章，將帥以下衣皆著焉。」《記》曰：「殊徽號。」❶

❶「徽」，原脱，今據明本、庫本、嘉慶本及《禮記·大傳》補。

《左傳》曰：「揚徽者，公徒也。」昭二十一年。

九旗之物，既畫號名事之象，而又書以述之，畫之則略，書之則詳。《司常》於大閱頒旗物則言畫，《大司馬》於治兵辨旗物之用則言書者，頒旗物建以閱之而已，辨旗物則載而用焉。此治兵大閱之別也。兵法：夜戰多火鼓，晝戰多旌旗，是晝之相視者以象，夜之相聞者以聲。故旗物有龍虎鳥龜之文，所以待晝事；有號名事，所以待夜事也。《詩》曰：「元戎十乘，以先啓行。」織文鳥章，白斾央央。」鄭氏以《周禮》之號名，《詩》之織文鳥章皆爲徽織，謂徽織旌旗之細，若銘旌然，在朝則植之於位，在軍則衣之於身。然《覲禮》：「諸侯各就其旂而立。」❶《司常》：「凡祭祀，各建其旗，會同、賓客亦如之。」則朝覲所建無旌旗之細者也。《傳》曰：「揚徽者，公徒也。」《説文》卒從衣。士卒之衣，固有旌旗之細者爲之題識，然非九旗之號名事也。《司常》：「辨九旗之名物，各有屬。」此建旗者之屬，非衣徽也。鄭氏以九旗之號名事與九旗之名物各有屬皆爲衣徽，其説誤矣。昔晉攻狄，叔虎被羽先登，克之。《國語》。漢光武擊青犢，賈復亦被羽先登，敗之。然則後世之被羽，蓋古衣徽之遺制爾。韋昭以被羽爲繫飛鳥於背，若今負旄，是也。章懷太子以被羽爲執旌旗，誤矣。

招大夫士以旌旂之禮

《孟子》曰：「招虞人以皮冠，大夫以旌，士以旂，庶人以旃。」蓋田獵用皮冠，

❶「旂」，原誤作「旆」，今據《儀禮·覲禮》及孫氏點勘改。

斿車載旌，諸侯建旂，孤卿建旜。虞人，掌田獵之事者也，故招以皮冠；大夫，從游燕之樂者也，故招以旌；士，君之所禮者也，故招以旂；庶人，孤卿之所治者也，故招以旜。春秋之時，齊侯田于沛。昭二十五年。「招虞人以弓，不進，辭曰：『昔我先君之田也，旜以招大夫，弓以招士，皮冠以招虞人。』」其言與《孟子》不同者，《王制》曰「上大夫卿」，則孤卿，上大夫也。弓，聘士之物也。《詩》曰：「翹翹車乘，招我以弓。」則招大夫以旜，士以弓，以其所當用者招之而已。非必先王之禮然也。

禮書卷第一百三十四終

禮書卷第一百三十五

車制

「古者服牛乘馬，引重致遠，以利天下」，則車之作尚矣。或曰黄帝作軒冕，不可考也。車之制，象天以爲蓋，象地以爲輿，象斗以爲杠轂，象二十八星以爲蓋弓，象日月以爲輪輻；前載而後户，前軓而後軫，旁輢而首以較，下軸而銜以轐；對人者謂之對車，如舟者謂之輈，揉而相迎者謂之牙；輈之曲中謂之前疾，軶之上平謂之衡。衡之材與輿之下木皆曰任，以其力任於此也。轂之端與輢之下木皆曰軹，以其旁止於此也。軫可以名輿，可以名車，達常可以名部，軫前横木可以名軨，此又因一材而通名之也。其爲車也，有長轂者，有短轂者；有杼輪者，有侔輪者；有反揉者，有仄揉者；有兩輪者，有四輪者；有有輻者，有無輻者；有曲轅者，有直轅者；輦直轅。❶有一轅者，有兩轅者；有直輿者，有曲輿者；鉤車曲輿。有廣箱者，有方箱者；有重較者，有單較者；或駕以馬，或駕以牛，或輓以人；或飾以物，或飾以漆，或樸以素。要皆因宜以爲之制，稱事以爲之文也。然禮有屈伸，名有抑揚，故論其任重，則雖庶人之牛車，亦與大夫同稱「大車」；論其等威，則雖諸侯之正路，於王門曰「偏駕」而已。

五　路

玉路鄭氏曰：「玉路、金路、象路，以玉、金、象飾諸末。❷革路，輓之以革而漆之，無他飾。木路，不輓以革，漆之而已。」

金路

象路

革路

木路

路，大也。玉路、金路、象路，以金、玉、象飾之也。革路輓而漆之，木路漆之而不輓，則有飾者皆輓而漆，輓而漆者無飾也。玉路，鍚，樊纓十有再就；金路，鉤，樊纓九就；象路，朱，樊纓七就；革路，龍勒，條纓五就；木路，前樊鵠纓者。鍚在顱，鉤在頷。朱者勒之色，龍者勒之飾。《詩》言「鏤鍚」，《左傳》言「鍚、鸞、和、鈴，昭其聲也」，莊周言「齊之以月題」。鍚，白金也。鏤，其文也；月題，其

❶「輦」，原誤作「去」。今據明本、庫本、嘉慶本及《文獻通考》卷一百十六《王禮考》「乘輿車旗鹵簿」條所引改。

❷「末」，原誤作「木」。按《周禮·巾車》鄭注：「玉路，以玉飾諸末。」今據明本、庫本、嘉慶本改。

象也。則錫，象月而鏤之，❶又昭其聲也。《詩》言「鉤膺」，《采芑》曰：「鉤膺鞗革。」《韓奕》曰：「鉤膺鏤錫。」則鉤在膺前，赤金爲之。《爾雅》曰：「轡頭謂之革。」❷《詩》曰：「鞗革金厄。」《儀禮》士「纓轡貝勒」。夫諸侯之鞗革有金厄，毛義曰：「厄，烏蠋也。」士之勒有貝飾，則王之革路有龍勒宜矣。《巾車》、《行人》言「樊纓」，《禮記》、《左傳》皆作繁纓。繁纓十有再就、九就、七就、五就之別，此《左傳》所謂「游、纓，昭其數也」，杜預曰：「纓在馬膺前，如索帬。」則纓非鞅也，樊然爲鞅之飾耳。杜子春謂故書鵠或爲結，則前樊結纓者，無就而結之爾。條則不結，則條纓垂而長者也。然則錫也，鉤也，朱也，龍勒也，玉、金、象、革四路，蓋皆有之。《采芑》言「方叔之車，鉤膺鞗革」，《韓奕》言「韓侯之車，鉤膺鏤錫」。夫方叔在征，則革路矣，而有鉤膺；釋《詩》者謂方叔乘金路，然金路以封同姓，而方叔不必同姓，又非就封，其於師中，❸宜乘革路。❹韓侯就封，則象路矣，而有鏤錫。是錫不特施於玉路，而鉤不特施於金路也。以此觀之，則禮所謂錫也，鉤也，朱也，龍勒也，條也，各舉其一，互相備也。若夫木車，則質而已，故前樊結纓。前樊結纓，則結其前而非全結也。《巾車》言五者之飾，皆其首面頷膺之著者也，故不

❶「鏤」，原誤作「縷」，今據明本、庫本、嘉慶本及上文改。

❷「轡頭」，明本、嘉慶本作「轡首」，與《爾雅·釋器》原文同。

❸「中」，原誤作「于」，今據庫本及《文獻通考》卷一百十六《王禮考》「乘輿車旗鹵簿」條所引、文意改。

❹「革路」，原誤作「玉路」。按所注之文言「方叔在征，則革路矣」。今據明本、庫本、嘉慶本及《文獻通考》卷一百十六《王禮考》「乘輿車旗鹵簿」條所引改。

及腹帶。鄭康成以樊爲鞶帶之鞶，又以龍爲龙，條爲條，前爲剪，非也。纓，蓋用組爲之，與冠纓同。五采一匝爲就，與圭繅冕旒之就同。鄭司農以《士喪》馬纓三就爲削革三重，康成謂樊纓以五采罽飾之，又謂金路無鍚有鉤，鵠纓就數與革路同，殆不然也。《禮》曰：「丹漆雕幾之美，素車之乘。」《詩》曰：「路車有奭。」毛氏曰：「奭，赤貌。」路車之飾，皆丹漆矣。然《禮》言「玉路以祀」，又言「素車之乘」，蓋王之祀天，自國至大次則乘玉路，自大次以升壇則乘素車，猶之聽祭報以皮弁，及祭則服大裘冕也。《巾車》：「金路，以賓，同姓以封；象路，以朝，異姓以封；革路，以即戎，以封四衛；木路，以田，以封蕃國。」言同姓以封而不言以封同姓，言異姓以封而不言以封異姓，則嫌以賓獨賓同姓，以朝獨朝異姓故也。然同姓一，異姓二，以異姓對庶姓，則庶姓非異姓也。《司儀》：「土揖庶姓，時揖異姓。」孔子以南宮縚爲異姓，則異姓姻也，❶庶姓非姻也。以異姓對同姓，則庶姓亦異姓而已。故《巾車》金路封同姓，象路封異姓，《禮記》於侯牧同姓謂之伯父、叔父，異姓謂之伯舅、叔舅，凡此所謂異姓者，庶姓預之也。同姓亦曰内姓，異姓亦曰外姓。《左傳》曰：「同姓選親，外姓選舊。」宣十二年。

王行五路先後之儀

綴路金路也。孔安國曰：「大輅，玉；綴路，金；先輅，象；次輅，革木也。」

❶「姓」，原誤作「王」，今據明本、庫本、嘉慶本及《文獻通考》卷一百十六《王禮考》「乘輿車旗鹵簿」所引改。

大路玉路。

次路木路。

次路革路。

先路象路。

《書》曰：「大輅在賓階面，綴輅在阼階面，先輅在左塾之前，次輅在右塾之前。」《禮器》曰：「大路繁纓一就，次路繁纓七就。」《郊特牲》曰：「大路繁纓一就，先路三就，次路五就。」然則《周官》馭玉路者謂之大馭，則玉路謂之大路，獨周爲然。若夫商之大輅，則木路而已。《春秋傳》與《荀卿》曰「大路越席」，《禮器》與《郊特牲》曰「大路繁纓一就」，《明堂位》曰「大路，商路也」，孔子曰「乘商之路」，❶皆木路也。然《禮器》與《郊特牲》言大路繁纓一就則同，其言次路繁纓五就、七就則不同者，先王之路降殺以兩，反此而加多焉，蓋亦以兩而已。大路一就，先路三就，則次路有五就、七就者矣。《書》言次路，以兼革、木二路，則商之次路五就、七就，庸豈一車耶？鄭氏以七就爲誤，是過論也。夫綴路，金路也，以其綴於玉路故也；先路，象路也，以其行道之所先故也；次路，革路、木路也，以其次於象路故也。《周官·典路》：「若有大祭祀，則出路。大喪、大賓客，亦如之。凡會同、軍旅、弔于四方，以路從。」蓋王之行也，乘玉路而先之以象路，次之以革路、木路，而金路綴於玉路之後。觀《書》，先路在左塾之前而居西，次輅在右塾之前而居東。春秋之時，鄭侯以先路三命之服賜子展，以次路再命之服賜子產，魯以先路三命之服賜晉三帥，以一

❶「商」，庫本作「殷」。

命之服賜司馬、輿師以下，則先路固貴於次路矣。孔安國亦以先輅爲象路，蓋亦有所受之也。諸侯有先路、後路，亦有大路。《樂記》亦曰：「大輅，天子之路，所以贈諸侯。」《雜記》諸侯之賵有乘黄大路，「相襚以後路與冕服，先路與褒衣不以襚。」❶蓋諸侯之大路則金路，謂之大路，猶熊侯謂之大侯。❷《春秋傳》稱王賜晉文公以大路之服，僖二十八年。祝鮀言先王分魯、衛、晉以大路，定四年。王賜鄭子僑以大路，襄十五年。王賜叔孫豹以大路。襄二十四年。杜氏以賜魯、衛、晉之大路皆金路，賜穆叔子僑之大路當是革、木二路，此不可考。

禮書卷第一百三十五終

❶「不以襚」，原脱，脱則文意有闕。今據嘉慶本及《禮記·雜記》補。

❷「大侯」，原誤作「大夫侯」。按《儀禮·大射》鄭注：「大侯，熊侯，謂之大者，與天子熊侯同。」嘉慶本「大」、「侯」之間有一空格，今據删。

禮書卷第一百三十六

重翟　厭翟　安車　翟車　輦車

重翟先儒謂重翟當玉路，后從王祭祀先王、❶先公、群小祀所乘者也。衛侯夫人始嫁，翟茀以朝，蓋厭翟也，則王后始嫁重翟可知。

厭翟厭翟當金路，后從王賓饗諸侯者也。《行人》上公再祼，侯伯而下皆一祼，則再祼者后亞之，一祼者后不與。《內宰》云：「賓客之祼獻、瑤爵，皆贊。」鄭氏云「謂王同姓及二王之後」是也。王姬下嫁於諸侯，車不繫其夫，下王后一等，不得乘重翟，則上公與侯伯夫人皆乘厭翟可知。

安車后朝王之車，然則諸侯夫人亦應乘此以朝君。

翟車王后出桑，及三夫人與三公夫人同乘翟車，九嬪與孤妻同乘夏篆，二十七世婦與卿妻同乘夏縵，女御與大夫妻同乘墨車，士妻攝乘，乘亦墨車，非攝則棧車而已。諸侯以下夫人，祭祀、賓饗、出桑及朝君皆可知也。❷唐制：翟車，青質，青油纁，朱裏通幰，綉紫絡帶及帷；厭翟，赤質，❸紫油纁，朱裏通幰，紅錦絡帶及帷；翟車，黄油纁，黄裏通幰，白車

❶「后」，原誤作「右」。今據明本、嘉慶本改。後誤同者徑改，不出校。

❷「及」，原誤作「赤」，今據嘉慶本改。

❸「赤」，原脱，今據《新唐書·車服志》補。

錦絡帶及帷。❶三車皆金飾末，❷輪畫朱牙，箱飾翟羽，朱絲絡網，鞶纓色皆從車質。

輦車 輦車無面飾，無蔽幄，則漆之而已。《說文》曰：「有輻曰輪，無輻曰輇。」鄭氏釋《巾車》曰：「輦車輇輪。」釋《雜記》曰：「輇崇蓋半乘車之輪。」

重翟❸

❹

《巾車》「王后之五路：重翟，鍚面，朱總；厭翟，勒面，繢總；安車，彫面，鷖總。皆有容蓋。翟車，貝面，組總，有握；輦車，組輓，有翣，羽蓋」者，重翟重其羽而不厭，厭翟次其羽而不重，翟車則不重不厭，以羽飾之而已。五路言翟言車而不言路，二翟言翟而不言車者。不言路，避王也；不言車，車不足以名之也。孤言夏篆，卿言夏縵，至墨車以下，

❶「白」，原誤作「曰」，今據明本、庫本、嘉慶本及《新唐書·車服志》改。

❷「車」，原誤作「帛」，「末」，原誤作「朱」，今皆據《新唐書·車服志》改。《周禮·巾車》鄭注釋金路曰：「以金飾諸末。」亦可證「末」是而「朱」非也。

❸「重翟」，明本、庫本禮圖標題作「輦車」，誤也。按《周禮·巾車》鄭注：「輦車，后居宫中從容所乘，人輓之以行。」然圖中以馬輓車，顯非輦車。

❹此圖嘉慶本無。

然後言車，是亦飾盛者以飾名，飾殺者以車名也。重翟錫面，厭翟勒面，安車彫面，翟車貝面。鄭司農曰：「錫，馬面錫。」鄭康成曰：「勒面，如玉龍勒之韋，爲當面飾。」然則錫面者，錫飾馬面也。勒面、彫面、貝面，蓋亦若此，勒面以韋，則錫面、彫面、貝面以韋可知也。錫必鏤之，則彫面亦鏤錫可知也。錫面、彫面以金，貝面以貝，則勒面有錫亦可知也。或言勒或言彫，互備也。❶馬飾莫隆於錫，❷勒飾莫殺於貝，故《巾車》於王之玉路言「錫，樊纓」，❸《儀禮》於士之喪車貝勒，此重翟、厭翟、安車所以錫面，而翟車所以貝面也。重翟朱總，厭翟繢總，安車鷖總，翟車組總。鄭司農曰：「鷖總者，青黑色，以繒爲之，❹總著馬勒，❺直兩耳與兩鑣。」康成曰：「朱總、繢總，其施之如鷖總，車衡輨亦宜有焉。」考之於《詩》曰：「朱幩鑣鑣。」毛氏曰：「人君以朱纏鑣扇汗，且以爲飾。」此蓋朱總也。組總則纏鑣而已，非必扇汗也。施之直馬耳與衡輨，不可得而知也。朱色純，繢色雜，鷖色青黑，安車之轡取象於鷖者，以其在涇在沙而安故也。三車取飾於翟者，以其守死而不犯分，被文以相質故也。翟車有幄則無容蓋，輦車有翣蓋則

❶「互」，原誤作「玄」，今據明本、庫本、嘉慶本改。

❷「馬」，原誤作「面」，今據明本、庫本、嘉慶本及《文獻通考》卷一百十九《王禮考》「后妃命婦以下車輦鹵簿」條所引改。

❸「玉」，原誤作「三」，今據庫本及《周禮·巾車》改。

❹「繒」，原誤作「僧」，今據明本、庫本、嘉慶本及《周禮·巾車》鄭注改。

❺「著」，原誤作「者」，今據明本、庫本、嘉慶本及《周禮·巾車》鄭注改。

無蔽，安車則無翣無蔽，輦車無面飾無蔽握，漆之而已。隆殺之節然也。婦人不立乘，謂之安車，則五路皆安車也。特於無翣無蔽者命之曰安車，以其不飾以羽，與四者異也。鄭氏曰：「重翟，從王祭祀。厭翟，從王饗賓。安車，朝王。翟車，出桑。輦車，從容於宮中。」以謂祭祀賓客行禮也，故有容蓋，出桑適遠也，故有幄，朝王不必蔽翣，宮中不必蔽幄。理或然也。《詩》述衛夫人之朝君，則曰「翟茀以朝」者，以其始來乘之也，故安車未用焉。

禮書卷第一百三十六終

禮書卷第一百三十七

夏篆　夏縵　墨車　棧車　役車　大車

柏車　羊車

夏　篆鄭氏曰：「夏篆，五采畫轂約也。夏縵亦五采畫，無篆爾。墨車不畫也。棧車不革輓而漆之。役車，方箱，❶可載任器。」

夏　縵《説文》：「縵，繒無文也。」《漢律》曰：「賜衣者，縵表白裏。」然則夏縵以其無篆文故也。

墨　車

棧　車

役　車

《輪人》曰：「陳篆必正。」《禮記》曰：「丹漆彫幾之美。」又曰：「國家靡敝，車不彫幾。」則篆者，彫篆之文也；夏篆者，篆其車而五采畫之也；夏縵，五采畫之而不篆；墨車，墨漆之而不畫；棧車，素之而不漆。《考工記》曰：「飾車欲侈，棧車欲弇。」以尊者侈而伸，卑者弇而屈故也。《春秋傳》曰：「晉絳人謂山崩川竭，君降服，乘縵。」則縵車無文，非夏縵也。吴起曰：「縵輪籠轂。」《詩》曰：「有棧之車，行彼周道。」則士車，非役車也。《周禮》曰：「庶人乘役車。」則乘以供役，非特載任器也。鄭氏釋《詩》以棧車爲役車，釋《周禮》以棧車飾以漆，役車載任器，又以

❶「方」，原誤作「万」，今據明本、庫本、嘉慶本及《周禮·巾車》鄭注改。

篆爲畫，以畫爲畫轂。其説誤也。役車，牛車也。棧亦作轏，齊逢丑父「寢於轏中」是也。

大車 大車，牛車也。鄭氏曰：「大車，平地載任之車，轂長半柯者也。」《説文》曰：「轏，大車簣也。」❶

柏車 鄭氏曰：「柏車，山車。」

羊車 「鄭司農曰：『羊車，謂車羊門也。』玄謂羊，善也。善車，若今定張車，❷較長七尺。」

大車

❸

❶「轏」、「簣」，據《説文·車部》：「轃，大車簀也。」似當作「轃」、「簀」。

❷「今」，明本、庫本、嘉慶本作「漢」。

❸此圖嘉慶本無。

《書》曰：「肇牽車牛。」《輈人》曰：「大車轅直，必縊其牛。」則大車，牛車也。牛車大，則柏車中車，羊車小車也。大車以行澤，柏車以行山，羊車以行宮中，《車人》所謂：「行澤者欲短轂，行山欲長轂。行澤者反輮，史謂下澤車。行山者仄輮。」此大車、柏車之辨也。鄭氏謂羊車若漢定張車，宮内所用，蓋有所受之也。大車兩轅也，故《車人》言：「凡爲轅，三其輪崇。徹廣六尺，鬲長六尺。」轍廣六尺，則與駟車八尺之轍不同；鬲長六尺，則與六尺六寸之衡不同。是兩轅之車，一牛在轅内，故鬲短而轍狹；一轅之車，兩服在轅外，故衡長而轍廣也。大車，轂長尺五寸，圍尺五寸，輻長四尺五寸，渠圍二丈七尺，輪崇九尺，牙圍尺五寸，綆一寸，轅二丈七尺。柏車，轂長三尺，圍二尺，輻長三尺，渠圍一丈八尺，輪崇六尺，牙圍尺二寸，綆大半寸，轅一丈八尺。大車輪高轅長，柏車輪庳轅短。輪高轅長而轂短小，輪庳轅短而轂長大者，以其行山澤不同故也。「大車牝服二柯有三分柯之二」，則八尺矣。「羊車二柯有三分柯之一」，則七尺矣。「柏車二柯」，則六尺矣。柏車較短而轂輻牙長，羊車較長而轂輻牙小者，以其行山與宮中不同故也。《輪人》之牙，《車人》謂之渠。❶海物有曰「車渠」，蓋以其象名之也。《輿人》之較，《車人》謂之牝服。《詩》曰：「睆彼牽牛，❷不以服箱。」毛氏曰：「服，牝服也。」《輿人》之衡，《車人》謂之鬲。

❶「渠」，原誤作「梁」，今據庫本及《周禮・車人》改。

❷「睆彼」，原誤作「終日」，當是涉《詩・大東》上文「終日七襄」致誤。今據嘉慶本及《大東》改。

《輿人》之爲車，起度於輿廣；《車人》之爲車，起度於柯長。《輿人》之車，其箱廣而不方；廣六尺六寸，隧四尺四寸。《車人》之車，箱方而不廣。則其制之異可知矣。《語》曰：「大車無輗，小車無軏。」先儒以大車爲牛車，小車爲羊車，羊車轄耑曰「軏」，牛車轅耑曰「輗」。《説文》輗亦作輨。❶理或然也。《詩》曰：「役車其休。」《周禮》曰：「士乘棧車，庶人乘役車。」先儒以役車爲牛車，是也；以棧之車爲役車，非也。

禮書卷第一百三十七終

❶「輨」，原爲空格。明本、庫本、嘉慶本補作「輕」。按《説文·車部》「輗」條曰：「輨，輗或從宜。棿，輗或從木。」既曰「説文輗亦作」，則非「輨」即「棿」，「輕」不與焉。度誤作「輕」者，蓋「輨」與之形稍近也。故今補作「輨」。

禮書卷第一百三十八

戎路　廣車　闕車　苹車　輕車輶車

臨車　衝車

戎路

《周禮·車僕》：「掌戎路之萃、廣車之萃、苹車之萃、輕車之萃。」戎路，即革路也。晉欒鍼曰：「吾有〔二〕位於戎路。」襄十四年《左》。晉侯獻楚俘，王賜以戎路之服。僖二十八年《左》。❶ 乾時之戰，魯莊公喪戎路。莊九年。漢淮之軍，楚鬬丹獲戎車。桓公八年。皆其君之所乘者也。然周之鋒車曰元戎，秦之兵車曰小戎，則自廣車而下皆戎車也。特不謂之戎路爾。《車僕》：「凡師，共革車，會同亦如之。」《戎僕》：「掌馭戎車。凡巡守及兵車之會亦如之。」會同、巡守，王雖不乘戎車，猶共以從，不失備也。

廣車

《車僕》：「掌廣車之萃。」春秋之時，齊伐衛，有先驅、申驅、貳廣、啓、胠、大殿；襄二十三年。鄭人賂晉侯有廣車、軘車；襄十一年。晉楚之戰，有左右廣；宣十二年。鄭射大御廣而行；襄二十四年。史皇乘廣而死。定四年。鄭氏曰：「廣車，橫陳之車。」

❶「僖」，原誤作「喜」，今據明本、庫本、嘉慶本改。

闕車

《車僕》：「掌闕車之萃。」邲之戰，「楚子使潘黨帥游闕四十乘，從唐侯爲左拒。」則游闕者，游車補闕也。

苹車

《車僕》：「掌苹車之萃。」鄭氏曰：「苹，猶屏也，對敵之車也。《孫子》八陣有苹車之陣。」

輕車 輶車。

《車僕》：「掌輕車之萃。」鄭氏曰：「輕車，馳敵致師之車。」孫武曰：「馳車千駟，革車千乘。」則馳車，輕車也。《詩》曰：「輶車鸞鑣。」《爾雅》曰：「輶，輕也。」鄭氏以輶車爲田僕所設驅逆之車，又以《王制》佐車爲驅逆之車。然田車以木，戎車以革，則驅逆之輕車與馳敵致師之輕車異也。

臨車

衝車

《詩》曰：「臨衝閑閑，崇墉言言。」毛氏曰：「臨車、衝車也。」蓋臨車高，衝車大。高則可以臨下，大則可以突前。故兵書有作臨車、衝車之法；《墨子》有《備衝》之篇；《荀卿》曰「渠衝入穴而求利」；揚子曰「衝不薺」：皆言衝車之大也。衝或作幢。《説文》曰：「陷陣車。」孫武曰：「攻城之法，修其櫓轒轀。」❶轒轀，四輪

❶「轒」，原脱，今據《孫子·謀攻篇》及上下文意補。

車，蓋衝車之類也。楚子使解楊登樓車以告宋人，蓋臨車之類。

禮書卷第一百三十八終

禮書卷第一百三十九

車戰之法　輂　輦　安車　駟車　奇車

車戰之法

❶

古者之用兵也，險野人爲主，易野車爲主。則險野非不用車而主於人，易野非不用人而主於車。車之於戰，動則足以衝突，止則足以營衞。將卒有所芘，兵械衣裘有所齎。《詩》曰：「君子所依，小

❶ 此爲底本圖。

人所腓。」則車之爲利大矣。昔周伐鄭，「爲魚麗之陳，先偏後伍，伍承彌縫。」桓五年。❶邲之戰，「楚君之戎分爲二廣，廣有一卒，卒偏之兩。」宣十二年。楚巫臣使於吴，「以兩之一卒適吴，舍偏兩之一焉。」成七年。考之《周禮》，五伍爲兩，四兩爲卒；《司馬法》，二十五人爲兩，百人爲卒。卒、兩則人也，偏則車也。杜預以十五乘爲大偏，九乘爲小偏，其尤大者，又有二十五乘之偏。則周魚麗之偏，二十五乘之偏也；楚二廣之偏，十五乘之偏也；巫臣所舍之偏，九乘之偏也。先偏後伍，伍從其偏也。卒偏之兩，兩從其偏也。先其車，足以當敵；後其人，足以待變。則古者車戰之法略可知也。或者謂晉人以什共車必克，房琯以車戰取敗，遂以爲用車不若用人與騎之愈。是不知晉人之克，非什之利，用什之幸也；房琯之敗，非車之不利，用車之罪也。古者教民以射御爲藝，君子以射御爲能，故孔子曰：「吾執射乎？執御乎？」《詩》稱叔段之多才，則曰：「叔善射忌，又良御忌。」古人相率以射御如此。則登車而不能御，參乘而不能射者，鮮矣。房琯之用車，有是人乎？不然，巫臣教吴以乘車而能取勝於楚，何也？戎車之制不可以考，姑倣小戎以見之。

❶「桓五年」，原誤作「淵聖八名年」，是欲以「淵聖名」諱「桓」字，然又顛倒錯亂，故當改爲「淵聖名八年」。然周伐鄭爲魚麗之陣，見《左傳》桓五年。今據改。

輂

《周禮・鄉師》：「大軍旅、會同，正治其徒役與其輂輦。」鄭氏曰：「輂，駕馬。輦，人輓。行所以載任器，止所以爲營衛。」《説文》曰：「輂，大車，駕馬也，其轅直。」

輦

❶

❶ 此爲底本圖。

《荀卿》曰：「輦輿就馬。」則輦在人，駕在馬也。《說文》曰：「輦，輓車也。」❶

從車，從扶在前引之也。」司馬法曰：「夏后氏謂輦曰余車，二十人而輦；商曰胡奴，十八人而輦；周曰輜輦，十五人而輦。輦，❷一斧、一斤、一鑿、一梩、一鋤。周輦加二板、二築。」孔穎達曰：「輦謂之輜，亦謂之重。」故晉楚之戰，「楚重至於邲」。則重，輜重也。《說文》曰：「輜一名輧，前後蔽也。」蓋蔽前後以載物謂之輜車，所載者重車，所挽以人謂之輦，其實一也。《詩》曰：「我車我輦。」《左傳》曰：「秦堇父輦重如役。」襄十年《左》。皆輜輦也。兵法曰：「無輜重則亡。」官渡之

❶「輓」，原誤作「軳」，今據明本、庫本、嘉慶本及《說文·車部》「輦」條改。

❷「輦」，原脫，今據《周禮·鄉師》鄭注、宋楊簡《慈湖詩傳》卷十一、宋林岊《毛詩講義》卷五、宋王應麟《玉海》卷七十八同引補。

戰，魏武用許攸之計，爇袁紹之輜重而敗之。則輜重尤在所慎也，故輦以人。《巾車》王后有輦，此從容於宮中者也。

安車

安車坐乘，老者與婦人所乘者也。《巾車》王后有安車，彫〔面〕，鷖總。《曲禮》：「大夫七十而致仕，若不得謝，乘安車。」《書〔傳〕》曰：「致仕者以朝，乘車輲輪。」庾蔚曰：「漢世駕一馬而坐乘。」然王后之安車四馬，〔而老者之安車蓋亦四〕馬。駕一馬而坐乘，漢禮然也。漢〔武帝之召枚乘，明帝〕之詔李躬，皆以安車。《後漢・輿服志》有五安五立，而安車輪皆朱班重牙，❶二轂兩轄。

馹車❷

《周禮・行夫》：❸「掌邦國傳遽之小

❶「牙」，原誤作「才」，今據《後漢書・輿服志》改。

❷「馹」及下二「馹」字，明本、庫本、嘉慶本皆作「驛」。

❸「夫」，原誤作「人」。按此所引，出《周禮・行夫》，非《行人》。今據改。

事。」《爾雅》曰：「馹，遽傳也。」春秋之時，楚子乘馹伐庸，文十六年。晉人以傳召伯宗，成五年。鄭商人絃高使遽告於鄭，僖三十三年。皆傳車也。郭璞曰：「傳車，驛馬之名。」

奇車

《曲禮》曰：「國君不乘奇車。」鄭氏曰：「奇車，獵衣之屬。」漢之時，趙后以軨獵車迎曾孫，桓帝禁臣下乘衣車。則軨獵不衣而曲輿，衣車衣之如鼈而長。然奇車不特此也，鄭氏舉其類而已。《禮》曰：「車不中度不鬻於市。」況國君之所乘者乎？

禮書卷第一百三十九終

禮書卷第一百四十

軫　轐　轂　軹　輻　牙

軫

軫，一曰收，一曰車枕，輿後橫木也。

軫圍尺一寸，「六分車廣，以一爲之軫圍。」其厚與轐共七寸，其長六尺。《輿人》謂輿爲車，《輪人》以軫名輿，則輿可謂之車，亦可謂之軫。故鄭氏謂軫輿後橫木，又謂軫輿也。《輈人》以軫方對蓋圓，則方軫，方輿也。《秦詩》以俴收爲淺軫，則淺軫，淺輿也。孔穎達謂車前後橫木皆曰軫，自後軫至前軫淺於乘車，故曰俴。然考之於禮，車前有軓有陰而已，不聞其有軫也。《說文》亦曰：「軫，輿後橫木。」

轐

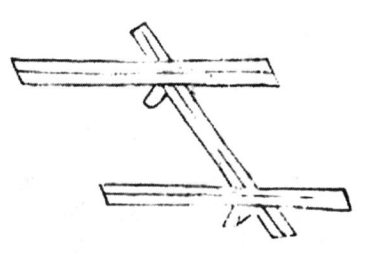

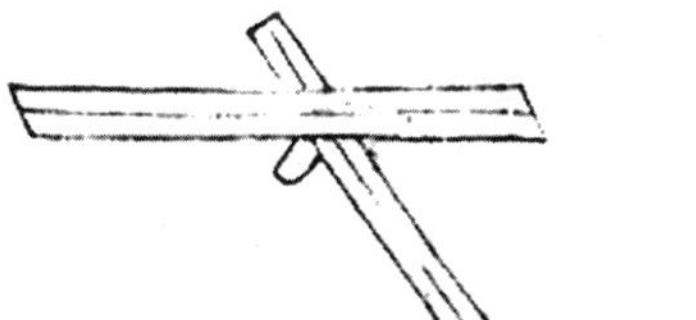

轐，輿下銜軸者也，一曰伏兔，一曰車屐。賈公彦曰：「軸上有伏兔，伏兔尾後上載車軫。軫始有輿，則軸去地三尺三寸，與伏兔及軫七寸，總四尺也。」伏兔尾戴，而輈踵亦承軫，則軫之所乘者三木也。伏兔之下則有革，《説文》謂䡅音閔。是也。伏兔之前則輈有漆，《輈人》所謂「良輈環瀰，自伏兔不至軓七寸」是也。

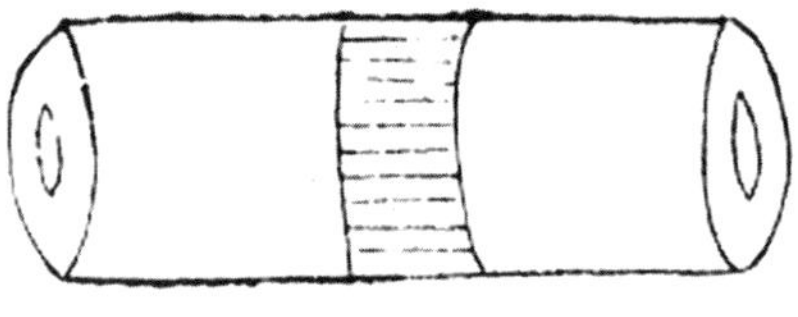

轂有賢，有軹，有藪，有篆，有〔幬〕。

《老子》曰：「三十輻共一轂。」《考工記》曰：「轂也者，以爲利轉也。望其轂欲其眼「魚懇。」也。進而視之欲其幬「疇。」之廉也。椁其漆内而中詘之，以爲之轂長，以其長爲之圍。「輪之漆内六尺四寸，是爲轂長三尺二寸，圍徑一尺三分寸之二。」五分其轂之長，去一以爲賢，去三以爲軹。容轂必直，陳篆必正，施膠必厚，施筋必數，幬必負幹。三分其轂長，二在外，一在内，以置其輻。」「轂長三尺二寸者，令輻廣三寸半，則輻内九寸半，輻外一尺九寸。」則轂長三尺二寸，圍徑一尺三分寸之二。三分轂長，二在外，一在内，以置其輻。其穿大者謂之賢，小者謂之軹。其當輻菑者謂之藪，藪亦謂之壺中。賢嚮内，軹嚮外，皆金爲之。「五分其轂之長，去一以爲賢，去三以爲軹。」鄭氏謂去一當爲去二，去二則金厚一寸，大穿徑四寸五分寸之二，小穿徑二寸十五分寸之四，如是乃與藪相稱。理或然也。轂之飾，施膠筋漆而采以約之，謂之篆，《詩》所謂「約軝」是也。革以幔之，謂之幬，所謂「幬必負幹」是也。

軹在外。

轂之大穿曰賢，小穿曰軹。則軹，轂末也。亦謂之轊，轊或作軎。衛。又謂之軌，《少儀》曰：「祭左右軌、范。」鄭氏謂軌、軹同謂轊頭。《輿人》：「三分較圍，去一以爲軹圍。三分軹圍，去一以爲轛圍。」則軹又輢之衡植者也，與轂末之軹不同。

輻

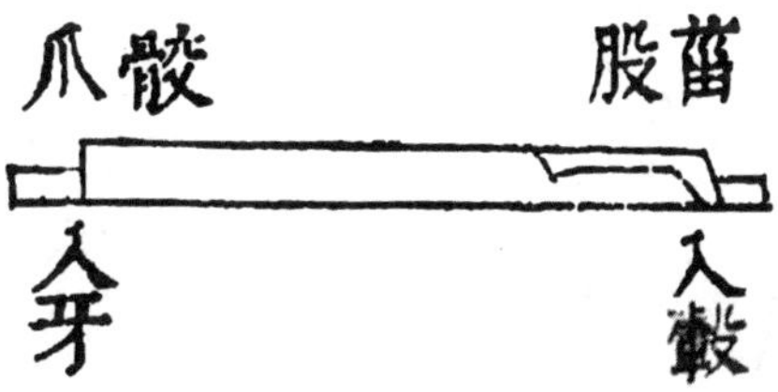

❶

❶ 圖中文字，原無，爲明本、庫本、嘉慶本所增。

輪崇六尺有六寸，轂徑一尺三分寸二，❶牙圍尺一寸，則輻長二尺有奇矣。藪徑三寸九分寸之五，而輻廣如之，則輻圍九寸有奇矣。《記》曰：「望其輻，欲其掣「蕭。」爾而纖也。進而視之，欲其肉稱也。視其綆，欲其蚤之正也。「綆，輪箄也。」❷察其菑蚤不齵，「五溝。」❸則輪雖敝不匡。凡輻，〔量其〕鑿深以爲輻廣，故竑其輻廣以爲之弱。鄭氏曰：「弱，菑也。今人謂蒲本爲弱。」三分其輻之長而殺其一，則雖有深泥，亦弗之溓也。三分其股圍，去一以爲骹圍。」則輻之入牙者謂之爪，近牙謂之骹，入轂謂之菑，近菑謂之股，菑亦謂之弱。則股菑弘而骹爪殺矣。骹爪殺，故望之則掣爾而纖，用之則雖有深泥，而弗之溓。弘殺稱，故謂之肉稱。

牙

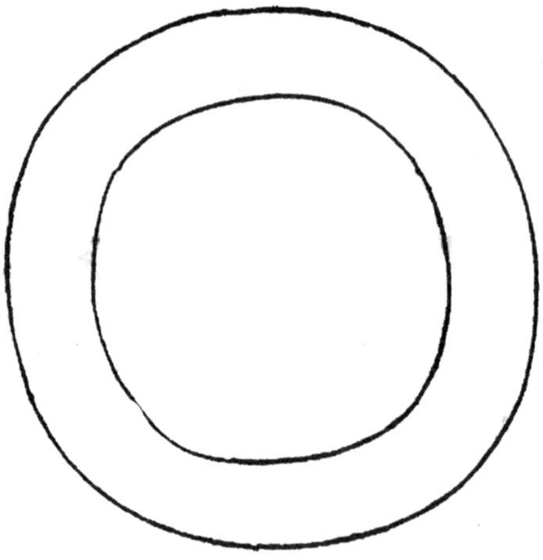

《考工記》言「凡揉牙」，則牙，揉木爲

❶「二」，原脱。按《周禮·輪人》鄭注：「轂長三尺二寸，圍徑一尺三分寸之二也。」故嘉慶本補之是也，今據補。

❷「箄」，原誤作「蕴」，今據《周禮·輪人》鄭注引鄭司農改。

❸「五溝」下，明本、庫本、嘉慶本增「反」字。

之矣。「六分其輪崇，以其一爲之牙圍」，則牙圍尺一寸矣。「三分其牙圍而漆其二」，則漆者七寸三分寸之一，不漆者三寸三分寸之二矣。《記》又曰：「視其綆，欲其蚤之正也。綆三分寸之二。」鄭氏謂：「綆，關東謂之餅，輪箄也。」蓋鑿牙而其孔向外侵三分寸之二，則輻股外箄，輻股外箄則車不掉矣。牙亦謂之罔，亦謂之渠，亦謂之輮。「行澤者反輮，❶行山者仄輮。」反輮則木心在外而泥不濂，❷仄輮則表裏相依而沙石不能以破碎。

禮書卷第一百四十終

❶「輮」，原誤作「楺」，今據庫本及《周禮·車人》改。
❷「輮」，原誤作「楺」，今據庫本及《周禮·車人》鄭注改。

禮書卷第一百四十一

輨 轄 軸 輪 軔 蓋 弓

輨❶

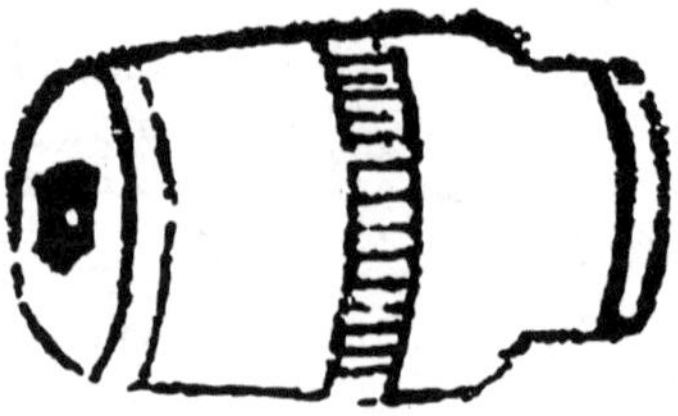

❷

轄

❸

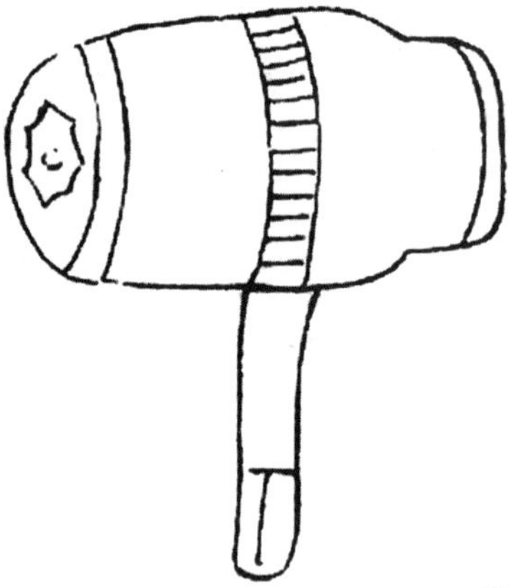

❹

輨或作斡，「音〔管〕。」《説文》曰：「轂耑

❶「輨」，明本、庫本、嘉慶本禮圖標題以下小題「轄」爲副題。

❷此爲底本圖。

❸此爲底本圖。

❹此爲明本、庫本、嘉慶本「輨轄」圖，實即底本輨轄組裝圖。

沓也。」轄或作舝，《説文》曰：「車鍵。」蓋輨以冒轂，轄以制軸，二者皆金爲之。《考工記》曰：「弓長六尺謂之庇軹。」鄭氏謂：「六尺之弓，加部廣，凡丈二尺六寸。有宇曲之減，可覆軹，不及軨。」

〔軸〕

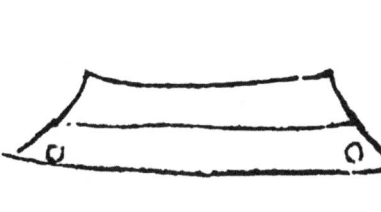

《〔輈〕人》：「軸有三理：一者以爲嬍也，二者以爲久也，三者〔以爲〕利也。」〔無〕節則嬍，堅刃則久，滑緻則利。其圍一尺〔三寸〕五分，則「五分其軫間以其一爲之軸圍」是也。〔其長八〕尺有奇，觀轍廣八尺，則軸之長可知矣。《易》曰：「〔輿脱輹〕。」《説文》曰：「輹，軸縛也。」

〔輪〕

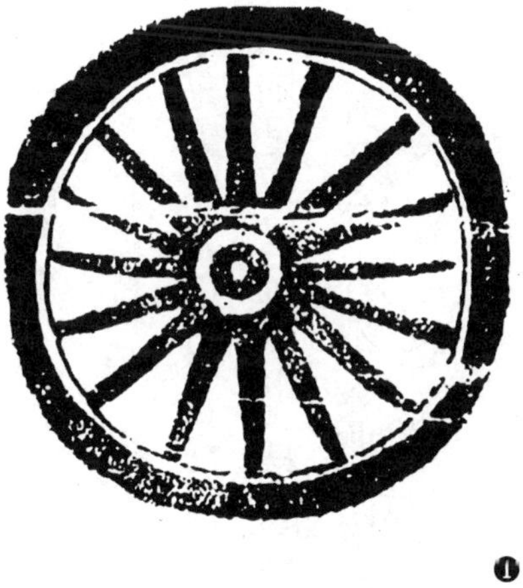

❶

❶ 此爲底本圖。

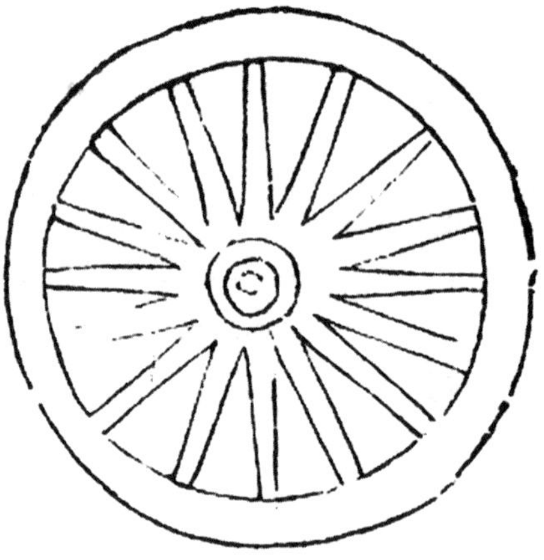

軔 一名柅枝車者也。❶

《輪人》：「爲輪，斬三材必以其時。❷轂也者，以爲利轉也；輻也者，以爲直指也；牙也者，以爲固抱也。」「故察車自輪始，欲其樸屬而微至。不樸屬，無以爲完久也；不微至，無以爲戚速也。兵車、乘車之輪，六尺有六寸。田車之輪，六尺有三寸。」「行澤者欲杼，行山者欲侔。杼以行澤，則是刀以割塗也，是故塗不附；侔以行山，則是摶以行石也，是故輪雖敝不甐於鑿。凡揉牙，外不廉而内不挫、旁不腫，謂之用火之善。是故規之以視其圜也，萬之以視其匡也，縣之以視其輻之直也，水之以視其平沈之均也，量其藪以黍

❶ 「柅」，原漫漶不清，抳、柅模稜兩似。按《説文・車部》：「軔，礙車也。」《周易・姤卦》：「繫於金柅。」王注：「柅者，制動之主。」故明本文中小題、嘉慶本文中小題作「柅」，今據定。

❷ 「材」，原誤作「林」，今據明本、庫本、嘉慶本及《周禮・輪人》改。

以視其同也，權之以視其輕重之侔也。」蓋輪之制，視馬以爲之高下，視地以爲之厚薄。兵車、乘車駕國馬，田車駕田馬，「國馬之輈深四尺有七寸」，❶故二車之輪皆六尺有六寸；「田馬之輈深四尺」，故田車之輪六尺有三寸。行澤者必削其踐也，❷故杼之，然後塗不附；行山者必等其上下，故侔之，然後鑿不甐。不特此也，「行澤者欲短轂，行山者欲長轂，行澤者反輮，行山者仄輮。」❸其行也，有輔，《傳》所謂「輔車相依」是也；《詩》〔曰〕：「其車既載，乃棄爾輔。」孔〔穎〕達曰：「輔是可脱之物，蓋如今人縛枚於輻者也。」❹其止也有軔，《說文》所謂柅是也。轂以火則陰陽齊，牙以火則內外旁善，輻輪以水則平沉均，藪以黍則廣深同，「可規、可萬、可水、可縣、可量、可權，謂之國工。」則車所任者在輪而已。❺觀輪扁之斲輪，徐而弗甘，疾而弗苦，得之於手，應之於心，扁不能以語其子，其子不能得之於扁，則輪之難其工可知矣。「萬之以視其匡」，鄭氏謂「等爲萬蔞，以運輪上，輪中萬蔞，則不匡刺」，賈公彦謂「令車近萬蔞於輪之旁，置之輪上，輪轉一匝，不高不下」，則知其不匡。然《記》言「視其匡」，非視其不匡也。《輿人》：「圜者中規，方者中矩，立者中縣，衡者中水。」則輪之可規、可萬、可水、可縣，亦若是爾。萬，故書作矩。

❶「馬」，原脱，今據嘉慶本及《周禮・輈人》補。
❷「也」，嘉慶本作「地」。
❸「反」、「仄」，原誤乙，今據《周禮・車人》乙正。
❹「枚」，《毛詩・正月》孔疏作「杖」。
❺「者」，嘉慶本在「車」下。

蓋有部、達常、桯，弓衣、紘。

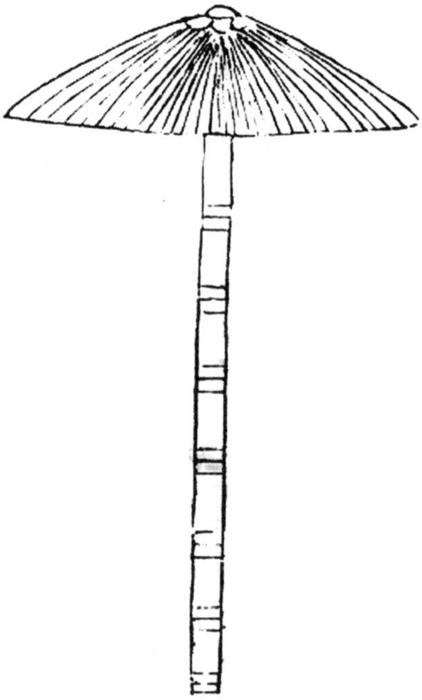

蓋柄之材三，而部厚一寸，達常長二尺，桯楹長八尺，達常上貫部，而下入桯，總一丈矣。人長八尺，而弓有宇曲之咸，亦八尺，此所以立乘而不蔽目也。桯圍倍達常，部圍三桯徑六寸，而鑿深二寸有半，則對深五寸而不傷達常矣。部厚一寸，鑿廣四枚，一分爲枚。❶ 鑿上二枚，鑿下四枚，則鑿下用力爲多而可以固弓矣。鑿上二枚，鑿下四枚，其外也；上下俱四枚，其内也。故下〔直二〕枚，其内題則漸削矣，故鑿端一枚。如此則鑿之外廣内狹，下正上低，而弓勢可得而仰也。弓馬六尺，二尺近部，短而平，四尺趨宇，長而橈，此所謂「三分弓長而揉其一」也。近部者謂之股，其圍一寸六分；趨宇者謂之爪，其圍一寸十五分寸之一，此所謂「三分其股圍，去一以爲爪圍」也。蓋弓〔二十〕有八，所以象星也；部杠，所以象斗也。斗爲天之杠轂。有衣以冒之，有紘以維之。弗冒紘，橫馳壠畮而不隊，乃國工

❶ 「枚」，原誤作「一」。按《周禮·輪人》云：「十分寸之一謂之枚，部尊一枚，弓鑿廣四枚。」故明本、庫本作「枚」是也，今據改。

也。《巾車》：「及葬，執蓋從車，持旌。」《道右》：「王下，以蓋從。」《春秋傳》言：「若敖射楚子，汰輈，而貫笠轂。」宣四年。杜預曰：「兵車無蓋，尊者則一人〔執〕笠，依轂而立。」然則兵車固與乘車異〔矣。鄭氏〕謂：「乘車無蓋，禮所謂潦車，其蓋車歟？」然《既夕禮》乘車載旌，「道車載朝服，稾車載蓑笠」，則賤者禦雨之具而已。孰謂乘車、道車無蓋也？稾非良車也。潦，備水潦者也。《既夕禮》稾車或作潦車，則〔自〕車言之曰稾，自其用言之曰潦，其實一也。稾車，散車而已，非可以當木路也。賈公彦曰：「稾車於天子當木路。」誤矣。昔齊侯賜敝無〔存犀軒〕，直蓋；宣帝賜黄霸車，蓋特高二尺；後漢列侯伏熊軾，皂蓋。則春秋之時固有曲蓋，漢之時不特皂蓋而已。

弓

弓謂之轑，輻亦謂之轑；轍廣謂之軌，❶轂末亦謂之軌；轂下謂之軹，輢下亦謂之軹。此異物而同名也。輿可謂之

❶「軌」，原誤作「軹」。《周禮·輪人》賈疏云：「軌謂轍廣，轂末亦爲軌。」今據改。

車，亦可謂之軫，達常可謂之部，軫前横木可謂之輅。《説文》。此因物而通名也。

禮書卷第一百四十一終

禮書卷第一百四十二

輹　輿　轐　軾　軓　任正

輹

《易》曰：「壯于大輿之輹。」又曰：「輿説輹。」《左氏》曰：「車説其輹。」《説文》曰：「輹，軸縛也。」或者以爲伏兔。然兔謂之轐，非輹也。《易》於「輿説輹」言「中無尤」，《左傳》於「車説輹」言「不利行師」。然説輻不能行也，説輹不行而已，非不能行也。《左氏》斷章取義，猶《禮記》以「不耕穫、不菑畬」爲凶，《荀卿》以「括囊，無咎無譽」爲腐儒。

輿

❶

較軾轐軨

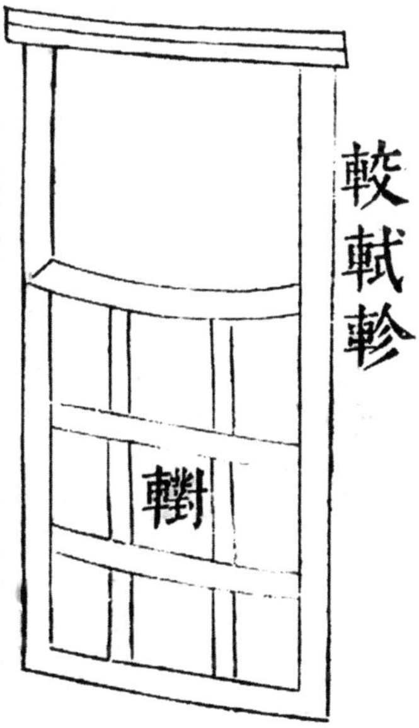

❷

❶ 圖中文字，原無，爲明本、庫本、嘉慶本所增。
❷ 圖中文字，原無，爲明本、庫本、嘉慶本所增。

《說文》曰：「輅，車軨前横木。」「轛，横軨也。」「轖，音嗇。車籍交錯也。」「軨，車轖横木也。軨或作䡼。」《禮記》曰：「君車已駕，僕〔展軨〕。」或曰：「軨，車欄也。」或曰：「軨，轄頭轊也。」然僕之展軨，非特轊耳。鄭司農、鄭康成皆以幦爲覆笭，則二鄭亦以笭爲欄也。

軫❶ 輢 軹

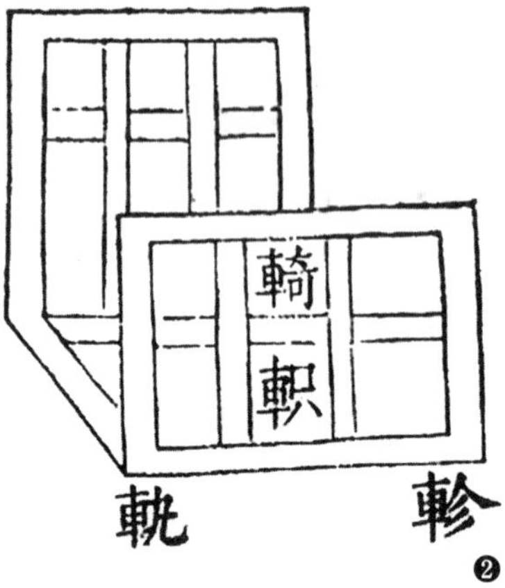

造車始於輿，而車制始於輿廣。故《詩》以權輿爲始，輿人之法皆以車廣起度。車廣六尺六寸，三分車廣去一以爲隧，則輿深四尺四寸矣。三分其隧，一在前二在後，以揉其式，則式深一尺四寸三分寸之二矣。以其廣之半爲之式崇，則式三尺三寸矣。以其隧之半爲之較崇，則較出於式二尺二寸矣。軫圍尺一寸，式圍七寸三分寸之一，較圍四寸九分寸之八，軹圍三寸二十七分寸之七，轛圍二寸八十一分寸之十四，其數廣狹、大小、崇庳皆起於輿廣。此輿人所以以輿名車而兼數材也。車制，輿在下，輢在兩相，式在前，軨在後，較則輢上出式者也，《說文》：「車輢上曲銅。」軹則衡植於輢者也，轛則

❶「軫」，原誤作「軨」，今據明本、庫本、嘉慶本改。

❷圖中文字，原無，爲明本、庫本、嘉慶本所增。

衡植於式者也。式必曲爲之，所謂「揉其式」是也。較有重之者，所謂「猗重較兮」是也。孔穎達曰：「重較，侯伯之車。」賈公彦曰：「天子與其臣乘重較之車，諸侯之車不重。」《禮》無明文，故二説不同也。較，後世亦謂之平鬲；輢，後世亦謂之輒。《説文》：「輒，車兩輢也。」兵車之行，五兵皆建於輢，蓋以鐵圍範邪置於輢之上下，乃植而建之，則出先刃入後刃，此所謂「既建而迆」。迆，邪倚也。

軓

《大馭》：「軷祭軓。」《少儀》：「祭范。」《考工記》曰：「軓前十尺而策半之。」古書作軋，則軋、范一也。鄭康成曰：「軓，法也。謂輿下三面之材，輢式之所植，持車正也。」鄭司農曰：「軓，式前也。」蓋三面之材，輢式之所植，而其面出於式前矣。杜子春亦曰：「軋謂車軾前。」

任正

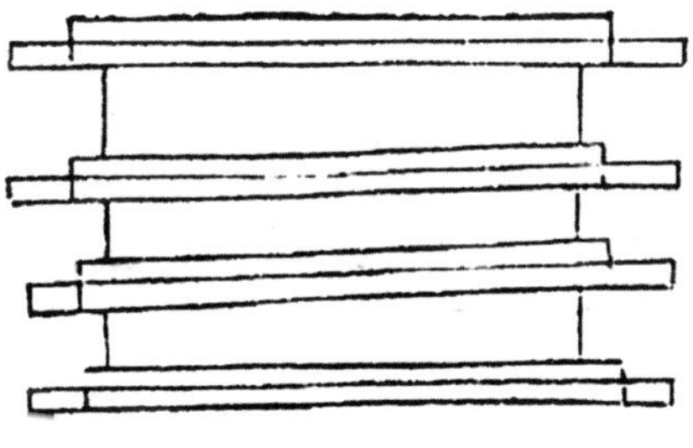

《輈人》：「任正者，十分其輈之長，以其一爲之圍。衡任者，五分其長，以其一爲之圍。」則任正者，與下三面材也；衡任者，兩軛間之材也。輈長丈四尺，十分其輈之長，以其一爲任正之圍，則任正之圍八尺四寸五分寸之二矣；五分其輈之長，以其一爲衡任之圍，則衡任之圍一尺五分寸之一矣。❶

禮書卷第一百四十二終

❶ 此段文字語意不確，不合《周禮·考工記》經注之意，與下卷所載亦相齟齬。按輈長丈四尺四寸，十分其長爲任正之圍，則任正之圍一尺四寸五分寸之二。衡長六尺六寸，五分其長爲衡任之圍，則衡任之圍一尺三寸五分寸之一。

禮書卷第一百四十三

輈　陰板　衡　前疾

輈

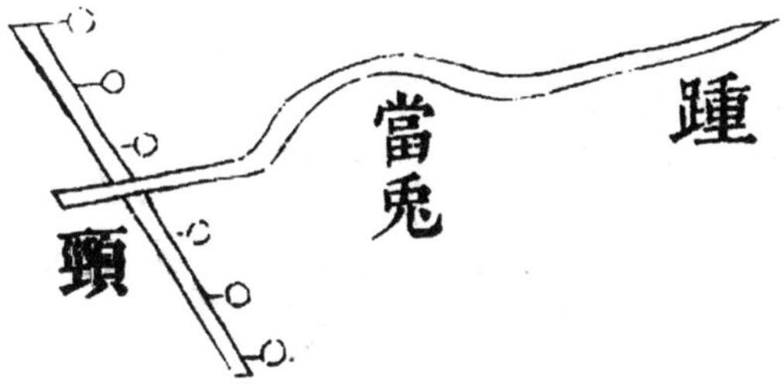

❶

輈，車轅也。《詩》曰「梁輈」，則梁，衡也；輈，持衡者也。輈從軓前微曲而上，至衡則下而句之。輈縱而衡横，縱者若輈，横者若梁，此所以謂之梁輈也。《輈人》：「國馬之輈，深四尺有七寸；田馬之輈，深四尺；駑馬之輈，深三尺有三寸。」鄭氏謂：「國馬，種、戎、齊、道也，高八尺；田馬七尺；駑馬六尺。兵車、乘車軹崇三尺有三寸，加軫與轐七寸；田車軹崇三尺一寸半；駑馬之車，軹崇三尺，加軫與轐四寸。」輈之減也，率七寸；馬之殺也，率一尺；軹與軫轐之殺也，率寸半。則兵車、乘車軫轐四尺，加以四尺七寸之輈，爲八尺七寸矣；田車軫轐三尺七寸，加以四尺之輈，爲七尺七寸矣；駑馬之車軫轐三

❶ 圖中文字，原無，爲明本、庫本、嘉慶本所增。

尺四寸，加以三尺三寸之輈，爲六尺七寸矣。三等之馬各下其輈七寸，則七寸爲衡頸之間也。輈之身丈四尺四寸，軓前十尺，〔與隧〕四尺四寸，則〔丈四〕尺四寸也。前爲頸，後爲踵，頸以持衡，踵以承軫，近〔踵以〕當兔。當兔之圍大於持衡，持衡之圍大於承軫，〔故「十〕分其輈之長，以其一爲當兔之圍」，則圍尺四寸〔有奇矣〕；「〔三〕分其兔圍，去一以爲頸圍」，則圍九寸有奇〔矣；「五分〕其頸圍，去一以爲踵圍」，則圍七寸有奇矣。〔凡此〕，大其兔以稱任正，❶小其頸以便馬，不大不小以當軫，然後固也。《記》曰：「良輈環灂，自伏兔不至軓七寸，軓中有灂，謂之國輈。」蓋輈有膠筋之被，而其漆不止於軓，然後用力均，亦足以爲觀美也。觀秦小戎之輈，五束之以革，而其束歷録，然後古之輈飾可知。

〔陰板〕

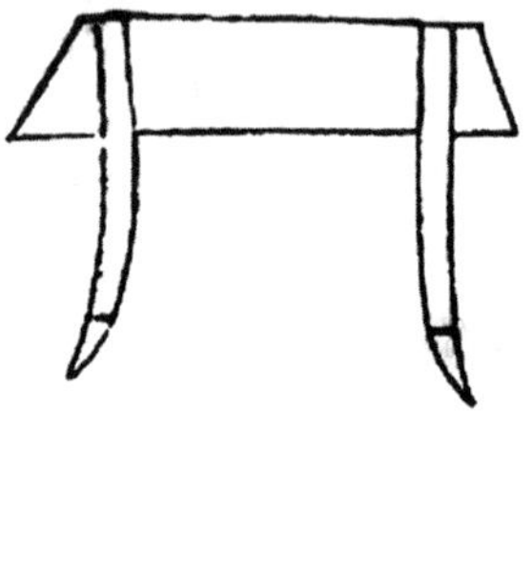

《詩》曰：「陰靷鋈續。」毛氏曰：「陰，揜軓也。」❷劉熙《釋名》曰：「陰，蔭也。橫側車前，所以蔭笭也。」「靷以皮爲之，繫於陰板，所以引車也。」《左傳》稱郵無卹曰：「兩靷將絶，吾能止之。」「駕而乘材，兩靷皆絶。」哀二年。靷止於兩，則驂馬引之而已。

❶「兔」，原誤作「免」，今據明本、庫本、嘉慶本改。

❷「軓」，原作「軌」。按《毛詩正義》或本，字有作「軓」者，當是陳氏之所從也。阮校以「軓」爲是，今據改。

鋈續，鄭氏曰「白金飾續靷之環」是也。

衡任

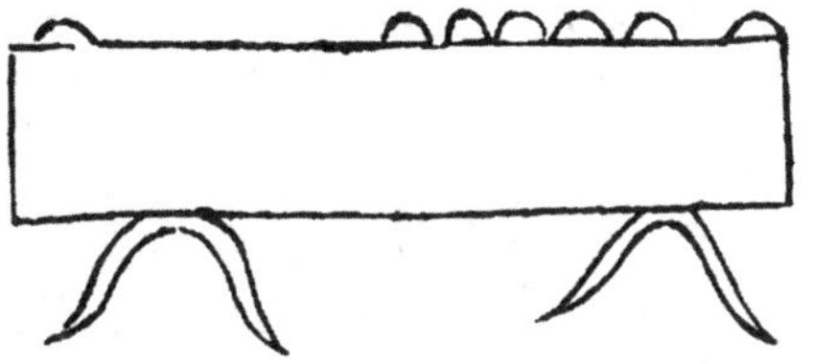

《輿人》：❶「爲車，輪崇，車廣，衡長，參如一，謂之參稱。」《輈人》：「爲輈，五分其輈之長，以其一爲衡任之圍。」「衡任，兩軛之間。」❷則衡長六尺有六寸，衡任之圍一尺三寸五分寸之一，而其長與輪崇、車廣等，衡圍與軸圍等矣。《詩》曰：「兩服上襄，兩驂鴈行。兩服齊首，兩驂如手。」則服馬兩在前，驂馬兩亞之，在前者頸當衡，亞之者不與焉。《春秋傳》曰「如驂之有靳」者，兩服也。《說文》謂轅耑持衡曰「軏」，❸軛下曲

❶ 「輿人」，原誤作「輪人」。按此所引，出《周禮・輿人》。今據改。

❷ 「軛」，原誤作「軌」。按《周禮・輈人》鄭注：「衡任者，謂兩軛之間也。」今據改。

❸ 「軏」，原誤作「軌」。軌爲軌、軓之異體。《說文・車部》：「軌，車轍也。」又曰：「軓，車軾前也。」是軌、軓皆非轅耑持衡者，故字不當作「軌」。《說文・車部》：「軏，車轅耑持衡者。」又曰：「輗，大車轅耑持衡者。」是字非「軏」即「輗」。《說文・車部》輈轅互釋，所謂：「轅，輈也。」「輈，轅也。」似二者即一物也。然《周禮》有《輈人》，有《車人》，據鄭注、孔疏，輈人爲小車即兵車、乘車之輈，車人爲大車之轅。是輈、轅非一物也。故《說文・車部》段注曰：「輈與轅別也。許渾言之者，通偁則一也。」前引《輈人》，是論小車，故此字不當爲「輗」而當爲「軏」。今據改。下「軏在轅耑」之「軏」，原亦誤作「軌」，今亦因而改之。

曰「軥」，軶軥曰「輝」。「乎昆。」《左傳》稱庾公差追衛獻公，❶射兩軥而還。襄十四年。❷則軏在轅耑，衡在軶上，軶、軥、輝在衡下，而軶與軥、輝一物也。衡上有采以爲飾，《詩》曰「錯衡」是也。軶上有鐶以貫轡，《爾雅》曰「載轡謂之轙」是也。《說文》轙亦作钀。

前疾

《行人》：「上公，賓主之間九十步，立當車軹；侯伯，七十步，立當前疾；子男，五十步，立當衡。」前疾之位在軹之前衡之後，鄭氏謂「轅前胡下垂柱地者」是也。❸觀《輈人》，國馬之輈深四尺有七寸，則軾前曲中乃前疾也。

禮書卷第一百四十三終

❶「追」，原誤作「遣」。按《左傳》襄十四年略曰：「初，尹公佗學射於庾公差，庾公差學射於公孫丁。二子追（衛獻）公，射兩軥而還。」今據改。

❷「四」，原誤作「二」。按庾公差追衛獻公，射兩軥而還，見於《左傳》襄十四年。今據明本、庫本、嘉慶本改。

❸「胡下」，原誤作「下胡」。按《周禮·大行人》鄭注引鄭司農：「前疾，謂駟馬車轅前胡下垂柱地者。」今據改。

禮書卷第一百四十四

軌轍　軒　茵簣　乘石　綏

軌　轍

車跡爲轍，轍廣爲軌。《左傳》曰：「下而視其轍。」此車跡也。《考工記》曰：「經途九軌。」此轍廣也。轍廣曰軌，而兩轊亦曰軌。《少儀》曰：「祭左右軌。」猶之兩轊曰軹，兩軻下木亦曰軹也。《考工記》曰：「應門容二轍三箇。」二轍之間八尺。而《車人》轍廣六尺者，以貴賤之車不同故也。《説文》曰：「䡨，車跡也。」則轍亦曰䡨。音蹤。

軒

《左傳》曰：「齊侯斂諸大夫之軒。」定九年。又曰：「齊侯得敝無存，與之犀軒。」定九年。又曰：「衛公鶴有乘軒。」❶又曰：「乘軒者三百人。」又許太子謂渾良夫曰：「苟使我入國乘軒。」「齊桓公遺衛夫人以魚軒。」則軒，大夫以上之車也。許慎曰：「軒，曲輈藩車也。」蓋輈有三制，獨國馬之輈爲深，輈深則軒，故謂之軒。軒必有藩，故魚軒、犀軒皆皮爲之藩也。《詩》曰：「如輊如軒。」《考工記》曰：「既節軒摯之任。」《漢書》曰：「居前不能令人輊，居後不能令人軒。」則車又以前高爲軒，後至地爲輊。

❶「衛公」，嘉慶本作「衛懿公」。

茵簀

《小戎》詩曰：「文茵暢轂。」毛氏曰：「文茵，虎皮也。」《釋名》曰：「文茵，車中所坐也。」然則戎車有文茵，則乘車有茵可知。若大路則越席而已，大〔車則〕簀而已。《禮記》曰：「〔蒲越之〕尚。」《左傳》、《荀卿》曰：「大路〔越席〕。」《說文》曰：「轃，❶大車簀也。」

乘石

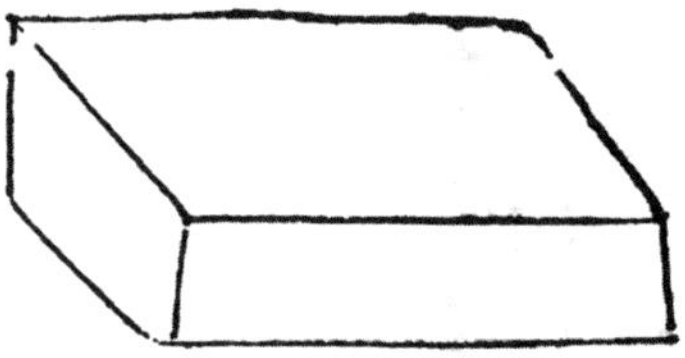

《隸僕》：「王行，則洗乘石。」《詩》曰：「有扁斯石，履之卑兮。」則乘石，王與后乘車於是登降也。鄭氏謂「王登車於大寢西階之前，反降於阼階之前」，則乘石固設於兩皆矣。❷《禮記》曰：「下卿位。」賈公彥以爲凡王出則過卿位而登車，❸入則見卿位而降車，若迎賓則登車於大寢西階之前，反降於阼階之前，或者下卿位爲諸侯禮。《樂師》：「趨以《采薺》，行以《肆夏》。」謂天子禮然。漢去古不遠，丞相進見，御座爲起，乘輿爲下。則天子見卿而後下，非過其位則然也。

❶「轃」，原誤作「轑」。按《說文・車部》：「轑，蓋弓也。」「轃，大車簀也。」今據改。

❷「皆」，當作「階」。

❸「賈公彥」，按今存公彥著述，不見有此論，唯《禮記・曲禮》「下卿位」之孔疏如此。

果過其位則然，豈優至尊之道哉！考之於《禮》，尸與始嫁者乘以几，其餘所乘無所經見。

綏

《曲禮》曰：「凡僕人之禮，必授人綏。若僕者降等，則受；不然，則否。」「僕已駕，奮衣由右上，取貳綏。」「乘路馬，必朝服，不敢授綏。」《少儀》曰：「僕於君子，君子升下則授綏。」「執〔君〕之乘車，僕者負良綏，申之面，拖諸幦，以散綏升。」《說〔文〕》曰：「綏，車中把也。」其飾則有采章，其等有貴賤。《詩》曰：「淑旂綏章。」此綏之之飾也。《少儀》君綏曰良綏，《曲禮》、《少儀》〔僕〕右綏，曰貳綏、散綏，此綏之等也。君子之登車也，受綏，其既登也，正立執綏，及致敬然後俯而式焉。正立執綏，所以備隊耳。昔范鞅逆魏舒，請參乘而持帶，❶亦備隊之意也。夫禮有六藝，馭居一焉。故司徒以之教萬民，保氏以之教國子，《詩》以「執轡如組」爲賢，孔子以執馭爲能。而《周官》大馭、戎僕、田僕、齊僕之官，皆大夫、上士爲之，則馭非賤者之事而已。故有以同等爲之僕者，有以降等爲之僕者，有以弟子爲師之僕者，有以貴者爲賤人之僕者。《禮》曰「若僕降等則受，不然則否」，此同等降等者爲之僕也；「君命召，雖賤人，大夫、士必自馭之」，此貴者爲賤人之僕也；《論語》或稱

❶「乘」，底本似「來」。按《左傳》襄二十三年略云：「范鞅逆魏舒，則成列既乘，將逆欒氏。趨進，曰：『鞅請參乘。』持帶，遂超乘。」今據明本、庫本、嘉慶本改。

「冉有僕」，或稱「樊遲御」，此弟子爲師之僕也。

禮書卷第一百四十四終

禮書卷第一百四十五

帷裳　茀　樏　扃　車輔　輴

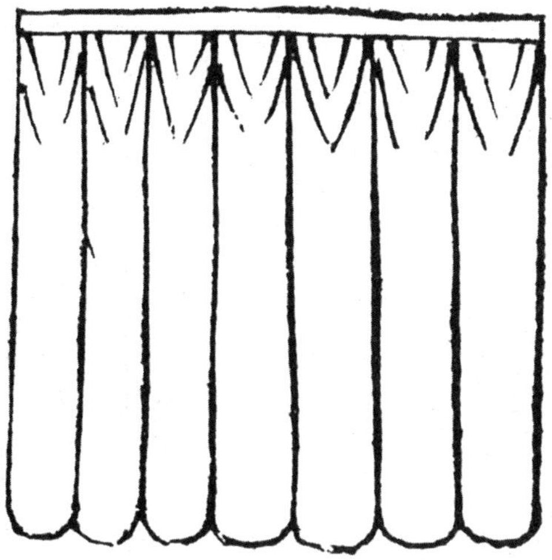

帷裳❶

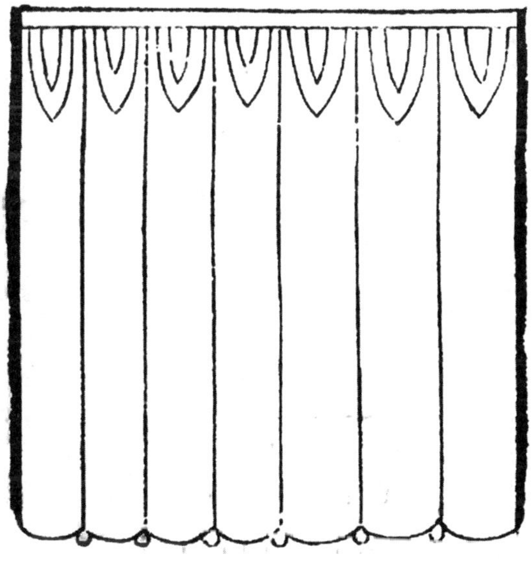

《巾車》：「王后重翟、厭翟、安車，皆有容蓋。」《詩》曰：「漸車帷裳。」鄭司農曰：「容謂襜車，山東謂之裳幃，或曰童容。」其上有蓋旁垂，❷而下謂之襜。故《士昏

❶ 此爲底本圖。

❷ 「有」，原誤作「方」，今據明本、庫本、嘉慶本及《毛詩·氓》孔疏改。

禮》婦車有裧。《雜記》曰：「輤有裧。」鄭康成謂：「裧，鼈甲邊緣也。」然容、裧、幃，皆帷裳之異名也。古者婦人車飾以此，後世男子之車有之，非禮也。故郭賀褰帷，君子取焉。

茀 簟茀、翟茀。❶

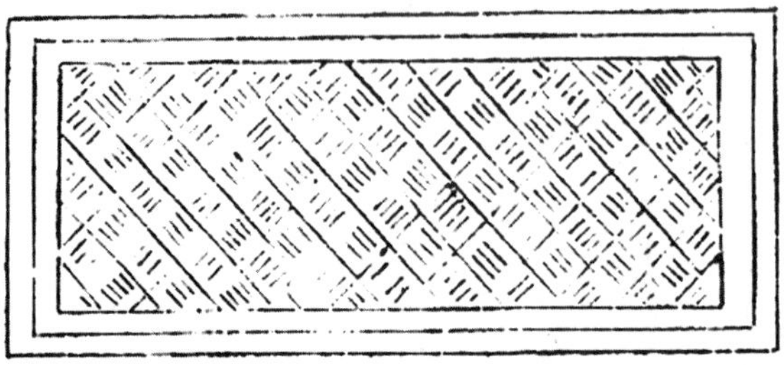

檦

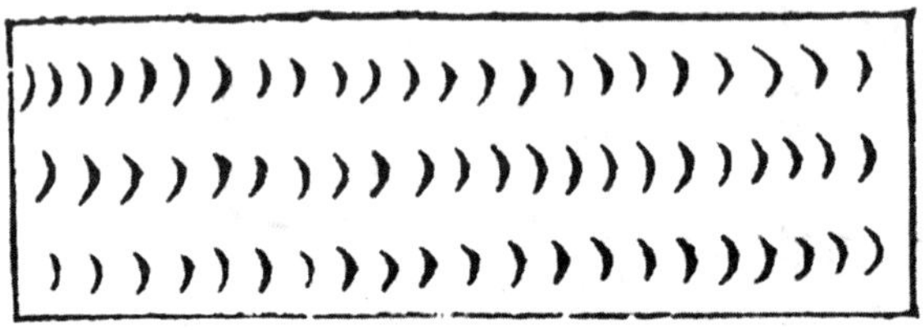

茀，車蔽也。《詩》曰：「簟茀朱鞹」、「簟茀魚服」、「翟茀以朝」。翟，雉也。

❶「簟茀翟茀」，原無，爲明本、庫本、嘉慶本所增。

簟，方丈席也。衛夫人之車以翟茀，齊襄公、方叔之車以簟茀，此婦人、男子車蔽之别也。《爾雅》曰：「輿：革，前謂之鞎，乎恩。後謂之茀；竹，前謂之禦，後謂之蔽。」鞎，以革鞔軾者也。茀，以革鞔後户者也。禦則以簟衣軾，所以禦前；蔽則以簟衣後户，所以蔽後。鞎與茀皆革爲之，《詩》所謂「朱鞹」是也；禦與蔽皆竹爲之，《詩》所謂「簟茀」是也。王之喪車：始喪，木車蒲蔽；卒哭，素車棼蔽；既練，藻車藻蔽；大祥，駹車雚蔽；禫，漆車藩蔽。鄭氏謂：「蔽，車旁禦風塵者。」「藩蔽，漆席爲之。」然則禫車之蔽猶且漆之，則吉車之蔽其飾又可知矣。車之前後兩旁，莫不有蔽。《爾雅》言其前後，鄭氏言其兩旁，各舉其略故也。漢詔二千石，朱兩轓；六百石，朱左轓。則轓者，蔽也。

扃

邲之戰，「晉人以廣隊不能進，楚人惎之脱扃。」《西京賦》曰：「旗不脱扃。」杜預曰：「扃，兵闌也。」孔穎達曰：「扃，横木也。」蓋横木車前，以約所載之兵器，則扃可脱之材矣。觀户扃謂之扃，鼎扃亦謂之扃，則車扃亦然。

〔輔〕

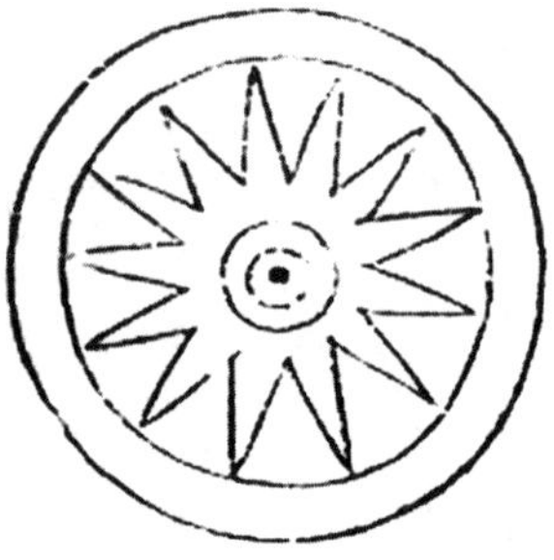

《詩》曰：「無棄爾輔，員于爾輻。」《左傳》曰：「輔車相依。」孔穎達曰：「〔輔〕者，可脱之物，如今人縛杖於輻，以助車也。」

禹乘四載

輴禹之四載，曰舟、車、輴、樏。輴以行泥，亦曰毳，曰蕝。樏以行山，亦曰橋，曰蹁蕐。❶今參酌禮經，有輴制於此。

❶「蹁」，明本文中小題、嘉慶本作「蹻」，庫本文中小題作「⿰足屬」。⿰足屬，同躅。

《書》曰：「予乘四載，隨山刊木。」孔安國曰：「水乘舟，陸乘車，泥乘輴，丑輪。山乘樏。力追。」《河渠書》曰：「泥行蹈毳，山行即橋。去喬。」《溝洫志》曰：「泥行乘毳，山行則梮。」《尸子》曰：「山行乘樏，泥行乘蕝。」徐廣曰：「橋，一作輂。輂，❶直轅車〔也〕。」孟康曰：「毳形如箕，擿行泥上。」應劭曰：「梮或作樏，人所〔引〕也。」如淳曰：「梮以鐵如錐，施之履下，以行山。」然《周禮》大〔軍〕旅、會同，鄉師治其輂輦。《說文》曰：「輂，大車，駕馬。」則非山〔乘〕者也。《書》曰：「予乘四載。」則所乘非所履者也。考之於《禮》，〔士〕載柩以輁軸，大夫以上載車以輴。先儒謂：「輁狀如長〔牀〕，穿桯前後，著金而關軸焉。大夫諸侯以上有四周，謂〔之〕輴。」又曰：「輴之形狀庳下而寬廣。」然則泥行乘輴，蓋亦〔如〕長牀然也。

禮書卷第一百四十五終

❶ 「輂」，嘉慶本無。

禮書卷第一百四十六

乘車

右	中	左
車右	馭	君位

將車

右	中	左
戎右	將	馭

卒車

右	中	左
持矛	馭	持弓

祥車曠左，所以虛神位也。乘君之乘車，不曠左，不敢虛君位也；左必式，不敢安君位也。蓋乘車之禮，君處左，車右處右，僕處中。故造車者必慎於左，《考工記》所謂「終日馳騁，左不揵」是也；乘車者不敢曠左，《戎右》所謂「會同，充革車」是也；器物不敢措之於左，《月令》所謂「載耒耜于參保介之御間」是也。後世魏公子虛左以迎侯生，秦王虛左以迎太后，皆古之遺制耳。此特乘車爲然。若兵車則馭者在左，戎右在右，將帥居中。昔晉伐齊，郤克將中軍，解張御，鄭緩爲右。❶郤克傷矢，流血及屨，鼓音未絶，曰：「余病矣！」解張曰：「自始合而矢貫余手及肘，余折以御，左輪朱殷，豈敢言病。」夫郤克傷矢而未絶鼓音，則將在鼓下矣；解張傷手而血殷左輪，則御在車左矣。然此將帥所乘也。若士卒所乘，則左人持弓，右人持矛，中人御。故《書》戒「左不攻于左，右不攻于右，御非馬之正」，言左右而又言御，則御在中可知也。《左傳》稱：「秦師過周北門，左右免冑而下。」言左右下，則御在中不下可知也。僖三十三年。楚樂伯曰「致師者，左射以菆」，是左人持弓也。宣十二年。欒鍼爲晉侯右，曰「寡君使鍼持矛焉」；成十六年。衛太子爲簡子右，禱曰「蒯聵不敢自佚，備持矛焉」，是右人持矛也。哀二年。蓋御無定位，右有常處，故將帥車則御在左，士卒車則御居中，右人之持矛，雖將

❶「鄭緩」，嘉慶本作「鄭邱緩」，《左傳》原文作「鄭丘緩」。《文獻通考》卷一百五十八《兵考十》「車戰」條引此作「鄭緩」。

帥、士卒之車不同，而所居常在右，所職常持矛也。凡此，皆三人乘車之法也。《大僕》：「凡軍旅、田役，贊王鼓。」王之乘車，有御與戎右，又有大僕，則駟乘矣。春秋之時，「侯叔夏御莊叔，綿房甥爲右，富父終生駟乘。」杜預曰：「駟乘，四人乘車。」

虎幦

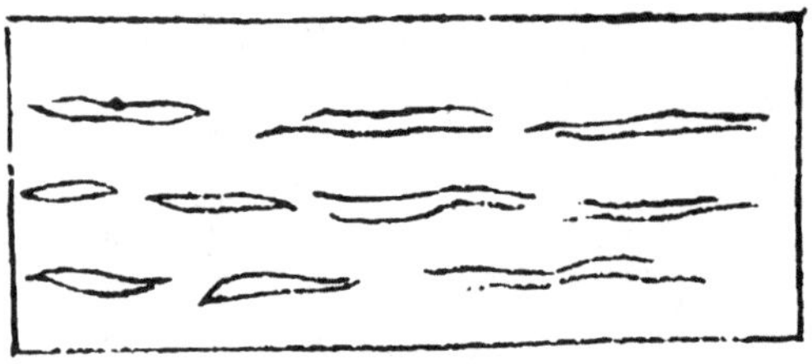

羔幦

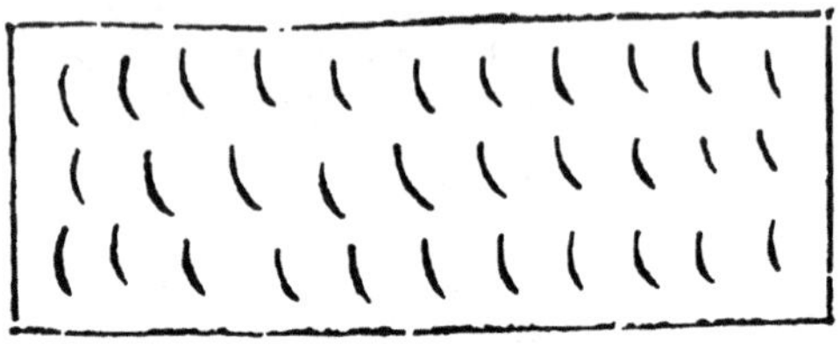

《韓奕》詩曰：「鞹鞃淺幭。」毛氏曰：「淺，虎皮淺毛也。幭，覆式也。」《玉藻》曰：「君羔幦虎犆。」鄭氏曰：「幦，覆笭也。犆，緣也。此君齊車之飾。」大夫齊車，鹿幦豹犆，朝車。士齊車，鹿幦豹犆。」《少儀》曰：「御負良綏，申之面，拖諸幦。」《曲禮》曰：「大夫、士去國，素簚。」

《周禮·巾車》「王之喪車五乘：木車，犬䄙，疏飾；素車，犬䄙，❶素飾；藻車，鹿淺䄙，革飾；駹車，然䄙，髹飾；〔漆〕車，豻䄙，雀飾。」《既夕禮》：「主人乘惡車，白狗幦。」《荀卿》曰：「絲末彌龍，所以養威也。」《春秋傳》曰：「齊侯、魯侯會于野井，以幦爲席。」許慎曰：「幦，髤巾也。」

幦者，冪也。王之吉幦，於經無見。而喪之木車、素車犬䄙，藻車鹿淺幦，駹車然䄙，漆車豻䄙，諸侯覲王之車虎淺幦，而齊車羔幦虎犆，大夫齊車、朝車鹿幦豹犆，士齊車亦鹿幦豹犆，而喪車白狗幦，大夫、士去國素幦。然王之五幦皆有飾，則諸侯之虎犆，大夫、士之豹犆，蓋其飾也。幦若席然，施諸軾上，其禮有等，其用有辨。則虎以其威猛而有義也，羔以其不黨、跪乳而有禮也，鹿以其善接其類而有仁也。豹之於虎，其爲威小矣；齊於朝，其爲禮異矣。故諸侯覲王虎淺幦，齊則羔幦虎飾而已。士之齊車鹿幦豹飾，則朝車之幦與飾不以鹿豹，而大夫齊車、朝車皆鹿幦豹飾者，屈於君故也。王於始宅宗之時，以守先王之所傳者爲貴，故䄙用犬，喪則與人辨，稍吉則與人接，其接之淺矣，故䄙用鹿淺。

禮書卷第一百四十六終

❶ 二「犬」字，原皆誤作「大」，今皆據嘉慶本及《周禮·巾車》改。

禮書卷第一百四十七

馬　天子十二閑　邦國六閑　家四閑

六馬車　四馬車　二馬車

馬

《鄉師》：「以時辨其車馬之物，均人民牛馬車輦之力政。」《縣師》：「辨其六畜車輦之稽。」《遂人》：「以歲時登其夫家之衆寡及其六畜車輦。」《遂師》：「以時登其六畜車輦。」《遂大夫》：「以歲時稽其六畜田野。」《甸祝》：「禂牲、禂馬，皆掌其祝號。」杜子春云：「禂，禱也。爲馬禱無疾。」《大司馬》：「喪祭，奉詔馬牲。」《馬質》：「掌質馬。馬量三物：一曰戎馬，二曰田馬，三曰駑馬，皆有物賈。「此三馬，買以給官府之使，無種也。」綱惡馬。凡受馬於有司者，書其齒毛與其賈。馬死，則旬之內更，旬之外入馬耳，以其物更，其外否。馬及行，則以任齊其行。若有馬訟，則聽之。禁原蠶者。」《齊右》：「王乘，則持馬。凡有牲事，則前馬。」《道右》：「王出入，則持馬；王式，則下，前馬。」《馭夫》：「分公馬而駕治之。」《校人》：「掌王馬之政。辨六馬之屬：種馬一物，戎馬一物，齊馬一物，道馬一物，田馬一物，駑馬一物。「種，謂上善似母者。以次差之，玉路駕種馬，戎路駕戎馬，金路駕齊馬，象路駕道馬，田路駕田馬，駑馬給宫中之役。」凡頒良馬而養乘之：乘馬一師四圉；三乘爲皁，皁一趣馬；三皁爲繫，繫一馭夫；六繫爲廄，廄一僕夫；六廄成校，校有左右。駑馬三良馬之數，麗馬一圉，八麗一師，八師一趣馬，八趣馬一馭夫。「良，善也。善馬，五路之馬。鄭司農云：『四匹爲乘。養馬爲圉。故《春秋傳》曰：「馬有圉，牛有牧。」』玄謂二耦爲乘。師、趣馬、馭夫、僕夫，帥之名也。趣馬下士，御夫中士，則僕夫上士也。自乘至廄，其數二百一十六匹。《易》『乾爲馬』，此應乾之筴也。至校變爲言成者，明六馬各一廄，而王馬小備也。校有左右，則良馬一種者，四百三十二匹，五種合二千一百六十匹。駑馬三之，則爲千二百九十六匹。五良一駑，凡三千四百五十六匹，然後王馬大備。《詩》云『騋牝三千』，❶此謂王馬之大數與？麗，耦也。駑馬自圉至馭夫，凡馬千二十四匹，與三良馬之數不相應，八皆宜爲六，字之誤也。師十二匹，趣馬七十二匹，則馭夫四百三十二匹矣，然後而三之。既三之，無僕夫者，不駕於五路，卑之也。」天子十有二閑，馬六種。邦國六閑，馬四種。家四閑，馬二種。「降殺之差，每廄爲一閑。諸侯有齊馬、道馬、田馬，大夫有田馬，各一閑，其駑馬則皆分爲三焉。」凡馬，特居四之一。「欲其乘之性相似也。物同氣則心一。鄭司農云：『四之一者，三牝〔一〕牡。』」❷春祭馬祖，執駒；夏祭先牧，頒馬，攻特；秋祭馬社，臧僕；冬祭馬步，獻馬，講馭夫。」《趣馬》：「掌贊正良馬，而齊其飲食，簡其六節。」《巫馬》：「掌養疾馬而乘治之，相醫而藥攻馬疾，受財于校人。」《牧師》：「掌牧地，皆有厲禁而頒之。孟春焚牧，中春通淫，掌其政令。凡田事，贊焚萊。」《廋人》：「掌十有二閑之政教，以阜馬、佚特、教駣、攻駒，及祭馬祖、祭閑之先牧，及執駒、散馬耳、圉馬。正校人員選。馬八尺以上爲龍，七尺以上爲騋，六尺以上爲馬。」《圉師》：「掌教圉人養馬。春除蓐，釁廄，始牧；夏庌馬；冬獻馬。射則充椹質，茨牆則翦闔。」《圉人》：「掌養馬芻牧之

❶「千」，原誤作「十」，今據明本、庫本、嘉慶本及《周禮·校人》鄭注、《毛詩·定之方中》改。

❷「牡」，原誤作「牲」，今據明本、庫本、嘉慶本及《周禮·校人》鄭注改。

事，以役圉師。凡賓客、喪紀，牽馬而入陳。廞馬亦如之。」《小行人》：「圭以馬。」《玉人》：「大璋、中璋、邊璋。天子以巡守，宗祝以前馬。」《曲禮》曰：「效馬效羊者右牽之。」「國君下齊牛，式宗廟。大夫、士下公門，式路馬。乘路馬，必朝服，載鞭策，不敢授綏，左必式。步路馬，必中道。以足蹙路馬芻，有誅。齒路馬，有誅。」「孔子之衛，遇舊館人之喪，入而哭之哀。出，使子貢説驂而賻之。子貢曰：『於門人之喪，未有所説驂。説驂於舊館，無乃已重乎？』」《檀弓》曰：「敝帷不棄，爲埋馬也。」《月令》：「駕蒼龍。」「季春，乃合累牛騰馬，遊牝於牧。「累、騰，皆乘匹之名。」犧牲駒犢，舉書其數。」「夏駕赤駵，中央駕黄駵，秋駕白駱。季秋班馬政，命僕及七騶咸駕。冬駕鐵驪。」《玉藻》：「年不順成，大夫不得造車馬。」《明堂位》：「夏后氏駱馬黑鬣，商人白馬黑首，周人黄馬蕃鬣。」《少儀》：「賵馬入廟門。賻馬與其幣，大白兵車，不入廟門。馬則執靮，皆右之。」《學記》：「始駕馬者反之，車在馬前。」《周易》：「乾爲良馬，爲老馬，爲瘠馬，爲駁馬。」「震其於馬也，爲善鳴，爲馵足，爲作足，爲的顙。」「坎其於馬也，爲美脊，爲亟心，爲下首，爲薄蹄，爲曳。」《詩·漢廣》：「言秣其馬。」「六尺以上曰馬。」「言秣其駒。」「五尺以上曰駒。」《干旄》：「素絲紕之，良馬四之。「四之者，見之夥也。」素絲組之，良馬五之。素絲祝之，良馬六之。」「四馬六轡。」《碩人》：「四牡有驕，朱幩鑣鑣。翟茀以朝。」《大叔于田》：「乘乘馬，執轡如組，兩驂如舞。乘乘黄，「四馬皆黄。」兩服上襄，兩驂鴈行。乘乘鴇，「驪白雜毛曰鴇。」兩服齊首，兩驂如手。」「駟鐵孔阜，六轡在手。遊于北園，四馬既閑。」「習其四種之馬。」《小戎》：「四牡孔阜，六轡在手。騏駵是中，騧驪是驂。「黃馬黑喙曰騧。」箋云：「赤身白鬣曰駵。」俴駟孔群。」「俴駟，四介馬也。」《株林》：「駕我乘馬，説于株野。乘我乘駒，朝食于株。」「馬五尺以上曰駒。」《東山》：「皇駁其馬。」「黃白曰皇，駵白曰駁。」「四牡騑騑，周道倭遲。四牡騑騑，嘽嘽駱馬。「白馬黑鬣曰駱。」駕彼四駱，載驟駸駸。」《皇皇者華》：「我馬維駒，六轡如濡。我馬維騏，六轡如絲。我馬維駱，六轡沃若。」《采薇》：「戎車既駕，四牡業業。駕彼四牡，四牡騤騤。四牡翼翼，象弭魚服。」《六月》：「戎車既飭。四牡騤騤，載是常服。比物四驪，閑之維則，「物，毛物也。」四牡脩廣，其大有顒。四牡既佶，既佶且閑。」《車攻》：「我車既攻，我馬既同。四牡龐龐，駕言徂東。田車既好，四牡孔阜。駕彼四牡，四牡奕奕。四黃既駕，兩驂不猗。」《吉日》：「田車既好，四牡孔阜。吉日庚午，既差我馬。」《白駒》：「皎皎白駒，食我場苗。皎皎白駒，食我場藿。」《裳裳者華》：「我覯之子，乘其四駱。乘其四駱，六轡沃若。」《采芑》：「雖無予之，路車乘馬。載驂載駟，君子所屆。」《角弓》：「老馬反爲駒，不顧其後。」《崧高》：「四牡蹻蹻，鉤膺濯濯。王遣申伯，❶路車乘馬。」《韓奕》：「四牡奕奕。」《駉頌》：❷「駉駉牡馬，在坰之野。薄言駉者，有驈有皇，有驪有黃，以車彭彭。思無疆，思馬斯臧。薄言駉者，有騅有駓，有騂有騏，以車伾伾，思馬斯才。薄言駉者，有驒有駱，有駵有

❶「王」，原誤作「三」，今據明本、庫本、嘉慶本及《毛詩・崧高》改。

❷「駉頌」，嘉慶本作「魯頌」。

雒，思馬斯作。薄言駉者，有駰有騢，有驔有魚，以車祛祛，思馬斯徂。」《有駜》：「駜彼乘黄，駜彼乘牡，駜彼乘駽。」「青驪曰駽。」《爾雅》曰：「騊駼，野馬。駮，如馬，倨牙，食虎豹。騉駼，枝蹄趼，善陞甗。小領，盜驪。絶有力，駥。膝上皆白，惟馵。四骹皆白，驓。四蹢皆白，首。前足皆白，騱。後足皆白，翑。前右足白，啓；左白，踦。後右足白，驤；左白，馵。駵馬白腹，❶騵。驪馬白跨，驈。白州，驠。尾本白，騴。尾白，駺。駒顙，白顛。白達素，縣。面顙皆白，惟駹。❷回毛在膺，宜乘；在肘後，減陽；在幹，茀方；在背，闋廣。逆毛，居馻。騋牝驪牡。玄駒，褭驂。牡曰騭，牝曰騇。駵白，駁。黄白，騜。駵馬黄脊，騝。驪馬黄脊，騽。青驪，駽。青驪驎，驒。青驪繁鬣，騥。驪白雜毛，駂。黄白雜毛，駓。陰白雜毛，駰。蒼白雜毛，騅。彤白雜毛，騢。白馬黑鬣，駱。白馬黑脣，駩。黑喙，騧。一目白，瞯。二目白，魚。『既差我馬』，差，擇也。宗廟齊毫，戎事齊力，田獵齊足。」

天子十二閑

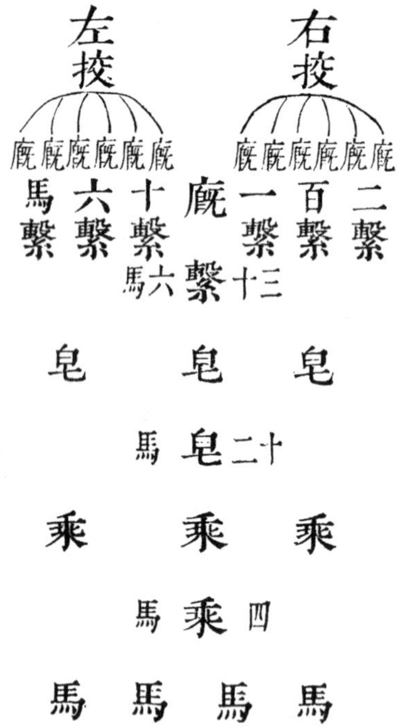

❶「白腹」，原誤作「曰騵」，今據明本、庫本、嘉慶本及《爾雅·釋畜》改。

❷「駹」，原誤作「騅」，今據庫本、嘉慶本及《爾雅·釋畜》改。

邦國六閑

廄　齊馬
廄　道馬
廄　田馬
廄　駑馬
廄　駑馬
廄　駑馬

家四閑

廄　田馬
廄　駑馬
廄　駑馬
廄　駑馬

先王之時，國馬足以行軍，公馬足以稱賦。則《周禮・鄉師》「以時辨其馬牛之物」，《均人》「均牛馬之力政」，《縣師》「辨其六畜車輦之稽」，❶《遂人》、《遂師》「以時登其六畜車輦」，《遂大夫》「以時稽其六畜」，而牛馬與焉。及其用之，則《司馬法》甸出長轂一乘，牛三頭，馬四匹。此國馬也。《校人》掌王馬之政，辨種、戎、齊、道、田、駑之六馬。此公馬也。蓋天子十二閑，馬六種，每馬一圉，每乘一師。三乘，馬十二匹。三皁爲繫，三十六匹。六繫爲廄，二百一十六匹。六廄成校，校有左右，則十二廄合三千四百五十六匹。種各一廄，廄有左右，則一種四百三十二匹。良馬五種，則合二千

❶「畜」，原誤作「蓄」，今據明本、庫本、嘉慶本及《周禮・縣師》改。

一百六十匹。又駑馬一種三良馬一種之數，則爲千二百九十六匹。五良一駑，凡三千四百五十六匹。邦國六閑四種，家四閑二種。蓋諸侯及大夫廄無左右，則良馬三居三廄，合六百四十八匹。駑馬三良馬一種之數，居三廄，亦六百四十八匹，凡千二百九十六匹。家四閑二種，一良居一廄，二百一十六匹。駑三之，居三廄，爲六百四十八，凡八百六十四匹。春秋之時，晉悼公使程鄭爲乘馬御，六騶屬焉。成十八年。❶諸侯六閑，彼衛文公之「騋牝三千」，齊景公之馬千，駟三千，則近於天子十二閑之數；而千駟又過之，是皆僭侈而違禮者也。《校人》：「駑馬。麗馬一圉，八麗一師，八師一趣馬，八趣馬一馭夫。」鄭氏謂八宜爲六者，蓋自圉至馭夫，以八計之，則爲千二十四匹，與三良馬之數不合；以六計之，則適四百三十二匹矣。然後而三之，既三之無僕夫，以駑馬不駕五路，卑之也。然則周天子之馬不過三千四百五十六匹而已。❷漢之養馬有五監六廄，而武帝之時馬至四十萬匹，唐置八使五十六監，麟德間馬至七十萬，開元間至四十五萬匹，而與周之馬數相遠者。蓋周制，凡軍之馬出於民，而校人所養者特給公家之用而已。漢唐則不然，行軍之馬一出於公，此多寡所以異也。

❶「成十八年」，原誤乙在「諸侯六閑」下。按，「諸侯六閑」，乃發下文而言諸侯僭禮之事，今據之乙正。

❷「則」，原誤作「後」，今據明本、庫本、嘉慶本及《文獻通考》卷一百五十九《兵考十一》「馬政」條所引改。

六馬車❶

❷

四馬車

❶「六」，原誤作「四」，今據卷首小目、明本、庫本、嘉慶本改。

❷此圖原誤繪作「四馬」，明本、庫本、嘉慶本繪作六馬是也。

二馬車

一馬騎，二馬駢，《説文》：「駢，駕二馬。」三馬驂，四馬駟。古者軍容則有騎，《記》曰：「前有車騎。」《春秋傳》曰：「齊魯遇于野井，以鞍爲几。」《史》曰：「趙靈王胡服騎射。」國容則車而已。大夫以上駕駟，士則駕二而已。《儀禮》公贈士以兩馬。春秋之時，衛良士乘衷甸兩牡，哀十年《左》。陳成子以乘車兩馬賜顔涿聚之子，襄二十七年。魯君以乘車二馬遺孔子。《家語》。蓋諸侯之大夫，大事駕四，小事駕二。觀《春秋傳》以兩牡爲衷甸，❶則四牡爲上乘矣。後世有大駕、中駕、小駕之説，蓋此類也。杜預以衷甸二牡爲卿車，❷誤也。《詩·四牡》言使臣之事，曰：

❶「衷甸」，原誤作「甸衷」。按《左傳》哀十七年云：「良夫乘衷甸兩牡。」故明本、庫本、嘉慶本作「衷甸」是也，今據改。

❷「二」，明本、庫本、嘉慶本作「兩」。

「四牡騑騑，駕彼四駱。」《采芑》言方叔之事，曰：「乘其四騏，四騏翼翼。」是大夫駕四也。《車攻》、《吉日》言宣王之事，曰：「四牡龐龐，四牡孔阜。」是天子亦駕四也。《周官·校人》：「掌王馬之政，乘馬一師四圉。」❶《詩》言諸侯獻馬於王，❷皆布乘黃朱，則天子亦駕四也。特《夏書》曰：「若朽索之御六馬。」《荀卿》曰：「六馬仰秣。」「六馬不調。」《列子》曰：「二十四蹄無遺跡。」《公羊》亦曰：「天子駕六。」《白虎通》曰：「天子之馬六，示有事於天地四方。」蓋言夏禮也。《史記》曰：「秦始皇以水數制，乘六馬。」漢儒曰：「今帝者駕六。」❸此秦漢制耳。石慶爲御，景帝問車中幾馬，慶以策數馬畢，舉手曰：「六馬。」張衡《西京賦》曰：「天子駕雕軫六駿。」又曰：「六元虯之奕奕。」商周損之以四，而後世又復之以六。❹ 觀《商頌》言：「八鸞鎗鎗。」則商亦駕四明矣。先儒謂天子駕六，諸侯與卿駕四，大夫駕三，士駕二，庶人駕一。又謂夏后氏駕兩，謂之麗，商益以一騑，❺謂之驂，周又益以騑，謂之駟。蓋傳聞之誤也。昔晏子解左驂以遺越石父，孔子解左驂以弔館人，陽處父釋左驂以贈孟明，光武釋左驂以賜賈復，言左則有右，未聞三馬可以行車也。

❶「圉」，原誤作「圍」，今據明本、庫本、嘉慶本及《周禮·校人》改。

❷「詩」，按《尚書·康王之誥》云：「皆布乘黃朱。」而《詩》則無此文。

❸「者」，原脱。今據明本、庫本、嘉慶本及《後漢書·輿服志》注文補。

❹「之」，原脱，今據明本、庫本、嘉慶本及上文文例補。

❺「騑」，原誤作「驂」。所謂「先儒謂」者，蓋指《毛詩·干旄》孔疏所引王肅語也，肅曰：「殷益一騑。」故明本、庫本、嘉慶本作「騑」是也，今據改。

《干旄》之詩曰：「良馬五之。」毛萇曰「三馬五轡」，亦謂大夫駕三。豈詩人之意然？《皇皇者華》之詩曰：「我馬維駒。」《株林》之詩曰：「乘我乘駒。」毛氏以爲大夫乘車。於理或然。何則？馬八尺以上爲龍，七尺以上爲騋，六尺以上爲馬，六尺以下爲駒。《覲禮》、《月令》天子所乘皆言龍，《衛詩》諸侯所畜則言騋，是天子乘龍，諸侯乘騋也。兵車、乘車之輪六尺有六寸，田車之輪六尺有三寸，輪崇則馬崇，輪庳則馬庳，是乘兵車則駕騋以上，田車則駕馬也。天子所駕下止於馬，諸侯所畜上止於騋，則大夫乘駒可知矣。四馬八轡，而《詩》每言六轡者，蓋駕馬之法有游環以止驂馬之外出，有脅驅以止驂馬之外入。有脅驅矣，則驂馬之内轡無所施也，繫於軾前而已，此《詩》所以言六轡也。

禮書卷第一百四十七終

禮書卷第一百四十八

喪禮

喪期　衣冠升數　斬衰制　齊衰制　喪服祥禫月日

喪期

《易・繫辭》曰：「古之葬者，厚衣之以薪，葬之中野，不封不樹，喪期無數。」《書》稱：「堯之殂落，百姓如喪考妣。三載，四海遏密八音。」而喪服精麤之制，於經無見，然則有喪無期，有期無服，皆心喪而已。後世漸文，故爲冠、絰、衰、裳、帶、屨以飾之，於是有斬、齊、功、緦、袒、免之等，三年、期、九月、七月、三月之別，然後情文稱而恩義立矣。蓋喪服之制，上取象於天，下取法於地，中取則於人，故「再期之喪，三年。期之喪，二年。九月、七月之喪，三時。五月之喪，二時。三月之喪，一時。」遠者象閏，近者象時，則凡在天地之間者有變易矣。此喪服所以立中制節也。孔子曰：「子生三年，然後免於父母之懷。」則三年之喪固孝子之所以自盡也。宰予欲短之，曰：「舊穀既没，新穀既升，鑽燧改火，期已久矣。」而孔子非之，則至親不可以期斷也。《荀卿》與《三年問》皆謂至親以期斷，而以三年爲加隆，如此則是期爲喪之盡而三年爲禮之加也，與孔子之説戾矣。《禮》曰：「太古冠布，齊則緇之。」鄭氏謂冠即白布冠，今喪冠也。然則太古之冠，吉凶同色，其服又可知也。

衣服升數

斬　衰

正服三升　義服三升有半　冠六升　受衰六升　冠七升

齊　服

降服四升　正服五升　義服六升　冠七升　受衰七升　冠八升

大　功

降服〔七〕升　正服八升　義服九升　冠十升　受衰十升　冠十一升

小　功

降服十升　正服十一升　義十二升❶

緦　麻

十五升抽其半　小功、緦麻冠升同，無受

舊説斬衰

正服三升　義服三升有半　冠六升　受衰六升　冠七升

齊　衰

降服衰四升　冠七升　受衰七升　冠八

❶「十一」，原誤作「十二」；「十二」，原誤作「十三」，今皆據正文之意改。

升。父卒爲母伸三年服。❶

正服衰五升　冠八升　受衰八升　冠九升。父在比服期。

義服衰六升　冠九升　受衰九升　冠十升

大　功

降服衰七升　冠十升　受衰十升　冠十一升

正服衰八升　冠十升　受衰十升　冠十一升

義服衰九升　冠十一升　受衰十一升❷　冠十二升

小　功

降服十升　冠升同　無受

正服十一升　冠升同　無受

義服十二升　冠升同　無受

緦　麻

十五升抽其半十五升，千二百縷。抽其半，六百縷。縷之細如麻朝服，❸而數則半之。《喪服》曰：「有事其縷，無事其緦。」❹　同冠升同❺　無受

服有降，有正，有義，而其别有升數，其變有有受、無受。八十一縷爲升，❻或言八十縷爲宗。布麤者升數少，細者升數多。鄭氏改升爲登，〔不〕必然也。大夫以上虞、卒哭異月，故既虞則受。士

❶「卒」，原脱。下正文曰：「父在爲母期，父卒爲母三年，皆疏衰齊，則父卒猶以餘尊所厭，得伸三年而不得伸斬也。」此蓋本於《儀禮·喪服》賈疏：「父卒三年之内而母卒，仍服期，要父服除后，而母死乃得伸三年。」今據補。

❷「一」，原誤作「二」，今據正文改。

❸「麻」，據上下文似衍字。

❹「緦」上，據《儀禮·喪服傳》當有「布曰」二字。

❺上「同」，疑衍。

❻「一」，疑衍。

虞、卒哭同月，故卒哭即受。❶《間傳》於《喪服》，斬衰少一等而無三升有半，齊衰多二等而有五升、六升，大功多一等而有七升，小功多一等而有十二升。蓋斬衰三升，正服也；三升有半，義服也。齊衰四升，降服也；五升，正服也；六升，義服也。大功七升，降服也；八升，正服也；九升，義服也。小功十升，降服也；十一升，正服也；十二升，義服也。齊衰、大功之冠其受也，緦麻、小功之衰其冠也，則大功以上以其冠爲受，而冠、衰升數異，小功以下以其衰爲冠，而衰、冠升數同。《喪服》：「斬衰三升，三升有半。其冠同六升。以其冠爲受，受冠七升。」則始喪衰異而冠同，及受則冠、衰皆同，是喪之別尤嚴於衰，而衰之別尤嚴於始也。由是推之，齊衰四升，冠七升，受冠八升，則四升、五升、六升之衰，其冠同七升，受則衰同七升，冠同八升矣。大功八升若九升，小功十升若十一升，蓋大功用小功之衰爲冠，小功用大功之冠爲衰，則大功七升、八升、九升而冠同十升，受衰同十升，而冠同十一升。此喪服重輕之節然也。何則？《喪服》斬衰備舉義正，齊衰舉上，大功舉中下，小功舉上中，其文錯出互見。則斬衰二衰同冠，而齊衰、大功可知矣。斬衰二受同冠、衰，而齊衰、大功又可知矣。先儒以齊衰正服而下冠受之説不見於經，於是謂正服衰五升，冠八升，受衰八升；義服衰六升，冠九升，受衰九升，冠十升冠。大功降服衰七升，冠十升，受衰十升，冠十一升；正服衰八

❶「即」，原誤作「印」，今據明本、庫本、嘉慶本改。

升，冠十升，受衰十升，冠十一升；義服九升，冠十一升，受衰十一升，冠十二升。自大功降服以上之冠去衰常三等，受冠去衰常一等，大功正服、義服之冠去衰二等，受冠去衰亦一等。其銖銖而第之，可謂詳矣，然與斬衰之例不同，以爲不同耶，至大功降正又異衰同冠，而二受亦同冠衰，是其説自惑也。考之於經，冕弁尊而衣服卑，尊者常少，卑者常多，故王之大裘衮服同冕，后之三翟同副，弔服三衰同弁經。降、義、正之三衰同冠，乃禮意也。服重者冠衰相遠，服輕者冠衰相近，至輕者冠衰同。故斬衰之冠去衰三等，齊衰之冠去衰一等，小功緦之冠與衰同等，此禮之差也。

斬衰制

斬衰，先斬布而後製，故言斬衰者，斬先衰。疏衰，先製而後緝，故言疏衰者，衰先齊。《春秋傳》曰：「斬然在衰經之中。」《雜記》曰：「三年之喪如斬，期之喪如剡。」則斬者其痛甚，剡其哀殺也。《齊衰不杖章》傳曰：父母、長子、妻，服斬。❶母不服斬，而亦云斬者，以其服三年而并言之也。喪禮齊衰而下各有降、正、義之三服，斬衰則正、

❶「斬」，原作「庶」。按《儀禮·喪服》云：「士爲庶母。」傳曰：「何以緦也？以名服也。大夫以上爲庶母無服。」故無「庶母不服斬，而亦云斬」之説。是「庶」字必爲衍或訛也。若「庶」爲衍文删去，則上文作「父母、長子、妻，服」，「服」下顯有脱文。下曰「母不服斬，而亦云斬」，則此必先言父母、長子、妻服斬，而「庶」似爲「斬」之訛。所謂「《齊衰不杖章》傳曰」者，當指《儀禮·喪服》論齊衰不杖期之喪之傳曰：「父、母、長子，君服斬。妻，則小君也。」而其上又曰：「何以期也？從服也。」意君爲父母、長子服斬，臣從君服降一等，故服期；君妻爲小君，故臣亦爲之服期。詳見孔疏。準此，則陳氏誤解傳意矣。今姑順陳氏之意，據明本、庫本、嘉慶本改。

義二服而已；齊衰月數不，❶斬衰則一於三年而已。斬衰皆絞帶、菅屨，特公卿、大夫之衆臣爲其君布帶、繩屨，以其厭於天子、諸侯故也。曾子曰：「哭泣之哀，齊斬之情，饘粥之食。」《孟子》曰：「三年之喪，齊疏之服，飦粥之食，自天子達於庶人，三代共之。」《雜記》曰：「端衰喪車無等。」則父母之服貴賤一也。然《雜記》又曰：「大夫爲其父母、兄弟未爲大夫者之喪，❷服如士服；士爲其父母之爲大夫者之喪，服如士服。」春秋之時，「齊晏桓子卒，襄十七年《左》。晏嬰麤縗斬，苴絰、帶、杖，菅屨，食粥，居倚廬，寢苫枕草。其老曰：『非大夫之禮也。』曰：『唯卿爲大夫。』」鄭氏曰：「此平仲之謙也。言己非大夫，故爲父服士服耳。『麤衰斬』者，其縷齊斬之間，❸謂縷如三升半，不緝也。斬衰以三升爲正，微細焉則屬於麤。然則士與大夫爲父服異者，有麤衰斬，枕草矣。其爲母五升縷而四升，爲兄弟六升縷而五升乎。大功已下，大夫、士服同。」此蓋周衰禮變，而齊之服於是有等，故大夫以尊而伸，服斬衰枕凷，士以卑而屈，服齊衰枕草而已。《禮記》或記先王，或記末世，其可以末世之事而論先王之時哉？鄭氏以此爲真先王之禮，宜乎王肅之所攻也。

❶「不」下，據文意當補「定」或「一」字，意謂齊衰有三年，有期，有三月，喪期月數不一也。

❷「之」，原脱，今據明本、庫本、嘉慶本及《禮記・雜記》補。

❸「縷」下，《禮記・雜記》鄭注有「在」字。

齊衰制

疏者，麤也，斬衰固麤矣，不曰疏者，麤不足以言之也。竹笄不言惡，櫛笄言惡笄，與此同意。齊衰言麤，大功、小功言功，緦麻言緦，則人功漸著，而緦又加密矣。疏屨亦謂之疏者，此猶《周禮》所謂疏材之疏，異乎疏衰之疏也。父在爲母期，父卒爲母三年，皆疏衰齊，則父卒猶以餘尊所厭，得伸三年而不得伸斬也。若父喪未除而母卒，不特餘尊在焉，猶服期而不得三年也。《内則》曰：「女子二十而嫁，有故，二十三而嫁。」鄭氏曰：「故，謂父母之喪。」言二十三而嫁，非止一喪也。何則？二十而服父喪未闋，而服母三年，則是二十四而嫁矣。服父而已，再期而大祥，則是二十二而嫁矣。以是知其父喪未闋，猶爲母期也。子雖爲母期，猶心喪三年。傳曰：「父必三年而後娶，達子之志。」則子之心喪可知矣。晉叔向曰：「王者三年之喪二。」❶謂太子與穆后也。王爲后期，而云三年喪者，❷達子之志也。先儒謂父在爲母齊衰五升，冠八升，既虞受衰八升，冠九升；父卒爲母齊衰四升，冠七升，既虞受衰七升，冠八升。《喪服·記》云：「齊衰四升，冠七升。」《間傳》亦曰：「爲母既虞受衰七升。」蓋自父卒言之。其説是也。

❶ 「者」，按此所引乃《左傳》昭十五年文，曰：「王一歲而有三年之喪二。」「者」當作「有」。
❷ 「者」，原誤作「子」，今據庫本改。

喪服祥禫月日

期之喪，十三月大祥，十五月禫，而祥、禫間月，則三年之喪二十五月大祥，二十七月禫，而祥、禫間月可知也。《聘禮》：「士中日禽二雙。」《學記》：「中年考校。」《小記》：「中一以上而祔。」《玉藻》：「士中武。」皆以中爲間，則《士虞》、《間傳》所謂中月者，其爲間月可知也。戴德《喪服變除》：「禮，二十五月大祥，二十七月而禫。」鄭氏據以爲説，蓋得之矣。王肅之徒以《記》云「三年之喪，二十五月而畢」，又云「祥而縞，是月禫，徙月樂」，「祥之日，鼓素琴」，「夫子既祥，五日而彈琴，❶十日而成笙歌」，「魯人朝祥而暮歌，孔子曰『踰月則善』」，於是謂〔二〕十五月大祥，其月爲禫，二十六月作樂，是不知所謂是月樂者，所以發下文而不繫於上也。《語》曰：「子於是日哭，則不歌。」而文無所繫，孰謂「是月禫」云者乃祥月乎？果禫在祥月，應曰月中而禫，不可謂之中月也。「孟獻子禫，縣而不樂」，然則所謂「徙月樂」者，以備縣也。若彈琴瑟，笙歌間作而不縣，既祥爲之可也。《春秋》文公二年冬，公子遂如齊納幣，僖公之喪至文公二年冬適二十六月。《左氏》曰：「納幣，禮也。」而《公羊》譏其喪娶，則《公羊》亦以三年之喪二十七月而除，與鄭氏之説合矣。然則《喪大記》云：「禫而從御，吉祭而復寢。」《間傳》

❶「五」，原誤作「三」，今據《禮記·檀弓》改。

云：「大祥，居復寢。」問何也？❶ 孔穎達曰：「大祥去堊室，復殯宫之寢。」則禫而復寢者，復平居之寢也。

禮書卷第一百四十八終

❶ 「問」，明本、庫本、嘉慶本皆作「間」。按此字非《間傳》文，不得從上讀，從下讀亦不甚通暢，疑爲衍文。

禮書卷第一百四十九

喪禮

括髮 免 髽 笄 竹杖 削杖

喪禮❶

括髮

《問喪》曰：「親始死，雞斯徒跣，扱上衽。」《檀弓》曰：「始死，羔裘玄冠者，易之而已。」則始死有易冠無去冠者，有易裘無袒衣矣。《儀禮》小斂之節，「主人髺髮、袒，婦人髽于室。」《問喪》曰：「三日而斂，袒而踊之。」《檀弓》曰：「主人既小斂，袒、括髮。」又曰：「袒、括髮，變也。袒、括髮，去飾之甚也。」又曰：「叔孫武叔之母死，既小斂，舉者出户，出户袒，且投其冠。子游曰：『知禮。』」《喪大記》曰：「小斂，主人袒，説髦，括髮以〔麻〕。」則小斂，投冠、脱髦、髺髮而袒矣。蓋人子之於始〔喪，其〕幸生之心未已，故未忍去飾焉；及小斂則〔已矣，然後〕髺髮而袒。叔孫武叔既小斂，舉者出户，〔袒而投其冠〕，子游嗤之。則投冠、髺髮，宜在未舉出〔户之前歟。《曾〕子問》曰：「女改服，布深衣，以趨喪。」鄭〔氏〕曰：「〔婦人始喪未成〕服之服。」然則男子始喪，蓋亦曰白〔布深衣也。雞斯之〕喪不可以

❶「喪禮」，原無，今據卷首小目、明本、庫本、嘉慶本補。

考，鄭氏〔改雞斯爲笄纚，謂：「始死，將斬衰者〕笄纚，將齊衰者素冠；婦人將斬衰〔者〕去笄〔而纚，將齊〕衰者骨笄而纚。」孔穎達之徒遂謂始死去冠而〔有笄〕縰，將小斂則去笄縰著素冠視斂。其説無據。《喪服小記》曰：「斬衰，括髮以麻。爲母，括髮以麻，免而以布。」則小斂奉尸出堂，主人拜賓之時，爲母括髮以麻，與父同也。尸出堂訖，降自西階，即位復位之時，爲母不括髮而免以布，與父異也。《儀禮》：「男女奉尸，侇于堂，❶訖，主人降自西階，❷東即位，主人拜賓，即位，踊，襲絰于序東，復位也。」奔喪禮：「至家，升階，殯東，西面坐，哭，括髮，袒；降堂東，即位；襲絰，絞帶；反位，皆如初。於又哭，括髮，袒，成踊。三哭，亦括髮，袒，成踊。「又哭，明日朝也。三哭，又其明日朝也。」奔母之喪，西面哭，括髮，袒；降堂東，即位，襲免。於又哭，不括髮。奔喪不及殯，先之墓，括髮；遂冠，歸，入門，哭，括髮，袒；於又哭、三哭，皆括髮，袒。爲母所以異於父者，一括髮，其餘免以終事。」其義皆與《小記》同也。《喪大記》曰：「君、大夫之喪，子弁絰。」《雜記》曰：「小斂環絰，君、大夫、士一也。」則大夫以上素弁，士素委貌，皆加環絰也。孔穎達曰：「斬衰男子括髮，齊衰男子免，皆斂殯之時耳。非斂殯，則大夫以上加素弁，士加素冠，皆於括髮之上。天子七日成服，諸侯五日成服，大夫三日成服。」於理或然。

❶「侇」，原誤作「俟」，今據《儀禮・士喪》改。

❷「人」，原脱，今據《儀禮・士喪》補。

免

《問喪》曰：「『冠者不肉袒，何也？』曰：『冠，至尊也，不居肉袒之體也，故爲之免以代之也。』」又曰：「『免者以何爲也？』『不冠者之所服也。』」《儀禮》：「小斂，主人括髮，袒，衆主人免于房。」《喪服小記》曰：「爲母，括髮以麻，免而以布。」又曰：「男子免而婦人髽。」《大記》曰：「小斂，主人即位，襲帶絰踊。母之喪，即位而免。」《奔喪》曰：「奔母喪，一括髮，其餘以免終事。」《小記》又曰：「緦、小功，虞、卒哭則免。既葬而不報虞，則雖主人皆冠，及虞則皆免。爲兄弟既除喪已，及其葬也，反服其服；報虞、卒哭則免，如不報虞則除之。遠葬者，比反哭者皆冠，❶及郊而後免，反哭。君弔，雖不當免時也，主人必免，不散麻；雖異國之君，免也，親者皆免。」又曰：「主人未除喪，有兄弟自它國至，則主人不免而爲主。」《問喪》曰：「禿者不免。『童子惟當室緦』，緦者其免也，當室則免而杖矣。」《儀禮》曰：「朋友在它邦則袒免，歸則已。」《大傳》曰：「四世而緦，服之窮也。五世袒免，殺同姓也。」《文王世子》曰：「族之相爲也，宜弔不弔，宜免不免，有司罰之。」鄭氏曰：「免，狀如冠，而廣一寸。」蓋有所傳然也。然則免於括髮爲輕，故爲父括髮，爲母免。於冠飾爲重，故緦、小功之虞、卒哭，遠葬者之及郊、反哭，主人之於君弔，必免。然則袒免非喪服之常，有時用之而已。齊衰而下小斂

❶「比」，原脱，今據嘉慶本及《禮記・喪服小記》補。

皆袒免，是有常服者必袒免。止於袒免者無常服，故施於五世焉。秃者不免，於疾也；❶童子不免，未可加以成人之服也。

髽❷

《儀禮》：❸「女子子在室爲父，布總，箭笄，髽，衰，三年。女子子適人者爲其父母，婦爲舅姑，惡笄有首以髽。」《士喪禮》：「小斂，婦人髽于室。」《既夕禮》曰：「丈夫髽，散帶垂，即位。」鄭氏曰：「此互文以見。」《喪小記》曰：「男子冠而婦人笄，男子免而婦人髽。」《奔喪》曰：「婦人奔喪，東髽。」《檀弓》曰：「南宫縚之妻之姑之喪，夫子誨之髽，曰：『爾無總總爾，❹爾無扈扈爾。』」又曰：「婦人髽而弔，自敗於臺鮐始也。」鄭氏釋《喪大記》曰：「去纚大紒曰髽。」釋《喪服》曰：「髽，露紒也，猶男子之括髮。斬衰括髮以麻，則髽亦用麻。以麻者，自項而前交於額上，卻繞紒，如著幓頭焉。」蓋其所傳然也。其狀，則毋從從爾，不至於縱而高也；無扈扈爾，不至於卑而大也。《爾雅》曰：「卑而大，扈。」則從從爲縱而高可知也。「小斂，主人括髮，袒，衆主人免于房，婦人髽于室。」奔喪，男子東括髮，婦人東髽。又《小記》曰：「男子免而婦人髽。」則婦人之髽猶男子之括髮、免也。故括髮以麻

❶「於」，據下文「秃者不髽，以疾也」，似當作「以」。
❷「髽」，原脱，今據目録、卷首小目、明本、庫本、嘉慶本補。
❸「儀禮」下，嘉慶本增「喪服」二字。
❹「總總」，據《禮記・檀弓》本文及下文所釋當作「從從」。

則髽以麻矣，免而以布則髽以布矣。髽以麻，則斬衰也；髽以布，則齊衰也。小斂齊之髽不言笄，則未成服之髽無笄矣。「女子子適人者爲其父母，婦爲舅姑，惡笄有首以髽。」孔子言髽而繼之以榛笄，則成服之髽有笄矣。又《儀禮》言「髽衰三年」，《小記》言「齊衰惡笄以終喪」，則斬衰、齊衰之髽皆終喪矣。孔穎達曰：「常服之髽不用麻布。」然則啓殯之髽，雖在成服之後，蓋亦無笄，以對男子之袒而免故也。男子之袒免及於五世，婦人之髽不及於大功者，❶以髽不特對免，而又上同於括髮故也。秃者不髽，以疾也；弔者不髽，以疏也。皇氏以麻髽、布髽、露紒爲三髽，然則髽雖麻與布之不同，其爲露紒一也。

笄

《儀禮》：❷「女子子在室爲父，箭笄，髽，衰，三年。」傳曰：「箭笄長尺，吉笄尺二寸。」「女子子適人者爲其父母，婦爲舅姑，惡笄有首以髽。卒哭，子折笄首以笄，布總。」傳曰：「笄有首者，惡笄之有首也。惡笄者，櫛笄也。折笄首者，折吉笄之首也。吉笄者，象笄也。何以言子折笄首而不言婦？終之也。」「妾爲女君，君之長子，惡笄有首。」「齊衰，惡笄以終喪。」「男子冠，婦人笄。」《檀弓》曰：「南宮縚之妻之姑之喪，夫子誨之髽，蓋榛以爲笄。」然則喪笄有三：箭笄也，櫛

❶「大」，原誤作「人」，今據明本、庫本、嘉慶本改。
❷「儀禮」下，嘉慶本增「喪服」二字。

笄也，折首笄也。箭笄、櫛笄長尺，折首笄長尺二寸。箭笄爲重，櫛笄次之，折首笄爲輕。斬衰，笄以箭。齊衰，笄以櫛。「女子子在室爲父箭笄」，則斬衰之笄以箭矣。「女子子適人者爲其父母，婦人爲舅姑，惡笄」，而女子子在室亦如之，則齊衰以櫛矣。箭笄，惡不足以言之；櫛笄言惡，以其木之無文故也。古者櫛以樿，樿白理而無文，則櫛笄用樿，無樿則榛可矣。故《檀弓》曰：「蓋榛以爲笄也。」《儀禮》曰：「卒哭，子折笄首。」折笄首者，折吉笄之首也。言子不言婦，終之也。蓋惡笄有首，吉笄折首。吉笄，則婦而不子，❶折其首，別子而不婦，以其不可全於子。故吉笄以其不可全於婦，故折其首。《儀禮》曰：「女子子在室爲父，箭笄，三年。」《小記》曰：「齊衰惡笄以終喪。」則惡笄不終喪，而吉笄折其首者，特子之適人者而已。鄭氏曰：「笄有首者，若今時刻鏤摘頭矣。」觀古「笄」字，❷則笄之形制可知。

竹杖

削杖

《記》曰：「斬衰貌若苴，齊衰貌若枲。」❸《喪服》有苴絰，有牡麻絰。傳曰：「苴絰，麻之有蕡者也。牡麻者，枲麻也。」《爾雅》曰：「蕡，枲實也。」孫氏曰：「蕡，麻子也。」蓋枲之有蕡者，其色苴惡，

❶「婦」，原誤作「父」，今據文意及清徐乾學《讀禮通考》卷三十二《喪服三》「髽笄總」條所引改。

❷「笄」，原誤作「無」，今據文意及清徐乾學《讀禮通考》卷三十二《喪服三》「髽笄總」條所引改。

❸「衰」，原脱，今據《禮記·間傳》補。

故謂之苴；無實者，其色反是，故謂之牡麻。苴絰、苴帶，〔以〕苴麻名之也；苴衰、苴杖，因絰帶名之也。杖之制，下〔本〕，其大如絰，其長齊心。苴杖，竹也；削杖，桐也。爲父竹〔杖〕，爲母桐杖，蓋竹之爲物堅貞而不變，桐之爲物柔脆而易彫。爲父斬，爲母齊，斬者常伸而三年，齊者或屈以期月。此竹杖、桐杖所以不同也。杖雖主於父母，凡斬衰皆杖，爲妻期亦杖，爲長子亦杖。期服必杖，而有所不杖。童子、婦人不杖，有所必杖。孔穎達曰：「婦人不杖，謂童女也。」其授也有官，《周禮》肆師之類。❶其授之也有日，其執之、輯之、去之使人，執之也有時，其棄之也有所。虞杖不入室，祔杖不升堂，練則筵日、筵尸、視濯，要絰、杖而已。蓋杖所以輔病者也，喪久而平，則杖不用矣。鄭氏曰：「大祥除衰杖。」

禮書卷第一百四十九終

❶「肆」，原誤作「四」，今據明本、庫本、嘉慶本改。

禮書卷第一百五十

喪服

絰帶　絞帶　衰辟領負板之制　倚廬堊室　貴賤廬堊室之辨　含襚賵賻贈之别　從服

喪服❶

絰帶❷

絞帶❸

喪服有二帶，絰帶象大帶，絞帶象革帶。斬衰，絰帶、絞帶皆以麻；齊衰以下，絰帶以麻，絞帶以布。然絰帶之麻有苴者，有牡者；有澡者，有不澡者；有有本者，有絶本者。❹其施之於身，有散者，有不散者。斬衰，苴絰；齊衰、大功、繐衰、小功，牡麻絰。殤而小功，澡麻。苴者，麻之有蕡者也；牡者，枲麻也；藻者，治莩垢者也。苴色惡，澡色潔，牡則不惡不潔，而適輕重之中，此所以自齊衰至小功皆用之也。《儀禮》謂：「叔父之下殤，適孫之下殤，昆弟之下殤，大夫庶子爲適昆弟之下殤，爲姑、姊妹、女子子之下殤，

❶「喪服」，原脱，今據卷首小目、明本、庫本、嘉慶本補。

❷「絰帶」，原脱，今據卷首小目、明本、庫本、嘉慶本補。

❸「絞帶」，原脱，今據目録、卷首小目補。

❹「絶本」，原誤作「純本」。按《儀禮·喪服》賈疏言帶，每曰「有本」、「絶本」，然不聞有「純本」；下亦每曰「有本」、「絶本」；嚴校改作「絶本」。今據改。

爲人後者爲其昆弟、從父昆弟之長殤，皆澡麻經帶。」《小記》曰：「下殤小功，澡麻不絶其本，屈而反以報之。」《服問》曰：「麻之有本者，變三年之葛。鄭氏曰：「有〔本〕，謂大功以上。小功以下，澡麻斷本。」既練，遇麻斷本者，於免經之。」又曰：「小功之麻，不變大功之葛，以有本者爲税。」則大功以上有本，小功以下絶本。小功雖絶本而不澡，特下殤之在小功者澡之。下殤在小功者澡之，則於小功爲輕，❶以其在所降者；不絶其本，則於小功爲重，以其本非小功也。《儀禮》爲人後者爲其昆弟、從父昆弟之長殤，亦澡麻。而《小記》特言下殤小功，指其本宗者言之也。《儀禮》正小功無澡麻，《小記》小功下殤有澡麻無斷本。鄭氏曰：「小功以下，澡麻斷本。」失之矣。《小記》曰：「君弔，雖不當免時也，主人必免，不散麻。」《雜記》曰：「大功以上散帶。」《玉藻》曰：「五十不散送。」《荀子》曰：「喪之散麻。」則凡喪大斂以前，既啓之後，皆免而散帶。免必散帶，而有所不散帶，則君弔免而不散麻是也。凡服有受，故大功以上成服之後，又絞其帶之垂者。殤之服無受，故摎垂，殤之帶不摎垂，屈而反以報之。則下殤屈反、絞之與長中異乎？其有所糾而合者，下殤小功。凡此皆麻帶之别也。《記》曰：「斬衰之葛，與齊衰之麻同。齊衰之葛，與大功之麻同。大功之葛，與小功之麻同。小功之葛，與緦之麻同。」❷此練而受以葛者也。《喪

❶「輕」，原誤作「經」，今據上下文意改。
❷「緦」，原誤作「緫」，今據明本、庫本、嘉慶本及《禮記·間傳》改。

服・記》曰：「公子爲其妻，縓冠，葛絰帶。」此服〔輕而用〕葛者也。

衰〔辟領負板〕之〔制〕

《儀禮》：❶「衰，外削幅；裳，内削幅。若齊，裳内，衰外。負，廣出於適寸。適，博四寸，出於衰。衰，長六寸，博四寸。」削，殺也。適，辟領也。外削則縫其殺者，外嚮也。衰博四寸，當心。辟領博四寸，出於衰，則綴於兩廂，各去衰二寸。以其去衰二寸，并辟領四寸，與衰四寸，此所謂與闊八寸，兩之爲尺六寸也。辟領及闊中尺六寸，負出於辟領外旁一寸，則負廣尺八寸矣。廣尺八寸而長稱之，則辟領之長，蓋與衰齊。衰用三升布，則負與辟領之布亦三升。

倚廬

《問傳》曰：「父母之喪，居倚廬，寢苫枕塊。齊衰之喪，居堊室，苄翦不納。大功之喪，寢有席。小功、緦麻，❷牀可也。」又曰：「父母之喪，既虞、卒哭，柱楣翦屏，苄翦不納；期而小祥，居堊室，寢有席；又期而大祥，居復寢；中月而禫，禫而牀。」鄭氏曰：「倚木爲廬，在中門外東方，北户。」蓋倚廬之制，横木於地以爲楣，倚木於牆以爲椽，覆之以苫，不翦不塗。其位中門之外，《雜記》謂「在堊室之中，非時見乎母也不入門」，❸《問喪》謂

❶ 「儀禮」下，嘉慶本增「喪服」二字。
❷ 「緦」，原誤作「緦」，今據明本、庫本、嘉慶本及《禮記・間傳》改。
❸ 「也」上，原衍「是」字，今據《禮記・雜記下》删。

「成壙而歸，不敢入處室，居於倚廬，哀親之在外」是也。其方東壁，《士喪・既夕》謂「衆主人皆西面于東方，主人揖，就次」是也。古者於中門之外。自漢已來，於中門之內，以其近殯也。唐禮，於殯堂東廊下近南，承漢禮者也。君障之，大夫、士不障，《喪大記》謂「君爲廬，宮之，大夫、士襢之」是也。庶子而下廬於東南，《喪大記》謂「凡非適子者，自未葬以於隱者爲廬」是也。❶先儒曰：「諸子各一廬。」既虞、卒哭，則翦所覆之屏，以齊其苫亂。葛洪《變除》云：「屏，廬前屏也。卒哭除其屏，更作外障。」然大夫、士廬前無屏，葛説誤也。柱迫地之楣，以易其户。廬北户，柱楣西户。塗不於顯而無事乎飾，君與大夫皆宮之而不使袒，皆所以即變也。廬立於既殯，先儒曰：「殯之明日成服而立廬。」毁於既練，寢苫枕塊，不説帶絰，不與人坐。此居廬之大略然也。廬，男子之事，成人之禮也，故婦人與童子不廬。唐禮，婦人不爲廬，設次西房若殯堂後，施下麻坐。❷廬，嚴者也，故疏衰不廬。疏衰不廬，非服母者也，服母雖疏衰廬。

堊室

《周禮・宮正》：「授廬舍。」鄭氏曰：「舍，堊室也。」《喪服》：「既練，舍外寢。」鄭〔氏曰：「外寢，堊〕室也。」又《士〔喪・

❶「以」，原脱，今據嘉慶本及《禮記・喪大記》補。

❷「殯堂後，施下麻坐」，按《大唐開元禮》卷一百三十八《凶禮・三品以上喪之一》「廬次」條、卷一百四十二《凶禮・四品五品喪之一》「廬次」條、《通典》卷一百三十八《禮九十八・開元禮纂類三十三・凶五》「廬次」條：「婦人次於西房若殯後，施下床。」《大唐開元禮》卷一百四十六《凶禮・三品以上喪之一》「廬次」條云：「婦人次於西房。若殯堂無房者，次後若別室。」疑此處當作「殯後，施下牀」。

既夕〕》：「主人揖，就次。」而堊室〔預焉〕。則次、〔舍〕、外寢，皆堊〔室之異名也。其制，則鄭氏〕謂：「屋下壘土爲之，不塗墍。」屋下，則其屋兩下，❶〔與廬之倚木異〕矣。不塗墍，則既祥堊矣。《爾〔雅〕》曰：「〔地〕謂之黝，〔牆〕謂〔之堊〕。」或曰：「父〔喪既祥〕而〔母亡〕，嫡居父喪而祖父母亡，嫡〔居祖〕父喪而母亡，其所居有異乎？」禮，輕者包重者。特父喪既〔祥〕而母亡，則毀堊室立廬，是包輕也。嫡之於祖，所以繼體也。父喪既廬而祖父母亡，宜別立廬以受弔者，示傳重也。居祖父喪而母亡，二喪殊位，則亦宜〔別〕立廬也。〔然〕則父爲長子，出後之子爲父母，出妻長子爲父母與爲出嫁母，庶子爲其母，所居有辨乎？先〔儒〕謂父爲長子，不被髮不徒跣，爲次於内，不歠粥，立〔廬〕於内可也。凡杖者，則廬，廬則禫，爲人後者爲父母不杖，則堊室而不廬可也。出妻之子非〔廬於〕母之家，則廬於別室可也。父亡母嫁有服而已，不廬可也。庶子父在爲其母不禫，固不廬矣。若君母在，亦不廬也。❷然《小記》云：「父不爲衆子次於外。」則長子固次於〔外〕矣。或曰：「聞喪而不得奔，可以立廬乎？」廬者，所以示哀之發於居處也，其設不必爲殯也。則聞喪而不得奔，❸不可不廬於其所居也。

❶「兩」，原誤作「雨」。按《周禮·宮正》鄭注：「堊室者，兩下爲之，與廬異，故名堊室也。」今據嘉慶本改。

❷「不」，原誤作「下」，今據明本、庫本、嘉慶本改。

❸「聞喪而不得奔」，原誤作「問喪而不得居」，今據上文及清徐乾學《讀禮通考》卷五十五《喪儀節十作》「廬室」條所引改。

貴賤親疏廬堊室之辨

《宫正》：「大喪，則授廬舍，辨其親疏貴賤之居。」《雜記》曰：「大夫次於公館以終喪，士練而歸。大夫居廬，士居堊室。」《間傳》：❶「父母之喪，居倚廬。齊衰，居堊室。大功，寢有席。小功、緦麻，牀可也。」鄭氏釋《宫正》謂：「親者、貴者居倚廬，疏者、賤者居堊室。」賈公彦曰：「親謂大功已上，疏謂小功、緦麻，貴謂大夫已上，賤謂士也。」蓋大夫貴矣，雖與王疏，不居堊室。雖賤，與王親，亦居廬。鄭氏又釋《雜記》曰：「士居堊室，謂邑宰也。朝廷之士亦居廬。」然邑宰與朝廷之士皆士也，而朝廷之士居廬於禮無見，不可考也。《雜記》大功居堊室，而大喪大功居廬，蓋凡喪與大喪異歟？

含襚賵賻贈之别

玉貝曰含，衣服曰襚，車馬曰賵，貨財曰賻，玩好曰贈。蓋卒洗而含，將斂而襚，賵、賻在既祖薦馬之後，❷贈在柩至邦門之時。❸襚以遂之，賵以覆之，賻以助之，贈以贐之。則含、襚、贈所以送死，而賵、賻所以佐生也。《士喪禮》：❹「卒洗，

---

❶「間」上，原衍「士」字。嘉慶本此處空一格，《禮記・間傳》原文無「士」字。今據删。

❷「賻」下，原衍「賵」字。按，此言「襚賵賻」之儀節，乃據《儀禮・士喪》《既夕》之文，將斂而有襚，既祖薦馬之後乃有賵賻。據此則「賵賻」之下復有「賵」字則爲衍文，故今删之。

❸「柩」，原誤作「櫃」。按《儀禮・既夕》略曰：「商祝執功布以御柩。至於邦門，公使宰夫贈玄纁束。」是字當作「柩」。今據改。

❹「士喪禮」下，嘉慶本增「既夕」。

實貝，柱右顛左〔顛〕。」含若及時，則斂者親含，如「魯桓公卒，❶諸侯請含」是也；不及時，❷則使人執含以往，《雜記》「使者〔執璧委〕于〔殯東」是〕也。襚若及事，❸則《士喪禮》所謂「君使人襚。徹帷。襚者入衣尸，出。親者襚，不將命，以即陳。庶兄弟襚，使人以將命于室，委衣于尸東牀上。朋友襚，親以進」是也；若不及事，《雜記》所謂「襚者執冕服，左執領，右執要，委衣于殯東，襚者降，❹授爵弁服於門內霤。受皮弁服於中庭，自西階受朝服，自堂受玄端，將命」是也。臣襚於君，則曰：「致廢衣於賈人。」而曰「君無襚」者，受之不以即陳也。敵者曰襚，而君於臣有襚之者，自敵以下皆曰襚也。士含以貝，天子、諸侯含以玉。士賵以兩馬，大夫而上賵以乘馬。襚雖以衣服而有車焉，《雜記》所謂「以後路與冕服襚」也；賻雖以貨〔財而〕有馬焉，《少儀》所謂「賻馬不入廟門」是也；❺賵雖以〔車馬〕而有玉焉，《雜記》所謂「上介賵，執圭將命」是也。襚、〔賵〕北面將命，而賻專於生者，不必北面，《士喪禮》「若賻，〔賓〕東面致命」是也；襚、賻坐委之，若無器，則不必坐委，《士喪禮》所謂「捂受」是也。《〔士喪禮〕》襚、賵不同日，而《雜〔記〕》謂「含、襚、

❶「魯」，按《禮記·檀弓》云：「諸侯伐秦，曹桓公卒于會，諸侯請含。」；又鄭注曰：「魯成十三年『曹伯廬卒於師』是也。盧諡宣，音『桓』，聲之誤也。」疑當作「曹」。

❷「時」，原作「事」。按上言「含若及時」，今據庫本改。

❸「若」，原作「在」。按下言「若不及事」，今據改。

❹「者」，原脱，今據嘉慶本及《禮記·雜記》補。

❺「賻」，原誤作「賵」。按《禮記·少儀》曰：「賵馬入廟門。賻馬與其幣，大白兵車，不入廟門。」今據改。

賵，皆同日而畢事」者，鄰國相弔之禮也。《檀弓》曰：「讀賵，非古也，是再告也。」《雜記》「大夫之喪，包奠而讀書」，《既夕禮》「主人之史請讀賵」，周人尚禮之文也。若夫春秋之時，天王使宰咺歸惠公、仲子之賵；❶徐使容居弔邾婁公，欲坐含；魯人之贈也，三玄二纁，廣尺，長終幅。此含、賵、贈之失禮歟？

從服

《大傳》曰：「從服有六：有屬從，有徒從，有從有服而無服，有從無服而有服，有從輕而重，有從重而輕。」《服問》曰：「從輕而重，公子之妻爲其皇姑。從重而輕，爲妻之父母。從無服而有服，公子之妻爲其公子之外兄弟。從有服而無服，公子爲其妻之父母。」然則《小記》所謂「從服者，所從亡則已。屬從者，所從雖没也服」，而「所從亡則已」者，徒從也。徒從非親也，空從此以服之也；屬從非正親也，❷旁從此以服之也。然徒從有四：妾服女君之黨，子服母之君母，妾子服母之黨，❸臣服君之黨是也。屬從有三：子服母之黨，妻服夫之黨，夫服妻之黨是也。徒從，「所從亡則已」，爲其以人合者，必斷之以義也；屬從，「所從雖没也服」，爲其以天合者，必厚之以仁也。「服女君之黨」，所從雖亡猶不已，而《記》特言其已者，舉大率言之也。徒從，不特君母之父母、昆弟、從母；屬從，不特爲

❶「咺歸惠公」，原誤作「父歸桓公」，今據嘉慶本及《春秋》隱元年改。
❷「從」，原誤作「徒」，今據文意及嚴校改。
❸「妾」，原誤作「妄」，今據明本、嘉慶本改。

己之母黨。鄭氏特是二者，以一隅言之耳。

禮書卷第一百五十終

元刻禮樂書後序

林光大

六經之道同歸，禮樂之用爲急。吾夫子删《詩》定《書》之餘，拳拳以贊禮樂爲務。夏殷之禮類能言之，而以文獻不足徵爲可惜。周之禮，今用之，則曰吾從周。及其自衛反魯，然後樂正，雅頌各得其所。世皆曰聖人約魯史修《春秋》，而不知筆削本自所以推行周公之禮樂。至贊《周易》，則以上天下澤之履、靁出地奮之豫爲天地自然之禮樂，❶而夏時殷輅周冕韶舞，無非宗廟之美，颜淵亦與聞焉。嗚呼！聖人討論禮樂至於如是，至矣盡矣，蔑以加矣！遭秦滅學，漢儒掇拾，百孔千瘡，禮樂之存於後世者無幾。宋儒陳氏兄弟，潛心考古，悉意稽經，講求有用之學，凡唐虞三代禮樂名物度數與其所以制作之由，靡不具之圖説，先儒疏義，寸長片善，搜抉無遺。非徒區區好尚奇古，❷務資博洽，其命意則曰兹實聖人斟酌帝王之典，立萬世常行之道，形爲器服，寓於文字。有天下國家者，推而行是，則納民軌物，陶世雍熙，有不難者矣。吾閩憲府僉憲前進士趙公宗吉先生購求善本，首命鋟梓于學，賓幕經歷前進士可行君，知事前國學貢士允中張君董成其事，爰馳一介，諉序于翰林盱江伯生虞公。庶幾他日朝廷采

❶「奮」，原誤作「舊」，今改之。

❷下「區」，原爲重文號「〻」，今復其本字。

而用之，則古禮可復，今樂可變，甚盛舉也。抑愚聞之，禮樂必俟君子，君子學道則愛人。昔公西氏志宗廟會同端章甫爲小相，則夫子與之。子之武城，聞弦歌之聲，則莞爾而笑。❶今憲府得賢，遺文不隊，抑可謂大有功於聖門哉。至正丁亥秋七月辛丑，福州路儒學教授郡人林光大謹序。

❶「莞」，原誤作「筦」。按《論語·陽貨》云：「子之武城，聞弦歌之聲，夫子莞爾而笑。」今據改。

附録

明本禮書敘

張溥

古禮散亡，❶學者希闊，迄今所存惟朱文公《儀禮經傳通解》及陳用之《禮書》，號爲明整。文公之書有家禮，有鄉禮，有學禮，有邦國禮，有王朝禮。❷以古十七篇爲主而附以大、小戴及它書傳之繫於禮者。所謂《儀禮》其經，《禮記》其傳也。陳氏之書，解名物繪形象，折衷歷代諸儒言論與宋初聶宗義《禮圖》，正失補闕，既博而當，古今通禮，其在是乎。歷攷三禮，兼學爲難，惟蕭梁崔靈恩《義宗》一百五十六篇，❸推衍閎深，有名前世。書既失傳，陳朱晚出，其學益貴。文公裁定《通解》，喪祭二禮未及論次，屬黃勉齋續編。用之《禮書》，與其弟晉之《樂書》，並行當世，亦云用心二十年而後成。禮家下筆，豈易易哉。《儀禮》難讀，昌黎尚苦，何況餘子。顧問其所難，患在經不分章，記不隨經。今章句分明，注疏連屬，《禮記》諸義，以類相從。開卷之下，曉然可知。繼以《禮書》，辨證左圖右史，大扣小扣，蔑弗鳴也。虞伯生有云：「陳氏爲書時，濂洛關西諸君子之言具在，學者有得而兼攷焉，道器精粗備矣。」旨哉斯言乎！明

❶「古禮散亡」至「有家禮有」，北大明本脱頁，今據浙大明本補。
❷「有」，北大明本未印出，今據浙大明本補。
❸「梁崔」、「六篇」，北大明本印殘，今據浙大明本補。

經學究古有專科，漢儒名家，一經爲尚。禮樂之傳，大於刑法，非有專家，莫能明也。宋祖建隆時，聶博士上《三禮圖》，尹拙駁正，竇儀增損，即祭玉尺寸釜鑊有無，反覆互論，其言數千。至王安石創造新經，一切廢罷，三禮之書，僅云略諷大義，不復誦讀，斯文喪矣。今幸二書尚存，朱爲本根，陳爲枝葉。有志者取義於文公，觀象於陳氏。一士也，天子之士與諸侯之士異。一大夫也，上大夫之禮與下大夫之禮異。甚而深衣之續衽鉤邊，喪服之辟領，婦人之不杖，精微寓焉。修而明之，《周官》皆可通，士禮無不推也。《通解》版行，藏書家多有。《禮》、《樂》二書，曾列學宮，歲久漫滅。求表章如趙宗吉一輩者，寥寥矣。吾友盛順伯，方聞之長，世擅經學，遂出宋本同點次鋟行。雖不得如安定論堂、岷隱齋閣，繪圖畫壁，熠耀禮官，而雍刻再新，淹中益顯，固當代儒者所願揖讓進退其間也。婁東張溥西銘題

明本禮書敘

盛順

宋有《中興禮書》、《太常禮書》、《中興》記内禪壽慶，❶前古未有，然義或未備。《太常》一書，元祐陳用之解名寫象，以精博聞，朝廷給札奏御。當時即逸其半，後得全本于盧氏。良書易沉，準絃難續，方領滅于旌鼓，蘭臺之文盡于帷蓋，有同慨已。西銘先生，世推國宗，手正經史，鎔鍊天氣，日月再新，得是書而點定。昔孔疏謂禮雕琢六情，

❶「常」，原作「嘗」，今改。下「太常」同此。

類彼松筠，負貞霜雪。然禮儔競爽，南人賀循六家，北人徐道明五家。熊氏多引外義，之楚而北行。皇氏遵鄭乖鄭，狐死不首其丘。開元之時，王巖請删舊文，益以今事，林甫且註《月令》。新經既頒，俎豆斯輟，乃或謂如赴阿房，隨其所入，亦可弗畔。噫！亦危矣。《伊洛禮書》不及授士隆，何承天《禮論》三百編，崔靈恩《義宗》百五十六首，歲久淪埋。丁謂《汾陰》數卷，至今聞有及見之者。物之存亡，嘗不可信。然人之良醜，書之佳惡，萬載不昧。用之位微，不登史傳。觀其引義會景，知其不妄。夫宣和博古，尚功款識，圖畫錢鑑，似供稚弄。典絲、縫染、酒正、醯醢、冪幄，並資譚笑。理不足者信事，事不足者信形。墨始于晉，髭始于魯，一代異制；言氏曰于東方，曾子曰于西方，一門異指。不得其全，忘火夜游。是故文公于《禮》書，離者合之；于《易》書，合者離之。徐勉謂禮條八千，質文相變，猶八卦綜錯，以至六十四。故或以陸農師之《禮象》媲用之之《禮書》，猶未識用之之能兼也。余雅嗜此，幸同載刻。西銘欲以《通解》爲本，此爲枝葉，華足護根，有識所嘆。然非西銘，鮮重此書。張明公謂《天官》之職，心量弘大者能讀。信哉，知言矣！雲陽後學盛順順伯謹序❶

四庫全書總目禮書一百五十卷內府藏本提要

宋陳祥道撰。祥道，字用之，福州人。李廌《師友談記》稱其許少張榜登科。又稱其元祐七年進《禮圖》、《儀禮註》，除館閣校

❶「離者合之」至「謹序」，北大明本缺，今據浙大明本補。

勘，明年用爲太常博士，賜緋衣，不旬餘而卒。又稱其仕宦二十七年，止於宣義郎。《宋史》則作官至秘書省正字。然晁公武《讀書志》載是書，亦稱左宣義郎太常博士陳祥道撰，與廌所記同。廌又稱嘗爲《禮圖》一百五十卷，《儀禮説》六十餘卷，内相范公爲進之，乞送秘閣及太常寺。陳振孫《書録解題》則稱元祐中表上之。晁公武則稱朝廷聞之，給札繕寫奏御。《宋史·陳暘傳》則稱禮部侍郎趙挺之上言，暘所著《樂書》二十卷，案《樂書》實二百卷，《宋史》字誤。貫穿明備，乞援其兄祥道進《禮書》故事給札。則廌、振孫所記爲確，公武朝廷聞之之説非其實也。其中多掊擊鄭學：如論廟制引《周官》、《家語》、《荀子》、《穀梁傳》，謂天子皆七廟，與康成天子五廟之説異；論禘祫謂圜丘自圜丘，禘自禘，力破康成禘即圜丘之説；論禘大於祫並祭及親廟，攻康成禘小祫大、祭不及親廟之説；辨上帝及五帝，引《掌次》文，闢康成上帝即五帝之説。蓋祥道與陸佃皆王安石客，案祥道爲王安石之徒，見晁公武《讀書志》「祥道《論語解》」條下。安石説經，既剏造新義，務異先儒，故祥道與陸佃亦皆排斥舊説。佃《禮象》今不傳，惟神宗時詳定郊廟禮文諸議，今尚載《陶山集》中。大抵多生别解，與祥道駁鄭略同。蓋一時風氣所趨，無庸深詰。然綜其大致，則貫通經傳，縷析條分，前説後圖，考訂詳悉。陳振孫稱其論辨精博，間以繪畫，唐代諸儒之論、近世聶崇義之圖，或正其失，或補其闕。晁公武，元祐黨家；李廌，蘇門賓客，皆與王氏之學異趨。❶公武則稱其書甚精博，廌

❶「趨」，書前提要作「趣」。

亦稱其禮學通博，一時少及。則是書固甚爲當時所重，❶不以安石之故廢之矣。

嘉慶本禮書跋

郭龍光

癸亥秋，予來會城，謝學博甸男以明太倉張氏所刊宋太常陳氏《禮書》屬予重梓。張本多譌脱，聞某家藏宋槧可校。先以張本付匠計字覈直，適予以病歸，匠苦閒廢，竟繕張本梓以取償焉。《禮書》爲窮經鈐鍵，太常又吾鄉先輩，傳本已希，此刻誠不可已。顧成以鹵莽，殊非本志。十有一月，予病閒，思正其失。而宋槧終不可得，迺與趙穀士太史、萬虞臣中翰、江心葵、鄭鐵侯二孝廉，據注疏諸書校正，雖遺漏尚多，然訂張氏之譌者，已二千五百字有奇矣。晁公武稱是書解禮名物，繪象精博，陳振孫謂其論辨詳博，閒以繪畫。今圖與書多不合，定非陳氏之舊，以未得善本，不敢臆改。書中引經例頂格書，陳氏論斷低一格。是刻依張本，多淆亂，第工已蕆事，不復能改，艱於費也。它日當別成考證附後，以質好學修古之君子焉。嘉慶九年歲在閼逢困敦如月福清郭龍光識。

❶「是」，書前提要作「其」。「時」，書前提要作「世」。「重」上，書前提要有「推」字。

鳴謝

《儒藏》精華編惠蒙善助，共襄斯文；謹列如左，用伸謝忱。

本焕法師　壹佰萬元

智海企業集團董事長　馮建新先生　壹佰萬元

NE·TIGER時裝有限公司董事長　張志峰先生　壹佰萬元

張貞書女士　壹佰萬元

付　剛先生　伍拾萬元

北京星河園林景觀工程有限公司董事長　陳子舟先生　拾萬元

北京大學《儒藏》編纂與研究中心

本册审稿人　张　文
本册责任编委　马月华

圖書在版編目(CIP)數據

儒藏.精華編.五八/北京大學《儒藏》編纂與研究中心編.—北京：北京大學出版社，2020.5

ISBN 978-7-301-11776-7

Ⅰ.①儒…　Ⅱ.①北…　Ⅲ.①儒家　Ⅳ.①B222

中國版本圖書館CIP數據核字（2020）第027473號

書　　名　儒藏（精華編五八）
RUZANG(JINGHUABIAN WUBA)
著作責任者　北京大學《儒藏》編纂與研究中心　編
責任編輯　吴遠琴
標準書號　ISBN 978-7-301-11776-7
出版發行　北京大學出版社
地　　址　北京市海淀區成府路205號　100871
網　　址　http://www.pup.cn　　新浪微博：@北京大學出版社
電子信箱　dianjiwenhua@126.com
電　　話　郵購部010-62752015　發行部010-62750672　編輯部010-62756449
印 刷 者　北京中科印刷有限公司
經 銷 者　新華書店
787毫米×1092毫米　16開本　79.75印張　820千字
2020年5月第1版　2020年5月第1次印刷
定　　價　1200.00元

ISBN 978-7-301-11776-7
9 787301 117767 >
定價:1200.00元